사상 최대 4,000여 성구 수록

고사성어대사전
故事成語大事典

서울대 명예교수 장기근 편저

명문당

책머리에

　인간은 만물의 영장으로 숭고한 가치적 삶을 살아야 한다. 개인적으로는 내면의 정신을 주체로 하고 외형적 물질생활을 조절하는 인격적 삶을 살아야 하며, 사회적으로는 서로 사랑하고 협동하는 공동의 삶을 살아야 한다. 즉 개인이나, 가정이나, 국가나 「나와 남」이 하나가 되어 함께 행복을 누리는 진정한 인류의 공동체를 구현해야 한다. 동시에 모든 사람은 개별적으로나 전체적으로나 인류의 문화를 계승하고 더욱 발전시키는 역사적 삶을 살아야 한다.
　인식과 실천의 주체는 바로 나다. 내가 바르게 알고 착하게 살기 위해서는 「동양의 전통과 지혜」를 터득해야 한다. 그러기 위해서는 「내면적 정신문화와 윤리 도덕」을 강조한 「한문 고전」을 배워야 한다. 그럼으로써 개인적으로는 인격을 수양하고 사회적으로는 윤리 도덕을 회복하고 나아가서는 평화세계를 창건할 수가 있는 것이다.
　중국은 그 나라의 크기나 인구의 규모가 큰 것은 말할 것도 없지만, 유구한 역사와 문화를 가지고 있다.
　중국의 역사는 전설시대라고 일컬어지는 삼황(三皇)과 오제(五帝)의 시대로부터 시작되어, 하(夏)·은(殷)·주(周) 3대를 거쳐 춘추시대와 전국시대, 그리고 진(秦)·한(漢) 시대, 위(魏)·오(吳)·촉(蜀)의 삼국시대를 거쳐, 진(晋)·남북조시대, 당(唐)·송(宋)에 이르기까지 수천 년을 이어오는 동안 수많은 왕조가 일어나고 스러져 갔다.
　고사성어, 그 속에는 중국의 사상·철학·역사·문화·풍속 등 모든 것이 들어 있다. 공자·맹자·노자·장자…… 제자백가(諸子百家) 등 중국 최고의 석학, 이백·두보·도연명·소동파·죽림칠현·당송팔대가 등 대시인과 대문장가, 항우와 유방·한신 등 영웅호걸, 소진·장의 등 외교전략가, 맹상군·인상여·여불위·범려 같은 기인 명인 등 수많은 역사적 인물이 등장한다.

또한 그들이 저술한 사서오경(四書五經)을 비롯해서 《사기》 《노자》 《장자》 《한비자》 등 주옥같은 고전에서 추출한 고사를 두루 섭렵해 봄으로써 그들의 사상과 철학을 접할 수가 있으며, 중국문화, 곧 동양문화를 엿볼 수가 있다.
　유구한 중국의 역사 속에서 오랜 세월 동안 많은 사건이 일어났으며, 그 사건에서 파생된 일화에서 생겨난 말이 세월이 가면서 숙어화된 것이 바로 고사성어라 할 수 있다. 고사성어는 한 개의 글자가 독립적으로 각기 의미를 지닌 표의문자(表意文字)로서의 한자(漢字)의 특질과 편리함으로부터 안성맞춤의 성어가 속속 탄생되고 있다. 그 중에서도 기나긴 역사의 발자취와 평가를 바탕으로 현대사회의 언어생활에 명맥으로 이어져 내려오는 불사조와 같은 활어(活語)가 있다. 그것들은 충분히 익숙해져 숙어화되었고, 마침내는 만고불역(萬古不易)의 광채를 발하고 있다.
　이 책은 그 많은 성어들 가운데 고사가 역사적으로 의의가 있고 재미가 있으며, 오늘날 사회적으로도 흔히 통용되는, 그리고 성인으로서 또는 학생으로서 꼭 알아두어야 할 것들은 따로 분류하였으며, 나머지도 사전적 의미에서 최대한 많은 성어를 수록하려고 노력했다. 따라서 이 책에서 수록하고 있는 성어의 수는 4,000여 항이 넘을 정도로 가히 국내에서 최고라고 감히 말할 수 있겠다.
　가장 많은 항목을 수록하고 가장 상세하고 재미있게 꾸몄다고는 하지만 지면관계로 아직도 완전하다고는 할 수 없다. 그러나 이 책에 게재하지 않은 것들은 실제 그 의미에 있어서 그다지 중요하다고 생각지 않으신지 않았으나, 혹 꼭 실어야 할 것이 빠져 있다면 언제라도 수정·보완할 것을 독자 여러분께 약속드린다.

2003년 겨울, 서울대학교 명예교수 장기근

【일러두기】

1. 이 책은 모두 4,000여 항에 이르는 고사성어와 성구를 가나다순으로 편집했다. 단 편집 기술상 고사성어와 성구의 독립 편집으로 인해 순서가 바뀌어 게재된 경우도 있다. 따라서 이 책의 차례가 색인을 가름한다.
2. 책명이나 인명 지명은 모두 우리말 음으로 표기했다.
3. 이 책에 쓰인 약물기호는 아래와 같다.
   - 책명 :《 》
   - 작품명・대화・인용구・강조 :「 」
   - 비슷한 성어 : 비
   - 반대 성어 : 반
   - 같은 유(類)의 성어 : 유
   - 참고하기 : ☞
4. 이 책 말미에 부록으로, 모든 성구에 대한 출전(出典)을 소개한 「출전약해」와, 「사자성어 색인」을 실어 특히 학생들의 입시에도 도움을 줌과 아울러 생활에 편리하게 활용할 수 있도록 했다. 또 「출전약해」에는 출전의 저자나 편자에 대해서도 가능한 상세하게 기술하려고 노력했다.
5. 이 책은 고사성어와 우리에게 익숙한 한자숙어도 같이 실었다. 고사성어는 가능한 많은 양의 원고를 할애하여 재미있게 이야기 식으로 엮었고, 일반적으로 익숙한 성구(成句 : 한자숙어)나 명구(名句)는 사전 식으로 나열했다.
6. 이 책은 새로운 한자교육 시책에 따라서 한글로만 표기하기에는 완전하지 않다고 생각되는 단어에는 될 수 있는 한 많은 단어에 괄호 안 한자를 병기함으로써 한자교육 활성화에 일조를 하고 있다.
6. 이 책은 4,000여 항목에 달하는 국내 최대의 성어를 수록함으로써 가히 고사성어 사전의 최대 역작이라고 감히 말할 수 있겠다.

차 례

가

가계야치(家鷄野雉)·73
가급인족(家給人足)·73
가담항설(街談巷說)·73
가도멸괵(假道滅虢)·73
가도사벽(家徒四壁)·74
가렴주구(苛斂誅求)·74
가릉빈가(迦陵頻伽)·74
가부지친(葭莩之親)·74
가빈사양처(家貧思良妻)·74
가서만금(家書萬金)·74
가유호효(家喩戶曉)·74
가이동가이서(可以東可以西)·74
가인박명(佳人薄命)·72
가정맹어호(苛政猛於虎)·75
가지호효(家至戶曉)·74
가호위호(假虎威狐)·74
가화만사성(家和萬事成)·78
각곡유목(刻鵠類鶩)·74
각답실지(脚踏實地)·74
각자무치(角者無齒)·74
각주구검(刻舟求劍)·79
각촉부시(刻燭賦詩)·76
각축(角逐)·76
각하조고(脚下照顧)·76
각화무염(刻畵無鹽)·76
간국지기(幹國之器)·76

간간악악(侃侃諤諤)·76
간뇌도지(肝腦塗地)·76
간담상조(肝膽相照)·80
간담초월(肝膽楚越)·77
간두지세(竿頭之勢)·77
간발이즐(簡髮而櫛)·77
간불용발(間不容髮)·77
간성(干城)·77
간신적자(奸臣賊子)·77
간운보월(看雲步月)·77
간운폐일(干雲蔽日)·77
간장막야(干將莫耶)·77
갈등(葛藤)·77
갈불음도천수(渴不飮盜泉水)·82
갈이천정(渴而穿井)·77
갈택이어(竭澤而漁)·77
감당유애(甘棠遺愛)·77
감정선갈(甘井先竭)·77
감탄고토(甘呑苦吐)·77
감홍난자(酣紅爛紫)·77
갑남을녀(甲男乙女)·77
강거목장(綱擧目張)·79
강구연월(康衢煙月)·79
강남귤화위지(江南橘化爲枳)·79
강남일지춘(江南一枝春)·79
강노지말(强弩之末)·84
강랑재진(江郞才盡)·81
강려자용(剛戾自用)·81

강류석부전(江流石不轉)·81
강안(强顔)·81
강의목눌(剛毅木訥)·81
강호(江湖)·81
개과불인(改過不吝)·81
개관사정(蓋棺事定)·86
개권유익(開卷有益)·81
개물성무(開物成務)·81
개원절류(開源節流)·81
개주생기슬(介胄生蟣蝨)·81
객반위주(客反爲主)·81
거동궤서동문(車同軌書同文)·83
거두절미(去頭截尾)·83
거수마룡(車水馬龍)·85
거안사위(居安思危)·85
거안제미(擧案齊眉)·85
거이기양이체(居移氣養移體)·85
거일반삼(擧一反三)·85
거자일소(去者日疎)·85
거자불추내자불거(去者不追來者不拒)·88
거재두량(車載斗量)·85
거재마전(車在馬前)·90
거저척시(遽篨戚施)·90
거주양난(去住兩難)·90
거철마적(車轍馬跡)·90
거총사위(居寵思危)·90
거허박영(據虛搏影)·90
건곤일척(乾坤一擲)·92
건괵지증(巾幗之贈)·90
건달(乾達)·90
건담(健啖)·90

건령지세(建瓴之勢)·90
건목수생(乾木水生)·90
건안칠자(建安七子)·93
건차(巾車)·93
걸견폐요(桀犬吠堯)·94
걸불병행(乞不竝行)·93
걸신(乞身)·93
걸해골(乞骸骨)·96
걸화불약취수(乞火不若取燧)·94
검려기궁(黔驢技窮)·94
검려지기(黔驢之技)·94
격물치지(格物致知)·98
격화소양(隔靴搔癢)·94
견갑이병(堅甲利兵)·99
견강부회(牽强附會)·99
견란구계(見卵求鷄)·99
견마곡격(肩摩轂擊)·99
견마지로(犬馬之勞)·99
견마지치(犬馬之齒)·99
견문발검(見蚊拔劍)·101
견백동이(堅白同異)·101
견벽청야(堅壁淸野)·101
견불체문(見不逮聞)·104
견양지질(犬羊之質)·104
견위수명(見危授命)·104
견인불발(堅忍不拔)·104
견토방구(見兎放狗)·104
견토지쟁(犬兎之爭)·104
견호미견호(見虎未見虎)·104
결발부부(結髮夫婦)·104
결자해지(結者解之)·104

결초보은(結草報恩)·100
경거망동(輕擧妄動)·104
경거숙로(輕車熟路)·104
경광도협(傾筐倒篋)·104
경구비마(輕裘肥馬)·104
경국지색(傾國之色)·102
경단급심(綆短汲深)·104
경부양반(耕夫讓畔)·105
경당문노(耕當問奴)·105
경세제민(經世濟民)·105
경원(敬遠)·106
경전서후(耕前鋤後)·105
경조부박(輕佻浮薄)·105
경천동지(驚天動地)·105
경천애인(敬天愛人)·105
계견상문(鷄犬相聞)·105
계구우후(鷄口牛後)·108
계군일학(鷄群一鶴)·105
계림일지(桂林一枝)·105
계륵(鷄肋)·110
계명구도(鷄鳴狗盜)·112
계찰계검(季札繫劍)·105
계포일낙(季布一諾)·105
계피학발(鷄皮鶴髮)·105
고굉지신(股肱之臣)·109
고금무쌍(古今無雙)·109
고담준론(高談峻論)·109
고대광실(高臺廣室)·109
고량자제(膏粱子弟)·109
고복격양(鼓腹擊壤)·116
고목사회(枯木死灰)·109

고목생화(枯木生花)·109
고분지탄(叩盆之嘆)·109
고수생화(枯樹生花)·109
고성낙일(孤城落日)·120
고식지계(姑息之計)·111
고양생제(枯楊生稊)·111
고육지책(苦肉之策)·111
고이언타(顧而言他)·111
고장난명(孤掌難鳴)·111
고정무파(古井無波)·111
고주일척(孤注一擲)·111
고진감래(苦盡甘來)·118
고좌우이언타(顧左右而言他)·122
고추부서(孤雛腐鼠)·118
고취(鼓吹)·118
고침안면(高枕安眠)·118
고황(膏肓)·118
고희(古稀)·124
곡고화과(曲高和寡)·119
곡돌사신(曲突徙薪)·119
곡학아세(曲學阿世)·126
곤수유투(困獸猶鬪)·119
곤외지임(閫外之任)·119
골경지신(骨鯁之臣)·119
골계(滑稽)·119
공곡공음(空谷跫音)·119
공명수죽백(功名垂竹帛)·130
공옥이석(攻玉以石)·119
공자천주(孔子穿珠)·119
공전절후(空前絕後)·119
공중누각(空中樓閣)·132

공평무사(公平無私) · 119
공휴일궤(功虧一簣) · 134
과문불입(過門不入) · 119
과유불급(過猶不及) · 136
과인(寡人) · 119
과전불납리(瓜田不納履) · 138
과즉물탄개(過則勿憚改) · 141
과혁지시(裹革之屍) · 119
곽식자(藿食者) · 121
관개상망(冠蓋相望) · 121
관견(管見) · 142
관과지인(觀過知仁) · 121
관맹상제(寬猛相濟) · 121
관저복통(官猪腹痛) · 127
관중규표(管中窺豹) · 127
관천망기(觀天望氣) · 127
관포지교(管鮑之交) · 143
괄구마광(刮垢磨光) · 127
괄목상대(刮目相待) · 127
광언기어(狂言綺語) · 127
광음여전(光陰如箭) · 128
광음유수(光陰流水) · 128
광일미구(曠日彌久) · 128
광풍제월(光風霽月) · 128
괘관(掛冠) · 128
괵주교착(觥籌交錯) · 128
교각살우(矯角殺牛) · 128
교룡운우(蛟龍雲雨) · 128
교병필패(驕兵必敗) · 128
교송지수(喬松之壽) · 128
교왕과정(矯枉過正) · 128

교언영색(巧言令色) · 148
교자채신(敎子采薪) · 128
교족이대(翹足而待) · 128
교주고슬(膠柱鼓瑟) · 150
교지졸속(巧遲拙速) · 128
교천언심(交淺言深) · 129
교칠지교(膠漆之交) · 152
교취호탈(巧取豪奪) · 129
교토삼굴(狡兔三窟) · 129
교학상장(敎學相長) · 129
구각춘풍(口角春風) · 129
구강지화(口講指畫) · 129
구거작소(鳩居鵲巢) · 129
구경부정(究竟不淨) · 129
구경열반(究竟涅槃) · 129
구곡간장(九曲肝腸) · 129
구과불섬(救過不瞻) · 129
구극(駒隙) · 129
구도어맹(求道於盲) · 129
구두삼매(口頭三昧) · 129
구두선(口頭禪) · 133
구로지감(劬勞之感) · 133
구리지언(丘里之言) · 133
구마지심(狗馬之心) · 133
구맹주산(狗猛酒酸) · 133
구무완인(口無完人) · 133
구미속초(狗尾續貂) · 133
구밀복검(口蜜腹劍) · 154
구반상실(狗飯橡實) · 133
구복지계(口腹之計) · 133
구복지루(口腹之累) · 133

8

구사일생(九死一生)·157
구상유취(口尙乳臭)·158
구세동거(九世同居)·133
구수(鳩首)·133
구수(丘首)·133
구시화지문(口是禍之門)·160
구십춘광(九十春光)·133
구약현하(口若懸河)·133
구오(九五)·133
구우일모(九牛一毛)·135
구육미냉(柩肉未冷)·135
구이지학(口耳之學)·135
구장(鳩杖)·135
구전문사(求田問舍)·137
구전지훼(求全之毀)·137
구중자황(口中雌黃)·137
구천용귀(屨賤踊貴)·137
구혈미건(口血未乾)·137
구화투신(救火投薪)·137
국궁진췌(鞠躬盡瘁)·137
국보간난(國步艱難)·137
국사무쌍(國士無雙)·161
국척(跼蹐)·164
국천척지(跼天蹐地)·140
국파산하재(國破山河在)·166
군경절축(群輕折軸)·140
군맹무상(群盲撫象)·140
군맹상평(群盲象評)·168
군사신결(君射臣決)·140
군욕신사(君辱臣死)·140
군의부전(群蟻附羶)·147

군이부당(群而不黨)·147
군자교담약수(君子交淡若水)·147
군자불기(君子不器)·147
군자삼락(君子三樂)·147
군자·소인(君子小人)·170
군자원포주(君子遠庖廚)·176
군자표변(君子豹變)·147
군자피삼단(君子避三端)·147
군주신수(君舟臣水)·147
군책군력(群策群力)·147
굴묘편시(掘墓鞭屍)·173
굴신제천하(屈臣制天下)·147
궁서설묘(窮鼠齧猫)·147
궁여일책(窮余一策)·147
궁조입회(窮鳥入懷)·147
권모술수(權謀術數)·149
권불십년(權不十年)·149
권선징악(勸善懲惡)·159
권설(卷舌)·159
권재족하(權在足下)·159
귀거래(歸去來)·159
권토중래(捲土重來)·178
귀곡천계(貴鵠賤鷄)·159
귀마방우(歸馬放牛)·159
귀명정례(歸命頂禮)·159
귀모토각(龜毛兎角)·165
귀목술심(劌目鉥心)·165
귀배괄모(龜背刮毛)·165
귀이천목(貴耳賤目)·165
귀주출호천방(貴珠出乎賤蚌)·165
귀토(歸土)·165

규각(圭角)·165
규구준승(規矩準繩)·165
규수(閨秀)·165
규합지신(閨閣之臣)·179
귤정(橘井)·179
귤중지락(橘中之樂)·185
귤화위지(橘化爲枳)·185
극기복례(克己復禮)·180
극기봉공(克己奉公)·185
극락정토(極樂淨土)·187
극벌원욕(克伐怨慾)·187
극혈지신(隙穴之臣)·187
근묵자흑(近墨者黑)·187
근수누대(近水樓臺)·187
근역(槿域)·187
근화일일자위영(槿花一日自爲榮)·187
근화일조몽(槿花一朝夢)·182
금곤복거(禽困覆車)·189
금과옥조(金科玉條)·189
금구목설(金口木舌)·189
금구무결(金甌無缺)·189
금구복명(金甌覆名)·189
금구폐설(金口閉舌)·189
금독지행(禽犢之行)·191
금란지교(金蘭之交)·191
금상첨화(錦上添花)·184
금석지감(今昔之感)·191
금성탕지(金城湯池)·191
금슬(琴瑟)·191
금슬상화(琴瑟相和)·186
금시작비(今時昨非)·191

금실지락(琴瑟之樂)·191
금심수구(錦心繡口)·191
금옥만당(金玉滿堂)·191
금옥총(金屋寵)·193
금옥패서(金玉敗絮)·193
금의야행(錦衣夜行)·188
금의환향(錦衣還鄕)·193
금지옥엽(金枝玉葉)·193
기로망양(岐路亡羊)·193
기문지학(記問之學)·193
기복염거(驥服鹽車)·193
기불택식(飢不擇食)·195
기설지복(羈紲之僕)·195
기사회생(起死回生)·195
기왕불구(旣往不咎)·190
기우(杞憂)·192
기운생동(氣韻生動)·198
기치선명(旗幟鮮明)·198
기호지세(騎虎之勢)·194
기화(奇貨)·196
기화가거(奇貨可居)·198

나무(南無)·202
나작굴서(羅雀掘鼠)·202
낙락난합(落落難合)·202
낙모지신(落帽之辰)·203
낙목공산(落木空山)·203
낙방거자(落榜擧子)·203
낙백(落魄)·200
낙양지귀(洛陽紙貴)·204

낙월옥량(落月屋梁)·203
낙정하석(落穽下石)·203
낙필점승(落筆點蠅)·203
낙화난상지(落花難上枝)·203
낙화유수(落花流水)·203
난사광불(難思光佛)·203
난신적자(亂臣賊子)·203
난애동분(蘭艾同焚)·203
난약피금(爛若披錦)·203
난의포식(暖衣飽食)·206
난익지은(卵翼之恩)·206
난정순장(蘭亭殉葬)·206
난지점수(蘭芷漸滫)·206
난최옥절(蘭摧玉折)·206
난해난입(難解難入)·206
난형난제(難兄難弟)·208
남가일몽(南柯一夢)·212
남귤북지(南橘北枳)·216
남기북두(南箕北斗)·206
남녀칠세부동석(男女七歲不同席)·206
남만격설(南蠻鴃舌)·206
남방지강(南方之强)·206
남부여대(男負女戴)·207
남비징청(攬轡澄淸)·207
남산가이(南山可移)·207
남산지수(南山之壽)·207
남상(濫觴)·218
남선북마(南船北馬)·207
남원북철(南轅北轍)·207
남전생옥(藍田生玉)·207
남취(濫吹)·207

남풍불경(南風不競)·207
낭다육소(狼多肉少)·207
낭두(囊頭)·207
낭묘지기(廊廟之器)·207
낭자야심(狼子野心)·210
낭중지추(囊中之錐)·210
낭중취물(囊中取物)·210
낭청좌기(郞廳坐起)·210
낭패(狼狽)·210
내무내문(乃武乃文)·211
내성외왕(內聖外王)·211
내심왕실(乃心王室)·211
내우외환(內憂外患)·211
내유외강(內柔外剛)·211
내자가추(來者可追)·211
내자불거(來者不拒)·211
내전보살(內殿菩薩)·211
내조지공(內助之功)·211
냉난자지(冷暖自知)·211
노구능해(老嫗能解)·211
노기복력(老驥伏櫪)·211
노당익장(老當益壯)·211
노류장화(路柳墻花)·211
노마십가(駑馬十駕)·211
노마지지(老馬之智)·211
노반지교(魯般之巧)·211
노발충관(怒髮衝冠)·215
노방생주(老蚌生珠)·215
노사일음(勞思逸淫)·215
노생상담(老生常譚)·215
노소부정(老少不定)·215

노승목(猱升木)・215
노승발검(怒蠅拔劍)・215
노실색시(怒室色市)・215
노심초사(勞心焦思)・215
노안비슬(奴顔婢膝)・215
노양지과(魯陽之戈)・215
노어지오(魯魚之誤)・215
노연분비(勞燕分飛)・219
노우지독(老牛舐犢)・219
노이무공(勞而無功)・220
노축암(怒蹴巖)・219
노파심절(老婆心切)・219
녹록지배(碌碌之輩)・219
녹림(綠林)・222
녹림호걸(綠林豪傑)・219
녹빈홍안(綠鬢紅顔)・219
녹사수수(鹿死誰手)・219
녹엽성음(綠葉成陰)・219
녹음방초(綠陰芳草)・221
녹의사자(綠衣使者)・221
녹의홍상(綠衣紅裳)・221
논공행상(論功行賞)・221
농단(壟斷)・224
농와지경(弄瓦之慶)・221
농위정본(農爲政本)・221
농장지경(弄璋之慶)・221
농조연운(籠鳥戀雲)・221
뇌봉전별(雷逢電別)・221
뇌성대명(雷聲大名)・221
누고지재(螻蛄之才)・221
누란지위(累卵之危)・226

누월재운(鏤月裁雲)・221
누진취영(鏤塵吹影)・223
눌언민행(訥言敏行)・223
능견난사(能見難思)・223
능곡지변(陵谷之變)・223
능사필(能事畢)・223
능서불택필(能書不擇筆)・227
능언지자미필능행(能言之者未必能行)・223
능운지지(凌雲之志)・225
능자다로(能者多勞)・225
능파(凌波)・225
니취(泥醉)・228

다

다기망양(多岐亡羊)・230
다난흥방(多難興邦)・232
다다익선(多多益善)・233
다다익판(多多益辦)・232
다문다독다상량(多聞多讀多商量)・232
다반사(茶飯事)・232
다사다난(多事多難)・232
다사제제(多士濟濟)・234
다전선고(多錢善賈)・232
다정다한(多情多恨)・232
다정불심(多情佛心)・232
다천과귀(多賤寡貴)・232
단간(斷簡)・232
단금지계(斷金之契)・232
단기지계(斷機之戒)・235
단도직입(單刀直入)・235
단란조보(斷爛朝報)・235

단말마(斷末魔)・235
단문고증(單文孤證)・235
단사두갱(簞食豆羹)・235
단사호장(簞食壺漿)・235
단순호치(丹脣皓齒)・235
단애청벽(丹崖靑壁)・235
단예(端倪)・235
단장(斷腸)・236
단장취의(斷章取義)・235
단표누항(簞瓢陋巷)・235
단항절황(斷港絶潢)・235
달다즉어요(獺多則魚擾)・237
달인대관(達人大觀)・237
달제어(獺祭魚)・237
담대어신(膽大於身)・237
담석지저(儋石之儲)・237
담여두대(膽如斗大)・237
담천조룡(談天彫龍)・237
답청(踏靑)・237
당동벌이(黨同伐異)・237
당랑거철(螳螂拒轍)・237
당랑지부(螳螂之斧)・238
당랑포선(螳螂捕蟬)・237
당비당거(螳臂當車)・237
당의즉묘(當意卽妙)・237
대간사충(大姦似忠)・237
대갈일성(大喝一聲)・239
대공무사(大公無私)・239
대교약졸(大巧若拙)・239
대기만성(大器晚成)・240
대기소용(大器小用)・241

대담무쌍(大膽無雙)・241
대도폐유인의(大道廢有仁義)・241
대동소이(大同小異)・241
대변약눌(大辯若訥)・241
대분망천(戴盆望天)・241
대성불입리이(大聲不入里耳)・241
대성이왕(戴星而往)・241
대안지화(對岸之火)・245
대언장어(大言壯語)・245
대역무도(大逆無道)・245
대우탄금(對牛彈琴)・245
대의멸친(大義滅親)・242
대의명분(大義名分)・245
대인호변(大人虎變)・246
대자대비(大慈大悲)・246
대장부(大丈夫)・244
대지여우(大智如愚)・246
대하동량(大廈棟梁)・246
대한색구(大寒索裘)・246
대해일적(大海一滴)・246
대화유사(大化有四)・246
덕유여모(德輶如毛)・246
도견상부(道見桑婦)・246
도견와계(陶犬瓦鷄)・246
도구과두(跿跔科頭)・246
도남(圖南)・247
도남붕익(圖南鵬翼)・246
도도(滔滔)・246
도량발호(跳梁跋扈)・247
도로이목(道路以目)・247
도룡지기(屠龍之技)・249

13

도리(桃李)·249
도리불언하자성혜(桃李不言下自成蹊)·249
도리상영(倒履相迎)·249
도말시서(塗抹詩書)·249
도모시용(道謨是用)·253
도문계살(屠門戒殺)·253
도문담불(屠門談佛)·253
도방고리(道傍苦李)·253
도불습유(道不拾遺)·248
도비순설(徒費脣舌)·253
도사(倒屣)·255
도선불여악(徒善不如惡)·255
도역유도(盜亦有道)·255
도원결의(桃園結義)·250
도원일모(道遠日暮)·255
도주의돈(陶走猗頓)·255
도주지부(陶朱之富)·252
도지태아(倒持泰阿)·255
도청도설(道聽塗說)·254
도탄지고(塗炭之苦)·256
도행역시(倒行逆施)·255
독불장군(獨不將軍)·257
독서망양(讀書亡羊)·257
독서백편의자현(讀書百遍義自見)·258
독서삼도(讀書三到)·257
독서삼매(讀書三昧)·257
독서삼여(讀書三餘)·257
독서상우(讀書尚友)·257
독수공방(獨守空房)·257
독안룡(獨眼龍)·257
독장난명(獨掌難鳴)·257

돈견(豚犬)·259
돈오점수(頓悟漸修)·259
돈제우주(豚蹄盂酒)·259
돌돌괴사(咄咄怪事)·259
동가식서가숙(東家食西家宿)·259
동가지구(東家之丘)·259
동가홍상(同價紅裳)·259
동공이곡(同工異曲)·260
동공일체(同功一體)·259
동궤(同軌)·259
동기상구(同氣相求)·259
동기진(同期塵)·259
동도주(東道主)·259
동량지신(棟梁之臣)·259
동문서답(東問西答)·261
동방화촉(洞房華燭)·261
동병상련(同病相憐)·262
동분서주(東奔西走)·261
동상이몽(同床異夢)·261
동선하로(冬扇夏爐)·261
동섬서홀(東閃西忽)·261
동성상응(同聲相應)·265
동성이속(同聲異俗)·265
동악상조(同惡相助)·265
동업상구(同業相仇)·265
동우각마(童牛角馬)·265
동이불화(同而不和)·265
동일지일(冬日之日)·265
동장무간(同藏無間)·265
동절최붕(棟折榱崩)·265
동족방뇨(凍足放尿)·267

동주상구(同舟相救)·267
동취(銅臭)·267
동해양진(東海揚塵)·267
동호지필(董狐之筆)·267
두각(頭角)·264
두구과족(杜口裹足)·267
두찬(杜撰)·266
두동치활(頭童齒闊)·267
두발상지(頭髮上指)·269
두소(斗筲)·269
두양소근(頭痒搔跟)·269
두우륙(杜郵戮)·269
두절사행(斗折蛇行)·269
두주불사(斗酒不辭)·269
두한족열(頭寒足熱)·271
득기소(得其所)·271
득롱망촉(得隴望蜀)·268
득부상부(得斧喪斧)·271
득성죽어흉중(得成竹於胸中)·271
득어망전(得魚忘筌)·270
득일망십(得一忘十)·271
득친순친(得親順親)·271
등고이초(登高而招)·271
등고자비(登高自卑)·273
등도자(登徒子)·273
등루거제(登樓去梯)·273
등용문(登龍門)·272
등태산이소천하(登泰山而小天下)·274
등하(登遐)·273
등화가친(燈火可親)·273
등황귤록(橙黃橘綠)·273

마

마각노출(馬脚露出)·279
마고소양(麻姑搔痒)·279
마권찰장(摩拳擦掌)·279
마상득지(馬上得之)·279
마수시첨(馬首是瞻)·279
마우금거(馬牛襟裾)·279
마이동풍(馬耳東風)·278
마저작침(磨杵作針)·281
마정방종(摩頂放踵)·281
마중봉(痲中蓬)·281
마혁과시(馬革裹屍)·280
마호체승(馬好替乘)·281
막고야산(藐姑射山)·281
막무가내(莫無可奈)·283
막역지우(莫逆之友)·282
막지동서(莫知東西)·283
막천석지(幕天席地)·283
만가(輓歌)·283
만경창파(萬頃蒼波)·283
만고불역(萬古不易)·283
만구성비(萬口成碑)·283
만록총중홍일점(萬綠叢中紅一點)·283
만리동풍(萬里同風)·283
만리지망(萬里之望)·283
만맥지방(蠻貊之邦)·283
만부지망(萬夫之望)·283
만사무석(萬死無惜)·283
만사일생(萬死一生)·285
만사형통(萬事亨通)·285

만사휴의(萬事休矣)・284
만성풍우(滿城風雨)・285
만수무강(萬壽無疆)・285
만승지국(萬乘之國)・285
만신창이(滿身瘡痍)・285
만우난회(萬牛難回)・285
만장회도(慢藏誨盜)・285
만절필동(萬折必東)・285
만조백관(滿朝百官)・285
만전지책(萬全之策)・287
만즉일(滿則溢)・287
만초유불가제(蔓草猶不可除)・287
만첩청산(萬疊靑山)・287
만초한연(蔓草寒烟)・287
만촉지쟁(蠻觸之爭)・287
말대필절(末大必折)・287
말로(末路)・287
말마이병(秣馬利兵)・287
망개삼면(網開三面)・287
망국지음(亡國之音)・288
망극득모(亡戟得矛)・288
망년지우(忘年之友)・288
망루탄주(網漏呑舟)・288
망매해갈(望梅解渴)・288
망명(亡命)・288
망목불소(網目不疎)・288
망문생의(望文生義)・288
망부석(望夫石)・288
망신망가(忘身忘家)・288
망양보뢰(亡羊補牢)・288
망양지탄(亡羊之歎)・288

망우물(忘憂物)・289
망운지정(望雲之情)・289
망유택언(罔有擇言)・289
망자재배(芒刺在背)・289
망자존대(妄自尊大)・289
망지일목(網之一目)・289
망진막급(望塵莫及)・289
망풍이미(望風而靡)・289
매검매우(賣劍買牛)・289
매독환주(買櫝還珠)・289
매리잡언(罵詈雜言)・289
매사마골(買死馬骨)・289
매염봉우(賣鹽逢雨)・289
매처학자(梅妻鶴子)・293
맥수지탄(麥秀之嘆)・286
맥주(麥舟)・293
맹귀부목(盲龜浮木)・293
맹모단기(孟母斷機)・293
맹모삼천(孟母三遷)・293
맹인모상(盲人摸象)・294
맹인식장(盲人食醬)・294
맹인할마(盲人瞎馬)・294
맹자실장(盲者失杖)・294
맹호복초(猛虎伏草)・294
맹호위서(猛虎爲鼠)・294
면리장침(綿裏藏針)・294
면벽구년(面壁九年)・294
면시염거(麵市鹽車)・294
면절정쟁(面折廷爭)・294
면종복배(面從腹背)・297
멸차조식(滅此朝食)・297

명강이쇄(名繮利鎖)·297
명견만리(明見萬里)·297
명경지수(明鏡止水)·290
명고이공(鳴鼓而功)·297
명기누골(銘肌鏤骨)·297
명뢰상실(銘誄尙實)·297
명모호치(明眸晧齒)·297
명목장담(明目張膽)·298
명불허전(名不虛傳)·298
명심누골(銘心鏤骨)·298
명연의경(命緣義輕)·298
명존실무(名存實無)·298
명주암투(明珠暗投)·298
명주출노방(明珠出老蚌)·298
명주탄작(明珠彈雀)·298
명찰추호(明察秋毫)·298
명창정궤(明窓淨几)·298
명철보신(明哲保身)·292
모릉(摸稜)·298
모수자천(毛遂自薦)·298
모순(矛盾)·295
모야무지(暮夜無知)·299
모우남릉수사종(暮雨南陵水寺鐘)·299
모우미성(毛羽未成)·299
모우전구(冒雨翦韭)·299
모적(蟊賊)·299
모피지부(毛皮之附)·299
목견호모이불견기첩(目見豪毛而不見其睫)·299
목경지환(木梗之患)·299
목광여거(目光如炬)·299

목무전우(目無全牛)·299
목본수원(木本水源)·299
목불식정(目不識丁)·299
목석불부(木石不傅)·301
목식이시(目食耳視)·301
목왕지절(木旺之節)·301
목우유마(木牛流馬)·301
목우인(木偶人)·303
목우인의(木偶人衣)·303
목우즐풍(沐雨櫛風)·303
목인석심(木人石心)·303
목종승즉정(木從繩則正)·303
목지기사(木指氣使)·303
목첩지간(目睫之間)·303
목탁(木鐸)·296
목후이관(沐猴而冠)·304
몽망착어(蒙網捉魚)·304
몽위호접(夢爲胡蝶)·304
몽중몽(夢中夢)·304
몽중상심(夢中相尋)·304
몽중점몽(夢中占夢)·304
몽진(蒙塵)·304
몽환포영(夢幻泡影)·304
묘두현령(猫頭縣鈴)·304
묘목이공(墓木已拱)·304
묘서동처(猫鼠同處)·304
묘시파리(眇視跛履)·305
묘이불수(苗而不秀)·305
묘항현령(猫項懸鈴)·305
무가내하(無可奈下)·305
무가무불가(無可無不可)·305

무간연(無間然)·305
무계지언(無稽之言)·305
무고지민(無告之民)·305
무념무상(無念無想)·305
무단(武斷)·305
무뢰(無賴)·305
무루지인(無累之人)·305
무릉도원(武陵桃源)·300
무마지재(舞馬之災)·305
무망지복(毋望之福)·307
무망지인(毋望之人)·307
무문(舞文)·307
무병자구(無病自灸)·307
무부무군(無父無君)·307
무사무편(無私無偏)·307
무산지몽(巫山之夢)·307
무수지수(貿首之讐)·307
무시로(無施勞)·307
무안(無顔)·302
무안색(無顔色)·307
무양(無恙)·306
무언거사(無言居士)·307
무염지욕(無厭之慾)·307
무예불치(蕪穢不治)·309
무용지용(無用之用)·309
무위도식(無爲徒食)·309
무위이치(無爲而治)·309
무위이화(無爲而化)·309
무위자연(無爲自然)·310
무이무삼(無二無三)·310
무인지경(無人之境)·310

무자식상팔자(無子息上八字)·310
무장공자(無腸公子)·310
무주공산(無主空山)·310
무진장(無盡藏)·310
무하유지향(無何有之鄕)·310
무하저처(無下箸處)·310
무항산무항심(無恒産無恒心)·310
묵돌불검(墨突不黔)·310
묵수성규(墨守成規)·310
문경지교(刎頸之交)·312
문념무희(文恬武嬉)·310
문도어맹(問道於盲)·310
문맹주우양(蚊虻走牛羊)·311
문맹지로(蚊虻之勞)·311
문불가점(文不加點)·311
문안시선(問安視膳)·311
문예부산(蚊蚋負山)·311
문일득삼(問一得三)·311
문일지십(聞一知十)·316
문전성시(門前成市)·318
문전옥답(門前沃畓)·311
문전작라(門前雀羅)·311
문정약시(門庭若市)·311
문질빈빈(文質彬彬)·311
문필도적(文筆盜賊)·311
물각유주(物各有主)·311
물고(物故)·311
물구즉신(物久則神)·317
물부충생(物腐蟲生)·317
물색비류(物色比類)·317
물의(物議)·317

물이류취(物以類聚)·317
물정소연(物情騷然)·317
물화(物化)·317
미관말직(微官末職)·317
미능면속(未能免俗)·317
미대난도(尾大難掉)·317
미도지반(迷途知返)·317
미래영겁(未來永劫)·317
미랭시(未冷尸)·319
미록성정(麋鹿性情)·319
미망인(未亡人)·320
미목수려(眉目秀麗)·319
미봉만환(彌縫漫患)·319
미봉책(彌縫策)·321
미사여구(美辭麗句)·319
미생지신(尾生之信)·323
미성일궤(未成一簣)·322
미안추파(媚眼秋波)·322
미연방(未然防)·322
미앙류(未央柳)·322
미의연년(美意延年)·322
미인국(美人局)·322
미자불문로(迷者不問路)·322
미증유(未曾有)·322
민고민지(民膏民脂)·322
민생어삼(民生於三)·324
민심무상(民心無常)·324
민위귀(民爲貴)·324
밀운불우(密雲不雨)·324

바라밀다(波羅蜜多)·327
박람강기(博覽强記)·327
박면피(剝面皮)·327
박문약례(博文約禮)·327
박빙여림(薄氷如臨)·327
박삭미리(撲朔迷離)·327
박옥혼금(璞玉渾金)·327
박인방증(博引旁證)·327
반간계(反間計)·326
반계곡경(盤溪曲徑)·327
반구제기(反求諸己)·327
반구이부신(反裘而負薪)·327
반근착절(盤根錯節)·328
반낭(飯囊)·327
반노환동(返老還童)·327
반룡부봉(攀龍附鳳)·327
반면교사(反面敎師)·329
반면지분(半面之分)·329
반문농부(班門弄斧)·329
반복소인(反覆小人)·329
반상반하(半上半下)·329
반생반사(半生半死)·329
반생반숙(半生半熟)·329
반소사(飯疎食)·329
반수반성(半睡半醒)·331
반승반속(半僧半俗)·331
반식대관(伴食大官)·331
반식자우환(半識字憂患)·333
반식재상(伴食宰相)·330
반신반의(半信半疑)·333
반액지구(反掖之寇)·333

반양기지족(絆良驥之足) · 333
반원와철(攀轅臥轍) · 333
반의지희(斑衣之戲) · 333
반자불성(半字不城) · 333
반자지명(半子之名) · 333
반재강중(半在江中) · 333
반포지효(反哺之孝) · 333
반포조(反哺鳥) · 333
반형도고(班荊道故) · 333
반후지종(飯後之鐘) · 333
발군출류(拔群出類) · 333
발단심장(髮短心長) · 333
발란반정(撥亂反正) · 335
발몽(發蒙) · 335
발본색원(拔本塞源) · 332
발분도강(發憤圖強) · 335
발분망식(發憤忘食) · 335
발산개세(拔山蓋世) · 334
발산거정(拔山擧鼎) · 335
발호(跋扈) · 336
방기곡경(旁岐曲徑) · 335
방모두단(房謀杜斷) · 335
방민지구심우방천(防民之口甚于防川) · 341
방반유철(放飯流歠) · 341
방약무인(傍若無人) · 338
방예원착(方枘圓鑿) · 341
방장부절(方長不折) · 341
방저원개(方底圓蓋) · 341
방촌이란(方寸已亂) · 341
방촌지지(方寸之地) · 341
방휼지세(蚌鷸之勢) · 341

방휼지쟁(蚌鷸之爭) · 341
배난해분(排難解紛) · 345
배반낭자(杯盤狼藉) · 340
배사간금(排沙簡金) · 345
배산압란(排山壓卵) · 345
배성차일(背城借一) · 345
배수거신(杯水車薪) · 345
배수진(背水陣) · 342
배중사영(杯中蛇影) · 344
배칭지식(倍稱之息) · 345
백가쟁명(百家爭鳴) · 345
백골난망(白骨難忘) · 345
백공천창(百孔千瘡) · 345
백구과극(白駒過隙) · 346
백귀야행(百鬼夜行) · 345
백금지사(百金之士) · 346
백낙일고(伯樂一顧) · 347
백년지객(百年之客) · 346
백년하청(百年河淸) · 349
백년해락(百年偕樂) · 346
백년행락(百年行樂) · 346
백대지과객(百代之過客) · 346
백두여신(白頭如新) · 346
백록수차곡(白鹿隨車穀) · 346
백룡어복(白龍魚服) · 353
백리부미(百里負米) · 353
백리지명(百里之命) · 353
백리지재(百里之才) · 353
백마벌기(百馬伐驥) · 353
백면서생(白面書生) · 350
백무소성(百無所成) · 353

20

백무일실(百無一失)·353
백무일취(百無一取)·353
백무일행(百無一幸)·353
백문불여일견(百聞不如一見)·351
백미(白眉)·352
백반총탕(白飯蔥湯)·353
백발백중(百發百中)·354
백발삼천장(白髮三千丈)·356
백벽미하(白璧微瑕)·353
백보천양(百步穿楊)·353
백불실일(百不失一)·353
백사청송(白沙靑松)·355
백세지후(百歲之後)·355
백수건달(白手乾達)·355
백수문(白首文)·355
백수북면(白首北面)·355
백수솔무(百獸率舞)·355
백수습복(百獸慴伏)·355
백수진인(白水眞人)·357
백아절현(伯牙絶絃)·358
백안시(白眼視)·360
백어입주(白魚入舟)·357
백약지장(百藥之長)·357
백옥(白屋)·357
백옥부조(白玉不彫)·357
백옥루(白玉樓)·357
백옥무하(白玉無瑕)·357
백운고비(白雲孤飛)·357
백의사자(白衣使者)·357
백의재상(白衣宰相)·357
백의종군(白衣從軍)·357

백인가도(白刃可蹈)·357
백이숙제(伯夷叔齊)·359
백인유아(伯仁由我)·359
백일몽(白日夢)·359
백일승천(白日昇天)·361
백전백승(百戰百勝)·361
백절불굴(百折不屈)·361
백족지충(百足之蟲)·361
백주지조(栢舟之操)·362
백중지간(伯仲之間)·361
백중지세(伯仲之勢)·364
백척간두(百尺竿頭)·361
백천조우해(百川朝于海)·361
백팔번뇌(百八煩惱)·361
백홍관일(白虹貫日)·365
백화요란(百花燎亂)·365
번간걸여(墦間乞餘)·365
번리지안(蕃籬之鷃)·365
번문욕례(繁文縟禮)·365
벌가(伐柯)·365
벌목지계(伐木之契)·365
벌성지광약(伐性之狂藥)·365
벌성지부(伐性之斧)·365
벌제위명(伐齊爲名)·365
법우(法雨)·370
법원권근(法遠拳近)·370
법지불행자상정지(法之不行自上征之)·370
벽립(壁立)·370
벽역(辟易)·370
벽중서(壁中書)·370
벽혈(碧血)·370

21

변사여륙(騈四儷六)·370
변족이식비(辯足以飾非)·370
별개생면(別開生面)·371
별무장물(別無長物)·371
별유천지비인간(別有天地非人間)·371
병가어소유(病加於少愈)·371
병무상세(兵無常勢)·371
병문졸속(兵聞拙速)·371
병불염사(兵不厭詐)·371
병불혈인(兵不血刃)·371
병사지야(兵死地也)·366
병야불안침(丙夜不安枕)·371
병유화(兵猶火)·371
병이(秉彝)·371
병입고황(病入膏肓)·368
병종구입(病從口入)·371
병주지정(幷州之情)·371
병촉야유(秉燭夜遊)·373
병풍상서(病風傷暑)·373
병풍상성(病風喪性)·373
보거상의(輔車相依)·373
보과습유(補過拾遺)·373
보보생연화(步步生蓮花)·375
보본반시(報本反始)·375
보시구난(輔時求難)·375
보우지차(鴇羽之嗟)·375
보원이덕(報怨以德)·372
보이국사(報以國士)·375
보천솔토(普天率土)·377
보천욕일(補天浴日)·377
보천지하솔토지빈(普天之下率土之濱)·377

복경호우(福輕乎羽)·377
복고(腹稿)·377
복룡봉추(伏龍鳳雛)·377
복마전(伏魔殿)·377
복배지모(腹背之毛)·377
복배지수(覆盃之水)·377
복사허(腹笥虛)·377
복소무완란(覆巢無完卵)·379
복소파란(覆巢破卵)·379
복수불반분(覆水不返盆)·374
복심지질(腹心之疾)·379
복장(覆醬)·379
복주복야(卜晝卜夜)·379
복주옹(覆酒甕)·379
본래면목(本來面目)·379
본동이말이(本同而末異)·381
본래무일물(本來無一物)·381
본립이도생(本立而道生)·381
본말전도(本末顚倒)·381
본비아물(本非我物)·381
봉건(封建)·381
봉기(蜂起)·381
봉격지희(奉檄之喜)·381
봉기불탁속(鳳饑不啄粟)·381
봉두구면(蓬頭垢面)·384
봉래약수(蓬萊弱水)·384
봉린지란(鳳麟芝蘭)·384
봉명조양(鳳鳴朝陽)·384
봉모인각(鳳毛麟角)·384
봉목시성(蜂目豺聲)·384
봉복절도(蜂腹絶倒)·384

봉시장사(封豕長蛇)·384
봉호옹유(蓬戶甕牖)·384
부급종사(負笈從師)·384
부귀부운(富貴浮雲)·384
부귀여부운(富貴如浮雲)·376
부기미(附驥尾)·378
부동심(不動心)·380
부마(駙馬)·382
부미백리(負米百里)·384
부복장주(剖腹藏珠)·384
부부자자(父父子子)·385
부생반일한(浮生半日閑)·385
부생약몽(浮生若夢)·385
부석부하(負石赴河)·385
부석침목(浮石沈木)·385
부수지소(膚受之愬)·385
부신지우(負薪之憂)·385
부앙불괴(俯仰不愧)·386
부여응지(膚如凝脂)·385
부염기한(附炎棄寒)·385
부용출수(芙蓉出水)·385
부우(負嵎)·385
부운예백일(浮雲翳白日)·385
부운조로(浮雲朝露)·385
부운지지(浮雲之志)·385
부월당전(斧鉞當前)·385
부월지하(斧鉞之下)·385
부유지명(蜉蝣之命)·385
부윤옥덕윤신(富潤屋德潤身)·387
부인지인(婦人之仁)·387
부재지족(富在之足)·387

부저소정저(釜底笑鼎底)·387
부정모혈(父精母血)·387
부족현치아(不足懸齒牙)·387
부중생어(釜中生魚)·387
부중지어(釜中之魚)·387
부지감고(不知甘苦)·387
부지경중(不知輕重)·387
부지기자시기우(不知其子視其友)·387
부지단예(不知端倪)·387
부지류(不知類)·387
부지육미(不知肉味)·387
부지족(不知足)·387
부지족이위구(不知足而爲屨)·387
부착흔(斧鑿痕)·387
부창부수(夫唱婦隨)·389
부탕도화(赴湯蹈火)·389
부평전봉(浮萍轉蓬)·389
부형(負荊)·389
부화뇌동(附和雷同)·391
북망산천(北邙山川)·391
북문쇄약(北門鎖鑰)·391
북문지탄(北門之歎)·391
북방지강(北方之强)·391
북산지감(北山之感)·391
북원적초(北轅適楚)·391
북창삼우(北窓三友)·391
분거지상무중니(奔車之上無仲尼)·391
분골쇄신(粉骨碎身)·393
분도양표(分道揚鑣)·393
분묘지지(墳墓之地)·393
분방자재(奔放自在)·393

분백대흑(粉白黛黑)·393
분서갱유(焚書坑儒)·388
분수상별(分袖相別)·393
분여광(分餘光)·395
분장고방획토(奔獐顧放獲兎)·395
불가구약(不可救藥)·395
불가동일이어(不可同日而語)·395
불가사야(弗可赦也)·395
불가사의(不可思議)·395
불각기양(不覺技痒)·395
불간지서(不刊之書)·395
불견전지서(不見前之鼠)·397
불결철(不結轍)·397
불계지주(不繫之舟)·397
불고만사일생(不顧萬死一生)·397
불공대천지수(不共戴天之讎)·390
불괴옥루(不愧屋漏)·397
불교이주(不敎而誅)·397
불구심해(不求甚解)·397
불귀객(不歸客)·397
불념구악(不念舊惡)·392
불능수습(不能收拾)·397
불두착분(佛頭着糞)·397
불록(不祿)·399
불립문자(不立文字)·400
불면어정조(不免於鼎俎)·400
불모지지(不毛之地)·400
불문곡직(不問曲直)·400
불문마(不問馬)·400
불비불명(不蜚不鳴)·400
불비지혜(不費之惠)·400

불삼숙상하(不三宿桑下)·400
불생불멸(不生不滅)·400
불석신명(不惜身命)·400
불선불후(不先不後)·400
불성취일(不成就日)·400
불소지신(不召之臣)·400
불수진(拂鬚塵)·400
불심천자(佛心天子)·400
불식지무(不識之無)·401
불야성(不夜城)·401
불어괴력난신(不語怪力亂神)·401
불역유행(不易流行)·401
불요불굴(不撓不屈)·401
불요불급(不要不急)·401
불욕군명(不辱君命)·401
불원천리(不遠千里)·401
불원천불우인(不怨天不尤人)·401
불위농시(不違農時)·401
불유여력(不遺餘力)·401
불이인폐언(不以人廢言)·401
불익이비(不翼而飛)·401
불인인열(不因人熱)·401
불입호혈부득호자(不入虎穴不得虎子)·394
불자양력(不自量力)·401
불즉불리(不卽不離)·403
불지지호(不脂之戶)·403
불초(不肖)·403
불치인류(不齒人類)·403
불치하문(不恥下問)·403
불통수화(不通水火)·405
불파천불외지(不怕天不畏地)·405

불편부당(不偏不黨) · 405
불하일장(不下一杖) · 405
불학무술(不學無術) · 405
불한이율(不寒而慄) · 405
불해의대(不解衣帶) · 405
불협화음(不協和音) · 405
불혹지년(不惑之年) · 396
붕정만리(鵬程萬里) · 398
비견접종(比肩接踵) · 405
비궁지절(匪躬之節) · 405
비려비마(非驢非馬) · 405
비례지례(非禮之禮) · 405
비리곡직(非理曲直) · 407
비방지목(誹謗之木) · 402
비부감수(蚍蜉撼樹) · 407
비불외곡(臂不外曲) · 407
비석지심(匪石之心) · 407
비아부화(飛蛾赴火) · 407
비양발호(飛揚跋扈) · 407
비옥가봉(比屋可封) · 407
비우상(飛羽觴) · 407
비위난정(脾胃難定) · 407
비유비무(非有非無) · 407
비육부생(髀肉復生) · 407
비육불포(非肉不飽) · 407
비육지탄(髀肉之嘆) · 404
비이소사(匪夷所思) · 407
비이장목(飛耳長目) · 407
비익연리(比翼連理) · 409
비잠동치(飛潛同置) · 409
비장수기(飛將數奇) · 409

비장즉답(轡長則踏) · 409
비전불행(非錢不行) · 409
비전지죄(非戰之罪) · 409
비조(鼻祖) · 409
비조경사(飛鳥驚蛇) · 411
비조불입(飛鳥不入) · 411
비조즉석(非朝卽夕) · 411
비조진양궁장(飛鳥盡良弓藏) · 411
비파자무가자역무(琵琶者舞枷者亦舞) · 411
비풍참우(悲風慘雨) · 411
비하정사(鼻下政事) · 411
비황등달(飛黃騰達) · 412
빈계지신(牝鷄之晨) · 406
빈도골(貧到骨) · 412
빈마지정(牝馬之貞) · 412
빈자일등(貧者一燈) · 408
빈지여귀(賓至如歸) · 412
빈천불능이(貧賤不能移) · 412
빙기옥골(氷肌玉骨) · 412
빙동삼척 비일일지한(氷凍三尺 非一日之寒) · 412
빙정옥결(氷貞玉潔) · 412
빙탄간(氷炭間) · 410
빙탄상애(氷炭相愛) · 412
빙호지심(氷壺之心) · 412
빙호추월(氷壺秋月) · 412

사가망처(徙家忘妻) · 415
사계(四計) · 415
사고무친(四顧無親) · 415

사고팔고(四苦八苦)·415
사공견관(司空見慣)·415
사공명주생중달(死孔明走生仲達)·414
사공중곡(射空中鵠)·415
사과반(謝過半)·417
사단(四端)·416
사단취장(舍短取長)·415
사려분별(思慮分別)·415
사광지총(師曠之聰)·415
사궁(四窮)·415
사궤장(賜几杖)·415
사근취원(捨近取遠)·415
사기종인(舍己從人)·419
사기포서(使驥捕鼠)·419
사단칠정(四端七情)·419
사량침주(捨糧沈舟)·419
사륙변려(四六騈儷)·419
사면초가(四面楚歌)·418
사면춘풍(四面春風)·419
사목지신(徙木之信)·419
사무량심(四無量心)·419
사무사(思無邪)·419
사문난적(斯文亂賊)·419
사민이시(使民以時)·419
사반공배(事半功倍)·421
사발농사(沙鉢農事)·421
사발통문(沙鉢通文)·421
사방지지(四方之志)·421
사백사병(四百四病)·421
사불급설(駟不及舌)·420
사불범정(邪不犯正)·421

사불여죽죽불여육(絲不如竹竹不如肉)·421
사비위빈(仕非爲貧)·423
사상누각(砂上樓閣)·423
사생유명(死生有命)·423
사서(社鼠)·423
사석위호(射石爲虎)·423
사숙(私淑)·423
사승습장(死僧習杖)·423
사시이비(似是而非)·423
사시지서(四時之序)·423
사심불구(蛇心佛口)·423
사양장랑(使羊將狼)·423
사양지심(辭讓之心)·425
사우(死友)·425
사위지기자사(士爲知己者死)·425
사유종시(事有終始)·425
사이무회(死而無悔)·427
사이불망(死而不亡)·427
사이불후(死而不朽)·427
사이비(似而非)·422
사이지차(事已至此)·427
사이후이(死而後已)·429
사인선사마(射人先射馬)·426
사자분신(獅子奮迅)·429
사자신중충(獅子身中蟲)·429
사자후(獅子吼)·426
사정곡(射正鵠)·429
사제사초(事齊事楚)·429
사족(蛇足)·428
사중우어(沙中偶語)·431
사지(四知)·430

사지문지(使之聞之)·431
사직위허(社稷爲墟)·431
사직지신(社稷之臣)·431
사차불후(死且不朽)·431
사체불근오곡불분(四體不勤五穀不分)·431
사통팔달(四通八達)·431
사표(師表)·431
사필귀정(事必歸正)·431
사하청(俟河淸)·431
사해동포(四海同胞)·431
사해위가(四海爲家)·431
사해형제(四海兄弟)·432
사회부연(死灰復燃)·431
사후약방문(死後藥方文)·431
삭탈관직(削奪官職)·431
산계야목(山鷄野鶩)·433
산고수장(山高水長)·433
산류석천(山溜石穿)·433
산명곡응(山鳴谷應)·433
산무유책(算無遺策)·433
산우욕래풍만루(山雨欲來風滿樓)·433
산자수명(山紫水明)·433
산저귀저(山底貴杵)·433
산중무력일(山中無曆日)·433
산중재상(山中宰相)·433
산진수궁(山盡水窮)·433
살신성인(殺身成仁)·434
살인부잡안(殺人不眨眼)·435
삼강오상(三綱五常)·435
삼계유일심(三界唯一心)·435
삼계팔고(三界八苦)·435

삼계화택(三界火宅)·435
삼고지례(三顧之禮)·435
삼고초려(三顧草廬)·436
삼년불비우불명(三年不蜚又不鳴)·435
삼두육비(三頭六臂)·437
삼라만상(森羅萬象)·437
삼령오신(三令五申)·437
삼매경(三昧境)·437
삼면육비(三面六臂)·437
삼배지치(三北之恥)·437
삼부지양(三釜之養)·437
삼불거(三不去)·437
삼불외(三不畏)·437
삼불혹(三不惑)·437
삼불효(三不孝)·437
삼불후(三不朽)·437
삼사이행(三思而行)·441
삼삼오오(三三五五)·441
삼상지탄(參商之歎)·441
삼생연분(三生緣分)·441
삼성오신(三省吾身)·441
삼십육계(三十六計)·438
삼여(三餘) 441
삼인성호(三人成虎)·440
삼인행필유아사(三人行必有我師)·443
삼재(三才)·443
삼종지도(三從之道)·442
삼지례(三枝禮)·443
삼천갑자동방삭(三千甲子東方朔)·444
삼천세계(三千世界)·443
삼천지교(三遷之敎)·443

삼천총애재일신(三千寵愛在一身)·443
삼촌지설(三寸之舌)·446
삼촌지할(三寸之轄)·443
삼취정계(三聚淨戒)·443
삼함(三緘)·443
삼호망진(三戶亡秦)·443
삽혈(歃血)·443
상가지구(喪家之狗)·450
상간복상(桑間濮上)·449
상경백유(相驚伯有)·449
상궁지조(傷弓之鳥)·449
상기석의(賞奇析疑)·449
상당연(想當然)·449
상덕부덕(上德不德)·449
상두주무(桑杜綢繆)·449
상락아정(常樂我淨)·449
상루하습(上漏下濕)·449
상린범개(常鱗凡介)·449
상마실지수(相馬失之瘦)·449
상마지교(桑痲之交)·449
상명지통(喪明之痛)·449
상봉(霜蓬)·451
상봉지지(桑蓬之志)·451
상분(嘗糞)·451
상사병(相思病)·452
상사실지빈(相事失之貧)·451
상산사세(常山蛇勢)·451
상수발제(上樹拔梯)·451
상유호자하필유심(上有好者下必有甚)·451
상의의국(上醫醫國)·455
상적광토(常寂光土)·455
상전벽해(桑田碧海)·454
상중(桑中)·456
상중지희(桑中之喜)·455
상치(尙齒)·455
상치분신(象齒焚身)·455
상하기수(上下其手)·455
상하사불급(上下寺不及)·455
상하탱석(上下撑石)·457
상호봉시(桑弧蓬矢)·457
새신만명(賽神萬明)·457
새옹득실(塞翁得失)·457
새옹지마(塞翁之馬)·458
색즉시공(色卽是空)·457
생기사귀(生寄死歸)·457
생면대책(生面大責)·459
생면부지(生面不知)·459
생멸멸이(生滅滅已)·459
생무살인(生巫殺人)·459
생사육골(生死肉骨)·459
생살여탈(生殺與奪)·459
생이지지(生而知之)·460
생자필멸(生者必滅)·461
생전부귀사후문장(生前富貴死後文章)·461
생지안행(生知安行)·461
생탄활박(生呑活剝)·461
서간충비(鼠肝蟲臂)·461
서리지탄(黍離之嘆)·462
서시봉심(西施捧心)·461
서시빈목(西施矉目)·464
서절구투(鼠竊狗偸)·461
서제막급(噬臍莫及)·466

서족이기성명(書足以記姓名)·468
석계등천(釋階登天)·461
석과불식(碩果不食)·461
석권(席卷)·470
석근관지(釋根灌枝)·463
석불가난(席不暇暖)·463
석안유심(釋眼儒心)·463
석파천경(石破天驚)·463
석학홍유(碩學鴻儒)·463
석화광음(石火光陰)·463
선건전곤(旋乾轉坤)·463
선공무덕(善供無德)·463
선남선녀(善男善女)·463
선병자의(先病者醫)·465
선로명주(仙露明珠)·465
선시어외(先始於隗)·472
선양방벌(禪讓放伐)·465
선어무망(羨魚無網)·465
선언난어포백(善言煖於布帛)·465
선우후락(先憂後樂)·474
선의순지(先意順旨)·465
선의후리(先義後利)·465
선입위주(先入爲主)·467
선자옥질(仙姿玉質)·467
선종외시(先從隗始)·467
선즉제인(先卽制人)·476
선지부지설(蟬之不知雪)·467
선침온석(扇枕溫席)·467
선하(先河)·467
선행무철적(善行務轍迹)·467
선화후과(先花後果)·467

설니홍조(雪泥鴻爪)·467
설병지지(挈缾之知)·467
설부화용(雪膚花容)·467
설상가상(雪上加霜)·467
설중송백(雪中松柏)·467
설중송탄(雪中送炭)·467
섭우춘빙(涉于春氷)·469
섭족부이(躡足附耳)·469
성공무덕(聖供無德)·469
성공자퇴(成功者退)·478
성년부중래(盛年不重來)·469
성동격서(聲東擊西)·469
성명낭자(聲名狼藉)·469
성문과정(聲聞過情)·470
성사부설(成事不說)·471
성상근습상원(性相近習相遠)·471
성수불루(盛水不漏)·471
성수자지명(成竪子之名)·471
성야소하패야소하(成也簫何敗也簫何)·471
성자필쇠(盛者必衰)·471
성중형외(誠中形外)·471
성즉군왕패즉역적(成則君王敗則逆賊)·471
성하지맹(城下之盟)·480
성혜(成蹊)·471
성호사서(城狐社鼠)·482
성화요원(星火燎原)·471
세군(細君)·471
세단의장(世短意長)·471
세답족백(洗踏足白)·473
세월부대인(歲月不待人)·484
세이공청(洗耳恭聽)·473

세태염량(世態炎凉) · 473
세한삼우(歲寒三友) · 473
소거백마(素車白馬) · 473
소견다괴(少見多怪) · 475
소국과민(小國寡民) · 485
소규조수(簫規曹隨) · 475
소극침주(小隙沈舟) · 475
소년이로학난성(少年易老學難成) · 475
소리장도(笑裏藏刀) · 477
소림일지(巢林一枝) · 477
소미지급(燒眉之急) · 477
소비하청(笑比河淸) · 477
소상팔경(瀟湘八景) · 477
소심익익(小心翼翼) · 486
소양지판(霄壤之判) · 477
소의간식(宵衣旰食) · 479
소인묵객(騷人墨客) · 479
소인지용(小人之勇) · 479
소인한거위불선(小人閑居爲不善) · 488
소일지탄(小一之嘆) · 479
소자불가측(笑者不可測) · 479
소중도(笑中刀) · 479
소지(掃地) · 481
소진동(蘇秦童) · 481
소탐대실(小貪大失) · 481
소핍자상량문(所乏者上梁文) · 481
소향무적(所向無敵) · 481
소훼난파(巢毁卵破) · 481
속수(束脩) · 481
속전속결(速戰速決) · 481
속지고각(束之高閣) · 481

손여지언(巽與之言) · 483
솔토지빈(率土之濱) · 483
송무백열(松茂栢悅) · 483
송백조(松柏操) · 483
송양지인(宋襄之仁) · 490
수가재주역가복주(水可載舟亦可覆舟) · 483
수각황망(手脚慌忙) · 483
수간두옥(數間斗屋) · 483
수갈불완(短褐不完) · 483
수경무사(水鏡無私) · 487
수경지인(水鏡之人) · 487
수구여병(守口如甁) · 487
수궁즉설(獸窮則齧) · 487
수기(數奇) · 487
수담(手談) · 487
수도거성(水到渠成) · 487
수도호손산(樹倒猢猻散) · 489
수독오거서(須讀五車書) · 489
수락석출(水落石出) · 491
수렴청정(垂簾聽政) · 491
수망상조(守望相助) · 491
수복난재수(水覆難再收) · 491
수부중불원(雖不中不遠) · 491
수불석권(手不釋卷) · 491
수사심복(輸寫心腹) · 491
수서양단(首鼠兩端) · 492
수석침류(漱石枕流) · 494
수설불통(水泄不通) · 491
수수방관(袖手傍觀) · 493
수수방원기(水隨方圓器) · 493
수식변폭(修飾邊幅) · 496

수신제가(修身齊家)·493
수심화열(水深火熱)·495
수심가지인심난지(水深可知人心難知)·495
수욕정이풍부지(樹欲靜而風不止)·495
수어지교(水魚之交)·498
수욕다(壽辱多)·500
수원수구(誰怨誰咎)·495
수이부실(秀而不實)·499
수일주(輸一籌)·499
수자부족여모(豎子不足與謀)·502
수잡지수(數雜之壽)·499
수적성천(水積成川)·499
수제조적(獸蹄鳥跡)·499
수주대토(守株待兔)·505
수주탄작(隨珠彈雀)·499
수주화벽(隋珠和璧)·499
수지오지자웅(誰知烏之雌雄)·506
수지청즉무어(水至淸則無魚)·508
수질승가하증(雖嫉僧袈何憎)·499
수천만인오왕의(雖千萬人吾往矣)·499
수하석상(樹下石上)·499
수행병하(數行並下)·499
수화불상용(水火不相容)·503
수화불통(水火不通)·503
수화빙탄(水火氷炭)·503
수화지재(隋和之材)·503
숙독완미(熟讀玩味)·504
숙려단행(熟慮斷行)·504
숙맥불변(菽麥不辨)·504
숙불환생(熟不還生)·504
숙살지기(肅殺之氣)·504

숙속지문(菽粟之文)·504
숙수지환(菽水之歡)·504
숙습난당(熟習難當)·504
숙시숙비(孰是孰非)·504
숙시주의(熟柿主義)·504
숙야비해(夙夜匪解)·504
숙호충비(宿虎衝鼻)·504
숙흥야매(夙興夜寐)·504
순망치한(脣亡齒寒)·510
순식간(瞬息間)·504
순우추요(詢于芻蕘)·504
순치보거(脣齒輔車)·504
순치지국(脣齒之國)·507
순풍이호(順風而呼)·507
순피박(脣皮薄)·507
술이부작(述而不作)·512
술자지능(述者之能)·507
슬갑도적(膝甲盜賊)·507
슬양소배(膝癢搔背)·507
슬지처곤중(蝨之處褌中)·507
슬처두이흑(蝨處頭而黑)·507
습관약자연(習慣若自然)·509
습여성성(習與性成)·509
습인아혜(拾人牙慧)·509
습인체타(拾人涕唾)·509
습잠악촉(拾蠶握蠋)·509
승거목단수적석천(繩鋸木斷水滴石穿)·509
승당입실(昇堂入室)·509
승두지리(升斗之利)·509
승망풍지(乘望風旨)·509
승묵(繩墨)·509

승상접하(承上接下)·509
승선입시(乘船入市)·509
승선주마삼분명(乘船走馬三分命)·509
승영(蠅營)·509
승영구구(蠅營狗苟)·511
승우독한서(乘牛讀漢書)·511
승패병가사불기(勝敗兵家事不期)·511
승패병가상사(勝敗兵家常事)·514
승풍파랑(乘風破浪)·511
시교수축(豕交獸畜)·513
시근종태(始勤終怠)·513
시덕자창(恃德者昌)·513
시도지교(市道之交)·513
시랑당도(豺狼當道)·513
시례지훈(詩禮之訓)·513
시록(尸祿)·513
시민여자(視民如子)·513
시불가실(時不可失)·513
시비지심(是非之心)·513
시사약귀(視死若歸)·513
시사여생(視死如生)·515
시산혈해(屍山血海)·515
시시비비(是是非非)·515
시야비야(是也非也)·515
시약초월(視若楚越)·515
시어다골(鰣魚多骨)·515
시여처녀후여탈토(始如處女後如脫兎)·515
시옹지정(時雍之政)·515
시용승수환이두수(始用升授還以斗受)·515
시위소찬(尸位素餐)·516
시이불견(視而不見)·515

시이불공(恃而不恐)·515
시이사왕(時移事往)·515
시일불현(視日不眩)·515
시정지도(市井之徒)·515
시호삼전(市虎三傳)·517
식객삼천(食客三千)·517
식마육불음주상인(食馬肉不飮酒傷人)·518
식무구포거무구안(食無求飽居無求安)·517
식불이미(食不二味)·517
식소사번(食少事煩)·520
식송망정(植松望亭)·517
식언(食言)·522
식언이비(食言而肥)·517
식옥신계(食玉薪桂)·517
식우지기(食牛之氣)·517
식이부지기미(食而不知其味)·517
식자순군(食子狗君)·517
식자우환(識字憂患)·524
식전방장(食前方丈)·517
식지동(食指動)·526
신공귀부(神工鬼斧)·517
신급돈어(信及豚魚)·517
신기묘산(神機妙算)·521
신량등화(新凉燈火)·521
신로심불로(身老心不老)·521
신상필벌(信賞必罰)·521
신성낙락(晨星落落)·521
신수지로(薪水之勞)·521
신언불미(信言不美)·521
신언서판(身言書判)·521
신외무물(身外無物)·521

신진기예(新進氣銳)·521
신진대사(新陳代謝)·523
신진화멸(薪盡火滅)·523
신체발부수지부모(身體髮膚受之父母)·523
신출귀몰(神出鬼沒)·523
신친당지(身親當之)·523
신호지세(晨虎之勢)·525
신후지간(身後之諫)·525
신후지지(身後之地)·525
실부의린(失斧疑隣)·525
실비저(失匕箸)·525
실사구시(實事求是)·528
실어공중(失於空中)·525
실언·실인(失言失人)·530
실천궁행(實踐躬行)·525
심근고저(深根固柢)·525
심기일전(心機一轉)·527
심두멸각(心頭滅却)·527
심모원려(深謀遠廬)·529
심복지환(心腹之患)·529
심부재언시이불견(心不在焉視而不見)·529
심사묵고(沈思默考)·529
심산대택생용사(深山大澤生龍蛇)·529
심원의마(心猿意馬)·532
심정즉필정(心正則筆正)·529
십년마일검(十年磨一劍)·533
십년수목백년수인(十年樹木百年樹人)·529
십년일일(十年一日)·529
십맹일장(十盲一杖)·529
십목소시(十目所視)·534
십벌지목(十伐之木)·529

십습이장(十襲而藏)·529
십시일반(十匙一飯)·531
십실구공(十室九空)·531
십양구목(十羊九牧)·531
십인수지 부득찰일적(什人守之 不得察一賊)·531
십인십색(十人十色)·531
십일지국(十日之菊)·531
십전구도(十顚九倒)·531
십지부동(十指不動)·531
십풍오우(十風五雨)·531
쌍관제하(雙管齊下)·531

아가사창(我歌查唱)·541
아도물(阿賭物)·538
아동지언의납이문(兒童之言宜納耳門)·541
아미(蛾眉)·541
아부(亞父)·541
아부영합(阿附迎合)·541
아비규환(阿鼻叫喚)·541
아상지화아상지회(我上之火兒上之火)·543
아수라도(阿修羅道)·543
아심비석불가전(我心匪石不可轉)·543
아심여칭(我心如秤)·543
아유경탈(阿諛傾奪)·544
아유구용(阿諛苟容)·544
아전인수(我田引水)·544
아지언(我知言)·544
아호지혜(餓虎之蹊)·544
악목불음(惡木不飮)·547

악발토포(握髮吐哺) · 547
악방봉뢰(惡傍逢雷) · 547
악부지존(握符之尊) · 547
악사천리(惡事千里) · 539
악안상대(惡顏相對) · 547
악향수한(握兩手汗) · 547
악어이시(惡語易施) · 547
악언불출구(惡言不出口) · 547
악의악식(惡衣惡食) · 549
악인악과(惡因惡果) · 549
악전고투(惡戰苦鬪) · 549
안감생심(安敢生心) · 549
안거낙업(安居樂業) · 549
안거포륜(安車蒲輪) · 549
안고수비(眼高手卑) · 549
안광지배(眼光紙背) · 551
안도(安堵) · 551
안도색기(按圖索驥) · 551
안보이당거(安步以當車) · 551
안목수쾌(眼目手快) · 553
안목소시(眼目所視) · 553
안불망위(安不忘危) · 553
안비막개(眼鼻莫開) · 553
안빈낙도(安貧樂道) · 553
안서(雁書) · 540
안심입명(安心立命) · 553
안여태산(安如泰山) · 553
안연무양(安然無恙) · 553
안우반석(安于盤石) · 553
안전막동(眼前莫童) · 553
안족서(雁足書) · 553

안중유철(眼中有鐵) · 553
안중지인(眼中之人) · 553
안중지정(眼中之釘) · 542
안택정로(安宅正路) · 555
안토중천(安土重遷) · 555
안항(雁行) · 555
알묘조장(揠苗助長) · 555
알악양선(遏惡揚善) · 555
알운곡(遏雲曲) · 555
암도진창(暗渡陳倉) · 555
암전난방(暗箭難防) · 555
암중모색(暗中摸索) · 544
암중방광(暗中放光) · 555
암혈지사(巖穴之士) · 555
압권(壓卷) · 555
앙급지어(殃及池魚) · 545
앙인비식(仰人鼻息) · 555
앙천부지(仰天俯址) · 557
앙천이타(仰天而唾) · 557
애급옥오(愛及屋烏) · 557
애년(艾年) · 557
애다증지(愛多憎至) · 557
애리증식(哀梨蒸食) · 557
애막조지(愛莫助之) · 557
애매모호(曖昧模糊) · 557
애별리고(愛別離苦) · 557
애석폐고(愛惜弊袴) · 559
애애부모(哀哀父母) · 559
애연기연(愛緣機緣) · 559
애이불비(哀而不悲) · 559
애이불상(哀而不傷) · 559

애이지기악(愛而知其惡) · 559
애인이덕(愛人以德) · 559
애자지원(睚眥之怨) · 559
애자필보(睚眥必報) · 559
애좌애우(挨左挨右) · 561
애호체읍(哀號涕泣) · 561
애홍보집(哀鴻甫集) · 561
애홍편야(哀鴻遍野) · 561
애훼골립(哀毀骨立) · 561
액항부배(搤亢拊背) · 561
앵무능언불리비조(鸚鵡能言不離飛鳥) · 561
야단법석(野壇法席) · 562
야도화쟁발(野渡花爭發) · 562
야랑자대(夜郎自大) · 562
야무유현(野無遺賢) · 562
야무청초(若無靑草) · 562
야심(野心) · 562
야용지회(冶容之誨) · 562
야우대상(夜雨對牀) · 562
야이계일(夜以繼日) · 562
야장몽다(夜長夢多) · 562
야호선(野狐禪) · 562
약관(弱冠) · 546
약농중물(藥籠中物) · 565
약마복중(弱馬卜重) · 565
약법삼장(約法三章) · 548
약사지과극(若駟之過隙) · 565
약석무효(藥石無效) · 565
약석지언(藥石之言) · 565
약섭대수(若涉大水) · 565
약섭춘빙(若涉春氷) · 565

약육강식(弱肉强食) · 565
약합부절(若合符節) · 565
양고심장(良賈深藏) · 565
양궁상합(兩窮相合) · 565
양금미옥(良金美玉) · 565
양금신족(量衾伸足) · 565
양금택목(良禽擇木) · 565
양두구육(羊頭狗肉) · 550
양민오착(良民誤捉) · 567
양반양거(讓畔讓居) · 567
양봉제비(兩鳳齊飛) · 567
양사주석(揚沙走石) · 567
양상군자(梁上君子) · 552
양상도회(梁上塗灰) · 567
양수집병(兩手執餠) · 567
양시쌍비(兩是雙非) · 567
양약고구(良藥苦口) · 554
양웅불구립(兩雄不俱立) · 567
양이천석(良二千石) · 567
양입제출(量入制出) · 569
양자방지부자(養子方知父慈) · 569
양자식지친력(養子息知親力) · 569
양장소경(羊腸小徑) · 569
양주지학(揚州之鶴) · 569
양지양능(良知良能) · 569
양지지효(養志之孝) · 569
양질호피(羊質虎皮) · 569
양체재의(量體裁衣) · 569
양춘백설(陽春白雪) · 569
양탕지비(揚湯止沸) · 571
양포지구(楊布之狗) · 556

양호상투(兩虎相鬪)·571
양호유환(養虎遺患)·571
양화구복(禳禍求福)·571
양후지파(陽侯之波)·571
어두귀면지졸(魚頭鬼面之卒)·571
어망홍리(魚網鴻離)·571
어목혼주(魚目混珠)·573
어변성룡(魚變成龍)·573
어부지리(漁夫之利)·558
어불견수(魚不見水)·573
어사우(御史雨)·573
어숙지제(魚菽之祭)·575
어시지혹(魚豕之惑)·575
어언무미(語言無味)·575
어언이불상(語焉而不詳)·575
어유부중(魚遊釜中)·575
어질용문(魚質龍文)·575
어현유감이(魚懸由甘餌)·575
억하심정(抑何心情)·577
언거언래(言去言來)·577
언과기실(言過其實)·577
언무수문(偃武修文)·577
언무족이천리(言無足而千里)·577
언불진의(言不盡意)·577
언소자약(言笑自若)·577
언신지문야(言身之文也)·577
언어도단(言語道斷)·577
언중유골(言中有骨)·577
언족이식비(言足以飾非)·577
언즉시야(言則是也)·577
언지이이행지난(言之易而行之難)·577

언천회구류(言泉會九流)·577
언필칭요순(言必稱堯舜)·579
언행군자지추기(言行君子之樞機)·579
엄목포작(掩目捕雀)·579
엄이도령(掩耳盜鈴)·560
엄이도종(掩耳盜鐘)·579
여고금슬(如鼓琴瑟)·579
여광여취(如光如醉)·579
여구기귀(黎邱奇鬼)·579
여귀시(如歸市)·579
여기소종(沴氣所鍾)·579
여단수족(如斷手足)·579
여도지죄(餘桃之罪)·563
여련왕(厲憐王)·579
여리박빙(如履薄氷)·579
여림심연(如臨深淵)·579
여무소부도(慮無所不到)·579
여민동락(與民同樂)·579
여반장(如反掌)·579
여발통치(如拔痛齒)·579
여병말마(厲兵秣馬)·581
여불비례(餘不備禮)·581
여비사지(如臂使指)·581
여세무섭(與世無涉)·581
여세추이(與世推移)·581
여수동죄(與受同罪)·581
여수투수(如水投水)·581
여시아문(如是我聞)·581
여실일비(如失一臂)·581
여아부화(如蛾赴火)·581
여어득수(如魚得水)·583

여어실수(如魚失水)·583
여연지필(如椽之筆)·583
여연화출수(如蓮花出水)·583
여월지항(如月之恒)·585
여의투질(如蟻偸垤)·585
여이남위가(女以男爲家)·585
여위열기자용(女爲說己者容)·585
여자동포(與子同袍)·585
여자유행원부모형제(女子有行遠父母兄弟)·585
여장절각(汝牆折角)·585
여조과목(如鳥過目)·585
여족여수(如足如手)·585
여좌침석(如坐針席)·585
여진여퇴(旅進旅退)·585
여측이심(如廁二心)·587
여타자별(與他自別)·587
여탈폐사(如脫弊屣)·587
여택지계(麗澤之契)·587
여풍과이(如風過耳)·587
여필종부(女必從夫)·587
여호모피(與狐謀皮)·587
여화여도(如火如荼)·587
역려과객(逆旅過客)·587
역린(逆鱗)·564
역보역추(亦步亦趨)·587
역부몽(役夫夢)·587
역성혁명(易姓革命)·587
역이지언(逆耳之言)·587
역자이교지(易子而教之)·587
역자이식(易子而食)·566

역지즉개연(易地則皆然)·587
역책(易簀)·587
연경거종(延頸擧踵)·589
연곡하(輦轂下)·589
연년세세(年年歲歲)·589
연대지필(椽大之筆)·589
연도일할(鉛刀一割)·589
연독지정(吮犢之情)·589
연두월미(年頭月尾)·589
연리지(連理枝)·568
연목구어(緣木求魚)·570
연미지액(燃眉之厄)·589
연비어약(鳶飛魚躍)·589
연서지명(燃犀之明)·589
연성지벽(連城之璧)·591
연수(燃鬚)·591
연안대비(燕雁代飛)·591
연안짐독(宴安酖毒)·591
연옹지치(吮癰舐痔)·591
연작불생봉(燕雀不生鳳)·591
연작안지홍곡지지(燕雀安知鴻鵠之志)·572
연작홍곡(燕雀鴻鵠)·591
연작처당(燕雀處堂)·591
연저지인(吮疽之仁)·574
연조비가사(燕趙悲歌士)·591
연지삽말(軟地插抹)·591
연파천리(煙波千里)·591
연편누독(連篇累牘)·591
연하고질(煙霞痼疾)·591
연함투필(燕頷投筆)·591
연함호두(燕頷虎頭)·593

연홍지탄(燕鴻之歎)·593
연화왕생(蓮花往生)·593
연화중인(煙火中人)·593
열이불치(涅而不緇)·593
열풍소고엽(烈風掃枯葉)·593
염거지감(鹽車之憾)·593
염량세태(炎涼世態)·593
염력통암(念力通巖)·593
염리예토(厭離穢土)·593
염불급타(念不及他)·593
염철지리(鹽鐵之利)·593
염화미소(拈華微笑)·593
영고성쇠(榮枯盛衰)·595
영과이후진(盈科而後進)·595
영관(盈貫)·595
영만지구(盈滿之咎)·595
영불리신(影不離身)·595
영서연설(郢書燕說)·595
영서일점통(靈犀一點通)·595
영설지재(詠雪之才)·595
영수(領袖)·595
영어공(囹圄空)·595
영웅기인(英雄欺人)·595
영원지정(鴒原之情)·595
영위계구물위우후(寧爲鷄口勿爲牛後)·595
영인부아무아부인(寧人負我無我負人)·597
영인이해(迎刃而解)·597
영장(靈長)·597
영착(郢斲)·597
영출다문(令出多門)·597
영파지목(盈把之木)·597

영형아(寧馨兒)·597
예백(曳白)·597
예미도중(曳尾塗中)·576
예불가폐(禮不可廢)·597
예상왕래(禮尙往來)·598
예수지교(醴水之交)·598
예승즉이(禮勝則離)·598
예의염치(禮義廉恥)·598
예주불설(醴酒不設)·599
오가소립(吾家所立)·599
오거서(五車書)·599
오경소지(五經掃地)·599
오곡불승(五穀不升)·599
오구지혼(梧丘之魂)·599
오기의불오기인(惡其意不惡其人)·599
오당지사(吾黨之士)·599
오도남의(吾道南矣)·599
오동일엽(梧桐一葉)·599
오두초미(吳頭楚尾)·599
오리무중(五里霧中)·578
오매불망(寤寐不忘)·580
오매사복(寤寐思服)·599
오방저미(五方猪尾)·599
오부홍교(誤付洪喬)·599
오비삼척(吾鼻三尺)·603
오비이락(烏飛梨落)·603
오비일색(烏飛一色)·603
오비토주(烏飛兔走)·603
오사필의(吾事畢矣)·603
오상고절(傲霜孤節)·603
오색무주(五色無主)·603

오서지기(鼯鼠之技)·603
오설상재(吾舌尙在)·582
오십보백보(五十步百步)·584
오십보소백보(五十步笑百步)·604
오십천명(五十天命)·604
오안불손(傲岸不遜)·604
오언장성(五言長城)·604
오언절구(五言絶句)·604
오우천월(吳牛喘月)·586
오월동주(吳越同舟)·588
오월로(五月爐)·604
오일경조(五日京兆)·604
오유(烏有)·604
오자탈주(惡紫奪朱)·604
오장육부(五臟六腑)·604
오조사정(烏鳥私情)·604
오지자웅(烏之雌雄)·605
오집지교(烏集之交)·605
오풍십우(五風十雨)·605
오하아몽(吳下阿蒙)·590
오합지중(烏合之衆)·592
옥곤금우(玉昆金友)·605
옥골선풍(玉骨仙風)·605
옥불탁불성기(玉不琢不成器)·605
옥상가옥(屋上架屋)·594
옥석구분(玉石俱焚)·596
옥석동쇄(玉石同碎)·605
옥석혼효(玉石混淆)·598
옥쇄(玉碎)·605
옥야천리(沃野千里)·605
옥여칠성(屋如七星)·605

옥오지애(屋烏之愛)·605
옥치무당(玉卮無當)·605
옥하(玉瑕)·600
옥하가옥(屋下架屋)·605
옥하사담(屋下私談)·605
옥해금산(玉海金山)·607
온고지신(溫故知新)·601
온량공검(溫良恭儉)·610
온유돈후(溫柔敦厚)·610
온청정성(溫淸定省)·610
온후독실(溫厚篤實)·610
옹리혜계(甕裏醯鷄)·610
옹산화병(甕算畵餠)·610
와각지쟁(蝸角之爭)·612
와룡봉추(臥龍鳳雛)·612
와명선조(蛙鳴蟬譟)·612
와부뇌명(瓦釜雷鳴)·612
와석종신(臥席終身)·613
와신상담(臥薪嘗膽)·602
와우각상쟁(蝸牛角上爭)·606
와치천하(臥治天下)·613
완물상지(玩物喪志)·613
완벽(完璧)·608
완벽귀조(完璧歸趙)·613
완석점두(頑石點頭)·613
왈가왈부(曰可曰否)·613
왕굴(枉屈)·613
왕자불가간(往者不可諫)·613
왕척직심(枉尺直尋)·613
왕후장상영유종호(王侯將相寧有種乎)·611
왜자간희(矮者看戱)·613

외수외미(畏首畏尾) · 613
외영오적(畏影惡迹) · 613
요고순목(堯鼓舜木) · 613
요동지시(遼東之豕) · 614
요두전목(搖頭顚目) · 615
요령부득(要領不得) · 616
요목불생위(橈木不生危) · 615
요미걸련(搖尾乞憐) · 615
요불승덕(妖不勝德) · 615
요양미정(擾攘未定) · 615
요언불번(要言不煩) · 615
요원지화(燎原之火) · 618
요유인흥(妖由人興) · 617
요조숙녀(窈窕淑女) · 617
요조숙녀군자호구(窈窕淑女君子好逑) · 619
욕개미창(欲蓋彌彰) · 617
욕곡봉타(欲哭逢打) · 617
욕교반졸(欲巧反拙) · 617
욕불가종(欲不可從) · 617
욕사무지(欲死無地) · 618
욕속부달(欲速不達) · 620
욕토미토(欲吐未吐) · 618
용두사미(龍頭蛇尾) · 622
용문점액(龍門點額) · 619
용반호거(龍蟠虎踞) · 619
용비봉무(龍飛鳳舞) · 621
용사비등(龍蛇飛騰) · 621
용사지세(龍蛇之歲) · 621
용사행장(用舍行藏) · 621
용상(龍象) · 621
용양호시(龍驤虎視) · 621

용왕매진(勇往邁進) · 621
용의주도(用意周到) · 621
용장약졸(勇將弱卒) · 621
용호상박(龍虎相搏) · 621
용혹무괴(容或無怪) · 621
우각괘서(牛角掛書) · 621
우공문(于公門) · 623
우공이산(愚公移山) · 624
우귀사신(牛鬼蛇神) · 623
우답불파(牛踏不破) · 623
우도불우빈(憂道不憂貧) · 623
우락불상천(雨落不上天) · 623
우로지택(雨露之澤) · 623
우로풍상(雨露風霜) · 623
우마주(牛馬走) · 623
우맹의관(優孟衣冠) · 623
우문현답(愚問賢答) · 623
우불파괴(雨不破塊) · 623
우사풍생(遇事風生) · 623
우수마발(牛溲馬勃) · 623
우수마육(牛首馬肉) · 623
우여곡절(紆餘曲折) · 623
우왕마왕(牛往馬往) · 623
우유부단(優柔不斷) · 623
우음마식(牛飲馬食) · 623
우의소설(寓意小說) · 623
우예지소(虞芮之訴) · 627
우이독경(牛耳讀經) · 627
우이효지(尤而效之) · 627
우자일득(愚者一得) · 627
우정지의(牛鼎之意) · 627

우정팽계(牛鼎烹鷄)·629
우직지계(迂直之計)·629
우행순추(禹行舜趨)·629
우화등선(羽化登仙)·626
우후죽순(雨後竹筍)·629
욱일승천(旭日昇天)·629
운니지차(雲泥之差)·629
운부천부(運否天賦)·629
운산무소(雲散霧消)·629
운심월성(雲心月性)·629
운야산야(雲耶山耶)·629
운연과안(雲煙過眼)·629
운예지망(雲霓之望)·631
운외창천(雲外蒼天)·631
운용지묘(運用之妙)·631
운우지락(雲雨之樂)·628
운주유악(運籌帷幄)·630
운중백학(雲中白鶴)·631
운증용변(雲蒸龍變)·631
운지장상(運之掌上)·631
운집무산(雲集霧散)·631
운합무집(雲合霧集)·639
웅경조신(熊經鳥申)·639
웅장여어(熊掌與魚)·639
웅창자화(雄唱雌和)·639
원고증금(援古證今)·639
원교근공(遠交近攻)·632
원목경침(圓木警枕)·639
원비지세(猿臂之勢)·643
원사해골(願賜骸骨)·643
원수불구근화(遠水不救近火)·635

원앙지계(鴛鴦之契)·643
원입골수(怨入骨髓)·636
원전매매(原田每每)·643
원조방예(圓鑿方枘)·643
원증회고(怨憎會苦)·643
원철골수(怨徹骨髓)·643
원청즉유청(源淸則流淸)·643
원형이정(元亨利貞)·643
월견폐설(越犬吠雪)·643
월궁항아(月宮姮娥)·643
월녀제희(越女齊姬)·645
월단평(月旦評)·638
월만즉휴(月滿則虧)·645
월명성희(月明星稀)·645
월반지사(越畔之思)·645
월백풍청(月白風淸)·645
월시진척(越視秦瘠)·645
월인안월초인안초(越人安越楚人安楚)·645
월장성구(月章星句)·645
월조(越俎)·649
월조소남지(越鳥巢南枝)·649
월하노인(月下老人)·640
월하빙인(月下氷人)·649
위극인신(位極人臣)·649
위급존망지추(危急存亡之秋)·644
위기일발(危機一髮)·649
위다안소(危多安少)·649
위도간예(違道干譽)·649
위리안치(圍籬安置)·649
위무경문(緯武經文)·649
위무불굴(威武不屈)·649

위방불입(危邦不入)·651
위백옥루중인(爲白玉樓中人)·651
위법자폐(爲法自弊)·651
위비언고(位卑言高)·651
위소지회(葦巢之悔)·651
위수강운(渭樹江雲)·651
위수자명(爲豎子名)·651
위수진적(渭水盡赤)·651
위약조로(危若朝露)·654
위여망언지(爲女妄言之)·654
위여누란(爲如累卵)·654
위연구어위총구작(爲淵驅魚爲叢驅雀)·654
위오두미절요(爲五斗米折腰)·654
위위구조(圍魏救趙)·654
위이불맹(威而不猛)·654
위자여우모(爲者如牛毛)·654
위장자절지(爲長者折枝)·655
위초비위조(爲楚非爲趙)·655
위총구작(爲叢驅雀)·655
위편삼절(韋編三絶)·646
위표리(爲表裏)·655
위현지패(韋弦之佩)·655
위호부익(爲虎傅翼)·655
유각양춘(有脚陽春)·655
유감천만(遺憾千萬)·655
유교무류(有敎無類)·647
유금삭석(流金鑠石)·655
유능제강(柔能制剛)·648
유리표박(流離漂泊)·655
유무사이경(猶無耜而耕)·655
유무상생(有無相生)·655

유무상통(有無相通)·655
유방백세(流芳百世)·655
유불여무(有不如無)·655
유불여불(唯佛與佛)·655
유붕자원방래(有朋自遠訪來)·657
유비무환(有備無患)·657
유속불식무익어기(有粟不食無益於饑)·657
유수불부(流水不腐)·657
유시무종(有始無終)·657
유신(維新)·652
유아독존(唯我獨尊)·657
유아이사(有我而死)·657
유암화명(柳暗花明)·657
유야무야(有耶無耶)·657
유약무실약허(有若無實若虛)·656
유어유수(猶魚有水)·657
유언비어(流言蜚語)·657
유여열반(有餘涅槃)·657
유예(猶豫)·659
유원능이(柔遠能邇)·659
유위전변(有爲轉變)·659
유유낙락(唯唯諾諾)·659
유유도일(悠悠度日)·659
유유상종(類類相從)·659
유유자적(悠悠自適)·659
유자가교(孺子可敎)·659
유종완미(有終完美)·661
유좌지기(宥坐之器)·661
유주가이망우(惟酒可以忘憂)·661
유주무량(有酒無量)·661
유지무지삼십리(有知無知三十里)·663

유지자사경성(有志者事竟成) · 663
유차부사유차자(有此父斯有此子) · 663
유처취처(有妻娶妻) · 663
유치인무치법(有治人無治法) · 665
유칭호수(唯稱好鬚) · 665
유타앵교(柳嚲鶯嬌) · 665
유편지술(俞扁之術) · 665
유필유방(遊必有方) · 665
유혈표저(流血漂杵) · 665
육단부형(肉袒負荊) · 666
육대반낭(肉岱飯囊) · 666
육도삼략(六韜三略) · 666
육산포림(肉山脯林) · 669
육지행선(陸地行船) · 669
육척지고(六尺之孤) · 669
윤문윤무(允文允武) · 669
윤언(綸言) · 669
윤언여한(綸言如汗) · 669
윤회(輪廻) · 669
융마생교(戎馬生郊) · 669
융준용안(隆準龍顏) · 658
융통무애(融通無碍) · 669
은감불원(殷鑑不遠) · 660
은거방언(隱居放言) · 662
은근무례(慇懃無禮) · 669
은린옥척(銀鱗玉尺) · 669
은수분명(恩讐分明) · 669
은심원생(恩甚怨生) · 675
은위병행(恩威並行) · 675
은인자중(隱忍自重) · 675
음덕양보(陰德陽報) · 675

음우지비(陰雨之備) · 675
음우회명(陰雨晦冥) · 675
음지전양지변(陰地轉陽地變) · 675
음풍농월(吟風弄月) · 675
음하만복(飮河滿腹) · 675
음회세위(陰灰洗胃) · 675
읍각부동(邑各不同) · 677
읍참마속(泣斬馬謖) · 664
읍피주자(挹彼注玆) · 675
응대여류(應對如流) · 677
응접불가(應接不暇) · 666
의금자찰지고(疑今者察之古) · 677
의기양양(意氣揚揚) · 677
의마칠지(倚馬七紙) · 677
의문이망(倚門而望) · 677
의미심장(意味深長) · 677
의발상전(衣鉢相傳) · 677
의상지치(衣裳之治) · 677
의식족이지예절(衣食足而知禮節) · 667
의심생암귀(疑心生暗鬼) · 668
의양화호로(依樣畵葫蘆) · 679
의이지참(薏苡之讒) · 679
의장참담(意匠慘憺) · 679
의재언외(意在言外) · 682
이공보공(以空補空) · 682
이공사석(李公射石) · 682
이관규천(以管窺天) · 682
이구동성(異口同聲) · 682
이군삭거(離群索居) · 682
이극구당(履屐俱當) · 682
이기포과(以杞包瓜) · 683

이단(異端)・683
이도삼살사(二桃三殺士)・670
이란격석(以卵擊石)・683
이랍대신(以蠟代薪)・683
이려측해(以蠡測海)・683
이력가인(以力假仁)・683
이로동귀(異路同歸)・683
이로정연(理路整然)・683
이루지명(離婁之明)・683
이립(而立)・683
이매망량(魑魅魍魎)・683
이모상마(以毛相馬)・683
이모취인(以貌取人)・683
이목지관(耳目之官)・685
이목지신(移木之信)・685
이문회우(以文會友)・685
이발지시(已發之矢)・685
이사위한(以死爲限)・685
이삼기덕(二三其德)・685
이상견빙지(履霜堅氷至)・685
이석추호(利析秋毫)・685
이석투수(以石投水)・685
이성지합(二姓之合)・687
이성지호(二姓之好)・687
이성현위장(以聖賢爲杖)・687
이세동조(異世同調)・687
이소(鯉素)・687
이소사대(以小事大)・687
이속우원(耳屬于垣)・687
이수구수(以水救水)・687
이수주탄작(以隋珠彈雀)・687

이수함옥(泥首銜玉)・687
이순(耳順)・687
이승양석(以升量石)・687
이식지도(耳食之徒)・687
이신순리(以身殉利)・687
이심전심(以心傳心)・674
이양역우(以羊易牛)・687
이여반장(易如反掌)・690
이열치열(以熱治熱)・690
이오전오(以誤傳誤)・690
이용후생(利用厚生)・690
이우지유(犁牛之喩)・690
이육거의(以肉去蟻)・690
이이제이(以夷制夷)・690
이인위경(以人爲鏡)・690
이인투어(以蚓投魚)・690
이일궤장강하(以一簣障江河)・690
이일대로(以佚待勞)・676
이중련(泥中蓮)・691
이지측해(以指測海)・691
이차이피(以此以彼)・691
이천식천(以天食天)・691
이천역일(移天易日)・691
이천착호(以天捉虎)・691
이추도타태산(以錐刀墮泰山)・691
이판사판(理判事判)・691
이포역포(以暴易暴)・691
이풍역속(移風易俗)・691
이하조리(以蝦釣鯉)・691
이합집산(離合集散)・691
이현령비현령(耳懸鈴鼻懸鈴)・691

이호미(履虎尾)·693
이화구화(以火救火)·693
이화위귀(以和爲貴)·693
이효상효(以孝傷孝)·693
익불사숙(弋不射宿)·693
익자삼요(益者三樂)·693
익자삼우(益者三友)·696
인간만사새옹지마(人間萬事塞翁之馬)·696
인걸지령(人傑地靈)·696
인과응보(因果應報)·696
인구회자(人口膾炙)·696
인궁반본(人窮反本)·696
인능홍도(人能弘道)·697
인랑입실(引狼入室)·697
인마낙역(人馬絡繹)·697
인마역동(人馬亦同)·697
인망가폐(人亡家廢)·697
인면수심(人面獸心)·697
인물추심(人物推尋)·697
인봉구룡(麟鳳龜龍)·697
인비목석(人非木石)·678
인비인(人非人)·697
인사불상(人事不祥)·697
인사불성(人事不省)·697
인사유명(人死留名)·697
인산인해(人山人海)·697
인생감의기(人生感意氣)·697
인생여조로(人生如朝露)·697
인순고식(因循姑息)·700
인승비근(人繩批根)·700
인심소관(人心所關)·701

인심여면(人心如面)·701
인언가외(人言可畏)·701
인언이박(仁言利博)·701
인역폐식(因噎廢食)·701
인유구구(人惟求舊)·701
인유삼원(人有三怨)·701
인유실의(引喩失義)·701
인의예지(仁義禮智)·701
인이불발(引而不發)·701
인인성사(因人成事)·680
인자무적(仁者無敵)·701
인자요산(仁者樂山)·701
인재명호재피(人在名虎在皮)·701
인적위자(認賊爲子)·701
인지위덕(忍之爲德)·701
인지안택(人之安宅)·705
인지장사기언야선(人之將死其言也善)·705
인지찰즉무도(人至察則無徒)·705
인천재취지리(因天材就地利)·705
인추자고(引錐刺股)·705
인후지지(咽喉之地)·705
일간풍월(一竿風月)·705
일개서생(一介書生)·708
일개어혼전천(一箇魚渾全川)·708
일거수일투족(一擧手一投足)·684
일거양득(一擧兩得)·686
일거월제(日居月諸)·708
일견여구(一見如舊)·708
일견폐형백견폐성(一犬吠形百犬吠聲)·688
일경구수(一莖九穗)·708
일경지유(一經之儒)·708

45

일경지훈(一經之訓)·708
일고경성(一顧傾城)·708
일고지영(一顧之榮)·709
일고천금(一顧千金)·709
일구월심(日久月深)·709
일구지학(一丘之貉)·709
일국삼공(一國三公)·709
일기당천(一騎當千)·709
일기가성(一氣呵成)·709
일념발기(一念發起)·709
일단사일표음(一簞食一瓢飮)·692
일단완급(一旦緩急)·709
일도양단(一刀兩斷)·709
일련탁생(一蓮托生)·709
일로평안(一路平安)·709
일룡일저(一龍一豬)·709
일립만배(一粒萬倍)·711
일마불피양안(一馬不被兩鞍)·711
일망타진(一網打盡)·694
일면여구(一面如舊)·711
일명경인(一鳴驚人)·711
일모도궁(日暮途窮)·711
일모도원(日暮途遠)·698
일모불발(一毛不拔)·711
일목난지(一木難支)·711
일목요연(一目瞭然)·711
일박서산(日薄西山)·711
일반전표(一斑全豹)·711
일반지덕(一飯之德)·711
일발인천균(一髮引千鈞)·711
일벌백계(一罰百戒)·713

일변도(一邊倒)·713
일부당관만부막개(一夫當關萬夫莫開)·713
일부시종(一部始終)·713
일부중휴(一傅衆咻)·713
일빈일소(一嚬一笑)·713
일사일생(一死一生)·713
일사천리(一瀉千里)·713
일석이조(一石二鳥)·713
일세구천(一歲九遷)·715
일세목탁(一世木鐸)·715
일세풍미(一世風靡)·716
일소천금(一笑千金)·716
일수백확(一樹百穫)·716
일시동인(一視同仁)·699
일시명류(一時名流)·716
일식만전(一食萬錢)·716
일신시담(一身是膽)·716
일심불란(一心不亂)·716
일야십기(一夜十起)·716
일양내복(一陽來復)·702
일어탁수(一魚濁水)·716
일언가파(一言可破)·716
일언거사(一言居士)·716
일언반구(一言半句)·716
일언이폐지(一言以蔽之)·716
일엽낙지천하추(一葉落知天下秋)·716
일엽장목(一葉障目)·716
일엽지추(一葉知秋)·703
일우명지(一牛鳴地)·717
일월광천지(日月光天地)·717
일월무사조(日月無私照)·717

일월삼주(一月三舟)·717
일월쟁광(日月爭光)·717
일월유매(日月逾邁)·717
일음일탁(一飮一啄)·717
일의대수(一衣帶水)·704
일이관지(一以貫之)·706
일일난재신(一日難再晨)·717
일일부작백일불식(一日不作百日不食)·717
일일여삼추(一日如三秋)·710
일일지계재우신(一日之計在于晨)·717
일일지구부지외호(一日之狗不知畏虎)·717
일일지장(一日之長)·717
일자지사(一字之師)·719
일자지포폄(一字之褒貶)·719
일자천금(一字千金)·712
일장공성만골고(一將功成萬骨枯)·714
일장일단(一長一短)·719
일장일이(一張一弛)·719
일장춘몽(一場春夢)·721
일전불치(一錢不值)·721
일전쌍조(一箭雙鵰)·721
일조일석(一朝一夕)·721
일지반전(一紙半錢)·721
일지반해(一知半解)·721
일진일퇴(一進一退)·721
일창삼탄(一倡三歎)·721
일척안(一隻眼)·723
일척천금(一擲千金)·723
일촉즉발(一觸卽發)·723
일촌간장(一寸肝腸)·723
일촌광음불가경(一寸光陰不可輕)·723

일취월장(日就月將)·723
일취천일(一醉千日)·723
일파만파(一波萬波)·723
일패도지(一敗塗地)·718
일편단심(一片丹心)·723
일폭십한(一暴十寒)·720
일피일차(一彼一此)·725
일필구지(一筆勾之)·725
일필휘지(一筆揮之)·725
일한여차(一寒如此)·725
일허일영(一虛一盈)·725
일호백낙(一呼百諾)·725
일호재락(一呼再諾)·725
일호지액(一狐之腋)·725
일호천(一壺天)·725
일호천금(一壺天金)·725
일확천금(一攫千金)·725
일훈일유(一薰一蕕)·725
일희일우(一喜一憂)·725
임간홍엽(林間紅葉)·725
임갈굴정(臨渴掘井)·726
임기응변(臨機應變)·726
임난불구(臨難不懼)·726
임난주병(臨難鑄兵)·726
임농탈경(臨農奪耕)·726
임심조서(林深鳥棲)·726
임현물이(任賢勿貳)·726
입립신고(粒粒辛苦)·722
입막지빈(入幕之賓)·726
입목도(入木道)·726
입목삼분(入木三分)·726

입석시(立石矢)·726
입이불번(入耳不煩)·726
입이출구(入耳出口)·726
입추지지(立錐之地)·726
입향순속(入鄉循俗)·724
입호이착호심(入乎耳着乎心)·727

자

자가당착(自家撞着)·731
자가약롱중물(自家藥籠中物)·731
자강불식(自彊不息)·731
자고(刺股)·731
자고이래(自古以來)·731
자광(藉光)·731
자구다복(自求多福)·730
자두연기(煮豆燃萁)·731
자로이득(自勞而得)·731
자막집중(子莫執中)·731
자모패자(慈母敗子)·731
자부월족(自斧刖足)·731
자상모순(自相矛盾)·731
자성제인(子誠齊人)·731
자승자강(自勝者强)·732
자승자박(自繩自縛)·731
자승지벽(自勝之癖)·733
자시지벽(自是之癖)·733
자아작고(自我作古)·733
자업자득(自業自得)·733
자연도태(自然淘汰)·733
자오(慈烏)·733
자위부은(子爲父隱)·733

자유분방(自由奔放)·733
자자주옥(字字珠玉)·733
자작지얼(自作之蘖)·733
자장격지(自將擊之)·733
자중지란(自中之亂)·733
자지자불원인(自知者不怨人)·737
자지탈주(紫之奪朱)·737
자초지신(刺草之臣)·737
자탄자가(自彈自歌)·737
자포자기(自暴自棄)·734
자행자지(自行自止)·737
자화자찬(自畵自讚)·737
작각서아지쟁(雀角鼠牙之爭)·740
작법자폐(作法自斃)·740
작비금시(昨非今是)·737
작사도방(作舍道傍)·741
작소대리정(鵲巢大理庭)·741
작수성례(酌水成禮)·741
작심삼일(作心三日)·735
작약지증(勺藥之贈)·741
작작유여유(綽綽有餘裕)·741
잔두지련(棧豆之戀)·741
잔배냉적(殘杯冷炙)·741
잔산잉수(殘山剩水)·741
잠룡물용(潛龍勿用)·736
잠사우모(蠶絲牛毛)·741
잠식(蠶食)·741
장경오훼(長頸烏喙)·738
장계취계(將計就計)·741
장광설(長廣舌)·741
장단설(長短說)·744

장두은미(藏頭隱尾) · 744
장면이립(牆面而立) · 744
장삼이사(張三李四) · 744
장수선무(長袖善舞) · 745
장욕탈지필고여지(將欲奪之必固與之) · 745
장유이복구재측(牆有耳伏寇在側) · 740
장전추열(帳前秋閱) · 745
장중보옥(掌中寶玉) · 745
장지괴야어극(牆之壞也於隙) · 745
장편불급마복(長鞭不及馬腹) · 745
장협귀래호(長鋏歸來乎) · 742
재귀일거(載鬼一車) · 745
재덕부재험(在德不在險) · 745
재자가인(才子佳人) · 745
재점팔두(才占八斗) · 745
저돌맹진(猪突猛進) · 745
저돌희용(猪突豨勇) · 747
저수하심(低首下心) · 747
저양촉번(羝羊觸藩) · 747
적구지병(適口之餠) · 747
적멸위락(寂滅爲樂) · 747
적반하장(賊反荷杖) · 747
적선(積善) · 746
적수공권(赤手空拳) · 747
적악유여앙(積惡有餘殃) · 747
적승계족(赤繩繫足) · 749
적신지탄(積薪之嘆) · 749
적우침주(積羽沈舟) · 749
적이능산(積而能散) · 749
적자지심(赤子之心) · 749
적토성산(積土成山) · 749

적훼소골(積毀銷骨) · 749
전거복철(前車覆轍) · 748
전거지신(傳遽之臣) · 749
전거후공(前倨後恭) · 749
전광석화(電光石火) · 749
전귀전수(全歸全受) · 749
전대미문(前代未聞) · 749
전도요원(前途遼遠) · 751
전도유랑(前度劉郞) · 751
전문지호후문지랑(前門之虎後門之狼) · 750
전발역서(翦髮易書) · 751
전방지총(專房之寵) · 751
전승이수승난(戰勝易守勝難) · 751
전신전령(全身全靈) · 751
전인미답(前人未踏) · 751
전전긍긍(戰戰兢兢) · 752
전전반측(輾轉反側) · 754
전제(筌蹄) · 751
전차가감(前車可鑑) · 751
전화위복(轉禍爲福) · 756
절각(折角) · 753
절계(折桂) · 753
절고진락(折槁振落) · 753
절류이륜(絶類離倫) · 755
절부지의(窃鈇之疑) · 755
절세가인(絶世佳人) · 756
절장보단(絶長補短) · 756
절전(折箭) · 756
절중(折中) · 756
절진(絶塵) · 756
절차탁마(切磋琢磨) · 758

절체절명(絶體絶命) · 756
절충(折衝) · 757
절치부심(切齒腐心) · 757
절필(絶筆) · 757
절함(折檻) · 760
점석성금(點石成金) · 757
점심(點心) · 757
점입가경(漸入佳境) · 757
접석이행(接淅而行) · 757
정가노비개독서(鄭家奴婢皆讀書) · 757
정간(楨幹) · 757
정건삼절(鄭虔三絶) · 757
정곡(正鵠) · 763
정구건즐(井臼巾櫛) · 757
정금미옥(精金美玉) · 757
정력절륜(精力絶倫) · 759
정립(鼎立) · 759
정문일침(頂門一針) · 759
정삭(正朔) · 759
정상작량(情狀酌量) · 762
정신(挺身) · 762
정설불식(井渫不食) · 762
정성온청(定省溫凊) · 765
정송오죽(淨松汚竹) · 765
정신일도(精神一到) · 764
정와불가이어어해(井蛙不可以語於海) · 765
정운낙월(停雲落月) · 765
정저은병(井底銀甁) · 765
정정(定鼎) · 767
정정당당(正正堂堂) · 767
정중시성(井中視星) · 767

정중지와(井中之蛙) · 766
정책(定策) · 767
정훈(庭訓) · 768
제궤의혈(堤潰蟻穴) · 767
제대비우(齊大非耦) · 767
제도(濟度) · 767
제미(濟美) · 767
제포연연(綈袍戀戀) · 767
제포지의(綈袍之義) · 769
제행무상(諸行無常) · 769
조강지처(糟糠之妻) · 770
조도상금(操刀傷錦) · 769
조동모서(朝東暮西) · 769
조령모개(朝令暮改) · 772
조맹지소귀 조맹능천지(趙孟之所貴 趙孟能賤之) · 774
조명시리(朝名市利) · 775
조문도석사가의(朝聞道夕死可矣) · 776
조문석사(朝聞夕死) · 769
조변석개(朝變夕改) · 769
조불모석(朝不謀夕) · 769
조삼모사(朝三暮四) · 778
조상육(俎上肉) · 769
조수불가여동군(鳥獸不可與同群) · 780
조수족(措手足) · 769
조승모문(朝蠅暮蚊) · 771
조심누골(彫心鏤骨) · 771
조아지사(爪牙之士) · 771
조여청사모성설(朝如靑絲暮成雪) · 771
조유륜석승거(朝柔輪夕乘車) · 771
조의조식(粗衣粗食) · 773

조이불강(釣而不綱)·782
조장(助長)·784
조장보단(助長補短)·773
조제모염(朝薺暮鹽)·773
조족지혈(鳥足之血)·773
조주위학(助紂爲虐)·773
조즉택목 목기능택조(鳥則擇木 木豈能擇鳥)·773
조지장사기명야애(鳥之將死其鳴也哀)·777
조진모초(朝秦暮楚)·777
조충전각(雕蟲篆刻)·777
족반거상(足反居上)·777
족탈불급(足脫不及)·777
존심양성(存心養性)·786
존양(存養)·777
졸부귀불상(猝富貴不祥)·777
종과득과(種瓜得瓜)·777
종남첩경(終南捷徑)·777
종명누진(鐘鳴漏盡)·779
종명정식(鐘鳴鼎食)·779
종사지화(螽斯之化)·779
종선여등종악여붕(從善如登從惡如崩)·779
종선여류(從善如流)·779
종심(從心)·779
종옥(種玉)·779
종풍이미(從風而靡)·779
종횡무진(縱橫無盡)·781
좌견천리(坐見千里)·781
좌고우면(左顧右眄)·781
좌단(左袒)·788
좌명지사(佐命之士)·781

좌불수당(坐不垂堂)·781
좌석미난(坐席未煖)·781
좌수우봉(左授右捧)·781
좌식산공(坐食山空)·781
좌언(左言)·781
좌이대단(坐以待旦)·781
좌정관천(坐井觀天)·783
좌제우설(左提右挈)·783
좌중유강남객(座中有江南客)·783
좌지우오(左支右吾)·783
좌지우지(左之右之)·783
좌춘풍중(左春風中)·783
죄의유경(罪疑惟輕)·783
죄중벌경(罪重罰輕)·783
주객전도(主客顚倒)·783
주객지세(主客之勢)·783
주경야독(晝耕夜讀)·783
주구(走狗)·783
주내백약지장(酒乃百藥之長)·791
주대반낭(酒袋飯囊)·783
주마가편(走馬加鞭)·783
주마간산(走馬看山)·783
주마등(走馬燈)·785
주무량불급란(酒無量不及亂)·785
주무유호(綢繆牖戶)·785
주석(柱石)·785
주순호치(朱脣皓齒)·785
주야장천(晝夜長川)·785
주어조청야어서청(晝語鳥聽夜語鼠聽)·787
주여도반(走與稻飯)·787
주욕신사(主辱臣死)·787

주위상책(走爲上策)·787
주유열국(周遊列國)·787
주유별장(酒有別腸)·787
주이불비(周而不比)·787
주인빈역귀(主人貧亦歸)·787
주자천지미록(酒者天之美祿)·790
주장낙토(走獐落兔)·790
주주객반(主酒客飯)·790
주중적국(舟中敵國)·793
주지육림(酒池肉林)·792
죽두목설(竹頭木屑)·793
죽림칠현(竹林七賢)·793
죽마고우(竹馬故友)·794
죽반승(粥飯僧)·793
죽백지공(竹帛之功)·795
죽원(竹園)·795
준조절충(樽俎折衝)·796
중과부적(衆寡不敵)·800
중구난방(衆口難防)·802
중구삭금(衆口鑠金)·798
중도반단(中途半端)·798
중도이폐(中道而廢)·798
중류격즙(中流擊楫)·798
중류지주(中流砥柱)·798
중소성다(衆小成多)·798
중심성성(衆心成城)·798
중오필찰중호필찰(衆惡必察衆好必察)·799
중용지도(中庸之道)·804
중원지록(中原之鹿)·799
중원축록(中原逐鹿)·806
중족측목(重足仄目)·799

중지성성(衆志成城)·799
중취독성(衆醉獨醒)·799
즉시일배주(卽時一杯酒)·799
즉신성불(卽身成佛)·799
즉심시불(卽心是佛)·799
즐풍목우(櫛風沐雨)·799
증삼살인(曾參殺人)·799
증이파의(甑已破矣)·801
증중생진(甑中生塵)·801
증타불고(甑墮不顧)·801
지강급미(舐糠及米)·801
지과(止戈)·801
지구지계(持久之計)·801
지귀부대작(至貴不待爵)·801
지기일미지기이(知其一 未知其二)·808
지남(指南)·803
지낭(智囊)·803
지당춘초몽(池塘春草夢)·803
지대어본필피(枝大於本必披)·803
지독지애(舐犢之愛)·803
지락무락(至樂無樂)·810
지란(芝蘭)·803
지란옥수(芝蘭玉樹)·803
지란지교(芝蘭之交)·803
지록위마(指鹿爲馬)·812
지리멸렬(支離滅裂)·807
지리불여인화(地利不如人和)·807
지리승천시(地利勝天時)·807
지명(知命)·807
지복지맹(指腹之盟)·807
지부복궐(持斧伏闕)·809

지부작족(知斧斫足)・809
지분절해(支分節解)・809
지분혜탄(芝焚蕙嘆)・809
지불가만(志不可滿)・809
지불생무명지초(地不生無名之草)・811
지상담병(紙上談兵)・811
지성여신(至誠如神)・811
지어농조(池魚籠鳥)・811
지어지선(至於至善)・814
지어지앙(池魚之殃)・811
지연중어자불신(知淵中魚者不祥)・811
지엽말절(枝葉末節)・811
지우이신(至愚而神)・811
지우책인명(至愚責人明)・815
지원부지근(知遠不知近)・811
지음(知音)・817
지인무기(至人無己)・811
지자견미맹(智者見未萌)・813
지자막여부(知子莫如父)・818
지자불언언자부지(知者不言言者不知)・820
지자불혹용자불구(知者不惑勇者不懼)・813
지자요수인자요산(知者樂水仁者樂山)・822
지장(指掌)・813
지장이담(抵掌而談)・813
지재천리(志在千里)・815
지족불욕(知足不辱)・815
지족이식비(智足以飾非)・816
지족자부(知足者富)・824
지지불태(知止不殆)・816
지지위지지 부지위부지 시지야(知之爲知之 不知爲不知 是知也)・816

지진이부지퇴(知進而不知退)・816
지척지지(咫尺之地)・816
지천사어(指天射魚)・816
지치득거(砥痔得車)・816
지피지기백전불태(知彼知己百戰不殆)・825
지필(舐筆)・816
지학(志學)・816
지행합일(知行合一)・816
직궁증부(直躬證父)・819
직목선벌감정선갈(直木先伐甘井先竭)・819
직불보곡(直不輔曲)・819
직여현사도변(直如弦死道邊)・819
직절간명(直截簡明)・821
진경고현(秦鏡高懸)・821
진금부도금(眞金不鍍金)・821
진량(津梁)・821
진반도갱(塵飯塗羹)・821
진비일호(振臂一呼)・821
진선진미(盡善盡美)・826
진승오광(陳勝吳廣)・821
진신서불여무서(盡信書不如無書)・827
진인사대천명(盡人事待天命)・821
진정지곡(秦庭之哭)・823
진지구무이(秦之求無已)・823
진진상잉(陳陳相仍)・823
진진지호(秦晋之好)・823
진천동지(震天動地)・823
진충보국(盡忠報國)・823
진퇴유곡(進退維谷)・823
진합태산(塵合泰山)・823
진환이환(盡歡而還)・823

질수축알(疾首蹙頞)·823
질실강건(質實剛健)·825
질언거색(疾言遽色)·825
질여풍(疾如風)·825
질이불리(質而不俚)·825
질족자선득(疾足者先得)·825
질지여수(疾之如讎)·825
질풍경초(疾風勁草)·828
질풍노도(疾風怒濤)·828
질풍신뢰(疾風迅雷)·828
질행무선적(疾行無善迹)·828
집대성(集大成)·828
집사광익(集思廣益)·828
집열불탁(執熱不濯)·831
집우이(執牛耳)·829
집의항언(執意抗言)·831
집탄이초조(執彈而招鳥)·831
징벽(徵辟)·831
징갱취제(懲羹吹虀)·831
징전비후(懲前毖後)·832

차계(遮戒)·835
차계기환(借鷄騎還)·835
차군(此君)·835
차도살인(借刀殺人)·835
차망우물(此忘憂物)·835
차윤취형(車胤聚螢)·835
차일시피일시(此一時彼一時)·835
차일피일(此日彼日)·835
차진생전유한배(且盡生前有限杯)·837

차질(蹉跌)·837
차청입실(借廳入室)·837
차탈피탈(此頉彼頉)·840
차형손설(車螢孫雪)·840
차호위호(借虎威狐)·841
착금현주(捉襟見肘)·841
착도(捉刀)·841
착두근착미(捉頭僅捉尾)·841
착선편(着先鞭)·841
착족무처(着足無處)·841
찬시(篡弑)·841
찬찬옥식(粲粲玉食)·841
찬학(篡虐)·841
찬혈극(鑽穴隙)·841
찰나(刹那)·841
찰찰불찰(察察不察)·841
참불가언(慘不可言)·841
참신기발(斬新奇拔)·841
참연현두각(嶄然見頭角)·843
참월습음(僭越襲蔭)·843
참절비절(慘絶悲絶)·843
참정절철(斬釘截鐵)·843
창가책례(娼家責禮)·843
창두취슬(瘡頭聚蝨)·843
창랑자취(滄浪自取)·843
창름실이지예절(倉廩實而知禮節)·843
창상지변(滄桑之變)·843
창승부기미이치천리(蒼蠅附驥尾而致千里)·843
창안백발(蒼顔白髮)·843
창업수문(創業守文)·843

창업이수성난(創業易守成難)·834
창오지망(蒼梧之望)·843
창우백출(瘡疣百出)·843
창응(蒼鷹)·843
창이미추(創痍味瘳)·843
창해유주(滄海遺珠)·846
창해일속(滄海一粟)·846
창황망조(蒼黃罔措)·847
채국동리하(彩菊東籬下)·836
채대고축(債臺高築)·847
채미가(采薇歌)·838
채신급수(採薪汲水)·847
채신지우(採薪之憂)·847
채의이오친(綵衣以娛親)·847
책상퇴물(册床退物)·847
책선붕우지도야(責善朋友之道也)·847
책인즉명(責人卽明)·847
처성자옥(妻城子獄)·847
처첩지전석불반면(妻妾之戰石佛反面)·847
처풍고우(凄風苦雨)·847
척단촌장(尺短寸長)·847
척산척수(尺山尺水)·847
척소(尺素)·851
척애독락(隻愛獨樂)·851
척오촌초(尺吳寸楚)·851
척지금성(擲地金聲)·851
척포두속(尺布斗粟)·851
척호지정(陟岵之情)·851
척확굴구신(尺蠖屈求信)·851
천경지의(天經地義)·851
천고마비(天高馬肥)·842

천고청비(天高聽卑)·855
천공해활(天空海闊)·855
천광지귀(天光之貴)·855
천교지망(遷喬之望)·855
천군만마(千軍萬馬)·855
천균득선즉부(千鈞得船則浮)·857
천금매소(千金買笑)·844
천금지구 비일호지액(千金之裘 非一狐之腋)·857
천금지자불사어시(千金之子不死於市)·848
천년일청(千年一淸)·857
천도불도(天道不諂)·857
천도시비(天道是非)·852
천도시야비야(天道是耶非耶)·857
천라지망(天羅地網)·859
천려일득(千慮一得)·859
천려일실(千慮一失)·854
천리동풍(千里同風)·859
천리무연(千里無煙)·859
천리불류행(千里不留行)·859
천리송아모(千里送鵝毛)·859
천리안(千里眼)·856
천리절적(千里絶迹)·859
천리행시어족하(千里行始於足下)·859
천마행공(天馬行空)·859
천망회회(天網恢恢)·858
천무삼일청(天無三日晴)·859
천무음우(天無淫雨)·859
천무이일(天無二日)·859
천문만호(千門萬戶)·859
천문지질(天文地質)·859

천문철추(薦門鐵樞)·861
천방지축(天方地軸)·861
천번지복(天翻地覆)·861
천벽독서(穿壁讀書)·861
천변만화(千變萬化)·861
천변지이(天變地異)·861
천보간난(天步艱難)·863
천부지저(天府之儲)·863
천불생무록지인 지불생무명지초(天不生無祿之人 地不生無名之草)·863
천붕지통(天崩之痛)·863
천사만고(千思萬考)·863
천상석기린(天上石麒麟)·867
천상적선인(天上謫仙人)·867
천상천하유아독존(天上天下唯我獨尊)·867
천서만단(千緒萬端)·867
천석고황(泉石膏肓)·868
천세일시(千歲一時)·868
천시지리인화(天時地利人和)·860
천신만고(千辛萬苦)·868
천애지각(天涯地角)·868
천양지판(天壤之判)·868
천양지피 불여일호지액(千羊之皮 不如一狐之腋)·868
천언만어(千言萬語)·868
천여불취반수기앙(天與不取反受其殃)·868
천연세월(遷延歲月)·868
천우신조(天佑神助)·868
천위지척(天威咫尺)·868
천의무봉(天衣無縫)·862
천인공노(天人共怒)·868

천인소지무병이사(千人所指無病而死)·868
천인지낙낙 불여일사지악악(千人之諾諾 不如一士之諤諤)·868
천일청불염 일일우편염(千日晴不厭 一日雨便厭)·871
천자무희언(天子無戲言)·871
천자만홍(千紫萬紅)·871
천작막여일봉(千雀莫如一鳳)·871
천작저창(淺酌低唱)·871
천장지구(天長地久)·871
천장지비(天藏地秘)·871
천장지제궤자의혈(千丈之堤潰自蟻穴)·864
천재일우(千載一遇)·865
천조초매(天造草昧)·871
천존지비(天尊地卑)·871
천주절(天柱折)·876
천중가절(天中佳節)·876
천지개벽(天地開闢)·876
천지만엽(千枝萬葉)·876
천지무용(天地無用)·876
천지미록(天之美祿)·876
천지신명(天地神明)·876
천지자만물지역려(天地者萬物之逆旅)·866
천지현황(天地玄黃)·877
천진난만(天眞爛漫)·877
천차만별(千差萬別)·877
천참만륙(天斬萬戮)·877
천추만세(千秋萬歲)·877
천편일률(千篇一律)·867
천하언재(天何言哉)·869
천하유삼위(天下有三危)·877

천하지화 막심어살인(天下之禍 莫甚於殺人)·877
천학비재(淺學非才)·877
천한백옥(天寒白屋)·877
천향국색(天香國色)·877
철가도주(撤家逃走)·877
철두철미(徹頭徹尾)·877
철면피(鐵面皮)·870
철부지급(轍鮒之急)·872
철석간장(鐵石肝腸)·877
철저마침(鐵杵磨針)·873
철주(掣肘)·874
철중쟁쟁(鐵中錚錚)·878
첨전고후(瞻前顧後)·877
첩경(捷徑)·879
첩부지도(妾婦之道)·879
첩상가옥(疊床架屋)·879
첩족선득(捷足先得)·879
첩첩불휴(喋喋不休)·879
첩혈(喋血)·879
청경우독(晴耕雨讀)·879
청군입옹(請君入甕)·879
청금(靑衿)·879
청담(淸談)·880
청렴결백(淸廉潔白)·879
청백리(淸白吏)·881
청산가매골(靑山可埋骨)·883
청산유수(靑山流水)·883
청산일발(靑山一髮)·883
청수무대어(淸水無大魚)·883
청아음향(淸雅音響)·883
청안(靑眼)·883
청어무성시어무형(聽於無聲視於無形)·885
청운지지(靑雲之志)·882
청운추월(靑雲秋月)·885
청이불문(聽而不聞)·885
청전구물(靑氈舊物)·885
청조(靑鳥)·885
청천백일(靑天白日)·884
청천벽력(靑天霹靂)·886
청청자아(菁菁者莪)·885
청출어람(靑出於藍)·886
청탁병탄(淸濁倂呑)·885
청풍래고인(淸風來故人)·885
청풍명월(淸風明月)·885
청풍양수(淸風兩袖)·885
청호우기(晴好雨奇)·887
체발염의(剃髮染衣)·887
체악지정(棣鄂之情)·887
초가벌진(楚可伐陳)·887
초간구활(草間求活)·887
초근목피(草根木皮)·887
초두난액(焦頭爛額)·887
초두로(草頭露)·890
초두천자(草頭天子)·890
초록동색(草綠同色)·890
초록자기(蕉鹿自欺)·890
초만영어(草滿囹圄)·890
초망지신(草莽之臣)·890
초망착호(草網着虎)·890
초모위언(草茅危言)·893
초목개병(草木皆兵)·889

초목구후(草木俱朽)·893
초미지급(焦眉之急)·891
초부득삼(初不得三)·893
초순건설(焦脣乾舌)·892
초요과시(招搖過市)·893
초윤이우(礎潤而雨)·893
초인유궁초인득지(楚人遺弓楚人得之)·894
초잠식지(稍蠶食之)·893
초재진용(楚材晋用)·893
초지광자초언(楚之狂者楚言)·893
초지일관(初志一貫)·893
촉각장중(燭刻場中)·893
촉견폐일(蜀犬吠日)·893
촉목상심(觸目傷心)·894
촉중명장(蜀中名將)·894
촉처봉패(觸處逢敗)·895
촌마두인(寸馬豆人)·895
촌선척마(寸善尺魔)·895
촌진척퇴(寸進尺退)·895
촌철살인(寸鐵殺人)·896
촌초춘휘(寸草春暉)·895
촌촌걸식(村村乞食)·895
촌탁(忖度)·895
총각지호(總角之好)·895
총경절축(叢輕折軸)·895
총란욕무추풍패지(叢蘭欲茂秋風敗之)·895
총중고골(冢中枯骨)·895
최고납후(摧枯拉朽)·895
추경정용(椎輕釘聳)·895
추고마비(秋高馬肥)·895
추구(芻狗)·897

추기급인(推己及人)·897
추도지말(錐刀之末)·897
추로학(鄒魯學)·897
추불서(騅不逝)·897
추상열일(秋霜烈日)·897
추선(秋扇)·898
추요지설(芻蕘之說)·900
추염부열(趨炎附熱)·900
추우강남(追友江南)·900
추월한강(秋月寒江)·901
추일사가지(推一事可知)·901
추지(錐指)·901
추지대엽(麤枝大葉)·901
추처낭중(錐處囊中)·901
추추부승공방(醜醜婦勝空房)·901
추파(秋波)·901
추풍과이(秋風過耳)·901
추풍낙엽(秋風落葉)·901
추풍선(秋風扇)·901
추호불범(秋毫不犯)·901
추호지말(秋毫之末)·901
축계망리(逐鷄望籬)·901
축록(逐鹿)·901
축록자불견산(逐鹿者不見山)·902
축록자불고토(逐鹿者不顧兎)·903
축지보천(縮地補天)·903
춘란추국(春蘭秋菊)·903
춘래불사춘(春來不似春)·904
춘면불각효(春眠不覺曉)·905
춘소일각치천금(春宵一刻值千金)·906
춘수모운(春樹暮雲)·903

춘와추선(春蛙秋蟬)·903
춘인추사(春蚓秋蛇)·903
춘재지두이십분(春在枝頭已十分)·908
춘추필법(春秋筆法)·903
춘치자명(春雉自鳴)·903
춘풍만면(春風滿面)·907
춘풍추우(春風秋雨)·907
춘한노건(春寒老健)·907
출구입이(出口入耳)·907
출류발췌(出類拔萃)·907
출문여견대빈(出門如見大賓)·907
출이반이(出爾反爾)·907
출일두지(出一頭地)·907
출장입상(出將入相)·907
출척(黜陟)·907
출호이반호이(出乎爾反乎爾)·909
충구이출(衝口而出)·907
충목지장(衝目之丈)·913
충비서간(蟲臂鼠肝)·913
충신불사이군(忠臣不事二君)·910
충신출어고신 열녀출어천첩(忠信出於孤臣 烈女出於賤妾)·913
충언역이(忠言逆耳)·913
췌마억측(揣摩臆測)·913
췌택삼매(贅澤三昧)·913
취구지몽(炊臼之夢)·919
취금찬옥(炊金饌玉)·919
취렴지신(聚斂之臣)·919
취모멱자(吹毛覓疵)·911
취사선택(取捨選擇)·919
취사이우(聚沙而雨)·921

취생몽사(醉生夢死)·921
취세(就世)·922
취옹지의(醉翁之意)·922
취우부종일(驟雨不終日)·922
취유도이정(就有道而正)·922
취이대지(取而代之)·922
취이우자잔(翠以羽自殘)·922
취자신전(醉者神全)·922
취적비취어(取適非取魚)·922
취정회신(聚精會神)·922
취중무천자(醉中無天子)·922
취중진정발(醉中眞情發)·922
취지무금(取之無禁)·922
측목중족(側目重足)·922
측석이좌(側席而坐)·922
측은지심(惻隱之心)·923
층층시하(層層侍下)·923
치고불식(雉膏不食)·923
치국평천하(治國平天下)·925
치망설존(齒亡舌存)·925
치발부장(齒髮不長)·925
치신무지(置身無地)·925
치인설몽(痴人說夢)·912
치자다소(癡者多笑)·925
치주안족사(卮酒安足辭)·914
치지도외(置之度外)·915
치폐설존(齒敝舌存)·925
친불인매(親不因媒)·925
칠거지악(七去之惡)·916
칠금칠종(七擒七縱)·925
칠난팔고(七難八苦)·927

칠년지병구삼년지애(七年之病求三年之艾)·927
칠락팔락(七落八落)·927
칠령팔락(七零八落)·927
칠보재(七步才)·918
칠신위려(漆身爲厲)·927
칠신탄탄(漆身吞炭)·920
칠실지우(漆室之友)·927
칠자불화(漆者不畵)·927
칠전팔기(七顚八起)·923
칠전팔도(七顚八倒)·927
침과대단(枕戈待旦)·927
침불안식불안(寢不安食不安)·928
침소봉대(針小棒大)·928
침어낙안(沈魚落雁)·924
침윤지참(沈潤之譖)·926
침자투적대우(鍼子偸賊大牛)·928
침중서(枕中書)·928

 카

쾌도난마(快刀亂麻)·930
쾌오(噲伍)·932
쾌독파거(快犢破車)·932
쾌인쾌사(快人快事)·932
쾌척(快擲)·932

 타

타관양반수허좌수(他官兩班誰許座首)·932
타기술중(墮其術中)·932
타력본원(他力本願)·932
타면자건(唾面自乾)·932

타산지석(他山之石)·931
타수가득(唾手可得)·932
타압경원앙(打鴨驚鴛鴦)·932
타운(朶雲)·933
타인소시(他人所視)·933
타인지연왈리왈율(他人之宴曰梨曰栗)·933
타인한수(他人鼾睡)·933
타증승상미승(打憎蠅 傷美蠅)·933
타초경사(打草驚蛇)·934
타향고지(他鄕故知)·933
탁려풍발(踔厲風發)·933
탁발난수(擢髮難數)·933
탁상공론(卓上空論)·933
탁족만리류(濯足萬里流)·934
탁타사(槖駝師)·935
탁호난급(卓乎難及)·935
탄도괄장(吞刀刮腸)·935
탄우지기(吞牛之氣)·935
탄주지어(吞舟之魚)·935
탄지지간(彈指之間)·935
탄탄대로(坦坦大路)·935
탄핵(彈劾)·935
탄화와주(吞花臥酒)·935
탄환지지(彈丸之地)·935
탈속찬자모단(脫粟粲子母團)·935
탈참(脫驂)·935
탈토지세(脫兎之勢)·935
탐란지환(探卵之患)·935
탐려득주(探驪得珠)·939
탐부순재(貪夫徇財)·939
탐전계후(探前跲後)·940

탐탕(探湯)·940
탐호혈(探虎穴)·940
탐화봉접(探花蜂蝶)·940
탕지반명(湯之盤銘)·940
탕척서용(蕩滌敍用)·940
탕탕평평(蕩蕩平平)·940
태강즉절(太剛則折)·940
태공망(太公望)·940
태두(泰斗)·936
태산명동서일필(泰山鳴動鼠一匹)·940
태산북두(泰山北斗)·940
태산불사토양(泰山不辭土壤)·940
태산압란(泰山壓卵)·940
태산양목(泰山梁木)·941
태산지류천석(泰山之霤穿石)·941
태산홍모(泰山鴻毛)·941
태수대기관(太守代記官)·941
태수위탈함이(太守爲脫頷頤)·941
태아도지(太阿倒持)·941
태액부용(太液芙蓉)·941
태창제미(太倉稊米)·941
태평무상(太平無象)·941
토가언여설(吐佳言如屑)·941
토각귀모(兎角龜毛)·941
토강여유(吐剛茹柔)·943
토계삼등(土階三等)·943
토기부거(兎起鳧擧)·943
토라치리(兎羅雉羅)·943
토목형해(土木形骸)·943
토무이왕(土無二王)·943
토문불입(討門不入)·943

토미양화(土美養禾)·943
토붕와해(土崩瓦解)·943
토사구팽(兎死狗烹)·937
토사호비(兎死狐悲)·943
토양세류(土壤細流)·943
토영삼굴(兎營三窟)·943
토우목마(土牛木馬)·943
토원책(兎園册)·945
토적성산(土積成山)·945
토진간담(吐盡肝膽)·945
토포악발(吐哺握發)·942
통소불매(通宵不寐)·946
통심질수(痛心疾首)·946
통양상관(痛痒相關)·946
통음황룡(痛飮黃龍)·946
통자(通刺)·946
통천지수(通天之數)·946
퇴경정용(推輕釘聳)·946
퇴고(推敲)·944
퇴피삼사(退避三舍)·946
투과득경(投瓜得瓊)·946
투도보리(投桃報李)·946
투생(偸生)·946
투서기기(投鼠忌器)·946
투안(偸安)·946
투저의(投杼疑)·946
투편단류(投鞭斷流)·946
투필종융(投筆從戎)·947
투향(偸香)·947
특립독행(特立獨行)·947

파

파경(破鏡)·950
파경중원(破鏡重圓)·952
파고착조(破觚斲雕)·952
파과지년(破瓜之年)·952
파기상접(破器相接)·952
파담(破膽)·952
파라척결(把羅剔抉)·952
파락호(破落戶)·953
파란만장(波瀾萬丈)·953
파부침선(破釜沈船)·953
파사현정(破邪顯正)·953
파산중적이 파심중적난(破山中賊易 破心中賊難)·953
파안(破顔)·953
파죽지세(破竹之勢)·956
파증불고(破甑不顧)·953
파천황(破天荒)·958
파파노인(皤皤老人)·953
판상주환(阪上走丸)·953
판탕(板蕩)·953
팔고(八苦)·953
팔굉(八紘)·953
팔년풍진(八年風塵)·953
팔두재(八斗才)·955
팔면부지(八面不知)·955
팔면영롱(八面玲瓏)·955
팔면육비(八面六臂)·955
팔방미인(八方美人)·957
팔불용(八不用)·957
팔자춘산(八字春山)·957
팔징구징(八徵九徵)·957
패가망신(敗家亡身)·957
패군지장불언용(敗軍之將不言勇)·960
패기발발(覇氣勃勃)·957
패기유승착(敗棋有勝着)·957
패원호포풍(佩圓瓠捕風)·957
패입패출(悖入悖出)·957
패표착풍(佩瓢捉風)·957
팽두이숙(烹頭耳熟)·959
팽조지수(彭祖之壽)·959
편고(偏枯)·959
편복지역(蝙蝠之役)·959
편사시(鞭死屍)·959
편언절옥(片言折獄)·959
편언척자(片言隻字)·959
편장막급(鞭長莫及)·959
편청생간(偏聽生姦)·959
편포(編蒲)·959
평단지기(平旦之氣)·959
평롱망촉(平隴望蜀)·959
평수상봉(萍水相逢)·960
평윤지사(平允之士)·960
평장우(平章雨)·960
평지기파란(平地起波瀾)·961
평지낙상(平地落傷)·961
평지돌출(平地突出)·961
평지풍파(平地風波)·962
폐문조거(閉門造車)·961
폐월수화(閉月羞花)·961
폐의리옥(敝衣裏玉)·961
폐이후이(斃而後已)·961

폐추천금(弊帚千金)·961
폐침망찬(廢寢忘餐)·961
폐포파립(敝袍破笠)·961
폐형폐성(吠形吠聲)·961
폐호선생(閉戶先生)·963
포관격탁(抱關擊柝)·963
포락지형(炮烙之刑)·964
포락형(炮烙刑)·963
포류(蒲柳)·963
포류지질(蒲柳之質)·966
포말몽환(泡沫夢幻)·963
포범무양(布帆無恙)·963
포벽유죄(抱璧有罪)·967
포복심(布腹心)·963
포복절도(抱腹絶倒)·963
포불각(抱佛脚)·965
포서지묘익조(捕鼠之猫匿爪)·965
포식난의(飽食暖衣)·965
포신구화(抱薪救火)·965
포어지사(鮑魚之肆)·965
포옹관휴(抱甕灌畦)·969
포의(布衣)·969
포의지교(布衣之交)·969
포잔수결(抱殘守缺)·969
포장화심(包藏禍心)·969
포저(苞苴)·969
포저감장입(苞苴甘醬入)·971
포전인옥(抛磚引玉)·971
포정해우(庖丁解牛)·971
포주(抱柱)·971
포진천물(暴殄天物)·971

포탄희량(抱炭希涼)·971
포편지벌(蒲鞭之罰)·971
포풍착영(捕風捉影)·971
포호빙하(暴虎馮河)·968
포호함포(咆虎陷浦)·971
폭주병진(輻輳幷臻)·973
표리부동(表裏不同)·973
표박(漂泊)·973
표변(豹變)·969
표사유피(豹死留皮)·972
표자정규(杓子定規)·973
표풍부종조(飄風不終朝)·973
품성불가개(稟性不可改)·973
품행방정(品行方正)·973
풍고풍하(風高風下)·973
풍광명미(風光明媚)·974
풍기문란(風紀紊亂)·975
풍년화자(豊年花子)·975
풍류죄과(風流罪過)·975
풍림화산(風林火山)·975
풍마우불상급(風馬牛不相及)·974
풍마우세(風磨雨洗)·975
풍불명조(風不鳴條)·975
풍비박산(風飛雹散)·975
풍성학려(風聲鶴唳)·976
풍수지탄(風樹之嘆)·975
풍어지재(風魚之災)·975
풍우대상(風雨對狀)·975
풍우처처(風雨凄凄)·975
풍운지지(風雲之志)·975
풍전등화(風前燈火)·977

풍전세류(風前細柳)·977
풍즐우목(風櫛雨沐)·977
풍진(風塵)·977
풍찬노숙(風餐露宿)·977
풍촉잔년(風燭殘年)·977
풍타낭타(風打浪打)·979
피간담(披肝膽)·979
피갈회옥(被褐懷玉)·979
피갱낙정(避坑落井)·979
피견집예(被堅執銳)·979
피리양추(皮裏陽秋)·979
피마불외편추(疲馬不畏鞭箠)·979
피발영관(被髮纓冠)·981
피발좌임(被髮左衽)·981
피삼사(避三舍)·983
피상(皮相)·983
피세금마문(避世金馬門)·983
피인야여인야(彼人也予人也)·983
피일시차일시(彼一時此一時)·978
피장봉호(避獐逢虎)·983
피장부아장부(彼丈夫我丈夫)·983
피재피재(彼哉彼哉)·983
피저원앙(被底鴛鴦)·983
피지부존모장언부(皮之不存毛將焉附)·983
필력강정(筆力扛鼎)·984
필로남루(筆路藍縷)·984
필마단창(匹馬單槍)·984
필부불가탈지(匹夫不可奪志)·984
필부지용(匹夫之勇)·980
필삭(筆削)·984
필야사무송(必也使無訟)·982

하갈동구(夏葛冬裘)·987
하대명년(何待明年)·987
하도낙서(河圖洛書)·990
하동사자후(河東獅子吼)·990
하동삼봉(河東三鳳)·990
하량지별(河梁之別)·990
하로동선(夏爐冬扇)·990
하면목견지(何面目見之)·986
하분문하(河汾門下)·990
하불병촉유(何不秉燭遊)·991
하불식육미(何不食肉糜)·991
하불출도(河不出圖)·991
하상견지만야(何相見之晚也)·991
하석상대(下石上臺)·991
하수견호행방도(河水見狐行方渡)·991
하어복질(河魚腹疾)·991
하이위사고능원(河以委蛇故能遠)·991
하족치지치아간(何足置之齒牙間)·993
하청난사(河淸難俟)·993
하이위사고능원(河以委蛇故能遠)·993
하충불가이어어빙(夏蟲不可以語於氷)·993
하필성장(下筆成章)·993
하필왈리(何必曰利)·988
하학이상달(下學而上達)·989
하한지언(河漢之言)·993
하해불택세류(河海不擇細流)·995
학경수장단지즉비(鶴脛雖長斷之則悲)·995
학구소붕(鷽鳩笑鵬)·995
학립계군(鶴立鷄群)·995

학명우구고 성문우천(鶴鳴于九皐 聲聞于天)・995
학발동안(鶴髮童顔)・998
학보어한단(學步於邯鄲)・998
학불염이교불권(學不厭而敎不倦)・992
학수고대(鶴首苦待)・998
학여불급(學如不及)・998
학이불사즉망(學而不思則罔)・998
학이시습(學而時習)・994
학이시습지불역열호(學而時習之不亦說乎)・998
학이우즉사(學而優則仕)・998
학자여우모 성자여인각(學者如牛毛 成者如麟角)・1000
학철부어(涸轍鮒魚)・1000
한고조(寒苦鳥)・1001
한단지몽(邯鄲之夢)・996
한단지보(邯鄲之步)・999
한마지로(汗馬之勞)・1000
한송천장지절(寒松千丈之節)・1000
한식(寒食)・1000
한신면출고하(韓信俛出袴下)・1003
한우충동(汗牛充棟)・1000
한운야학(閒雲野鶴)・1003
한자수홍(恨紫愁紅)・1003
한자이수갈(寒者利短褐)・1003
한자주수자거(旱資舟水資車)・1003
한청(汗靑)・1005
한출첨배(汗出沾背)・1005
한화휴제(閑話休題)・1005
할계언용우도(割鷄焉用牛刀)・1002

할고이담복(割股以啖腹)・1005
할박지정(割剝之政)・1005
할반지통(割半之痛)・1005
할석분좌(割席分坐)・1005
함로안(銜蘆雁)・1005
할애(割愛)・1005
함사사영(含沙射影)・1005
함소입지(含笑入地)・1008
함이농손(含飴弄孫)・1008
함지사지(陷地死地)・1008
함포고복(含哺鼓腹)・1009
함흥차사(咸興差使)・1009
합포주환(合浦珠還)・1009
합종연횡(合縱連衡)・1004
항배상망(項背相望)・1009
항룡유회(亢龍有悔)・1006
항장무검(項莊舞劍)・1009
항해일기(沆瀣一氣)・1009
해고견저(海枯見底)・1009
해군지마(害群之馬)・1009
해내무쌍(海內無雙)・1011
해내존지기(海內存知己)・1011
해당수미족(海棠睡未足)・1011
해락(偕樂)・1013
해령환시계령인(解鈴還是系鈴人)・1013
해로(薤露)・1013
해로동혈(偕老同穴)・1007
해망구실(蟹網俱失)・1013
해불파일(海不波溢)・1013
해서산맹(海誓山盟)・1013
해시신루(海市蜃樓)・1013

65

해시지오(亥豕之吳)・1013
해어화(解語花)・1010
해여산쟁수해필득지(海與山爭水海必得之)・1013
해옹호구(海翁好鷗)・1013
해의추식(解衣推食)・1013
해의포화(解衣抱火)・1013
해이(解頤)・1015
해인수(解印綬)・1015
해제지동(孩提之童)・1015
해조음(海潮音)・1015
해천산천(海千山千)・1015
해타성주(咳唾成珠)・1015
해현경장(解弦更張)・1015
행로난(行路難)・1015
행로지인(行路之人)・1015
행림(杏林)・1017
행백리자반어구십(行百里者半於九十)・1012
행불유경(行不由徑)・1014
행비서(行秘書)・1017
행상대경(行常帶經)・1017
행시주육(行尸走肉)・1017
행운유수(行雲流水)・1017
행재소(行在所)・1017
행재요화(幸災樂禍)・1019
행주좌와(行住坐臥)・1019
향남설북(香南雪北)・1019
향당상치(鄕黨尙齒)・1019
향벽허조(向壁虛造)・1019
향불사성(響不辭聲)・1019
향양화목(向陽花木)・1019
향우지탄(向隅之歎)・1019
향원덕지적(鄕原德之賊)・1019
향응(響應)・1019
향이지하필유사어(香餌之下必有死魚)・1019
향화걸아(向火乞兒)・1019
허고취생(噓枯吹生)・1021
허선촉주인불노(虛船觸舟人不怒)・1021
허실상배(虛實相配)・1021
허실생백(虛室生白)・1021
허유괘표(許由挂瓢)・1023
허심탄회(虛心坦懷)・1023
허장성세(虛張聲勢)・1023
허허실실(虛虛實實)・1023
헌근(獻芹)・1023
헌체(獻替)・1025
헌폭지침(獻曝之忱)・1025
헌훤(獻暄)・1025
현거(懸車)・1025
현관(玄關)・1025
현두각(見頭角)・1025
현두자고(懸頭刺股)・1025
현신설법(現身說法)・1025
현양두매구육(懸羊頭賣狗肉)・1025
현우수매마육(懸牛首賣馬肉)・1025
현월석(現越石)・1025
현하지변(懸河之辯)・1025
현현역색(賢賢易色)・1027
현호(懸弧)・1027
혈구지도(絜矩之道)・1016

혈류표저(血流漂杵)·1027
혈혈단신(孑孑單身)·1027
협견첨소(脅肩諂笑)·1027
협태산이초북해(挾泰山以超北海)·1027
형감(衡鑑)·1027
형극(荊棘)·1027
형단영척(形單影隻)·1029
형망제급(兄亡弟及)·1029
형명참동(形名參同)·1029
형불여면 면불여안(形不如面面不如眼)·1029
형비제수(兄肥弟瘦)·1031
형설지공(螢雪之功)·1018
형영상동(形影相同)·1031
형영상조(形影相弔)·1031
형이상(形而上)·1031
형제혁장외어기무(兄弟鬩牆外禦其務)·1031
형조불용(刑措不用)·1031
형차포군(荊釵布裙)·1031
형처돈아(荊妻豚兒)·1031
혜고부지춘추(蟪蛄不知春秋)·1033
혜분난비(蕙焚蘭悲)·1033
혜이부지위정(惠而不知爲政)·1033
혜전탈우(蹊田奪牛)·1033
호가호위(狐假虎威)·1020
호각(互角)·1033
호각지세(互角之勢)·1033
호거용반(虎踞龍盤)·1033
호계삼소도(虎溪三笑圖)·1022
호구(糊口)·1037

호구고수(狐裘羔袖)·1037
호구몽융(狐裘蒙戎)·1037
호구여생(虎口餘生)·1039
호도(糊塗)·1039
호랑지국(虎狼之國)·1039
호리건곤(壺裏乾坤)·1039
호리지실차이천리(毫釐之失差以千里)·1039
호매지이호골지(狐埋之而狐搰之)·1039
호모부가(毫毛斧柯)·1039
호문(虎吻)·1039
호문즉유(好問則裕)·1043
호물부재다(好物不在多)·1043
호미난방(虎尾難放)·1043
호미춘빙(虎尾春氷)·1043
호박불취부개(琥珀不取腐芥)·1043
호변(虎變)·1043
호복간상(濠濮間想)·1043
호부우(虎負嵎)·1045
호불개의(毫不介意)·1045
호불급흡(呼不給吸)·1045
호사다마(好事多魔)·1045
호사수구(狐死首丘)·1045
호사토읍(狐死兎泣)·1045
호생지덕(好生之德)·1045
호서배(狐鼠輩)·1045
호선(狐仙)·1045
호선자익 호기자타(好船者溺好騎者墮)·1045
호소(虎嘯)·1045
호손이아(壺飱餌餓)·1045

호손입대(猢猻入袋)·1045
호시탐탐(虎視眈眈)·1024
호연지기(浩然之氣)·1026
호왈백만(號曰百萬)·1045
호우호마(呼牛呼馬)·1046
호월일가(胡越一家)·1046
호월지의(胡越之意)·1046
호위인사(好爲人師)·1046
호유기미(狐濡其尾)·1046
호의기건(縞衣綦巾)·1046
호의불결(狐擬不決)·1046
호의현상(縞衣玄裳)·1046
호이관(虎而冠)·1046
호이지기악(好而知其惡)·1046
호익(虎翼)·1047
호전걸육(虎前乞肉)·1047
호접몽(胡蝶夢)·1028
호중천(壺中天)·1047
호질기의(護疾忌醫)·1047
호추불두 유수불부(戶樞不蠹流水不腐)·1047
호학근호지(好學近乎知)·1047
호한(浩澣)·1047
호한위천(戶限爲穿)·1047
호해지사(湖海之士)·1049
호행소혜(好行小慧)·1029
호화미견룡(好畵未見龍)·1049
혹세무민(惑世誣民)·1049
혹중혹불중(或中或不中)·1049
혼돈(渾沌)·1049
혼비백산(魂飛魄散)·1049

혼승백강(魂昇魄降)·1049
혼정신성(昏定晨省)·1049
홀륜탄조(囫圇吞棗)·1049
홀여과극(忽如過隙)·1050
홍곡지지(鴻鵠之志)·1051
홍구(鴻溝)·1051
홍등녹주(紅燈綠酒)·1051
홍로점설(紅爐點雪)·1051
홍분청아(紅粉靑娥)·1051
홍안미소년(紅顔美少年)·1051
홍엽지매(紅葉之媒)·1051
홍익인간(弘益人間)·1030
홍일점(紅一點)·1032
화광동진(和光同塵)·1034
화기소장(禍起蕭墻)·1051
화락송정한(花落訟庭閒)·1051
화룡정점(畵龍點睛)·1035
화무십일홍(花無十日紅)·1051
화발다풍우(花發多風雨)·1051
화병(畵餠)·1051
화병충기(畵餠充饑)·1053
화복무문(禍福無門)·1053
화사첨족(畵蛇添足)·1053
화서지몽(華胥之夢)·1036
화실상칭(華實相稱)·1053
화씨벽(華氏璧)·1038
화양부동(花樣不同)·1053
화언교어(花言巧語)·1053
화옥산구(華屋山丘)·1053
화왕지절(火旺之節)·1053
화용월태(花容月態)·1053

화우계(火牛計)·1040
화이부동(和而不同)·1053
화이부실(華而不實)·1053
화전충화(花田衝火)·1053
화조월석(花朝月夕)·1053
화종구생(禍從口生)·1053
화중군자(花中君子)·1054
화지누빙(畵脂鏤氷)·1054
화촉(花燭)·1054
화혜복지소의(禍兮福之所倚)·1054
화호유구(畵虎類狗)·1042
확금자불견인(攫金者不見人)·1054
환골탈태(換骨奪胎)·1044
환과고독(鰥寡孤獨)·1054
환니봉관곡(丸泥封關谷)·1054
환락극애정다(歡樂極哀情多)·1054
환부역조(換夫易祖)·1054
환연빙석(渙然氷釋)·1054
환조방예(圜鑿方枘)·1054
활박생탄(活剝生吞)·1054
활연개랑(豁然開朗)·1054
황금용진환소색(黃金用盡還疎索)·1054
황량몽(黃梁夢)·1054
황망지행(荒亡之行)·1055
황양자자(滉洋自恣)·1055
황작풍(黃雀風)·1055
황탄무계(荒誕無稽)·1055
회계지치(會稽之恥)·1056
회광반조(廻光返照)·1056
회록지재(回祿之災)·1056
회뢰공행(賄賂公行)·1056

회벽유죄(懷璧有罪)·1056
회사후소(繪事後素)·1056
회자부적(懷刺不適)·1056
회자인구(膾炙人口)·1048
회자정리(會者定離)·1056
회천지력(回天之力)·1056
횡보행호거경(橫步行好去京)·1056
횡설수설(橫說竪說)·1056
횡초지공(橫草之功)·1056
효빈(效顰)·1057
효쇠어처자(孝衰於妻子)·1057
효시(嚆矢)·1050
효자불궤(孝子不匱)·1057
효자애일(孝子愛日)·1057
효자종치명 부종난명(孝子從治命 不從亂命)·1057
후고지우(後顧之憂)·1057
후래거상(後來居上)·1057
후목난조(朽木難雕)·1057
후목분장(朽木糞墻)·1052
후문여해(侯門如海)·1057
후생가외(後生可畏)·1055
후안무치(厚顏無恥)·1057
후조지절(後凋之節)·1057
훈주산문(葷酒山門)·1057
훼예포폄(毀譽褒貶)·1058
훼장삼척(喙長三尺)·1058
휘하(麾下)·1058
휴척상관(休戚相關)·1058
휼방지쟁(鷸蚌之爭)·1058
흉유성죽(胸有成竹)·1058

흑우생백독(黑牛生白犢)·1058
흑의재상(黑衣宰相)·1058
흔구정토(欣求淨土)·1058
흔흔향영(欣欣向榮)·1058
흔희작약(欣喜雀躍)·1058
흥진비래(興盡悲來)·1058

희노애락(喜怒哀樂)·1058
희생(犧牲)·1059

출전약해(出典略解)·1061

일상생활에 흔히 사용되는
사자성어(四字成語) 색인·1117

가

가계야치 家鷄野雉 ▶ 기화가거 奇貨可居

고사성어대사전

가인박명
佳人薄命

아름다울 佳 사람 人 얕을 薄 목숨 命

> 재주가 많고 출중한 사람의 운명이 의외로 평탄하지 않음을 이르는 말

　가인(佳人)이란 말의 뜻 가운데는 임금과 같은 귀한 사람을 가리키는 경우도 있다. 미인(美人)도 마찬가지다. 그러나 보통 가인이니 미인이니 하면 얼굴이 예쁜 여자를 가리켜 말하게 된다. 특히「가인박명(佳人薄命)」이니「미인박명(美人薄命)」이니 하고「박명(薄命)」이란 두 글자가 붙어 있을 경우는 더욱 그렇다.

　「미인박명」이란 말은 누가 언제 만들어 낸 것도 아닌데, 역사적 교훈이 사람들로 하여금 그런 말을 낳게 한 것 같다. 동서고금을 통해 세상을 놀라게 했던 무수한 미인들이 파란만장한 삶 끝에 결국은 비명에 죽어 갔다.

　클레오파트라가 독사에 물려 마지못해 자살을 했는가 하면, 양귀비 같은 절세미인도 안녹산(安祿山)의 난에 쫓겨 파촉(巴蜀)으로 가던 도중 마외(馬嵬)란 곳에서 반란군의 손에 넘어가 뭇 사내들의 진흙 발에 짓밟혀서 사지가 찢겨 죽는 비참한 최후를 마쳤다.

　식부인(息夫人)은, 작은 나라이기는 하지만, 그래도 일국의 후비(後妃)로서 행복한 일생을 영위할 수 있었던 착한 부인이었는데도 강대한 초(楚)나라 성왕(成王)의 눈에 뛰어 남편과 자신과 나라까지 송두리째 폭군의 희생이 되고 말았다.

　마음씨 고운 그녀는 자살도 하지 못하고, 평생 웃음을 잃고, 묻는 말에 대답하는 일 외에는 입을 열어 말하는 일이 없었다 한다. 사랑하는 남편을 따라 죽지 못하고 모진 목숨을 이어 가며 살아야만 했던 그녀의 마음속은 얼마나 차가운 안개로 덮여 있었을까?

이렇게 하나하나 들기로 하면 끝이 없다. 여기 소식(蘇軾, 字는 동파 1036~1101)이 지은 「박명가인(薄命佳人)」이란 칠언율시(七言律詩)를 소개해 보자.

두 볼은 굳은 젖빛, 머리는 옻칠을 한 듯한데,
눈빛은 발 사이로 들어와 구슬처럼 영롱하구나.
짐짓 흰 깁으로 선녀의 옷을 지었더니
붉은 연지로 타고난 바탕을 더럽히지 못한다.
오나라 말소리는 귀엽고 부드러워 아직 어린데,
끝없는 근심 다 알지 못하겠네..
예부터 미인은 흔히 박명하다 하지만,
문 닫은 채 봄날이 가면 버들 꽃도 지고 말겠지.

雙頰凝酥髮抹漆	眼光入簾珠的皪	쌍협응소발말칠	안광입렴주적력
故將白練作仙衣	不許紅膏汗天質	고장백련작선의	불허홍고한천질
吳音矯軟帶兒痴	無限間愁總未知	오음교연대아치	무한간수총미지
自古佳人多薄命	閉門春盡楊花落	자고가인다박명	폐문춘진양화락

이 시는 저자가 항주(杭州)·양주(楊州) 등 지방장관으로 있을 때 우연히 절간에서 나이 80이 이미 넘었다는 어여쁜 여승을 보고, 그녀의 아리따웠을 어린 소녀 시절을 회상하며 미인의 박명함을 읊은 것이라 한다.

가계야치〔家鷄野雉〕 집의 닭을 싫어하고 들의 꿩을 좋아한다는 뜻으로, 집 안에 있는 좋은 것을 버리고 밖에 있는 나쁜 것을 탐냄.

가급인족〔家給人足〕 집집마다 풍족하고 사람마다 넉넉하여 운세가 융성함. 《한서》

가담항설〔街談巷說〕 길거리나 항간에 떠도는 소문. 《한서》

가도멸괵〔假道滅虢〕 ☞ 순망치한(脣

亡齒寒).

가도사벽〔家徒四壁〕 집안 형편이 매우 어려워서 살림이라고는 아무것도 없고 네 벽만 서 있다는 뜻으로, 지극히 가난함을 이르는 말. 가도벽립(家徒壁立). 《한서》 사마상여전(司馬相如傳).

가렴주구〔苛斂誅求〕 백성들로부터 가혹하게 세금을 거두어들이고 무리하게 재물을 빼앗음. ☞ 가정맹어호(苛政猛於虎)

가릉빈가〔迦陵頻伽〕【불교】 불경에 나오는 상상의 새 이름. 극락정토(極樂淨土)에 깃들이며, 인두조신(人頭鳥身)의 모습을 하고 있다. 소리가 아름다워 듣기에 싫증이 나지 않는다. 얼굴은 미인이라고 한다. 《정법염경(正法念經)》

가부지친〔葭莩之親〕 갈대청같이 아주 엷은 관계라는 뜻으로, 아주 먼 친척을 가리키는 말. 《한서》

가빈사양처〔家貧思良妻〕 집안이 가난할 때 어진 아내를 생각한다는 뜻으로, 비상시에야 비로소 진부(眞否)를 안다는 말. 《사기》

가서만금〔家書萬金〕 고독한 여행지, 이국(異國)에서의 생활에서, 가족으로부터 온 편지는 정말로 만금(萬金)의 가치에 상당할 정도로 반갑다고 하는 것. 유명한 당나라 시인 두보(杜甫)는 안녹산(安祿山)의 난으로 붙잡혀서 이듬해(757년) 탈주했다. 수도 장안(長安)에 구속된 몸이 되었을 때, 전란으로 심하게 황폐해진 장안의 봄을 아파해서 만든 저 유명한 시 가운데 한 구절. 가서(家書)는 아내 혹은 가족으로부터의 편지. 두보 《춘망시(春望詩)》

가유호효〔家喻戶曉〕 집집마다 다 알다. 《열녀전》

가이동가이서〔可以東可以西〕 이렇게 할만도 하고 저렇게 할만도 함. 가동가서(可東可西).

가지호효〔家至戶曉〕 집집마다 다니며 깨우쳐 준다는 뜻으로, 널리 알림. 《열녀전》

가호위호〔假虎威狐〕 ☞ 호가호위(狐假虎威).

각곡유목〔刻鵠類鶩〕 따오기를 그리려다가 잘못 그려도 집오리 비슷하게는 된다는 뜻으로, 근신하고 정직한 사람을 본받으려 하면 안돼도 선인은 될 수 있다는 말. ☞ 화호유구(畵虎類狗). 《후한서》

각답실지〔脚踏實地〕 발이 실제로 땅에 붙었다는 뜻으로, 일 처리 솜씨가 착실함. 행실이 바르고 태도가 성실함의 비유. 《송사》

각자무치〔角者無齒〕 뿔이 있는 자는 이가 없다는 뜻으로, 한 사람이 모든 덕을 겸하지 못함을 이름.

가정맹어호
苛政猛於虎

가혹할 苛 정사 政 사나울 猛 어조사 於 호랑이 虎

> 가혹한 정치는 호랑이보다 무섭다.

《예기(禮記)》에 나오는 공자의 말씀에 「가혹한 정치(苛政)는 범보다 무섭다」고 한 말이 있다.

하루는 공자가 제자들과 함께 태산(泰山) 부근을 지나가고 있었다. 그 때 어디선가 여인의 울음소리가 들려왔다. 이상하게 여긴 제자들이 울음소리를 따라가 보았다. 그곳에는 한 부인이 세 개의 무덤 앞에서 슬피 울고 있는 것이었다.

공자는 수레에 조용히 앉아 있다가 제자인 자로(子路)를 보내 연유를 물어 보라고 했다.

「부인의 울음소리를 가만히 들으니, 아무래도 여러 번 슬픈 일을 당한 것 같은데, 무슨 사연이라도 있습니까?」

부인은 울음을 그치고 대답했다.

「네, 이곳은 범의 피해가 아주 심한 곳입니다. 오래 전에는 제 시아버지께서 범에게 물려 돌아가셨고, 얼마 전에는 제 남편 또한 범에게 물려 죽었는데, 이번엔 제 자식이 또 범에게 물려 죽고 말았습니다」

공자는 부인의 말을 듣자,

「그러면 어째서 이 무서운 고장을 떠나지 못하는 거요?」하고 반문했다. 그러자 부인이 대답했다.

「그래도 이 고장에는 가혹한 정사(政事)가 없기 때문이지요」

공자는 자못 느낀 바가 있어 제자들을 유심히 둘러본 뒤 말했다.

「너희들은 명심해 두어라. 가혹한 정치는 백성들이 범보다도 더 무서워한다는 것을」

가혹한 정치란, 백성들을 달달 볶아 못 견디게 하는 정치를 말한다. 「가렴주구(苛斂誅求)」란 바로 「가정(苛政)」의 구체적인 설명이라 하겠다. 낼 힘도 없는데 시도 때도 없이 거둬들이는 것이 「가렴」이고, 정당한 법적 근거도 없이 강제성을 띤 요구가 「주구」인 것이다.

범에게 물려 죽을 때는 죽더라도 우선 아침저녁으로 시달릴 걱정을 않게 되니 순진하고 선량한 백성들은 첫째 마음이 편한 것이다.

이 이야기의 배경은 춘추시대 말엽이다. 이때 노(魯)나라에서는 대부(大夫) 계손씨(季孫氏)가 조정의 실권을 쥐고 흔들며 혹독한 정치를 하고 있었다. 이렇다 보니 자연 백성들은 덜 가혹한 지방을 찾아 이곳저곳으로 내몰리게 되고 말았다.

위정자를 잘못 만나면 도무지 피해나갈 구멍도 없이 수탈을 당하는 일이 예사였다. 범이야 조심하면 되지만 가렴주구는 조심해서 될 일이 아니기 때문이다.

각촉부시〔刻燭賦詩〕 초에 금을 새겨 놓고, 그 부분이 다 타기까지를 시한으로 정하고 그 안에 시를 짓는 일. 《남사》

각축〔角逐〕 각(角)은 겨룬다는 뜻, 축은 쫓는다는 뜻. 서로 이기려고 경쟁함. 승부를 다툼. 《전국책》

각하조고〔脚下照顧〕 각하(脚下)는 발밑. 조고(照顧)는 비추어 돌이켜봄. 누구라도 자신에게는 후하다. 자기의 발밑을 다시 잘 보고 반성해 보는 것이 중요하다는 말.

각화무염〔刻畫無鹽〕 비유가 타당치 않거나 너무 차이가 나는 물건을 비유하여 이르는 말. 《진서》

간간악악〔侃侃諤諤〕 기탄없이 논의함. 매우 강직하여 권세에 대해서도 서슴없이 정론을 말하는 모습. 《논어》, 《사기》

간국지기〔幹國之器〕 국정을 담당할 수 있는 그릇이란 뜻으로, 나라를 다스리는 재능을 가진 사람. 《후한서》

간뇌도지〔肝腦塗地〕 참살을 당하여 간과 뇌가 땅바닥에 으깨어졌다는 뜻으로, 나라 일에 목숨을 돌보지 않고 힘을 다함을 이름. 《사기》

간담초월〔肝膽楚越〕 보는 관점에 따라서는 비슷한 것이라도 전혀 다르고, 가까운 것이라도 멀리 보인다는 비유. 간담(肝膽)은 간과 쓸개로, 사람의 몸속에 인접해 있다. 초월(楚越)은 초나라와 월나라로 서로 멀리 떨어져 있다. 《장자》

간두지세〔竿頭之勢〕 대나무 막대기의 맨 끝에 선 것 같다는 뜻으로, 아주 위태로운 형세를 형용하여 이르는 말. 비 백척간두(百尺竿頭).

간발이즐〔簡髮而櫛〕 머리를 한 가닥씩 골라서 빗는다는 뜻으로, 아주 좀스러움을 비유하여 이르는 말. 《장자》

간불용발〔間不容髮〕 머리카락 한 오라기도 넣을 틈이 없다는 뜻으로, 사태가 매우 급박함의 비유.

간성〔干城〕 방패와 성. 곧 나라를 방위하는 군인을 가리킴. 《시경》

간신적자〔奸臣賊子〕 간사한 신하와 불효한 자식. 비 난신적자(亂臣賊子).

간운보월〔看雲步月〕 객지에서 집 생각을 하고 달밤에 멀리 구름을 바라보며 거닒. 《후한서》

간운폐일〔干雲蔽日〕 구름을 침범하고 해를 가린다는 뜻으로, 나무가 하늘을 찌를 듯이 높이 솟아 있는 모양을 형용하여 이르는 말.

간장막야〔干將莫耶〕 간장은 오(吳)나라의 도공(刀工)으로, 오왕 합려의 명령으로 칼을 만들면서 아내 막야의 머리털과 손톱을 쇠와 함께 노 속에 넣어 완성시킨 두 칼이 간장과 막야다. 곧 명검을 일컫는다. 《순자》

갈등〔葛藤〕 칡덩굴과 등나무란 뜻으로, 일이 까다롭게 뒤얽혀서 풀기 어려운 형편을 이르는 말.

갈이천정〔渴而穿井〕 목이 마른 뒤라야 우물을 판다는 뜻으로, 평소 아무 준비가 없다가 일이 벌어지고 나서야 부산을 떤들 무슨 소용이 있느냐는 뜻. 《설원》

갈택이어〔竭澤而漁〕 연못의 물을 말려 고기를 잡는다는 뜻으로, 일시적인 욕구 때문에 조금의 여지도 남겨두지 않음의 비유. 또는 지배층이 백성들의 고혈을 가차 없이 짜냄을 비유하여 이르는 말. 《여씨춘추》

감당유애〔甘棠遺愛〕 청렴결백한 인물이나 선정을 베푼 사람을 그리워하는 마음. 《시경》

감정선갈〔甘井先竭〕 물맛이 좋은 우물은 길어가는 사람이 많으므로 빨리 마른다는 뜻으로, 재능 있는 사람이 일찍 몸을 망치기 쉬움을 이른 말.

감탄고토〔甘呑苦吐〕 달면 삼키고 쓰면 뱉는다. 곧 신의를 저버리고 자신의 이익만을 도모한다는 뜻.

감홍난자〔酣紅爛紫〕 울긋불긋한 가을 단풍이 한창인 모양.

갑남을녀〔甲男乙女〕 신분도 없고 이름도 알려지지 않은 평범한 사람들.

가화만사성
家和萬事成

집 家 화목할 和 온갖 萬 일 事 이룰 成

집안이 화목하면 모든 일이 잘 풀린다.

집안이 화목하면 모든 일이 잘 풀린다는 말이 「가화만사성(家和萬事成)」이다. 우리의 입에 오르내리는 한자성어 중에는 한문시에서 유래한 것이 많다. 「소문만복래(笑門萬福來)」니 「가화만사성」이니 하는 것도 한문시 중의 한 구절이다.

「입은 화의 문(口是禍之門)이요, 혀는 몸을 베는 칼(舌是斬身刀)」이라고 하는 데서 「화는 입으로부터 나오고 병은 입으로부터 들어간다(禍自口出 病自口入)」라는 문자가 생겼다.

그런데 그 입에서 웃음이 나올 때는 모든 어려움은 웃음과 함께 사라지고 그 대신 기쁜 일이 찾아오게 된다. 그야말로 웃음은 화를 돌려 복을 만드는 전화위복의 좋은 약이라고 볼 수 있다.

「가화만사성」도 같은 내용을 달리 표현한 말이라고 할 수 있다. 가정이 화목하지 않고서는 어찌 그 집에 웃음꽃이 필 수 있겠는가? 가정이 화목함으로써 남편은 집 걱정을 하지 않고 자기 일에 열중할 수 있고, 아내는 남편을 믿고 즐거운 마음으로 집안일을 보살피고 아이들을 돌보게 된다.

《대학》에 「몸을 닦아 집을 가지런히 한다(修身齊家)」란 말이 있다. 결국 집안을 평화롭게 하여 항상 웃음꽃이 집 밖까지 활짝 피게 하는 일일 것이다. 내 집이 화평하면 이웃과도 사이가 좋게 되고, 이웃도 내 집을 본받아 함께 화목해질 수 있다. 집을 가지런히 한 뒤에라야 나라도 다스리고 천하도 편하게 한다는 치국평천하(治國平天下)의 길도 결국 이 「가화만사성」 다섯 글자에 집약되어 있다 할 것이다.

각주구검 刻舟求劍

새길 刻 배 舟 구할 求 칼 劍

> 사람이 미련해서 융통성이 없음의 비유.

눈앞에 보이는 하나만을 알 뿐, 그 밖의 시세 변동 같은 것은 전연 모르는 고집불통인 처사를 비유해서 「각주구검(刻舟求劍)」이라고 한다. 《여씨춘추(呂氏春秋)》 찰금편(察今篇)에 나오는 이야기다.

춘추전국시대 때, 초(楚)나라 사람이 배를 타고 강을 건너게 되었는데, 들고 있던 칼을 그만 물 속에 빠뜨리고 말았다. 그러자 그는 얼른 칼을 빠뜨린 뱃전에다 표시를 해두고,

「내가 칼을 빠뜨린 곳은 바로 여기다」 하고 자못 영리한 체하며 주위 사람들을 둘러보았다.

이윽고 배가 언덕에 와 닿자, 그는 아까 표시를 해 놓은 그 자리에서 물로 뛰어들었다. 그는 그 자리에 칼이 있을 거라고 믿고 있었던 것이다.

배는 이미 그 동안에 칼을 빠뜨린 곳으로부터 멀리 떨어져 갔는데도 그걸 미처 깨닫지 못하고 그런 식으로 칼을 찾겠다니 얼마나 한심스런 이야기인가.

강거목장〔綱擧目張〕 대강(大綱)을 들면 세목(細目)도 자연히 명백해짐. 《시경》

강구연월〔康衢煙月〕 집집마다 밥 짓는 연기가 피어올라 달을 은은히 가린 모양으로, 태평한 시대의 평화스런 모습의 비유.

강남귤화위지〔江南橘化爲枳〕 강남의 귤을 강북에 심으면 탱자가 된다는 뜻으로, 사람도 장소나 환경에 따라 성품이 변함을 일컬음. 《회남자》

강남일지춘〔江南一枝春〕 강남에서 친구에게 매화나무 한 가지를 보냈다는 이야기에서, 친구 사이의 돈독한 우정을 대신하는 정표를 보낼 때 쓰는 말.

간담상조
肝膽相照

간 肝 쓸개 膽 서로 相 비출 照

> 진심을 터놓는 허물없는 우정, 마음이 잘 맞는 절친한 사이.

「간담상조」는 간과 쓸개를 서로 꺼내 보인다는 말로서, 허물없는 절친한 사이라는 뜻이다.

이 말은 당송팔대가(唐宋八大家) 중 한 사람인 한유(韓愈 : 자는 退之)가 그의 친구인 유종원(柳宗元 : 자는 子厚)의 우정을 칭송해서 쓴 「유자후묘지명(柳子厚墓誌銘)」에서 비롯된 말이다.

한유와 유종원은 당대(唐代)를 대표하는 대문장가이다. 이들은 모두 당시 유행하던 화려한 문장을 천시하고 고문(古文)을 부흥시키고자 노력했던 사람들로서, 오랜 세월 두터운 우정을 나눈 절친한 친구였다.

헌종(憲宗) 때 유종원은 정쟁에서 밀려나 두 번째로 유주자사(柳州刺史)로 좌천되었다가 죽고 말았다.

한유는 유종원을 위해서 묘지명(墓誌銘)을 썼는데, 그 가운데 「간담상조」가 나오는 1절을 소개해 보자.

「사람이 어려운 지경에 처했을 때야 비로소 진정한 절의(節義)가 드러나는 법이다. 아무 걱정 없이 살아갈 때는 서로 아껴 주며 술자리나 잔치자리에 부르곤 한다. 때로는 농담도 하고 서로 사양하고 손을 맞잡기도 한다. 그뿐이겠는가. 죽어도 배신하지 말자고 『쓸개와 간을 서로 내보이며(肝膽相照)』 맹세한다. 하지만 조금이라도 이해관계가 엇갈리면 눈길을 돌리며 마치 모르는 사람 대하듯 한다. 함정에 빠진 사람을 구해주기는커녕 오히려 구덩이 속으로 밀어 넣고 돌을 던지는 사람이 이 세상에는 널려 있다」

한유가 유종원의 우정을 참된 우정으로 높이 평가한 데는 다음과 같은 일을 상기하였던 것이다.
 유종원은 유우석(柳禹錫 : 자는 夢得)이라는 친구가 있었는데, 자신이 유주자사로 임명되었을 때 유우석은 파주자사(播州刺史)로 임명되었다. 파주는 변방인 데다 70 노경에 있는 어머니를 모시고 갈 일이 걱정이었다. 이런 사실을 안 유종원은 자기가 대신 파주로 가겠다고 자청해 나섰다. 이것이 참된 친구요「간담상조」할 수 있는 우정이라고 한유는 묘지명에 썼던 것이다.

강랑재진〔江郞才盡〕 강랑의 재주가 다 했다는 말로, 학문이 두각을 나타낸 후 퇴보함을 이르는 말.《남사》

강려자용〔剛戾自用〕 완고해서 남의 의견을 듣지 않음. 고집불통, 완미(頑迷)함.《사기》

강류석부전〔江流石不轉〕 강물은 흘러도 돌은 움직이지 않는다는 뜻으로, 유행이나 대세에 좀처럼 휩쓸리지 않는다는 말. 또 양반은 함부로 움직이지 않는다는 말.

강안〔强顔〕 얼굴이 두껍다는 뜻으로, 부끄러움을 모르는 것. 후안무치(厚顔無恥).《신서(新序)》

강의목눌〔剛毅木訥〕 강한 마음과 의연한 태도에, 게다가 꾸밈없는 목눌(木訥 : 순직하고 느리고 둔하여 말이 적음)한 인물이 진짜 훌륭하다고 하는 것.《논어》 자로. 凹 교언영색.

강호〔江湖〕 세상. 조정에서 멀리 떨어진 곳. 속세를 떠난 선비가 사는 곳.

개과불인〔改過不吝〕 허물을 고침에 인색하지 않는다는 뜻으로, 허물이 있으면 고치는 데 주저하지 않음을 이르는 말.《서경》

개권유익〔開卷有益〕 책을 읽지 않고 펼치기만 해도 유익하다는 뜻으로, 제대로 독서를 하면 효과가 좋다는 말.《송서》

개물성무〔開物成務〕 만물의 뜻을 개통하여 천하의 사무(事務)를 성취함을 이르는 말.《역경》

개원절류〔開源節流〕 자원을 개발해서 비용을 절약함.《순자》

개주생기슬〔介胄生蟣蝨〕 갑옷 속에까지 이가 꼬인다는 뜻으로, 전쟁이 오래 끓을 비유하여 이르는 말.

객반위주〔客反爲主〕 손이 도리어 주인 노릇을 함. 일의 부차적인 것과 주가 되는 것의 뒤바뀜. 凹 주객전도.

갈불음도천수
渴不飮盜泉水

목마를 渴 아니 不 마실 飮 훔칠 盜 샘 泉 물 水

> 아무리 곤궁해도 불의(不義)의 재산은 탐내지 않는다.

「갈불음도천수(渴不飮盜泉水)」는 「목이 말라도 도천(盜泉)의 물은 마시지 않는다」라는 뜻이다.

《설원(說苑)》 설총편(說叢篇)에 이런 이야기가 있다.

공자가 어느 날 승모라는 마을에 갔을 때, 마침 날이 저물었으나 그 마을에서는 머물지를 않았다. 또 도천의 옆을 지나쳤을 때 목이 말랐으나 그곳의 샘물을 떠먹지 않았다. 그 까닭은 마을 이름인 승모(勝母)가 「어미를 이긴다」는 것은 자식으로서의 도에서 벗어난 일이며, 그와 같은 이름의 마을에 머문다는 그 자체가 이미 어머니에 대한 부도덕으로 여겼던 까닭이다.

또 도천이란 천한 이름을 가진 샘물을 마신다는 것은 고결한 마음을 다듬고 있는 선비에게 있어서는 매우 불명예스러운 수치로 여겼던 까닭이라고 말하고 있다.

도천은 산동성 사수현(泗水縣) 동북쪽에 있어 예부터 이러한 고사로 인해 이름이 알려져 있어 도천이라는 용어는 수치스러운 행위의 비유로도 쓰인다. 《문선(文選)》에 있는 육사형(陸士衡)의 「맹호행(猛虎行)」이란 시를 소개해 보기로 하자.

목이 말라도 도천의 물을 마시지 않고
더워도 악목의 그늘에 쉬지 않는다.
악목인들 나뭇가지가 없겠는가.
선비의 뜻을 품고 고심이 많도다.
......

渴不飮盜泉水　熱不息惡木陰　갈불음도천수　열불식악목음
惡木豈無枝　　志士多苦心　　악목개무지　　지사다고심
　　　……

아무리 목이 말라도 도천의 물은 마시지 않고, 아무리 더워도 악목의 그늘에서는 쉬지 않는다는 것은 올바른 정신을 관철하기 위해서인 것이다.

육사형의 이름은 기(機), 사형은 자(字)다. 할아버지인 육손(陸遜)은 삼국의 오(吳)나라 손권에게 벼슬하여 용명을 떨쳤으며, 아버지 육항(陸抗)도 오의 명신이었다.

유학을 깊이 준봉하여 시문에도 뛰어나 오의 흥망을 논한 「변망론(辯亡論)」이나 「육평원집(陸平原集)」이 있다.

나중에 진(晋)에 벼슬하고자 아우인 육운(陸雲)과 낙양에 있었을 때 사람들로 하여금 「오를 정벌한 덕택에 이준(二俊)을 얻었다」는 칭송을 받기도 했다.

대장군, 하북대도독이 되었으나 모함에 빠져 「화정(華亭)의 학려(鶴唳) 어찌 듣겠는가」 하는 말을 남기고 죽었다.

화정은 강소성 송강현의 서쪽 평원촌에 있고 할아버지 육손이 화정후에 책봉된 후부터 대대로 지내던 곳으로 감회 깊은 심정에 넘칠 것이다. 아우 육운도 이어 죽음을 당했다.

학려는 학의 울음소리를 말한다.

거동궤서동문〔車同軌書同文〕 각 지방의 수레는 폭을 같이 하고, 문서는 같은 문자를 쓴다는 뜻으로, 천하가 통일됨을 이르는 말. 동문동궤(同文同軌).

거두절미〔去頭截尾〕 머리와 꼬리를 자르다. 곧 앞뒤의 잔사설은 빼고 요점만 말함을 이르는 말.

강노지말
強弩之末

강할 強 쇠뇌 弩 어조사 之 끝 末

> 강한 것도 시간이 지나면 힘을 잃고 쇠해진다.

「강노지말」은 시위를 떠난 강한 화살도 먼 데까지 날아가다 보면 그 끝에 가서는 힘이 다해 떨어진다는 말이다. 즉 아무리 강한 것이라 할지라도 시간이 지나면 힘을 잃고 쇠약해진다는 뜻이다.

《한서》한안국전(韓安國傳)에 있는 이야기다.

한(漢)의 고조 때 북쪽 흉노족이 변방을 침범하여 골머리를 앓고 있었다. 고조는 중원의 통일을 이루기는 했지만 아직 나라의 기반이 다져지지 않은 형편이라 오랑캐를 평정함으로써 그 기틀을 완전히 갖추려고 직접 대군을 인솔하고 흉노를 치러 출병했다.

그러나 흉노의 기병(騎兵)들이 워낙 강해서 오히려 고조는 그들로부터 포위를 당해 위급한 지경에 빠지고 말았다. 이때 군사(軍師)인 진평(陳平)이 흉노의 왕비에게 값진 보물을 보내 그들을 회유하고 고조는 간신히 포위망을 뚫고 도망칠 수 있었다.

혼이 난 고조는 힘으로써 흉노를 다스리려는 마음을 고쳐먹고 흉노와 화친정책을 펴면서 왕가의 처녀를 흉노의 왕에게 시집보내고 거기다 많은 예물까지 딸려 보냈다.

덕택에 한동안 한나라와 흉노 사이는 평화로웠다. 그러나 그 평화는 오래 지속되지 않았다. 흉노는 다시 변경을 시끄럽게 했다.

그러는 동안 무제(武帝)가 즉위하면서 한나라는 이전과는 비교할 수 없을 정도로 군사력이 강대해졌다. 무제는 강력한 힘을 바탕으로 골칫거리인 흉노를 정벌하기로 결심하고 중신회의를 열었다.

그러나 어사대부(御使大夫) 한안국이 나서서 반대했다.

「아무리 강한 화살이라도 멀리 날아가면 끝에 가서는 힘이 약해져 노나라의 얇은 비단폭도 뚫지 못합니다(强弩之末力不能入魯縞). 우리 군사들이 비록 강하다고 하지만, 멀리 북방까지 원정을 나간다면 그 결과는 장담할 수가 없습니다. 후일을 기약해서 도모하는 것이 옳을 줄로 아옵니다」

그러자 강경파인 왕회(王恢)가 나서서 말했다.

「그렇다면 역으로 흉노로 하여금 우리나라를 치게 만들어 우리가 맞아 싸우는 계책을 쓰는 것이 좋을 줄로 생각하옵니다」

무제는 왕회의 계책을 좇아 마읍(馬邑)이란 곳에 30만 대군을 몰래 숨겨 놓고 흉노의 10만 대군을 유인했으나 흉노의 맹장 선우는 이를 눈치 채고 퇴각해버림으로써 한나라의 계책은 실패로 돌아가고 말았다.

거수마룡〔車水馬龍〕 수레는 흐르는 물과 같고, 말은 승천하는 용과 같다는 뜻으로, 많은 수레와 말들이 끊임없이 오가면서 떠들썩함을 비유하여 이르는 말. 《후한서》

거안사위〔居安思危〕 편안할 때 경각심을 높여 장차 있을지 모를 위험에 대비해서 미리 방지해야 한다는 뜻. 거총사위(居寵思危). 《서경》

거안제미〔擧案齊眉〕 밥상을 눈썹과 가지런하도록 공손히 들어 남편 앞에 가지고 간다는 뜻으로, 남편을 깍듯이 공경함을 이름. 《후한서》

거이기 양이체〔居移氣養移體〕 머무는 곳에 따라 기상이 달라지고, 음식과 의복은 몸을 변하게 한다는 뜻으로, 물질적인 조건과 처해진 사회적 형편이 인간을 변화하게 만든다는 말. 《맹자》 진심.

거일반삼〔擧一反三〕 하나를 들면 셋을 돌이켜 안다. 《논어》 술이.

거자일소〔去者日疎〕 죽은 사람에 대해서는 날이 갈수록 점점 잊어버리게 된다는 말로, 서로 멀리 떨어져 있으면 점점 사이가 멀어짐을 이름.

거재두량〔車載斗量〕 물건을 수레에 싣고 말로 된다는 뜻으로, 아주 흔함을 이름. 《삼국지》 오지(吳志).

개관사정
蓋棺事定

덮을 蓋 널 棺 일 事 정할 定

사람은 죽은 후에야 그 사람의 살아 있을 때의 가치를 알 수 있다.

관 뚜껑을 닫고 나서야 비로소 일은 정해진다는 것이 「개관사정」이다. 즉 사람에 대한 평가는 모든 일이 끝나기 전에는 아무도 모른다는 말이다. 사람의 일을 두고 흔히 하는 말이다. 오늘의 충신이 내일은 역적 소리를 듣게도 되고, 어제까지 천덕꾸러기 노릇을 하며 이 집 저 집 얻어먹으며 다니던 사람이 하루아침에 벼락부자가 되고 벼락감투를 쓰게 된 예는 얼마든지 있다.

부귀와 성쇠(盛衰) 같은 것은 원래가 그런 것이기도 하지만, 세상이 다 변해도 그 사람만은 틀림이 없다고 철석같이 믿은 사람이 시간이 흐르고 환경이 변함에 따라 전연 딴판으로 달라지는 수도 적지 않다.

하긴 관 뚜껑을 닫고 난 뒤에도, 죽은 사람이 살았을 때 저질렀던 일로 인해, 이른바 부관참시(剖棺斬屍 : 관을 깨뜨려 시체를 벰)의 추형(推刑)을 가하는 일도 때로는 있으므로 엄격한 의미에서는 「관 뚜껑을 닫은 뒤에도 알 수 없는 것이 사람의 일」이라 할 수 있다.

그러나 그것은 역사적인 인물이나 역사적인 사건에서나 있었던 일이므로 논외로 하고, 역시 사람은 숨을 거두면 그것으로 모든 게 끝난다고 보는 것이 정당할 것이다.

여기서 두보(杜甫, 712~770)의 시 한 편을 소개해 보자.

그대는 보지 못했는가, 길가에 버려진 못을.
그대는 보지 못했는가, 앞서 꺾여 넘어진 오동나무를.
백 년 뒤, 죽은 나무가 거문고로 쓰이게 되고,
한 섬 오랜 물은 교룡(蛟龍)을 품기도 했다.

장부는 관을 덮어야 일이 비로소 결정된다.
그대는 다행히 아직 늙지 않았거늘,
어찌 원망하리요, 초췌히 산 속에 있는 것을.
심산궁곡(深山窮谷)은 살 곳이 못되는 곳.
벼락과 도깨비와 미친바람까지 겸했구나.

君不見道邊廢棄池	君不見前者催折桐	군불견도변폐기지	군불견전자최절동
百年死樹中琴瑟	一斛舊水藏蛟龍	백년사수중금슬	일곡구수장교룡
丈夫蓋棺事始定	君今幸未成老翁	장부개관사시정	군금행미성노옹
何恨憔悴在山中	深山窮谷不可處	하한초췌재산중	심산궁곡불가처
霹靂魍魎兼狂風		벽력망량겸광풍	

이 시는 두보가 사천성 동쪽 기주(夔州)의 깊은 산골로 낙백해 들어와 가난하게 살고 있을 때, 역시 거기에 와서 살며 실의에 찬 나날을 보내고 있는 친구의 아들 소계(蘇溪)에게 편지 대신 보내준 시다.

시 제목은 「군불견(君不見)」이라 하는데, 첫머리에 이 같은 가락을 넣는 것을 악부체(樂府體)라 한다.

시의 내용은 이렇다.

길가의 오래된 못도 옛날엔 그 속에 용이 살았고, 오래 전에 썩어 넘어진 오동나무도 백 년 뒤에 그것이 값비싼 거문고 재료로 쓰이게 되듯이, 사람은 죽어 땅에 묻힌 뒤가 아니면 어떻게 될지 아무도 알 수 없다.

다행히 아직 젊지 않은가. 굳이 이런 산중에서 초라하게 살며 세상을 원망할 거야 없지 않은가.

이런 심산궁곡은 사람이 살 곳이 못된다. 언제 벼락이 떨어질지 요귀가 나타날지 미친바람이 몰아칠지 모른다.

거자불추 내자불거
去者不追 來者不拒

갈 去 사람 者 아니 不
쫓을 追 올 來 막을 拒

> 가는 사람을 붙들지 말고 오는 사람을 뿌리치지 말라.

우리가 일상 교훈처럼 널리 쓰고 있는 말이다. 또 이를 문자화해서 「거자(去者)를 불추(不追)하고 내자(來者)를 불거(不拒)라」하고 말하기도 한다. 공자의 말에도 이와 비슷한 이야기가 있지만, 역시 《맹자》에 있는 말이 쉬운 글자로 바뀌었다고 보아야 할 것 같다.

《맹자》 진심편 하에는 거(去) 대신 왕(往)으로 되어 있다. 이 「往」에는 시간이 지나가 버린 것을 말하는 예가 많기 때문에 「去」로 바뀌어 통속화된 것 같다. 이런 예는 자주 볼 수 있다.

한편 《순자》 법행편(法行篇)에는 공자의 제자 자공이 「군자는 몸을 바르게 하여 기다릴 뿐이다. 오고 싶어 하는 사람은 거절하지 아니하고 가고 싶어 하는 사람은 붙들지 않는다(君子 正身以俟 欲來者不拒 欲去者不止)」라고 했다.

《맹자》에 있는 이야기의 유래를 소개해 보기로 하자.

맹자가 등(藤)나라로 가서 상궁(上宮)에 숙소를 정하고 있을 때 일이다. 등나라는 맹자가 태어난 추(鄒)나라와 가까운 나라로 등나라 임금 문공(文公)은 세자로 있을 때부터 맹자를 찾아가 가르침을 청한 일이 있었고, 그가 임금이 되었을 때는 맹자의 가르침에 따라 토지개혁을 단행한 일도 있었다.

맹자는 당시 가는 곳마다 환영이 대단했고, 언제나 수십 대의 수레에 수백 명의 수행원이 호송을 하고 다녔다 한다. 또 맹자가 가 있는 곳이면 많은 사람들이 찾아와 가르침을 청하기도 했고 의견을 묻기도 했다. 이 때도 맹자가 있는 상궁에는 온통 사람들의 출입으로 몹시 번잡했다.

그런데 공교롭게도 여관에서 일하는 사람이 미투리를 반쯤 삼다가 창문 위에 올려놓았다. 맹자의 일행이 각각 방을 차지하고, 따라왔던 사람들도 다 돌아가고 난 다음, 신을 마저 삼으려고 가 보았을 때는 신이 보이지 않았다.

다른 일 보는 사람이 보기가 흉해서 어디로 치웠는지도 모를 일이었지만, 신 임자는 누가 훔쳐간 걸로 단정을 했다.

조금만 더 손을 대면 완전한 신이 될 텐데, 이제까지 애쓴 보람도 없이 남의 좋은 일만 해준 것을 생각하니 그만 화가 치밀어 올랐다. 그는 자기도 모르게 어떤 놈이 남의 삼다 둔 미투리를 훔쳐갔다고 떠들어댔다.

사람들은 차츰 맹자를 따라왔던 사람들 중에 누가 한 짓일 거라는 생각을 하게 되었다. 똑똑한 체하는 사람은 어느 곳에나 있는 법이어서, 한 사람이 맹자를 찾아가 항의를 했다.

「세상에 이럴 수가 있습니까! 선생님을 따라다니는 사람이 신을 훔쳐가다니 말입니다」

맹자도 경솔한 그의 말투에 약간 노여운 생각이 들었을 것이다.

「그대는 나를 따라온 사람이 그 신을 훔치기 위해 여기에 왔다는 말인가?」 하는 맹자의 반문을 받고 난 그는 약간 당황할 수밖에 없었다. 그러나 그는,

「천만에 그럴 리가 있습니까. 선생님께서 사람들을 대하는 법은, 가는 사람을 붙들지도 않고(往者不追), 오는 사람을 물리치지도 않으며(來者不拒), 진실로 배우겠다는 마음을 가지고 이르면, 곧 받을 뿐이옵니다」 라고 대답했다.

공자 당시는, 공자가 아무나 찾아오는 사람이면 무조건 만나 준다

고 제자들이 불평한 일이 있다. 《논어》 술이편(述而篇)에 보면 이런 이 야기가 있다.

호향(互鄕)이라면 풍기가 좋지 못한 마을로 이름난 곳이었다. 호향 사람들이 어떤 사람들이었는지는 구체적으로 알 수 없지만, 《논어》에는 함께 말도 하기 어려운 사람들로 표현하고 있다. 그 호향에 사는 한 소년이 공자를 찾아와 가르침을 청했다. 제자들은 문 밖에서 돌려보내고 싶었지만, 공자의 의견을 묻지 않고 마음대로 처리할 수는 없는 일이었다.

공자는 조금도 주저하는 빛이 없이 그 아이를 들어오게 했다.

얼마 동안 이야기를 주고받은 끝에 아이가 물러가자, 제자들은 몹시 의아한 표정으로 공자를 바라보았다. 제자들의 속마음을 들여다보고 있는 공자는 제자들에게 이렇게 타일렀다.

「나를 찾아온 그 마음을 받아들일 뿐 그가 물러가서 무엇을 하는 것까지 관여할 것은 없다. 굳이 그 아이에게만 심하게 할 이유가 없지 않겠느냐. 사람이 자신을 깨끗이 하고 찾아오면 그 깨끗함을 받아들일 뿐 그가 과거에 무엇을 했든 내가 알 바 아니잖으냐?」

앞에 《맹자》에 나온 말과 같은 내용의 말이라고 보아지는데, 공자 당시와 맹자 당시와는 그만큼 시대적인 감각이 달라져 있었다고 보인다. 아직도 전통을 중요시하던 춘추시대와, 벼락출세와 신흥 세력이 판을 치던 전국시대와는 자연 사람을 대하는 차별 의식이 다를 수밖에 없다.

같은 성인의 태도를 놓고도, 공자 당시는 제자들까지 의아한 생각을 가졌었는데, 맹자 때에 이르러서는 성인이라면 당연히 그럴 것으로 세상이 알고 있었던 것이다.

거재마전〔車在馬前〕 말을 끌어 본 경험이 없는 말로 수레를 끌게 하려면, 먼저 다른 말이 끄는 수레 뒤에 매어 따라다니게 하여 길을 들여야 한다는 뜻으로, 사람도 초보적인 작은 일에서부터 훈련을 거듭한 뒤에 본업에 종사하도록 해야 함을 비유하여 이르는 말.

거저척시〔遽篨戚施〕 엎드릴 수도 없고, 위를 쳐다볼 수도 없는 병이란 뜻으로, 이 악질 병이 있는 사람은 하나는 엎드릴 수 없으므로 오만한 태도가 있고, 또 하나는 위를 쳐다볼 수 없기 때문에 비굴하고 아첨하는 태도가 있다 하여, 오만하고 아첨하는 사람을 비유하여 이르는 말.

거주양난〔去住兩難〕 가는 것도 머무는 것도 모두 어렵다는 뜻으로, 이러지도 못하고 저러지도 못하는 난처한 사정을 비유하여 이르는 말. 《악곡》

거철마적〔車轍馬跡〕 수레바퀴 자국과 말 발자국, 곧 거마(車馬)로 천하를 순유(巡遊)한 자취. 《좌전》

거총사위〔居寵思危〕 ☞ 거안사위(居安思危).

거허박영〔據虛搏影〕 허공에 의지하여 그림자를 드리운다는 뜻으로, 적이 힘을 쓸 수 없도록 함을 비유하여 이르는 말. 《관자》

건괵지증〔巾幗之贈〕 남자로서 체면이 말이 아님을 비유하여 이르는 말. 건괵(巾幗)은 여성의 머리 장식. 촉(蜀)의 재상 제갈양(諸葛亮:孔明)은 위(魏)의 대장군 사마의(司馬懿)에게 위수(渭水)에서 결전을 도발하였다. 그러나 사마의는 제갈공명을 두려워하여 성문을 굳게 닫아걸고 나오지 않았다. 그래서 공명은 여자의 머리장식과 의복을 보내어 사마의가 겁먹은 것을 모욕했다는 고사에서 나온 말이다. 《십팔사략(十八史略)》

건달〔乾達〕 아무 가진 것도 없으면서 난봉을 부리면서 돌아다니는 사람. 불교 용어인 건달바(乾闥婆)에서 유래한 말.

건담〔健啖〕 대식(大食)의 비유. 건(建)은 매우, 대단히의 뜻으로, 정도가 심한 것. 대단히 먹는다는 뜻이다. 《세설신어보》

건령지세〔建瓴之勢〕 높은 곳에서 병의 물이 쏟아지는 기세란 뜻으로, 세차게 내려 쏟아지는 기세를 이르는 말. 《사기》

건목수생〔乾木水生〕 마른 나무에서 물이 난다는 뜻으로, 없는 것을 무리하게 강요함을 비유하여 이르는 말. 또 이치에 맞지 않음의 비유로도 쓰인다.

건곤일척
乾坤一擲

하늘 乾 땅 坤 한 一 던질 擲

> 승패와 흥망을 걸고 단판걸이로 승부나 성패를 겨룸.

당(唐)나라 때 문장으로 첫손을 꼽는 한유(韓愈 : 자는 퇴지, 768~824)의 칠언절구로 된 「과홍구(過鴻溝)」라는 제목의 다음과 같은 시가 있다.

용은 지치고 범도 고달파 강과 들을 나누니
억만창생의 목숨이 보전케 되었네.
누가 임금의 말머리를 돌리게 하여
참으로 한번 던져 하늘 땅을 걸게 만들었던가.

龍疲虎困割川原　億萬蒼生性命存　　용피호곤할천원 억만창생성명존
誰勸君王回馬首　眞成一擲睹乾坤　　수권군왕회마수 진성일척도건곤

한유가 홍구라는 지방을 지나가다가 초·한(楚漢) 싸움 때의 옛 일이 생각나 지은 시다. 진시황이 죽자 폭력에 의한 독재체제는 모래성 무너지듯 무너지고, 몸을 피해서 숨어 칼을 갈고 있던 무수한 영웅호걸들은 벌 떼처럼 들고 일어났다.

마침내 천하는 항우(項羽)와 유방(劉邦) 두 세력에 의해 양분되었는데, 그 경계선이 바로 이 홍구였다. 홍구는 지금 가로하(賈魯河)로 불리며 하남성 개봉(開封) 서쪽을 흐르고 있다. 항우와 유방은 이 홍구를 경계로 해서 동쪽을 항우의 초나라로 하고, 서쪽을 유방의 한나라로 하기로 결정을 보았던 것이다.

이리하여 일단 싸움은 중단이 되고 억만창생들도 숨을 돌리게 되었는가 했는데, 유방의 부하들은 서쪽으로 돌아가려는 유방의 말머리를

돌려, 항우와 천하를 놓고 최후의 승부를 결정짓는 도박을 하게 되었던 것이다.

「건곤(乾坤)」은 하늘과 땅이란 뜻이고,「일척(一擲)」은 한 번 던진다는 뜻이다. 다시 말해서, 이기면 하늘과 땅이 다 내 것이 되고, 지면 하늘과 땅을 다 잃게 되는 도박을 한다는 뜻이다.

유방이 걸고 한 것은 사실 글자 그대로 하늘과 땅이었지만, 지금 우리들이 쓰고 있는 뜻은, 무엇이든 자기의 운명을 걸고 흥망 간에 최후의 모험 같은 것을 하는 것을 「건곤일척」이라 한다.

또 원문은 하늘과 땅을 걸고 한 번 던진다는 뜻이었는데, 하늘과 땅을 직접 내던지는 것 같은 강한 뜻을 풍기기도 한다.

건안칠자〔建安七子〕 건안시대에 뛰어난 활약을 했던 일곱 사람의 문학가를 일컫는다.

건차〔巾車〕 천으로 덮은 수레. 포장수레. 건(巾)은 천이나 잡목으로 덮는다는 뜻. 조잡한 잡목으로 덮은 누추한 차(柴車)와 아름다운 덮개로 장식한 차가 있다. 도연명 《귀거래사》

걸불병행〔乞不竝行〕 한꺼번에 요구하는 사람이 많으면 아무도 얻기가 어려움.

걸신〔乞身〕 사직을 청하는 것. 출사(出仕)한다는 것은 몸을 주군(主君)에게 바치는 것이므로, 걸신(乞身)한다는 것은 사직의 뜻을 표하는 것이 된다. 《후한서》

걸화불약취수〔乞火不若取燧〕 남에게 기대지 않고 노력의 결과 얻은 것이 더 확실하다. 사물은 근본을 궁구하지 않으면 아무 쓸모도 없음을 비유하여 이르는 말. 걸화(乞火)는 불씨를 청하여 얻는 것. 수(燧)는 부싯돌. 돌과 쇠를 부딪쳐서 불을 일으키는 도구이다. 《회남자》

검려기궁〔黔驢技窮〕 쥐꼬리만한 재주마저 바닥이 드러났다는 말. 검려지기(黔驢之技).

검려지기〔黔驢之技〕 ☞ 검려기궁.

격화소양〔隔靴搔癢〕 신을 신고 발등을 긁는다는 뜻으로, 성에 차지 않음. 또는 사물이 철저하지 않음을 비유하는 말. 🔁 마고소양(麻姑搔癢).

걸견폐요
桀犬吠堯

임금 桀 개 犬 짖을 吠 임금 堯

> 개는 선악을 불문하고 저마다 그 주인에게만 충성을 한다.

「걸(桀)의 개는 요(堯)임금을 보고도 짖는다」 즉 「걸견폐요」란 말은 후세에 와서 바뀌게 된 것으로, 《사기》 열전에는 도척의 개가 요임금을 보고 짖는다(跖之狗吠堯)로 되어 있다. 결국 개는 주인만을 알고 그이외의 사람에게는 사정을 두지 않는다는 뜻이다.

《사기》 열전 회음후편(淮陰侯篇)에 보면, 괴통이란 책사(策士)가 한신에게 이렇게 권유했다.

「지금 항우는 남쪽을 차지하고 유방은 서쪽을 차지하고 있습니다. 지금 동쪽인 제나라를 차지하고 있는 대왕이 어느 쪽에 가담하느냐에 따라 천하대세가 좌우됩니다. 한왕이 대왕을 제나라 왕으로 봉한 것은 남쪽으로 초나라 항우를 치기 위한 부득이한 조처로 실은 대왕을 속으로 몹시 꺼리고 있습니다. 항우가 망하게 되는 날 대왕의 신변은 위태롭게 됩니다. 지금 항우가 바라고 있듯이 이 기회에 천하를 셋으로 나누어 동쪽을 대왕이 차지하고 대세를 관망하는 것이 가장 현명한 길입니다」

한신은 며칠을 두고 고민하던 끝에 결국은 괴통의 꾀를 받아들이지 못하고 말았다.

천하가 통일되자 유방은 괴통의 말대로 한신을 없애려는 생각으로 꽉 차 있었다. 초나라 왕으로 봉해졌던 한신은 역적의 누명을 쓰고 장안으로 잡혀오게 되었고, 이렇다 할 증거를 잡을 수 없자, 그를 초왕에서 회음후로 작을 깎았다.

그 뒤 정말 역적으로 몰려 여후(呂后)의 손에 죽게 되자 한신은,

「나는 괴통의 꾀를 듣지 않고 아녀자의 속인 바가 된 것을 후회한다. 어찌 운명이 아니었는가」 하는 말을 남겼다.
　한신이 남긴 말을 전해들은 한고조 유방은 곧 괴통을 잡아들이게 했다.
「네가 회음후에게 반역하라고 시킨 일이 있느냐?」
　고조의 물음에 괴통은 태연히 대답했다.
「그렇습니다. 신이 반역하라고 일러 주었습니다. 그 철부지가 신의 꾀를 쓰지 않았기 때문에 스스로 몸을 망치고 만 것입니다. 만일 그 철부지가 신의 계책을 썼던들 폐하께서 어떻게 그를 죽일 수 있었겠습니까?」
　화가 치민 고조는 괴통을 기름 가마에 넣으라고 명령했다.
「슬프고 원통하다! 내가 삶겨 죽다니!」
　괴통은 하늘이 원망스럽다는 듯이 부르짖었다.
「네가 한신을 반하라 시켰다면서 뭐가 원통하단 말이냐?」
「진(秦)나라가 그 사슴(鹿 : 정권)을 잃은지라 온 천하가 다 함께 이를 쫓았습니다. 그 결과 솜씨가 뛰어나고 발이 빠른 사람이 먼저 얻게 된 것입니다. 도척 같은 도둑놈의 개도 요임금을 보면 짖습니다(跖之狗吠堯). 요임금이 어질지 않아서가 아니라, 개는 원래 그 주인이 아니면 짖기 때문입니다. 당시 신은 다만 한신을 알고 있을 뿐, 폐하는 알지 못했습니다. 또 천하에는 폐하가 한 것과 같은 일을 하고 싶어 하는 사람이 많지만, 힘이 모자라 못할 뿐입니다. 그들을 또 다 잡아 삶을 작정이십니까?」
　말 한 마디로 천 냥 빚을 갚는다는 말처럼, 화가 치밀었던 고조도 괴통의 말이 과연 옳다 생각되어 그를 곱게 놓아 보냈다.

걸해골
乞骸骨

빌 乞 뼈 骸 뼈 骨

> 임금에게 신하가 사직을 주청하는 것을 이르는 말.

　옛날 관료는 관직에 임명되면 자신의 몸을 임금에게 바친 것으로 여겼다. 때문에 사직을 원하거나 은퇴하고자 할 때 이를 주청하는 것을 일러 「해골을 돌려달라(乞骸骨)」고 하여 늙은 관리가 사직을 원할 때 주로 쓰게 되었다. 《사기》 항우본기에 이런 이야기가 있다.

　한왕 유방은 천하를 통일하는 데 많은 고난을 맛보지 않으면 안되었다. 뭐니 뭐니 해도 초(楚)의 항우는 강적이었다. 몇 차례나 궁지에 몰렸던 적이 있었던 것이다.

　한나라 3년(B.C 204년)의 일이었다. 한왕은 영양(滎陽)에 진을 치고 항우와 대항하고 있었다. 지난해에 북상하는 초나라 군대를 이곳에서 방어한 후 한왕은 지구전을 꾀하기로 했다. 그렇게 하기 위해서는 무엇보다도 중요한 식량을 확보해 두어야 한다. 그래서 수송로를 만드는 데 심혈을 기울여 우선 길 양쪽을 담으로 둘러쌓고 그 길을 황하로 잇게 하여 영양의 서북쪽 강기슭에 있는 쌀 창고에서 운반해 오도록 했다.

　그러나 이 수송로는 항우의 공격 목표가 되어 한왕 3년에는 몇 번이나 습격을 당해 강탈되었다. 한군은 식량이 부족해서 중대한 위기에 빠졌으므로 한왕은 하는 수 없이 강화(講和)하기를 청하여 영양에서 서쪽을 한나라의 땅으로 인정해 주기를 원했다. 항우도 이 정도에서 화목하고 싶다고 생각하고, 그 뜻을 아부(亞父)로 모시고 있는 범증(范增)에게 의논했다. 그러나 범증은 반대했다.

　「그건 안되오 지금이야말로 한나라를 휘어잡을 때인데, 여기서 유방을 없애지 않으면 반드시 후회하게 될 거요」

반대에 부딪친 항우는 마음이 변해 갑자기 영양을 포위하고 말았다. 난처해진 것은 한왕이었다. 그러나 그 때 진평(陳平)이라는 인물이 계책을 냈다. 진평은 전에 항우의 신하였으나 유방에게로 온 사람으로 지략이 뛰어났다. 그는 항우의 급한 성미와 지레짐작을 잘하는 기질을 몸소 겪은 바 있기 때문에 항우와 범증 사이를 갈라놓으면 된다고 생각했다. 우선 부하를 보내 초나라 군사 속에서「범증은 논공행상에 불만을 품고 항우 몰래 한나라와 내통하고 있다」는 소문을 퍼뜨렸다.

단순한 항우는 소문을 그대로 믿고 범증에게는 알리지도 않고 강화 사신을 한왕에게 보냈다. 진평은 장양(張良) 등 한의 수뇌와 함께 정중하게 사신을 맞이했다. 그리고 소·양·돼지 등 맛있는 음식을 내놓고 대접했다. 그리고는 슬며시,

「아부께선 안녕하십니까?」하고 물었다.

사신은 먼저 범증에 대한 문안을 하므로 다소 기분이 언짢아서,

「나는 항왕(項王)의 사신으로 온 것이오」하고 쏘아붙였다. 그러자 진평은 일부러 깜짝 놀라는 표정을 지으며,

「아니 뭐라고, 한왕의 사신이라고? 난 아부의 사신인 줄로만 알았지」하면서 극히 냉정한 태도로 돌변, 한번 내놓았던 음식마저 도로 물리고 대신 보잘 것 없는 식사로 바꾸어 놓고는 나가 버렸다.

이 말을 듣고 발끈한 항우는 그 화풀이를 범증에게로 돌려 한나라와 내통하고 있음이 틀림없다고 판단, 범증에게 주어졌던 권력을 모두 빼앗아버리고 말았다. 범증은 격노했다.

「천하의 대세는 이미 결정된 거나 다름없으니 왕께서 스스로 마무리를 지으시오 나는 걸해골(乞骸骨)하여 초야에 묻히기로 하겠소」

범증은 팽성으로 돌아가는 길에 화가 지나쳤음인지 등에 종기가 생겨 75세를 일기로 세상을 떠났다.

격물치지
格物致知

궁구할 格 만물 物 이를 致 알 知

> 사물의 이치를 연구하여 후천적인 지식을 명확히 함.

사서삼경(四書三經)은 유가(儒家)에서 성전으로 중시하는 책이다. 사서는 논어·맹자·중용·대학을 일컬으며, 삼경은 시경·서경·주역을 말한다. 이 가운데 특히 《대학(大學)》은 유가의 교리를 간결하고도 체계적으로 정리한 저서라 할 수 있다.

《대학》 하면 수신제가 치국평천하(修身齊家治國平天下)를 생각하게 되는데, 이「수신제가 치국평천하」의 기본이 되는 것이「격물치지」다. 그런데 이「격물치지」라는 네 글자의 해석을 놓고 두 개의 학파로 갈라져 그 시비가 그치지 않고 있다. 이른바 정주학파(程朱學派)와 육왕학파(陸王學派)라는 것이다. 《대학》과 《중용(中庸)》은 원래 오경 중의 하나인 《예기(禮記)》 속에 있는 한 편명이었는데, 이것을 따로 뽑아서 《논어》 《맹자》와 함께「사서」라는 이름을 붙여 초학자가 꼭 읽어야 할 경전으로 만든 것이 주자(朱子, 1130~1200)였다. 주자는 격물치지를 다음과 같은 내용으로 풀이하고 있다.

「격물은 천하 만물의 이치를 끝까지 캐고 들어가는 것이다. ……노력을 거듭한 끝에 하루아침에 훤히 통하면 사물의 이치를 다 알게 된다. 이것이 치지다」

주자는 격(格)을 이른다(至)는 뜻으로 풀이하여 모든 사물의 이치를 끝까지 파고 들어가는 것이라고 했다. 그러므로 앎을 가져온다는 치지(致知)는 우리가 말하는 지식의 획득을 뜻하게 된다. 그런데 주자의 견해와는 달리 격을 물리친다는 뜻으로 풀이하고 물을 물욕(物欲)의 외물(外物)로 주장한 학자에 주자와 같은 시대의 육상산(陸象山)이 있다. 그는 참다운 지혜(良知)를 얻기 위해서는 사람의 마음을 어둡게 하는 물욕을 먼저 물리쳐야만 한다고 주장했다.

육상산의 이 같은 학설을 이어받아 이를 대성한 것이 명(明)나라의 유명한 학자 왕양명(王陽明, 1472~1529)이다.

양명의 그 같은 견해는 그의 어록인 《전습록(傳習錄)》 가운데 도처에서 볼 수 있다. 그는「격물치지」의「격(格)」을 바르게 한다고 풀이했다. 이 경우「물(物)」은 외부 세계의 사물이 아니라 사람의 마음이 향하고 있는 대상을 가리키게 되고,「지(知)」는 지식이 아니라, 사람이 날 때부터 지니고 있는 자연스럽고 영묘한 마음의 기능, 즉 맹자가 말한 양지(良知)를 가리키게 된다.

주자의「격물치지」가 지식 위주인 데 반해 양명은 도덕적 실천을 중하게 여기고 있다. 주자학을 이학(理學)이라고 부르고 양명학을 심학(心學)이라고 부르는 것은 이 때문이다.

견갑이병〔堅甲利兵〕 튼튼한 갑옷과 정예한 병기란 뜻으로, 강한 병력을 이름. 《맹자》

견강부회〔牽强附會〕 자기 형편에 좋도록 무리하게 억지를 부리는 것. 말을 억지로 끌어다 붙여서 조건이나 이치에 맞도록 함. 부회(附會)는 付會(부회) 또는 傅會(부회)라고도 쓰며, 억지를 부려 형편을 맞추다의 뜻. 《주자전서》 ⓑ「아전인수(我田引水)」

견란구계〔見卵求鷄〕 계란을 보고 새벽을 알리기를 바라는 것이나, 탄환을 보고 구운 새를 찾는 것이나 다름없다는 말로, 몹시 급한 성격을 비유하여 이르는 말. 《장자》

견마곡격〔肩摩轂擊〕 길가는 사람의 어깨와 어깨가 스치고 수레의 바퀴통이 서로 닿는다는 뜻으로, 곧 교통이 분잡한 모양. 《전국책》

견마지로〔犬馬之勞〕 임금이나 나라에 충성을 다하는 노력. 자기의 노력을 겸손하게 일컫는 말.

견마지치〔犬馬之齒〕 개나 말처럼 보람 없이 헛되게 먹은 나이라는 뜻으로, 자기의 나이를 낮추어 이르는 말.

결초보은
結草報恩

맺을 結 풀 草 갚을 報 은혜 恩

> 죽어 혼령이 되어도 은혜를 잊지 않고 갚음.

「결초보은」이란 풀을 맺어 은혜를 갚는다는 말이다. 죽어 혼령이 되어도 은혜를 갚겠다는 뜻이다. 이 「결초보은」의 이야기에 나오는 장본인인 위과(魏顆)가 「효자는 종치명(從治命)이요 부종난명(不從亂命)이다」 라고 했다.

춘추시대 5패의 한 사람인 진문공의 부하 장군에 위주라는 용사가 있었다. 그는 전장에 나갈 때면 위과와 위기(魏錡) 두 아들을 불러 놓고, 자기가 죽거든 자기가 사랑하는 첩 조희(祖姬)를 양반집 좋은 사람을 골라 시집을 보내 주라고 유언을 하고 떠났다.

그런데 막상 병들어 죽을 임시에는 조희를 자기와 함께 묻어달라고 유언을 했다. 당시는 귀인이 죽으면 그의 사랑하던 첩들을 순장하는 관습이 있었기 때문이다. 그러나 위과는 아버지의 유언을 따르려 하지 않았다. 아우인 위기가 유언을 고집하자, 위과는,

「아버지께서는 평상시에는 이 여자를 시집보내 주라고 유언을 했었다. 임종 때 말씀은 정신이 혼미해서 하신 것이다. 효자는 정신이 맑을 때 명령을 따르고 어지러울 때 명령을 따르지 않는다고 했다」 하고, 장사를 마치자 그녀를 좋은 집으로 시집을 보내 주었다.

그리고 얼마 후, 두 형제는 두회라는 진(秦)나라 대장을 맞아 싸우게 되었다. 두회는 하루에 호랑이를 주먹으로 쳐서 다섯 마리나 잡은 기록이 있고, 키가 열 자에 손에는 120근이나 되는 큰 도끼를 휘두르며 싸우는데, 온 몸의 피부가 구리처럼 단단해서 칼과 창이 잘 들어가지 않는 그런 용장이었다.

위과와 위기는 첫 싸움에 크게 패하고 그날 밤을 뜬눈으로 새우다시피 했다. 그런데 꿈인 듯 생시인 듯 위과의 귓전에서 「청초파(靑草坡)」라고 속삭이는 소리가 들렸다. 위기에게 물어도 위기는 아무 소리도 듣지 못했다고 했다. 그래서 청초파란 지명이 있다는 것을 알고 그리로 진지를 옮겨 싸우기로 했다.

이날 싸움에서 적장 두회는 여전히 용맹을 떨치고 있었다. 그런데 위과가 멀리서 바라보니 웬 노인이 풀을 잡아매어 두회가 탄 말의 발을 자꾸만 걸리게 만들었다. 말이 자꾸만 무릎을 꿇자, 두회는 말에서 내려와 싸웠다. 그러나 역시 발이 풀에 걸려 자꾸만 넘어지는 바람에 마침내는 사로잡혀 포로가 되고 말았다.

그날 밤, 꿈에 그 노인이 위과에게 나타나 말했다.

「나는 조회의 아비 되는 사람입니다. 장군이 선친의 치명(治命)을 따라 내 딸을 좋은 곳으로 시집보내 준 은혜를 갚기 위해 미약한 힘으로 잠시 장군을 도와드렸을 뿐입니다」하고 낮에 있었던 일을 설명하고, 다시 장군의 그 같은 음덕으로 뒤에 자손이 왕이 될 것까지 일러주었다는 것이다.

견문발검〔見蚊拔劍〕 모기를 보고 칼을 빼다. 곧 사소한 일에 대책을 세우는 것을 일컬음.

견백동이〔堅白同異〕 중국 전국시대의 문인 공손용(公孫龍)이 주장한 일종의 궤변을 말한다. 이를테면 단단하고 흰 돌을 눈으로 보았을 때 그것이 흰 것은 알 수 있으나 단단한지는 모르며, 손으로 만져 보기만 했을 때는 그것이 단단한 것인 줄 알 수 있을 뿐 빛깔이 흰지는 모르므로, 단단한 돌과 흰 돌은 동일한 물건이 아니라고 설명하는 것 따위. 궤변(詭辯). 견백론(堅白論).《사기》

견벽청야〔堅壁淸野〕 성벽을 튼튼히 다지고 주변 들을 말끔히 치운다는 말로, 적이 물자를 얻지 못하게 함으로써 적을 괴롭히는 전법.《삼국지》

경국지색
傾國之色

기울 傾 나라 國 의 之 색 色

나라가 뒤집혀도 모를 만큼 뛰어난 미인으로, 나라 안의 으뜸가는 미인

여자의 미모에 반해 정치를 돌보지 않은 나머지 마침내 나라를 망하게 하거나 위태롭게 한 예는 너무도 많다. 「경국지색」은 글자 그대로 나라를 기울어지게 하는 미인이란 뜻이다.

춘추시대의 오왕 부차(夫差)는 월왕 구천(句踐)이 구해 보낸 서시(西施)라는 미인에게 빠져 마침내 나라를 잃고 몸을 망치는 결과를 가져왔고, 당명황(唐明皇) 같은 영웅도 양귀비로 인해 하마터면 나라를 망칠 뻔했다.

그러나 원래 경국(傾國)이란 말을 처음 쓰게 된 것은 여자에 대한 표현이 아니었다. 《사기》 항우본기에 보면, 한왕 유방과 초패왕 항우가 서로 천하를 놓고 다툴 때, 어느 한 기간 한왕의 부모처자들이 항우에게 사로잡혀 있었다.

이때 후공(侯公)이라는 변사가 항우를 설득시켜 한왕과의 화의를 성립시키고, 항우가 인질로 잡고 있던 한왕의 부모처자들을 돌려보내게 했다. 이 소문을 들은 세상 사람들은 후공을 이렇게 평했다.

「그는 참으로 천하의 변사다. 그가 있는 곳이면 그의 변설로 인해 나라를 기울어지게 만든다(此天下辯士 所居傾國)」

이 말을 들은 한왕 유방은 후공의 공로를 포상하여 경국의 반대인 평국(平國)이란 글자를 따서 그에게 평국군(平國君)이란 칭호를 주었다 한다. 즉 항우의 입장에서 보면 나라를 위태롭게 한 경국(傾國)이 되지만, 유방의 입장에서 보면 나라를 태평하게 만든 평국(平國)이 되기 때문이다.

그런데 그 뒤 경국이니, 경성(傾城)이니, 절세(絶世)니 하는 형용사들이 아름다운 여자에게 쓰이게 된 것은 이연년(李延年)이 지은 다음의 시에서부터 시작된 것이라 한다.

북쪽에 가인이 있어
세상에 떨어져 홀로 서 있네.
한 번 돌아보아 성을 기울게 하고
두 번 돌아보아 나라를 기울게 한다.
어찌 경성과 경국을 모르겠냐만
가인은 다시 얻기 어렵다.

北方有佳人	絶世而獨立	북방유가인	절세이독립
一顧傾人城	再顧傾人國	일고경인성	재고경인국
寧不知傾城與傾國	佳人難再得	영불지경성여경국	가인난재득

이연년은 한무제(漢武帝, B.C 141~86) 때 협률도위(協律都尉 : 음악을 맡은 벼슬)로 있던 사람으로 음악적인 재능이 풍부한 사람이었다. 그에게 한 누이동생이 있었는데 그야말로 절세미인이었다.

앞의 노래는 바로 그의 누이동생의 아름다움을 칭찬하여 무제 앞에서 부른 것이었다. 무제는 이때 이미 50 고개를 넘어 있었고, 사랑하는 여인도 없는 쓸쓸한 생활을 보내고 있던 중이었으므로 당장 그녀를 불러들이게 했다.

무제는 그녀의 아리따운 자태와 날아갈 듯이 춤추는 솜씨에 그만 완전히 반해 버리고 말았다.

이 이연년의 누이야말로 무제의 만년의 총애를 한 몸에 독차지하고 있던 바로 이부인(李夫人) 그 사람이었다.

이 이야기는 《한서》 외척전(外戚傳)에 실려 있다.

견불체문〔見不逮聞〕 직접 목격해 보니 이전에 들었던 것보다는 못할 때 쓰는 말이다. 《당서》

견양지질〔犬羊之質〕 재능이 없이 태어난 바탕.

견위수명〔見危授命〕 위험을 보고 목숨을 바꾼다는 뜻으로, 국가나 임금의 위태로움을 보고 목숨을 아끼지 않고 싸우는 것을 이름. 《논어》

견인불발〔堅忍不拔〕 의지・절조(節操)가 굳고, 괴로움도 꿋꿋이 참고 견디며 마음을 움직이지 않는 것. 불발은 의지나 계획이 단단히 뭉쳐 있어서 변하지 않는 모양. 비 지조견고(志操堅固).

견토방구〔見兎放狗〕 토끼를 발견하고 나서 사냥개를 놓아서 잡는다는 뜻으로, 사건이 일어남을 기다린 후에 응해도 좋음을 이르는 말. 《신서》

견토지쟁〔犬兎之爭〕 옛날에 준견(駿犬)이 교토(狡兎)를 쫓아 다섯 번이나 산을 오르고 세 번 돌다가 마침내 둘이 다 죽어 농부가 이것을 얻었다는 고사에서 나온 말로, 양자의 싸움에 제삼자가 이득을 봄을 이르는 말. 비 방휼지쟁(蚌鷸之爭). 어부지리(漁父之利).

견호미견호〔見虎未見虎〕 호랑이를 보긴 했으나 직접 실제로 보지 않았다는 뜻으로, 무엇이나 실제 당하지 않으면 생각이 간절하지 못함을 이름. 《송남잡식(松南雜識)》

결발부부〔結髮夫婦〕 귀밑머리 풀어 상투를 틀고 쪽을 진 부부란 뜻으로, 총각과 처녀가 정식으로 혼인한 부부.

결자해지〔結者解之〕 맺은 사람이 풀어야 한다는 뜻으로, 자기가 저지른 일에 대해서는 자기가 해결해야 된다는 말. 《순오지(旬五志)》

경거망동〔輕擧妄動〕 가볍게 움직이고 함부로 행동하는 것. 일의 시비(是非)도 깊이 생각하지 않고 우왕좌왕함의 비유. 《홍루몽》

경거숙로〔輕車熟路〕 경쾌한 수레를 타고 낯익은 길을 간다는 뜻으로, 일에 숙달되어 막힘이 없음의 비유.

경광도협〔傾筐倒篋〕 광주리와 궤짝을 거꾸로 뒤집는다는 뜻으로, 자기가 가진 것을 다 내어 극진하게 대접함. 또는 숨김없이 속마음을 털어놓음. 《세설신어》

경구비마〔輕裘肥馬〕 가벼운 갖옷과 살찐 말의 뜻으로, 귀인이 출입할 때의 차림새를 이름. 구(裘)는 짐승의 모피옷. 현대풍으로, 밍크코트에 고급 승용차로 외출하는 모양. 《논어》

경단급심〔綆短汲深〕 두레박줄이 짧으면 깊은 우물의 물을 길을 수 없다는 뜻으로, 소임은 무거운데 재주가 부족함을 이르는 말. 《장자》

경부양반〔耕夫讓畔〕 농부들이 서로 밭고랑을 양보한다는 뜻으로, 순임금의 덕이 백성에 미쳐 농부들까지도 예양(禮讓)을 알게 됨을 이르는 말.

경당문노〔耕當問奴〕 농사짓는 일은 머슴에게 물어야 한다는 뜻으로, 모르는 일은 잘 아는 사람에게 물어야 한다는 말. 《송서》

경세제민〔經世濟民〕 세상을 다스리고 백성의 생활을 조정하는 것. 「경제(經濟)」의 어원. 경(經)에는 거두다, 관리하다의 의미도 있다.

경전서후〔耕前鋤後〕 앞에서는 밭을 갈고 뒤에서는 김을 맨다는 뜻으로, 부부가 서로 극진히 도우며 일하는 것을 비유하여 이르는 말. 《진서》

경조부박〔輕佻浮薄〕 언어 행동이 경솔하고 진중하지 못함. 조(佻)는 경솔하고 들떠 있는 모양. 경박단소(輕薄短小)하다는 둥 거만하게 굴지만, 결국은 중후장대(重厚長大)에 기생하는 것이 실정이 아닐까?

경천동지〔驚天動地〕 하늘을 놀라게 하고 땅을 뒤흔든다는 뜻으로, 세상을 몹시 놀라게 함. 《주자가어》

경천애인〔敬天愛人〕 하늘을 공경하고 사람을 사랑한다. 「도(道)는 천지자연(天地自然) 자체라면, 강학(講學)의 도는 『경천애인』을 목적으로 하고 『수신극기(修身克己)』로써 시종(始終)한다」라는 유명한 말이다. 인간이 아무리 힘이 있다고 하더라도 자연의 섭리나 조화에는 따를 수 없다. 항상 하늘을 경외(敬畏)하고 사람을 쉽게 사랑하는 심경(心境)에 도달하는 것이 필요하다는 의미.《남주유훈(南洲遺訓)》

계견상문〔鷄犬相聞〕 닭이 울고 개가 짖는 소리가 여기저기에서 들린다는 뜻으로, 인가나 촌락이 잇대어 있음을 가리키는 말.《노자》

계군일학〔鷄群一鶴〕 ☞ 군계일학(群鷄一鶴).

계림일지〔桂林一枝〕 중국 진(晋)나라 극선(郤詵)이 현량제일(賢良第一)로 천거되었을 때, 겨우 계림(桂林)에서 한 가지를 얻었을 뿐이라고 말한 고사에서 유래한 것으로, 대수롭지 않은 출세. 또 청귀(淸貴)하고 출중한 인품의 비유로도 쓰인다. 《진서》 극선.

계찰계검〔季札繫劍〕 계찰이 칼을 걸어놓는다는 말로, 신의를 중시함을 이르는 말. 《사기》 비 계포일낙.

계포일낙〔季布一諾〕 중국 초나라의 무장으로서 신의를 소중히 여겼던 계포의 승낙을 한번 얻기란 백금(百金)을 얻기보다 더 소중했다는 고사에서, 절대로 틀림없는 승낙. 《사기》 극선.

계피학발〔鷄皮鶴髮〕 닭의 살갗같이 거칠고 머리털이 학의 날개처럼 희다는 뜻으로, 늙어서 주름이 잡히고 백발이 된 노인을 일컬음.

105

경원
敬遠

공경할 敬 멀리할 遠

> 존경하기는 하되 가까이하지는 아니함.

「경원(敬遠)」이라는 말은 여러 가지 의미로 쓰이고 있다. 「존경은 하면서도 가까이하기를 꺼린다」는 뜻으로도 쓰이고, 또 「겉으로는 존경하는 체하면서 속으로는 못마땅해 한다」는 뜻으로도 쓰인다. 또 「그 사람은 경원해야 할 사람이야」 했을 경우, 그는 겉 다르고 속 다른 엉큼한 성격의 소유자라는 것을 암시하게 된다.

이 「경원」이란 말은 《논어》 옹야편(雍也篇)에 있는 공자의 말이다. 공자의 제자 번지(樊遲)가 「지(知)」란 무엇인가고 묻자, 공자는,

「백성의 도리(義)를 힘쓰고, 귀신을 공경하고 멀리하면 지(知)라 말할 수 있다(務民之義 敬鬼神而遠之 可謂知矣)」라고 대답했다.

백성의 도리란 곧 사람의 도리를 말하는 것이다. 공자는 똑같은 물음에 대해서도 상대방에 따라 각각 다른 대답을 하는 것이 보통이었는데, 대개는 상대방의 잘못을 시정하기 위한 처방과 같은 것이었다.

「지(知)」는 지혜도 될 수 있고, 지식도 될 수 있고, 지각도 될 수 있다. 그러나 여기서는 역시 우리말의 「앎」 즉 옳게 알고 옳게 깨달은 참다운 앎이란 어떤 것입니까? 하고 물은 것으로 생각된다.

그런데 세상에는 흔히 보통 사람들이 이해할 수 있는 올바른 지식보다는 잘 믿어지지 않는 미묘한 존재나 이치 같은 것을 앎의 대상으로 삼는 경우가 많다. 공자 당시에도 그런 폐단이 많았고, 번지 역시 그런 데 관심을 가지고 물은 질문이었을지 모른다.

그래서 공자는, 사람이 마땅히 해야 할 도리를 실천하는 데 힘을 기울이고 귀신의 힘을 빌려 복을 구하고 화를 물리치는 어리석은 짓은 하지

않는 것이 아는 사람의 올바른 삶의 자세다, 하고 대답했던 것이다.

어느 나라든 안정된 기반을 다지기 위해서는 반드시 정신적인 통일이 있어야만 한다. 그래서 나라마다 국교(國敎)라는 것을 정하게 되었다. 그러나 불교로 정신통일을 가져왔던 나라는 불교로 인해 망하고, 유교로 정신통일을 이룩한 시대는 유교로 인해 세상이 침체하게 되는 결과를 가져오곤 했다.

종교의 기반을 이루는 건전한 철학이나 사상이 차츰 그것과는 반대되는 교리나 행사로 변질되어 사람이 해야 할 도리는 하지 않고, 지나치게 신에 매달리려는 어리석은 인간으로 타락해 버리기 때문이다.

《논어》 팔일편(八佾篇)에 보면, 공자는 조상의 제사를 지낼 때면 정말 조상이 앞에 있는 것처럼 했고, 조상 이외의 신에게 제사를 드릴 때는 정말 신이 있는 것처럼 했다고 했다.

그러나 공자는 감사의 제사는 드렸어도 복을 빌기 위한 제사는 드리지 않았다. 그것은 귀신을 공경하는 것이 아니라 보채는 것이 되기 때문이다. 귀신을 멀리하라는 것은 잘 되게 해달라고 빌지 말라는 것이다.

《논어》 술이편에 보면, 공자가 오랫동안 병으로 누워 있자, 제자 자로(子路)가 신명에게 기도를 드리고 싶다면서 허락해 줄 것을 간청했다. 그러자 공자는, 「내가 기도한 지 이미 오래다(丘之禱久矣)」라고 대답하며 이를 못하게 했다. 예수도 말했듯이, 하나님은 이미 우리가 기도하기 전에 우리가 바라는 것을 알고 계시기 때문에 새삼 중언부언 매달리는 것은 하나님을 인간이나 똑같이 대하는 불손한 행동이다.

사람의 할 일을 묵묵히 실천하면 하늘을 원망하지 않고 사람을 허물하지 않는 것이 가장 하나님을 기쁘게 하는 길인 것이다.

공자가 말한 기도한 지 오래란 뜻은, 성자의 일상생활 그 자체가 하나의 기도가 된다는 것을 말한 것이다.

계구우후
鷄口牛後

닭 鷄 입 口 소 牛 뒤 後

> 큰 단체의 꼴찌가 되어 붙좇기보다는 작은 단체의 우두머리가 돼라.

「차라리 닭의 주둥이가 될지언정 소 엉덩이는 되지 말라」 하는 것이 「영위계구(寧爲鷄口)언정 무위우후(無爲牛後)하라」 는 말이다. 예부터 내려오는 속담을 소진(蘇秦)이 인용한 말로 《사기》 소진열전에 나와 있다.

소진이, 6국이 연합해서 진나라에 대항해야 한다는 합종(合縱)의 외교정책을 들고 연나라와 조나라 임금을 설득시킨 다음, 조나라 숙후(肅侯)의 후원을 얻어 한나라로 가게 되었다.

소진은 한나라 선혜왕(宣惠王)을 먼저 이렇게 달랬다.

「한나라는 지형이 천연적인 요새로 되어 있고 훌륭한 무기들을 생산하고 있으며, 군사들은 용감하기로 이름나 있습니다. 이러한 유리한 조건과 대왕의 현명한 자질로써 공연히 진나라의 비위만 맞추려 한다면 천하의 웃음거리밖에 될 것이 없습니다」

선혜왕은 소진의 말에 다소 자신감이 생겼다. 그런 기미를 본 소진은 끝에 가서,

「대왕께서 서쪽으로 진나라를 섬기면 진나라는 한나라에 땅을 요구하게 될 것입니다. 금년에 요구를 들어 주면 명년에 또 요구를 하게 될 것입니다. 이렇게 주다 보면 나중에는 줄 땅이 없게 되고, 주지 않으면 지금까지 준 것이 아무 소용이 없이 화를 입게 될 것이 아닙니까? 또 대왕의 땅은 끝이 있지만, 진나라의 요구는 끝이 없습니다. 끝이 있는 땅을 가지고 끝이 없는 요구를 들어 주지 못하면 이것이 이른바 『원한을 사서 화를 맺는다(市怨結禍)』 는 것으로, 싸우기도 전에 땅부터 먼

저 주게 되는 것입니다. 신이 듣건대, 속담에 이르기를 『차라리 닭의 주둥이가 될지언정 소 엉덩이는 되지 말라(寧爲鷄口 無爲牛後)』고 했습니다. 대왕의 현명하심으로 강한 한나라의 군사를 가지고 계시면서 소 엉덩이의 이름을 갖는다는 것은, 대왕을 위해 부끄러운 일이 아닐 수 없습니다」

이 말에 선혜왕은 발끈 성이 나서 눈을 부릅뜨고 손을 뻗어 칼을 어루만지며 하늘을 우러러보고 「과인이 아무리 못났지만 진나라를 섬길 수는 없다」고 했다. 소진은 가는 곳마다 환영을 받으며 마침내 6국의 합종을 이룩하게 된다. 〔☞ 합종연횡(合縱連衡)〕

고굉지신〔股肱之臣〕 고굉은 다리와 팔. 임금이 가장 믿고 중하게 여기는 신하. 《서경》 ⓑ 고장지신(股掌之臣).

고금무쌍〔古今無雙〕 고금을 통하여 서로 견줄 만 한 짝이 없을 정도로 뛰어남. 천하무쌍(天下無雙)과 같다. ⓑ 국사무쌍(國士無雙).

고담준론〔高談峻論〕 고상하고 준엄한 언론. 자만하고 과장하는 언론.

고대광실〔高臺廣室〕 굉장히 크고 좋은 집.

고량자제〔膏粱子弟〕 부귀한 가문에서 태어난 사람. 부유한 가정의 어린아이. 미식(美食)하는 자제. 고(膏)는 기름진 고기. 량(粱)은 맛있는 밥. 곧 이 둘로 미식을 나타낸다. 변해서 부귀한 집, 재산가의 비유가 되었다. ⓑ 난의포식(暖衣飽食).

고목사회〔枯木死灰〕 외형은 마른 나무고 마음은 죽은 재와 같이 생기 없고 의욕이 없는 사람을 이르는 말. 《장자》

고목생화〔枯木生花〕 말라죽은 나무에서 꽃이 피듯이 곤궁한 사람이 행운을 만나서 잘된 것을 신기하게 여겨서 이르는 말. 《송남잡식》

고무〔鼓舞〕 북을 치며 춤춘다는 뜻으로, 북돋우며 용기를 내게 하다, 힘을 내게 하다. 《양자법언》

고분지탄〔叩盆之嘆〕 아내가 죽은 한탄. 고분지통(叩盆之痛). 《장자》

고수생화〔枯樹生花〕 마른 나무에 다시 꽃을 피운다는 뜻으로, 늙은 사람이 생기를 되찾는 것. 《속박물지》

계륵
鷄肋

닭 鷄 갈빗대 肋

> 그다지 가치는 없으나 버리기도 아까운 사물을 일컫는 말.

《후한서》에 나오는 이야기다. 조조와 유비가 한중(漢中) 땅을 놓고 싸울 때였다. 유비는 제갈양이 익주(益州 : 사천성)를 근거지로 하여 한중을 대충 평정하고 있었다. 그러므로 군대 배치도 이미 되어 있었고, 병참(兵站)도 그런 대로 확보하고 있는 데 반해 조조에게는 그만한 준비가 없었기 때문에 전투를 하는 데 많은 어려움이 있었다. 더 나아갈 수도 없고 지키고 있기도 어려운 상태였다.

조조가 앞일을 결정짓지 못하고 있는 동안, 진중에는 이미 보급이 달린다는 보고가 들어오고 있었다. 막료들도 조조의 의중을 몰라 갈팡질팡했다. 한 막료가 밤늦게 조조를 찾아와 내일 진군에 필요한 명령을 내려 달라고 요구하자, 조조는 마침 닭의 갈비를 뜯고 있던 참이었는데,
「계륵 계륵(鷄肋鷄肋)」할 뿐 아무 말이 없다.

얼마를 기다리던 막료는 그대로 돌아와 계륵이 무슨 뜻인지를 놓고 막료들끼리 의견이 설왕설래했다. 아무도 무슨 뜻인지를 몰랐는데, 주부(主簿) 벼슬에 있는 양수(楊修)만이 조조의 속마음을 알아차리고, 내일로 군대를 철수하게 될 테니 준비를 해두라는 것이었다. 그의 해석은,

「닭의 갈비는 먹을 만한 살은 없지만, 그래도 그대로 버리기는 아까운 것이다. 이 말은 결국, 한중 땅은 버리기는 아깝지만 대단한 곳은 아니라는 뜻이니, 버리고 돌아가기로 결정을 내린 것이다(夫鷄肋 食之則無所得 棄之則如可惜 公歸計訣矣)」라는 것이었다.

양수는 조조의 속마음을 간파하고 그 때마다 그것이 적중하곤 해서 조조의 주시를 받은 사람이었는데, 이번에도 역시 그것이 적중했다. 이

틑날 조조가 정식 철수를 명령하기가 바쁘게 군대는 기다린 듯이 행동을 개시했다. 조조가 놀라 까닭을 물으니, 양수의 예언이 하도 잘 맞기에 미리 준비를 해두었다는 것이었다.

「계륵」즉「닭의 갈비」란 말은 양수가 풀이한 그런 뜻으로 쓰이고 있지만, 이런 의미와는 달리 사람의 몸이 작고 비쩍 마른 것을 비유해서 쓴 예가 《진서(晉書)》 유령전(劉伶傳)에 나온다.

이른바「죽림칠현(竹林七賢)」가운데 술로 유명한 유령이, 언젠가 술에 취해 세속 사람들과 시비가 붙게 되었다. 상대가 화가 나서 소매를 걷어붙이고 주먹을 휘두르려 하자, 유령은 조용히 입을 열었다.

「나 같은 닭의 갈비가 어떻게 귀하신 주먹을 모셔 들일 수 있겠습니까?」

상대도 그만 어이가 없어 껄껄 웃고 돌아섰다고 한다. 우리말에도 비쩍 말라 허약한 사람을 가리켜 새갈비라고 하는데, 다 같은 비유다.

고식지계〔姑息之計〕 아녀자나 어린아이가 꾸미는 계책이라는 뜻으로, 당장에 편한 것만 취하는 계책. 일시 미봉(彌縫)하는 계책. 《예기》

고양생제〔枯楊生稊〕 고양(枯楊)은 말라가는 버드나무, 제(稊)는 나무 그루터기, 전하여 노인이 젊은 아내를 맞는 것을 일컬음. 《역경》

고육지책〔苦肉之策〕 적을 속이기 위해 자기편을 고의로 해쳐가면서까지 꾸미는 계책. 《삼국지연의》

고이언타〔顧而言他〕 ☞ 고좌우이언타(顧左右而言他).

고장난명〔孤掌難鳴〕「외손뼉이 울랴」와 같은 뜻으로, 일을 혼자 해서는 잘 되지 않는다는 말. 또는 상대가 서로 같으니까 말다툼이나 싸움이 된다는 뜻. 《수호전》

고정무파〔古井無波〕 물이 없는 옛 우물에는 물결이 일지 않는다는 뜻으로, 마음을 굳게 먹고 정절을 지키는 여자의 비유.

고주일척〔孤注一擲〕 도박꾼이 마지막에 있는 밑천을 다 걸고 달라붙음. 영어로 올인(all in). 《진서(晉書)》

계명구도
鷄鳴狗盜

닭 鷄 울 鳴 개 狗 도적 盜

> 아무리 천한 재주라도 쓰일 데가 있다. 행세하는 사람이 배워서는 안될 천한 기능.

　전국시대 말기에는 집도 절도 없이 떠돌아다니는 유랑객들이 판을 치던 시대이기도 하다. 그들은 그들대로의 조직과 의리라는 것을 가지고 있어서 모든 정보를 서로 알려 주는 한편, 한번 남의 신세를 지면 목숨도 아끼지 않는 의기를 보여 주곤 했다. 그들은 보통 식객(食客)이란 이름으로 세도 있고 돈 많은 귀족 집에 얹혀살고 있었는데, 당시 식객이 3천 명을 넘은 귀족이 넷이었다 해서 사군시대(四君時代)라 불리기까지 했다.

　이 4군 중에서도 가장 유명한 사람이 맹상군(孟嘗君) 전문(田文)이었다. 맹상군은 비록 죄를 짓고 도망쳐온 사람이라도 그가 무엇이든 남다른 재주가 있기만 하면 반겨 식객으로 맞이했다. 말하자면 전과자들의 지상 낙원과도 같은 것이었다. 〔☞ 장협귀래호(長鋏歸來乎)〕

　맹상군이 아버지의 뒤를 이어 제나라 재상으로 있을 때, 진(秦)나라 소왕(昭王)이 그를 국빈으로 초청한 일이 있었다. 소왕은 맹상군이 하도 훌륭하다니까 그를 재상으로 임명할 생각을 혼자 품고 있었다.

　소왕의 초청을 받아들이느냐 거절하느냐 하는 문제로 조정은 조정대로 식객은 식객대로 설왕설래가 많았지만, 결국 남의 호의를 거절하기가 거북하다 해서 그대로 길을 떠나게 되었다.

　맹상군이 진나라에 이르자, 진나라 서울 함양(咸陽) 성중이 발칵 뒤집히는 소동이 일어났다. 맹상군이 무슨 하늘나라 사람이라도 되는 줄로 알고 남녀노소 할 것 없이 사람들이 몽땅 거리로 쏟아져 나왔다. 그런데 실상 맹상군은 키도 작달막하고 얼굴도 남다를 게 없는 평범한 인물이었다. 사람들은 실망한 듯 지나가는 그의 모습을 바라보았다. 개중에는 가벼운 입을 놀려,

「저게 맹상군이야? 정말 볼품없군!」하고 모욕에 가까운 말을 던지기도 했다.

이 날 낮 맹상군에게 더러운 입을 놀린 사람들은 그날 밤 쥐도 새도 모르게 목이 떨어져 달아났다. 그것은 구경꾼을 가장하고 맹상군을 호위하며 따라가던 식객들이 하나하나 그들의 뒤를 지키고 있다가 주인의 복수를 한 것이었다.

맹상군의 식객이 한 짓인 줄 짐작은 하고 있었지만, 감히 이를 밝힐 수 없는 것이 진나라의 입장이었다. 오히려 맹상군의 위대한 일면을 피부로 느끼는 그런 느낌이었다.

맹상군을 재상으로 임명할 생각이었던 진의 소왕은, 맹상군이 아무래도 진나라보다는 제나라를 먼저 생각하지 않겠느냐는 어느 사람의 말에 끌려, 이왕 내가 못 쓸 바엔 돌려보내지 않으리라 마음먹고, 맹상군 일행을 연금상태에 두게 했다.

맹상군은 식객들과 상의 끝에 소왕의 총희(寵姬)에게 도움을 청하기로 했다. 그러자 총희는, 「나에게 호백구(狐白裘)를 주신다면 어떻게 힘써 보겠습니다」라고 하는 것이었다.

맹상군은 진나라에 들어왔을 때 왕에게 선물로서 호백구 하나를 선사한 일이 있었다. 이 호백구는 여우의 겨드랑이 밑털로, 곱고 길고 부드럽고 흰, 사방 한 치 남짓한 곳을 끊어 이어 붙여서 만든 것으로 그값이 천금에 해당한다고 한다. 왕은 그것을 입고 총희의 방에 들어가 한바탕 자랑을 했기 때문에 총희는 이 기회에 그것을 얻고 싶어 했던 것이다.

그러나 호백구는 진왕에게 준 그 하나밖에는 없었다. 어디서 어떻게 구해야 한단 말인가?

「누구 호백구를 구해 올 사람 없소?」 하고 식객들의 얼굴을 살폈으나 아무도 대답하는 사람이 없었다.

그러자 맨 아랫자리에 있던 한 사람이 「제가 호백구를 구해 올 수 있습니다」 하고 얼굴을 내밀었다. 그는 그 전부터 개 껍질을 쓰고 개 흉내를 내며 남의 집에 숨어 들어가 있다가 적당한 틈을 보아 물건을 훔쳐내 오기로 유명한 사람이었다.

그는 그날 밤 개로 둔갑을 한 다음 진나라 대궐 창고 속으로 들어가 드디어 호백구를 훔쳐내는 데 성공했다.

호백구를 받은 총희는 진왕의 앞에서 눈물을 흘리며 맹상군을 놓아 보내 줄 것을 호소했다.

천하에 어질기로 이름이 높은 맹상군을 임금의 이름으로 초청을 해 놓고는 아무 이유 없이 그를 붙들어 두고 돌려보내지 않는다면, 앞으로 인재라는 인재는 다 진나라를 등지게 될 것이며, 진나라를 등진 그들이 힘을 합쳐 진나라에 적대해 온다면 장차 이 나라 운명이 어떻게 될지 아마 첩이 임금을 모실 날도 오래지 못할 것 같다면서 울먹였던 것이다.

듣고 보니 과연 그럴 것 같았다. 소왕은 그 날로 당장 맹상군 주위를 지키던 사람들을 모두 철수시켰다. 맹상군은 여권을 위조하여 성명을 고쳐 쓴 다음 부랴부랴 성문을 빠져 나갔다.

말을 채찍질해 전속력으로 함곡관(函谷關)까지 왔을 때는 마침 한밤중이었다. 함곡관을 빨리 벗어나야만 살아날 수 있었다. 뒤에는 곧 추병이 달려오는 것만 같았다. 그러나 관문이 열리려면 아직도 멀었다. 첫닭이 울기 전에는 관문은 굳게 닫혀져 있어 행인의 왕래가 철저히 금지되어 있었다.

그 때, 돌연 식객들 가운데서 닭의 울음소리가 낭랑하게 들려왔다. 닭울음소리를 흉내 내는 식객이 있었던 것이다. 그러자 주위에 있는 모든 닭들이 따라 울었다.

관문지기는 여권을 한 번 보고는 문을 활짝 열어 주었다.

소왕은 맹상군을 놓아 준 것을 곧 후회하고, 군대를 보내 그의 뒤를 쫓게 했다. 그러나 함곡관에 다다랐을 때는 닭이 아닌 사람의 소리에 의해 이미 문이 활짝 열린 뒤였다. 이미 멀리 갔을 거라는 관문지기의 말에 되돌아오고 말았다.

처음 맹상군이 이 개 도둑질하고 닭 울음 우는 사람을 식객으로 맞아 들였을 때는, 다른 식객들은 그들 두 사람과 한자리에 있게 된 것을 몹시 수치스럽게 여겼다. 그러나 그들도 진나라에서의 어려운 고비를 이들 두 사람에 의해 벗어나게 되자, 비로소 맹상군의 혜안에 탄복하게 되었다.

이 「계명구도」 란 말은 아무리 천한 재주라도 다 쓰일 데가 있다는 뜻으로 쓰이지만, 역시 천한 재주임에는 틀림이 없다.

맹상군이 진나라에서의 어려움을 벗어나게 된 것도 다 손님을 차별 없이 대우한 덕이라고 좋게 평가하고 있었는데, 이에 대해 송(宋)나라 왕안석(王安石)은 반대로 혹평을 내리고 있다.

3천 명이나 되는 식객 가운데 한 사람도 주인을 위험한 곳으로 들어가지 못하도록 말린 사람이 없고, 겨우 죽게 된 마당에 개 도둑질이나 하고 닭 울음이나 우는 그런 무리들에 의해 목숨을 건지게 되었으니 맹상군은 다만 「계명구도」 의 영웅일 뿐이라는 것이다.

지금은 왕안석의 해석을 기발하고 옳은 평으로 보고 있다.

고복격양
鼓腹擊壤

두드릴 鼓 배 腹 칠 擊 흙덩이 壤

> 태평 무사함을 즐김.

　공자가 《서경(書經)》이란 역사책을 편찬할 때, 많은 전설의 임금들을 다 빼버리고 제일 첫머리에 제요(帝堯)를 두었다. 천황씨(天皇氏)·지황씨(地皇氏)·인황씨(人皇氏)는 물론 복희(伏羲)·신농(神農) 황제에 관한 전설적인 이야기는 전혀 비치지 않았다.
　요임금이 순임금에게 천하를 전하고 순임금이 우(禹)에게 천하를 전해 준 것만을 크게 취급했다. 그리고 공자와 맹자는 이 요와 순 두 임금을 가장 이상적인 인물로 떠받들었다.
　공자는 제자 자공(子貢)이,
　「만일 널리 백성에게 베풀고 대중을 사랑하면 어질다고 말할 수 있겠습니까?」 하고 물었을 때,
　「어찌 어질다뿐이겠느냐. 요순도 오히려 그렇게 못한 것을 안타까워 했느니라(何事於仁 堯舜 其猶病諸)」 라고 대답하여 요임금과 순임금처럼 백성에게 널리 베풀고 대중을 사랑한 사람이 없다는 것을 간접적으로 암시했다.
　그 요임금이 천하를 다스린 지 50년이 되었을 때, 아직도 그는 천하가 과연 잘 다스려지고 있는지 자신이 없었다. 맹자가 말했듯이, 닭이 울면 잠이 깨어 착한 일 하는 데만 마음을 쓰고 있었던 만큼 만족할 줄을 몰랐을 것이다. 그래서 하루는 요임금이 아무도 모르게 평민 차림으로 거리에 나가 직접 민정을 살펴보기로 마음먹었다.
　강구(康衢)라는 넓은 거리에 이르렀을 때, 한 젊은이가 노래를 부르며 놀고 있었다. 예나 지금이나 노래란 것은 마음속에 있는 감정을 그대로

표현하는 것이므로, 그때그때 유행하는 노래를 들어 보면 세상이 어떻게 돌아가고 정치를 어떻게 하는지 알 수 있는 것이다. 요임금은 걸음을 멈추고 젊은이가 부르는 노래를 유심히 들었다.

우리 뭇 백성들을 살게 하는 것은
그대의 지극함 아닌 것이 없다.
느끼지도 못하고 알지도 못하면서
임금의 법에 따르고 있다.

立我蒸民　莫非爾極　　입아증민　막비이극
不識不知　順帝之則　　불식부지　순제지칙

우리 모든 백성들이 안정된 생활을 해나가고 있는 것은, 어느 것 하나 임금님의 알뜰한 보살핌과 사랑 아닌 것이 없다. 임금님은 인간의 본성에 따라 우리를 도리에 벗어나지 않게 인도하기 때문에 우리는 법이니 정치니 하는 것을 염두에 두거나 배워 알거나 하지 않아도 자연 임금님의 가르침에 따르게 된다는 뜻이다. 아이들의 이 노래에 요임금은 자못 마음이 놓였다. 과연 그럴까 하고 가슴이 뿌듯하기도 했다.

요임금은 다시 발길을 옮겼다. 그러자 저쪽 길가에 한 노인이 두 다리를 쭉 뻗고, 한쪽 손으로는 배를 두드리며 한쪽 손으로는 흙덩이를 치며 장단에 맞추어 노래를 부르고 있었다.

배를 두드린다는 고복(鼓腹)과 흙덩이를 친다는 격양(擊壤)을 한데 붙여 태평을 즐기는 대명사로 쓰이기도 하고, 또 강구동자(康衢童子)니 격양노인(擊壤老人)이니 하여 함께 태평의 예로 들기도 한다. 그 노인이 부른 노래는 이런 것이었다.

해가 뜨면 일하고

해가 지면 쉬며
우물 파서 마시고
밭을 갈아먹으니
임금 덕이 내게 뭣이 있으랴.

日出而作　日入而息　　일출이작　일입이식
鑿井而飮　耕田而食　　착정이음　경전이식
帝力何有於我　　　　　제력하유어아

 시의 내용을 풀어 보면, 해가 뜨면 일하고 밤이 되면 편히 쉰다. 내 손으로 우물을 파서 물을 마시고 내 손으로 밭을 갈아 배불리 먹고 사는데, 임금이 내게 무슨 소용이 있으며, 정치가 다 무슨 필요가 있느냐는 뜻이다. 공기와 태양의 고마움을 모르는 농촌 사람이 사실은 더 행복한 것이다. 정치의 고마움을 알게 하는 정치보다는 그것을 느끼지 못하는 정치가 정말 위대한 정치인 것이다.

 《십팔사략(十八史略)》 제1권에 있는 이야기다.

고진감래〔苦盡甘來〕 고생이 끝나면 즐거움이 온다. 「고진감래에 흥진비래(興盡悲來)」라는 말이 있다. 「고생 끝에 낙이 오고, 즐거운 일이 다하면 슬픈 일이 닥쳐온다」는 뜻으로, 좋은 일과 궂은일은 덧없이 돌고 돈다는 말.

고추부서〔孤雛腐鼠〕 외로운 병아리와 썩은 쥐. 곧 어려서부터 돌보아주는 사람이 없이 떠돌아다니어 그 인격이 천하다는 뜻으로, 남을 멸시하는 말. 《후한서》

고취〔鼓吹〕 북을 치고 피리를 분다는 뜻으로, 용기와 기운을 북돋아 일으킴. 격려. 고무(鼓舞). 또는 의견이나 사상을 열렬히 주장하여 널리 선전함. 《진서》

고침안면〔高枕安眠〕 베개를 높이 하여 잠을 잘 잠. 아무 근심 없이 편안하게 잘 잠. 고침무우(高枕無憂). 《사기》

고황〔膏肓〕 고(膏)는 가슴 밑의 작

은 비계, 황(肓)은 가슴 위의 얇은 막, 곧 고황 속에 들어가면 낫기 어렵다는 인체의 일부. ☞ 병입고황(病入膏肓). 《후한서》

곡고화과〔曲高和寡〕 곡조가 높을수록 화답하는 사람이 적다. 곧 재능이 뛰어난 사람일수록 그를 추종하는 사람은 적음을 비유하여 이르는 말.

곡돌사신〔曲突徙薪〕 굴뚝을 구부리고 나뭇단을 옮긴다는 뜻으로, 재앙을 미연에 방지함. 《회남자》

곤수유투〔困獸猶鬪〕 쫓기는 짐승일수록 더욱 발악한다는 뜻으로, 곤경에 처한 사람일수록 극력 저항함을 이름. 《좌전》

곤외지임〔閫外之任〕 군대를 이끌고 경외(境外)로 출정하는 장군의 직임(職任). 《사기》

골경지신〔骨鯁之臣〕 강직한 신하를 이르는 말. 경(鯁)은 물고기의 뼈, 직언을 받아들이기 힘든 것이 마치 목구멍에 가시가 걸린 것 같다는 말에서 유래했다. 《사기》

골계〔滑稽〕 말이 매끄럽고 거침없이 유창하게 나옴. 익살. 《초사》

공곡공음〔空谷跫音〕 인적이 없는 빈 골짜기에 울리는 발자국 소리란 뜻으로, 적적할 때에 사람이 찾아옴. 또는 쓸쓸히 지낼 때 듣는 기쁜 소식의 비유. 《장자》

공옥이석〔攻玉以石〕 돌로써 옥을 간다. 곧 하찮은 물건이나 사람이라도 중요한 일을 할 때는 요긴하게 쓰일 수 있다는 말. 《후한서》

공자천주〔孔子穿珠〕 공자가 구슬 구멍에 실을 꿰려다 이루지 못하고 하찮은 촌부에게서 개미허리에다 실을 매어 꿰는 비법을 배웠다는 고사.

공전절후〔空前絶後〕 지금까지 없었고, 금후로도 절대 출현하지 않는다고 할 정도의 것으로, 아주 독특하고 희귀하여 비교할 만한 것이 없음. 回 파천황(破天荒). 전대미문(前代未聞).

공평무사〔公平無私〕 공평하고 사사로움이 없음. 정치가가 멸사봉공(滅私奉公)하면 공평무사하다고 할 수 있듯이, 지금 국민이 무엇보다도 정치·행정에 바라는 것은 이 말이다. 《전국책》

과문불입〔過門不入〕 아는 사람의 문 앞을 지나면서도 들르지 아니함. 곧 공무에 몹시 바쁨을 비유하여 이르는 말. 《열자》

과인〔寡人〕 덕이 없는 사람이란 뜻으로, 왕이 겸손의 뜻으로 자기를 낮추어 이르는 지시대명사. 《예기》

과혁지시〔裹革之屍〕 가죽에 싼 시체라는 뜻으로, 전쟁에서 싸우다 죽은 시체를 일컫는 말.

119

고성낙일
孤城落日

외로울 孤 성 城 떨어질 落 날 日

> 멸망의 그 날을 기다리며 초조히 기다리는 처량한 정상을 비유한 말

이 고사는 왕유(王維)의 칠언절구 「위평사를 보내며(送韋評事)」에서 유래된다.

장군을 좇아 우현을 잡고자
모래밭에서 말을 달려 거연으로 향한다.
멀리 아노라, 한나라 사신이 소관 밖에서
외로운 성, 지는 해 언저리를 수심으로 바라보리란 것을.

欲遂將軍取右賢　沙場走馬向居延　　욕수장군취우현　사장주마향거연
遙知漢使蕭關外　愁見孤城落日邊　　요지한사소관외　수견고성낙일변

왕유는 이백(李白), 두보(杜甫)와 나란히 중국의 대표적인 시인이다. 그는 동양화와 같은 고요한 맛과 그윽한 정을 풍기는 자연시를 많이 썼다. 여기서는 국경 밖의 땅을 배경으로 한 이국적인 정서가 시를 한층 재미있게 만들고 있다.

글 제목에 나오는 평사는 법을 맡아 죄인을 다스리는 벼슬 이름으로, 위평사가 장군을 따라 서북 국경 밖으로 떠나면서 심경을 적은 시다.

한(漢)대에 흉노에 좌현왕(左賢王)과 우현왕이 있었는데, 우현왕이 한때 한나라 군대에 포위를 당해 간신히 도망쳐 달아난 일이 있었다. 첫 구절의 우현을 잡는다는 것은, 그 사실을 근거로 자신도 장군을 따라 변방으로 나가 적의 대장을 포로로 잡을 생각으로 사막을 힘차게 말을 달리게 되리라는 뜻이다.

여기에 나오는 거연이란 곳은 신강성 접경지대에 있는 주천(酒泉)을

말하는데, 남쪽에는 해발 6,455 미터의 기련산(祁連山)이 솟아 있고, 북쪽은 만리장성의 서쪽 끝을 넘어 사막지대가 계속된다.

소관(蕭關)은 진(秦)의 북관(北關)으로도 불리는 곳으로 외곽지대의 본토 방면으로 통하는 출입구였던 것 같다.

시의 뜻은, 지금은 우현왕을 사로잡으려는 꿈을 안고 의기도 양양하게 사막을 말을 달려 거연의 요새지로 향하게 되겠지만, 먼 저쪽 소관 밖으로 한나라 사신인 당신이 나가버리면 당신의 눈앞에는 어떤 광경이 벌어질 것인가.

아득히 백사장에 둘러싸인 외로운 성과 다시 그 저쪽에 기울어 가는 저녁 해, 그것을 당신은 수심에 잠긴 눈으로 바라보지 않으면 안될 것이다. 나는 몸은 비록 이곳에 있지만 당신이 장차 겪게 될 외롭고 쓸쓸한 심정을 알고도 남음이 있다는 뜻이다.

여기서는 한갓 쓸쓸한 풍경과 외로운 심경을 노래한 데 지나지 않지만, 「고성낙일」은 보통 멸망의 그날을 초조히 기다리는 그런 심정을 말한다.

곽식자〔藿食者〕콩잎을 먹는 사람이라는 뜻으로, 백성을 가리키는 말. 관리와 귀족을 일컬어 육식자(肉食者)라고 하는 데 대비(對比)되는 말로 쓰인다.《설원선설(說苑善說)》

관개상망〔冠蓋相望〕수레가 서로 가까이 바라볼 수 있는 가까운 거리를 두고 잇달아 간다는 뜻으로, 사신의 왕래가 끊이지 않음을 이르는 말.《사기》

관과지인〔觀過知仁〕어진 사람의 과실은 너무 후한 데 있고, 악한 사람의 과실은 너무 박(薄)한 데 있으므로, 사람의 과실을 보고 그의 어질고 어질지 않음을 알 수 있다는 말.《논어》

관맹상제〔寬猛相濟〕관대함과 엄벌을 더불어 시행한다는 뜻으로, 남을 다스릴 때는 부드러운 훈계와 엄한 징벌이 잘 조화되어야 한다는 말.《좌전》

고좌우이언타
顧左右而言他

돌아볼 顧 말이을 而 말씀 言 다를 他

> 좌우를 보고 다른 말을 한다.

《맹자》 양혜왕편(梁惠王篇)에 나오는 이야기다.

맹자가 제선왕(齊宣王)을 찾아가 일러 말했다.

「왕의 신하가, 그의 처자를 친구에게 맡기고 초나라로 놀러갔다 돌아와 보니, 그 친구가 처자를 굶주리고 추위에 떨게 만들었습니다. 왕께서는 그 사람을 어떻게 하시겠습니까?」

「믿고 맡긴 처자를 굶주리게 한 친구는 당장 절교해야 합니다」

「사사(士師 : 지금의 법무장관)가 그 부하를 제대로 거느리지 못하면 어떻게 하시겠습니까?」

「당장 그만두게 하겠습니다」

「그렇다면 사경(四境) 안이 제대로 다스려지지 않을 때는 어떻게 하시겠습니까?」

왕은 좌우를 돌아보며 다른 말을 했다(王顧左右而言他).

설마 맹자가 그런 유도 질문을 해올 줄 몰랐던 임금은, 미처 대답할 마음의 여유를 갖지 못하고 그만 우물쭈물 넘기고 만 것이다.

미리 알고 있었다면 「그것은 과인의 잘못이다」 하고 솔직한 대답을 할 수 있었던 제선왕이었지만, 먼저 한 대답이 「버리겠소」, 「그만두게 하겠소」 한 끝이라서 「내가 임금 자리를 그만두어야지요」 하고 대답하지 않으면 안되었던 것이다.

지금도 역시 이 제선왕과 같은 입장에서 솔직히 시인해야 할 일을 시인하지 못하고 엉뚱한 딴 이야기로 현장을 얼버무리는 그런 것을 가리켜 「고좌우이언타」 라고 한다.

이에 대해 우리나라 조선시대에 전해 오는 재미있는 이야기가 있다.

옛날 과거제도에 강급제(講及第)란 것이 있었는데, 이것은 시를 짓는 것이 아니라, 사서삼경을 외게 한 다음 그 뜻을 물어 틀리지 않으면 급제를 시키는 제도였다.

당시는 과거에 급제하는 것이 평생소원인 세상이었으므로 어지간한 선비면 사서삼경 정도는 원문은 물론이요, 주석까지 훵하니 외는 판이었다. 그러므로 거의가 만점의 합격 성적을 보여 주고 있었다.

그러나 급제에는 몇 명이란 정원이 있다. 어떻게 떨어뜨리느냐 하는 것이 시험관들의 큰 골칫거리가 아닐 수 없다. 그래서 가끔 대답할 수 없는 질문을 해서 모조리 떨어뜨리는 수법을 쓰곤 했다.

그 한 가지로 등장한 문제가 바로 이「고좌우이언타」였다.

「좌우를 돌아보며 다른 것을 말했다는데, 도대체 그 다른 말이 무엇이냐?」하고 시험관이 구두시험을 하는 것이다.

그래서 백 명이고 2백 명이고 모조리 낙제를 시켜 내려가는데, 한 젊은 경상도 선비 차례가 되었다.

젊은 선비는 시험관의 질문은 들은 척도 않고,

「시생이 과거를 보러 서울로 올라오는데, 낙동강 나루에 닿았을 때 오리란 놈이 지나가며 강물 위에 알을 쑥 빠뜨리지 않겠습니까……」

어쩌고 하며 천연덕스럽게 딴청을 부렸다. 시험관은 그만 짜증을 내며,「아니, 묻는 말에는 대답하지 않고 무슨 엉뚱한 이야기냐?」하고 쏘아붙였다. 그러자 그 선비는, 「『고좌우이언타』란 바로 이런 것입니다」하고 정중히 대답을 했다. 시험관들은 그제야 그 선비의 수단에 넘어간 것을 알고 마주보며 껄껄 웃었다.

결과는 물론 합격이었다. 과거의 문이 너무 좁다 보니 이런 우스꽝스럽지만 재치 있는 현상까지 있었던 것이다.

고희 古稀

옛 古 드물 稀

> 일흔 살.

나이 일흔을 고희(古稀 또는 古希)라고 하는데, 그 유래는 두보의 「인생칠십고래희(人生七十古來稀)」라는 시구에서 비롯된 것으로 본다. 즉 사람이 일흔을 산 것은 예로부터 드물었기 때문이다.

두보의 이 구절이 나오는 「곡강이수(曲江二首)」라는 제목의 둘째 시를 소개하면 이렇다.

조회에서 돌아오면 날마다 봄옷을 전당잡히고
매일 강 머리에서 마냥 취해 돌아온다.
술값 빚이야 가는 곳마다 늘 있거늘
사람이 칠십을 산 것은 예부터 드물다.
꽃 사이로 호랑나비는 깊숙이 날아들고
물을 적시는 잠자리는 힘차게 나는구나.
풍광에 전해 말하니 함께 흘러 구르면서
잠신들 서로 즐겨 서로 떨어지지 말자꾸나.

朝回日日典春衣	每日江頭盡醉歸	조회일일전춘의	매일강두진취귀
酒債尋常行處有	人生七十古來稀	주채심상행처유	인생칠십고래희
穿花蛺蝶深深見	點水蜻蛉款款飛	천화협접심심견	점수청령관관비
傳語風光共流轉	暫時相賞莫相違	전어풍광공류전	잠시상상막상위

이 시는 두보가 마흔 일곱 살 때 지은 것이다. 그 무렵 그는 좌습유(左拾遺 : 諫官)란 벼슬자리에 있었으나, 조정 내부의 부패는 그를 너무도 실망시켰다. 그는 답답한 가슴을 달래기 위해 매일을 술이나 마시며 아

름다운 자연을 상대로 세월을 보냈다.

곡강(曲江)은 장안(長安) 중심지에 있는 못 이름으로 풍광이 아름답기로 유명했으며, 특히 봄이면 꽃놀이하는 사람들로 붐볐다고 한다.

시를 풀어 보면 이렇다.

요즘은 조정에서 돌아오면 매일 곡강 가에 가서 옷을 잡히고 마냥 술에 취해 돌아오곤 한다. 술꾼이 술빚을 지는 것은 너무나 당연한 일로, 내가 가는 술집마다 외상값이 밀려 있다. 하지만 내가 살면 몇 해나 더 살겠는가. 예부터 말하기를, 사람은 70을 살기가 어렵다고 하지 않았던가. 꽃밭 사이를 깊숙이 누비며 날아다니는 호랑나비도 제 철을 만난 듯 즐겁게만 보이고, 날개를 물에 적시며 날아다니는 잠자리도 제 세상을 만난 듯 기운차 보이기만 한다. 나는 이 약동하는 대자연의 풍광과 소리 없는 대화를 주고받는다. 우리 함께 자연과 더불어 흘러가면서 잠시나마 서로 위로하며 즐겨 보자꾸나.

「인생칠십고래희」란 말은 항간에 전해 내려오는 말을 그대로 두보가 시에 옮긴 것이라고도 한다. 어쨌든 이 말은 두보의 시로 인해 깊은 의미를 지니게 되었다고 볼 수 있다. 한편 이「고희」란 말과 함께 사람의 나이를 다음과 같이 표현한다.

스무 살을 약관(弱冠), 마흔 살을 불혹(不惑), 쉰 살을 지명(知命), 예순 살을 이순(耳順), 또 일흔 일곱 살을 희수(喜壽 : 喜字의 草書가 七七이기 때문), 여든 여덟 살을 미수(米壽 : 米자를 파자하면 八八이기 때문), 아흔 아홉 살을 백수(白壽 : 百에서 한 획이 없으므로)라고 한다.

이중 불혹·지명·이순은 《논어》에 나오는 공자의 말 중「……나는 마흔 살에 의심하지 않았고(四十而不惑), 쉰 살에 천명을 알았고(五十而知天命), 예순 살에 귀가 순하고(六十而耳順)……」라고 한 데서 나온 말이다.

곡학아세
曲學阿世

굽힐 曲 배울 學 아부할 阿 세상 世

> 자기가 배운 것을 올바로 펴 볼 생각은 않고, 자기의 배움을 굽혀 가면서 세상의 비위에 맞추어 출세하려는 그런 태도나 행동.

전한의 효경제(孝景帝, B.C 155~140)는 제위에 오르자 천하에 현량한 선비를 두루 구하였는데, 우선 시인이며 학자로 《시경(詩經)》에 능통한 원고(轅固)를 등용하여 박사(博士)를 시켰다.

원고는 성품이 강직한 사람으로, 옳다고 생각하면 목에 칼이 들어와도 두려워하지 않고 할 말을 했다. 경제의 어머니 두태후(竇太后)는 노자(老子)의 숭배자였다. 언젠가 원고가 박식이란 얘기를 전해들은 두태후는 그를 궁중으로 불러들여 《노자》의 내용에 대해 물었다.

원고는 유학자로 노자의 신봉자들을 미워하고 있던 중이었으므로, 「그런 것들은 하인이나 종들이 하는 말에 불과합니다」 하고 한마디로 비하해 버렸다.

성이 난 두태후는 원고를 가축 사육장으로 보내 돼지를 잡아오라고 시켰다. 경제는 그가 유학자로서 자기 소신을 말했을 뿐 다른 죄가 없다는 것을 알고 있었으므로, 몰래 그에게 아주 잘 드는 칼을 보내 주었다. 돼지를 잡는 데 서투른 원고였지만, 원체 칼이 잘 들기 때문에 과히 어렵지 않게 돼지를 잡을 수 있었다. 그 뒤 얼마를 지나자, 경제는 원고를 청렴한 선비라 하여 그를 청하왕(淸河王)의 태부(太傅)로 임명했다.

원고는 오랫동안 태부의 자리에 있다가 병으로 그 자리를 물러났다. 경제의 다음 황제인 무제(武帝, B.C 147~87)가 즉위하자, 원고를 현량(賢良)으로 발탁하여 조정으로 불러올렸다.

그러나 아첨을 일삼는 무리들은 원고의 입바른 소리가 무서워 그를 어떻게든지 밀어내려 했다. 그때 원고의 나이 벌써 아흔이 넘어 있었기 때문에 그들은 일제히, 「원고는 이제 너무 늙어서 아무 일도 볼 수가 없습니다」 하며 맞장구를 쳐가며 그를 헐뜯었다. 무제는 그를 파면시켜 집으로 돌려보내고 말았다.

원고가 조정으로 불려 올라왔을 때, 음흉한 공손홍(公孫弘)도 함께 불려 올라오게 되었는데, 공손홍은 원고의 바른 말이 무서워 그를 몹시 꺼려했다. 그 공손홍을 보고 원고는 이렇게 말했다.

「……배운 것을 올바로 말하기를 힘쓰고, 배운 것을 굽혀 세상에 아부하는 일이 없도록 하게(務正學以言 無曲學以阿世)」

《사기》 유림열전(儒林列傳)에 나오는 이야기다.

관저복통〔官猪腹痛〕 관가 돼지의 배앓이란 뜻으로, 자기와 아무 관계가 없는 사람이 당하는 고통을 비유하여 이르는 말. 《순오지》

관중규표〔管中窺豹〕 대나무 대롱으로 표범을 본다는 뜻으로, 식견이 좁다는 뜻과 자기의 견해가 전반적이지 못하다는 것을 겸손하게 표시하는 말. 비 관견(管見).

관천망기〔觀天望氣〕 구름이나 대기 중의 여러 현상을 보고 일기예보를 행하는 일. 예부터 행해지던 것으로, 지금도 농어촌에서는 이 방법이 쓰이고도 있음. 즉 저녁놀이 지면 날이 갤 징조. 달무리가 지면 비올 징조 같은 말이 전해지고 있음.

괄구마광〔刮垢磨光〕 때를 벗기고 빛이 나게 닦는다는 뜻으로, 사람의 결점을 고치고 장점을 발휘하게 함을 이름.

괄목상대〔刮目相待〕 눈을 비비고 다시 봄. 사람이 이전과는 여러 면에서 달라져서 눈을 씻고 다시 보게 된다는 뜻으로, 남의 학식 등이 부쩍 느는 것을 놀라 쓰는 말. 《오지(吳志)》 여몽(呂蒙). 비 오하아몽(吳下阿蒙).

광언기어〔狂言綺語〕 이치에 맞지 아니하는 말이나, 교묘하게 수식한 말. 또는 흥미본위로 가장한 문학적 표현이나 소설. 《백씨문집》

광음여전〔光陰如箭〕 세월의 흐름이 화살과 같이 빠르고 다시 돌아오지 않음. 间 광음유수(光陰流水).

광음유수〔光陰流水〕 세월의 흐름은 흘러가는 물과 같이 빠르다. 《안씨가훈》 间 광음여전(光陰如箭).

광일미구〔曠日彌久〕 날을 비워둔 지가 오래 되었다는 말로, 허송세월함을 이르는 말. 《전국책》

광풍제월〔光風霽月〕 비가 갠 뒤의 바람과 달이란 뜻으로, 황정견(黃庭堅)이 주돈이의 인물을 평한 말. 마음결이 명쾌하고 집착이 없으며, 쇄락(灑落)함. 《송서》

괘관〔掛冠〕 갓을 벗어 건다는 뜻으로, 벼슬을 내놓고 사직함을 이름. 《후한서》

굉주교착〔觥籌交錯〕 술잔과 술잔 수를 세는 산가지가 흐트러져 있다는 뜻으로, 술자리가 도도함을 지나쳐 파장에 이름의 비유. 间 배반낭자(杯盤狼藉).

교각살우〔矯角殺牛〕 소뿔을 바로잡으려다 소를 죽인다. 곧 사소한 일에 지나치게 힘을 쓰려다가 큰 일을 그르치는 것의 비유.

교룡운우〔蛟龍雲雨〕 비구름을 얻은 교룡(蛟龍 : 전설상의 용)은 하늘로 비상(飛翔)한다고 하는 것. 곧 영웅, 풍운아가 기회를 얻어 대활약함의 비유. 세(勢)를 타고 비약하는 모습. 《오지(吳志)》 주유(周瑜).

교병필패〔驕兵必敗〕 승리로 교만해진 군대는 끝내는 패함을 이르는 말. 《한서》

교송지수〔喬松之壽〕 장수를 일컫는 말. 교(喬)는 주(周)나라 시대의 신선 왕자교(王子喬), 송(松)은 전설상의 황제 신농씨(神農氏) 무렵의 신선 적송자(赤松子). 모두 불로장수(不老長壽)했다고 전해진다. 《전국책》

교왕과정〔矯枉過正〕 굽은 것을 바로 잡으려다 너무 곧게 되었다는 뜻으로, 오류나 착오를 시정하려다가 절충이 지나친 것을 비유하여 이르는 말. 교왕과직(矯枉過直). 《월절서(越絶書)》

교자채신〔敎子采薪〕 자식에게 땔나무를 캐오는 법을 가르치라는 뜻으로, 무슨 일이든 장기적인 안목을 가지고 근본적인 처방에 힘쓰라는 말.

교족이대〔翹足而待〕 발돋움을 하고 기다린다는 뜻으로, 기회가 얼마 가지 않아서 온다는 말. 《사기》

교졸졸속〔巧拙拙速〕 교지는 졸속만 못하다고 해서, 뛰어난 사람으로 늦기보다는 못한 사람이라도 빠른 편이 낫다고 하는 것. 스피드와 능률주의의 현대에는 딱 들어맞는 성구(成句)일 것이다. 손자의 병법의 하나. 《손자》 작전.

교천언심[交淺言深] 사귄 지 얼마 안 되는 사람에게 된 소리 안 될 소리 지껄여 어리석다는 뜻. 《전국책》

교취호탈[巧取豪奪] 온갖 술책을 다 하여 백성을 착취하고 약탈하다. 백성들의 재물을 약탈(掠奪)하는 데 여념이 없는 탐관오리의 포악한 행위를 규탄하는 말이다. 교투호탈(巧偸豪奪). 《청파잡지》

교토삼굴[狡兎三窟] 교활한 토끼는 굴을 세 개 파 놓는다는 뜻으로, 사람이 교묘하게 재난을 피함을 비유하여 이르는 말. 《전국책》

교학상장[教學相長] 가르침과 배움이 서로 늘게 됨. 즉 남을 가르치거나 배우는 것이 모두 나의 학문을 증진시킴.

구각춘풍[口角春風] 수다스런 말로 남을 칭찬하여 즐겁게 해준다는 뜻으로, 남을 칭찬하여 이르는 말.

구강지화[口講指畵] 말로 설명하고 그림을 그려 가르친다는 뜻으로, 간곡하게 교육하는 자세를 비유하여 이르는 말.

구거작소[鳩居鵲巢] 비둘기가 스스로 자기의 집을 짓지 못하고 까치 집에서 사는 데서, 아내가 남편의 집을 자기 집으로 삼는 데 비유하는 말. 《시경》

구경부정[究竟不淨] 【불교】 사람이 죽어서 파묻히면 흙이 되고, 벌레가 먹으면 똥이 되고, 불에 타면 재가 되고 하여 신체의 마지막은 깨끗지 못함을 이르는 말.

구경열반[究竟涅槃] 【불교】 가장 높은 경지에 이른 열반. 곧 불경계(佛境界)에 들어간 열반.

구곡간장[九曲肝腸] 굽이굽이 깊이 든 마음속. 깊은 마음속.

구과불섬[救過不贍] 자신의 과실이나 실패를 고치고 바로잡는 일조차 충분히 하지 못한다는 말. 불섬(不贍)은 부족하다, 충분치 않다의 뜻. 《사기》

구극[駒隙] 사람이 천지지간에 살아 있는 것은, 흰 망아지가 문틈 사이로 스쳐 지나가는 것과 같아서 바로 눈 깜짝할 사이에 지나지 않는다. 곧 시간이나 세월이 지나는 것이 빠름을 비유하여 이르는 말. 또 인생이 잠시라는 것을 비유하는 말로도 쓰인다. 《장자》 ☞ 백구과극(白駒過隙).

구도어맹[求道於盲] 길을 맹인에게 묻는다는 뜻으로, 방법이 잘못되어 있기 때문에 아무런 효과도 없음을 비유하여 이르는 말. 한유 《답진생서(答陳生書)》

구두삼매[口頭三昧] 경문(經文)의 글귀만 읽고 참된 선리(禪理)를 닦음이 없는 수도(修道). 화두(話頭)만 주장하는 선(禪). 구두선(口頭禪).

공명수죽백
功名垂竹帛

공 功 이름 名 드리울 垂 대나무 竹 비단 帛

> 이름을 천추에 전한다(名傳千秋)는 말.

「죽백(竹帛)」은 대나무와 비단이란 뜻이지만, 옛날에는 기록을 대나무쪽이나 비단 폭에 해두었기 때문에 그것은 곧 기록이란 말이 된다.

그러므로 공명을 죽백에 드리운다는 말은 공을 세워 이름을 역사에 남긴다는 뜻이다. 《후한서》 등우전(鄧禹傳)에 나오는 이야기다.

등우는 후한 광무제(光武帝, 25~57)를 섬긴 어진 신하로서 그는 광무제가 후한 왕조를 다시 세우는 데 크게 이바지한 공신이었다. 등우는 소년 시절 장안으로 가서 공부를 했는데, 그 때 유수(劉秀 : 뒤의 光武)도 장안에 와서 공부하고 있었다.

등우는 아직 나이가 어려서 사람들과 상종하는 일도 별로 없었지만, 유수를 만나자 그가 비범한 사람이란 것을 알고 친교를 청했다. 이리하여 서로 다정하게 지내던 두 사람은 몇 년 후 각자 자기 고향으로 돌아갔다.

새로 신(新)이란 나라를 세운 왕망(王莽, B.C 45~A.D 23)의 폭정에 견디다 못한 백성들은 도처에서 반기를 들고 한나라 왕실을 다시 일으키려는 호걸들 밑으로 모여들었다. 이리하여 한나라 왕실의 후예로 반란군 대장에 추대된 유현(劉玄)이 왕망을 쳐서 죽이고, 갱시장군(更始將軍)에서 다시 황제로 추대되어 장안에 도읍을 정했다.

이 유현이 바로 갱시제(更始帝)였는데, 이때 많은 호걸들은 등우를 갱시제에게 천거했다. 그러나 등우는 끝내 사양하고 갱시제를 섬기지 않았다. 등우는 갱시제를 하찮은 인물로 보았기 때문이다.

그러나 그동안 유수가 황하(黃河) 이북 땅을 평정하러 떠났다는 말이

들려오자, 등우는 즉시 북으로 황하를 건너가 업(業)이란 곳에서 유수를 만났다. 유수는 뜻하지 않게 다시 만난 그를 몹시 반갑게는 대했지만, 속으로는 벼슬을 부탁하러 왔으려니 했다. 그러나 며칠이 지나도 그런 눈치가 전연 보이지 않았으므로, 유수는 등우에게 멀리 여기까지 자기를 만나러 온 까닭을 조용히 물었다. 등우는 분명히 말했다.

「다만 명공의 위덕이 사해에 더해지기를 바랄 뿐입니다. 나는 미력이나마 바쳐 공명을 죽백에 드리울 뿐입니다(但願明公威德加於四海 禹得效其尺寸 垂功名於竹帛矣)」

이 말을 듣자, 유수는 마음속으로 회심의 미소를 지었다. 그리고는 등우를 군영에 머무르게 하고 등장군이란 칭호를 주었다. 이때부터 두 사람의 뜻을 합친 새로운 경영이 시작된 것이다.

그 뒤 두 사람은 왕랑(王郎)의 군사를 토벌하기 시작, 먼저 낙양(洛陽)을 함락시켰다. 이 때 유수는 지도를 펴 놓고 등우에게 보이며,

「천하에는 이렇게 많은 고을과 나라들이 있는데, 이제 나는 겨우 그 하나를 손에 넣었을 뿐이오」하고 탄식을 했다. 그러자 등우는,

「지금 천하가 어지러워 사람들의 고생이 극도에 달한지라, 마치 어린아이가 사랑하는 어머니를 그리워하듯 명군(明君)의 출현을 바라고 있습니다. 예부터 천하를 손에 넣는 데는 덕(德)의 후박(厚薄)이 중요하지 영토의 크고 작음은 문제가 아니었습니다」

유수는 이 말에 크게 감동을 받았다. 등우는 언제나 옆에서 유수를 이렇게 격려했다. 또 많은 인재들을 추천했는데, 그가 사람을 보는 눈은 조금도 틀리는 데가 없었다. 그 뒤 오래지 않아 유수는 광무제로서 천자의 위에 올랐는데, 거기에는 등우의 힘이 컸다.

그의 말대로 광무제의 위덕은 사해에 널리 퍼지고, 등우의 공명은 죽백에 드리워졌다.

공중누각 空中樓閣

하늘 空 가운데 中 다락 樓 누각 閣

> 공중에 누각을 짓는 것처럼 근거가 없는 가공(架空)의 사물.

송대의 학자이며 정치가인 심괄(沈括)이 기이한 일들을 모아 지은 《몽계필담(夢溪筆談)》이란 책에 다음과 같은 기록이 있다.

등주(登州 : 산동성 봉래현)는 삼면이 바다로 둘러싸여 있는데, 늦은 봄에서 여름에 걸쳐, 멀리 수평선 위로 누각들이 줄을 이은 도시가 보인다. 지방 사람들은 이를 「해시(海市)」라고 부른다.

그 뒤 청(淸)나라 적호(翟灝)는 그가 지은 《통속편》 속에 심괄의 이 글을 수록한 다음,

「지금 말과 행동이 허황된 사람을 가리켜 공중누각이라고 하는 것은 이것을 말하는 것이다(今稱言行虛構者曰空中樓閣 用此事)」

참된 무엇이 없거나 혹은 비현실적인 이야기나 문장을 「공중누각과 같다」고 하는 말은 청나라 시대에 이미 있었음을 이 기록으로 알 수 있다.

물론 심괄이 말한 바다의 도시(海市)란 것은 수평선 멀리 나타나는 신기루(蜃氣樓)를 보고 한 말인데, 신기루에 대해서는 이미 오래 전 기록에 나타나 있다. 즉 《사기》에 이 신기루에 대한 기록이 있다.

《사기》 천관서(天官書)에,

「신기(蜃氣)는 누대(樓臺)의 모양을 하고 있는데, 넓은 들의 기운이 흡사 궁궐을 이룩하고 있다」라고 적혀 있다.

「공중누각」이란 이같이 자연현상을 두고 기록한 것인데, 이를 이해하지 못한 사람들이 실제로 있을 수 없는 일이라고 보고 실현 가능성 없는 일을 비유해 쓰이고 있다.

구두선〔口頭禪〕 실행이 따르지 않는 빈 말. 구두삼매(口頭三昧). 《채근담》

구로지감〔劬勞之感〕 자기를 낳아 기르느라 애쓴 부모의 은덕을 생각하는 마음. 《시경》

구리지언〔丘里之言〕 시골사람의 말. 상말. 근거 없는 헛말. 《장자》

구마지심〔狗馬之心〕 개나 말이 그 주인에게 하는 충성심이란 뜻으로, 자기의 진심을 겸손하게 이르는 말. 군주에 대한 충성심을 비유한 말. 《한서》

구맹주산〔狗猛酒酸〕 술집 개가 사나우면 사람들이 찾지 않아 술은 시고 만다는 뜻으로, 나라에 간신이 있으면 현량한 신하가 국사에 참여하지 못해 나라가 쇠퇴해짐을 비유하여 이르는 말. 《한비자》

구무완인〔口無完人〕 늘 남의 허물을 찾아내어 헐뜯어서 성한 사람이 없다는 뜻으로, 그러한 사람을 욕하는 말.

구미속초〔狗尾續貂〕 개꼬리로 담비꼬리를 잇는다는 뜻으로, 관작(官爵)을 함부로 내림을 비웃어 하는 말. 또는 훌륭한 것에 하찮은 것이 뒤를 이음을 비유해 이르는 말. 《진서》

구반상실〔狗飯橡實〕 개밥에 든 도토리라는 뜻으로, 혼자서 외롭게 고립됨을 비유하여 이르는 말. 《동언해(東言解)》

구복지계〔口腹之計〕 구복(口腹)은 생명을 이어가기 위하여 음식물을 섭취하는 입과 배라는 뜻으로, 먹고 살아갈 방도.「구복이 원수라」하면「목구멍이 포도청」과 같은 말이다. 《송남잡식(松南雜識)》

구복지루〔口腹之累〕 먹고 사는 데 대한 걱정. 삶의 괴로움. 《송남잡식》

구세동거〔九世同居〕 아홉 대가 한집안에서 산다는 뜻으로, 집안이 화목함을 이르는 말. 《당서》

구수〔鳩首〕 비둘기가 머리를 조아리고 모이를 쪼듯 여럿이 머리를 맞댐을 이름.

구수〔丘首〕 여우는 죽을 때에 자기가 본래 살던 언덕 쪽으로 머리를 두고 죽는다는 뜻으로, 근본을 잊지 않는다는 말. 《예기》

구십춘광〔九十春光〕 봄의 석 달 90일 동안. 노인의 마음이 청년같이 젊음을 이름.

구약현하〔口若懸河〕 말솜씨가 청산유수와 같다. 말재간이 좋음을 비유해서 이르는 말. 《진서》

구오〔九五〕 역괘(易卦)의 밑에서 다섯째의 양효(陽爻). 천자의 지위. 임금의 자리. 《역경》

공휴일궤
功虧一簣

공 功 이지러질 虧 한 一 삼태기 簣

> 거의 성취하여 가는 일을 그만 중단했기 때문에 모두 허사가 되고 말다.

　이제 조금만 더 계속하면 목적을 달성할 수 있는 데까지 와서 그만 중단했기 때문에 지금까지 애쓴 것이 모두 허사가 되고 만 것을 「공휴일궤」라고 한다. 「공이 한 삼태기로 허물어졌다」는 뜻이다.
　《서경》 여오편(旅獒篇)에,
　「……아홉 길 산을 만드는 데 일(功)이 한 삼태기(簣)로 무너진다(爲山九仞 功虧一簣)」라고 한 데서 비롯된다.
　여오편은, 주(周)나라 무왕이 은(殷)나라 주왕(紂王)을 무찌르고 새 왕조를 열어, 그 위력이 사방의 이민족에게까지 미치게 되었을 때, 서쪽에 있는 여(旅)라는 오랑캐 나라에서 오(獒)라는 진기한 개를 선물로 보내 왔다. 오는 키가 넉 자나 되는 큰 개로 사람의 말을 잘 알아듣고, 또 사람이나 짐승을 잘 덮친다 해서 무왕은 몹시 기뻐하며 그 개를 아주 소중히 길렀다.
　그래서 무왕의 아우인 소공(召公) 석(奭)이 무왕이 혹시 그런 진기한 것들에 마음이 끌려 정치를 등한히 하지나 않을까 하는 염려에서 일깨워 말한 것이다. 그 앞부분서부터 한 말을 소개하면,
　「슬프다, 임금 된 사람은 아침부터 저녁까지 잠시라도 게으름을 피워서는 안된다. 아무리 사소한 일이라도 이를 조심하지 않으면 마침내 큰 덕(德)을 해치기에 이르게 된다. 예를 들어 흙을 가져다가 산을 만드는데, 이제 조금만 일을 계속하면 아홉 길 높이에 이르게 되었을 때, 이제는 다 되었다 하고 한 삼태기의 흙 운반하기를 게을리 하게 되면 지금까지의 해 온 일이 모두 허사가 되고 만다」라고 했다는 것이었다.

이와 같은 말은 공자도 했다. 《논어》 자한편(子罕篇)에 보면,

「비유하자면 그것은 마치 산을 만드는 것과 같다. 비록 한 삼태기로 이루지 못했더라도 그만둔 것은 내가 그만둔 것이 아니겠는가」라고 나와 있다.

그런데 아홉 길 산이 한 삼태기 흙으로 못 쓰게 된다는 비유는 적절하지 못하다는 평도 있다. 그것에 비해 맹자가 말한 아홉 길 우물의 비유는 훨씬 실감을 준다 하겠다.

《맹자》 진심편 상(盡心篇上)에서 맹자는 이렇게 말하고 있다.

「어떤 일을 하는 것은, 비유하면 우물을 파는 것과 같다. 우물을 아홉 길을 파 들어가다가 샘에까지 이르지 못하고 그만두면 그것은 우물을 버린 것과 같다」

한 삼태기의 흙만 더 파내면 샘이 솟아나게 되어 있더라도, 거기까지 계속하지 못하고 그만두면 아홉 길을 파 내려간 지금까지의 노력을 포기한 거나 다름이 없으니, 그야말로 「공휴일궤」가 아닐 수 없다. 무슨 일이든 끝을 내지 못하면 아무 소용이 없는 것이다.

구우일모〔九牛一毛〕아홉 마리의 소 털 가운데 불과 한 가닥의 털이라는 뜻으로, 대량의 것 중에서 극히 일부인 것. 매우 적은 것을 일컫는 말.

구육미냉〔柩肉未冷〕널 속의 시신이 아직 체온이 식지 않음, 곧 죽은 지 얼마 되지 않음을 이름.

구이지학〔口耳之學〕귀로 들은 것을 그대로 남에게 이야기하는, 조금도 자기의 것으로 소화하지 못한 학문을 일컫는다. 곧, 연구적인 학문이 아니고 기억만 해두는 천박한 학문을 이르는 말. 도청도설(道聽塗說)의 학문. 《순자》

구장〔鳩杖〕사궤장〔賜几杖 : 늙어서 관직을 물러나는 대신(大臣), 중신(重臣)에게 안석(案席)과 지팡이를 하사함〕때에 주던 지팡이. 지팡이 꼭대기에 비둘기를 새겨 앉혔음. 길이는 다섯 자. 《남장관전서(南莊舘全書)》

과유불급 過猶不及

지나칠 過 오히려 猶 못할 不 미칠 及

지나침은 미치지 못함과 같다.

여러 가지 면에서 깊은 뜻이 있는 말이다. 경우에 따라서는 지나침이 미치지 못함만 못할 수도 있다. 지나치지도 않고 모자람도 없는 중용(中庸)의 문제를 거론한 것이다.

속담에 「박색 소박은 없어도 일색 소박은 있다」고 했다. 얼굴이 너무 예쁜 것보다는 못난 편이 낫다는 결론이 된다. 《논어》 선진편에 나오는 말인데, 자공(子貢)이 공자에게 물었다.

「사(師 : 子張의 이름)와 상(商 : 子夏의 이름)은 누가 어집니까?」
「사는 지나치고 상은 미치지 못한다」하고 공자가 대답했다.
「그럼 사가 낫단 말씀입니까?」하고 반문하자, 공자는,
「지나침은 미치지 못함과 같다(過猶不及)」고 말했다.

자장과 자하는 《논어》의 기록을 통해 볼 때 퍽 대조적인 인물이었다. 자장은 기상이 활달하고 생각이 진보적이었는 데 반해, 자하는 만사에 조심을 하며 모든 일을 현실적으로만 생각했다.

친구를 사귀는 데 있어서도, 자장은 천하 사람이 다 형제라는 주의로 모든 사람을 동등하게 대했는데, 자하는 「나만 못한 사람을 친구로 삼지 말라」고 제자들에게 가르쳤다.

그러나 공자가 말한 「과유불급」은, 굳이 두 사람에게 국한된 것이 아니고 일반적인 원칙을 말한 것이다. 그러면 그 지나치다, 혹은 미치지 못한다 하는 표준은 어디에 두어야 할 것인가. 그것은 한 마디로 중용인 것이다. 미치지 못하지도 않고 지나치지도 않은 중용이란 말은 다시 시중(時中)이란 말로 표현된다. 시중은 그때그때 맞게 한다는 뜻이다.

어제의 중용이 오늘에도 중용일 수는 없다. 이것이 꼭 옳다, 이렇게 하는 것이 영원불변의 진리다 하는 것은 있을 수 없는 것이다. 그것은 손으로 만져 쥐어 보일 수도 없는 것이다. 모든 것을 환히 통해 아는 성인이 아니고서는 이 시중을 행할 수 없는 것이다.

그러기에 공자는 말하기를, 천하도 바로잡을 수 있고, 벼슬도 사양할 수 있고, 칼날도 밟을 수 있지만, 중용만은 할 수 없다고 했다.

「과유불급」이란 말과 중용이란 말을 누구나 입으로 말하고 있지만, 공자의 이 참뜻을 안 사람은 드물다.

공자를 하늘처럼 받들어 온 선비란 사람들이 고루(古陋)한 형식주의와 전통주의에 빠져 시대를 그릇 인도하고 나라를 망치게 한 것도 이 과유불급과 중용의 참뜻을 이해하지 못한 때문이었다.

구전문사〔求田問舍〕 논밭과 집을 구하여 산다는 뜻으로, 자기 일신상의 이익에만 마음을 쓰고 국가 대사를 돌보지 않음. 《위지(魏志)》

구전지훼〔求全之毀〕 몸을 닦고 행실을 온전히 하고자 하다가 도리어 남에게서 듣는 비방. 《맹자》

구중자황〔口中雌黃〕 입안에 자황이 있다는 말로, 근거 없이 함부로 비평함을 이르는 말.

구천용귀〔屨賤踊貴〕 보통 신의 값은 싸고 용(踊 : 죄를 지어 발을 잘린 사람이 신는 신)의 값은 비싸다는 뜻으로, 죄인이 많음을 비유하여 이르는 말. 《좌전》

구혈미건〔口血未乾〕 서로 피를 마시고 맹세할 때 입에 묻은 피가 아직 마르지 않았다는 뜻으로, 맹세한 지 얼마 되지 않음의 비유. 《좌전》

구화투신〔救火投薪〕 불을 끄려고 섶나무를 던진다는 뜻으로, 폐해(弊害)를 없애고자 한 노릇이 도리어 해를 더 크게 함을 이르는 말.

국궁진췌〔鞠躬盡瘁〕 마음과 몸을 다 바쳐 나라 일에 이바지함. 《후출사표(後出師表)》

국보간난〔國步艱難〕 국보(國步)는 나라의 발걸음, 곧 국운(國運)의 뜻. 즉 나라의 운명이 내우외환으로 어려운 처지에 직면함. 《시경》

과전불납리
瓜田不納履

외 瓜 밭 田 아니 不 들일 納 신 履

> 남에게 혹시라도 의심받을 만한 행동은 하지 않는 것이 좋다는 말

《문선(文選)》 악부(樂府) 고사(古辭) 네 수 중의 「군자행(君子行)」이라는 고시(古詩)에 나오는 시구에서 유래한 말이다.

악부는 시체(詩體)의 한 가지로, 원래는 한나라 때 있던, 음악을 보존하고 연주하는 관청의 이름이었는데, 나중에는 악부에서 취급하는 노래를 가리켜 말하게 되었고, 다시 나아가서 관청과는 상관없이 음악에 실려 불리는 가사를 그렇게 부르게 되었고, 혹은 원래 있던 제목을 빌어 새로운 가사를 짓기도 하고, 음악과는 직접 관계없는 시로써 창작되기도 했다. 그러나 그 제작 방법과 내용과 분위기에 어딘가 가곡적인 경향을 지니고 있는 것이 보통이다.

고사(古辭)란, 작자가 알려져 있지 않은 민간의 가곡을 말하는데, 여기에 나오는 「군자행」은 민간의 가곡으로서는 그 내용이 적당치 않은 것 같다. 아무튼 「군자행」은 군자가 세상을 살아가는 태도를 말한 노래다.

군자는 미연에 막아
혐의 사이에 처하지 않는다.
외밭에서 신을 고쳐 신지 않고
오얏나무 밑에서 갓을 고쳐 쓰지 않는다.
형수와 시아주버니는 손수 주고받지 않고
어른과 아이는 어깨를 나란히 하지 않는다.
공로에 겸손하여 그 바탕을 얻고
한데 어울리기는 심히 홀로 어렵다.

주공은 천한 집 사람에게도 몸을 낮추고
입에 든 것을 토해 내며 제대로 밥을 먹지 못했다.
한 번 머리 감을 때 세 번 머리를 감아쥐어
뒷세상이 성현이라 일컬었다.

君子防未然　不處嫌疑間　　군자방미연　불처혐의간
瓜田不納履　李下不整冠　　과전불납리　이하부정관
嫂叔不親援　長幼不比肩　　수숙불친원　장유불비견
勞謙得其柄　和光甚獨難　　노겸득기병　화광심독난
周公下白屋　吐哺不及餐　　주공하백옥　토포불급찬
一沐三握髮　後世稱聖賢　　일목삼악발　후세칭성현

　시의 앞부분 반은 남의 혐의를 받을 만한 일을 하지 말라는 것을 말했고, 뒤의 반은 공로를 자랑하지 말고 세상 사람들을 겸허하게 대하라는 것을 말하고 있어 시의 내용이 통일되어 있지 않다.
　시의 내용을 순서에 따라 설명하면,
　군자는 사건이 생기기 전에 미리 이를 막아야 한다. 남이 의심할 만한 그런 상태에 몸을 두어서는 안된다. 참외밭 가에서 신을 고쳐 신는 것은 참외를 따러 들어가려는 것으로 오인을 받기 쉽다.
　또 오얏나무 밑에서 손을 올려 갓을 바로 쓰거나 하면 멀리서 보면 흡사 오얏을 따는 것으로 보이기 쉽다. 형수 제수와 시숙 사이에는 물건을 직접 주고받고 하는 일이 없어야 하고, 어른과 손아래 사람이 어깨를 나란히 하고 걸어가면 예의를 모른다는 평을 듣게 된다.
　자기 수고한 것을 내세우지 말고, 항상 겸손한 태도를 취하는 것이 군자의 본바탕을 지키는 일이며, 가장 어려운 일은 자기의 지혜나 지식을 자랑하지 말고, 세속과 함께 하여 표 없이 지나는 일이다.

옛날 주공(周公)은 재상의 몸으로 아무 꾸밈이 없고 보잘것없는 집에 사는 천한 사람에게도 몸을 낮추었고, 밥 먹을 때 손님이 찾아오면 입에 든 밥을 얼른 뱉고 나가 맞았으며, 머리를 감을 때는 손님이 찾아와서 세 번이나 미처 머리를 다 감지 못하고 머리를 손으로 감아 쥔 채 손님을 맞은 일이 있었다.〔☞ 토포악발(吐哺握發)〕

그러기에 후세 사람들은 주공을 특히 성현으로 높이 우러러보게 된 것이다, 라는 뜻이 된다.

옛날 천자문을 다 떼고, 처음 시를 배울 때 읽는 책으로,《천고당음(天高唐音)》이란 것이 있었다. 첫머리에「하늘이 높으니 해와 달이 밝고(天高日月明), 땅이 두터우니 풀과 나무가 난다(地厚草木生)」는 글귀가 나오기 때문에 붙은 이름이다.

이 책에는「외밭에서 신을 고쳐 신지 않고」는 그대로인데,「오얏나무 밑에서 갓을 바로잡지 않는다」는 글귀는「않는다」대신「말 막(莫)」으로 되어 있다. 즉 부정관(不整冠)이 아닌「막정관(莫整冠)」으로 되어 있는 것이다. 不를 나란히 쓰는 것을 피하기 위해서 그런 것 같다.

국천척지〔跼天蹐地〕 머리가 하늘에 닿을까 허리를 굽히고, 땅이 꺼질까 발소리를 죽여 걷는다는 뜻으로, 황송하여 몸을 굽히고, 두려워 몸을 움츠림.《시경》☞ 국척(跼蹐).

군경절축〔群輕折軸〕 아무리 가벼운 물건이라도 많이 모이면 차축(車軸)도 부러뜨린다는 뜻으로, 작은 힘도 합하면 큰 힘이 됨의 비유.《사기》

군맹무상〔群盲撫象〕 ☞ 군맹상평(群盲象評).

군사신결〔君射臣決〕 임금이 활쏘기를 좋아하면 신하는 깍지를 낀다는 뜻으로, 윗사람이 즐겨하는 것은 아랫사람이 반드시 본받음을 비유하여 이르는 말.《순자》

군욕신사〔君辱臣死〕 임금이 치욕을 당하면 신하는 목숨을 버리고 그 치욕을 씻어야 한다는 뜻으로, 임금과 신하는 생사고락(生死苦樂)을 함께 함을 이르는 말.《국어(國語)》

과즉물탄개 過則勿憚改

허물 過 곧 則 말 勿 꺼릴 憚 고칠 改

> 잘못이 있으면 즉시 고치기를 꺼려하지 말라.

《논어》 학이(學而)편에 나오는 공자의 말로, 잘못을 고친다는 개과(改過)도 여기서 나온 것이다.

잘못을 저질렀다고 후회만 하지 말고 그것을 빨리 바로잡아야만 다시는 같은 잘못을 저지르지 않는다는 뜻이다. 남의 이목을 두려워해서 이것을 얼버무린다든가 감추려고 한다면 다시 과오를 저지르는 잘못을 범한다는 말이다.

공자는 군자의 수양에 대해 이렇게 말한 적이 있다.

「군자는 진중하지 않으면 위엄이 없고, 학문을 익혀도 견고하지 못하며, 오직 충성과 믿음으로 중심을 삼되 자기만 못한 사람은 사귀지 않으며, 허물이 있으면 이를 고치기를 주저하지 않는다(君子不重則不威 學則不固 主忠信 無友不如己者 過則勿憚改)」

과실에 대한 이러한 자기반성은 유교에서 「천선(遷善 : 선으로 옮겨감)」, 「진덕(進德 : 덕으로 나아감)」의 자기수양으로 중시되어 왔다. 자기의 잘못을 잘 아는 것도 어려운 일이지만, 그것을 곧 깨닫고 고쳐나가는(改過) 과단과 솔직은 한층 더 어려운 일이다.

그러므로 공자는 허물 고치기를 꺼려하지 말라고 곳곳에서 강조하고 있는 것이다.

특히 왕수인(王守仁) 같은 유학자는,

「현자(賢者)라 하더라도 잘못이 없을 수 없지만, 그가 현자가 될 수 있는 까닭은 바로 능히 잘못을 고치는 데 있다」라고까지 개과를 강조하고 있다.

관견
管見

대롱 管 볼 見

> 좁은 소견, 넓지 못한 식견, 자기 소견의 겸사말.

「관견(管見)」은 붓대롱 속으로 내다본다는 뜻으로, 역시 바늘구멍 같은 좁은 소견을 말한다. 자기가 보는 것만을 전부인 줄로 알고 있는 사람을 가리켜「우물 안 개구리」라고 하는데, 우물 안 개구리에 대해서는「정중지와(井中之蛙)」에 가서 다시 설명하겠지만, 다 비슷한 의미로 쓰이는 말이다.

붓대롱 속으로 하늘을 내다보면 그 시야가 좁을 것은 말할 것도 없다. 그래서 흔히 겸사하는 말로 자신의 의견을 가리켜「관견」이라 한다.「나의 관견으로는」하고 말하는 것이다.

《장자》추수편(秋水篇)에 나오는 위모(魏牟)와 공손룡(公孫龍)의 문답 가운데서,

「그는 아래로는 땅 속 깊이 발을 넣고, 위로는 허공에까지 높이 올라 있어 남·북도 없이 사방 만물 속에 꽉 차 있다. 또 헤아릴 수 없이 넓고 큰 경지에 잠겨 있어, 동·서도 없이 현명(玄冥)에 비롯해서 대통(大通)에 이르러 있다. 그런데 그대는 허둥대며 좁은 지혜로 이를 찾으려 하고, 서툰 구변으로 이를 밝히려 한다. 이는 곧 붓대롱으로 하늘을 바라보고, 송곳을 가지고 땅을 가리키는 것이니 또한 작다 아니하겠는가(是直用管窺天 用錐指地也 不亦小乎)」하는 위모의 말이 있다.

여기에 나오는「그」는 장자(莊子)를 말한다. 이「용관규천(用管窺天)」즉 붓대롱을 통해서 하늘을 바라본다는 말에서「관견」이란 말이 생겨난 것이다. 한 부분만을 보고 전체를 보지 못하는 좁은 시야와 지식 등을 말한 것이다.

관포지교
管鮑之交

대롱 管 절인어물 鮑 의 之 사귈 交

> 친구 사이의 매우 다정하고 허물없는 교제.

　관포(管鮑)는 춘추시대 제나라의 관중(管仲)과 포숙아(鮑叔牙) 두 사람의 성을 따서 한 말인데, 이 두 사람의 우정은 우리가 본받아야 할 위대한 점을 지니고 있다.

　「막역지우(莫逆之友)」란 말과도 같은데, 약간 다른 점은 「막역지우」를 참고로 비교해 보면 알 수 있다. 〔☞ 막역지우〕

　관중과 포숙아는 젊었을 때부터 친구였다. 처음에는 둘이서 장사를 했다. 포숙아는 자본을 대고, 관중은 경영을 담당했다. 포숙아는 모든 것을 관중에게 일임하고 일체 간섭하는 일이 없었다. 기말 결산에 이익 배당을 할 때면 관중은 언제나 훨씬 많은 액수를 자기 몫으로 차지하곤 했다.

　포숙아는 많다 적다 한 마디 말하는 법이 없었다.

　그 당시의 관례로서는 자본주가 더 많이 차지하거나, 아니면 똑같이 분배하는 것이 보통이었다. 그런데 관중은 월급은 월급대로 받고, 용돈은 용돈대로 써 가며 이익 배당은 자기 앞으로 더 큰 몫을 돌려놓는 것이었다.

　밑에 일 보는 사람들이 속으로 불평을 하는 것도 당연했다. 그들은 포숙아의 너무도 무관심한 태도가 안타까웠다. 그래서 간부 몇 사람이 포숙아를 찾아가 관중의 처사가 틀렸다는 것을 흥분해 가며 늘어놓았다. 그러나 포숙아는 아무렇지도 않게,

　「그 사람은 나보다 가족이 많다. 그리고 어머님이 계신다. 그만한 돈이 꼭 필요해서 그러는 것이 아니겠는가. 내가 일일이 신경을 써 가

며 보살피기보다는 그가 필요한 대로 알아서 쓰는 것이 얼마나 서로 편리한 일인가. 그 사람이 만일 돈에 욕심이 있어서 그런다면 내가 트집을 잡으려고 해도 잡을 수 없게끔 얼마든지 돈을 가로챌 수 있을 것이다」

포숙아의 관중에 대한 이해와 아량도 놀라운 일이지만, 포숙아의 그같은 속마음을 환히 들여다보며 이렇다 할 말 한 마디 없이 제 돈 쓰듯 하는 관중의 태도도 보통 사람으로서는 할 수 없는 일이다. 그 뒤 관중은 독립해서 여러 가지 일을 시작해 보았으나 번번이 실패를 거듭할 뿐이었다. 사람들은 관중의 무능함을 비웃었다. 그러나 그때마다 포숙아는 관중을 이렇게 변명해 주었다.

「그것은 관중이 지혜가 모자라서 그런 것이 아니다. 아직 운이 없어서 그런 것이다」

그 뒤 관중은 포숙아와 함께 벼슬길로 들어가게 되었다. 그러나 관중은 그때마다 사고를 저지르고 그 자리에서 물러나지 않으면 안되었다. 사람들이 관중을 모자라는 사람으로 수군거리면 포숙아는 또 이렇게 변명을 해 주었다.

「관중이 무능해서 그런 사고를 저지르는 것이 아닐세. 아직도 때를 만나지 못한 때문이야」

그 뒤 관중은 포숙아와 함께 장수로서 전쟁터에 자주 나가곤 했다. 그런데 관중은 진격할 때면 언제나 뒤에 처지고, 패해 달아날 때면 누구보다 앞장서곤 했다. 사람들이 관중을 겁쟁이라고 손가락질을 하면 포숙아는 또 이렇게 그를 변명해 주었다.

「관중은 겁이 많아서 그런 것이 아닐세. 집에 늙은 어머님이 계시기 때문이야」

그 뒤 제나라는, 양공(襄公)의 문란한 정치로 언제 무슨 일이 일어날지 알 수 없는 상태로 변해 갔다. 관중은 포숙아에게 「제나라에 변이 일어났을 때 뒤를 이어 임금이 될 만한 인물은 공자(公子) 규(糾)와 공자 소백(小白)뿐이다. 우리 각각 한 사람씩 맡아 외국으로 망명해 있으면서 기회를 기다리도록 하자」 하고 말했다.

이리하여 관중은 공자 규를 데리고 노나라로 피했고, 포숙아는 공자 소백을 데리고 거(莒)나라로 가 피해 있었다.

그 뒤 제나라에 내란이 일어나 임금이 계속 둘이나 비명에 죽고, 그 뒤를 이을 마땅한 공자를 물색하게 되었다.

이리하여 관중과 포숙아는 각각 자기가 모시고 있는 공자를 데리고 제나라를 향해 앞 다투어 길을 재촉했다.

관중은 포숙아가 앞에 갔다는 말을 듣자, 단신 말을 달려 밤을 새워 추격을 했다. 포숙아 일행이 막 점심을 먹고 있는데, 관중이 단신 나타나 활로 공자 소백을 쏘았다. 가슴을 맞은 소백은 피를 흘리며 수레에서 넘어졌다.

소백이 피를 쏟으며 넘어지는 것을 본 관중은 유유히 돌아와 공자 규와 함께 마음 놓고 제나라로 향해 떠났다.

그러나 소백은 죽지 않았다. 천명으로 관중의 화살이 그의 띠갈구리에 와 맞는 순간, 관중의 다음 화살이 두려워 얼른 혀를 깨물어 피를 뿜어 보이며 죽은 듯이 넘어져 있었던 것이다.

먼저 들어가 임금이 된 소백은 곧 제나라 군대를 보내 관중 일행을 막았다. 관중은 싸움에 패해 노나라로 다시 도망을 쳤다가 거기서 포로가 되어 제나라로 끌려오게 되었다.

임금이 된 소백은 관중을 손수 목을 치려고 벼르고 있었다. 그러나 포숙아의 설득으로 관중의 죄를 용서하고 그를 스승으로 맞아들이는 한편 임금의 권한을 대행하는 재상으로 임명했다. 포숙아가 자기가 차지할 재상의 자리를 굳이 사양하고 관중에게 넘겨 준 것이다.

관중은 마침내 환공을 도와 천하의 패자가 되게 하고, 그의 품은 포부를 실천에 옮겨 위대한 정치가·경제가·외교가·군략가로서 역사에 이름을 남기게 되었다.

그 뒤 관중이 병으로 죽게 되었을 때 환공은 그의 후계자로 포숙아를 썼으면 하고 말했다. 그러나 관중은,

「포숙아는 천성이 착한 사람을 좋아하고 악한 사람을 미워합니다. 착한 사람을 좋아하는 것은 좋은 일이지만, 악한 사람을 너무 미워하면 큰일을 하는 데 많은 방해를 받게 됩니다」 하고 대신 습붕(濕朋)을 추천했다. 이 내막을 아는 행신(幸臣)들이 포숙아에게 잘 보일 생각으로 관중의 배은망덕한 처사를 일러바쳤다.

그러나 포숙아는 섭섭해 하기는커녕 오히려 당연한 것처럼,

「관중이 아니면 어찌 그런 말을 할 수 있겠느냐. 관중의 말대로 내가 재상이 되면 너희 같은 소인들부터 모조리 조정에서 몰아내고 말 것이다. 너희 같은 무리들이 그동안 부귀를 누린 것은 모두 관중의 너그러운 덕 때문인 줄 알아라」 하고 고자질하는 그들을 꾸짖었다. 그러기에 관중도 일찍이 말하기를,

「……나를 낳은 이는 부모지만, 나를 아는 이는 오직 포숙이다(……生我者父母 知我者鮑子也)」 라고 말했다고 한다.

이 관포의 우정을 어찌 한낱 우정으로만 말할 수 있겠는가. 개인의 영달보다도 국가와 천하를 더 소중히 아는 대인군자가 아니고서는 한갓 우정만으로 이 같은 사귐을 가질 수는 없는 것이다.

군의부전〔群蟻附羶〕 많은 개미가 양고기에 달라붙는다는 뜻으로, 많은 사람들이 이익을 찾아 몰리는 것을 비유한 말. 《장자》

군이부당〔群而不黨〕 군자는 여럿이 함께 모여서 화합하는 일은 있지만, 이해(利害) 때문에 친밀해지거나 당파를 만들거나 하지는 않음을 이르는 말. 《논어》

군자교담약수〔君子交淡若水〕 군자의 교제는 물맛과 같이 담백하지만 오래도록 변하지 않음을 비유하여 이르는 말. 《장자》

군자불기〔君子不器〕 군자는 한낱 그릇으로 잴 수 없다는 뜻으로, 그릇이란 제각기 한 가지 소용에만 맞을 뿐이지만, 군자는 온갖 방면에 통달함을 이름. 《논어》

군자삼락〔君子三樂〕 군자의 세 가지 낙. 즉 첫째, 부모가 살아 계시고 형제가 무고한 것. 둘째, 하늘과 사람에게 부끄러움이 없는 것. 셋째, 천하의 영재(英才)를 얻어서 교육하는 일. 《맹자》

군자원포주〔君子遠庖廚〕 군자는 푸주간과 부엌을 멀리한다는 뜻으로, 군자는 부엌에 들어가서 취사·가사 따위 부녀자가 하는 일에 대해 이러쿵저러쿵해서는 안된다는 뜻. 《맹자》

군자표변〔君子豹變〕 군자는 표범과 같이 변한다는 말로, 표범의 무늬가 선명하듯이, 군자는 개과천선(改過遷善)함에 있어 지극히 빠르고 현저함을 이르는 말. 《역경》

군자피삼단〔君子避三端〕 군자는 세 가지 끝, 즉 글쟁이의 붓끝(筆端)과 칼잡이의 칼끝(鋒端), 말쟁이의 혀끝(舌端)을 피한다는 뜻으로, 군자는 남과 다툼을 벌이지 않아 몸을 지킨다는 말이다. 《한시외전(韓詩外傳)》

군주신수〔君舟臣水〕 군주는 배와 같고 민중은 물과 같아서 물은 배를 띄우기도 하지만, 배를 전복시키기도 한다는 말. 《순자》

군책군력〔群策群力〕 여러 사람이 다 같이 방법을 생각해 내고 함께 힘을 짜낸다는 뜻으로, 민중이 지혜와 힘을 쏟는다는 말. 《법언(法言)》

굴신제천하〔屈臣制天下〕 신하에게 굽혀 천하를 다스린다는 말로, 자신보다 못한 아랫사람에게 생각을 굽혀 큰일을 성취함을 이르는 말.

궁서설묘〔窮鼠囓猫〕 궁지에 몰린 쥐가 고양이를 문다는 뜻으로, 약자도 궁지에 몰리면 강자에게 저항한다는 말. 《염철론(塩鐵論)》

궁여일책〔窮余一策〕 매우 궁박하여 어려운 끝에 짜낸 한 가지 꾀. 궁여지책(窮余之策).

궁조입회〔窮鳥入懷〕 쫓긴 새가 품안에 날아든다는 뜻으로, 궁한 사람이 와서 의지함의 비유. 궁조입회하면 사냥꾼도 이를 쏘지 않는다. 《안씨가훈(顔氏家訓)》

147

교언영색
巧言令色

교묘할 巧 말씀 言 좋을 令 얼굴 色

> 남의 환심을 사려고 아첨하는 교묘한 말과 보기 좋게 꾸미는 얼굴빛

《논어》 학이편과 양화편(陽貨篇)에 똑같은 공자의 말이 거듭 나온다.

「공교로운 말과 좋은 얼굴을 하는 사람은 착한 사람이 적다(巧言令色 鮮矣仁)」

쉽게 말해서, 말을 그럴 듯하게 잘 꾸며대거나 남의 비위를 잘 맞추는 사람 쳐놓고 마음씨가 착하고 진실 된 사람이 적다는 말이다.

여기에 나오는 인(仁)에 대해서는 한 마디 말로 설명하기 어렵다. 공자처럼 이 인에 대해 많은 말을 한 사람이 없지만, 공자의 설명도 때에 따라 각각 다르다.

그러나 여기에 말한 인은 우리가 흔히 말하는 어질다는 뜻으로 알면 될 것 같다. 어질다는 말은 거짓이 없고 참되며, 남을 해칠 생각이 없는 고운 마음씨 정도로 풀이한다.

말을 잘한다는 것과 교묘하게 한다는 것과는 상당한 차이가 있다. 교묘하다는 것은 꾸며서 그럴 듯하게 만든다는 뜻이 있으므로, 자연 그의 말과 속마음이 일치될 리 없다. 말과 마음이 일치하지 않는다는 것은 곧 진실 되지 않음을 말한다.

좋은 얼굴과 좋게 보이는 얼굴과는 비슷하면서도 거리가 멀다. 좋게 보이는 얼굴은 곧 좋게 보이려는 생각에서 오는 얼굴로, 겉에 나타난 표정이 자연 그대로일 수는 없다.

인격과 수양과 마음씨에서 오는 얼굴이 아닌, 억지로 꾸민 얼굴이 좋은 얼굴일 수는 없다. 결국 「교언(巧言)」과 「영색(令色)」은 꾸민 말

과 꾸민 얼굴을 말한 것이 된다. 꾸미기를 좋아하는 사람의 마음이 참되고 어질 수는 없다. 적다고 한 말은 차마 박절하게 없다고 할 수가 없어서 한 말일 것이다.

우리 다 같이 한번 반성해 보자.

우리들이 매일같이 하고 듣고 하는 말이 「교언」이 아닌 것이 과연 얼마나 될는지?

우리들이 매일 남을 대할 때 서로 짓는 얼굴이 「영색」 아닌 것이 있을지?

그리고 우리의 일거일동이 어느 정도로 참되고 어진지를 돌이켜 보는 것이 어떨까?

《논어》 자로편에는 이를 반대편에서 한 말이 있다. 역시 공자의 말이다.

「강과 의와 목과 눌은 인에 가깝다(剛毅木訥近仁)」

「강(剛)」은 강직, 「의(毅)」는 과감, 「목(木)」은 순박, 「눌(訥)」은 어둔(語鈍)을 말한다. 강직하고 과감하고 순박하고 어둔한 사람은 자기 본심 그대로를 지니고 있는 사람이다.

꾸미거나 다듬거나 하는 것이 비위에 맞지 않는 안팎이 없는 사람이다. 그런 사람이 남을 속이거나 하는 일은 없다. 있어도 그것은 자기 본심에서가 아니다. 그러므로 그 자체가 「인(仁)」일 수는 없지만, 역시 「인(仁)」에 가깝다고 볼 수 있다.

권모술수〔權謀術數〕 목적을 위해서는 수단을 가리지 않고 인정이나 도덕도 없이 권세와 모략과 중상 등 온갖 수단과 방법을 쓰는 술책. 《순자》

권불십년〔權不十年〕 아무리 높은 권세도 10년을 가지 못한다는 뜻이다. 또는 세상이 무상하여 늘 변한다는 말. 비 화무십일홍(花無十日紅).

교주고슬
膠柱鼓瑟

아교 膠 기둥 柱 두드릴 鼓 큰거문고 瑟

> 규칙에 얽매여 융통성이 없음. 고집불통.

고집불통인 사람을 보고「교주고슬(膠柱鼓瑟)」이라고 한다. 거문고 줄을 가락에 맞추어 타려면 줄을 받치고 있는 기둥을 이리저리 옮겨야만 된다. 그런 것을 한 번 가락에 맞추었다 해서 아예 기둥을 아교풀로 꽉 붙여버리면 다시는 가락에 맞는 소리를 낼 수가 없다.

아무리 혼자「틀림없이 가락에 맞추어 두었는데……틀림없이 제대로 소리가 날 텐데……」하고 중얼거려 보았자, 제 소리가 날 리 만무다.

이와 같이 한번 무슨 일에 성공했다 해서 언제나 그 방법이 성공하는 길인 줄 알고, 때와 장소에 따라 뜯어고칠 줄을 모르면 영영 다시는 성공의 가망이 없는 것이다. 그거야말로 기둥을 풀로 붙여놓고 거문고를 타는 격이다. 고(鼓)는 북이란 뜻이 아니고 여기서는 탄다는 뜻이 된다.

이 말은 《사기》 염파·인상여(廉頗藺相如) 열전에 나오는 말인데, 그 대목을 소개하면 다음과 같다.

조나라 명장 조사(趙奢)의 아들에 괄(括)이 있었다. 그는 어릴 때부터 병서(兵書)에 밝아 가끔 아버지와 용병(用兵)에 관해 토론을 하면 아버지가 이론이 몰리곤 했다.

조사의 부인이 아들이 그같이 총명한 것을 보고 장군의 집에 장군이 났다면서 기뻐하자, 조사는 부인에게 이렇게 타일렀다.

「전쟁이란 죽고 사는 마당이다. 이론만으로 승부가 결정되는 것은 아니다. 그런 것을 철없이 이론만 가지고 가볍게 이러니저러니 하는 것은 장수로서 가장 삼가야 할 일이다. 앞으로 괄이 대장이 되는 날 조나라는 망하는 변을 당하게 될 것이다. 부디 대장이 되는 일이 없도록 하시오」

그 뒤 진나라가 조나라를 침략해 왔다. 명장 염파가 나아가 싸웠으나 자주 싸움이 불리했다. 염파는 힘이 모자라는 것을 알자 진지를 굳게 다지고 방어에만 힘을 썼다. 진나라는 어떻게 해볼 도리가 없어 간첩을 들여보내 헛소문을 퍼뜨렸다.

「진나라 사람은 조사의 아들 조괄이 조나라 대장이 되면 어쩌나 하고 겁을 먹고 있다. 염파는 이제 늙어서 싸움을 회피만 하고 있기 때문에 조금도 두렵지가 않다」

이 간첩의 헛소문에 귀가 솔깃해진 조나라 왕은 염파 대신 조괄을 대장에 임명하려 했다. 그때 인상여가 이렇게 반대했다.

「임금께서 이름만 듣고 조괄을 쓰려 하시는 것은 마치 기둥을 아교로 붙여 두고 거문고를 타는 것과 같습니다(王以名使括 若膠柱而鼓瑟耳). 괄은 한갓 그의 아비가 전해준 책을 읽었을 뿐 때에 맞추어 변통할 줄을 알지 못합니다」

그러나 임금은 인상여의 말을 듣지 않고 조괄을 대장에 임명했다.

조괄은 대장이 되는 그날로 자기가 알고 있는 병서의 가르침에 따라 전부터 내려오는 군령들을 전부 뜯어고쳤다. 그리고 참모들이 말하는 작전 의견을 하나하나 병법을 들어 반박하고 자기주장대로 밀고 나갔다.

이리하여 실전 경험이 전혀 없는 조괄은 이론만의 작전을 감행한 끝에 40만이란 대군을 몽땅 죽여 버리는 중국 역사상 최악의 참패를 가져오고 말았다. 학벌이나 지식을 뽐내는 애송이 상관을 모시는 실제 경험자들의 고충이 바로 이런 것일 게다.

교칠지교
膠漆之交

아교 膠 옻 漆 의 之 사귈 交

> 아주 친밀하여 서로 떨어질 수 없는 교분.

우리말에 「정이 찰떡같다」는 말이 있다. 서로 착 달라붙어 떨어질 줄 모른다는 뜻이다. 보통 부부의 정을 비유해서 말하는데, 친구의 경우에도 쓰인다.

교칠(膠漆)은 아교와 옻을 말하는데, 아교로 붙이면 서로 떨어지지 않고, 옻으로 칠을 하면 벗겨지지를 않는다. 그렇게 서로 딱 붙어 떨어질 수 없는 그리운 마음을 교칠지심(膠漆之心)이라 하고, 그런 두 친구의 교분을 가리켜 「교칠지교」라 한다.

이 말은 당나라 시인 백낙천(白樂天, 772~846)에게서 나온 말이다.

백낙천은 당헌종(唐憲宗) 원화(元和) 12년(817년) 봄, 좌찬선대부(左贊善大夫)라는, 천자를 측근에서 모시는 벼슬에서 강주(江州) 사마(司馬)라는 한직으로 물러나 있던 때, 여가를 틈타 여산 향로봉 기슭에 조그만 암자를 세웠다. 이 때 백낙천은 실의에 차 있을 때였다. 재상을 암살한 도둑을 빨리 체포하라고 상소문을 올린 것이 화근이 되었다. 재상 무원형(武元衡)을 미워해 자객을 시켜 살해한 자들의 지탄을 받은 것이다.

처음에는 강주자사라는 지방장관으로 내려와 있다가 다시 부지사격인 사마라는 한직으로 내려앉게 되었으니 그의 답답한 심정이야 알고도 남을 것이다. 이 해 여름 낙천은 지기(知己)였던 원미지(元微之)에게 보낸 편지를 이 암자에서 썼다. 원미지도 그 때 통주(通州) 사마로 좌천되어 있을 때였다.

백낙천과 원미지는 일찍부터 친구였는데, 헌종 원화 원년, 천자가 직접 치르는 과거에 똑같이 장원급제하여, 낙천은 장안 근처의 위(尉 : 검찰관)에 임명되고, 미지는 문하성(門下省)의 간관(諫官)인 좌습유에 임명되었다.

이리하여 두 사람은 다 같이 나라와 백성을 건져 보겠다는 불타는 열의 속에 그 첫발을 내딛게 되었다. 이것만으로도 두 사람 사이가 얼마나 친밀했는지 알 수 있는 일이지만, 그 밖에 두 사람은 시문학(詩文學)의 혁신에도 뜻을 같이했다.

백낙천이 중심이 되어 완성한 새로운 시체(詩體)를 신악부(新樂府)라고 한다. 그것은 한대(漢代)의 민요를 바탕으로 만들어진 악부라는 가요 형식에 시폐(詩弊)에 대한 분노와 인민들의 고통과 번민을 응축시킨 것으로, 거기에는 유교적인 민본사상(民本思想)이 약동하고 있었다.

이리하여 두 사람은 시를 통해 뜻을 같이한 사이이기도 했다.

그들은 그러한 강경 사상이 화근이 되어 결국 미지는 원화 9년에 통주사마로 좌천되고, 낙천은 이듬해에 강주사마로 내려앉게 되었던 것이다.

이해 4월 10일 밤, 백낙천이 원미지에게 보냈다는 편지에,

「미지여, 미지여, 그대의 얼굴을 보지 못한 지 벌써 3년이구나. 그대의 편지를 받지 못한 지도 2년이 가깝구나. 사람이 살면 얼마나 살기에 이토록 멀리 떨어져 있단 말인가. 더구나 교칠 같은 마음으로(況以膠漆之心) 몸을 호월(胡越)에 둔단 말인가. 나아가도 서로 만날 수 없고, 물러나도 서로 잊을 수가 없다. 서로 잡아끌리면서도 본의 아니게 떨어져 있어, 이대로 각각 백발이 되려 하고 있다. 어쩌면 좋은가, 어쩌면 좋은가. 실상 하늘이 하는 일이니, 이를 어쩌면 좋단 말인가?」

구밀복검
口蜜腹劍

입 口 꿀 蜜 배 腹 칼 劍

> 겉으로는 좋은 말만 하지만 속으로는 엉큼한 생각을 하고 있음.

입으로는 꿀처럼 달콤한 말을 하면서 마음속에는 무서운 칼날을 품고 있다는 뜻이다. 세상을 뒤흔들고 나라를 어지럽게 만든 역사적 인물들 가운데는 이런 사람이 적지 않다.

세상물정을 모르는 어리석은 임금 밑에 사사건건 대의명분을 들고 나오던 고지식하기만 한 선비들이 떼죽음을 당하게 된 사화(士禍) 같은 것도 다 이런 구밀복검(口蜜腹劍)의 간신들의 음모에 의해 일어났던 것이다.

이「구밀복검」이란 말은 중국 역대의 간신 중에서도 이름 높던 이임보(李林甫)를 가리켜 한 말이다.

이임보는 당나라 현종(玄宗) 때, 현종황제가 사랑하고 있는 후궁에 잘 보임으로써 출세를 하기 시작, 개원(開元) 22년(734년)에 부총리격인 중서성문하(中書省門下)가 되고 2년 후에 재상인 중서령(中書令)이 된 다음, 천보(天寶) 11년(752년) 그가 병으로 죽을 때까지 19년 동안, 항상 현종 측근에 있으면서 인사권을 한 손에 쥐고 나라의 정치를 자기 마음대로 했다. 그 결과 흥왕했던 당나라를 한때 멸망의 위기로까지 몰고 갔던 안녹산(安祿山)의 난을 불러일으키게 되었다.

그는 자기보다 잘난 사람을 가만히 두고 보지 못하는 질투의 화신 같은 그런 인간이었다. 혹시나 자기 자리를 그 사람에게 빼앗기지나 않을까, 혹시 그로 인해 자기의 하는 일이 방해나 받지 않을까 그저 그 생각뿐이었다. 이리하여 기회 있는 대로 교묘한 수법으로 그들을 하나하나 중앙에서 지방으로 멀리 몰아내곤 했다. 그런데도 자신은 표면에 나타나지 않고, 가장 충성과 의리에 불타고 있는 것 같은 얼굴로 천자에게 그를 추천하여 높은 자리에 오르게 해놓고는 적당한 구실을 만들어 넘어뜨리곤 했다.

한 가지 예를 들면 그가 재상으로 있던 천보 원년, 현종황제가 문득 생각난 듯이 이임보에게 이렇게 물었다.

「엄정지(嚴挺之)는 지금 어디에 있지? 그 사람을 다시 썼으면 하는데」

엄정지는 강직한 인물로서, 이임보의 전임자였던 명재상으로 이름이 높던 장구령(張九齡)에게 발탁되어 요직에 있었으나 이임보가 집권한 뒤로 그의 시기를 받아 지방으로 쫓겨났었고, 이때는 강군(絳郡 : 산서성) 태수로 있었다. 엄정지는 물론 그것이 이임보에 의한 것인지 전연 모르고 있었다.

이임보는 엄정지가 중앙으로 다시 돌아오게 될까봐 겁이 났다. 그는 그날 집으로 돌아오자 서울에 있는 엄정지의 아우 손지(損之)를 불러들여 웃는 얼굴로 이렇게 말했다.

「폐하께서 당신 형님을 대단히 좋게 생각하고 계십니다. 그러니 한번 폐하를 배알할 기회를 만드는 것이 어떻겠소 폐하께서 반드시 높은 벼슬을 내리실 것입니다. 그러니 우선 신병을 치료할 겸 서울로 돌아가고 싶다는 상소문을 올리는 것이 좋지 않을까 하는데……」

손지가 이임보의 호의에 감사하고, 그런 내막을 그의 형인 엄정지에게 연락했던 것은 물론이다. 엄정지는 즉시 이임보가 시킨 대로 휴양차 서울로 돌아갔으면 하는 상소문을 올렸다. 이것을 받아 든 이임보는 현종에게 말했다.

「앞서 폐하께서 물으신 바 있는 엄정지에게서 이 같은 상소문이 올라왔습니다. 아무래도 나이도 늙고 몸도 약하고 해서 직책을 수행하기가 힘이 드는 모양입니다. 서울로 불러올려 한가한 직책을 맡기는 것이 좋을 줄로 아옵니다」

현종은 멋도 모르고,

「그래, 안됐지만 하는 수 없지」

엄정지는 이임보의 술책에 넘어가 태수의 직책마저 빼앗기고 서울로 올라와 있게 되었다. 그제야 이임보의 농간인 줄을 깨달은 엄정지는 쌓이고 쌓인 울분이 한꺼번에 치밀어 그만 병이 들어 곧 죽고 말았다.

당나라 중흥 임금으로 이름 높던 현종이 사치와 오락에 빠져 정치를 돌볼 수 없게 된 것도 이임보의 이 같은 음험한 술책 때문인 걸로 평하고 있다.

우리말에 「나무에 오르라 해놓고 흔든다」 는 말이 있다. 이것을 문자로 권상요목(勸上搖木)이라고 한다. 다 비슷한 성질의 말이다.

《십팔사략》에는 이임보를 평하여 이렇게 말하고 있다.

「……어진 사람을 미워하고 재주 있는 사람을 시기하며, 자기보다 나은 사람을 밀어내고 내리눌렀다. 성질이 음험(陰險)해서 사람들이 말하기를 『입에는 꿀이 있고 배에는 칼이 있다(口有蜜腹有劍)』라고 했다……」

이임보가 죽자, 양귀비(楊貴妃)의 오라비 뻘 되는 양국충(楊國忠)이 재상이 되었다. 그도 이임보에게 갖은 고초를 겪어 왔기 때문에, 실권을 쥐게 되는 즉시 그의 지난날의 죄악을 낱낱이 들추어 현종황제에게 보여 주었다. 그래서 화가 난 현종의 어명에 의해 그의 생전의 모든 벼슬을 박탈하여 서인으로 내려앉히는 한편, 그의 무덤을 파헤치고 시체를 다시 평민들이 쓰는 허술한 널 속에 넣어 묻게 했다.

안녹산도 이임보가 있는 동안은 그를 무서워해서 난을 일으키지 못하고 있다가 그가 죽은 3년 뒤에야 난을 일으켰다고 한다.

구사일생
九死一生

아홉 九 죽을 死 한 一 날 生

> 여러 차례 죽을 고비를 가까스로 넘기고 살아남.

전국시대 초(楚)나라의 시인이자 정치가인 굴원은 학식과 재주가 뛰어났으나, 그만큼 주위의 모략 또한 만만치 않았다.

《사기》 굴원가생열전(屈原賈生列傳)에 나오는 말이다.

「굴원은 임금이 신하의 말을 가려 분간하지 못하고, 참언과 아첨하는 말이 임금의 지혜를 가리고, 간사하고 왜곡된 언사가 임금의 공명정대함에 상처를 내서 행실이 방정한 선비들이 용납되지 못하는 것을 미워하였다. 그래서 그 근심스런 마음을 담아 『이소(離騷)』 한 편을 지었다」

이렇게 지어진 「이소」에 있는 구절이다.

「긴 한숨을 쉬며 눈물을 감춤이여, 백성들 힘든 삶이 서럽기 때문이지. 내 비록 고결하고 조심하려 했지만, 아침에 바른 말 하여 저녁에 쫓겨났네. 혜초(蕙草)를 둘렀다고 나를 버리셨는가. 나는 구리 띠까지 두르고 있었네. 그래도 내게는 아름다운 것이기에, 비록 아홉 번 죽어도 후회하지 않으리라(雖九死其猶未悔)」

여기서 「구사」에 대해서 유양(劉良)은 다음과 같이 해설을 달았다.

「아홉은 수의 끝이다. 충성과 신의와 정숙함과 고결함(忠信貞潔)이 내 마음이 착하고자 하는 바이니, 이런 재앙을 만남으로써 아홉 번 죽어서 한 번도 살아남지 못한다 해도 아직 후회하고 원한을 품기에 족한 것은 아니다」

「구사일생」은 「아홉 번 죽어 한 번도 살아남지 못한다」는 말에서 유래된 말로서, 지금은 유양의 해설과는 달리 「죽을 고비를 여러 차례 넘기고 간신히 살아난다」는 뜻으로 쓰이고 있다.

구상유취
口尙乳臭

입 口 아직 尙 젖 乳 냄새 臭

입에서 아직 젖내가 난다, 즉 언어와 행동이 유치함.

　한고조가 반란을 일으킨 위(魏)의 장수 백직(柏直)을 가리켜 한 말인데, 흔히 하는 말을 한고조가 말한 것이 기록으로 남은 것뿐이다. 그러나 상대를 얕보고 하는 말 치고는 어딘가 품위가 있고 애교가 느껴진다.
　김삿갓(金笠)에 관한 이야기 가운데 이런 것이 있다.
　어느 더운 여름철 한 고을을 지나노라니, 젊은 선비들이 개를 잡아 놓고 술잔을 권커니 자커니 하며 시문을 짓는다고 저마다 떠들어대고 있었다. 술이라면 만사를 제쳐놓을 김삿갓인지라 회가 동하지 않을 수 없었다. 점잖게 말석에 자리를 잡고 앉아 한 순배 돌아오기를 기다리고 있는데, 행색이 초라해서인지 본 체도 않는 것이었다.
　김삿갓은 슬그머니 아니꼬운 생각이 들어,
　「구상유취로군!」 하고 벌떡 일어나 가버렸다.
　「그 사람 지금 뭐라고 했지?」
　「구상유취라고 하는 것 같더군.」
　「뭣이, 고연 놈 같으니!」
　이리하여 김삿갓은 뒤쫓아 온 하인들에게 끌려 다시 선비들 앞으로 불려갔다.
　「방금 뭐라고 그랬나? 양반이 글을 읊고 있는데, 감히 구상유취라니?」 하면서 매를 칠 기세를 보였다. 김삿갓은 태연히,
　「내가 뭐 잘못 말했습니까?」 하고 반문했다.
　「뭐라고, 무얼 잘못 말했냐고? 어른들을 보고 입에서 젖내가 나다니, 그런 불경한 말이 어디 또 있단 말이냐?」

「그건 오햅니다. 내가 말한 것은 입에서 젖내가 난다는 구상유취(口尚乳臭)가 아니라, 개 초상에 선비가 모였으니,『구상유취(狗喪儒聚)』가 아닙니까?」

한문의 묘미라고나 할까. 선비들은 그만 무릎을 치고 크게 웃으면서,

「우리가 선비를 몰라보았소 자아, 이리로 와서 같이 술이나 들며 시라도 한 수 나눕시다」하고 오히려 사과를 한 끝에 술을 권했다는 것이다.

비슷한 이야기로 이런 것도 있다. 회갑잔치 집에 가서 푸대접을 받은 김삿갓이 축시(祝詩)라는 것을 이렇게 써 던지고 간 일이 있다.

시아버지 자리로 걸어가서
잔을 드리고 공손히 뵙는다.

步之舅席　納爵恭謁　　보지구석　납작공알

권선징악〔勸善懲惡〕착한 일을 권장하고 악한 일을 징계함. 아무쪼록 이것을 실천하지 않으면 안된다. 하지만 이 당연한 일이 종종 되지 않는 것이 현실이다. 《좌전》

권설〔卷舌〕혀를 만다는 뜻으로, 놀라거나 어이가 없어서 말이 나오지 않음의 비유. 《한서》

권재족하〔權在足下〕권한은 오로지 당신에게 있다는 뜻으로, 남의 도움을 청할 때 쓰는 말.

귀거래〔歸去來〕벼슬에서 물러나 고향으로 돌아감. 도연명 《귀거래사》

귀곡천계〔貴鵠賤鷄〕따오기를 귀히 여기고 닭을 천하게 여긴다는 뜻으로, 먼 데 것을 귀히 여기고 가까운 데 것을 천하게 여김을 비유하여 이르는 말.

귀마방우〔歸馬放牛〕전쟁에 사용한 말을 돌려보내고 소를 방목한다는 뜻으로, 다시는 전쟁을 하지 않음을 비유하여 이르는 말. 《상서》

귀명정례〔歸命頂禮〕【불교】귀명하여 자기 머리를 부처의 발밑에다 대고 하는 절. 또는 예불(禮佛)할 때에 부르는 말.

구시화지문
口是禍之門

입 口 이것 是 재화 禍 의 之 문 門

> 입은 화(禍)의 문이다.

우리말에 「화는 입으로부터 나오고 병은 입으로부터 들어간다(禍自口出 病自口入)」는 말이 있다. 이 말은 흔히 들을 수 있는 말이다. 그것이 진리인 만큼 특별나게 누가 한 말이라고 그 출전을 캔다는 것조차 무의미한 일일지도 모른다. 《태평어람》 인사편에 보면,

「병은 입을 좇아 들어가고(病從口入), 화는 입을 좇아 나온다(禍從口出)」는 말이 있고, 또 《석씨요람》에는, 「모든 중생은 화가 입을 좇아 생긴다(一切衆生禍從口生)」고 했다. 모두 음식으로 인해 병이 생기고, 말로 인해 화를 입게 되니 입을 조심하라는 뜻이다.

또 《전당시(全唐詩)》에 수록되어 있는 풍도(馮道, 822~954)의 「설시(舌詩)」란 시에는 입과 혀를 두고 이렇게 말했다.

입은 이 화의 문이요
혀는 이 몸을 베는 칼이다.
입을 닫고 혀를 깊이 간직하면
몸 편안히 간 곳마다 튼튼하다.

口是禍之門　舌是斬身刀　　구시화지문　설시참신도
閉口深藏舌　安身處處牢　　폐구심장설　안신처처뢰

풍도는 당나라 말기에 태어난 사람으로 당나라가 망한 뒤에도, 진(晋)·글안(契丹)·후한(後漢)·후주(後周) 등 여러 왕조에 벼슬을 하며, 이 어지럽고 위험한 시기에 처해서도 73세라는 장수를 누린 사람이다. 과연 이런 시를 지은 사람다운 처세를 실행에 옮겼구나 하는 느낌을 준다.

국사무쌍
國士無雙

나라 國 선비 士 없을 無 쌍 雙

> 한 나라에 둘도 없는 훌륭한 인물, 천하제일의 인물.

「국사(國士)」란 나라의 선비, 즉 전국을 통한 훌륭한 인물을 말한다. 이 말은 소하(蕭何)가 한신을 가리켜 말한 데서 비롯된 것이다. 한신은 회음(淮陰 : 강소성) 사람으로 젊었을 때는 집이 몹시 가난한 데다가 농사일이나 글공부 같은 데는 별로 관심이 없이 하늘을 날고 싶은 큰 뜻만을 품고 다녔기 때문에 생활이 말이 아니었다.

언젠가는 한신이 강가에서 낚시를 하고 있는데, 한신의 배고픈 기색을 본 한 빨래하는 노파가 자기가 먹으려고 싸가지고 온 점심을 그에게 주었다. 그 노파는 빨래를 하러 나올 때마다 수십여 일을 두고 매일같이 한신에게 점심밥을 나눠 주었다.

한신이 감격한 나머지,

「언젠가는 이 은혜를 후하게 갚을 날이 반드시 있을 겁니다」라고 말하자, 노파는 성난 얼굴로,

「대장부가 스스로의 힘으로 밥을 먹지 못하는 것이 딱해서 그랬을 뿐, 뒷날 덕을 보려고 그런 것은 아니니, 아예 그런 말은 마시오」하고 핀잔하듯 말했다.

언젠가는 또 한신이 회음 읍내를 거닐고 있는데, 읍내 푸줏간의 한 젊은이가 갑자기 그의 앞을 가로막으며 이렇게 말했다.

「이봐, 자넨 덩치는 큼직하고 제법 칼까지 차고 다니지만, 실상은 겁이 많은 녀석일 게야. 죽는 게 두렵지 않거든, 어디 그 칼로 나를 찔러 보게나. 만일 그럴 용기가 없거든 내 바지가랑이 밑을 기어서 지나가야만 해」

한신은 난처했다. 한참 바라보던 끝에 엎드려 철부지 녀석의 다리 밑으로 슬슬 기어 나갔다. 온 장바닥 사람들이 한신의 겁 많은 행동을 보고 크게 웃었다. 뒷날, 한신은 초나라 왕이 되어 돌아왔을 때, 빨래하던 노파에게는 천금을 주어 옛 정에 감사하고, 옛날의 그 젊은이에게는 중위(中尉)라는 수도경비관 벼슬을 내리고는, 여러 장수들을 보며 이렇게 말했다.

「이 사람은 장사(壯士)다. 그 때 나를 모욕했을 때, 내가 어찌 죽일 수 없었겠는가. 다만 죽일 만한 명분이 없었기 때문에 참고 따랐을 뿐이다」

이것은 한신이 지난 날 자기에게 설움을 준 사람들의 불안한 마음을 없애 주기 위한 하나의 계책일 수도 있었을 것이다. 또 일단은 무슨 조치가 있어야만 할 일이었기 때문에 이왕이면 자신의 아량을 보여 주는 길을 택했던 것이리라.

실상 천하를 상대하는 한신으로서는 그런 철부지 소년의 탈선행위가 깜찍스럽게도 보였을 것이다.

이것은 뒷날 이야기이고, 한신이 처음 벼슬을 한 것은 항우 밑에서였다. 기회 있을 때마다 항우에게 의견을 말해 보았으나, 전연 상대조차 하려 하지 않았다. 항우는 자기 힘만 믿고 인재를 구할 생각이 없었으며, 또 그만한 눈도 없었다.

한신은 항우 밑에서 도망쳐, 멀리 유방을 찾아 한나라로 들어갔다. 한나라 장군 하후영(夏侯嬰)에게 인정을 받아 군량을 관리하는 치속도위(治粟都尉)에 임명되었는데, 이 때 승상인 소하와 알게 되었다. 소하는 한신을 한고조 유방에게 여러 번 추천했으나 써 주지 않았다. 역시 사람 보는 눈이 없었던 것이다.

이윽고 항우의 세에 밀려 유방이 남정(南鄭)으로 떠나게 되자, 군대와 장수들이 실망 끝에 자꾸만 빠져 달아났다. 이에 한신도 더 바랄 것이 없어 그들 뒤를 따랐다.

승상 소하는 한신이 도망갔다는 말을 듣자, 한고조에게 미처 말할 사이도 없이 허둥지둥 한신의 뒤를 쫓았다.

소하까지 도망쳤다는 소문이 한고조의 귀에 들어갔다. 고조는 두 팔을 잃은 기분으로 어쩔 줄을 몰랐다. 소하를 누구보다도 신뢰하고 있었기 때문이다.

이틀인가 지난 뒤, 소하가 한신을 데리고 돌아왔다. 고조는 한편 반갑고 한편 노여웠다.

「어찌하여 도망을 했는가?」

「도망친 것이 아니라, 도망친 사람을 붙들러 갔던 겁니다」

「누구를 말인가?」

「한신입니다」

「거짓말. 수십 명의 장수가 달아나도 뒤쫓지 않던 그대가, 한신을 뒤쫓을 리가 있는가?」

그러자 소하는 이렇게 대답했다.

「다른 장수라면 얼마든지 보충할 수 있습니다. 그러나 한신만은 국사로서 둘도 없는 사람입니다(至如信者 國士無雙). 임금께서 한중(漢中)의 왕으로 영영 계실 생각이라면 한신 같은 사람은 필요가 없습니다. 그러나 천하를 놓고 겨룰 생각이시면 한신을 빼고는 상의할 사람이 없습니다」

이리하여 한신은 소하의 강력한 추천으로 대장군에 임명되어 마침내 항우를 무찌르고 천하를 통일하는 공을 세웠던 것이다. 《사기》 회음후열전(淮陰侯列傳)에 나오는 이야기다.

국척
跼 蹐

구부릴 跼 살살걸을 蹐

| 겁이 많아 몸 둘 바를 모르는 상태를 비유하여 이르는 말. |

　조심스러워 몸을 굽히고 걸음을 곱게 걸어가는 것을「국척(跼蹐)」이라고 한다.「국천척지(跼天蹐地)」란 말에서 나온 것인데, 국천척지의 뜻은「하늘이 비록 높다고 하지만 감히 머리를 숙이지 않을 수 없고, 땅이 비록 두텁다고 하지만 감히 발을 조심해 딛지 않을 수 없다」는 말이다. 결국 너무도 두려워서 몸 둘 곳을 몰라 하는 모습을 형용해서 하는 말이다.

　《시경》 소아(小雅) 정월편은「정월에 심한 서리가 내려 내 마음이 걱정되고 아프다(正月繁霜我心憂傷)」(여기 나오는 정월은 지금의 四월을 말한다)라는 말로 시작되는, 모진 정치를 원망해서 부른 시인데, 13절로 된 이 시의 제 6절에 이렇게 말하고 있다.

　　하늘이 대개 높다고 하지만
　　감히 굽히지 않을 수 없고
　　땅이 대개 두텁다고 하지만
　　감히 조심해 걷지 않을 수 없다.
　　이 말을 부르짖는 것은
　　도리도 있고 이치도 있다.
　　슬프다, 지금 사람은
　　어찌하여 독사요 도마뱀인가.

　　謂天蓋高　不敢不跼　　위천개고　불감불국
　　謂地蓋厚　不敢不蹐　　위지개후　불감불척

維號斯言　有倫有脊　　유호사언　유륜유척
哀今之人　胡爲虺蜴　　애금지인　호위훼척

이것을 쉽게 풀이하면,

「하늘이 아무리 높다지만 허리를 굽혀 걸어야만 하고, 땅이 아무리 두텁다지만 발을 조심해 디뎌야만 한다.

이런 말을 외치는 것은 도리에 벗어난 것도 이치에 어긋난 것도 아니다. 슬프다, 오늘의 정치하는 사람은 어찌하여 모두가 독사나 도마뱀처럼 독을 품고 있단 말인가.

어째서 이 넓으나 넓은 천지에 걸음마저 마음 놓고 걸을 수 없게 만든단 말인가?」 하는 뜻이 된다.

귀모토각〔龜毛兎角〕 거북의 털과 토끼의 뿔이라는 뜻으로, 있을 수 없거나 아주 없음을 이르는 말.

귀목술심〔劌目鉥心〕 돗바늘로 눈과 마음을 찌른다는 뜻으로, 마음과 눈을 놀라게 함. 전(轉)하여 문장의 구상이 뛰어나서 사람의 생각을 벗어남을 이르는 말.

귀배괄모〔龜背刮毛〕 거북의 등에서 털을 뜯는다는 뜻으로, 될 수 없는 것을 무리하게 구함을 이르는 말.

귀이천목〔貴耳賤目〕 듣는 것을 귀하게 여기고 보는 것을 천하게 여긴다는 뜻으로, 들을 뿐인 옛날의 일이나 먼 곳의 일만을 중히 여긴다는 말로 현실적이 아님의 비유.

《동경부(東京賦)》

귀주출호천방〔貴珠出乎賤蚌〕 귀한 진주는 하잘것없는 조개 속에서 난다는 말로, 뛰어난 인물은 빈천한 집에서 나온다는 말. 《포박자》

귀토〔歸土〕 흙으로 돌아간다는 뜻으로, 죽음을 이르는 말. 《예기》

규각〔圭角〕 말이나 행동이 모가 나 남과 서로 맞지 아니함. 《예기》

규구준승〔規矩準繩〕 규구(規矩)는 컴퍼스와 자. 준승(準繩)은 수평을 재는 도구와 묵줄. 따라서 사물이나 행위의 표준·기준·법칙을 일컬음. 《맹자》

규수〔閨秀〕 학문·재능이 뛰어난 여성. 《세설신어》

국파산하재
國破山河在

나라 國 깨질 破 뫼 山 강 河 있을 在

> 인간사의 극심한 변화에도 아랑곳하지 않고 순리에 따라 존재하는 자연의 모습을 대비적으로 일컫는 말.

두보의 「춘망(春望)」이란 시에 나오는 유명한 글귀다.

나라는 망했어도 산과 물은 그대로 있다는 흔히 하는 말이기는 하지만 이 같은 말을 남기지 않을 수 없었던 두보의 처지를 이해함으로써 한결 이 말의 무게를 느끼게 된다. 당현종(唐玄宗) 천보 15년(756년) 6월에 안녹산의 반란으로 현종황제는 멀리 파촉으로 난을 피해 떠나고 수도 장안은 반란군의 수중에 떨어졌다.

두보(712~770년)는 그 전 달 장안에서 고향인 봉선현(奉先縣)으로 돌아가서 가족들을 데리고 서북쪽에 있는 부주(鄜州)로 피난을 갔다. 그리고 거기서 태자 형(亨)이 7월에 영무(靈武 : 영하성)에서 즉위했다는 소식을 듣자, 혼자 새 황제 밑으로 달려가려 했다.

그때까지 10년 동안이나 벼슬길에 오르려 해도 뜻을 이루지 못했던 그가 벼슬도 지위도 없는 몸으로, 만리장성이 눈앞에 보이는 변방에까지 새 황제를 찾아가려 했던 것은 무슨 뜻에서였을까. 그는 자신과 처자를 포함한 겨레가 오랑캐의 말발굽에 짓밟히고 있는 민족문화의 앞날을, 새 천자가 있는 그곳에밖에 의탁할 곳이 없었기 때문이었을 것이다.

그러나 두보는 가던 도중 반란군에게 잡혀 다시 장안에 갇힌 포로의 몸이 되었다. 여기서 두보가 앞에 말한 시를 읊게 된 것은 이듬해 봄의 일이었다. 포로의 신세를 한탄한 그의 심정이 뼈에 사무치게 잘 묘사되어 있다.

나라는 깨어지고 산과 물만 남아 있구나.

성안은 봄이 되어 초목만 무성하고
때를 생각하니 꽃에도 눈물을 뿌리고
이별을 한하니 새도 마음을 놀래준다.
봉화가 석 달을 계속하니
집에 편지가 만금에 해당한다.
흰 머리를 긁으니 다시 짧아져서
온통 비녀를 이겨내지 못할 것 같다.

國破山河在　城春草木深　　국파산하재　성춘초목심
感時花濺淚　恨別馬驚心　　감시화천루　한별마경심
烽火連三月　家書抵萬金　　봉화연삼월　가서저만금
白頭搔更短　渾欲不勝簪　　백두소경단　혼욕불승잠

「도성은 파괴되었어도 산과 강은 옛 모습 그대로다. 성안에는 봄은 여전히 찾아들어 거칠 대로 거칠어진 거리거리에는 풀과 나무만이 무성해 있다. 시국을 생각하니 꽃도 한결 슬프게만 느껴져 눈물을 자아낼 뿐 처자와의 이별을 생각하니 새 울음소리도 가슴을 놀라게만 한다. 전세가 불리함을 알리는 봉화가 석 달을 계속 오르고 있으니 만금을 주더라도 집소식이 궁금하구나. 안타까이 흰 머리를 긁으니 머리털이 더욱 짧아진 것만 같다. 이 모양으로는 앞으로 갓을 쓰고 비녀를 꽂을 상투마저 제대로 틀지 못할 것 같다」는 뜻이다.

두보는 이 시를 읊고 나서 얼마 안된 4월에 장안을 탈출하여 봉상(鳳翔)까지 와 있는 숙종의 행궁으로 가게 되었고, 다음달 5월에는 좌습유라는 간관(諫官)의 벼슬에 오르게 되었다. 두보로서는 그렇게 원하던 벼슬길에 처음 오르게 된 것이다.

군맹상평
群盲象評

무리 群 소경 盲 코끼리 象 평론할 評

> 모든 사물을 자기 주관과 좁은 소견으로 그릇 판단한다는 뜻.

뭇 소경이 코끼리를 평한다는 말은 널리 알려져 있는 이야기다. 전체를 보지 못하고 일부분만 아는 사람이 자기가 알고 있는 그 일부분을 가지고 전체라고 고집하는 어리석음을 가리켜 「뭇 소경의 코끼리 평하듯 한다(群盲象評)」고 한다.

불경에 나오는 이야기로, 그 내용을 소개하면 다음과 같다.

어느 나라에 왕이 하루는 한 대신을 불러 이렇게 명했다.

「코끼리를 끌어내어 소경들에게 보여 주라」

대신은 많은 소경들을 모아 놓고 그들 앞에 코끼리를 끌어냈다. 소경들은 보이지 않는지라 각각 손으로 코끼리를 만져 보았다. 대신이 왕에게,

「임금님의 명령대로 코끼리를 소경들에게 보여 주었습니다」하고 보고하자, 왕은 그 소경들을 불러내어 물었다.

「그대들은 코끼리를 알았는가?」

소경들은 입을 모아,

「네, 알았습니다」하고 대답했다. 왕은 다시 소경들에게 이렇게 물었다.

「코끼리는 무엇과 비슷하게 생겼다고 생각되는가?」

그러자 맨 먼저 코끼리 이빨을 만져 본 소경이 대답했다.

「코끼리는 큰 무처럼 생겼습니다」

다음에는 귀를 만져 본 소경이 대답했다.

「아닙니다, 코끼리는 키처럼 생겼습니다」

이번에는 머리를 만진 소경이 대답했다.

「아닙니다, 코끼리는 돌처럼 생겼습니다」
그러자 코를 만진 소경이 대답했다.
「아닙니다, 코끼리는 절구공이처럼 생겼습니다」
이번에는 다리를 만진 소경이 대답했다.
「아닙니다, 코끼리는 절구통처럼 생겼습니다」
다음에는 등을 만진 소경이 대답했다.
「아닙니다, 코끼리는 평상처럼 생겼습니다」
그러자 배를 만진 소경은, 「코끼리는 독처럼 생겼습니다」하고 대답하고, 끝으로 꼬리를 만진 소경은, 「아닙니다, 코끼리는 꼭 밧줄처럼 생겼습니다」하고 대답했다.
이렇게 예를 든 후, 다음과 같이 끝을 맺고 있다.
「선남자(善男子)들이여, 이 소경들은 코끼리의 몸뚱이를 제대로 말하고는 있지 않지만, 그렇다고 말하고 있지 않는 것도 아니다. 그들이 말하고 있는 코끼리는 아니지만, 이것을 떠나서 또 달리 코끼리가 있는 것도 아니다」
이 이야기에 나오는 코끼리는 불성(佛性)을 비유해서 말한 것으로, 소경은 모든 어리석은 중생을 비유해 말한 것이다. 그리고 이 이야기는 중생이 불성을 부분적으로 이해하고 있다는 점, 즉 모든 중생에게는 다 불성이 있다는 것을 보여 주고 있다.
「군맹상평」혹은「군맹평상(群盲評象)」이란 문자는 불경에서 나온 말인데, 현재 쓰이고 있는 뜻과 불경의 원 뜻과는 상당한 거리가 있다.「군맹무상(群盲撫象)」이라고도 한다.
우리가 쓰고 있는 뜻은, 못나고 어리석은 범인들이 위대한 인물이나 사업을 비판한다 해도 그것은 한갓 일부분에 지나지 않는 평으로 전체에 대한 올바른 평이 될 수 없다는 뜻이다.

군자 소인
君子·小人

임금 君 아들 子 작을 小 사람 人

> 학식과 덕행이 높은 사람, 높은 벼슬에 있는 사람, 또는 아내가 남편을 가리킴. 소인은 군자와 정반대의 사람.

글자대로 하면 임금의 아들이란 뜻이므로, 상대를 높여서 부른 것이 그런 여러 가지 방면으로 쓰이게 된 것이리라. 상대방을 높여서 공자(公子)니 하는 말이 쓰인 것도 같은 성질의 것이라 말할 수 있다. 여기서는 학식과 덕행이 높은 사람을 가리켜 군자라 말한다. 적어도 마음가짐이 올바른 성실한 사람이 군자의 테두리 속에 들 수 있다.

소인은 군자와 정반대의 뜻으로 쓰인다고 보면 된다. 학식이 부족하고 덕이 없는 사람, 벼슬을 못한 천한 사람, 그리고 자신을 낮추어 말할 때 소인이란 말을 쓴다. 중국 사람들이 대인(大人)이라고 부르는 것도 소인의 반대인 군자란 말이 변한 것으로 볼 수 있다. 옛날 경전에는 군자와 소인이 자주 대조적으로 쓰이고 있다. 그래서 여기서는 흔히 쓰이고 있는 군자와 소인에 대한 짤막한 말들을 추려 보았다. 모두 공자의 말이다.

《논어》 이인편(里仁篇)에는,

「군자는 덕을 생각하고, 소인은 땅을 생각하며, 군자는 형벌을 생각하고, 소인은 은혜를 생각한다」라고 했는데, 알기 쉽게 풀어서 말하면,

「군자는 자기 인격과 수양에 힘쓰고, 소인은 편하게 살 수 있는 곳만을 찾으며, 군자는 혹시라도 법에 저촉되지나 않을까 조심을 하는데, 소인은 누가 내게 특별한 호의를 보여주지나 않나 하고 기대를 한다」는 뜻이다.

같은 이인편에는,

「군자는 의리에 밝고, 소인은 이해에 밝다」고 했다. 군자와 소인의 차이는 결국 크게 나누어서 의리관계와 이해관계로 구별될 수 있다. 군자는 정의를 위해서는 목숨마저 아까워하지 않는다. 소인은 자기 개인의 영달을 위해서는 생명을 건 모험도 서슴지 않는다.

또 술이편(述而篇)에는,

「군자는 어느 경우나 태연자약한데, 소인은 언제나 근심 걱정으로 지낸다」고 했다.

군자는 자기 할 일만을 힘써 할 뿐 그 밖의 것은 자연과 운명에 맡기고 있기 때문에 어느 경우나 태연자약할 수밖에 없다. 그러나 소인은 한 가지 욕심을 이루면 또 다른 것을 탐내고, 애써 얻은 다음에는 혹시 잃을까 조바심을 하기 때문에 하루도 마음 편할 때가 없다.

안연편(顔淵篇)에는,

「군자는 사람의 아름다운 것을 이룩해 주고, 반면 사람의 악한 것을 이룩하지 않으며, 소인은 이와 정반대다」라고 했다.

군자는 남의 좋은 일, 착한 일을 도와 성공하게 해주는 한편 착하지 못하고 바르지 못한 일은 이를 돕는 일이 없다. 그러나 소인은 정반대로, 남의 착한 일에는 협력 대신 방해를 하고, 남의 옳지 못한 일에는 지혜와 힘을 빌리려 하고 있다.

또 자로편(子路篇)에는,

「군자는 태연하고 교만하지 않으며, 소인은 교만하고 태연하지 못하다」고 했다. 태(泰)는 거만하다는 뜻도 된다. 비록 가난하게 살아도 부귀한 사람 앞에 기가 죽지 않는 의젓한 태도를 말한다. 그것은 인격에서 풍기는 자연스런 태도다. 교만은 까불거리는 것과 같은 의미를 가지고 있다. 철난 사람의 까부는 모습이 교만인 것이다. 부귀와 권세를 믿고 남을 얕잡아 보는 소인의 태도는 거만이 아니라 까불거리는 교만인 것이다. 권세와 부귀가 떨어지는 날, 그 교만은 아부와 방정맞은 태도로 바뀌게 된다. 또 위령공편(衛靈公篇)에는,

「군자는 자기에게 구하고, 소인은 남에게 구한다」고 했다.

군자는 뜻대로 안되는 일을 모두 자기 탓으로 돌리고 스스로 반성과 노력을 거듭한다. 그런데 소인은 자기 실력과 노력보다는 남의 힘과 도움에 의해 자기의 목적을 달성하려고 노력한다. 그래서 자연 간교한 술책과 아첨과 원망과 조바심으로 밤낮을 보내게 된다.

또 같은 위령공편에 말하기를,

「군자는 작은 일은 알지 못해도 큰 것을 받을 수 있고, 소인은 큰 것을 받을 수 없어도 작은 일은 알 수 있다」고 했다.

군자는 세부적인 것은 잘 알지 못한다. 그러므로 지엽적인 사무 같은 것에는 어둡다. 그러나 중대한 사명이나 전체적인 통솔 같은 어려운 일은 누구보다 잘 해낼 수 있다. 소인은 반대로 자잘한 일을 해내는 재주는 대부분 가지고 있다. 그러나 높은 자리나 책임 있는 일을 맡기면 이를 감당해 내지 못하고 공연한 마찰이나 알력(軋轢)만을 일으키게 된다는 것이다.

또 《중용》 14장에는,

「군자는 쉬운 것에 처하면서 명을 기다리고, 소인은 위험한 일을 행하며 요행을 바란다」고 했다. 군자는 당연히 해야 할 일에 충실하면서 성공은 자연에 맡기고 있다. 소인은 반대로 권모술수 등 갖은 위험한 짓을 서슴지 않으면서 그것이 요행으로 성공하기만을 기다리고 있다.

대개 이런 정도로 군자와 소인의 질이 어떤 것인지를 알 수 있을 것이다.

굴묘편시
掘墓鞭屍

팔 掘 무덤 墓 채찍 鞭 주검 屍

> 묘를 파헤쳐 시체를 채찍질한다는 뜻으로, 가혹한 복수를 가리킴.

오자서(伍子胥)의 전기에 나오는 말이다. 간신의 농간으로 충신을 역적으로 몰아 오자서의 아버지와 형을 죽인 초나라 평왕(平王)이 죽은 뒤 오자서에 의해 그의 무덤이 파헤쳐지고 시체가 채찍을 받게 되었다.

「굴묘편시」란 통쾌한 복수의 뜻으로도 쓰이지만, 좀 지나친 행동의 경우를 말할 때도 쓰인다. 아무튼 신하로서 임금의 무덤을 파서 그 시체에 매질을 했다는 것은 놀라운 사실이 아닐 수 없다.

오자서는 이름을 원(員)이라 했다. 자서는 그의 자(字)다. 오자서의 아버지 오사(伍奢)는 초평왕의 태자 건(建)의 태부(太傅)로 충신이었는데, 같은 태자 건의 소부(少傅)였던 비무기(費無忌)의 음모에 의해 억울한 죽음을 당하게 되었다.

오사를 죽이는 데 성공한 비무기는 다시 평왕을 시켜 오사의 아들 오상(伍尙)과 자서를 죽일 음모를 꾸민다. 그러나 오상만이 아버지를 따라 죽고 자서는 그 음모를 미리 알아차리고 망명길을 떠나게 된다.

왕은 오자서를 잡기 위해 전국에 영을 내려 길목을 지키게 하고, 거리마다 오자서의 화상을 그려 붙이고 많은 현상금과 무시무시한 형벌로 아무도 오자서를 숨겨주지 못하게 했다.

오자서는 키가 열 자에 허리가 두 아름이나 되었고, 쟁반만한 얼굴에 두 눈은 샛별처럼 빛나고 있었기 때문에 변장으로 사람의 눈을 피할 수는 없었다. 그는 낮에는 산 속에 숨고 밤에만 오솔길을 찾아 도망을 해야 했다.

이렇게 천신만고 끝에 오나라로 망명한 오자서는 마침내 뜻을 이루어 오나라의 강한 군사를 거느리고 초나라로 쳐들어가게 되었다. 초나라는 여지없이 패해 수도가 오나라 군사 손에 떨어지고, 평왕은 이미 죽고 그의 아들 소왕(昭王)은 태후와 왕비마저 버린 채 간신히 난을 피해 도망을 치게 된다.

소왕을 놓쳐버린 오자서는 평왕의 무덤을 찾았다. 그러나 평왕은 오자서의 복수가 두려워 그의 무덤을 깊은 못 속에 만들고, 일을 다 끝낸 뒤 일에 동원된 석공 5백 명을 모조리 물 속에 수장시켜 버렸다. 수십 리에 걸친 못에는 물만 출렁거릴 뿐 어느 곳에 묻혀 있는지 위치마저 짐작할 길이 없었다.

오자서는 죽은 아버지와 형, 그리고 자신이 망명해 나올 때 겪은 고초 등을 회상하며 땅이 꺼질 듯한 한숨을 내쉬며 몇몇 날을 두고 못 둑을 오르내렸다.

그렇게 애쓰며 전전긍긍하던 어느 날 저녁 무렵, 백발이 성성한 한 늙은이가 오자서의 앞으로 다가오며 이렇게 물었다.

「장군은 선왕의 충신 오태부의 아들 자서가 아닙니까?」

「그렇습니다만, 노인은 누구시오?」

노인은 묻는 말에는 대답을 않고,

「장군은 지금 죽은 평왕의 시체가 묻힌 곳을 찾고 있지 않습니까?」

하고 물었다. 반가워서 다그쳐 묻는 자서의 말에 노인은 이렇게 대답했다.

「시체가 묻힌 곳은 내가 알고 있습니다. 나는 무덤을 만들기 위해 징발되어 온 5백 명의 석공 중 한 사람입니다. 5백 명이 다 물 속에서 죽고 나만이 어떻게 살아남게 되었습니다. 장군의 복수도 복수지만, 나도 장군의 힘을 빌려 억울하게 죽은 내 동지들의 원수를 갚으려는 것입니다」

 이리하여 이튿날, 그 노인의 지시에 따라 장롱 같은 돌로 만들어진 물 속의 무덤을 하나하나 뜯어내기 시작했다. 못 바닥 몇 길 밑에 들어 있는 돌무덤을 열고 엄청나게 무거운 석곽을 들어올렸다. 그러나 그 속에는 평왕의 시체를 볼 수 없었다. 그것은 사람의 눈을 속이기 위한 가짜 널이었다. 다시 한 길을 파 내려가니 진짜 널이 나왔다. 수은으로 채워진 널 속에 들어 있는 평왕의 시체는 살아 있을 때 모습 그대로 남아 있었다.

 순간 오자서의 복수심은 화약처럼 폭발했다. 왼손으로 평왕의 목을 조르고 무릎으로 그의 배를 누른 다음 오른 손가락으로 그의 눈을 잡아 뽑으며,

「충신과 간신을 구별 못하는 네놈의 눈을 뽑아 버리겠다……」 하고 욕을 했다. 그리고는 그의 아홉 마디 철장(鐵杖)으로 시체를 옆에 뉘어 놓고 3백 대를 쳤다. 뼈와 살이 흙과 함께 뒤범벅이 되었다.

 《사기》 오자서 열전에도,

「이에 초평왕의 무덤을 파고 그의 시체를 꺼내 3백 대를 내리친 뒤에야 그만두었다」 라고 했다.

 오자서의 둘도 없는 친구 신포서(申包胥)는 이 소식을 듣자, 사람을 보내 오자서에게 이렇게 일렀다.

「그대의 그런 복수 방법은 너무 지나치지 않을까……」

 그 말에 오자서도 할 말이 없었든지 이렇게 전해 보냈다.

「나는 날이 저물고 길이 멀어서, 그렇기 때문에 거꾸로 걸으며 거꾸로 일을 했다(吾日暮塗遠 吾故倒行而逆施之)」

 여기서 또 「일모도원(日暮塗遠)」 이란 말과 「도행역시(倒行逆施)」 란 말이 생겨났다. 〔☞ 일모도원〕

군자원포주
君子遠庖廚

임금 君 아들 子 멀리할 遠 푸줏간 庖 부엌 廚

> 군자는 푸줏간과 부엌을 멀리한다.

《맹자》에 나오는 말이다. 포주(庖廚)는 짐승을 잡는 도살장을 가리켜 말한 것이다. 짐승들의 비명소리를 차마 들을 수 없어 도살장을 가까이 두지 않는다는 뜻이다.

맹자가 제(齊)나라 선왕(宣王)을 만나, 그의 착한 마음씨가 천하를 통일할 수 있다는 것을 증명해 주려는 이야기 가운데 나오는 말이다.

맹자가 제선왕을 만났을 때 왕은,

「덕이 어떠해야만 왕도정치를 할 수 있습니까?」하고 물었다. 여기서 말하는 왕은 천하를 통일하는 것을 말한다.

「백성을 보전하여 왕 노릇하면 아무도 막을 사람이 없습니다」

여기서 보전한다는 것은 사랑하고 보호한다는 뜻이다.

「과인도 백성을 보전할 수 있겠습니까?」

「있다 뿐이겠습니까?」

「어떻게 그것을 아십니까?」

「신이 호흘(胡齕)이란 왕의 신하에게서 들은 바에 의하면, 어느 날 왕께서 대청 위에 앉아 계시는데 그 아래로 소를 몰고 가는 사람이 있었습니다. 왕께서 어디로 가는 소냐고 물으시니, 장차 소를 잡아 그 피로써 새로 만든 종을 바르려 한다고 대답했습니다. 왕은 말하기를, 그만두어라. 죄 없이 죽으려 끌려가며 부들부들 떨고 있는 모습을 차마 볼 수 없다고 하셨습니다. 『그럼 종에 피 칠을 하는 것은 그만두오리까?』하고 물었을 때, 왕께서는 말하기를, 어찌 그만둘 수 있겠느냐, 양으로 대신하라고 하셨다는데, 그것이 사실입니까?」

「그런 일이 있었습니다」

「그런 마음이면 충분히 왕이 될 수 있습니다. 백성들은 왕께서 소가 아까워 그랬다고 하지만 신은 왕께서 차마 죽이지 못한 것을 압니다」

「제나라가 아무리 작지만 내가 소 한 마리를 아끼겠습니까. 실상 그 부들부들 떠는 모습이 죄 없이 죽으러 가는 것만 같은지라, 그래서 양과 바꾼 것입니다」

「왕께서는 백성들의 그 같은 평을 이상하게 생각지 마십시오. 작은 것으로 큰 것을 바꾸었으니 그들이 어찌 그 까닭을 알 수 있겠습니까. 그런데 왕께서 만일 죄 없이 죽는 것이 불쌍해서 그러셨다면 소와 양이 다를 것이 무엇입니까?」 왕은 어이가 없어 웃었다.

「정말 내가 무슨 생각으로 그랬을까요. 내가 재물을 아껴서 그런 것은 아니었지만, 백성들이 날 보고 소가 아까워서 그랬다고 말하는 것이 당연하다 하겠습니다」

맹자는 왕이 자신도 모르고 한 일을 분석해서 설명해 주었다.

「조금도 이상할 것이 없습니다. 그것이 어진 마음이란 것입니다. 소는 직접 부들부들 떨고 있는 것을 보셨고, 양은 직접 보시지 않았기 때문입니다. 군자는 짐승에 대해서, 그 사는 것을 보고 차마 그 죽는 것을 보지 못하며, 그 소리를 듣고 차마 그 고기를 먹지 못합니다. 이런 까닭에 군자는 포주를 멀리하는 것입니다(見其生 不忍見其死 聞其聲 不忍食其肉 是以君子遠庖廚也)」

왕은 맹자의 이 같은 설명에 기쁨을 감추지 못하면서,

「내가 행해 놓고도 내 마음을 알 수가 없었더니, 선생께서 말씀해 주시니 참으로 감격스럽습니다」 하며 맹자를 새삼 반가워했다.

맹자는 이렇게 사람의 마음을 착한 방향으로 유도하는 뛰어난 솜씨를 가지고 있었다.

권토중래
卷土重來

말 卷 땅 土 거듭 重 올 來

> 한번 패했다가 세력을 회복하여 땅을 휘말아 들어오듯 다시 쳐들어옴.

당 말기의 대표적 시인 두목(杜牧)의 칠언절구「오강정시」에 나오는 말이다.

승패는 병가도 기약할 수 없다.
부끄러움을 안고 참는 이것이 사나이.
강동의 자제는 호걸이 많다.
땅을 말아 거듭 오면 알 수도 없었을 것을.

勝敗兵家不可期　包羞忍恥是男兒　　승패병가불가기　포수인치시남아
江東子弟多豪傑　卷土重來未可知　　강동자제다호걸　권토중래미가지

오강은 지금의 안휘성 화현 동북쪽, 양자강 오른쪽 언덕에 있다. 이 시는 이 곳을 지나가던 두목이, 옛날 여기에서 스스로 목을 쳐 죽은 초패왕 항우를 생각하며 읊은 것이다.

항우를 모신 사당이 있어「오강묘(烏江廟)의 시」라고도 한다. 항우는 해하(垓下)에서 한고조 유방과 최후의 접전에서 패해 이 곳으로 혼자 도망쳐 왔다.

이 때 오강을 지키던 정장(亭長)은 배를 기슭에 대 놓고 항우가 오기를 기다리다가 항우가 나타나자 이렇게 말했다. 정장은 파출소장과 비슷한 소임이다.

「강동 땅이 비록 작기는 하지만, 그래도 수십만 인구가 살고 있으므로 충분히 나라를 이룰 수 있습니다. 어서 배를 타십시오. 소인이 모시고 건너겠습니다」

강동은 양자강 하류로 강남이라고도 하는데, 항우가 처음 군사를 일으킨 곳이기도 하다. 정장은 항우를 옛 고장으로 되돌아가도록 권한 것이다.

그러나 항우는,

「옛날 내가 강동의 8천 젊은이들을 데리고 강을 건너 서쪽으로 향했는데, 지금 한 사람도 남아 있지 않다. 내 무슨 면목으로 그들 부형을 대한단 말인가?」했다.

항우는 타고 온 말에서 내리자, 그 말은 죽일 수 없다면서 이를 정장에게 주었다. 그리고는 뒤쫓아 온 한나라 군사를 맞아 잠시 그의 용맹을 보여준 뒤 스스로 목을 쳐 죽었다.

이 때 항우의 나이 겨우 서른, 그가 처음 일어난 것이 스물넷이었으니까, 7년을 천하를 휩쓸고 다니던 그의 최후가 너무도 덧없고 비참했다. 두목은 그의 덧없이 죽어간 젊음과 비참한 최후가 안타까워 이 시를 읊었던 것이다.

「항우여, 그대가 비록 패하기는 했지만, 승패라는 것은 아무도 얘기할 수 없는 것이다. 한때의 치욕을 참고 견디는 것, 그것이 사나이가 아니겠는가. 더구나 강동의 젊은이들에게는 호걸이 많다. 왜 이왕이면 강동으로 건너가 힘을 기른 다음 다시 한 번 땅을 휘말 듯한 기세로 유방을 반격하지 않았던가. 그랬으면 승패는 아직도 알 수 없었을 터인데……」 하는 뜻이다.

규합지신〔閨閤之臣〕 근시(近侍). 곧 잠자리를 돌보아주는 신하. 규합(閨閤)이란 후궁(後宮), 내전(內殿), 궁중의 작은 문. 사마천《보임소경서(報任少卿書)》

귤정〔橘井〕 진(晋)나라 소탐(蘇耽)이 귤나무를 심고 우물을 파서 병자에게 귤나무 잎을 먹이고 우물물을 마시게 해서 병을 고쳤다는 고사에서, 의사, 의원을 이름.

극기복례
克己復禮

이길 克 자기 己 돌아갈 復 예의 禮

> 과도한 욕망을 누르고 예절을 좇도록 함.

「극기(克己)」는 이「극기복례」에서 나온 말이다.《논어》안연편에 나오는 말로, 공자가 가장 사랑하고 아끼며 자기의 도통(道統)을 이을 사람으로 믿고 있던 안연이 인(仁)에 대해 물었을 때 대답한 말이다.

「나를 이기고 예(禮)로 돌아가는 것이『인(仁)』이다. 하루만 나를 이기고『예』로 돌아가면 천하가『인』으로 돌아온다.『인』을 하는 것은 나에게 있다. 남에게 있는 것이 아니다(克己復禮爲仁 一日克己復禮 天下歸仁焉爲仁由己 而由人乎哉)」

이「극기」와「복례」에 대해서는 여러 가지 학설이 있다. 그러나 대개 자신을 이긴다는 것은 이성으로 인간의 육체적인 욕망을 극복하는 것으로 풀이될 수 있고,「복례」의「예」는 천지 만물의 자연을 말하는 것으로, 무아(無我)의 경지를 말한 것이라 볼 수 있다.

《대학》에 나오는 격물치지(格物致知)란 것도 결국 이「극기복례」와 같은 뜻으로 풀이할 수 있다. 특히 뒤이어 하루만 극기복례를 하면 천하가 다「인(仁)」으로 돌아온다고 한 말은, 육신으로 인한 모든 욕망이 완전히 사라지고 무아의 경지가 하루만 계속되게 되면 그 때는 천하의 모든 진리를 다 깨달아 알게 된다는 이른바 성도(成道)를 말한 것이라 볼 수 있다.

공자는「인」이란 말을「도(道)」란 말과 같은 뜻으로 사용해 왔다고 볼 수 있는데, 많은 제자들이 이「인」에 대해 질문을 해 왔지만, 그 때마다 공자는 각각 그들의 정도에 따라 다른 대답을 했다. 안연에 대한 이 대답이 가장「인」의 최고의 경지를 지적한 것으로 생각된다.

공자는 또 다른 곳에서 제자들을 놓고 이렇게 평했다.
「회(回 : 안연의 이름)는 석 달을 『인』에서 벗어나지 않았고, 그 나머지 사람들은 혹 하루에 한 번, 한 달에 한 번 잠시 인에 이를 뿐이다」
하루를 계속 무아의 경지에 있을 수 있는 사람이면 한 달도 석 달도 계속될 수 있는 일이다. 석 달을 계속 무아의 경지에 있은 안연이라면 그것은 아주 성도한 성자의 지위에 오른 것을 말한 것이라 볼 수 있다.
공자의 이와 같은 대답에 안연은 다시 그 구체적인 것을 말해 달라고 청했다. 여기서 공자는,
「『예(禮)』가 아니면 보지도 말고, 예가 아니면 듣지도 말고, 예가 아니면 말도 하지 말고, 예가 아니면 움직이지도 말라」고 했다.
불경에 있는 문자를 빌린다면 인간의 모든 감각인 육식(六識)을 떠남으로써 참다운 진리를 깨달을 수 있다는 말일 것이다.
안연의 성도(成道)의 경지를 말한 것으로 보이는 데에 이런 것이 있다. 자한편(子罕篇)에 보면 안연이 혼자 이렇게 탄식해 말하고 있다.
「바라볼수록 높고, 뚫을수록 여물다. 앞에 있는 것만 같던 것이 홀연 뒤에 가 있다. ……그만두려 해도 그만둘 수가 없어 내 있는 재주를 다한다. 무엇이 앞에 우뚝 솟아 있는 것만 같아 아무리 잡으려 해도 잡히지를 않는다」
이 말을 풀이한 주석에 이렇게 적혀 있다.
「극기복례의 공부를 시작한 뒤, 석 달을 『인』에 벗어나지 않던 그 때의 일이다」라고
이 말은 보리수 밑에 가부좌를 틀고 앉은 석가모니의 성도의 과정도 바로 이런 것이 아니었던가 하는 생각이 든다.
그러나 오늘 우리가 쓰고 있는 「극기」는 극히 초보적이고 또 극히 넓은 의미로 쓰이고 있다.

근화일조몽
槿花一朝夢

무궁화 槿 꽃 花 한 一 아침 꿈 夢

> 하루아침만의 영화, 인간의 덧없는 영화의 비유.

　근화(槿花)는 무궁화를 말한다. 우리나라 국화인 무궁화(無窮花)란 이름은 꽃이 한번 피기 시작하면 초여름에서 늦가을까지 계속 끊임없이 핀다 해서 생겨난 이름이다. 그러나 나무 전체를 놓고 바라보면 그 꽃이 무궁으로 계속되고 있지만, 실상 그 꽃 하나를 놓고 보면, 꽃은 아침에 일찍 피었다가 저녁이면 그만 시들고 만다.
　「근화일조몽」이란 말은 곧 이 무궁화의 겨우 하루아침만의 영화를, 덧없는 인간의 영화에 비유해서 쓰는 말이다.
　「인생이 아침 이슬과 같다(人生朝露)」고 한 말은 이능(李陵)이 소무(蘇武)를 두고 한 말인데, 이와 같은 뜻으로 쓰이고 있다.
　이 말은 백낙천의 칠언율시 「방언(放言)」이란 제목의 다섯 수 중 한 수에 있는 말로 하루아침 꿈이 아닌 하루의 영화로 되어 있다. 즉 「근화일조몽」이 아니라 「근화일일영(槿花一日榮)」이었던 것이, 영화란 말보다는 꿈이란 말이 더 실감이 나서인지 꿈으로 변해 버린 것이다. 백낙천의 시를 소개하면 다음과 같다.

　　태산은 털끝만큼도 업신여기기를 필요로 않고
　　안자는 노팽을 부러워하는 마음이 없다.
　　소나무는 천 년이라도 끝내는 썩고말고
　　무궁화는 하루라도 스스로 영화로 삼는다.
　　어찌 모름지기 세상을 그리워하며, 항상 죽음을 근심하리오
　　또한 몸을 싫어하고 함부로 삶을 싫어하지 말라.
　　삶이 가고 죽음이 오는 것이 다 이것이 헛것이다.

헛된 사람의 슬퍼하고 즐겨하는 것에 무슨 정을 매리오

泰山不要欺毫末	顔子無心羨老彭	태산불요기호말	안자무심선노팽
松樹千年終是朽	槿花一日自爲榮	송수천년종시후	근화일일자위영
何須戀世常憂死	亦莫厭身漫厭生	하수연세상우사	역막염신만염생
生去死來都是幻	幻人哀樂繫何情	생거사래도시환	환인애락계하정

이 시는 백낙천이 집권층의 미움을 받아 강주(江州) 사마(司馬)로 좌천되어 가던 도중 배 안에서 지은 것이라 한다. 그때 낙천의 나이 마흔셋이었다. 글 뜻을 풀어 보면 다음과 같다.

태산이 아무리 크지만, 털끝같이 작은 것이라 해서 업신여길 까닭은 없다. 공자의 제자 안자는 겨우 서른두 살로 요절했지만, 그는 8백 년을 살았다는 팽조(彭祖)를 부러워하지 않았다.

소나무가 천 년을 산다 해도 결국에 가서는 썩고말고 무궁화는 하루밖에 피어 있지 못하지만, 오히려 스스로 영화로 알고 있다. 그런데 굳이 세상일에 애착을 버리지 못하여 늘 죽음을 걱정할 필요가 무엇이겠는가.

그리고 또 육신을 미워하며 삶을 싫어할 이유도 없다. 태어나 사는 거나 다시 죽음이 오는 거나 모두가 헛것에 불과하다.

인생이란 바로 헛것이다. 그 헛된 인생의 슬픔이니 즐거움이니 하는 것에 무슨 애착을 가지려 한단 말인가.

백낙천은 원래 시를 누구나 알기 쉽게 쓰는 것을 원칙으로 하고 있었다지만, 그야말로 대단히 알기 쉽게 쓴 시다.

그러나 백낙천이 여기서 말한 무궁화의 하루 영화란, 영화의 덧없는 것을 한탄한 것이 아니고, 하루의 영화로 만족해하라는 뜻이다. 우리가 현재 쓰고 있는 하루아침 꿈이란 뜻과는 상당한 거리가 있는 말이다.

금상첨화 錦上添花

비단 錦 윗 上 더할 添 꽃 花

> 좋은 일에 좋은 일을 더함.

비단만 해도 아름다운데, 그 위에 꽃까지 얹어 놓았으니, 더욱 아름다울 밖에.

당송팔대 문장의 한 사람인 왕안석(王安石)의 칠언율시 「즉사(卽事)」에 나오는 글귀다. 즉사란 즉흥시를 말한다.

강은 남원을 흘러 언덕 서쪽으로 기우는데
바람엔 맑은 빛이 있고 이슬에는 꽃이 있다.
문 앞의 버들은 옛사람 도령의 집이요
우물가의 오동은 전날 총지의 집이다.
좋은 모임에 잔속의 술을 비우려 하는데
고운 노래는 비단 위에 꽃을 더한다.
문득 무릉의 술과 안주를 즐기는 손이 되어
내 근원엔 응당 붉은 노을이 적지 않으리라.

河流南苑岸西斜　風有品光露有華　하류남원안서사　풍유품광로유화
門柳故人陶令宅　井桐前日總持家　문류고인도령댁　정동전일총지가
嘉招欲覆盃中淥　麗唱仍添錦上花　가초욕복배중록　여창잉첨금상화
便作武陵樽俎客　川源應未少紅霞　편작무릉준조객　천원응미소홍하

왕안석은 군비 조달을 위해 파탄에 이른 송나라 경제를 재건하기 위해 획기적인 신법(新法)을 실시한 대경제가인 동시에, 산문에 있어서는 한유(韓愈)와 더불어 당송팔대가의 한 사람으로, 또 시에 있어서도 송의 대표 시인의 한 사람이었다.

언덕을 따라 남원으로 흐르는 강물을 배로 거슬러 올라가는 중, 아마 아침이었던 것 같다. 바람이 맑은 빛을 띠고 이슬이 꽃처럼 맺혀 있었으니, 멀리 문 앞에 버들이 있는 것을 보자, 그는 그것이 옛날 진나라 팽택령을 지낸 적이 있는 도연명의 집으로 생각되었다.

집 앞에는 큰 버드나무가 다섯 그루 심겨져 있어 오류선생(五柳先生)이란 별명을 가지고 있었다. 또 우물가 오동나무가 서 있는 곳도 옛날 세상을 피해 숨어 살던 사람의 집으로 생각되었다.

그는 도연명과 같은 은사들이 모인 곳에 초청을 받아 술을 실컷 마시고 싶은 상상을 한다. 그 자리에 고운 목소리로 노래까지 부른다면 그야말로 비단 위에 꽃을 더하는 격이다.

배는 자꾸 상류로 거슬러 올라간다. 이대로 가면 무릉도원이 분명히 나타날 것도 같다. 자신은 잠시 무릉도원을 찾아간 고기잡이가 되어 좋은 술과 안주로 극진한 대우를 받는다. 그리고 아직도 시냇물 저 위로 무수한 복숭아꽃이 흐드러지게 피어 붉은 노을을 이루고 있는 것을 상상한다.

시의 내용은 대충 이런 뜻이다. 붉은 노을은 석양을 말한 것으로 보기도 한다. 아직 시간이 있다는 뜻이다.

귤중지락〔橘中之樂〕 중국 파공(巴邛) 사람이 뜰의 귤나무에 열린 귤을 따서 쪼개 본즉, 두 늙은이가 그 속에서 바둑을 두고 있더라는 고사에서 유래한 말로, 바둑을 두는 즐거움을 비유해서 하는 말.

귤화위지〔橘化爲枳〕 회남(淮南)의 귤을 회북(淮北)에 옮겨 심으면 탱자가 된다. 곧 사람도 때와 장소에 따라, 즉 환경에 따라 기질이 변한다는 말. ☞ 남귤북지(南橘北枳).

극기봉공〔克己奉公〕 자신의 욕망을 엄격하게 제어하고 한마음 한뜻으로 사업에 몰두한다는 뜻으로, 극기와 봉공이 합쳐져 이루어진 성구(成句)다. 《논어》

금슬상화
琴瑟相和

거문고 琴 비파 瑟 서로 相 고를 和

> 거문고 가락에 맞추어 타듯 부부의 정이 잘 어우러짐.

　부부의 정이 좋은 것을 「금슬(琴瑟)」이 좋다고 한다. 금슬은 거문고를 말한다. 거문고가 어떻게 부부의 정이란 뜻이 되는가.
　말의 유래는 모두 《시경》에서 비롯하고 있다.
　소아(小雅) 상체편(常棣篇)은 한 집안의 화합을 노래한 8장으로 된 시로, 이 시의 제 8장에,

　처자의 좋은 화합은
　거문고를 타는 것과 같고
　형제가 이미 합하여
　화락하고 또 즐겁다.

　　妻子好合　如鼓瑟琴　　처자호합　여고슬금
　　兄弟歸翕　和樂且湛　　형제귀흡　화락차담

라고 했다. 여기서 「금슬(琴瑟)」을 「슬금(瑟琴)」이라고 바꿔 놓은 것은 운을 맞추기 위한 때문이다. 슬(瑟)은 큰 거문고를 말하고, 금(琴)은 보통 거문고를 말한다. 큰 거문고와 보통 거문고를 가락에 맞추어 치듯, 아내와 뜻이 잘 맞는다는 것을 말한 것이다.
　처자는 아내와 자식이란 뜻도 되고, 아내란 뜻도 된다.
　또 같은 《시경》 국풍(國風) 관저편(關雎篇)은 다섯 장으로 되어 있는데, 그 제 4장에,

　요조한 숙녀를

금슬로써 벗한다.

窈窕淑女　琴瑟友之　　요조숙녀　금슬우지

고 했다. 조용하고 얌전한 처녀를 아내로 맞아 거문고를 타며 서로 사이 좋게 지낸다는 뜻이다.

여기서 부부간의 정을 금슬로써 표현하게 되었고, 부부간의 금슬이 좋은 것을 「금슬상화(琴瑟相和)」란 문자로 표현하기도 한다.

「금슬」이 좋다는 말은 결국 가락이 잘 맞는다는 뜻으로, 듣기 싫은 부부싸움이 일지 않는다는 뜻으로 확대 해석할 수도 있다.

극락정토〔極樂淨土〕【불교】안락정토(安樂淨土)와 같은 뜻. 아미타불이 살고 있는 정토. 이 세상에서 십만 억의 불토(佛土)를 지나서 가면 있는데, 모든 것이 완전히 갖추어 있으며, 고환(苦患)이 없다는 안락한 세계. 염불을 한 사람이 죽어서 왕생하여 불과(佛果)를 얻는다고 함. 불교에서 말하는 내세(來世)의 이상국(理想國).《불설무량수경(佛說無量壽經)》

극벌원욕〔克伐怨慾〕 이기고자 하며, 제 자랑하기 좋아하며, 원망하고 화를 내며, 탐욕하는 네 가지 나쁜 행위.《논어》

극혈지신〔隙穴之臣〕 극혈(隙穴)은 틈새. 곧 군주를 해치려고 틈을 노리는 신하라는 뜻으로, 적과 은밀히 내통하는 신하.《한비자》

근묵자흑〔近墨者黑〕 먹을 가까이하는 사람은 먹처럼 검어진다는 뜻으로, 나쁜 사람과 사귀면 그 버릇에 물들기 쉽다는 말.《태자소부잠(太子少傅箴)》

근수누대〔近水樓臺〕 근수누대선득월(近水樓臺先得月)의 준 말로, 물과 누대가 가까이 있어야 먼저 달을 볼 수 있다는 뜻으로, 세력 있는 사람에게 접근해서 덕을 보게 되는 것을 이르는 말.《청야록(淸夜錄)》

근역〔槿域〕 근(槿)은 근화(槿花), 곧 무궁화. 무궁화나무가 많은 땅이란 뜻으로, 우리나라를 일컫는 말. 근화향(槿花鄕).《산해경(山海經)》

근화일일자위영〔槿花一日自爲榮〕 근화일조몽(槿花一朝夢).

금의야행
錦衣夜行

비단 錦 옷 衣 밤 夜 다닐 行

> 아무리 내가 잘해도 남이 알아주지 않는다는 뜻.

　원래는 「의금야행(衣錦夜行)」이었는데, 「금의환향(錦衣還鄕)」의 경우와 마찬가지로 「의금」이 「금의」로 변한 것이다. 이 말은 항우가 한 말로 정사(正史)에도 나와 있다.
　《사기》 항우본기에 보면, 항우가 홍문(鴻門) 잔치에서 유방을 죽이려다 시기를 놓치고는, 며칠이 지나 서쪽으로 향해 진나라 수도 함양을 무찔렀다.
　그러나 실은 유방이 이미 항복을 받은 뒤였으므로 단지 입성을 한데 불과했다. 젊은 패기만으로 모든 일을 처리하고 있던 항우는, 유방이 백성의 마음을 사기 위해 손도 대지 않고 고스란히 남겨 두었던 진나라의 궁전들을 모조리 불사르고, 이미 항복하고 연금 상태에 있는 진왕(秦王) 자영(子嬰)을 끌어내 죽였다.
　유명한 아방궁은 불길이 석 달이 지나도록 계속되었고, 그 밖의 모든 볼 만한 집들도 모두 불에 타 없어졌다. 항우는 그의 할아버지 항연(項燕)이 옛날에 진시황에 의해 죽었다는 사실을 생각하고 복수의 일념에서 이 같은 도에 지나친 짓을 했던 것이다.
　항우는 진나라 창고에 쌓인 금은보화와 어여쁜 여인들을 모조리 싣고 불타버린 함양을 떠나 다시 동쪽으로 향했다.
　이 때 한 사람이 항우에게,
　「관중(關中 : 秦나라 땅)은 험한 산천이 사방을 막아 있고 땅이 비옥하기 때문에 여기에 도읍을 정하면 천하를 휘어잡을 수 있습니다」 하고 권했다. 그러나 항우는 불타버린 함양이 싫었고, 또 마음속으로는 고향이 그리워 주저앉을 생각이 없었다.

항우는 까닭을 이렇게 말했다.

「부귀를 하고 고향에 돌아가지 않으면 비단옷을 입고 밤길을 가는 것과 같다. 누가 알아 줄 사람이 있겠는가 (富貴不歸故鄕 如衣繡夜行 誰知之者)」

여기는 의수야행(衣繡夜行)으로 되어 있는데, 《한서》에는 의금야행으로 되어 있다.

항우가 얼마나 단순한 감정의 사나이였는가 하는 것을 알 수 있다. 스물네 살에 맨주먹으로 들고 일어난 그가 3년 만에 천하의 패권을 잡았으니 고향에 돌아가 한번 크게 뽐내 보고도 싶었을 것은 당연한 일이다.

그런데 야사(野史)에는 관중에 머물러 있는 항우를 멀리 동쪽으로 떠나보내기 위해, 장양(張良)이 이 같은 말을 동요로 만들어 항우의 귀에 들어가게 함으로써 항우의 마음을 흔들어 놓았다고 전해 온다.

금곤복거〔禽困覆車〕 새도 위험한 지경에 이르면 수레도 뒤엎는다는 뜻으로, 약자도 극한 상황에 처하면 큰 힘을 낼 수 있음의 비유. 《사기》

금과옥조〔金科玉條〕 과조(科條)는 낱낱의 조목(箇條). 귀중한 법률, 규칙. 누구라도 범해서는 안되는 규정된 바. 《문선》

금구목설〔金口木舌〕 교령(敎令)을 낼 때 흔들어서 주의를 환기시키는 종. 전하여 언설(言說)로써 사회를 지도하는 인물이란 뜻.

금구무결〔金甌無缺〕 금으로 만든 주발이 조금도 흠이 없다는 뜻으로, 사물이 완벽하게 갖추어져 있음의 비유. 《남사(南史)》

금구복명〔金甌覆名〕 당나라 현종이 재상을 임명할 때 안상(案上)에 이름을 써서 금구(金甌)를 덮고 사람들에게 맞혀 보게 한 고사에서, 새로운 재상을 임명하는 일.

금구폐설〔金口閉舌〕 귀중한 말을 할 수 있는 입을 다물고 침묵을 지킨다는 말.

기왕불구
既往不咎

이미 既 갈 往 아니 不 허물 咎

> 이왕 지난 일은 탓하지 아니함.

이미 지나간 일을 가지고 탓해 보았자 아무 소용이 없다는 뜻으로 쓰이는 말 가운데서 널리 알려져 있는 말이「기왕불구」란 말이다. 기왕물구(旣往勿咎)라고도 한다. 탓하지 않는다는 것보다는 탓하지 말라는 것이 더 강한 느낌을 준다.

《논어》에 나오는 공자의 말이다. 팔일(八佾)편에 보면,

노나라 애공(哀公)이 공자의 제자 재아(宰我)에게 사(社)에 대해서 물었다.

「사」는 천자나 제후가 나라를 지켜주는 수호신을 제사지내는 제단을 말하는 것으로, 그 제단 주위에는 나무를 심게 되어 있었다.

재아는 임금의 물음에 대충 설명을 하고 나서 이렇게 끝을 맺었다.

「하후씨(夏后氏)는 사에다 소나무를 심고, 은(殷)나라 사람은 사에다 잣나무를 심었는데, 주(周)나라 사람은 사에다 밤나무(栗)를 심었습니다. 그런데 주나라 사람이 밤나무를 심은 까닭은 백성들로 하여금 전율(戰慄)하게 하려는 뜻에서였습니다」

밤나무란 율(栗)이 전율(戰慄)이란 율과 통용되는 데서 재아가 자기 스스로 착상을 한 것인지 원래의 뜻이 그러했는지는 알 수 없다.

이 말을 전해들은 공자는, 재아의 그 같은 말이 가뜩이나 백성을 사랑할 줄 모르는 임금에게 엉뚱한 공포정치를 하게 할 마음의 계기를 만들어 줄까 두려운 생각이 들었다.

그래서 재아를 보는 순간 이렇게 꾸짖어 말했다. 이 말에 앞서 다른 말이 있었을 것 같은데 그 말은 《논어》에 나와 있지 않다.

「이루어진 일이라 말하지 않고, 되어버린 일이라 간하지 않으며, 이미 지나간 일이라 허물하지 않는다(成事不說 遂事不諫 旣往不咎)」

이 세 가지가 다 비슷한 말인데, 가장 알기 쉬운 기왕불구란 말이 널리 쓰이고 있는 것 같다.

공자가 재아에게 한 이 말뜻은 실상 꾸중하는 이상의 꾸중을 뜻하는 말이다.

돌이킬 수 없는 큰 과오를 범했다는 뜻과, 그러기에 말이란 깊이 생각한 뒤에 해야 한다는 깊은 교훈의 뜻이 포함되어 있다. 그러나 현재는 가벼운 뜻으로 쓰이고 있다.

금독지행〔禽犢之行〕 짐승과 같은 짓이라는 뜻으로, 일가(一家)간에 생긴 음행(淫行).

금란지교〔金蘭之交〕 쇠같이 단단하고 난초(蘭草)처럼 향기로운 사귐이란 뜻으로, 지극히 친한 사이. 《세설신어》

금석지감〔今昔之感〕 금석(今昔)은 지금과 지나간 옛날. 사람의 감회로서 지금이나 예나 다를 바가 없다는 뜻. 또는 현재의 상태에서 지나간 시절이나 처지의 변화를 그리는 감개(感慨)를 나타낼 때도 쓰인다.

금성탕지〔金城湯池〕 견고한 성(城), 수비가 견고함의 비유. 금성(金城)은 금속처럼 단단한 성, 철벽과 같은 뜻. 탕지(湯池)는 성 둘레에 판 도랑물이 열탕처럼 뜨거워 접근하지 못하는 것. 《한서》

금슬〔琴瑟〕 ☞ 금슬상화(琴瑟相和).

금시작비〔今時昨非〕 오늘은 옳고 어제는 그름. 곧 과거의 잘못을 이제야 비로소 깨닫는다는 말. 《귀거래사》

금실지락〔琴瑟之樂〕 부부 사이의 화목한 즐거움의 비유. 금슬지락(琴瑟之樂).

금심수구〔錦心繡口〕 글을 짓는 재주가 뛰어난 사람을 칭찬하여 이르는 말.

금옥만당〔金玉滿堂〕 금관자(金貫子)·옥관자(玉貫子)를 붙인 높은 벼슬아치들이 방안에 가득함. 또는 현명한 신하가 조정에 가득함을 이르는 말. 《노자》

기우
杞憂

나라 杞 근심 憂

> 장래의 일에 대한 쓸데없는 군걱정.

　너무도 잘 알려진 말로, 「기우(杞憂)」는 「기인우천(杞人憂天)」의 준 말이다. 《열자(列子)》 천서편(天瑞篇)에 나오는 우화에서 비롯된 말이다.
　기(杞)나라에 한 사람이 있었다. 그는 하늘이 무너지고 땅이 꺼지면 몸 붙일 곳이 없을 걱정을 한 나머지 침식을 폐하고 말았다(杞國有人 憂天地崩墜 身亡所寄 廢寢食者).
　여기에 또 그의 그 같은 쓸데없는 걱정을 하는 것을 걱정하는 사람이 있었다. 그가 침식을 폐하고 누워 있는 사람을 찾아가 이렇게 말했다.
　「하늘은 기운이 쌓여서 된 것으로 기운이 없는 곳은 한 곳도 없다. 우리가 몸을 움츠렸다 폈다 하는 것도, 숨을 내쉬고 들이쉬고 하는 것도 다 기운 속에서 하고 있다. 그런데 무슨 무너질 것이 있겠는가?」
　그러자 그 사람은 또,
　「하늘이 과연 기운으로 된 것이라면 하늘에 떠 있는 해와 달과 별들이 떨어질 수 있지 않겠는가?」 하고 물었다.
　「해와 달과 별들도 역시 기운이 쌓인 것으로 빛을 가지고 있는 것뿐이다. 설사 떨어진다 해도 그것이 사람을 상하게 하지는 못한다」
　「그건 그렇다 치고 땅이 꺼지면 어떻게 할 것인가?」
　「땅은 쌓이고 쌓인 덩어리로 되어 있다. 사방에 꽉 차 있어서 덩어리로 되어 있지 않은 곳이 없다. 사람이 걸어 다니고 뛰놀고 하는 것도 종일 땅 위에서 하고 있다. 그런데 어떻게 꺼질 수 있겠는가?」
　이 말에 침식을 폐하고 누워 있던 사람은 꿈에서 깨어난 듯 기뻐 어쩔 줄을 몰랐다. 그의 그 같은 모습을 보고 깨우쳐 주러 간 사람도 따라서 크게 기뻐했다는 것이다. 이 이야기 다음에, 열자는 다시 장려자(長廬子)의 말을 덧붙이고 있다. 이들 두 사람의 주고받은 이야기를 전해들은 장려자는 이렇게 말했다.

「하늘이 무너지고 땅이 꺼지지 않을까 걱정하는 것은 지나친 걱정이라고 할 수 있다. 그러나 무너지지 않는다고 단언하는 것 또한 옳지 못하다」

끝으로 열자는 이렇게 결론을 맺고 있다.

「하늘과 땅이 무너지든 무너지지 않든, 그런 것에 마음이 끌리지 않는 무심(無心)의 경지가 중요한 것이다」

이 우화에서 쓸데없는 걱정, 안해도 될 걱정을 「기우」 혹은 「기인지우」 라고 한다.

금옥총〔金屋寵〕 궁인(宮人)이 임금의 총애를 받는 일. 한무제(漢武帝)가 아교(阿嬌)를 좋은 집에 살게 한 고사에서 나옴.

금옥패서〔金玉敗絮〕 겉치레만 금옥같이 꾸미고 속은 추악함.

금의환향〔錦衣還鄕〕 입신출세(立身出世)해서 태어난 고향으로 돌아오는 것. 《남사(南史)》

금지옥엽〔金枝玉葉〕 지(枝)·엽(葉)은 자손의 뜻. 천자의 자손, 황족. 고귀한 신분. 귀여운 자손. 《고금주(古今注)》

기로망양〔岐路亡羊〕 달아난 양을 잡으려고 했지만, 길이 많아서 찾지 못한다는 뜻으로, 진실을 추구하려고 해도 학문의 길이 많아서 쉽게 찾을 수 없음의 비유. 《열자》 ☞ 다기망양(多岐亡羊).

기문지학〔記問之學〕 한갓 고서(古書)를 읽고 외우기만 할 뿐 아무런 깨달음도 활용도 없는 무용(無用)의 학문.

기복염거〔驥服鹽車〕 천리마가 헛되이 소금 수레나 끌고 있다는 뜻으로, 유능한 현사(賢士)가 하찮은 일에 종사함의 비유. 《전국책》 초책(楚策).

기호지세
騎虎之勢

말탈 騎 범 虎 의 之 기세 勢

> 호랑이를 타고 달리는 듯한 기세, 곧 중도에 포기할 수 없는 형세

우리 속담에 「벌인 춤」이란 말이 있다. 잘 추든 못 추든 손을 벌리고 추기를 시작했으면 추는 데까지 출 수밖에 없다는 뜻이다. 이왕 시작했으면 가는 데까지 갈 수밖에 없는 형편을 「기호지세(騎虎之勢)」라고 한다.

「벌인 춤」이 가벼운 체면을 말하는 것이라면, 「기호지세」는 그만두고 싶어도 그만둘 수 없는 절박한 처지를 말한다.

기호지세는 글자 그대로 풀면 호랑이 등에 올라탄 형세란 뜻이다.

가령 여기 한 사람이 어두컴컴한 속에 호랑이를 말로 알고 올라탔다고 하자. 호랑이는 등에 타고 있는 것이 무엇인지도 모르고 놀라 달아나고 있다. 그제야 말이 아니고 호랑인 줄 안 사람이 과연 도중에 뛰어내릴 수 있겠는가. 그러면 당장 호랑이에게 물려 죽고 만다.

이왕 죽을 바엔 가는 데까지 가 보자 하는 체념과 용기가 자연 생기게 된다. 그래서 아마 「기호지세」란 말이 생겨난 것 같다.

이 말은 수문제 양견(揚堅)의 황후 독고씨(獨孤氏)가 남편을 격려하는 말 가운데 나와 있다. 독고씨는 북주(北周)의 대사마 하내공(何內公) 신(信)의 일곱째 딸로, 그녀의 맏언니는 북주 명제(明帝)의 황후였다. 아버지 신이 양견을 크게 될 사람으로 보고 사위를 삼았을 때는 그녀의 나이 겨우 열 네 살이었다.

그녀는 굉장히 영리한 여자로서, 남편이 수나라 황제가 된 뒤에도 내시를 통해서 남편의 정치에 일일이 간섭을 하곤 했기 때문에 당시 사람들은 조정에 두 성인(二聖)이 있다고 했다 한다. 두 성인은 두 천

자를 뜻한다.

한편 그녀는 결혼 당초 남편에게 첩의 자식을 낳지 않겠다는 맹세를 받았다고 하는데, 어찌나 질투가 심한지 언제나 후궁에 대한 감시의 눈을 늦추지 않았고, 그녀가 쉰 살로 죽을 때까지 후궁의 자식이라곤 한 명도 태어나지 못했다 한다.

단 한 번, 문제가 미모의 후궁을 건드렸는데, 이를 안 그녀는 문제가 조회에 나간 사이 후궁을 죽여 버렸다. 화가 난 문제는 혼자 말을 타고 궁중을 뛰쳐나가 뒤쫓아 온 신하를 보고,

「나는 명색이 천자로서 내가 하고 싶은 일도 할 수 없단 말인가?」 하며 울먹이기까지 했다고 한다. 그런 때문인지, 독고황후가 죽고 나자, 문제는 후궁 진씨(陳氏), 채씨(蔡氏)와 너무 사랑에 빠져 생명까지 단축시켰다고 한다.

그건 그렇고, 북주의 선제가 죽고, 양견이 나이 어린 정제(靜帝)를 업고 모든 일을 혼자 처리하고 있을 때, 독고씨는 환관을 시켜 남편 양견에게 이렇게 전했다.

「큰일은 이미 『기호지세』의 형세가 되고 말았소 이제 내려올 수는 없소 최선을 다하시오(大事已然 騎虎之勢 不得下 勉之)」

이리하여 결국 양견은 정제를 밀어내고 수나라 황제가 되었던 것이다.

기불택식〔**飢不擇食**〕 굶주린 사람은 먹을 것을 가리지 않는다는 뜻으로, 전(轉)하여 빈곤한 사람은 사소한 은혜에도 감격함을 비유하여 이르는 말.

기설지복〔**羈紲之僕**〕 기설(羈紲)은 굴레와 고삐라는 뜻으로, 곧 임금의 행차에 말고삐를 쥐고 모시는 사람. 《좌전》

기사회생〔**起死回生**〕 거의 죽음에 이르렀던 사람을 되살리는 것. 구제할 수 없을 정도로 기울어진 기업 등을 재건하고 되살리는 것 따위. 《사기》

기화
奇 貨

기이할 奇 재화 貨

> 못되게 이용하는 기회.

「기화(奇貨)」란 기이한 보화란 뜻이다. 그러나 지금은 본래의 뜻과는 달리 흔히 죄를 범한 사람이 그 죄를 범할 수 있은 좋은 기회를 말한다.

검찰관이 피의자의 논고에 흔히 쓰는 말로 「이를 기화로 하여」란 말이 자주 나온다.

이 말의 유래는 《사기》 여불위전(呂不韋傳)에서 찾아 볼 수 있다.

여불위는 한(韓)나라 수도 양적(陽翟)의 큰 장사꾼이었다. 각국을 돌아다니며 물건을 싸게 사다가 비싼 값으로 넘겨 수천 금의 재산을 모았다.

진소왕(秦昭王) 40년에 소왕의 태자가 죽고, 42년에 소왕은 둘째아들 안국군(安國君)을 태자로 책봉했다.

안국군에게는 20여 명의 아들이 있었다. 또 그에게는 대단히 사랑하는 첩이 있어서 그녀를 정부인으로 세우고 화양부인(華陽夫人)이라 부르게 했는데, 그녀에게는 아들이 없었다.

안국군의 많은 아들 중에 자초(子楚)라는 아들이 있었는데, 그의 어머니 하희(夏姬)는 안국군의 사랑을 받지 못하고 있었다. 자초는 전국 말기에 흔히 있던 인질로 조나라에 가 있게 되었다.

인질이란 서로 침략하지 않겠다는 약속의 증거로 서로 교환되는 사람으로, 대개 왕자나 왕손들이 인질로 가 있었다.

그런데 진나라가 약속과는 달리 자꾸만 조나라를 침략해 왔기 때문에 자초에 대한 조나라의 대우는 갈수록 나빠져만 갔다. 감시가 심해질 뿐만 아니라 일상생활마저 어려워져 가는 형편이었다.

그럴 무렵, 여불위가 조나라 수도 한단(邯鄲)으로 장사차 들어오게 되었다. 그는 우연히 자초가 있는 집 앞을 지나치다가 자초의 남다른 행색을 보고 주위 사람들에게 그 내력을 물었다.

애기를 다 듣고 난 여불위는 매우 딱한 생각을 하며, 타고난 장사꾼의 기질로 문득 혼자 이런 말을 던졌다.

「진기한 보물이다. 차지해야 한다(此奇貨 可居)」

여기서 기화는 「기화가거(奇貨可居)」를 줄인 말이다.

이 때, 자초는 이인(異人)이란 이름을 쓰고 있었다.

이리하여 여불위는 자초를 만나 그를 갖은 방법으로 도와주고 위로하고 하여, 마침내는 그와 뒷날을 굳게 약속한 다음, 그를 화양부인의 아들로 입양을 시켜 안국군의 후사를 잇게 하는 데 성공했다.

그가 자초의 환심을 사고 화양부인을 달래기 위한 교제비로 천금의 돈을 물 쓰듯 했다. 그러나 여불위는 약속 외에 무서운 음모를 품고 있었다. 그것은 그가 한단에서 돈을 주고 산, 얼굴이 기막히게 예쁘고 춤과 노래에 뛰어난 조희(趙姬)란 여자를 자초의 아내로 보내 준 것이다.

그녀의 뱃속에는 이미 여불위의 자식의 씨가 들어 있었다. 그것이 요행히 사내아이일 경우 진나라를 자기 자식의 손으로 남모르게 넘겨주겠다는 음모였다.

과연 아들을 낳았고, 조희는 정부인이 되었다. 이 아들이 뒤에 진시황이 된 여정(呂政)이었는데, 결국 여불위는 자기 아들의 손에 의해 목숨을 잃게 된다.

그러나 한 장사꾼으로서 불행 속에 있는 자초를 기화로 삼아 일거에 진나라 승상이 되어 문신후(文信侯)란 이름으로 10만 호의 봉록에, 천하에 그의 이름과 세력을 떨쳤으니, 장사꾼의 출세로서는 그가 아마 첫손에 꼽히고도 남을 것이다.

기운생동〔氣韻生動〕 화법(畫法)의 비법에서 나온 말. 문장이나 서화(書畫)에 나타나 있는 기품, 정취가 생생하게 약동하고 있음의 비유. 《철경록(輟耕錄)》

기치선명〔旗幟鮮明〕 깃발의 색깔이 뚜렷한 것. 전(轉)해서 입장이나 주의 주장이 명료한 것을 이름. 기치(旗幟)는 표지, 군기(軍旗)의 뜻.

기화가거〔奇貨可居〕 ☞ 기화(奇貨).

나

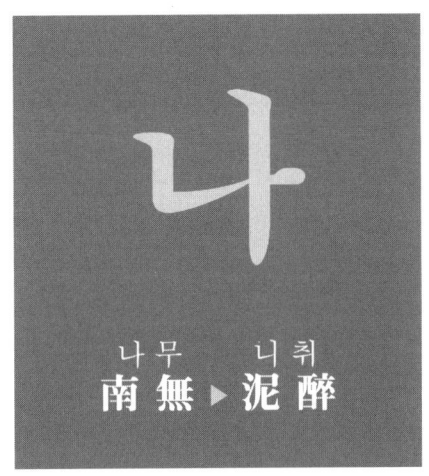

나무　니취
南無 ▶ 泥醉

고사성어대사전

낙백
落 魄

떨어질 落 혼백 魄

> 모든 일이 뜻대로 되지 않아 형편이 말이 아닌 상태.

「낙백(落魄)」은 글자 그대로 풀이하면 넋이 달아났다는 말이다. 그러나 흔히 쓰이기로는, 모든 일이 뜻대로 되지 않아 형편이 말이 아닌 그런 상태를 말한다. 일정한 직업도 생업도 없이 끼니가 간 데 없는 그런 상태를 말한다.

이 말은 《사기》 역생육가열전(酈生陸賈列傳)에 나오는 말이다.

「역생 이기란 사람은 진류 고양 사람으로 글읽기를 좋아했으나, 집이 가난하고 낙백하여, 입고 먹기 위한 일을 하는 것이 없었다(家貧落魄 無以爲衣食業)」

이것이 유명한 역이기의 전기에 나오는 첫머리다. 이 글을 보더라도 집이 가난한 것이 낙백이요, 입고 먹을 벌이마저 할 수 없는 처지가 낙백인 것 같다. 그러나 역시 역이기의 경우는 낙백이란 말이 실의(失意)를 뜻해서, 입고 먹을 벌이를 못한 것이 아니라, 할 생각이 없었던 것 같다. 결국 돈 떨어진 건달의 행색을 낙백이라고 표현할 수 있을 것 같다. 영웅호걸 치고 어느 누가 낙백을 맛보지 않은 사람이 있겠는가.

이런 형편에서 역이기는 마을 문지기 노릇을 하고 있었다. 옛날에는 마을마다 담과 울타리 같은 것으로 마을로 들어가는 문이 있어서 이를 지키곤 했다. 그는 비록 감문(監門)이란 천한 일을 하고 있었지만, 말과 행동만은 그렇게 거만할 수가 없었다. 그래서 사람들은 그를 미치광이라고 불렀다.

그러던 그가 진시황이 죽고 천하가 다시 어지러워지자 출세의 부푼 꿈이 다시 불붙기 시작했다. 호걸들이 의병을 일으켜 서북으로 진격해 올라가느라 고양을 지나게 되면, 혹시나 하고 역이기는 그들 장수들을 만나 보았다. 그러나 한 사람도 마음에 드는 사람이 없었다.

이 때, 뒷날 한고조가 된 패공(沛公) 유방이 땅을 점령해 진류로 들어온다는 소식이 들려왔다. 그런데 다행히도 패공 휘하에 있는 기사(騎士) 한 사람이 역이기와 같은 마을 사람이었는데, 그가 고양 가까이 온 기회에 집에 들르게 되었다.

전부터 패공의 소식을 잘 듣고 있던 역이기는 그 기사를 찾아가 이렇게 말했다.

「내가 듣기에 패공은 거만하고 사람을 업신여기며 뜻이 크다고 하는데, 이런 사람이야말로 내가 같이 한번 따라 일을 해보았으면 하는 사람이다. 그러나 나를 소개해 줄 사람이 없다. 그대가 패공을 보거든 이렇게 말을 해주게. 우리 마을에 역이란 사람이 있는데, 나이는 60이 넘었고 키가 8척이나 되며, 사람들이 다 그를 미치광이라고 부르고 있지만, 그 자신은 미치광이가 아니라고 한다고 말일세」

「하지만 패공은 선비를 좋아하지 않기 때문에, 손님들 중에 선비의 갓을 쓰고 오는 사람이 있으면 그 갓을 벗겨 그 속에다 오줌을 누기까지 하며, 사람들과 말할 때면 항상 큰 소리로 꾸중을 하는 형편인 만큼 절대로 선비로서 패공을 설득시킬 수는 없을 것이오」

「그런 걱정은 말고 제발 만나게만 해주게」

이리하여 이 기사의 소개로 패공은 고양으로 들어왔을 때 사람을 보내 역이기를 불러들였다.

역이기가 패공을 뵈러 들어가자, 패공은 그때 막 평상에 걸터앉아 두 다리를 쭉 뻗고 두 여자에게 발을 씻기고 있었다.

패공은 발을 씻기며 그대로 역이기를 대했다. 역이기는 두 손을 모아 높이 들어 보일 뿐 절은 하지 않고 목소리를 가다듬어 입을 열었다.

「족하(足下)는 진나라를 도와 제후를 칠 생각이오, 아니면 제후를 거느리고 진나라를 칠 생각이오?」

패공은 큰 소리로 꾸짖어 대답했다.

「이 철부지 선비야, 천하가 다 같이 진나라에 시달린 지 오래다. 그래서 제후가 서로 힘을 합해 진나라를 치려는 것이 아니냐. 진나라를 도와 제후를 치다니, 무슨 그런 뚱딴지같은 소리를 한단 말이냐.」

「만일 군대를 모으고 의병을 합쳐 무도한 진나라를 칠 생각이면 그렇게 걸터앉아 늙은이를 대하지는 못할 거요」

이 말에 패공은 얼른 대야를 치우게 하고, 일어나 의관을 갖춘 다음 역생을 상좌로 모셔 올려 그의 의견을 들었다. 이리하여 60 평생을 낙백으로 보낸 역이기는 패공을 도와 동분서주하며 그의 인격과 뛰어난 말재주로 군사 하나 움직이지 않고 제후를 패공의 휘하로 돌아오게 하는 데 비상한 공을 세웠다.

그러나 한신(韓信)이 역이기의 재주를 시기하여, 이미 그가 말로써 항복을 받은 제나라를 무력으로 침공해 들어감으로써 역이기의 술책에 넘어간 줄로 오해를 한 제왕은 역이기를 기름 가마에 넣어 죽이고 말았다. 이 때 제왕(齊王)은 역이기에게, 한신의 침략군을 고이 물러가게 하면 살려 준다는 조건을 내걸었으나, 역이기는 이미 일이 틀린 줄을 알고 큰 소리를 치며 태연히 기름 가마로 뛰어들었다.

나무〔南無〕【불교】범어로 Namas (돌아가 의지함). 부처나 경문(經文) 이름 앞에 붙여 절대적인 믿음을 표시하는 말.

나작굴서〔羅雀掘鼠〕그물을 쳐서 참새를 잡고 굴을 파서 쥐를 잡는다는 뜻으로, 궁지에 몰려 할 수 있는 일은 다 해보는 것을 비유하여 이르는 말. 《당서》

낙락난합〔落落難合〕여기저기 흩어

겨 서로 모이기가 어려움. 《후한서》

낙모지신〔落帽之辰〕 음력 9월 9일 중양절(重陽節)을 달리 부르는 말. 《진서》

낙목공산〔落木空山〕 나뭇잎이 다 져서 비고 쓸쓸한 산. 비 무주공산(無主空山).

낙방거자〔落榜擧子〕 과거에 떨어진 선비. 또는 무슨 일에 성공하지 못한 사람. 《사기》

낙월옥량〔落月屋梁〕 벗의 꿈을 꾸고 깨어 보니, 지는 달이 지붕을 비추고 있더라는 두보(杜甫)의 시에서, 벗을 생각하는 심정이 간절함의 비유.

낙정하석〔落穽下石〕 함정에 빠진 사람에게 돌을 떨어뜨린다는 뜻으로, 곤경에 빠진 사람을 구해주기는커녕 도리어 해롭게 함을 이르는 말. 한유(韓愈)

낙필점승〔落筆點蠅〕 오(吳)나라의 화가 조불흥(曹不興)이 오왕 손권(孫權)의 명을 받아 병풍에다 그림을 그릴 때 잘못해서 떨어뜨린 붓의 흔적을 따라 교묘하게 파리로 바꾸어 그렸다는 고사에서, 화가의 훌륭한 솜씨를 이르는 말. 《오록(吳錄)》

낙화난상지〔落花難上枝〕 한번 진 꽃은 다시 필 수 없다는 뜻으로, 한번 저지른 일은 다시 원상태로 돌이킬 수 없음을 이른 말. 비 복수불반분(覆水不返盆).

낙화유수〔落花流水〕 떨어지는 꽃과 흐르는 물. 전하여 가는 봄의 경치. 또는 널리 쇠패영락(衰敗零落)의 뜻으로도 쓰임. 또 낙화에 정이 있으면 유수 또한 정이 있어 그것을 띄워서 떠내려 보낸다는 뜻으로, 곧 남녀 사이에는 서로 생각하는 정이 있다는 비유. 백거이 《원가이신택과시(元家履信宅過時)》

난사광불〔難思光佛〕 【불교】아미타불의 딴 이름인 열두 광불의 하나. 아미타불이 가지는 열둘의 빛의 덕상(德相) 가운데 부처가 아니고는 추량할 수 없는 빛의 덕이라는 데서 이름.

난신적자〔亂臣賊子〕 나라를 어지럽게 하는 신하와 부모에게 불효하는 못된 자식.

난애동분〔蘭艾同焚〕 난애(蘭艾)는 난초와 쑥. 곧 난초와 쑥을 함께 태운다는 뜻으로, 군자와 소인의 구분 없이 함께 재액을 당함을 이르는 말. 비 옥석구분(玉石俱焚).

난약피금〔爛若披錦〕 찬란한 비단을 펼친 듯하다는 뜻으로, 문장의 문체가 빛나는 모양을 비유하여 이르는 말. 《세설신어》

낙양지귀
洛陽紙貴

서울이름 洛 별 陽 종이 紙 귀할 貴

> 책이 호평을 받아 낙양의 종이 값을 올림.

「낙양지귀(洛陽之貴)」는 어느 특정 서적이 대량으로 출판을 거듭하고 있는 것을 표현하는 말이다. 그 책을 베끼느라 낙양에 종이가 달려 값이 뛰어오르게 되었다는 뜻이니, 요새 우리가 흔히 말하는 「베스트셀러」 정도가 아닐 것이다.

낙양의 지가를 오르게 한 실례를 소개하면 다음과 같다.

진(晋)나라 좌사(左思)는 임치(臨淄) 사람이었다. 아버지 좌옹(左雍)도 하급 관리에서 몸을 일으켜, 그의 학식으로 전중시어사(殿中侍御史 : 검찰총장)란 높은 벼슬로 뛰어오른 사람이다.

좌사는 젊었을 때 글과 음악을 배웠으나 도무지 늘지가 않았다. 그런데 어느 날 그의 아버지가 친구를 보고,

「내가 젊었을 때는 저렇지는 않았었는데……」 하는 소리를 들은 뒤부터 나도 하면 된다는 결심을 하고 공부에 열중하기 시작했다.

그는 뛰어난 문장의 소질을 갖고 있었지만, 얼굴이 못생긴 데다가 날 때부터 말더듬이었기 때문에 사람 대하기를 꺼려해 항상 집안에 들어박혀 창작에만 열중하고 있었다.

이리하여 1년이 걸려, 일찍이 제나라 수도였던 임치의 모습을 운문으로 엮은 「제도부(齊都賦)」를 완성하고, 이에 삼국시대의 촉나라 수도였던 성도와 오나라 수도 건업과 위나라 수도 업(業)을 노래한 「삼도부(三都賦)」를 지을 생각을 했다.

이리하여 많은 참고 서적과 선배들을 찾아 기초 지식을 얻는 한편, 구상을 짜내는 데 10년이란 세월을 쏟았다. 그는 이동안 뜰은 물론이요

대문에서 담 밑에까지 곳곳에 붓과 종이를 준비해 두고, 좋은 글귀가 머리에 떠오르면 그 즉석에서 적어 나갔다. 그러는 동안 그는 자신의 지식이 모자라는 것을 절감한 나머지, 자진해서 비서랑(秘書郞)이란 직책을 얻어 많은 재료를 얻어 보기도 했었다.

　이리하여 완성한 것이「삼도부」였으나, 그에 대한 평이 그리 놀라운 것은 아니었다. 그러나 자신의 작품에 대해 크게 자신을 가진 그는, 당시 초야에서 저술에 종사하고 있던 황보밀(皇甫謐)을 찾아갔다.

　황보밀은 그의 작품을 한번 읽어 보고는「이건 굉장한 문장이다」하고 즉석에서 서문을 써 주었다. 다시 여기에 저작랑(著作郞: 국사편찬관)인 장재(張載)가「위도부」에, 중서랑 유규(劉逵)가「오도부」와「촉도부」에 주석을 붙이고, 위관(衛瓘)이 약해(略解)를 짓는 등 당시 일류 명사들로부터 그 진가를 인정받게 되었다.

　그러나 그의 이름을 단번에 결정적으로 유명하게 만든 것은 사공(司空: 치수와 토목을 맡은 재상) 장화(張華)의 절대적인 찬사 때문이었다.

　「반고(班固)와 장형(張衡)에 맞먹는 작품이다. 읽는 사람으로 하여금, 읽고 나서도 여운이 남고, 여러 날이 지나도 감명을 새롭게 한다」

　이런 찬사가 한번 알려지자, 돈 많고 지위 높은 집 사람들이 앞을 다투어 서로 베껴 가는 바람에 낙양의 종이 값이 오르게 되었다(於是豪貴紙價 競相傳寫 洛陽爲之紙貴)는 것이 《진서》 문원전(文苑傳)에 나오는 이야기다.

　반고·장형과 맞먹는다는 말은 반고의「이도부(二都賦)」와 장형의「이경부(二京賦)」에 견줄 만하다는 이야기다. 한편, 같은 시대의 육기(陸機)도「삼도부」를 짓고 있었는데, 그가 좌사의「삼도부」를 보자,

　「나로서는 한 자도 더 보탤 것이 없다」하고 자기의「삼도부」를 중도에 포기하고 말았다.

육기는 당대 제일가는 문호였을 뿐만 아니라, 후세에까지 손꼽히는 대문장가였다. 아무튼 종이가 발명된 지 2백 년밖에 안되는 당시였던 만큼, 이 이야기에는 조금도 과장이 없었던 것 같다.

난의포식〔暖衣飽食〕 따뜻하게 입고 배불리 식사하는 만족한 살림살이. 물질적인 욕구가 충족된 생활을 이르는 말. 《순자》

난익지은〔卵翼之恩〕 애지중지 양육된 은혜를 이르는 말. 난익(卵翼)은 어미새가 날개로 알을 품고 부화시키듯이, 자식을 애지중지 기르는 것. 《좌전》

난정순장〔蘭亭殉葬〕 당나라 태종(太宗)이 왕희지(王羲之)가 쓴 난정집서(蘭亭集序)를 몹시 아껴 죽어서 그것을 함께 묻게 한 고사에서, 물건을 애호하는 마음이 두터움을 이름. 《상서고실(尙書故實)》

난지점수〔蘭芷漸滫〕 향초(香草)를 오줌에 담근다는 뜻으로, 착한 사람이 나쁜 일에 물듦을 비유하여 이르는 말. 《순자》

난최옥절〔蘭摧玉折〕 난초가 꺾여지고 옥(玉)이 부서진다는 뜻으로, 현인(賢人)이나 미인 등의 죽음을 비유하여 이르는 말. 《세설신어(世說新語)》

난해난입〔難解難入〕【불교】 가르치는 바가 이해하기 어렵고, 또 그 속에 들어가기가 힘들다는 뜻으로, 《법화경(法華經)》의 뜻이 심오하여 깨치기 어렵다는 말.

남기북두〔南箕北斗〕 남쪽의 기성(箕星)은 쌀을 까불지 못하고, 북쪽의 북두성(北斗星)은 쌀을 되지 못한다는 뜻에서, 유명무실함을 이르는 말.

남녀칠세부동석〔男女七歲不同席〕 나이가 7세가 되면 남녀의 구별을 지을 필요가 있다는 말. 《예기》

남만격설〔南蠻鴃舌〕 남방의 미개인이 쓰는 의미 불명의 말이란 뜻에서, 뜻이 통하지 않는 외국인의 말을 멸시한 표현.

남방지강〔南方之强〕 인내의 힘으로 사람을 이겨낸다는 뜻이니, 곧 군자(君子)의 용기를 말함. 《중용》

남부여대〔男負女戴〕 남자는 지고 여자는 이고 감. 곧 가난한 사람이 떠돌아다니면서 삶을 이르는 말.

남비징청〔攬轡澄淸〕 말고삐를 잡으면

서 정치를 맑고 깨끗하게 할 것을 다짐한다는 뜻으로, 관직에 나서는 마음가짐의 비유.《후한서》

남산가이〔南山可移〕 남산은 옮길 수 있을지언정 이미 내린 결정은 절대로 고칠 수 없다는 말로, 한번 먹은 결심은 절대로 굽히지 않겠다는 의지를 나타낼 때 쓰는 말이다.《구당서》

남산지수〔南山之壽〕 남산은 섬서성(陝西省) 서안(西安) 남쪽에 있는 종남산(終南山)을 가리킨다. 종남산이 무너지지 않듯이, 당신의 집안이 끊임없이 계승되어 갈 것이라고 축원하는 데 쓰는 말.《시경》

남선북마〔南船北馬〕 중국의 남부지방은 강이 많아 배를 이용하고, 북방은 평원이 많아 말로 여행을 한다. 오늘은 남쪽을 배로 여행하고, 내일은 북쪽을 말로 달린다. 늘 여기저기 쉴 새 없이 여행하거나 돌아다님을 이르는 말.《회남자(淮南子)》제속훈(齊俗訓). 비 동분서주(東奔西走).

남원북철〔南轅北轍〕 수레의 끌채는 남쪽으로 가고, 바퀴는 북쪽으로 간다는 뜻으로, 행동과 마음이 일치하지 않음을 이르는 말.

남전생옥〔藍田生玉〕 남전은 장안(長安) 근교에 있는 산으로 옥(玉)을 산출한다. 남전에서 미옥(美玉)이 난다는 뜻으로, 명문 집안에서 현명한 자제가 나옴을 비유해서 이르는 말.《삼국지》

남취〔濫吹〕《한비자》내저설(內儲說)에 제(齊)나라 선왕(宣王)이 생황(笙簧)을 즐겨 악인(樂人) 300명을 불러 이를 불게 하였던 바 남곽(南郭)이라는 처사(處士)가 그 기예가 없이 이에 섞여 한때 속여 넘겼으나, 민왕(湣王) 때에 이르러 한 사람씩 불리자 도망했다는 고사에서, 무능한 사람이 재능이 있는 체함. 또는 실력이 없는 사람이 분수 이상으로 어떤 지위에 붙어 있는 일. 남우(濫竽).

남풍불경〔南風不競〕 남방(南方) 가요의 음조에 활기가 없다는 뜻으로, 전하여 남방의 세력이 부진함을 이름.《좌전》

낭다육소〔狼多肉少〕 이리는 많은데 고기는 적다는 뜻으로, 돈은 적은데 나누어 갖기를 원하는 사람은 많음을 이르는 말.

낭두〔囊頭〕 자루를 머리에 뒤집어쓴다는 뜻으로, 입을 다물고 머리를 굽힌다는 뜻

낭묘지기〔廊廟之器〕 묘당(廟堂)에 앉아 천하의 정무(政務)를 보살필 만한 큰 인물이라는 뜻으로, 곧 재상(宰相)감을 일컬음.《삼국지》촉서(蜀書).

207

난형난제
難兄難弟

어려울 難 맏이 兄 아우 弟

> 두 사물의 낫고 못함을 분간하기 어려움.

「난형난제(難兄難弟)」란, 형 노릇하기도 어렵고 동생 노릇하기도 어렵다는 뜻이다. 어느 편이 더 낫다고 말할 수 없는 경우를 가리켜 난형난제라고 한다. 원래는 좋은 의미로만 사용되었는데, 뒤에는 좋지 못한 경우에도 쓰이게 되었고, 요즘은 오히려 좋지 못한 경우에 더 많이 쓰이고 있는 것 같다.

「양상군자(梁上君子)」란 말로 유명한 후한 말기의 진식(陳寔, 140~187)은 태구(太丘)의 현령이란 말직에 있으면서도, 그의 아들 진기(陳紀 : 字는 원방), 진심(陳諶 : 字는 계방)과 함께 3군(君)이라고 불릴 정도로 덕망이 높았다.

언젠가 손이 진식의 집에서 묵게 되었다. 진식은 진기와 진심 두 형제에게 밥을 짓도록 시켜 놓고 손과 토론에 열중하고 있었다.

두 형제는 쌀을 일어 밥을 지으면서도, 아버지와 손님의 토론에 귀를 기울이는 사이 그만 자신들도 모르게 이야기에 열중하고 말았다. 얼마 후 진식은 아들에게,

「밥은 다 되었느냐」 하고 물었다. 그제야 정신이 들어 솥뚜껑을 열고 보았지만, 솥에는 밥이 아닌 죽이 끓고 있었다. 채반을 놓고 그 위에 쌀을 올려 찌게 되어 있는데, 이야기에 정신이 팔려 채반을 놓지 않고 쌀을 그대로 물 속에 집어넣었기 때문이다.

두 아들은 무릎을 꿇고 사실대로 알린 다음 용서를 빌었다. 그러자 아버지는,

「그럼 너희들은 우리가 한 이야기를 알고 있겠구나」 하고 물었다.

「네, 대강은 알고 있습니다」

「그럼 어디 한번 이야기해 보려무나」

두 아들은 차근차근 조리 있게 대답을 했다. 놀랍게도 하나도 빠뜨리지 않고 요점을 다 알고 있는 것이었다.

「됐다. 그럼 죽이라도 상관없다. 용서는 빌지 않아도 된다」하고 아버지는 미소를 지었다.

《세설신어(世說新語)》 숙혜편(夙惠篇)에 나오는 이야기인데, 역시 같은 책 방정편(方正篇)에도 진기의 일곱 살 때의 이야기가 다음과 같이 실려 있다.

진식이 친구와 같이 어딘가에 가자는 약속을 한 일이 있었다. 한낮으로 시간을 정해 두었는데, 시간이 지나도록 친구가 나타나지 않자 진식은 먼저 떠나고 말았다. 뒤늦게 찾아온 친구는 문 밖에서 놀고 있는 진기에게, 아버지가 집에 계시느냐고 물었다. 진기가,

「아버님은 손님 오실 때를 오래 기다리시다가 오시지 않자 먼저 떠나셨어요」하고 대답하자, 친구는 화를 버럭 내며,

「돼먹지 않은 녀석 같으니라고 약속을 해두고 혼자서 먼저 가버리다니, 세상에 그런 법이 있담!」하고 욕을 했다. 그러자 진기가 이렇게 대꾸를 하는 것이었다.

「손님께서 아버지와 정오에 만나기로 약속하셨지요? 그런데 한낮이 지나도록 오시지 않은 것은 손님께서 신의를 저버린 것이 아닐까요? 그리고 자식을 앞에 두고 그 아버지 욕을 한다는 것은 예의에 벗어난 일이 아닌가요?」

친구는 어린 것에게 책망을 당하는 순간, 깊이 자신의 잘못을 뉘우치고 얼른 수레에서 내려 사과하려 했다. 그러나 진기는 상대를 하지 않고 대문 안으로 들어가 버렸다.

「그 아버지에 그 아들」이란 말이 있듯이 이 진기의 아들 진군(陳群)도 또한 수재여서, 뒤에 위문제(魏文帝) 조비(曹丕) 때 사공(司空)과 녹상서사(錄尙書事:재상)의 벼슬을 했고, 구품관인법(九品官人法)을 입안한 것으로 알려져 있다.

이 진군이 어렸을 때의 이야기다. 언젠가 진심의 아들 진충(陳忠)과 사촌끼리 서로 자기 아버지의 공적과 덕행을 자랑하여 서로 훌륭하다고 주장을 했으나 결말이 나지 않았다. 그래서 할아버지 진식에게 판정을 내려 줄 것을 요구했다. 그러자 진식은,

「원방도 형 되기가 어렵고, 계방도 동생 되기가 어렵다(元方難爲兄季方難爲弟)」고 대답했다.

결국, 형도 그런 훌륭한 동생의 형 노릇하기가 어렵고, 동생도 그런 훌륭한 형의 동생 노릇하기가 어려운 형편이니, 누가 보다 훌륭하고, 누가 보다 못한지를 가릴 수 없다는 이야기다. 과연 진식다운 대답이었다.

낭자야심〔狼子野心〕 이리는 야성(野性)이 있어 길들여지지 않는다는 뜻으로, 흉포한 사람이나 신의 없는 사람은 쉽게 교화시킬 수 없음을 비유하여 이르는 말. 《좌전》

낭중지추〔囊中之錐〕 주머니 속의 송곳. 송곳은 주머니에 넣어도 뾰족한 것이 튀어나온다는 말로서, 재능이 뛰어난 사람은 숨어 있어도 사람에게 알려짐의 비유. 《사기》

낭중취물〔囊中取物〕 주머니 속에 있는 것을 꺼내 가진다는 뜻으로, 손쉽게 얻을 수 있음의 비유.

낭청좌기〔郎廳坐起〕 벼슬이 낮은 낭청이 좌기한다는 뜻으로, 아랫사람이 하는 처사가 윗사람보다 더 심하고 지독함을 이르는 말.

낭패〔狼狽〕 낭과 패는 다 같이 이리인데, 패는 앞발은 매우 짧고 뒷발은 매우 길어 언제나 낭의 등에 업혀 다니며 낭이 없을 때는 걸어가지 못한다고 한 데서, 일이 뜻대로 되지 않아 매우 딱하게 됨을 이름. 《남사(南史)》

내무내문[乃武乃文] 문무(文武)를 함께 갖춘다는 뜻으로, 임금의 덕을 높이고 기림. 《서경》

내성외왕[內聖外王] 안으로는 성인(聖人)이며, 밖으로는 임금의 덕을 겸비한 사람. 《장자》

내심왕실[乃心王室] 마음을 왕실에 둠. 곧 나라에 충성함. 《서경》

내우외환[內憂外患] 나라 안팎의 근심 걱정. 또는 일반적으로 안팎에 고민거리가 끊이지를 않음의 비유. 《좌전》 성공(成公).

내유외강[內柔外剛] 사실은 마음이 약한데도 외부에 나타내는 태도는 강하게 보이는 일. 《역경》

내자가추[來者可追] 이미 지난 일은 어쩔 수 없으나 앞으로의 일은 조심하여 지금까지와 같은 과실을 범하지 않을 수 있음. 《논어》

내자불거[來者不拒] ☞ 거자불추 내자불거(去者不追 來者不拒).

내전보살[內殿菩薩] 알고도 모르는 체하고 가만히 있는 사람을 가리키는 말.

내조지공[內助之功] 아내가 집안을 잘 다스려 남편을 돕는 일을 비유하는 말. 《삼국지》 위서(魏書).

냉난자지[冷暖自知] 차고 더운 것을 자기 스스로 안다는 뜻으로, 자기의 일은 남의 말을 듣지 아니하고도 자기 스스로 안다는 뜻. 《전등록(傳燈錄)》

노구능해[老嫗能解] 늙은 할머니도 다 이해한다는 뜻으로, 글을 쉽게 쓰기 위해 노력하는 자세를 이름. 백거이(白居易).

노기복력[老驥伏櫪] 늙은 천리마가 헛간 널빤지 위에서 잠을 잔다는 뜻에서, 유위(有爲)한 인물이 나이를 먹어 뜻을 펴지 못하고 궁지에 빠짐을 비유하여 이르는 말. 《삼국지》 위서.

노당익장[老當益壯] 늙었어도 더욱 기운이 씩씩한 사람. 또는 사람은 늙을수록 더욱 뜻을 굳게 해야 함. 노익장(老益壯). 《후한서》

노류장화[路柳墻花] 누구든지 꺾을 수 있는 길가의 버들과 담 밑의 꽃이라는 뜻으로, 창부(娼婦)를 가리키는 말.

노마십가[駑馬十駕] 노마(駑馬: 걸음이 느린 말)도 준마(駿馬)의 하룻길을 열흘에는 갈 수 있다는 뜻으로, 둔재(鈍才)도 힘쓰면 된다는 말. 《순자》

노마지지[老馬之智] 늙은 말의 지혜란 뜻으로, 경험을 쌓아 사물에 익숙하여 잘 알고 있음의 비유. 《한비자》 ⓑ 노마식도(老馬識途).

노반지교[魯般之巧] 손재주가 있어 무엇이든 잘 만드는 것을 비유해 이르는 말. 《맹자》 이루.

남가일몽
南柯一夢

남녘 南 가지 柯 한 一 꿈 夢

> 꿈과 같이 헛된 한때의 부귀와 영화.

「남가일몽(南柯一夢)」은 남쪽으로 뻗은 나뭇가지 밑에서의 한 꿈이란 뜻이다. 사람의 덧없는 일생과 부귀 같은 것을 비유해 하는 말이다. 옛날 소설 따위를 보면 생시와 다름없는 역력한 꿈을 말할 때 이 남가일몽이란 문자를 쓰곤 했다. 생시와 다름없는 꿈이란 뜻일 것이다.

장자의 나비꿈(胡蝶夢)의 이야기처럼 사람은 과연 생시 같은 꿈을 꾸고 있는 건지, 꿈같은 삶을 살고 있는 건지 모를 일이다.

남가일몽이란 문자의 유래는 다음과 같다. 당나라 덕종(德宗 : 재위 779~805) 때, 강남 양주(揚州) 땅에 순우분이란 사람이 살고 있었다. 그의 집 남쪽에는 몇 아름이나 되는 큰 괴화나무가 넓게 그늘을 드리우고 있었는데, 여름철에는 친구들과 어울려 그 괴화나무 밑에서 술을 마시며 즐기곤 했다.

하루는 밖에서 술에 취한 순우분이 친구의 부축을 받으며 집으로 업혀 들어와서는 처마 밑에서 잠시 바람도 쐴 겸 누워 있었다. 잠이 어렴풋이 들었는가 했는데, 문득 바라보니 뜰 앞에 두 관원이 넙죽 엎드려 있었다. 그들은 머리를 들고,

「괴안국(槐安國) 국왕의 어명을 받잡고 모시러 왔습니다」 하는 것이었다.

순우분은 그들을 따라 문 밖에 대기하고 있는 네 마리 말이 끄는 마차에 올라탔다. 마차는 쏜살같이 달리더니 큰 괴화나무 뿌리 쪽에 있는 나무 굴로 들어갔다. 처음 보는 풍경 속을 수십 리를 지나 화려한 도성에 와 닿았다. 왕궁이 있는 성문에는 금으로 「대괴안국(大槐安國)」이

라 씌어 있었다.
  국왕을 알현하자, 국왕은 그를 부마로 맞이할 뜻을 비쳤다. 그의 부친은 일찍이 북쪽 변방의 장수로 있었는데, 그가 어릴 때 간 곳을 알 수 없게 되었다. 괴안국 왕의 이야기로는 그의 아버지와 상의가 있어 이 혼사를 결정했다는 것이었다.
  부마로 궁중에서 살게 된 그에게 세 명의 시종이 따르게 되었는데, 그 중 한 사람은 얼굴이 익은 전자화(田子華)란 사람이었다. 또 조회 때 신하들 속에 술친구였던 주변(周辯)을 발견하게 되었는데, 전자화의 말로는 지금은 출세를 해서 대신이 되어 있다고 했다.
  이윽고 남가군의 태수로 임명되어, 전자화와 주변을 보좌역으로 데리고 부임했다. 그로부터 20년 동안 두 사람의 보좌로 고을이 태평을 누리게 되고, 백성들은 그를 하늘처럼 우러러보았다. 그 사이 다섯 아들과 두 딸을 얻었는데, 아들들은 다 높은 벼슬에 오르고, 딸은 왕가에 시집을 가서, 그 위세와 영광을 덮을 가문이 없었다.
  20년이 되던 해, 단라국(檀羅國) 군대가 남가군을 침략해 들어왔다. 주변이 3만의 군대를 이끌고 나가 맞아 싸웠으나 크게 패했다. 주변은 이내 등창을 앓다가 죽고, 뒤이어 순우분의 아내 역시 급병으로 세상을 떠나고 말았다.
  그는 벼슬을 사임하고 서울로 돌아왔다. 그러나 그의 명성을 사모하여 찾아오는 귀족과 호걸들이 문턱이 닳도록 드나들었다.
  그러자 그가 역적 음모를 꾸민다고 투서를 하는 사람이 있었다. 왕은 겁을 먹고 있던 참이라 그에게 근신을 명령했다. 그는 스스로 죄가 없는지라 심한 불행 속에 나날을 보냈다. 이것을 눈치챈 국왕 내외는 그에게,
  「고향을 떠난 지 벌써 오래니, 한번 다녀오는 것이 어떻겠는가? 그동안 손자들은 내가 맡을 터이니 3년 후에 다시 만나기로 하지」 하고 권

했다. 그가 놀라,

「제 집이 여긴데, 어디를 간단 말입니까?」 하고 반문하자,

「그대는 원래 속세 사람, 여기는 그대의 집이 아닐세」하며 웃는 것이었다. 순우분은 그제야 옛날 생각이 되살아나 고향으로 돌아가기로 했다.

처음 그를 맞이하러 왔던 사람들에 의해 옛 집으로 돌아오자, 처마 밑에 자고 있는 자기 모습이 보였다. 깜짝 놀라 우뚝 서 있노라니 두 관리가 큰 소리로 그의 이름을 불렀다. 번쩍 눈을 뜨니, 밖은 그가 처음 업혀 올 때와 변한 것이 없고, 하인은 뜰을 쓸고 있고, 두 친구는 발을 씻고 있었다.

그가 친구와 함께 괴화나무 굴로 들어가 살펴보니 성 모양을 한 개미집이 있는데, 머리가 붉은 큰 개미 주위를 수십 마리의 큰 개미가 지키고 있었다. 그것이 「대괴안국」의 왕궁이었다. 다시 구멍을 더듬어 남쪽으로 뻗은 가지(南柯)를 네 길쯤 올라가자 네모진 곳이 있고 성 모양의 개미집이 있었다. 그가 있던 남가군이었다. 그는 감개가 무량해서 그 구멍들을 본래대로 고쳐 두었는데, 그날 밤 폭풍우가 지나가고 아침에 다시 보니 개미들은 흔적마저 보이지 않았다.

남가군에서 만난 사람들과는 열흘 전에 만난 일이 있었다. 하인을 시켜 알아보니 주변은 급병으로 죽고, 전자화도 병으로 누워 있었다.

그는 이 남가의 한 꿈에 인생의 허무함을 깨닫고 술과 여자를 멀리하며 도술(道術)에 전념하게 되었다. 그런 지 3년 뒤에 집에서 죽었는데, 이것이 남가국에서 약속한 기한이 되는 해였다.

이것은 당나라 이공좌(李公佐)가 지은 이야기로 《이문집(異聞集)》이란 책에 실려 있던 것이 《태평광기》에 다시 수록되어 지금까지 전해지고 있다.

노발충관〔怒髮衝冠〕 노한 머리털이 관을 추켜올린다는 뜻으로, 몹시 성난 용사(勇士)의 모습을 이르는 말. 《사기》

노방생주〔老蚌生珠〕 늙은 조개가 진주를 낳았다는 뜻으로, 만년에 아들을 낳음을 이르는 말. 《서언고사(書言故事)》

노사일음〔勞思逸淫〕 일을 해야만 근검절약이 무엇인 줄 알지 안락만 추구하면 나쁜 마음만 일어난다는 뜻.

노생상담〔老生常譚〕 늙은 서생(書生)이 늘 하는 이야기라는 뜻으로, 새로운 의견이 없이 늘 들어서 누구나 외울 수 있을 정도로 상투적인 말. 또는 늙은이의 시세(時勢)에 어두운 케케묵은 이론의 비유. 《위서》

노소부정〔老少不定〕 사람의 수명은 정해져 있지 않아 언제 죽을지 알 수 없다고 하는 것. 노인이 먼저 죽고 소년이 장생(長生)한다는 정해진 바는 없다. 제행무상(諸行無常)이라는 말 가운데 하나.

노승목〔猱升木〕 나무를 잘 타는 원숭이에게 나무 타는 법을 가르쳐 우쭐하게 만들어 악(惡)으로 이끈다는 뜻. 《시경》

노승발검〔怒蠅拔劍〕 파리에게 화가 나서 칼을 뺀다는 뜻으로, 사소한 일에 화를 내는 사람을 비웃는 말. 비 견문발검(見蚊拔劍).

노실색시〔怒室色市〕 방안에서 노하고 저자거리에 나가서 노여움을 나타낸다는 뜻으로, 노여움을 다른 데 옮긴다는 말. 우리 속담에「종로에서 뺨 맞고 한강에서 눈 흘긴다」는 말과 유사하다. 또는 때늦은 행동을 이르기도 한다.

노심초사〔勞心焦思〕 마음을 태우며 괴롭게 염려함. 이를테면 성적이 나쁜 자식을 생각하는 부모의 고뇌(苦惱).

노안비슬〔奴顏婢膝〕 사내종의 얼굴과 계집종의 무릎이란 뜻으로, 남에게 종처럼 지나치게 굽실거리는 더러운 태도. 《포박자》

노양지과〔魯陽之戈〕 전국시대 초(楚)나라의 노양공(魯陽公)이 한(韓)나라와의 싸움 중에 날이 저물자, 창을 들어올려 해가 지는 것을 멈추게 했다는 고사에서, 쇠한 것을 되살려냄의 비유. 《회남자》

노어지오〔魯魚之誤〕 글자 모양이 비슷한 문자를 잘못 베껴 쓰는 것. 책도 세 번 베껴 쓰면 어(魚) 자를 노(魯) 자로 잘못 쓰고, 허(虛) 자를 호(虎) 자로 잘못 쓴다는 데서, 문자를 잘못 베끼는 것을 이름. 비 노어해시(魯魚亥豕). 《포박자》

215

남귤북지
南橘北枳

남녘 南 귤나무 橘 북녘 北 탱자나무 枳

사람은 그 처한 환경에 따라서 기질도 변함을 비유하여 이르는 말.

　같은 종류의 것이라도 기후와 풍토가 다르면 그 모양과 성질이 달라지기 마련이다. 같은 사람이라도 그가 살고 있는 주위 환경이 달라지면 생각과 행동이 달라지는 법이다. 이 같은 진리를 예로 보여준 것이 바로 여기에 나오는「강 남쪽에 심은 귤을 강 북쪽에 옮겨 심으면 탱자가 된다(江南種橘江北爲枳)」는 말이다.

　여기에 따른 재미있는 이야기가 있다. 춘추시대 말기, 제(齊)나라에 유명한 안영(晏嬰)이란 재상이 있었다. 공자도 그를 형님처럼 대했다는 이 안영은 지혜와 정략이 뛰어난 데다가 구변(口辯)과 담력 또한 대단했고, 특히 키가 작은 것으로 더욱 이름이 알려져 있었다.

　어느 해 초(楚)나라 영왕(靈王)이 안영을 자기 나라로 초청했다. 안영이 하도 유명하다니까 얼굴이라도 한번 보았으면 하는 호기심과 그토록 대단하다는 안영의 코를 납작하게 만들겠다는 심술 때문이었다. 영왕은 간단한 인사말을 끝내기가 바쁘게 이렇게 입을 열었다.

　「제나라에는 그렇게 사람이 없소?」

　「어찌 그런 말씀을 하십니까? 길가는 사람은 어깨를 마주 비비고 발꿈치를 서로 밟고 지나가는 형편입니다」

　「그렇다면 하필 경 같은 사람을 사신으로 보낸 까닭은 뭐요?」

　안영의 키 작음을 비웃어 하는 말이었다. 외국 사신에게 이런 실례되는 말이 없겠지만, 초왕은 당시 제나라를 대단치 않게 보았기 때문에 이런 농을 함부로 했다. 안영은 서슴지 않고 태연히 대답했다.

　「그 까닭은 이렇습니다. 우리나라에서는 사신을 보낼 때 상대방

나라에 맞게 골라서 보내는 관례가 있습니다. 즉 작은 나라에는 작은 사람을, 큰 나라에는 큰 사람을 보내는데, 신은 그 중에서도 가장 작은 편에 속하기 때문에 뽑혀서 초나라로 오게 된 것입니다」

은근히 상대를 놀려주려다가 보기 좋게 한방 먹은 초왕은 얼굴이 화끈 달아올랐다. 첫 번째 계획이 실패로 돌아가자 두 번째 계획으로, 궁궐 뜰 아래로 멀리 포리들이 죄인을 앞세우고 지나갔다.

「여봐라!」 왕은 포리를 불러 세웠다.

「그 죄인은 어느 나라 사람이냐?」 그러자 포리가 대답했다.

「제나라 사람이옵니다」

「죄명이 무엇이냐?」

「절도죄이옵니다」 그러자 초왕은 안영을 바라보며 말했다.

「제나라 사람은 원래 도둑질을 잘하오?」

계획 치고는 참으로 유치했으나, 당하는 안영에게는 이 이상의 모욕은 있을 수 없었다. 그러나 안영은 초연한 태도로 대답했다.

「강 남쪽에 귤이 있는데, 그것을 강 북쪽으로 옮겨 심으면 탱자가 되고 마는 것은 토질 때문입니다. 제나라 사람이 제나라에 있을 때는 원래 도둑질이 뭔지도 모르고 자랐는데, 그가 초나라로 와서 도둑질을 한 것을 보면 역시 초나라의 풍토 때문인 줄로 아옵니다」

며칠을 두고 세운 계획이 번번이 실패로 돌아가게 되자, 초왕은 그제야 그만 안영에게 항복을 하고 말았다.

「애당초 선생을 욕보일 생각이었는데, 결과는 과인이 도리어 욕을 당하는 꼴이 되었구려」 하고 크게 잔치를 벌여 안영을 환대하는 한편, 다시는 제나라를 넘볼 생각을 못했다는 것이다. 안영이 만들어낸 말은 아니지만, 역시 그것은 진리였다. 식물은 풍토가 중요하고 사람은 환경이 중요한 것이다.

남상
濫 觴

넘칠 濫 담글(술잔) 觴

> 사물의 시초나 근원을 이르는 말.

남(濫)은 물이 넘친다는 뜻도 되는데, 여기서는 물 위에 뜬다는 뜻이다. 상(觴)은 술잔을 말한다. 즉 「남상」은 술잔을 띄울 만한 조그만 물이란 뜻이다.

이것은 《순자》 자도편(子道篇)에도 거의 같은 글이 실려 있다. 큰 배를 띄우는 큰 강물도 그 첫 물줄기는 겨우 술잔을 띄울 만한 작은 물이란 뜻에서, 모든 사물의 처음과 출발점을 말하여 남상이라 한다.

《순자》에 나오는 이야기를 소개하면 다음과 같다. 공자의 제자 자로(子路)가 화려한 차림을 하고 공자를 가 뵈었다. 공자는 자로의 그 같은 모습을 보고 말했다.

「유(由 : 자로의 이름)야, 너의 그 거창한 차림은 어찌된 일이냐?」

공자는 자로가 전과 달리 그런 화려한 차림을 하고 있는 것을 보자, 그가 혹시 사치와 교만에 빠져드는 것이 아닌가 싶어 걱정이 되었다. 그래서 양자강을 비유로 들어 이야기를 시작한다.

「원래 양자강은 민산에서 시작되는데, 그것이 처음 시작할 때는 그 물이 겨우 술잔을 띄울 만했다(昔者 江出於岷山 其始出也 其源可以濫觴). 그러나 그것이 강나루에 이르렀을 때는 큰 배를 띄우고 바람을 피하지 않고는 건널 수 없다. 그것은 하류의 물이 많기 때문에 사람들이 겁이 나서 그러는 것이다. 지금 너는 화려한 옷을 입고 몹시 만족한 얼굴을 하고 있는데, 사람들이 너의 그 같은 태도를 보게 될 때 누가 너를 위해 좋은 충고를 해줄 사람이 있겠느냐」 하고 타일렀다.

항상 자기의 허물을 듣기를 좋아하고, 또 그 허물을 고치는 데 과감하기로 유명한 자로는 공자의 꾸중을 듣자 당장 옷을 바꾸어 입고 겸손한 태도로 다시 공자를 뵙게 된다.

공자는 다시 자로에게 긴 교훈의 말을 주게 되는데 그것은 약하기로 한다.

「남상」을 잔을 담근다고 풀이하기도 한다. 잔을 띄우는 것이 큰 물 위에서도 가능하다고 본다면 잔을 물에 담가도 떠내려가지 않을 정도의 작은 물로 해석하는 것이 정확하다고 본다.

노연분비〔勞燕分飛〕 때까치와 제비가 따로 헤어져 날아간다는 뜻으로, 사람의 이별을 비유하여 이르는 말.

노우지독〔老牛舐犢〕 어미소가 송아지를 핥는다는 뜻으로, 자식에 대한 부모의 깊은 사랑을 비유하여 이르는 말.《후한서》

노축암〔怒蹴巖〕 성이 나서 바위를 찬다는 뜻으로, 분을 참지 못하는 사람이 오히려 자기 몸을 해친다는 말.《순오지》

노파심절〔老婆心切〕 남의 일을 지나치게 걱정하는 마음. 노파가 이것 저것 장황하게 마음을 쓰는 친절심(親切心)을 말한다. 「노파심」이라는 말은 여기에서 온 것이다.《전등록》

녹록지배〔碌碌之輩〕 녹록(碌碌)은 흔해빠진 것을 말한다. 곧 특별히 두드러진 데도 없이 평범한 인물을 이르는 말.《후한서》

녹림호걸〔綠林豪傑〕 ☞ 녹림(綠林).

녹빈홍안〔綠鬢紅顔〕 윤이 나는 검은 머리와 붉은 얼굴이란 뜻으로, 곱고 젊은 여자의 얼굴.

녹사수수〔鹿死誰手〕 사슴은 누구의 손에 죽는가라는 뜻으로, 양자간에 실력이 대등하여 승부가 어떻게 날지 알 수 없을 때 쓰는 말. 또는 사슴을 쫓는다는 축록(逐鹿)은 천하를 다툰다는 것을 비유해서, 천하는 바야흐로 누구에게 돌아갈 것인가를 이르는 말.《진서(晋書)》

녹엽성음〔綠葉成陰〕 푸른 잎이 무성하게 우거져 그늘이 짙게 드리운다는 뜻으로, 혼인한 여자가 슬하(膝下)에 많은 자녀를 둔 것을 비유하여 이르는 말.

노이무공
勞而無功

수고할 勞 말이을 而 없을 無 공 功

> 애만 쓰고 애쓴 보람이 없음.

「노이무공」은 굳이 출전(出典)을 캘 것까지도 없는 쉬운 말이다. 애만 쓰고 애쓴 보람이 없다는 말이다.

굳이 그 출전을 캐 본다면 다음과 같은 것이 있다.

《장자》 천운편(天運篇)에, 공자가 위(衛)나라로 갔을 때, 위나라 사금(師金)이란 사람이 공자의 제자 안연에게, 공자를 이렇게 평했다.

「물 위를 가는 데는 배만한 것이 없고, 육지를 가는 데는 수레만한 것이 없다. 만일 물 위를 가는데, 적당한 배를 육지에서 밀고 가려 한다면 평생 걸려도 몇 발자국을 가지 못할 것이다. 옛날과 지금과는 물과 육지처럼 달라져 있고, 주나라와 노나라와는 배와 수레만큼 차이가 있다. 그런데 지금 주나라 때에 행해지고 있던 도를 노나라에서 행하려 하고 있으니, 이것은 배를 육지에서 밀고 있는 것과 같다. 애쓰고 공이 없을 뿐만 아니라 몸에 반드시 화가 미치게 될 것이다(勞而無功 身必有殃). 공자는 아직 사물에 따라 막힘이 없는 무한한 변화를 가진 도가 있다는 것을 모르고 있다」

또는 《순자》의 정명편(正名篇)에도,

「어리석은 사람의 말은 막연해서 갈피를 잡을 수 없고, 번잡하고 통일이 없으며, 그리고 시끄럽게 떠들어대기만 한다. 또 명목에 이끌리고, 말에만 현혹되어 참뜻을 캐내지 못하고 있다. 그렇기 때문에 열심히 말은 하지만 요령이 없고, 몹시 애는 쓰지만 공이 없다(故窮藉而無極 甚勞而無功)……」 고 했다. 또한 《관자(管子)》 형세편에도,

「옳지 못한 것에 편들지 말라. 능하지 못한 것을 강제하지 말라. 알

지 못하는 사람에게 이르지 말라. 이 같은 것을 가리켜 수고롭기만 하고 공이 없다고 말한다(謂之勞而無功)」고 했다.

저자의 연대로 따지면 《관자》가 가장 오래다. 그러나 굳이 이 말이 어느 사람의 독창에서 나온 말은 아닐 것으로 본다.

녹음방초〔綠陰芳草〕 우거진 나무 그늘과 꽃다운 풀이라는 뜻으로, 여름철을 가리키는 말.

녹의사자〔綠衣使者〕 푸른 옷을 입은 사자라는 뜻으로, 앵무새의 별칭.

녹의홍상〔綠衣紅裳〕 연두저고리에 다홍치마. 곧 젊은 여자의 곱게 치장한 복색.

논공행상〔論功行賞〕 공적의 유무·대소를 논결하여 각각 알맞은 상을 주는 일. 《위지(魏志)》 명제. 비 신상필벌(信賞必罰).

농와지경〔弄瓦之慶〕 와(瓦)는 실패. 옛날 중국에서는 딸을 낳으면 장난감으로 길쌈할 때 쓰는 실패를 주었다는 데서, 딸을 낳은 기쁨을 이름. 《시경》

농위정본〔農爲政本〕 농사야말로 정치의 근본이고, 나라의 기반이 된다는 말. 《제범(帝範)》

농장지경〔弄璋之慶〕 장(璋)은 구슬. 옛날 중국에서는 아들을 낳으면 장난감으로 구슬을 준 데서, 아들을 낳은 기쁨을 이름. 《시경》

농조연운〔籠鳥戀雲〕 새장에 갇힌 새가 구름을 그리워한다는 뜻으로, 속박 받는 몸이 자유를 희구하는 마음. 《할관자》

뇌봉전별〔雷逢電別〕 우레같이 만났다가 번개같이 헤어진다는 뜻으로, 갑자기 잠깐 만났다가 곧 이별함을 이르는 말.

뇌성대명〔雷聲大名〕 세상에 높이 드러난 이름. 또는 남의 이름을 높여 하는 말.

누고지재〔螻蛄之才〕 땅강아지의 재주라는 뜻으로, 무엇이든 다루어 다재다능해 보이지만, 무엇을 하든 무엇을 시키든 미숙하여 반거들충이(무엇을 배우다가 다 이루지 못한 사람)에 비유한다. 《고금주(古今注)》

누월재운〔鏤月裁雲〕 달을 아로새기고 구름을 마른다는 뜻에서, 세공(細工)의 공교(工巧)하고 아름다움의 비유.

녹림
綠林

푸를 綠 수풀 林

> 도적의 소굴.

「녹림」은 푸른 숲이란 뜻인데, 이것이 녹림의 호걸(豪傑)이라든가, 녹림에 몸을 담는다든가 하면 의미가 달라진다. 녹림과 산림(山林)을 혼동해서 녹림처사(綠林處士)란 말을 쓰는 사람이 간혹 있는데, 새로운 문자로 쓴다면 모르되, 고사에 나오는 문자로 쓴다면 큰 실수로 볼 수밖에 없다.

옛날에는 벼슬도 세속도 마다하여 산 속에 파묻혀 글이나 읽고 지내는 사람을 산림처사라 불렀는데, 특히 이름난 학자에게는 나라에서 산림이란 칭호를 내리기도 했다.

산림과는 달리 녹림에는 처사가 있을 수 없고, 있다면 세상을 등진 호걸이 있을 수 있다. 녹림호걸의 가장 대표적인 작품을 든다면 아마 《수호지(水滸志)》가 될 것이다. 결국 녹림호걸은 권력을 잡은 사람들이 볼 때는 적에 불과한 것이다. 따라서 녹림은 도적의 소굴을 뜻하게 된다.

녹림이란 말의 출전은 꽤 오래다.

전한과 후한 사이에 왕망(王莽)의 신(新)이란 나라가 15년간 계속된 일이 있다.

왕망은 한나라 천하를 빼앗아 황제가 된 다음, 나라 이름을 신이라 고치고 모든 제도를 개혁하는 새로운 정책을 실시하려 했다. 그러나 왕망에게는 그만한 실력도 없었고, 또 개혁이 너무 급격했기 때문에 혼란만 빚고 말았다.

이리하여 극도의 생활고에 빠진 백성들은 새 정부에 불만을 품은 호걸들에 이끌려 각처에서 반란을 일으켰다. 천봉 4년(서기 14년)에 왕광(王匡)의 무리들이 형주(刑州 : 호북성)의 녹림산에 들어앉게 된 것도 다 같은 움직임에서였다.

「녹림」은 원래는 산 이름으로 그 곳에 왕광의 무리들이 굶주린 백성들을 끌어 모아 둥지를 틀고 도적이 되었기 때문에 도적의 소굴을 「녹림」이라 부르게 되었다.

또 당나라 이섭(李涉)의 「우도시(遇盜詩)」가운데, 도적들을 가리켜 「녹림의 호객(豪客)」이라 불렀기 때문에 그 뒤로 「녹림」이란 말이 도적이란 이름으로 쓰이게끔 된 것이다.

누진취영〔鏤塵吹影〕 먼지에 새기고 그림자를 입으로 분다는 뜻으로, 헛수고의 비유.《관윤자(關尹子)》

눌언민행〔訥言敏行〕「군자는 말은 둔하더라도 행동은 민첩하기를 원한다」를 간결하게 말한 숙어. 교양 있는 사람은 입에 발린 말보다 실천이 소중하다는 말. 군자는 설령 말은 무겁고 서투르더라도 실행은 민첩하고 올바르게 하고 싶다는 의미.《논어》

능견난사〔能見難思〕 잘 살펴보고도 보통의 이치로는 추측할 수 없는 일.【불교】쇠로 만든 그릇. 송광사(松廣寺)에 있는데, 원(元)나라에서 보조국사(普照國師)에게 내렸다는 전설이 있다.

능곡지변〔陵谷之變〕 언덕과 골짜기가 서로 뒤바뀌는 변화. 곧 세상 일의 극심한 변천을 비유하여 이르는 말.《진서》비 상전벽해(桑田碧海).

능사필〔能事畢〕 할 수 있는 일은 모두 해버리는 것. 할 일은 모두 마치는 것을 이르는 말. 능사(能事)는 할 수 있는 일. 해야만 하는 일. 필(畢)은 마치는 것. 모두 해버리는 것.《역경》

능언지자 미필능행〔能言之者 未必能行〕 언변 좋은 사람이 반드시 실천가는 아님을 이르는 말. 옛 말에 이르기를「실행력이 있는 자가 반드시 능변인 것은 아니고, 언변이 뛰어난 자가 반드시 실천적인 행동가인 것은 아니다」라고 했다.《사기》

농단
壟斷

언덕 壟 자를 斷

| 이익을 혼자 차지함. 독점함. |

《맹자》 공손추에서 비롯된 이야기인데, 원문은 용단(龍斷)으로 되어 있지만, 여기서는 「용(龍)」이 「농(壟)」의 뜻으로 쓰인다. 설(說)이 열(悅)로 쓰이는 것과 같은 이치다.

농(壟)은 언덕, 단(斷)은 낭떠러지, 즉 높직한 낭떠러지를 말한다. 다시 말해 앞과 좌우를 잘 살펴볼 수 있는 지형과 위치를 말하는데, 이곳에 서서 시장 상황을 종합적으로 판단한 뒤에 그 날의 물가 동향을 예측하고 나서 물건이 부족할 만한 것을 도중에서 모조리 사들여 폭리를 취하는 행동에서 생긴 말이다.

《맹자》에 있는 원문의 내용을 소개하면 이렇다. 맹자가 제나라 객경(客卿)의 자리를 사퇴하고 집에 물러나와 있게 되자, 맹자를 굳이 붙들고 싶었던 제선왕(齊宣王)은 시자(時子)라는 사람을 통해 자기 의사를 맹자에게 이렇게 전하게 했다.

「서울 중심지에 큰 저택을 제공하고 다시 만 종(鍾 : 1종은 8斛, 1곡은 10斗)의 녹을 주어 제자들을 양성시킴으로써 모든 대신들과 국민들로 하여금 본보기가 되게 하고 싶다」

이야기를 진진이란 제자를 통해 전해들은 맹자는,

「시자는 그것이 옳지 못한 것인 줄 알지 못할 것이다. 만 종의 녹으로 나를 붙들고 싶어 하지만, 내가 만일 녹을 탐낸다면 10만 종 녹을 받는 객경의 자리를 사양하고 만 종의 녹을 받겠느냐? 옛날 계손(季孫)이란 사람이 자숙의(子叔疑)를 이렇게 평했다. 자신이 뜻이 맞지 않아 물러났으면 그만둘 일이지 또 그 제자들로 대신이 되게 하니 이상하지 않은가. 부귀를 마다 할 사람이 있겠는가. 하지만 부귀 속에 혼자 농단을 해서야 쓰겠는가(人亦孰不欲富貴 而獨於富貴之中 有私龍斷焉)」

이렇게 계손의 말을 인용하고 나서 다시 농단에 대한 설명을 다음과 같이 했다.

「옛날 시장이란 것은 각자가 가지고 있는 것을 서로 바꾸는 곳이었는데, 시장은 그런 거래에서 흔히 일어나는 시비를 가려 주는 소임을 하고 있었다. 그런데 한 못난 사나이가 있어, 반드시 농단을 찾아 그 위로 올라가 좌우를 살핀 다음 시장의 이익을 그물질했다. 사람들이 이를 밉게 보아서 그에게 세금을 물리게 되었는데, 장사꾼에게 세금을 받는 일이 이 못난 사나이에서 비롯된 것이다」

아주 소박한 상행위의 성립과 이에 대한 세금의 징수 등 경제사적인 설명으로서 꽤 흥미 있는 이야기다. 그러나 맹자가 이 이야기를 하게 된 본래의 의도는, 「농단」 즉, 이익의 독점행위가 정정당당한 일이 될 수 없는 것과 마찬가지로, 부귀를 독점할 생각은 조금도 없다는 것을 밝히려고 한 것뿐이다.

능운지지〔凌雲之志〕 능운(凌雲, 陵雲)은 구름을 뚫고 하늘로 올라감. 높이 세상 밖에 초탈하려는 뜻. 속세를 떠나려는 마음. 선도(仙道)를 터득한 마음. 또는 높은 지위에 올라가고자 하는 뜻. 《한서》 ☞ 청운지지(靑雲之志).

능자다로〔能者多勞〕 재능이 많은 사람은 고생이 많다는 뜻으로, 능력이 있어 일을 잘하므로 필요 이상의 수고를 하게 됨을 이르는 말. 《장자》

능파〔凌波〕 파도 위를 걷는다는 뜻으로, 미인의 사뿐사뿐 걷는 아름다운 걸음걸이를 형용하여 이르는 말이다. 조식(曹植)의 「낙신부(洛神賦)」라는 시에서 유래한 말로, 「물결을 건너는 듯 가벼운 걸음걸이, 버선을 펼치니 먼지가 일어나네(凌波微步 羅襪生塵)」라고 한 데서, 여자의 걸음걸이를 비유하는 말로 쓰인다.

누란지위
累卵之危

포갤 累 알 卵 의 之 위태로울 危

쌓아올린 새알처럼 몹시 아슬아슬한 위기.

「누란(累卵)」은 높이 쌓아올린 알이란 뜻이다. 조금만 건드리거나 흔들리거나 하면 와르르 무너지고 만다. 이보다 더 무너지기 쉬운 것은 없을 것이다. 그래서 아주 위험한 상태에 있는 것을 「누란지위」라고 한다.

이 말의 출전인 《사기》 범수채택(范雎蔡澤) 열전에는, 「알을 쌓아올린 것보다 더 위험하다」는 「위어누란(危於累卵)」이라고 되어 있다.

「원교근공(遠交近攻)」의 대외정책으로 그 이름이 알려진 범수(范雎)는, 그의 조국 위(魏)나라에서 억울한 죄명으로 자칫 죽을 뻔한 끝에 용케 살아나 장녹(張祿)이란 이름으로 행세하며, 마침 위나라를 다녀서 돌아가는 진나라 사신 왕계(王季)의 도움으로 진나라로 망명을 하게 된다.

이때 왕계는 진나라 왕에게 이렇게 보고했다.

「위나라에 장녹이란 천하에 뛰어난 변사가 있습니다. 그가 말하기를 『진나라는 지금 알을 쌓아둔 것보다도 더 위험하다. 나를 얻으면 안전하게 될 수 있다. 그러나 이것을 글로는 전할 수 없다』고 하는 터라 신이 데리고 왔습니다(秦王之國 危於累卵 得臣則安 然不可以書傳也 臣故載來)」

그러나 범수가 진왕을 만나 실력을 발휘하게 된 것은 이로부터 다시 1년이 지난 뒤였다. 마침내 진소왕(秦昭王)을 만나 당면한 문제와 「원교근공」의 외교정책 등을 말함으로써 일약 현임 재상을 밀어내고 진나라의 재상이 된다. 〔☞ 원교근공〕

능서불택필
能書不擇筆

능할 能 글 書 아니 不 고를 擇 붓 筆

> 글씨에 아주 능한 사람은 붓을 가리지 않는다.

우리 속담에 「서투른 무당이 장구 탓한다」는 말이 있다. 장구를 잘 치거나 춤을 잘 추는 사람은 장구를 가리지 않고, 장단이 필요 없다는 것을 간접적으로 나타내는 말이다.

빌헬름 텔은 대가 굽은 화살로도 아들의 머리 위에 놓인 사과를 쏘아 맞혔다고 한다. 결국 명사수는 활을 가리지 않는다는 것을 말한 것이다.

당나라 초기 3대 명필인 구양순(歐陽詢)·우세남(虞世南)·저수량(褚遂良)은 해서(楷書)의 완성자로서 그 글씨는 오늘날도 후학들에게 최고의 규범이 되어 있다.

세 사람은 다 같이 천하 명필로 알려진 진나라 왕희지(王羲之)의 글씨를 배워, 구양순은 엄정(嚴整), 우세남은 온아(溫雅), 저수량은 완미(婉美). 이렇게 각각 그들 독자의 경지를 개척했고, 왕희지의 글씨를 지나칠 정도로 사랑한 당 태종의 글씨를 가르치는 스승이 되었다.

세 사람 중 가장 나이어린 저수량은 당태종의 건국 공신인 위징(魏徵)의 추천에 의해 우세남의 후계자가 된 사람이었는데, 그가 한번은 선배인 우세남에게 글씨에 대해 물은 일이 있다.

「제 글씨는 지영(智英) 선생과 비교하면 어느 정도입니까?」

지영은 우세남이 글씨를 배운 적이 있는 중(僧)이다.

「지영 선생의 글씨는 글자 한 자에 5만 전을 주어도 좋다는 사람이 있었다고 한다. 너로서는 아직 지영 선생에 비교할 수가 없다」

「그럼 구양순 선생과 비교하면 어떻습니까?」

「내가 듣기에, 구양순은 종이와 붓을 가리지 않고, 어떤 종이에 어떤 붓을 가지고 쓰든 다 자기 뜻대로 되었다고 한다. 네가 어떻게 그럴 수 있겠느냐(吾聞 詢不擇之筆 皆得如志 君豈得此)」

「그럼, 어떻게 해야 합니까?」

「너는 아직 손과 붓이 굳어 있다. 그것만 없애면 크게 성공할 것이다」

《당서(唐書)》198권에 나오는 이야기다. 구양순이 종이와 붓을 가리지 않았다는 불택지필(不擇紙筆)이란 말이 변해서「능서불택필」이란 말이 생겨났다.

그런데 저수량은 너구리털로 심을 넣고 토끼털로 겉을 짠 붓끝에 상아나 코뿔소 뿔로 자루를 한 붓이 아니면 절대로 글씨를 쓰지 않았다.

저수량은 구양순과는 반대로, 글씨를 잘 쓰는 사람은 반드시 붓을 가린다(能書必擇筆)는 전통을 만든 것인지도 모른다.

붓을 가리지 않는다는 말은 능력을 자랑한 말일 뿐, 글씨를 쓰는 사람이 붓을 택하지 않을 리가 없다. 무장이 말과 칼을 고르지 않을 수 없는 것처럼.

니취〔泥醉〕사람이 술에 질탕하게 취한 것을 이르는 말. 일설에 따르면, 니(泥)는 뼈가 없는 벌레로 물속에 있을 때는 활발하게 움직이지만, 일단 물이 빠지고 나면 맥없이 진흙이 되어버린다고 한다. 이백《양양가(襄陽歌)》

다

다기망양　등황귤록
多岐亡羊 ▶ 橙黃橘綠

고사성어대사전

다기망양
多岐亡羊

많을 多 갈림길 岐 잃을 亡 양 羊

> 학문의 길이 너무 다방면으로 갈리어 진리를 얻기 어려움.

「다기망양(多岐亡羊)」은 갈림길이 많아서 양을 찾지 못하고 말았다는 이야기에서 나온 말이다. 학문이나 어떤 재주를 배우는 데 있어서도 그 배우는 방법이 지나치게 여러 가지가 있거나, 지엽적인 것에 구애를 받게 되면 얻으려던 것을 얻지 못하게 된다. 이런 경우를 비유해서 「다기망양」이란 문자를 쓴다.

이야기는 《열자》 설부편(說符篇)에 나온다.

양자(楊子 : 楊朱)의 이웃 사람이 양을 한 마리 잃어버렸다. 그 집에서는 자기 집 사람들은 물론 양자의 집 하인 아이까지 빌어 찾아 나서게 했다.

「아니, 양 한 마리가 달아났는데, 웬 사람이 그렇게 많이 찾아나서는 거지?」

양자가 이렇게 묻자, 이웃 사람은,

「갈림길이 많기 때문입니다」하고 대답했다. 얼마 후 그들이 돌아왔기에,

「양은 찾았는가?」하고 물었더니,

「놓치고 말았습니다」하는 것이었다.

「왜 놓쳤지?」

「갈림길에 또 갈림길이 있어, 양이란 놈이 어디로 갔는지 도무지 알 수가 없어 그만 지쳐서 돌아오고 말았습니다」

이 말에 양자는 몹시 우울한 표정을 지으며 종일 웃는 일이 없었다. 제자들이 까닭을 물어도 대답을 하지 않았다. 그래서 맹손양(孟孫陽)이

란 제자가 선배인 심도자(心都子)에게 가서 사실을 말했다.

심도자는 맹손양과 함께 양자를 찾아뵙고 이렇게 물었다.

「옛날 세 아들이 유학을 갔다 돌아오자, 그 아버지가 인의(仁義)에 대해 물었습니다. 그러자 큰아들은 『몸을 소중히 하고 이름을 뒤로 미루는 것입니다』라고 대답하고, 둘째아들은 『내 몸을 죽여 이름을 남기는 것입니다』라고 했는데, 셋째아들은 『몸과 마음을 다 온전히 하는 것입니다』라고 대답했습니다. 이 세 가지 방법은 각각 틀리지만, 같은 선생 밑에서 같은 유학(儒學)을 배운 데서 나온 말입니다. 어느 것이 옳고 어느 것이 틀린 것입니까?」

그러자 양자는 이야기를 이렇게 돌렸다.

「어떤 사람이 황하 기슭에 살고 있었는데, 헤엄을 아주 잘 쳐서 배로 사람을 건네주고 많은 돈을 벌며 호화로운 생활을 하고 있었다. 그래서 그에게 헤엄치는 법을 배우러 오는 사람이 많았는데, 그 절반에 가까운 사람이 헤엄을 배우다가 물에 빠져 죽었다. 그들은 헤엄을 배우러 왔지 빠지는 것을 배우러 오지는 않았다. 하지만 돈을 버는 사람과 목숨을 잃는 사람과는 너무도 많은 차이가 있다. 그대는 어느 쪽이 좋고 어느 쪽이 나쁘다고 생각하는가?」

심도자도 잠자코 밖으로 나왔다. 그래서 맹손양은,

「당신의 질문은 너무나 간접적이고, 선생님의 대답은 분명치가 않다. 나는 뭐가 뭔지 도무지 알 수가 없다」하고 말했다.

심도자는 이렇게 대답했다.

「큰 도는 갈림길이 많기 때문에 양을 놓쳐 버리고, 학문하는 사람은 방법이 많기 때문에 본성을 잃어버린다(大道以多岐亡羊 學者以多方喪生). 학문이란 원래 근본이 하나였는데, 그 끝에 와서 이같이 달라지고 말았다. 그러므로 그 같고 하나인 근본으로 되돌아가기만 하면 얻을 것도 잃을 것도 없는 것이다. 선생님은 그 말씀을 하고 계신 거다」

너무도 많은 교파와 종파들이 똑같은 근본 문제는 제쳐놓고, 하찮은 지엽말단(枝葉末端)의 형식을 놓고 왈가왈부하는 현상도 일종의 「다기망양」이라고 할 수 있다.

다난흥방〔多難興邦〕 어려운 일을 겪고서야 나라를 일으킨다는 뜻으로, 큰일을 성취하기 위해서는 그만한 각고의 노력이 뒤따라야 한다는 말이다. 《진서》

다다익판〔多多益辦〕 많으면 많을수록 더욱더 잘 처리한다. 또는 처리할 수 있다. 또 많으면 많을수록 좋다는 뜻. 다다익선(多多益善). 《한서》 한신전.

다문다독다상량〔多聞多讀多商量〕 많이 듣고 많이 읽으며, 많이 생각한다는 말로, 중국의 구양수(歐陽修)가 글을 잘 짓는 비결로서 든 것이다. 삼다(三多).

다반사〔茶飯事〕 차를 마시거나 밥을 먹는 일로, 자주 있는 일. 예사로 흔히 있는 일로서, 이상하거나 신통할 것이 없는 일을 이르는 말. 항다반사(恒茶飯事).

다사다난〔多事多難〕 여러 가지 일이 많은 데다 어려움도 많음. 回 평온무사(平穩無事). 回 내우외환(內憂外患).

다전선고〔多錢善賈〕 밑천이 많으면 마음대로 장사를 잘할 수 있다는 뜻으로, 자재(資材)가 많으면 일을 이루기가 쉬움을 이르는 말. 《한비자》

다정다한〔多情多恨〕 유난히 잘 느끼고, 또 원한도 잘 가짐. 애틋한 정도 많고 한스러운 일도 많음. 回 다정불심(多情佛心).

다정불심〔多情佛心〕 다정다감(多情多感)하고 착한 마음.

다천과귀〔多賤寡貴〕 많으면 천하고 적으면 귀하다는 말로, 모든 물건은 다과(多寡)에 의해서 그 가격의 높고 낮음이 정해짐을 이름. 《관자》

단간〔斷簡〕 문서의 단편. 또는 토막토막 잘린 서면이나 편지.

단금지계〔斷金之契〕 쇠붙이를 자를 만큼 단단하다는 뜻으로, 매우 친밀한 우정이나 굳은 약속의 비유. 《역경》

다다익선
多多益善

많을 多 더할 益 좋을 善

> 많으면 많을수록 좋다.

이 말은 아주 흔히 쓰이는 말이다.

이 말을 기록상 가장 먼저 한 사람은 한신(韓信)이다.

《사기》 회음후열전(淮陰侯列傳)에 보면 한고조와 한신과의 사이에 이런 내용의 이야기가 나온다.

한신이 초왕(楚王)으로 있다가 잡혀와 회음후로 내려앉은 뒤의 이야기다.

어느 날, 조용한 틈을 타서 고조는 여러 장수들의 능력에 대해 한신과 의견을 교환하고 있었다.

이야기가 끝날 무렵 고조는,

「그럼 나는 어느 정도의 군사를 거느릴 수 있다고 보는가?」

「폐하께서는 고작 10만 명 정도의 군사밖에는 거느릴 수가 없을 것입니다」

「그럼 그대는 어느 정도인가?」

「신은 많으면 많을수록 더욱 좋습니다(臣多多而益善耳)」

그러자 한고조는 어이없다는 듯이 웃고 나서 이렇게 물었다.

「그렇게 다다익선(多多益善)인 그대가 어떻게 해서 내게 잡혀왔단 말인가?」

「폐하께선 군사를 거느리는 데는 능하지 못하지만, 장수는 잘 거느리십니다. 이것이 신이 폐하에게 사로잡히게 된 까닭입니다. 그리고 폐하의 경우는, 이른바 하늘이 주신 것으로, 사람의 힘은 아닙니다」 하고 말했다.

다사제제
多士濟濟

많을 多 선비 士 많고 성할 濟

> 여러 선비가 모두 다 뛰어남. 훌륭한 인재가 많음.

《시경》 대아 문왕편(文王篇)에 나오는 말이다. 이 시는 문왕의 덕을 찬양한 7장으로 된 시인데, 그 제3장에 이렇게 노래하고 있다.

대대로 나타나지 않았던가
그 꾀하는 일은 조심스러웠다.
그리고 훌륭한 많은 선비들이
이 왕국에 났다.
왕국이 능히 낳았으니
이들이 주나라의 받침대다.
제제한 많은 선비여
문왕이 이로써 편안하도다.

世之不顯　厥猶翼翼　세지불현　궐유익익
思皇多士　生此王國　사황다사　생차왕국
王國克生　維周之楨　왕국극생　유주지정
濟濟多士　文王以寧　제제다사　문왕이녕

쉽게 풀이하면, 문왕의 거룩한 덕이 대대로 후세에까지 빛나고 있어, 그가 계획한 모든 일이 조심스럽게 지켜져 오고 있다. 훌륭한 많은 인재들이 이 왕국에 태어나서 그들이 이 왕국을 떠받드는 기둥이 되어 왔다. 이렇게 「제제(濟濟)」한 많은 인재들이 있기 때문에 문왕의 혼령도 편히 계시게 되었다는 뜻이다.

제제는 많고 성한 모양을 말하는 형용사다.

단기지계〔斷機之戒〕 맹자(孟子)가 공부를 하던 도중에 돌아왔을 때, 그의 어머니가 칼로 베틀의 실을 끊어서 훈계하였다는 고사에서, 학문을 중도에서 그만두는 것은 짜던 베의 날을 끊어버리는 것과 같음을 경계하여 이르는 말. 맹모단기(孟母斷機). 《후한서》

단도직입〔單刀直入〕 혼자서 칼을 휘두르며 적진으로 곧장 쳐들어감. 또는 말을 하거나 글을 쓸 때, 군말이나 허두(虛頭)를 빼고 곧장 요지(要旨)를 말함. 《전등록》

단란조보〔斷爛朝報〕 토막이 나고 일관성이 없는 관보(官報). 단편적인 기사밖에 실려 있지 않은 틀에 박힌 보도를 말한다. 《송사》

단말마〔斷末魔〕 사람이 숨이 끊어질 때 고통스럽게 지르는 비명. 말마(末魔)는 범어(梵語) Marman에서 음을 따온 것으로 사혈(死穴)을 뜻한다. 여기를 찌르면 즉사한다는 급소를 말한다. 그런 급소를 끊는다는 말이니 고통 역시 클 것이고, 곧바로 죽음에 이를 것은 뻔하다.

단문고증〔單文孤證〕 한 쪽의 문서, 한 개의 증거라는 뜻으로, 불충분한 증거를 말함. 물론 단문고증은 재판에서의 얘기만은 아니다. 학술 연구의 논문, 학설이나 역사의 해석에도 들어맞는 말. ㉿ 박인방증(博引旁證).

단사두갱〔簞食豆羹〕 대나무 그릇에 담긴 밥과 제기(祭器)에 담긴 국이란 뜻으로, 변변치 못한 음식, 얼마 안되는 음식. 《맹자》 ㉫ 단사호장(簞食壺漿).

단사호장〔簞食壺漿〕 ☞ 단사두갱(簞食豆羹).

단순호치〔丹脣皓齒〕 붉은 입술과 흰 이란 뜻으로, 여자의 아름다운 얼굴의 비유. ㉫ 명모호치(明眸皓齒).

단애청벽〔丹崖靑壁〕 붉은빛의 낭떠러지와 푸른빛의 석벽이 높고 아름답듯이, 인품이 고상함. 또는 보기 힘든 사람을 만남의 비유. 《서언고사(書言故事)》

단예〔端倪〕 단(端)은 산마루, 예(倪)는 물가의 뜻으로, 일의 시초와 끝. 본말(本末). 추측하여 앎. 맨 끝. 한이 없는 가. 《장자》

단장취의〔斷章取義〕 자신의 의견을 증명하거나 의향을 대변하기 위해 남의 글에서 한두 구절을 따와 전체 글의 의미와는 관계없이 풀이하는 방식을 말한다. 《좌전》

단표누항〔簞瓢陋巷〕 도시락, 표주박과 누추한 마을. 곧 소박한 시골살림.

단항절황〔斷港絶潢〕 막다른 지류(支流)와 이어진 곳이 없는 못이란 뜻으로, 연락이 끊어짐의 비유.

235

단장
斷腸

끊어질 斷 창자 腸

> 몹시 슬퍼서 창자가 끊어지는 듯함. 애끊는 듯함.

　단장의 슬픔 등, 우리는 「단장(斷腸)」이란 말을 많이 쓴다. 단장은 창자가 끊어진다는 말이다. 우리말에 애가 탄다는 말이 있다. 이 「애」는 옛말로 창자를 뜻한다. 애가 탄다는 것은 물론 탈 것 같다는 말의 과장이다. 그러나 이 창자가 끊어진다는 것이 과장이 아닌 사실의 기록으로 전하고 있다.
　《세설신어》에 다음과 같은 이야기가 있다.
　환온(桓溫, ?~373)이 촉(蜀)나라로 가는 도중, 삼협(三峽)을 배로 오르고 있을 때, 부대에 있는 사람이 원숭이 새끼를 잡았다.
　그러자 어미 원숭이는 새끼를 잃고 슬피 울며 언덕을 따라 백여 리를 뒤쫓아 온 뒤에 마침내는 배 안으로 뛰어들어 그 길로 숨이 끊어지고 말았다.
　죽은 어미 원숭이의 배를 가르고 속을 들여다보았더니, 창자가 토막토막 끊어져 있었다.
　아마 슬픔의 독소로 창자가 녹아내린 것이리라.
　이 이야기를 전해들은 환온은 크게 노하여 새끼를 잡은 사람을 부대에서 내쫓도록 명령했다.
　모성애란 이렇게 무서운 것이다. 이 이야기를 놓고 보더라도 인간의 많은 범죄 중에서도 가장 잔인한 범행이 어린아이를 유괴하는 일일 것이다.
　원문에는 「그 배 속을 가르고 보았더니 창자가 다 마디마디 끊어져 있었다(破視其腹中 腸皆寸寸斷)」라고 되어 있다.

달다즉어요〔獺多則魚擾〕 수달이 많으면 물속의 물고기는 안심하고 노닐 수 없다는 뜻으로, 벼슬아치가 법령을 많이 만들면 백성들은 고생을 함의 비유.《포박자》

달인대관〔達人大觀〕 식견이 높고 사리에 통해 있는 사람은 사물을 높은 견지에서 관찰하여 공평한 판단을 함을 이르는 말.

달제어〔獺祭魚〕 수달이 잡은 고기를 벌여 놓고 제사를 지낸다는 뜻으로, 시문(詩文)을 지을 때에 많은 책을 벌여놓고 참고함을 가리키는 말.《예기》

담대어신〔膽大於身〕 쓸개가 몸뚱이보다 크다는 뜻으로, 담력이 아주 크다는 말.《당서(唐書)》

담석지저〔儋石之儲〕 담은 두 섬, 석은 한 섬, 곧 분량의 단위로, 얼마 되지 않는 곡식. 또는 얼마 되지 않는 분량을 가리킨 데서, 얼마 되지 않는 저축을 이르는 말.《한서》

담여두대〔膽如斗大〕 배짱이 한 말들이 말처럼 크다는 뜻으로, 배짱이 두둑하여 웬만한 일에는 끄떡도 하지 않음의 비유.《삼국지》 촉지.

담천조룡〔談天彫龍〕 전국시대 제(齊)나라의 추연(騶衍)과 추석(騶奭)의 고사에서, 천상(天象)을 이야기하고 조각한다는 뜻으로, 변론이나 문장이 원대(遠大)하고 고상함의 비유.《사기》

답청〔踏青〕 봄에 파랗게 난 풀을 밟고 거닒. 들을 산책함. 청명(淸明)에 교외를 산책하며 꽃과 새들을 즐김.《구당서(舊唐書)》

당동벌이〔黨同伐異〕 옳고 그름을 가리지 않고 뜻이 맞는 사람들끼리는 한패가 되고, 그렇지 않은 사람은 배척함.《후한서》 유 당리당략(黨利黨略).

당랑거철〔螳螂拒轍〕 ☞ 당랑지부.

당랑포선〔螳螂捕蟬〕 사마귀가 매미를 잡으려는데, 참새는 그 뒤에서 사마귀를 노리고 있다는 성구(成句)에서, 눈앞의 이익에만 눈이 어두워 자신에게 당장 닥쳐올 재난은 생각지 못함의 비유.《설원》

당비당거〔螳臂當車〕 자신의 형편에 어울리지 않게 영웅호걸(英雄豪傑)로 행세하거나, 도저히 막을 수 없는 사태나 세력에 대항하려는 무모한 행동의 비유.《회남자》

당의즉묘〔當意卽妙〕 그 자리에 잘 적응하고, 재빠르게 재치를 발휘하는 모양을 가리킨다. 임기응변으로 말을 잘 골라 표현하는 것.

대간사충〔大奸似忠〕 크게 간사한 사람은 그 아첨하는 수단이 매우 교묘하므로 흡사 크게 충성된 사람같이 보인다는 말. 대간사충(大奸似忠).《송사(宋史)》

당랑지부
螳螂之斧

버마재비 螳 버마재비 螂 의 之 도끼 斧

> 제 분수도 모르고 강적에게 반항함.

당랑(螳螂)은 버마재비, 혹은 사마귀라고 하는 곤충이다. 「부(斧)」는 도끼로, 버마재비의 칼날처럼 넓적한 앞다리를 말한다. 「당랑지부」 즉 버마재비의 도끼란 말은, 강적 앞에 분수없이 날뜀을 비유하는 말이다.

구체적인 뜻으로는 「당랑거철(螳螂拒轍)」이란 말이 더 많이 쓰인다. 당랑이 수레바퀴 앞을 가로막는다는 말이다. 사실 버마재미는 피할 줄을 모르는 어리석다면 어리석고 용감하다면 용감한 그런 성질의 곤충이다.

《회남자》 인간훈편(人間訓篇)에 이런 이야기가 있다.

제(齊)나라 장공(莊公)이 사냥을 나갔을 때, 벌레 하나가 장공이 타고 가는 수레바퀴를 발을 들어 치려했다. 장공은 수레를 모는 사람에게 물었다.

「저게 무슨 벌레인가?」

「저놈이 이른바 당랑이란 놈입니다. 저놈은 원래 앞으로 나아갈 줄만 알고 뒤로 물러날 줄을 모르며, 제 힘도 헤아리지 않고 상대를 업신여기는 놈입니다」

「그래, 그놈이 만일 사람이라면 반드시 천하의 용사가 될 것이다」

하며 장공은 수레를 돌려 당랑을 피해 갔다는 것이다.

여기에는 당랑의 도끼란 말은 나오지 않는다.

그러나 발을 들어 그 수레바퀴를 치려했으니, 그 발이 곧 도끼 구실을 하고 있었음을 알 수 있고, 또 이른바 당랑이라고 했으니 벌써 당시부터 당랑의 성질에 대한 이야기와 당랑의 도끼란 말 등이 쓰이고 있었음을 알 수 있다.

다음에 《문선》 에 실려 있는 진림(陳琳)의 원소(袁紹)를 위한 예주 (豫州) 격문에는 「당랑지부」 란 말이 씌어 있다.

「……그렇게 되면 조조의 군사는 겁을 먹고 도망쳐 마침내는 오창을 본거지로 하여 황하로 앞을 막고, 당랑의 도끼로 큰 수레가 가는 길을 막으려 할 것이다」

여기에서 우리는 자기 힘을 헤아리지 않고 강한 적과 맞서 싸우려는 것을 비유해서 「당랑지부」 라고 한 것을 볼 수 있다.

또 《장자》 인간세편에는,

「그대는 당랑을 알지 못하는가. 그 팔을 높이 들어 수레바퀴를 막으려 한다. 그것이 감당할 수 없는 것임을 모르기 때문이다」

《장자》 의 천지편에도 똑같은 대목이 나오는데, 여기서 「당랑거철」 이란 말이 생겨난 것 같다. 아무튼 타고난 성질은 고치기 어렵다는 것을 당랑을 통해 우리는 배울 수 있을 것 같다. 뻔히 안될 줄 알면서 사나이의 의기를 앞세우는 어리석음을 어쩌지 못하는 것이 인간이니까 말이다.

대갈일성〔大喝一聲〕 분별이 없음을 주의하기 위해 큰 소리로 한방 꾸짖는 것. 불교에서 선종(禪宗)의 말로 사자(死者)를 인도할 때 크게 부르는 소리를 갈(喝)이라고 한다. 《수호전(水滸傳)》 비 대공일성(大吼一聲).

대공무사〔大公無私〕 공평무사함. 대의를 위해서 사소한 원한은 잊어버리고 일을 추진하거나 사람을 추천하는 일을 비유하는 말. 유 대의멸친(大義滅親).

대교약졸〔大巧若拙〕 아주 교묘한 재주를 가진 사람은 그 재주를 자랑하지 아니하므로 언뜻 보기에는 서투른 것 같다는 뜻. 《노자》

대기만성
大器晩成

큰 大 그릇 器 늦을 晩 이룰 成

> 크게 될 사람은 늦게 이루어진다는 말.

큰 그릇은 오랜 시간과 많은 노력을 들인 뒤에라야 완성될 수 있다. 그것이 「대기만성(大器晩成)」이다.

이 말은 《노자》 제41장에 나오는 말이다.

「……크게 모난 것은 귀가 없고, 큰 그릇은 늦게 이루어지며, 큰 소리는 울림이 잘 들리지 않고, 큰 모양은 형체가 없다……(……大方無隅 大器晩成 大音希聲 大象無形……)」

이것이 「대기만성」이란 말이 나오는 대목만을 딴 것인데, 이보다 앞에 나오는 말을 전부 소개하면 이렇다. 위대한 사람은 도를 들으면 이를 실천하고, 보통 사람은 도를 들으면 반신반의하게 된다. 그리고 가장 못난 사람은 도를 들으면 아예 믿으려 하지 않고 코웃음만 친다. 코웃음을 치지 않으면 참다운 도가 될 수 없다. 그러기에 옛사람의 말에도,

「밝은 길은 어두운 것처럼 보이고, 앞으로 나아가는 길은 뒤로 물러나는 길로 보이며, 평탄한 길은 험하게 보인다. 높은 덕은 낮게 보이고, 참으로 흰 것은 더러운 것으로 보이며, 넓은 덕은 좁은 것처럼 보이고, 견실한 덕은 약한 것처럼 보이며, 변하지 않는 덕은 변하는 것처럼 보인다……」

이 말 다음에 먼저 말한 부분이 계속되는데, 여기에 나와 있는 「대기만성」의 본래의 뜻은 「큰 그릇은 덜 된 것처럼 보인다」는 뜻이다. 말하자면 원래 위대하고 훌륭한 것은, 보통 사람의 눈이나 생각으로는 어딘가 덜 된 것 같고, 그 반대인 것처럼 느껴진다는 것이다.

그러나 보통 「대기만성」은 글자 그대로 더디 이뤄진다는 뜻으로도

풀이되고 있어, 사업에 실패하거나 불운에 빠져 있는 사람을 위로해서 말할 때 흔히 이「대기만성」이란 문자를 쓴다. 더 큰 성공을 위한 실패란 뜻일 것이다.

대기소용〔大器小用〕 대기는 훌륭한 재능, 도량을 가진 인재. 소용은 작은 일에 쓰인다는 뜻. 유능한 사람이 적재적소에 쓰이지 못함의 비유. 《후한서》 변양(邊讓). 🔲 기복염거(驥服鹽車).

대담무쌍〔大膽無雙〕 배짱이 있어서 적을 조금도 두려워하지 않는 모양. 담이 차 있어 어떤 일에도 놀라지 않는 사람의 형용.

대도폐유인의〔大道廢有仁義〕 큰 도가 무너지자 인(仁)이니 의(義)니 하는 것이 생겨났다는 뜻으로, 진정으로 세상이 다스려지고 있으면 도덕 따위는 필요치 않다. 태고의 무위자연(無爲自然)의 도가 행해지고 있었을 당시에는 세상이 이상적으로 다스려지고 있었다. 그러나 자연의 도가 스러져 버리자 인위적 사회도덕인 인의(仁義)가 필요해지게 되었다는 말이다. 노자가 주장하는 대도(大道)란 무위자연의 진리인 것이다. 《노자》 18장.

대동소이〔大同小異〕 조금의 차이는 있지만 대개는 같은 것. 의론이 길어진다든지 하면 소이(小異)를 버리고 대동(大同)에 따른다고 해서 사전 교섭을 하거나 한다. 《장자》 천하. 🔲 오십보백보(五十步百步).

대변약눌〔大辯若訥〕 진정으로 웅변인 사람은 오히려 어눌(語訥)해 보인다는 말. 《노자》

대분망천〔戴盆望天〕 머리에 쟁반을 이고 하늘을 바라볼 수 없듯이, 두 가지 일을 동시에 할 수 없다는 뜻. 《사마천》

대성불입리이〔大聲不入里耳〕 대성(大聲)은 고상한 음악이란 뜻. 즉 고상한 음악은 속인(俗人)이 잘 알지 못한다는 뜻으로, 고상한 말은 속인들이 이해하지 못함을 비유하여 이르는 말. 《장자》

대성이왕〔戴星而往〕 별을 이고 간다는 뜻으로, 이른 아침에 일찍 일어나 간다는 말. 대성출(戴星出). 《여씨춘추》

대의멸친
大義滅親

큰 大 옳을 義 멸할 滅 친할 親

> 국가의 대의를 위해서는 부모 형제도 돌아보지 않음.

국가나 사회 전체에 미치는 대의명분을 위해서는 개인적인 친분은 고려되지 않는다는 것이 「대의멸친」 이다.

춘추필법(春秋筆法)이란 말이 있다. 공자가 편찬했다는 《춘추》 에 나오는 역사적 기록은, 그 글자 하나하나에 사회 정의와 관련된 깊은 뜻이 들어 있다고 해서 생긴 말이다.

이 대의멸친은 《춘추좌씨전》 에 나오는 말이다.

노나라 은공(隱公) 4년(B.C 719)에 위(衛)나라 공자 주우(州吁)가 임금 환공(桓公)을 죽이고 스스로 임금 자리에 올랐다. 환공과 주우는 이복형제 사이로, 주우는 첩의 소생이었다. 그는 어릴 때부터 성질이 거칠고 행동이 방자했는데, 아버지 장공(莊公)은 그를 사랑한 나머지 멋대로 하게 버려두고 있었다. 석작이란 대신이 앞일을 걱정하여,

「주우 공자를 태자로 세우실 생각이시면 일찍 결정을 내리십시오 이대로 두면 큰 화를 불러일으키게 될 것입니다」 하고 간했으나 장공은 말이 없었다.

석작이 간한 까닭인 즉, 장공의 정비인 장강(莊姜)이 주우를 미워하고 있었기 때문이다. 장강은 얼굴도 미인이고 마음씨도 착했으나 아들을 낳지 못했다. 그래서 다른 부인의 몸에서 난 아들을 자기 아들로 길러 뒤를 잇게 한 것이 환공이었다. 그런데 석작의 아들 석후(石厚)는 재주와 용맹이 뛰어났으나, 아버지의 반대를 무릅쓰고 끝내 주우와 한통속이 되어 어울려 다녔다. 석작이 염려한 대로 주우는 석후와 짜고 임금 환공을 죽이고 스스로 임금으로 올라앉았다.

석작은 전에 이미 벼슬에서 물러나 집에 들어박혀 있었으나 나라를 걱정하는 마음은 누구보다도 강했다.

  주우는 자기 지위를 굳히기 위해 무력으로 이웃 나라를 침공하는 등 여러 가지 방법을 써 보았으나 백성들은 여전히 그를 따르지 않았다.

  방법에 궁한 석후가 그의 아버지에게, 어떻게 하면 주우의 지위를 안전하게 할 수 있느냐고 물었다.

  석작은 말했다.

  「천자에게 문안을 드리는 것이 좋을 것이다」

  「천자께서 받아들일 것 같지가 않습니다」

  「진(陳)나라 임금은 천자의 신임을 받고 있다. 지금 진나라는 우리나라와 사이가 좋으니, 진나라를 통해서 가면 무난할 것이다」

  이리하여 석후는 주우와 함께 진나라로 떠났다.

  한편 석작은 급히 사신을 진나라로 보내 이렇게 전했다.

  「우리나라는 힘이 없어 역적의 무리를 다스리지 못하고 있으니, 임금을 죽인 이들 두 사람을 귀국에서 처치해 주시기 바랍니다」

  석작의 부탁을 받은 진나라에서는 주우와 석후를 잡아 가두고, 위나라에다 처형에 입회할 사람을 보내달라고 청했다.

  이때 석작은, 혹시 자기 체면을 생각해서 자기 아들 석후를 살려 놓지나 않을까 하는 염려에서 자기 심복 가신을 보내 직접 석후를 처형하도록 시켰다.

  이상이 「대의멸친」과 관련된 사건의 줄거리인데, 《좌전(左傳)》에는 끝에 가서 군자의 말이라 하여 다음과 같은 평을 덧붙이고 있다.

  「석작은 충성된 신하다. 주우를 미워하여 자식인 후까지 죽였다. 대의를 위해 육친의 정을 버린다는 것은 이를 두고 한 말일 것이다(大義滅親 其是之謂乎)」

대장부
大丈夫

큰 大 어른 丈 사내 夫

> 사내답고 씩씩한 남자.

장부(丈夫)는 남자라는 뜻이니, 「대장부」 는 위대한 남자란 뜻이 된다. 흔히 「사내대장부」 라고들 말하는데, 역 앞을 역전 앞이라고 하는 중복된 어감이 있다. 이 대장부란 말이 나오는 기록이 어느 것이 가장 오랜 것인지는 잘 알 수 없으나, 대장부란 말을 놓고 그 정의를 내린 것이 《맹자》 에 나온다. 등문공하(藤文公下)에 보면 경춘(景春)이란 사람이 맹자를 찾아와 이런 말을 했다.

「공손연(公孫衍)과 장의(張儀)는 어찌 참으로 대장부가 아니겠는가. 그들이 한번 성을 내면 제후들이 행여나 싶어 겁을 먹고, 그들이 조용히 있으면 온 천하가 다 조용하다」

공손연과 장의는 역사적으로 너무도 유명한 맹자시대의 변사들이다. 경춘의 말처럼 그들이 한번 반감을 가지면 상대는 잠을 편히 자지 못하고, 그들이 조용히 있으면 천하도 따라 조용한 형편이었다. 출세가 사나이의 전부라고 한다면 그들이야말로 사나이 중의 사나이라 할 수 있다. 그러나 맹자가 보는 눈은 달랐다.

「이들이 어떻게 대장부일 수 있겠는가. 그대는 예(禮)를 배우지 않았던가. 장부가 갓을 처음 쓰게 될 때는 아버지가 교훈을 주고, 여자가 시집을 가면 어머니가 교훈을 주는데, 어머니는 대문 앞에서 딸을 보내며 이렇게 말한다. 『너희 집에 가거든 공경하고 조심하여 남편에게 어기는 일이 없게 해라』 남에게 순종함으로써 정당함을 삼는 것은 첩이나 아내가 하는 길이다」

이것은 공손연과 장의가 집권층의 비위에 맞게 갖은 아부와 교묘한 말재주로 상대의 마음을 낚아 자기 목적을 달성하는 것이 마치 교활한 첩이나 영리한 아내가 남편에게 하는 그런 수법과 다를 것이 없다는 것을 통렬히 비난한 것이다. 그리고 맹자는 그가 생각하고 있는 대장부의 정의에 대해서 이렇게 말했다.

「천하의 넓은 곳에 몸을 두고, 천하의 바른 위치에 서 있으며, 천하의 큰 길을 걷는다. 뜻을 얻었을 때는 백성들과 함께 그 길을 가고, 뜻을 얻지 못했을 때는 혼자 그 길을 간다. 부귀를 가지고도 그의 마음을 어지럽게 만들 수 없고, 가난과 천대로 그의 마음을 바꿔 놓지는 못하며, 위세나 폭력으로도 그의 지조를 꺾지는 못한다. 이런 사람을 가리켜 대장부라고 한다」

범인이 보는 대장부와, 철인이 보는 대장부와는 이처럼 많은 차이가 있다. 과연 어느 쪽이 참다운 「대장부」이겠는가.

대안지화〔對岸之火〕 강 건너 불이라는 뜻으로, 자기에게 관계없는 일을 이르는 말.

대언장어〔大言壯語〕 제 주제에 당치 않은 말을 희떱게 지껄임. 또 그러한 말을 일컫는다. 대언(大言)은 뽐내어 과장되게 말하는 것. 호언(豪言)과 같다. 윤 호언장담(豪言壯談).

대역무도〔大逆無道〕 심히 인륜(人倫)에 거역하는 악역(惡逆)한 행위. 원래 중국의 한(漢) 시대에는 모반(謀反)의 의미를 가지고 있었다. 《한서》 곽해.

대우탄금〔對牛彈琴〕 소를 마주 대하고 거문고를 뜯는다는 뜻으로, 어리석은 사람에게 깊은 이치를 말해 주어도 아무 소용이 없다는 말.《조정사원(祖庭事苑)》 비 마이동풍(馬耳東風). 우이독경(牛耳讀經).

대의명분〔大義名分〕 국민으로서, 또는 인간으로서 지켜야 할 절의(節義)와 분수. 떳떳한 명목. 정당한 명분. 방침으로서 표면상 내건 목적이나 이유. 대의는 인간이 마땅히 행해야 할 중대한 의리. 명분은 도덕상 구별된 명의(名義)에 따라 반드시 지켜야 할 사람 된 행위의 한계.

대인호변〔大人虎變〕 호랑이털이 가을이 되어 새로 나서 그 무늬가 선명해지듯이 훌륭한 왕자(王者)가 개혁을 하면 명쾌한 변화를 이룰 수 있음을 이르는 말. 《역경》

대자대비〔大慈大悲〕 넓고 커서 가없는 자비. 부처의 광대무변한 자비. 자비는 불쌍히 여김. 측은지심(惻隱之心). 《법화경》

대지여우〔大智如愚〕 진정 슬기로운 사람은 슬기를 함부로 나타내지 않으므로 도리어 어리석게 보인다는 뜻.

대하동량〔大廈棟梁〕 큰 집을 지을 때 쓰이는 기둥과 대들보라는 말로, 나라의 중대한 임무를 맡을 뛰어난 인재를 이르는 말. 《회남자》 ⑪ 동량지신(棟樑之臣).

대한색구〔大寒索裘〕 대한(大寒)이 되어서야 갖옷을 찾는다는 뜻으로, 일이 터지고 나서 법석을 떤다는 말. 또는 일이 일어나고 나서 준비하면 늦음을 비유한 말. 《양자법언(揚子法言)》

대해일적〔大海一滴〕 큰 바다에 물방울 하나라는 뜻으로, 극히 미약한 것을 이르는 말. ⑪ 창해일속(滄海一粟).

대화유사〔大化有四〕 대화(大化)는 인생에 있어 특별히 두드러진 성장의 단계, 변화의 뜻. 사람의 일생에 있어서의 변천에는 네 단계가 있다. 곧 아기의 시절, 젊고 혈기왕성한 시절, 늙은 시절, 그리고 죽음의 시절이 그것이다. 《열자》 천서(天瑞).

덕유여모〔德輶如毛〕 덕을 행함은 터럭의 가벼움과 같이 용이하다는 말. 《시경》

도견상부〔道見桑婦〕 길에서 뽕나무를 보고 여자와 이야기한다는 뜻으로, 하고 싶은 대로 일시적인 이익을 구하려다 결국 가지고 있던 것마저 모두 잃게 됨을 비유하여 이르는 말. 《열자》

도견와계〔陶犬瓦鷄〕 도견(陶犬)은 도자기로 된 개. 와계(瓦鷄)는 질그릇 닭. 곧 형체만 있고 실용은 되지 않음의 비유. 《금루자(金樓子)》

도구과두〔跿跔科頭〕 도구(跿跔)는 맨발. 즉 맨발과 맨머리라는 뜻으로, 용기 있는 병사를 비유하여 이르는 말. 《사기》

도남붕익〔圖南鵬翼〕 ☞ 도남(圖南).

도도〔滔滔〕 물이 가득 퍼져 흐르는 모양. 말을 물 흐르듯이 거침없이 잘하는 모양. 전(轉)하여 세상의 풍조가 한결같이 한 방향으로 옮아가는 모양. 또는 넓고 큰 모양. 《논어》

도남
圖南

꾀할 圖 남녘 南

> 어느 다른 지역으로 가서 큰 사업을 시작하려고 함.

이「도남(圖南)」이란 말은 붕새(鵬)가 북쪽 바다에서 남쪽 바다로 옮겨 갈 때의 어마어마한 광경을 이야기한《장자(莊子)》에서 나온 말이다.

《장자》에 나오는 이야기를 풀어서 소개하면 다음과 같다.

「북해에 곤(鯤)이라는 고기가 있다. 그 크기는 몇 천 리가 되는지 알 수 없다. 이 고기가 화해서 붕(鵬)이라는 새가 된다. 붕새의 등은 그 길이가 몇 천 리가 되는지 알 수 없다. 이 새가 한번 날아오르면 그 날개는 하늘을 덮은 구름처럼 보인다. 이 새는 바다에 물결이 일기 시작하면 남쪽 바다로 옮겨간다. 남쪽 바다는 천연의 못이다」

《제해(齊諧)》라는 것은 이상한 것들을 기록한 책이다. 그 책에 이렇게 씌어 있다.

「붕새가 남해로 옮겨가려 할 때는 날개가 물 위를 치는 것이 3천 리에 미치고, 회오리바람을 일으키며 날아오르는 것이 9만 리에 이른다. 이렇게 여섯 달을 계속 난 다음에야 쉰다」고 했다.

여기에서「도남」이니「붕정만리(鵬程萬里)」니「붕익(鵬翼)」이니 하는 말이 나오게 되었다.

도량발호〔跳梁跋扈〕 악인이 거리낌 없이 날뛰는 행동이 만연하는 것. 악한 자들이 멋대로 세력을 떨치는 모양.

도로이목〔道路以目〕 길에서 만나는 사람끼리 서로 눈짓으로 뜻을 전달한다는 뜻으로, 감시가 두려워 백성들은 감히 말하지 못하고 눈짓으로 불만을 서로 통함을 이르는 말.《국어(國語)》

도불습유
道不拾遺

길 道 아니 不 주울 拾 잃을 遺

선정이 베풀어져 세상이 잘 다스려지고, 백성들의 도덕심이 높음의 형용.

「노불습유(路不拾遺)」라고도 한다. 나라가 태평하고 민심이 순박해서 남의 것을 탐내지 않는 사회가 된 것을 단적으로 표현한 말이다.

원래는 선정(善政)의 극치를 표현해서 한 말이었는데, 상앙(商鞅)의 경우와 같이 법이 너무 엄해서 겁을 먹고 길에 떨어진 것을 줍지 못하는 예도 있었다.

공자가 노나라 정승으로 석 달 동안 정치를 하게 되자, 송아지나 돼지를 팔러 가는 사람이 아침에 물을 먹이는 일이 없고, 길에 떨어진 것을 줍는 사람이 없었다고 전한다. 돼지나 소에게 물을 먹여 팔러 가지 않는다는 것은 오늘의 우리 도축업자들이 곱씹어 봐야 할 말이다.

또 정나라 재상 자산(子産)은 공자가 형처럼 대했다는 훌륭한 정치가였는데, 그는 정승이 되자 급변하는 정세를 잘 파악하여 국내의 낡은 제도를 개혁하는 한편, 계급의 구별 없이 인재를 뽑아 쓰고, 귀족에게 주었던 지나친 특권을 시정하여 위아래가 다 같이 호응할 수 있는 적당한 선에서 모든 정책을 이끌어 나갔기 때문에 나라가 태평을 이루어 도적이 자취를 감추고 백성들이 길에 떨어진 것을 줍지 않게 되었다고 한다.

《한비자》 외저설좌상편(外儲說左上篇)에 보면 자산의 정치성과에 대한 이야기가 나온다. 정나라 임금 간공(簡公)은 자기 스스로의 부족함을 자책하는 한편, 새로 재상에 임명된 자산에게 모든 정치를 바로잡는 책임을 지고 과감한 시책을 단행할 것을 당부했다.

그래서 자산은 물러나와 재상으로서 정치를 5년을 계속했는데, 나라에는 도적이 없고(國無盜賊), 길에는 떨어진 것을 줍지 않았으며(道不拾遺), 복숭아와 대추가 거리를 덮고 있어도 이를 따 가는 사람이 없었으며, 송곳이나 칼을 길에 떨어뜨렸을 때도 사흘 후에 가 보면 그 자리에 그대로 있었고, 3년을 흉년이 들어도 백성이 굶주리는 일이 없었다고 했다.

맹자는 말하기를,

「사람은 물과 불이 없으면 못 산다. 그런데 밤에 길 가던 사람이 물과 불을 청하면 안 줄 사람이 없는 것은 너무도 흔하기 때문이다. 만일 먹을 것이 물과 불처럼 흔하다면 어느 누가 착하지 않을 수 있겠는가」라고 했다.

도적을 없애는 근본 문제도, 길에 떨어진 것을 줍지 않게 되는 까닭도, 역시 그 바탕은 먹는 문제를 해결해 주는 데 있다.

도룡지기〔屠龍之技〕 용(龍)을 잡는 재주가 있다는 뜻으로, 쓸데없는 재주를 일컬음.《장자》열어구(列禦寇).

도리〔桃李〕 복숭아와 오얏. 또 그 꽃. 또는 시험관이 천거(薦擧)한 문인(門人) 혹은 현사(賢士). 또는 남이 천거한 어진 사람의 비유로도 쓰인다.《남사》

도리불언하자성혜〔桃李不言下自成蹊〕 복숭아나무와 오얏나무는 꽃이 아름답고 열매가 맛이 좋다는 것을 알고 있으므로, 찾아오는 사람이 많아 길이 저절로 난다는 뜻으로, 덕이 높은 사람의 주변에는 가만히 있어도 자연히 사람들이 모여 듦의 비유.《사기》

도리상영〔倒履相迎〕 벗이 찾아와 기쁜 나머지 신발을 거꾸로 신고 나가 마중한다는 뜻으로, 손님을 반갑게 맞이함의 비유.《한서》

도말시서〔塗抹詩書〕 도말은 처바르다, 매대기치다의 뜻. 시서는 유가(儒家)에서 가장 중시하는 경전인《시경》과《서경》을 말한다. 시서(詩書)를 매대기친다는 뜻으로, 유아(乳兒)를 가리키는 말.《노동시(盧仝詩)》

도원결의
桃園結義

복숭아 桃 뜰 園 맺을 結 맺을 義

의기투합해서 함께 사업이나 일을 추진함의 비유.

소설 치고 《삼국지연의》처럼 많이 읽힌 책은 없을 것이다. 그 《삼국지연의》맨 첫머리에 나오는 제목이 「도원결의」다.

전한(前漢)은 외척에 의해 망했고, 후한은 환관에 의해 망했다고 한다. 그러나 후한의 직접적인 붕괴를 가져오게 한 것은 황건적의 봉기였다. 어지러워진 국정에 거듭되는 흉년으로 당장 먹을 것이 없어 굶주린 백성들은 태평도(太平道)의 교조 장각(張角)의 깃발 아래로 모여들어 누런 두건을 머리에 두르고 황건적이 되었다. 그래서 삽시간에 그 세력은 50만으로 불어났다. 이를 진압하기 위한 관군은 이들 난민들 앞에서는 너무도 무력했다. 당황한 정부에서는 각 지방장관에게 용병을 모집해서 이를 진압하라는 지시를 내렸다.

유주(幽州) 탁현에 의용군 모집의 게시판이 높이 나붙었을 때의 이야기다. 맨 먼저 이 게시판 앞에 발길을 멈춘 청년은 바로 다른 사람 아닌 현덕 유비였다. 유비는 나라 일을 걱정하며 길게 한숨을 내쉬었다. 이때,

「왜 나라를 위해 싸울 생각은 않고 한숨만 쉬고 있는 거요?」

유비를 책망한 사람은 다름 아닌 익덕(翼德) 장비(張飛)였다. 두 사람은 서로 인사를 교환한 다음 함께 나라 일을 걱정했다. 가까운 술집으로 들어가 이야기를 하고 있는데, 한 거한이 들어왔다. 그가 바로 운장(雲長) 관우(關羽)였다. 이들 셋은 자리를 같이하고 술을 나누며 이야기하는 동안 서로 뜻이 맞아 함께 천하를 위해 손잡고 일하기로 결심을 했다.

이리하여 장비의 제안으로, 그의 집 후원 복숭아밭에서 세 사람이 형제의 의를 맺고, 힘을 합쳐 천하를 위해 일하기로 맹세를 했다. 이때에

맹세한 내용을 원문에 있는 그대로 옮기면 이렇다.

「생각하건대, 유비·관우·장비는 비록 성은 다르지만 이미 의를 맺어 형제가 되었으니, 곧 마음을 같이하고 힘을 합하여, 괴로운 것을 건지고 위태로운 것을 붙들어 위로는 국가에 보답하고 아래로는 만백성을 편안케 하리라. 같은 해 같은 달 같은 날 나기를 구할 수는 없지만, 다만 같은 해 같은 달 같은 날 죽기를 원한다. 천지신명은 참으로 이 마음을 굽어 살피소서. 의리를 저버리고 은혜를 잊는 일이 있으면 하늘과 사람이 함께 죽이리라」

이리하여 세 사람은 지방의 3백여 명 젊은이들을 이끌고 황건적 토벌에 가담하게 되었고, 뒤에 제갈공명을 유현덕이 삼고초려(三顧草廬)로 맞아들임으로써 조조(曹操)·손권(孫權)과 함께 천하를 셋으로 나누어 삼국시대를 이루게 된 것은 너무도 잘 알려진 사실이다.

물론 위에 말한 도원결의는 작가의 머리로 만들어낸 이야기다. 그러나 이 소설이 끼친 영향은 너무도 커서, 중국 민중들 사이에는 이 도원결의가 의형제를 맺을 때의 서약의 모범으로 되고 있다.

민중들 사이에서만이 아니고 정치적으로 이용되기도 했다.

예를 들어 청 세조(淸世祖)는 명(明)나라를 정복하기에 앞서 내몽고를 먼저 정복하게 되었는데, 그들의 배반을 두려워한 세조는 몽고와의 사이에 형제의 동맹을 맺었다. 병자호란이란 우리의 치욕의 역사 속에서도 같은 경우를 발견할 수 있지만, 이때 청 세조는 이「도원결의」의 고사를 모방하여 만주를 형인 유비로 하고, 몽고를 아우인 관우로 하여 같이 살고 같이 죽기를 맹세했던 것이다.

청나라가 중국을 정복한 뒤에「충의(忠誼)」「신무(神武)」등 10여 개의 시호를 관성대제(關聖大帝)에게 준 것도 몽고 사람들의 환심을 사기 위해서였다는 이야기도 있다.

도주지부
陶朱之富

질그릇 陶 붉을 朱 의 之 부할 富

> 부자를 가리키는 말.

「와신상담(臥薪嘗膽)」에 나오는 월왕(越王) 구천은 오(吳)나라의 포로에서 풀려나온 20년 뒤에, 마침내 오나라를 멸하고 남방의 패자가 되었다.

월왕 구천을 도와 이날이 있게 한 것은 대부분이 범려(范蠡)의 공로였다. 오나라를 멸하고 상장군이 되어 돌아온 범려는 「나는 새가 죽으면 좋은 활은 광으로 들어가고, 날랜 토끼가 죽으면 사냥개는 삶아 먹힌다」는 옛말의 교훈도 교훈이러니와, 월왕 구천이란 사람이 고생은 같이할 수 있어도 낙은 같이할 수 없는 사람이라는 것을 알기 때문에 보물만을 싣고 월나라를 떠나 바다 건너 멀리 제나라로 갔다.

나라를 부강하게 만들 수 있었던 범려는, 그의 뛰어난 경제적 두뇌로 축재(蓄財)에 힘쓴 나머지 얼마 안 가서 수천만의 재산을 모았다. 그러자 제나라에서는 그가 비범한 사람인 것을 알고 그를 재상으로 맞아들였다. 이 때 범려는 치이자피(鴟夷子皮)라는 이름으로 행세를 했던 것이다.

그러나 범려는,

「집은 천금의 부를 이루고 벼슬은 재상에 올랐으니 이는 평민으로서는 극도에 달한 것이다. 오래 높은 이름을 누린다는 것은 상서롭지 못한 일이다」하고 재상의 자리에서 물러나, 있는 재산을 모조리 친구와 고을 사람들에게 흩어 준 다음 값비싼 보물만을 가지고 남몰래 도(陶 : 산동성 도현)란 곳으로 가 숨어 살며 주공(朱公)이란 이름으로 행세를 했다.

범려는 도란 곳이 천하의 중심에 위치하여, 길이 사방으로 통하고 물자의 유통이 원활한 것을 알고, 재산을 모아 무역에 종사함으로써 남에게 해를 끼치는 일 없이 19년 동안에 세 번이나 천금의 재산을 모을 수가 있었다.

이 중 두 번까지는 모은 재산을 가난한 친구와 먼 친척들에게 다 나누어 주었다. 범려야말로 잘 살게 되면 남에게 덕을 입히기를 좋아하는 사람이었다.

뒤에 그의 나이가 많아지자 모든 일을 자손들에게 맡기게 되었는데, 자손들 역시 그를 닮아 재산을 모으고 불리는 데 남다른 무엇이 있어 억만금의 재산을 모으기에 이르렀다. 그러므로 재산을 놓고 말할 때면 온 세상 사람들이 다 도주공(陶朱公)을 일컫게 되었다.

이야기는 《사기》 식화열전(殖貨列傳)에 나오는 것인데, 이 밖에 월세가(越世家)에도 그에 관한 이야기가 나온다.

월세가에 나오는 범려에 관한 재미있는 이야기는 「천금지자 불사어시(千金之者 不死於市)」 항에서 다시 다루기로 한다.

도모시용〔道謨是用〕 길가에 집을 지으면서 행인들과 일일이 상의한다는 말로, 주관이 없이 남의 의견만을 좇는 사람은 성공할 수 없음의 비유. 《시경》

도문계살〔屠門戒殺〕 푸줏간에서 죽이기를 경계한다는 뜻으로, 전혀 있을 수 없는 일을 비유하여 이르는 말. 《순오지》 ⇨ 도문담불(屠門談佛).

도문담불〔屠門談佛〕 푸줏간에서 불도(佛道)를 논한다는 뜻으로, 언행이 주위 환경과 전혀 맞지 않음의 비유.

도방고리〔道傍苦李〕 길가에 버려진 쓴 오얏이라는 뜻으로, 버려지고 돌보는 이 없는 사람의 비유. 또는 남에게서 버림받음의 비유. 《세설신어》

도비순설〔徒費脣舌〕 입술과 혀만 수고롭게 한다는 뜻으로, 부질없이 말만 많고 보람이 없음의 비유.

도청도설
道聽塗說

길 道 들을 聽 진흙 塗 말씀 說

> 길거리에 퍼져 돌아다니는 뜬소문.

아무렇게나 듣고 아무렇게나 말하는 것을 가리켜 「도청도설」이라고 한다. 길에서 들은 것을 길에서 이야기한다는 뜻이다. 이것은 《논어》 양화편에 나오는 공자의 말인데, 거기에는,

「길에서 듣고 길에서 이야기하는 것은 덕을 버리는 것이다(道聽而塗說 德之棄也)」라고 했다.

우리도 흔히 이런 사람을 볼 수 있다. 귀동냥으로 한 마디 들은 것을 마치 자기가 생각해 낸 것이나 되는 것처럼 자랑삼아 떠벌이고 다닌다. 아니, 우리 자신 모두 그런 부류에 속해 있는지도 모른다.

공자는 말하기를,

「사람을 보고 말을 택하지 말고, 말을 가지고 사람을 택하지 말라」고 했다.

미친 사람의 말도 착한 말은 성인이 택한다고 했다. 말하는 소리를 듣고 그 사람을 그대로 평가한다는 것도 경솔한 것이다.

남의 말을 귀담아 듣는 것도 한 수양이다. 좋은 말을 스승으로 삼아 이를 깊이 생각하고 실천하는 것이 학문하고 수양하는 사람의 올바른 태도다. 그것이 덕을 살리는 길이다.

그것을 깊이 생각하고 실천하는 일이 없이, 들은 것을 다행으로, 이것을 그 자리에서 써먹기에만 바쁜 사람은 말만이 앞서는 경박한 사람이다. 이것이 공자가 말한 덕을 버린다는 것이다.

《순자》 권학편에는 같은 뜻의 말을 재미있게 표현하고 있다.

「소인(小人)들의 학문은 귀로 들어와서 입으로 나간다. 귀와 입 사

이는 네 치밖에 안된다. 어떻게 그것으로 일곱 자 몸을 아름답게 할 수 있겠는가?」

생각과 실천이 따르지 않는 공부는 곧 길에서 듣고 길에서 말하는 것과 별로 다를 것이 없는 것이다.

도사〔倒屣〕 신발을 거꾸로 신는다는 뜻으로, 대단히 반가워함을 형용하는 말. 《삼국지》

도선불여악〔徒善不如惡〕 한갓 착하기만 한 것은 악함만 못하다는 뜻으로, 너무 착하기만 하고 주변머리가 없는 것을 비웃어 하는 말. 《맹자》

도역유도〔盜亦有道〕 도둑에게도 도둑으로서의 도리가 있다는 뜻으로, 도(道)와 인(仁)이라는 것은 성인이나 현자(賢者)뿐만 아니라, 사람들에게 그 나름으로 갖추어져 있는 법이라는 말. 도척(盜跖)이 부하들의 물음에 답하기를, 「도둑질하러 들어가서 재물이 어느 방에 있는지 짐작하는 것은 성(聖:사물의 이치에 통한다)이요, 솔선해서 먼저 들어가는 것은 용(勇)이요, 달아날 때 뒤를 맡는 것은 의(義)요, 목적을 달성할 수 있을지 어떨지를 아는 것은 지(知)요, 훔친 물건을 공평하게 분배하는 것은 인(仁)이니, 이 다섯 가지 도를 두루 갖추지 않은 자로서 큰 도둑이 된 자는 아직 본 적이 없다」라고 한 고사에서 나온 말이다. 《장자》 거협(胠篋).

도원일모〔道遠日暮〕 ☞ 일모도원(日暮途遠).

도주의돈〔陶走猗頓〕 도주와 의돈은 모두 중국에서 부자의 대명사로 불리는 사람이다. 이 때문에 부자를 일러 도의(陶猗)라고 하고 그 부(富)를 일러 도주의돈의 부라고 한다. 《사기》 ☞ 도주지부(陶朱之富).

도지태아〔倒持泰阿〕 태아(泰阿)는 전설상의 보검. 명검을 거꾸로 잡았다는 뜻으로, 자신의 위세만 믿고 상대를 우습게 여기다가 낭패를 당함을 비유하여 이르는 말. 《월절서(越絶書)》

도행역시〔倒行逆施〕 차례를 거슬러서 행한다는 뜻으로, 사리에 어긋나게 행동함을 비유하는 말. 《사기》 오자서열전. ☞ 굴묘편시(掘墓鞭屍).

도탄지고
塗炭之苦

진흙 塗 숯불 炭 의 之 괴로울 苦

> 극도로 곤궁한 고통.

심한 고통 속에 있는 것을 「도탄지고」라고 한다.

「도탄지고에 빠졌다」는 말이 있다. 이 도탄은 한 개인의 고통보다는 많은 대중들의 경우에 쓰인다.

「나는 도탄에 빠져 있다」고 하면 좀 어색하지만, 「우리는 도탄에 빠져 있다」고 하면 실감 있게 들린다. 원래가 이 도탄이란 말이 대중의 고통을 비유해서 한 말이었다.

도(塗)는 진흙이란 뜻이고, 탄(炭)은 숯불을 뜻한다. 몸이 자유롭게 움직일 수 없는 진흙 수렁에 빠져 있고, 이글이글 타오르는 숯불 속에 들어 있다면 그 고통이 얼마나 크겠는가.

《서경》 중훼지고(仲虺之誥)에,

「……유하의 어두운 덕으로 백성이 도탄에 빠졌다(民墜塗炭)」고 한 구절이 나온다.

은(殷)나라 탕(湯)임금은 걸(桀)을 내쫓고 천자가 되자, 무력혁명에 의해 천하를 얻게 된 것을 부끄러워하며,

「나는 후세 사람이 내가 한 일을 가지고 구실을 삼을까 두렵다」고 말했다.

그러자 좌상(左相) 중훼가 글을 지어 탕임금을 위로한 것이 곧 「중훼지고」다. 글의 내용은 이렇다.

「슬프다, 하늘이 사람을 내었으나, 사람에게는 욕심이 있어 이를 이끌어 줄 지도자가 없으면 곧 혼란을 가져오게 된다. 그러므로 하늘은 총명한 임금을 낳아 이들을 올바로 이끌게 한다. 그런데 하(夏)나라 걸

임금은 어둡고 덕이 없어 백성들이 진흙과 숯불 속에 빠지게 되었다. 그래서 하늘은 임금에게 용기와 지혜를 주어, 모든 나라들을 법도로써 바로잡게 하고, 우(寓)임금의 옛 영토를 이어받게 했다. 지금은 우임금의 옛 제도를 따라 천명에 순종하는 것이 마땅할 뿐이다」

즉 중훼는 탕임금의 무력에 의한 혁명을 정당한 것으로 보고, 걸임금의 학정에 신음하는 백성들의 견딜 수 없는 고통을 덜어 주는 것이 위대한 덕을 가진 사람의 당연히 해야 할 책무라는 것을 강조하여 탕임금의 주저하는 마음을 격려했던 것이다.

독불장군〔獨不將軍〕 혼자서는 장군이 될 수 없다는 뜻으로, 남과 협조해야 한다는 말. 또는 따돌림을 받는 외로운 사람을 가리킴. 또 무슨 일이나 독단적으로 처리하는 사람을 이르기도 한다.

독서망양〔讀書亡羊〕 글을 읽는 데 정신이 팔려 먹이고 있던 양을 잃어버렸다는 뜻으로, 일에는 뜻이 없고 딴 생각만 하다가 낭패를 본다는 뜻.《장자》

독서삼도〔讀書三到〕 독서하는 법은 구도(口到)·안도(眼到)·심도(心到)에 있다 함이니, 즉 입으로 다른 말을 안하고, 눈으로 딴 것을 보지 말고, 마음을 하나로 가다듬고 반복 숙독하면 그 진의를 깨닫게 된다는 뜻.《훈학재규(訓學齋規)》

독서삼매〔讀書三昧〕 오로지 책읽기에만 골몰하는 것.

독서삼여〔讀書三餘〕 독서를 하기에 적당한 세 여가(餘暇). 곧 겨울·밤·비올 때.《삼국지》위서.

독서상우〔讀書尙友〕 책을 읽음으로써 옛 현인(賢人)들과 벗이 될 수 있다는 뜻.《맹자》

독수공방〔獨守空房〕 부부가 서로 별거하여 여자가 남편 없이 혼자 지냄. 독숙공방(獨宿空房).

독안룡〔獨眼龍〕 애꾸눈. 외눈의 영웅을 비유해 이르는 말이다. 그 영웅이란 당(唐)나라 말 황소(黃巢)의 난을 진압하는 데 공을 세운 이극용(李克用)을 일컫는다.《자치통감》

독장난명〔獨掌難鳴〕 ☞ 고장난명(孤掌難鳴).

독서백편 의자현
讀書百遍 義自見

읽을 讀 책 書 일백 百 두루 遍
뜻 義 스스로 自 알 見(현)

> 글을 백 번만 되풀이해 읽으면 뜻은 절로 알게 된다는 뜻으로, 무엇이든 하고 또 하고 하는 사이에 진리를 터득하게 된다는 뜻

위(魏)나라 동우(董遇)의 고사에 나오는 말이다. 동우는 후한 말기의 사람으로 당시는 모든 사람들이 자기가 가지고 있는 자그마한 재주를 유력자에게 팔아 바침으로써 출세를 하고 생활을 하고 하는 그런 시대였다. 그러나 동우는 그럴 생각은 조금도 없이 가난 속에 몸소 일을 해 가면서 공부에 열중하고 있었다. 그는 잠시도 손에서 책을 놓는 일이 없었던 것으로 유명하다. 이른바 수불석권(手不釋卷)이란 것이다.

그 뒤 동우는 황문시랑의 벼슬에 올라 헌제(獻帝)의 글공부 상대가 되었는데, 승상이었던 조조의 의심을 받아 한직으로 쫓겨나게 되었다. 그 뒤 위나라 천하가 된 뒤에 시중(侍中), 대사농(大司農) 등 대신의 벼슬에까지 올랐다. 그는 《노자》와 《춘추좌전》의 주석을 한 것으로 유명했으나, 지금은 그것이 보이지 않는다.

동우는 글을 배우겠다고 오는 사람이 있으면,

「내게서 배우기보다는 집에서 자네 혼자 읽고 또 읽어 보게. 그러면 자연 뜻을 알게 될 테니」하고 거절했다.

이것을 《삼국지》 위지(魏志) 제13권에는 이렇게 표현하고 있다.

「……동우는 가르치기를 즐겨하지 아니하며 말하기를 『반드시 마땅히 먼저 백 번을 읽으라』했고 『글을 백 번 읽으면 뜻이 절로 나타난다』고 말했다(遇不肯教而云 必當先讀百遍 言 讀書百遍而義自見)」

백 번은 여러 번이란 뜻이다. 열 번도 괜찮고, 천 번도 필요할 때가 있을 것이다.

돈견〔豚犬〕 돼지와 개라는 뜻으로, 어리석은 짓. 또는 불초(不肖)한 자식을 비유하거나 자식의 겸칭으로도 쓰인다. 《십팔사략》

돈오점수〔頓悟漸修〕 갑자기 깨닫고 점진적으로 수행한다는 뜻으로, 선가(禪家)의 수행 방법의 하나로 부처가 되기 위해 먼저 진리를 깨친 뒤에 여러 겁(劫)을 통해 익혀 온 습기(習氣)를 점차 제거해 가는 수행 방법을 말한다.

돈제우주〔豚蹄盂酒〕 돼지발굽 하나와 한 잔의 술이란 뜻으로, 곧 약간의 술과 안주. 《사기》 ▷ 단사표음(簞食瓢飮).

돌돌괴사〔咄咄怪事〕 매우 놀랄 만한 일. 심히 괴이한 일. 돌돌은 뜻밖의 일에 놀라 발하는 소리. 《진서》

동가식서가숙〔東家食西家宿〕 동쪽 집에서 먹고 서쪽 집에서 잔다는 뜻으로, 한곳에 정착하지 못하고 이리저리 떠돌아다니는 삶의 비유. 본래는 욕심이 지나침을 비유한 말이었다. 《태평어람》

동가지구〔東家之丘〕 동가는 동쪽 이웃집. 구(丘)는 공자(孔子)의 이름. 어떤 어리석은 이웃사람이 공자가 성인인 줄을 모르고 그저 동쪽 집에 사는 사람이란 뜻으로 동가구(東家丘)라고 불렀다는 고사에서, 공자를 일컬음. 또는 가까이 있는 유명한 인물을 알아보지 못함을 비유해서 이르는 말. 《공자가어》

동가홍상〔同價紅裳〕 같은 값이면 다홍치마라는 뜻으로, 이왕이면 좀 더 나은 것을 가진다는 말.

동공일체〔同功一體〕 공훈(功勳)과 지위가 같음. 일의 공효(功效)가 같음. 《사기》

동궤〔同軌〕 천하의 수레바퀴의 폭을 똑같이 함. 즉 천하를 통일함. 동철(同轍). 또는 동일한 왕조의 통치하에 있음. 곧 제후(諸侯)의 뜻. 《좌전》

동기상구〔同氣相求〕 마음이 맞는 사람은 서로가 찾아서 모여든다는 말. 또는 서로 마음이 맞는 사람끼리라는 말. 《역경》

동기진〔同期塵〕 ☞ 화광동진(和光同塵).

동도주〔東道主〕 동쪽 방향으로 가는 길을, 주인이 손님을 대접하듯이 길안내를 한다는 뜻으로, 길안내하는 사람의 비유. 또는 주인으로서 손님의 접대를 하는 사람을 일컫는다. 《좌전》

동량지신〔棟梁之臣〕 기둥과 들보가 될 신하라는 뜻으로, 나라의 국정대사를 맡아 다스릴 만한 신하. 동량지재(棟梁之材).

동공이곡
同工異曲

같을 同 장인 工 다를 異 가락 曲

> 음악이나 문장이 됨됨은 비슷한데 내용이 다르다거나, 하는 일이나 만들어 놓은 것이 얼른 보면 다른 것 같은데, 실상 조금도 다를 것이 없다는 뜻

원래 이 「동공이곡」은 상대를 칭찬해서 한 말이었는데, 지금은 오히려 경멸하는 뜻으로 쓰이는 경우가 많다. 즉 똑같은 내용의 것을 다른 것처럼 보이려 하고 있는 경우를 꼬집어 말할 때 쓰인다.

동공이곡이란 말은 한유(韓愈)의 「진학해(進學解)」란 글에 나오는 말이다. 해(解)는 남의 의심을 풀어 주는 글이란 뜻으로, 문장의 한 형태로 되어 있다.

한유는 천하의 문장이면서도 출세에는 뜻을 이루지 못하고, 늦게까지 사문박사(四門博士)라는 관직에 머물러 있었다. 그는 이 「진학해」란 글을 통해 스스로를 위로하고 또 타이르고 있다. 「진학해」를 간단히 소개하면 이런 내용이다.

국자(國子 : 대학) 선생인 한유가 대학에 나가 학생들을 가르치고 있었다. 비록 출세를 못했다 하더라도 나라의 처사에 불평을 하지 말고 자신의 학문이 부족한 것을 책하여 더욱 열심히 노력하라고 했다. 그러자 한 학생이 웃으며,

「선생님께선 모든 학문에 두루 능하시고, 문장에 있어서는 옛날의 대문장가에 필적하며, 인격에 있어서도 부족함이 없으신데, 어찌하여 공적으로는 세상의 신임을 얻지 못하고, 사적으로는 생활마저 하기가 어려운 형편이 아니십니까? 그러면서 왜 우리를 보고는 그런 말씀을 하십니까?」 하고 따졌다.

그러자 한유는 이렇게 대답했다.

「공맹 같은 성인도 세상에 뜻을 얻지 못하고 불행하게 생애를 마쳤다. 나 같은 삶은 그런 성인에 비교할 수조차 없지만, 그래도 죄를 범한 일 없이 나라의 녹을 먹으며 잘 살고 있지 않은가. 따라서 세상 사람들이 나를 비난하는 것이 조금도 이상할 게 없으며, 박사라는 한직에 있는 것도 당연한 일이 아니겠는가」

이것이 간단한 줄거리인데, 이것은 물론 한유가 학생의 입을 빌어 자문자답하고 있는 것이다. 이 「진학해」에서 학생은 한유의 문장을 칭찬하여 위로는 순임금과 우임금의 문장, 그리고 《시경》의 바르고 화려함, 아래로는 장자와 굴원(屈原), 사마천의 《사기》, 양웅(揚雄)과 사마상여(司馬相如)와 더불어 공(工)을 같이하고 곡(曲)을 달리한다고 말했다.

즉 한유는 문체만 다를 뿐 그 내용에 있어서는 옛날 위대한 문장의 글과 조금도 다를 것이 없다는 말이다. 문자란 이렇게 본래의 뜻과는 달라지는 경우가 많다.

동문서답〔東問西答〕 어떤 물음에 당치도 않은 엉뚱한 대답을 함. 문동답서(問東答西). 《송남잡식(宋南雜識)》

동방화촉〔洞房華燭〕 혼례를 치른 뒤에 신랑이 신부 방에서 자는 일. 동방은 안방, 부인의 방, 규방(閨房). 화촉은 花燭이라고도 쓴다. 화려한 등불, 혼례석상의 등불. 결혼의 뜻. 《유신시(庾信詩)》

동분서주〔東奔西走〕 동으로 달려갔다가 서로 달려갔다가, 이리저리 뛰어다니는 것. 囝 남선북마(南船北馬).

동상이몽〔同床異夢〕 두 사람이 같은 잠자리에 자면서 각기 다른 꿈을 꾼다. 즉 일을 함께 하면서 각자 생각이 다른 것. 《여주원회비서(與朱元晦秘書)》

동선하로〔冬扇夏爐〕 ☞ 하로동선(夏爐冬扇).

동섬서홀〔東閃西忽〕 동에 번쩍 서에 번쩍 한다는 뜻으로, 이리 왔다 저리 갔다 함을 일컬음.

동병상련
同病相憐

같을 同 병 病 서로 相 불쌍히 여길 憐

> 어려운 처지에 있는 사람끼리 서로 동정하고 도움.

같이 앓고 있는 사람은 서로 동정한다. 그것이 「동병상련」이란 말이다. 「과부의 설움은 과부가 안다」는 우리 속담도 다 같은 이치에서 나온 말이다. 이 말은 후한 조엽(趙曄)이 지은 《오월춘추(吳越春秋)》에 나오는 말이다.

아버지와 형을 역적의 누명을 씌워 죽인 초나라를 등지고 오나라로 망명해 온 오자서(吳子胥)는 오나라 공자(公子) 광(光)을 만나 마침내 초나라에 대한 복수를 하게 된다.

이때 오자서를 공자 광에게 추천한 사람은 관상을 잘 보는 피리(被離)란 사람이었다. 피리는 오자서가 거지 행세를 하며 오나라 거리를 돌아다니고 있을 때 오자서가 천하 영웅임을 알아봤던 것이다.

공자 광은 결국 오자서의 힘으로 오나라의 왕이 될 수 있었는데, 이 공자 광은 왕이 된 뒤에 이름을 합려(闔閭)로 고쳤다.

오자서가 합려왕의 심복으로 오나라의 실권을 잡게 되었을 때 초나라에서 백주리(伯州犁)의 아들 백비가 찾아왔다. 백주리도 오자서의 아버지를 죽게 만든 비무기(費無忌)란 간신에 의해 억울하게 죽었기 때문에, 백비는 오자서에게 몸을 의탁하기 위해 찾아온 것이다.

오자서는 원수를 같이하는 그를 동정하여 그를 합려왕에게 천거해서 대부의 벼슬에 앉게 했다.

이때 오자서는 이미 대부의 벼슬에 오른 피리의 충고를 받게 된다. 피리는 이렇게 물었다.

「당신은 왜 백비를 겨우 한 번 만나보고 그토록 신임을 하시오?」

「그것은 나와 같은 원한을 품고 있기 때문이오 강가 사람들이 부르는 노래를 듣지 못했소 그 노래에 말하기를,

    같은 병은 서로 불쌍히 여기고
    같은 근심은 서로 구원한다.
    놀라 나는 새는
    서로 따라 날고
    여울 아래 물은
    따라 다시 함께 흐른다.

    同病相憐　同憂相救　　동병상련　동우상구
    驚翔之鳥　相隨而飛　　경상지조　상수이비
    瀨下之水　因復俱流　　뇌하지수　인복구류

고 했소 호마(胡馬)는 북쪽 바람을 향해 서고, 월나라 제비는 햇빛을 찾아 노는 법이오 육친을 사랑하고 슬퍼하지 않는 사람이 어디에 있겠소」

「이유는 정말 그것뿐입니까?」

「그것뿐입니다」

「그렇다면 말씀드리지요. 내가 보는 바로는, 그의 눈은 매와 같고, 걸음걸이는 범을 닮았습니다. 그것은 사람 죽이기를 보통으로 아는 잔인한 상입니다. 절대로 마음을 주어서는 안됩니다」

오자서는 피리의 충고를 받아들이지 않고 백비를 끝까지 밀어 태재(太宰)라는 벼슬에까지 오르게 했다. 그러나 백비는 그 뒤 적국인 월나라의 뇌물에 팔려 충신 오자서를 자살하게 만든다.

오자서는 「동병상련」으로 그를 이끌어 주었지만 백비는 그 은공을 원수로 갚고 말았다. 보편적인 원칙도 악한 사람에게는 적용이 되지 않는다는 것을 말해 주고 있다.

두각
頭角

머리 頭 뿔 角

> 학식·재능·기예가 남보다 한층 뛰어남.

　가지고 있는 재주나 실력이 남보다 한층 뛰어나 보이는 것을 「두각을 나타낸다」고 한다. 결국 머리끝을 쳐들고 우뚝 일어나 서 있게 되므로 사람들이 그 존재를 알게 된다는 뜻이다.
　한유의 「유자후묘지명(柳子厚墓誌銘)」에 나오는 말인데, 한유가 처음 만들어 낸 말이라고 볼 수는 없을 것 같다.
　자후는 유종원의 자(字)다. 한유와 함께 당나라 양대 문장으로 손꼽히며, 한유와는 둘도 없는 지기(知己)인데, 한유가 다섯 살 위였다.
　이 글은 유종원의 유언에 의해 씌어진 것이다. 묘지명은 고인의 유덕을 칭찬한 글을 돌에 새겨 널과 함께 땅에 묻는 것이다.
　유종원은 스물한 살에 진사가 되고, 스물여섯 살 때 박사굉사과(博士宏詞科)에 급제했다.
　한유는 이 시험을 세 번이나 치렀으나 합격이 되지 못했다. 이 사실은 「일거수일투족(一擧手一投足)」이란 항목에 자세히 나온다.
　유종원은 서른세 살 때, 그가 속해 있는 봉당이 밀려남으로써 그도 영주(永州)라는 고을의 사마로 좌천이 된다. 그 뒤로 중앙에 다시 돌아오지 못하고 다시 유주(柳州) 자사로 가 있다가 거기서 마흔 일곱 살의 짧은 생애를 살고 마침내 세상을 마친다.
　한유는 불교를 배척하는 상소문을 올린 것이 문제가 되어 조주(潮州)로 귀양을 갔다가 다시 풀려나 원주(袁州) 자사로 부임하는데, 부임 도중 유종원의 부고를 듣는다.
　임지에 도착한 한유는 유자후의 제문을 짓고, 또 유종원의 유언에 따라 묘비명을 지었다. 그의 조상에서 시작해서 그의 부친의 공적을 기록한 다음 유종원에까지 미치고 있다.

이 묘지명에서 한유는,

「……그의 아버지 때에 이르러, 비록 나이 어리나 이미 스스로 성인이 되어 진사 시험에 능히 합격하고 높이 두각을 나타냈다」라고 썼다.

「두각」은 머리 뿔이 아니라, 머리끝을 가리켜 하는 말이다.

동성상응〔同聲相應〕 같은 소리는 서로 응한다는 뜻으로, 같은 무리끼리 서로 통하여 응함.《역경》 비 동기상구(同氣相求).

동성이속〔同性異俗〕 성(聲)은 갓난아기의 첫 울음소리, 속(俗)은 습속(習俗)을 말한다. 곧 태어날 때의 첫 울음소리는 똑같지만, 성장해서 몸에 익혀진 습관은 제각기 다르다는 뜻으로, 사람은 환경이나 교육에 따라서 변화함을 비유한 말.《순자》권학.

동악상조〔同惡相助〕 나쁜 짓을 위해서는 악인이라도 서로 돕는다는 뜻으로, 악인끼리 서로 도와 나쁜 짓을 한다는 말.《사기》

동업상구〔同業相仇〕 동업자는 이해관계에 따라서는 서로 원수가 되기 쉽다는 말.《소서(素書)》

동우각마〔童牛角馬〕 뿔이 없는 망아지와 뿔이 있는 말이란 뜻으로,

도리에 어긋남을 비유하는 말.

동이불화〔同而不和〕 동(同)은 임시로 그 자리에서만 사이좋게 지내는 것. 화(和)는 서로가 도우며 상대방의 일을 서로가 배려하는 그런 사귐. 곧 하찮은 소인(小人)의 사귐.《논어》자로. 반 화이부동(和而不同).

동일지일〔冬日之日〕 겨울날의 태양이란 뜻으로, 화기애애(和氣靄靄)하고 사랑스러움을 비유해서 이르는 말.《좌전》

동장무간〔同藏無間〕 남녀의 옷을 한 옷장에 넣고 따로따로 두지 않는다는 뜻으로, 늙어서 서로가 스스럼이 없음을 이르는 말.

동절최붕〔棟折榱崩〕 마룻대가 부러지면 서까래도 무너져버리고 만다는 뜻으로, 윗사람이 잘못 되면 아랫사람도 온전할 수 없음을 일컫는 말.《좌전》

두찬
杜撰

막을 杜 지을 撰

전거(典據)가 확실치 못한 저술이나, 틀린 곳이 많은 작품.

전거가 확실치 못한 것을 「두찬」이라고 하지만, 그 두찬이란 말 자체도 실상은 전거가 확실치 못한 점이 없지 않다. 그러나 그 중 송나라 왕무(王楙)가 지은 《야객총서(夜客叢書)》에 나오는 「두찬」에 관한 설명이 가장 널리 알려져 있다.

두묵(杜默)은 송나라의 시인으로, 그의 시는 당시 구양수와 함께 인기가 있기는 했으나 「율(律)」이 잘 맞지 않았다. 그래서 무엇이고 격식에 맞지 않는 것을 가리켜 두찬이라고 했다는 것이다. 즉 두묵이 지은 글이란 뜻이다.

그 원문을 소개하면 다음과 같다.

「두묵은 시를 짓는 것이 율에 맞지 않는 것이 많았다. 그러므로 일이 격에 맞지 않는 것을 두찬이라 한다(杜默爲詩 多不合律 故言事不合格者爲杜撰)」

두찬을 이렇게 설명한 왕무 자신도 자기의 설명이 「두찬」의 평을 면하기 어렵다는 것을 생각해서인지, 이 말이 두묵의 이야기 이전부터 쓰이고 있었던 예들을 들고 있다.

그는 먼저 「두(杜)」란 글자의 뜻부터 캐고 있다.

민간에서는 좋지 못한 밭이나 농장들을 「두전(杜田)」이니 「두원(杜園)」이니 하고 말한다. 즉 「杜」란 글자는 나쁘다거나, 덜 좋다는 뜻으로 쓰이는 것을 알 수 있다. 또 자기 집에서 빚은 맛없는 술을 두주(杜酒)라고 한다. 임시 대용품으로 때운다는 정도의 뜻이다. 말하자면 엉터리란 뜻이 들어 있는 것이다.

두보(杜甫)가 지은 시 가운데 「두주(杜酒)를 옆에 놓고 일에 골몰한다」는 구절이 있는데, 이것은 술의 별명인 두강(杜康)이란 것을 염두에 둔 것이겠지만, 그것이 좋지 못한 술을 뜻하는 「두주」와 우연 일치한 것으로 볼 수 있다는 것이다.

왕무의 이야기는 「두」란 글자가 이렇게 쓰여 온 걸로 보아 덜 된 문장이란 뜻으로 「두찬」이란 말을 써도 이상할 것이 없다는 것이다. 「두찬」에 대해서는 이 밖에도 많은 의견들이 있지만, 설득력이 덜하다.

동족방뇨〔凍足放尿〕 언 발에 오줌 누기라는 뜻으로, 어떤 사물이 한때의 도움이 될 뿐 바로 효력이 없어짐을 일컫는 말. 《순오지》

동주상구〔同舟相救〕 같은 배를 탄 사람은 배가 전복될 때 서로 힘을 모아 구한다는 뜻으로, 이해를 함께하는 사람은 아는 사이건 모르는 사이건 서로 돕게 됨의 비유. 《손자》

동취〔銅臭〕 구리 냄새. 곧 동전 냄새라는 뜻으로, 재물을 써서 관직을 얻는 사람이나 재물을 탐하는 사람을 이르는 말. 《후한서》

동해양진〔東海揚塵〕 동해에 티끌이 오른다는 뜻으로, 바다가 육지로 변함을 이르는 말. ⓥ 상전벽해(桑田碧海).

동호지필〔董狐之筆〕 동호는 춘추시대 진(晋)나라의 사관(史官)으로서, 폭군 영왕(靈王)을 조씨 일족인 조천(趙穿)이 살해하였을 때, 상경(上卿)인 조순(趙盾)이 이를 치지 아니하고 또 영왕을 간(諫)하지 아니함은 조순의 죄라고 직필(直筆)로 기록, 후세에 양사(良史)로 알려졌다. 곧 사실을 숨기지 아니하고 사실대로 직필함을 일컫는 말. 특히 포폄(褒貶)이 분명한 「춘추필법(春秋筆法)」같은 사필(史筆)을 비유할 때 많이 쓰인다. 《좌전》

두구과족〔杜口裹足〕 입을 다물고 발을 동여맨다는 뜻으로, 마음속으로는 반감이 있으면서도 의견을 말하지 않고 무슨 일이든 함께 종사하려고도 하지 않는 태도를 비유하는 말. 《사기》

두동치활〔頭童齒闊〕 머리가 벗겨지고 이가 빠짐. 곧 늙음의 형용.

득롱망촉
得隴望蜀

얻을 得 땅이름 隴 바랄 望 땅이름 蜀

> 탐욕하여 만족할 줄을 모름.

만족할 줄 모르는 인간의 욕심을 비유해서 「득롱망촉(得隴望蜀)」이라 한다. 이 득롱망촉에 대한 첫 이야기는 《후한서》 잠팽전(岑彭傳)에서 볼 수 있다.

건무(建武) 8년(32년), 잠팽은 군사를 거느리고 광무제를 따라 천수(天水)를 점령한 다음, 외효를 서성(西城)에서 포위했다. 이때 공손술(公孫述)은 외효를 구원하기 위해 부장 이육(李育)을 시켜 천수 서쪽 60리 떨어진 상규성을 지키게 했다. 그래서 광무제는 다시 군대를 나누어 이를 포위하게 했으나, 자신은 일단 낙양으로 돌아가기로 하고 떠날 때 잠팽에게 편지를 보내,

「두 성이 만일 함락되거든, 곧 군사를 거느리고 남쪽으로 촉나라 오랑캐를 쳐라. 사람은 만족할 줄을 모르기 때문에 고통스러운 것이다. 이미 농(隴 : 감숙성)을 평정했는데, 다시 촉(蜀)을 바라게 되는구나. 매양 한 번 군사를 출발시킬 때마다 그로 인해 머리털이 희어진다」 하고 명령과 함께 자신의 감회를 말했다.

즉 장래를 위해 적군의 근거지를 완전히 정복해야겠다는 결심을 하고서도 그것이 인간의 만족할 줄 모르는 욕망 때문일지도 모른다는 자기반성을 하며, 그로 인해 많은 군사들의 고통은 물론 마침내는 생명까지 잃게 될 것을 생각하면 그때마다 머리털이 하나하나 희어지는 것만 같다는 절실한 심정을 말한 것이다.

여기서는 득롱망촉이 아닌 평롱망촉(平隴望蜀)으로 되어 있는데, 4년 후 건무 12년에는 성도(成都)의 공손술을 패해 죽게 함으로써 「망촉」을

실현하게 된다.

둘째, 이 말은 조조의 입에서 나온 것이다. 삼국의 대립이 뚜렷해진 헌제(獻帝) 건안 20년(215년)의 일이다. 촉의 유비와 오의 손권이 대립하고 있는 틈을 타서 위의 조조는 한중(漢中)으로 쳐들어갔다. 이때 조조의 부하 사마의가 조조에게,

「이 기회에 익주(益州 : 촉)의 유비를 치면 틀림없이 승리를 거두게 될 것입니다」하고 의견을 말했다. 그러나 조조는 머리를 가로 저으며,

「사람은 만족하는 일이 없기 때문에 괴로운 것이다. 이미 농을 얻었는데, 다시 촉을 바랄 수야 있겠느냐」하고는 그의 의견을 듣지 않았다.

이것은 《후한서》 헌제기에 나오는 이야기인데, 여기에는 득롱망촉으로 되어 있다. 물론 천하의 간웅 조조는 힘이 모자라 감행하지 못하는 것을 큰 도덕군자나 되는 것처럼 가면을 쓰고 말한 것임에 틀림없다. 우리는 여기서 성군인 광무제와 간웅(奸雄)인 조조의, 말과 본심과의 미묘한 상반된 현상을 엿볼 수 있다.

두발상지〔頭髮上指〕 노여움으로 머리털이 곤두선다는 뜻으로, 몹시 노하는 모습의 형용. 《사기》 항우(項羽).

두소〔斗筲〕 한 말 두 되 들이 그릇이라는 뜻으로, 도량이 작음의 비유. 또는 나라의 녹봉이 변변치 않음의 비유.

두양소근〔頭癢搔跟〕 머리가 가려운데 발뒤꿈치를 긁는다는 뜻으로, 무익한 일을 함의 비유. 《역림(易林)》 ⓑ 격화소양(隔靴搔癢).

두우륙〔杜郵戮〕 충신이 죄 없이 죽음을 이르는 말. 《사기》

두절사행〔斗折蛇行〕 두절은 북두칠성(北斗七星)의 구부러진 모양. 사행은 뱀처럼 구불구불 구부러져 있는 모양. 곧 물의 흐름이나 길 등이 구불구불 굽어 있는 모양. 유종원(柳宗元) 《지소구서소석담기(至小邱西小石潭記)》

두주불사〔斗酒不辭〕 말술도 사양하지 않음. 주량(酒量)이 매우 큼을 비유하여 이르는 말.

득어망전
得魚忘筌

얻을 得 물고기 魚 잊을 忘 통발 筌

목적 달성을 위해 필요했던 남의 도움을 성공 뒤에는 잊어버린다.

「도랑 건너고 지팡이 버린다」는 말이 있다. 물살이 센 도랑을 지팡이 덕으로 간신히 건너가서는 그 지팡이의 고마움을 잊고 집어던지는 인간의 공통된 본성을 예로서 말한 것이다.

우리가 흔히 비 올 때 우산을 받고 나왔다가 날이 개면 우산을 놓고 가는 것을 경험한다. 「득어망전(得魚忘筌)」도 인간의 그 같은 본성을 말한 것이다. 고기를 다 잡고 나면 고기를 잡는 데 절대 필요했던 통발(筌)은 잊고 그냥 돌아간다는 뜻이다.

어떤 목적을 달성하기 위해 남의 도움이 필요했노라고 말로도 하고 마음으로도 생각한다. 그러나 목적을 달성하고 성공을 거둔 뒤에는 내가 언제 그런 도움이 필요했더냐는 듯이 시치미를 떼거나 까맣게 잊고 만다.

배은망덕(背恩忘德)이란 말이 있다. 배은은 심한 경우이겠지만, 망덕은 누구나가 범하기 쉬운 인간 본연의 일면이 아닐까 싶다. 깊이 반성할 일이다.

이 「득어망전」은 《장자》 외물편에 있는 말이다.

「가리는 고기를 잡기 위한 것이다. 그러나 고기를 잡으면 가리는 잊고 만다(筌者所以在魚 得魚而忘筌). 덫은 토끼를 잡기 위한 것이다. 그러나 토끼를 잡으면 덫은 잊고 만다. 말은 뜻을 나타내기 위한 것이다. 그러나 뜻을 나타낸 뒤에는 말은 잊고 만다. 나는 어떻게 하면 말을 잊는 사람을 만나 함께 이야기할 수 있을까」하고 말을 잊은 사람과 이야기하기를 원하고 있다.

말을 잊는다는 것은, 말에 구애받지 않는다는 뜻이다. 시비와 선악 같은 것을 초월한 절대의 경지에 들어가 있는 사람을, 장자는 말을 잊은 사람으로 보는 것이다.

여기서는 「득어망전」이, 말을 잊은 것과 같은 자연스럽고 모든 것을 초월한 좋은 뜻으로 쓰이고 있다.

장자와 같이 반대의 입장에서 세상을 바라보는 사람으로서는 인간의 그러한 일면이 당연하고도 자연스런 것이 될 수도 있다. 그러나 장자가 보는 그 당연한 일면을, 속된 우리들은 인간의 기회주의적인 모순성을 드러내는 것으로 보는 것이다.

하여간 좋든 나쁘든, 인간이 「득어망전」의 공통성을 지니고 있는 것만은 사실이다.

두한족열〔頭寒足熱〕 머리는 차게 두고 발은 덥게 하는 것. 예부터 전해지는 건강법의 하나.

득기소〔得其所〕 마땅한 자리를 얻었다는 뜻으로, 자신의 처지가 자신의 능력이나 뜻에 부합해서 만족스러운 상태에 놓여 있음을 비유해서 이르는 말.

득부상부〔得斧喪斧〕 얻은 도끼나 잃은 도끼나 그게 그거라는 뜻으로, 얻고 잃은 것이 없다는 말.

득성죽어흉중〔得成竹於胸中〕 미리 마음속에 계획을 그려 둠의 비유. 성죽(成竹)은 그림으로서 완성된 대나무. 대나무를 그릴 때 마디나 잎 등의 자질구레한 데에 얽매여 있으면 대나무 전체의 모습을 잃게 되므로, 먼저 완성된 대나무의 모습을 마음속에 떠올리고, 그리고 나서 붓을 든다는 데서 나온 말이다. 소식(蘇軾).

득일망십〔得一忘十〕 하나를 알면 열을 잊어버린다는 뜻으로, 기억력이 좋지 못함을 이름. 凡 문일지십(聞一知十).

득친순친〔得親順親〕 부모 뜻에 들고 부모의 뜻에 순종한다는 뜻으로, 효자의 행실을 일컬음. 《맹자》

등고이초〔登高而招〕 높은 곳에 올라 사람을 부른다는 뜻으로, 수신(修

등용문
登龍門

오를 登 용 龍 문 門

> 입신출세(立身出世)에 연결되는 어려운 관문.

「등용문(登龍門)」이란 말은 쉽게 생각할 때, 용이 되어 하늘로 올라가는 문이란 뜻으로 풀이될 수도 있다. 또한 그런 뜻이 없는 것도 아니다.

이 등용문이란 말의 출전은 대개 이런 것이다.

후한은 환관에 의해 망했다고들 한다. 이 환관과 맞서 싸운 정의파 관료의 영수로 지목되던 사람이 이응(李膺)이었는데, 그의 자(字)는 원례(元禮)였다. 혼자 퇴폐한 기강을 바로잡으려고 애쓰는 이응은 그의 몸가짐이 또한 고결했다. 이리하여 「천하의 모범은 이원례」라고까지 칭찬을 받게 되었는데, 특히 청년 관료들은 그와 알게 되는 것을 등용문이라고 부르며 몹시 자랑으로 알고 있었다는 것이다.

《후한서》이응전에 보면,

「선비들로 그의 용접(容接)을 받는 사람이 있으면, 이름하여 등용문이라고 했다(士有被其容接者 名爲登龍門)」고 나와 있다.

여기 나오는 등용문은 「용문(龍門)에 오른다」는 뜻인데, 여기에 인용된 이응전의 주해에 따르면, 용문이란 것은 황하 상류에 있는 산골짜기 이름으로, 이 근처는 흐름이 가파르고 빨라서 보통 고기들은 올라갈 수가 없었다.

그래서 강과 바다의 큰 고기들이 이 용문 밑으로 모여드는 것이 수천 마리에 달했지만 도저히 올라가지를 못했다. 만일 오르기만 하면 그때는 용이 된다는 것이다.

원문을 소개하면 이렇다.

「하진은 일명 용문인데, 물이 험해 통하지 못한다. 물고기나 자라의 무리는 오를 수가 없었다. 강과 바다의 큰 물고기가 용문 밑으로 모이는 것이 수천이었지만, 오르지는 못한다. 오르면 용이 된다(河津一名龍門 水險不通 魚鼈之屬莫能上 江海大魚薄集龍門下數千 不得上 上則爲龍也)」

즉 등용문은 물고기가 난관을 돌파하고 용이 될 수 있는 기회를 얻게 되는 것으로, 이것을 이응의 지우(知遇)를 얻는 것에 비유해 쓴 것이 처음이었는데, 당대(唐代)에 와서는 오로지 과거에 급제하는 것을 가리켜 말하게 되었다.

오늘날 고등고시나 그 밖의 시험에 합격하는 것을 「등용문」이라고 하는 것도 역시 출세의 관문이란 뜻이다.

身)을 하기 위해서는 배움에 의해야 함을 이르는 말. 또는 효과를 얻기 위해서는 사물을 잘 이용해야 한다는 말. 《순자》

등고자비〔登高自卑〕 높은 곳에 올라가려면 낮은 곳에서부터 오른다는 말로, 일을 하는 데는 반드시 차례를 밟아야 한다는 말. 지위가 높아질수록 스스로를 낮춘다는 말. 《중용》

등도자〔登徒子〕 여색(女色)을 밝히는 사람을 일컫는 말. 호색한(好色漢).

등루거제〔登樓去梯〕 다락에 오르게 하고 사다리를 치운다는 뜻으로, 사람을 꾀어서 어려움에 빠지게 함을 가리키는 말. 《송남잡식(宋南雜識)》

등하〔登遐〕 죽어서 저승에 가는 것. 아득한 하늘로 올라가는 것. 또한 신선(神仙)이 됨의 비유. 천자의 붕어(崩御)를 이르기도 한다. 《열자》 탕문(湯問).

등화가친〔燈火可親〕 가을밤은 등불을 가까이 하여 글 읽기에 심기(心氣)가 좋은 시절. 등화가친의 계절은 곧 가을을 일컫는다. 한유(韓愈).

등황귤록〔橙黃橘綠〕 초겨울의 경치. 또는 초겨울의 비유로도 쓰인다.

등태산이소천하
登泰山而小天下

오를 登 클 泰 뫼 山 말이을 而
작을 小 하늘 天 아래 下

> 사람은 그가 있는 위치에 따라 보는 눈이 달라진다.

「태산에 올라가면 천하가 조그맣게 보인다」고 하는 뜻이다.

《맹자》 진심 상(盡心上)에 나오는 말이다.

그 원문을 소개하면 이런 내용이다.

「공자께서 노나라 동산(東山)에 올라가서는 노나라를 작게 여기시고, 태산에 올라가서는 천하를 작게 여기셨다. 그렇기 때문에 바다를 구경한 사람에게는 어지간한 큰 강물 따위는 물같이 보이지 않고, 성인(聖人)의 문에서 배운 사람에게는 어지간한 말들은 말같이 들리지가 않는 법이다……」

맹자는 이 말에 이어 물의 성질과 해와 달의 밝음과 진리에 뜻을 둔 사람의 걸어가야 할 길에 대해서 설명하고 있다.

노나라는 조그만 나라다. 그러나 도성이나 시골이나 앞이 막힌 평지에서는 노나라가 큰지 작은지를 볼 수도 알 수도 없다. 설사 간접적인 견문을 통해 노나라가 작은 나라인 것을 알고 있다 해도 그것을 실제로 느끼지 못한다.

그러나 노나라가 어느 정도인 것을 환히 굽어보게 되므로 노나라가 과연 작은 나라로구나 하는 것을 알게 된다.

그러나 노나라가 조그맣게 보이는 동산(東山)에서는 천하가 어느 정도 넓다는 것을 모른다. 다만 넓은 천하에 비해 노나라가 작은 것만을 알 뿐이다. 하지만 높이 솟은 태산 위에 올라 보면 넓은 줄만 알았던 천하마저 조그맣게 보이는 것이다.

이와 마찬가지로, 바다를 구경한 사람은 크게 보이던 강물이 너무도 작게 생각되고, 성인과 같은 위대한 분에게 조석으로 가르침을 받은 사람은, 옛날 좋게 들리고 훌륭하게 느껴졌던 말들이 한갓 말재주나 부린 알맹이 없는 것으로 느껴질 뿐이라는 것이다.

이상이 맹자가 한 말의 본뜻이었는데, 지금은 이 「태산에 오르면 천하가 작게 보인다」는 말을 좋은 뜻에서보다 사람의 일관성 없는 태도를 비유해서 말하기도 하고, 「개구리가 올챙이 적 생각을 못한다」는 의미로 쓰이기도 한다.

등(橙)은 등자. 일설에 유자라고도 한다. 등자가 노랗게 물들고, 귤이 파랗게 열리기 시작했음을 이르는 말. 소식(蘇軾) 《증유경문(贈劉景文)》

마

마각노출 　　　밀운불우
馬脚露出 ▶ 密雲不雨

고사성어대사전

마이동풍
馬耳東風

말 馬 귀 耳 동녘 東 바람 風

남의 비평이나 의견을 조금도 귀담아 듣지 아니하고 곧 흘려버림.

「마이동풍」은 「말의 귀에 동풍」이란 뜻이다. 우리말로는 「말 귀에 바람 소리」라는 것이 나을 것도 같다. 우리 속담에 「쇠귀에 경 읽기」란 말이 있는데도, 이것을 우이독경(牛耳讀經)이라고 한문 문자로 쓰기도 한다. 마이동풍은 우이독경과 같은 말이다.

이백(李白)의 「답왕십이 한야독작유회(答王十二寒夜獨酌有懷)」라는 장편 시 가운데 나오는 말이다. 왕십이(王十二)란 사람이 이백에게 「차가운 밤에 혼자 술을 마시며 느낀 바 있어서」라는 시를 보내온 데 대한 회답 시다.

왕십이란 사람에 대해서도, 또 이백이 이 시를 짓게 된 사정에 대해서도 알려진 바가 없다. 다만 후세 사람들이 추측으로 「당시의 정치적 현실에 심각한 비판을 가하고, 대단한 분개를 표명하는 한편, 자신의 처지와 그에 대한 태도를 밝히고 있는 것」으로 보는 것일 뿐이다.

장편 시의 전체를 소개할 수는 없지만, 그 중 몇몇 대목을 추려 소개하면 이런 것들이 나온다.

「인생은 허무한 것, 고작 백 년을 못 산다. 자아, 이 끝없는 생각을 술로써 씻어버리지 않겠는가. 자네에게는 무슨 특이한 재주로 천자의 사랑을 받을 만한 능력도 없고, 멀리 변방으로 나가 오랑캐를 무찌르고 혁혁한 공을 세워 높은 벼슬에 오를 그런 자격도 없다. 우리가 할 수 있는 것은 햇빛 들지 않는 북쪽 창 앞에서 시를 읊고 부(賦)를 짓는 정도, 그 밖의 천만 마디 말들은 고작 한 잔의 가치도 없다」

그러고 나서 이백은 이렇게 읊고 있다.

세상 사람은 내 말에 모두 머리를 내두른다.
마치 조용히 부는 동풍이 말의 귀를 스치는 것처럼.

世人聞此皆掉頭　有如東風射馬耳　　세인문차개도두　유여동풍사마이

이백은 이어서, 뜻을 얻지 못하고 불운했던 옛 사람의 예를 하나하나 열거함으로써 오늘의 현실의 필연성을 적극적으로 시인하고, 그까짓 하잘것없는 부귀영달 같은 건 아예 바라지도 생각지도 않는 것이 좋지 않느냐고 끝을 맺고 있다.

여기 나오는「동풍이 말의 귀를 쏜다(東風射馬耳)」가「마이동풍」이란 말을 낳게 되었고, 본래의 뜻대로 아무 관심 없는 것으로 쓰이고 있다.

마각노출〔馬脚露出〕 말의 다리를 드러낸다는 뜻으로, 간사하게 숨기고 있던 일을 부지중에 드러내는 것을 이른다.「마각을 드러내다」《원곡(元曲)》

마고소양〔麻姑搔癢〕 일이 뜻대로 되는 것. 마고(麻姑)는 중국의 전설상의 선녀로, 손톱이 새 발톱처럼 길어 등 뒤 가려운 곳을 긁었다는 고사에서 유래한다.《장자》소요유(逍遙遊).

마권찰장〔摩拳擦掌〕 주먹과 손바닥을 비빈다는 뜻으로, 기운을 모아서 용진할 태세를 갖추고 기회를 엿본다는 뜻.

마상득지〔馬上得之〕 말을 타고 싸우며 동분서주하여 천하를 얻었음을 이르는 말.《사기》

마수시첨〔馬首是瞻〕 옛날 전쟁터에서 병사들이 장수의 말머리를 따라 이리저리 움직였듯이, 한 사람의 의사를 좇아 일사불란(一絲不亂)하게 행동하는 것을 비유한 말.《좌전》

마우금거〔馬牛襟裾〕 금거(襟裾)는 깃과 옷자락으로 의복의 뜻. 곧 말이나 소가 단지 의복을 걸쳤음에 지나지 않음의 비유. 또는 예절을 모르는 사람의 비유. 한유(韓愈).

마혁과시
馬革裹尸

말 馬 가죽 革 쌀 裹 시체 尸

> 말의 가죽으로 시체를 쌈. 곧 전사(戰死)함을 이름

　전쟁터에 나가 적과 싸우다가 죽고 말겠다는 용장의 각오를 가리켜 한 말로 《후한서》 마원전(馬援傳)에 나오는 말이다. 마원은 후한 광무제 때 복파장군(伏波將軍)으로 지금의 월남인 교지(交趾)를 평정하고 돌아온 용맹과 인격이 뛰어난 명장이었다.

　교지에서 돌아온 그는 신식후(新息侯)로 3천 호의 영지를 받았으나, 다시 계속해서 남부지방 일대를 평정하고, 건무 20년(44년) 가을, 수도 낙양으로 개선해 돌아왔다.

　이때 마원을 환영하기 위해 많은 사람들이 성 밖으로 멀리 나와 그를 맞았는데, 그 속에는 지모가 뛰어나기로 유명했던 맹익(孟翼)도 있었다. 맹익은 많은 사람들 사이에 판에 박은 축하의 인사만을 건넸다. 그러자 마원은 맹익을 보고 이렇게 말했다.

　「나는 그대가 가슴에 사무치는 충고의 말을 해줄 것으로 기대하고 있었다. 겨우 남과 똑같은 인사만을 한단 말인가. 옛날 복파장군 노박덕(路博德 : 한무제 때 사람)은 남월(南越)을 평정하여 일곱 군(郡)을 새로 만드는 큰 공을 세우고도 겨우 수백 호의 작은 영토를 받았다. 그런데 지금 나는 하잘것없는 공을 세우고도 큰 고을을 봉읍으로 받게 되었다. 공에 비해 은상이 너무 크다. 도저히 이대로 오래 영광을 누릴 수는 없을 것 같다. 그대에게 무슨 좋은 생각은 없는가?」

　맹익이 좋은 생각이 나지 않는다고 대답하자, 마원은 다시 말을 계속했다.

　「지금 흉노와 오환(烏桓 : 東胡의 일종)이 북쪽 변경을 시끄럽게 하

고 있다. 이들을 정벌할 것을 청하리라. 사나이는 마땅히 변경 싸움터에서 죽어야만 한다. 말가죽으로 시체를 싸서 돌아와 장사를 지낼 뿐이다(以馬革裹尸還葬耳). 어찌 침대 위에 누워 여자의 시중을 받으며 죽을 수 있겠는가?」

마원이 남방에서 개선해 돌아온 지 한 달 남짓 되어, 때마침 흉노와 오환이 부풍군(扶風郡 : 섬서성)으로 쳐들어왔다. 마원은 기다린 듯이 나가 싸울 것을 청했다. 허락을 받은 그는 9월에 일단 낙양으로 돌아왔다가 3월에 다시 싸움터로 나가게 되었는데, 이때 광무제는 백관들에게 조서를 내려 마원을 다 같이 환송하도록 명했다고 한다. 이 뒤로「말가죽에 싸여 돌아와 장사를 지낼 뿐이다」란 말이 싸움터에 나가는 장수의 참뜻을 가리키는 말이 되었다고 한다.

마저작침〔磨杵作針〕 쇠공이를 갈아서 바늘을 만든다는 뜻으로, 한번 일을 시작했으면 불요불굴(不撓不屈)의 정신으로 끝까지 노력해야 성공할 수 있음을 이르는 말. 철저마침(鐵杵磨針).《잠확유서(潛確類書)》

마정방종〔摩頂放踵〕 머리끝에서 발뒤꿈치에 이르기까지 온몸이 닳도록 뛰어다닌다는 뜻으로, 천하를 위하여 노고를 아끼지 않고 동분서주함을 이르는 말.《맹자》진심(盡心) 상.

마중봉〔麻中蓬〕 땅위에 나서 옆으로 퍼지는 쑥도 똑바로 뻗는 삼 속에 나면 지주(支柱)를 세우지 않아도 곧게 자란다는 뜻으로, 사람에게는 환경이 중요함을 일컫는 말.《순자》권학.

마호체승〔馬好替乘〕 말도 갈아타면 좋다는 뜻으로, 새것으로 바꾸어 보는 것도 즐거움이 있음을 이르는 말.《동언해(東言解)》

막고야산〔藐姑射山〕 옥황상제(玉皇上帝)가 산다는 산을 말하는데, 이곳에는 신인(神人)이 살고 있어 인간 세상과는 전혀 다른 별천지를 이루고 있다고 한다. 곧 별천지를 일컫는다.《열자(列子)》황제편.

막역지우
莫逆之友

말 莫 거스를 逆 의 之 벗 友

> 허물없이 더할 나위 없이 친한 친구.

더할 나위 없이 친한 친구를 「막역지우(莫逆之友)」라고 하고, 그러한 사이를 「막역한 사이」니 「막역지간」이니 또는 「막역간」이니 하고 말한다.

막역(莫逆)은 「마음에 조금도 거슬리는 것이 없다」는 뜻으로, 이 말이 나오게 된 《장자》 대종사편(大宗師篇) 원문에는 막역어심(莫逆於心)이라고 되어 있다.

똑같은 형태의 이야기가 한꺼번에 둘이 나와 있는데, 그것을 소개하면 다음과 같다. 하나는,

「자사(子祀)·자여(子輿)·자리(子犁)·자래(子來) 네 사람이 서로 이야기를 했다. 『누가 능히 무(無)로써 머리를 삼고, 삶(生)으로써 등을 삼고, 죽음으로써 엉덩이를 삼겠는가. 누가 죽고 살고, 있고 없는 것이 하나(一體)라는 것을 알겠는가. 내가 그와 더불어 친구가 되리라』이렇게 말하고는 네 사람이 서로 바라보며 웃었다. 마음에 거슬림이 없어 드디어 서로 더불어 친구가 되었다(四人相視而笑 莫逆於心 遂相與爲友)」라는 것이고, 또 하나는,

「자상호(子桑戶)·맹자반(孟子反)·자금장(子琴張) 세 사람이 서로 이야기하며 말하기를, 『누가 능히 서로 사귀지 않는 속에서 사귀고, 서로 하는 일이 없는 가운데 행함이 있겠는가. 누가 능히 하늘에 올라 안개 속에 놀고, 무한한 우주 속을 돌아다니며 삶을 잊고 무한을 즐길 수 있겠는가?』이렇게 말한 세 사람은 서로 바라보며 웃었다. 마음에 거슬림이 없는지라 드디어 서로 친구가 되었다(三人相視而笑 莫逆於心 遂

相與友)」라는 것이다. 비슷한 이야기에 똑같은 결론이다.

결국 막역은 서로가 거칠 것이 없는 한마음 한뜻이란 이야기다. 서로 흥허물 없는 것을 「막역」 하다고도 한다.

막무가내〔莫無可奈〕 어쩔 도리가 없음. 무가내하(無可奈何).

막지동서〔莫知東西〕 동서를 분간하지 못한다는 뜻으로, 사리를 분별하지 못하고 어리석음의 비유.

막천석지〔幕天席地〕 하늘을 장막으로 삼고 땅을 자리로 삼는다는 뜻으로, 호방(豪放)하여 천지를 자기의 거소(居所)로 하는 활달한 의기가 있음을 이르는 말. 또는 정처 없이 떠돌아다니는 신세를 일컬음. 「하늘을 지붕 삼다」 유령(劉伶)《주덕송(酒德頌)》

만가〔輓歌〕 수레를 끌면서 부르는 노래라는 뜻으로, 상여(喪輿)를 메고 갈 때 부르는 노래. 매장한 뒤에 흙을 다지면서 부르기도 한다. 《진서》

만경창파〔萬頃蒼波〕 한없이 넓고 넓은 바다. 만경창파에 일엽편주(一葉片舟).

만고불역〔萬古不易〕 오랜 세월을 두고 바뀌지 아니함. 또는 영원한 가치가 있는 것. ☞ 만고불변(萬古不變).

만구성비〔萬口成碑〕 많은 사람이 칭찬하는 것은 송덕비(頌德碑)를 세움과 같다는 뜻.

만록총중홍일점〔萬綠叢中紅一點〕 ☞ 홍일점(紅一點).

만리동풍〔萬里同風〕 만 리나 되는 먼 곳까지도 같은 바람이 분다는 뜻으로, 천하가 통일되어 어디나 풍속이 같아짐을 이르는 말. 또는 천하가 통일되어 태평함을 이름. 《한서》

만리지망〔萬里之望〕 먼 곳에 다다르려고 하는 희망이라는 뜻으로, 입신출세의 욕망을 이른다.

만맥지방〔蠻貊之邦〕 만과 맥은 중국 남쪽과 북쪽의 오랑캐. 만맥이 사는 곳이란 뜻으로, 개명(開明)하지 못한 미개한 나라를 이름. 《논어》

만부지망〔萬夫之望〕 천하 만민이 우러러 사모함. 또 그 사람. 《주역》 계사하전(繫辭下傳).

만사무석〔萬死無惜〕 만 번 죽어도 아깝지 않을 정도로 죄가 무거움.

만사휴의
萬事休矣

일만 萬 일 事 쉴 休 어조사 矣

> 더 손쓸 수단도 없고 모든 것이 끝장이다. 일이 전혀 가망이 없다.

「이젠 끝장이다」라는 말을 흔히 듣는다. 다시 어떻게 해볼 방법도, 행여나 하는 희망도 전연 없게 된 절망과 체념의 뜻을 나타내는 말이다. 「만사휴의」란 문자가 바로 그런 경우에 쓰는 말이다.

「만사(萬事)」는 모든 것이란 뜻이고, 「휴의(休矣)」란 「끝장이다」라는 뜻이다. 이 말은 《송사(宋史)》 형남고씨세가(荊南高氏世家)에 나오는 말이다.

10세기 전반, 당나라가 망하고 난 뒤, 군벌들에 의한 이른바 오대(五代)의 시대가 계속된다. 오대는 후오대(後五代) 혹은 오계(五季)라고도 하는데, 당과 송(宋) 사이 53년 동안에 양·당·진·한·주(梁唐晋漢周) 다섯 왕조가 번갈아 일어난다. 이들 나라에는 후(後)자를 붙여 구별하는 것이 보통이다.

이 동안 각 지방에는 당나라 때 절도사였던 군벌의 후예들이 무시 못할 세력을 유지하고, 중앙에 새로 등장한 제국에 추종을 하면서 독립된 왕국을 형성하고 있었다.

형남(荊南 : 호북성 남부)의 고씨집(高家)도 그 하나로, 시조인 고계흥(高季興)이 당나라 말기에 형남 절도사가 된 뒤로 그의 아들 종회(從誨), 종회의 맏아들 보융(保融), 열째아들 보욱(保勗), 보융의 아들 계중(繼仲), 이렇게 4대 다섯 임금이 57년에 걸쳐 이곳을 차지하고 있다가, 송태조(宋太祖)에게 귀순하게 된다.

이 형남 고씨 집 4대째 임금인 보욱은 어릴 때부터 몸이 약했고, 자라난 뒤로는 몹시 음란한 짓을 좋아했는데, 매일같이 창녀들을 한방에 모아 넣고, 군인들 속에서 몸이 건장한 사람을 뽑아 함께 난잡한 짓을 하게 만든 다음, 그 광경을 희첩들과 함께 발 뒤에 숨어 구경을 하며 즐기는 절시증(竊視症)의 변태성욕자이기도 했다.

이 고보욱이 아직 어릴 때 일이다. 그는 수많은 아들들 가운데서 아버지 종회의 사랑을 독차지하고 있었는데, 그래서 그가 미워 눈을 흘기며 노려보는 사람이 있어도 보욱은 자기가 귀여워서 그런 줄로 알고 벙글벙글 웃고만 있었다 한다. 이런 것을 보는 사람들은 모든 일은 끝났다(荊人目爲萬事休矣)고 했다는 것이다.

만사일생〔萬死一生〕 만 번 죽을 고비에서 한 번 살아났다는 뜻으로, 목숨이 매우 위태로운 처지에 놓여 있음을 이름. 《정관정요(貞觀政要)》

만사형통〔萬事亨通〕 모든 일이 두루두루 뜻대로 이루어짐을 이름. 《주역》

만성풍우〔滿城風雨〕 성안에 비바람이 가득하다는 뜻으로, 여론이 파다하고 소문이 자자함을 이름. 《냉재야화(冷齋夜話)》

만수무강〔萬壽無疆〕 만 년을 살아도 끝이 없다는 뜻으로, 한없이 목숨이 긺을 이름. 《시경》

만승지국〔萬乘之國〕 병거(兵車) 일만 대를 갖출 만한 힘이 있는 나라라는 뜻으로, 곧 천자의 나라를 일컬음. 《맹자》 양혜왕.

만신창이〔滿身瘡痍〕 온 몸이 상처투성이가 됨. 어떤 사물이 엉망진창이 됨을 이름.

만우난회〔萬牛難回〕 만 필이나 되는 소가 끌어도 돌리기가 어렵다는 뜻으로, 고집이 너무 심함을 이르는 말.

만장회도〔慢藏誨盜〕 창고의 문단속을 게을리 하는 것은 곧 도둑질을 부추기는 격이 됨을 이르는 말. 《역경》

만절필동〔萬折必東〕 황하(黃河)는 아무리 곡절이 많아도 필경에는 동쪽으로 들어간다는 뜻으로, 충신의 절개는 꺾을 수 없음을 가리키는 말.

만조백관〔滿朝百官〕 조정의 모든 벼슬아치를 통틀어 이르는 말. 만정제신(滿廷諸臣).

맥수지탄
麥秀之嘆

보리 麥 팰 秀 의 之 탄식할 嘆

> 고국의 멸망을 탄식함.

맥수(麥秀)는 보리가 무성하다는 뜻이다. 옛날에는 영화를 자랑하던 도읍의 궁궐터가 보리밭으로 변해 버린 것을 보고 흥망성쇠의 무상함이 감개무량해서 불렀다는 맥수의 노래에서 나온 말이다.

기자(箕子)의 동래설(東來說)을 놓고 우리나라 고대사에 많은 문제를 남기고 있는 기자는 은(殷)나라 마지막 임금인 주(紂)의 작은아버지뻘 되는 덕이 높은 분이었다.

주가 술과 여자에 빠져 정치를 돌보지 않고, 이를 간하는 충신들을 마구 죽이는 포학한 정치를 하고 있을 때, 기자도 가만히 보고만 있을 수 없어 주에게 간곡한 충고를 주었다. 그러나 주가 들을 리 만무했다.

나라 일이 그릇되어 가고 임금의 하는 일이 장차 화가 미치리라고 생각된 기자는 몸을 멀리 피해 머리를 풀어 미치광이 행세를 하며, 남의 집 종이 되어 세상을 숨어 살았다.

그 뒤 주(周)나라 무왕(武王)에 의해 주는 죽고 은나라는 망한다. 숨어 있던 기자는 무왕의 부름을 받아 무왕을 만나보고 그에게 정치에 대한 원칙을 말해 주기도 했다.

그 뒤 기자는 은나라 옛 도성을 지나게 되었다. 그렇게 번화하던 거리는 흔적마저 없고, 궁궐이 서 있던 자리에도 밭을 만들어 곡식들이 무성하게 자라고 있었다. 기자는 무상한 조국의 흥망에 감개를 이기지 못하여 눈물 대신 맥수지시(麥秀之詩)를 지어 읊었다.

옛 궁궐 자리에는 보리만이 무성해 있고
벼와 기장들도 잎이 기름져 있다.

화려하던 도성이 이 꼴로 변해 버린 것이 그 미친 녀석(紂)이 내 말을 듣지 않았기 때문이다.

麥秀漸漸兮　禾黍油油　　맥수점점혜　화서유유
彼狡童兮　不與我好兮　　피교동혜　불여아호혜

여기에서 망국지탄(亡國之嘆)을 「맥수지탄」이라 말하게 되었고, 고국의 멸망을 탄식한 노래를 맥수가(麥秀歌)니 맥수의 시니 하고 말하게 되었다.

만전지책〔萬全之策〕 한 치의 실책도 허용되지 않는 방안. 여기서 만(萬)은 숫자라기보다는 많다는 것을 의미한다. 《후한서》

만즉일〔滿則溢〕 가득 차면 넘친다는 뜻으로, 모든 사물이 오래도록 번성(繁盛)하기는 어렵다는 말. 《순오지》

만초유불가제〔蔓草猶不可除〕 만초는 덩굴진 풀. 곧 풀도 만연하면 제거할 수 없다는 뜻으로, 훗날 화근이 될 만한 일은 일찌감치 처리해 두지 않으면 돌이킬 수 없는 결과가 됨의 비유. 《좌전》

만첩청산〔萬疊靑山〕 사방이 첩첩이 둘린 푸른 산.

만초한연〔蔓草寒烟〕 무성한 덩굴과 쓸쓸한 연기라는 뜻으로, 성터의 황량한 정경을 이름. 오융(吳融) 《추색시(秋色詩)》

만촉지쟁〔蠻觸之爭〕 ☞ 와우각상쟁(蝸牛角上爭).

말대필절〔末大必折〕 가지가 너무 커지면 줄기가 부러진다는 뜻으로, 지족(支族)이 강대해지면 종가가 쓰러짐을 비유하여 이르는 말. 《좌전》

말로〔末路〕 쇠(衰)해진 인생의 끝장. 비참하게 된 만년(晚年). 《한서》

말마이병〔秣馬利兵〕 말에 먹이를 먹이고 칼을 날카롭게 간다는 뜻으로, 출병 준비를 이르는 말. 《좌전》

망개삼면〔網開三面〕 빙 둘러친 그물의 삼면을 열어 금수(禽獸)가 자유롭게 도망칠 수 있게 했다는 탕왕(湯王)의 고사에서, 은덕(隱德)이 금수에까지 미침을 비유하여 이르는 말.

망국지음〔亡國之音〕 나라를 망하게 할 음악이란 뜻으로, 저속하고 잡스런 음악. 곧 음미애상(淫靡哀傷)한 음악. 망국지성(亡國之聲). 《한비자》

망극득모〔亡戟得矛〕 극(戟:끝이 두 가닥으로 갈라진 창)을 잃고 모(矛:자루가 긴 창)를 얻었다는 뜻으로, 이득과 손실이 서로 맞물려 손과 득이 없다는 말. 《여씨춘추》

망년지우〔忘年之友〕 나이를 잊고 사귄 친구란 뜻으로, 오직 재덕(才德)을 존경하여 사귀는 벗을 일컬음. 《한서》 망년교(忘年交).

망루탄주〔網漏吞舟〕 큰 고기도 새어 나갈 그물이란 뜻으로, 법령이 관후(寬厚)하여 큰 죄를 짓고도 능히 빠져나갈 수 있음을 비유하여 이르는 말. 탄주(吞舟)는 배를 삼킬 만한 고기이니, 매우 큰 물고기를 이름. 《사기》

망매해갈〔望梅解渴〕 목이 마른 병사가 신 매실 얘기만 듣고도 입에 침이 고여 목마름을 풀었다는 고사. 《세설신어》 망매지갈(望梅止渴).

망명〔亡命〕 타국으로 도망가는 것. 망(亡)은 무(無), 명(命)은 명(名)의 뜻으로, 도망함으로써 이름이 명단에서 지워지는 것. 《사기》

망목불소〔網目不疎〕 그물코가 촘촘한 것과 같이 법률이 세밀함을 이름. 《세설신어》

망문생의〔望文生義〕 그 자구(字句)의 본래의 의미를 잘 검토하지 않고 문자를 한번 쳐다보고 그 자리에서 그럴듯하게 해석을 하는 것. 《어학통경(語學通經)》

망부석〔望夫石〕 정렬(貞烈)한 아내가 멀리 떠난 남편을 기다리다 그대로 죽어 화석(化石)이 되었다는 전설적인 돌. 《신이경(神異經)》

망신망가〔忘身忘家〕 몸과 가솔(家率)을 마음속에서 잊는다는 뜻으로, 사(私)를 돌보지 않고 오직 나라와 공(公)을 위해 헌신함을 이르는 말. 《한서》

망양보뢰〔亡羊補牢〕 「소 잃고 외양간 고친다」라는 우리 속담과 같다. 양을 잃고 우리를 고친다는 뜻으로, 양이 달아나고 나니까 우리를 수리한다. 그래서는 늦다고 하는 훈계의 말. 과오를 범하고 나서 후회해도 소용없음의 비유. 《전국책》 초책(楚策).

망양지탄〔亡羊之歎〕 달아난 양을 쫓다가 길이 많고 복잡하여 어디로 갔는지 모름을 탄식한다는 뜻으로, 학문의 길도 갈래가 많아 길을 잡기 어려움의 비유. 어떤 일에 방법을 찾지 못함을 한탄하는 말. 《열자》 ☞ 다기망양(多岐亡羊).

망우물〔忘憂物〕 시름을 잊게 하는 물건이란 뜻으로, 술의 다른 이름. 술을 마시면 근심을 잊는다는 데서 온 말. 도잠(陶潛).

망운지정〔望雲之情〕 당나라의 적인걸(狄仁傑)이 타향에서 부모가 있는 곳을 바라보았다는 고사에서, 자식이 타향에서 어버이를 사모하여 그리는 정을 이르는 말.《구당서》

망유택언〔罔有擇言〕 말이 모두 법에 맞아 골라 빼낼 것이 없음을 이름.《서경》

망자재배〔芒刺在背〕 가시를 등에 지고 있는 것처럼 두려워하는 일이 있어 마음이 조마조마하여 편치 않음을 이르는 말.《한서》

망자존대〔妄自尊大〕 망령되이 자기만 잘났다고 뽐내어 자신을 높이고 남을 업신여김.《후한서》

망지일목〔網之一目〕 새는 그물의 한 코에 걸려 잡히지만, 새 그물을 한 코만 만들어 치면 잡히지 않는다는 말.《회남자》

망진막급〔望塵莫及〕 미치지 못하여 먼지만 바라본다는 뜻으로, 너무나 빨라 미처 따라잡을 수가 없다는 말.《후한서》

망풍이미〔望風而靡〕 성망(聲望)을 듣고 우러러 복종함. 또는 풍문을 듣고 놀라 맞서려고도 하지 않고 뿔뿔이 흩어져 도망감을 비유하여 이르는 말.

매검매우〔賣劍買牛〕 칼을 팔아 소를 산다는 뜻으로, 병사(兵事)를 그만두고 농사를 짓게 되었음을 이르는 말.《한서》

매독환주〔買櫝還珠〕 상자는 사고 진주는 되돌려주었다는 뜻으로, 귀한 것은 천하게 여기고 천한 것은 귀하게 여김을 비유하여 이르는 말. 초(楚)나라 사람이 나무상자에 찬란한 장식을 하여, 그 속에 진주를 넣어 정(鄭)나라 사람에게 팔았더니, 정나라 사람은 그 상자 속의 진주는 돌려주고 찬란한 장식을 한 빈 상자만 가져갔다는 데서 유래.《한비자》

매리잡언〔罵詈雜言〕 욕을 늘어놓으며 상대를 매도하는 것. 또는 그런 문구(文句)나 말.

매사마골〔買死馬骨〕 죽은 말의 뼈를 산다는 뜻으로, 하잘 것 없는 인재라도 우대하여 주면 유능한 재사가 자연히 모여듦을 비유하여 이르는 말. 또는 소용없는 것을 산 후에 쓸모 있는 자가 오는 것을 기다린다는 뜻.《전국책》☞ 선시어외(先始於隗).

매염봉우〔賣鹽逢雨〕 소금을 팔다가 비를 맞는다는 뜻으로, 일에 마(魔)가 끼었음을 일컫는 말.《송남잡식》

명경지수
明鏡止水

밝을 明 거울 鏡 그칠 止 물 水

맑은 거울과 조용한 물. 맑고 고요한 심경.

사람의 마음이 맑고 조용한 것을 비유해서 명경지수와 같다고 한다. 불경(佛經)에 흔히 사념(邪念)이 없이 맑고 깨끗한 마음을 가리켜서 명경지수라 말한다.

그러나 실상 이 말은 《장자》에서도 그 유래를 찾아볼 수 있다. 《장자》 덕충부(德充符)에 다음과 같은 지어낸 이야기가 있다.

신도가(申徒嘉)는 발을 자르는 형을 받은 불구자였는데, 정나라 재상 자산(子産)과 함께 백혼무인(伯昏無人)을 스승으로 모시고 있었다. 하루는 자산이 신도가에게 말했다.

「내가 그대보다 먼저 선생님을 하직하고 나갈 때는 그대는 잠시 남아 있게. 그대가 먼저 나가게 되었을 때는 내가 잠시 남아 있을 테니」

이튿날 두 사람은 또 같은 방에 함께 있게 되었다. 자산은 또 어제와 똑같은 말을 하고는,

「지금 내가 먼저 나가려 하는데, 뒤에 남아 주겠지. 설마 그렇게 못하겠다고 말하지는 않겠지. 그대는 재상인 나를 보고도 조금도 어려워하는 기색이 없는데, 그대는 자신을 재상과 같다고 생각하는가?」

그러자 신도가가 말했다.

「선생님 밑에 재상과 같은 것이 있을 수 있겠소. 당신은 자신이 재상이란 것을 자랑하여 남을 업신여기고 있는 거요. 나는 이런 말을 듣고 있소 『거울이 밝으면 먼지가 앉지 못한다(鑑明則塵垢不止). 먼지가 앉으면 거울은 밝지 못하다. 오래 어진 사람과 같이 있으면 허물이 없다』 고 말이오 그런데 지금 당신은 큰 도를 배우기 위해 선생님 밑에 다니

면서 이 같은 세속적인 말을 하니 좀 잘못되지 않았소?」

여기에 나오는 밝은 거울은 어진 사람의 때 묻지 않은 마음을 비유하고 있다.

같은 「덕충부편」에는 또 역시 발이 잘린 왕태(王駘)라는 불구자의 이야기가 공자와 공자의 제자인 상계(常季)와의 문답 형식으로 나온다.

왕태의 문하에서 배우는 사람의 수는 공자의 문하에서 배우는 사람의 수만큼 많았다. 그래서 상계는 속으로 그것을 다소 불만스럽게 생각하고 공자에게 그 까닭을 물었다.

「왕태는 몸을 닦는 데 있어서, 자신의 지혜로써 자신의 마음을 알고, 그것에 의해 자신의 본심을 깨닫는다고 합니다. 이것은 어디까지나 자기 자신만을 위한 공부로서 남을 위하거나 세상을 위한 공부는 아닙니다. 그런데도 어떻게 그토록 많은 사람들이 그에게 모여드는지 알 수 없습니다」

공자는 이렇게 대답했다.

「사람은 흐르는 물을 거울로 삼는 일이 없이 멈추어 있는 물을 거울로 삼는다(人莫鑑於流水而鑑於止水). 왕태의 마음은 멈추어 있는 물처럼 조용하고 고요하기 때문에 사람들은 그를 거울삼아 모여들고 있는 것이다」

여기서는 왕태의 고요한 마음이 멈추어 있는 물(止水)에 비유되고 있다.

이 「명경지수」란 말은 《장자》의 이 두 가지 이야기에서 나온 말인데, 송(宋)나라 때 선비들이 선가(禪家)의 영향을 받아 즐겨 이 말을 써 왔기 때문에, 뒤에는 이 말이 가진 허(虛)와 무(無)의 본뜻은 없어지고, 다만 고요하고 담담한 심정을 비유해서 쓰이게 되었다.

명철보신
明哲保身

밝을 明 밝을 哲 보전할 保 몸 身

총명하고 사리에 밝아 일을 잘 처리하여 몸을 보전함.

「명철보신」은, 세상일을 훤히 내다보는 처세를 잘함으로써 난세를 무사히 살아가게 되는 것을 말한다. 대개 부귀를 탐내지 않고 자기의 재주와 학식을 숨긴 채 평범한 인물로서 표 나지 않게 살아가는 것을 가리켜 말한다.

「성공자퇴(成功者退)」라는 제목에 나오는 채택(蔡澤) 같은 사람은 어느 의미에서 명철보신을 했다고도 볼 수 있다. 그러나 대개 숨어 사는 은일(隱逸)들을 가리켜 말한다. 이 말은 일찍부터 많은 사람의 입에 오르내린 오래된 말이다. 《시경》 대아 증민편(烝民篇)에,

숙숙한 왕명을
중산보가 맡고 있다.
나라의 좋고 나쁜 것을
중산보가 밝힌다.
이미 밝고 또 통한지라
이로써 그 몸을 보전한다.
아침이나 밤이나 게으르지 않고
이로써 한 사람(王)을 섬긴다.

肅肅王命　仲山甫將之　숙숙왕명　중산보장지
邦國若否　仲山甫明之　방국약부　중산보명지
旣明且哲　以保其身　　기명차철　이보기신
夙夜匪解　以事一人　　숙야비해　이사일인

라고 있다. 이 시는 중산보(仲山甫)란 대신이 주왕(周王)의 명령으로 멀리 성을 쌓으러 가는 것을 찬양하여 환송하는 시로, 위 내용은 그 중간 부분이다. 이것을 쉽게 풀면 이렇다.

「황공스런 왕명을 중산보가 받아 현지로 떠나려 한다. 그곳 나라들은 좋은 점과 나쁜 점이 반드시 있겠지만, 중산보는 이를 알아서 잘 처리할 것이다. 이치에 밝고 일에 통한 그는 이같이 함으로써 그의 몸을 무사히 보전할 것이다. 아침 일찍부터 밤늦게까지 잠시도 게으름을 피우는 일이 없이 오직 한 분인 왕을 위해 일한다」

「명(明)」은 이치에 밝은 것을 말하고「철(哲)」은 사물에 능통하다는 뜻이다.「보신(保身)」은 몸을 안전한 위치에 두는 것을 뜻한다.《시경》의 본 뜻에도 그런 내용이 전혀 없는 것은 아니지만, 뒤에 와서 쓰이는 이「명철보신」이란 말 가운데는 자기 위주의 현명한 처세술을 의미하는 정도가 강하다.

매처학자〔梅妻鶴子〕 중국 송나라 임포(林逋)가 서호(西湖)에 운둔하며, 처자(妻子) 없이, 다만 매화를 심고 학을 기르며 산 고사에서, 풍류생활을 비유해서 이르는 말.《시화총구(詩話總龜)》

맥주〔麥舟〕 보리 배란 뜻으로, 물품을 주어사람들의 상(喪)을 도와줌을 이르는 말.《송사》범중엄전.

맹귀부목〔盲龜浮木〕 눈먼 거북이 우연히 뜬 나무를 만났다는 뜻으로, 어려운 판에 우연히 좋은 일을 당하게 됨을 이르는 말.《아함경(阿含經)》 ☞ 천재일우(千載一遇).

맹모단기〔孟母斷機〕 ☞ 단기지계(斷機之戒).

맹모삼천〔孟母三遷〕 어린이의 교육에는 기르는 환경도 중요하다고 하는 것. 맹모는 맹자(孟子)의 어머니. 자식을 위해 세 번이나 이사를 했다는 현모(賢母)의 본보기. 맹자는 공자를 계승한 유교(儒敎)의 성인. 맹가(孟軻)라고 한다. 기원 전 3세기에 활약했다. 어린 시절 아버지를 여의고 어머니 손에 키워졌다. 맹자의 어머니는 묘지 근처에 살았는데, 맹자가 묘파는 인부의 흉내를 내는 것을 보고 다시 시장 근처로 이사를 했다. 하지만 여기서도 장사꾼 흉내를 내는 게 아닌가. 그래서 마지막으로 학교 근처로 이사를 하자 공부하는 흉내를 내며 놀게 되었기 때문에,「내 아들을 위해 어울리는 곳」이라며 기뻐했다고 하는 고사(故事).《열녀전(列女傳)》모의(母儀).

맹인모상〔盲人摸象〕장님이 코끼리 만지듯 한다는 뜻으로, 문제를 단편적으로만 봄을 이르는 말.《불경(佛經)》에 나오는 말이다. ☞ 군맹상평(群盲象評).

맹인식장〔盲人食醬〕소경 장 떠먹듯 한다는 뜻으로, 대중이 없음을 이르는 말. 소경은 눈이 어두워서 장을 적당하게 뜨지 못하고, 많이 떴다 적게 떴다 하므로 생긴 말.《동언해(東言解)》

맹인할마〔盲人瞎馬〕장님이 외눈박이 말을 탄다는 뜻으로, 매우 위험함을 비유하여 이르는 말.

맹자실장〔盲者失杖〕장님이 지팡이를 잃었다는 뜻으로, 믿고 의지할 바를 잃음의 비유.《진동포집(陳同甫集)》

맹호복초〔猛虎伏草〕풀숲에 웅크리고 있는 사나운 호랑이란 뜻으로, 영웅은 한때는 숨어 있지만 언젠가는 반드시 세상에 드러나게 마련임을 비유하여 이르는 말. 이백(李白).

맹호위서〔猛虎爲鼠〕동물의 왕자인 범도 위엄을 잃게 되면 쥐와 같다는 뜻으로, 군주도 권위를 잃게 되면 신하에게 제압당함을 비유하여 이르는 말. 이백(李白)

면리장침〔綿裏藏針〕솜 속에 바늘을 감추어 꽂는다는 뜻으로, 겉으로는 부드러운 듯하나 마음에는 품은 바가 있음을 비유하여 이르는 말. 소동파.

면벽구년〔面壁九年〕하나의 목적이나 일에 오랜 세월을 걸려 마음을 기울이는 것. 면벽은 벽을 마주해서, 벽을 향해서 좌선하는 의미. 선종(禪宗)의 기틀을 연 달마(達磨)가 소림사에서 절벽을 마주하고 묵좌(默坐)하여 9년간 좌선을 계속해서 오도(悟道 : 도를 깨침)했다고 하는 고사에서 온 말.《전등록》

면시염거〔麵市鹽車〕밀가루를 뿌린 장거리와 소금을 실은 수레라는 뜻으로, 눈이 많이 쌓임의 형용. 이의산(李義山).

면절정쟁〔面折廷爭〕군주의 면전에서, 혹은 조정에서 군주의 덕행이나 정사(政事)에 관하여 논쟁을 함. 뜻이 바뀌어 강직한 신하를 이름.《사기》

모순 矛盾

창 矛 방패 盾

> 앞뒤가 서로 맞지 않는 말이나 행동.

「모순(矛盾)」은 창과 방패란 말이다. 그런데 그것이 대립이란 뜻으로 쓰이지 않고, 앞뒤가 서로 맞지 않는 말이나 행동을 말한다. 즉 같은 시간에 양립될 수 없는 것을 모순이라고 한다.

초나라 사람으로 방패와 창을 같이 놓고 파는 장사꾼이 있었다. 그는 방패를 들고 사람들에게 이렇게 선전했다.

「자아, 여러분! 이 방패로 말할 것 같으면 아무리 날카로운 창으로도 뚫을 수 없는 견고한 것입니다」

그는 또 창을 들고 선전할 때는,

「자아, 이 창으로 말할 것 같으면, 제아무리 여물고 단단한 것이라도 단 한 번에 꿰뚫고 맙니다」 하고 자랑을 했다.

그러자 가만히 듣고 있던 한 사람이 앞으로 나와,

「그럼 그 창으로 그 방패를 한번 찔러 보시오 그러면 그 결과가 어떻게 되겠소?」

장사꾼은 대답에 궁했다. 절대로 무엇에도 뚫리지 않는 방패와 절대로 무엇이고 꿰뚫을 수 있는 창은 동시에 있을 수가 없는 것이다. 장사꾼의 말은 그야말로 후세 사람들이 말하는 그런 모순을 지니고 있는 것이다.

「모순」은 창과 방패가 서로 대립된 위치에 있는 것을 말하는 것이 아니고, 이 장사꾼이 말한 그런 상반된, 성립될 수 없는 내용을 말하는 것이다.

이 이야기는 《한비자》 난(難)이란 편 속에 있는 말이다.

목탁
木鐸

나무 木 방울 鐸

> 세상 사람을 가르쳐 바로 이끌 만한 사람이나 기관.

「목탁(木鐸)」하면 얼른 생각나는 것이 절간이다. 숲 속에 조용히 자리 잡고 있는 절간은 목탁 소리로 한결 더 고요함을 느낀다.

목탁은 혀가 나무로 된 방울을 말한다. 쇠로 만든 것을 옛날에는 금탁(金鐸)이라고 했다. 지금은 방울이라면 곧 쇠로 만든 것을 떠올리게 된다. 금방울이니, 은방울이니, 말방울, 쥐방울 등 방울이란 말이 많이 쓰이고 있다.

그러나 목탁은 독특한 뜻으로 쓰이는 경우가 있다. 예를 들어「신문은 사회의 목탁이다」할 때, 그것은 사회를 올바로 깨우쳐 주고 이끌어 주는 것이란 뜻을 갖게 된다.

이런 의미의 목탁은 오랜 옛날 제도에서 유래한다. 오늘과 같이 홍보 수단이 발달하지 못했던 옛날에는 대중의 관심을 집중시키기 위한 방법으로 금탁과 목탁을 사용했다.

즉 관에서 군사(軍事)와 관련이 있는 일을 백성들에게 주지시킬 때는, 담당 관원이 금탁을 두들기며 관의 지시와 명령을 대중에게 전달했다. 또 군사가 아닌 일반 행정이나 문교(文敎)에 관한 사항을 전달할 때는 목탁을 두들기며 관원이 골목을 돌곤 했다.

즉「신문은 문교에 관한 일을 사회와 대중에게 전달하는 매개체다」하는 뜻으로 목탁이란 말을 쓰게 된 것이다.

그런데 이 목탁이란 말과 그것이 지니는 사회적 의의는《논어》에서 비롯되었다. 팔일편(八佾篇)에 보면,

공자가 모국인 노나라를 떠나 위(衛)나라 국경 가까이에 있는 의(儀)

라는 곳에 다다랐을 때, 이곳 관문을 지키는 봉인(封人)이 공자에게 면회를 청하며 제자들에게 이렇게 말했다.

「거룩하신 분들이 이곳으로 오시면, 나는 한 분도 빠짐없이 다 만나 뵈었습니다」

그래서 제자들은 그를 곧 안내해서 공자를 뵙게 해주었다.

그가 공자를 뵙고 어떤 이야기들을 주고받았는지는 알 수 없다. 그러나 그는 공자에게서 물러나오자 자못 정중한 태도로,

「여러분께서는 조금도 안타까워하실 필요가 없습니다. 천하가 어지러운 지 이미 오래인지라, 하늘이 장차 선생님으로『목탁』을 삼으실 것입니다(二三子何患於喪乎 天下之無道也久矣 天將以夫子爲木鐸)」하며 제자들을 위로했다는 것이다.

면종복배〔面從腹背〕 겉으로는 복종하는 체하면서 속으로는 배반함.

멸차조식〔滅此朝食〕 눈앞의 적들을 섬멸한 다음 아침식사를 하겠다는 뜻으로, 원수를 멸하겠다는 절박한 심정과 결의를 비유해서 이르는 말. 《좌전》 ☞ 배수진(背水陣).

명강이쇄〔名繮利鎖〕 공명과 이욕(利慾)의 쇠사슬이라는 뜻으로, 사람을 공명과 이욕에 사로잡히게 만드는 욕심의 오랏줄을 비유하여 이르는 말이다. 《한서》

명견만리〔明見萬里〕 현명함이 만 리 밖을 내다본다는 뜻으로, 매우 총명함을 비유하여 이르는 말.《후한서》

명고이공〔鳴鼓而功〕 북을 울려 공격한다는 뜻으로, 허물이나 과오를 범한 사람을 여럿이서 공박함을 이름. 또는 죄를 낱낱이 들어 공박함을 이르는 말. 《논어》

명기누골〔銘肌鏤骨〕 살과 뼈에 새긴다는 뜻으로, 깊이 마음에 새겨 넣어 결코 잊지 않음을 이르는 말. 《안씨가훈》

명뢰상실〔銘誄尙實〕 비명(碑銘)과 제문(祭文)은 내용이 같아야 함을 이르는 말.

명모호치〔明眸晧齒〕 맑은 눈동자와 하얗게 빛나는 이라는 뜻으로, 미

인의 전통적인 형용. 시인 두보가 「애강두(哀江頭)」라는 시에서 양귀비의 아름다움을 연모해서 노래한 시의 일절. ㈜ 단순호치(丹脣皓齒).

명목장담〔明目張膽〕 눈을 밝게 뜨고 쓸개를 크게 펼친다는 뜻으로, 두려워하지 않고 배짱을 두둑하게 가짐을 이르는 말. 《당서》, 《송서》

명불허전〔名不虛傳〕 명예가 널리 퍼짐은 그만한 실상이 있어 퍼짐. 명예는 헛되이 전해지는 것은 아님을 일컫는 말. 《삼국지》

명심누골〔銘心鏤骨〕 마음에 간직하고 뼈에 새긴다는 뜻으로, 은덕(隱德)을 입은 것을 잊지 않음을 이르는 말. 《서언고사(書言故事)》

명연의경〔命緣義輕〕 목숨도 의(義)와 비교해서는 가볍다는 뜻으로, 의를 위해서는 생명을 아끼지 않음을 이르는 말. 《후한서》

명존실무〔名存實無〕 이름만 있고 실상은 없는 것. 즉 공연히 유명하기만 하였지 아무 실속 없음을 이름. ㈜ 명실상부(名實相符).

명주암투〔明珠暗投〕 빛을 내는 구슬을 어둠 속에서 사람 발밑에 던진다는 뜻으로, 아무리 귀중한 선물도 도리에 벗어난 행동으로 주면 오히려 원망을 삼의 비유. 또는 재능은 있으나 옳은 사람을 만나지 못하고 있음의 비유. 《사기》

명주출노방〔明珠出老蚌〕 오래 묵은 조개에서 명주가 나온다는 뜻으로, 시원치 않은 아버지가 훌륭한 아들을 낳음을 비유하여 이르는 말. 《삼보결록(三輔決錄)》

명주탄작〔明珠彈雀〕 새를 잡는 데 명주를 쓴다는 뜻으로, 작은 것을 탐내다가 손해를 봄을 비유하여 이르는 말. 《태현경(太玄經)》

명찰추호〔明察秋毫〕 추호(秋毫)는 가을에 털갈이하여 새로 난 동물의 가는 털. 가을철에 가늘어진 짐승의 털도 똑똑히 살핀다는 뜻으로, 사소한 일에 대해서까지 빈틈없이 살핌을 비유하여 이르는 말. 또는 시력이 날카로움을 일컬음. 추호(秋毫). 《맹자》

명창정궤〔明窓淨几〕 밝은 창과 정결한 책상이란 뜻으로, 깨끗이 정돈된 서재의 모양.

모릉〔摸稜〕 이것인가 저것인가 결정을 짓지 못하여 가부(可否)가 없음. 당(唐)나라의 소미도(蘇味道)가 국사(國事)의 물음에 확답을 하지 않고, 다만 책상의 모서리만 쓸고 있었다는 데서 유래. 《복혜전서(福惠全書)》

모수자천〔毛遂自薦〕 모수가 스스로를 천거하였다는 뜻으로, 재주를 가지고 있는데도 남이 추천해 주는 사람이 없어 기다리다 못해 자기가 스스로 자신를 천거함을 이르는 말. 《사기》 ☞ 삼촌지설(三寸之說).

모야무지〔暮夜無知〕 어두운 밤중에 하는 일이라 보고 듣는 사람이 없다는 뜻으로, 뇌물이나 선물을 몰래 주는 것을 일컬음. 《후한서》 ☞ 사지(四知).

모우남릉수사종〔暮雨南陵水寺鐘〕 저물녘 비 오는 남릉에는 수사(水寺)의 종소리가 아득하다는 뜻으로, 오랜만에 만난 사람과 이별해야 하는 슬픔을 이르는 말. 고계(高啓)의 시 《봉오수재부송귀강상(逢吳秀才復送歸江上)》

모우미성〔毛羽未成〕 아직 날갯죽지가 자라지 못하였다는 뜻으로, 어린애를 일컫는 말. 또는 사람이 아직 어림을 비유해서 이르는 말.

모우전구〔冒雨翦韭〕 우중(雨中)을 불구하고 부추를 솎아 손님을 대접한다는 뜻으로, 우정의 두터움을 비유하여 이르는 말. 《곽림종별전(郭林宗別傳)》

모적〔蟊賊〕 벼의 뿌리와 줄기를 갉아 먹는 벌레라는 뜻으로, 백성들의 재물을 탈취해 먹는 탐관오리(貪官汚吏)를 가리키는 말. 《좌전》

모피지부〔毛皮之附〕 가죽도 없는데 털이 붙는다는 뜻으로, 일을 해결할 때 근본적인 문제는 해결하지 않고 지엽적인 문제만 해결하려고 할 때 비유하는 말이다. 《진서》

목견호모이불견기첩〔目見豪毛而不見其睫〕 눈으로 가느다란 터럭 같은 미세한 것도 보지만 자기의 속눈썹은 보지 못한다는 뜻으로, 남의 결점은 잘 보이지만, 자신의 결점은 모름의 비유. 《사기》 ☞ 안중지정(眼中之釘).

목경지환〔木梗之患〕 나무인형의 근심이라는 뜻으로, 타향에서 객사하여 고향으로 돌아옴을 이르는 말. 《사기》

목광여거〔目光如炬〕 안광(眼光)이 횃불과 같다는 뜻으로, 노기 띤 눈을 형용한 말. 사람을 노리고 쳐다보는 것. 《남사단도제전(南史檀道濟傳)》

목무전우〔目無全牛〕 눈앞에 온전한 소가 남아 있지 않다는 뜻으로, 일의 솜씨가 신의 경지에 이른 것을 형용하는 말. 《장자》

목본수원〔木本水源〕 자식 되는 사람은 자신의 근본을 생각하여야 한다는 말. 양친은 나무의 근본이며, 물의 근원과 같다는 뜻. 《좌전》

목불식정〔目不識丁〕 정(丁)자를 보고도 그것이 고무래임을 알지 못한다는 뜻으로, 일자무식(一字無識). 즉 배운 것이 없는 사람이라는 말. 「낫 놓고 ㄱ자도 모른다」는 우리 속담과도 같은 말이다. 《송남잡식》

무릉도원
武陵桃源

호반 武 언덕 陵 복숭아 桃 근원 源

> 이 세상과 따로 떨어진 별천지.

이것은 유명한 도연명(陶淵明, 365~427)의 「도화원기(桃花源記)」에서 비롯된 말이다. 줄거리만을 소개하면 다음과 같다.

진(晉)나라 태원(太元, 376~396) 연간의 일이다. 무릉〔武陵 : 호남성 상덕, 동정호 서쪽 원수(沅水)가 있는 곳〕의 한 어부가 시냇물을 따라 무작정 올라가던 중, 문득 양쪽 언덕이 온통 복숭아 숲으로 덮여 있는 곳에 와 닿았다. 마침 복숭아꽃이 만발해 있을 때라 어부는 노를 저으며 정신없이 바라보고 있었다. 복숭아 숲은 가도 가도 끝이 없었다. 꽃잎은 푸른 잔디 위로 펄펄 날아 내렸다.

대체 여기가 어디란 말인가, 이 숲은 어디까지 계속되는 걸까? 이렇게 생각하며 노를 저어 가는 동안, 마침내 시냇물은 근원까지 오자 숲도 함께 끝나 있었다. 앞은 산이 가로막혀 있고, 산 밑으로 조그마한 바위굴이 하나 있었다. 그 굴속으로 뭔가가 빛나고 있는 것 같았다. 가만히 다가가서 보니, 겨우 사람이 통과할 수 있게 뚫린 굴이었다. 어부는 배를 버려둔 채 굴을 더듬어 안으로 들어갔다.

이윽고 앞이 탁 트인 들이 나타났다. 보기 좋게 줄을 지어 서 있는 집들, 잘 가꾸어진 기름진 논밭, 많은 남녀들이 즐거운 표정으로 들일에 바빴다. 이곳을 찾은 어부도, 그를 맞는 사람들도 서로 놀라며 어찌된 영문인지 까닭을 물었다.

마을 사람들은 옛날 진(秦)나라의 학정을 피해 처자를 데리고 이 속세와 멀리 떨어진 곳으로 도망쳐 온 사람들의 후손들이었다. 그들은 조상들이 이리로 찾아온 뒤로 밖에 나가 본 일이 없이 완전히 외부 세계와는 접촉이 중단되어 있었다. 지금은 도대체 어떤 세상이 되어 있느냐고 마을 사람들은 묻고 또 물었다.

마을 사람들의 환대를 받으며 며칠을 묵은 어부는 처음 왔던 길의 목표물을 기억해 가며 집으로 돌아오자, 곧 이 사실을 태수에게 고했다. 태수는 얘기를 듣고 사람을 보내 보았으나, 어부가 말한 그런 곳을 발견할 수가 없었다. 유자기(劉子驥)라는 고사(高士)가 이 소식을 듣고 찾아 나섰으나 뜻을 이루지 못하고 도중에 병으로 죽고 말았다.

그 뒤로 많은 사람들이 복숭아꽃 필 때를 기다려 찾아가 보았으나, 무릉도원 사람들이 속세의 사람들이 찾아오는 것을 막기 위해 다른 골짜기에까지 많은 복숭아나무를 심어 두었기 때문에 끝내 찾을 수가 없었다고 한다.

무릉도원은 조정의 간섭은 물론, 세금도 부역도 없는 별천지였다. 그래서 속세와 떨어져 있는 별천지란 뜻으로 무릉도원이란 말을 쓰게 되었다.

목석불부〔木石不傅〕 나무에도 돌에도 붙을 데가 없다는 뜻으로, 가난하고 외로워 아무 데도 의지할 곳이 없는 처지를 이르는 말. 목석난부(木石難博).

목식이시〔目食耳視〕 눈으로 먹고 귀로 본다는 뜻으로, 음식물을 보기 좋게 차려서 눈만 위하고 맛이 있고 없음은 묻지 않으며, 옷을 보기 좋게 차려서 남들이 칭찬하는 말을 들어 귀를 위하고 몸에 맞지 않음은 묻지 않는다 함이니, 의식(衣食)의 실속보다는 겉치레만을 취하여 생활이 헛된 사치에 흐름을 한탄하여 이르는 말. 사마광(司馬光)《우서(迂書)》

목왕지절〔木旺之節〕 오행(五行)의 목기(木氣)가 성하는 때, 곧 봄철을 달리 이르는 말.

목우유마〔木牛流馬〕 우마(牛馬)를 본떠서 기계장치로 운행하는 일종의 군용 수송차. 중국 삼국(三國) 때 촉한(蜀漢)의 제갈양이 만들었다고 한다.

무안
無 顔

없을 無 얼굴 顔

> 볼 낯이 없음. 면목이 없음.

　상대를 대할 면목이 없다는 말이다. 무면목(無面目)이란 말은 항우가 마지막 싸움에서 패한 뒤 고향으로 돌아갈 면목이 없다고 한 데서 비롯된 말이었고, 이 무안이란 말은 백낙천의 유명한 「장한가(長恨歌)」에서 비롯된 말이다.
　「장한가」는 백낙천이 36세 때 지은 작품으로 안녹산의 난으로 당현종이 양귀비를 잃고 만 극적인 사건을 소재로 한 낙천의 대표적 작품이다. 당시(唐詩) 가운데 걸작의 하나로 손꼽히는 이 작품은 120구(句), 840자로 된 장편인데, 양귀비의 아리따운 모습 앞에 궁녀들이 얼굴값을 못하는 대목만을 소개한다.

　　한황이 여색을 중히 여겨 경국(傾國)의 미인을 사모했으나
　　천자로 있는 여러 해 동안 구해도 얻지 못했다.
　　양씨 집에 딸이 있어 이제 겨우 장성했으나
　　깊은 안방에 들어 있어 아는 사람이 없었다.
　　하늘이 고운 바탕을 낳았으니, 스스로 버리기 어려운지라
　　하루아침에 뽑혀 임금의 곁에 있게 되었다.
　　눈동자를 돌려 한 번 웃으면 백 가지 사랑스러움이 생겨서
　　육궁의 분 바르고 눈썹 그린 궁녀들이 얼굴빛이 없다.

　　漢皇重色思傾國　御宇多年求不得　　한황중색사경국　어자다년구부득
　　楊家有女初長成　養在深閨人未識　　양가유녀초장성　양재심규인미식
　　天生麗質難自棄　一朝選在郡王側　　천생려질난자기　일조선재군왕측

廻眸一笑百媚生　六宮粉黛無顔色　　회모일소백미생　육궁분대무안색

　육궁(六宮)은 여섯 궁전이란 말이고, 분대(粉黛)는 분 바르고 눈썹 그린 것을 말해서, 곱게 화장한 얼굴이란 뜻이다. 여기에 나오는 얼굴빛이 없다는 것은, 양귀비 앞에서는 궁녀들의 고운 얼굴이 무색하게 된다는 뜻으로, 그녀들이 얼굴을 감히 들 생각을 못한다는 심리적인 뜻을 가지고 있는 것은 아니다.

　현재도 무색하다는 의미로 무안색(無顔色)이란 말은 쓸 수 있다. 그러나 심리적인 경우는 「무안(無顔)」을, 객관적인 판단에서 오는 경우는 「무색(無色)」을 각각 분리해 쓰고 있다.

　무안과 무색이 백낙천의 이 시에서 비롯했다고 하는 것은 너무 기록에만 치우친 생각일지도 모른다. 기록 이전부터 이미 말은 있는 법이니까.

목우인〔木偶人〕 나무로 만든 사람이란 뜻으로, 아주 어리석고 미련한 사람을 이르는 말.《사기》

목우인의〔木偶人衣〕 나무로 만든 사람(木偶人)에게 옷을 입혔다는 뜻으로, 아무 소용도 없는 일을 함을 비유하여 이르는 말.《사기》

목우즐풍〔沐雨櫛風〕 비로 목욕하고 바람으로 머리를 빗는다는 뜻으로, 비와 바람을 무릅쓰고 간난신고(艱難辛苦)를 겪음을 이르는 말.《북제서(北齊書)》

목인석심〔木人石心〕 나무 몸뚱이에 돌의 마음이란 뜻으로, 감정이 없는 사람을 이르는 말.

목종승즉정〔木從繩則正〕 굽은 나무도 먹줄을 놓아 깎아내면 바르게 된다는 뜻으로, 학문을 하거나 충고를 따르면 훌륭한 사람이 됨을 비유하여 이르는 말.《서경》열명(說命).

목지기사〔木指氣使〕 눈짓으로 지시하고 기색(氣色)으로 부린다는 뜻으로, 사람을 경멸하여 부림.《한서》

목첩지간〔目睫之間〕 눈과 속눈썹 사

이라는 뜻으로, 시간이나 거리가 지극히 가까운 것을 이르는 말. 또는 지나치게 사물에 빠져들면 객관적 판단을 할 수 없다는 비유. 《후한서》

목후이관〔沐猴而冠〕 목후는 원숭이. 곧 원숭이가 관을 쓴다는 뜻으로, 의관(衣冠)을 갖추어 외모는 사람 같지만, 속마음은 사람이 아니라는 뜻으로, 포학한 사람이 외모만 꾸밈을 비유하여 이르는 말. 초(楚)나라의 항우(項羽)가 진(秦)나라의 수도를 불태우고 유방(劉邦)을 추방하여, 부귀를 누리게 된 자기는 고향에 금의환향(錦衣還鄕)해야 된다고 말했을 때, 한생(韓生)이 그를 일컬어 도시 그런 의관을 할 사람이 못된다고 비꼬아 말하였다는 데서 유래한 말이다. 《사기》

몽망착어〔蒙網捉魚〕 그물을 머리에 쓰고 고기를 잡는다는 뜻으로, 고기를 잡으려면 그물을 물에 던져야 하는데도, 그물을 머리에 쓰고서도 고기가 잡힌 것은 우연히 운이 좋음을 비유하여 이르는 말. 《순오지》

몽위호접〔夢爲胡蝶〕 ☞ 호접몽(胡蝶夢).

몽중몽〔夢中夢〕 꿈속에서 또 꿈을 꾼다는 뜻으로, 인간 세상이 지극히 덧없고 허무함을 이르는 말. 《장자》

몽중상심〔夢中相尋〕 꿈속에서 친구를 찾는다는 뜻으로, 친밀함을 비유하여 이르는 말. 《서언고사(書言故事)》

몽중점몽〔夢中占夢〕 꿈속에서 꿈 풀이를 한다는 말로, 인생이 꿈 그 자체라고 하듯, 인생의 덧없음을 이름. 《장자》

몽진〔蒙塵〕 머리에 먼지를 뒤집어쓴다는 뜻으로, 천자가 난리를 피해서 서울에서 달아나는 것. 보통 천자가 거동할 때는 길을 깨끗이 청소하고 나서 행차를 하지만, 화급할 때는 그럴 겨를이 없어 먼지를 뒤집어쓴다 해서 나온 말이다. 《좌전》

몽환포영〔夢幻泡影〕 이 세상 일체 사물이 덧없음을 비유한 말. 《금강경(金剛經)》

묘두현령〔猫頭縣鈴〕 ☞ 묘항현령(猫項懸鈴).

묘목이공〔墓木已拱〕 무덤가에 심은 나무가 아름드리로 커졌다는 뜻으로, 사람이 죽어서 이미 오랜 세월이 흘렀음을 비유하여 이르는 말. 《좌전》.

묘서동처〔猫鼠同處〕 고양이와 쥐가 한자리에서 지낸다는 뜻으로, 도둑을 잡아야 할 자가, 그 직책을 버리고 도둑과 한패가 되는 일. 상하가 결탁하여 부정을 행함을 비유하여 이르는 말.

묘시파리〔眇視跛履〕애꾸눈이 잘 보려 하고, 절름발이가 먼 곳을 가려 한다는 뜻으로, 역량이 부족한 사람이 억지로 일을 하려 하다가는 오히려 화를 자초하게 됨을 이르는 말. 《역경》

묘이불수〔苗而不秀〕모(벼의 싹)의 상태인 채 이삭을 패지 못하고 말라버린다는 뜻으로, 젊어서 죽는 것. 요절(夭折). 전하여 학문에 뜻을 두면서 성취하지 못하고 끝나고 마는 것을 이름. 《논어》

묘항현령〔猫項懸鈴〕고양이 목에 방울 달기라는 뜻으로, 이룰 수 없는 일은 애당초 계획조차 하지 말라는 말. 《순오지》

무가내하〔無可奈下〕어찌할 도리가 없음. 막가내하(莫可奈何). 막무가내(莫無可奈). 《사기》

무가무불가〔無可無不可〕좋다고 용인하지도 나쁘다고 단정하지도 않는다는 뜻으로, 좋지도 나쁘지도 않고 평범한 것. 또는 하나의 입장에 고집하지 않고, 중도(中道), 적절한 것을 말하기도 한다. 《논어》

무간연〔無間然〕간(間)은 틈새, 빠진 곳, 결점. 연(然)은 상태를 나타내는 말. 곧 비난할 만한 결점이 없는 것. 결점을 지적해서 탓할 데가 없는 것. 《논어》

무계지언〔無稽之言〕무계(無稽)는 비교할 옛날의 예가 없다, 근거, 전거(典據)가 없다는 뜻으로, 근거가 없는 엉터리 말을 비유하여 이르는 말. 《서경》

무고지민〔無告之民〕어디다 호소할 데가 없는 어려운 백성. 의지할 데가 없는 늙은이나 어린아이를 이르는 말. 《맹자》 양혜왕.

무념무상〔無念無想〕무아(無我)의 경지에 들어가 아무것도 생각하지 않는 것. 또는 그 심경. 凹 천사만고(千思萬考).

무단〔武斷〕무력으로 억압하여 일을 결정해 버리는 것. 또는 위력, 권력에 의해 뜻대로 행동하는 것. 《사기》

무뢰〔無賴〕뢰(賴)는 이익이라는 뜻. 곧 이익이 없다는 뜻으로, 생업을 갖지 않고 빈둥빈둥 놀며 지내는 것. 놀고먹는 건달. 《사기》

무루지인〔無累之人〕무슨 일에도 관련을 갖지 않으며, 온갖 물욕에서 초월한 사람을 이르는 말. 《회남자》

무마지재〔舞馬之災〕말이 춤추는 꿈을 꾸면 불이 난다는 데서, 화재(火災)를 달리 이르는 말. 마무지재(馬舞之災). 《전국책》

무양
無恙

없을 無 병 恙

> 몸에 탈이 없음. 병이 없음.

「무양(無恙)」은 병이 없다, 탈이 없다는 뜻이다. 그러나 원래 이 말이 쓰였을 때는 걱정이 없다는 정도로 쓰이고 있었던 것 같다. 현재는 무양이란 말을 단독으로는 별로 쓰지 않는 것 같다. 무고(無故)하느냐는 말은 많이 쓰지만, 무양하느냐는 말은 별로 쓰이지 않는다.

그러나 모처럼 만난 친구거나 오래 보지 못했던 그럭저럭한 사이끼리 만났을 때, 흔히 「별래(別來) 무양한가?」 「별래 무양하시오?」 하는 말을 쓰곤 하는데, 여기에는 어색하고 거북하고 서먹서먹한 그런 심리가 작용하고 있는 것 같다.

역시 이 말이 생겨난 고사의 그 장면이 그런 분위기를 느끼게 하는 것인지도 모른다.

《전국책》 제책(齊策)에 보면, 제나라 왕이 조나라 위태후(威太后)에게 사신을 보내 안부를 묻게 한 이야기가 나온다. 위태후가 실권을 쥐고 있을 때다.

위태후는 사신이 올리는 글을 뜯어보기도 전에 먼저 이렇게 물었다.
「해도 무양한가, 백성도 무양한가, 왕도 무양한가?」

해가 무양한가 하는 말은 농사가 순조롭게 잘 되어 가고 있느냐는 뜻이다. 그러자 그 뜻을 모른 사신은 임금의 안부부터 묻지 않고, 해와 백성에 대해 먼저 물은 다음, 임금의 안부를 맨 나중에 물은 것은 순서가 바뀐 것이 아니냐고 불평을 말했다. 그러자 태후는,

「풍년이 들고 난 다음이라야 백성은 그 생활을 유지할 수 있고, 백성이 편한 뒤라야 임금은 그 지위를 보존할 수가 있다. 그 근본부터 먼저

묻는 것이 어찌 순서가 바뀐 것이 되겠는가」 하고 타일렀다는 것이다.
　후한의 응소(應劭)가 지은 《풍속통의》에는 「무양」의 「양(恙)」을 벌레 이름이라고 하고, 「양은 사람을 무는 벌레다. 사람의 마음을 잘 물어, 사람들은 항상 이를 근심하고 괴로워한다」고 했다.
　그러나 무양이란 말과 벌레와는 아무 상관도 없다.

무망지복〔毋望之福〕 무망(毋望)은 바라지도 않는데 갑자기, 또는 반드시 일어난다는 뜻으로, 뜻하지 않은 행복이나 이익. 《전국책》

무망지인〔毋望之人〕 곤란한 처지에 처했을 때 뜻하지 않게 달려와 주는 사람. 절박한 상황에 처했을 때 생각지도 않게 구해 주는 사람을 이른다. 《전국책》

무문〔舞文〕 문(文)은 형법의 조문. 무(舞)는 멋대로 해석해서 남용한다는 뜻. 곧 형법(刑法)을 남용하는 것. 《사기》

무병자구〔無病自灸〕 아픈 데도 없는데도 뜸을 뜬다는 뜻으로, 쓸데없는 노력을 비유하여 이르는 말. 《장자》

무부무군〔無父無君〕 어버이와 임금에게 거역하여 불효하고 불충함. 어버이와 임금도 안중에 없이 행동이 막됨. 町 난신적자(亂臣賊子).

무사무편〔無私無偏〕 사심이 없고 치우치지 않는다는 뜻으로, 공평한 것. 《문중자(文中子)》

무산지몽〔巫山之夢〕 ☞ 운우지락(雲雨之樂).

무수지수〔貿首之讐〕 목을 바꾸어 벨 원수라는 뜻으로, 세상에 함께 살 수 없는 원수. 곧 사생결단(死生決斷)을 내야 할 원수를 일컬음. 《전국책》 町 불공대천지수(不共戴天之讐).

무시로〔無施勞〕 힘든 일, 하기 싫은 일을 남에게 강요해서는 안된다는 말. 《논어》

무안색〔無顔色〕 ☞ 무안(無顔).

무언거사〔無言居士〕 수양(修養)을 쌓아 수다스럽지 않은 사람을 좋게 이르는 말. 말주변이 없는 사람을 비꼬아 빈정거리는 말.

무염지욕〔無厭之慾〕 싫증이 나지 않는 욕심, 즉 만족할 줄 모르는 끝없는 욕심.

무용지용
無用之用

없을 無 쓸 用 의 之

> 언뜻 쓸모없는 것으로 간주되고 있는 것이 오히려 큰 구실을 함.

「무용지물(無用之物)」이란 말이 있다. 아무 짝에도 쓸모없는 물건을 말한다. 그런데 아무 쓸모없는 것처럼 보이는 것이 실제로는 쓸모 있는 것이 되는 것이 「무용지용(無用之用)」이다. 세속 사람들이 생각하고 있는 그 반대편에 항상 진리가 있다고 주장하는 도가(道家)의 생각에서 나온 말이다.

《장자》의 인간세편에 이런 말이 씌어 있다.

「산의 나무는 제 스스로를 해치고 있다. 기름불의 기름은 제 스스로 태우고 있다. 계피는 먹을 수 있는 것이기 때문에 사람들이 그 나무를 베게 된다. 옻은 칠로 쓰기 때문에 사람들이 칼로 쪼갠다. 사람은 모두 쓸모 있는 것의 쓸모만을 알고, 쓸모없는 것의 쓸모를 알지 못한다(人皆知有用之用 而莫知無用之用也)」

이것은 공자가 초나라에 갔을 때, 초나라의 은자 광접여(狂接輿)가 공자가 묵고 있는 집 문 앞에서 한 말로 되어 있는 마지막 부분이다.

즉 산의 나무는, 그것이 인간의 소용에 닿기 때문에 결국 사람의 손에 의해 베여지게 되고, 등잔불의 기름으로 쓰이는 기름은 그것이 불을 켜면 환하게 밝아지는 기능 때문에 자신이 뜨거운 불에 타게 된다. 계피는 맛이 좋기 때문에 베임을 당하고, 옻나무는 옻칠을 하는 데 쓰이기 때문에 가지를 찢기고 살을 찢기게 된다. 사람은 모두 이렇게 쓸모 있는 것의 용도만을 알 뿐, 쓸모없는 것의 용도는 모르고 있다는 것이다.

외물편(外物篇)에는 또 이런 이야기가 실려 있다. 혜자(惠子)가 장자에게 말했다.

「당신의 말은 아무 데도 소용이 닿지 않는 것뿐이다」

그러자 장자는 말했다.

「쓸모가 없는 것을 아는 사람이라야 무엇이 참으로 쓸모가 있는 것인지를 말할 수 있다. 땅이 넓지만 사람이 서는 데는 발을 둘 곳만 있으면 된다. 하지만 발을 둘 곳만을 남기고 그 주위를 깊숙이 파 버린다면 사람이 서 있을 수 있겠는가」

「서 있을 수 없다」

「그렇다면 쓸모없는 것이 쓸모 있는 것이 되는 것 또한 알 수 있지 않는가」

장자는 이 이야기에 계속해서, 무위자연(無爲自然)의 도에 살아야 한다는 것을 말하고 있다. 잘나고 못나고, 쓸모가 있고 없고 하는 것을 초월해야만 하늘(自然)을 온전히 할 수 있다고 말한다. 그러므로 「무용의 용」은 유용에 사로잡힌 세속 사람들에 대한 훈계의 말인 동시에 무위자연을 설명하기 위한 한 단계인 것이다.

무예불치〔蕪穢不治〕 전원(田園)이 거칠고 어지러운데 조금도 손질을 하지 않았다는 뜻으로, 사물이 정리가 되지 않고 흐트러진 상태나, 사물이 어수선하고 순서가 없음을 비유하여 이르는 말.

무위도식〔無爲徒食〕 아무 하는 일 없이 먹기만 함. 놀고먹음.

무위이치〔無爲而治〕 인덕(人德)이 있는 위정자라면 특별한 정치적 수완을 발휘하지 않더라도 유능한 인재를 얻어 저절로 세상이 평화롭게 다스려진다는 뜻. 이 말은 노자(老子)의 「무위이화(無爲而化)」와는 달리 적재(適材)를 적소(適所)에 두어 그 능력을 발휘시킨다면 임금 자신은 특별히 작위(作爲)를 농(弄)할 것 없다는 것이다.《논어》

무위이화〔無爲而化〕 애써 공들이지 아니하여도 스스로 변하여 잘 이루어짐을 이르는 말. 노자의 사상으로, 성인의 덕이 크면 클수록 백성들이 스스로 따라와서 잘 감화됨.《노자》

무위자연〔無爲自然〕 인위(人爲)를 부정하는 사상 중에서 특히 노장(老莊) 사상의 기본적 개념을 이름. 유교의 인의(仁義)나 형식주의에 대하여 주장된 것으로, 자연 그대로의 이상경(理想境)임. 《노자》의 무(無)를 천지만물의 근간이라고 하는 사상에 따른다면 무위자연은 만물의 본체가 됨.

무이무삼〔無二無三〕 부처가 되는 길은 단 하나로, 그 밖에는 길이 없다고 하는 것. 그로부터 한눈팔지 않고 외곬으로 나아감의 뜻.《법화경》旧 차이무이(遮二無二).

무인지경〔無人之境〕 사람이라고는 전혀 없는 곳이라는 말로, 아무 거칠 것이 없는 판.

무자식상팔자〔無子息上八字〕 자식이 없는 것이 가장 좋은 운명을 가진 자라는 뜻.《장자》

무장공자〔無腸公子〕 창자가 없다는 뜻으로, 담력이나 기개가 없는 사람을 비웃어 이르는 말. 또는 게를 일컫기도 한다.《포박자》

무주공산〔無主空山〕 인가도 인기척도 전혀 없는 쓸쓸한 산. 임자 없는 산.

무진장〔無盡藏〕 바닥이 나지 않는 곳간이라는 뜻으로, 아무리 꺼내도 없어지지 않음을 말한다. 또한 불교에서는 넓고 무궁한 덕(德)을 포용하는 것을 뜻한다. 소식(蘇軾)《전적벽부(前赤壁賦)》

무하유지향〔無何有之鄕〕 있는 것이란 아무것도 없는 곳이라는 뜻으로, 장자의 무위자연의 이상향을 뜻하는 말.《장자》

무하저처〔無下箸處〕 젓가락 갈 곳이 없다는 뜻으로, 먹을 만한 반찬이 없음을 이르는 말.《진서》

무항산무항심〔無恒產無恒心〕 무항산(無恒產)은 일정한 재산 또는 생업이 없음. 무항심(無恒心)은 정하여 놓고 마음을 쓰는 데가 없음. 곧 경제적인 조건은 사람의 마음에 큰 영향을 끼친다는 말.《맹자》

묵돌불검〔墨突不黔〕 너무 바빠서 한자리에 앉아 있을 여유가 없다는 뜻으로, 동분서주하며 몹시 분주함을 이르는 말.《묵자》

묵수성규〔墨守成規〕 낡은 틀에 얽매여 있다는 뜻으로, 낡은 규칙을 끝까지 고수하다.《묵자》

문념무희〔文恬武嬉〕 문무관(文武官)이 모두 안일하게 놀고만 지냄. 곧 세상이 태평함을 이르는 말. 또는 문무관이 편히 놀기만 일삼음. 곧 관리들이 자기의 직분을 지키지 않아 정치가 퇴폐(頹廢)한다는 뜻. 한유(韓愈) 평회서비(平淮西碑).

문도어맹〔問道於盲〕 맹인에게 길을

묻는다는 뜻으로, 알지도 못하는 사람에게 물건의 행방이나 사태의 추이에 대해 묻는 어리석은 태도를 비유해 이르는 말. 한유《답진생서(答陳生書)》

문맹주우양[蚊虻走牛羊] 모기와 등에가 소와 양을 달리게 한다는 뜻으로, 작은 것이 능히 큰 것을 제압할 수 있음을 비유하여 이르는 말.《장자》

문맹지로[蚊虻之勞] 모기와 등에의 노고란 뜻으로, 아무런 쓸모가 없음의 비유. 하찮은 구실을 말한다.《장자》

문불가점[文不加點] 문장이 썩 잘 되어서 점 하나 더 찍을 만한 흠도 없다는 뜻으로, 흠 잡을 곳이 없이 아름다움을 이르는 말.《북사》

문안시선[問安視膳] 웃어른에게 문안을 드리고 차려드릴 음식을 살핀다는 뜻으로, 어른을 잘 모시고 받드는 모양을 비유하는 말.

문예부산[蚊蚋負山] 모기가 산을 등에 졌다는 뜻으로, 역량이나 능력이 부족한 사람이 중차대한 책무를 감당할 수 없음을 비유하여 이르는 말.《장자》

문일득삼[問一得三] 물어본 것은 적지만, 얻은 대답은 많다는 뜻으로, 적은 노력으로 많은 이득을 얻었을 때 쓰는 말.《논어》

문전옥답[門前沃畓] 집의 문 앞에 있는 기름진 논. 곧 알토란같은 재산을 일컫는 말.

문전작라[門前雀羅] 방문객도 없이 대문 앞에 참새를 잡는 그물이 쳐 있을 정도로 쓸쓸한 모양.《사기》 凹 문전성시(門前成市).

문정약시[門庭若市] 대문 안의 뜰이 저자 같다는 뜻으로, 집에 출입하는 사람이 많음의 비유.《전국책》 凹 문전성시(門前成市).

문질빈빈[文質彬彬] 외관의 훌륭함과 내면의 실질(實質)이 알맞게 조화를 이루고 있는 형용. 또는 사물이 과부족이 없이 갖추어져 조화가 이루어져 있음의 형용.《논어》

문필도적[文筆盜賊] 남의 원고나 저술물을 훔쳐 베껴 마치 제가 지은 것처럼 써먹는 사람. 凹 슬갑도적(膝甲盜賊).

물각유주[物各有主] 무엇이나 그 주인이 있다는 뜻으로, 무슨 물건이나 그것을 가질 주인은 따로 있다는 말.

물고[物故] 사회적으로 이름난 사람의 죽음. 죄인이 죽음. 또 죄인을 죽임. 사람의 죽음을 완곡하게 나타내는 표현.「물고가 나다」는 죄인이 죽다.「물고를 내다」는 죄인을 죽이다의 뜻이다.《순자》

문경지교
刎頸之交

목벨 刎 목 頸 의 之 사귈 交

> 생사를 같이하여 목이 떨어져도 두려워 않을 만큼 친한 사이.

문경(刎頸)은 목을 벤다는 뜻이다. 「문경지교」는 곧 서로 죽음을 같이할 수 있는 의기가 상통하는 사이를 말한다. 이 말은 《사기》 염파인상여전(廉頗藺相如傳)에 나오는 말이다.

조나라 혜문왕이 화씨벽(和氏璧)이란 구슬을 얻게 되자, 진나라 소왕(昭王)이 그 화씨벽과 진나라 열다섯 성(城)을 서로 교환하자고 제의해 왔다. 진나라의 청을 거절할 수는 없다. 그러나 진나라가 구슬을 차지한 뒤에 성을 줄 것 같지가 않았다. 결국 제 것 주고 바보 되는 그런 꼴이 될까 걱정이 되었다.

대신들을 모아 놓고 상의를 해 보았으나 모두 얼굴만 마주 볼 뿐이었다. 이때 환자령(宦者令) 무현(繆賢)이 인상여를 천거했다.

인상여는 화씨벽을 가지고 진나라로 갔으나, 진나라 왕은 구슬만 받아 들고 성을 줄 눈치는 보이지도 않았다. 인상여는 진나라에 속은 것을 알고 교묘한 말과 재치 있는 행동으로 구슬을 도로 받아낸 다음, 진나라 왕과 다시 만나기로 약속한 날이 미처 오기 전에 구슬을 사람을 시켜 조나라로 되돌려 보내는 데 성공했다. 진왕은 인상여를 죽여 보았자 자기에게 욕밖에 돌아올 것이 없는 것을 알고 그를 후히 대접해 돌려보냈다. 이 대목은 「완벽(完璧)」이란 항목에 자세히 나와 있으므로 여기서는 생략하기로 한다.

인상여가 돌아오자 조왕은 그를 상대부(上大夫 : 대신급)에 임명했다. 벼락출세를 한 것이다. 진나라는 그 뒤 조나라를 여러 차례 친 끝에 사신을 보내 조나라와 화친을 맺고 싶다면서 양국 국경 가까이 있는 면지에서 만나자고 통고를 해 왔다.
 조왕은 어떤 불행이 기다리고 있을 것만 같은 생각에 이를 거절하려 했다. 그러나 장군 염파와 인상여는,
 「왕께서 가시지 않으면 조나라가 약하다는 것을 보여 주게 됩니다」 하고 가기를 권했다.
 이리하여 인상여가 조왕을 수행하고 염파가 나라를 지키기로 한 다음 염파는 왕을 국경까지 호송하고 작별에 앞서,
 「왕복 한 달이면 돌아오실 수 있습니다. 그때까지 돌아오시지 않을 때는 태자를 왕위에 올려 진나라의 야심을 사전에 막았으면 하옵니다」
 왕은 승낙했다. 모두 최악의 사태를 각오하고 떠나는 길이었다. 면지에서 회견이 끝나고 술자리가 베풀어졌을 때, 진왕은 조왕에게 거문고를 한 곡 켜 달라고 청했다. 조왕이 마지못해 한 곡을 마치자, 진나라 어사가 앞으로 나와,
 「아무 해, 아무 달, 아무 날 진왕이 조왕과 만나 술을 마시며 조왕에게 거문고를 타게 했다」 라고 기록했다.
 조왕에게 모욕을 주려는 계획된 행동이었다. 그러자 인상여가 앞으로 나아가,
 「서로 주고받는 것이 예의이니, 이번에는 진왕께서 우리 임금을 위해 진나라 음악을 한번 들려주십시오」 하고 부(缶 : 질그릇 악기)를 진왕에게로 내밀었다.
 진왕은 얼굴에 노기를 띠고 응하지 않았다. 인상여는 다시 부를 바짝 들이밀고 청했다. 진왕은 여전히 부를 칠 뜻이 없었다. 인상여는 말했다.
 「지금 대왕과 나 사이는 불과 다섯 걸음밖에 안됩니다. 나는 내 목의 피로 대왕의 옷을 물들일까 합니다. 어서 치십시오」

내 손에 죽을 수도 있다는 위협이었다.

그러자 진왕을 모시고 있던 시신들이 인상여를 칼로 치려했다. 인상여는 눈을 부릅뜨고 소리쳐 꾸짖었다. 그들은 겁에 질려 옆으로 피했다. 진왕도 기가 꺾여 마지못해 부를 치며 한 곡을 치는 둥 마는 둥 끝냈다. 인상여는 조나라 어사를 불러,

「아무 해, 아무 달, 아무 날, 진왕이 조왕을 위해 부를 쳤다」고 기록하게 했다.

진나라 신하들은 멋쩍은 태도로,

「조나라에 열다섯 성을 바치고 진왕의 장수를 베십시오」하고 말했다.

그러자 인상여는 얼른,

「진나라 함양(咸陽 : 수도)을 바치고 조왕의 장수를 베십시오」하고 받아넘겼다.

진왕은 끝내 조나라를 누를 수가 없었다. 무력으로 어떻게 해볼까도 생각했으나, 조나라에서 이미 만일에 대비한 모든 준비가 되어 있는 것을 알자 감히 손을 대지 못했다.

귀국하자 조왕은 인상여가 너무도 고맙고 훌륭하게 보여서 그를 상경(上卿)에 임명했다. 그렇게 되자 염파보다 지위가 위가 되었다. 염파는 화가 치밀었다.

「나는 조나라 장군으로서 성을 치고 들에서 싸운 큰 공이 있는 사람이다. 인상여는 한갓 입과 혀를 놀림으로써 나보다 윗자리에 오르다니 이는 용납할 수 없는 일이다」하고 다시,

「상여를 만나면 반드시 모욕을 주고 말겠다」라고 선언했다.

이 소문을 들은 인상여는 될 수 있으면 염파를 만나지 않으려 했다. 조회 때가 되면 항상 병을 핑계하고 염파와 자리다툼하는 것을 피했다.

언젠가 인상여가 밖으로 나가다가 멀리 염파가 오는 것을 보자 옆 골목으로 피해 달아나기까지 했다.
　이런 광경을 본 인상여의 부하들은 인상여의 태도가 비위에 거슬렸다. 그들은 상의 끝에 인상여를 보고 말했다.
「우리들이 이리로 온 것은 대감의 높으신 의기를 사모해서였습니다. 그런데 염장군이 무서워 피해 숨는다는 것은 못난 사람들도 수치로 아는 일입니다. 저희들은 이만 물러가겠습니다」
　인상여는 그들을 달랬다.
「공들은 염장군과 진왕 중 어느 쪽이 더 대단하다고 생각하는가?」
「그야 진왕과 어떻게 비교가 되겠습니까?」
「그 진왕의 위력 앞에서도 이 인상여는 그를 만조백관이 보는 앞에서 꾸짖었소 아무리 내가 우둔하기로 염장군을 무서워할 리가 있소 진나라가 우리 조나라를 함부로 넘보지 못하는 것은 염장군과 내가 있기 때문이오 두 호랑이가 맞서 싸우면 하나는 반드시 죽고 마는 법이오 내가 달아나 숨는 것은 나라 일을 소중히 알고, 사사로운 원한 같은 것은 뒤로 돌려버리기 때문이오」
　그 뒤 이 소식을 전해들은 염파는 자신의 못남을 뼈아프게 느꼈다. 웃옷을 벗어 매를 등에 지고 사람을 사이에 넣어 인상여의 집을 찾아가 무릎을 꿇고 사죄했다.
「못난 사람이 장군께서 그토록 관대하신 줄을 미처 몰랐습니다」
　이리하여 두 사람은 다시 친한 사이가 되어 죽음을 함께 해도 마음이 변하지 않는 그런 사이가 되었다(卒相與驩 爲刎頸之交).
　인상여도 위대하지만, 자기의 잘못을 뉘우치고 순식간에 새로운 기분으로 돌아가 깨끗이 사과를 하는 염파의 과감하고 솔직한 태도야말로 길이 우리의 모범이 아닐 수 없다.

문일지십
聞一知十

들을 聞 한 一 알 知 열 十

> 하나를 듣고 열을 미루어 앎. 곧 지극히 총명함.

이 말은 《논어》 공야장편에 나오는 말이다.
공자가 자공(子貢)을 불러 물었다.
「너와 안회(顏回) 둘 가운데 누가 낫다고 생각하느냐?」
공자의 제자가 3천 명이나 되었고, 후세에 이름을 남긴 제자가 72명이나 되지만, 당시 재주로는 자공을 첫손에 꼽고 있었다. 실상 안회는 자공보다 월등 나은 편이었지만, 그는 공자가 말했듯이 통 아는 기색을 내보이지 않는 바보 같은 사람이기도 했다.

공자는 안회와 자공을 다 같이 사랑했지만, 안회를 나무란 일은 한 번도 없었다. 항상 꾸중을 듣는 자공이 실상 속으로는 안회를 시기하고 있었을 것으로 보는 사람들도 있다.

그래서 공자는 스스로 재주를 자부하고 있는 자공이 안회를 어떻게 보고 있는가가 궁금하기도 했다. 자공은 서슴지 않고 이렇게 대답했다.

「사(賜 : 자공의 이름)가 어찌 감히 회(안회)를 바랄 수 있습니까. 회는 하나를 들으면 열을 알고, 사는 하나를 들으면 둘을 알 뿐입니다(賜也何敢望回 回也聞一以知十 賜也聞一以知二)」

하나를 들으면 열을 안다는 것은, 한 부분만 들으면 전체를 다 안다는 뜻으로 후세 사람들은 풀이하고 있다. 하나를 들으면 둘을 안다는 것은 반쯤 들으면 결론을 얻게 되는 그런 정도라고나 할까.

공자는 자공의 대답에 만족했다. 역시 자공은 알고 있구나 하는 생각이 들었다. 그래서,

「네가 안회만은 못하다. 나도 네 말을 시인한다」고 말했다.

물구즉신〔物久則神〕 물건이 오래 묵으면 반드시 변괴(變怪)가 생긴다는 말. 곧 민속적으로 잉어가 오래 묵으면 용이 된다든지, 개를 오래 먹이지 않는 등의 사상은 이에서 온 것임.

물부충생〔物腐蟲生〕 생물이 썩은 뒤에야 벌레가 생긴다는 뜻으로, 남에 대한 의심을 품고 난 뒤에야 그를 두고 하는 비방이나 소문을 믿게 됨을 이르는 말.《순자》

물색비류〔物色比類〕 같은 것을 비교해서 목적한 것을 찾아 구하는 것. 물색(物色)은 희생(犧牲) 동물의 털 색깔. 거기에서「물색(物色)하다」라고 하는 의미가 되었다. 유(類)는 같은 부류, 한패, 동류의 뜻. 비류(比類)는 많은 같은 물건을 비교해 보는 것.《예기》월령(月令).

물의〔物議〕 뭇 사람의 평판. 또는 전하여 논의(論議)·분쟁(紛爭)·물론(物論)·말썽의 뜻.

물이류취〔物以類聚〕 물건이란 종류별로 모이게 마련이다. 성격이 비슷한 것끼리 어울려 모인다는 뜻으로, 흔히 악한들이 한데 모여 흉계를 꾸미는 것을 일컫는다.

물정소연〔物情騷然〕 세상의 형편이 어수선함. 물정(物情)은 사물의 정상(情狀), 세상의 형편, 세상 사람의 인심이나 심정(心情). 소연(騷然)은 어수선한 것. 凾 평온무사(平穩無事).

물화〔物化〕 만물이 변화하여 어떤 모습으로서 나타나는 것. 전(轉)하여 사람의 죽음에도 말한다.《장자》

미관말직〔微官末職〕 지위가 아주 낮은 벼슬.

미능면속〔未能免俗〕 아직도 속된 습관에서 벗어나지 못하고 있다는 뜻으로, 한번 물든 비속한 기운은 씻기가 어렵다는 말.《진서》

미대난도〔尾大難掉〕 꼬리가 커서 흔들기가 어렵다는 뜻으로, 일의 끝이 크게 벌어져서 처리하기가 힘듦의 비유. 미대부도(尾大不掉).《좌전》

미도지반〔迷途知返〕 길을 잘못 들어섰음을 알고 돌아선다는 뜻으로, 잘못된 길에 빠졌다가 뉘우치고 돌아서는 것을 비유한 말.《양서(梁書)》

미래영겁〔未來永劫〕 앞으로 닥쳐오는 영원한 세상. 영겁(永劫)은 무한히 오랜 세월. 겁(劫)은 위협하다, 위태롭게 하다의 뜻이지만, 불교에서는 지극히 오랜 시간을 말한다. 인도에서는 범천(梵天)의 하루, 인간의 4억 3천 2백만 년을 일겁(一劫)이라고 한다.

문전성시
門前成市

문 門 앞 前 이룰 成 저자 市

권세가 있거나 부자가 되어 집문 앞이 방문객으로 저자를 이루다시피 함.

　권세를 잡고 있는 사람의 집 앞이 방문객들로 시장처럼 붐비는 것을 말한다.
　한나라는 애제(哀帝) 때는 이미 멸망 직전에 있었다. 애제는 스무 살에 천자가 되었는데, 정치적 실권은 외척들의 손아귀에 들어 있고, 그는 다만 황제의 빈 자리만을 지키고 있을 뿐이었다. 그는 7년만에 갑자기 죽고 말았다.
　이 애제를 받들고 정치를 바로잡아 보려고 애쓴 신하 가운데 정숭(鄭崇)이 있었다. 정숭은 명문가 출신으로 그의 집은 대대로 왕가와 인척관계에 있었다. 처음 정숭은 애제에게 발탁되어 상서복야(尙書僕射 : 지금의 국무차관급)에 있었는데, 그 무렵 외척들의 전횡은 그 도가 지나쳐서 눈을 뜨고 볼 수 없을 정도였다.
　보다 못한 정숭은 기회 있을 때마다 애제에게 대책을 건의했다. 애제도 정숭의 말에 귀를 기울이기는 했지만, 결국 외척 세력을 이겨내지 못하고 차츰 정숭을 멀리하게 되었다. 그 뒤 애제는 점점 자포자기가 되어 나라 일은 일체 돌보려 하지 않았다.
　정숭은 계속 애제에게 간언을 하다가 나중에는 애제로부터 견책까지 받고 몸에 병을 얻기까지 했으나 참고 견뎠다. 이렇게 곤경에 빠져 있는 정숭을 보자, 그를 미워하고 있던 상서령 조창(趙昌)이 애제에게 모함을 넣었다.
　「정숭은 왕실의 여러 사람들과 내왕이 빈번한 것으로 보아 아마도 무슨 음모를 꾸미고 있는 것 같습니다. 그를 취조해 보시기 바랍니다」

애제는 조창의 말을 그대로 믿고 정숭을 불러 문책했다.

「그대 집 앞은 사람이 시장바닥 같다는데, 무슨 일로 나를 괴롭히려 하는가?」

그러자 정숭이 대답했다.

「신의 문전은 시장바닥 같아도, 신의 마음은 물처럼 맑습니다」

이 말을 듣자, 애제는 성을 내며 그를 옥에 가두고 철저히 취조토록 명했다. 정숭은 끝내 옥중에서 죽고 말았다.

이 이야기는 《한서》 정숭전에 나온다. 「문전성시」란 말은 「신의 문전은 시장바닥 같습니다(臣門如市)」라고 한 데서 생긴 말로 출입하는 사람이 많다는 뜻으로 쓰인다.

우리말에 「세도 문 열었다」는 말이 있다. 세도를 부리는 집에는 언제나 찾아와서 청을 넣는 사람이 많기 때문에 생긴 말인데, 그것은 문전성시를 뜻하는 말이기도 하다. 문정약시(門庭若市)란 말도 있는데, 이것은 간하는 신하들의 많음을 표현한 《전국책》에 있는 말이다.

미랭시〔未冷尸〕 아직 식지 않았을 뿐인 송장이란 뜻으로, 아주 늙어서 사람 구실을 하지 못하는 사람을 일컫는 말.

미록성정〔麋鹿性情〕 미록은 사슴과 고라니. 곧 사슴과 고라니의 성격이란 뜻으로, 시골에서 배우지 못하여 함부로 행동하는 성격을 비유하여 이르는 말.

미목수려〔眉目秀麗〕 미목(眉目)은 눈썹과 눈. 얼굴 생김새가 우아하고 아름다운 것. 대부분의 경우 미남자(美男子)를 가리켜 말한다. 물론 여성에 대해서도 사용된다.

미봉만환〔彌縫漫患〕 의류 등의 떨어진 데를 꿰매고 기운 것이 흩어지고 엉키었다는 뜻으로, 그때그때 겨우 발라 맞춰 나가던 일이 어떻게 할 수 없을 만큼 얽히고설킨 것을 이르는 말. 《좌전》 ☞ 미봉책(彌縫策).

미사여구〔美辭麗句〕 아름다운 말로 꾸민 듣기 좋은 글귀. 외관만을 꾸민 성의 없는 말의 의미.

미망인
未亡人

아닐 未 잃을 亡 사람 人

| 남편이 죽고 홀로 사는 여인 |

과부란 말을 듣기 좋게 말할 때 「미망인」이라고 한다. 미망인은 죽지 못한 사람이란 뜻이다. 남편을 따라 죽어야 마땅할 사람이 죽지 못하고 살아 있다는 뜻이니, 따지고 보면 실례가 되는 말 같기도 하다.

그러나 말은 말 자체가 가지고 있는 뜻보다는 일반 사회에서 받아들이는 뜻이 더 중요하기 때문에, 이 실례가 될 것 같은 말이 홀로 된 부인을 가리키는 품위 있는 말로 쓰이고 있는 것이다. 《춘추좌씨전》 상공(莊公) 28년(B.C 866)에 다음과 같은 이야기가 적혀 있다.

초나라 영윤(令尹 : 재상) 자원(子元)이 죽은 문왕의 부인 문부인(文夫人)을 유혹할 계획으로 부인이 있는 궁전 옆에 자기 관사를 짓고, 거기에서 은(殷)나라 탕임금이 처음 만들었다는 만(萬)이란 춤을 추게 하며 음악을 울렸다. 부인은 음악 소리를 듣자 눈물을 흘리며 말했다.

「선군께서는 이 춤의 음악을 군대를 조련할 때에 쓰시곤 했다. 그런데 지금 영윤은 이것을 원수들을 치기 위해 쓰지 않고 이 미망인 옆에서 하고 있으니 또한 이상하지 않은가(……今令尹不尋諸仇讎 面於未亡人之測 不亦異乎)」 하고 불쾌한 표정을 지었다.

자원의 야심을 이미 눈치 채고 한 말이었다. 자원은 즉시 춤과 음악을 걷어치웠다. 그녀를 유혹해서 획책하고 있는 반역 음모에 도움을 받으려 했던 것인데, 오히려 역효과를 낼 것만 같은 생각이 들었기 때문이다.

여기서는 분명 과부 된 여자가 자신을 낮추어서, 죽지 못하고 살아 있는 몸이란 뜻으로 쓰고 있다. 이 밖에 《좌전》에도 몇 군데 쓰인 곳이 있는데, 어느 것이나 자기를 낮추어서 쓰였다.

미봉책
彌縫策

기울 彌 기울 縫 꾀 策

> 임시로 꾸며대어 눈가림만 하는 일시적인 계책.

「미봉(彌縫)」은 타진 곳을 임시로 얽어맨다는 뜻이다. 이 말에서 임시로 꾸며대어 눈가림만 하는 계책을 「미봉책」이라 하게 되었다. 그러나 이 말의 유래는 꽤 오래다.

주(周)나라 환왕(桓王) 13년(B.C 707), 왕은 정나라를 치기로 결정한다. 이보다 앞서 왕은 정나라 장공(莊公)으로부터 왕실의 경사(卿士)란 직책을 거두어들였고, 이를 못마땅하게 생각한 정장공은 왕실에 대한 조공을 일체 중지해 버렸다.

환왕은 이 기회에 정나라를 쳐서 주나라 왕실의 위신을 회복할 생각이었다. 환왕은 괵·채·진·위 등 네 나라 군대도 함께 거느리고 위세 당당하게 정나라로 향했다. 이렇게 되자 정장공은,

「내란이 생겨 진(晋)나라 군사는 싸울 경황이 없을 테니, 먼저 이를 치면 곧 달아나게 될 것입니다. 그렇게 되면 다른 나라들도 지탱을 못하고 달아날 것입니다. 그런 다음 왕이 지휘하는 군사를 집중 공격하면 승리는 우리의 것이 될 것입니다」 하는 의견을 받아들여 작전을 짰다.

만백(曼伯)이 우익, 채중족(蔡仲足)이 좌익이 되어, 원번(原繁)과 고거미(高渠彌)가 중군을 이끌고 장공을 호위하여 어려진(魚麗陣)을 쳤다. 즉 전차부대를 앞세우고 보병을 그 뒤에 세워 전차의 틈 사이를 보병으로 미봉(彌縫)하게 했다.

여기서는 사람으로 전차 사이사이를 이어 그물처럼 진을 친 것을 미봉이라 했다. 전차가 헝겊조각이라면 사람은 실이 된 셈이다.

미봉은 곧 때워 붙인다는 뜻이다. 여기에서 실패나 결점을 일시 얼버무려 나가는 것을 가리키는 「미봉책」이란 말이 생겨났다.

미성일궤〔未成一簣〕 산을 만드는데 마지막 한 삼태기 흙을 올리지 않아 산이 완성되지 못하였다는 뜻으로, 최후의 노력을 게을리 함으로써 그 일의 완성을 보지 못함을 비유하여 이르는 말. 《논어》☞ 공휴일궤(功虧一簣).

미안추파〔媚眼秋波〕 미안(媚眼)은 눈매. 추파(秋波)는, 가을의 잔잔한 맑은 물결에서 미인의 맑은 눈매가 되어, 지금은 은근한 정을 나타내는 눈짓이 되었다.

미연방〔未然防〕 일이 일어나기 전에 미리 막음.

미앙류〔未央柳〕 미인을 비유해서 이르는 말. 미앙(未央)은 미앙궁(未央宮)을 말하는데, 한나라 궁전의 이름. 당나라에서도 그 이름을 썼다. 유(柳)는 버들잎으로, 그것이 양귀비(楊貴妃)의 눈썹 같다 하여, 미앙류는 미인을 가리킨다. 백거이 《장한가》

미의연년〔美意延年〕 즐거운 마음으로 있으면 오래 살 수 있음을 이르는 말. 미의(美意)는 즐거운 마음, 즐겁게 하는 것. 연년(延年)은 오래 사는 것, 수명을 연장하는 것. 《순자》

미인국〔美人局〕 기혼 여성에게 남편 이외의 남자와 정교(情交)시켜 그것을 꼬투리로 삼아 상대방 남자로부터 금전을 갈취하는 것. 일종의 사기·공갈행위. 국(局)은 작은 방의 뜻. 미인이 있는 작은 방에서 창기(娼妓)를 처첩(妻妾)이라 속여 손님을 끌었던 데서 나온 말이다. 《무림구사(武林舊事)》

미자불문로〔迷者不問路〕 무슨 일에 갈피를 잡지 못하는 자는 남의 의견을 듣지 않고, 자신의 능력을 과신하며, 도리어 파멸을 자초하는 법이다. 길을 잃는다는 것은 사전에 길을 묻는다는 겸허함이 결여되어 있던 결과이다. 《안자춘추》

미증유〔未曾有〕 아직까지 없었다는 뜻으로, 벌어진 상황이나 사건이 너무나 뜻밖이라 유례를 찾아볼 수 없을 때 쓰는 말.

민고민지〔民膏民脂〕 백성의 피와 땀이란 뜻으로, 백성에게서 조세로 받아 거둔 돈이나 곡식을 일컬음.

미생지신
尾生之信

꼬리 尾 날 生 갈 之 믿을 信

> 너무 고지식해서 융통성이 없는 신의.

    너무 고지식하기만 한 것을 가리켜 「미생지신」이라고 한다. 미생이란 사람의 옛이야기에서 생긴 말이다. 《사기》 소진열전에 보면, 소진이 연(燕)나라 왕의 의심을 풀기 위해 하는 이야기 가운데 이런 것이 나온다.
    소진은 연왕을 보고 말했다.
    「왕께서 나를 믿지 않는 것은 필시 누가 중상하는 사람이 있기 때문일 것입니다. 실상 나는 증삼(曾參) 같은 효도도 없고, 백이(伯夷) 같은 청렴도 없고, 미생(尾生) 같은 신의도 없습니다. 그러나 왕께선 증삼 같은 효도와 백이 같은 청렴과 미생 같은 신의가 있는 사람을 얻어 왕을 섬기도록 하면 어떻겠습니까?」
    「만족합니다」
    「그렇지 않습니다. 효도가 증삼 같으면 하룻밤도 부모를 떠나 밖에 자지 않을 텐데, 왕께서 어떻게 그를 걸어서 천릿길을 오게 할 수 있겠습니까? 백이와 무왕의 신하가 되는 것이 싫어 수양산에서 굶어 죽고 말았는데 어떻게 그런 사람을 천 리의 제나라 길을 달려가게 할 수 있겠습니까. 신의가 미생 같다면, 그가 여자와 다리 밑에서 만나기로 약속을 해두고 기다렸으나, 여자는 오지 않고 물이 불어 오르는지라 다리 기둥을 안고 죽었으니, 이런 사람을 왕께서 천 리를 달려가 제나라의 강한 군사를 물리치게 할 수 있겠습니까? 나를 불효하고 청렴하지 못하고 신의가 없다고 중상하는 사람이 있지만, 그렇기 때문에 나는 부모를 버리고 여기까지 와서 약한 연나라를 도와 제나라를 달래서 빼앗긴 성을 다시 바치게 한 것이 아니겠습니까?」

　대충 이런 내용으로 연왕의 의심을 풀고 다시 후대를 받게 되었다는 이야기인데, 미생이란 사람은 다리 밑에서 만나기로 약속한 그것만을 지키느라 물이 불어 오르는데도 그대로 자리를 지키다가 죽었으니 얼마나 고지식하고 변통을 모르는 바보 같은 사람인가.

　다리 밑이면 어떻고 다리 위면 무슨 상관이 있겠는가. 결국 「미생지신」은 하나만 알고 둘은 모르는 바보 같은 신의를 말한다.

민생어삼〔民生於三〕 사람이 이 세상에서 살아 있을 수 있는 것은 아버지와 스승과 군주의 덕이다. 삼(三)은 부(父)·사(師)·군주(君主). 이 삼자 덕으로 생존할 수 있는 것이므로, 이 삼자에게 봉사해야만 한다는 뜻도 있다. 《국어》

민심무상〔民心無常〕 백성의 마음은 일정하지 않다는 뜻으로, 정치의 득실에 따라 착하게도 되고 악하게도 됨을 이르는 말. 《서경》

민위귀〔民爲貴〕 국가에 있어서 가장 존귀한 것은 백성이다. 이 구절에 나타난 사상은 맹자의 민본사상(民本思想)이라 일컬어진다.

밀운불우〔密雲不雨〕 짙은 구름이 끼어 있으나 비가 오지 않는다는 뜻으로, 어떤 일의 징조만 있고 그 일은 이루어지지 않음을 이름. 또는 은혜나 은택이 아래에까지 미치지 못함을 비유하여 이르는 말. 《역경》

바

반간계 **反間計** ▶ 빙탄간 **氷炭間**

반간계
反間計

돌이킬 反 사이 間 꾀 計

적의 첩자를 역이용하는 계책.

적의 첩자가 아군에 잠입해 정탐을 하다가 발각된 뒤에 그를 역이용해서 반대로 아군을 위해 일하게 하는 계책을 「반간계(反間計)」라고 한다. 말하자면 이중간첩인 셈이다.

일찍이 《손자병법》에서도

「반간이란 적의 첩자를 역이용하는 것이다(反間者 因其敵間而用之)」라고 나와 있다.

《삼국지연의》에 나오는 이야기다.

동오(東吳)의 도독 주유(周瑜)는 조조를 공격하려 했지만 조조 군중에 유능한 수군 장령들인 채모와 장윤이 장강 북안을 지키고 있기 때문에 승산이 없었다.

이때 마침 조조의 휘하에 있는 장간(蔣干)이 주유를 만나러 오군 진중에 왔다. 그는 지난날 주유와 교제가 두터웠다는 것을 이용해서 동오의 군사 기밀을 탐지하려는 속셈에서였다.

주유는 장간이 찾아온 속셈을 눈치 채고 채모와 장윤의 이름을 빌려 가짜 항복문을 위조해 놓았다. 그 편지에 「미구에 조조의 목을 베어 바치겠다」는 말이 들어 있었다.

장간은 한밤중에 주유가 잠든 틈을 타서 이 항복문서를 발견하고는 즉시 그 편지를 품속에 품고 부랴부랴 돌아가서 조조에게 바쳤다.

이에 크게 노한 조조는 깊이 생각지도 않고 채모와 장윤을 죽여버리고 말았다. 이렇게 해서 주유의 반간계는 성공을 거두었고, 오나라 군사들은 나중의 전투에서 조조 군을 대파하게 되었다.

바라밀다〔波羅蜜多〕【불교】「현실의 생사(生死)의 차안(此岸)으로부터 열반(涅槃)의 피안으로 건너다」라는 뜻으로, 보살(菩薩)의 수행을 이르는 말. 육바라밀(六波羅蜜)·십바라밀 등이 있음. 바라밀(波羅蜜).

박람강기〔博覽强記〕 동서고금(東西古今)의 책을 널리 읽고 사물을 잘 기억함. 박식해서 무엇이나 알고 있는 것의 비유. ⑪ 박문강기(博聞强紀).

박면피〔剝面皮〕 낯가죽을 벗긴다는 뜻으로, 파렴치(破廉恥)한 사람을 욕하여 이르는 말.《서경잡기(西經雜記)》

박문약례〔博文約禮〕 널리 배워서 식견을 깊이 하고, 배운 것을 사회질서 속에 적용시켜서 실행하는 것. 약례는 예법에 의하여 몸을 단속하는 것.《논어》

박빙여림〔薄氷如臨〕 살얼음을 밟는다는 뜻으로, 대단히 위태로운 상태를 이르는 말. ☞ 여리박빙(如履薄氷).

박삭미리〔撲朔迷離〕 남녀의 구별이 분명치 않음. 사물이나 상황이 마구 뒤섞여 있어 갈피를 잡을 수 없을 때 쓰는 말이다.《목란사(木蘭辭)》

박옥혼금〔璞玉渾金〕 아직 쪼지 않은 옥과 아직 불리지 않은 금이라는 뜻으로, 바탕은 좋으나 꾸미지 않은 것을 이르는 말.《진서》

박인방증〔博引旁證〕 여러 가지 서책에서 많은 용례를 끌어내어 그것으로 사물을 설명하는 일. ⑪ 단문고증(單文孤證).

반계곡경〔盤溪曲徑〕 일을 순리대로 하지 않고 옳지 않은 방법을 써서 억지로 함을 이르는 말. 방기곡경(旁岐曲徑).

반구제기〔反求諸己〕 어떤 일을 자기 자신에게 돌려서 생각함. 반성하여 자신을 책망함.《중용》

반구이부신〔反裘而負薪〕 갖옷의 털이 상할까봐 뒤집어 입고 땔나무를 등에 졌더니 도리어 갖옷이 상하였다는 뜻으로, 하나만 알고 둘은 모르는 사람을 비유하여 이르는 말.

반낭〔飯囊〕 밥주머니란 뜻으로, 무능하고 하는 일 없이 놀고 있는 사람을 조롱하여 일컫는 말.《금루자(金樓子)》

반노환동〔返老還童〕 늙은이가 어린 아이로 변하였다는 뜻으로, 노인의 건강이 아주 좋거나 젊어짐을 이르는 말.

반룡부봉〔攀龍附鳳〕 용을 끌어 잡고 봉황에 붙는다는 뜻으로, 세력 있는 사람을 좇아서 공명(功名)을 이룸.《후한서》

반근착절
槃根錯節

서릴 槃 뿌리 根 섞일 錯 마디 節

> 세력이 단단히 뿌리박혀 흔들리지 아니함.

「반근착절」은 뿌리가 많이 내리고 마디가 이리저리 서로 얽혀 있다는 뜻이다. 세력이 뿌리깊이 박혀 있고 당파가 잘 단결이 되어 있어 이를 제거하기가 어려울 때 쓰는 말이다.

이것은 《후한서》 우후전(虞詡傳)에 나오는 우후의 말이다.

우후는 어릴 때 부모를 잃고 할머니 밑에서 자라났다. 재주가 뛰어나 열두 살에 벌써 《상서》에 능통했다.

그를 관리로 추천하려는 사람이 있었으나, 할머니를 봉양할 사람이 없다고 이를 거절했다. 할머니가 죽고 난 뒤 태위 이수(李修)가 그를 낭중(郎中)으로 천거했다.

후한 안제(安帝) 영초 4년에 북방 이민족들이 병주와 양주를 침략해 왔다. 이때 대장군 등즐(鄧騭)은 대신들을 모아 놓고, 재정과 비용을 이유로 양주를 포기하고 변방을 지킴이 옳다고 주장했다.

대신들은 그의 의견에 찬성했다. 등즐은 외척으로서 세도를 부리고 있었기 때문이다.

이 사실을 안 우후는 서슴지 않고 반대 의견을 이수에게 말했다. 이수는 그의 의견을 받아들여 대신들을 설득시킴으로써 등즐의 주장을 꺾어 눌렀다. 등즐은 이 일로 해서 우후를 미워하게 되었다.

때마침 그 해 조가현(朝歌縣)에 수천의 도적 떼가 일어나 고을의 장관과 수비병을 살해했다. 그러자 등즐은 우후를 조가현 장관에 임명했다. 자기의 의견에 반대했다는 앙심 때문이었다.

친구들은 그의 불행을 위로하러 모여 왔다. 그러나 우후는 웃으며 이렇게 말했다.

「생각은 쉬운 것을 찾지 않고, 일은 어려운 것을 피하지 않는 것이 신하된 사람의 직분이다. 반근착절을 만나지 않으면, 어떻게 잘 드는 연장을 구별할 수 있겠는가」

조가현에 부임한 우후는 지혜와 용병으로 도적을 평정했다. 그 뒤에도 외척과 환관들을 비롯한 모든 불의와 맞서 끝까지 싸워 나갔다.

반근(槃根)은 반근(盤根)으로도 쓴다.

반면교사〔反面教師〕극히 나쁜 면만을 가르쳐 주는 선생이란 뜻으로, 중공(中共:중국 공산당) 시대 때 제국주의자·반동파·수정주의자를 가리키는 말이다. 행동거지가 좋지 못한 사람을 보고 그와 같이 되지 않기 위한 본보기로 삼음을 이르는 말.

반면지분〔半面之分〕일면지분(一面之分)도 못되는 교분. 얼굴을 반만 아는 사이라는 뜻으로, 서로 알아는 보지만 친하게 지내지는 않는 사이. 극히 얕은 교분.《후한서》반면지식(半面之識).

반문농부〔班門弄斧〕춘추시대 노(魯)나라에 기계를 잘 만드는 반수(班輸)라는 사람이 있었는데, 그를 흉내 내어 그의 집 문 앞에서 도끼를 가지고 기계를 만들려고 한 어리석은 사람이 있었다는 고사에서 나온 말로, 스스로의 실력도 모르고 당치 않는 일을 하려고 덤빈다는 뜻.

반복소인〔反覆小人〕언행을 늘 이랬다 저랬다 하여 그 마음을 헤아릴 수가 없는 옹졸한 사람을 이르는 말.

반상반하〔半上半下〕어느 쪽에도 붙지 않고 태도나 성질이 모호함을 이르는 말.

반생반사〔半生半死〕거의 죽게 되어서 죽을는지 살는지 알 수 없는 지경에 이름.

반생반숙〔半生半熟〕반쯤은 설고 반쯤은 익었다는 뜻으로, 기예(技藝)가 아직 숙달되지 못함의 비유.《부장록(拊掌錄)》

반소사〔飯疏食〕거칠고 반찬 없는 밥이라는 뜻으로, 안빈낙도(安貧樂道)함을 일컫는 말.

반식재상
伴食宰相

의지할 伴 먹을 食 우두머리 宰 서로 相

무위도식으로 자리만 차지하고 있는 무능한 대신.

　당(唐)의 현종은 즉위한 이듬해(713년) 연호를 개원(開元)이라고 고치고 태평공주 일파의 음모를 제거하자, 다음 개원 2년에는 백관의 주옥금수(珠玉錦繡)를 궁전 안마당에 쌓아 놓고 불을 질렀으며, 백관에서 궁녀에 이르기까지 각각 그 직분에 걸맞은 의복을 규정하고 사치에 흐르는 것을 경계했다.

　국가의 치란흥망(治亂興亡)의 자취를 더듬어 보면, 군주의 사치와 후궁의 문란이 쇠망의 지름길이라는 것을 통감한 현종의 정치에 대한 굳은 결의가 엿보인다.

　그 결의로서 현종은 현상(賢相)을 잘 쓰고 나아가서는 그 간언을 들어 정사(政事)에 정려했고, 또한 문학과 예술을 장려해서 「개원(開元)의 치(治)」라는 당나라의 최성기를 이루었다.

　현종을 도와 「개원의 치」의 기초를 닦은 재상은 요숭(姚崇)이었다. 현종이 주옥금수를 불태워 사치를 훈계한 것도, 또 형벌을 바로잡고 부역과 조세를 감해서 민중의 부담을 가볍게 하는 한편 병농일치(兵農一致)의 개병제도를 고쳐 모병제도(募兵制度)로 한 것도 다 이 요숭의 건의에 의한 것이었다.

　요숭은 백성을 위해서 꾀하는 것이 나라를 번영시키는 길이라는 원칙을 일관시키는 데 힘쓰고, 적어도 사사(私事)를 위해서는 감정을 겉으로 나타내는 법이 없었으며, 정치의 재결이 신속 정확한 것에 있어서는 그 어떤 재상도 미치는 자가 없었다고 한다. 그 일례로서 「반식재상」이라는 말이 생겼다.

언젠가 요숭은 일이 생겨 정무를 볼 수가 없어 황문감(黃門監)인 노회신(盧懷愼)이 대신 일을 보게 되었다. 노회신은 청렴결백하고 신변을 꾸미는 일이 없이 정무에 노력하는 사람으로서 요숭의 마음에 드는 국상(國相)이었으나, 요숭의 직무를 대행한 10여 년 동안 아무리 노력을 해도 요숭처럼 재결해 갈 수가 없어 정무를 크게 지체시켰다.

노회신은 자기가 요숭에게 미치지 못함을 피부로 느껴 알고, 그 후부터는 만사에 요숭을 추천하며 사사건건 요숭과 상의하게 되었다. 그 때문에 당시 사람들은 노회신을 상반대신(相伴大臣)이란 뜻으로,「반식재상」이라 불렀다.

이 말은 무능한 대신을 혹평하는 말로서 지금도 쓰이고 있으나, 당시의 사람들 마음으로서는 노회신을 냉소한다기보다 요숭에 대한 경의에서 시작한 것이었다.

요숭 다음에는 송경(宋璟), 한휴(韓休) 등 현상이 계속하여「개원의 치」를 발전시켰으나, 현종은 이 치세 후반에 총희인 무혜비(武惠妃)를 잃고 양귀비를 얻음으로써 정무에 권태를 느끼기 시작한다. 직언하는 자를 물리치고 간신들의 감언을 좋아하며 주색에 빠졌는데 정무를 후궁의 환락으로 바꾸어 나라를 쇠망으로 이끈 종래의 군주와 같은 길을 걸었다.

반수반성〔半睡半醒〕 반은 깨고 반은 잔다는 뜻으로, 자는 둥 마는 둥 하게 아주 얕은 잠을 잠. 반수(半睡).

반승반속〔半僧半俗〕 반은 중이고 반은 속인이라는 뜻으로, 사물이 이것도 아니고 저것도 아니어서 뚜렷한 명목(名目)을 붙이기 어려울 때 쓰는 말. 반승(半僧). 비승비속(非僧非俗).

반식대관〔伴食大官〕 ☞ 반식재상(伴食宰相).

발본색원
拔本塞源

뽑을 拔 근본 本 막을 塞 근원 源

폐단의 근원을 아주 뽑아서 없애버림.

「발본색원(拔本塞源)」은 뿌리를 뽑고 근원을 막는다는 뜻이다. 뿌리를 뽑아 버림으로써 다시 자라나는 것을 막을 수 있고, 근원을 막아버림으로써 다시 넘쳐흐르는 일이 없게 할 수 있다.

무슨 일을 다시금 후환이 생기지 않도록 완전히 처치해 버리는 것을 말한다.

이 말은 《춘추좌씨전》 소공(昭公) 9년에 나오는 주(周)나라 왕이 한 말이다.

「나는 백부(伯父)에게 있어서, 마치 옷에 갓이 있고, 나무와 물에 뿌리와 근원이 있고, 백성들에게 집 주인이 있어야 하는 것과 같다. 백부가 만일 갓을 찢어버리고, 뿌리를 뽑고 근원을 막으며, 집 주인을 아주 버린다면, 비록 저 오랑캐들이라도 나 한 사람을 우습게 볼 것이다(伯父若裂冠毁冕 拔本塞源 專棄謀主 雖戒狄其何有余一人)」

이 「발본색원」은 나중에 왕양명(王陽明)의 제자들이 엮은 《전습록(傳習錄)》 가운데 있는 「발본색원론」이란 장편의 논문에 의해 더욱 유명해졌다.

왕양명의 나이 55세 때 씌어진 이 글은 그의 정치철학을 보여주는 글로서 중시되어 왔다. 이 글의 서두에 이런 말이 있다.

「이 발본색원하는 논의가 천하에 밝혀지지 않는다면 천하에서 성인을 배우는 사람들이 장차 날로 번거로워지고 날로 어렵게 될 것이다. 이 사람들이 금수나 오랑캐와 같은 지경에 빠지고서도 스스로는 성인의 학문을 한다고 여기게 될 것이다」

반식자우환[半識字憂患] 반쯤 아는 것이 근심거리를 가져온다는 뜻으로, 무슨 일에나 어설피 잘 알지도 못하면서 아는 체하다가 일을 아주 그르치게 됨을 이르는 말. ㈜ 식자우환.

반신반의[半信半疑] 거짓인지 참인지 갈피를 잡지 못하다. 믿음과 의심이 반반이어서 진위(眞僞)를 결정하지 못하는 것.

반액지구[反掖之寇] 겨드랑이 밑에서 모반(謀反)하는 적이란 뜻으로, 내란(內亂)을 일컫는 말.

반양기지족[絆良驥之足] 천리마의 발을 묶는다는 뜻으로, 현자(賢者)를 구속함을 이르는 말.

반원와철[攀轅臥轍] 끌채에 매달리고 수레바퀴에 드러눕는다는 뜻으로, 수령(守領)의 유임을 원하는 정이 간절함을 이르는 말. 《한서》

반의지희[斑衣之戲] 중국 노래자(老萊子)의 고사에서, 늙은 부모를 위로해 드리기 위하여 색동저고리를 입고 기어가 보임. 늙어서까지 끊임없이 부모에게 효도함을 이르는 말. 《고사전(高士傳)》

반자불성[半字不城] 글자를 쓰다가 다 쓰지 못하고 그만둔다는 뜻으로, 일을 중도에서 그치고 이루지 못함을 이름.

반자지명[半子之名] 사위를 거의 아들과 같다는 뜻으로 이르는 말.

반재강중[半在江中] 몸의 반은 강에 있다는 뜻으로, 지독히도 재수 없는 상황이나 매우 위험스런 상황을 완전히 벗어나지 못한 상태를 비유하여 이르는 말.

반포지효[反哺之孝] 까마귀 새끼가 자란 뒤에 늙은 어미에게 먹을 것을 물어다 줌. 전(轉)하여 자식이 커서 부모를 봉양함. 또는 자식이 부모의 은혜를 갚음.

반포조[反哺鳥] 까마귀의 별칭.

반형도고[班荊道故] 옛 친구를 만나 허물없이 옛 정을 토로함. 《좌전》

반후지종[飯後之鐘] 당(唐)나라 왕파(王播)가 양주(揚州) 혜소사(惠昭寺)에 식객으로 있을 때, 중이 그를 미워하여 식사를 알리는 종을 늦게 쳐서 왕파에게는 시간이 지났다고 밥을 주지 않았다는 고사에서, 식후(食後)에 종을 친다는 뜻으로, 기한이 지나서 옴을 이르는 말.

발군출류[拔群出類] 다른 사람들보다도 두드러지게 총명한 것. 거기에서, 매사에 특히 뛰어나 있음에도 말한다. 발군(拔群)이라고도 한다. 《안씨가훈》

발단심장[髮短心長] 머리털은 빠져 짧으나 마음은 길다는 뜻으로, 나이는 먹었지만 슬기는 많음을 일컬음.

발산개세
拔山蓋世

뽑을 拔 뫼 山 덮을 蓋 세상 世

> 힘이 산이라도 뽑아 던질 만하고 세상을 덮을 정도로 기력이 웅대함.

이 말은 용력과 패기를 말한 항우의 자기 자랑이었지만, 그 뒤로 이 「발산개세」란 말은 항우를 상징하는 대명사처럼 되었고, 또 힘과 용맹을 표현하는 말로 흔히 인용되곤 한다. 이를테면 「제아무리 발산개세하는 놈이라도……」하는 식으로 말이다.

항우가 한패공(漢沛公) 유방을 맞아 해하(垓下)에서 최후의 결전을 하던 날 밤이었다. 군대는 적고 먹을 것마저 없는데, 적은 겹겹이 둘러싸고 있다. 게다가 항우를 놀라게 한 것은 포위하고 있는 적군들이 사방에서 초나라 노래를 부르고 있는 것이었다. 〔☞ 사면초가(四面楚歌)〕

「이제는 다 틀렸다. 적은 이미 초나라 땅을 다 차지하고 만 모양이다. 그렇지 않고서야 초나라 사람들이 이토록 많이 적에 가담할 수가 없지 않은가」

최후의 결심을 한 항우는 장수들과 함께 결별의 술자리를 베풀었다. 그 자리에는 항우가 항상 진중에 함께 데리고 다니던 사랑하는 우미인(虞美人)도 함께 했다. 항우에게는 우미인처럼 늘 그와 운명을 같이 하다시피 한 오추마(烏騅馬)로 불리는 천리마가 있었다. 오추마를 추(騅)라고 불렀다.

술이 한잔 들어가자 항우는 감개가 더욱 무량했다. 슬픔과 울분이 한꺼번에 치밀어 올라 노래라도 한 수 읊지 않고는 견딜 수 없었다.

힘은 산을 뽑고 기상은 세상을 덮었는데
때가 불리하니 추마저 가지 않누나.
추마저 가지 않으니 난들 어찌하리.

우(虞)야, 우야, 너를 어찌하리.

力拔山兮氣蓋世　時不利兮騅不逝　역발산혜기개세　시불리혜추불서
騅不逝兮可奈何　虞兮虞兮奈若何　추불서혜가나하　우혜우혜나약하

항우가 노래를 몇 곡 부르는 동안 우미인은 화답을 했다. 항우는 눈물이 몇 번이나 넘쳐흘렀다. 좌우에 있는 사람들은 그의 슬퍼하는 모습을 바로 쳐다보지 못했다.

노래를 마치고 항우는 우미인을 혼자 남아 있으라고 이렇게 위로하며 권했다.

「너는 얼굴이 아름다우니, 패공의 사랑을 받아 살아날 수 있을 것이다」

그러나 우미인은 항우를 따라가겠다면서 단검을 받아 들고는 자살하고 만다. 남편의 짐이 되지 않기 위해서였다. 이 노래는 「발산기개세지가(拔山氣蓋世之歌)」라고도 하고, 「우혜가(虞兮歌)」라고도 한다.

발란반정[撥亂反正] 난을 평정해 평화로운 세상으로 바꾸는 것. 발(撥)은 다스리다의 뜻. 반(反)은 되돌리다. 《춘추공양전》

발몽[發蒙] 어리석음을 깨우쳐 줌. 계몽(啓蒙). 덮개를 엶.

발분도강[發憤圖強] 스스로 강성해지기 위해서 분발함. 《송사(宋史)》

발분망식[發憤忘食] 발분하여 끼니까지 잊고 노력한다는 뜻으로, 한 가지 일을 성취하기 위하여 동분서주함을 이르는 말.

발산거정[拔山擧鼎] 항우(項羽)의 일화에서, 산을 뽑고 솥을 들어올린다는 뜻으로, 용기와 힘이 남보다 뛰어남을 비유한 말.

방기곡경[旁岐曲徑] ☞ 반계곡경(盤溪曲徑).

방모두단[房謀杜斷] 방현령(房玄齡)의 꾀와 두여해(杜如海)의 결단이란 뜻으로, 각자가 특색이 있고 장점이 있어 조화를 이루어 일이 원만하게 해결됨을 비유하여 이르는 말. 《구당서》

발호
跋扈

밟을 跋 따를 扈

함부로 날뛰다.

발(跋)은 뛰어넘는다는 뜻이고, 호(扈)는 대나무로 만든 통발을 말한다. 통발을 물에 넣어 놓으면 작은 물고기들은 힘이 없어서 그대로 남아 있지만, 큰 물고기들은 통발을 뛰어넘어 달아난다는 데서 나온 말이다.

「발호(跋扈)」는 아랫사람 또는 신하가 윗사람 또는 임금을 우습게 보고 권한을 침범하는 경우에 쓰는 말이다.

《후한서》양기전(梁冀傳)에 있는 이야기다.

후한의 양기는 외모가 아주 특이한 사람이었다. 어깨는 성난 듯이 늘 들썩거렸고, 눈은 날카롭기 짝이 없었다. 또 눈동자는 남을 꿰뚫을 듯 섬광이 번뜩였고, 말투는 더듬거려 남들이 분명하게 알아들을 수가 없었다.

순제(順帝) 때 그는 대장군에 임명되었다. 그러나 그 기질은 그대로여서 포악함은 극에 달했다. 순제가 죽자 그는 두 살 난 충제(沖帝)를 왕위에 올렸으며, 이듬해 충제가 죽자 이번에는 여덟 살짜리 질제(質帝)를 황제에 등극시켰다.

질제는 어리지만 총명해서 양기의 교만하고 방자한 성질을 잘 알고 있었다. 일찍이 조회가 있을 때 양기를 평하면서 신하들에게 이렇게 말했다.

「그는 발호장군이다. 도무지 제멋대로란 말이야」

이 말을 들은 양기는 황제를 몹시 미워하게 되고 급기야는 임금을 독살해 버리고 말았다. 그런 다음 다시 환제를 세우고, 이고(李固)와 두교(杜喬)는 죄를 뒤집어씌워 살해해 버렸다.

나라 안은 이런 일련의 일들로 해서 탄식과 두려움으로 가득 차게 되었고 민심 또한 극도로 흉흉해졌다.

그의 권력이 얼마나 대단했는지는, 세시(歲時) 때가 되어 헌상한 물품들이 도성에 도착하면 최상품은 먼저 양기의 집으로 옮겨졌고, 천자에게는 한 등급 아래의 물품이 보내졌다는 것만 보고도 잘 알 수가 있었다.

이후 그의 가문은 크게 번성해서 일곱 명의 제후(諸侯)와 세 명의 황후를 배출했으며, 여섯 명의 귀인과 장군도 둘이 나왔다. 그가 재직한 20년 남짓 영화는 극에 달했고, 권세는 조정의 안팎에 넘쳐 모든 관리가 두려움에 떨며 감히 그의 명령에 거역할 사람이 없었다.

천자는 몸을 삼가고 정치를 아예 그에게 맡겨버려 천자가 직접 정치에 간섭하는 일도 드물게 되었다.

천자는 오래 전부터 이것을 몹시 불만스럽게 여기고 있었다. 그러다가 마침내 견디다 못해 계략을 꾸며 양기를 제거하고 조정의 안팎에 널리 깔려 있는 그의 일족과 친척들을 남녀노소를 가리지 않고 모두 도륙하고 그 시체를 시장바닥에 내걸었다.

그 밖에도 양기에게 빌붙던 벼슬아치와 교위, 자사, 군수 등 처형된 사람이 부지기수였다.

양기가 임명한 관리들 중 면직된 사람만도 3백여 명에 이르러서 조정은 삽시간에 텅 비어버렸다.

천자는 또 양기의 재산 30여만 석을 몰수하여 천자의 창고에 두고 그것을 재정에 충당하자 백성들의 세금이 반으로 줄었다고 한다. 그만큼 양기는 엄청난 권력과 부를 누렸던 것이다.

방약무인
傍若無人

곁 傍 같을 若 없을 無 사람 人

> 남의 입장을 생각지 않고 거리낌 없이 함부로 행동함.

전국시대도 거의 진(秦)의 통일로 돌아가 시황제의 권위가 군성(群星)을 누르고 있을 때의 일이다. 위(衛)나라 사람으로 형가(荊軻)라는 자가 있었다.

선조(先祖)는 제(齊)나라 사람이었으나, 그는 위(衛)로 옮겨 살며, 거기서 경경(慶卿)이라 불리었다. 책을 읽는 것과 칼을 쓰는 것을 즐겨했다. 국사(國事)에도 마음을 쓰고 있었으므로 위의 원군(元君)에게 정치에 대한 의견을 말했으나 채택되지 않았고, 그 후로는 제국을 표박(漂迫)하며 돌아다닌 듯하다.

사람 됨됨이 침착하여 각지에서 현인, 호걸과 사귀었다. 그 유력(遊歷)하는 동안의 이야기로서 다음과 같은 것이 전해진다.

산서(山西)의 북부를 지날 때, 개섭(蓋聶)이라는 자와 칼에 대해 논했다. 개섭이 화를 내고 노려보자, 형가는 곧 일어나 떠나버렸다. 어떤 이가 개섭에게 형가하고 다시 한번 논하면 어떻겠느냐고 하자,

「아니야, 여관에 가 보게나, 벌써 떠나고 없을 테니까」

그래서 사람을 시켜 여관에 가 보니 과연 형가는 떠나버린 뒤였다. 이 말을 들은 개섭은,

「물론 그렇겠지. 방금 내가 노려보아 위협을 주었으니까」

또 형가가 한단(邯鄲)에 갔을 때다 노구천(魯句踐)이란 자와 쌍륙(雙六) 놀이를 하여 승부를 다투었다.

노구천이 화를 내며 소리치자 형가는 말없이 도망쳐 다시는 돌아오지 않았다고 한다.

그는 연(燕)나라로 갔다. 거기서 사귄 것이 전광(田光)과 축(筑)의 명수인 고점리(高漸離)였다. 축은 거문고와 비슷한 악기로서 대나무로 만든 현을 퉁겨서 소리를 낸다. 이 두 사람과 형가는 날마다 큰 길거리로 나가 술을 마셨다. 취기가 돌면 고점리는 축을 퉁기고 형가는 거기에 맞추어 노래하며 함께 즐겼다. 감상(感傷)이 극에 달하면 함께 울기도 했다. 마치 곁에 아무도 없는 것 같았다(傍若無人).

「방약무인」이란 말은 《사기》 자객전에 나오는 것이 처음이다. 곁에 아무도 없는 것같이 남의 눈도 생각하지 않고 제멋대로 행동하는 것이다. 그 때의 사람들은 대개가 형가의 이 행동을 그렇게 생각하고 있었겠지만, 「방약무인」하면 제 고집만을 주장하는 무례함을 가리키는 수가 비교적 많다.

열심히 골몰해서 「방약무인」한 것과 그저 품성에 따라 그런 것과 사람에 따라 각각 다르다.

형가는 나중에 연나라 태자 단(丹)의 부탁을 받고 진왕(秦王)을 쓰러뜨리기 위해 죽음을 다짐한 길을 떠난다. 배웅하는 사람들 틈에 고점리도 있었는데, 그들은 마침내 역수(易水) 가에서 작별하게 되었다. 이때 고점리는 축을 퉁기고 형가는 이에 화답해서 저 「풍소소혜역수한(風簫簫兮易水寒)……」의 노래를 불렀다.

이 두 사람, 형가는 끝내 성사시키지 못한 채 죽고, 고점리는 뒤에 장님이 되면서도 친구의 원수를 갚으려고 진왕을 노리다가 역시 실패하여 형가의 뒤를 따라가게 된다. 그리하여 앞서 말한 노구천은 형가에 대한 자기의 불명(不明)을 부끄럽게 생각했다고 한다.

그러나 이 역수에서 이별할 때, 두 사람은 그와 같은 일을 알 턱이 없었다. 한 사람은 축을 퉁기고 한 사람은 노래하며 마치 곁에 아무도 없는 듯했었을 것이다.

배반낭자
杯盤狼藉

잔 杯 쟁반 盤 어지러울 狼 자리 藉

> 술 마신 자리의 어지러운 모습.

「배반이 낭자하다」는 말은 널리 쓰이는 말이다. 술잔과 안주 접시가 질서 없이 뒤섞여 있다는 뜻으로, 술을 진탕 마시며 정신없이 놀고 난 자리의 어지러운 모습을 말한다.

《사기》골계열전(滑稽列傳)의 순우곤전에 나오는 순우곤(淳于髡)의 이야기 속에 있는 말이다.

제위왕(齊威王)이 순우곤을 후궁으로 초대하여 술을 마시며 물었다.
「선생은 어느 정도 마시면 취하는지?」
「한 말로도 취하고 한 섬으로도 취합니다」
「한 말로 취하는 사람이 한 섬을 마실 수야 없지 않겠소 어떻게 하는 말씀이신지?」

순우곤은, 술이란 마시는 사람의 기분에 따라 취하는 양이 달라지는 예를 차례로 들어 말하며, 끝으로 한 섬을 마시게 되는 경우를 말했다.

「날이 저물어 술이 얼근해졌을 때, 술통을 한데 모으고 무릎을 맞대며 남자와 여자가 한자리에 앉아, 신발이 서로 엇갈리고, 술잔과 안주 접시가 어지럽게 흩어져 있는데 방에 촛불이 꺼지며(……杯盤狼藉 堂上燭滅), 주인이 나만을 붙들어 두고 다른 손들을 보냅니다. 어둠 속에 더 들어 보면 비단 속옷의 옷깃이 풀어진 채 은은히 향수 냄새가 풍기고 있습니다. 이런 때에는 내 마음이 아주 즐거워서 능히 한 섬 술이라도 마실 수 있습니다. 그러기에 말하기를, 술이 극도에 달하면 어지러워지고, 즐거움이 극도에 달하면 슬퍼진다고 합니다. 술뿐이 아니고 모든 일이 다 그렇습니다」

이것은 순우곤이 위왕을 간하기 위해 꾸며낸 이야기다. 그 뒤로 위왕은 밤 깊도록 술을 마시는 일을 중지했다고 한다.

「골계전」의 「골계(滑稽)」는 익살이란 뜻이다. 순우곤은 웃기는 가운데, 뜻이 있는 말로써 상대의 마음을 돌려놓는 그런 익살꾼이었다.

방민지구 심우방천〔防民之口 甚于防川〕 백성들의 입을 막는 것이 강물을 막는 것보다 더 어렵다는 뜻으로, 백성에게 언론의 자유를 주어 마음대로 자신의 뜻을 표현할 수 있게 해야 한다는 말.《국어》

방반유철〔放飯流歠〕 밥을 많이 뜨고 국을 흘리면서 마구 먹는다는 뜻이니, 곧 음식을 마음껏 먹고 절약할 줄 모른다는 말.《맹자》

방예원착〔方枘圓鑿〕 모난 자루와 둥근 구멍이란 뜻으로, 사물이 서로 맞지 않음을 비유하는 말.《초사(楚辭)》

방장부절〔方長不折〕 한창 자라나는 초목은 꺾지 않는다는 뜻으로, 전도가 양양한 사람이나 사업에 대해서 헤살을 놓지 아니함.

방저원개〔方底圓蓋〕 네모진 밑바닥에 둥근 뚜껑이란 뜻으로, 사물이 서로 맞지 않음의 비유.《안씨가훈》 ▣ 방예원착(方枘圓鑿).

방촌이란〔方寸已亂〕 마음이 이미 혼란스러워졌다는 뜻으로, 마음이 흔들리는 상태에서는 어떤 일도 할 수 없음을 비유하여 이르는 말.

방촌지지〔方寸之地〕 옛사람이 「마음의 위치는 고작 한 뼘이다(心之地位 方寸而已)」라고 한 데서 사람의 마음. 흉중(胸中). 또는 사방 한 치, 곧 좁은 땅. 옛사람들은 촌심(寸心)이라는 말로 자신의 심정이나 작은 성의를 표시하기도 했는데, 우리가 자주 쓰는 촌지(寸志)도 여기서 유래한 말이다.《열자》

방휼지세〔蚌鷸之勢〕) 도요새가 방합을 먹으려고 껍질 안에 주둥이를 넣는 순간, 방합이 껍질을 닫는 바람에 도리어 물려 서로 다툰다는 뜻으로, 서로 적대하여 버티고 양보하지 않음을 이르는 말. ☞ 어부지리(漁父之利).

방휼지쟁〔蚌鷸之爭〕 방휼지세(蚌鷸之勢)로 다투는 일. ☞ 어부지리(漁父之利).

배수진
背水陣

등 背 물 水 진 陣

| 목숨을 걸고 싸움에 임하는 경우의 비유.|

「배수진」은 물을 뒤에 등지고 친 진을 말한다. 「배수진을 쳤다」하는 말은, 죽을 각오로 마지막 승부에 임하는 것을 말한다.

임진왜란 때 신입(申砬) 장군이 문경 새재(鳥嶺)로 넘어오는 적을 새재에서 막을 생각을 않고 충주에서 배수진을 치고 있다가 여지없이 패해 전사한 이야기는 너무도 유명하다.

이 배수진을 쳐서 최초로 성공한 사람은 한신(韓信)이다. 이때부터 배수진이란 말이 전해지게 되었다.

《사기》 회음후열전에 있는 한신이 조나라를 칠 때 이야기다. 한신은 작전을 짜 놓고 부하 장수들에게,

「우리 주력부대는 퇴각을 한다. 그것을 보면 적은 진지를 비우고 우리를 추격해 올 것이다. 그러면 제군들은 재빨리 조나라 진지로 들어가 조나라 기를 뽑아 버리고 한나라의 붉은 기를 세워라」하고 이른 다음, 부관들에게 가벼운 식사를 시키고 나서는 또,

「오늘 아침은 조나라를 이기고 난 다음 모여서 잘 먹기로 하자(滅此朝食)」하고 모든 장수들에게 전하게 했다. 〔☞ 멸차조식〕

장수들은 알았다고 대답만 할 뿐 속으로는 코웃음을 쳤다. 한신은 군리(軍吏)들에게 이렇게 말했다.

「조나라 군사는 유리한 곳을 점령하여 진을 치고 있기 때문에 싸움을 서두르지 않을 것이다. 그리고 적은 우리 쪽 대장기를 보기 전에는 나와 싸우려 하지 않을 것이다」

이리하여 한신은 1 만의 군사를 먼저 가게 하여 물을 등지고 이른바

배수진을 치게 했다. 조나라 군사들은 이것을 바라보며 병법을 모르는 놈들이라고 크게 웃었다.

날이 밝자, 한신은 대장기를 세우고 산길을 빠져나갔다. 조나라 군사는 진문을 열고 나와 맞아 싸웠다. 잠시 격전을 계속한 끝에 한신은 거짓 패한 척하며 기를 버리고 강 근처에 배수진을 치고 있는 군사와 합류했다.

조나라 군사는 이를 보는 순간, 과연 진지를 텅 비워 두고 앞 다투어 한신의 군사를 쫓았다. 그러나 한신의 군사는 결사적인 반격으로 적을 물리쳤다. 이 사이에 한신이 산속에 매복시켜 놓았던 기마부대가 조나라 진지로 달려가 조나라 기를 뽑고 한나라 기를 세워 두었다.

한신을 추격해서 이기지 못하고 돌아오던 조나라 군사는 붉은 기를 바라보는 순간 이미 진지가 적의 수중에 든 줄 알고 당황하기 시작했다.

여기에 한신의 군사가 뒤를 다시 덮치고 들자 앞뒤로 적을 맞은 조나라 군사는 싸울 용기를 잃고 뿔뿔이 흩어져 버렸다. 그리하여 대장은 죽고 왕은 포로가 되었다.

승리를 축하하는 술자리에서 모든 장수들은 한신에게 물었다.

「병법에는 산을 등지고 물을 앞으로 진을 치라고 했는데, 장군께선 물을 등지고 진을 쳐서 이겼습니다. 그리고 조나라를 이기고 나서 아침을 먹자고 하시더니 과연 말대로 되었습니다. 이것은 무슨 전법입니까?」

그러자 한신은 대답했다.

「이것은 병법에 있는 것이다. 제군들이 미처 몰랐을 뿐이다. 병법에 『죽을 땅에 빠뜨려 두어야 사는 길이 있다』고 하지 않았는가. 그리고 우리 군사는 아직 오합지졸이다. 이들을 결사적으로 싸우게 하려면 죽을 곳을 뒤에 두지 않으면 안된다」

모든 장수들은 탄복했다.

이것이 한신의 「배수진」에 관한 이야기 전부다.

배중사영
杯中蛇影

잔 杯 가운데 中 뱀 蛇 그림자 影

> 쓸데없는 일을 의심하여 근심을 만듦의 비유.

「노루가 제 방귀에 놀란다」는 속담이 있다. 말뚝에 제 옷자락이 박혀 「이놈아 놓아라, 이놈아 놓아라」하며 밤을 새웠다는 옛이야기도 있다.

마음이 약한 사람이 엉뚱한 것을 보고 귀신이나 괴물인 줄로 잘못 아는 것을 가리켜 「배중사영(杯中蛇影)」이라고 한다. 「잔속에 비친 뱀의 그림자」란 뜻이다. 벽에 걸린 활이 뱀의 그림자처럼 잔속에 비치는 바람에 그 술을 마시고 병이 들었다는 이야기에서 나온 말이다.

후한 말기의 학자 응소(應邵)가 지은《풍속통》에 이런 얘기가 있다.

「세상에는 이상한 것을 보고 놀라 스스로 병이 되는 사람이 많다. ……우리 할아버지 응빈(應彬)이 급현(汲懸) 원이 되었을 때 일이다. 하짓날 문안을 온 주부(主簿 : 수석 사무관) 두선(杜宣)에게 술을 대접했다. 마침 북쪽 벽에 빨간 칠을 한 활이 하나 걸려 있었는데, 그것이 잔에 든 술에 흡사 뱀처럼 비쳤다. 두선은 오싹 놀랐으나 상관의 앞이라서 그냥 아무 말도 못하고 억지로 마셨다.

그런데 그날로 가슴과 배가 몹시 아프기 시작, 음식을 먹지 못하고 설사만 계속했다. 그 후로도 아무리 해도 낫지 않았다. 그 뒤 할아버지께서 볼 일도 있고 해서 두선의 집으로 문병을 가서 병이 나게 된 까닭을 물었더니, 두선은 사실대로 이야기했다.

집으로 돌아온 할아버지는 두선에게서 들은 이야기를 놓고 여러 모로 생각한 끝에 벽에 걸린 활을 돌아보더니,『저것이 틀림없다』하고, 사람을 보내 두선을 가마에 태워 곱게 데려오게 했다. 그리고는 자리를 전과 똑같은 위치에 차리고 술을 따라 전과 같이 뱀의 그림자가 비치게 한 다음 그에게 말하기를,『보게, 이건 벽에 걸린 활의 그림자가 술에 비친 걸세. 괴물이 무슨 괴물이란 말인가』하고 일러주었다. 그러자 두선은 갑자기 새 정신이 들며 모든 아픈 증세가 다 없어졌다」

이 응빈의 옛이야기에서 공연한 헛것을 보고 놀라 속을 썩이는 것을 가리켜 후세 사람들이 「배중사영」이라고 한다.

백낙자〔伯樂子〕백낙의 아들이라는 뜻으로, 어리석은 자식을 이르는 말.

배난해분〔排難解紛〕어려움을 물리치고 분쟁을 푼다는 뜻으로, 남을 위해 문제를 해결해 주는 것을 이르는 말.《전국책》

배사간금〔排沙簡金〕모래를 헤치면 햇빛을 받아 금빛이 난다는 뜻으로, 문장의 좋은 구절을 평할 때 쓰는 말.《세설신어》

배산압란〔排山壓卵〕산을 밀어붙여 알을 누른다는 뜻으로, 매우 하기 쉬움을 비유하여 이르는 말.

배성차일〔背城借一〕목숨을 바쳐서라도 끝까지 싸울 결심을 비유하는 말이다.《좌전》

배수거신〔杯水車薪〕한 잔의 물로 수레에 실려 있는 나무에 붙은 불을 끄겠다는 뜻으로, 혼자 힘으로는 어림도 없는 일을 해결하거나 감당하겠다고 나설 때를 비유하여 이르는 말.《맹자》

배칭지식〔倍稱之息〕이자가 본전의 갑절이나 된다는 뜻으로, 비싼 이자를 이름.《한서》

백가쟁명〔百家爭鳴〕문화·예술·학문상의 의견을 학자나 문화인이 제각기 다투어 발표하는 모양. 윤 의론백출(議論百出).

백골난망〔白骨難忘〕죽어 백골이 되어도 깊은 은덕을 잊을 수 없다는 뜻으로, 남에게 큰 은혜를 입었을 때 잊지 않겠다고 이르는 말.

백공천창〔百孔千瘡〕백의 구멍과 천의 상처란 뜻으로, 여러 가지 폐단으로 엉망진창이 됨. 천창만공(千瘡萬孔).

백귀야행〔百鬼夜行〕온갖 잡귀(雜鬼)가 밤에 웅성거린다는 말로, 모양이나 하는 짓이 극히 흉악한 것들이 덤벙거리는 일을 이름. 윤 신출귀몰(神出鬼沒).

백구과극
白駒過隙

흴 白 말 駒 지날 過 틈 隙

> 세월이 빨리 흐름을 비유하여 이르는 말

「백구과극」은 흰 말이 문틈으로 휙 달려 지나간다는 말이다. 즉 세월이 빨리 흐르는 것을 비유하는 말이다.

《장자》 지북유편(知北遊篇)》에 이런 이야기가 나온다.

사람이 천지 사이에서 사는 것은 흰 말이 빈 틈새를 달려 지나가는 것과 같이 순간일 뿐이다(人生天地之間 若白駒之過隙). 모든 것들은 물이 솟아나듯 문득 생겨났다가 물이 흘러가듯이 아득하게 사라져 간다. 일단 변화해서 생겨났다가 다시 변화해서 죽는 것이다. 생물은 이를 슬퍼하고 사람들도 애달파한다. 죽음이란 화살이 활통을 빠져나가고 칼이 칼집에서 빠져나가는 것처럼 분주하고 완연하니 혼백이 장차 가려고 하면 몸도 이를 따르는 법이다. 이 얼마나 거대한 돌아감인가!

백금지사〔百金之士〕 백금과 맞먹는 선비라는 뜻으로, 어진 선비(良士)를 이르는 말.

백년지객〔百年之客〕 아무리 스스럼이 없어져도 예의를 지켜 한 평생을 두고 늘 어려운 손님으로 맞아야 한다는 뜻으로, 사위를 가리키는 말.

백년해락〔百年偕樂〕 부부가 함께 평생토록 화락하게 보냄.

백년행락〔百年行樂〕 백 년 동안 즐거이 지낸다는 뜻으로, 한 평생을 잘 놀고 즐겁게 지냄.

백대지과객〔百代之過客〕 영원히 지나가고 다시 돌아오지 않는 나그네. 곧 세월. 광음(光陰).

백두여신〔白頭如新〕 머리가 셀 때까지 오랫동안 사귀어도 서로 상대를 이해하지 못하면 새로 사귄 벗과 조금도 다를 바가 없다는 말. 《사기》

백록수차곡〔白鹿隨車穀〕 흰 사슴에 곡식을 실은 수레가 따른다는 뜻으로, 영전(榮轉)의 길조가 있음을 이르는 말. 《후한서》

백낙일고 伯樂一顧

맏이 伯 즐거울 樂 한 一 돌아볼 顧

> 자기의 재능을 남이 알아주어 인정을 받는 것을 비유하여 이르는 말

　백낙(伯樂)은 원래 별의 이름이다. 이 별은 하늘에서 말을 다스리는 일을 맡고 있기 때문에 남의 말의 좋고 나쁜 것을 잘 아는 사람을 「백낙」이라고 부르게 되었다.
　하루 천 리를 달릴 수 있는 말도 이를 알아주는 사람이 없으면 짐수레를 끌며 늙고 만다는 뜻이다. 즉 아무리 재주가 뛰어난 사람도 이를 알아주는 사람이 없으면 출세를 하지 못함을 이르는 말이다.
　춘추시대 진목공(秦穆公 : 재위 B.C 660~621) 때 손양(孫陽)이란 사람이 말을 잘 알아보았기 때문에 세상 사람들은 그를 백낙이라 불렀다. 언젠가 손양이 천리마가 다른 짐말과 함께 소금수레를 끌고 고갯길을 올라오는 것을 마주치게 되었다.
　말은 고갯길로 접어들자 발길을 멈추고 멍에를 맨 채 땅에 무릎을 꿇었다. 그리고는 손양을 쳐다보며 큰 소리로 울었다. 손양은 수레에서 내려,
　「너에게 소금수레를 끌리다니!」 하며 말의 목을 잡고 함께 울었다. 말은 고개를 숙여 한숨을 짓고 다시 고개를 들어 울었다. 그 우렁차고 슬픈 소리는 하늘에까지 울렸다.
　이 이야기는 《전국책》과 그 밖의 책들에서 볼 수 있는데, 이 손양의 이야기는 「염거지감」 즉 「소금수레의 원한」이라고 하여 재주 있는 사람이 때를 만나지 못하고 아까운 재주를 썩히며 고생하는 것에 비유되기도 한다.
　백낙과 천리마 이야기는 꽤 오랜 옛날부터 전해오고 있는데, 가장 널

리 알려진 것은 한유(韓愈)의 《잡설(雜說)》에 나와 있다. 잡설은 수필과 비슷한 뜻이다.

「세상에 백낙이 있은 뒤에라야 천리마가 있는 법이다. 천리마는 항상 있지만, 백낙은 항상 있지 못하다……(世有伯樂然後有千里馬 千里馬常有而伯樂不常有……)」

이것은 유명한 말이다. 세상에 인재는 늘 있는 법이다. 다만 그 인재를 알아주는 인물이 없다는 것을 힘주어 말한 데 특색이 있다.

또 천리마는 때로는 한 끼에 곡식 한 섬을 먹는데, 말을 먹이는 사람은 그것이 천리마인 줄을 모르고 먹이는 터라 말은 배가 고파 힘을 낼 수 없어 그 능력을 보여줄 수 없게 된다고 했다. 아무리 재능이 있는 사람일지라도 그 재능을 발휘할 수 있는 여건이 이루어지지 못하면 보통 사람보다 오히려 더 못해 보일 경우도 있다는 것을 비유해 말한 것이다.

한신 같은 재주도 장양(張良)과 소하(蕭何)만이 알았고, 범증 같은 모사도 항우 밑에서는 아무 소용이 없었다.

《전국책》에 이런 이야기가 있다.

「어떤 사람이 백낙을 만나 말하기를 『제게 준마가 한 필 있어 지난번에 팔려고 했습니다. 그러나 사흘이나 저잣거리에 내놓았지만 누구 한 사람 거들떠보지도 않더군요 청컨대 제 말을 한번 살펴보아 주십시오 사례는 충분히 하겠습니다』 그래서 백낙이 가서 그 말을 한번 살펴보고는 돌아갔습니다. 그러자 말 값이 갑자기 열 배로 치솟으며 서로 사겠다고 아우성을 쳤다는 것입니다」

이 이야기에서 「백낙이 한번 돌아보았다(伯樂一顧)」는 성구가 나왔는데, 아무리 역량이 탁월한 사람도 뛰어난 사람의 인정을 받아야 그 가치가 드러난다는 뜻으로 사용되고 있다.

백년하청
百年河淸

일백 百 해 年 강 河 맑을 淸

> 아무리 오래 되어도 사물이 이루어지기 어려움의 비유.

「백년하청(百年河淸)」이란 말은, 아무리 기다려도 소용이 없다는 뜻으로 쓰인다. 중국의 황하(黃河)는 항상 물이 누렇게 흐려 있기 때문에 백 년에 한 번 물이 맑아질 때가 있거나 한다는 말에서 생겨난 말이다.

원래는 백년하청을 기다린다고 하던 것이, 기다린다는 말없이 백년하청만으로 같은 뜻을 나타내고 있다.

《춘추좌전》에 이런 이야기가 있다.

초(楚)나라가 정(鄭)나라로 쳐들어오자, 정나라에서는 항복을 하자는 측과 진(晉)나라의 구원을 기다려 저항을 해야 한다는 측이 맞서 의견의 일치를 보지 못했다.

이때 항복을 주장하는 측의 자사(子駟)가 말했다.

「주나라 시에 말하기를 『하수가 맑기를 기다리고 있으면 사람은 늙어 죽고 만다. 여러 가지를 놓고 점을 치면 그물에 얽힌 듯 갈피를 못 잡는다』고 했다. 그리고는, 우선 급한 대로 초나라 군사를 맞아 그들의 말을 따르기로 하고, 진나라 군사가 오면 또 진나라를 좇으면 그만이다. 우리는 그들을 맞이할 선물이나 준비해 두고 기다리는 것이 마땅하다」

결국, 어느 세월에 진나라 구원병 오기를 기다릴 수 있겠느냐 하는 뜻으로, 황하가 맑기를 기다리는, 기대할 수 없는 부질없음을 예로 든 것이다.

「부지하세월(不知何歲月)」과 비슷한 말이다.

백면서생
白面書生

흴 白 얼굴 面 글 書 선비(날) 生

글만 읽고 세상일에 경험이 없는 사람.

얼굴이 하얀 선비. 곧 실제 업무에 대한 경험이 없고 책을 통해 이론적으로만 아는 사람을 「백면서생」이라고 한다.

남북조시대 송(宋)나라 장수로서 무명(武名)을 떨친 심경지(沈慶之)가 임금을 설득할 때 인용한 말이다. 《송서(宋書)》 심경지전에 나오는 말이다.

심경지는 어릴 때부터 무예를 닦아 그 기량이 빼어났는데, 불과 10세의 나이로 반란군 진압에 공을 세웠을 정도다.

남북조시대 북위(北魏)의 태무제는 원가(元嘉) 26년(449년)에 군사를 일으켜 유연(柔然)을 공격했다. 이 틈을 이용해서 송나라의 문제가 북위를 공격하고자 하였다. 그래서 권신들에게 이 문제를 논의하기 위해 회의를 소집했는데, 문신(文臣)들은 모두 출병에 찬성했다.

이때 교위(校尉)로 있던 심경지가 나서서 문제에게 충고했다.

「밭을 가는 일을 알려면 종들에게 물어보고 베 짜는 일을 알려면 하녀에게 물어보아야 하는 법입니다. 지금 폐하께서는 적국인 북위를 공격하려고 하시는데, 저따위 얼굴이 하얀 샌님들에게 물어 일을 도모하신다면 어떻게 성공하신단 말입니까?」

원래 무가(武家)에서 자란 문제는 이 말을 듣고 문약(文弱)에 빠진 권신들과 서슬이 시퍼런 심경지의 강직함이 묘한 대조를 이루자 웃음을 참지 못하고 가가대소(呵呵大笑)했다고 한다.

그러나 이 같은 심경지의 충고에도 불구하고 문제는 문신들의 건의대로 출병했다가 대패하고 말았다.

백문불여일견
百聞不如一見

일백 百 들을 聞 아니 不 같을 如 볼 見

> 무엇이든지 실제로 경험해야 확실히 안다.

「백문(百聞)이 불여일견(不如一見)」이란 말은 글자 그대로 백 번 듣는 것이 한 번 보는 것만 못하다는 말이다. 우리 속담에 「귀 장사 말고 눈 장사하라」는 말이 있다. 소문만 듣고 쫓아다니지 말고 눈으로 직접 보고 나서 행동하라는 뜻이다.

《한서》 조충국(趙充國)전에 나오는 이야기다.

한나라 선제(宣帝) 신작 원년에 강(羌)이라는 티벳 계통의 유목민족이 반란을 일으켰다. 선제는 어사대부 병길(丙吉)을 후장군 조충국에게 보내, 누가 장군으로 적임자인가를 물었다. 그러자 조충국은,

「내 비록 늙었지만, 나보다 나은 사람은 없습니다」하고 대답했다.

그는 한무제 당시 흉노와 싸워 많은 공을 세운 장수였다. 그 해 이미 그의 나이 벌써 70이 넘었지만 아직 원기 왕성했다. 선제는 병길의 보고를 듣고는 곧 조충국을 불러들여 물었다.

「반란군 진압에 장군은 어떤 군략을 쓸 것인가, 또 병력은 어느 정도 필요하고?」그러자 조충국은 대답했다.

「백 번 듣는 것이 한 번 보는 것만 같지 못합니다(百聞不如一見). 군사 일이란 멀리 떨어져 있어서는 계획을 짜기 어렵습니다. 신은 급히 금성(金城)으로 달려가 현지 도면을 놓고 방안을 짜기를 바라고 있습니다」

선제는 웃으며 이를 승낙했다. 이리하여 조충국은 금성으로 달려가 현지답사로서 정세를 파악한 다음 둔전책(屯田策)을 세웠다. 즉 보병 약 만 명을 각지에 배치시켜 농사일을 해가면서 군무에 종사하게 했다. 그 자신도 그곳에서 1년을 함께 있으며 마침내 반란을 진압하게 되었다.

백미 白眉

흴 白 눈썹 眉

여럿 가운데 가장 뛰어난 사람이나 물건

「백미(白眉)」는 흰 눈썹이란 뜻이다. 그런데 그 흰 눈썹이란 것이 여럿 가운데서 가장 뛰어난 것을 의미하게 된다. 이런 말은 정말 그 유래를 알지 못하면 참뜻을 이해하기 어렵다.

《삼국지》 촉지(蜀志) 마량전(馬良傳)에 있는 이야기다.

제갈양과도 남달리 두터운 친교를 맺은 바 있는 마량은 형제가 다섯이었다. 다섯 형제는 자(字)에 모두 상(常)이란 글자가 붙어 있었기 때문에 세상 사람들은 그들 형제를 가리켜 「마씨오상(馬氏五常)」이라 불렀다.

다섯 사람이 다 재주로 이름이 높았으나, 그 중에서도 마량이 가장 뛰어나, 그 고을 사람들은,

「마씨 집 5상은 모두 뛰어나지만, 그 중에서도 흰 눈썹이 가장 훌륭하다(馬氏五常白眉最良)」고 했다.

마량은 어릴 적부터 눈썹에 흰 털이 섞여 있었기 때문에 이렇게 불렀다는 것이다.

이로부터 같은 형제뿐만 아니라, 같은 또래 같은 계통의 많은 사람 가운데 가장 뛰어난 사람을 「백미」라 부르게 되었다. 지금은 사람만이 아니고 어떤 작품 같은 것을 말할 때도 이 백미란 말을 쓰는 경우가 흔히 있는 것 같다.

말이란 그렇게 변질되어 가는 특색을 지니고 있다.

「읍참마속(泣斬馬謖)」의 마속은 마량의 아우다.

백룡어복〔白龍魚服〕 신령한 백룡(白龍)이 물고기로 변하여 인간세상의 맑은 강물에서 놀다가 예차(豫且)라는 어부가 활로 쏘았다. 화살에 왼쪽 눈이 상한 백룡은 황급히 하늘로 올라가 천제에게 고해바치면서 예차를 벌해 달라고 했다. 자초지종을 들은 천제는 이렇게 말했다. 「어부는 본래 고기잡이가 업이니만큼 예차가 쏜 것은 백룡인 네가 아니라 물고기였으니, 그에게 무슨 죄가 있겠느냐. 물고기로 변신한 네가 잘못이 아니더냐」라고 한 데서, 귀인(貴人)의 미행(微行)을 이르는 말.《설원》

백리부미〔百里負米〕 공자의 제자 자로(子路)가 어버이를 위하여 백 리나 떨어진 곳에 쌀을 지고 간 데서, 빈한한 가운데 부모에게 효도함을 비유하는 말.《공자가어》

백리지명〔百里之命〕 백 리는 중국 주(周)대 제후(諸侯)의 나라의 면적. 명(命)은 백성의 운명. 곧 일국의 정치를 일컬음.

백리지재〔百里之才〕 백 리쯤 되는 땅을 맡아 다스릴 만한 재주. 백리(百里)는 백 리 사방의 땅을 말하는데, 대략 한 고을에 상당한다. 즉 한 고을을 다스릴 정도의 재능이란 뜻이다. 사람됨이 크기는 하나 그다지 출중하지는 못한 사람을 이르는 말.《삼국지》

백마벌기〔百馬伐驥〕 백 마리의 보통 말이 한 마리의 천리마를 공격한다는 뜻으로, 한 사람의 현신(賢臣)을 많은 신하들이 공격함의 비유.《관자》

백무소성〔百無所成〕 일마다 하나도 성취되지 아니함.

백무일실〔百無一失〕 백에 하나도 잃은 것이 없다는 뜻으로, 일마다 하나도 실패가 없음.《논형(論衡)》

백무일취〔百無一取〕 백에 하나도 취할 것이 없다는 뜻으로, 많은 말과 행실 가운데 하나도 쓸 만한 것이 없음.

백무일행〔百無一幸〕 조그마한 요행도 없음.

백반총탕〔白飯蔥湯〕 흰밥과 팟국. 곧 반찬이 없는 검소한 음식.

백벽미하〔白璧微瑕〕 흰 구슬에 있는 적은 티란 뜻으로, 거의 완전하나 약간의 흠이 있음.

백보천양〔百步穿楊〕 활을 썩 잘 쏨을 이르는 말. 초(楚)나라의 양유기(養由基)가 백 걸음 떨어진 곳에서 버드나무 잎을 활로 맞힌 고사에서 유래. ☞ 백발백중(百發百中).

백불실일〔百不失一〕 백 중에서 하나도 잃어버리지 않는다는 뜻으로, 결코 목적한 바를 잊지 않음을 이르는 말.《논형》

백발백중
百發百中

일백 百 쏠 發 맞을 中

총·활 같은 것이 겨눈 곳에 꼭꼭 맞음. 앞서 생각한 일들이 꼭꼭 들어맞음.

　백 번 쏘아 백 번 맞히는 것이 「백발백중」이다. 또 모든 일이 계산대로 다 맞아 들어가는 것을 가리켜 백발백중이라 한다. 이 말은 신전(神箭)이란 별명을 듣고 있던 양유기(養由基)에서 나온 말이다. 《사기》 주기(周紀)에 이런 기록이 있다.

　「초나라에 양유기라는 사람이 있었는데, 활을 잘 쏘는 사람이었다. 버드나무 잎을 백 보 떨어진 곳에서 쏘면 백 번 쏘아 백번 맞혔다……」

　다른 기록에 보면, 양유기는 활을 잘 쏠 뿐만 아니라 막기도 또한 잘했으며, 힘도 또한 세어 화살이 소리보다 먼저 갔다고 한다. 투월초(鬪越椒)란 초나라 재상이 반란을 일으켰을 때 일이다. 외국으로 초장왕(楚莊王)이 출정나간 틈을 타서 반란을 일으킨 투월초는 장왕이 돌아오는 길을 막았다. 이리하여 양쪽은 강을 끼고 대처하게 되었다. 관군이 가장 무서워하는 것은 투월초의 뛰어난 활솜씨였다.

　이때 양유기는 이름 없는 하급 장교였다. 투월초가 강 저쪽에서 활을 높이 들고, 나를 대항할 놈이 누구냐고 외쳤을 때 양유기가 나타났다.

　양유기는, 많은 군사를 괴롭히지 말고 단 둘이서 활로 승부를 짓자고 제안했다. 투월초는 약간 겁이 났다. 그러나 먼저 큰소리를 친 끝이라 거절을 못하고, 각각 세 번씩 활을 쏘아 승부를 결정하는데, 자기가 먼저 쏘겠다고 했다.

　먼저 쏘아 죽여버리면 제아무리 명사수라도 무슨 소용이 있겠느냐는 생각에서였다. 그래서 먼저 투월초가 양유기를 향해 활을 쏘았다. 양유기는 처음은 활로써 오는 화살을 쳐서 떨어뜨리고, 두 번째는 몸을 옆으

로 기울여 화살을 피했다. 투월초는 당황해서,

「대장부가 몸을 피하다니, 비겁하지 않으냐」 하고 억지를 부렸다. 그러자 양유기는,

「좋습니다. 그럼 이번은 몸을 피하지 않겠소」 하고 오는 화살 끝을 두 이빨로 물어 보였다. 그리고는 투월초에게 큰 소리로 외쳤다.

「세 번으로 약속이 되어 있지만, 나는 단 한 번만으로 승부를 결정하겠소」 하고 먼저 빈 줄을 튕겨 소리를 보냈다. 투월초는 줄이 우는 소리에 화살이 오는 줄 알고 몸을 옆으로 기울였다. 그 순간 기울이고 있는 그의 머리를 향해 총알보다 빠른 화살을 쏘아 보냈다. 이리하여 투월초는 죽고 반란은 싱겁게 끝나고 말았다.

그러나 초나라 공왕(共王)은 그가 재주만 믿고 함부로 날뛴다 해서 항상 주의를 주며 활을 함부로 쏘지 못하게 했다. 그 뒤 양유기는 결국 화살에 맞아 죽고 말았다. 나무에 잘 오르는 사람은 나무에서 떨어져 죽는다는 속담처럼.

백사청송〔白沙青松〕 흰 모래와 푸른 소나무. 강변, 바닷가의 아름다운 경치를 이름.

백세지후〔百歲之後〕 사후(死後)를 말한다. 또 완곡하게 죽음을 기(忌)하여 하는 말. 인생 백 년을 사는 일이 드문 데서 이르는 말. 《시경》 당풍(唐風).

백수건달〔白手乾達〕 아무것도 없는 멀쩡한 건달.

백수문〔白首文〕 중국 후량(後梁) 주흥사(周興嗣)가 하룻밤 사이에 만들고 머리털이 하얗게 세었다는 고사에서 온 말로서, 천자문(千字文)의 다른 이름.

백수북면〔白首北面〕 재덕(才德)이 없는 사람은 늙어서도 북쪽을 향하여 스승의 가르침을 빈다는 말. 《문중자(文中子)》

백수솔무〔百獸率舞〕 많은 짐승이 함께 춤을 춘다는 뜻으로, 음악의 미묘함을 형용하여 이르는 말. 《서경》

백수습복〔百獸慴伏〕 온갖 짐승들이 두려워 엎드림.

백발삼천장
白髮三千丈

횔 白 터럭 髮 석 三 일천 千 길이 丈

> 표현이 지나치게 과장됨의 비유. 근심 걱정이나 비탄이 쌓여 가는 모양.

「백발삼천장(白髮三千丈)」은 흰 머리털이 3천 길이나 된다는 뜻이다. 이것은 수심으로 덧없이 늙어 가는 것을 한탄하는 뜻으로도 쓰이지만, 흔히 표현이 지나치게 과장된 예로 들기도 한다.

이백(李白)의 시에는 이런 과장된 표현이 많은 것이 한 특성으로 되어 있지만, 이것은 단순한 과장이기보다는 그의 호탕한 성격의 느낌을 그대로 표현한 데서 오는 결과일 것이다.

이 말은 이백의 「추포가(秋浦歌)」 열일곱 수 가운데 열 다섯째 수의 첫 글귀에 나오는 말이다.

「추포가」는 이백의 시로서는 보기 드물게 고독과 늙어 가는 슬픔을 조용히 읊고 있는데, 이 열 다섯째 시만은 그의 낙천적인 익살이 약간 엿보이고 있다.

흰 머리털이 삼천 길
수심으로 이토록 길었나.
알지 못하겠도다 거울 속
어디서 가을 서리를 얻었던고

白髮三千丈　綠愁似箇丈　백발삼천장　녹수사개장
不知明鏡裏　何處得秋霜　부지명경리　하처득추상

이 「추포가」는 이백의 가장 만년(晩年)의 시로, 실의에 가득 차 있을 당시의 작이다. 백발삼천장은 머리털을 표현한 것이기보다는 한이 없는 근심과 슬픔을 말한 것이리라.

백수진인〔白水眞人〕 후한(後漢)의 흥기(興起)를 예언했던 참어(讖語). 왕망(王莽) 때 엽전(葉錢)에 「금도(金刀)」라는 글자가 씌어 있었는데, 두 글자를 합치면 「유(劉)」자가 되므로 유씨의 흥기를 꺼려 글자를 고쳐 「화천(貨泉)」이라 일렀음. 그러나 천(泉)자를 나누면 백·수(白水) 두 자가 되고, 화(貨)자를 나누면 진·인(眞人) 두 자가 되어 이 또한 광무제(光武帝)가 백수향(白水鄕)에서 일어나는 전조가 되었음. 또는 전(轉)하여 「돈」의 이칭(異稱).

백어입주〔白魚入舟〕 주(周)나라의 무왕(武王)이 은(殷)나라의 주왕(紂王)을 치려고 강을 건널 때 백어가 배에 뛰어들어 은나라가 항복할 조짐을 보였다는 고사. 백(白)은 은조(殷朝)의 빛깔. 곧 적이 항복함을 이르는 말. 《사기》

백약지장〔百藥之長〕 ☞ 주내백약지장(酒乃百藥之長).

백옥〔白屋〕 가난한 사람의 초가집. 《한시외전》

백옥루〔白玉樓〕 당나라 시인 이하(李賀)가 죽었을 때에 천사가 와서 「천제(天帝)의 백옥루가 이루어졌는데, 그대를 불러 그것을 기록하게 하려 하노라」라고 말했다는 고사에서, 문인(文人)·묵객(墨客)이 죽은 뒤에 간다는 누각. 옥루(玉樓). 《서언고사(書言故事)》

백옥무하〔白玉無瑕〕 아무런 흠이 없는 사람의 비유.

백옥부조〔白玉不彫〕 아무런 장식도 하지 않은 있는 그대로의 아름다움을 말한다. 「백옥」은 희고 아름다운 보옥(寶玉). 아름다운 옥은 아무 장식을 하지 않아도 아름다움을 일컬음. 《설원》

백운고비〔白雲孤飛〕 흰 구름이 외롭게 떠다닌다는 뜻으로, 멀리 떠나온 자식이 어버이를 그리워함의 비유. 《당서》

백의사자〔白衣使者〕 진(晋)나라의 도연명(陶淵明)이 중양절(重陽節)날 마침 술이 떨어졌던 판에 강주(江州)자사 왕홍(王弘)이 흰 옷을 입은 심부름꾼을 보내 술을 선물한 고사에서, 술을 들고 온 심부름꾼을 일컬음.

백의재상〔白衣宰相〕 유생(儒生)으로서 단번에 의정(議政) 벼슬에 오른 사람. 백의정승(白衣政丞). 《남사》

백의종군〔白衣從軍〕 벼슬이 없는 사람으로서 군대를 따라 전장으로 감.

백인가도〔白刃可蹈〕 용기를 가지고 하면 곤란한 일도 가능하다는 말. 칼날도 밟을 수 있을 정도의 용기를 말한다. 백인(白刃)은 칼집에서 뽑은 시퍼런 칼날이라는 뜻. 《중용》

백아절현
伯牙絶絃

맏이 伯 어금니 牙 끊을 絶 악기줄 絃

> 자기를 알아주는 절친한 친구의 죽음. 또는 그 죽음을 슬퍼함을 일컬음.

춘추시대 백아(伯牙)라는 거문고의 명수가 있었다. 그런데 그에게는 그의 연주를 누구보다도 잘 이해해 주는 종자기(種子期)라는 친구가 있었다. 종자기는 백아가 연주를 하면 백아가 그리고 있는 악상을 그대로 이해해내는 친구였다. 백아가 높은 산을 주제로 연주를 하면 곁에서 귀를 기울이고 있던 종자기는 탄성을 질러 말했다.

「아, 마치 높이 치솟은 태산(泰山) 같구나!」

또 백아가 흐르는 강을 주제로 연주를 하면

「참으로 훌륭하도다, 도도하게 흐르는 황하(黃河)와도 같구나」

이런 식이라 백아가 마음속으로 생각하고 거문고에 의탁하는 기분을 종자기는 정확하게 들어 판단해서 틀리는 법이 없었다.

어느 때의 일이다. 두 사람은 함께 태산 깊숙이 들어간 일이 있었다. 그 도중에서 갑자기 큰 비를 만나 두 사람은 바위 밑에 은신했는데, 아무리 시간이 흘러도 비는 그치지 않고 물에 씻겨 흐르는 토사 소리는 요란했다. 겁에 질려 덜덜 떨면서도 역시 거문고의 명수인 백아는 거문고를 집어 들고 서서히 타기 시작했다. 처음에는 임우지곡(霖雨之曲), 다음에는 붕산지곡(崩山之曲), 한 곡을 끝낼 때마다 여전히 종자기는 정확하게 그 곡의 취지를 알아맞히고는 칭찬해 주었다.

그것은 언제나의 일이었으나, 그 때는 때가 때인 만큼, 백아는 울음을 터뜨릴 정도의 감격을 느끼고 느닷없이 거문고를 내려놓더니 감탄하며 말했다.

「아아, 이건 굉장하구나, 자네의 듣는 귀는 정말 굉장하군. 자네 그 마음의 깊이는 내 맘 그대로 아닌가. 자네 앞에서는 거문고 소리를 속일 수가 없네」

그러나 그 후 얼마 지나지 않아 불행하게도 종자기는 병을 얻어 죽고 말았다.

그러자 백아는 그토록 거문고에 정혼(精魂)을 기울여 일세의 명인으로 불리어졌음에도 불구하고 그 애용하던 거문고의 줄을 끊어버리고 죽을 때까지 두 번 다시 거문고를 손에 들지 않았다. 그것은 종자기라는 얻기 어려운 친구, 다시 말해서 자기 거문고 소리를 틀림없이 들어주는 친구를 잃은 비탄에서였다고 한다.

이 이야기는 참된 예술의 정신이라고 할 만한 것을 시사해 준다. 그러나 예술의 세계만은 아니다. 어느 시대에도 또 어떤 사회에서도 내가 하는 일, 아니 그 일을 지탱해 나가고 있는 나의 기분을 남김없이 이해해 주는 참된 우인지기(友人知己)를 갖는다는 것은 무상의 행복이고, 또 그런 우인 지기를 잃는 것은 보상받을 수 없는 불행이라고 하지 않으면 안된다.

우인 지기의 죽음을 슬퍼할 때 곧잘 사람들은 이「백아절현(伯牙絶絃)」을 말하며 유감의 뜻을 표명하곤 한다.

진실로 백아와 종자기 같은 교정(交情)을 맺고 있는 우인 지기는 그리 많을 수가 없다. 또 지기(知己)를「지음(知音)」이라고 하는 것도 이 고사에서 나왔다.

백이숙제〔伯夷叔齊〕 주(周)나라 말기의 사람인 형 백이와 아우 숙제의 병칭. 역성(易姓)혁명에 반대하는 사상을 투영한 전설상의 인물.

백인유아〔伯仁由我〕 직접 사람을 죽이지는 않았지만 죽은 사람에 대해 자신이 일정한 책임이 있기 때문에 안타까워함을 비유해서 이르는 말.

백일몽〔白日夢〕 대낮의 꿈. 공상을 심하게 하는 일.

백안시
白眼視

횔 白 눈 眼 볼 視

사람을 업신여기거나 무시하는 태도

「백안시」는 눈을 하얗게 뜨고 바라본다는 말로, 사람을 무시해서 흘겨보거나 냉정한 눈길로 보는 것을 말한다.

《진서》완적전(阮籍傳)에 있는 이야기다.

삼국시대 이후 위(魏)와 진(晋)의 시대는 왕보다 세력이 강한 제후들이 나라를 쥐고 흔들어 권력투쟁으로 극도로 혼란스러웠다. 그렇다 보니 백성들의 생활은 피폐할 대로 피폐했고, 현실 초월주의를 근간으로 한 노장사상(老莊思想)이 성하게 되었으며, 지식인들은 세상을 등지고 자연 속으로 숨어버렸다.

그들 가운데 유명한 죽림칠현이 있었는데, 일곱 선비 역시 세상을 등지고 고담준론(高談峻論)과 술로 일생을 보냈다.

그 중에서도 완적은 그 역시 처음에는 관료로 진출했지만, 가평(嘉平) 원년(249년)에 사마중달(司馬仲達)이 반란을 일으켜 위(魏)나라 황실의 조상(曹爽) 등을 죽이고 정권을 잡자 그만 환멸을 느껴 벼슬을 그만두고 산야에 묻혀 살았다.

그는 어머니의 장례 때도 슬픈 기색을 보이기는커녕 머리를 풀어헤치고 지내 주위에서 손가락질을 당하기도 했다. 뿐만 아니라 완적은 예교(禮敎)에 얽매이지 않고 능히 눈동자를 흘겨 하얗게 하거나 푸르게 할 수 있었다.

세속적인 예절에 젖은 선비를 만나거나 하면 흰 눈자위를 드러내며 대했는데, 어느 날 혜강(嵇康)의 아우 혜희(嵇喜)가 찾아오자 그를 보고 흰자위를 드러냈다. 기분이 상한 혜희는 그만 자리를 박차고 나갔다.

혜강이 이 말을 듣고 술을 사 들고 거문고를 옆구리에 끼고 완적을 찾았다. 그러자 완적은 반색을 하며 맞이하여 푸른 눈자위를 보였다고 한다. 이리하여 당시 이름난 명사 중에는 그의 눈 밖에 나서 망신을 당한 사람이 한둘이 아니었다. 〔☞ 청담(淸談)〕

백일승천〔白日昇天〕 도(道)를 극진히 닦아서 육신(肉身)을 가진 채 신선이 되어 대낮에 하늘로 올라감.

백전백승〔百戰百勝〕 백 번 싸워 백 번 이긴다는 뜻으로, 싸울 때마다 승리하는 것을 이르는 말.

백절불굴〔百折不屈〕 아무리 꺾어도 굽히지 않는다는 뜻으로, 절조(節操), 신념이 강함의 비유. 《손자》

백족지충〔百足之蟲〕 발이 많은 그리마, 노래기, 지네 같은 벌레의 총칭으로, 겨레붙이나, 아는 이들의 떼가 많은 사람을 비유한 말. 《공자가어》

백중지간〔伯仲之間〕 ☞ 백중지세(伯仲之勢).

백척간두〔百尺竿頭〕 높은 장대 끝에 섰다는 말로, 막다른 위험에 빠진 것을 일컫는 말. 「백척간두 진일보(百尺竿頭 進一步)」라고 해서 백 척이나 되는 긴 장대 위에 있어서 다시 한 걸음 더 나아간다는 뜻으로, 이미 충분히 향상하였는데 다시 더욱 분발하여 향상하거나, 충분히 설명하였는데 다시 정채(精彩) 있는 말을 추가함을 이름. 《무문관(無門關)》

백천조우해〔百川朝于海〕 백천은 많은 강으로 제후(諸侯)의 비유. 해(海)는 천자의 비유. 조(朝)는 조공(朝貢). 천자에게 각지의 제후가 모두 공물을 바치는 것. 많은 제후들과 신하들이 모두 천자에게 공물을 바치는 데서, 모든 강들이 바다로 흘러들 듯, 이익이 있는 곳에 사람들이 모여드는 것을 비유한 말. 《서경》

백팔번뇌〔百八煩惱〕 백여덟 가지 번뇌. 인간의 과거·현재·미래에 걸친 모든 미혹(迷惑)한 것. 육근(六根 ; 눈·귀·코·혀·몸·뜻)이 각기 호(好)·악(惡)·평(平)의 3종의 틀림을 낳고, 18종의 번뇌가 되며, 거기다 정(淨)·염(染) 의 2종으로 나뉘어 계 36종. 그것이 과거·미래·현재로 배치되어 합계 108종이 된다. 제야(除夜)의 종은 이 미혹에서 인간을 깨우치기 위해 108회 종을 친다.

백주지조
栢舟之操

잣나무 栢 배 舟 의 之 절개 操

> 과부가 정절을 지켜 재가하지 않음.

「백주지조(栢舟之操)」는 잣나무 배의 굳은 지조라는 뜻으로, 과부가 정절을 지켜 재가하지 않는다는 말이다.

서주(西周)도 말기에 들어서자 세상은 이미 음풍(淫風)이 성행하고, 정풍(正風)은 점차 그 모습을 감추기 시작하고 있었다. 따라서 올바른 예의의 전통을 전하고 의(義)를 지키는 풍습은 온데간데없는 때였으나, 그런 세태 속에서 홀로 정절을 지킨 공강(共姜)이라는 여성이 있었다.

주여왕(周厲王) 때 위국(衛國) 희후(僖侯)에게 여(余)라는 세자가 있었다. 여의 처를 강이라 하며 두 사람 사이는 지극히 화목했으나, 여가 불행하게도 일찍 세상을 떠나버렸다.

젊어서 미망인이 된 강은 평생에 남편이라 부를 사람은 단 한 사람, 이제는 죽고 없는 남편 여(余)에 대한 정절을 다하고자 굳게 결심했다. 여는 공백(共伯)이란 시호를 받았으므로 강도 남편의 시호를 따라 공강(共姜)이라고 부르게 했다.

공강은 남편의 명복을 빌면서 혼자 조용히 여생을 보내려고 했으나, 어느 세상이고 남의 일에 공연히 참견하는 사람이 많아 주위에서 그냥 내버려두지 않았다.

강의 어머니는 무슨 일이 있든지 딸을 다시 한번 재가시키려고 연방 말을 걸어 왔다.

「너를 처로 삼겠다는 사람이 많은데 네 맘에 드는 사람은 과연 누구일까?」

「제 남편은 공백(共伯)님 단 한 분이십니다」

공강은 한결같이 이렇게 대답을 했으나 어머니는 그렇다고 그냥 물러서지 않았다.

「아니, 네 남편이 어디서 금방이라도 돌아온다는 말이냐. 여자는 젊었을 때가 꽃이다. 지금 때를 놓치면 어느 누가 네 뒷바라지를 해준다더냐. 이제 고집 그만 부리고 내 말을 좀 들어 봐라」

어머니는 젊은 나이에 홀로 된 딸의 앞날을 걱정하며 현실적으로 나가고자 했지만, 젊은 강에게는 그런 현실적 득실(得失)을 애정이나 정절과 바꾸려는 것은 도저히 용서할 수가 없었다.

그러나 이 문제에 대한 어머니의 집념은 끈질겼다. 그래서 스스로의 맹세를 써서 보이는 것이었다.

잣나무 배는 하중에 떠 있고
오직 한 사람 그이만이 내 짝이요
죽어도 다른 사람 없는 것을
길러주신 어머니의 은혜는 하늘과도 같지만
어찌하여 내 마음을 몰라주실까.

汎彼栢舟　在彼中河　　범피백주　재피중하
髧彼兩髦　實維我儀　　담피양모　실유아의
之死矢靡它　　　　　　지사시미타
母也天只　不諒人只　　모야천지　불량인지

이 시는 《시경》의 용풍에 있는 「백주(栢舟)」라는 시의 일장인데, 「백주지조」는 남편을 잃은 처가 정절을 지켜 재혼하지 않는 것을 말한다.

백중지세 伯仲之勢

맏이 伯 버금 仲 의 之 형세 勢

> 좀처럼 우열을 가릴 수 없는 형세.

맏이를 백씨(伯氏)라 부르고, 둘째를 중씨(仲氏), 끝을 계씨(季氏)라고 부르는 것은 지금도 행해지고 있는 호칭이다. 다만 중씨의 경우 맏형이 아니면 둘째나 셋째나 넷째나 다 중씨로 통하고, 맨 끝이 아니라도 손아래 형제를 계씨라고 하는 것은 관습상 인정되고 있는 실정이다.

따라서 백중(伯仲)은 곧 형과 아우라는 뜻이다. 순서로는 「백(伯)」이 위고 「중(仲)」이 아래지만, 그것은 오로지 나이 순서일 뿐 거기에 무슨 큰 차이가 있을 수는 없다. 또 나이 순서를 놓고 말하더라도, 한 해만 먼저 나면 형이요, 한날한시에 난 쌍둥이도 먼저 나면 형이다.

그래서 좀처럼 우열을 가릴 수 없는 양쪽을 가리켜 「백중지세」니 「백중지간(伯仲之間)」이니 하고 말한다. 또 「힘이 백중하다」는 식으로 형용동사로도 쓰인다. 이 「백중」이란 말을 최초로 쓴 사람은 위나라 문제 조비(曹丕)다. 그는 《전론(典論)》이란 논문 첫머리에,

「글 쓰는 사람끼리 서로 상대를 업신여기는 일은 예부터 그러했다. 예를 들면, 부의(傅毅)와 반고(班固)는 그 역량에 있어 서로 백중한 사이였다……(文人相輕 自古而然 傅毅之於班固 伯仲之間耳……)」하고 서로 헐뜯는 내용을 말하고 있다.

또 두보의 시에도, 제갈양을 칭찬하여, 은나라 탕(湯)임금을 도와 천하를 얻게 한 이윤(伊尹)과 주나라 문왕 무왕을 도와 새 왕조를 창건한 여상(呂尙)이 맞먹는다고 하는 것을 백중지간이란 말로 표현한 곳이 있다. 결국 「난형난제(難兄難弟)」란 말을 약한 듯한 것이 「백중(伯仲)」이란 말이다.

백홍관일〔白虹貫日〕 백홍은 흰 무지개로 병란(兵亂). 일(日)은 임금을 상징함. 흰 무지개가 해를 관통한다는 뜻으로, 임금의 신상에 위해가 닥칠 조짐. 《전국책》

백화요란〔百花燎亂〕 갖가지 꽃이 불타오르듯이 아름답게 피어 어지러운 모습. 미인이 많아 꽃처럼 아름다운 자태를 겨루는 모양의 비유.

번간걸여〔墦間乞餘〕 무덤가에서 남은 음식을 구걸한다는 뜻으로, 부귀영화만을 추구하는 비속한 사람들의 행실을 비유하여 이르는 말. 《맹자》

번리지안〔蕃籬之鷃〕 울타리에 앉아 있는 메추라기라는 뜻으로, 식견이 좁고 옹졸한 사람을 가리킴.

번문욕례〔繁文縟禮〕 번잡한 규칙이나 허례에 가까운 예의작법(禮儀作法). 수속 등의 번거롭고 형식적인 것의 비유. 번문(繁文)은 자질구레한 꾸밈, 또는 번거로운 규칙. 욕(縟)은 아주 짙은 모양, 복잡하게 얽힌 모양. 욕례(縟禮)는 복잡하게 얽힌 의식이나 예법. 《청국행정법범론》

벌가〔伐柯〕 사람의 도리는 가까운 곳에 그 본보기가 있는 법이라는 것. 사람의 법칙이나 기준은 현실의 생활 속에 있다는 비유. 「가(柯)」는 도끼자루. 도끼자루를 만들기 위해서 나뭇가지를 자르는데, 그 치수는 현재 쓰고 있는 도끼자루를 기준으로 하면 된다. 또 자신의 마음을 기준으로 해서 남을 배려한다는 데에도 쓰인다. 《시경》

벌목지계〔伐木之契〕 매우 친밀한 우정. 친애(親愛)하는 정에 비유한다. 「벌목(伐木)」은 나무를 자르는 것인데, 그 소리가 울리는 속에서 새가 서로 벗을 찾아 운다는 데서, 가까운 친구 사이의 비유. 《시경》

벌성지광약〔伐性之狂藥〕 성명(性命)을 끊는 미친 약이란 뜻으로, 여색(女色)에 빠져 타락하게 하는 약. 곧 술을 일컫는다.

벌성지부〔伐性之斧〕 여색(女色)에 빠지면 사람의 성명(性命)에 해롭다는 말. 벌(伐)은 치다, 베다의 뜻. 사람의 본성을 상하게 하는 도끼. 남자의 마음을 녹이고, 혼란시키는 여색을 도끼에 비유한 말. 《여씨춘추》 본성.

벌제위명〔伐齊爲名〕 전국시대 때 연(燕)나라의 장수 악의(樂毅)가 제(齊)나라를 치는 것을 보고 제의 장수 전단(田單)이 반간(反間)하기를 「악의가 제를 친(伐齊) 후 제의 왕이 되려고 한다」고 연나라에 퍼뜨려 연왕이 듣고 악의를 불렀다는 데서 나온 말로, 어떤 일을 하는 체하고 딴 짓을 함을 가리키는 말. 또는 유명무실함을 이르는 말.

병사지야
兵死地也

군사 兵 죽을 死 땅 地 어조사 也

전쟁은 죽느냐 사느냐가 걸린 곳이다.

병(兵)은 여러 가지 뜻이 있다. 군대란 뜻도 있고, 무기란 뜻도 있고, 전쟁이란 뜻도 있다. 여기서는 전쟁이란 뜻이 강하다. 그러나 전부를 합친 것으로 보는 것도 좋을 것 같다. 그것이 한자의 특색이다.

즉 군대니 전쟁이니 하는 것은 죽느냐 사느냐 하는 문제가 걸려 있는 곳이란 뜻이다. 이 말은 《사기》 염파인상여열전에 나오는 말이다.

전국시대 말기 조(趙)나라에 조사(趙奢)라는 명장이 있었다. 조사는 원래 세무관리였다. 식객을 3천이나 거느린 것으로 유명한 사군(四君) 중의 한 사람인 평원군(平原君)의 집에서 나라에 바치는 세금을 내지 않았다. 조사가 독촉을 했으나 밑에서 일보는 책임자들이 평원군의 세도를 믿고 이를 거부했다. 조사는 법으로 그들을 다스렸다. 국법을 어기고 조세를 횡령했다는 죄목으로 아홉 사람을 죽였다.

왕의 친동생이었고 또 재상이었던 평원군은 조사의 방약무인한 태도에 분노를 참을 수가 없어 당장 조사를 잡아다가 그를 죽이려 했다.

조사는 성난 평원군에게 태연한 모습으로 이렇게 말했다.

「조나라의 귀공자이신 군께서 만일 나라의 법을 시행하지 않는다면 법은 곧 그 권위를 잃게 됩니다. 법이 권위를 잃게 되면 나라는 곧 약해지고 맙니다. 나라가 약해지면 제후들이 곧 침략해 올 테니 그때는 조나라는 없어지게 됩니다, 그때 군께서는 오늘의 부귀를 어떻게 누릴 수 있겠습니까?」

원래 도량이 넓기로 유명한 평원군은 곧 잘못을 사과하고, 그를 나라의 세금을 맡아 다스리는 장관으로 추천했다. 조사가 장관이 되는 그

날로 권문세가의 탈세행태가 일소되고, 가난한 백성들에 대한 세금이 훨씬 가벼워지며 국고 수입은 훨씬 늘게 되었다.

그 뒤 진나라가 한나라를 치기 위해 조나라 알여(閼與)로 침입해 왔다. 조왕은 염파를 비롯한 많은 대장과 대신들을 모아 놓고 차례로 알여를 구원할 수 있느냐고 물었다. 모두 길이 멀고 좁고 험해서 구원하기 어렵다고 대답했다. 그러나 조사만은 이렇게 대답했다.

「길이 멀고 좁고 험하다는 것은 비유하면 두 쥐가 구멍 안에서 싸우는 것과 같은 것으로 용맹이 있는 쪽이 이기기 마련입니다」

그래서 왕은 조사를 대장으로 임명하여 알여를 구원하게 했다.

조사는 여기에서 강한 진나라 군사를 맞아 크게 승리를 거둠으로써 일약 천하에 명성을 떨치게 되었고, 돌아와 재상과 동급인 지위에 오르게 되었다. 그런데 조사에게는 조괄(趙括)이라는 아들이 있었다. 어릴 때부터 병서를 좋아해서 아버지 조사와 병법을 놓고 토론을 하면 조사가 항상 이론에 밀리곤 했다. 그러나 한번도 아들을 칭찬하는 일이 없었다. 그 부인이 까닭을 묻자 조사는 이렇게 말했다.

「전쟁은 죽는 곳이다. 그런데 괄은 그것을 쉽게 말하고 있다(兵死地也 而括易言之). 조나라로 하여금 괄을 대장으로 임명하지 않도록 하면 다행이거니와, 만일 기어코 대장으로 임명한다면 조나라 군사를 패하게 만들 사람은 괄이 될 것이다」

조사가 죽고 진나라가 다시 침략해 왔을 때, 조나라 왕은 조괄의 어머니의 반대 호소를 듣지 않고 그를 대장으로 임명했다. 과연 괄은 조사의 예언대로 크게 패했다. 조나라 군사 40만이 떼죽음을 당하고 조나라는 멸망의 길을 재촉하게 되었다. 책에서 배운 지식을 가지고 아는 체하는 사람 치고 실질적인 사업 면에 어둡지 않은 사람이 없는 것도 이런 이치에서일 것이다.

병입고황
病入膏肓

병 病 들 入 명치끝 膏 명치끝 肓(황)

> 질병이 깊어 더 이상 치료할 수 없게 됨.

「병입고황」은 병이 이미 고황(膏肓)에까지 미쳤다는 말이다. 고(膏)는 가슴 밑의 작은 비계, 황(肓)은 가슴 위의 얇은 막으로서 병이 그 속에 들어가면 낫기 어렵다는 부분이다. 결국 병이 깊어 치유할 수 없는 상태를 비유하여 이르는 말이다. 그런데 나중에는 넓은 의미에서 나쁜 사상이나 습관 또는 작풍(作風)이 몸에 배어 도저히 고칠 수 없는 것을 비유하는 말로도 쓰이고 있다.

《좌전》 성공 10년에 다음과 같은 이야기가 있다.

춘추시대 때 진경공(晉景公)이 하루는 자다가 꿈을 꾸었는데, 머리를 풀어헤친 귀신이 달려들면서 소리쳤다.

「네가 내 자손을 모두 죽였으니, 나도 너를 죽여 버리겠다」

경공은 소스라치게 놀라 허둥지둥 도망을 쳤으나 귀신은 계속 쫓아왔다. 이 방 저 방으로 쫓겨 다니던 경공은 마침내 귀신에게 붙들리고 말았다. 귀신은 경공에게 달려들어 목을 조르기 시작했다. 경공은 비명을 지름과 동시에 잠에서 깼다.

식은땀을 흘리며 잠자리에서 일어난 경공은 곰곰이 생각해 보았다. 10여 년 전 도안고(屠岸賈)라는 자의 무고(誣告)로 몰살당한 조씨 일족의 일이 머리에 떠올랐다.

경공은 무당을 불러 꿈 이야기를 하고 해몽을 해보라고 했다.

「황공하오나 폐하께서는 올봄 햇보리로 지은 밥을 드시지 못하게 되올 것입니다」

「내가 죽는다는 말인가?」

「황공하옵니다」
낙심한 경공은 그만 병이 나고 말았다. 그래서 사방에 수소문하여 명의를 찾았는데, 진(秦)나라의 고완(高緩)이란 의원이 용하다는 것을 알게 되었다. 그래서 급히 사람을 파견해서 명의를 초빙해 오게 하였다.
한편 병상에 누워 있는 진경공은 또 꿈을 꾸었다. 이번에는 귀신이 아닌 두 아이를 만났는데, 그 중 한 아이가 말했다.
「고완은 유능한 의원이야. 이제 우리는 어디로 달아나야 하지?」
그러자 다른 한 아이가 대답했다.
「걱정할 것 없어. 명치 끝 아래 숨어 있자. 그러면 고완인들 우릴 어쩌지 못할 거야」
경공이 꿈에서 깨어나 곰곰 생각해 보니 그 두 아이가 자기 몸속의 병마일 것이라고 생각했다.
이윽고 명의 고완이 도착해서 경공을 진찰했다. 경공은 의원에게 꿈이야기를 했다. 진맥을 마친 고완은 놀랍다는 듯이 말했다.
「병이 이미 고황에 들어가 있습니다. 약으로는 도저히 치료할 수가 없겠사옵니다」
마침내 경공은 체념하고 말았다. 후하게 사례를 하고 고완을 돌려보낸 다음 경공은 혼자서 가만히 생각했다.
「내 운명이 그렇다면 어쩔 도리가 없는 일이 아니겠는가. 의연하게 죽음을 맞이하리라」
이렇게 마음을 다잡고 나니 경공의 마음은 한결 가벼워졌다. 죽음에 대해서 초연해지니 병도 차츰 낫는 것 같았다. 그리하여 마침내 햇보리를 거둘 무렵이 되었는데 전과 다름없이 건강했다.
햇보리를 수확했을 때 경공은 그것으로 밥을 짓게 하고는 그 무당을 잡아들여 물고를 내도록 명령했다.

「네 이놈, 공연한 헛소리로 짐을 우롱하다니! 햇보리 밥을 먹지 못한다고? 이놈을 당장 끌어내다 물고를 내거라!」

경공은 무당이 죽으며 지르는 단말마의 비명소리를 들으며 수저를 들었다. 바로 그 순간 경공은 갑자기 배를 잡고 뒹굴기 시작하더니 그대로 쓰러져 죽고 말았다. 결국 햇보리 밥은 먹어 보지도 못한 것이다.

법우〔法雨〕【불교】중생을 교화(教化)하여 덕화(德化)를 사람들에게 입히는 것을 비에 비유한 말. 곧 불법의 은혜. 《법화경》

법원권근〔法遠拳近〕법은 멀고 주먹은 가깝다는 뜻으로서, 일이 급할 때는 이치보다도 완력에 호소하게 되기 쉽다는 말.

법지불행 자상정지〔法之不行 自上征之〕법이 제대로 시행되지 않는 것은 위에 있는 사람부터 법령을 어기기 때문이다.

벽립〔壁立〕깎은 듯한 낭떠러지가 벽같이 서 있음.

벽역〔辟易〕상대방의 기세에 압도되어 두려워 겁을 먹고 물러나는 형용. 벽(辟)은 피(避)와 통하여, 피한다는 뜻. 역(易)은 바꾸다, 변경하다, 물러나서 있는 곳을 바꾼다는 뜻. 《사기》 항우본기.

벽중서〔壁中書〕공자의 구택(舊宅) 벽 속에서 나온 책의 총칭. 그 책은 진(秦)나라가 시황제 때 분서(焚書)의 화를 피하기 위해 벽 속에 감추어진 것이라고 한다. 과두문자(蝌蚪文字 : 올챙이 모습을 닮은 문자)라 불리는 고자(古字)로 씌어 있다고 함. 《한서》 예문지.

벽혈〔碧血〕주(周)나라의 장홍(萇弘)이, 그의 충간(忠諫)이 받아들여지지 않음을 한탄하여 자살한 3년 후에 그 피가 벽옥(碧玉)으로 변했다는 고사에서, 푸른빛을 띤 진한 피. 곧 지극한 정성의 비유.

변사여륙〔駢四儷六〕네 자와 여섯 자의 대구(對句)를 이어 놓은 화려한 문장. 변(駢)은 두 마리가 나란히 있는 말. 여(儷)도 나란히 있는 한 쌍. 사륙변려체(四六駢儷體)의 문장을 말한다. 유종원 《걸교문(乞巧文)》

변족이식비〔辯足以飾非〕논법이 교묘해서 스스로의 결점까지도 꾸며서 가릴 수 있다는 뜻에서, 구변(口辯)이 능함의 비유. 《장자》 도척.

별개생면〔別開生面〕 새로운 형식과 새로운 격식을 만들어서 평상적인 것과 구별된다는 뜻. 두보 《단청인(丹靑引)》

별무장물〔別無長物〕 몸에 없어서는 안 될 물건을 제외하고는 다른 물건이 없다는 뜻으로, 몹시 가난한 것을 비유해 이르는 말. 《세설신어》

별유천지비인간〔別有天地非人間〕 따로 세상이 있지만 인간세상은 아니다. 경험하지 못한 새로운 세계를 체험하거나 그런 세계가 왔을 때 쓰는 말이다. 이백(李白) 《산중문답》

병가어소유〔病加於少愈〕 병의 차도가 있을 때 방심하면 도리어 덧나는 수가 있다는 데서, 일이 잘 되어 갈 때의 하찮은 방심이 큰 재앙을 부르는 것을 말한다. 《설원》

병무상세〔兵無常勢〕 싸움에는 필승의 태세 같은 일정한 형(型) 같은 것은 없고 정황을 잘 판단해서 대처해야 한다는 말. 《손자》

병문졸속〔兵聞拙速〕 용병(用兵)은 졸렬해도 빠른 것이 낫다는 말. 졸속(拙速)으로 줄여 쓴다. 《손자》

병불염사〔兵不厭詐〕 싸움에 있어서는 계책을 써야 할 뿐만 아니라 계책을 쓰는 일을 부끄러워하거나 싫증을 내지 말아야 한다는 뜻으로, 전쟁에서 많은 계책을 써서 상대를 어지럽히고 승리를 거두는 것이 상책이라는 말. 《손자병법》

병불혈인〔兵不血刃〕 병장기에 피를 묻히지 않았다는 뜻으로, 군사상의 작전이 순조롭게 진행되어 피를 흘리지 않고 승리를 거두었음을 비유해서 이르는 말. 《순자》

병야불안침〔丙夜不安枕〕 생각에 잠기거나 고민이 있어서, 밤이 깊어도 푹 잘 수가 없는 것. 「병야(丙夜)」는 밤을 甲乙丙丁戊의 다섯으로 나눈 그 제3시. 밤 12시 전후 두 시간을 말하며, 삼경(三更)에 해당. 《당서》

병유화〔兵猶火〕 무력(武力)은 불과 마찬가지로, 쓰는 법을 그르치면 자기 자신까지 망쳐버린다는 뜻. 《좌전》

병이〔秉彛〕 사람으로서 지켜야 할 도리를 굳게 지키는 것. 이(彛)는 언제나 변치 않는 올바른 길을 말한다. 병(秉)은 손에 쥐고 가지고 있는 것. 이(彛)는 종묘(宗廟)에 바치는 술을 담는 그릇으로, 종(鐘)이나 정(鼎) 등과 마찬가지의 제기(祭器)의 일종이다. 《시경》

병종구입〔病從口入〕 입을 조심하라는 경계. 병도 재앙도 모두 입을 거친다는 뜻. ☞ 구시화지문(口是禍之門).

병주지정〔幷州之情〕 오래 살던 고장을 떠나게 되어 그곳을 고향처럼 그리는 심정. 당나라 때 시인 가도(賈島)가 병주에 오래 살다가 떠나면서 한 말. 가도 《도상건(渡桑乾)》

371

보원이덕
報怨以德

갚을 報 원망할 怨 써 以 덕 德

> 원한을 은덕으로 갚는다.

「보원이덕(報怨以德)」은 설명이 필요 없는 말이다.

그리스도의 「오른쪽 뺨을 때리거든 왼쪽 뺨도 내놓으라」 하는 교훈 역시 이 말처럼 원한에 대해 대처해야 할 인간의 태도를 말한 것이라고 생각되지만, 노자(老子) 쪽이 상대에게 덕을 베풀라고 말한 점에서 보다 적극적이다. 또 그리스도의 경우는 인인애(隣人愛)에 대한 비장한 헌신을 느끼나 노자의 경우는 그 무언지 흐뭇한 느낌이 든다.

그리스도는 맞아도 채여도 십자가에 매달려도 상대를 미워하지 않고 상대가 하는 대로 내버려두며 죽어간다는 비장한 상태를 상기시켜 주지만, 노자는 집안에 침입한 도둑에게 술대접을 하는 부잣집 영감을 상상케 한다.

《노자》 63장에,

「무위(無爲)하고, 무사(無事)를 일삼고, 무미(無味)를 맛본다. 소(小)를 대(大)로 하고, 적음을 많다고 한다. 원한을 갚는 데 덕으로써 한다(爲無爲 事無事 味無味 大小多少 報怨以德)」라고 되어 있다.

「무미」란 「무위」나 무(無)를 상징적으로 표현한 말이다. 「무위」도 「무(無)」도 최고의 덕이다. 「도(道)」의 상태나 속성을 나타낸 말로 동이어(同異語)라고 생각해도 좋다.

「도」나 「무」는 무한한 맛을 가지고 있을 것이다. 그렇지 않으면 「도」라고 할 수가 없고 「무」라고도 할 수 없을 것이다. 위스키의 맛이나 불고기의 맛 같은 것은 아무리 복잡한 맛을 지녔다고 해도, 위스키 이상이 아니고 불고기 이상도 아니다. 한정되어 있는 맛이다.

「소(小)를 대(大)로 하고, 소(少)를 다(多)로 한다」란 노자 일류의 역설적인 표현이다.「남(他)을 다(多)로 하고 자기를 소(少)로 해서 남을 살피고 남에게서 빼앗으려는 마음을 버리라」는 뜻일 것이다.

원래 노자류로 말한다면 대니 소니 하는 판단은 절대적인 입장에 설 수가 없는 것이다. 인간의 판단은 상대적인 것으로, 물(物)에는 소도 대도 없다는 것이 노자의 생각이다. 그러므로 남(他)을 다(多)로 하는 생각은 어리석은 생각이라고 할 수 있다.

이 항을 알기 쉽게 말하면,

「자진해서 무엇을 하려고 하지 말고, 남과 다투지 말고, 남에게서 빼앗지 말고, 무한한 맛을 알고, 자기에게 싸움을 걸고, 자기에게서 빼앗으려고 하는 자에게는 은애(恩愛)를 베풀라」는 처세상의 교훈이다.

노자의 말, 특히 처세에 관한 말은 그 대개가 위정자에게 말하고 있다. 이 말도 그렇다. 그리하여 이것을 실행한 인간은 최고의 위정자이고, 성인이다. 성인이란 이상적인 대군주다. 그래서 은애를 베푸는 상대는 국민이나 또는 정복한 타국의 왕이다. 그리스도교의 「오른쪽 뺨을 맞거든 왼쪽 뺨도 내놓으라」는 것 역시 피치자(被治者)에게 하는 말이 아닌가 본다.

병축야유〔秉燭夜遊〕 촉(燭)은 손에 들고 다니는 등불. 병촉은 촛불을 켬. 인생의 덧없음을 알고 낮뿐만 아니라 밤까지 놀며 즐기는 것. 또는 때를 맞추어서 즐기는 것.《문선》

병풍상서〔病風傷暑〕 바람에 병들고 더위에 상함. 곧 세상살이에 쪼들림.

병풍상성〔病風喪性〕 병으로 본성을 잃어버림.

보거상의〔輔車相依〕 수레의 덧방나무(輔)와 바퀴(車)가 서로 떠날 수 없듯이 서로 도와 의지함.《좌전》☞ 순망치한(脣亡齒寒).

보과습유〔補過拾遺〕 군주의 덕이 모자란 점을 보완하는 것이 신하의 의무임을 이름.《한서》

복수불반분
覆水不返盆

엎어질 覆 물 水 아니 不 돌이킬 返 동이 盆

> 돌이킬 수 없이 저질러진 일.

한번 엎지른 물은 다시 동이에 담을 수 없다는 말을 「복수불반분」이라고 한다. 우리 속담에 「엎질러진 물」이란 말은 바로 여기에서 나온 말이다. 민간 설화로 우리나라에도 상당히 보급되어 있는 강태공(姜太公)의 이야기에 있는 말이다.

강태공에 대한 설화는 우리의 일상용어에 상당한 영향을 미치고 있다. 낚시꾼을 「강태공」이니 「태공망」이니 하는 것도 강태공이 출세하기 전 매일 위수(渭水)에서 고기만 잡고 있었다는 전설에서 생긴 말이다.

이 밖에도 「전팔십 후팔십」이란 말이, 나이 늙도록 뜻을 이루지 못한 정치인들의 자신을 위로하는 뜻으로 쓰이고 있고 「강태공의 곧은 낚시」란 말이 옛날 우리 노래 속에 자주 나오곤 한다. 아무튼 늙도록 고생만 하던 끝에 벼락출세로 천하를 뒤흔들게 된 강태공의 이야기들이, 가난과 천대 속에 일생을 보내고 있는 많은 사람들의 한 가닥 위로의 끄나풀이 될 수 있었는지도 모를 일이다.

《습유기(拾遺記)》는 강태공의 출세 전후에 관한 이야기들을 싣고 있다. 「복수불반분」이란 말은 이 《습유기》에 나오는 말이다.

태공의 첫 아내 마씨(馬氏)는 태공이 공부만 하고 살림을 전연 돌보지 않는 터라 남편을 버리고 친정으로 가버린다. 그 뒤 태공이 제나라 임금이 되어 돌아가자, 마씨는 다시 만나 살았으면 하고 태공 앞에 나타난다. 태공은 동이에 물을 한가득 길어오라 해서 그것을 땅에 들어붓게 한 다음 마씨를 바라보며 그 물을 다시 동이에 담으라고 했다. 마씨는 열심히 엎질러진 물을 동이에 담으려 했으나 진흙만이 손에 잡힐 뿐이었다. 그것을 보고 태공은 말했다.

「그대는 떨어졌다 다시 합칠 수 있다고 생각하겠지만, 이미 엎지른 물이라 담을 수는 없는 것이다(若能離更合 覆水定難收)」

「복수불반분」이란 말은 원래는 한번 헤어진 부부가 다시 만나 살 수 없다는 것을 말한 것이었지만, 그 뒤로 무엇이고 일단 해버린 것은 다시 원상복구를 한다거나 다시 시작해 볼 수 없다는 뜻으로 쓰이게 되었다. 지금 우리가 쓰고 있는「엎질러진 물」이란 뜻으로 쓰이고 있다.

우리 속담에도「깨진 그릇 맞추기」란 것이 있고, 영어에도, "It is no use crying over spilt milk. (엎질러진 우유를 놓고 울어 봤자 소용없다)"라는 속담이 있다.

보보생연화〔步步生蓮花〕 발걸음마다 연꽃이 피어난다는 뜻으로, 미인의 가볍고 부드러운 발걸음을 비유하여 이르는 말.《남사》

보본반시〔報本反始〕 본(本)은 천지(天地). 시(始)는 선조(先祖). 근본으로 되돌아가 그 은혜에 보답하다. 천지나 선조의 은혜에 감사하는 것.《예기》

보시구난〔輔時求難〕 시대를 도와서 환난(患難)을 구한다는 뜻으로, 잘못된 곳을 바로잡고 미치지 못하는 곳을 보필함을 이르는 말.《삼국유사》

보우지차〔鴇羽之嗟〕 전역(戰役)에 종사하느라 본래 있어야 할 가정에 있으며 부모를 봉양하지 못하는 한탄. 보(鴇)는 들기러기.「보우의 시(詩)」는 본래는 물가에 있어야 할 들기러기가 제 자리를 얻지 못하고 나무 우듬지에 있는 모습에서, 제 자리에 있지 못하고 부모를 봉양할 수 없는 한탄이 표현되어 있다.《시경》

보이국사〔報以國士〕 남을 국사(國士)로 대우하면 자기 또한 국사로 대접받는다는 뜻으로, 지기(知己)의 은혜에 감동함을 이르는 말.《사기》

부귀여부운
富貴如浮雲

넉넉할 富 귀할 貴 같을 如 뜰 浮 구름 雲

부귀는 한갓 덧없는 인생이나 세상과 같다.

부(富)니 귀(貴)니 하는 것은 떠가는 구름이나 다를 바가 없다는 것이 「부귀여부운」이다.

이 말은 원래 공자가 한 말에서 비롯된다.

《논어》 술이편에 보면 이런 얘기가 나온다.

「나물밥(疏食소사)먹고 맹물 마시며 팔 베고 자도 즐거움이 또한 그 속에 있다. 옳지 못한 부나 귀는 내게 있어서 뜬구름과 같다」

소사(疏食)는 거친 밥이란 뜻으로 풀이된다. 거친 밥 중에는 아마 나물에 쌀알 몇 개씩 넣은 것이 가장 거친 밥일 수 있을 것이다. 그러나 소(疏)는 채소라는 소(蔬)로도 통할 수 있다. 그래서 그런지 우리나라 노랫가락 속에도 이런 것이 있다.

나물 먹고 물마시고 팔 베고 누웠으니
대장부 살림살이 이만하면 족하구나.

아무튼 진리와 학문을 즐기며 가난을 잊고 자연을 사랑하는 초연한 심정이 약간 낭만적으로 표현된 멋있는 구절이라 아니할 수 없다.

다만 주의할 일은 불의(不義)라는 두 글자가 붙어 있는 점이다. 세상을 건지고 도를 전하려면 역시 비용이 필요하고 권세가 필요하다. 그러나 그것은 어디까지나 정당한 방법으로 얻어진 것이 아니면 안된다.

단순히 부만을 위한 부나, 귀만을 위한 귀는 올바르게 살려는 사람에게는 아무런 의미도 없다. 그야말로 떠가는 구름과 같은 것이다.

불의라는 두 글자 속에는 공자의 세상을 차마 버리지 못하는 구세(救

世)의 안타까움이 깃들어 있다.
　이 불의라는 두 글자마저 없다면 공자는 세상을 등지고 자연만을 찾아 외롭게 사는 도가(道家)가 되고 말았을 것이다. 사실 「부귀여부운」이란 단순한 말 가운데는 세상과는 전연 관련이 없는 은자(隱者)의 심정 같은 것이 풍기고 있다.

보천솔토〔普天率土〕 하늘을 두루 덮고 있는 땅. 온 천하.

보천욕일〔補天浴日〕 하늘을 깁고 해를 목욕시킨다는 뜻으로, 나라에 큰 공이 있음을 이르는 말.

보천지하 솔토지빈〔普天之下 率土之濱〕 하늘이 두루 덮고 있는 아래. 육지가 연속해 있는 한(限)의 해빈(海濱)이란 뜻으로, 온 세상, 천하를 이름. 《시경》

복경호우〔福輕乎羽〕 복(福)이란 새털보다 가볍다, 라는 뜻으로, 자기 마음먹기에 따라 행복하게 됨을 이르는 말. 《장자》

복고〔腹稿〕 뱃속의 원고라는 뜻으로, 시문(詩文)의 초고(草稿)를 마음속으로 짬. 또는 계획을 마음속에서 생각하여 둠. 《당서》

복고여산〔腹高如山〕 배가 산같이 높다는 뜻으로, 아이 밴 여자의 부른 배를 형용하는 말. 또는 부자의 교만함을 비유하는 말.

복룡봉추〔伏龍鳳雛〕 엎드려 있는 용과 봉황의 새끼라는 뜻으로, 촉한(蜀漢)의 제갈양과 방통(龐統)을 일컫는 말. 곧 숨어 있는 인재를 비유한 말. 《삼국지》

복마전〔伏魔殿〕 마물(魔物)이 숨어 있는 곳. 미명(美名)의 그늘에 숨어서 음모가 그치는 일이 없이 꾸며지고 있는 곳. 악의 근원지. 《수호전(水滸傳)》

복배지모〔腹背之毛〕 배와 등에 난 털이란 뜻으로, 쓸데없음을 비유하는 말. 있으나 마나의 뜻.

복배지수〔覆盃之水〕 엎질러진 물이라는 뜻으로 다시 수습하기 곤란할 때 쓰는 말. 《송남잡식》☞ 복수불반분(覆水不返盆).

복사허〔腹笥虛〕 학문적인 소양이 없음의 비유. 학식·학력이 없는 것. 사(笥)는 갈대나 대나무로 엮어서 만든 네모난 궤. 여기서는 책궤를 말한다. 마음속의 궤가 텅 비었음을 말한다.

부기미
付驥尾

붙을 付 천리마 驥 꼬리 尾

> 큰 인물에게 인정을 받은 뒤에야 비로소 참된 가치가 드러난다. 또는 큰 인물의 힘을 빌려 출세하거나 능력을 발휘함.

　기(驥)는 기(騏)·화(驊)·유(騮)와 같이 어느 것이나 하루에 천리를 달린다는 명마를 말한다. 따라서 명마의 꼬리에 붙는다는 것이「부기미」다.
　《사기》 백이열전에 이런 이야기가 있다.
　「백이·숙제가 현인이었다고는 하나 공자에게 찬양받았으므로 그 이름이 더욱더 오르고, 안연(顏淵)은 참된 사람으로 학문을 열심히 닦았다고는 하나 공자의 기미(驥尾)에 붙었었기 때문에 그 행위가 더욱더 뚜렷해진 것이다」
　대저 어떠한 인물이라도 대인물이 뒤를 받쳐 주지 않으면 후세에 남지 못한다고 말하고 있다.
　그래서 후세 사람은 저자인 사마천 자신이 이《사기》의 가치를 알고 그것을 찬양해 줄 인물을 후세에 기대하고 있는 것이라고 생각하는가 하면, 또 백이를 열전의 처음에 앉힌 것은 백이를 빌미로 삼아 역사적 인물, 나아가서는 인간의 운명이라는 것을 암시하고 싶었던 것이 아닌가 하고 보는 사람도 있다. 그러나 잘 생각해 보면 사마천 자신이「기미(驥尾)」에 붙고 싶었던 것이 아닌가 하고도 말할 수 있을 것 같다.
　이와 같이《사기》에서는「부기미」란 성어가 대인물에게 인정되어 참된 가치가 비로소 세상에 밝혀진다는 뜻으로 쓰였으나, 지금은 도리어 다음의 고사(故事)에서 오는 연상(連想)이 더 살아 있다. 《후한서》

에 있는 이야기다.

전한 말의 사람으로 장창(張敞)이 그 편지에,

「파리는 열 걸음(十步) 거리밖에 날지 못하나 기(騏)나 기(驥)와 같은 발이 빠른 말꼬리에 붙으면 천릿길도 쉽게 갈 수 있다. 그러면서도 말에는 조금도 폐를 끼치지 않고 파리는 다른 것들을 훨씬 멀리 떼어 놓을 수가 있다」고 했다.

여기서 그저 세상에 알려진다는 뜻 이외에 대인물의 힘을 빌어 출세한다, 또는 능력을 발휘한다, 라는 뜻이 생겨 「기미(驥尾)에 탁(託)한다」고도 한다.

그래서 「대선배의 기미에 붙어 저도 열심히 노력하겠습니다」라고 입사(入社) 인사에 쓰면 선배를 칭찬하고 자기도 노력하겠다는 장한 마음씨를 나타내게 된다.

복소무완란〔覆巢無完卵〕 뒤집어엎어진 둥지 밑에 온전한 알은 없다는 뜻으로, 줄기가 죽으면 가지도 잎도 이에 따라 말라 없어짐을 비유하여 이르는 말. 《세설신어》

복소파란〔覆巢破卵〕 둥지를 뒤엎고 알을 깬다는 뜻으로, 부모의 재난이 자식에게까지 미침. 또는 근원이 망하면 지엽말절(枝葉末節)도 따라 망함의 비유.

복심지질〔腹心之疾〕 배나 가슴을 앓는 고치기 어려운 병. 또는 덜어버릴 수 없는 근심 걱정의 비유. 《사기》

복장〔覆醬〕 책을 장독 뚜껑으로 삼는다는 데서, 저서(著書)가 세상에서 평가받지 못함의 비유. 또 자신의 저작의 겸칭(謙稱). 《한서》

복주복야〔卜晝卜夜〕 낮과 밤을 점친다는 뜻으로, 시간을 아끼지 않고 밤낮 놀기만 하는 사람의 비유. 《좌전》

복주옹〔覆酒甕〕 술독의 뚜껑을 덮는다는 뜻으로, 졸렬한 시문(詩文)은 버림의 비유.

본래면목〔本來面目〕 타고난, 인위(人爲)가 가해지지 않은, 있는 그대로의 마음을 말하는 불교어. 본성(本性). 본래는 처음부터, 원래의 뜻. 《전습록(傳習錄)》

부동심 不動心

아니 不 움직일 動 마음 心

마음이 외계의 충동을 받아도 흔들리거나 움직이지 아니함.

「부동심(不動心)」은 마음을 움직이지 않는다는 말이다. 마음이 어떤 일이나 외부의 충격으로 인해 동요되는 일이 없는 것을 뜻한다.

《맹자》 공손추상(公孫丑上)에 보면 제자 공손추와 맹자의 일문일답에 이런 내용이 나온다. 공손추가 물었다.

「선생님께서 제나라의 재상이 되어 도를 행하시게 되면, 패(覇)나 왕(王)을 이루시어도 이상할 것은 없습니다. 그러나 그렇게 되면 마음을 움직이게 되십니까, 그렇지 않습니까?」

맹자가 대답했다.

「그렇지 않다. 나는 마흔에 마음을 움직이지 않게 되었다(否 我四十不動心)」

마흔 살 때부터 어떤 것에도 마음이 동요되는 일이 없었다는 말이다. 공자가 「마흔에 의혹을 하지 않았다(四十不惑)」는 말과 같은 내용으로 사람들은 풀이하고 있다. 의혹이 없으면 자연 동요하는 일이 없기 때문이다.

공손추는 다시 물었다.

「그럼 선생님께선 맹분(孟賁)과는 거리가 머시겠습니다」

맹분은 한 손으로 황소의 뿔을 잡아 뽑아 죽게 만들었다는 그 당시의 이름난 장사였다.

「맹분과 같은 그런 부동심은 어려운 것이 아니다. 고자(告子) 같은 사람도 나보다 먼저 부동심이 되었다」

「부동심에도 도(道)가 있습니까?」

이렇게 묻는 말에 맹자는 있다고 대답하고 몇 가지 예를 들어 설명한다. 그리고 끝으로 부동심을 위한 근본적인 수양 방법으로 공자의 말씀을 인용하여 이렇게 말했다.

「옛날 증자(曾子)께서 자양(子襄)을 보고 말씀하셨다. 그대는 용병을 좋아하는가. 내 일찍이 공자에게서 큰 용기에 대해 들었다. 『스스로 돌이켜보아 옳지 못하면 비록 천한 사람일지라도 내가 양보를 한다. 스스로 돌이켜보아 옳으면 비록 천만 명일지라도 밀고 나간다』고 하셨다」

즉 양심의 명령에 따라 행동을 하는 곳에 참다운 용기가 생기고, 이러한 용기가「부동심」의 밑거름이 된다는 이야기다.

본동이말이〔本同而末異〕 근본은 같지만 끝이 다르다는 뜻으로, 문장의 본질은 같으나 표현 방법이 다름을 이르는 말.

본래무일물〔本來無一物〕【불교】본래 아무것도 없으므로(本來空) 아무것에도 집착할 것이 없어 모든 것으로부터 자유가 된 심경.《전등록》

본립이도생〔本立而道生〕 무슨 일이든 근본이 확립되면 방법은 저절로 찾아낼 수 있는 법이라는 말.《논어》

본말전도〔本末顚倒〕 중요한 것과 그렇지 않은 것을 혼동해 버리는 것. 근본과 말단(末端)이 뒤집혀진 모양. ㉣ 주객전도(主客顚倒).

본비아물〔本非我物〕 본래 내 것이 아니므로 뜻밖에 얻은 물건을 잃어버려도 과히 섭섭할 것이 없다는 말. 본비아토(本非我土).

봉건〔封建〕 제왕(帝王)이 작위(爵位)나 토지를 제후(諸侯)에게 분배하는 것. 또 그 제도. 봉토(封土)를 나누어주어서 제후로서의 나라를 세운다는 뜻.《좌전》

봉기〔蜂起〕 각지에서 병란(兵亂)이나 소요(騷擾)가 일제히 일어나는 것.「봉기」는 벌집을 쑤셨을 때 벌들이 떼를 지어 일어나는 모습의 형용.《사기》항우본기.

봉격지희〔奉檄之喜〕 부모가 살아 있는 사람이 고을의 원이 되는 기쁨.

봉기불탁속〔鳳饑不啄粟〕 봉황(鳳凰)은 굶주려도 좁쌀은 쪼아 먹지 않는다는 뜻으로, 고고한 정신을 일관되게 지킴의 비유. 이백《기사십(其四十)》

부마
駙馬

곁말 駙 말 馬

임금의 사위.

임금의 사위를 「부마」 혹은 부마도위(駙馬都尉)라고 한다.

이 부마도위란 한 무제 때 처음 생긴 벼슬 이름이었다. 부마는 원래 천자가 타는 부거(副車 : 예비 수레)에 딸린 말로, 그것을 맡은 벼슬이 부마도위다.

부마도위의 계급과 봉록은 비이천석(比二千石 : 실질 연봉 천삼백 석)으로 대신과 같은 급이었다. 한무제는 흉노의 왕자로 한나라에 항복해 온 김일선(金日磾)에게 이 벼슬을 처음으로 주었었다.

부마도위는 일정한 정원이 없이 천자가 자기 마음에 드는 사람에게 이 벼슬을 주곤 했었다. 그것이 위진(魏晋) 이후로 공주의 남편 되는 사람에 한해 이 벼슬을 줌으로써 임금의 사위를 부마라고 부르게 되었다.

그런데 진(晋)나라 때 간보(干寶)가 지은 《수신기(搜神記)》란 책 속에는 이 부마의 유래에 관해 다음과 같은 이야기가 실려 있다.

농서의 신도도(辛道度)란 사람이 유학길에 올라 옹(雍)이란 도시의 근처까지 왔을 때 일이다. 옹은 춘추시대 진(秦)나라의 수도였던 곳이다. 큰 집 앞을 지나는데 마침 시녀가 대문 밖에 나타나자, 요기를 시켜 달라고 졸랐다. 시녀는 잠시 들어갔다 다시 나타나 들어오라고 청했다.

안에서 아리따운 여인이 나와 인사를 마친 다음 곧 만반진수를 차려 내왔다. 상을 물린 다음 여자가 말했다.

「저는 진나라 민왕(閔王)의 딸로 조(曹)나라로 시집을 가기로 되어 있었는데, 미처 시집도 가기 전에 죽고 말았습니다. 그 뒤 23년을 여기서 혼자 지내게 되었는데, 오늘 뜻밖에 도련님을 뵙게 되니 모두가 인연인 줄 압니다. 사흘만 저와 부부가 되어 이곳에 묵어가십시오」

그리고 사흘이 지난 날 그녀는,

「당신은 살아 있는 사람, 나는 죽은 몸, 비록 전생의 연분으로 사흘 밤을 함께 지내기는 했지만, 더 이상 오래 있을 수는 없습니다. 그럼 작별의 선물을 드리겠습니다」 하고 시녀를 시켜 침대 밑에 있는 상자를 열게 하고 그 속에서 황금 베개를 꺼내 신도도에게 주었다.

신도도가 작별을 고하고 돌아서서 조금 오다가 돌아보니 집은 간데 없고 무덤이 하나 있을 뿐이었다. 정신없이 얼마를 달려온 신도도는 꿈인가 하고 품속에 있는 황금 베개를 더듬어 보았다. 베개는 틀림없이 있었다.

그 뒤 옹으로 들어온 신도도는 황금 베개를 팔기 위해 길가에 베개를 놓고 소리 높이 살 사람을 찾았다. 마침 지나가던 왕비가 그것을 사서 들고 이상한 생각이 들어 베개의 내력을 캐물었다.

신도도에게 사실 이야기를 들은 왕비는 슬픔에 잠기지 않을 수 없었다. 한편 그가 거짓말을 하는 것이 아닌가 싶어 사람을 보내 무덤을 열어 보았다. 모든 것은 처음대로 있는데 황금 베개만이 없었다. 옷을 풀어 몸을 살펴보니 정을 나눈 흔적이 완연했다. 왕비는 비로소 신도도의 말을 믿게 되었다.

「죽은 지 스물세 해만에 산 사람과 정을 나누었으니, 내 딸은 분명 신선이 된 것이다. 그대야말로 정말 내 사위다」 하고 그를 부마도위로 봉한 다음, 돈과 비단과 수레와 말을 주어 고향으로 돌아가게 했다.

그 뒤로 후세 사람들은 사위를 가리켜 부마라고 했다. 지금은 나라의 사위도 또한 「부마」 라고 한다.

이것은 물론 지어낸 이야기다.

봉두구면〔蓬頭垢面〕 쑥처럼 더부룩한 머리에 때가 낀 얼굴이란 뜻으로, 외양을 꾸미지 않아 주제꼴이 사나운 모양. 또는 성질이 털털하여 외양에 개의치 않음을 이르는 말. 《위서(魏書)》

봉래약수〔蓬萊弱水〕 「봉래약수(蓬萊弱水)의 차이」라고 한다. 아주 큰 차이가 있음의 비유. 봉래는 동쪽 바다에 떠있는 불노불사(不老不死)의 섬. 약수는 서쪽 대륙을 휘도는 강. 이 사이가 30만 리 떨어져 있다고 하는 전설에서 나온 말. 《태평광기》 囲 일의대수(一衣帶水).

봉린지란〔鳳麟芝蘭〕 봉황·기린과 같이 잘난 남자와 지초(芝草)·난초와 같이 어여쁜 여자라는 뜻으로, 젊은 남녀의 아름다움을 형용하여 이르는 말.

봉명조양〔鳳鳴朝陽〕 봉새가 산의 동쪽에서 운다는 뜻으로, 천하가 태평할 길조. 또는 뛰어난 행위를 칭찬하는 말. 《시경》

봉모인각〔鳳毛麟角〕 봉황의 털과 기린의 뿔이라는 뜻으로, 아주 뛰어난 인재를 비유하는 말. 《남사》

봉목시성〔蜂目豺聲〕 벌과 같은 눈매에 늑대 같은 소리란 뜻으로, 흉포(凶暴)한 인생을 비유하여 이르는 말.

봉복절도〔蜂腹絶倒〕 몹시 우스워서 배를 안고 몸을 가누지 못할 만큼 웃는 모양. 포복절도(抱腹絶倒)라고도 쓴다. 절도는 우스운 나머지 기절해서 쓰러지는 것. 《사기》

봉시장사〔封豕長蛇〕 봉시(封豕)는 큰 돼지. 장사(長蛇)는 긴 뱀. 돼지같이 탐욕하고 뱀같이 잔인한 인간의 비유. 《좌전》

봉호옹유〔蓬戸甕牖〕 쑥으로 엮어 만든 문과 깨진 항아리로 만든 창문이란 뜻으로, 가난한 사람이 사는 집을 형용하는 말. 《예기》

부급종사〔負笈從師〕 책궤를 지고 스승을 좇는다는 뜻으로, 공부하기 위하여 다른 고장으로 감. 유학(遊學). 《포박자(抱朴子)》

부귀부운〔富貴浮雲〕 「부귀는 부운과 같다」라고 읽는다. 부와 명예, 지위는 영구히 지속되는 것이 아니다. 또는 부정한 수단으로 손에 넣은 지위나 재산은 한낱 뜬구름과 같은 것이다. 라고 하는 것. 《논어》 술이. ☞ 부귀여부운(富貴如浮雲).

부미백리〔負米百里〕 변변치 못한 가난한 생활을 하고 있어도 부모에게는 효도를 다하는 것. 《공자가어》

부복장주〔剖腹藏珠〕 배를 가르고 보물을 감춘다는 뜻으로, 재물에 눈

이 어두워 자신에게 해가 되는 일도 서슴지 않고 자행함의 비유. 《자치통감》

부부자자〔父父子子〕 아비가 아비로서 할 일을 한다면 자식은 자식답게 되는 법이라는 것. 《논어》

부생반일한〔浮生半日閑〕 덧없는 세상에서의 잠시의 평안하고 한가로운 시간을 이름.

부생약몽〔浮生若夢〕 인생은 꿈처럼 덧없는 것임을 이르는 말. 이백 《춘야연종제도화원서》

부석부하〔負石赴河〕 돌을 짊어지고 황하(黃河)에 뛰어든다는 뜻으로, 무모한 짓. 자살행위. 《한시외전》

부석침목〔浮石沈木〕 돌이 떠내려가고 나뭇잎이 가라앉는다는 뜻으로, 선악(善惡)이 전도(轉倒)되고 사물이 거꾸로 되는 모양의 비유. 《신어(新語)》

부수지소〔膚受之愬〕 겉으로만 꾸민 비통한 호소. 또는 되풀이하는 동안 어느 사이엔가 상대를 믿게 만드는 호소. 《논어》

부신지우〔負薪之憂〕 땔나무를 지어 생긴 병이란 뜻으로, 자신의 병이 별게 아니라는 것을 비유하여 이르는 말. 《예기》

부여응지〔膚如凝脂〕 미인을 말하는 형용. 굳은 기름처럼 매끄러운 살갗의 아름다운 여성을 비유하여 이르는 말. 《시경》

부염기한〔附炎棄寒〕 권세가 떨칠 때는 붙좇다가 권세가 쇠할 때는 떠난다는 뜻으로, 인정의 경박함을 이르는 말.

부용출수〔芙蓉出水〕 연꽃이 수면에 피는 모습을 형용하는 말로, 문장이 청아(淸雅)하고 수려함을 비유하여 이르는 말.

부우〔負嵎〕 유리한 지형을 얻어 기세가 활발한 형용. 또는 영웅이 요해(要害)의 땅에 할거하여 기세가 등등함의 형용. 《맹자》

부운예백일〔浮雲翳白日〕 뜬구름이 해를 가린다는 뜻으로, 소인이 군주(君主)의 총명을 가리거나 군자의 덕을 가림을 비유하는 말.

부운조로〔浮雲朝露〕 뜬구름과 아침이슬. 곧 인생의 덧없음을 비유하여 이르는 말.

부운지지〔浮雲之志〕 뜬구름과 같은 일시적인 불의(不義)의 부귀를 바라는 마음.

부월당전〔斧鉞當前〕 중형(重刑)으로 죽음이 앞에 닥침을 가정하는 말.

부월지하〔斧鉞之下〕 부월, 즉 도끼는 옛날 중국의 권력의 상징이었다. 곧 임금의 위엄을 가리키는 말.

부유지명〔蜉蝣之命〕 하루살이의 목숨이라는 뜻으로, 짧고 덧없는 인생의 비유. 소식(蘇軾) 《전적벽부》

부앙불괴
俯仰不愧

구부릴 俯 우러를 仰 아니 不 부끄러울 愧

하늘을 우러러보나 세상을 굽어보나 양심에 부끄러움이 없음.

「부앙불괴」란 말은 글자 그대로 풀면 「굽어보나 우러러보나 부끄럽지 않다」는 뜻이다.

이 말은 맹자(孟子)의 「우러러 하늘에 부끄럽지 않고, 굽어보아 사람에게 부끄럽지 않다(仰不愧於天 俯下怍於人)」라고 한 데서 나온 말이다.

마음가짐에 있어서나, 행동에 있어서나 양심에 아무 부끄러울 것이 없는 대장부의 공명정대한 심경을 비유해서 한 말이다.

《맹자》진심상(盡心上)에 있는 원문을 소개하면 다음과 같다.

「군자는 세 가지 즐거움이 있다(君子三樂). 그러나 천하에 왕 노릇하는 것은 이 세 가지 속에 들어 있지 않다. 부모가 함께 살아 계시고, 형제가 무고한 것이 첫째 즐거운 일이다. 우러러 하늘에 부끄럽지 않고, 굽어 사람에게 부끄럽지 않은 것이 둘째 즐거움이다. 천하의 영재(英才)를 얻어 가르쳐 기르는 것이 셋째 즐거움이다. 이렇게 군자에게는 세 가지 즐거움이 있지만, 이 속에 천하에 왕 노릇하는 것은 들어 있지 않다」

이상이 전문이다. 설명을 필요로 하지 않는 문장이다. 옳은 사람에게는 부귀라는 것이 사실상 즐거움이 될 수 없다는 것을 강조한 데 특색이 있다.

가정의 행복이 첫째, 그리고 마음의 편안함이 둘째, 끝으로 후배의 양성이 셋째일 뿐, 그 밖의 것은 사람을 즐겁게 하는 것이 될 수 없다는 것이다.

부윤옥덕윤신〔富潤屋德潤身〕 내면(內面)이 충실하면 자연 외면에 나타나게 된다. 경제적으로 윤택한 사람이 사는 집은 훌륭하고, 덕이 단단히 몸에 밴 사람은 행동거지도 훌륭해진다는 말. 《대학》

부인지인〔婦人之仁〕 부녀자의 어짊이란 뜻으로, 소견이 좁은 정. 하찮은 일에는 시시콜콜 동정하면서도 진짜 중요한 대목에서는 배려가 결여됨의 비유. 《사기》

부재지족〔富在之足〕 부는 족한 것을 아는 데 있다는 뜻으로, 분수를 알아야 함을 이르는 말.

부저소정저〔釜底笑鼎底〕 가마 밑이 노구솥 밑을 보고 검다고 한다는 뜻으로, 제 흉을 모르고 남의 흉만 봄을 이르는 말. 「똥 묻은 개가 겨 묻은 개 나무란다」는 우리말 속담과 같다.

부정모혈〔父精母血〕 아버지의 정수(精髓)와 어머니의 피. 곧 자식은 부모의 뼈와 피를 물려받음을 가리킴.

부족현치아〔不足懸齒牙〕 치아에 걸기에는 부족하다는 뜻으로, 특별히 말할 정도의 것이 못된다는 뜻.

부중생어〔釜中生魚〕 오래 밥을 하지 못해 솥 안에 고기가 생겨났다는 뜻으로, 매우 가난함의 비유.

부중지어〔釜中之魚〕 가마솥 속의 물고기가 곧 삶겨 죽을 줄도 모르고 헤엄치고 있다는 뜻으로, 눈앞에 닥칠 위험을 이르는 말. 《자치통감》

부지감고〔不知甘苦〕 단지 쓴지를 모른다는 뜻으로, 사리에 어두운 사람의 비유. 또는 극히 쉬운 이치도 알지 못하는 사람의 비유. 《묵자》

부지경중〔不知輕重〕 사물의 경중을 구분하지 못한다는 뜻으로, 판단을 그르침의 비유.

부지기자시기우〔不知其子視其友〕 자식의 사람됨을 알지 못하겠거든 그 사귀는 친구를 보라는 뜻으로, 사람의 선악은 그 친구를 보면 안다는 말.

부지단예〔不知端倪〕 단예는 일의 본말 시종(本末始終). 곧 일의 본말과 시종을 알 수 없음을 이르는 말. 《장자》

부지류〔不知類〕 유(類)는 사물의 경중(輕重), 비교의 뜻. 곧 사물의 가치 판단을 할 수 없음. 《맹자》

부지육미〔不知肉味〕 고기를 먹고 있으면서 고기 맛을 모른다는 뜻으로, 일에 몰두하여 다른 일은 건성으로 함을 비유한 말. 《논어》

부지족〔不知足〕 자기 분수를 모르고 만족할 줄을 모름. 《유교경》

부지족이위구〔不知足而爲屨〕 같은 종류의 것은 모두가 대체로 같다. 또 사람은 누구나 엇비슷하다.

부착흔〔斧鑿痕〕 시문이나 서화를 제작하는 데에 신중히 여러 번 손질하는 것. 부착은 도끼와 끌로, 여러 가지 가공이나 수정을 가한다는 뜻.

분서갱유
焚書坑儒

불사를 焚 책 書 구덩이 坑 선비 儒

책을 불사르고 유생(儒生)들을 산 채로 구덩이에 묻어 죽임. 전국시대를 마감하고 천하를 통일한 진의 시황제가 행한 선비 탄압사건

진시황 34년 시황은 함양궁에서 술자리를 베풀었다. 이때 군현제도를 찬양하는 복야(僕射) 주청신(周靑臣)과 봉건제도의 부활을 주장하는 박사 순우월(淳于越)이 시황 앞에서 대립된 의견을 놓고 싸웠다. 시황은 이 문제를 신하들에게 토의하게 했다. 승상 이사(李斯)는 순우월의 의견을 몹시 못마땅하게 생각했다. 진시황의 독재 뒤에는 이사의 이기적인 칼날이 언제나 빛나고 있었다.

이사는 선비들의 그런 태도는 임금의 권위를 떨어뜨리고 당파를 조성하는 결과를 가져오므로 일체 금해야 한다고 주장하고, 구체적으로 이 같은 안을 제시했다.

「사관(史官)이 맡고 있는 진나라 기록 이외의 것은 모두 태워 없앤다. 박사가 직무상 취급하고 있는 것 이외에 감히 시서(詩書)나 백가어(百家語) 들을 가지고 있는 사람은 모두 고을 수령에게 바쳐 태워 없앤다. 감히 시서를 말하는 사람이 있으면 모두 시장바닥에 끌어내다 죽인다.

옛날 것을 가지고 지금 것을 비난하는 사람은 일족을 모두 처형시킨다. 관리로서 이를 알고도 검거하지 않는 사람도 같은 죄로 다스린다. 금령이 내린 30일 이내에 태워 없애지 않는 사람은 이마에 먹물을 넣고 징역형에 처한다.

태워 없애지 않는 것은 의약(醫藥)·복서(卜筮)·농사(種樹)에 관한 책들이다. 만일 법령을 배우고자 할 때는 관리에게 배워야 한다」

시황은 이사의 말을 채택하여 실시케 했다. 이것이 「분서(焚書)」다. 이듬해인 35년에는 진시황이 불로장생을 원한 나머지 신선술을 가진 방사(方士)들을 불러 모았다. 그 중에서도 특히 우대를 한 것이 후생(侯生)과 노생(盧生)이었다. 그런데 그들은 진시황의 처사에 불안을 느꼈는지 시황을 비난하고 자취를 감추어 버렸다.

격노한 시황에게 정부를 비난하는 수상한 학자가 있다는 보고가 들어왔다. 시황은 어사를 시켜 학자들을 모조리 잡아다가 심문했다. 사실상 학자들은 비난한 일이 없지도 않은 터라, 서로 책임전가를 하며 자기만 빠지려 했다.

그 결과 법에 저촉된 사람이 460여 명이나 되었다. 이들은 모두 함양성 안에 구덩이를 파고 묻게 했다. 널리 천하에 알려 다시는 임금이나 정부가 하는 일을 비판하는 일이 없도록 하기 위해서였다. 이것이 「갱유(坑儒)」다.

그러나 이 「분서갱유(焚書坑儒)」를 대단치 않은 사건으로 보는 학자도 있다. 죽은 사람은 460명뿐이었고, 책들은 사실상 참고를 위해 몇 벌씩 정부 서고에 보관되어 있었다. 그것을 불살라 버린 것은 실상 항우였다.

부창부수〔夫唱婦隨〕 남편 주장에 아내가 따르는 것이 부부 화합의 도(道)라는 뜻. 《관윤자(關尹子)》 동 금슬상화(琴瑟相和).

부탕도화〔赴湯蹈火〕 끓는 물과 타는 불에 뛰어든다는 뜻으로, 물불을 가리지 않고 어려운 일에 몸을 던짐의 비유. 《한서》

부평전봉〔浮萍轉蓬〕 부평초처럼 바람 부는 대로 굴러다니는 쑥과 같다는 뜻으로, 살 도리 없이 정처 없이 떠다니는 낙오된 신세를 비유하는 말.

부형〔負荊〕 가시나무를 등에 지고 매질해 주기를 청한다는 뜻으로, 깊은 사죄(謝罪)의 뜻을 나타내는 말. 《사기》

불공대천지수
不共戴天之讎

아니 不 함께 共 일 戴 하늘 天 의 之 원수 讎

> 이 세상에 같이 살 수 없는 아주 큰 원수.

「불공대천지수(不共戴天之讎)」는 글자대로 새기면「함께 하늘을 이지 못할 원수」란 말이다.「하늘을 인다」는 것은「서서 걸어다닌다」는 뜻이다. 죽지 않고서는 한 하늘을 이고 다니지 않을 수 없다. 즉 함께 세상에 살아 있을 수 없는 원수, 상대를 죽이든가 아니면 내가 죽든가 해야 할 원수. 다시 말해 누가 죽든 결판을 내고 말아야 할 원수가 불공대천지수다.

이 말은 《예기》곡례편(曲禮篇)에 나오는 꽤 오래된 말이다.

「아비의 원수는 더불어 하늘을 이지 않는다. 형제의 원수는 칼을 돌이키지 않는다. 사귀어 온 사람의 원수는 나라를 함께 하지 않는다(父之讎 不與共戴天 兄弟之讎 不反兵 交遊之讎 不同國)」

부모와 형제와 친구의 원수를 어떻게 대하느냐 하는 윤리관을 말한 예가 되겠다. 부모를 죽인 원수는 내가 죽는 한이 있더라도 기어이 갚고 말아야 한다는 것을, 함께 하늘을 이지 않는다고 표현한 데 문장의 묘미가 있는 것도 같다.

칼을 돌이키지 않는다는 말은 좀 애매한 데가 없지 않아 해석들이 구구한데, 일단 원수를 만나게 되면 다음날로 미루지 말라는 뜻인 것 같다. 부모의 원수는 찾아다녀서라도 기어이 갚아야 하지만, 형제의 원수는 마주치게 되었을 때 갚는 것에 차이점을 둔 것 같다.

친구의 원수와 나라를 같이하지 않는다는 것은, 죽일 것까지는 없지만 같은 조정에 벼슬을 한다거나, 한마을에서 조석으로 상종할 수 없다는 정도의 이야기인 것 같다.

《주례(周禮)》에는 당연한 복수를 한 사람은 죄를 주지 않는다고 나와 있다. 당시는 이러한 것이 하나의 윤리관으로 인정되었던 것 같다.

부화뇌동〔**附和雷同**〕 일정한 견식(見識) 없이 남의 말에 이유 없이 찬성하여 같이 행동함. 벼락이 치면 이에 응해서 산과 계곡까지 울려 퍼진다. 이것을 뇌동(雷同)이라고 한다. 《예기》 📖 경거망동(輕擧妄動).

북망산천〔**北邙山川**〕 묘지가 있는 곳. 사람이 죽어서 가는 곳을 일컫는 말. 북망은 낙양(洛陽)의 북쪽에 있는 망산(邙山)을 가리키는데, 이곳에는 한(漢)나라 시대 이래의 왕후귀족의 묘가 많이 있다. 북망(北芒)이라고도 쓴다.

북문쇄약〔**北門鎖鑰**〕 북방 요지의 수비. 쇄약(鎖鑰)은 자물쇠와 열쇠의 뜻으로, 성(城)의 북문 단속에서, 전(轉)하여 나라의 북방의 방위를 일컫는다. 《공씨담원(孔氏談苑)》

북문지탄〔**北門之歎**〕 벼슬자리에 나아가기는 했으나 뜻과 같이 성공하지 못하고 살림이 곤궁함을 한탄하는 말. 「북문」은 《시경》 패풍(邶風) 속의 시제(詩題)인데, 그 서(序)에 「『북문』의 시는 군주에게 충성을 다해도 알아주지 않아 불우한 처지에 있는 것을 한탄하여 읊는 것이다」라고 되어 있다.

북방지강〔**北方之强**〕 용맹 과감하고 죽음조차 두려워 않는 강함. 중국의 북방은 기후 풍토도 가혹하고 남방 사람에 비하여 소박하고 강건(剛健)한 기풍이 강하다. 《중용》

북산지감〔**北山之感**〕 북산의 감개라는 뜻으로, 나랏일로 인해 부모를 제대로 공양하지 못함을 비유하는 말.

북원적초〔**北轅適楚**〕 수레의 머리를 북쪽으로 향하게 하고 남쪽인 초(楚)나라로 가려 한다는 뜻으로, 뜻하는 바와 행하는 바가 서로 어긋남을 비유하여 이르는 말.

북창삼우〔**北窓三友**〕 거문고・시(詩)・술의 세 가지를 말한다. 중당(中唐)의 시인 백낙천(白居易)의 시구에서 나온 말. 백거이《북창삼우》

분거지상무중니〔**奔車之上無仲尼**〕 분거(奔車)는 달리는 수레라는 뜻에서, 위란(危亂)의 비유. 중니(仲尼)는 공자의 자(字). 즉 달리는 수레 위에는 공자가 없다는 뜻으로, 임금의 권세가 위태롭고 법이 어지러우면 성인과 군자는 그 나라를 떠남을 이름.

불념구악 不念舊惡

아니 不 생각할 念 예 舊 악할 惡

> 지나간 잘못을 염두에 두지 않는다.

지나간 잘못을 염두에 두지 않는다는 것이 「불념구악」이다. 지나간 일을 탓하지 않는 것을 「기왕불구(既往不咎)」라고 한다. 이 말과 약간 일맥상통하는 점이 있기는 하나 뜻은 다르다.

백이·숙제가 지나치게 결백한 나머지 불의로 천하를 얻은 주나라의 곡식마저 먹을 수 없다 하여 수양산에 들어가 고사리를 캐먹다가 굶주려 죽었다는 이야기는 너무나 유명하다.

그 백이에 대해 맹자가 이런 구체적인 사례를 들고 있다. 즉 《맹자》 공손추 상에서 맹자는 이렇게 말하고 있다.

「백이는 그 임금이 아니면 섬기지 않고, 그 벗이 아니면 사귀지 않았으며, 악한 사람의 조정에 서지도 않고, 악한 사람과는 함께 말도 하지 않았다. 악한 사람의 조정에 서거나, 악한 사람과 함께 말하는 것은, 마치 예복을 이고 예모를 쓴 채 시궁창이나 숯검정 위에 앉는 것처럼 여겼다. 이러한 악한 것을 미워하는 마음을 확대시켜 시골 사람들과 같이 섰을 때, 그 사람의 갓이 비뚤어졌으면 뒤도 돌아보지 않고 가버렸다. 마치 더러운 것이라도 묻은 것처럼 생각했다. 그러니 제후들 중에 좋은 말로 그를 모시러 오는 사람이 있어도 이를 거절했다」

이것으로 보아, 백이가 얼마나 결백하고 남을 포용하는 마음이 좁았는가를 알 수 있다. 그러나 맹자는 그를 성인(聖人)이라고 했다. 다만 성인 가운데 깨끗한 사람(淸者)이라고 했다.

그런데 그 백이에게도 반대의 일면이 있었던 것이다. 그것이 바로 여기에 나오는 「불념구악」이다.

《논어》 공야장(公冶長)편에 보면 공자는 이렇게 말하고 있다.

「백이와 숙제는 옛 악을 생각지 않았다. 그래서 원망이 적었다(伯夷 叔齊 不念舊惡 怨是用希)」

그토록 결백하고 까다로운 백이와 숙제도 지나간 날의 잘못을 염두에 두지 않았기 때문에 사람들은 그의 지나친 결백을 그다지 원망스럽게 생각지 않았다는 뜻이다.

어제 아무리 보기 흉한 짓을 한 사람이라도 오늘 좋은 모습으로 나타나면 반갑게 맞아주는 백이 숙제였기 때문에 사람들은 그들을 어려워는 했을망정 미워할 필요는 없었던 것이다.

「기왕불구」가 의식적인 노력에서 나오는 아량이라면, 이「불념구악」은 그야말로「명경지수(明鏡止水)」와 같은 성자의 초연한 심정에서일 것이다. 지나간 일을 놓고 콩이야 팥이야 따지는 태도도 삼가야겠지만, 한번 밉게 본 사람을 언제나 같은 눈으로 대하는 것은 더욱 삼가야 할 일이다. 〔☞ 기왕불구〕

분골쇄신〔粉骨碎身〕뼈가 가루가 되고 몸이 깨어지도록 노력함. 곧 희생적 노력을 이름. 또 목숨을 내놓고 있는 힘을 다하여 싸움. 부처의 은혜에는 몸이 가루가 되도록 보답해 마땅하다고 하는 데서 나온 말. 《선림유찬(禪林類纂)》

분도양표〔分道揚鑣〕뜻과 취미가 서로 다르고 목적이 달라 피차 가는 길이 같지 않음을 비유해서 일컫는 말《북사》

분묘지지〔墳墓之地〕무덤이 있는 땅. 조상의 무덤이 있는 땅. 곧 고향을 이르는 말.

분방자재〔奔放自在〕분방은 힘차게 달린다는 뜻. 상규(常規)에 따르지 않고 제멋대로 함.

분백대흑〔粉白黛黑〕얼굴에 흰 분을 바르고 눈썹을 검푸르게 칠한다는 뜻으로, 여인의 고운 화장. 또 곱게 화장한 미인. 분백대록(粉白黛綠).

분수상별〔分袖相別〕서로 소매를 나누고 헤어진다는 뜻으로, 이별을 이르는 말.

불입호혈 부득호자
不入虎穴 不得虎子

아니 不 들 入 범 虎
굴 穴 얻을 得 아들 子

| 큰 결과를 얻기 위해서는 위험을 무릅써야 한다는 말 |

「호랑이 굴에 들어가야 호랑이 새끼를 잡는다」는 말이 바로「불입호혈(不入虎穴)이면 부득호자(不得虎子)」다. 큰 공을 세우려면 모험을 해야만 된다는 뜻이다.

이 말은 《후한서》반초전(班招傳)에 나와 있는 반초의 말이다. 반초가 36명의 장사들을 이끌고 선선국(敾善國)에 사신으로 갔을 때의 일이다. 국왕인 광(廣)은 반초를 극진히 대우했다. 그러나 며칠이 가지 않아 갑자기 대우가 달라졌다. 흉노의 사신이 온 때문이었다.

선선은 천산(天山) 남쪽 길과 북쪽 길이 갈라지는 분기점에 있는 교통의 요지였으므로 흉노도 많은 관심을 가지고 자기 지배 하에 두려 했다. 광왕은 흉노를 한나라 이상으로 무서워하고 있었다.

정세의 변동을 재빨리 알아차린 반초는 광왕의 시종 한 사람을 불러내어,

「흉노의 사신이 온 지 며칠 된 것 같은데, 그들은 지금 어디에 있는가?」하고 유도 심문을 했다.

시종이 겁을 먹고 사실을 말하자, 반초는 곧 그를 골방에 가둬 두고 부하들을 모아 잔치를 벌였다. 술이 얼근해 올 무렵, 반초는 그들을 격분시키는 어조로 말했다.

「……지금 흉노의 사신이 여기에 와 있다. 이곳 왕은 우리를 냉대하기 시작했다. 우리를 흉노에게 넘겨줄지도 모른다. 그렇게 되면 우리는 만리타국에서 승냥이 밥이 되고 말 것이다. 좋은 방법이 없겠는가?」

부하들은 다 같이 입을 모아,

「무조건 장군의 명령에 따르겠습니다」

그러자 반초가 말했다.

「호랑이 굴에 들어가지 않으면 호랑이 새끼를 얻지 못한다(不入虎穴 不得虎子)고 했다. 지금 우리로서는 밤에 불로 놈들을 공격하는 길밖에 없다……」 하고, 36명의 장사를 거느리고 흉노의 사신이 묵고 있는 숙소에 불을 지르는 한편, 급히 습격해 들어가 정신없이 허둥대는 몇 배나 되는 적을 모조리 죽여 버렸다.

물론 선선왕은 한나라에 항복했다. 반초는 《한서》의 저자인 반고(班固)의 아우다.

분여광〔分餘光〕 은혜를 다른 사람에게 미치는 것. 많이 가진 자가 그 남는 것을 갖지 못한 자에게 나누어주는 것을 말한다. 《사기》

분장고방획토〔奔獐顧放獲兎〕 달아나는 노루를 보고 얻은 토끼를 놓았다는 뜻으로, 어떤 이익을 구하려고 분주히 서두르다가 도리어 실패함을 이름. 또는 큰 욕심으로 작은 것은 안중에도 없음을 이르는 말.

불가구약〔不可救藥〕 도저히 구해낼 약이 없다는 뜻으로, 어떤 사람의 나쁜 습관을 고치거나 악한 사람을 구제할 길이 전혀 없음을 비유하는 말. 《시경》

불가동일이어〔不可同日而語〕 전혀 비교할 수도 없는 사물을 같은 위치에 놓고 말할 수 없다는 뜻.

불가사야〔弗可赦也〕 용서할 수 없다는 뜻으로, 천벌(天罰)을 받음을 이르는 말. 《좌전》

불가사의〔不可思議〕 사람의 생각으로 미루어 헤아릴 수 없이 이상하고 야릇함. 나유타(那由陀)의 억배. 무량수(無量數)의 억분(億分)의 일의 수.

불각기양〔不覺技痒〕 자신이 가지고 있는 재주를 보이고 싶어 안달하는 것을 비유하여 이르는 말. 기양(技痒)은 가려움을 견딜 수 없는 것처럼 힘든 것을 이르는 말. 《풍속통의(風俗通義)》

불간지서〔不刊之書〕 닳아 없어지지 않을 책이란 뜻으로, 오래도록 세상에 전해져서 영원히 없어지지 않을 양서(良書).

불혹지년 不惑之年

아니 不 미혹할 惑 의 之 해 年

> 불혹의 나이, 즉 마흔 살.

이 말은 《논어》 위정편(爲政篇)에 있는 말이다. 공자가 말하기를,
「나는 15세에 학문에 뜻을 두고, 30에 확고히 서고, 40에 의심하지 않고, 50에 천명을 알고, 60에 귀가 순하고, 70에 마음에 하고 싶은 바를 좇아 행해도 법에 벗어나지 않았다(吾十有五而志于學 三十而立 四十而不惑 五十而知天命 六十而耳順 七十而從心所欲不踰矩)」

이것은 공자가 자기 일생을 회고하며 정신적인 성장 과정을 말한 것인데, 여기에 나와 있는 말이 그대로 나이를 가리키는 말로 쓰인다.

15세에 학문에 뜻을 둔다 해서 열다섯 살을 지학지년(志學之年)이라 하고, 30에 확고히 섰다 해서 서른 살을 입년(立年)이라 하며, 마흔 살을 불혹지년, 쉰 살을 명년(命年), 예순 살을 이순지년(耳順之年)이라 하는데, 일흔 살만은 불유지년(不踰之年)이라 말하지 않는다.

또 이 중에서 지년(之年)이란 말이 붙은 것은 이를 떼어 내고, 지학·불혹·이순만을 쓰기도 한다.

또 31세에서 39까지를 입일(立一), 입구(立九)하는 식으로 쓰기도 하고, 51세에서 59까지를 명일(命一), 명구(命九) 하는 식으로 쓰기도 한다.

이와 마찬가지로 스무 살을 약관(弱冠)이라고 한다. 「약(弱)」은 아직 어리다는 뜻이고, 「관(冠)」은 20세면 옛날에는 성인식이라고 할 수 있는 관례(冠禮)라는 의식을 통해 어른이 쓰는 갓을 썼기 때문에 약관이란 말로 20세를 나타내게 된다.

「약관」은 따로 설명하기로 한다.

또 여자는 옛날 15세만 되면 쪽을 올리고 비녀를 꽂았다. 그래서 계년

(笄年)이라면 여자의 나이 15세를 가리키게 된다.

또 30을 이립(而立), 50을 지명(知命)이라고 쓰는 일도 있다.

모두 유식함을 자랑하려는 인간의 타고난 호기심에서 나온 것 같다. 우리로서는 알고는 있어야겠지만, 쓰는 일은 없도록 하는 것이 좋을 것 같다.

불견전지서[不見前之鼠] 눈앞의 쥐도 보지 못한다는 뜻으로, 가까이서 일어나는 일을 잘 모르고 있음을 비유하여 이르는 말. 《순오지》 비 등하불명(燈下不明).

불결철[不結轍] 지나온 수레바퀴 자국은 그 바퀴자국대로 되돌아갈 수 없다는 뜻으로, 무사(武士)는 한번 전진(戰陣)에 임하면 발을 돌리지 않음을 이르는 말. 《관자》

불계지주[不繫之舟] 매어 놓지 않은 배라는 뜻으로, 속세를 초월한 허심탄회한 마음. 또 정처 없이 방랑하는 몸을 비유하는 말. 《장자》

불고만사일생[不顧萬死一生] 만에 하나도 살아날 가망이 없는 데서, 필사적인 각오로 일에 임하는 것을 이름. 《사기》

불괴옥루[不愧屋漏] 사람이 보지 않는 곳에 있어도 행동을 신중히 하고 경계하므로 귀신에게도 부끄럽지 아니함을 일컫는 말.

불교이주[不敎而誅] 평소에는 가르치지도 않고 일단 일을 저지르면 경솔하게 사람을 죽인다는 뜻으로, 교육의 중요성을 강조한 말. 불교이살(不敎而殺). 《논어》

불구심해[不求甚解] 깊이 이해하기를 구하지 않는다는 뜻으로, 책을 읽으면서 깊이 이해하려고 하지 않는 여유작작한 태도를 비유한 말. 도연명 《오류선생전(五柳先生傳)》

불귀객[不歸客] 딴 세상으로 가서 돌아오지 못하는 사람. 곧 죽은 사람을 일컫는 말.

불능수습[不能收拾] 큰 실수를 저질러 수습이 되지 않는 상태를 이르는 말. 《후한서》

불두착분[佛頭着糞] 부처님 머리에 똥을 묻힌다는 뜻으로, 썩 깨끗한 물건을 더럽히는 말로, 좋은 저서(著書)에 변변치 않은 서문(序文)이나 평어(評語)를 쓰는 것을 비유하여 이르는 말. 《전등록》

붕정만리
鵬程萬里

붕새 鵬 한도 程 일만 萬 마을 里

> 앞길이 매우 멀고도 큼.

붕(鵬)이란 사전적 의미는 큰 새, 상상상의 큰 새 이름이라고 되어 있다. 말하자면 고대 중국인의 소박한 공상의 소산으로 동물학상 조류의 무슨 과에 속하는 새인지 캘 필요는 없다. 어쨌든 엄청나게 큰 새라고 생각하면 된다.

그 붕에 관해 기록된 가장 대표적인 문장은 《장자》 소요유편(逍遙遊篇) 처음에 있는 일절로 거기에는,

「북해(北海) 끝에 곤(鯤)이라는 이름의 고기가 있다. 곤의 크기는 몇 천 리인지 모른다. 곤이 변해서 붕(鵬)이란 이름의 새가 된다. 붕의 등허리도 몇 천리인지 모른다. 이 새가 한번 힘을 내서 날면 그 날개는 하늘 전체를 뒤덮는 구름이 아닌가 생각되고, 해면이 한꺼번에 뒤집힐 듯한 대풍이 불면 그 바람을 타고 북해 끝에서 남해 끝까지 날려고 한다」라고 씌어 있다.

제해(齊諧)라는 이 세상의 불가사의를 잘 아는 사람의 말에 의하면,

「붕이 남해로 날아 옮기자면 바닷물에 날갯짓을 3천 리, 회오리바람을 타고 오르기 9만 리, 6개월 동안 계속 난 다음 비로소 그 날개를 쉰다고 한다」라고 씌어 있다.

장자는 이 붕을 빌어 세속의 상식을 초월한 무한히 큰 것, 그 아무것에도 사로잡히지 않는 정신의 자유세계에 소요하는 위대한 자의 존재를 시사하려고 했으나, 그래도 곤[鯤 : 사전에는 물고기의 알(魚卵)이라고 씌어 있다]이란 지미지소(至微至小)한 것을 큰 물고기의 이름으로 하고, 그 곤이 새로 변한 것이 붕(鵬)이라고 하니 아주 기발한 착상

이다.

그것은 어쨌든 앞의 《장자》의 문장으로 하여 여러 가지 숙어가 생겨났다.

우선 「붕곤(鵬鯤)」 또는 「곤붕」이라 하면 상상을 초월한 지대한 사물을 비유한 것이고, 「붕배(鵬背)」, 「붕익(鵬翼)」 하면 거대한 것의 비유로 쓰이며, 특히 붕익은 콩코드나 보잉 747 같은 거대한 항공기 등의 형용에 흔히 쓰인다.

그것에 준하면 「붕박(鵬搏 ; 붕의 날갯짓)」, 「붕비(鵬飛)」, 「붕거(鵬擧)는 크게 분발해서 일을 하려고 함의 비유이고, 「붕도(鵬圖)」 「붕정(鵬程)」은 범인으로서는 생각도 미치지 않는 원대한 사업·계획을 비유하는 말이란 점도 절로 납득이 갈 것이다.

마지막으로 장자는 이 9만 리를 나는 대붕(大鵬)―속박되는 일이 없는 위대한 존재자와의 대비(對比)로써 상식의 세계에 만족하고 얕은 지혜를 농(弄)하며 스스로 족하다 생각하는 비소(卑小)한 범속배의 천박함을 척안(斥鷃: 작은 물새)에 비유하여 이렇게 풍자한다.

「9만 리를 나는 대붕을 보고, 척안은 도리어 그것을 비웃으며 『저것 봐라, 저 붕이란 녀석은 도대체 어디로 가려고 하는 거지. 우리들은 힘껏 뛰어올라도 기껏해야 5, 6칸으로 내려와서는 쑥이 무성한 위를 날 뿐이지만, 그래도 충분히 나는 재미는 있거든. 그런데 녀석은 도대체 어디까지 날아갈 작정이지?』하고 빈정거린다. 결국 왜소(矮小)한 것은 위대한 것의 마음이나 행동을 알 턱이 없다. 대와 소의 차이점이다」

여기서 「붕안(鵬鷃)」이란 말도 쓰인다. 대소의 차가 현격함의 비유로 쓰인다.

불록〔不祿〕 녹을 다 타지 않고 죽는다 | 는 뜻으로, 선비의 죽음. 또는 대부

(大夫)의 요사(夭死). 또한 제후(諸侯)의 죽음을 타국에 고할 때의 겸칭. 《예기》

불립문자〔不立文字〕【불교】 문자에 의해서 교(敎)를 세우는 것이 아니라는 뜻으로, 「이심전심(以心傳心)」과 함께 선종(禪宗)의 입장을 나타내는 표어. 오도(悟道)는 문자나 말로써 전하는 것이 아니라 마음으로 전해진다는 뜻. 《전등록》

불면어정조〔不免於鼎俎〕 솥에 삶기고 도마에서 칼질 당함을 면치 못한다는 뜻으로, 죽음을 면키 어려움의 비유. 《회남자》

불모지지〔不毛之地〕 지미(地味)가 척박하기 때문에 초목이나 오곡이 생육하지 않는 땅. 모(毛)는 초목·곡식 등 땅에 나 있는 것의 총칭. 《춘추공양전》

불문곡직〔不問曲直〕 옳고 그른 것을 묻지 아니함.

불문마〔不問馬〕 말에 대해서는 묻지 않는다는 뜻으로, 비상시에는 다른 것을 돌보지 않고 인명(人命)을 첫째로 삼는 것. 《논어》

불비불명〔不蜚不鳴〕 날지도 않고 울지도 않는다는 뜻으로, 큰일을 하기 위해 오랫동안 조용히 때를 기다린다는 말. 《사기》

불비지혜〔不費之惠〕 자기에게는 해될 것이 없고 남에게는 이익이 될 만하게 베풀어주는 은혜.

불삼숙상하〔不三宿桑下〕 불제자(佛弟子)는 한 뽕나무 밑에서 사흘을 계속 머물지 않는다는 뜻으로, 남에게 폐를 끼치지 않는다는 말. 《후한서》

불생불멸〔不生不滅〕【불교】 생겨나지도 않고 또한 없어지지도 않고 상주(常住)인 것. 곧 진여실상(眞如實相)의 존재. 열반(涅槃)의 경계. 또는 불생불사(不生不死).

불석신명〔不惜身命〕【불교】 불도수행·교화(敎化)·보시(布施) 등을 위해서는 몸이나 생명을 아끼지 않고 바침. 《법화경》

불선불후〔不先不後〕 앞도 없고 뒤도 없다는 뜻으로, 공교롭게도 꼭 좋지 않은 때를 당함.

불성취일〔不成就日〕 음양가(陰陽家)에서, 일체의 일이 성취되지 않는다고 해서 기(忌)하는 날. 부정일(不淨日).

불소지신〔不召之臣〕 부르지 못하는 신하라는 뜻으로, 예의를 갖추어 모셔와야 할 어진 신하. 앉아서 불러들이기가 송구스런 어진 신하. 《맹자》

불수진〔拂鬚塵〕 남의 수염에 묻은 먼지를 떤다. 곧 윗사람이나 권력자에게 아부하거나 비굴한 태도를 보이는 것을 이르는 말. 《송사》

불심천자〔佛心天子〕 양(梁)나라 무제(武帝)의 딴 이름. 무제가 가사(袈

裟)를 입고 불교의 경전을 강(講)했다는 데서 나온 말.

불식지무〔不識之無〕 ☞ 목불식정(目不識丁).

불야성〔不夜城〕《한서》 지리지(地理志)에 나오는 말로, 밤에도 해가 떠 있어 밝았다고 하는 중국 동래군(東萊郡) 불야현(不夜縣)에 있었던 성(城). 등불이 휘황하게 켜 있어 밤에도 대낮같이 밝은 번화한 곳을 일컬음.《삼제략기(三齊略記)》

불어괴력난신〔不語怪力亂神〕 인간을 초월한 것, 불합리한 일, 파괴적인 일, 초자연적인 일을 공자는 입에 담지 않았다는 말.《논어》

불역유행〔不易流行〕 불역(不易)은 시적(詩的) 생명인 기본적 영원성을 가진 체(體). 유행(流行)은 시에 있어서의 유전(流轉)의 모양으로 그 시대의 새로운 풍의 체. 평이하게 말하면,「불변의 것과 변하는 것. 이 두 가지 체는 모두 풍아한 정성에서 나오는 것이므로 근본에 있어서는 하나로 돌아가야만 하는 것이다」라고 하는 사고방식.

불요불굴〔不撓不屈〕 곤란에 처해서도 기가 꺾이지 않는 것.

불요불급〔不要不急〕 필요하지도 급하지도 아니함.

불욕군명〔不辱君命〕 외국에 사신으로 가서 임금의 명을 욕되게 하지 않음. 곧 사명을 훌륭히 완수함을 이르는 말.《논어》

불원천리〔不遠千里〕 천리를 멀다 하지 않는다는 뜻으로, 먼 길을 오는 수고도 마다하지 않는 정성을 비유한 말.《맹자》

불원천불우인〔不怨天不尤人〕 자기의 뜻이 시대와 사회에 맞지 아니하더라도 하늘이나 다른 사람을 원망하지 아니하고 늘 반성하여 발전과 향상을 도모한다는 뜻.

불위농시〔不違農時〕 농사지을 때를 어기지 않는다는 뜻으로, 적절한 시기에 때를 놓치지 않고 농사일을 해줌을 일컬음.《맹자》

불유여력〔不遺餘力〕 힘을 남기지 않고 전력투구(全力投球)함.《전국책》

불이인폐언〔不以人廢言〕 그 인품이 좋지 않다고 해서 그 사람의 말까지 무시하지 않는다는 말.《논어》

불익이비〔不翼而飛〕 날개가 없이도 난다는 뜻으로, 의식적으로 알리지 않아도 신속하게 전파되다. 또는 어떤 물건이 감쪽같이 없어지다.

불인인열〔不因人熱〕 사람의 열로써 밥을 짓지 않는다는 뜻으로, 남에게 은혜 입음을 떳떳치 않게 여김을 이름.《세설신어》

불자양력〔不自量力〕 자신의 힘은 고려하지 않고 섣부르게 행동함을 이르는 말.《좌전》

비방지목
誹謗之木

헐뜯을 誹 헐뜯을 謗 의 之 나무 木

훌륭한 정치의 표본이 되는 물건이나 사건

요(堯)와 순(舜) 두 임금은 고대 중국인의 소박한 이념 속에서 태어난 이상적인 성천자(聖天子)다. 물론 그것은 몇 천 년이나 거슬러 올라간 전설시대의 인물이므로, 그 역사적 실재성을 의심하기로 하면 한이 없다.

그럼에도 불구하고 고전(古傳)이나 고서를 통해서 요순의 존재는 중국인의 가슴속에서 오히려 뚜렷하게 이어오고 있다. 이것 역시 그러한 요순의 이상정치의 일단을 말하는 전설의 하나다.

제요 도당씨(帝堯陶唐氏)는 성이 이기(伊祁), 이름은 방훈(放勛), 제곡(帝嚳)의 아들로 그 인(仁)은 하늘(天)과 같고, 그 지(知)도 신(神)과 같고, 자비심이 지극한 총명한 천자로서, 하늘을 공경하고 사람을 사랑하는 이상정치를 펴서 천하 사람들로부터 추모 받고 있었다.

그의 거처는 갈대 지붕이고 세 층의 흙계단이 딸린 조촐한 집으로, 부유해도 남에게 뽐내지 않고 귀해도 남을 깔보지 않으며, 오로지 정치가 올바르게 되는 것만을 염두에 두고 있었다.

그는 자기의 정사가 자기 혼자만의 생각이면 혹 잘못이 있지 않을까 하는 생각에서 궁문 입구에 커다란 북을 매달아 놓고 다리 앞에 네 개의 나무로 엮은 기둥을 세웠다.

북은 「감간지고(敢諫之鼓)」라 이름하여 누구라도 요임금의 정치에 불비한 점을 발견한 자는 그 북을 쳐서 거리낌 없이 자기의 의견을 말하도록 하고, 기둥은 「비방지목(誹謗之木)」이라 이름하여 누구라도 요의 정치에 불만이 있는 자는 그 기둥에 불평이나 불만을 써 붙여서 자기의 희망을 주장하도록 하기 위해서였다.

「감간(敢諫)」은 감히 간한다, 즉 반대 의견의 상신이고,「비방(誹謗)」은「남을 헐뜯어 책망하는 것」이다. 요는 이런 것에 의해 한층 정확하게 민의의 소재와 동향을 알고, 자기반성의 자료로도 삼아 민의를 반영한 정치에 힘썼다는 것이리라.

일설에는「감간의 북」은 요임금이,「비방의 나무」는 순임금의 일이라고 하는 얘기도 있다. 또 다른 일설에는 요가「진선의 깃발(進善之旌)」과「비방의 나무」를 세웠다고도 한다.

「진선의 깃발」은 큰길가에 세워 선언(善言)—정치에 대한 좋은 의견—이 있는 자로 하여금 그 깃발 밑에서 자유롭게 의견을 발표시켰다고 한다.

아무튼 이것은 국민에 의한 민주주의 단계와는 아주 먼 고대 제왕의 전제정치이기는 하나 민의에 정치의 근본을 두겠다는 이념을 나타내는 것, 혹은 또 정치에 우리들의 의견도 참작해 달라는 백성들의 의사나 원망을 나타내는 것으로서 흥미롭다.

불즉불리〔不卽不離〕붙지도 않고 떨어져 있지도 않음. 곧 어중간함의 뜻. 너무 밀착해 있지도 않고 너무 떨어져 있지도 않은 관계를 유지하는 것. 인간관계로 말하면, 군자의 교제와 같은 담박(淡泊)하고 호감이 가는 관계.《원각경(圓覺經)》

불지지호〔不脂之戶〕기름을 바르지 않은 문짝은 여닫이가 잘 되지 않듯이, 말이 걸려서 잘 나오지 않는다는 뜻으로, 말수가 적음의 비유.《회남자》

불초〔不肖〕부조(父祖)의 덕망이나 유업(遺業)을 대받지 못함. 또 그러한 사람. 또는 자기를 겸사하여 일컫는 말.《맹자》

불치인류〔不齒人類〕사람 축에 들지 못함.《예기》

불치하문〔不恥下問〕자기보다 못한 사람에게 묻는 것을 부끄러워하지 아니함.《논어》

비육지탄
髀肉之嘆

넓적다리 髀 살 肉 의 之 탄식할 嘆

성공하지 못하고 한갓 세월만 보내는 일을 탄식함.

비육(髀肉)은 넓적다리 살을 말한다. 바쁘게 돌아다닐 일이 없어 가만히 놀고먹기 때문에 넓적다리에 살만 찐다고 한탄하는 말이 「비육지탄」이다. 삼국시대 현덕 유비가 한 말이다.

유비는 한나라 황족으로서 황건적을 토벌하기 위한 의용군에 가담한 것을 첫 출발로 하여 차츰 세력을 얻어 마침내는 한나라 정통을 계승한 것으로 자처하는 촉한의 첫 황제가 되었다.

그는 한때 조조와 협력하여 여포(呂布)를 하비에서 깨뜨리고, 임시 수도였던 허창(許昌)으로 올라와 조조의 주선으로 헌제(獻帝)를 배알하고 좌장군에 임명된다.

그러나 조조 밑에 있는 것이 싫어 허창을 탈출하여 같은 황족인 형주(荊州)의 유표에게 몸을 의지하게 된다.

그리하여 신야(新野)라는 작은 성을 얻어 4년 동안을 그곳에서 보내게 되는데, 이 사이 북쪽에서는 조조와 원소(袁紹)가 맞붙어 불 튀기는 싸움을 되풀이하고 있었기 때문에 유비가 있는 남쪽 지방은 소강상태에 놓여 있었다.

어느 날, 유비는 유표의 초대를 받았다. 술자리에서 일어나 잠시 볼일을 보러 가게 된 그는 우연히 전에 느끼지 못했던 넓적다리의 살이 유난히 뒤룩뒤룩한 것을 보게 되었다. 순간 그는 슬픈 생각이 치밀어 눈물이 주르르 쏟아졌다. 자리로 돌아온 그는 눈물 자국을 완전히 감출 수 없어 유표의 캐물음을 당하게 되었다.

유비는 이렇게 대답했다.

「나는 언제나 몸이 말안장을 떠날 겨를이 없어 넓적다리 살이 붙은 일이 없었는데, 요즘은 말을 타는 일이 없어 넓적다리 안쪽에 살이 다시 생기지 않았겠습니까. 세월은 달려가 머지않아 늙음이 닥쳐올 텐데, 공도 일도 이룬 것이 없어 그래서 슬퍼했던 것입니다」

이것이 「비육지탄」 이다.

불통수화〔不通水火〕 물과 불이 통하지 않는다는 뜻으로, 이웃과 사귀지 않고 서로 내왕이 없는 것을 비유하여 이르는 말.《한서》

불파천불외지〔不怕天不畏地〕 하늘도 두려워하지 않고 땅도 겁내지 않는다는 뜻으로, 행동이 난폭한 악인이 아무것도 무서워하거나 두려워하지 않음.

불편부당〔不偏不黨〕 어느 편으로나 치우치지 않음. 편(偏)은 치우치다. 당(黨)은 무리를 짓다. 중립, 공정하고 파벌을 만들지 않는 것. 《서경》 홍범(洪範).

불하일장〔不下一杖〕 죄인이 채 매 한 대도 맞기 전에 미리 자백함.

불학무술〔不學無術〕 배우지 않아서 재주가 없다. 곧 지식이 부족하고 재주 없음을 일컫는 말.《한서》

불한이율〔不寒而慄〕 춥지도 않은데 공포에 떨다. 곧 폭정이 하도 심해서 춥지도 않은데 저절로 몸이 떨린다는 말.《사기》

불해의대〔不解衣帶〕 옷띠를 풀지 않는다는 뜻으로, 쉬지도 않고 잠도 자지 않으며 일에 힘씀의 비유. 《한서》

불협화음〔不協和音〕 어울리지 않는 음(音)의 한자어. dissonance.

비견접종〔比肩接踵〕 사람들의 어깨가 서로 닿고 발뒷굽이 서로 맞닿는다는 뜻으로, 사람이 많은 것을 비유해서 이르는 말.《전국책》

비궁지절〔匪躬之節〕 제 몸을 돌보지 아니하고 임금에게 충성을 다하는 신하의 도리.《역경》

비려비마〔非驢非馬〕 나귀도 아니고 말도 아니다. 곧 그 무엇과도 같지 않음을 비유해서 이르는 말. 《한서》

비례지례〔非禮之禮〕 예의에 맞지 않는 예의. 얼핏 예의바른 것 같지만 그 실은 예(禮)와 의(義)에 어긋나 있는 것. 허례(虛禮).《맹자》

빈계지신
牝鷄之晨

암 牝 닭 鷄 의 之 새벽 晨

| 여자가 설쳐댐의 비유. |

「빈계지신」은 글자 그대로 해석하면 암탉의 새벽이라는 뜻이다. 곧 암탉의 새벽 울음이라는 말이다. 이는 「암탉이 울면 집안이 망한다」는 말에서 온 것으로, 여자가 설쳐대는 것을 비유한 말이다.

암탉이 울면 집안이 망한다는 이 오랜 속설은 《서경(書經)》 목서편(牧誓篇)에 나오는 이야기다. 「암탉은 새벽에 울지 않기 때문에, 암탉이 새벽에 울면 집안이 망한다(牝鷄無晨 牝鷄之晨 惟家之索)」

주(周)의 무왕이 은(殷)의 무도한 주(紂)왕을 치기 위해 목야(牧野)에서 군사를 모아 놓고 맹세한 말에서 나온 것이다. 무왕이 말한 암탉은 주왕 곁에서 잔인하고 요사스러운 짓을 저지른 주의 비(妃) 달기(妲己)를 지칭하는 것이다. 여자가 지나치게 설쳐대는 바람에 나라꼴을 망쳐 놓은 적이 종종 있었기 때문에 이런 말이 나오게 된 것이다.

이 「빈계지신」의 모범적인 경계의 예가 당태종의 황후 장손씨(張孫氏)다. 그녀는 목소리를 낮추고 훌륭하게 내조한 비로 꼽힌다. 태종도 그녀의 인품과 지혜를 잘 알고 있어 신하들의 상벌문제가 생기면 그녀의 의견을 묻곤 했는데, 그때마다 그녀는 「암탉이 울면 집안이 망한다고 합니다. 아녀자인 제가 정치에 참견할 수는 없는 일입니다」라고 하며 입을 다물었다고 한다.

또 태종이 그녀의 오빠 장손무기(張孫無忌)를 재상에 임명하려 하자 그녀는 외척의 전횡을 우려해 극력 반대했다고 한다. 그녀가 서른여섯의 이른 나이로 죽었을 때 태종은 「안으로 훌륭한 보좌관 하나를 잃었구나」 하고 통곡했다고 한다.

비리곡직〔非理曲直〕 옳고, 그르고, 굽고, 곧음. 도리에 맞는 것과 어긋난 것. 올바른 것과 그른 것. 시비곡직(是非曲直).

비부감수〔蚍蜉撼樹〕 왕개미가 나무를 흔들어 보려 한다는 뜻으로, 자기의 능력이나 분수도 모르고 지나치게 과대평가함을 비웃는 말.

비불외곡〔臂不外曲〕 팔이 밖으로 내굽지 않는다는 뜻으로, 자기와 가까운 사람에게 인정이 더 쏠리거나, 자기에게 이익이 되도록 처리함이 인지상정임을 비유하는 말. 《벽암록(碧巖錄)》

비석지심〔匪石之心〕 확고하게 동요하지 않는 마음. 비(匪)는 비(非)와 같다. 곧 마음은 돌이 아니므로 돌멩이처럼 마음대로는 할 수 없음을 이르는 말. 《서경》

비아부화〔飛蛾赴火〕 불을 향해 날아드는 나방. 스스로 자멸의 길로 들어가거나 재앙 속으로 몸을 던지는 것을 말한다. 《양서(梁書)》

비양발호〔飛揚跋扈〕 비양(飛揚)은 잘난 체하며 까부는 것. 안하무인으로 거리낌 없이 횡행함을 이름. 《북사》

비옥가봉〔比屋可封〕 요(堯)·순(舜) 때 사람이 다 착하여 집집마다 표창할 만했다는 일.

비우상〔飛羽觴〕 술잔을 활발히 주고받음. 우상(羽觴)은 참새 날개 모양을 단 술잔. 그 잔을 멀리 날리듯이 사람들에게 돌리는 것. 이백 《춘화연종제도화원서》

비위난정〔脾胃難定〕 비위가 뒤집혀 가라앉지 아니함. 또는 밉살스러운 꼴을 보고 마음이 아니꼬움을 이르는 말.

비유비무〔非有非無〕【불교】 모든 법의 실상은 있지도 없지도 아니함. 유(有)와 무(無)의 중도(中道)임. 비유비공(非有非空).

비육부생〔髀肉復生〕 넓적다리에 다시 살이 오른다는 뜻으로, 무료하게 허송세월하면서 아무성취도 없는 것을 일컫는 말. ☞ 비육지탄(髀肉之嘆).

비육불포〔非肉不飽〕 고기를 먹지 않으면 배가 부르지 아니함. 곧 노인의 쇠약해진 때를 이름. 《맹자》

비이소사〔匪夷所思〕 보통사람의 생각이 미치는 바가 아님. 이(夷)는 등(等), 상(常)과 같아 보통사람. 비(匪)는 비(非)와 같다. 《역경》

비이장목〔飛耳長目〕 정보 수집에 뛰어나고, 사물의 관찰이 예리하며, 세정(世情)에 정통한 것. 비이(飛耳)는 멀리의 것을 나는 듯이 빨리 듣는 귀. 장목(長目)은 먼 곳까지 내다볼 수 있는 눈. 또는 전(轉)해서 책의 의미. 《관자》

빈자일등
貧者一燈

가난할 貧 사람 者 한 一 등불 燈

> 물질의 많고 적음보다 정성이 소중함을 일컬음.

　석가세존께서 사위국(舍衛國)의 어느 정사(精舍)에 계실 때의 일이다. 사위국에 난타(難陀)라는 한 가난한 여인이 있었는데, 몸을 의지할 곳이 없이 얻어먹으며 다녔다. 그녀는 국왕을 비롯해 많은 사람들이 각각 신분에 맞는 공양을 석가와 그 제자들에게 하고 있는 것을 보자, 스스로 한탄하며 이렇게 말했다.
　「나는 전생에 범한 죄 때문에 가난하고 천한 몸으로 태어나, 모처럼 고마우신 스님을 뵙게 되었는데도 아무 공양도 할 수가 없다」
　이렇게 슬퍼한 나머지, 온종일 거리를 돌아다니며 구걸한 끝에 겨우 돈 한 푼을 얻게 되었다. 그녀는 그 돈 한 푼을 가지고 기름집으로 갔다. 기름을 사서 등불을 만들려는 것이었다. 그러나 기름집 주인은,
　「아니 겨우 한 푼어치 기름을 사다가 어디에 쓰려는 것인지 모르지만……」 하고 기름을 주려고 하지 않았다.
　난타는 마음속에 있는 말을 다 이야기했다. 그러자 기름집 주인은 딱한 생각에 돈 한 푼을 받고 몇 배나 되는 기름을 주었다. 난타는 기뻐 어쩔 줄을 모르며 등을 하나 만들어 석가가 계신 정사로 달려갔다. 이를 석가에게 바치고 불을 밝혀 불단 앞에 있는 무수한 등불 속에 놓아두었다.
　그런데 이상하게도 난타가 바친 등불만이 새벽까지 홀로 밝게 타고 있었다. 손을 저어 바람을 보내도, 옷을 흔들어 바람을 보내도 꺼지지를 않았다. 뒤에 석가가 난타의 정성을 알고 그녀를 비구니(比丘尼)로 받아들였다는 것이다.

이 이야기는 《현우경(賢愚經)》의 빈녀난타품(貧女難陀品)에 나오는 이야기다. 여기에서 「빈자일등」이란 말이 생겼고 「부자의 만 등보다 빈자의 한 등이 낫다」는 말이 생겼다.

그리스도교 성경에도 예수님의 똑같은 내용의 말씀이 나온다. 신명은 정신을 받아들이지 물질을 받아들이지는 않는 것이다.

비익연리〔比翼連理〕 부부의 애정이 지극함을 딱히 정하는 명문구. 「하늘에 사는 비익조(比翼鳥)와 땅에 있는 연리지(連理枝)」로 비유했다. 비(比)는 나란한 것. 비익조란 암수(雌雄)가 모두 눈과 날개가 하나씩이라서 짝을 짓지 않으면 날지 못한다는 전설상의 새. 연리지는 줄기는 두 개이지만 가지가 하나로 연결되어진 나무. 모두가 남녀의 지극한 정을 비유한 것. 역사상 최고의 로망스로 일컫는 현종황제와 양귀비가 칠석날 밤 장생전(長生殿)에서 영구히 부부인 것을 맹서한 말로서, 당의 시인 백낙천(白樂天)이 노래한 시의 일절. 백거이《장한가》

비잠동치〔飛潛同置〕 날고 잠기는 표현이 같은 작품에 놓여 있다. 옛날 한시(漢詩)를 지을 때 좋은 작품을 얻기 위한 기본적인 수사법을 말함.

비장수기〔飛將數奇〕 재주 있는 사람일수록 불행한 처지에 놓이게 됨을 비유해서 이르는 말. 《한서》

비장즉답〔轡長則踏〕 고삐가 길면 다 친다는 뜻으로, 나쁜 짓을 오래 계속하면 반드시 탄로가 난다는 말. 「꼬리가 길면 밟힌다」는 우리 속담과 같다. 《동언해(東言解)》

비전불행〔非錢不行〕 돈을 쓰지 않고는 되는 일이 없다는 뜻으로, 관기(官紀)가 문란함을 비유하여 이르는 말.

비전지죄〔非戰之罪〕 싸우지 못한 죄라는 뜻으로, 항우가 해하(垓下)의 싸움에 패하고 탄식한 말. 힘은 다 했으나 운수가 글러서 성공 못함을 탄식한 말.

비조〔鼻祖〕 시조(始祖). 사물을 처음으로 시작한 사람. 비(鼻)는 처음이라는 뜻. 어머니의 태내에서는 코가 맨 먼저 형성되기 때문이라고 한다.

빙탄간
氷炭間

얼음 氷 숯불 炭 사이 間

> 서로 조화될 수 없는 사이.

성질이 정반대여서 도저히 서로 융합될 수 없는 사이를 「빙탄간(氷炭間)」이라고 한다. 이 말은 《초사(楚辭)》 칠간(七諫)의 자비(自悲)에 나오는 말이다. 「칠간」은 한무제 당시의 문장과 해학으로 유명한 동방삭(東方朔)이 초나라 충신 굴원(屈原)을 추모해서 지은 것이다. 《초사》는 굴원의 작품과 뒷사람들의 굴원을 위해 지은 작품들이 수록되어 있는 책이다.

이 빙탄(氷炭)이란 말이 나와 있는 부분의 문장을 소개하면 다음과 같다.

얼음과 숯이 같이할 수 없음이여
내 처음부터 목숨이 길지 못한 것을 알았노라.
홀로 고생하다 죽어 낙이 없음이여
내 나이를 다하지 못함을 안타까워하노라.

氷炭不可以相並兮 吾固知乎命之不長   빙탄불가이상병혜 오고지호명지불장
哀獨苦死之無樂兮 惜予年之未央   애독고사지무락혜 석여년지미앙

우리가 말하는 「빙탄불상용(氷炭不相容)」이란 말은 이 글에는 상병(相並)으로 되어 있다. 서로 같이 있을 수 없다는 말이 무생물의 자연법칙을 말하고 있는 데 반해, 서로 용납하지 않는다는 불상용(不相容)은, 얼음과 숯을 의인화시켜 의식적인 대립을 강조한 느낌이 없지 않다. 그래서 「불상병」이란 말이 불상용으로 바뀌게 된 것인지도 모른다.

그것이 인간관계를 표현하는 말인 이상 역시 그래야만 실감이 나는 게 아닐까. 그런데 이 글을 구체적으로 풀이하면 다음과 같은 내용이다.

굴원은 간신들의 모함을 받아, 나라와 임금을 섬긴 일편단심을 안은 채 멀리 고향을 떠나 귀양살이 신세가 되었다. 자신을 모함하는 간신들과 나라를 사랑하는 자신은 성질상 얼음과 숯이 함께 있을 수 없는 그런 운명을 지니고 있다.

나는 내 목숨이 날 때부터 길게 타고나지 않은 것을 알고 있다. 그러나 그 길지 않은 일생이나마 낙이란 것을 모르고 고생만 하던 끝에 결국은 그 길지 않은 나이마저 다 살지 못하고 객지에서 죽어갈 것을 생각하면 그저 안타깝기만 하다.

이상과 같은 내용을 읊은 것인데, 이 글 다음에 고향을 그리는 정을 다시 읊은 대목에서는 또 「호사수구(狐死首丘)」란 말을 낳게 된다. 이 말은 여우가 죽을 때는 머리를 제가 살던 굴이 있는 언덕으로 돌린다는 뜻으로, 곧 죽을 때에도 근본을 잊지 않는다는 말이다.

비조경사〔飛鳥驚蛇〕 새가 날고 뱀이 놀란다는 뜻으로, 활달하고 생동감 넘치는 서체를 비유하여 이르는 말. 《법서원(法書院)》

비조불입〔飛鳥不入〕 성(城) 또는 진지(陣地)의 방비가 튼튼하여 나는 새도 들어갈 수 없다는 뜻.

비조즉석〔非朝卽夕〕 아침이 아니면 저녁이라는 뜻으로, 시기가 임박하였음을 이르는 말.

비조진양궁장〔飛鳥盡良弓藏〕 나는 새가 없어지면 좋은 활도 깊이 간직되고 만다는 뜻으로, 쓸모가 없어져 버려짐을 비유하여 이르는 말. 《사기》 ☞ 토사구팽(兎死狗烹).

비파자무가자역무〔琵琶者舞枷者亦舞〕 거문고와 형틀인 칼이 비슷하게 생긴 데서, 거문고를 인 놈이 춤을 추니 칼 쓴 놈도 춤을 춘다는 뜻으로, 남이 한다고 해서 덩달아 따라 함의 비유. 《순오지》

비풍참우〔悲風慘雨〕 인생·생활이 비참함을 일컫는 말.

비하정사〔鼻下政事〕 코 밑에 있는 입

에 관한 정사란 뜻으로, 겨우 먹고 살아가는 일. 비하공사(卑下公事).

비황등달〔飛黃騰達〕갑자기 운수가 트여 벼슬이 올라가거나 현달하게 되는 것을 비유하는 말. 비황등답(飛黃騰踏). 한유《부독서성남(符讀書城南)》

빈도골〔貧到骨〕가난이 뼈에까지 스며든다는 뜻으로, 찢어지게 가난함을 이르는 말. 두보《우정오랑(又呈吳郎)》

빈마지정〔牝馬之貞〕암말의 절개란 뜻으로, 힘든 일을 잘 참아내서 성공함의 비유.《역경》

빈지여귀〔賓至如歸〕손님 접대를 잘해서 손님들로 하여금 자기 집에 돌아온 듯한 느낌을 갖게 한다는 뜻.《좌전》

빈천불능이〔貧賤不能移〕바른 길을 걷는 사람은 아무리 빈천하여도 결코 그 지조를 바꾸지 아니함.《맹자》

빙기옥골〔氷肌玉骨〕매화의 곱고 깨끗함을 형용한 말. 또는 살결이 곱고 깨끗한 미인의 형용.《장자》

빙동삼척 비일일지한〔氷凍三尺 非一日之寒〕세 척이나 쌓인 얼음도 한나절 추위로 이루어진 것은 아니다. 어떤 사물의 탄생이든지 모두 오랜 기간 동안의 노력과 말 못할 힘든 과정이 있었음을 비유하여 이르는 말.《논형》

빙정옥결〔氷貞玉潔〕절개가 깨끗하고 조금도 흠이 없음의 비유.

빙탄상애〔氷炭相愛〕얼음과 숯이 서로 사랑한다는 뜻으로, 세상에 그 예가 도저히 있을 수 없음의 비유. 또는 얼음과 숯이 서로 그 본질을 보전한다는 뜻으로, 친구끼리 서로 훈계함을 비유하여 이르는 말.《회남자》

빙호지심〔氷壺之心〕맑고 투명한 마음. 청렴결백한 마음. 호(壺)는 백옥으로 만든 항아리. 백옥으로 만든 항아리에 한 조각의 얼음을 넣은 것처럼 깨끗하고 맑은 마음이라는 뜻. 포조(鮑照)《대백두음(代白頭吟)》

빙호추월〔氷壺秋月〕얼음을 넣은 옥항아리와 가을의 밝은 달이란 뜻으로, 청렴결백한 마음을 비유하여 이르는 말.

사

사가망처
徙家忘妻 ▶ 쌍관제하
雙管齊下

고사성어대사전

사공명 주생중달
死孔明 走生仲達

죽을 死 구멍 孔 밝을 明 달아날 走
날 生 버금 仲 도달할 達

> 헛소문만 듣고 지레 겁을 집어먹음의 비유.

죽은 제갈양이 살아 있는 사마의(司馬懿)를 도망치게 한 사실을 놓고, 그 당시 사람들이 만들어 냈다고 전해 오는 말이다. 원문에는 「사공명」이 아니고 「사제갈(死諸葛)」로 되어 있다. 그것을 다음에 있는 「중달(仲達)」과 맞추기 위해서인지 「사공명」이란 말을 쓰기도 한다. 중달은 사마의의 자다. 이 말은 실제와 다른 헛소문만 듣고 미리 겁을 집어먹는 경우를 비유해서 말한다.

제갈공명이 목우유마(木牛流馬)라는 자동 운반차를 고안하여, 촉나라 10만의 대군을 이끌고 나가 사곡구(斜谷口)를 거쳐 오장원(五丈原)에 진을 치는 한편, 군사를 나눠 위수(渭水) 지역에 둔전(屯田)을 하게 했다. 위나라를 쳐부수기 위한 작전이었다.

위나라는 사마중달을 대장군으로 하여 촉나라 군사를 맞이하게 했다. 공명은 빨리 승리를 결정지으려 했지만, 중달은 공명과 여러 차례 싸우다가 혼이 난 일이 있는 터라, 수비 위주로 멀리 나와 있는 촉나라 군사의 지칠 때만을 기다리고 있었다. 공명은 여자가 쓰는 두건(頭巾)과 목걸이와 옷 등을 보내 그의 사내답지 못한 태도를 조롱했지만, 중달은 분노와 모욕을 꾹 참으며 끝내 싸움에 응하지 않았다.

이렇게 대치하고 있던 중 공명은 병마에 시달리게 되어 마침내 진중에서 죽고 말았다. 촉나라 군사는 하는 수 없이 철수를 단행했다. 이 소식을 들은 중달이 가만있을 리 없었다. 그는 재빨리 군사를 거느리고 촉나라 군사를 추격했다. 이때 공명의 신임이 가장 두텁던 강유(姜維)가 공명의 죽기 전 지시에 따라 군기의 방향을 전환시키고 북을 크게 울려 반격으로 나오는 자세를 취했다.

 항상 공명에게 속아만 온 중달은 공명이 죽었다는 소문과 철수 작전이 모두 자기를 유인해 내기 위한 술책이었다는 것을 직감하게 되었다. 잘못하다가는 앞뒤로 협공을 당할 염려마저 없지 않았으므로 중달은 허둥지둥 달아나기 바빴다.

 이 사실을 안 백성들은「죽은 제갈이 산 중달을 달아나게 했다」고 말했다(百姓爲之諺曰 死諸葛走生仲達). 이 말을 전해들은 중달은 멋쩍은 웃음을 웃으며,

「산 사람이 하는 일이야 알 수 있지만, 죽은 사람의 하는 일이야 어떻게 알 수가 있어야지」했다는 것이다.

 이 이야기는 《삼국지》,《십팔사략》,《통감강목(通鑑綱目)》 등에 나온다.

사가망처〔徙家忘妻〕 이사 갈 때 자기 아내를 잊고 두고 간다는 뜻으로, 모든 사물을 잘 잊는다는 뜻. 또는 의리(義理)를 분변하지 못하는 어리석은 사람을 비유하여 이르는 말.《공자가어》현군(賢君).

사계〔四計〕 네 가지 계획. 곧 하루의 계획은 새벽에, 한 해의 계획은 봄에, 일생의 계획은 부지런함에, 한 집안의 계획은 화목함에 있다는 말.《월령광의(月令廣義)》

사고무친〔四顧無親〕 친한 사람이라곤 도무지 없음. 의지할 데가 도무지 없음.

사고팔고〔四苦八苦〕 온갖 고통. 매우 심한 고통. 생(生)·노(老)·병(病)·사(死)의 사고(四苦)와 애별리고(愛別離苦)·원증회고(怨憎會苦)·구불득고(求不得苦)·오음성고(五陰盛苦)의 사고(四苦)를 더한 여덟 가지 고통.

사공견관〔司空見慣〕 자주 보아서 신기하지 않음. 아주 평범함.《당송유사》

사공중곡〔射空中鵠〕 무턱대고 쏜 것이 과녁을 맞혔다는 뜻으로, 멋모르고 한 일이 우연히 들어맞아 성공하였음의 비유.《순오지》

사단
四端

넉 四 끝 端

> 사람의 본성에서 우러나는 네 가지 마음씨. 곧 인의 실마리인 측은해 하는 마음(惻隱之心), 의의 실마리인 부끄러워하는 마음(羞惡之心), 예의 실마리인 사양하는 마음(辭讓之心), 지의 실마리인 옳고 그르다 하는 마음(是非之心).

「사단」은 《맹자》에서 나온 말이다. 단(端)은 끝이란 뜻인데, 그것은 처음 시작되는 끝을 말한다. 우리가 어떤 사건을 해결하는 단서(端緒)를 찾았다고 할 때의 단서와 같은 뜻이다. 우리말의 실마리에 해당한다. 보통 사단이라면 인·의·예·지(仁義禮智) 네 가지를 말한다. 맹자의 이 「사단론(四端論)」은 성선설에 바탕을 둔 정치 이론에서 출발한다. 《맹자》 공손추 상(上)에서 맹자는 이렇게 말하고 있다.

「사람은 누구나 남에게 차마 못하는 마음을 가지고 있다. 옛 성왕(聖王)들은 남에게 차마 못하는 마음을 가지고 남에게 차마 못하는 정치를 했다. 남에게 차마 못하는 마음으로 남에게 차마 못하는 정치를 행하면 천하를 다스리는 것은 손바닥 위에 올려놓고 놀리는 것과 같다. 이른바 사람이 다 남에게 차마 못하는 마음을 가졌다는 것은, 지금 사람들이 어린아이가 우물에 빠진 것을 보면, 그 순간 누구나가 놀라며 슬퍼하고 아파하는 마음을 갖게 된다. 그것은 어린아이 부모에게 잘 보이려는 것도 아니요, 이웃 친구들의 칭찬을 듣기 위해서도 아니며, 흉보는 소리가 싫어서 그런 것도 아니다. 이것을 놓고 보면, 측은해 하는 마음이 없는 것도 사람이 아니며, 부끄러워하는 마음이 없는 것도 사람이 아니며, 사양하는 마음이 없는 것도 사람이 아니며, 옳다 그르다 하는 마음이 없는 것도 사람이 아니다. 측은해 하는 마음은 『인(仁)』의 실마리요, 부끄러워하는 마음은 『의(義)』의 실마리요, 사양하는 마음은 『예(禮)』의 실마리요,

옳다 그르다 하는 마음은 『智』의 실마리다」

「사람이 이 사단을 가진 것은 그가 사체(四體 : 사단)를 가지고 있는 것과 같다. 이 사단을 가지고 있으면서 스스로 못한다고 하는 사람은 자기 자신을 해치는 사람이요, 임금을 보고 못한다고 하는 사람은 임금을 해치는 사람이다.

무릇 사단이 나에게 있는 것을 모두 키워나가 이를 충실하게 할 줄을 알면, 그것은 불이 처음 타기 시작하는 것과 같고, 샘물이 처음 솟아나는 것과 같다. 참으로 계속 키워 나가게 되면 천하도 능히 다스릴 수 있고, 참으로 키워 나가지 못한다면 부모도 제대로 섬길 수 없다」

이상이 「사단론」의 전부다. 조리 정연한 이론으로 설명이 필요치 않다. 이것은 사람의 성품은 누구나 착하다는 성선설을 바탕으로 하고 있는 것을 알 수 있다.

사과반〔謝過半〕 생각해 보면 대개의 뜻은 알 수 있다는 것. 또 대강의 일은 짐작할 수 있음. 짚이는 데가 많다는 것을 가리키는 말. 《역경》

사려분별〔思慮分別〕 사려(思慮)는 여러 가지로 생각을 짜내고 신중하게 판단하는 것. 어른의 생각. 분별(分別)은 불교에서 나온 말로, 사물의 선악을 판별하는 것. ㉲ 숙려단행(熟慮斷行). ㉯ 경거망동(輕擧妄動).

사광지총〔師曠之聰〕 소리를 알아듣는 능력이 뛰어남. 예민한 청력을 가진 사람의 비유. 사광(師曠)은 맹인이었으나 음조(音調)를 듣고 길흉(吉凶)을 알아맞혔다. 총(聰)은 예민한 청력. 《맹자》

사궁〔四窮〕 늙은 홀아비, 늙은 홀어미, 부모 없는 자식, 자식 없는 늙은이의 총칭. 《맹자》

사궤장〔賜几杖〕 늙어서 관직을 물러나는 대신(大臣)이나 중신(重臣)에게 안석(案席)과 지팡이를 하사함.

사근취원〔捨近取遠〕 가까운 것을 버리고 먼 데 것을 취한다는 말로, 일의 순서를 뒤바꾸어 함을 비유하여 이르는 말.

사면초가
四面楚歌

넉 四 쪽 面 초나라 楚 노래 歌

> 사면이 모두 적에게 둘러싸인 경우나, 도움 없이 고립된 경우를 이름.

초한전(楚漢戰) 당시 항우(項羽)의 고사에서 나오는 너무도 유명한 말이다. 「사면초가」는 사방이 완전히 적으로 둘러싸여 있다는 뜻인데, 그 속에는 내 편이었던 사람까지 적에 가담하고 있는 비참한 처지란 뜻이 포함되어 있다.

초·한의 7년 풍진도 이제는 조용해지는 듯싶더니, 한왕 유방(劉邦)이 약속을 어기고 항우를 해하(垓下)에서 포위했다.

해하에 진을 친 항우는 군사도 적고 식량도 다 떨어져 가고 있었다. 겹겹이 둘러싸고 있는 한나라 군사는, 장양(張良)의 꾀로 초나라 출신 장병들을 항우 진영 가까이에다 배치하고 밤에 초나라 노래를 부르게 했다.

《사기》 항우본기에 보면,

「밤에 한나라 군사가 사면에서 모두 초나라 노래를 부르는 것을 듣자, 초왕은 이에 크게 놀라 말하기를 『한나라가 이미 초나라를 다 얻었단 말인가. 어째서 초나라 사람이 이다지도 많지?』 했다(夜聞漢軍四面而皆楚歌 項王及大驚曰 漢皆旣得楚乎 是何楚人之多也)」고 나와 있다.

여기에서 외톨이가 되고 만 것을 가리켜 「사면초가」라 부르게 되었다. 이 마지막 장면을 계기로 해서 항우는 무수한 말들을 뒷사람들에게 남겨 주고 있다.

「역발산기개세(力拔山氣蓋世)」니, 「무면도강동(無面渡江東)」이니, 「권토중래(卷土重來)」니 하는 등등.

사기종인〔舍己從人〕 자신의 생각에만 얽매이지 않고 남의 좋은 생각을 받아들이는 것. 사(舍)는 버리다, 사(捨)와 같다. 자기 자신을 비우고 맺힌 것이 없는 마음이 되어서 남의 의견을 받아들이는 태도를 말한다.

사기포서〔使驥捕鼠〕 천리마(千里馬)에게 쥐를 잡게 한다는 뜻으로, 사람을 잘못 쓰면 유능한 사람도 무능해짐을 이르는 말. 자기 능력에 따라 용도가 다름의 비유. 《장자》

사단취장〔舍短取長〕 결점·단점은 버리고 미점·장점은 받아들이는 것. 옳고 그름을 잘 판단하여 뛰어난 점을 받아들여 제 것으로 만드는 것. 《한서》

사단칠정〔四端七情〕 사단(四端)과 칠정(七情)을 합한 말. 사단은 인의예지(仁義禮智)를 말하고, 칠정이란 희로애락애오욕(喜怒哀樂愛惡欲)을 말한다. 조선조에 이황(李滉, 1501~1570)에 의해 전개된 「사단칠정론」은 한국 유학사상 대표적인 논쟁으로 유명하다. 《맹자》 공손추상.

사량침주〔捨糧沈舟〕 식량을 버리고 배를 침몰시킨다는 뜻으로, 싸움에서 승리하기 전에는 돌아오지 않겠다는 결의를 이름. 《사기》

사륙변려〔四六騈儷〕 ☞ 변사여륙(騈四儷六).

사면춘풍〔四面春風〕 항상 좋은 얼굴로 남을 대하여 누구에게든지 호감을 사는 것을 가리키는 말. 또는 모든 것이 무사태평하고 순조로움을 가리키는 말. 두루춘풍. 《동언해》

사목지신〔徙木之信〕 속이지 아니한 것을 밝히는 일. 《사기》

사무량심〔四無量心〕【불교】무한한 자애(慈愛)인 자무량심(慈無量心), 일체의 괴로움에서 벗어나는 비무량심(悲無量心), 만인의 기쁨을 자기의 기쁨으로 하는 희무량심(喜無量心), 모든 원한을 버리는 사무량심(捨無量心)의 총칭.

사무사〔思無邪〕 생각하는 바에 사념(邪念)이 없는 것. 진심을 보이며 사심(私心)이 없는 것. 《논어》

사문난적〔斯文亂賊〕 교리에 어긋나는 언동으로 유교(儒敎)를 어지럽히는 사람. 유가의 입장에서 이단(異端)의 학문을 총칭하여 이르는 말. 《논어》

사민이시〔使民以時〕 나라의 노역(勞役)에 백성을 쓰는 데에는 농한기(農閑期)를 택해서 한다는 말. 나라를 다스리는 데에 근본적인 태도를 말하는데, 임금이 백성의 형편을 잘 헤아리는 것을 이르는 말. 《논어》

사불급설
駟不及舌

네 마리 말 駟 아니 不 미칠 及 혀 舌

말이 끄는 수레도 혀에는 못미친다는 말로, 소문이 삽시간에 퍼짐의 비유.

말을 조심해야 한다는 경계의 말은 예부터 많이 전해지고 있다. 《시경》 대아(大雅) 억편(抑篇)에 나오는,

흰 구슬의 이지러진 것은 차라리 갈(磨) 수 있지만
이 말의 이지러진 것은 어찌할 수 없다.

白圭之玷尙可磨也 斯言之玷不可爲也 백규지점상가마야 사언지점불가위야

라고 한 것도 한 예다. 공자의 제자 남용(南容)은 이 시를 읽으며, 그 뜻의 깊음에 감탄한 나머지 세 번을 거듭 되풀이했고, 공자는 그것을 보고

「남용은 나라에 도가 있으면 출세를 할 것이요, 나라에 도가 없어도 욕을 당하지 않을 것이다」하고 그를 조카사위로 삼았다는 이야기가 《논어》에 나온다.

당나라 명재상 풍도(馮道)는 그의 「설시(舌詩)」에서 「입은 화의 문이요, 혀는 몸을 베는 칼이다(口是禍之門 舌是斬自刀)」라고 했다.

우리가 흔히 쓰는 「화자구출(禍自口出)이요, 병자구입(病自口入)」이란 문자도 다 같은 뜻에서 나온 것이다.

여기에 나오는 「사불급설」도 말을 조심해야 한다는 비유로 한 말이다. 사(駟)는 네 마리의 말이 끄는 빠른 수레를 말한다. 아무리 빠른 수레로도 한번 해버린 말을 붙들지는 못한다는 뜻이다. 즉 「네 마리 말도 혀에는 미치지 못한다」는 뜻이다.

이것은 《논어》 안연편(顔淵篇)에 나오는 자공(子貢)의 말이다.

극자성(棘子成)이란 사람이 자공을 보고 말했다.

「군자는 질(質)만 있으면 그만이다. 문(文)이 무엇 때문에 필요하겠는가?」 그러자 자공은,

「안타깝도다, 사(駟)도 혀를 미치지 못한다. 문이 질과 같고, 질이 문과 같다면 호랑이나 표범의 가죽이 개나 양의 가죽과 같단 말인가」라고 그의 경솔한 말을 반박했다.

「질(質)」은 소박한 인간의 본성을 말하고, 「문(文)」은 인간만이 가지고 있는 예의범절 등 외면치레를 극자성은 말하고 있는 것 같다. 실상 그로서는 호랑이 가죽이나 개 가죽을 같이 보았는지도 모른다.

사반공배〔事半功倍〕 일은 반만 하고 공은 두 배라는 뜻으로, 작은 힘을 기울이고도 얻는 성과는 클 때 쓰는 말이다. 《맹자》

사발농사〔沙鉢農事〕 사발로 농사를 짓는다는 뜻으로, 밥을 빌어먹는 일을 비유하여 이르는 말.

사발통문〔沙鉢通文〕 주모자를 숨기기 위해 관계자의 성명을 사발 모양으로 둥글게 빙 둘러 적은 통문.

사방지지〔四方之志〕 천하의 여러 나라를 돌며 사업을 성취시키려는 뜻. 사방(四方)은 천하의 여러 나라. 《좌전》

사백사병〔四百四病〕 인간이 걸리는 일체의 병을 말한다. 인간의 몸은 지(地)·수(水)·화(火)·풍(風)의 네 가지가 조화해서 구성되어 있다는 설이 있어 그 네 가지 원소(元素)의 부조(不調)로 인해 각기 하나의 원소에 백병(百病)을 일으켜 본래와 합쳐서 사백사(四百四)라고 세는 것. 또 「사백사병」이외의 병으로 「사랑의 병」이 있다. 《왕생요집(往生要集)》

사불범정〔邪不犯正〕 바르지 못한 것이 바른 것을 감히 범하지 못함.

사불여죽 죽불여육〔絲不如竹 竹不如肉〕 여기서 사(絲)는 현악기를 말하고, 죽(竹)은 관악기, 육(肉)은 육성(肉聲), 곧 노래를 말한다. 곧 현악기인 거문고와 비파 등은 관악기인 피리에 미치지 못하고, 관악기는 육성이 들려주는 자연스런 노래에 미치지 못함을 일컫는 말. 《세설신어》

사이비
似而非

같을 似 말이을 而 아닐 非

> 겉은 제법 비슷하지만, 속은 다름.

겉으로 보면 같은데, 실상은 그것이 아닌 것이 「사이비(似而非)」다. 비슷한데 아니란 말이다.

「사이비란, 사람은 위선자(僞善者)요 사기꾼이다. 사이비란, 물건은 가짜요 모조품이다. 사이비란, 행동은 위선이요 가면이요 술책이다. 유사 종교니 유사품이니 하는 것도 다 사이비를 말한다. 이 세상을 어지럽게 만드는 것 중에 사이비가 차지하는 비중이 가장 클 것이다」

이것은 맹자의 말이다. 맹자는 제자 만장(萬章)과 이런 문답을 한다.

「온 고을이 다 그를 원인(原人: 점잖은 사람)이라고 하면, 어디를 가나 원인일 터인데, 공자께서 덕(德)의 도적이라고 하신 것은 무슨 까닭입니까?」

「비난을 하려 해도 비난할 것이 없고, 공격을 하려 해도 공격할 것이 없다. 시대의 흐름에 함께 휩쓸리며 더러운 세상과 호흡을 같이하여, 그의 태도는 충실하고 신의 있는 것 같으며, 그의 행동은 청렴하고 결백한 것 같다. 모든 사람들도 다 그를 좋아하고, 그 자신도 스스로 옳다고 생각하고 있다. 그러나 그와는 함께 참다운 성현의 길로는 들어갈 수가 없다. 그래서 덕의 도적이라고 말하는 것이다. 공자는 말씀하시기를, 『나는 같고도 아닌 것을 미워한다(惡似而非者)』고 하였다. 가라지를 미워하는 것은 그것이 곡식을 어지럽게 할까 두려워함이요…… 향원(鄕原)을 미워하는 것은 그것이 덕을 어지럽게 할까 두려워함이다……」

가짜가 횡행하면 세상에는 진짜가 행세를 할 수 없게 된다. 가짜는 진짜의 적인 것이다.

《성경》에는 예수께서 가라지의 비유를 말씀하셨고, 예수도 가장 미워한 것이 거짓 예언자였다. 동서고금을 막론하고 이 사이비가 항상 말썽이다. 「사이비」를 분간할 수 있는 것은 오직 성자뿐이다.

사비위빈〔仕非爲貧〕 관리는 빈한하여 녹을 타 먹기 위해 일하는 게 아니라는 뜻으로, 관리는 모름지기 덕을 천하에 시행해야 함을 이르는 말. 《맹자》

사상누각〔砂上樓閣〕 모래 위에 세운 다락집. 곧 기초가 약하여 자빠질 염려가 있거나 오래 유지 못할 일. 또 실현 불가능한 일을 비유한 말. 囿 공중누각(空中樓閣).

사생유명〔死生有命〕 사람의 생사는 천명(天命)에 달려 있어 사람의 힘으로는 어찌할 수 없음. 또는 의리를 위하여 죽음을 회피하지 않음. 《논어》

사서〔社鼠〕 사람이 함부로 손댈 수 없는 신전(神殿)에 숨어 사는 쥐란 뜻으로, 임금의 측근에 있는 간신을 비유한 말. 《한비자》

사석위호〔射石爲虎〕 돌을 범으로 잘못 보고 활을 쏘았다는 뜻으로, 일념을 가지고 하면 어떤 일이든 성취할 수 있다는 말. 《사기》

사숙〔私淑〕 직접 배우지는 못했지만 옛 선인이나 멀리 떨어져 있는 사람을 스승으로 삼아 자신의 품성을 도야함을 이르는 말. 《맹자》

사승습장〔死僧習杖〕 죽은 중의 볼기를 친다는 뜻으로, 저항할 힘이 없는 사람에게 폭행을 가하거나 위엄을 부리는 일의 비유.

사시이비〔似是而非〕 옳은 것처럼 보이면서 실은 잘못인 것. 얼핏 비슷하지만, 자세히 보니 다름. 《논형(論衡)》 ☞ 사이비(似而非).

사시지서〔四時之序〕 공을 이루고 명성을 얻은 자는 춘하추동의 계절이 차례로 바뀌어 가듯이, 깨끗이 그 자리를 후진에게 물려주어야 한다는 뜻. 《사기》

사심불구〔蛇心佛口〕 뱀의 마음에 부처의 입이라는 뜻으로, 마음은 간악하되 입으로는 착한 말을 꾸미는 일. 또 그러한 사람.

사양장랑〔使羊將狼〕 양으로 이리의 장수를 삼는다는 뜻으로, 힘이 약한 사람에게 강자를 통솔하게 함의 비유. 《사기》

사인선사마
射人先射馬

쏠 射 사람 人 먼저 先 말 馬

상대를 제압하려면 먼저 그 사람이 의지하고 있는 것부터 제거해야 한다.

「상대를 쏘아 떨어뜨리자면, 먼저 그가 타고 있는 말을 쏘라」는 것이 말의 뜻이다. 그러면 말은 놀라서 뛰어올라 주인을 떨어뜨리거나 또는 말이 움직이지 못하거나 해서 간단히 그 사람을 잡을 수가 있다는 뜻이다.

어떤 목적을 달성하려면 그것과 가장 관계가 깊은 것을 우선 손에 넣으라. 그러면 길은 열린다는 것을 말한 성어다. 예를 들어 어떤 사람에게 접근하려고 할 때 그 사람이 가장 신뢰하는 친구나 부하와 친해져 정보를 얻어 접근을 꾀하는 것 등은 그 좋은 보기일 것이다.

두보(杜甫)의 「전출새(前出塞)」라는 시에 나오는 말이다. 아홉 수로 된 이 시의 여섯째 수에 이렇게 말하고 있다.

활을 당기려거든 마땅히 센 것을 당기라
화살을 쓰려면 마땅히 긴 것을 써라.
사람을 쏘려거든 먼저 말을 쏘고
적을 사로잡으려거든 먼저 왕을 사로잡으라.
사람을 죽이는 데도 한이 있고
나라를 세우면 저절로 국경이 있다.
진실로 능히 침능을 제압할 수 있다면
어찌 마구 죽일 필요가 있으리오.

挽弓當挽强　用箭當用長　　만궁당만강　용전당용장
射人先射馬　擒敵先擒王　　사인선사마　금적선금왕

殺人亦有限　立國自有疆　　살인역유한　입국자유강
苟能制侵陵　豈在多殺傷　　구능제침능　개재다살상

　황제 현종이 부질없이 영토확장을 꾀하며 서쪽 변경으로 군대를 파견한 것을 요새에서 나와 무용한 싸움에 피를 흘린 병사의 입장에서 비판한 연작 구수 중의 하나다.
　천보(天寶) 말년의 작품이라고 하며 전반은 옛 민요나 속담일 것이라고 한다.
　이 시는 별로 설명이 필요 없는 쉬운 시다. 이 시의 주제는 마지막 두 구절에 집약되어 있다. 적의 침략을 막고 제지할 수만 있다면 그것으로 목적은 다한 것이다. 구태여 많은 생명을 희생시킬 필요가 무엇인가.
　강한 활, 긴 화살, 무기는 우수한 것을 써야 한다. 사람보다도 사람을 태우고 달리는 말을 쏘는 것이 효과가 빠르고, 적을 다 잡으려 하지 말고 적의 우두머리를 사로잡으면 일은 간단히 끝나는 것이다.
　아무리 사람을 죽여도 다 죽일 수는 없는 일이요, 아무리 영토를 확장시켜도 국경은 항상 있는 법이다. 목적은 적의 침략을 막아 평화로운 세상을 만드는 데 있다. 사람을 많이 죽이는 것이 전쟁의 목적일 수는 없다.

사양지심〔辭讓之心〕 겸허한 태도로 남에게 양보하는 마음. 곧 예의 싹틈이다. 《맹자》 ☞ 사단(四端).

사우〔死友〕 죽음을 함께 할 수 있을 만큼 극진한 벗. 죽을 때까지 우정으로 맺어진 벗.

사위지기자사〔士爲知己者死〕 선비는 자기를 알아주는 이를 위해서는 목숨도 내던진다는 뜻으로, 자신의 진가를 알아주는 사람에 대해서는 목숨도 아끼지 않는다는 말.

사유종시〔事有終始〕 무슨 일에도 처음이 있으면 반드시 끝이 있다는 말. 또 무슨 일을 이루는 데에는 그 중요도에 따른 순서를 분간해야 한다는 뜻. 《대학》

사자후
獅子吼

사자 獅 아들 子 울 吼

> 크게 부르짖어 열변을 토함.

 사자의 부르짖음이 「사자후(獅子吼)」다. 사자가 한번 소리를 지르면 그 우렁찬 소리에 짐승이란 짐승은 모두 놀라 피해 숨는다고 한다. 《본초강목》에는,
 「사자는 서역 여러 나라에서 사는데, 눈빛이 번개 같고, 부르짖는 소리가 우레 같아, 매양 한번 부르짖으면 모든 짐승이 피해 숨는다」고 했다.
 이것을 불가에서는 석가모니의 설법의 뜻으로 적용했다. 석가모니는 처음 나자마자, 한 손으로는 하늘을 가리키고, 한 손으로는 땅을 가리키며 일곱 걸음을 옮겨 돈 다음, 사방을 둘러보고 「하늘 위 하늘 아래 오직 나만이 홀로 높다(天上天下 唯我獨尊)」고 했다는 이야기가 《전등록》에 나오는데, 이 「천상천하 유아독존」이란 말을 「사자후」로 풀이하여 「석가모니 부처께서 도솔천(兜率天 : 미륵보살이 있는 곳)에 태어나 손을 나눠 하늘과 땅을 가리키며 사자후 소리를 질렀다」라고 했다.
 석가의 설법이 사자후와 같다고 한 말이 다시 일반에게 전용되어 열변을 토하며 정당한 의론으로 남을 설복한다는, 다시 말해 웅변이란 뜻으로 쓰이게 되었다.
 그런데 이 사자후란 말을 아내의 불호령이란 뜻으로 쓴 예가 있다. 즉 소동파가 친구인 오덕인(吳德仁)에게 보낸 시 가운데서, 같은 친구인 진계상(陳季常)의 아내가 남편에게 퍼붓는 욕설을 「사자후」라고 표현하고 있다. 편지로 된 이 장시에 다음과 같은 대목이 있다. 시 속에 나오

는 용구거사는 진계상을 말한다.

용구거사는 역시 가련하다
공(空)과 유(有)를 말하면 밤에도 자지 않는데
문득 하동의 사자후를 듣자
주장(지팡이)이 손에서 떨어지며 마음이 아찔해진다.

龍丘居士亦可憐　談空說有夜不眠　　용구거사역가련　담공설유야불면
忽聞河東獅子吼　拄丈落手心茫然　　홀문하동사자후　주장낙수심망연

진계상은 열렬한 불교도로 항상 참선을 하고, 또 친구들을 모아 불법을 논하며 밤을 새기도 했다. 그의 아내는 하동 유(柳)씨인데, 질투가 어찌나 심한지 손님과 노는 자리에 나타나 남편에게 발악하기를 예사로 했다. 동파는 《불경》 문자인 「사자후」를 인용하여 불교도인 진계상을 야유한 것이다.

이 시에서, 질투심이 강한 아내가 남편에게 불미스러운 욕설을 퍼붓는 것을 「하동 사자후」라고 부르게 되었다. 「사자후」란 말은 과거에는 위에 말한 여러 가지 뜻으로 사용되었는데, 지금은 웅변과 열변을 토한다는 뜻에만 주로 쓰이고 있다.

사이무회〔死而無悔〕 죽어도 후회하지 않는다는 뜻으로, 무모함의 비유. 분별없음. 무턱대고 덤비는 것의 비유. 《논어》

사이불망〔死而不亡〕 육체가 멸하더라도 후세에 길이 덕(德)을 남기는 것이야말로 진정한 장수(長壽)라는 것. 《노자》

사이불후〔死而不朽〕 명성(名聲)은 죽은 후에도 남는다. 설사 육체는 멸하더라도 그 사람이 이룬 덕행(德行)은 영원히 남는 법이라는 것. 《좌전》

사이지차〔事已至此〕 일이 이미 이와 같이 되어버렸다는 뜻으로, 후회해도 이제는 소용이 없음을 비유하여 이르는 말.

사족
蛇足

뱀 蛇 발 足

> 쓸 데 없는 군일을 하다가 도리어 실패함.

「사족(蛇足)」은 뱀의 발이란 말이다. 그릴 필요가 없는 뱀의 발을 그리다가 내기에 지고 말았다는 고사에서, 필요 없는 공연한 것을 가리켜「사족」이라고 말한다.

초나라 영윤(令尹 : 재상) 소양(昭陽)이 위나라를 치고, 다시 제나라를 치려했다. 이때 진진(陳軫)이란 변사가 제나라 왕을 위해 소양을 찾아갔다.

「초나라에선 전쟁에 크게 승리하면 어떤 벼슬을 줍니까?」
「벼슬은 상주국(上柱國), 작(爵)은 상집규(上執珪)가 되겠지요」
「그보다 더 높은 지위는 무엇입니까?」
「영윤이 있을 뿐입니다」
「그럼 영윤이 된 사람에게는 관작을 높일 수가 없지 않습니까. 제가 장군을 위해 비유 이야기를 하나 하겠습니다」 하고 다음과 같은 이야기를 했다.

여러 사람이 술 한 대접을 놓고 혼자 다 마실 내기를 했다. 내기는 땅바닥에 뱀을 먼저 그리는 것이었다. 한 사람이 뱀을 제일 먼저 그렸다. 그는 술은 내 것이다, 하고 왼쪽 손으로 술잔을 들고 오른손으로는 계속 뱀의 발을 그리면서 「나는 발까지 그릴 수 있다」 고 뽐냈다. 그러나 그가 미처 발을 다 그리지 않아서 다른 사람이 뱀 그리기를 마치고 술잔을 빼앗아 들더니,

「뱀은 원래 발이 없다. 그런데 자네는 발까지 그렸으니, 발을 그린 뱀은 뱀이 아니다」 하고 술을 쭉 들이켜고 말았다.

이야기를 마친 진진은 이렇게 결론을 내렸다.

「장군은 초나라 영윤으로서 위나라를 쳐서 전쟁에 이기고 장군을 죽이고, 성을 여덟을 점령한 다음 다시 제나라를 치려하고 계십니다. 제나라에서는 장군을 무서워하고 있습니다. 이제 장군의 명성은 더 바랄 것이 없게 되었습니다. 그러나 그로 인해 장군에게 더 돌아갈 것이 무엇이겠습니까. 만일 제나라와의 싸움에서 만에 하나 실수라도 한다면 뱀의 발을 그리려다 전부를 잃게 되는 꼴이 되지 않는다고 누가 장담하겠습니까」

소양은 과연 그렇겠다 싶어 군대를 거두어 철수하고 말았다.

이 이야기에서 아무 도움도 되지 않는 공연한 것을 가리켜 「사족」이라고 하게 되었다. 이 이야기는 《전국책》 제책(齊策)에 나온다. 여기에서는 그 내용만을 추렸다.

사이후이〔死而後已〕 죽은 뒤에야 일을 그만둠. 곧 살아 있는 한 끝까지 힘씀. 또는 하나의 이념을 가지고 죽을 때까지 계속 노력함. 살아 있는 동안은 한시도 쉬지 않고 인도(仁道)를 실천하기 위하여 노력해야 하며, 죽어서야 비로소 그침. 《논어》

사자분신〔獅子奮迅〕 사자가 성낸 듯 그 기세가 거세고 날램. 부처가 위대한 힘으로 번뇌를 부수고 홀연 도의 깨우침을 나타낸다고 하는 의미. 《법화경》

사자신중충〔獅子身中蟲〕 사자가 죽으면 딴 짐승은 이것을 먹지 않고 사자 몸속에서 벌레가 생겨 시체를 먹는다는 말로, 자기편에 해를 끼치는 사람이나 내부에서 재앙을 불러일으키는 사람. 또는 은혜를 베푼 사람에게 악행으로 갚는 사람을 뜻한다. 원래는 불가에서 쓰는 말로 불제자이면서 불가를 해치는 사람을 비유하여 이르는 말이다.

사정곡〔射正鵠〕 ☞ 정곡(正鵠).

사제사초〔事齊事楚〕 제(齊)나라를 섬겨야 할지 초나라를 섬겨야 할지 중간에 끼여서 이러지도 저러지도 못하는 딱한 사정을 비유해서 이르는 말. 《맹자》

사지
四 知

넉 四 알 知

> 세상에 비밀은 없다.

하늘이 알고, 땅이 알고, 그대가 알고, 내가 안다고 한 고사에서 「사지(四知)」란 말이 생겼다. 세상 사람들은 아무도 모르는 비밀이라고 흔히들 말한다. 그러나 당사자인 두 사람과 천지신명은 이를 알고 있을 것이다. 낮말은 새가 듣고 밤 말은 쥐가 듣는다는 것과 같은 의미의, 차원이 다른 생각이라 말할 수 있다.

후한의 양진(楊震)은 그의 해박한 지식과 청렴결백으로 관서공자(關西公子)라는 칭호를 들었다고 한다. 그가 동래 태수로 부임할 때의 일이다. 그는 부임 도중 창읍(昌邑)이란 곳에서 묵게 되었다. 이때 창읍 현령인 왕밀(王密)이 그를 찾아왔다. 그는 양진이 형주자사로 있을 때 무재(茂才)로 추천한 사람이었다. 밤이 되자 왕밀은 품속에 간직하고 있던 10금(金)을 양진에게 주었다. 양진이 이를 거절하면서,

「나는 당신을 정직한 사람으로 믿어 왔는데, 당신은 나를 이렇게 대한단 말인가」 하고 좋게 타일렀다. 그러자 왕밀은,

「지금은 밤중이라 아무도 아는 사람이 없습니다」 하고 마치 양진이 소문날까 두려워하는 식으로 말했다.

양진은 그의 말을 받아 이렇게 나무랐다.

「아무도 모르다니, 하늘이 알고 땅이 알고 그대가 알고 내가 아는데, 어째서 아는 사람이 없다고 한단 말인가?」

여기에서 「사지」란 말이 생겨났다. 이 이야기는 《십팔사략》과 《후한서》 양진전(楊震傳)에 나오는데, 《후한서》에는 「땅이 안다」가 「신(神)이 안다」로 되어 있다.

사중우어〔沙中偶語〕 사중(沙中)은 모래톱. 우어(偶語)는 마주보며 수군거림. 곧 신하가 역모를 논의하는 일. 한고조 유방이 공신들에게 벼슬을 나누어주자, 벼슬을 받지 못한 여러 장수들이 사지(沙地)에 모여 역모를 논의하였다는 데서 나온 말이다. 《사기》

사지문지〔使之聞之〕 자기의 뜻을 제삼자를 통해서 간접적으로 전함.

사직위허〔社稷爲墟〕 사직이 폐허가 됨. 곧 나라가 망함을 가리키는 말. 《회남자》

사직지신〔社稷之臣〕 나라의 중신. 나라의 중요한 임무를 관장하는 대신. 사직(社稷)은 토지신(土地神)과 오곡(五穀)의 신을 말하는데, 국가의 수호신. 여기서는 국가 그 자체를 가리킨다.

사차불후〔死且不朽〕 죽더라도 썩지 아니함. 곧 몸은 죽어 없어져도 명성만은 후세에 길이 전함.

사체불근 오곡불분〔四體不勤 五穀不分〕 사지를 움직이기도 싫어하고 오곡도 가리지 못한다는 뜻으로, 옛날에 선비들을 조롱하여 이르는 말. 《논어》

사통팔달〔四通八達〕 도로가 사방팔방으로 통해 있어 교통이 편리한 것. 도로나 지하철 등 교통망의 발달 모습을 말한다. 또는 여러 방면의 지식이 풍부해서 무엇이든지 막힘이 없는 사람.

사표〔師表〕 모범, 본보기. 또 세상의 본보기가 되는 훌륭한 사람. 남의 스승이 될 만한 인물. 표(表)는 해시계. 그림자로 시간을 재는 돌이나 나무로 된 기둥. 《사기》

사필귀정〔事必歸正〕 만사(萬事)는 반드시 정리(正理)로 돌아감.

사하청〔俟河淸〕 ☞ 백년하청(百年河淸).

사해동포〔四海同胞〕 온 천하의 사람들. 세계 모든 사람들이 모두 형제와 같이 친밀하다는 말. 사해형제(四海兄弟).

사해위가〔四海爲家〕 천하의 도처를 자기 집처럼 여기는 것. 제왕(帝王)의 사업이 활발함의 비유. 사해(四海)는 동서남북 사방의 바다. 곧 천하를 이르는 말. 《사기》

사회부연〔死灰復燃〕 사그라진 재에서 다시 불길이 되살아나다. 곧 세력을 잃었던 사람이 다시 세력을 잡는 것을 이르는 말. 《사기》

사후약방문〔死後藥方文〕 죽은 뒤에 약방문을 쓴다는 뜻으로, 곧 때가 지난 후에 소용없는 애를 씀을 비유하여 이르는 말.

삭탈관직〔削奪官職〕 죄지은 자의 벼슬과 품계를 빼앗고 사판(仕版 : 벼슬아치의 명부)에서 깎아 버림.

사해형제
四海兄弟

넉 四 바다 海 형 兄 아우 弟

> 뜻을 같이하고 마음이 일치한다면 누구라도 형제와 같이 지낼 수 있다.

사해동포(四海同胞)라고도 한다. 공자의 제자로 사마우(司馬牛)라는 사람이 있었다. 이 사마우에게는 환퇴(桓魋)라는 대악당인 형이 있었다. 환퇴는 공자를 죽이려고까지 한 적도 있었다. 사마우는 아주 슬퍼하며,

「남에게는 다 형제가 있으나 나만이 형제를 잃고 독신입니다」라고 말했다.

공자의 고제자로 보좌 격이었던 자하는 그것을 위로해서 다음과 같이 말했다.

「『죽고 사는 것이 다 천명이고, 부귀 역시 천운에 의한다』라는 말을 들었다. 군자는 공경해서 잃지 않고 남에게 공손히 해서 예가 있으면 사해(四海) 중 다 형제다. 그러므로 군자라면 형제가 없는 것을 걱정하지 않아도 좋은 것이 아닌가」라고

또 어느 때, 사마우가「군자란 어떤 인간입니까?」하고 선생에게 물었다.

공자가 대답하기를「군자는 걱정 근심을 하거나 겁을 내거나 하지 않는 것이다」하자 사마우는 다시,

「걱정하지 않고 겁내지 않으면 군자라고 할 수 있습니까?」하고 물었다.

공자는「안으로 반성을 해서 떳떳하다면 무엇을 걱정하고 무엇을 겁내겠는가」하고 대답했다.

사마우와 자하, 사마우와 공자의 이 두 이야기는 다 같이《논어》안

연편에 나온다.

「내성불구(內省不疚)」는 많이 쓰이는 말이다. 크게 떳떳치 못하면서도, 얼굴도 잘난 체 자랑하고 그것을 호언(豪言)하는 사람도 있다. 사마우에 대한 논어의 이야기는 환퇴라는 포악무도한 형이 있었다는 것을 모르면 뚜렷해지지 않는다.

산계야목〔山鷄野鶩〕 산꿩과 들오리라는 뜻에서, 성질이 사납고 거칠어서 길들이기 어려운 사람을 가리키는 말.

산고수장〔山高水長〕 인물이나 성격 재능이 청렴 고결하여 그 유풍(遺風)이 후세에까지 전할 정도임을 비유하여 이르는 말. 송나라의 범중엄(范仲淹)이 후한의 엄광(嚴光)의 인덕을 찬양한 말.

산류석천〔山溜石穿〕 방울져 떨어지는 물이 바위를 뚫는다는 뜻으로, 무슨 일이든 열심히 계속하면 성취할 수 있음의 비유. 《유향설원(劉向說苑)》

산명곡응〔山鳴谷應〕 산이 울면 골짜기가 응함. 곧 소리가 산과 골짜기에 울림.

산무유책〔算無遺策〕 책략에 빈틈이 없음. 《진서》

산우욕래풍만루〔山雨欲來風滿樓〕 무슨 일이 막 일어나려고 하는 그 직전의 불온한 분위기.

산자수명〔山紫水明〕 산은 보랏빛으로 물들고, 개울물은 맑고 푸르다. 곧 산수(山水)의 맑고 아름다운 경관을 말한다.

산저귀저〔山底貴杵〕 산 밑에 절구공이가 귀하다는 뜻으로, 물건이 산지에서 더 귀함을 이르는 말. 《순오지》

산중무력일〔山中無曆日〕 산속 생활에 달력이 없다는 뜻으로, 산속에서 조용히 사는 사람은 세월의 흐름을 잊는다는 말. 유연(悠然)한 은자(隱者)의 생활을 말한다. 역일(曆日)은 달력.

산중재상〔山中宰相〕 산중에 은거하면서 나라에 중대한 일이 있을 때만 나와 일을 보는 사람. 《남사》

산진수궁〔山盡水窮〕 첩첩산중에서 더 갈 길이 없이 된 곳. 또는 막다른 길에 이르러 나갈 길이 궁박한 경우의 비유.

살신성인
殺身成仁

죽일 殺 몸 身 이룰 成 어질 仁

> 제 몸을 희생하고 인도(人道)의 극치를 성취함.

이 말은 《논어》 위령공편(衛靈公篇)에 나오는 공자의 말이다. 공자는 말하기를,

「지사(志士)와 인인(仁人)은 삶을 찾아 인(仁)을 해치는 일이 없고, 몸을 죽여 인을 이룩하는 일은 있다(志士仁人 無求生以害仁 有殺身成仁)」라고 했다.

「살신성인(殺身成仁)」은 쉽게 말해서 올바른 일을 위해서는 몸도 희생한다는 뜻이다. 그런데 여기 말한 지사(志士)란 어떤 사람이냐 하는 문제가 있다.

《맹자》에는 공자의 말이라 하여 지사와 용사를 대립시켜 말한 곳이 있다. 그래서 뒷사람들은 이 지사를 의(義)를 지키는 의사의 뜻으로 풀이했다. 우리가 말하는 안중근 의사니 윤봉길 의사니 하는 것도 실상 그분들이 나라와 겨레를 위해 몸을 희생시킨 것이 공자가 말한 「살신성인」에 해당하기 때문에 붙인 이름이다.

때로는 단순한 뜻을 가진 사람을 지사라고도 부르기 때문에 지사라는 이름 대신 살신성인의 「의사」 라는 이름을 붙인 것이다.

또 이 지사(志士)를 지사(知士)로 풀이한 사람도 있다. 도의를 지키는 사람이든 지혜로운 사람이든 그것은 그리 문제될 것이 없다. 어떻든 그가 가지고 있는 신념을 살리기 위해서는 하나밖에 없는 생명도 달게 버릴 수 있다는 것을 강조한 말이다.

그러나 그것은 어디까지나 양자택일을 할 마당에서의 이야기다. 덮어놓고 목숨을 바치는 것을 「살신성인」 으로 오인한다면 그것은 고작 좋

게 보아서 만용(蠻勇)밖에 될 것이 없다.

약간 차원은 다르지만,

「아침에 도를 들으면 저녁에 죽어도 좋다(朝聞道 夕死可矣)」라고 한 달관을 얻은 사람이 아니면 역시 「살신성인(殺身成仁)」은 어려운 일이다.

살인부잡안〔殺人不眨眼〕 사람을 죽이면서 눈 하나 깜짝하지 않는다는 뜻으로, 극악무도한 성격이나 그런 사람을 비유하여 이르는 말. 《오등회원(五燈會元)》

삼강오상〔三綱五常〕 삼강(三綱)은 유교의 도덕에 있어서 기본 되는 세 가지 도리를 말한다. 곧. 임금과 신하, 부모와 자식, 남편과 아내 사이에 지켜야 할 도리로서, 곧 군위신강(君爲臣綱)·부위자강(父爲子綱)·부위부강(夫爲婦綱). 五常은 인·의·예·지·신(仁義禮智信)의 도를 말한다. 🗒 삼강오륜(三綱五倫).

삼계유일심〔三界唯一心〕【불교】삼계(三界)의 삼라만상이 자기의 마음에 반영된 현상이어서 자기의 마음 이외에는 삼계가 없다는 뜻. 삼계(三界)는 ① 천계(天界)·지계(地界)·인계(人界) ② 중생이 사는 세 가지 세계. 곧 욕계(慾界)·색계(色界)·무색계(無色界) ③ 시방제불(十方諸佛)과 일체중생(一切衆生)과 자기일심(自己一心)의 세 가지. 곧 불계(佛界)·중생계(衆生界)·심계(心界) ④ 과거·현재·미래의 세 세계.《화엄경》

삼계팔고〔三界八苦〕【불교】삼계의 중생이 받는 여덟 가지 고통. ☞ 사고팔고(四苦八苦).

삼계화택〔三界火宅〕【불교】고뇌가 그칠 사이가 없는 인간계(人間界)는 화염이 타고 있는 집과 같다는 뜻.《법화경》

삼고지례〔三顧之禮〕 예의를 다해서 현인(賢人)을 모셔 감을 이르는 말. 제갈양 《전출사표(前出師表)》 🗒 삼고초려(三顧草廬). 삼고모려(三顧茅廬).

삼년불비우불명〔三年不蜚又不鳴〕 3년 동안 날지도 않고 울지도 않는다는 뜻으로, 훗날 웅비(雄飛)할 기회를 엿보며 때를 기다리고 있음의 비유.

삼고초려
三顧草廬

석 三 돌아볼 顧 풀 草 오두막집 廬

> 신분이나 지위가 높은 사람이 남들이 대단치 않게 보는 사람을 자기 사람으로 만들기 위해 간곡하게 청하는 것

「삼고초려(三顧草廬)」는 세 번이나 보잘것없는 초막으로 찾아갔다는 뜻이다. 삼국시대 때의 유현덕(劉玄德)이 와룡강(臥籠崗)에 은둔해 사는 제갈공명을 불러내기 위해 세 번이나 그를 찾아가 있는 정성을 다해 보임으로써 마침내 공명의 마음을 감동시켜 그를 세상 밖으로 끌어낼 수 있었던 것은 너무도 유명한 이야기다.

그래서 이「삼고초려」는 신분이나 지위가 높은 사람이 자기 신분과 지위를 잊고 세상 사람들이 대단치 않게 보는 사람을 끌어내어 자기 사람으로 만들려는 겸손한 태도와 간곡한 성의를 뜻하는 말로 쓰이게 되었다.

그런데 이 삼고초려란 말이《삼국지》제갈양전에는,「세 번 가서 이에 보게 되었다(三往乃見)」고 나와 있을 뿐이다. 실제 이 말이 나온 것은 제갈양의 유명한「출사표(出師表)」속에서다.

여기서 제갈양은 자기가 세상에 나오게 된 경위를 이렇게 말하고 있다.

「신은 본래 포의(布衣 : 평민)로서 몸소 남양(南陽)에서 밭갈이하며 구차히 어지러운 세상에 목숨을 보존하려 했을 뿐, 제후들 사이에 이름이 알리기를 바라지는 않았습니다.

선제(先帝 : 유현덕)께서 신의 천한 몸을 천하다 생각지 않으시고, 황공하게도 스스로 몸을 굽히시어 세 번이나 신을 초막으로 찾아오셔서 당면한 세상일을 신에게 물으시는지라, 이로 인해 감격하여 선제를 위

해 쫓아다닐 것을 결심하게 되었던 것입니다(臣本布衣 躬耕南陽 苟全性命於亂世 不求聞達於諸侯 先帝不以臣卑鄙 猥自枉屈 三顧臣於草廬之中 諮臣以當世之事 由是感激 遂許先帝以驅馳)」

여기에서 「삼고초려」란 말이 널리 쓰이게 되었고, 또 「구전성명어난세(苟全性命於亂世)」란 말도 많이 쓰이고 있다.

삼두육비〔三頭六臂〕머리가 셋, 팔이 여섯이란 뜻으로, 힘이 매우 센 사람을 가리키는 말.

삼라만상〔森羅萬象〕삼라(森羅)는 무성한 숲과 같이 많은 나무가 빽빽이 늘어선 모양. 만상(萬象)은 모든 현상, 형상. 천지 모든, 온갖 사물, 현상의 비유. ☞ 천상천하(天上天下).

삼령오신〔三令五申〕세 번 호령하고 다섯 번을 거듭 말함. 곧 군대에서 되풀이하여 자세히 명령함. 《사기》

삼매경〔三昧境〕【불교】하나의 대상에만 마음을 집중시키는 일심불란(一心不亂)의 경지.

삼면육비〔三面六臂〕세 개의 얼굴과 여섯 개의 팔로, 한 사람이 여러 사람 몫의 일을 할 때에 이르는 말.

삼배지치〔三北之恥〕세 번 싸워서 세 번 당하는 패배(敗北)의 부끄럼. 곧 번번이 싸움에 지는 수치.

삼부지양〔三釜之養〕박한 녹이지만 부모가 살아 계시다면 효도할 수 있는 낙(樂)이 있다는 것. 삼부(三釜)는 얼마 안되는 봉록(俸祿). 《장자》

삼불거〔三不去〕칠거(七去)의 이유가 있는 아내라도 버리지 못할 세 가지 경우. ☞ 칠거지악(七去之惡).

삼불외〔三不畏〕상(喪)을 당한 사람이 두려워하지 않는 세 가지. 곧 비·도둑·범.

삼불혹〔三不惑〕세 가지 욕심에 마음이 혹하지 않는 것. 곧 술·계집·재물.

삼불효〔三不孝〕세 가지의 불효. 부모를 불의(不義)에 빠지게 하는 일, 부모가 늙고 집이 가난하여도 벼슬하지 않는 일, 자식이 없어 조상의 제사를 끊이게 하는 일.

삼불후〔三不朽〕세 가지 영원히 썩지 않는 것. 곧 덕(德)·공(功)·언어(言語). 《좌전》

삼십육계
三十六計

석 三 열 十 여섯 六 책 計

> 불리할 때는 주저하지 말고 도망가는 것이 가장 좋다.

「삼십육계(三十六計)」는 「삼십육계 주위상책(三十六計 走爲上策)」에서 나온 말이다. 36가지나 되는 많은 꾀 가운데서 도망치는 것이 제일 좋은 꾀가 된다는 말이다. 「삼십육(三十六)」이란 많다는 것의 표현에 불과하다.

이 말은 남북조시대에 남조인 송(宋)나라 명장 단도제(檀道濟)가 북위(北魏)와 싸울 때, 자신 없는 접전을 회피하여 툭하면 달아나곤 했기 때문에, 당시 사람들이,

「단공(檀公)의 서른여섯 가지 꾀 중에서는 달아나는 것이 최상의 것이 된다(檀公三十六計 走爲上策)」고 한 데서 나온 말이라 한다.

《자치통감》 제 141권에 다음과 같은 이야기가 나온다.

송나라의 뒤를 이어 남조의 제(齊)나라를 세운 고조(高祖) 소도성(簫道成)은 자손들에게, 자기 손에 비참하게 망해 간 송나라의 전철을 밟지 말도록 유언을 하고 죽었지만, 제나라 역시 겨우 30년으로 망하고 만다.

고조의 조카인 명제(明帝) 소란(簫鸞)은 갖은 음모와 포학으로 황제의 위를 강탈한 다음 반란과 보복이 두려워 자기를 반대해 온 형제와 조카들을 두 달 동안 14명이나 죽였다.

그런 피바다 위에 용상을 차지한 소란은 황제가 된 지 3년 남짓해서 우연히 병을 얻어 자리에 눕게 되었다.

병상에 있는 그는 아직 살아 있는 고조 소도성의 혈통을 받은 10명을 한꺼번에 죽여 없앴다.

이때 고조 소도성의 건국 공신인 왕경칙(王敬則)이, 자기를 제거하기 위해 장괴(張瓌)를 평동장군(平東將軍)에 임명하여 자기가 태수로 있는 회계(會稽)와 경계를 맞대고 있는 오군(吳郡)으로 파견한 것을 알자 즉시 반기를 들고 일어섰다.

겨우 만여 명밖에 안되는 군사였지만, 행군 도중 몽둥이와 괭이를 든 농민들이 가담해서 얼마 안 가서 10만으로 불어났다. 회계를 출발한 반란군은 10여 일 사이에 벌써 무진(武進)을 넘어 흥성(興盛)에 육박했다. 수도 건강(建康: 남경)까지의 3분의 2를 지난 것이다.

왕경칙의 반란군 소식을 들은 조정은 큰 공포에 휩싸여 있었다. 태자 보권(寶卷)은 정신을 못 차리고 측근을 누대 위로 올려 보내 동정을 살피게 하는 형편이었다.

때마침 도성 북쪽에 있는 정로정(征虜亭)이 화재로 연기를 뿜고 있자 구경차 갔던 사람이 달려와서 황급히,

「왕경칙이 벌써 정로정까지 쳐들어왔습니다」하고 보고를 했다.

보권은 어디로 달아나야 할지를 몰라 허둥대는 추태를 벌였다. 이 소문을 전해들은 왕경칙은 만족한 듯이 웃으며,

「단공의 서른여섯 가지 꾀 중에는 달아나는 것이 상책이 된다고 했다. 짐작에 너희 부자도 다만 달아나는 길만이 있을 뿐이리라(檀公三十六計 走爲上策 計汝父子唯有走耳)」라고 말했다는 것이다.

그러나 왕경칙은 흥성을 포위했을 때 관군으로부터 기습을 받는 순간, 무기다운 무기를 갖지 못한 농민군이 혼란에 빠짐으로써 패해 죽고 말았다.

우리말에 「삼십육계 줄행랑」이란 말도 이 「삼십육계 주위상책」에서 생겨난 말이다. 줄행랑은 주행(走行)의 음이 변한 것이다. 뺑소니를 친다는 말.

삼인성호
三人成虎

석 三 사람 人 이룰 成 범 虎

> 근거 없는 말이라도 여러 사람이 말하면 곧이듣는다.

「삼인성호(三人成虎)」는 세 사람이 똑같은 말을 하면 없는 호랑이도 있는 것으로 알게 된다는 뜻이다. 경우는 좀 다르지만, 우리말에 「열 번 찍어 안 넘어가는 나무 없다」는 말이 있다. 이것을 문자로 「십벌지목(十伐之木)」이라 한다.

《전국책》위지에 나오는 방총의 말이다. 방총은 위나라 태자와 함께 인질로 조나라 수도 한단으로 가게 되었다. 방총은 떠나기에 앞서 혜왕(惠王)에게 말했다.

「지금 누가 『장마당에 호랑이가 나타났다』고 하면 믿으시겠습니까?」

「믿을 수 없지」

「두 번째로 또 다른 사람이 와서 똑같은 말을 하면 믿으시겠습니까?」

「반신반의하게 되겠지」

「세 번째로 또 다른 사람이 똑같은 말을 하면 어떻겠습니까?」

「그때는 믿게 되겠지」

「대체로 장마당에 호랑이가 나타나지 않는다는 것은 누구나 알고 있는 사실입니다. 그런데도 세 사람이 똑같이 호랑이가 나타났다고 하면 그런 것이 되고 맙니다. 지금 한단은 대량(大梁 : 魏의 수도)과 멀리 떨어져 있기가 장마당보다 더하고, 신을 모함하는 사람은 세 사람 정도가 아닙니다. 바라건대 왕께선 굽어 살피소서」

「알았소 누가 무슨 소리를 하든 내가 직접 확인하도록 하겠소」

이리하여 왕을 하직하고 한단으로 떠났으나, 방총이 미처 한단에 도착하기도 전에 벌써 그를 모함하는 사람이 나타나기 시작했다. 뒤에 태자가 인질에서 풀려 위나라로 돌아왔을 때, 그는 예상한 대로 간신들의 모함으로 왕을 뵐 수가 없었다.

이와 비슷한 이야기는 호랑이 대신 증자(曾子)를 예로 든 것이 있다. 증자는 효도로, 또 마음씨 착하기로 세상이 다 아는 터였다. 그런데 증자와 똑같은 이름의 증삼(曾參)이란 자가 사람을 죽였다. 이 소문을 들은 마을 사람이 증자의 어머니를 찾아가 소식을 전했다.

베를 짜고 있던 증자의 어머니는,

「내 자식이 사람을 죽일 리가 없다」하고 베만 계속 짜고 있었다. 조금 뒤 또 한 사람이 달려와 같은 말을 했다. 증자의 어머니는 여전히 베만 짜고 있었다. 그러나 세 번째 사람이 달려와 똑같은 말을 전하자, 그제야 어머니도 베틀에서 일어나 숨었다는 것이다.

착한 아들을 믿는 어머니의 마음도 여러 사람의 말 앞에는 흔들리지 않을 수 없었다는 이야기다. 과연 모함이란 무서운 것, 그것에 속지 않기란 참으로 어려운 것이다.

삼사이행〔三思而行〕 세 번 생각한 후에 행동한다는 뜻으로, 심사숙고 후 실천에 옮김. 《논어》

삼삼오오〔三三五五〕 사람이나 집 등이 여기저기 산재하는 형용. 이백(李白) 《채련곡(採蓮曲)》

삼상지탄〔參商之歎〕 삼성(參星)과 상성(商星)이 멀리 떨어져 있는 것과 같이, 두 사람이 서로 떨어져 있어 서로 만나기 어려움을 한탄하는 말.

삼생연분〔三生緣分〕【불교】삼생(三生)에 걸쳐 끊을 수 없는 가장 깊은 연분. 곧 부부간의 인연.

삼성오신〔三省吾身〕 거듭 자신의 행동이나 생각을 반성하다. 《논어》

삼여〔三餘〕 독서하기 좋은 여가. ☞ 독서삼여(讀書三餘)

삼종지도
三從之道

석 三 따를 從 의 之 도리 道

> 봉건시대에 여자가 지켜야 할 세 가지의 예의 도덕. 어렸을 때는 어버이를 좇고, 시집가서는 남편을 좇고, 남편이 죽은 뒤에는 아들을 좇음.

봉건사회에 있어서 남녀의 불평등 가운데 가장 말썽이 되어 온 것이 「삼종지도」와 칠거지악(七去之惡)이다.

「삼종지도」는 여자가 평생을 통해 남편을 좇아야 되는 세 가지 길이란 뜻이다.

같은 뜻의 말로 「삼종지덕(三從之德)」, 「삼종지의(三從之義)」, 「삼종지례(三從之禮)」 등 여럿이 있다.

《예기》에 나오는 말로,

「여자는 세 가지 좇는 길이 있으니, 집에서는 아비를 좇고, 시집가서는 남편을 좇고, 남편이 죽으면 아들을 좇는다(女子有三從之道 在家從父 適人從夫 夫死從子)」라고 되어 있다.

즉 여자는 시집가기 전 집에 있을 때는 아버지의 명령과 지시에 따라야 하고, 남의 집으로 시집을 가게 되면 남편의 의사와 처리에 순종해야 하고, 남편이 죽은 뒤에는 아들에게 모든 것을 맡겨야 한다는 뜻이다.

결국 여자는 평생 자기 뜻을 고집해서는 안된다는 이야기다.

우리 호적법(戶籍法)을 보면 짐작할 수 있듯이, 말로는 남녀평등을 부르짖고 있지만, 여전히 이 삼종지도의 전통이 뿌리깊이 남아 있다고 볼 수 있다.

「칠거지악」은 「삼종지도」보다 여자에게는 더 가혹한 것이었는데 그 항목에서 설명하기로 한다.

삼인행필유아사〔三人行必有我師〕 세 사람이 어떤 일을 같이 할 때에는 선악간(善惡間)에 반드시 스승으로서 배울 만한 사람이 있음을 일컫는 말.《논어》

삼재〔三才〕 천(天 : 하늘의 운행)·지(地 : 땅의 법칙)·인(人 : 인간사회의 도의)을 이르는 말.《역경》

삼지례〔三枝禮〕 비둘기는 어미가 앉은 가지에서 셋째 가지 아래에 앉는다는 뜻으로, 비둘기도 예절을 지키는데 사람이야 더 이를 게 있느냐는 말.

삼척동자〔三尺童子〕 키가 세 자밖에 되지 않는 아이. 또는 견문이 적은 사람을 비유할 때 주로 사용한다.

삼천세계〔三千世界〕 불법에서 말하는 우주관. 수미산(須彌山) 주위에 칠산팔해(七山八海)가 있고, 그 바깥을 대철위산(大鐵圍山)이 둘러싸고 있는 것을 일소세계(一小世界)라고 한다. 이것을 천 배해서 일소천세계(一小千世界), 소천세계가 천 개 모여서 일중천세계(一中千世界), 중천세계를 천 배 해서 일대천세계(一大千世界), 그것이 삼천으로 삼천대세계라고 한다. 넓고 끝없는 세계를 일컫는 말. 삼천대천세계.

삼천지교〔三遷之敎〕 세 번 거처를 옮긴 가르침. 어머니가 자식을 훌륭하게 가르치기 위해 노력하는 것을 비유하는 말. ☞ 맹모삼천(孟母三遷).

삼천총애재일신〔三千寵愛在一身〕 임금의 총애를 한 몸에 받는 것. 독점하는 것. 삼천이란 삼천 명이나 되는 많은 궁녀(宮女)를 말한다. 양귀비(楊貴妃)가 현종황제의 총애를 한 몸에 받은 데서 나온 말이다. 백거이《장한가(長恨歌)》

삼촌지할〔三寸之轄〕 사물의 요점. 가장 중요한 곳. 할(轄)은 바퀴를 굴대에 고정하기 위한 짧은 못.《회남자》

삼취정계〔三聚淨戒〕【불교】모든 악을 끊어버리는 섭율의계(攝律儀戒)와 모든 선을 닦는 섭선법계(攝善法戒)와 모든 사람에게 이익을 주는 섭중생계(攝衆生戒).

삼함〔三緘〕【불교】몸과 입과 뜻을 삼가라는 뜻으로, 절의 큰방 뒷벽에 써서 붙이는 글.《공자가어》

삼호망진〔三戶亡秦〕 잠시 역경에 처해 있어도 결국에는 반드시 승리한다는 뜻인데, 작은 일도 중첩되면 결국 견고한 물건이나 터전도 무너진다는 말.《사기》

삽혈〔歃血〕 서로 맹세할 때 그 표시로 개나 돼지, 말 등의 피를 입가에 바르던 일.《사기》

삼천갑자 동방삭
三千甲子 東方朔

석 三 일천 千 첫째 甲 아들 子
동녘 東 모 方 초하루 朔

> 장수자(長壽者)의 대명사로 쓰임.

1700년 전 전한(前漢)의 무제(武帝)는 씩씩하고 성격이 괄괄한 전형적인 고대 제국의 전제군주였는데, 그 궁정에 유난히 색다른 인물이 섞여 있었다. 그 이름을 동방삭(東方朔)이라 했다.

《한서》 동방삭전에 있는 이야기다.

무제는 즉위하자, 널리 천하에서 유능한 인사를 등용하려 했다. 그 때 제(齊: 산동) 사람으로 동방삭이라는 자가 자천(自薦)하기 위하여 상서(上書)를 올렸다.

한 짐 잔뜩 관청에 운반해 온 것은 물경 3천 장의 간독(簡牘: 대나무에 쓴 글)이었다.

무제는 한 장 한 장 읽었다. 글은 당당하고 안하무인격이었다. 두 달을 걸려 겨우 읽어치운 무제는 동방삭을 낭(朗)에 임명했다. 이제부터는 삭(朔)은 무제를 가까이에서 섬기고, 간혹 부름을 받아 이야기를 서로 주고받았는데, 그 입에서 튀어나오는 말은 기발하여 무제를 몹시 흐뭇하게 하였다. 행실 또한 그러했다.

때때로 무제의 앞에서 음식물의 하사가 있으면 먹다 남은 고기를 거리낌 없이 품안에 넣어가지고 돌아가기 때문에 의복은 온통 음식물로 지저분해졌다. 그래서 합사비단(縑帛)을 하사하면 그것을 어깨에 걸치고 돌아가곤 했다.

이런 삭을 정신(廷臣)들은 반미치광이로 취급하였다.

한 여름 삼복에는 무제가 정신들에게 고기를 내리는 것이 상례였는데, 마침 그 날 고기의 준비는 다 되었어도 분배해 주는 관원이 오지를 않았다.

그러자 삭은 칼을 빼어 고기를 베어서는 품안에 넣고는,

「먼저 실례합니다」 하고 나가버렸다.

물론 이 일은 무제에게 알려져 동방삭은 무제 앞에 불려가 그 이유를 심문 받았다. 삭은 관을 벗고 절만을 할 뿐, 무제가 다시 묻자 삭은 대답했다.

「정말 상명(上命)을 기다리지 않고 마음대로 고기를 베어가다니, 참으로 무례하기 이를 데 없습니다. 그러나 칼을 빼어 고기를 베다니 참으로 장렬(壯烈)하지 않습니까. 벤 고기는 한 조각에 지나지 않으니 얼마나 염직(廉直)합니까. 게다가 가지고 돌아간 고기는 처에게 주니 얼마나 정다운 일입니까?」

무제는 크게 웃고 술 한 섬과 고기 백 근을 또 내려 「부인에게 갖다 주게나」 하였다고 한다.

동방삭은 다만 익살맞은 사람만은 아니었던 것 같다. 그는 널리 책을 읽었으며, 무제가 못마땅한 일을 하면 서슴지 않고 간하였다. 무제가 엄청난 백성을 동원하여 상림원(上林苑)을 지으려고 했을 때에도 서슴지 않고 반대했다.

그는 공경(公卿)이라 할지라도 꺼리지 않았을 뿐만 아니라 오히려 이것을 번롱(翻弄)하였다. 술에 취하면,

「나는 궁중에서 세상을 피한다. 세상을 피하는 것은 비단 심산(深山)의 초가집뿐 만은 아니다」 라고 노래했다고 한다.

이런 동방삭을 서인(庶人)들도 사랑했던 모양이다. 그래선지 여러 가지 전설이 만들어진 것 같다.

서왕모(西王母)의 복숭아를 세 개 훔쳐 먹었기 때문에 삼천갑자(三千甲子: 3000×60)나 장수하였다는 이야기다.

삼촌지설
三寸之舌

석 三 마디 寸 의 之 혀 舌

▌세 치 길이밖에 안되는 사람의 짧은 혀지만 그 위력은 실로 대단하다.

「세 치의 혀가 백만 명의 군사보다 더 강하다」는 말을 「삼촌지설(三寸之舌)이 강어백만지사(彊於百萬之師)」라고 한다. 백만 군사의 위력으로도 되지 않을 일을 말로써 상대를 설복시켜 뜻을 이룬다는 뜻이다. 《사기》 평원군열전에 나오는 이야기다.

전국 말기, 조나라가 진나라의 침략을 받아 거의 멸망의 위기를 만나게 되었다. 이때 조나라의 공자요 재상인 평원군(平原君)이 초나라로 구원병을 청하러 가게 된다.

평원군은 맹상군(孟嘗君)과 함께 식객(食客)을 3천 명이나 거느리고 있는 당대의 어진 공자로, 이른바 사군(四君) 중의 한 사람이었다.

그는 초나라로 떠나기에 앞서 함께 갈 사람 20명을 식객 중에서 고르기로 했다. 조건은 문무를 겸한 사람이었는데, 말하자면 언변과 지식과 담략(膽略)이 있는 그런 인물을 고르려 한 것이리라. 그런데 19명까지는 그럭저럭 뽑았으나 나머지 한 사람을 선발하기가 힘들었다. 이때 모수(毛遂)라는 사람이 자진해 나와 평원군에게 청했다.

「나를 그 20명 속에 넣어 주시지 않겠습니까?」

평원군은 그의 얼굴조차 처음 보는 것 같았다.

「선생께선 내 집에 와 계신 지 몇 해나 되셨습니까?」

「3년쯤 되었습니다」

「대체로 훌륭한 선비가 세상을 살아가는 것은 송곳이 주머니 속에 들어 있는 것과 같아서 반드시 그 끝이 밖으로 나타나기 마련입니다. 그런데 선생은 3년이나 내 집에 있는 동안 이렇다 할 소문 하나 들려

준 일이 없으니, 특별히 남다른 재주를 갖고 있지 않다는 증거가 아니겠습니까. 선생은 좀 무리일 것 같습니다」〔☞ 낭중지추(囊中之錐)〕

그러자 모수가 말했다.

「그러니까 저를 오늘 주머니에 넣어 주십사 하는 겁니다. 저를 일찍 주머니 속에 넣어 주셨으면 끝은 고사하고 자루까지 밖으로 내밀어 보였을 것입니다」

여기서 「모수자천(毛遂自薦)」이란 말이 생겼는데, 재주를 품고 있으면서도 남이 추천해 주는 사람이 없어 기다리다 못해 스스로 자청해 나서는 경우를 말한다. 그러나 지금은 다소 염치없이 자기를 내세우는 사람을 비웃어 쓰는 경우가 많다.

아무튼 이리하여 모수를 스무 명 속에 넣어 함께 초나라로 가게 되었다. 그러나 평원군의 끈덕진 설득에도 불구하고 초나라 왕은 속으로 진나라가 겁이 나 구원병 파견에 대해 얼른 결정을 짓지 못하고 있었다. 아침 일찍부터 시작한 회담이 낮이 기울도록 늘 제자리걸음만 하고 있었다.

이때 단하에 있던 모수가 단상으로 올라가 평원군에게 그 까닭을 물었다. 그러자 초왕은 평원군에게,

「이 자는 누구요?」 하고 물었다. 평원군이,

「제가 데리고 온 사람입니다」 하고 대답하자, 왕은 소리를 높여,

「과인이 그대 주인과 이야기를 하고 있는데, 무슨 참견인가. 어서 물러가지 못하겠는가!」 하고 꾸짖었다.

이때 모수는 차고 있던 칼자루에 손을 올려놓은 채 앞으로 나아가 말했다.

「대왕께서 신을 꾸짖는 것은 초나라 군사가 많은 것을 믿기 때문입니다. 그러나 지금 대왕과 신과의 거리는 열 걸음밖에 되지 않습니다.

……지금 초나라는 땅이 넓고 군사가 강한데도 두 번 세 번 진나라에 패해 어쩔 줄을 모르고 있는 실정입니다. ……이런 것을 볼 때 조나라와 초나라가 동맹을 맺는 것은 조나라를 위함이 아니라 초나라를 위한 것입니다」

이렇게 해서 결국 초왕은 모수의 위엄과 설득에 굴복하여 조나라에 구원병을 보낸다는 맹세까지 하게 되었다. 이 맹세를 위한 의식 절차로 짐승의 피를 서로 마시게 되는데, 모수는 초왕에게 먼저 피를 빨게 하고, 다음에 평원군, 그리고 자기가 피를 빨았다. 그리고는 단하에 있는 19명을 손짓해 부르며,

「……제군들은 이른바 남으로 인해 일을 이룩하는 사람들이니까……」 하고 그들에게 함께 피를 빨도록 시켰다.

그야말로 객(客)이 주인 노릇을 하고 하인이 상전 노릇을 하는 격이었다. 이때 모수가 말한 「남으로 인해 일을 이룬다」는 「인인성사(因人成事)」란 말이 또한 문자로서 쓰이게 된다. 〔☞ 인인성사〕

이렇게 용케 성공을 거두고 조나라로 돌아온 평원군은,

「나는 앞으로 사람을 평하지 않으리라. 지금까지 수백 명의 선비를 보아 온 나는 지금껏 사람을 잘못 보았다는 생각을 해본 적이 없었다. 그런데 이번만큼은 모선생을 몰라보았다. ……모선생은 세 치 혀로써 백만의 군사보다 더 강한 일을 했다(毛先生 以三寸之舌 疆於百萬之師……)」

평원군 일행이 떠난 즉시 초왕은 20만 대군을 보내 초나라를 구원하고, 진나라는 초나라의 구원병이 온다는 말을 듣자, 미리 군사를 거두어 돌아가 버렸다.

과연 사람을 알기란 어렵다. 그러나 그 사람이 때를 얻기란 더욱 어렵다.

상간복상〔桑間濮上〕 나라를 망칠만한 음탕한 음악. 상간(桑間)은 위(衛)나라에 있는 복수(濮水)라는 강가의 지명. 여기에서 천하를 잃은 은(殷)나라 주왕(紂王)이 남긴 음탕한 음악이 유행한 데서 망국의 음악(亡國之音)을 말한다. ☞ 망국지음(亡國之音)

상경백유〔相驚伯有〕 있지도 않은 일에 놀라서 두려워하며 어쩔 줄 모르는 것. 《좌전》

상궁지조〔傷弓之鳥〕 화살을 한번 맞아 혼이 난 새처럼 항상 공포를 느끼고 경계하고 있는 것을 비유하여 일컫는 말. 《전국책》

상기석의〔賞奇析疑〕 기이한 문장을 감상하고 의심스러움을 풀어나감. 도연명《이거이수(移居二首)》

상당연〔想當然〕 실제적으로 근거가 없이 짐작으로 판정하다. 주관적으로 그러려니 여기다. 《삼국지》

상덕부덕〔上德不德〕 최상의 덕은 덕 같이 여겨지지 않는다. 곧 진심에서 우러나오는 참된 덕성은 자랑하지 않아도 저절로 밖으로 드러나 사람들의 인정을 받는다는 뜻이다. 《노자》

상두주무〔桑杜綢繆〕 비가 오기 전에 새가 뽕나무를 물어다가 둥지의 구멍을 막아서 비가 들이치지 못하게 한다는 뜻으로, 환란(患亂)을 미연에 방지함을 이르는 말. 《시경》

상락아정〔常樂我淨〕【불교】열반(涅槃)의 사덕(四德). 곧 상주불변(常住不變)인 상(常)과, 괴로움을 떠나서 안락한 것을 뜻하는 낙(樂)과, 자재무애(自在無礙)인 아(我)와, 청정(淸淨)한 것을 뜻하는 정(淨)의 네 가지.

상루하습〔上漏下濕〕 위에서는 비가 새고 아래서는 습기가 오른다는 뜻으로, 가난한 집을 비유하여 이르는 말. 《장자》

상린범개〔常鱗凡介〕 흔한 물고기와 조개라는 뜻으로, 평범한 사람을 비유하여 이르는 말.

상마실지수〔相馬失之瘦〕 말이 여위어 있음으로 해서 천리마임을 몰라보고 잃는 수가 있다는 뜻으로, 사람을 왕왕 외관만으로 판단하기 쉬움의 비유. 《사기》 골계열전(滑稽列傳).

상마지교〔桑麻之交〕 소박한 사귐. 전부(佃夫), 야인(野人)의 텁텁한 사귐. 두보《기설삼랑중거(奇薛三郞中璩)》

상명지통〔喪明之痛〕 눈이 멀 정도로 슬프다는 뜻으로, 공자의 제자 자하(子夏)가 아들을 잃고 슬피 울다가 눈이 멀었다는 데서 아들을 잃은 슬픔의 비유.

상가지구
喪家之狗

초상 喪 집 家 의 之 개 狗

> 뜻을 얻지 못하고 이리저리 떠도는 정치인이나 사업가들의 실의에 찬 모습의 비유.

우리말에 「초상집 개」란 말이 있다. 그것이 바로 「상가지구(喪家之狗)」다. 초상집 개는 주인이 슬픔에 잠겨 미처 개를 돌볼 정신이 없어 배가 고파도 먹지를 못한 채 주인의 얼굴을 찾아 기웃거리기만 한다. 그래서 뜻을 얻지 못하고 이리저리 돌아다니는 정치인이나 사업가들의 실의에 찬 모습을 가리켜 「상가지구」, 즉 「초상집 개」 같다는 말을 하게 된다.

이것은 공자를 보고 어떤 은사(隱士)가 한 말이었는데, 뒤에 그 이야기를 전해들은 공자가 웃으며 「그것만은 올바로 본 표현」이라고 했다는 데서 시작된 말이다.

이 이야기는 《사기》 「공자세가(孔子世家)」와 《공자가어》에 나온다. 간단히 줄거리만을 소개하면 이렇다.

공자가 정나라로 갔을 때, 제자들과 서로 길이 어긋나고 말았다. 공자는 제자들이 오기를 기다리며 동쪽 성문 밖에 혼자 서 있었다. 공자를 찾아다니는 자공(子貢)을 보고 한 노인이 이렇게 말했다.

「글쎄, 당신 스승이 누구인지는 알 수 없으나 이런 사람이 동문 밖에 서 있는 것을 보았소. 이마는 요(堯)임금 같고, 목은 고요(皐陶) 같고, 어깨는 자산(子産) 같고, 허리의 아래는 우(禹)임금보다 세 치가 모자라는데, 두리번거리는 모양이 흡사 초상난 집 개 같습디다」

결국 공자가 위대한 성인의 덕과 정치인의 자질을 가지고는 있지만, 때를 얻지 못해 처량한 신세를 면치 못한다는 것을 진담 반 농담 반한 말일 것이다.

　자공이 사실대로 공자에게 이 말을 전하자, 공자는 흔연히 웃으며 이렇게 말했다는 것이다.

　「형상은 그렇지 못하지만, 초상집 개 같다는 것은 과연 그렇다(形狀未也 而似喪家之狗 然哉然哉)」

상봉〔霜蓬〕 서리 맞은 쑥. 서리를 맞아 생기를 잃은 쑥. 서리를 맞은 쑥처럼 희게 흐트러진 머리.《예기》

상봉지지〔桑蓬之志〕 남자가 천하에 웅비함을 말한다. 상봉(桑蓬)은 상호봉시(桑弧蓬矢)의 약(略). 고대 중국에서는 아들이 태어나면 뽕나무로 만든 활로 쑥대 화살을 천지사방에 쏘아서 축하했던 데서 나온 말.《예기》

상분〔嘗糞〕 곧 부모의 위중한 병세를 살피기 위하여 그 대변을 맛봄. 지극한 효성. 또는 지나친 아첨의 비유. 고대 중국에서는 똥을 핥아서 그 맛으로 병을 진단하는 일이 의학상 행해지고 있었다.《오월춘추》

상사실지빈〔相事失之貧〕 뛰어난 선비도 너무 가난하면 세상이 알아주지 않아서 활동할 길이 열리기 어렵다는 말.《사기》

상산사세〔常山蛇勢〕 상산(常山)에 머리가 둘 달린 뱀이 있는데, 머리를 치면 꼬리가 덤비고, 꼬리를 치면 머리가 덤비고 허리를 치면 머리와 꼬리가 합세해서 덤빈다는 데서, 병법(兵法)에서 임기응변(臨機應變)으로 대응할 수 있고, 틈이나 결점이 없는 진법(陣法)을 이르는 말. 또 문장(文章) 등이 수미일관(首尾一貫)하여 내용 등의 조응(照應)관계에 파탄이 없음을 이르는 말.《손자》

상수발제〔上樹拔梯〕 나무에 오르게 해놓고는 사다리를 치워버린다는 뜻으로, 사람을 끌어들여 궁지에 몰아넣음을 비유하여 이르는 말.

상유호자하필유심〔上有好者下必有甚〕 윗사람이 좋아하는 것은, 아랫사람은 그것을 더 한층 좋아하는 법이라는 뜻으로, 아랫사람은 윗사람의 인덕(人德) 여하로 이렇게도 저렇게도 된다는 말.《맹자》

상사병
相思病

서로 相 생각 思 병 病

> 연정(戀情)에 사로잡혀 생기는 병.

　남녀 사이에 서로 그리워하며 뜻을 이루지 못해 생긴 병을 「상사병(相思病)」이라고 한다. 글자 그대로 서로 생각하는 병인 것이다.
　춘추시대의 큰 나라였던 송(宋)은 전국시대 말기 강왕(康王)의 학정(虐政)으로 인해 망하고 만다. 강왕은 뛰어난 용병으로 한때 이웃나라를 침략해서 영토를 확장하는 등 대단한 위세를 떨쳤다.
　여기에 그는 천하에 무서울 것이 없다는 자신을 가지고 분수에 벗어난 짓을 마구 하게 되었다. 심지어는 가죽 부대에 피를 담아 공중 높이 달아매고, 화살로 이를 쏘아 피가 흐르면,
　「내가 하늘과 싸워 이겼다」라고 하면서 미치광이 같은 호기를 부리기도 했다고 한다.
　강왕은 술로 밤을 지새우고, 여자를 많이 거느리는 것을 한 자랑으로 삼았으며, 이를 간하는 신하가 있으면 모조리 사형에 처했다.
　이 포악하고 음란하기 비길 데 없는 강왕의 시종으로 한빙(韓憑)이라는 사람이 있었다. 그런데 그의 아내 하씨(河氏)가 절세미인이었다. 우연히 그녀를 본 강왕은 하씨를 강제로 데려와 후궁을 삼고 말았다.
　한빙이 왕을 원망하지 않을 리 없었다. 강왕은 한빙에게 없는 죄를 씌워 「성단(城旦)」의 형에 처했다. 변방으로 가서 낮에는 도적을 지키는 군사가 되고 밤에는 성을 쌓는 인부가 되는 고된 형벌이다. 이때 아내 하씨가 강왕 몰래 남편 한빙에게 짤막한 편지를 전했다.
　「비는 그칠 줄 모르고, 강은 크고 물은 깊으니 해가 나오면 마음에 맞겠다(其雨淫淫 河大水深 日出當心)」

그러나 염려한 대로 이 편지는 강왕의 손에 들어갔다. 강왕이 시신들에게 물었지만, 뜻을 아는 사람이 없었다. 그러자 소하(蘇賀)란 자가 있다가,

「당신을 그리는 마음을 어찌할 길 없으나, 방해물이 많아 만날 수가 없으니, 죽고 말 것을 하늘에 맹세한다는 뜻입니다」 하고 그럴 듯한 풀이를 했다.

얼마 후, 한빙이 자살했다는 보고가 들어왔다. 그러자 하씨는 자기 입는 옷을 썩게 만들었다가, 성 위를 구경하던 중 몸을 던졌다. 수행한 사람들이 급히 옷소매를 잡았으나 소매만 끊어지고 사람은 아래로 떨어졌다. 죽은 그녀의 옷 띠에는 유언이 적혀 있었다.

「임금은 사는 것을 다행으로 여기지만, 나는 죽는 것을 다행으로 압니다. 바라건대 시체와 뼈를 한빙과 합장하여 주옵소서」

노한 강왕은 고의로 무덤을 서로 떨어진 곳에 만들게 하고는,

「죽어서도 서로 사랑하겠다는 거냐. 정 그렇다면 두 무덤을 하나로 합쳐 보아라. 나도 그것까지는 방해하지 않겠다」 라고 했다.

그러자 밤 사이에 두 그루 노나무가 각각 두 무덤 끝에 나더니, 열흘이 채 못 가서 큰 아름드리나무가 되었다.

그리하여 위로는 가지가 서로 얽히고 아래로는 부리가 서로 맞닿았다. 그리고 나무 위에는 한 쌍의 원앙새가 앉아 서로 목을 안고 슬피 울며 듣는 사람을 애처롭게 만들었다.

사람들은 이 새를 한빙 부부의 넋이라 했다.

송나라 사람들은 이를 슬피 여겨, 그 나무를 상사수(相思樹)라고 했는데, 「상사」 란 이름이 여기에서 시작되었다.

이것은 진(晋)나라 간보(干寶)가 지은 《수신기(搜神記)》 에 나오는 이야기인데, 「상사병」 이란 이름이 여기에서 나왔다고 설명하고 있다.

상전벽해
桑田碧海

뽕나무 桑 밭 田 푸를 碧 바다 海

세상 모든 일이 덧없이 변천함이 심함.

「창상지변(滄桑之變)」은 푸른 바다가 뽕나무밭으로 변했다가, 그 뽕나무밭이 다시 푸른 바다로 변한다는 뜻이다. 덧없이 변해 가는 세상 모습을 가리켜 하는 말이다. 우리나라에선「상전벽해」란 말이 더 많이 쓰이고 있다.

이 말은 당나라 시인 유정지(劉廷芝, 651~608)의「대비백두옹(代悲白頭翁)」즉, 백발을 슬퍼하는 노인을 대신해서 읊은 장시에서 나온 말이다. 이 말이 나와 있는 부분을 소개하면 다음과 같다.

낙양성 동쪽의 복숭아 오얏꽃은
날아오고 날아가며 뉘 집에 지는고
낙양의 계집아이는 얼굴빛을 아끼며
가다가 떨어지는 꽃을 만나 길게 탄식한다.
금년에 꽃이 지자 얼굴빛이 바뀌었는데
명년에 꽃이 피면 다시 누가 있을까?
이미 송백이 부러져 땔감 되는 것을 보았는데
다시 뽕밭이 변해 바다가 되는 것을 듣는다.

洛陽城東桃李花　飛來飛去落誰家　낙양성동도리화　비래비거낙수가
洛陽女兒惜顏色　行逢落花長嘆息　낙양여아석안색　행봉낙화장탄식
今年花落顏色改　明年花開復誰在　금년화락안색개　명년화개복수재
已見松柏摧爲薪　更聞桑田變成海　이견송백최위신　갱문상전변성해

마지막 절의 뽕밭이 변해 바다가 된다는 말을「상전이 벽해가 된

다」고도 하고, 또 「벽해가 상전이 된다」고도 하며, 또 「벽해가 상전이 되고 상전이 벽해가 된다」고도 한다.

또 《신선전》에 있는 마고선녀(麻姑仙女)의 이야기에서 유래된 것으로, 옛날 마고라는 겨우 나이 열여덟쯤 되어 보이는 아름다운 선녀가 있었다. 그녀는 도를 통한 왕방평(王方平)에게 물었다.

「제가 옆에 모신 뒤로 벌써 동해바다가 세 번이나 뽕나무밭으로 변하는 것을 보았습니다. 이번에 봉래(蓬萊)로 오는 도중 바다가 또 얕아지기 시작해서 전에 비해 반밖에 되지 않았습니다. 또 육지가 되는 것일까요?」

「성인들이 다들 말하고 있다. 바다 녀석들이 먼지를 일으키고 있다고」

이 대화에서 이런 문자가 생겨난 것이다.

상의의국〔上醫醫國〕 가장 뛰어난 의사는 나라의 전란(戰亂)이나 나쁜 풍습 등의 병을 고치고 제거하는 것이며, 사람의 병을 고치는 것은 그 다음의 일이라는 것. 《국어》

상적광토〔常寂光土〕【불교】 항상 변하지 않는 광명세계라는 뜻으로, 부처의 거처나 빛나는 마음의 세계를 이르는 말.

상중지희〔桑中之喜〕 ☞ 상중(桑中).

상치〔尙齒〕 나이 많이 먹은 사람을 위하는 말. 노인을 존경함. 경로(敬老). 《장자》

상치분신〔象齒焚身〕 코끼리는 상아 때문에 몸이 태워진다는 뜻으로, 재산이 많은 사람은 화(禍)를 입기 쉬움의 비유.

상하기수〔上下其手〕 권세를 이용하여 개입해서 시비를 뒤바뀌게 만듦의 비유.

상하사불급〔上下寺不及〕 「양사지구 상하사불급(兩寺之狗 上下寺不及)」 즉 두 절에 속해 있는 개가 어느 한 쪽 절에서도 제대로 얻어먹지 못한다는 뜻으로, 돌보아줄 사람이 너무 많아서 서로 미루는 바람에 오히려 아무 도움을 받지 못함의 비유. 《송남잡식》

상중 桑中

뽕나무 桑 가운데 中

남녀간의 불의(不義)의 낙(樂).

우리말에 「임도 보고 뽕도 딴다」는 말이 있다.

남녀유별이 철칙으로 되어 있고, 문 밖 출입이 자유롭지 못했던 옛날에는 남녀가 서로 만날 수 있는 기회가 주로 뽕을 따는 사이에 이루어졌던 것은 당연한 일이다.

그래서 역사적 기록이나 남녀의 애정관계를 논하는 이야기들에 항상 등장하는 것이 이 뽕나무, 뽕밭, 뽕따는 일이다.

이들 이야기 중 가장 오랜 기록이 아마 《시경》 용풍에 나오는 「상중(桑中)」이란 시일 것이다.

이 시는 3장으로 되어 있는데, 그 첫 장을 소개하면 다음과 같다.

여기에 풀(唐)을 뜯는다.
매(沬)란 마을에서
누구를 생각하는가.
아름다운 맹강이로다.
나와 뽕밭 속에서 약속하고
나를 다락(上宮)으로 맞아들여
나를 강물 위에서 보내 준다.

采采唐矣　沬之鄕矣　채채당의　매지향의
云誰之思　美孟姜矣　운수지사　미맹강의
期我乎桑中　要我乎上宮　기아호상중　요아호상궁
送我淇之上矣　　　　　송아기지상의

둘째 장과 셋째 장도 풀이름과 장소, 사람 이름만 틀릴 뿐 똑같은 말로 되어 있다.

풀을 베러 어느 마을 근처로 한 남자가 간다. 그는 풀을 베러 간 것이 아니라, 아름다운 어느 남의 아내를 생각하고 있는 것이다. 그녀는 그를 뽕나무밭에서 만나기로 약속을 했던 것이다. 거기서 사내를 만난 그녀는 그를 데리고 높은 집(上宮 : 다락)으로 맞아들인 다음, 그를 기(淇)라는 냇가에까지 바래다준다는 이야기다.

혹자는 이 시에 나오는 뽕밭과 다락집과 강물을 성애(性愛)의 과정을 암시한다고 의미심장하게 풀이하기도 한다. 아무튼 이 시에서, 남녀 사이의 불륜의 관계, 밀통, 밀약 등을 가리켜 「상중」이니, 「상중지약(桑中之約)」이니, 「상중지희(桑中之喜)」니 하고 말한다.

상하탱석〔**上下撑石**〕 윗돌을 빼서 아랫돌에 괴고, 아랫돌을 빼서 윗돌에 괸다는 뜻으로, 몹시 꼬이는 일을 당하여 임시방편으로 이리저리 견디어 가는 일.

상호봉시〔**桑弧蓬矢**〕 뽕나무로 만든 활과 쑥대로 만든 살. 옛날 중국에서 사내아이가 나면 이것으로 천지사방에 쏘아 큰 뜻을 이루기를 빌던 풍속이 있었음. 전(轉)하여 남자가 뜻을 세움. 상봉지지(桑蓬之志).

새신만명〔**賽神萬明**〕 굿하는 무당. 경솔하고 방정맞은 사람을 일컫는 말.

새옹득실〔**塞翁得失**〕 한때의 이(利)가 장래의 해(害)가 되기도 하고, 한때의 화(禍)가 장래 복(福)을 가져오기도 한다는 말. ☞ 새옹지마(塞翁之馬).

색즉시공〔**色即是空**〕 【불교】 색(色)은 유형(有形)의 만물을 말하며, 이 만물은 모든 인연(因緣)의 소생으로서, 그 본성은 실유(實有)의 것이 아니므로 공(空)이라는 뜻. 《반야심경》

생기사귀〔**生寄死歸**〕 인간이 이 세상에 사는 것은 잠시 기우(寄寓)하고 있는 것이고, 죽음은 그 본집으로 돌아가는 것임. 《회남자》

새옹지마
塞翁之馬

변방 塞 늙은이 翁 의 之 말 馬

> 인생의 길·흉·화·복이란 항시 바뀌어 예측할 수 없는 것

어느 것이 참다운 복이 되고 화가 되는지 알 수 없는 세상일을 가리켜 「새옹지마(塞翁之馬)」라고 말한다. 새옹은 북쪽 변방에 사는 늙은이란 뜻이다.

《회남자》의 인간훈(人間訓)에 나오는 이 유명한 이야기의 대략의 줄거리를 여기 인용해 보자.

북방 국경 가까이에 점을 잘 치는 사람이 살고 있었다. 하루는 말이 아무 까닭도 없이 도망쳐 오랑캐들이 사는 국경 너머로 들어가 버렸다. 마을 사람들이 찾아와 동정을 하며 위로를 하자, 이 집 주인 늙은이는,

「이것이 어찌 복이 될 줄 알겠소」하고 조금도 걱정하는 기색이 없었다.

그럭저럭 몇 달이 지났는데, 하루는 뜻밖에 도망했던 말이 오랑캐의 좋은 말을 한 필 끌고 돌아왔다. 마을 사람들은 모두 몰려와서 횡재를 했다면서 축하를 했다. 그러자 그 영감은 또,

「그게 화가 될지 누가 알겠소」하고 조금도 기뻐하는 기색을 보이지 않았다.

그런데 집에 좋은 말이 하나 더 생기자, 전부터 말 타기를 좋아하던 주인의 아들이 데리고 온 호마를 타고 들판으로 마구 돌아다니다 그만 말에서 떨어져 넓적다리를 다치고 말았다. 사람들은 또 몰려와서 아들이 병신이 된 데 대해 안타까워하는 인사를 했다. 그러자 영감은,

「그것이 복이 될지 누가 알겠소」하고 담담한 표정이었다.

그럭저럭 1년이 되자, 오랑캐들이 국경을 넘어 대규모로 침략해 들

어왔다. 장정들은 일제히 활을 들고 나가 적과 싸웠다. 그리하여 국경 근처의 사람들이 열에 아홉은 전쟁에 나가 모두 죽었는데, 유독 이 영감의 아들만은 다리병신이라서 부자가 함께 무사할 수 있었다.

그러므로 복이 화가 되고, 화가 복이 되어, 변화가 끝이 없고, 그 깊이를 헤아릴 수가 없다고 회남자는 결론을 맺고 있다.

여기에서 예측할 수 없는 길흉화복을 비유해서, 또 눈앞의 이해득실에 웃었다 울었다 할 필요가 없다는 뜻으로 「새옹지마」란 말을 쓰게 되었다.

또 이것을 가리켜 「인간만사 새옹마」라고 하는데, 이것은 원(元)나라의 중 희회기(熙晦機)의 시에, 「인간의 모든 일은 새옹의 말이다(人間萬事塞翁馬). 추침헌 가운데 빗소리를 들으며 누워 있다(推枕軒中聽雨眠)」고 한 데서 나온 말이다.

생면대책〔生面大責〕 일의 내용을 알지도 못하고 관계없는 사람을 무턱대고 나무라는 일.

생면부지〔生面不知〕 한 번도 본 일이 없어 도무지 모르는 사람.

생멸멸이〔生滅滅已〕 생멸(生滅)은 생사(生死), 또는 항상 변화해서 끝이 없는 것. 멸이(滅已)는 멸망해서 없어지다, 멸망해서 끝나는 것. 생(生)과 멸(滅)이 없어지고, 불교에서 말하는 현세(現世)를 초월해서 불과(佛果)를 얻는 것. 《열반경》

생무살인〔生巫殺人〕 「선무당이 사람 잡는다」와 같은 말로, 곧 미숙한 사람이 잘하는 체하다가 일을 그르쳐 놓는다는 뜻. 《동언해》

생사육골〔生死肉骨〕 죽은 사람을 살리고, 뼈에 살을 붙인다는 뜻으로, 궁지에 처한 사람을 구함의 비유. 또는 남의 은혜에 깊이 감사할 때 쓰는 말. 《좌전》

생살여탈〔生殺與奪〕 살리는 것도 죽이는 것도, 주는 것도 빼앗는 것도, 어떻게 하려고 하든 생각대로인 것. 「생살여탈의 권리를 쥔다」라고 한다. 団 활살자재(活殺自在).

생이지지
生而知之

날 生 어조사 而 알 知 갈 之

> 배우지 않아도 스스로 깨우쳐 앎.

나면서부터 안다는 것이 「생이지지」다. 곧 태어나면서부터 배우지 않고도 스스로 깨우쳐 안다는 성인(聖人)의 경지를 일컫는 말이다. 《중용》 20장에 이런 말이 있다.

「혹은 태어나면서부터 이것(道)을 알고, 혹은 배워서 이것을 알고, 혹은 곤궁하여 이것을 아는데, 그 앎이라는 것에 미쳐서는 똑같다. 혹은 편안히 이것을 행하고, 혹은 이롭게 여겨 이것을 행하고, 혹은 억지로 힘써 이것을 행하지만, 그 성공하는 데 미쳐서는 똑같은 것이다(或生而知之 或學而知之 或困而知之 及其知之 一也 或安而行之 或利而行之 或勉强而行之 及其成功 一也)」

이 말은 지(知)와 행(行)에 있어서 인물의 차등이 있다는 것을 말한다. 즉 사람에게는 태어나면서부터 세상의 이치를 꿰고 나온 사람이 있기도 하고, 배워서 알게 되는 사람이 있기도 하고, 어렵게 힘쓴 뒤에야 비로소 아는 사람이 있기도 하다는 것이다. 그러나 그 깨달음이라는 것에 도달하고 나면 그때는 다 똑같은 것이다. 각각 다른 도리, 다른 이치를 깨달은 것이 아니라, 모두 한가지로 깨달은 것이다.

《논어》 술이편에서 공자는 이렇게 말했다.

「나는 나면서부터 안 사람이 아니라, 옛것을 좋아하여 부지런히 그것을 구한 사람이다(我非生而知之者 好古敏以求之者也)」

공자는 「생이지지」의 성인으로 추앙받는다. 그럼에도 그가 이렇게 말한 것은, 학문의 완성은 자질만으로 되는 것이 아니라 부지런히 배움으로써 이루어진다는 것을 강조하기 위함에서이다.

생자필멸〔生者必滅〕【불교】 생명이 있는 것은 반드시 죽는다. 이것은 어쩔 수 없는 사실. 그것만으로 고귀한 생명을 어떻게 사는가가 문제. ㉫ 성자필쇠(盛者必衰).

생전부귀사후문장〔生前富貴死後文章〕 살아 있을 동안은 부귀를 누리고, 죽은 뒤에는 좋은 글로 후세에 이름을 남기는 것이 좋다는 말.

생지안행〔生知安行〕 사람이 실천해야 할 도리를 선천적으로 숙지하여 힘들이지 않고 실천할 수 있는 것. 유가(儒家)의 성인의 경지를 말한 것.《중용》

생탄활박〔生呑活剝〕 통째로 삼켰다가 그대로 산 채로 껍질을 벗긴다는 뜻으로, 남의 시문(詩文)을 그대로 도용함을 이르는 말. 또 남의 경험을 배우는데, 아무런 반성이나 비판 없이 묵수적으로 수용하는 태도를 비유하여 이르는 말.

서간충비〔鼠肝蟲臂〕 쥐의 간이나 벌레의 발처럼 아주 쓸모없는 물건. 또 아주 미천하여 취할 바가 못 되는 사람.

서시봉심〔西施捧心〕 무턱대고 남의 흉내를 내서 실소(失笑)를 사다. 흉내를 내서 실패함의 비유. 또는 상대를 치켜세우고 자기도「당신의 흉내를 내고 싶다」고 겸손하는 것. 춘추시대 말 월왕(越王) 구천(勾踐)이 오왕(吳王) 부차(夫差)에게 절세의 미녀 서시(西施)를 바쳤다. 어느 날, 서시가 몸에 탈이 나서 귀성(歸省)해서 몸조리를 하게 되고, 가슴이 아파서 살짝 손을 얹고 눈썹을 찡그리고 걸었다. 그러자 과연 천하의 미인인 그 자태에 마을 사람도 그저 넋을 잃을 정도였다. 이것을 본 시골 처녀들은 자기도 저렇게 걸으면 아름답게 보일 것이라 생각하고 다투어 흉내를 냈다. 그런데 마을에서도 추녀라고 평판이 난 여자들까지 얼굴을 찡그리고 돌아다녔다는 고사.《장자》천운(天運). ☞ 서시빈목(西施矉目). 효빈(效矉).

서절구투〔鼠竊狗偸〕 좀도둑을, 쥐나 개처럼 몰래 물건을 훔친다는 뜻으로 비유하는 말.《사기》

석계등천〔釋階登天〕 실행 불가능한 일을 하려고 함의 비유. 밟아야 할 과정을 생략하는 것. 계(階)는 사다리. 고대 중국의 무속신앙에서는 천계(天界)와 지상과는 신성한 사다리를 통하여 왕래한다고 생각하고 있었다. 석(釋)은 두고 간다는 뜻.《초사(楚辭)》

석과불식〔碩果不食〕 큰 과실을 다 먹지 않고 남긴다는 뜻으로, 곧 자기만의 욕심을 버리고 자손에게 복을 끼쳐 준다는 뜻.《역경》

서리지탄
黍離之嘆

기장 黍 떠날 離 의 之 탄식할 嘆

세상의 영고성쇠(榮枯盛衰)가 무상함을 한탄함.

나라가 망하고 옛 도성의 궁궐터가 밭으로 변해 버린 것을 한탄하는 것을 「서리지탄」이라고 한다.

「흥망이 유수하니 만월대(滿月臺)도 추초(秋草)로다」 하는 고려의 유신들이 읊은 망국탄과도 같다고 할까.

이 서리지탄이란 문자가 생겨나게 된 「서리(黍離)」란 말은 《시경》 왕풍(王風)에 나오는 시의 제목이다. 이 시는 3장으로 되어 있는데, 그 첫 장만을 소개하면 다음과 같다.

저 기장의 무성함이여
저 피(稷)의 싹이여
가는 걸음의 더딤이여
속마음이 어지럽도다.
나를 아는 사람은
나를 일러 마음이 아프다 하는데
나를 모르는 사람은
나를 일러 무엇을 찾는가 한다.
아득한 푸른 하늘이여
이것이 누구의 탓입니까?

被黍離離　被稷之苗　　피서이리　피직지묘
行邁靡靡　中心搖搖　　행매미미　중심요요
知我者　　謂我心憂　　지아자　　위아심우

不知我者　謂我何求　　부지아자　위아하구
悠悠蒼天　此何人哉　　유유창천　차하인재

　이 시에 대한 《모시(毛詩)》의 서(序)에 따르면, 이 시는 주(周)나라 대부가 원래 주나라의 종묘와 궁궐이 서 있던 자리에 기장과 피가 무성하게 자라나 있는 것을 보고, 주나라의 쇠망을 슬퍼하며 차마 그 앞을 그대로 지나치지 못하고 서성거리며 지은 시라고 한다.
　「서리(黍離)」의 「리(離)」는 「이리(離離)」가 약해진 것으로, 무성하다는 뜻이다. 〔☞ 맥수지탄(麥秀之嘆)〕

석근관지〔釋根灌枝〕 근본에 착안하지 않고 지엽말절(枝葉末節)에만 눈이 가는 것. 본질을 궁구하지 않고 현상(現象)에만 얽매이는 것. 석(釋)은 사(捨)와 통해서 버리다의 뜻. 《회남자》

석불가난〔席不暇暖〕 자꾸 드나들어 앉은 자리가 따뜻해질 겨를이 없다는 뜻으로, 자리나 주소를 자꾸 옮김을 이르는 말.

석안유심〔釋眼儒心〕 석가의 눈과 공자의 마음. 곧 자비스럽고 인애(仁愛) 깊은 일.

석파천경〔石破天驚〕 돌이 깨지자 하늘이 놀란다는 뜻으로, 아름다운 음악의 비유. 또 착상의 기발함의 비유. 이하(李賀) 《이빙공후인(李憑箜篌引)》

석학홍유〔碩學鴻儒〕 학문이 깊고 넓은 대학자. 석(碩)도 홍(鴻)도 크다는 뜻으로, 위대한 유학자(儒學者)를 말한다. 《진서》

석화광음〔石火光陰〕 돌이 마주칠 때에 불빛이 한번 번쩍였다가 곧 없어지는 것처럼 빠른 세월을 비유하는 말.

선건전곤〔旋乾轉坤〕 천하의 난을 평정함. 또 나라의 폐풍(弊風)을 크게 고침.

선공무덕〔善供無德〕 부처님께 공양을 잘 드려도 아무 공덕이 없다는 뜻으로, 남을 위해 힘써도 별 소득이 없음을 이르는 말.

선남선녀〔善男善女〕【불교】 불법을 믿고 따르는 남녀. 또는 나한(羅漢)과 보살(菩薩). 일반 대중.

서시빈목
西施矉目

서녘 西 베풀 施 찡그릴 矉 눈 目

공연히 남의 흉내를 내어 세상 사람의 웃음거리가 됨을 이름.

「서시빈목」은 서시가 눈살을 찌푸린다는 말이다. 서시라는 미녀를 무조건 흉내 내었던 마을 여자들의 이야기에서 생겨난 말로서, 공연히 남의 흉내만 내는 일을 풍자한 것이다.

춘추시대 말 오(吳)·월(越) 양국의 다툼이 한창일 무렵, 월왕 구천이 오왕 부차의 방심을 유발하기 위해 헌상한 미희(美姬) 50명 중에서 제일가는 서시(西施)라는 절색이 있었다.

이 이야기는 그 서시에 관해서 주변에 나돌았던 이야기로 되어 있으나, 말하는 사람이 우화의 명수인 장자(莊子)이므로 그 주인공이 서시가 아니라도 좋을 것이다.

《장자》 천운편에 있는 이야기는 이렇다.

서시가 어느 때 가슴앓이가 도져 고향으로 돌아갔다. 아픈 가슴을 한 손으로 누르며 눈살을 찌푸리고 걸어도 역시 절세의 미인인지라, 다시 보기 드문 풍정(風情)으로 보는 사람들을 황홀케 했다.

그것을 본 것이 마을에서도 추녀로 으뜸가는 여자인데, 자기도 한손으로는 가슴을 누르고 눈살을 찌푸리며 마을길을 흔들흔들 걸어보았으나 마을 사람들은 멋있게 보아주기는커녕 그렇지 않아도 추한 여자의 징글맞은 광경을 보고 진저리가 나서 대문을 쾅 닫아버리고 밖으로 나오려는 사람도 없었다.

그런데 이 이야기로 장자는 공자의 제자인 안연(顔淵)과 도가적(道家的) 현자로서 등장시킨 사금(師金)이란 인물과의 대화 속에서 사금이 말하는 공자 비평의 말에 관련시키고 있다. 요컨대 춘추의 난세에 태어나서 노(魯)나 위(衛)나라에 일찍이 찬란했던 주왕조(周王朝)의 이상정치를 재현시키려는 것은 마치 자기 분수도 모르고 서시의 찡그림을 흉내 내는 추녀 같은 것으로 남들로부터 놀림 받는 황당한 이야기라는 것이다.

선병자의〔先病者醫〕 먼저 병을 알아 본 경험이 있는 사람이 경험이 있어 뒤에 앓는 이의 병을 고칠 수 있다는 뜻으로, 경험 있는 사람이 남을 인도할 수 있다는 뜻.

선로명주〔仙露明珠〕 선인(仙人)이 내려주는 이슬과 아름다운 구슬. 곧 서법(書法)의 원활함을 이르는 말.

선양방벌〔禪讓放伐〕 고대 중국의 정권교체 방법을 말한다. 선양(禪讓)은 천자의 생존 중에 그 제위를 천자가 되기에 어울리는 훌륭한 인물에게 물려주는 것. 방벌(放伐)은 천자를 무력에 의하여 추방하고 그 자리를 신하가 빼앗는 것.《순자》

선어무망〔羨魚無網〕 얻을 수단이 없으면서 무엇을 갖고 싶어 함의 비유. 또 그 수단이 없으면서 무엇을 갖고 싶어 하면 안된다는 경계로도 쓰인다.《포박자》

선언난어포백〔善言煖於布帛〕 교훈이 되는 좋은 말은 무엇보다도 유익함의 비유. 포백(布帛)은 무명과 비단. 곧 유익한 말이라는 것은 무명과 비단으로 몸을 싸서 따뜻하게 하는 것보다도 사람에게 유익하다는 말.《순자》

선의순지〔先意順旨〕 그 사람이 생각하기도 전에 눈치 빠르게 의중을 알아채고 뜻을 좇는다. 곧 다른 사람이 원하는 것을 미리 알고 비위를 맞추는 아부를 말한다.

선의후리〔先義後利〕 먼저 사리와 도리를 잘 생각하고, 이해타산은 그 뒤에 한다. 상업도덕, 기업윤리의 기본 이념. 의(義)는 대의(大義)로 통하는 사물의 절차. 이(利)는 이익. 장사는 이윤 추구가 목적이지만, 어떻게 해서라도 돈을 벌면 된다는 것이 아니라, 그 행위와 수단이 상업도덕에 반하지 않는지 어떤지를 잘 생각하지 않으면 안된다. 그러므로 이해득실을 따지는 방법을 뜻하는 것.《맹자》

선우후락(先憂後樂).

서제막급
噬臍莫及

씹을(물) 噬 배꼽 臍 아닐 莫 미칠 及

> 일을 그르친 뒤에는 후회해도 이미 늦다.

「서제막급(噬臍莫及)」은 배꼽을 물려고 해도 입이 미치지 못한다는 뜻으로, 일이 지난 후에는 후회해도 아무 소용이 없음을 비유하는 말이다.

《좌전》 장공(莊公)에 있는 이야기다.

주장왕(周莊王) 때의 일이다. 초(楚)나라 문왕이 신(申)나라를 치기 위하여 신나라와 가까이 있는 등(鄧)나라를 지나가게 되었다. 등나라 임금 기후(祁侯)는 조카인 문왕을 반갑게 맞이하고 환대했다. 그 때 추생·담생·양생 세 현인이 기후에게 말했다.

「지금 문왕은 약소국 신나라를 치기 위해 가는 길입니다. 우리 역시 약소국인데 저들이 신나라를 친 다음에는 우리나라를 그냥 둘 리가 없지 않습니까? 무슨 대비를 하지 않으면 나중에 아무리 후회해도 때는 늦을 것입니다(噬臍莫及)」

그러나 기후는 펄쩍 뛰면서 귀담아 듣지 않았다. 문왕은 기후의 도움으로 무사히 신나라를 정벌하고 귀국하였다.

그리고 나서 10년이 지난 뒤 초나라는 다시 군사를 일으켜 등나라를 쳐들어왔다. 전혀 대비가 없던 등나라는 순식간에 초나라의 군대에 점령되고 말았다.

일설에는, 사람에게 붙잡힌 궁노루가 자기의 배꼽 향내 때문에 잡힌 줄 알고 제 배꼽을 물어뜯으려고 해도 때는 이미 늦었다는 데서 생긴 말이라고도 한다.

「후회막급(後悔莫及)」과 의미가 비슷하다.

선입위주〔先入爲主〕 먼저 보거나 듣거나 배우거나 한 것이 자신의 생각이나 판단의 기준이 되기 쉽다는 말. 선입관(先入觀)·고정관념에 사로잡히는 것. 《한서》

선자옥질〔仙姿玉質〕 신선의 자태에 옥의 바탕이라는 뜻으로, 기품이 높은 미인을 형용하여 이르는 말. 《고금시화》

선종외시〔先從隗始〕 ☞ 선시어외(先始於隗).

선지부지설〔蟬之不知雪〕 견문이 좁음의 비유. 자신이 보거나 듣거나 한 일이 없다고 해서 남을 믿으려고 하지 않는 것은 마치 매미가 여름 동안밖에 살아 있지 못하기 때문에 눈(雪)을 몰라, 눈의 존재를 믿지 않는 것과 같다는 말. 《염철론(鹽鐵論)》

선침온석〔扇枕溫席〕 부모에게 효도를 다함의 비유. 여름에는 부모의 베갯머리에서 부채질을 하여 시원하게 하고, 겨울에는 자신의 체온으로 부모의 이부자리를 따뜻하게 한다는 뜻. 《동관한기(東觀漢記)》

선하〔先河〕 사물의 시초가 되는 것의 비유. 선례(先例)를 말한다. 고대 중국에서는 물을 제사지내는 데에 바다보다도 먼저 강을 제사지낸 데서 나온 말. 《예기》

선행무철적〔善行務轍迹〕 길을 잘 가는 사람은 수레바퀴 자국이나 발자국을 남기지 않는다는 뜻으로, 진정한 좋은 행실은 남의 눈에 띄지 않는다는 말. 《노자》

선화후과〔先花後果〕 먼저 꽃이 피고 나중에 열매를 맺는다는 뜻으로, 먼저 딸을 낳고 나중에 아들을 낳음을 일컫는 말.

설니홍조〔雪泥鴻爪〕 눈 위의 기러기 발자취가 눈이 녹으면 없어지듯, 인생의 자취가 흔적이 없음을 비유하는 말.

설병지지〔挈缾之知〕 아주 작은 지혜의 비유. 설(挈)은 손에 들다의 뜻, 병(缾)은 병(瓶)과 마찬가지로 물을 담는 그릇. 《좌전》

설부화용〔雪膚花容〕 눈같이 흰 살결과 아름다운 얼굴.

설상가상〔雪上加霜〕 눈 위에 서리가 내린다는 뜻으로, 불행한 일이 거듭됨을 비유하여 이르는 말. 《전등록》 땐 금상첨화(錦上添花).

설중송백〔雪中松柏〕 절개와 지조가 굳음의 비유. 송백(松柏)은 모두 상록수로, 아무리 혹독한 추위 속에서도 결코 색이 변하지 않는다. 역경에 처해서도 절개와 지조를 바꾸지 않음의 비유.

설중송탄〔雪中送炭〕 눈 속에 있는 사람에게 탄을 보내 주다. 고생하는 사람을 구해 주는 것.

467

서족이기성명
書足以記姓名

글 書 족할 足 써 以 쓸 記 성 姓 이름 名

학식만을 내세움을 비웃음. 또는 지식보다는 행동이라는 말

항우가 어릴 때 했다는 말로 「지식보다는 행동이다」라는 뜻으로 쓰인다.

《사기》 항우본기 첫머리에 이렇게 나와 있다.

「항적(項籍)이란 사람은 하상(下相) 사람으로 자(字)를 우(羽)라고 했다. 처음 일어났을 때 나이 스물넷이었다. 그의 작은 아버지는 항양(項梁)인데, 양의 아버지는 바로 초나라 장군 항연(項燕)으로, 진나라 장군 왕전(王剪)에게 죽임을 당한 사람이다……」

항적은 어릴 때 글을 배우다가 이루지 못하고 그만두었는데, 칼을 배우다가 또 이루지 못했다. 항양이 화를 내며 그를 꾸짖자, 항적은 이렇게 말했다.

「글은 성명만 기록하면 족하고, 칼은 한 사람을 대적하는 것이니 배울 만한 것이 못됩니다. 만 사람을 대적하는 것을 배우겠습니다(書足以記姓名而已 劍一人敵 不足學 學萬人敵)」

그래서 항양은 그에게 병법을 가르쳤다. 항적은 대단히 기뻐했으나 대강 그 뜻을 알고는 역시 끝까지 배우려 하지 않았다.

이상이 항우본기의 서두에 나와 있는 기록이다. 항우는 어느 의미에서 「돌대가리」였던 것 같다. 그가 천하를 한때 휩쓸고 뒤흔들게 된 것은 단순히 그의 백절불굴의 투지와 힘과 용맹 때문이었다.

그에게는 글이 사실상 필요 없었고, 칼도 특별한 기술이 필요치 않았다. 병법도 남을 속이는 교묘한 작전 같은 것은 그에게 필요치 않았다.

그는 자기가 한 말처럼 산을 뽑을 만한 힘을 지니고 있었다. 그는 보통 사람이 하나만 입어도 귀찮은 갑옷을 일곱 겹이나 껴입었고, 다른 장수들이 고작 30근 철퇴를 드는 정도였는데, 그는 3백 근 철퇴를 나무 지팡이 휘두르듯 했다.

천리마를 타고 달리는 그의 철퇴에서는 칼도 창도 아무 소용이 없었고, 그의 7층 갑옷에는 아무리 강한 화살도 쓸모가 없었다. 그는 마치 탱크와도 같은 인간이었다.

그러나 그런 그도 결국에 가서는 해하(垓下)에서 패하고 오강(烏江)에서 자살을 함으로써 31세라는 꽃다운 청춘을 장렬하고 처참한 비극으로 끝내고 만다. 역시 글을 읽지 못하고 병법을 배우지 못한 탓이 아니었을는지.

섭우춘빙〔涉于春氷〕 매우 위험함의 비유. 또 마음이 놓이지 않고 불안함의 비유. 춘빙(春氷)은 봄의 녹기 쉬운 얼음의 뜻. 《서경》

섭족부이〔囁足附耳〕 남몰래 상대방에게 주의·충고를 주는 것. 남이 알아차리지 않도록 상대방의 발을 밟아서 주의를 끈 뒤 귀에 입을 대고 살짝 귀띔한다는 뜻. 《사기》

성공무덕〔聖供無德〕 부처에게 공양하였으나 아무 공덕이 없다는 뜻이니, 곧 남을 위하여 노력하나 아무 소득이 없음을 뜻함. 선공무덕(善供無德).

성년부중래〔盛年不重來〕 청춘은 두 번 다시 오지 않는다. 성년(盛年)은 원기 왕성한 나이, 한창 때를 말한다. 젊을 때야말로 공부를 해두어야 한다는 뜻으로 쓰는 수가 많으나, 본래는 젊어서는 막연하게 헛되이 시간을 보내지 말고, 무슨 일에나 적극적으로 노력하라는 뜻. 도연명 《잡시(雜詩)》 ☞ 세월부대인

성동격서〔聲東擊西〕 동쪽을 칠 것같이 말하면서 실제로는 서쪽을 친다는 뜻으로, 적을 혼란하게 만들면서 공략하는 것.

성명낭자〔聲名狼藉〕 명성이 사방에 자자하다. 그러나 그 명성은 악명을 말하는 것이니, 결국 명성이 땅에 떨어지거나 훼손되어 버린 것을 뜻한다. 《사기》

석권
席卷

자리 席 말 卷

> 어느 부분을 자신의 손아귀에 넣어 좌지우지함.

자리를 만다는 말이 「석권(席卷)」이다. 자리를 말 듯이 한쪽에서부터 토지를 공격해 전체를 차지하는 것을 말한다.

《사기》 위표팽월열전(魏豹彭越列傳)에 있는 이야기다.

초(楚)의 항우와 한나라 유방이 천하를 두고 다투고 있을 무렵 위표와 팽월이라는 사람이 있었다.

위표는 처음에는 항우에게서 위왕(魏王)으로 봉해졌는데, 나중에 항우를 배신하고 유방에게 붙어 팽성(彭城)을 함락시켰다. 그러나 유방이 패배하자 다시 배신을 했는데 화가 난 유방은 한신에게 토벌케 하여 포로로 잡았다가 주가(周苛)에게 명령을 내려 죽이게 하였다. 팽월은 원래 유방의 부하였는데, 유방이 진희(陳豨)의 반란을 평정하기 위해 출병을 마무리했지만 머뭇거리다가 반란의 혐의가 씌워져 오히려 체포당했다. 그 뒤 그도 역시 여후(呂后)의 건의로 죽음을 당했다.

이를 두고 사마천(司馬遷)은 이렇게 말했다.

「위표와 팽월은 비천한 집안 출신으로 천리의 땅을 석권한 인물이다.……그 명성이 날로 높아졌지만, 반란을 도모하다가 패하자 스스로 목숨을 끊지 않고 포로가 되어 죽음을 당한 것은 무슨 까닭인가? 그것은 두 사람이 모두 지략이 뛰어나 몸만 무사하면 후일 다시 큰일을 도모할 기회가 올 것으로 기대해서 포로가 되는 것도 마다하지 않았기 때문이다」

성문과정〔聲聞過情〕 세상의 평판이 실제보다도 높은 것. 성문(聲聞)은 명성·평판. 정(情)은 실정. 《맹자》

성사부설〔成事不說〕 이미 저지른 일에 대해서는 왈가왈부하지 않는다는 것. 《논어》

성상근습상원〔性相近習相遠〕 사람의 타고난 천성은 누구나 비슷하여 대차가 없지만, 그 후의 학습에 의하여 크게 달라진다는 말. 교육의 무한한 가능성을 일컫는 말. 《논어》

성수불루〔盛水不漏〕 가득 찬 물이 조금도 새지 않는다는 뜻으로, 사물이 빈틈없이 꽉 짜여 있거나, 또는 지극히 정밀(精密)함을 이르는 말.

성수자지명〔成豎子之名〕 패배를 자인했을 때 쓰는 말로, 「풋내기에게 한수 당했군」이라는 뜻. 수자(豎子)는 조그만 아이, 풋내기의 뜻.

성야소하 패야소하〔成也簫何 敗也簫何〕 일을 성사시키는 이나 실패하게 만드는 이나 같은 사람이라는 뜻으로, 일의 성패를 한손에 쥐고 있음을 비유하는 말. 소하는 한고조(漢高祖) 유방의 장수.

성자필쇠〔盛者必衰〕 세상은 무상하여 아무리 성(盛)한 자라도 반드시 쇠(衰)할 때가 있다는 뜻. 《인왕경(仁王經)》 ☞ 회자정리(會者定離). 생자필멸(生者必滅).

성중형외〔誠中形外〕 마음속에 담긴 진실한 생각은 저절로 밖으로 드러나게 마련이다. 이 말은 역으로 생각해서 악한 심보를 가진 사람은 아무리 겉으로 착한 척해도 본심이 드러나 남이 눈치 챘다는 말도 된다. 《대학》

성즉군왕 패즉역적〔成則君王 敗則逆賊〕 성공하면 왕이 되고 실패하면 역적이 된다는 말로서, 세상 모든 일은 결국에 가서는 이기는 사람의 위주로 된다는 것.

성혜〔成蹊〕 작은 길이 난다는 뜻으로, 뛰어난 인물의 주위에는 저절로 사람들이 모여들기 마련임의 비유. 혜(蹊)는 작은 길. 《사기》

성화요원〔星火燎原〕 하찮은 나쁜 짓을 내버려두면 차츰 커져서 걷잡을 수 없게 됨의 비유. 또 불이 들판을 태워버리듯이 나쁜 짓이 대단한 기세로 퍼져 손을 쓸 수 없음의 비유. 성화(星火)는 작은 불, 요원(燎原)은 들판을 불태우는 것. 《서경》 ☞ 요원지화(燎原之火).

세군〔細君〕 본래는 제후의 부인을 일컫는 말인데, 남에게 자기의 아내를 말하거나 남의 아내를 부를 때 쓰는 말이다. 《한서》

세단의장〔世短意長〕 사람의 일생은 짧고, 마음에 고민하는 일은 지극히 많음을 이르는 말. 《학림옥로(鶴林玉露)》

선시어외
先始於隗

먼저 先 처음 始 어조사 於 험할 隗

> 너부터 시작하라.

「선시어외」는 먼저 외(隗)부터 시작하라는 말이다. 여기서 외는 곽외(郭隗)를 말한다.

《전국책》 연책(燕策)에 있는 이야기다.

전국시대 연(燕)나라의 소왕은 제(齊)나라에 빼앗긴 영토를 되찾고 치욕을 앙갚음하기 위해 세상의 뛰어난 인재를 초빙하고자 하였다. 그래서 이 문제를 재상 곽외와 상의하였다. 곽외가 말했다.

「이런 옛이야기가 있습니다. 어떤 임금이 천리마를 구하려고 천 냥의 돈을 걸고 기다렸습니다. 그러나 3년이 지나도 천리마는 오지 않았습니다. 그러자 궁중의 하인 한 사람이 자신이 구해 오겠다며 나섰습니다. 그는 백방으로 수소문해 천리마가 있는 곳을 알았지만, 아쉽게도 그가 도착하기 전에 천리마는 죽어버리고 말았습니다.

그러나 그는 그 죽은 말의 뼈를 5백 냥을 주고 사가지고 왔습니다(買死馬骨). 그러자 임금은 『죽은 말의 뼈를 5백 냥이나 주고 사오다니?』 하며 화를 냈습니다.

그러자 하인은 『생각해 보십시오 죽은 천리마의 뼈를 5백 냥에 샀다면 산 말이야 이르겠느냐고 생각하지 않겠습니까? 조금만 기다리면 서로 팔겠다며 천리마를 가진 사람이 몰려들 것입니다』

과연 얼마 되지 않아 천리마를 팔겠다는 사람이 셋이나 나타났다고 합니다. 마찬가지로 폐하께서 천하의 영재를 얻고자 하신다면 먼저 가까이 있는 저부터 우대하십시오 그러면 저절로 천하의 영재들이 몰려들 것입니다」

이 말을 수긍한 소왕은 즉각 황금대(黃金臺)를 지어 곽외를 머물게 하고 사부(師父)로서 받들었다.

그러자 과연 얼마 안 가서 명장(名將) 악의(樂毅), 음양가(陰陽家)의 비조(鼻祖) 추연(鄒衍), 대정치가 극신(劇辛) 등의 걸출한 인재들이 사방에서 연나라로 몰려들었다.

이들의 힘을 빌려 소왕은 제나라에 대한 원수도 갚고 나라를 부강하게 만들 수 있었다.

곽외의 이야기 중에서「죽은 말을 사왔다」는「매사마골(買死馬骨)」은「별 볼일 없는 것을 사서 요긴한 것이 오기를 기다린다」또는「하잘 것 없는 것이라도 소중히 대접하면 긴요한 것은 그에 끌려 자연히 모여든다는 뜻으로 쓰이게 된 말이다.

「선종외시(先從隗始)」라고도 한다.

세답족백〔洗踏足白〕상전(上典)의 빨래에 종의 발꿈치가 희게 된다는 말로, 남의 일을 하여 주면 그만한 소득이 있다는 뜻. 《순오지》

세이공청〔洗耳恭聽〕귀를 씻고 남의 말을 경청한다는 말인데, 흔히 남이 제안한 내용을 비웃거나 우스갯소리를 할 때 쓰인다. 《고사전(高士傳)》

세태염량〔世態炎凉〕세정(世情)의 성쇠(盛衰). 인정의 반복. 염량세태(炎凉世態).

세한삼우〔歲寒三友〕세한(歲寒)은 1년 중 추운 계절인 겨울. 또는 고통스런 시대나 난세(亂世)의 뜻도 있다. 겨울철 관상용의 세 가지 나무인 송죽매(松竹梅), 곧 소나무·대나무·매화나무. 흔히 동양화의 화제(畵題)가 됨. 난세의 세 친구에 산수(山水)·송죽(松竹)·금주(琴酒)가 있다.

소거백마〔素車白馬〕흰 수레와 흰 말이라는 뜻으로, 아주 절친한 사이를 비유하거나, 친구의 죽음을 애도하는 마음을 말할 때 쓴다. 원래 흰 수레와 흰 말은 사람이 죽었을 때 상여(喪輿)로 썼다고 한다. 《후한서》

선우후락
先憂後樂

먼저 先 근심 憂 나중 後 즐거울 樂

> 세상 근심은 남보다 먼저 걱정하고, 즐거움은 남보다 나중 기뻐함.

「선천하지우 이후천하지락(先天下之憂 而後天下之樂)」에서 나온 말이다. 이것은 송나라 명재상 범중엄(范仲淹 : 문정공)이 한 말이다.

범중엄은 가난한 집에 태어나 재상까지 된 훌륭한 인물이었는데, 그는 이 세상에 불행한 사람을 건지는 것이 어릴 때부터의 소원이었다. 그가 어느 사당(祠堂) 앞을 지나다가, 사람들이 소원을 빌면 뜻대로 된다고 하는지라, 그는 들어가 이렇게 빌었다.

「저는 훌륭한 재상이 되기를 원하지 않고 훌륭한 의원이 되기를 원합니다」

병든 사람을 구해 주는 것이 더욱 어렵고 훌륭하게 느껴졌던 것이다. 그가 한번은 혼자 공부를 하고 있는데, 참외장수가 참외를 한 짐 지고 장으로 팔러 가는 것이 바라다 보였다. 배도 고프고 날씨도 더운 판에 참외 하나만 먹었으면 원이 없을 것만 같았다. 사먹을 돈이 없는 그는 속으로 하나만 굴러 떨어졌으면 하고 바랐다.

귀신이 감동했는지, 참외 장수가 몸을 추스르자 참외 하나가 지게에서 굴러 길 아래로 떨어졌다. 참외장수는 지게를 받쳐 놓고 참외를 가지러 내려갈까 망설이더니, 귀찮은 듯이 그대로 가버렸다. 물론 범중엄은 반갑게 주워 먹었다.

그 뒤 재상이 된 범중엄은 그때 생각을 잊을 수 없어 참외가 떨어졌던 곳에 큰 과정(瓜亭)을 짓고 많은 참외를 심어 지나가는 돈 없는 나그네에게 그냥 주게 했다 한다. 주자(朱子)가 편찬한 《명신언행록(名臣言行錄)》에는 그가 좋아하는 글귀라 해서 기록하고 있는데, 실은 그가 지은

「악양루기(岳陽樓記)」에 있는 말이다. 이 글 끝에 이렇게 말하고 있다.
「슬프다, 내가 일찍이 옛날 어진 사람의 마음을 찾아보건대, 부처와 노자(老子)가 다른 점이 무엇이겠는가. 물건으로 기뻐하지 않고 자기로써 슬퍼하지 않는다. 조정에 있어서는 백성을 걱정하고, 강호(江湖)에 있어서는 임금을 걱정한다. 이것은 나아가도 걱정이요, 물러나도 걱정이다. 그러면 어느 때에 즐거워하는가. 그것은 필시 천하의 근심을 먼저 걱정하고 천하의 낙을 뒤에 즐긴다고 말할 수 있지 않을까(其必曰先天下之憂而憂 後天下之樂而樂乎). 슬프다, 이 사람이 아니면 내가 누구와 함께 할 것인가」

이 글은 그가 부총리 격인 참지정사(參知政事)로 있던 경력(慶曆) 6년(1046년) 9월 15일에 지은 것으로 되어 있으므로, 천하를 다스리는 유신(儒臣)으로서의 자부심이 높았을 때였다. 글의 내용은 그의 솔직한 심정을 토로한 것이리라.

위 문장이 너무 길어서인지 「선우후락」이란 간단한 말로 대신하기도 한다.

소견다괴〔少見多怪〕 본 것이 적으면 괴이한 일이 많다는 뜻으로, 견문이 좁은 것을 비웃어 이르는 말. 《포박자》

소규조수〔簫規曹隨〕 소하(簫何)가 정한 것을 조참(曹參)이 좇다. 옛날의 법도를 그대로 물려 쓰는 것을 말한다.

소극침주〔小隙沈舟〕 작은 틈으로 물이 새어들어 배가 가라앉는다는 뜻으로, 작은 일을 게을리 하면 큰 재앙이 닥치게 됨을 비유하여 이르는 말. 《열자》

소년이로학난성〔少年易老學難成〕 뒤에 일촌광음불가경(一寸光陰不可輕)이 온다. 즉 나이를 먹어 늙어지기는 쉬우나 학문을 성취하기는 어렵다는 뜻으로, 세월은 거침없이 빠르게 흘러가고 그 가운데서 일을 이루기가 힘든 것을 비유하는 말. 주희(朱熹)의 「권학문(勸學文)」에 나오는 구절이다.

선즉제인
先則制人

먼저 先 곧 則 마를 制 사람 人

선수를 써서 상대를 제압하다.

선수를 치면 남을 누르게 된다는 것이 「선즉제인」이다.

《사기》 항우본기에 나오는 말이다.

진시황이 죽고 무능한 2세가 천자로 들어앉자, 진승(陳勝)이 맨 먼저 반기를 들고 일어났고, 뒤이어 각지에서 유명무명의 영웅호걸들이 앞다투어 반란을 일으켰다.

이때 항우의 작은 아버지인 항양(項梁)은 항우와 함께 회계(會稽)에 와 있었는데, 회계태수로 와 있던 은통(殷通)이 항양을 보고 이렇게 말했다.

「강서(江西)가 온통 반기를 들고 일어섰으니 이것은 아마 하늘이 진나라를 망하게 할 시기인 것 같습니다. 내가 들으니 『먼저 하면 곧 남을 누르고 뒤에 하면 남의 눌리는 바가 된다(先即制人 後即爲人所制)』고 했는데, 나도 군사를 일으켜 공과 환초(桓楚)로 장군을 삼을까 합니다」

이때 환초는 도망쳐 다른 곳에 가 있었다. 항양은 딴 생각을 품고 은통에게,

「환초가 숨어 있는 곳을 아는 사람은 적(籍 : 항우의 이름)밖에 없습니다」

이렇게 말한 다음 일어나 밖으로 나가 항우에게 귓속말로 무어라 타이르고 칼을 준비하여 밖에서 기다리게 했다.

다시 들어온 항양은 태수와 마주앉아,

「적을 불러 태수의 명령을 받아 환초를 불러오도록 하시지요」 하고 청했다. 태수가 그러라고 하자 항양은 항우를 데리고 들어왔다. 잠시

후 항양은 항우에게 눈짓을 하며,

「그렇게 해라」하고 일렀다. 순간 항우는 칼을 빼들고 은통의 목을 쳤다.

이리하여 항양은 자신이 회계태수가 되고 항우를 비장(裨將)으로 하여 정병 8천을 뽑아 강을 건너 진나라로 향하게 되었던 것이다.

결국 선수를 써야만 남을 누른다고 가르쳐 준 은통의 말을 실천한 것은 항양이 되고 만 셈이다. 바둑 격언에 돌을 버리고 선수를 다투라(棄子爭先)라는 말이 있는데, 전쟁이고 사업이고 간에 경쟁자가 있을 때는 선수를 쓰는 것이 결정적인 승패의 계기가 될 수 있다.

소리장도〔笑裏藏刀〕 웃음 뒤에 칼이 있다는 뜻으로, 겉으로는 친절한 듯하지만, 속셈은 음흉한 것을 비유하는 말이다. 소중유도(笑中有刀).《당서》

소림일지〔巢林一枝〕 새는 깊은 숲 속에 둥지를 만들지만, 단 하나의 가지만 사용할 뿐이다. 신분에 어울리는 것에 납득하는 것. 작은 집. 이 작은 집에서 소시민이 만족하고 사는 것이 이 숙어의 의미.《장자》 ▣ 지족안분(知足安分).

소미지급〔燒眉之急〕 ☞ 초미지급(焦眉之急).

소비하청〔笑比河淸〕 근엄해서 여간해서 웃지 않는 것. 하(河)는 황하(黃河)를 가리킨다. 황하는 「백년하청(百年河淸)을 기다린다」고 할 정도로, 그 탁한 물이 맑아지는 법이 없다. 포증(包拯)이 언제나 위엄 있는 얼굴을 하고 웃는 법이 없음을, 황하가 맑아지는 법이 없음에 비유한 것이다.《송사》

소상팔경〔瀟湘八景〕 소수(瀟水)와 상수(湘水) 일대에 펼쳐진 여덟 군데의 아름다운 경치. 일반적으로 소상팔경 하면 세상에서 가장 아름다운 경관을 가진 곳의 대명사로 쓰인다. 소수와 상수는 모두 양자강의 지류로 강 중류에 있는 동정호(洞庭湖)로 흘러든다.《몽계필담(夢溪筆談)》

소양지판〔霄壤之判〕 하늘과 땅의 차. 곧 사물이 엄청나게 다름을 일컫는 말. 소양지차(霄壤之差). 천양지차(天壤之差).

성공자퇴 成功者退

이룰 成 공 功 사람 者 물러날 退

> 공을 이룬 사람은 때를 알고 물러나야 걱정이 없다.

공을 이룬 사람은 물러나야 한다는 것이 「성공자퇴」다. 보다 구체적인 표현이 「공성신퇴(功成身退)」다. 그러나 이 말의 원 말은 「성공자거(成功者去)」다.

사람만이 아니고 모든 사물은 일단 목적을 달성한 뒤에는 다음 오는 것에게 그 자리를 물려주고 가버린다는 뜻이다.

《사기》범수채택열전(范雎蔡澤列傳)에 나오는 채택의 말이다.

죄인의 몸으로 피해 숨어 있다가 하루아침에 진나라 승상이 된 범수도 차츰 실수를 저지르게 되어 진소왕(秦昭王)의 신임이 날로 엷어져 가고 있었다. 이 소문을 들은 채택이 그의 뒤를 물려받을 생각으로 진나라로 향하게 된다. 그는 진나라에 도달하기 전 도중에 도둑을 만나 가지고 있던 여행 도구까지 다 빼앗기고 말았다.

함양에 도착한 채택은 소문을 퍼뜨려 범수의 귀에 들어가게 한다.

「연나라 사람 채택은 천하의 호걸이요 변사다. 그가 한번 진왕을 뵙게 되면 왕은 재상의 자리를 앗아 채택에게 주게 될 것이다」

범수는 채택을 불러들여 불쾌한 태도로 물었다.

「당신이 날 대신해 진나라 승상이 된다고 했다는데, 그게 사실이오?」

「그렇습니다」

「어디 그 이야기를 한번 들어 봅시다」

이리하여 채택은,

「어쩌면 그렇게도 보는 것이 더디십니까. 대저 사시(四時)의 순서는 공을 이룬 것은 가는 법입니다(凡夫四時之序成功者去……)」하고 이론을 전개하기 시작, 마침내 범수를 설득시켜 그로 하여금 그 자리를 물러나야 되겠다는 것을 느끼게 했다.

이리하여 범수의 추천으로 진나라의 재상이 된 채택은 몇 달이 다 가지 않아 자기를 모략하는 사람이 있자, 자기가 범수에게 권했듯이 곧 병을 핑계로 자리를 내놓는다.

그리하여 진나라에서 편안히 여생을 보내며, 가끔 사신으로 외국에 다녀오곤 했다.

소의간식〔宵衣旰食〕해가 뜨기 전에 일어나 의관을 갖춰 입고, 해가 진 후에 저녁밥을 먹는다는 뜻으로, 임금이 정사(政事)에 여념이 없음을 비유하여 이르는 말.《당서》

소인묵객〔騷人墨客〕시문(詩文)과 서화(書畵) 등의 풍류를 일삼는 사람. 현대풍으로 말하면, 작가·가수·시인·화가·서가(書家) 등을 말한다. 소인(騷人)은 초(楚)나라의 굴원(屈原)이 지은《이소부(離騷賦)》에서 유래한 말로 서정적인 시부(詩賦) 및 글을 쓰는 사람, 풍류를 즐겨 노래하고 읊는 사람, 문인 또는 시인을 일컫는다.《선화화보(宣和畵譜)》🔳 문인묵객(文人墨客).

소인지용〔小人之勇〕사려가 얕은 자의 어리석은 용기.《순자》🔳 필부지용(匹夫之勇).

소일지탄〔小一之嘆〕기쁜 일이 있을 때의 사소한 근심 걱정.

소자불가측〔笑者不可測〕욕을 먹고 화를 내는 자는 보통의 감정을 가진 자로서, 특별히 위험하지는 않지만, 웃는 자는 마음속으로 무엇을 생각하고 있는지 알 수가 없어 오히려 위험한 존재다. 또 단지 어떤 경우에도 싱글벙글 웃고 있는 자는 무엇을 생각하고 있는지 헤아릴 수가 없음을 비유하여 이르는 말.《당서》

소중도〔笑中刀〕웃음 속의 칼이라는 뜻으로, 겉으로는 온화하고 사람이 좋은 것처럼 보이지만, 속으로는 음험함의 비유. 소리장도(笑裏藏刀)《당서》

성하지맹
城下之盟

성 城 아래 下 의 之 맹세 盟

핍박에 못 이겨 굴욕적으로 맺은 조약.

성 아래에서의 맹세가 「성하지맹」 이다. 적에게 성을 포위당한 끝에 견디다 못해 나가 항복하는 것이 성하지맹이다. 《춘추좌씨전》 환공(桓公) 12년(B.C 700)의 기록에 다음과 같은 이야기가 나온다.

초나라가 교(絞)를 쳐들어가 성 남문에 진을 쳤다. 막오(莫敖)라는 벼슬에 있는 굴하(屈瑕)가 계책을 말했다.

「교 땅의 사람들은 도량이 좁고 경솔합니다. 사람이 경솔하면 또한 생각하고 염려하는 것이 부족합니다. 땔나무를 하는 인부들을 호위병을 딸리지 않은 채 내보내서 이것을 미끼로 삼아 그들을 치는 것이 어떻겠습니까?」

그래서 굴하의 꾀에 따라 나무하는 인부들을 호위병 없이 내보냈다. 교 땅 사람들은 예상한 대로 북문을 열고 나와 산 속에 있는 초나라 인부를 30명이나 잡아갔다.

이튿날은 더 많은 인부를 내보냈다. 교 땅 사람들은 어제 있었던 일에 재미를 붙여, 성문을 열고 서로 앞을 다투어 산 속의 인부를 쫓기에 바빴다. 초나라 군사는 이 틈에 북문을 점령하고, 산기슭에 숨겨 두었던 복병이 일어나 성 밖으로 나온 군사를 습격함으로써 크게 승리를 거두고 성 아래에서의 맹세를 하고 돌아왔다는 것이다.

성 아래에서의 맹세는 압도적인 승리와 패배를 뜻하므로 「성하지맹」 을 당하는 쪽의 굴욕은 견디기 어려운 것이 아닐 수 없다. 이를 증명해 주는 예가 선공(宣公) 15년의 기록에 나온다.

초나라가 송나라 성을 포위했을 때 송나라가 끝내 버티고 항복을 하지 않는지라, 초나라는 신숙시(申叔時)의 꾀를 써서 숙사를 짓고 밭을 가는 등 장기전 태세를 보였다.

과연 송나라는 겁을 먹고 사신을 보내 화평을 청해 왔다.

「성 아래에서의 맹세는 나라가 망하는 한이 있어도 맺을 수가 없습니다. 그러니 군대를 30리만 후퇴시켜 주십시오 그러면 어떤 조건이라도 받아들이겠습니다」

이것을 볼 때 「성하지맹」이 얼마나 당하는 쪽에는 견딜 수 없는 굴욕인지를 알 수 있다.

소지〔掃地〕 완전히 없어져 버리는 것. 절멸(絶滅)하는 것. 《한서》

소진동〔蘇秦童〕 소진(蘇秦)은 전국 시대의 세객(說客)으로 나중에 여섯 나라의 재상이 된 데서 유래한 말로, 말을 잘하는 아이를 비유하여 이르는 말.

소탐대실〔小貪大失〕 작은 것을 탐하다가 큰 것을 잃음.

소핍자상량문〔所乏者上梁文〕 가장 필요한 물건이 빠지고 없음을 이르는 말. 상량문은 건물을 상량(上梁)할 때 축복하는 글. 《송남잡식(松南雜識)》

소향무적〔所向無敵〕 어디를 가든지 대적할 상대가 없음. 소향(所向)은 이르는 곳마다의 뜻. 천하무적(天下無敵) 《삼국지》

소훼난파〔巢毁卵破〕 보금자리가 부서지면 알도 깨진다는 뜻으로, 국가나 사회에 불행이 있으면 백성들도 불행을 당하게 됨의 비유. 《삼국지》

속수〔束脩〕 월사금. 수업료의 뜻. 원래는 말린 고기를 다발로 묶은 것으로, 입문료(入門料)를 말한다. 공자의 시대에 제자로서 입문할 때 스승에 대한 선물로 가지고 간 예물이었다. 《논어》

속전속결〔速戰速決〕 지구적(持久的) 장기전을 피하고 속전으로써 전국(戰局)을 빨리 판가름 내는 것. 反 숙려단행(熟慮斷行).

속지고각〔束之高閣〕 내버려두고 쓰지 않다. 한쪽으로 밀어 놓고 관심을 두지 않는다는 말. 고각(高閣)은 벽에 매달아 놓은 서가(書架). 《진서》

성호사서
城狐社鼠

성 城 여우 狐 묘당 社 쥐 鼠

탐욕스럽고 흉포한 벼슬아치.

「성호사서」는 성벽에 숨어 사는 여우나 묘당에 기어든 쥐새끼라는 뜻으로, 탐욕스럽고 흉포한 벼슬아치를 비유하여 이르는 말이다. 《진서》 사곤전(謝鯤傳)에 있는 이야기다.

동진 때 대장군 왕돈(王敦)이나 대신인 조부 왕남(王覽), 숙부 왕상(王祥) 등은 모두 힘깨나 쓴다 하는 세력가들이었는데, 그 당시 산동 왕씨는 유명한 귀족들이었다. 동진이 중국 북부에 대한 통치권을 잃고 강남으로 밀려나 건강으로 서울을 옮겼을 때의 이야기다.

왕씨 집안도 남하해서 여전히 동진의 정권을 좌지우지하였다. 이때 진원제 사마예(司馬睿)의 승상이었던 왕도(王導)는 바로 왕돈의 사촌 형이었고, 왕돈의 처는 바로 사마염의 딸 양성공주였다. 그래서 당시 사람들은「왕씨와 사마씨가 함께 천하를 휘두르고 있다(王與馬 共天下)」고 말했다. 그러나 당시 사마씨와 왕씨간의 알력 또한 만만치 않았다. 원제가 등극한 뒤 왕돈은 통수(統帥)로 임명되어 나중에 강주·양주·형주·양주·광주 등 다섯 곳의 군사들을 총지휘하고 강주자사까지 겸하면서 무창(武昌)에 주둔하고 있었다.

이리하여 왕돈은 장강 상류를 장악하고 장강 하류의 도읍지인 건강을 위협할 정도가 되었다. 이에 진원제는 유외와 대연을 진북장군에 임명하여 각기 군사 1만 명을 이끌고 왕돈을 견제하게 했다.

이때 왕돈은 진원제의 속셈을 알아차리고 군사를 움직일 채비를 차렸다. 그러나 만일 군사를 움직여 건강을 공격하게 되면 실제로 반란이 되기 때문에 가볍게 움직일 수도 없었다.

이에 왕돈은,「유외는 나라를 망치는 간사한 무리니, 나는 임금 신변에 빌붙어 사는 그와 같은 간신을 제거하겠다」라는 명분을 내세워 군사를 일으키게 되었다. 이런 술책은 한나라 초기 오왕 유비(劉濞)의 청군측(淸君側)에서 배워 온 것이다.

이때 왕돈의 휘하에서 장사(長史)로 있던 사곤(謝鯤)은 왕돈에게,「유외는 간신이지만 성벽에 숨어 사는 여우이며, 묘당에 기어든 쥐새끼입니다」라고 말했다.

여우나 쥐는 사람마다 모두 잡아 죽이려고 하지만, 궁성에 숨어 있고 묘당 안에 도사리고 있기 때문에 궁성이나 묘당을 훼손할까 걱정이 되어 잡아 없애기 어렵다는 말로, 임금의 신변에 있는 탐욕스런 관리들이 바로 그렇다는 말이다.

손여지언〔巽與之言〕 남을 거스르지 않고, 자신을 낮추며, 조심스럽게 완곡하게 하는 말. 손(巽)은 자신을 낮춤. 여(與)는 거스르지 않고 따름. 《논어》

솔토지빈〔率土之濱〕 바다에 이르는 땅의 끝. 곧 온 나라의 지경(地境) 안.

송무백열〔松茂栢悅〕 소나무가 빽빽하면 잣나무가 좋아한다는 뜻으로, 남이 잘되는 것을 기뻐함의 비유. 㐧 혜분난비(蕙焚蘭悲).

송백조〔松柏操〕 결코 변하지 않는 절개(節槪). 소나무와 잣나무의 사시 사철 푸름에 비유하는 말. 《남사》

수가재주 역가복주〔水可載舟 亦可覆舟〕 물은 배를 띄울 수도 있지만, 또한 동시에 배를 뒤집을 수도 있다. 곧 어떤 일에 도움을 주는 것이 때로는 해도 끼칠 수 있다는 말이다. 원 뜻은 임금을 배에, 백성을 물에 비유한 것이다. 《후한서》

수각황망〔手脚慌忙〕 급작스러운 일에 당황하여 어찌할 바를 모르고 쩔쩔 맴.

수간두옥〔數間斗屋〕 간수가 몇 간 되지 않는 매우 작은 집.

수갈불완〔裋褐不完〕 빈천하여 의복이 해져 있는 것. 수갈(裋褐)은 허술한 삼베 짧은 옷. 《한서》

세월부대인
歲月不待人

해 歲 달 月 아니 不 기다릴 待 사람 人

세월은 사람을 기다려 주지 않는다. 시간을 아껴 열심히 노력하라.

흘러가는 세월은 사람을 기다리지 않는다는 말이 「세월부대인(歲月不待人)」이다. 사람을 기다려 주지 않는 것이 세월이니 늙기 전에 부지런히 시간을 아껴 열심히 노력하라는 뜻으로 즐겨 사람의 입에 오르내리는 말이다. 흔히 권학시(勸學詩)로 알고 있는 도연명(陶淵明)의 다음 시 속에 있는 말이다.

한창 시절은 오지 않고
하루는 두 번 새기 어렵다.
때에 미쳐 마땅히 힘쓰고 힘쓰라.
세월은 사람을 기다리지 않는다.

盛年不重來　一日難再晨　　성년부중래　일일난재신
及時當勉勵　歲月不待人　　급시당면려　세월부대인

그러나 실상 이 시는, 늙기 전에 술이나 실컷 마시자는 권주시(勸酒詩)로 공부를 열심히 하라는 권학시는 아니다.

목적이야 어디에 있든, 그 목적을 위해 시간을 아껴 부지런히 노력하라는 것만은 좋은 뜻이 아닐 수 없다. 그리고 문장이 아주 평범하면서도 뜻이 절실하기 때문에 이 부분만을 떼어내어 학문을 권장하는 시로 이용하고 있는 데 또한 묘미가 있다고 할 수 있다.

「세월부대인」이란 문자만이 아니고, 「성년부중래(盛年不重來)」와 「일일난재신(一日難再晨)」이란 말도 하나의 문자로서 널리 쓰이고 있다.

소국과민
小國寡民

작을 小 나라 國 적을 寡 백성 民

가장 평화롭고 이상적인 사회.

나라도 작고 백성도 적은 것이 「소국과민(小國寡民)」이다. 이른바 약소국가를 가리킨 말 같은데, 실은 그것이 아니고 가장 평화롭고 이상적인 사회를 가리켜 한 말이다.

이것은 《노자》 제 80장에 나오는 노자가 그린 이상사회다.

「나라는 작고 백성은 적으며 여러 가지 기구가 있어도 쓰지 않게 된다. 백성들은 생명이 중한 것을 알아 멀리 떠나가는 일도 없고, 배며 수레가 있어도 타고 갈 곳이 없으며, 무기가 있어도 쓸 곳이 없다. 백성들도 다시 옛날로 돌아가 글자 대신 노끈을 맺어 쓰게 하고, 그들의 먹는 것을 달게 여기고, 그들의 입는 것을 아름답게 여기며, 그들의 삶을 편안히 여기고, 그들의 관습을 즐기게 한다. 이웃 나라끼리 서로 바라보며 닭울음과 개 짖는 소리가 서로 들리지만, 백성들은 늙어 죽도록 서로 가고 오는 일이 없다」

부드럽고 약한 것을 소중히 여기고 무위(無爲)와 무욕(無慾)을 강조하고 있는 노자가, 그의 이상사회를 그려 본 것이 이 「소국과민」 이다. 노자의 사상을 많이 띠고 있는 도연명(陶淵明)의 《도화원기(桃花源記)》에 나오는 「무릉도원」도 이 노자의 「소국과민」 사상에서 나온 것으로 볼 수 있다.

제 1차 세계대전 후로 대두되고 있는 다원적(多元的) 국가관도 이 「소국과민」의 사상이 다소 깃들어 있다고 보아야 할 것이다. 또 오늘날 중립을 지키며 평화롭게 살아가고 있는 작은 나라들을 볼 때 「소국과민」 주의가 세계평화를 가져올 수 있는 유일한 길인 것도 같다.

소심익익
小心翼翼

작을 小 마음 心 날개 翼

마음을 쎄심하게 써서 행동을 조심함.

「소심익익(小心翼翼)」은 《시경》에 나오는 시로, 이 시는 주선왕(周宣王)이 대부인 중산보(仲山甫)에게 명하여 제(齊)나라 도성을 쌓게 했을 때, 역시 같은 주조(周朝)의 명신 윤길보(尹吉甫)가 그 행사를 빛내기 위해 지어서 보낸 것이라고 한다. 제(齊)의 도성을 쌓을 때, 윤길보가 보냈다고 전해지는 그 사실은 차치하고, 이 시의 전편(全篇)은 재상의 경력을 가진 중산보의 덕을 찬양한 것이다.

사마천의 《사기》에 의하면 선왕은 그 29년(B.C 789년)에 강씨(姜氏)라는 이민족과 천무(千畝)에서 싸워 남방에서 징집한 군을 잃고 말았으므로, 태원(太原)지방의 백성을 호별 점검하여 새로 병사를 징집하고자 했다.

· 그러자 중산보가「민(民)을 요(料)하지 마십시오(덮어놓고 징집해서는 안됩니다)」하고 간했으나, 왕은 듣지 않았다는 기사가 보인다. 이것은 선왕이 만년이 되어 점차 폭군화한 사실의 하나를 일례로 삼아 기록한 것이다. 그만큼 선왕을 모시고 공론을 계속 주장한 중산보에게는 자연히 인망(人望)이 모였을 것이다.

「증민」은 주조(周朝)의 정치를 돕기 위해 하늘이 중산보를 낳게 한 것이라 칭송하고 그 중산보의 덕을 이렇게 노래하고 있다.

중산보의 덕이야말로
훌륭하고 법도가 있어
위의와 용모가 아름답구나.
만사를 조심하여 처리하고

옛 가르침을 본받아
위의를 갖추기에도 힘을 썼네.
천자의 어지를 받들어
밝은 명령을 천하에 널리 폈네.

仲山甫之德	柔嘉維則	중산보지덕	유가유칙
令儀令色	小心翼翼	영의영색	소심익익
古訓是式	威儀是力	고훈시식	위의시력
天子是若	明命使賦	천자시약	명명사부

「소심익익」은 따라서 「세심하게 마음을 써서 삼간다」라는 뜻이다. 오늘날에는 바뀌어 소담(小膽), 즉 담력이 적음, 용기가 없음을 형용하는 말로 쓰인다.

수경무사〔水鏡無私〕 공명정대. 사심이 없고 공평함의 비유. 수경(水鏡)은 물과 거울. 물과 거울은 모두 현실을 있는 그대로 비춰 내는 것으로 생각되고 있었다. 《삼국지》

수경지인〔水鏡之人〕 모범이 될 만한 사람, 총명한 사람의 비유. 수경(水鏡)은 물거울. 또는 물과 거울. 흐린 데가 없이 맑고 밝게 사람을 비춘다는 비유로 쓰인다. 《진서》

수구여병〔守口如瓶〕 비밀을 잘 지켜서 남에게 알리지 아니함을 일컫는 말. 《조씨객어(晁氏客語)》

수궁즉설〔獸窮則齧〕 짐승은 궁지에 몰리면 문다는 뜻으로, 사람은 궁하면 거짓말을 함의 비유.

수기〔數奇〕 불행. 불우(不遇). 불운. 수(數)는 운명의 뜻. 기(奇)는 우(耦=偶)의 반대어로, 불우(不耦=맞지 않는 것=不遇)라는 것. 《사기》

수담〔手談〕 손으로 나누는 대화라는 뜻으로, 바둑(棋)을 달리 부르는 말. 《군선전(群仙傳)》

수도거성〔水到渠成〕 조건이 갖추어지면 사물은 저절로 성사됨의 비유. 물이 흐르면 저절로 흙이 깎여서 도랑이 생긴다는 뜻.

소인한거위불선
小人閑居爲不善

작을 小 사람 人 한가할 閑 머물 居
할 爲 아니 不 착할 善

> 소인배는 한가롭게 있을 때는 좋지 못한 일을 한다.

소인(小人)이란 글자 그대로 작은 사람이란 뜻도 있다. 《걸리버 여행기》에 나오는 소인국의 경우가 그 보기다. 또 어린아이라든지 젊은 사람이란 뜻으로 쓰이는 경우도 있다. 어른(大人)에 대한 소인(小人)이란 경우가 그것이다.

그러나 가장 많이 쓰이는 것은 사려가 없는 인간이라든가, 근성이 뒤틀린 소인물을 가리켜 말한 경우다. 예를 들어 「여자와 소인은 기르기 어렵다」 등으로 불릴 때의 소인은 자제심이 없어 어떻게도 처치 곤란한 인간을 가리켜 한 말이다. 하기야 이 말은 남녀평등인 오늘날에는 여성들의 맹렬한 반대를 받겠지만, 남존여비 시대에는 이 말이 《논어》에 있는 공자의 말로서 무게가 있는 명언이었던 것이다.

《논어》에는 그 밖에 소인을 군자와 대비시켜 폄하하는 말이 빈번하게 나온다. 이를테면 「군자는 의(義)를 깨우치고 소인은 이(利)에 깨우친다」라든가,

「군자는 화(和)해서 동(同)하지 않고, 소인은 동(同)해서 화(和)하지 않는다」라든가 부지기수다.

《논어》뿐만 아니라 다른 중국의 경전에도 똑같이 군자와 대비시켜 소인의 어리석음을 비판하는 말이 심심치 않게 나온다.

《대학》에 있는 말이다.

「소인한거위불선(小人閑居爲不善)」은 남이 보지 않는 곳, 혹은 남이 모르게 하는 경우 소인은 그 본성을 나타내어 좋지 않은 짓을 한다는 말이다.

언행에 표리(表裏)가 있고, 남의 앞에서 좋은 말을 하며, 좋은 사람처럼 행세하고 싶은 자는 왕왕 뒤에서 무슨 짓을 할지 모른다.

「공교로운 말과 좋은 얼굴을 하는 사람은 착한 사람이 적다(巧言令色 鮮矣仁)」라든가, 「소인의 과실은 반드시 꾸민다」라든가 하는 공자의 말은 참으로 요점을 찌르고 있다.

「꾸미는」자는 꾸밀 필요가 없을 때, 「한거(閑居)」했을 때, 꾸밈을 버리고 꾸미지 않은 본성을 나타낸다. 따라서 한거했을 때와 남의 앞에 나아갔을 때 표리를 두지 않는 것, 꾸밈을 버리고 언제나 있는 그대로의 자기일 것이 중요하게 된다.

또 그러니만큼 독거(獨居)했을 때야말로 자기에 대해 엄하게 하지 않으면 안된다. 소인이 한거해서 불선을 하는 데 대해 《대학》에서 「군자는 반드시 그 홀로 있음을 삼간다」고 한 것은 그 때문이다. 한거하고 홀로 있을 때, 소인과 군자의 차이가 확실해진다는 이 말에는 인간의 본성에 대한 날카로운 통찰을 엿볼 수가 있다.

하기야 개중에는 《논어》나 《대학》 시대의 군자란 신분이 높은 귀족을 가리키고 소인이란 신분이 천한 평민을 말한 것으로 이런 문구에는 서민을 천시하는 봉건적인 냄새가 짙다고 비판하는 사람도 있으나, 그런 비판을 넘어서 이런 말에 흐르고 있는 인간관의 깊이가 그것을 오늘날까지 사람들의 입에 전하고 있다고 볼 수 있다.

수도호손산〔樹倒猢猻散〕 나무가 쓰러지자 그곳에서 살던 원숭이들이 흩어진다. 우두머리가 낭패를 당해 나가떨어지자 그들에게 등을 대고 있던 자들도 덩달아 패가망신(敗家亡身)한다는 뜻. 《설부(說郭)》

수독오거서〔須讀五車書〕 읽어야 할 책이 너무 많은 것. 오거(五車)는 다섯 대의 수레에 실을 만큼 많은 책. 두보 《제백학사모옥(題柏學士茅屋)》

송양지인
宋襄之仁

송나라 宋 오를 襄 의 之 어질 仁

| 어리석은 사람의 명분론을 비웃어 하는 말. |

덮어놓고 착하기만 할 뿐, 실질적으로 아무런 의미가 없는 대의명분을 가리켜 「송양지인」이라고 한다. 말하자면 어리석은 사람의 잠꼬대 같은 명분론(名分論)을 비웃어 하는 말이다. 송양은 송양공(宋襄公)을 이르는 말이다. 즉 송양공이 내세우는 인(仁)이란 뜻이다.

춘추시대는 오패(五覇)의 시대이기도 하다. 오패의 첫 패자가 제환공(齊桓公)이다. 송양공은 제환공의 비밀 부탁을 받아 제환공이 죽은 뒤 그의 아들 공자소(公子昭)를 제나라 임금으로 세우는 데 공을 세운다. 이것이 계기가 되어 송양공은 환공의 뒤를 이어 자기가 패자가 될 꿈을 버리지 않는다.

그러나 제환공도 그랬듯이, 중원을 넘보는 초나라를 꺾지 않고는 천하를 호령할 수 없었다. 그래서 송양공은 마침내 신하들의 반대를 물리치고 초나라와의 결전을 감행하게 된다.

송나라가 먼저 강 건너편에 진을 치고 있었고, 초나라가 뒤에 강을 건너 송나라와의 결전을 하게 되었다. 이때 송나라 장군 중에 한 사람이,

「적이 강을 반쯤 건널 때를 틈타 공격을 가하면 적은 수로 많은 적을 이길 수 있습니다」하고 권했다. 그러나 양공은,

「그건 정정당당한 싸움이 될 수 없다. 정정당당하게 싸워 이기지 못한다면 어떻게 참다운 패자가 될 수 있겠는가」하며 듣지 않았다.

강을 다 건너온 초나라 군사가 진을 벌이고 있을 때,

「적이 진을 미처 다 벌이기 전에 이를 치면 적을 혼란에 빠뜨릴 수가 있습니다」하고 권했으나, 이때도 양공은,

「군자는 사람이 어려운 때 괴롭히지 않는다」하고 말을 듣지 않았다.

이렇게 간한 사람에 대해 《십팔사략》에는 공자 목이(目夷)로 되어 있는데, 공손고(公孫固)로 기록된 곳도 있다. 어쨌든 그 결과 초나라에 크게 패하고 마는데, 이 일을 가리켜 세상 사람들은 「송양의 인(宋襄之仁)」이라면서 웃었다는 것이 《십팔사략》에 나와 있다.

차원이 다른 중국식 돈키호테와도 같은 느낌을 주는 것이 이 송양공이다.

수락석출〔水落石出〕 물이 말라서 바닥의 돌이 드러난다는 뜻으로, 겨울 강의 경치. 또는 일의 진상이 나중에 드러나는 일. 소식(蘇軾) 《후적벽부(後赤壁賦)》

수렴청정〔垂簾聽政〕 왕대비(王大妃)가 군신(群臣)을 접견할 때 내외하기 위해 그 앞에 발을 쳤던 데서, 임금이 나이 어려 등극했을 때 왕대비가 이를 도와서 정사를 돌보는 것. 《구당서》

수망상조〔守望相助〕 서로 힘을 합쳐서 도둑 등을 감시하고 막음. 《맹자》

수복난재수〔水覆難再收〕 땅에 엎지른 물은 다시는 거둘 수가 없다. 한번 실수는 다시 돌이킬 수가 없다. 또 이혼한 부부는 다시는 되돌릴 수 없음의 비유로도 쓰인

다. 《후한서》 ☞ 복수불반분(覆水不返盆).

수부중불원〔雖不中不遠〕 비록 과녁의 정곡(正鵠)을 맞히지는 못했으나 목표에서 동떨어지지는 않았다는 뜻으로, 추측이 거의 맞은 것을 이르는 말. 《대학》

수불석권〔手不釋卷〕 손에서 책을 놓지 않는다는 뜻으로, 독서에 깊이 몰입해 있는 것을 비유하여 이르는 말. 《삼국지》

수사심복〔輸寫心腹〕 숨기는 일 없이 마음에 있는 것을 모두 털어 놓는 것. 심복지우(心腹之友)라고 하면, 서로 마음을 털어 놓을 수 있는 절친한 친구. 《한서》

수설불통〔水泄不通〕 물샐 틈이 없다는 뜻으로, 경비가 아주 엄해 비밀이 새어나가지 못함을 이르는 말.

수서양단
首鼠兩端

머리 首 쥐 鼠 두 兩 끝 端

머뭇거리며 진퇴·거취를 결정짓지 못하고 관망함.

「수서(首鼠)」는 머리를 구멍으로 내밀고 있는 쥐를 말한다. 양단(兩端)은 반대되는 두 끝을 말한다. 쥐가 구멍에서 머리를 내밀고 밖으로 나올까 안으로 들어갈까 형편을 살피고 있는 것이 「수서양단」이다. 이와 마찬가지로 사람이 양다리를 걸친 채 정세를 살피고 있는 애매한 태도를 가리켜 수서양단이라고 한다.

《사기》 위기무안열전(魏其武安列傳)에 나오는 무안후(武安侯) 전분의 말이다.

같은 외척인 위기후(魏其候) 두영(竇嬰)과 무안후 전분과의 사이에 세도를 둘러싼 힘겨루기가 오래 계속되던 끝에, 두영의 배경이던 두태후(竇太后)가 죽고 전분의 배경인 왕태후(王太后)가 득세하자, 위기후는 자연 몰락할 수밖에 없었다.

과거에 위기후의 신세를 지던 사람들까지 모두 무안후 쪽으로 붙어 위기후를 찾는 사람이 거의 없는 형편에까지 이르렀다. 그런데 장군인 관부(灌夫)만은 옛 정을 잊지 않고 끝까지 위기후를 감싸고 있었다. 그러던 터에 무안후가 새 장가를 들고 축하의 잔치가 벌어진 자리에서, 무안후와 위기후에 대한 내빈들의 차별 대우에 분개한 관부가 술김에 행패를 부리게 되었다.

전분은 관부를 옥에 가두고 그에게 불경죄와 또 다른 죄를 씌워 관부를 사형에 처하고 가족까지 몰살을 시키려 했다. 그러자 위기후는 관부를 두둔해서 무제(武帝)에게 상소를 함으로써 이 문제를 조신(朝臣)들의 공론에 붙이게 되었다.

이때 어사대부 한안국(韓安國)은, 위기와 무안의 주장에는 각각 그럴 만한 이유가 있으므로, 이 일은 천자의 밝으신 재단(裁斷)으로 처리하는 것이 마땅하다고 중립적인 의견을 말했다.

무제는 신하들의 애매한 태도에 토론을 중단하고 말았다. 조정에서 물러나온 승상 무안은 어사대부 한안국을 자기 수레에 태우고 돌아오며 이렇게 꾸짖었다.

「그대와 함께 대머리 늙은이를 해치우려 했는데, 어째서 수서양단의 태도를 취한단 말인가(與長孺共一老禿翁 何爲首鼠兩端)」

장유(長孺)는 한안국의 자(字)다.

한안국의 태도를 무안은 「수서양단」으로 보았던 것이다. 이 뒤로 형세는 위기에게 불리하게 되어, 관부는 일족을 멸하는 형을 받고, 위기는 사형에 처해졌다.

그러나 이듬해에 무안도 병을 얻어 위기와 관부에게 용서를 비는 헛소리를 하다가는 곧 죽고 만다. 위기와 관부의 원혼이 그를 괴롭혀 죽게 했다고 한다.

수수방관〔袖手傍觀〕 팔짱을 끼고 보고만 있다는 뜻으로, 직접 손을 내밀어 관여하지 않고 그대로 내버려둠을 이르는 말.

수수방원기〔水隨方圓器〕 물은 그릇의 모양에 따라서 모가 난 모양으로도 되고 둥근 모양도 된다는 뜻으로, 사람의 성격은 환경에 따라 형성되고 변한다는 것. 또 사회는 위정자(爲政者)에 따라서 좌우됨의 비유.《한비자》

수신제가〔修身齊家〕 유교(儒敎)의 목표는 「수신제가 치국평천하(治國平天下)」에 있다. 천하 국가를 다스리는 기본은, 먼저 개인의 몸의 수양에서 시작되는 것. 자기 몸의 행동을 훌륭하게 하고(修身), 자기 가족·가정을 잘 절제하고(齊家), 자기들의 나라를 잘 다스리며(治國), 천하를 평화롭게 한다(平天下)라고 하는 의미로, 정치 본연의 자세를 나타내는 말.《대학》

수석침류
漱石枕流

양치질할 漱 돌 石 벨 枕 개울 流

> 남에게 지기 싫어하는 마음이 강하거나, 잘못된 주장을 억지로 꿰어맞추려는 행동을 비꼬아 하는 말.

진(晋)나라 초기 손초(孫楚)라는 사나이가 있었다. 자는 자형(子荊)이라 하며 문재(文才)가 뛰어났다. 아버지도 조부도 상당한 고관에 이른 집안에 태어났으나 향리에서는 도무지 시원치가 못했다.

언젠가 인재 등용관이었던 대중정(大中正)이 손초의 친구인 왕제(王濟)에게 손초의 인물에 관해 물어본 일이 있다. 그러자 왕제는 이렇게 대답했다.

「그 사나이는 당신께서 직접 보신다 해도 알아보실 수 없는 인물입니다. 제가 보는 점에서 말한다면 손초란 사나이는 천재영박(天才英博)해서 타인과는 함께 볼 수 없는 인물입니다」

당시에는 노장학(老莊學)이 성해서 은일(隱逸)을 구하는 경향이 강했고 세속적인 도덕명분을 경시하여 노장의 철리를 논하는 것이 중시되었으며, 이것을 청담(淸談)이라 칭하면서 사대부간에 유행되었는데, 그 첨단에 완적(阮籍)·혜강(嵇康) 등 소위 죽림칠현(竹林七賢)이란 그룹이 있었다. 〔☞ 청담(淸談)〕

손초도 젊었을 때 그런 풍조를 따라 산림에 은신하려고 했지만 40이 넘어 석포(石苞) 밑에서 참군(參軍) 노릇을 하며 석포를 위해 오(吳)나라 왕 손호(孫皓)에게 보내는 투항권고문 등을 작성했다. 후에 풍익(馮翊)의 태수가 되어 원강(元康) 3년에 죽었다고 하므로 60세가 되었음직하다.

그 손초가 젊었을 때 일이다. 속세를 떠나 산림 속으로 은신하기를 생각하고 친구인 왕제에게 흉중을 털어놓았다. 그 때 「돌을 베개 삼고 흐르는 물에 양치한다」 즉 돌을 베개 삼아 벌렁 눕고 골짜기에서 흐르는 물로 양치질하는 생활을 하고 싶다는 것을 잘못 알아 「돌로 양치질하고, 흐르는 물을 베개 삼는다」 라고 해버렸다.

왕제는 그 말을 듣고 따졌다.

「흐르는 물을 베개로 벨 수 있는가, 그리고 돌로 어떻게 양치질을 한단 말인가?」 하고 말하며 웃었다.

그러자 손초는 곧 대답했다.

「흐르는 물을 베개로 한다는 것은 자네 옛날의 은자인 허유(許由)와 같이, 쓸데없는 소리를 들었을 때 귀를 씻으려고 하는 것이고, 돌로 양치질한다는 것은 이를 연마하려는 것일세」

이 이야기는 《세설신어》에 나와 있는데, 남에게 지기 싫은 마음이 강함을 비유하거나, 또는 잘못된 주장을 억지로 꿰어 맞추려는 태도를 비꼬는 말로도 쓰인다.

수심화열〔水深火熱〕 물은 깊고 불길은 뜨겁다는 뜻으로, 백성들의 어려운 처지를 비유하여 일컫는 말이다. 《맹자》

수심가지 인심난지〔水深可知 人心難知〕 열 길 물속은 알아도 한 길 마음속은 모른다는 말과 같은 뜻으로, 사람의 속마음을 헤아리기 어려움의 비유. 《순오지》

수오지심〔羞惡之心〕 자신의 불의(不義)・부정(不正)을 부끄러워하고 미워하는 마음은 의(義)의 싹틈이다. 《맹자》 ☞ 사단(四端).

수욕정이풍부지〔樹欲靜而風不止〕 나무는 고요하고 싶으나 바람이 자지 않는다는 뜻으로, 자식이 어버이를 봉양하고자 하나 어버이는 이미 돌아가시고 이 세상에 계시지 않음을 한탄하여 이르는 말. 또는 외부로부터 오는 유혹으로 말미암아 내적인 평정을 얻지 못함을 이르는 말. 우리 속담에 「가지 많은 나무에 바람 잘 날 없다」와 비슷하다. 《한시외전》

수원수구〔誰怨誰咎〕 남을 원망하거나 책망할 것이 없음을 이르는 말.

수식변폭
修飾邊幅

닦을 修 꾸밀 飾 가 邊 폭 幅

속빈 강정 같은 사람이 겉만 화려하게 꾸미는 것

「수식변폭」은 옷깃을 꾸민다는 뜻이다. 곧 속이 빈 사람이 겉만 화려하게 꾸민다는 말이다.

《후한서》 마원전에 있는 이야기다.

건무 4년 10월, 마원(馬援)은 서주상장군 외효(隗囂)의 사신으로서 촉(蜀)의 수도 성도로 갔다.

이 무렵, 신(新)의 왕망(王莽) 말년부터 시작된 대동란은 점차 큰 세력에 흡수되고 있었다. 각지에서 일어난 농민의 대폭동이나 호족(豪族)들의 군대가 혹은 합체되고 혹은 망해서 흩어진 가닥들이 지금 커다란 동아줄로 꼬아지고 있었다.

그리하여 중첩한 산악 너머 중원과 멀리 떨어진 촉에서는 공손술(公孫述)이 황제를 칭하고 있었다.

그는 처음 촉도(蜀都)의 일개 병사였었으나, 유현군(劉玄軍)의 횡포를 분개하는 사람들과 함께 군사를 일으켜 이를 격파하고, 파촉(巴蜀)지방을 통일했다. 파촉은 상공업이 성하고 운남, 관동과의 무역도 있어 부(富)는 천하제일이라는 곳이다. 공손술은 여기에 웅거하여 점차 세력을 더해가는 낙양의 유수(劉秀)와 농서(隴西)에 웅거하는 외효가 병립하고 있었다.

그리하여 외효는 유수, 공손술 중 누구와 연합을 해야 할 것인지를 탐색하기 위해 마원을 보낸 것이다.

마원은 원래 공손술과는 동향이고 게다가 오랜 친구 사이였다. 그로서는 공손술이 기꺼이 맞이해서 손을 마주 잡고 이야기할 것을 기대하고 있었다. 그런데 실상은 전혀 달랐다. 공손술은 황제라 칭한 후 이미 4년이 지나 있었다.

면회를 신청 받은 공손술은 곧 만나주지 않았다. 먼저 좌석을 화려하게 꾸미게 하고 백관을 좌우에 벌려 세우고 나서 마원을 안내시켰다. 한참 만에 공손술은 어가를 타고 난기(鸞旗)를 휘날리면서 화려한 군사(軍士)의 호위 아래 등장했다.

공손술은 층계 앞에서 어가를 내리자 점잖게 높은 좌석에 앉았다. 그리고 말했다.

「자네가 내 부하가 된다면 후(侯)로 봉해 대장군의 자리를 주겠네」
마원은 아무 대답도 하지 않고 자리에서 일어났다. 그리하여 자기를 붙잡고 만류하려는 사람들에게 내뱉듯 말했다.

「지금 천하의 자웅은 아직 결정되고 있지 않다. 만약 천하를 취하려거든 선비를 두텁게 대우해야 한다. 먹던 밥을 토해내고 감던 머리카락을 걷어 올리지는 못할망정 소용도 없는 옷깃이나 꾸민다면(修飾邊幅) 이래서야 어찌 천하의 현사들을 머물게 할 수 있겠는가?」〔☞ 토포악발(吐哺握發)〕

변폭(邊幅)이란 포백(布帛)의 가장자리다. 별것도 아닌 포(布)의 가장자리를 꾸민다는 말로 공손술의 외식(外飾)과 내용이 일치하지 않는 것을 꾸짖었던 것이다. 여기서 불필요한 허식을 이 말로 나타낸다.

마원은 그 후 유수를 만나고 그 태도에 감탄, 그에게 시신(侍臣)했다. 그리고 그 후 9년 공손술은 유수가 보낸 대군의 공격을 받아 성도에서 멸망한다.

때에 관계없이 인재를 쓰는 데는 유수 편이 낫다. 그러나 일개 병사에서 황제가 된 공손술이 위의(威儀)를 갖추어 거드름을 피운 것도 어딘가 손가락질만 할 일은 아니라는 느낌도 든다.

수어지교
水魚之交

물 水 물고기 魚 의 之 사귈 交

> 떼려야 뗄 수 없는 썩 가까운 사이.

　물과 물고기는 불가분의 관계에 있다. 그렇게 잠시도 떨어져 살 수 없는 친밀한 사이를 「수어지교」니 「어수지친(魚水之親)」이니 하고 말한다.

　「어수지락(魚水之樂)」이라고 했을 때는 부부나 남녀 사이의 사랑을 뜻한다.

　이 말은 삼국시대 촉한(蜀漢)의 유현덕이 제갈양과의 사이를 비유해서 말한 것이 그 시초인 것으로 알려져 있다. 그러나 이 같은 비유는 누구나 할 수 있는 당연한 비유로, 인류 역사와 함께 있었을 것으로 생각된다.

　《삼국지》 촉지(蜀志) 제갈양전에 보면, 「삼고초려」의 정성을 다해 제갈양을 자기 사람으로 만든 유현덕은 날이 갈수록 제갈양과의 사이가 친밀해지기만 했다.

　이것을 바라보고 있는 관우와 장비 등 무장들은 현덕의 제갈양에 대한 그 같은 태도가 몹시 마음에 불쾌하게 여겨졌다.

　그들의 불평을 짐작하고 있던 현덕이 장비 등 제장을 조용히 불러 이렇게 타일렀다.

　「내가 공명을 가졌다는 것은 고기가 물을 가진 것과 같다. 제군들은 다시는 아무 말도 하지 말아 주게(孤之有孔明 猶魚之有水也 願諸君勿復言)」

　그래서 그 뒤부터는 관우와 장비도 다시는 불평을 하지 않았다는 것이다.

수이부실〔秀而不實〕 학문에 뜻을 두고 노력·연찬(硏鑽)을 하더라도 성과를 올리지 못하고 끝나고 마는 것. 또는 요절(夭折)을 애석히 여김. 수(秀)는 자라서 크는 것. 벼의 꽃이 피고 이삭이 자라는 것. 《논어》

수일주〔輸一籌〕 근소한 차로 패배함의 비유. 주(籌)는 수를 계산할 때 쓰던 가늘고 기다란 대나무 막대를 말한다. 그 막대 하나만큼 졌다는 뜻. 교우(喬宇) 《유숭산기(遊嵩山記)》

수잡지수〔數雜之壽〕 6, 70세를 말한다. 잡(雜)은 조(弔), 잡(匝)이라고도 한다. 십이지(十二支)의 자(子)부터 해(亥)까지 한 바퀴 도는 것을 일조(一弔), 또는 일잡(一匝)이라고 하는데, 수잡(數雜)은 12년을 몇 번 거듭한다는 뜻.

수적성천〔水積成川〕 적은 물도 모이고 또 모이면 큰 냇물을 이루듯이, 작은 일도 차츰 쌓이면 큰 성과를 거둘 수 있음을 비유하여 이르는 말. 《설원》

수제조적〔獸蹄鳥跡〕 짐승의 굽과 새의 발자취란 뜻으로, 세상이 매우 어지러워 금수가 설치고 다님을 이름. 《맹자》

수주탄작〔隨珠彈雀〕 값비싼 구슬로 참새를 쏘아 잡는다는 뜻으로, 얻는 것보다 잃는 것이 많음을 이르는 말. 《장자》

수주화벽〔隋珠和璧〕 귀중한 것의 비유. 주(珠)와 벽(璧)은 모두 옥(玉)의 일종. 수주(隋珠)는 수후(隋侯)의 구슬. 화벽(和璧)은 화씨(和氏)의 구슬을 말한다. 《회남자》 ☞ 화씨벽(和氏璧).

수질승가하증〔雖嫉僧袈何憎〕 중이 밉기로서니 가사까지 미우랴 라는 뜻으로, 한 사람으로 인한 분노가 다른 사람에게까지 옮김은 불가하다는 말.

수천만인오왕의〔雖千萬人吾往矣〕 자기 자신을 반성해 보고 옳다고 판단한 경우에는 아무리 반대자가 많더라도 꺾이지 않고 자기의 견해를 주장하고 실행함을 일컫는 말. 《맹자》

수하석상〔樹下石上〕 【불교】 불도를 닦음. 나무 밑과 돌 위라는 뜻으로, 산야(山野)나 길가에서 숙식하는 출가자(出家者)의 생활을 이르는 말. 수하(樹下)는 십이두타행(十二頭陀行)의 하나.

수행병하〔數行並下〕 책을 읽는 능력이 뛰어난 것. 독해력이 뛰어남의 비유. 책을 읽는 데 몇 행을 한꺼번에 읽어 내려간다는 뜻. 또 눈물이 여러 줄기가 흘러내림의 형용. 《양서》

수욕다
壽辱多

목숨 壽 욕스러울 辱 많을 多

> 사람이 오래 살다 보면 별의별 욕을 다 겪게 된다.

장자는 전국시대의 가장 특이한 사상가 가운데 한 사람이다. 그는 공자를 시조로 하는 유가(儒家)의 사람들이 강조하는 인의도덕(仁義道德)을 잔꾀가 많은 인간의 작위(作爲)라 하여 배척하고, 있는 그대로 있는 것—「자연」을 사랑하고 그 어떤 것에도 사로잡히지 않는 정신적 자유의 경지—「도(道)」의 세계에 동경을 보냈다.

더구나 그는 그 사상을 그의 특이한 풍자와 비웃음과 우화를 빌어 표현했다. 그의 저서 《장자》 속의 천지편(天地篇)에 나오는 이 이야기도 그러한 그의 우화의 하나로서 지어낸 이야기다.

그 옛날 성천자로서 유명했던 요(堯)가 화라는 지방을 순회했을 때의 일이다. 그 곳의 수비관원이 공손히 요임금 앞으로 나와 인사를 드렸다.

「오, 성인이시여, 삼가 임금님의 장래를 축수하겠습니다. 우선은 임금님께서는 만수무강하시기를」

그러자 요는 손을 내저으며 말했다.

「아니야, 나는 오래 살기를 바라지 않네」

「그러시다면 임금님의 부가 더욱더 풍부해지시기를」

「아니야, 나는 부를 더하고 싶은 생각은 꿈에도 하지 않네」

「그러시다면 임금님의 자손이 번창하시도록」

「아닐세. 그것도 나는 바라지 않는 일이야」

이쯤 되자 관원은 이상하다는 듯 요임금의 얼굴을 바라보며 되물었다.

「수(壽)와 부(富)와 자손의 번창은 누구나가 바라는 일인데, 임금님께서는 그것을 바라시지 않는다니 어찌된 일입니까?」

「요컨대 자식이 많으면 그 중에는 못난 놈도 생겨서 도리어 걱정거리가 된다네. 부해지면 혹여 잃지나 않을까 걱정해야 하며, 오래 살면 욕된 일 또한 많지 않겠는가(壽則多辱). 이 세 가지는 어느 것이나 다 내 몸의 덕을 기르는 데 무용지물이라고 볼 수밖에 없네」

요임금의 말을 들은 관원은 어처구니없다는 표정을 지어 보이며 중얼거렸다.

「체, 싱겁기 짝이 없군. 요임금은 성인이라고 들었는데, 지금 말하는 것으로 미루어 보아 기껏해야 군자 정도밖에는 되지 못하겠구나. 아이들이 많더라도 각기 분에 맞는 적당한 직업을 맡기면 아무 걱정도 없을 것이고, 돈이 많아지면 그만큼 남에게 나누어주면 아무 걱정도 없을 텐데. 진정한 성인이란 메추리같이 둥지를 고르지 않고, 병아리처럼 무심하게 먹고, 새가 날아 뒤흔적이 없는 것같이 자유자재여야 한다. 세상이 올바르면 모든 사람들과 함께 그 번성함을 즐기는 것이 좋고, 올바르지 않으면 몸에 덕을 닦아 은둔하는 것도 좋고, 천 년이나 오래 살아 세상이 싫증이 나면, 그 때는 신선이 되어 저 흰 구름을 타고 옥황상제의 나라로 가서 노는 것도 좋다. 병(病)·노(老)·사(死)의 3환(患)을 걱정할 필요도 없고 몸이 언제나 재앙이 없다면 오래 산다고 해서 아무런 욕될 것이 없잖은가」

이런 소리를 하고 수비관원은 발길을 돌렸다. 보기 좋게 허점을 찔린 꼴이 된 요임금은 순간 정신이 퍼뜩 들어 뒤를 쫓아가,

「기다리게. 조금 더 그대의 말을 듣고 싶네」하고 소리쳤으나 그 사람은 뒤도 돌아보지 않고 어디론지 사라지고 말았다.

장자는 이 우화로써 유가적(儒家的) 성인인 요와 대비시켜 가며「도(道)」의 세계에서 사는 자유자재인(自由自在人)—도가적(道家的) 성인의 모습을 시사하려고 했던 것이다.

수자부족여모
豎子不足與謀

아이 豎 아들 子 아니 不
족할 足 더불 與 도모할 謀

> 사람됨이 모자란 자와는 의논할 일이 아니다.

수자(豎子)는 어린아이를 말한다. 부족여모(不足與謀)는 함께 일을 할 수 없다는 뜻이다. 나이가 어리고 경험이 부족한 사람과는 함께 큰일을 할 수 없다는 것이 「수자부족여모」다.

이것은 화가 난 범증(范增)이 항우를 보고 한 소리였는데, 같이 일을 하다가 상대가 시킨 대로 하지 않고 제 주장만 내세워 일을 망치거나 했을 때 흔히 쓰는 문자다. 예를 들어 고참 중역이 창설자의 뒤를 이은 애송이 경영주를 보고 할 수 있는 소리다.

《사기》 항우본기에 나오는 이야기다.

항우와 패공(沛公) 유방은 각각 다른 길로 진나라로 쳐들어가서 패공이 먼저 진나라 수도 함양을 점령하고, 항우는 한 달 뒤에 제후들의 군사를 거느리고 함곡관에 이르게 되었다.

패공이 먼저 진나라를 평정했다는 말을 듣자 항우는 함곡관을 깨뜨리고 들어가 홍문(鴻門)에 진을 치게 된다. 이때 항우의 군사는 40만이었고 패상(覇上)에 진을 친 패공의 군사는 10만이었다. 항우는 먼저 진나라를 평정한 패공을 시기한 나머지 그를 쳐 없앨 생각이었다.

이 소식을 전해들은 패공의 모사 장양(張良)이 소식을 전해 준 항우의 숙부 항백(項伯)을 통해 패공과 항우와의 사이를 좋게 만들려 했다. 단순한 항우는 항백의 권고에 의해 곧 이를 승낙하고 패공은 홍문으로 찾아가 사과를 하게 된다.

항우는 패공을 맞아 술자리를 베풀게 되는데, 이것이 중국의 연극 같은 데 곧잘 나오는 홍문연(鴻門宴) 잔치라는 것이다.

전날 범증은 항우에게, 패공을 죽여 없애지 않는 한 천하는 누구의 것이 될지 모른다고 그를 죽이도록 권고해 두었다.

이 날 술자리에서도 범증은 패공을 죽이라고 허리에 차고 있는 구슬을 들어 세 번이나 신호를 보냈다. 항우는 패공이 겸손하게 사과를 해오는 바람에 죽일 생각은 조금도 없었다. 그는 범증이 신호를 보낼 때마다 눈을 내리감고 못 본 체했다.

조급해진 범증은 항장(項莊)을 시켜 칼춤을 추다가 패공을 쳐 죽이라고 시킨다. 그러나 같이 칼춤을 추는 항백이 항장을 가로막아 뜻을 이루지 못하게 된다. 이때 번쾌(樊噲)가 장양의 부탁을 받고 달려 들어와 항우와 극적인 대화를 주고받게 되고, 그 틈에 패공은 짐짓 소피를 보러 가는 척하며 도망치고 말았다.

패공은 술을 이기지 못해 도중에 자리를 뜨게 된 것을 장양을 통해 항우에게 사과를 하고 구슬 한 쌍을 항우에게 선물로 바치고, 옥으로 만든 술잔 한 쌍을 범증에게 선물로 주었다.

항우는 구슬을 받아 자리에 놓았다. 그러나 범증은 잔을 받아 땅에 놓더니 칼을 뽑아 쳐 깨뜨리며 말했다.

「에잇, 어린 것과는 일을 같이 할 수 없다. 항왕의 천하를 앗을 사람은 반드시 패공이다. 우리 무리들은 이제 그의 포로가 되고 말 것이다 (唉 豎子不足與謀 奪項王天下者 必沛公也 吾屬今爲之虜矣)」

수화불상용〔水火不相容〕 물과 불처럼 서로 용납되기 어려운 경우나 사물을 일컫는 말. 《삼국지》

수화불통〔水火不通〕 물과 불이 서로 통하지 않는 것처럼 친교를 끊음.

수화빙탄〔水火氷炭〕 서로 상극이 됨. 사이가 매우 나쁨.

수화지재〔隋和之材〕 수(隋)는 수주(隋珠), 즉 수후(隋侯)의 구슬. 화(和)는 화벽(和璧), 즉 화씨벽(和氏璧). 모두 천하의 보물이란 뜻으로, 뛰어난 인재의 비유. ☞ 수주화벽(隋珠和璧).

숙독완미〔熟讀玩味〕 문장을 잘 읽고 내용을 충분히 음미함. 일독(一讀)만으로 맛을 느낄 수가 없으며, 일지반해(一知半解)의 원인이 된다.

숙려단행〔熟慮斷行〕 잘 생각하고 충분히 검토한 뒤에 결심해서 실행하는 것. ⑪ 수수방관(袖手傍觀).

숙맥불변〔菽麥不辨〕 콩인지 보리인지를 구별하지 못한다는 뜻으로, 사물을 잘 분별하지 못하는 어리석은 사람을 비유하는 말.《좌전》

숙불환생〔熟不還生〕 한번 익힌 음식은 날것으로 되돌아갈 수 없어 그대로 두면 소용없다는 뜻으로, 남에게 권할 때 쓰는 말.

숙살지기〔肅殺之氣〕 가을의 쌀쌀하고 매서운 기운.

숙속지문〔菽粟之文〕 콩과 조 같은 문장이라는 뜻으로, 세상에 널리 통하는 아주 쉬운 글.

숙수지환〔菽水之歡〕 콩을 먹고 물을 마시는 가난한 생활 속에서 부모에게 효도를 다하여 그 마음을 기쁘게 하는 것.《예기》

숙습난당〔熟習難當〕 만사에 숙달한 사람을 당해내기 어렵다는 뜻으로, 무슨 일을 잘하려면 손에 익어야 함을 이르는 말.

숙시숙비〔熟是熟非〕 시비(是非)가 분명하지 않음.

숙시주의〔熟柿主義〕 감이 익어서 저절로 떨어지듯, 호기(好機)가 오기를 앉아서 기다리는 주의. ⑪ 수주대토(守株待兎).

숙야비해〔夙夜匪解〕 아침 일찍부터 밤 늦게까지 계속 일하는 것.《시경》

숙호충비〔宿虎衝鼻〕 자는 범의 코를 찌른다는 뜻으로, 스스로가 불리(不利)를 자초함을 비유하여 이르는 말.《송남잡식》

숙흥야매〔夙興夜寐〕 아침 일찍 일어나고 밤늦게 잠자리에 들다. 곧 자신이 맡은 역할과 책임을 다하기 위해 애쓰고 노력하는 모습을 비유하는 말.《시경》

순식간〔瞬息間〕 대단히 짧은 시간. 순식(瞬息)은 눈의 깜빡임과 호흡이라는 뜻으로, 눈을 깜빡이는 정도의 짧은 시간을 말한다.

순우추요〔詢于芻蕘〕 추(芻)는 풀 베는 사람. 요(蕘)는 나무하는 사람. 곧 풀 베는 사람과 나무하는 사람과 의논한다는 뜻으로, 손아랫사람의 의견이나 비판으로 옳은 것은 순수하게 받아들이고, 부끄럽게 여기지 않는 것.《시경》

순치보거〔脣齒輔車〕 순(脣)은 입술, 치(齒)는 이, 보(輔)는 광대뼈, 거(車)는 턱뼈. 곧 이들의 관계처럼 극히 밀접함을 이르는 말.《좌전》
☞ 순망치한(脣亡齒寒).

수주대토
守株待兎

지킬 守 그루 株 기다릴 待 토끼 兎

착각에 사로잡혀 안될 일을 고집하는 어리석음을 비유한 말

주(株)는 나무를 베고 남은 그루터기를 말한다. 그루터기를 지키며 토끼 나오기만을 기다리는 것이 「수주대토」다.

어떤 착각에 사로잡혀서 안될 일을 고집하고 있는 어리석음을 비유해서 하는 말이다.

《한비자》 오두편(五蠹篇)에 나오는 말이다.

한비(韓非)는 요순을 이상으로 하는 왕도정치를 시대에 뒤떨어진 생각이라 주장한다. 그는 시대의 변천은 돌고 도는 것이 아니라 진화하는 것이라 보고 복고주의(復古主義)를 진화에 역행하는 어리석은 착각이라고 주장한다.

그는 이러한 주장 끝에, 그의 주장에 반대하는 사람들을 다음과 같은 이야기로 비유하고 있다.

송(宋)나라에 한 농부가 있었다. 하루는 밭을 가는데, 토끼가 한 마리 달려가더니 밭 가운데 있는 그루터기에 머리를 들이받고 목이 부러져 죽었다.

그것을 본 농부는 토끼가 또 그렇게 달려와 죽을 줄 알고 쟁기를 놓아 둔 채 그루터기만을 지켜보고 있었다.

그러나 토끼는 다시 나오지 않았다. 결국 온 나라 사람들에게 웃음거리만 되고 말았다.

이 우화에서 낡은 관습을 지키며 새로운 시대에 순응할 줄 모르는 것을 가리켜 「수주(守株)」니 「수주대토」니 하고 말한다.

수지오지자웅
誰知烏之雌雄

누구 誰 알 知 까마귀 烏
갈 之 암컷 雌 수컷 雄

그게 그것 같아 구별할 수가 없음. 시비를 가리기가 힘듦.

꿩과 닭을 비롯해서 대부분의 새들은 수컷과 암컷을 구별할 수가 있다. 그러나 까마귀란 놈만은 꼭 같이 새카맣기 때문에 어느 놈이 수컷이고 암컷인지 알 수가 없다. 「수지오지자웅」은 누가 까마귀의 암수를 알 수 있으랴 하는 뜻이다.

결국 서로 잘났다고 하고 서로 잘했다고 하며, 남을 헐뜯고 자기를 내세우는 그러한 사람들을 가리켜 「그놈이 그놈이니 어느 놈이 잘한지 못한지 누가 알 게 뭐야」 하는 정도의 뜻이라고 볼 수 있다.

《시경》 소아(小雅) 정월(正月)편 제 5장에,

산을 내게 낮다고 하지 마라
뫼가 되고 언덕이 된다.
백성의 거짓된 말을
어찌하여 막지 못하는가.
저 옛날 늙은이를 불러
꿈을 점쳐 묻는다.
모두 내가 성인이라지만
누가 까마귀의 암수를 알리.

謂山蓋卑 爲岡爲陵   위산개비 위강위릉
民之訛言 寧莫之懲   민지와언 영막지징
召彼故老 訊之占夢   소피고노 신지점몽
具曰予聖 誰知烏之雌雄 구왈여성 수지오지자웅

라고 나와 있다. 못된 정치를 원망한 시의 한 대목인데, 그 뜻을 풀이하면 대개 이런 것이다.

「산을 보고 낮다고 억지소리를 하는 사람이 있지만, 뫼와 언덕이 평지보다 높은 것만은 변함이 없는 사실이다. 지금 모든 사람들이 이런 거짓된 말들을 하고 있는데, 그것으로 어째서 못하게 막을 생각을 하지 않는가. 나이 많은 안다는 늙은이들을 불러다가 꿈을 점치게 하며, 서로 제가 위대하다고 자랑을 하고 있지만, 까마귀의 수컷 암컷을 알 수 없듯이 누가 위대한지 알 사람이 누구이겠는가」 하는 뜻이다.

여기에서, 그게 그것 같아 구별할 수 없는 것을 가리켜 「까마귀의 암수」라고 말하게 되었다.

순치지국〔脣齒之國〕 순치(脣齒)의 사이인 나라. 곧 이해관계가 밀접한 두 나라. 《좌전》

순풍이호〔順風而呼〕 바람이 부는 쪽으로 소리를 지르면 그 소리가 멀리까지 똑똑히 들린다는 뜻으로, 시세(時勢)에 편승하면 일을 하기 쉬움을 비유하여 이르는 말. 《순자》

순피박〔脣皮薄〕 입술이 얇다는 뜻으로, 입이 가벼워 말이 많음의 비유. 《황제내경(黃帝內經)》

술자지능〔述者之能〕 문장(文章)의 잘되고 못됨은 쓴 사람의 글재주에 달렸다는 말. 또 일의 잘되고 못됨은 그 사람의 수단에 달렸다는 말.

슬갑도적〔膝甲盜賊〕 남의 시문의 글귀를 따다가 고쳐서 글을 짓는 사람을 이르는 말. 闽 문필도적(文筆盜賊). 표절(剽竊).

슬양소배〔膝癢搔背〕 무릎이 가려운데 등을 긁는다는 뜻으로, 토의(討議) 같은 것이 이치에 닿지 아니함의 비유. 《염철론(鹽鐵論)》

슬지처곤중〔蝨之處褌中〕 틀에 박힌 좁은 식견을 좋다고 여기고 있음의 비유. 이가 잠방이의 솔기에 들어박혀서 거기를 안전하다고 여기는 것. 《진서(晋書)》

슬처두이흑〔蝨處頭而黑〕 환경에 따라서 사람은 감화(感化)됨의 비유. 이는 본래 희지만, 검은 머리카락 속에 있으면 저절로 검어진다.

수지청즉무어
水至淸則無魚

물 水 이를 至 맑을 淸 곧 則 없을 無 물고기 魚

> 사람이 너무 엄격하면 따르는 사람이 없다.

우리말에 「물이 맑으면 고기가 놀지 않는다」는 말이 있다. 그것이 바로 「수지청즉무어」란 말이다. 다만 지극하다는 지(至)가 하나 더 있는 것뿐이다. 이것은 청렴결백이 좋기는 하지만, 그것이 도에 지나치면 사람이 따르지 않는다는 것을 비유해 하는 말이다. 옛말에 「탐관(貪官) 밑에서는 살 수 있어도 청관(淸官) 밑에서는 살지 못한다」는 말이 있다. 역시 같은 이치에서 나온 말일 것이다.

《공자가어》 입관편(入官篇)에, 자장(子張)의 물음에 대답한 공자의 긴 말 가운데 「물이 지나치게 맑으면 고기가 없고, 사람이 지나치게 맑으면 따르는 사람이 없다(水至淸則無魚 人至察則無徒)」고 하는 말이 나오고, 백성이 작은 허물이 있으면 그의 착한 점을 찾아내어 그의 허물을 용서하라고 했다.

이 말과 비슷한 내용이 《한서》 동방삭전에도 나온다. 그러나 《공자가어》를 후세 사람의 위작(僞作)이라고 하는 학설도 있으므로 동방삭이 공자가어에서 배워 온 것인지, 《공자가어》를 지었다고 지목되는 위(魏)의 왕숙(王肅)이 동방삭의 문장을 따 온 것인지는 알 수 없는 일이다. 또 《후한서》 반초전(班招傳)에는 서역도호로 있던 반초가 그의 후임으로 온 임상(任尙)을 훈계한 말이라 하여,

「그대는 성질이 엄하고 급하다. 물이 맑으면 큰 고기가 없는 법이니 마땅히 탕일하고 간이하게 하라(君性嚴急 水淸無大魚 宜蕩佚簡易)」고 적혀 있다. 과연 반초가 염려한 대로 임상은 성격대로 너무 자세하고 까다로운 정치를 한 탓에 통치에 실패를 했다고 한다.

습관약자연〔習慣若自然〕 습관도 몸에 깊이 배면 천성처럼 된다. 《공자가어》

습여성성〔習與性成〕 습관을 되풀이하면 마침내 그 사람이 타고난 성질과 똑같아진다는 것. 습관이 제2의 천성(天性)이 된다는 말이다. 《서경》

습인아혜〔拾人牙慧〕 남의 말이나 글을 반성 없이 그대로 본뜨는 것. 《세설신어》

습인체타〔拾人涕唾〕 시문(詩文) 등을 짓는 데 있어서 선인(先人)의 모방을 하는 것. 남의 설(說)을 자신의 견해로서 서술하는 것. 체(涕)는 눈물, 타(唾)는 침. 체타(涕唾)는 남이 내놓은 것으로, 다른 사람의 견해나 작품에 비유한다. 《창랑시화(滄浪詩話)》

습잠악축〔拾蠶握蝎〕 굼벵이를 닮은 누에와 뱀을 닮은 붕장어를 만지는 것은 모두 자기의 이익을 위해서라는 뜻.

승거목단 수적석천〔繩鋸木斷 水滴石穿〕 먹줄로 나무를 켜서 자르고, 물방울이 돌을 뚫는다는 뜻으로, 꾸준히 노력해서 성공을 거둠. 또 바늘 도둑이 소 도둑 된다는 뜻으로도 쓰인다. 《학림옥로》

승당입실〔昇堂入室〕 학문이나 예술 등의 교양을 습득하여 그것을 한껏 활용할 수 있는 수준에 달해 있음의 비유. 먼저 마루에 올라 방으로 들어온다는 뜻으로, 학문이 점차 깊어짐을 비유하여 이르기도 한다. 《논어》

승두지리〔升斗之利〕 한 되 한 말의 이익이라는 뜻으로, 대수롭지 않은 이익을 이르는 말.

승망풍지〔乘望風旨〕 윗사람의 비위를 잘 맞추어 줌.

승묵〔繩墨〕 목수가 수직선을 긋는 데 쓰는 먹줄이란 뜻으로, 규칙, 규범, 또는 사물의 표준을 가리키는 말. 《예기》

승상접하〔承上接下〕 윗사람을 받들고 아랫사람을 거느리어 그 사이를 잘 주선함을 이르는 말.

승선입시〔乘船入市〕 배를 타고 장에 간다 함이니, 장마가 져서 비가 많이 옴을 이르는 말.

승선주마삼분명〔乘船走馬三分命〕 배는 잘 뒤집혀지고 말에서는 떨어지기 쉬우니, 이것을 잘 조정하지 못하면 죽기가 쉬움을 이르는 말. 사람의 목숨은 10분의 7은 사람에 달렸고 10분의 3은 하늘에 달렸다는 말.

승영〔蠅營〕 파리가 분주히 먹이를 찾아 날아다니듯이, 사소한 이익을 좇는 억척스러움을 비유하여 이르는 말. 《시경》

순망치한
脣亡齒寒

입술 脣 망할 亡 이빨 齒 차가울 寒

가까운 사이의 한편이 망하면 다른 한편도 온전하기 어렵다.

「순망치한(脣亡齒寒)」은 입술이 없으면 이가 시리다는 말이다. 입술과 이빨은 당장은 직접적인 영향이 없는 것처럼 보인다. 입술이 아프다고 해서 이빨이 따라 아프지는 않으니까. 그러나 그 입술이 이빨을 덮어 가리고 있기 때문에 그것이 없어지는 순간 이빨은 당장 차가움을 느끼게 된다.

이와 마찬가지로 평소에는 별로 느끼지 못했던 이웃 사이의 상부상조(相扶相助)가 그 이웃이 어떤 피해를 입게 되었을 때 비로소 직접 영향이 미치는 것을 깨닫게 된다.

춘추시대 초기의 일이다. 진헌공(晋獻公)이 괵(虢)이란 나라를 치기 위해 우(虞)나라에 길을 빌려 달라고 청을 넣었다. 우나라를 거쳐야만 괵으로 갈 수 있었기 때문이다. 진헌공은 순식(荀息)을 보내 천하에 이름이 알려져 있는 명마(名馬)와 구슬을 우나라 임금에게 뇌물로 바치고, 진나라와 우나라와의 형제의 우의를 거짓 약속하며 청을 받아 줄 것을 간청하게 했다.

우나라 임금은 뇌물이 탐이 나는 데다 진나라의 제의 또한 솔깃해서 순순히 청을 받아들이려 했다. 그러나 진나라의 속셈을 빤히 들여다보고 있는 궁지기(宮之奇)란 신하가 이를 말렸다.

「괵나라는 우나라의 울타리입니다. 괵이 망하면 우도 반드시 따라 망하게 됩니다. 진나라를 끌어들여서는 안됩니다. 침략자와 행동을 같이해서는 안됩니다. 전에도 한 번 그런 실수를 했는데, 똑같은 실수를 두 번 다시 되풀이해서 되겠습니까. 속담에 이른바 『덧방나무(輔)와 수레는 서로가 의지하고, 입술이 없어지면 이가 시리다(輔車相依 脣亡齒寒)』고 한 말이 바로 우와 괵을 두고 한 말입니다」

그러나 우나라 임금은 순식의 달콤한 소리와 뇌물에 마음이 팔려 있어 궁지기의 말이 들리지가 않았다. 궁지기는 나라가 망할 것을 알고 후환이 두려워 가족을 데리고 다른 나라로 떠나버렸다.

그때 그는 말하기를,

「우나라는 한 해를 넘기지 못할 것이다」라고 했다. 과연 그 해 8월에 진나라는 괵으로 쳐들어가 이를 자기의 땅으로 만들어 버리고 돌아오는 길에 우나라마저 기습해서 자기 것을 만들고 말았다. 미끼로 던져 주었던 명마와 구슬도 땅과 함께 도로 진나라로 돌아갔다. 여기에 나오는 두 나라 관계와 같은 경우를 가리켜 「순망치한」이라 한다. 또 「보거상의(補車相依)」란 말도 쓰고, 둘을 합친 「순치보거(脣齒補車)」란 말을 쓰기도 한다.

또 「가도멸괵(假道滅虢)」 즉 「길을 빌려서 괵을 멸하다」라는 말도 나왔다.

승영구구〔蠅營狗苟〕 쇠파리의 얄미운 형상을 빌어 아둔한 임금과 간신들을 풍자한 것으로, 파렴치한 인간을 비유해서 일컫는 말.《시경》

승우독한서〔乘牛讀漢書〕 소를 타고 길을 가며 책을 읽는다는 뜻으로, 독서에 여념이 없음을 이르는 말.《세설신어》

승패병가사불기〔勝敗兵家事不期〕 승부에서의 이기고 지는 것은 아무도 예측할 수 없다. 병가(兵家)는 제자백가(諸子百家)의 하나로, 용병(用兵)과 전술 등을 논한 학파의 뜻이지만, 여기서는 일반적인 뜻에서의 무인(武人) 또는 병법가의 뜻. 두목(杜牧)《제오강정(題烏江亭)》

승풍파랑〔乘風破浪〕 풍랑을 헤치며 앞으로 나아가다. 거듭되는 난관을 이겨내고 전진하다. 또 원대한 뜻을 이르는 말.《남사》

술이부작
述而不作

말할 述 어조사 而 아니 不 지을 作

선인의 업적을 이어 이를 설명하고 서술할 뿐 아무것도 지어내지 않음.

술(述)은 저술이란 뜻이고, 작(作)은 창작이란 뜻이다. 저술은 예부터 내려오는 사상과 문화를 바탕으로 이것을 다시 정리하거나 서술하는 것을 말하고, 창작은 지금까지 일찍이 없었던 새로운 사상과 학설을 처음으로 만들어내는 것을 말한다.

이것은 《논어》 술이편 첫머리에 나오는 공자의 말이다.

공자는 말하기를,

「전해 말하고 새것을 만들지 않으며, 믿어 옛것을 좋아하는 것을, 가만히 우리 노팽에게 비교해 본다(述而不作 信而好古 竊比於我老彭)」고 했다.

여기 나오는 노팽이란 사람은 은(殷)나라의 어진 대신이라고 하는데, 「술이부작」이란 말 자체도 어디까지나 자신을 겸손하게 낮추어서 한 말이었는데, 그것을 다시 노팽이란 사람에게 비교해 본다는 것은 남을 배운다는 똑같은 겸손한 태도에서 나온 말이다.

그리스도교의 성경 《마태복음》 제5장에 나오는 예수의 말 가운데 나오는 「내가 율법이나 선지자를 폐하러 온 줄로 생각지 말라. 폐하러 온 것이 아니요 완전케 하려 함이로다」 한 것도 공자의 이 말과 일맥상통하는 점이 있는 것 같다.

사실상 공자가 이 같은 말을 한 것은 창작을 부정하려는 뜻에서가 아니다. 옛것을 제대로 음미도 못한 채, 옛것의 테두리를 벗어나지도 못한 것을 마치 자기가 새로 창안해 낸 것 같은 착각에 빠져 있는 그런 젊은 후배들을 깨우쳐 주기 위해 한 말일 것이다.

「온고지신(溫故知新)」이란 공자의 말만 보더라도 알 수 있다. 옛것을 완전히 내 것을 만듦으로써 새로운 것을 알게 되는 것이 「온고지신」인 것이다. 거기까지 미치지 않은 사람은 남의 스승이 될 수 없다고 공자는 덧붙여 말하고 있는 것이다.

참다운 창작은 억지로 되는 것이 아니다. 옛것과 남의 것을 거름으로 해서 자연히 피어난 꽃과 맺어진 열매가 창작인 것이다.

시교수축〔豕交獸畜〕 돼지처럼 대하고 짐승처럼 기른다는 뜻으로, 사람을 예로써 대우하지 않고 짐승과 같이 취급함을 일컫는 말. 《맹자》

시근종태〔始勤終怠〕 처음에는 부지런하고 나중에는 게으름을 이르는 말.

시덕자창〔恃德者昌〕 덕에 의지하는 사람은 더욱 더 번영한다는 뜻.

시도지교〔市道之交〕 이해득실(利害得失)만의 사귐. 시도(市道)는 시장에서 거래하는 장사치의 도리라는 뜻. 《사기》

시랑당도〔豺狼當道〕 승냥이와 이리가 길을 막는다는 뜻으로, 사악한 인간들이 권력을 잡고 횡포를 부리는 것을 비유하여 이르는 말. 《후한서》

시례지훈〔詩禮之訓〕 백어(伯魚)가 아버지 공자로부터 시(詩經)와 예(禮記)를 배워야 하는 까닭을 들었다는 데서, 아들에게 주는 아버지의 교훈.

시록〔尸祿〕 직분을 다하지 않고 그저 봉록(俸祿)만을 받는 것. ☞ 시위소찬(尸位素餐).

시민여자〔視民如子〕 백성을 자식같이 생각한다는 뜻으로, 임금이 백성을 지극히 사랑함을 이르는 말. 《신서(新書)》

시불가실〔時不可失〕 때는 한번 가면 다시오지 않는다는 뜻으로, 기회를 놓치지 말라는 말. 《서경》

시비지심〔是非之心〕 선악(善惡)을 판단하는 마음. 맹자의 주된 학설인 사단(四端)의 하나. 또 도가(道家)의 사상에서는 표상적(表相的)인 선악을 판단하는 마음의 뜻으로 쓰인다. ☞ 사단(四端).

시사약귀〔視死若歸〕 죽음을 마치 집에 돌아가는 것같이 대수롭게 여기지 않는다는 말. 《한비자》

513

승패병가상사
勝敗兵家常事

이길 勝 질 敗 병사 兵 집 家 항상 常 일 事

이기고 지는 것에 크게 개의치 말고 최선을 다하는 것이 중요하다.

상대가 없는 싸움은 없다. 하나가 이기면 하나가 지기 마련이다. 승패는 동시에 성립된다. 승패가 없이 비긴다는 것은 드문 일이요, 또 정상이 되지 못한다. 전쟁을 직업처럼 알고 있는 병가(兵家)로서는 이기고 지고 하는 것을 당연한 것으로 알고 있어야 한다. 「승패는 병가의 상사」란 말은 바로 이것을 말하는 것이다.

전쟁이나 경쟁이나 경기나 그 밖의 모든 사회활동에 있어서 성공과 실패란 것은 언제나 따라다니기 마련이다. 그러므로 승리나 성공을 거두었다고 해서 과히 기뻐할 것도 없는 일이며, 또 패배나 실패를 맛보았다고 해서 절망하거나 낙심할 필요도 없는 것이다.

「승패는 병가상사」란 말은 옛날 역사적 기록에 자주 나오는 말이다. 특히 전쟁에 패하고 낙심하고 있는 임금이나 장군들을 위로하기 위해 항상 인용되곤 하는 먼 옛날부터 전해진 말인 것 같다.

패배나 실패를 염두에 두지 않는 싸움처럼 무모한 싸움은 없다. 꼭 이긴다, 꼭 성공한다 하고 일을 시작하는 사람처럼 어리석은 사람은 없다. 성공했을 때와 실패했을 때를 똑같이 염두에 두고 그 다음의 대책을 강구해 두지 않는 사람은 비록 성공을 해도 그 성공을 성공으로 끝맺기가 어려운 법이다.

그러나 두 경우를 다 염두에 두고 만일의 경우에 대비한 사람이라면 비록 실패를 했더라도 그 실패는 성공의 밑거름이 되는 것이다. 결국 승패 자체가 문제가 아니라, 그 승패에 임하는 자세와 승패를 맛본 뒤의 마음가짐이 더욱 중요한 것이다.

「승패는 병가상사」란 말은 위에 말한 여러 가지 뜻을 다 포함하고 있다. 기뻐하지도 낙심하지도 말고, 당연히 있을 수 있는 일이라는 태연한 생각과 앞으로의 대책에 보다 신중을 기하라는 뜻이다. 위로와 훈계와 격려와 분발을 모두 뜻하는 말이다.

시사여생〔視死如生〕 죽음을 삶과 같이 여긴다는 뜻으로, 죽음을 두려워하지 않음. 《장자》

시산혈해〔屍山血海〕 시체로 산을 이루고 피가 흘러 바다를 이룬다는 뜻으로, 전장(戰場)의 처참함을 이르는 말.

시시비비〔是是非非〕 여러 가지의 잘잘못. 여러 가지로 서로 옳고 그름을 따지며 다투는 일. 《순자》
㊤ 비리곡직(理非曲直).

시야비야〔是也非也〕 옳고 그름. 시야비야(是耶非耶)

시약초월〔視若楚越〕 초(楚)나라와 월(越)나라가 서로 보듯 한다는 뜻으로, 서로 멀리하고 돌아보지 않음.

시어다골〔鰣魚多骨〕 맛이 좋은 준치에 잔가시가 많다는 뜻으로, 좋은 일의 한편에는 방해가 있음을 이르는 말. ㊌ 호사다마(好事多魔).

시여처녀후여탈토〔始如處女後如脫兎〕 처음에는 마치 처녀처럼 연약하게 보이며 고분고분 행동하다가 뒤에는 토끼가 달아나듯이 재빨리 행동하여 적이 저항할 여유를 주지 않는다는 뜻. 즉 처음에는 느릿느릿하다가 나중에 가서는 기세를 올리는 것을 말한다. 《손자》

시옹지정〔時雍之政〕 세상을 화평하게 다스리는 정치.

시용승수환이두수〔始用升授還以斗受〕 되로 주고 말로 받는다.

시이불견〔視而不見〕 보기는 하나 보이지 않음. 곧 보고 있지만 마음은 다른 데 있어 보고 있어도 알지 못함을 이르는 말. 《예기》

시이불공〔恃而不恐〕 믿는 구석이 있어 두려워하지 않음.

시이사왕〔時移事往〕 세월이 흐르고 사물이 변함.

시일불현〔視日不眩〕 해를 보고도 눈이 부시지 않는다는 뜻으로, 안광(眼光)이 번뜩임을 이르는 말.

시정지도〔市井之徒〕 일반 대중, 시민, 서민. 또는 거리의 불량배. 무뢰한을 말한다. 《구당서(舊唐書)》

시위소찬
尸位素餐

시동 尸 자리 位 한갓 素 먹을 餐

> 분수에 걸맞지 않는 높은 자리에 앉아 하는 일 없이 공으로 녹만 받아먹음.

시위(尸位)의 시(尸)는 시동(尸童)을 말한다. 옛날 중국에서는 조상의 제사를 지낼 때, 조상의 혈통을 이은 어린아이를 조상의 신위(神位)에 앉혀 놓고 제사를 지냈다는데, 그때 신위에 앉아 있는 아이가 시동이다.

영혼이 아무것도 모르는 어린아이에게 접신(接神)하여 그 아이의 입을 통해 먹고 싶은 것도 먹고 마시고 싶은 것을 마시게 하려는 원시적인 신앙에서 생겨난 관습이었던 것 같다.

「시위」는 그 시동이 앉아 있는 자리다. 그러므로 아무것도 모르면서, 아무 실력도 없으면서 남이 만들어 놓은 높은 자리에 우두커니 앉아 있는 것을 가리켜 「시위」라고 한다.

「소찬(素餐)」의 소(素)는 맹탕이란 뜻이다. 「소찬(素饌)」이라고 쓰면 고기나 생선 같은 맛있는 반찬이 없는 것을 뜻하고, 「소찬(素餐)」이라고 쓰면 공으로 먹는다는 뜻이 된다.

그러므로 「시위소찬(尸位素餐)」이라고 하면 분수에 걸맞지 않는 높은 자리에 앉아 아무 하는 일 없이 공으로 녹(祿)만 받아먹는 것을 이르는 말이다.

국가나 단체나, 한 세력이 오랜 기간 계속해서 주권을 장악하게 되면, 자연 이 시위소찬의 현상이 나타나기 마련이다. 이것이 부패의 요인이 되고 멸망의 계기가 된다.

이 말은 《한서》 주운전(朱雲傳)에 나오는 말인데, 이른바 능률화의 운동은 이 「시위소찬」의 요소를 몰아내는 운동이라 할 수 있다.

시호삼전〔市虎三傳〕 사실이 아닌 것이라도 많은 사람이 말하면 듣는 자도 언젠가는 믿게 된다. 근거도 없는 거짓말도 마침내는 신용(信用)된다는 것의 비유. 호랑이는 보통 산에 있지 마을에는 없다. 하지만 세 사람이 「거리에 호랑이가 있다」라고 말하면 「설마?」 하고 생각하면서도 믿게 된다. ☞ 삼인성호(三人成虎). 《한비자》

식객삼천〔食客三千〕 식객(食客)은 남의 집에 기식(寄食)하며 문객(門客) 노릇하는 사람. 기식자(寄食者). 삼천은 대단히 많은 사람의 뜻. 《사기》 맹상군.

식무구포 거무구안〔食無求飽 居無求安〕 공자가 이르기를 「먹어도 배부르기를 구하지 않고, 살며 편안하기를 구하지 않는다」고 했듯이, 검약한 생활을 이르는 말. 《논어》

식불이미〔食不二味〕 한 끼 밥상에 반찬을 두 가지 이상 올려놓지 않는다는 뜻으로, 검약(儉約)함을 이르는 말.

식송망정〔植松望亭〕 소나무를 심어 정자를 바라본다는 뜻으로, 작은 일을 하더라도 큰일을 바라보고 한다는 말.

식언이비〔食言而肥〕 헛소리로 살이 쪘다는 뜻으로, 사람이 신용을 지키지 않고 흰소리만 계속 늘어놓는 것을 비유해서 이르는 말. 《좌전》

식옥신계〔食玉薪桂〕 옥(玉)보다도 음식값이 비싸고, 계수나무보다 땔감의 값이 비싸다는 뜻으로, 물가가 비쌈을 일컬음. 《전국책》

식우지기〔食牛之氣〕 소를 삼킬 만한 기개(氣槪)라는 뜻으로, 어려서부터 기개가 뛰어남을 비유하여 이르는 말.

식이부지기미〔食而不知其味〕 마음이 집중되어 있지 않으면 무엇을 먹어도 그 진정한 맛을 알 수가 없다는 말. 《대학》

식자순군〔食子狗君〕 자기 자식을 삶아서 고기를 임금에게 바치는 것으로, 윗사람에게 아부하는 불인(不仁)의 행위를 이름.

식전방장〔食前方丈〕 사방 열 자의 상에 잘 차린 음식이란 뜻으로, 진수성찬(珍羞盛饌)을 이르는 말. 《맹자》

신공귀부〔神工鬼斧〕 귀신이 만들기라도 한 것처럼 정교하고도 영묘한 솜씨의 비유. 신공(神工)과 귀부(鬼斧)는 모두 귀신의 솜씨를 이른다.

신급돈어〔信及豚魚〕 돼지와 물고기같이 무심한 생물조차 믿어 의심치 않는다는 뜻으로, 신의가 지극함을 이르는 말. 《역경》

식마육 불음주상인
食馬肉 不飮酒傷人

먹을 食 말 馬 고기 肉 아니 不
마실 飮 술 酒 상할 傷 사람 人

말고기를 먹고 술을 마시지 않으면 식중독을 일으킨다는 말.

「식마육 불음주상인」이란 말은 말고기를 먹고 술을 마시지 않으면 사람을 해치게 된다는 말이다. 말고기에는 약간 독이 있다. 그 독을 풀기 위해서는 술을 마셔야 한다. 고기만 먹고 술을 마시지 않으면 식중독에 걸리게 된다는 뜻이다. 그것은 지금도 그렇게 알고 있는 일이다. 그런데 이 말은 이미 3천 년 가까운 옛날의 기록에 나와 있고, 그리고 이 말과 더불어 후세 사람들을 감탄케 하는 색다른 재미있는 이야기가 곁들여 있다. 《사기》에 있는 이야기다.

오패(五覇)의 한 사람인 진목공(秦穆公)은 마음이 착하고 너그럽고 도량이 크기로 이름 있는 임금이었다. 그는 이웃하고 있는 진혜공(晉惠公)에게 보통 사람이 하기 어려운 호의를 베풀어 그를 임금 자리에 오를 수 있도록 군대를 후원해 주었고, 흉년이 든 해에는 식량을 빌려주어 기근을 면하게 해주었다. 그런데 그 뒤 이쪽이 흉년이 들어 빌려간 식량을 보내주었으면 하고 청을 하자, 식량을 갚아주기는커녕 흉년이 든 것을 기회로 삼아 군사를 일으켜 진(秦)나라를 치려했다. 화가 난 진목공은 군대를 이끌고 몸소 나가 진혜공과 한원(韓原)에서 결전을 벌이게 되었다.

양군이 다 같이 격전을 벌이는 가운데 서로 상대방 임금을 포위하게 되었다. 진혜공이 포로가 되는가 하면 진목공도 곧 포로가 되는 순간에 처해 있었다. 목공은 하늘을 우러러보며,

「아아, 하늘도 무심하구나」하고 마지막 순간만을 기다리고 있는데, 뜻밖에 산비탈로 머리를 풀어헤친 반나체의 수백 명의 사람들이 칼을 휘두르며 포위해 있는 적군의 옆을 바람처럼 밀고 들어가는 게 아닌가?

이리하여 위기일발에 기적처럼 탈출할 수 있었던 진목공은, 적국의 임금을 포로로 하는 대승리를 거두게 되자, 그들을 불러 크게 상을 주고 원하는 사람에겐 벼슬까지 주겠다고 했다. 그러나 그들은 이를 거절하며,

「저희들은 이미 은상(恩賞)을 받은 지 오래입니다. 다시 또 무엇을 바라겠습니까」 하는 것이었다.

「이미 은상을 받았다니? 과인은 그대들을 처음 대하는 것 같은데?……」 하고 목공이 의아해 하자, 그들은 일제히 소리를 높여,

「저희들은 옛날 임금의 말을 훔쳐서 잡아먹고 죽을죄를 지은 몸이었는데 임금께서 처형은커녕 좋은 술까지 하사해 주신 도둑놈들이올시다」 하는 것이었다.

이야기는 오래 전에 있었던 일이었다. 목공이 기산(岐山)으로 사냥을 나갔을 때 어느 날 밤 마구간에 매어둔 말이 여러 마리가 없어졌다. 발자국을 밟아 산속으로 찾아 들어가자, 수백 명의 야인(野人)들이 말을 잡아 고기를 먹고 있었다. 그들은 산속에서 원시생활을 하고 있는 야만인들이었다.

군대를 풀어 모조리 잡아들이니 3백 명이 훨씬 넘었다. 군관들은 그들을 법에 의해 모두 사형에 처할 생각으로 임금에게 재가를 올렸다. 그러자 목공은,

「군자는 짐승 때문에 사람을 해치지 않는 법이다. 내가 들으니 말고기를 먹고 술을 마시지 않으면 사람을 상한다고 하더라(君子不以畜産害人 吾聞食善馬肉 不飮酒傷人)」 하고 그들에게 모두 술을 나누어주게 한 다음 곱게 돌려보내 주었다.

이때의 은혜를 잊지 못해 하던 그들은 두 나라가 싸운다는 소문을 듣고 은혜를 갚을 생각으로 급히 달려온 것이 용케도 좋은 시기에 와 닿았던 것이다.

식소사번
食少事煩

먹을 食 적을 少 일 事 번거로울 煩

> 먹을 것은 적고 할 일은 많음.

　먹는 것은 적고 일만 많은 것이 「식소사번」이다. 흔히 생기는 것도 없이 분주하게 뛰어다녀야만 하는 직업이나 생활을 가리켜 가벼운 뜻으로 하는 말이다. 그러나 실상 이 말은 남을 두고 하면 실례가 되고 자신을 두고 말하면 불길한 뜻이 되는 말이다.
　하지만 말이란 반드시 유래를 알고 하는 것이 아니므로 쓰이는 그대로 알면 그만인 것이다.
　《삼국지》에 나오는 사마의(司馬懿)가 제갈양을 두고 한 말이다.
　제갈양이 두 번째 「출사표(出師表)」를 내고 비장한 각오로 힘겨운 위(魏)나라 공략을 시작했을 때의 이야기다.
　제갈양은 사마의를 끌어내어 빨리 승패를 결정지으려 했으나, 사마의는 지구전으로 제갈양이 지칠 때만을 기다리고 있었다.
　이렇게 서로 대치해 있는 가운데 사자들은 자주 오고 갔다.
　그러던 중 사마의가 제갈양이 보낸 사자에게 물었다.
　「공명은 하루 식사를 어떻게 하며, 일 처리를 어떻게 하시오?」
　그러자 사자는 음식은 지나치게 적게 들고, 일은 새벽부터 밤중까지 손수 일일이 처리한다는 이야기를 했다.
　그러자 사마의는,
　「먹는 것은 적고 일은 번거로우니 어떻게 오래 지탱할 수 있겠소(食少事煩 安能久乎)」 하고 진담 반 농담 반으로 말했다.
　사자가 돌아오자 제갈양은,
　「사마의가 무슨 하는 말이 없던가?」 하고 물었다.

사자가 들은 그대로 전하자 제갈양도,

「중달(仲達 : 사마의의 字)의 말이 맞다. 나는 아무래도 오래 살 것 같지가 않다」고 말했다는 것이다.

그리하여 결국 그 길로 병이 들어 세상을 떠났으니, 「식소사번」이 그 자체의 뜻이나 유래가 다 좋은 말은 못되는 것 같다.

신기묘산〔神機妙算〕 귀신같이 신묘한 계략. 명 참모가 세운 명 전략. 승산이 큰 전술이나 작전의 비유.

신량등화〔新凉燈火〕 초가을의 서늘한 기운이 처음 생길 무렵에 등화 밑에서 글 읽기가 좋다는 뜻.

신로심불로〔身老心不老〕 몸은 비록 늙었으나 마음은 젊다는 뜻으로, 늙은이라 하더라도 젊은이 행세를 하고 싶어 함을 이르는 말.

신상필벌〔信賞必罰〕 공로자에게는 상을 주어 신용을 보지(保持)하고, 나쁜 일을 한 자는 반드시 벌해서 용서함이 없는 것. 말하고 보면 간단하고 당연한 것 같지만, 인정에 얽매여 때때로 정확히 실행되지 않는다. 《한서》 유 일벌백계(一罰百戒).

신성낙락〔晨星落落〕 새벽하늘에 몇 개의 별만이 드문드문 남아 있는 것과 같이 친구들이 차차 적어짐을 이름. 낙락(落落)은 드문드문 있는 모양.

신수지로〔薪水之勞〕 땔나무를 하고 물을 긷는 수고. 곧 취사(炊事)를 이름. 또는 널리 일상의 잡사(雜事)를 이름.

신언불미〔信言不美〕 믿을 만한 말은 외면을 꾸미지 않는다는 말.

신언서판〔身言書判〕 풍채와 언변(言辯)과 문장력과 판단력. 예부터 선비가 갖추어야 할 미덕으로 불리는 네 가지 기준을 이르는 말이다. 원래 당(唐)나라 때 관리를 등용하는 네 가지 기준에서 유래하였다. 《당서》

신외무물〔身外無物〕 몸이 무엇보다도 소중하다는 말.

신진기예〔新進氣銳〕 새로 두각을 나타낸 신인(新人)으로서 의기(意氣)가 날카로움. 신인을 칭찬할 때 사용한다. 나이를 먹으면 노기〔老驥 : 늙은 준마(駿馬), 노년의 준걸(俊傑)의 비유〕가 된다.

식언
食言

먹을 食 말씀 言

| 앞서 한 말이나 약속과 다르게 말함. |

「식언」이란 말은 흔히 쓰는 말이다. 말이란 일단 입 밖에 나오면 도로 담아 넣을 수 없다. 그것은 곧 실천에 옮겨야만 되는 것이다.

실천한다는 천(踐)은 밟는다는 뜻이다. 또 실행한다는 행(行)은 걸어간다는 뜻이다. 자기가 한 말을 그대로 밟고 걸어가는 것이 실천이요, 실행이다. 그런데 밟고 걸어가야 할 말을 다시 먹어버렸으니, 자연 밟고 걸어가는 실천과 실행은 있을 수 없게 된다.

말을 입 밖에 내는 것을 토한다고 한다. 말을 먹는 음식에 비유해서 쓰는 데 소박미와 묘미가 있다. 토해 버린 음식을 다시 주워 먹는다는 것을 상상해 보라. 그 얼마나 모욕적인 표현인가.

제 입으로 뱉어 낸 말을 다시 삼키고 마는 거짓말쟁이도 그에 못지않게 더러운 인간임을 느끼게 한다.

아무튼 간에 이 식언이란 말이 나오는 가장 오래된 기록은 《서경》 탕서(湯誓)다. 「탕서」는 은(殷)나라 탕임금이 하(夏)나라 걸왕(桀王)을 치기 위해 군사를 일으켰을 때 모든 사람들에게 맹세한 말이다. 그 끝 부분에서 신상필벌의 군규(軍規)를 강조하고,

「너희들은 내 말을 믿으라. 나는 말을 먹지 않는다(爾無不信 朕不食言)……」라고 말하고 있다.

이 식언이란 말은 《춘추좌씨전》에도 몇 군데 나온다. 이 중에서 재미있는 것은 애공(哀公) 25년(B.C 470)의 다음과 같은 기록이다.

노나라 애공이 월(越)나라에서 돌아왔을 때, 계강자(季康子)와 맹무백(孟武伯) 두 세도 대신이 오오(五悟)란 곳까지 마중을 나와 거기서 축하

연을 베풀게 된다.

이에 앞서 애공의 어자(御者)인 곽중(郭重)은 두 대신이 임금의 험담을 하고 있다는 것을 일러바친다. 술자리에서 맹무백이 곽중을 놀리며,

「꽤나 몸이 뚱뚱하군」하자, 애공은 맹무백의 말을 받아,

「이 사람은 말을 많이 먹으니까 살이 찔 수밖에 없지」하고 농담을 던졌다. 실은 두 대신들을 꼬집어 하는 말이다.

결국 이것이 계기가 되어 술자리는 흥이 완전히 깨어지고, 두 대신은 임금을 속으로 더욱 못마땅하게 여기게 되었다는 것이다.

아무튼 살이 많이 찐 사람을 보고「식언」을 많이 해서 그렇다고 표현한 것은 재미있는 농담이라고 볼 수도 있겠다. 그리고 요즘 세상에도 뚱뚱한 사람들이 식언을 잘하는 경향이 있다. 어쩌면 그들은「식언」을 배짱이 두둑한 때문이라고 자부하고 있는지도 모른다.

신진대사〔新陳代謝〕묵은 것이 없어지고 새것이 대신 생기거나 들어서는 일.「생물학」시간에 배운 사람이 많을 것이다. 그러나 생물학의 전문용어는 아니다. 진(陳)은 진부(陳腐)의 뜻으로, 낡은 것. 사(謝)는 사라지는 것. 낡은(옛) 것이 사라지고 대신 새로운 것이 오는 것.《회남자》

신진화멸〔薪盡火滅〕장작이 다하여 불이 꺼진다는 뜻으로, 기연(機緣)이 다하여 사물이 멸망함.《법화경》

신체발부수지부모〔身體髮膚受之父母〕자기 자신의 몸은 부모로부터 받은 것이다. 효도는 먼저 부모로부터 받은 신체를 손상하지 않는 일을 첫째로 치는《효경》첫머리에 나오는 말이다. 또 부모로부터 받은 은혜는 매우 깊은 것임을 가리킨다. 신체발부는 몸 전체를 말한다.

신출귀몰〔神出鬼沒〕귀신과 같이 홀연히 나타났다가 홀연히 사라짐. 자유자재로 출몰하여 그 변화를 헤아릴 수 없는 일.《회남자》囧 백귀야행(百鬼夜行).

신친당지〔身親當之〕몸소 일을 맡음을 이르는 말.

식자우환
識字憂患

알 識 글자 字 근심 憂 근심 患

> 서툰 지식이 오히려 근심을 사게 됨을 이름.

「식자우환」은 글자를 아는 것이 우환이란 말이다.

《삼국지》에 보면 서서(徐庶)의 어머니 위부인(衛夫人)이 조조(曹操)에게 속고 한 말에 「여자식자우환(女子識字憂患)」이란 말이 있다.

유현덕이 제갈양을 얻기 전에는 서서가 제갈양 노릇을 하며 조조를 괴롭혔다. 조조는 서서가 효자라는 것을 알고 그의 어머니 손을 빌어 그를 불러들이려 했다. 그러나 위부인은 학식이 높고 명필인 데다가 의리가 확고한 여장부였기 때문에, 아들을 불러들이기는커녕 오히려 어머니 생각은 말고 끝까지 한 임금을 섬기라고 격려를 하는 형편이었다.

그래서 하는 수 없이 조조는 사람을 중간에 넣어 교묘한 수법으로 위부인의 편지 답장을 받아낸 다음, 그 글씨를 모방해서 서서에게 어머니의 위조 편지를 전하게 했다. 어머니의 편지를 받고 집에 돌아온 아들을 보자 위부인은 영문을 몰라 어리둥절했다.

이야기를 듣고 비로소 그것이 자기 글씨를 모방한 위조 편지 때문이란 것을 안 위부인은,

「도시 여자가 글자를 안다는 것부터가 걱정을 낳게 한 근본 원인이다」하고 자식의 앞길을 망치게 된 운명의 장난을 스스로 책하는 이한 마디로 체념하고 말았다는 것이다.

그래서 여자를 차별대우하던 옛날에는 위부인의 이 「여자 식자우환」이란 말이 여자가 설쳐대는 것을 비웃는 문자로 자주 인용되곤 했다.

여자의 경우만이 아니고, 우리는 이른바 필화(筆禍)란 것을 기록을 통해 많이 보게 된다. 이것이 모두 「식자우환」이 아니고 무엇이겠는가.

소동파의 「석창서취묵당시(石蒼舒醉墨堂詩)」에 이런 말이 있다.

인생은 글자를 알 때부터 우환이 시작된다.
성명만 대충 쓸 줄 알면 그만둘 일이다.

人生識字憂患始　姓名粗記可以休　　인생식자우환시　성명조기가이휴

무릇 글자뿐이겠는가. 인간이 만들어낸 이기(利器)들이 어느 것 하나 우환의 시초가 아닌 것이 없다. 헤엄을 잘 치는 사람은 물에 빠져 죽기 쉽고, 나무에 잘 오르는 사람은 나무에서 떨어져 죽기 쉬운 법이다.

신호지세〔晨虎之勢〕굶주린 새벽 호랑이와 같은 맹렬한 기세.

신후지간〔身後之諫〕자신의 몸이 죽은 뒤에도 임금의 잘못을 바로잡기 위하여 임금에게 충간을 올리는 것. 죽어서도 백성과 임금을 염려하는 지극한 자세를 비유하여 이르는 말.《공자가어》

신후지지〔身後之地〕살아 있을 때 미리 정해두는 자기가 묻힐 묏자리.

실부의린〔失斧疑隣〕도끼를 잃어버리고 이웃을 의심한다는 뜻으로, 한번 의심하는 마음이 생기면 평소에는 아무렇지도 않은 일마저 의심이 생긴다는 말이다.《열자》

☞ 의심생암귀(疑心生暗鬼).

실비저〔失匕箸〕깜짝 놀라는 형용. 비저(匕箸)는 숟가락과 젓가락. 실(失)은 떨어뜨리다의 뜻.《삼국지》

실어공중〔失於空中〕공중에서 잃었다는 뜻으로, 물건을 아무렇게나 써버림.

실천궁행〔實踐躬行〕말로 하지 않고 실천하며 남에게 시키지만 않고 몸소 행함.

심근고저〔深根固柢〕뿌리가 깊고 단단하게 박혀서 움직이지 않는다는 뜻으로, 토대가 튼튼한 것. 또는 사물의 근본이 뚜렷함을 이르는 말.《노자》

식지동
食指動

먹을 食 손가락 指 움직일 動

> 구미가 당긴다. 야심을 품다.

식지(食指)는 둘째손가락을 말한다. 음식을 그 손가락으로 집어먹는다고 해서 먹는 손가락이란 이름이 붙게 된 것이다.

「식지동」이란 식지가 동(動)한다는 말은 먹을 생각이 간절해서 손가락이 절로 음식이 있는 쪽으로 움직이게 된다는 뜻으로 풀이해서 무방하다. 그러나 이 식지가 움직인다는 말은 다음과 같은 역사적 기록에서 비롯된 것인지도 모른다.

《춘추좌씨전》에 있는 이야기다.

선공(宣公) 4년(B.C 605)에 초나라 사람이 정영공(鄭靈公)에게 큰 자라를 바쳤다. 영공은 그 자라로 죽을 끓여 조신들에게 나누어 줄 생각이었다. 그날 아침, 공자 송(宋)이 공자 자가(子家)와 조회에 들어가려는데 공자 송의 둘째손가락이 갑자기 움직이기 시작했다. 공자 송은 그것을 자가에게 보이며,

「오늘은 반드시 뭔가 별미를 먹게 될 거야. 전에도 이 둘째손가락이 공연히 움직이게 되면 그 날은 반드시 별미를 먹게 되었거든」하는 것이었다.

조회에 들어간 두 사람은 한쪽 모퉁이에 요리사가 죽을 끓이고 있는 것을 보자 서로 마주보며 웃었다. 손가락이 움직이던 생각이 났기 때문이다.

못난 임금은 그들에게 웃는 까닭을 캐물었다. 까닭을 듣고 나자 영공은,

「아무리 손가락이 움직여도 과인이 주지 않으면 먹지 못할 것 아닌

가」 하고 장난기어린 말을 던졌다.

　영공은 요리사에게 가만히 타일러 죽 한 그릇이 모자라도록 만들었다. 그런 다음 공자 송에게 맨 나중에 돌리게 하고 결국 한 그릇이 모자라 차지를 못하고 말았다. 영공은 조신들을 바라보며,

「공자 송의 손가락이 맞지 않는군 그래」 하고 놀리는 투로 말을 보냈다.

　평소부터 임금을 대단치 않게 보아온 공자 송은 많은 사람 앞에서 모욕을 당하게 되자 자리에서 벌떡 일어나 국솥으로 달려가서 솥 가에 붙은 고기를 건져 먹고 나서,

「이렇게 먹었는데 왜 맞지 않는단 말입니까?」 하고 밖으로 휑하니 나가버렸다.

　그의 방자한 태도에 격한 영공은 말은 하지 않아도 공자 송을 죽일 기색을 내비쳤다. 임금의 그 같은 속마음을 짐작한 공자 송은 자기가 먼저 선수를 쳐서 임금을 갈아 치울 결심을 했다.

　이리하여 공자 자가를 위협해서 둘이 함께 영공을 죽이고 만다. 음식 차별처럼 상대에게 깊은 원한을 주는 것도 드문 모양이다.

　식지가 동한다는 말은, 구미가 당긴다, 야심을 품는다 하는 뜻으로 많이 쓰인다.

심기일전〔**心機一轉**〕 어떠한 동기에 의하여 이제까지 먹었던 마음을 뒤집듯이 홱 바꿈. 심기일전(心氣一轉)이라고 써서는 안된다.

심두멸각〔**心頭滅却**〕 심두는 마음, 심중(心中). 멸각은 없애버리다. 「심두를 멸각하면 불 또한 시원하다」는 뜻으로, 기분상으로 어떤 고난도 참고 견디어 내는 마음가짐. 잡념을 떨쳐버리고 무념무상(無念無想)의 경지에 도달하면 뜨거운 불 속에 있어도 뜨거움을 느끼지 않고 오히려 시원함을 느끼는 것이다. 《두순학(杜荀鶴)》

실사구시
實事求是

사실 實 일 事 구할 求 옳을 是

> 사실에 토대하여 진리를 탐구하는 일.

실사(實事)는 진실 된 사실을 말한다. 구시(求是)는 올바른 것을 찾는다는 뜻이다.

즉 눈으로 보고 귀로 듣고, 손으로 만져 보는 것과 같은 실험과 연구를 거쳐, 누구도 부정하거나 부인할 수 없는 객관적 사실을 통해 정확한 판단, 정확한 해답을 얻는 것이 「실사구시」다.

이것은 《한서》 하간헌왕덕전(河間獻王德傳)에 나오는 「학문을 닦아 옛것을 좋아하며, 일을 실상되게 하여 옳은 것을 찾는다(修學好古 實事求是)」는 말의 뒷부분을 따다가 새로운 의미를 담은 학문하는 태도로 삼은 것이 실사구시 운동이다.

이 실사구시 운동은 청조(淸朝) 전기의 고증학(考證學)을 표방하는 학자들에 의해 시작되었고, 그 중심인물은 대진(戴震)이었다.

대진은 말하기를,

「학자는 마땅히 남의 것으로 자신을 가리지 말고, 내 것으로 남을 가리지 말아야 한다」고 했고, 같은 계통의 학자인 능정감(凌廷堪)은 또 말하기를,

「진실된 사실 앞에서는, 내가 옳다고 말하는 것을 남이 억지말로 이를 그르다고 할 수 없고, 내가 옳지 않다고 하는 것을 남이 억지소리로 이를 옳다고 하지 못한다」고 했다.

쉽게 말해「실사구시」는 과학적인 학문 태도를 말하는 것이다. 이리하여 이론보다 사실을, 우리의 생활과 거리가 먼 공리공론을 떠나 우리의 실생활을 유익하게 하는 실학(實學)이란 학파를 낳게 된 것이다.

이조(李朝) 중엽부터 일어나기 시작한 우리나라 실학사조는, 당시 지배 계급들의 형이상학적인 공리공론에 대한 반발과 반성에서 비롯된 것이었지만, 실상은 청나라를 통해 들어온 서양 문명의 영향을 많이 받았던 것이다.

심모원려〔深謀遠慮〕 깊이 계략을 짜내고, 먼 장래를 염려하고 생각하는 것. 또는 그런 계획.

심복지환〔心腹之患〕 심장병과 위장병으로 받는 고통. 이 말은 내부의 알력(軋轢)이나 싸움 때문에 생기는 병폐나 걱정거리를 뜻한다. 또는 치명적인 타격이나 환란을 의미하기도 한다.

심부재언 시이불견〔心不在焉 視而不見〕 ☞ 시이불견(視而不見).

심사묵고〔沈思默考〕 고요히 깊이 생각함. 침묵해서 차분히 생각하는 모양. 심사숙고(深思熟考).

심산대택생용사〔深山大澤生龍蛇〕 깊은 산속과 큰 습지에는 용사(龍蛇)가 난다는 뜻으로, 보통이 아닌 곳에는 비상한 것이 생긴다는 말이다. 《좌전》

심정즉필정〔心正則筆正〕 마음이 바른 사람은 붓의 씀씀이도 바르다. 글은 사람의 마음을 나타냄을 이르는 말. 《당서》

십년수목 백년수인〔十年樹木 百年樹人〕 십년 뒤를 내다보며 나무를 심고 백 년 뒤를 내다보고 사람을 심는다. 장기적인 안목에서 볼 때 어떤 일보다도 인재를 양성하는 일이 가장 중요함을 비유하여 이르는 말. 《관자》

십년일일〔十年一日〕 긴 세월 작은 변화도 없이 똑같은 상태로 있는 것. 느릿느릿해서 유유자적한 모양. ㊐ 구태의연(舊態依然).

십맹일장〔十盲一杖〕 장님 열 사람에 지팡이 하나라는 뜻으로, 사물이 여러 곳에 다 같이 요긴하게 쓰임을 이르는 말.

십벌지목〔十伐之木〕 열 번 찍어 안 넘어가는 나무 없다는 뜻으로, 아무리 굳은 마음이라도 여러 번 달래고 유혹하면 넘어가게 된다는 뜻.

십습이장〔十襲而藏〕 열 번이나 묶은 뒤에 갈무리하다. 곧 아주 소중하게 간직함을 이르는 말. 《감자(闞子)》

실언 실인
失言·失人

잃을 失 말씀 言 사람 人

> 함께 말할 만하지 못한데 함께 말을 하면 그것은 말을 잃는 것이고, 함께 말할 만한데 함께 말하지 않으면 그것은 사람을 잃는 것이다.

「실언(失言)」이란 말은 우리가 흔하게 쓰는 말이다. 무심결에 하지 않을 말을 한 것도 실언이고, 상대가 누구인지도 모르고 실례되는 말을 한 것도 실언이다. 결국 말을 안해야 할 것을 해버린 것이 실언이다.

그러나 이 실언에는 사람에 따라서 그 표준과 정도가 각각 다르다고 볼 수 있다.

우리가 스스로 실언이라고 생각지 않는 것도 남이 볼 때는 실언이 될 수 있고, 우리가 실언이라고 생각되는 것도 남은 실언인 줄 모르기도 한다. 각 개인의 개성과 생활관과 인생관에 따라 천차만별(千差萬別)일 수 있다.

그러면 이 「실언」이란 말의 성격을 규정했다고도 볼 수 있는 공자의 견해가 어떤 것이었던가를 보기로 하자.

《논어》위령공편에서 공자는 이렇게 말했다.

「함께 말할 만한데 함께 말하지 않으면 그것은 사람을 잃는 것이다. 함께 말할 만하지 못한데 함께 말을 하면 그것은 말을 잃는 것이다. 지자(知者)는 사람을 잃지도 않고, 또 말을 잃지도 않는다(可與言而不與之言 失人 不可與言而與之言失言. 知者不失人 亦不失言)」

얼마나 말이 중요하고도 어려운가를 알 수 있다. 말을 하지 않음으로써 아까운 사람을 놓치게 되고, 말을 함으로써 공연한 헛소리를 한 결과가 되는 일이 없어야만 지혜로운 사람이 된다는 말이다.

「실인(失人)」을 하지 않기는 어려운 일이다. 그러나 「실언」만은 조심하면 어느 정도 피할 수 있을 것 같다.

옛 사람의 시조에,

말하기를 좋다 하고 남의 말을 말 것이
남의 말 내가 하면 남도 내 말 하는 것이
말로써 말이 많으니 말 많을까 하노라.

이것이 아마 실언을 예방하는 유일한 길일 것 같다.

십시일반〔十匙一飯〕 열 사람이 한 술씩 보태면 한 사람 먹을 분량이 된다는 뜻으로, 여럿이 힘을 합하면 한 사람을 돕기 쉽다는 비유.

십실구공〔十室九空〕 열 개의 방에 아홉이 비어 있다는 뜻으로, 환란으로 인하여 많은 사람이 뿔뿔이 흩어지거나 죽어 없어지는 일.

십양구목〔十羊九牧〕 양 열 마리에 양치기가 아홉. 곧 백성의 수에 비해 관리(官吏)가 너무 많음의 비유.

십인수지 부득찰일적〔什人守之 不得察一賊〕 열 사람이 지켜도 한 도둑을 막지 못한다는 뜻으로, 열 사람이 지켜도 한 사람의 나쁜 짓을 막지 못한다는 말.

십인십색〔十人十色〕 사람이 즐겨함과 생각함이 저마다 다름을 이르는 말. 각인각색(各人各色).

십일지국〔十日之菊〕 국화의 명절인 구월 구일 다음날인 십일 날의 국화는 벌써 때가 늦은 것이라는 뜻으로, 어떤 것이나 이미 때가 늦은 것을 말함.

십전구도〔十顚九倒〕 열 번 구르고 아홉 번 넘어진다는 뜻으로, 많은 실패를 거듭하면서 갖은 고생을 겪음을 이르는 말. 칠전팔도(七顚八倒).

십지부동〔十指不動〕 열 손가락을 꼼짝하지 않는다는 뜻으로, 게을러서 아무 일도 하지 않는다는 말.

십풍오우〔十風五雨〕 열흘에 한 번 바람이 불고 닷새에 한 번 비가 온다는 뜻으로, 순조로운 날씨를 이름.

쌍관제하〔雙管齊下〕 두 가지 방법을 동시에 쓰거나 두 가지 일을 동시에 진행하는 능력을 일컫는 말로 쓰인다. 곽약허(郭若虛) 《도화견문지(圖畵見聞誌)》

심원의마
心猿意馬

마음 心 원숭이 猿 뜻 意 말 馬

번뇌와 정욕으로 마음이 어지러움을 누르기 힘듦.

「심원의마(心猿意馬)」는 마음은 원숭이 같고 생각은 말 같다는 말이다.

원숭이는 잠시도 가만히 있지 못하는 성질이다. 마음이 조용히 가라앉지 못하고 이랬다저랬다 하는 것이 심원(心猿)이다. 말은 달리는 성질을 가지고 있다. 생각이 가만히 한 곳에 있지 못하고 먼 곳으로 달아나 버리는 것이 의마(意馬)다.

이 「심원의마」란 말은 불교 경전에서 나온 말이다. 사람이 번뇌로 인해 잠시도 마음과 생각을 가라앉히지 못하는 것을 원숭이와 말에 비유한 것이다. 당나라 석두대사(石頭大師)는 선(禪)의 이치를 말한 《참동계(參同契)》 주석에서 말하기를,

「마음의 원숭이는 가만히 있지 못하고, 생각의 말은 사방으로 달리며, 신기(神氣)는 밖으로 어지럽게 흩어진다(心猿不定 意馬四馳 神氣散亂於外)」라고 했다.

이것이 뒤에는 불교 관계만이 아니고, 일반적으로 마음과 생각이 흩어져 안정되어 있지 않은 것을 가리켜 쓰이게 되었다.

왕양명(王陽明, 1472~1528)은 「심원의마」에 대해서 이렇게 쓰고 있다.

「처음 배울 때는 마음이 원숭이 같고 생각이 말과 같아 붙들어 매어 안정시킬 수가 없다……(初學時 心猿意馬 全縛不定……)」

왕양명은 학문의 첫 목적이 지식에 있지 않고 마음의 안정에 있다는 것을 강조하여 이와 같이 말하고 있는 것이다.

십년마일검 十年磨一劍

열 十 해 年 갈 磨 한 一 칼 劍

> 어떤 목적을 위해 때를 기다리며 준비를 게을리 하지 않는다.

「십년마일검」은 10년을 두고 칼 한 자루를 간다는 뜻으로, 원래는 불의를 무찔러 없애기 위한 원대한 계획과 결심을 뜻하는 말로 쓰이고 있었는데, 지금은 어떤 목적을 위해 때를 기다리며 준비를 게을리 하지 않는다는 뜻으로 널리 쓰이고 있다. 예를 들어 어떤 사람이,

「무슨 계획이라도 있는가?」 하고 대수롭지 않게 물었을 때,

「10년을 칼을 갈고 있는 중일세」 하고 대답하면, 계획 정도가 아니라 시기가 오기만을 고대하고 있는 중이란 뜻이 된다. 이 문자는 중당(中唐)의 시인 가도(賈島)의 오언고시 「검객(劍客)」에 나오는 말이다.

10년을 두고 한 칼을 갈아 서릿발 칼날을 일찍이 시험하지 못했다. 오늘 가져다 그대에게 보이노니, 누군가 불평의 일이 있는가.

十年磨一劍　霜刀未曾試　　십년마일검　상인미증시
今日把似君　誰有不平事　　금일파사군　수유불평사

즉 정의를 위해 칼을 한번 옳게 써보겠다는 큰 뜻을 갖는 검객을 대변해 하는 말이다. 나는 10년 동안이나 칼 한 자루를 남몰래 갈고 또 갈아 왔다. 그러나 이 서릿발처럼 번쩍이는 칼날을 아직 한 번도 써보지 못한 채 그대로 간직하고 있다. 지금 비로소 자네에게 이 칼을 보여주는 것이니, 어느 놈이고 좋지 못한 일을 꾀하는 놈은 없는가. 내가 당장 이 칼로 그놈을 한 칼에 베고 말 것이다 하는 뜻이다.

「백두산 돌을 칼을 갈아 없앤다(白頭山石磨刀盡)」고 한 남이(南怡) 장군의 기개도 아마 이런 것이었으리라.

십목소시
十目所視

열 十 눈 目 바 所 볼 視

> 천지신명이 지켜보고 있어 세상 사람을 속일 수 없음.

　십목(十目)은 열 눈이란 말이다. 그러나 열은 많다는 것을 나타내는 말로 많은 사람의 눈이란 뜻이다. 즉 무수한 사람들이 지켜보고 있는 것이 「십목소시」고, 여러 사람이 손가락질하고 있는 것이 「십수소지(十手所指)」다.
　이것은 《대학》 성의장(誠意章)에 나오는 증자(曾子)의 말이다.
　「성중형외(誠中形外)」라는 제목에서 설명한 바 있듯이, 마음속에 있는 것은 자연 밖으로 나타나기 마련이다.
　맹자는 말하기를,
　「그 눈동자를 보면 사람이 어떻게 속일 수 있으리오(觀其眸者 人焉廋哉 人焉廋哉)」라고 했다. 양심의 거울은 악한 사람의 가슴 속에서도 그의 눈동자를 통해 밖으로 비치기 마련이다.
　성의장에는 말하기를,
　「악한 소인들이 남이 보지 않는 곳에서는 갖은 못된 짓을 하면서, 착한 사람 앞에서는 악한 것을 숨기고 착한 것을 내보이려 하고 있다. 그러나 사람들이 자기를 보는 것이 자기 마음속 들여다보듯 하고 있는데 무슨 소용이 있겠느냐」라고 했다.
　사람이 남의 속을 들여다보기를 자기 마음속 들여다보듯 한다고 한 말에는 많은 의문점이 있다.
　그러나 이것은 전체 사람을 말하는 것은 아니다. 크게는 성인이요, 적게는 군자를 두고 하는 말이다.
　그런데 이 성의장에는 신독(愼獨)이란 말이 두 번이나 거듭 나오고 있다. 여러 사람이 있는 앞에서보다 혼자 있을 때를 더 조심하는 것이 「신독」이다. 그것이 군자의 마음가짐이라는 것이다.

이 신독이란 말 다음에 증자의 말을 인용하고 있다. 즉 증자는 말하기를,

「열 눈이 보는 바요, 열 손가락이 가리키는 바니, 참으로 무서운 일이구나(十目所視 十手所指 其嚴乎)」라고 했다.

이것을 보통 우리가 흔히 말하는, 남이 지켜보고 손가락질한다는 뜻으로 풀이해 온 것이 지금까지의 실정이다. 그러나 살았으면 아직 일흔이 다 되지 못했을 신동(神童) 강희장(江希張, 1907?~1930?)은 그가 아홉 살 때 지은 《사서백화(四書白話)》에서 증자의 이 말을 다음과 같이 풀이하고 있다.

십목은 열 눈이 아닌 십방(十方)의 모든 시선을 말한다. 사람이 무심중에 하는 동작은 주위에 영향을 미치지 않는다. 그러나 마음에서 일어나는 파동(波動)은 하느님을 비롯한 모든 천지신명과 도를 통한 사람에게 그대로 전달된다.

이것을 불교에서는 심통(心通)이라고 말한다. 그러므로 홀로 있을 때의 생각처럼 가장 널리 알려지게 되는 것은 없다. 증자가 한 말은 근거가 있어 한 말이다. 공연히 무섭게 하기 위해 한 말이 아니다.

이 진리를 깨달은 사람이라면 남이 안 본다고 같은 나쁜 짓을 하며 나쁜 생각을 할 수 있겠는가. 천지신명이 항상 지켜보고 있다. 우리가 하는 일을 하나하나 지적하고 있다.

오늘날 심령과학자들은 이렇게 말하고 있다. 사람의 생각은 영파(靈波)로 움직인다. 그것은 전파(電波)의 속도와 같다. 그것을 통해 삽시간에 신명은 누가 무슨 생각을 하고 있는지를 알게 된다고

아

아가사창 | 입향순속
我歌查唱 ▶ **入鄉循俗**

고사성어대사전

아도물
阿賭物

언덕 阿 담 賭 사물 物

> 돈.

「아도물(阿賭物)」은 원래는 「이 물건」이라는 말이다. 중국의 옛 사람들은 돈이라는 말을 입 밖에 내어 말하는 것을 비천한 일로 꺼려 왔다. 그것은 자신의 청렴함과 당당함을 나타내기 위해 돈을 가리켜 아도물이라고 이르게 되었다.

《진서(晋書)》 왕연전(王衍傳)에 나오는 이야기다.

왕연은 죽림칠현(竹林七賢)의 한 사람인 왕융(王戎)의 종제(從弟)로서 명문가 출신이었다. 그런데 그는 요직을 두루 거치면서도 정무를 돌보는 일은 뒷전으로 미룬 채 오로지 청담(淸談)으로 세월을 보냈는데, 그래도 정무는 순조로웠다고 한다.

그는 세속에 관한 것들을 혐오했는데, 특히 돈에 관한 말은 입에 담기조차 꺼려했다. 그래서 아내 곽씨는 온갖 방법을 써서 그의 입에서 돈이라는 말을 하게 하려고 했지만 한 번도 성공하지 못했다.

어느 날 밤, 곽씨는 왕연이 깊이 잠든 사이에 하녀에게 시켜 동전을 침상 주변에 가득 쌓아 놓게 했다. 왕연이 깨어 침대에서 내려올 수 없게 되면 반드시 돈이라는 말을 하리라고 생각했던 것이다.

이튿날 아침 왕연이 잠이 깨어 침상 주변에 빼꼭히 들어차 있는 동전들을 가리키면서 「이것들을 집어치워라!(擧却阿賭物)」라고 했다.

그래서 「아도물」은 본래 이것이라는 말이었는데 이때부터 돈의 별칭이 되었다고 한다. 옛사람들은 「돈이라는 말을 입에 담지 않는다(口不言錢)」는 경구로 자신의 청렴결백을 표시하기도 했는데, 그것은 우리 조선시대 양반들 역시 마찬가지였다.

악사천리 惡事千里

악할 惡 일 事 일천 千 거리 里

> 나쁜 일은 빨리 세상에 퍼진다.

스물 전후의 아름다운 하녀 반금련(潘今蓮)은 돈 많은 주인이 유혹을 했지만 허락하지 않고 남들이 추남이라 싫어하는 무태랑에게 시집을 가게 되었다.

추남에다 몸집도 왜소한 무대가 항상 불만인 반금련은 호랑이를 주먹으로 때려잡은 시동생 무송(武松)에게 마음을 빼앗기고 있었다. 6척 장신에 우람한 체구는 반금련의 호감을 살만 했다.

반금련의 은근한 유혹에 착실한 무송은 말없이 집을 나갔다. 집을 나서면서 무송은 형 무대에게 형수에 대한 충고를 하고 출발했다. 반금련은 무송이 집에 없는 틈을 타서 약방을 하는 서문경과 찻집에서 밀회를 즐겼다.

반 달이 채 안돼서 「호사불출문 악사주천리(好事不出門 惡事走千里)」라는 옛말과 같이 동네에 널리 알려지고, 모르는 것은 남편 무대뿐이었다.

이것은 《수호지》에 나오는 이야기다.

그런데 이 옛말이 멀리는 송대(宋代)의 시인 손광헌(孫光憲)이 기록한 《북몽쇄언(北夢瑣言)》에는 옛말로서 인용되고, 또 거의 같은 시대의 선(善)의 수행을 위한 어록집 《전등록》에도 보이는데, 다 같이 주(走)를 행(行)으로 쓰고 있다.

결국 「좋은 일은 좀처럼 남에게 알려지지 않으나」라는 전반을 생략하고 「나쁜 일을 하면 곧 멀리까지 알려진다」라는 후반의 말을 「나쁜 짓을 하지 말라」하고 훈계할 때 흔히 쓰인다.

안서
雁書

기러기 雁 글 書

> 먼 곳에서 소식을 전하는 편지.

우리가 가장 흔하게 볼 수 있는 철새에 기러기와 제비가 있다. 그런데 제비는 가을에 남쪽으로 갔다가 이듬해 봄에 돌아오고, 기러기는 가을에 왔다가 봄이면 돌아간다. 그래서 제비가 강남에서 박씨를 물어왔다는 《흥부전》이야기가 생기고, 기러기가 흉노(匈奴) 땅에서 편지를 전해 왔다고 거짓말이 가능했던 것이다.

「안서(雁書)」는 기러기가 전해다 준 편지란 뜻에서 먼 곳에서 전해 온 반가운 편지를 가리켜 말하게 되었고, 뒤에는 반가운 편지 내지는 단순한 편지의 뜻으로 쓰이게 되었다.

이 「안서」란 말은 《한서》 소무전(蘇武傳)에서 생겨난 말이다.

소무는 한무제(漢武帝) 때 한나라 사신으로 흉노의 포로를 호송하고 갔다가 그 길로 흉노에게 붙들려 그들이 강요하는 항복에 응하지 않고 온갖 고초를 겪으면서 끝내 한나라 사신으로서의 지조를 지키고 살아남았었다.

그러는 동안 무제는 죽고 소제(昭帝)가 즉위했다. 소제가 즉위한 몇 해 뒤 한나라와 흉노는 다시 화친을 맺게 되었다. 이때 흉노로 갔던 한나라 사신이 소무를 돌려보내 줄 것을 요구했다.

흉노는 소무는 이미 죽은 지 오래라고 거짓말을 했다.

그 뒤 다시 한나라 사신이 흉노로 갔을 때, 과거 소무와 함께 흉노로 가서 그곳에 그대로 머물러 있는 상혜(常惠)란 자가 밤에 찾아와 사신에게 지혜를 알려 주었다. 그래서 사신은 상혜가 시킨 대로 흉노에게 이렇게 말했다.

「우리 천자께서 상림원(上林苑)에서 사냥을 하시다가 기러기를 쏘아 잡았습니다. 그런데 발목에 비단에다 쓴 편지가 매어져 있었는데, 내용인 즉 소무 일행이 어느 늪 속에 있다는 것이었습니다」

깜짝 놀란 흉노 왕은 사신들의 얼굴을 바라보더니 잘못을 사과하고 소무 일행이 살아 있다는 것을 솔직히 시인했다.

이리하여 소무는 19년 만에 고국으로 돌아올 수가 있었다. 그러나 40살에 떠난 당시의 씩씩하던 모습은 볼 수 없고 머리털이 하얗게 센 늙은 이가 되어 있었다 한다.

이리하여 편지를 가리켜 안서·안백(雁帛)·안찰(雁札)·안신(雁信)·안편(雁便) 등 문자로 말하게 된 것이다.

아가사창[我歌査唱] 내가 부를 노래를 사돈이 부른다는 뜻으로, 책망을 들을 사람이 도리어 책망을 한다는 말.

아동지언의납이문[兒童之言宜納耳門] 어린아이가 하는 말에도 진리가 들어 있는 경우가 많으므로 남의 말을 귀담아 들어야 한다는 말.

아미[蛾眉] 아름다운 눈썹을 가진 미인. 누에나방의 촉각처럼 가늘고 길게 굽어 있는 아름다운 눈썹을 뜻한다. 곧 미인을 이르는 말이다. 《시경》

아부[亞父] 아버지 다음으로 존경하는 사람. 백부(伯父)·숙부(叔父)를 친밀하게 부르는 호칭. 아(亞)는 다음, 두 번째의 뜻. 《사기》

아부영합[阿附迎合] 상대방의 비위를 맞추어 마음에 들도록 하는 것. 알랑거리며 아첨하는 것. 아부(阿附)는 阿付로도 쓰며, 남의 말을 그대로 흉내 내는 것. 《한서》

아비규환[阿鼻叫喚] 아비지옥(阿鼻地獄)의 고통을 못 참아 울부짖는 소리. 아비(阿鼻)는 팔대지옥(八大地獄)의 제 8번째로 「무간(無間)」 즉 고통을 받는 데 간단(間斷)이 없기 때문에 무간지옥이라고 한다. 규환은 8대지옥의 제 4번째, 열탕의 부글부글 끓는 가마솥으로 떨어지는 것으로, 여기에 떨어진 사람은 고통에 견디지 못하고 울부짖는다.

안중지정
眼中之釘

눈 眼 가운데 中 의 之 못 釘

눈엣가시.

「안중지정(眼中之釘)」은 「눈 속의 못」이란 말이다. 우리말의 「눈엣가시」란 말과 똑같이 쓰이는 말이다. 나무못이 가시요, 쇠로 된 가시가 못이니 결국 같은 내용의 표현이라 볼 수 있다. 이 말이 기록에 나온 것은 《오대사보(五代史補)》에 있는 조재례(趙在禮)의 이야기에서부터다.

조재례는 당나라 말엽의 혼란기에 여룡(廬龍) 절도사로 하북지방에서 용맹을 날린 유인공(劉仁恭)의 부하 장교였다. 그는 백성으로부터 긁어모은 돈으로 권력자들을 매수하여 후양(後梁)·후당(後唐)·후진(後晉)의 3대에 걸쳐 각지의 절도사를 역임한 간악하고 약삭빠른 사람이었다.

그는 송주(宋州) 절도사로 있을 때, 주민들을 총동원하여 깃발을 휘두르고 밭으로 나와 일제히 피리를 불고 북을 울림으로써 남쪽에서부터 휩쓸고 올라오던 황충을 송주로부터 몰아낸 지혜를 보여 주기도 했었다.

그는 이 송주에서 실컷 긁을 대로 긁어낸 다음 영흥(永興) 절도사로 옮겨가게 되었다. 이 소문을 듣고 기뻐한 것은 송주 백성들이었다. 그들은,

「놈이 우리 송주를 떠난다니 마치 눈에 박힌 못을 뺀 것처럼 시원하구나」하고 서로 위로들을 했다. 그러나 화는 입으로부터 나온다고(口是禍之門), 이들 송주 백성들은 미리 좋아한 이 한 마디 때문에 큰 환난을 치러야만 했다. [☞ 구시화지문]

백성들의 이 같은 소문을 들은 조재례는 욕먹은 앙갚음을 할 생각으로 1년간만 송주에 더 있게 해달라고 조정에 청을 올렸다. 조정은 중신들의 독무대였고, 중신들은 조재례의 뇌물에 놀아나고 있었기 때문에 이를 승낙했다.

　조재례는 즉시 소임들을 시켜 관내 주민들에게 집집마다 1년 안에 돈 1천 전(錢)을 바치게 하고 이를 발정전(拔釘錢)이라 불렀다.

　「눈에 박힌 못을 빼려거든 1천 전을 내라. 그러면 내가 깨끗이 떠나주마」라는 노골적인 행동이었다.

　이리하여 그는 이 1년 동안에 백만 관(貫 : 1관은 천 전)의 돈을 거둬들였다는 것이다.

　「안중지정」은 「안중정(眼中釘)」이라고도 하며, 원래는 눈에 박힌 못처럼 자신을 괴롭히는 존재를 말한 것이었는데, 지금은 「눈엣가시 같은 놈」이라고 할 때와 마찬가지로 보기 싫은 사람을 가리켜 말하기도 한다.

아상지화 아상지화〔我上之火 兒上之火〕「내 발등의 불을 꺼야 아이 발등의 불을 끈다」와 같은 말로, 급할 때면 아무리 친한 사이라도 제 일을 먼저 한다는 말. 《순오지》

아수라도〔阿修羅道〕 강한 투쟁심과 시의(猜疑 : 시기하고 의심함), 질투, 집착의 마음을 말한다. 아수라(阿修羅)는 산스크리트어를 음역(音譯)한 한자어로 귀신을 말한다. 아수라도는 지옥·아귀(餓鬼)·축생(畜生)·인간·천상(天上)과 나란히 육도(六道)의 하나로 여겨지는 수라도(修羅道)의 세계를 말한다. 《대장경》

아심비석불가전〔我心匪石不可轉〕 돌은 굴려도 나의 마음은 움직일 수 없다는 뜻으로, 지조가 굳음을 비유하여 이르는 말. 《시경》

아심여칭〔我心如秤〕 내 마음은 저울과 같다. 곧 모든 일에 공평무사(公平無私)해서 사사로운 이익이나 감정을 개입시켜 처리하지 않는다는 말이다. 《양승암집(楊升菴集)》

암중모색
暗中摸索

어두울 暗 가운데 中 더듬을 摸 찾을 索

> 사태를 파악할 수 없는 상황에서 대충 어림으로 추측하다.

　중국의 여황제인 당(唐)의 측천무후(則天武后) 때 허경종(許敬宗)이란 학자가 있었다. 그는 고종(高宗)이 황후 왕(王)씨를 폐하고 무씨(武氏, 즉 측천무후)를 황후로 맞이할 때 이 무씨를 옹립한 인물이었으며, 당태종의 18학사(學士)의 한 사람으로 유명하다.
　허경종은 문장의 대가였으나 성격이 매우 경솔한 데다 건망증이 심해 방금 만났던 사람조차 곧 잊어버리곤 했다. 어떤 사람이 그가 총명하지 못하다고 험담을 하자 그는 이렇게 대꾸했다.
　「흥, 자네 같은 인물이야 기억하기 어렵지만, 하손(何遜)이나 유효작(劉孝綽), 심약(沈約), 사조(謝朓) 같은 대가를 만난다면 『어둠 속에서 손으로 더듬어도(暗中摸索)』 알아볼 수 있다네」
　하손이나 유효작 등은 모두 뛰어난 문장가로서 유명한 사람들이다. 곧 허경종은 알아줄 만한 사람은 알아본다는 대꾸를 함으로써 자기를 험담한 자들을 도리어 비웃어 준 것이다.

아유경탈〔阿諛傾奪〕 지위나 권세가 있는 사람에게 아첨하여 남의 지위를 빼앗음.
아유구용〔阿諛苟容〕 남에게 아첨하여 구차스럽게 굶. 《사기》
아전인수〔我田引水〕 자기 논에 물을 대다. 자기의 이익이 되도록 처리하고 행동함의 비유. 또는 자기의 형편이 좋도록 구실을 붙이는 것.
아지언〔我知言〕 남의 말을 듣고 그 진의를 이해하고, 시비(是非)・선악(善惡)을 판단하다. 《맹자》 ☞ 호연지기(浩然之氣).
아호지혜〔餓虎之蹊〕 굶주린 호랑이가 다니는 길이란 뜻으로, 아주 위험한 곳을 이르는 말. 《사기》

앙급지어
殃及池魚

재앙 殃 미칠 及 못 池 물고기 魚

> 뜻하지 않은 곳에 재앙이 미침.

《여씨춘추》 필기(必己)편에 나오는 말이다.

춘추시대 송(宋)나라 때, 사마환(司馬桓)이라는 사람이 훌륭한 보물 구슬을 가지고 있었다.

그런데 이 사마환이 죄를 짓게 되자 그 보물 구슬을 가지고 도망을 쳐버렸다.

사마환이 보물 구슬을 가지고 있다는 말을 진작부터 듣고 있던 왕은 어떻게 하든 그것을 손에 넣으려고 마음먹었다.

그래서 사람들을 풀어 간신히 사마환을 찾아 보물 구슬 숨긴 곳을 말하게 했다.

사마환은 냉정하게 대답했다.

「아, 그 구슬 말인가? 그건 내가 도망을 칠 때 연못 속에 던져버렸다네」

무슨 수단을 쓰든지 보물 구슬을 손에 넣고 싶었던 왕은 곧 신하들에게 명령해서 연못 속을 샅샅이 찾게 했다.

물이 있는 연못 속을 아무리 더듬어 보았지만 없는 구슬이 나올 리 없었다.

마침내 왕은 많은 사람들을 동원하여 연못의 물을 모두 퍼내게 했으나 끝내 구슬은 찾을 수가 없었다.

결국 연못의 물을 잃은 물고기들만 죄 없이 모조리 죽어버리고 말게 된 것이다.

「지어지앙(池魚之殃)」이라고도 한다.

약관
弱冠

어릴 弱 갓 冠

> 남자 나이 20세.

스무 살을 「약관(弱冠)」이라고 한다. 약년(弱年)이니 약령(弱齡)이니 하는 것도 모두 스무 살을 말한다. 이 말은 오경의 하나인 《예기》 곡례편에 있는 말이다.

사람이 나서 10년을 말하여 유(幼)라 한다. 이때부터 글을 배운다.
스물을 말하여 약(弱)이라 한다. 갓을 쓴다.
서른을 말하여 장(壯)이라 한다. 집(室 : 妻)을 갖는다.
마흔을 말하여 강(强)이라 한다. 벼슬을 한다.
쉰을 말하여 애(艾)라 한다. 관정(官政)을 맡는다.
예순을 말하여 기(耆)라 한다. 가리켜 시킨다.
일흔을 말하여 노(老)라 한다. 전한다(자식에게).
여든, 아흔 살을 말하여 모(耄)라 하고, 일곱 살을 도(悼)라 하는데, 도와 모는 죄가 있어도 형벌을 더하지 않는다.
백 살을 말하여 기(期)라 한다. 기른다.

「약관(弱冠)」이란 말은 약과 관을 합쳐서 된 말인데, 여기에 나오는 표현들은 상당히 과학적인 근거를 가진 느낌을 준다. 즉 열 살은 어리다고 부르는데, 이때부터 공부를 시작하게 된다. 스무 살은 아직 약한 편이지만, 다 자랐으므로 어른으로서 갓을 쓰게 한다.

서른 살은 완전히 여물 대로 여문 장정이 된 나이므로 이때는 아내를 맞아 집을 가지고 자식을 낳게 한다. 마흔 살은 뜻이 굳세어지는 나이다. 올바른 판단을 할 수 있으므로 벼슬을 하게 된다.

쉰 살은 쑥처럼 머리가 희끗해지는 반백의 노인이 되는 시기다. 이때는 많은 경험과 함께 마음이 가라앉는 시기이므로 나라의 큰일을 맡게 된다.

예순 살은 기(耆)라 하여 늙은이의 문턱에 들어서는 나이이므로 자기가 할 일을 앉아서 시켜도 된다.

일흔 살은 완전히 늙었으므로 살림은 자식들에게 맡기고 벼슬은 후배들에게 물려준 다음 자신은 은퇴하게 된다. 이 기와 노를 합쳐서 「기로(耆老)」라고도 한다.

여든·아흔이 되면 기력이 완전히 소모되고 있기 때문에 모(耄)라 한다.

그리고 일곱 살까지를 가엾다 해서 도(悼)라고 하는데, 여든이 넘은 늙은이와 일곱 살까지의 어린아이는 죄를 범해도 벌을 주지 않는다.

백 살을 기(期·紀)라고 하는데, 남의 부축을 받아가며 먹고 입고 움직이게 된다 하는 내용이다.

악목불음〔惡木不飮〕☞ 갈불음도천수(渴不飮盜泉水).

악발토포〔握髮吐哺〕☞ 토포악발(吐哺握發).

악방봉뢰〔惡傍逢雷〕 모진 놈 옆에 있다가 벼락 맞는다는 말과 같은 말로, 남의 재앙에 휩쓸려 함께 화를 당하는 것을 이르는 말.

악부지존〔握符之尊〕 천자(天子)의 자리를 말한다. 부(符)는 부서(符瑞)를 말하는데, 제왕의 표지(標識)로서 그 사람에게 하늘이 내린 상서로운 상징. 이「부서」를 잡은 자가 천자가 된다. 반고《동도부(東都賦)》

악안상대〔惡顔相對〕 불쾌한 얼굴로 서로 대함.

악양수한〔握兩手汗〕 긴장한 나머지 손바닥에 땀이 스며 나옴. 매우 긴박한 사태를 만나 조마조마함.

악어이시〔惡語易施〕 못된 말은 하기 쉽다는 뜻으로, 남의 잘못은 말하기 쉬움을 이르는 말.

악언불출구〔惡言不出口〕 남을 해치는 말은 절대로 입 밖에 내지 않음을 이르는 말.

약법삼장
約法三章

간략할 約 법 法 석 三 나타낼 章

법률은 간략함을 존중한다는 뜻.

약법(約法)은 약속한 법이란 뜻이다. 그러나 간단한 법이란 어감을 동시에 주는 말이다. 「약법삼장」은 약속한 법이 겨우 세 가지란 뜻으로, 원래는 진(秦)나라 서울 함양을 점령한 패공(沛公) 유방이 진나라 부로들에게 한 약속을 가리킨 것이다. 지금은 법이 복잡하지 않고 간편해야 한다는 뜻으로 쓰이고 있다.

한(漢) 원년(B.C 206) 10월, 유방은 진나라 군사를 쳐서 이기고 수도 함양 동쪽에 있는 패상(覇上)으로 진군했다. 이때 진왕 자영(子嬰)은 유방을 멀리 나와 맞으며 황제의 인수와 부절(符節)을 상자에 넣어 올리고 항복을 했다.

장수들 중에는 자영을 죽이자는 사람들이 많았지만 유방은 듣지 않고 다만 감시만을 하게 했다.

다시 진군하여 함양에 입성한 유방은 궁궐의 화려한 모습과 아리따운 후궁의 여자들을 보는 순간 조금도 그곳을 뜨고 싶은 생각이 없었다. 그러나 번쾌와 장양(張良)의 권고로 다시 패상으로 돌아왔다.

패상으로 돌아온 유방은 진나라의 많은 호걸들과 부로들을 불러 모아 놓고 이렇게 말했다.

「여러분들은 진나라의 까다로운 법에 고통을 받은 지 오래다. 진나라 법을 비방하는 사람은 가족까지 죽이고 짝을 지어 이야기만 해도 사형에 처했다. 나는 제후들과 약속하기를, 먼저 관중(關中)에 들어가는 사람이 왕이 되기로 했다. 그러므로 내가 관중의 왕이 될 것이다. 나는 여러분들과 약속한다. 법은 3장뿐이다. 즉,

1. 사람을 죽인 사람은 죽는다 (殺人者死).
2. 사람을 상케 한 사람과 도둑질한 사람은 죄를 받는다 (傷人反盜抵罪).
3. 나머지 진나라의 법은 모두 없애버린다 (餘悉除去秦法).

모든 관리들과 사람들은 다 전과 다름없이 편안히 살기 바란다. 내가 온 것은 여러분을 위해 해독을 제거하려는 것이다. 괴롭히러 온 것은 아니니 조금도 두려워 말라……」

이리하여 사람들은 기뻐하며 유방이 진나라 왕이 되기를 바랐다고 한다. 진나라 궁궐을 불사르고 후궁의 여자와 보화들을 가지고 돌아간 항우와는 대조적이다.

악의악식〔惡衣惡食〕나쁜 옷과 맛없는 음식. 나쁜 옷을 입고 맛없는 음식을 먹음. 곧 변변치 못한 살림살이를 이름. 凹 조의조식(粗衣粗食). 맨 호의호식(好衣好食).

악인악과〔惡因惡果〕【불교】나쁜 일을 하면 반드시 나쁜 결과가 따라옴을 이르는 말. 맨 선인선과(善人善果).

악전고투〔惡戰苦鬪〕강적에 맞서는 고달픈 싸움. 곤란을 극복하는 노력. 인생 그 자체라고도 말할 수 있다. 凹 고심참담(苦心慘憺). 고군분투(孤軍奮鬪).

안감생심〔安敢生心〕☞ 언감생심(焉敢生心).

안거낙업〔安居樂業〕평안히 살며 업(業)을 즐기는 일.

안거포륜〔安車蒲輪〕노인을 공경하여 조심스럽게 대하는 것. 안거(安車)는 노인, 부녀자 등을 위하여 앉아서 탈 수 있도록 만든 수레. 옛날의 보통 수레는 서서 탔다. 포륜(蒲輪)은 부들로 바퀴를 싸서 수레가 덜컹대지 않도록 한 것. 《한서》

안고수비〔眼高手卑〕마음은 크고 눈은 높으나 재주가 없어 따르지 못한다는 뜻. 이상만 높고 실천이 따르지 않음. 비평(批評)은 능하나 창작력이 낮음. 안고수저(眼高手低).

양두구육
羊頭狗肉

양 羊 머리 頭 개 狗 고기 肉

> 겉으로는 훌륭하게 내세우나 속은 변변치 않음.

양의 머리를 걸어 놓고는 개고기를 판다는 「현양두매구육(懸羊頭賣狗肉)」이란 말이 약해져서 「양두구육(羊頭狗肉)」이 되었다. 값싼 개고기를 비싼 양고기로 속여서 판다는 이야기다.

그래서 좋은 물건을 간판으로 내걸어 두고 나쁜 물건을 판다거나, 겉으로 보기에는 훌륭한데 내용이 그만 못한 것을 가리켜 「양두구육」이라고 부르게 되었다.

이 말은 《항언록(恒言錄)》에 있는 말인데, 이 밖에도 이와 비슷한 말들이 여러 기록에 나온다. 「양의 머리를 걸어 놓고 말고기를 판다」고 한 데도 있고, 말고기가 아닌 말 포(脯)로 말한 곳도 있다.

《안자춘추(晏子春秋)》에는 「소머리를 문에 걸어 놓고 말고기를 안에서 판다」고 나와 있고, 《설원(說苑)》에는 소의 머리가 아닌 소의 뼈로 되어 있다.

다 같은 내용의 말인데, 현재는 「양두구육」이란 말만이 통용되고 있다. 그런데 위에 말한 여러 예 가운데 《안자춘추》에 나오는 이야기가 재미있으므로 그것을 소개하기로 한다.

춘추시대의 제영공(齊靈公)은 어여쁜 여자에게 남자의 옷을 입혀 놓고 즐기는 별난 취미를 가지고 있었다. 궁중의 이 같은 풍습은 곧 민간에게까지 번져 나가, 제나라에는 남장미인의 수가 날로 늘어가고 있었다.

이 말을 전해들은 영공은 천한 것들이 임금의 흉내를 낸다고 해서 이를 금하라는 영을 내렸다. 그러나 좀처럼 그런 풍조가 없어지지를 않았다.

그 까닭을 이해할 수 없었던 영공은 안자에게 그 이유를 물었다. 그러자 안자는 이렇게 말했다.

「임금께서는 궁중에서는 여자에게 남장을 하게 하시면서 밖으로 백성들만을 못하도록 금하고 계십니다. 이것은 소머리를 문에다 걸고 말고기를 안에서 파는 것과 같습니다. 임금께선 어째서 궁중에도 같은 금령을 실시하지 않으십니까. 그러면 밖에서도 감히 남장하는 여자가 없게 될 것입니다」

영공은 곧 궁중에서의 남장을 금했다. 그랬더니 한 달이 채 못돼서 제나라 전체에 남장한 여자가 없어지게 되었다는 것이다.

물은 아래로 흐른다. 윗사람이 즐겨하면 아랫사람들도 따라 즐겨하게 되는 것이다.

안광지배〔眼光紙背〕눈빛이 종이 뒷면까지 꿰뚫는다는 뜻. 독서하며 자구(字句)의 해석에 머물지 않고 저자의 깊은 뜻이나 정신까지 파악하는 것. 독서의 이해력이 날카로움을 이르는 말.

안도〔安堵〕울타리 안에서 편안하게 머무름. 또는 걱정이나 근심거리가 사라져 마음이 편안해진 것을 이른다. 《사기》

안도색기〔按圖索驥〕실제의 상황에 바탕을 두지 않고 사물을 행함의 비유. 실정에 맞지 않는 행동을 말한다. 기(驥)는 천리마. 실제로 천리마를 보지 않고 그림이나 책에 의해서 천리마를 찾는다는 뜻. 《한서》

안보이당거〔安步以當車〕높은 벼슬자리를 원하기보다는 설령 가난하더라도 자유로운 야인(野人)의 처지를 원한다는 것. 안보(安步)는 느긋하고 편안하게 걷는다는 뜻. 제(齊)나라 안촉(顔斶)이 임금으로부터 벼슬을 하라는 권유를 받았으나, 가난하더라도 편안한 마음으로 살고 싶다며 사양하고, 걸어서 천천히 물러갔다는 이야기에서 나왔다. 《전국책》

양상군자
梁上君子

대들보 梁 윗 上 임금 君 아들 子

도둑을 일컫는 말. 또는 천정의 쥐를 재미있게 표현한 말로도 쓰인다.

「양상군자」는 들보 위의 군자란 뜻이다. 도둑을 가리켜 하는 말로 아주 재미있는 말이다.

어째서 도둑을 들보 위의 군자라고 했을까?

후한 말기의 진식(陳寔)은 학식이 풍부하고 성질이 온화한 데다가 청렴하고 결백해서 모든 사람들로부터 존경을 받았다.

그가 태구현(太丘懸)의 장관으로 있을 때 일이다. 그의 어질고 청렴한 정치로 고을 사람들은 편한 생활을 즐기고 있었다.

그런데 어느 해는 흉년이 들어 많은 사람들이 먹을 것이 없어 고통을 겪고 있었다. 그러던 어느 날 밤, 도둑이 진식의 방으로 들어와 천정 들보 위에 웅크리고 앉아 기회를 엿보고 있었다. 그것을 가만히 보고 있던 진식은 곧 의관을 바로잡고 아들과 손자들을 불러들여 그들을 이렇게 훈계했다.

「대저 사람이란 자기 스스로 노력하지 않으면 안된다. 착하지 못한 일을 하는 사람도 반드시 처음부터 악한 사람은 아니었다. 평소의 잘못된 버릇이 그만 성격으로 변해 나쁜 일을 하게 되는 것이다. 저 들보 위의 군자(梁上君子)가 바로 그러하다」

도둑은 이 말에 깜짝 놀라 얼른 뛰어내려와 이마를 조아리며 죽여달라고 사죄를 했다. 진식은 조용히 이렇게 타일렀다.

「내 그대의 얼굴을 보아하니, 나쁜 사람 같지는 않아 보인다. 깊이 반성하여 자기 마음을 이겨내면 착한 사람이 될 것이다. 그러나 이것이 다 가난한 탓일 것이다.」

그리고는 그 도둑에게 비단 두 필까지 주고 죄를 용서해 돌려보냈다. 이 일이 널리 알려지자, 고을 안에 도둑질하는 사람이 한 사람도 없게 되었다고 한다. 우리가 지금 들어도 감격하지 않을 수 없는 일이다. 그런데 그 후로 어느 짓궂은 사람이 쥐를 가리켜서 「양상군자」라 하게 되었다.

안목수쾌〔眼目手快〕 일을 잘 보고 시원스럽게 올바로 처리함.

안목소시〔眼目所視〕 남이 눈을 집중시켜 보고 있는 터. 안목소견(眼目所見).

안불망위〔安不忘危〕 편안한 가운데서도 잊지 않고 늘 스스로 경계함.

안비막개〔眼鼻莫開〕 일이 분주하여 눈코 뜰 새가 없음.

안빈낙도〔安貧樂道〕 구차하고 가난한 중에서도 편안한 마음으로 도(道)를 즐김.

안심입명〔安心立命〕 안심(安心)에 의하여 몸을 천명에 맡기고 생사·이해에 대하여 태연함. 또는 인사(人事)를 다하여 천운에 맡기고 의혹외겁(疑惑畏怯)하지 아니함. 또 생사의 도리를 깨달아 내세(來世)의 안심을 꾀하는 일. 원래는 유교(儒敎)의 말이지만, 불교의 말에도 있는 유불합체어(儒佛合體語). 《전등록》

안여태산〔安如泰山〕 편안하기가 태산과도 같다. 태산은 중국의 오악(五嶽)의 하나로, 산동성(山東省)에 있는 명산(名山). 듬직한, 동요하지 않는, 안정되어 있음의 비유. 《한서》

안연무양〔安然無恙〕 ☞ 무양(無恙).

안우반석〔安于盤石〕 매우 견고하고 안정되어 있는 것. 나라가 평안하고 태평함을 말한다.

안전막동〔眼前莫童〕 잘생기지 못한 아이라도 항상 가까이 있으면 저절로 정이 붙는다는 뜻.

안족서〔雁足書〕 ☞ 안서(雁書).

안중유철〔眼中有鐵〕 눈에까지 무장을 하고 있음. 완전 무장하여 정신이 긴장되어 있는 일.

안중지인〔眼中之人〕 의중(意中)의 사람. 친밀한 사이. 눈 속에 단단히 그 모습을 잡아, 언제나 마음에 두고 있는 사람을 말한다. 육운(陸雲) 《답장사연(答張士然)》

양약고구
良藥苦口

좋을 良 약 藥 쓸 苦 입 口

좋은 약은 입에 쓰고 바른 말은 귀에 거슬린다.

우리가 격언으로 또는 속담으로 자주 쓰는 말에 「좋은 약은 입에 쓰고 바른 말은 귀에 거슬린다」는 말이 있다. 이것이 바로 「양약고구 충언역이(良藥苦口 忠言逆耳)」를 우리말로 옮겨 놓은 것이다.

이 말은 《공자가어》 육본편(六本篇)과 《설원》의 정간편(正諫篇)에 나온다. 또 같은 내용의 말이 《사기》 유후세가(留侯世家)에도 있다.

《가어》에는 공자가 이런 말을 하고 있다.

「좋은 약은 입에 써도 병에 이롭고, 충성된 말은 귀에 거슬려도 행하는 데 이롭다. 탕(湯)임금과 무왕(武王)은 곧은 말 하는 사람으로 일어나고, 걸(桀)과 주(紂)는 순종하는 사람들로 망했다. 임금으로 말리는 신하가 없고, 아비로 말리는 아들이 없고, 형으로 말리는 아우가 없고, 선비로 말리는 친구가 없으면 과오를 범하지 않는 사람이 없다」

원래는 여기 나와 있는 대로 「좋은 약은 입에 써도 병에 이롭다」고 해 오던 것을, 뒷부분은 약해 버리고 앞부분만 쓰게 된 것이다.

「바른 말이 귀에 거슬린다」는 말도 역시 마찬가지다.

그것이 다시 보편화되어 지금은 「좋은 약은 입에 쓰다」는 말만으로 「바른 말이 귀에 거슬린다」는 말까지를 다 포함한 뜻으로 통용되고 있다. 예를 들어, 사람이 충고하는 말을 불쾌한 표정으로 대하고 있을 때 「바른 말은 귀에 거슬리는 법이야」 하고 말할 것을, 「좋은 약은 입에 쓴 걸세」 하고 옆의 친구가 말한다면 듣는 사람에게 보다 효과적인 반성을 주게 된다.

쉬운 말 대신에 「양약(良藥)이 고구(苦口)지」 하고 문자를 쓰는 것이 사람에 따라서는 더 효과적일 수 있을 것이다.

《사기》에도 장양이 유방을 달랠 때 같은 내용의 말을 하고 있다. 「충성된 말은 귀에 거슬려도 행하는 데 이롭고, 독한 약은 입에 써도 병에 이롭다(忠言逆耳 利於行 毒藥苦口 利於病) 했습니다」

여기에서 말한 독한 약이란 물론 약효가 강하다는 뜻이다.

안택정로〔安宅正路〕 인(仁)과 의(義).「인은 인간의 안전한 주거(住居)이며, 의는 인간의 올바른 통로이다」라고 맹자가 한 말.《맹자》

안토중천〔安土重遷〕 고향을 떠나기를 즐겨하지 아니함.

안항〔雁行〕 남의 형제의 경칭. 안행(雁行).

알묘조장〔揠苗助長〕 ☞ 조장(助長).

알악양선〔遏惡揚善〕 악(惡)을 누르고 선(善)을 드높임. 또 그것이 군자가 해야 할 일이라는 것.《역경》

알운곡〔遏雲曲〕 지나가는 구름을 막는 노래라는 뜻으로, 소리가 매우 아름다움을 이르는 말.

암도진창〔暗渡陳倉〕 남모르게 행동해서 성공했다는 뜻으로, 군사적으로 기습을 하거나, 또는 남녀 사이의 사통(私通) 따위를 비유하여 이르는 말.

암전난방〔暗箭難防〕 숨어서 쏘는 화살은 막기 어려움. 곧 저격(狙擊)이 위험하다는 뜻. 또는 치기보다 막기가 어려움.

암중방광〔暗中放光〕 어둠 속에서도 빛이 비친다는 뜻으로,「하늘이 무너져도 솟아날 구멍은 있다」는 말이다.

암혈지사〔巖穴之士〕 속세를 떠나 깊은 산 속에 숨어 사는 선비. 은둔자(隱遁者). 세속에 물들지 않은 사람을 일컫는 말.《사기》

압권〔壓卷〕 책을 누르다. 많은 서책(書冊) 가운데서 가장 잘 지은 대목이나 시문(詩文). 가장 뛰어난 부분. 하이라이트. 옛날 과거시험을 치른 뒤 성적을 정리할 때 가장 뛰어난 점수를 받은 답안을 맨 위에 두었기 때문에 이런 말이 나왔다.

앙인비식〔仰人鼻息〕 남이 숨쉬는 것만 바라본다는 뜻으로, 남의 기분을 상하게 하지 않으려고 눈치만 살피는 일. 곧 윗사람의 비위를 맞춤을 이르는 말.《후한서》

양포지구
楊布之狗

버들 楊 베 布 의 之 개 狗

> 겉이 달라졌다고 해서 속까지 달라진 걸로 알고 있는 사람을 가리키는 말

「양포지구」는 겉이 달라졌다고 해서 속까지 달라진 걸로 알고 있는 사람을 가리켜 하는 말이다. 「양포의 집 개」라는 뜻이다.

이 말은 한비자가 자기 학설을 주장하기 위해서 만들어낸 이야기 중에서 나오는 말이다.

양주(楊朱)의 아우 양포가 아침에 나갈 때 흰 옷을 입고 나갔었는데 돌아올 때는 비가 오기 때문에 검정 옷으로 갈아입고 들어왔다. 그러나 집에서 기르고 있는 개가 낯선 사람으로 알고 마구 짖어댔다.

양포가 화가 나서 지니고 있던 지팡이로 개를 때리려 하자 형 양주가 그것을 보고 양포를 이렇게 타일렀다.

「개를 탓하지 마라. 너도 마찬가지일 것이다. 만일 네 개가 조금 전에 희게 하고 나갔다가 까맣게 해가지고 들어오면 너는 이상하게 생각지 않겠느냐?」

양주는 전국시대 중엽의 사상가로 묵자(墨子)와 대조적인 사상을 주장하고 있었다. 묵자는 온 천하 사람을 친부모 친형제처럼 사랑하라고 외친 데 대해 양주는 남을 위하여 그런 부질없는 짓은 그만두고 저마다 저 하나만을 위해 옳게 살아가면 천하는 자연 무사태평한 법이라고 주장했다. 그래서 맹자는 말하기를,

「양자는 나만을 위하니 아비가 없고, 묵자는 똑같이 사랑하니 임금이 없다. 아비가 없고 임금이 없으면 이는 곧 새 짐승과 다를 것이 없다」고 했다.

양주는 인간의 본능을 전면적으로 긍정하는 낙천주의자로 보고 있으

나, 그의 근본 사상은 도가의 「무위자연(無爲自然)」에 있다. 그는 모든 것을 있는 그대로 보려 했기 때문에 「양포의 개」를 긍정적으로 너그럽게 볼 수 있었던 것이다.

이 이야기는 《한비자》 설림(說林) 하(下)에 나오는 이야기다.

앙천부지〔仰天俯地〕 하늘을 우러러 보고 땅을 굽어봄. 곧 마음에 한 점 부끄럼이 없음을 이르는 말.

앙천이타〔仰天而唾〕 하늘을 보고 침 뱉는다는 뜻으로, 남을 위해하려다 오히려 자기가 해를 당하게 됨을 이름.

애급옥오〔愛及屋烏〕 그 사람을 사랑해서 그 집 지붕 위에 앉아 있는 까마귀까지 사랑한다는 말. 「아내가 예쁘면 처갓집 말뚝 보고 절한다.」는 우리 속담과 같은 말이다.

애년〔艾年〕 쉰 살의 이칭. 쉰 살쯤 되면 머리가 쑥처럼 희끗희끗해지는 데서 연유한다.

애다증지〔愛多憎至〕 남에게 사랑받는 일이 많으면 도리어 다른 사람의 미움을 사게 된다. 남다른 총애는 파멸을 부르는 수가 있으므로 주의해야 한다는 경계.

애리증식〔哀梨蒸食〕 맛좋은 배를 쪄서 먹는다는 뜻으로, 좋고 나쁨을 모름. 또는 어리석은 사람. 또 그러한 작태를 일컫는 말이다.

애막조지〔愛莫助之〕 마음으로는 아끼나 실제로 도움은 주지 못함.

애매모호〔曖昧模糊〕 명확하지 않고 흐리터분한 모양. 구름 속에 있는 듯한 상황을 말한다. 애매(曖昧)나 모호(模糊) 모두 확실치 않고 어렴풋함의 뜻.

애별리고〔愛別離苦〕 팔고(八苦)의 하나. 부모·형제·처자·애인 등과 생별(生別), 사별(死別)함으로써 받는 고통. 팔고란 유정(有情)한 것을 받는 8종의 고뇌. 생(生)·노(老)·병(病)·사(死)의「사고(四苦)」에 애별리고(愛別離苦)·원증회고(怨憎會苦 : 한이 맺혀 증오하는 사람과 만나는 고뇌)·구불득고(求不得苦 : 구하려 해도 얻을 수 없는 고통)·오음성고(五陰盛苦 : 有情을 형성하는 色·愛·想·行·識의 五陰이 치열함 때문에 일어나는 스트레스)를 말한다. ☞ 사고팔고(四苦八苦).

어부지리
漁夫之利

고기잡을 漁 지아비 夫 의 之 이로울 利

쌍방이 싸우는 틈을 타서 제삼자가 애쓰지 않고 가로챈 이득.

「어부지리」란 말의 유래만큼 널리 알려져 있는 이야기도 드물 것이다. 이야기가 통속적이고 비유가 적절한 때문일 것이다.

이야기는 《전국책》 연책(燕策)에 있는 소진의 아우 소대(蘇代)의 입에서 나왔다.

조나라가 연나라를 치려하고 있었다. 연나라에 와 있던 소대는, 연나라 왕의 부탁을 받고 조나라 혜문왕(惠文王, 재위 B.C 299~266)을 찾아가 왕을 달래서 이렇게 말했다.

「이번에 제가 이리로 올 때 역수(易水)를 건너오게 되었습니다. 때마침 민물조개(蚌)가 물가로 나와 입을 벌리고 햇볕을 쪼이고 있는데, 물새(鷸)란 놈이 지나가다가 조갯살을 보고 쪼아 먹으려 하지 않았겠습니까. 조개란 놈이 깜짝 놀라 입을 오므리자, 물새는 그만 주둥이를 꽉 물리고 말았습니다. 그러자 물새가 말했습니다.

『오늘도 내일도 비만 오지 않으면 그때는 바짝 말라죽은 조개를 보게 될 것이다』

조개는 조개대로 또,

『오늘도 열어 주지 않고, 내일도 열어 주지 않으면 그때는 죽은 물새를 보게 될 것이다』 하며 서로 버티고 있었습니다.

그때 마침 지나가던 어부가 이 광경을 보고 새와 조개를 함께 잡아넣고 말았습니다. 지금 조나라가 연나라를 치려하고 있는데, 연나라와 조나라가 서로 오래 버티며 백성들을 지치게 만들면, 저는 강한 진나라가 어부가 될 것을 염려하지 않을 수 없습니다. 그러므로 대왕께서 깊이 생각하신 뒤에 일을 결정하시기 바랍니다」

소대의 비유를 들은 혜문왕은,

「과연 그렇겠소」 하고 곧 연나라를 칠 계획을 그만두고 말았다.

여기에서 두 사람이 맞붙어 싸우는 바람에 엉뚱한 제삼자가 덕을 보는 경우를 「어부지리」 라 하고, 서로 맞붙어 버티며 양보하기 어려운 형편에 있는 것을 가리켜 방휼지세(蚌鷸之勢)라 한다.

애석폐고〔愛惜弊袴〕 신상필벌(信賞必罰)을 실천하는 것. 폐고(弊袴)는 해진 헌 바지. 낡은 바지를 소중히 간직하여 공이 있는 자에게 줄 때가 오기를 기다리듯이, 어떤 것이라도 그에 상응한 공에 따라서 준다는 것. 《한비자》

애애부모〔哀哀父母〕 부모에게 제대로 효도를 다하지 못한 중에 부모가 돌아가신 것을 서러워하는 말. 애애(哀哀)는 슬프고 불쌍한 것. 《시경》

애연기연〔愛緣機緣〕 마음이 맞는다든지 맞지 않는다든지 하는 인심(人心)의 불가사의함은 불교에서 말하는 인연에 의한다고 하는 의미. 주로 남녀나 친구 사이에 깊은 정애(情愛), 친애감을 느낄 때에 말한다. 또는 단지 불가사의한 연(緣)을 말한다. 《보적경(寶積經)》

애이불비〔哀而不悲〕 속으로는 슬프면서 겉으로는 슬프지 않은 척함.

애이불상〔哀而不傷〕 슬프나 마음은 상하지 않음.

애이지기악〔愛而知其惡〕 아무리 사랑하더라도 이성(理性)을 잃지 않고 상대방의 잘못이나 단점을 냉정히 잘 파악하고 있어야 한다는 교훈. 《예기》

애인이덕〔愛人以德〕 사람을 사랑하는 데 덕으로써 해야지 일시적이며 고식적(姑息的)이어서는 안된다는 뜻.

애자지원〔睚眥之怨〕 애자(睚眥)는 흘겨보다. 곧 한번 힐끗 흘겨볼 정도의 원망이라는 뜻으로, 아주 작은 원망.

애자필보〔睚眥必報〕 남이 한번 눈을 흘긴 것도 있지 않고 기억했다가 나중에 원수를 갚는다는 뜻으로, 도량이 아주 좁은 것을 비유하여 이르는 말. 《한서》

엄이도령
掩耳盜鈴

가릴 掩 귀 耳 훔칠 盜 방울 鈴

> 남들은 모두 자기 잘못을 아는데 그것을 숨기고 남을 속이고자 함.

「엄이도령」은 귀를 가리고 방울을 훔친다는 뜻이다. 저만 듣지 않으면 남도 듣지 않는 줄 아는 어리석은 행동을 빗대서 하는 말이다. 「눈 가리고 아옹」과 같은 말이다. 원래는 귀를 가리고 종을 훔친다는 「엄이도종(掩耳盜鍾)」이었는데, 뒤에 종 대신에 방울이란 글자를 쓰게 되었다.

이 귀를 가리고 종을 훔친다는 이야기는 《여씨춘추》 불구론(不苟論)의 자지편(自知篇)에 나오는 이야기다.

진(晋)나라 육경(六卿)의 한 사람인 범씨(范氏)는 다른 네 사람에 의해 중행씨(中行氏)와 함께 망하게 된다. 이 범씨가 망하자, 혼란한 틈을 타서 범씨 집 종을 훔친 사람이 있었다. 그러나 종이 지고 가기에는 너무 커서 하는 수 없이 망치로 깨뜨렸다. 그러자 꽝! 하는 요란한 소리가 났다. 도둑은 혹시 딴 사람이 듣고 와서 자기가 훔친 것을 앗아갈까 하는 생각에 얼른 손으로 자기 귀를 가렸다는 것이다.

이 이야기는 임금이 바른말하는 신하를 소중히 여겨야 한다는 비유로 들고 있다. 자기의 잘못을 자기가 듣지 않는다고 남도 모르는 줄 아는 것은 귀를 가리고 종을 깨뜨리는 도둑과 똑같은 어리석은 짓이란 것을 말하기 위해서였다.

남이 들을까 겁이 나면 자기가 먼저 듣고 그 소리가 나지 않게 하는 것이 현명한 일이다. 바른말하는 신하는 임금의 가린 귀를 열어 주는 사람이므로 소중히 해야 한다.

《여씨춘추》에는 또 위문후(魏文侯)의 이야기를 예로 들고 있다.

위문후가 신하들과 술을 마시는 자리에서 자기에 대한 견해를 기탄 없이 들려 달라며 차례로 물어 나갔다. 그러자 한결같이 임금의 잘한 점만을 들어 칭찬을 했다. 그러나 임좌(任座)의 차례가 되자, 그는 임금의 약점을 들어 이렇게 말했다.

「임금께서는 중산(中山)을 멸한 뒤에 아우를 그곳에 봉하지 않으시고 태자를 그곳에 봉하셨습니다. 그러므로 어두운 임금인 줄로 아옵니다」

문후는 무심중 얼굴을 붉히며 불쾌한 표정을 지었다. 그러자 임좌는 급히 밖으로 나가버렸다. 다음에 유명한 적황(翟黃)이 말할 차례가 되었다.

「우리 임금은 밝으신 임금입니다. 옛말에 임금이 어질어야 신하가 바른말을 할 수 있다 했습니다. 방금 임좌가 바른말하는 것을 보아 임금께서 밝으신 것을 알 수 있습니다」

문후는 곧 자기 태도를 반성하고 급히 임좌를 부른 다음 몸소 뜰아래까지 나가 그를 맞아 상좌에 앉게 했다 한다.

애좌애우〔挨左挨右〕 서로 사랑하여 피함.

애호체읍〔哀號涕泣〕 소리를 내어 슬프게 부르짖고 눈물을 흘리며 욺.

애홍보집〔哀鴻甫集〕 슬피 우는 기러기가 떼를 지어 몰린다는 뜻으로, 유랑민이 굶주림에 울며 몰려오는 일.

애홍편야〔哀鴻遍野〕 가는 곳마다 피난민이 가득하다. 남부여대(男負女戴)하며 살 길을 찾아 헤매다.

《시경》

애훼골립〔哀毁骨立〕 부모의 죽음을 슬퍼하여 몸이 바싹 여위는 일.

액항부배〔搤亢拊背〕 앞뒤에서 급소를 공격하여 완전히 상대방을 봉쇄해서 승리를 얻는 것. 항(亢)은 목, 급소, 요해(要害)의 땅에 비유한다. 《사기》

앵무능언 불리비조〔鸚鵡能言 不離飛鳥〕 앵무새는 사람의 말을 흉내내어 말한다고는 하지만, 사람 축에는 못 든다. 사람이 사람 된 소이(所以)는 예(禮)를 행함에 있으며, 예를 벗어난다면 금수(禽獸)와 다름없음을 말한다. 《예기》

야단법석〔野壇法席〕 아주 시끄럽고 떠들썩함. 원래의 뜻은 야외에 설치한 단 위의 부처님이 설법하는 자리를 말한다. 그랬던 것이 부처님이 설법을 하면 수많은 청중들이 들판으로 몰려들어 떠들썩했기 때문에 많은 사람들이 모여 부산을 떠는 것을 이렇게 표현하게 되었다.

야도화쟁발〔野渡花爭發〕 들판 나루터에 꽃은 다투어 핀다. 화창한 봄날을 맞아 꽃들이 다투어 핀다는 말로, 여건이 무르익어 일이 극성하는 모양을 비유하는 성구.

야랑자대〔夜郎自大〕 중국 한대(漢代)에 서남이(西南夷) 중에서 야랑국이 가장 세력이 강했는데, 한제국의 강대함을 전혀 알지 못하고 자기의 힘을 과대하게 믿고 오만하였다고 하는 고사에서, 범용(凡庸)하거나 우매한 무리 중에서 세력이 있어 잘난 체하고 뽐냄을 비유하여 이름. 《사기》 🔁 당랑지부(螳螂之斧).

야무유현〔野無遺賢〕 뛰어난 인물이 모조리 벼슬에 올라 정사가 훌륭하게 이루어져 나라가 안정이 되는 것을 말한다. 야(野)는 민간. 유현(遺賢)은 세상에 인정되지 않고 있는 유능한 인물. 《서경》

야무청초〔若無靑草〕 들에 푸른 풀포기 하나 없다는 뜻으로, 기근(饑饉)이 심함의 비유. 《좌전》

야심〔野心〕 이리 새끼는 사람이 데려다 길러도 산과 들을 잊지 않고 길들여지지 않는다는 데서, 잘 길들지 않고 사람을 해치고자 하는 마음. 야성(野性)의 마음. 야망(野望). 남몰래 품고 있는 분수에 넘친 마음을 말한다. 《좌전》

야용지회〔冶容之誨〕 여자가 지나치게 단장함은 스스로 음탕한 남자에게 음욕을 불러일으키게 하는 짓이 됨을 이르는 말. 《역경》

야우대상〔夜雨對牀〕 비 오는 밤에 잠자리를 나란히 하고 잠잔다는 뜻으로, 형제, 또는 친구 등의 친밀함의 비유.

야이계일〔夜以繼日〕 밤을 이어 해가 뜰 때까지의 뜻으로, 몹시 바쁜 것을 비유하여 이르는 말. 《맹자》

야장몽다〔夜長夢多〕 밤이 길면 꿈도 길다는 뜻으로, 오랜 세월 동안에는 변화가 많음의 비유.

야호선〔野狐禪〕【불교】 선(禪)을 배워 아직 온오(蘊奧)하지 못하면서 스스로 오도(悟道)에 들어갔다고 자부하는 사람. 완전히 알지 못하면서 아는 체 자기만족을 하는 것.

여도지죄
餘桃之罪

남을 餘 복숭아 桃 의 之 죄 罪

> 사랑하는 마음이 식음에 따라 본래는 가상히 여겼던 일이 거꾸로 죄가 되어버린 경우의 비유.

「여도지죄」란 「먹다 남은 복숭아를 준 죄」라는 뜻으로, 총애를 받을 때는 용서되던 일이 사랑이 식고 나면 죄가 되는 경우의 비유를 말한다.

《한비자》세난편에 나오는 이야기다.

위(魏)나라에 미자하(彌子瑕)라는 미소년이 있었다. 아름다운 용모 때문에 임금으로부터 각별한 총애를 받았다.

어느 날 어머니가 아프다는 소식을 들은 미자하는 급한 김에 임금의 수레를 타고 어머니 병문안을 다녀왔다. 당시 임금의 수레를 무단으로 쓰게 되면 발을 잘리는 형벌을 받아야 했다. 그러나 임금은 죄를 용서해 주며 이렇게 칭찬했다.

「훌륭하다, 미자하여! 어머니가 걱정되어서 발을 잘리는 형벌도 잊었구나!」

그러다가 세월이 흘러 미자하도 늙어 옛날처럼 고운 자태를 갖지 못하게 되자 임금의 사랑도 식어 갔다. 어느 날 임금이 미자하를 보더니 소리쳤다.

「네 이놈, 너는 전날 내 수레를 함부로 훔쳐 탔고 먹다 남은 복숭아를 내게 주었지. 고연 놈이로구나!」

세상의 일이란 워낙 다양하게 바뀌는 것이어서 대처하기가 참으로 어렵다. 그 한 측면을 보여주는 이야기라고 할 것이다.

역린
逆鱗

거스를 逆 비늘 鱗

> 임금의 노여움.

거슬러 난 비늘이 「역린」이다. 용(龍)의 턱밑에 있는 이 비늘을 건드리기만 하면 사람을 죽이기 때문에 임금의 노염을 사는 것을 「역린에 부산친다」고 했다.

《한비자》 세난편(說難篇)에 나오는 말이다. 세난(說難)은 남을 설득시키기가 어렵다는 뜻으로 한비자는 이 편에서 다음과 같은 말을 하고 있다.

「상대가 좋은 이름과 높은 지조를 동경하고 있는데, 이익이 크다는 것으로 그를 달래려 하면, 상대는 자기를 비루하고 지조가 없는 사람으로 대한다 하여 멀리할 것이 틀림없다.

반대로 상대가 큰 이익을 원하고 있는데, 명예가 어떻고, 지조가 어떻고 하는 말로 이를 달래려 하면, 이쪽을 세상 물정에 어두운 사람이라 하여 상대를 해주지 않을 것이 뻔하다.

상대가 속으로는 큰 이익을 바라고 있으면서 겉으로만 명예와 지조를 대단해 하는 척할 때, 그를 명예와 지조를 가지고 설득하려 하면 겉으로는 이쪽을 대우하는 척하지만 속으로는 멀리하게 될 것이며, 그렇다고 해서 이익을 가지고 이를 달래면 속으로는 이쪽 말만 받아들이고, 겉으로는 나를 버리고 말 것이다……」

한비자는 이렇게 남을 설득시키기 어려운 점을 말하고 나서 맨 끝에 가서 이렇게 말하고 있다.

「용이란 짐승은 잘 친하기만 하면 올라탈 수도 있다. 그러나 그의 목 아래에 붙어 있는 직경 한 자쯤 되는 『역린』을 사람이 건드리기만

하면 반드시 사람을 죽이고 만다. 임금도 또한 역린이 있다. 말하는 사람이 임금의 역린만 능히 건드리지 않을 수 있다면 목적을 달성할 수 있을 것이다」

여기에서 임금의 노여움을 「역린」이라 하게 되었는데, 임금이 아닌 경우라도 절대적인 권한을 가진 사람이면 이 말을 쓸 수 있을 것이다.

약롱중물〔藥籠中物〕 약상자 속의 상비약의 뜻으로, 꼭 필요한 인물을 일컫는 말. 또 가까이 사귀어 자기편으로 한 인물.《신당서》

약마복중〔弱馬卜重〕 약한 말에 무거운 짐을 싣는다는 뜻으로, 맡은 일에 비하여 재주와 힘이 너무 부족함의 비유.

약사지과극〔若駟之過隙〕 ☞ 백구과극(白駒過隙).

약석무효〔藥石無效〕 약이나 치료도 효험이 없는 것. 약석(藥石)은 약과 주사(石針)의 뜻.

약석지언〔藥石之言〕 병 치료의 말. 경계가 되는 말.《당서》

약섭대수〔若涉大水〕 큰 내를 건너는 것과 같이 대단히 위험함을 이름.

약섭춘빙〔若涉春氷〕 얇은 얼음을 밟고 건너는 것같이 대단히 위험함을 이름.

약육강식〔弱肉强食〕 강한 자가 이기고 약한 자는 그 희생(犧牲)이 된다고 하는 것. 우승열패(優勝劣敗)의 의미.

약합부절〔若合符節〕 꼭 들어맞아 조금도 틀리지 아니함.《맹자》

양고심장〔良賈深藏〕 장사를 잘하는 사람은 좋은 물건을 밖에 너저분하게 벌여 놓지 않고 깊이 간직한다는 뜻으로, 어진 사람은 학식과 덕행을 감추고 자랑하지 않음을 비유하는 말.《사기》

양궁상합〔兩窮相合〕 가난한 두 사람이 함께 모임.

양금미옥〔良金美玉〕 인격이나 문장이 훌륭함의 비유.

양금신족〔量衾伸足〕 무슨 일이나 그 결과를 생각하면서 힘으로 감당할 수 있는 정도 안에서 한다는 것.《순오지》

양금택목〔良禽擇木〕 현명한 새는 나무를 가려 앉는다. 현명한 사람은 섬겨야 할 주인, 주군을 택해서 섬김의 비유.《좌전》

역자이식
易子而食

바꿀 易 아들 子 말이을 而 먹을 食

> 자식을 바꾸어서 먹는다. 곧 대기근으로 심한 굶주림을 말함.

자식을 바꾸어 먹는다는 것이 「역자이식(易子而食)」이다. 중국같이 평야가 끝없이 계속되는 지방에는 한번 큰 흉년이 밀어닥치면 수만 명의 굶주린 백성들이 초근목피를 찾아 헤매다가 급기야는 어린 자식을 서로 바꾸어 어른의 생명을 유지하려는 상상조차 하기 어려운 사태에까지 이른다고 한다.

그런 현상이 흉년이 아닌 전쟁으로 인해서도 가끔 일어나곤 했다.

《춘추좌씨전》 선공(宣公) 15년의 기록에 송(宋)나라가 초(楚)나라의 포위를 당해 다섯 달을 계속 버티던 끝에 나중에는 먹을 것도 없고 밥 지을 땔감도 없어서 「자식을 바꿔서 먹고 뼈를 쪼개서 밥을 지었다(易子而食 析骸而爨)」는 사실이 적혀 있다.

또 같은 내용을 《사기》 송세가(宋世家)에는 「뼈를 쪼개어 밥을 짓고, 자식을 바꾸어 먹었다(析骸而炊 易子而食)」고 기록하고 있다.

《동주열국지(東周列國志)》에 보면 이때의 사정을 이렇게 말하고 있다.

「……우사(右師) 화원(華元)은 마지막 수단으로 술책을 써서 밤에 초나라 대장 공자 측(側)이 자는 방으로 들어가 칼을 겨누며 포위를 풀어줄 것을 요구했다.

이때 공자 측이 송나라 성중의 상황을 물었을 때 화원은 이렇게 대답했다.

『자식을 바꾸어서 먹고 뼈를 주워서 밥을 짓고 있습니다……(易子而食 拾骨而爨……)』

그러자 공자 측은 놀라 물었다.

『병법에, 허하면 실한 체하고 실하면 허한 체한다 했는데 당신은 어째서 실정대로 말하십니까?』

『군자는 남의 위태로운 것을 불쌍히 여기고, 소인은 남의 불행을 다행으로 안다고 했습니다. 원수께서 군자이신 줄 알기 때문에 감히 숨기지 않습니다』

그러자 공자 측은, 초나라 역시 7일 먹을 양식(《사기》에는 사흘)밖에 없다는 것을 말하고 이튿날 포위를 풀어 30리 후퇴할 것을 약속한다. 두 사람은 이것을 계기로 결의형제를 맺고 약속대로 이튿날 초나라 군사가 30리를 후퇴한다. 다음 두 나라는 강화를 하게 된다」

양민오착〔良民誤捉〕 죄 없는 사람을 잘못 잡음.

양반양거〔讓畔讓居〕 논둑과 자기 거소를 양보함. 황제(黃帝)·순(舜)임금·문왕(文王) 때에는 어진 임금의 덕에 감화되어 백성이 모두 이러하였다 함.

양봉제비〔兩鳳齊飛〕 두 마리의 봉황이 나란히 날아간다는 뜻으로, 형제가 함께 영달함의 비유.《북사(北史)》

양사주석〔揚沙走石〕 세차게 부는 바람에 모래가 날리고 돌멩이가 굴러 달음질함. 비사주석(飛沙走石).

양상도회〔梁上塗灰〕 여자의 얼굴에 분을 많이 바른 것을 비웃어 이르는 말.

양수집병〔兩手執餅〕 양 손에 떡을 쥔 격으로, 가지기도 어렵고 버리기도 어려운 경우를 가리키는 말.

양시쌍비〔兩是雙非〕 양편에 다 각각 까닭이 있어서 시비를 분간하기 어려운 경우를 이르는 말.

양웅불구립〔兩雄不俱立〕 두 영웅은 양립(兩立)할 수 없고 반드시 싸워서 한쪽이 패하게 된다는 말.《사기》

양이천석〔良二千石〕 뛰어나고 선량한 지방장관을 말한다. 한(漢)나라 때의 군(郡)의 태수(지방장관)의 녹봉이 1년에 2천 석이었던 데서 나온 말.《한서》

연리지
連理枝

이을 連 이치 理 가지 枝

> 화목한 부부. 또는 남녀 사이를 이름.

후한 말의 문인 채옹(蔡邕)은 경전의 문자 통일을 꾀하고 비(碑)에 써서 태학문(太學門) 밖에 세운 것으로 알려졌지만, 그 밖에 효자로서도 유명한 사람이었다.

그의 어머니는 병든 몸으로 만년에는 줄곧 병상에 누워 있었다. 채옹은 병간호에 정신을 쏟아 3년 동안 옷을 벗고 편안하게 잠을 자 본 적이 없었다. 특히 어머니의 병이 위중해진 후 백 일 동안은 잠자리에도 들지 않았다. 어머니가 돌아가시자 그는 무덤 곁에 초막을 짓고 거기서 복상(服喪)을 하며, 형식만이 아니라 시종여일하게 예법에 정해진 그대로 실행을 했다.

후에 옹의 방 앞에 두 그루의 나무가 났다. 그것은 차츰 서로 붙어 나뭇결까지 하나가 되고 말았다. 세상 사람들은 그것을 기이하게 생각하여 옹의 효도가 이 진기한 현상을 가져왔다고 떠들며 원근 사람들이 많이 이 나무 구경을 왔다고 한다.

이상은 《후한서》 채옹전에 기록되어 있는 이야기로, 여기서는 가지(枝)에 대하여 기재가 없고 그저 「나무가 나서 나뭇결이 이어졌다」고만 있을 뿐이고, 또한 연리(連理)를 효(孝)와 결부시켜 말하고 있으나, 후에는 오히려 송나라 강왕(康王)의 포학에 굴하지 않았던 한빙(韓憑)과 그의 처 하씨(何氏)의 부부애의 이야기로 탈바꿈되었다. 백거이의 「장한가(長恨歌)」에 현종황제와 양귀비가 서로 맹세한 말로서, 이런 구절이 있다.

하늘에 있어서는 원컨대 비익의 새가 되고

땅에 있어서는 원컨대 연리의 가지가 되겠다.

在天願作比翼鳥　在地願爲連理枝　재천원작비익조　재지원위연리지

비익조(比翼鳥)는 날개가 하나밖에 없는 새로, 두 마리가 나란히 합쳐야 비로소 두 날개가 되어 날 수가 있다고 한다.

양입제출〔量入制出〕 수입을 계산해서 그로부터 지출을 계상(計上)하는 건전 재정을 위한 대비를 말한다. 국가 재정 역시 이 원칙에 입각해서 행해야 하지만, 세출(歲出)을 억제한다는 것이 극히 어렵다. 양입계출(量入計出).

양자방지부자〔養子方知父慈〕 자식을 기른 후에 비로소 부모의 은혜를 안다는 말.

양자식지친력〔養子息知親力〕 자식을 길러 보면 부모의 노고를 알 수 있음을 이르는 말.

양장소경〔羊腸小徑〕 양의 장(腸)처럼 꼬불꼬불한 좁은 길. 쉽게 달려서 빠져나갈 수 없는 곳이니, 대학입시 같은 난관의 비유. 유 반근착절(盤根錯節).

양주지학〔揚州之鶴〕 모든 세속적인 즐거움을 한 몸에 다 모으려는 짓의 비유.

양지양능〔良知良能〕 경험이나 교육에 의하지 않고 선천적으로 타고난 지혜와 능력.

양지지효〔養志之孝〕 부모의 마음에 순종하여 그 마음을 즐겁게 하는 효도를 말한다. 부모를 섬기는 진정한 효도를 다하는 것.《맹자》

양질호피〔羊質虎皮〕 호랑이 가죽을 쓰고 있지만 실질은 양이라는 것. 겉모양은 번드르르하지만 내용이 따르지 않는 것. 아무리 겉꾸미더라도 본질까지는 바꿀 수 없음을 비유해서 이르는 말.《양자법언(揚子法言)》

양체재의〔量體裁衣〕 몸에 맞춰 옷을 만든다는 말로,「누울 자리를 보고 다리를 편다」는 속담과 같은 말.

양춘백설〔陽春白雪〕 뛰어난 사람의 행동이나 말은 보통 사람으로서는 장단을 맞추기가 어렵고 흉내 낼 수 없음의 비유.「양춘(陽春)」「백설」은 초(楚)나라의 격조 높은 가곡.

연목구어
緣木求魚

가장자리 緣 나무 木 구할 求 물고기 魚

> 도저히 불가능한 일을 굳이 하려 함.

「연목구어」는 나무에 올라가서 고기를 잡으려 한다는 뜻이다. 고기를 잡으려면 물로 가야 한다. 엉뚱하게도 나무 위에 올라간다면 그것은 목적과는 반대되는 행동이다. 즉 전연 성공할 가능성이 없는 것을 비유해서 하는 말이다.

《맹자》 양혜왕상에 있는 맹자와 제선왕(齊宣王)의 문답에 나오는 말이다. 맹자는 제선왕의 어진 마음씨를 추켜올리며,

「왕께서 왕천하(王天下)를 못하는 것은 못하는 것이 아니라 하지 않는 것입니다」 하고 말한다. 그러자 왕은,

「하지 않는 것과 못하는 것은 무엇이 다릅니까?」 하고 묻는다.

「태산을 옆에 끼고 바다를 건너뛰는 것을 못한다고 하면 그것은 정말 못하는 것이 되지만, 어른을 위해 나뭇가지 하나 꺾는 것을 못한다고 하면, 이것은 못하는 것이 아니라 하지 않는 것입니다」

맹자는 이렇게 대답하고 나서 왕천하하는 방법을 설명한다. 그래도 왕의 반응이 없자, 소원이 무엇이냐고 묻는다. 향락적인 소원을 예를 들어 물어 가는 대로 왕은 아니라고 부정한다. 그러자 맹자는 이렇게 말한다.

「그렇다면 왕의 소원이 무엇인지를 알 수 있습니다. 땅을 넓히고 강대국인 진나라 초나라에게 조공을 바치게 만든 다음, 중국에 군림하여 사방 오랑캐들을 어루만지는 것입니다. 지금 하고 있는 것으로 그 같은 소원을 이루려 한다면, 그것은 나무에 올라가 고기를 잡으려 하는 것과 같습니다(猶緣木而求魚也)」

「그토록 무리한 일입니까?」

「그보다 더 무리한 일입니다. 나무에 올라가 고기를 잡는 것은, 고기를 못 잡는대도 후환은 없습니다. 그러나 지금 하시는 일로 그 같은 소원을 이루려 한다면 마음과 힘을 다해도 반드시 후환이 있게 될 것입니다」

「그 이유를 듣고 싶습니다」

여기서 맹자는 다시 그 이유와 함께 근본적인 정책 전환이 없이는 왕천하, 즉 통일천하는 불가능하다는 것을 말하고 구체적 정책을 말한다.

결국 「연목구어」는 내용적인 준비 없이 되지도 않을 일을 하는 것을 가리켜 하는 말이다.

양탕지비〔揚湯止沸〕 끓는 물을 퍼냈다가 다시 부어서 더 이상 끓지 못하게 한다는 뜻으로, 일시적인 미봉책(彌縫策)을 가리키는 말. 《여씨춘추》

양호상투〔兩虎相鬪〕 두 마리의 호랑이가 서로 싸운다는 뜻으로, 두 영웅, 또는 두 강국이 서로 싸움을 비유하여 이르는 말. 《사기》

양호유환〔養虎遺患〕 호랑이를 길러 근심을 남긴다는 뜻으로, 일찍 제거해야 할 것을 그대로 두어, 두고두고 불안의 씨앗을 남기는 것. 양호이환(養虎飴患)《사기》

양화구복〔禳禍求福〕 재앙을 물리고 복을 구함.

양후지파〔陽侯之波〕 중국 진(晋)나라의 양후(陽侯)가 익사해 해신(海神)이 되어 풍파를 일으켜 배를 뒤집어엎었다는 고사에서, 바다의 큰 물결(海溢)을 이르는 말. 《전국책》

어두귀면지졸〔魚頭鬼面之卒〕 고기 대가리에 귀신의 상판이란 뜻으로, 되지 못한 잡살뱅이 사람들. 지지리도 못난 사람들.

어망홍리〔魚網鴻離〕 물고기를 잡으려고 쳐 놓은 그물에 큰 새가 걸린다는 뜻으로, 구하는 것이 아닌 딴 것을 얻을 때 이르는 말.

연작안지 홍곡지지
燕雀安知 鴻鵠之志

제비 燕 참새 雀 어찌 安 알 知
큰기러기 鴻 백조 鵠 뜻 志

조무래기들은 큰 인물의 원대한 이상을 알지 못한다.

「제비와 참새 같은 것이 어찌 하늘 높이 날려는 기러기의 마음을 알 수 있겠느냐」 하는 것이 바로 「연작(燕雀)이 안지홍곡지지(安知鴻鵠之志)야」 라는 말이다.

멀리 하늘을 날아오를 포부를 가지고 있는 영웅호걸의 큰 뜻을 평범한 사람들이 어떻게 이해할 수 있겠느냐 하는 비유다.

군웅이 할거해서 해마다 수십만의 생명을 전쟁으로 죽게 한 긴 전국시대가 종막을 고하자 통일천하의 위대한 업적을 이룩한 진시황(秦始皇)은 전쟁을 영원히 없애기 위해 무기라는 무기를 다 거두어 불에 녹여 없애는 한편 사상과 이론을 통일할 목적으로 반체제적인 서적을 불사르고 사람들을 구덩이에 묻어 죽이는 이른바 「분서갱유(焚書坑儒)」를 감행했다. 〔☞ 분서갱유〕

그리고는 북쪽에 있는 이민족들의 침입을 막기 위해 만리장성을 쌓고, 자기 자손이 천만 대나 계속 황제노릇을 하게 된다는 전제 아래, 자기가 첫 황제, 즉 시황제가 되고 그 다음부터는 2세, 3세로 부르게 하는 새 제도를 창립했다. 그러나 시황의 그런 꿈은 그가 죽는 그 순간에 무너지고 겨우 2세 황제로서 진나라 제국은 멸망하고 만다.

이 진나라 제국을 멸망으로 몰고 가는 첫 봉화를 올린 것이 진승(陳勝)이었다. 「연작이 안지홍곡지지야」 하고 탄식을 한 것은 바로 이 진승이다.

《사기》 진섭세가(陳涉世家)에는 그 첫머리에 이렇게 씌어 있다.

진승은 양성(陽城) 사람으로 자를 섭(涉)이라 했다.……진섭은 젊었을 때 사람들과 함께 남의 집 농사일을 도와주고 품삯을 받아 생활을 해야만 했다.

언젠가는 일을 마치고 언덕으로 올라가 쉬게 되었다. 멍하니 하늘을 바라보며 슬픈 표정에 잠겨 있던 그는 문득 주인을 돌아보며,

「우리 다 같이 이 뒷날 부귀를 하게 되거든, 오늘의 이 정리를 잊지 않기로 합시다」 하고 말했다.

그러자 주인이 웃으며 대답했다.

「날품팔이하는 주제에 대체 부귀가 무슨 놈의 부귀인가?」

말한 본전도 못 찾게 된 진섭은 크게 한숨을 내쉬며 말했다.

「제비와 참새가 어찌 기러기의 마음을 알겠는가?」

「임금과 장군과 재상이 어찌 씨가 따로 있겠는가(王侯將相 寧有種乎)」 하고 말한 것도 이 진승이다. 이것은 그 항목에서 다시 이야기하기로 한다. 〔☞ 왕후장상 영유종호〕

어목혼주〔魚目混珠〕 물고기 눈알을 진주로 가장한다는 뜻으로, 가짜를 진짜로 가장하거나 나쁜 것을 좋은 것으로 속이는 행위를 일컫는 말. 《한시외전》

어변성룡〔魚變成龍〕 물고기가 변해 용이 되었다는 뜻으로, 곤궁하게 살던 사람이 부유하게 됨을 일컫는 말. 《송남잡식》

어불견수〔魚不見水〕 중요한 것인데도 너무도 가깝기 때문에 도리어 그것을 깨닫지 못함의 비유.

어사우〔御史雨〕 초목을 적시는 단비, 자우(慈雨)의 비유. 또 억울한 누명을 벗는 것. 어사(御史)는 벼슬아치의 부정을 다스리는 벼슬. 당나라 개원 연간(開元年間) 안진경(顏眞卿)이 어사였을 때 오원(五原) 땅에서 무고한 죄로 옥에 갇혀 있던 자가 있어서 오랫동안 정당한 재판을 받지 못하고 있었다. 때마침 가뭄이 계속되고 있었다. 안진경이 무죄 판결을 내리자 비가 내리기 시작했다. 오원 사람들은 그를 기념하여 「어사의 비」라 불렀다는 고사에서 나온 말이다.

연저지인
吮疽之仁

빨 吮 등창 疽 의 之 어질 仁

> 순수한 의도에서 우러나온 선행이 아니라 뭔가 목적을 달성하기 위한 가면적인 선행을 뜻함.

연저(吮疽)는 종기를 입으로 빠는 것을 말한다. 「연저지인」 은 남의 종기를 입으로 빠는 것 같은 비정상적인 착한 행동을 말하는 것으로, 그것이 정상적인 성의에 의한 것이 아니고 어떤 목적을 달성하기 위한 가면적인 것을 뜻한다.

《사기》 손자·오기열전(孫子吳起列傳)에 있는 오기의 이야기에서 나온 말이다. 오기는 공자의 제자 증자에게 배운 일이 있다. 그러나 그의 어머니가 죽었다는 소식을 듣고도 집에 돌아가지 않자 증자는 그를 쫓아버렸다.

그 뒤로 그는 병법을 공부했다. 그가 노나라에서 벼슬을 하고 있을 때 제나라가 노나라를 침략해 들어왔다. 노나라 대신들 중에는 오기를 대장으로 추천한 사람도 있었으나 그의 아내가 제나라 귀족의 딸이란 점에서 반대하는 편이 더 많았다.

그러자 오기는 자기 손으로 아내의 목을 잘라 두 마음이 없다는 것을 보였다. 이리하여 노나라 대장이 된 오기는 제나라와 싸워 교묘한 수법으로 한번 싸움에 큰 승리를 거두었다.

그러나 그를 모함하는 사람에 의해 노나라를 탈출해야만 했던 그는 다시 위나라 문후(文侯)에게로 가서 벼슬을 하게 되었다.

위나라 장군이 된 오기는, 신분이 가장 낮은 졸병들과 함께 생활을 했다. 말을 타는 일도 없고 양식을 몸소 메고 갔다. 병졸 가운데 종기를 앓는 사람이 있자 오기는 입으로 종기의 고름을 빨아낸 다음 손수 약을 발라 주곤 했다.

그러자 이 소문을 들은 그 병졸의 어머니가 통곡을 하는 것이었다. 사람들이,

「아드님은 병졸에 불과합니다. 장군께서 몸소 종기를 빨아 주었으니 얼마나 영광된 일입니까. 그런데 왜 우십니까?」 하고 묻자, 그 어머니는 이렇게 대답했다.

「그런 게 아닙니다. 지나간 해에도 오장군이 그 애 아버지의 종기를 빤 일이 있었는데, 그 애 아버지는 싸움터에서 돌아오지 못하고 마침내 적에게 죽고 말았습니다. 오장군이 이번에 또 그 자식을 빨았으니 나는 그 애가 언제 어디서 죽게 될지 알 수가 없습니다. 그래서 우는 것입니다.」

결국 종기를 빨아 준 「연저지인」에 감격한 나머지 병졸들은 목숨을 아끼지 않고 장군을 위해 싸워 죽었다는 이야기다.

어숙지제〔魚菽之祭〕 물고기와 콩을 차려 놓고 지내는 제사. 제수(祭需)가 변변치 못한 제사.

어시지혹〔魚豕之惑〕 글자가 잘못 씌어졌다는 뜻으로, 여러 번 옮겨 쓰면 반드시 오자가 생긴다는 말.

어언무미〔語言無味〕 독서하지 않는 사람은 언어에도 맛이 없다는 말.

어언이불상〔語焉而不詳〕 상세히 말하지를 않는다. 자신의 견해를 말하기는 하지만, 하나하나 소상한 점에 대해서까지 밝히지는 않는다.

어유부중〔魚遊釜中〕 고기가 솥 안에서 논다는 뜻으로, 목숨이 붙어 있다 할지라도 오래 가지 못할 것을 비유하여 이르는 말. ☞ 부중지어(釜中之魚).

어질용문〔魚質龍文〕 용과 같이 위엄 있는 모양을 하고 있으나 실은 물고기라는 말로, 일에 있어서 비슷하면서도 아닌 것을 비유하여 이르는 말.《포박자》

어현유감이〔魚懸由甘餌〕 물고기는 맛난 먹이를 먹으려다 낚시에 걸려드는데, 사람이 이익을 위하여 생명을 잃는 것도 그와 같음의 비유.

예미도중
曳尾塗中

끌 曳 꼬리 尾 진흙 塗 가운데 中

부귀로 속박받기보다는 차라리 가난을 즐기며 자유롭게 사는 편이 낫다.

「예미도중(曳尾塗中)」은 꼬리를 진흙 속에 끌고 다닌다는 뜻이다. 부귀로 인해 속박 받는 것보다는 차라리 가난을 즐기며 자유롭게 사는 편이 낫다는 것을 비유해서 쓰는 문자다. 《장자》 추수편(秋水篇)에 이런 지어낸 이야기가 있다. 장자가 복수(濮水) 가에서 낚시질을 하고 있었다. 그러자 초나라 왕이 두 대신을 보내,

「선생님께 나라의 정치를 맡기고 싶습니다」 라는 뜻을 전하게 했다.

장자는 낚싯대를 잡은 채 돌아보지도 않고 말했다.

「들으니 초나라에는 신구(神龜)라는 3천 년 묵은 죽은 거북을 왕이 비단상자에 넣어 묘당 안에 간직하고 있다더군요. 그 거북이 살았을 때, 죽어서 그같이 소중하게 여기는 뼈가 되기를 원했겠소, 그보다 살아서 꼬리를 진흙 속에 끌고 다니기를 바랐겠소?(寧其死爲留骨而貴乎 寧其生而曳尾塗中乎)」

「그야 물론 살아서 진흙 속에 꼬리를 끌고 다니기를 바랐겠지요」

「그렇다면 그만 돌아가 주시오 나는 진흙 속에 꼬리를 끌겠으니」

이와 똑같은 형태의 똑같은 뜻을 가진 이야기가 《장자》 열어구(列禦寇)편에도 나온다.

어느 임금이 장자를 초빙했다. 장자는 사신에게 이렇게 말했다.

「당신들은 제사에 쓰는 소를 보았겠지요 비단옷을 입히고 풀과 콩을 먹이지만, 끌려 태묘(太廟)에 들어가게 되었을 때 그 소가 외로운 송아지가 되기를 바란들 무슨 소용이 있겠소」

《사기》에는 장자의 이 두 이야기를 하나로 묶어 초위왕(楚威王)이

사신을 보내 장자를 초빙했을 때 장자는 제사에 쓰이는 소를 더러운 도랑에 자유롭게 놀고 있는 돼지새끼에 비유하여, 몇 해 부귀를 누리다가 권력투쟁의 제물이 되는 것보다는 차라리 평민의 몸으로 평생을 아무 일 없이 보내고 싶다면서 거절한 것으로 기록하고 있다.

억하심정〔抑何心情〕 대체 무슨 생각으로 그리 하는지 그 마음을 헤아릴 수 없다는 말.

언거언래〔言去言來〕 여러 말을 서로 주고받음. 설왕설래(說往說來). 언삼어사(言三語四). 또는 말다툼.

언과기실〔言過其實〕 말만 크게 내놓고 실행이 부족함.《삼국지》

언무수문〔偃武修文〕 전쟁이 끝나고 평화롭게 됨의 비유. 문(文)은 무(武 : 군사)에 대한 말로 정치·학문·예술 및 외교 등을 가리킨다.《서경》

언무족이천리〔言無足而千里〕 발 없는 말이 천 리를 간다는 뜻. 언비천리(言飛千里).

언불진의〔言不盡意〕 말로는 충분히 그 마음을 다 나타내지 못함.

언소자약〔言笑自若〕 놀라거나, 근심 걱정이 있을 때도 평시와 같이 말하고 웃으며 아무 일도 없다는 듯이 태연함. 담소자약(談笑自若).

언신지문야〔言身之文也〕 말이 내 몸의 무늬라는 뜻으로, 말을 잘하는 것은 자기를 장식함을 이르는 말.

언어도단〔言語道斷〕 말문이 막힌다는 뜻으로, 어이가 없어 이루 말로 나타낼 수 없음을 이르는 말. 본래의 의미는 털어 놓고 말하지 못할 깊은 진리나 도리를 말한다. 도(道)는 설(說)하는 것.

언중유골〔言中有骨〕 말 속에 뼈가 있다는 말로, 예사로운 말 속에 단단한 속뜻이 들어 있다는 말.

언족이식비〔言足以飾非〕 말이 아주 교묘해서 잘못한 것을 옳은 것처럼 꾸미기에는 능히 족함.

언즉시야〔言則是也〕 말인즉 사리에 맞으나 실제로 행함에 있어서는 지장이 있을 때를 이름.

언지이이행지난〔言之易而行之難〕 입으로 말하기는 간단하지만, 말한 것을 실행하기는 어려움을 일컫는 말.《염철론》

언천회구류〔言泉會九流〕 말하는 것이 샘물이 솟듯 박식하고 달변임.

오리무중
五里霧中

다섯 五 이수 里 안개 霧 가운데 中

> 짙은 안개 속에서 길을 찾기 어렵듯 무슨 일에 대해서 알 길이 없음.

「오리무중(五里霧中)」이란 말은 너무 흔하게 쓰이는 말이다. 5리나 안개가 끼어 있는 속이니 방향과 위치를 알 까닭이 없다. 그래서 범인의 행방이나 단서를 잡지 못하는 것을 흔히 오리무중이란 말로 표현한다.
이 말은 《후한서》 장해전(張楷傳)에 나오는 말이다.

장해는 후한 중엽 사람으로 이름 있는 학자였다. 제자도 많고 귀인과 학자들 중에 친구도 많았지만, 벼슬하는 것이 싫어서 산 속에 숨어 살고 있었다. 장해가 산 속에 숨어 산 뒤에 새로 즉위한 순제(順帝)가 그의 덕행과 지조를 높이 평가하여 하남태수로 부임하라는 칙서를 보냈으나 장해는 병을 핑계로 끝내 벼슬에 오르지 않았다.

장해는 또한 천성이 도술을 좋아해서 능히 오리안개(五里霧)를 일으킬 수 있었다. 그런데 그때 배우(裵優)란 자가 있어서, 그 역시 삼리안개(三里霧)를 일으킬 수가 있었다. 그러나 아무리 해도 장해의 오리무에는 미치지 못하는지라 장해의 제자가 되기를 청했다. 그러나 장해는 자취를 감추고 그를 만나 주지 않았다.

그 뒤 배우는 안개를 일으키며 나쁜 짓을 하고 돌아다니다가 관에 붙들려 취조를 받게 되었다. 이때 배우는 장해가 자기를 만나 주지 않은 데 앙심을 품고, 안개를 일으키는 재주를 장해에게 배웠다고 진술했다.

이로 인해 장해도 감옥에 들어가게 되었는데, 곧 사실무근임이 밝혀져 무사히 풀려나와 일흔 살까지 살다 죽었다고 한다.

여기에서 「오리무중」이란 말이 나왔는데, 마음이 뒤숭숭해서 뭐가 뭔지 알 수 없다는 뜻으로도 쓰인다.

언필칭요순[言必稱堯舜] 말을 할 때면 반드시 요순(堯舜)을 일컫는다는 뜻으로, 언제나 같은 소리를 할 때 또 그 소리냐고 핀잔을 주는 말. 또는 항상 성현(聖賢)의 말만 들추어 혼자 고고한 체한다는 말.

언행군자지추기[言行君子之樞機] 남의 모범이 되는 군자의 말과 행동은 주위에 끼치는 영향이 커서 한 번 발동하면 돌이킬 수 없을 만큼 중요하다는 것. 《역경》

엄목포작[掩目捕雀] 그때뿐인 잔재주를 부림의 비유. 어리석은 사람의 비유. 새를 잡을 때, 제 눈만 가리면 새에게 들키지 않는다고 믿는 것. 《후한서》

엄이도종[掩耳盜鐘] ☞ 엄이도령(掩耳盜鈴).

여고금슬[如鼓琴瑟] ☞ 금슬(琴瑟).

여광여취[如光如醉] 기뻐서 미친 듯도 하고 취한 듯도 함.

여구기귀[黎邱奇鬼] 거짓으로 진실을 해침의 비유.

여귀시[如歸市] 사람이 떼지어 모여듦의 비유. 시장에 많은 사람이 모여들 듯이, 훌륭한 인물에게는 많은 사람이 모여든다는 말. 《맹자》

여기소종[沴氣所鍾] 요악스러운 사람을 가리키는 말.

여단수족[如斷手足] 손발이 끊어진 것처럼 의지할 곳이 없어짐.

여련왕[厲憐王] 조건이 불리하여 보통은 남의 동정을 받을 사람이 거꾸로 압도적으로 유리한 입장에 있는 사람을 불쌍히 여기는 것. 여(厲)는 문둥병. 문둥병을 앓는 사람이 권력을 함부로 휘두르고 있으면서도 언제 목숨을 빼앗길지 전전긍긍(戰戰兢兢)하고 있는 왕을 불쌍히 여긴다는 데서 나온 말. 《한비자》

여리박빙[如履薄氷] 언제 깨질지 모르는 얼음판 위를 걸어가듯이 신중을 기하는 것. 또는 매우 위험하여 긴장된 장면에 임하는 것을 말한다. 《시경》

여림심연[如臨深淵] 깊은 웅덩이를 들여다볼 때처럼 신중하게 몸가짐을 삼가는 것. 또는 매우 위험한 상황에 있음의 비유. 《시경》

여무소부도[慮無所不到] 생각이 미치지 않는 데가 없이 매우 세밀하게 함.

여민동락[與民同樂] 임금이 백성과 함께 즐김.

여반장[如反掌] 손바닥 뒤집듯 하다는 뜻으로, 일이 썩 쉬움의 비유. 《설원》

여발통치[如拔痛齒] 앓던 이가 빠진 것처럼 고민거리가 제거되어 시원하다는 말.

오매불망 寤寐不忘

깰 寤 잘 寐 아니 不 잊을 忘

> 자나 깨나 잊지 못한다.

글자 그대로 「자나 깨나 잊지 못한다」는 것이 「오매불망」이다. 보통 사랑하는 연인이 그리워서 잊지 못하는 경우에 많이 쓴다. 《시경》 국풍(國風) 맨 첫 편인 관저(關雎)에 나오는 말이다.

꽉꽉 우는 물새는
모래톱에 있네.
요조한 숙녀는
군자의 좋은 짝이로다.
들쭉날쭉한 마름 풀을
이리저리 찾는구나.
요조한 숙녀를
자나 깨나 구한다.
구해도 얻을 수 없으니
자나 깨나 생각한다.
생각하고 생각하며
이리 뒤척 저리 뒤척 하네.

關關雎鳩	在河之洲	관관저구	재하지주
窈窕淑女	君子好逑	요조숙녀	군자호구
參差荇菜	左右流之	참차행채	좌우유지
窈窕淑女	寤寐求之	요조숙녀	오매구지
求之不得	寤寐思服	구지부득	오매사복

悠哉悠哉　輾轉反側　　유재유재　전전반측

여기서 군자는 문왕(文王)을 가리키고 숙녀는 문왕의 아내인 태사(太姒)를 가리킨다. 이 시에서 얌전하고 조용한 여자라는 뜻의 「요조숙녀」란 말과 자나 깨나 구한다는 「오매구지(寤寐求之)」 자나 깨나 생각한다는 「오매사복(寤寐思服)」 이란 성구가 나오고, 또한 「전전반측」 이란 말도 나오는데, 오매불망과 비슷한 뜻이다.

공자는 후에 이 시의 아름다움을 극찬하여, 《논어》 팔일편에서 「즐거워하되 지나치지 않고, 슬퍼하되 몸을 해치는 데에는 이르지 않는 것이다(樂而不淫 哀而不傷)」라고 하였다.

여병말마〔厲兵秣馬〕 병장기를 갈고 군마를 살지게 먹이다. 전쟁준비를 완벽하게 갖추는 것을 비유하여 이르는 말. 《좌전》

여불비례〔餘不備禮〕 나머지는 예를 갖추지 못한다는 뜻으로, 편지의 본문 뒤에 쓰는 상투어. 여불비(餘不備).

여비사지〔如臂使指〕 팔이 손가락 부림과 같다는 뜻으로, 마음대로 되지 않는 것이 없음을 이르는 말.

여세무섭〔與世無涉〕 세상과 상관함이 없음.

여세추이〔與世推移〕 세상이 변하는 대로 따라서 변함. 《초사》

여수동죄〔與受同罪〕 장물을 주는 것과 받는 것은 둘 다 죄가 같음.

여수투수〔如水投水〕 물에 물을 탄다는 뜻으로, 흐리멍덩함을 이름. 「물에 물탄 듯 술에 술탄 듯」 과 같은 말.

여시아문〔如是我聞〕 나는 이와 같이 들었다는 뜻. 부처님의 지교(指敎)에 따라 제자 아난(阿難)이 불경을 편찬할 때 모든 경(經)의 모두(冒頭)에 붙인 말. 《불지경론(佛地經論)》

여실일비〔如失一臂〕 한쪽 팔을 잃었다는 뜻으로, 가장 믿고 힘이 되는 사람을 잃는 것을 비유하는 말.

여아부화〔如蛾赴火〕 불나방이 불에 날아드는 것과 같다는 뜻으로, 탐욕으로 인해 몸을 망침을 비유하여 이르는 말.

오설상재
吾舌尙在

나 吾 혀 舌 아직 尙 있을 在

몸은 비록 망가졌어도 혀만 있으면 희망이 있다.

「오설상재(吾舌尙在)」란 말은 내 혀가 아직 성하게 남아 있다는 뜻이다.

장의(張儀)가 도둑의 혐의를 입고 매를 맞아 반쯤 죽어서 돌아왔을 때 그의 아내를 보고 「내 혀가 아직 있느냐?」고 물은 데서 비롯된 말이다. 혀만 성하면 그까짓 팔다리쯤 병신이 되어도 그리 걱정될 건 없다는 뜻이다.

그래서 사업에 실패했을 때, 자기가 가장 소중히 아는 한 가지만이라도 남아 있으면 그것에 자기의 희망을 걸고 스스로 위로하는 뜻으로 쓰이곤 한다.

세 치 혀로써 소진(蘇秦)과 함께 천하를 주름잡고 돌아다닌 장의는 같은 귀곡선생(鬼谷先生)의 제자였다.

소진이 막 득세를 했을 당시, 그는 아직 뜻을 얻지 못하고 초나라 재상 소양(昭陽)의 집에서 문객 노릇을 하며 지내고 있었다.

그때 소양은 위나라와 싸워 크게 이긴 공로로 위왕(威王)으로부터 유명한 화씨벽(和氏璧)을 하사받았었는데 그는 그 구슬을 언제나 가지고 다녔다.

어느 날, 소양이 적산(赤山) 밑에 있는 연못가의 누대에서 사방에서 찾아온 귀한 손님들과 수행원 등 백 명 가까운 사람을 데리고 술자리를 베푼 일이 있었다. 이때 손님들은 소양에게 화씨벽을 구경시켜 달라고 청했다.

소양은 흥이 한창 나 있는 참이라 구슬상자를 가져오게 해서 구경을 시켰다. 한창 구경들을 하며 칭찬을 하고 있는데, 못에서 큰 고기가 물 위로 높이 뛰어올랐다. 소양과 뭇사람들의 시선이 그리로 쏠리고 있는 순간 어느 누구의 짓인지 구슬이 온데간데없이 사라지고 말았다.

그래서 결국 가장 옷이 허름하고 평소에 남과 잘 어울리지 않는 장의가 누명을 쓰고 죽도록 매를 맞게 되었다.

장의가 거의 죽게 되자, 그제야 하는 수 없이 집으로 돌려보내 주었다. 옷이 피투성이가 되어 업혀 돌아온 장의를 아랫목에 눕힌 아내는 눈물을 흘리며 이렇게 말했다.

「당신이 글을 읽고 유세만 하지 않았던들 이런 욕을 당하겠소?」

그러자 장의는 아내를 보고 말했다.

「내 혀를 보오. 아직 그대로 있는가(視吾舌 尙在下)」

아내가 어이가 없어 웃으며,

「혀야 있지요」했더니 장의는,

「그럼 됐소」했다는 것이다.

이 이야기의 앞부분은 《동주열국지》에서 옮긴 것이고, 아내와의 대화는 《사기》 장의열전에 있는 것을 그대로 옮긴 것이다.

이것을 마지막 고비로 장의는 비로소 혀의 위력을 발휘하게 된다.

여어득수〔如魚得水〕 물고기가 물을 만난 듯하다. 곧 사람을 제대로 만났거나 환경이 자기에게 알맞은 것을 의미한다. 뗸 여어실수(如魚失水).

여어실수〔如魚失水〕 물고기가 물을 떠나 살 수 없듯, 곤궁한 사람이 의탁할 곳이 없어 기가 막힌다는 말. 《장자》 뗸 여어득수(如魚得水).

여연지필〔如椽之筆〕 서까래 같은 필력. 곧 글재주가 뛰어남을 일컬음. 《진서》

여연화출수〔如蓮花出水〕 연꽃이 진흙 속에서 피어도 흙이 묻지 않음과 같이 사람도 세상 악풍에 물들지 않음을 이르는 말. 《법화경》

오십보백보
五十步百步

다섯 五 열 十 걸음 步 일백 百

> 피차의 차이는 있으나 본질적으로는 같다.

그거나 이거나 별게 없다든가, 마찬가지란 뜻으로 「오십보백보(五十步百步)」란 말을 쓴다. 백 보면 50보의 배가 되는데 어떻게 마찬가지일 수 있을까?

원래는 오십보소백보(五十步笑百步)였다. 즉 50보를 도망친 사람이 백 보 도망친 사람을 보고 겁쟁이라고 비웃는다는 비유에서 생겨난 말이다. 결국 도망친 건 마찬가지니까 50보 백 보를 따질 것이 없다는 이야기다.

《맹자》 양혜왕상에 있는 양혜왕과 맹자와의 대화에서 나오는 말이다. 양혜왕은 맹자에게 자기 자랑과 함께 이런 질문을 한다.

「과인은 나라 일에 정성을 다하고 있습니다. 하내(河內)가 흉년이 들면 그곳 백성들을 하동(河東)으로 옮기고, 하동의 곡식을 하내로 옮깁니다. 그리고 하동이 흉년이 들었을 때도 마찬가지로 백성들과 곡식을 서로 옮기곤 합니다. 이웃나라의 정치를 살펴볼 때 과인처럼 마음을 쓰는 사람이 없습니다. 그런데도 이웃나라 백성이 더 줄지도 않고, 과인의 백성이 더 많아지지도 않으니 어찌된 일입니까?」

맹자는 이렇게 대답했다.

「왕께선 전쟁을 좋아하시니 싸움으로 비유를 하겠습니다. 북을 크게 울려 양쪽 군사가 서로 접전을 한 끝에 갑옷을 버리고 창을 끌며 달아난다고 가정합시다. 이때 혹은 백 보쯤 가서 걸음을 멈추고 혹은 50보쯤 가서 걸음을 멈추는데, 50보에서 걸음을 멈춘 사람이 백 보를 달아난 사람을 보고 웃는다면 이를 어떻게 보시겠습니까?」

「그야 있을 수 없는 일이지요. 비록 백 보는 아니더라도 달아난 것은 역시 달아난 것이니까요」

「왕께서 만일 50보로 백 보를 웃는 것이 옳지 못한 줄 아신다면, 백성이 다른 나라보다 많아지기를 바라지 마십시오」

그런 다음 맹자는 근본적인 정치 개혁안을 구체적으로 제시한다.

결국 근본적인 문제 해결을 꾀하지 않고 지엽말단의 임시방편 같은 것으로 효과를 바란다는 것은 50보가 백 보를 웃는 어리석은 짓이라는 것이다.

인간은 거의가 이런 과오를 범하고 있는 것이 아닐까?

여월지항〔如月之恒〕 사물이 날로 성해져 가는 것. 또 좋은 상황으로 진전해 가는 것. 초승달이 밤마다 차서 커지는 모습에 비유한다. 《시경》

여의투질〔如蟻偸垤〕 「개미 금탑을 모으듯 한다」와 같은 뜻. 근검하여 재산을 축적함을 이름. 《순오지》

여이남위가〔女以男爲家〕 여자에게는 남편의 집이 몸을 붙여 사는 곳이라는 뜻.

여위열기자용〔女爲說己者容〕 여자가 자기를 사랑해 주는 사람을 위하여 더욱더 아름다워지려고 함을 이르는 말. 《사기》

여자동포〔與子同袍〕 자네와 두루마기를 같이 입자는 뜻으로, 친구 사이에 서로 무관하여 하는 말.

《시경》

여자유행원부모형제〔女子有行遠父母兄弟〕 여자는 시집가기 때문에 친정의 부모형제와는 멀어진다는 말.

여장절각〔汝牆折角〕 다른 사람 때문에 공연히 손해를 입었음을 이르는 말.

여조과목〔如鳥過目〕 새가 눈앞을 스쳐 날아가는 것처럼 빨리 지나친다는 뜻으로, 빠른 세월을 이르는 말.

여족여수〔如足如手〕 형제간의 우애가 두터움을 손과 발에 비유하여 이르는 말.

여좌침석〔如坐針席〕 바늘방석에 앉은 것과 같이 매우 불안함을 이름. 안절부절함.

여진여퇴〔旅進旅退〕 자신의 주견이나 절개 없이 여럿에 휩쓸려 행동함.

오우천월
吳牛喘月

오나라 吳 소 牛 숨찰 喘 달 月

간이 작아 공연한 일에 미리 겁부터 집어먹고 허둥거림을 비웃는 말

「오우천월」은 오나라 소가 달을 보고 헐떡거린다는 말이다. 즉 오나라와 같은 남쪽 더운 지방에 있는 소들은 해만 뜨면 더위를 못 이겨 숨을 헐떡거리게 된다. 해가 뜨는 것이 지겹게만 여겨진 이 지방 소들은 해가 아닌 달이 뜨는 것만 보아도 미리 숨이 헐떡거려진다는 이야기다.

우리 속담에「자라 보고 놀란 가슴 솥뚜껑 보고도 놀란다」는 것과 같은 의미이다. 《세설신어》 언어편에 나오는 이야기다.

진(晋)의 2대 황제인 혜제(惠帝) 때 상서령을 지낸 적이 있는 만분(滿奮)이, 그보다 앞서 무제 때 있었던 일이다.

무제는 전부터 이미 발명되어 있던 유리를 창문에 이용하고 있었다. 오늘과는 달리 유리는 그 당시는 보석과 같은 귀한 물건이었다.

만분이 편전에서 무제와 마주앉게 되었을 때, 무제가 앉은 뒷창문이 유리로 되어 있는 것을 그는 휑하니 뚫려 있는 것으로 착각을 했다. 유리 창문을 일찍이 본 일이 없는 그로서는 당연한 일이 아닐 수 없었다.

만분은 기질이 약해 평소 바람을 무서워했다. 바람을 조금이라도 쏘인 뒤면 반드시 감기로 며칠을 앓아야만 했던 모양이다. 북쪽 창이 휑하니 뚫린 것을 본 그는 미리 겁을 집어먹고 난처한 표정을 지었다.

무제는 그가 바람을 싫어하는 것을 잘 알고 있었기 때문에 바람이 통하지 않는 유리창이란 것을 설명하며 크게 웃었다.

그러자 만분은 황공한 듯이 말했다.

「오나라 소가 달을 보고 헐떡인다는 말은 바로 신을 두고 한 말 같습니다(臣猶吳牛見月而喘)」

여측이심〔如厠二心〕 뒷간에 갈 적 마음 다르고 올 적 마음 다르다는 뜻으로, 자신에게 필요할 때는 급하게 굴다가 그 일이 끝나면 마음이 변함을 비유하여 이르는 말.

여타자별〔與他自別〕 남보다 사이가 유달리 가까움을 일컫는 말.

여탈폐사〔如脫弊屣〕 헌신짝 버리듯 아낌없이 버림.

여택지계〔麗澤之契〕 친구와 서로 논쟁을 하며 서로 도우면서 수양에 힘씀. 여택(麗澤)은 두 못이 서로 수맥을 통하고 서로 혜택을 주고 있다는 뜻. 《역경》

여풍과이〔如風過耳〕 무관심함의 형용. 바람이 귓전을 지나가듯이 아무런 관심도 보이지 않음을 이르는 말. 남의 말을 조금도 귀담아 듣지 않는다는 뜻. 《오월춘추》

여필종부〔女必從夫〕 아내는 반드시 남편을 따라야 한다는 말.

여호모피〔與狐謀皮〕 여우와 함께 여우가죽에 대하여 의논한다는 뜻으로, 상대방이 불리해지는 일에 대해서 의논해 보았자 일이 잘 될 리가 없음의 비유. 《태평광기》

여화여도〔如火如荼〕 불과 같고 씀바귀 같다는 뜻으로, 기세가 충천하다, 기세가 하늘을 찌를 듯이 높다는 말. 도(荼)는 씀바귀. 《국어》

역려과객〔逆旅過客〕 세상은 마치 여관과도 같고 인생은 이 여관에서 잠시 머무는 나그네와 같다는 뜻.

역보역추〔亦步亦趨〕 남이 걸으면 나도 걷고, 남이 뛰면 나도 뛴다는 뜻으로, 남이 하는 대로 덩달아 함. 《장자》

역부몽〔役夫夢〕 하인의 꿈이라는 뜻으로, 인생의 부귀영화는 꿈과 같은 것임을 이르는 말. 《열자》

역성혁명〔易姓革命〕 왕조가 바뀌는 일. 역성(易姓)은 성을 바꾸는 것. 어떤 성을 가진 임금에서 다른 성을 가진 임금으로 교체하는 것.「혁명」은 하늘의 명을 받아서 임금이 된 자에게 덕이 없어져서 하늘이 명을 혁파(革罷)하여 다른 자에게 내리는 것.「성(姓)을 바꾸고 명(命)을 혁파하다」의 뜻. 《사기》

역이지언〔逆耳之言〕 귀에 거슬리는 말이란 뜻으로, 충고를 이르는 말. 《사기》

역자이교지〔易子而教之〕 자식을 서로 바꾸어 가르치게 함. 자기 자식은 가르치기 어려움의 비유.

역지즉개연〔易地則皆然〕 사람은 그 입장이나 처지에 따라서 행동한다. 처지나 입장이 바뀌면 그에 따른 행동을 한다는 뜻. 《맹자》

역책〔易簀〕 대자리를 바꾼다는 뜻으로, 학덕이 높은 사람의 임종을 이르는 말. 《예기》

오월동주
吳越同舟

오나라 吳 월나라 越 같을 同 배 舟

> 서로 적의를 품은 자들이 같은 처지나 한자리에 놓임.

「와신상담(臥薪嘗膽)」의 이야기에 나와 있듯이, 오나라와 월나라는 오랜 원수 사이였다. 만나기만 하면 누가 죽든 싸워야 하는 원수 사이라도 한배에 타고 있는 한 목적지에 도착할 때까지는 서로 운명을 같이하고 협력하게 된다는 뜻으로 이「오월동주(吳越同舟)」란 말이 쓰인다.

혹「원수는 외나무다리에서 만난다」는 뜻으로 쓰기도 하는데, 해석 여하에 따라 쓸 수 있는 것 같다.

이 이야기는 《손자(孫子)》의 병법에 나오는 말이다.

《손자》는 12편으로 되어 있는데, 이 중 제 10편과 제 11편은 지형편(地形篇)과 구지편(九地篇)으로 되어 있다. 구지(九地)는 아홉 가지 상황을 말하는데, 아홉 가지 중 맨 마지막에 나오는 것이 사지(死地)다. 사지는 적과 싸워 이기지 못하는 한 후퇴도 방어도 불가능한 막다른 골목을 말한다.

이른바「죽을 땅에 빠뜨린 뒤라야 살 길이 생긴다(陷之死地而後生)」는 그「사지」다. 한신의「배수진(背水陣)」도 이 사지의 원리를 이용한 것임을 한신 자신이 말하고 있다.

《손자》에서는 이렇게 말하고 있다.

「대저 오나라 사람들과 월나라 사람은 서로 미워한다. 그러나 그들이 같은 배를 타고 가다가 바람을 만나게 되면 서로 돕기를 좌우의 손이 함께 협력하듯 한다(夫吳人與越人相惡也 當其同舟而濟遇風 其相救也 如左右手)」

그러므로 용기 있는 사람과 겁이 많은 사람, 그 밖의 가지각색의 병사들을 일치 협력해서 싸우게 하는 것은 그때그때의 상황에 의한다. 대개 이런 내용인데, 사이가 좋지 못한 사람들이 같이 있게 된 것을 가리켜 「오월동주」라고 하는 것은 여기에서 비롯된 말이다.

연경거종〔延頸擧踵〕 목을 길게 빼고 까치발을 하고 기다린다는 뜻으로, 사람이 찾아오는 것을 은근히 기다리는 것. 《여씨춘추》

연곡하〔輦轂下〕 임금이 사는 서울을 이르는 말. 연(輦)은 임금이 타는 수레.

연년세세〔年年歲歲〕 매년을 강조하여 이르는 말. 인간 세상의 변하기 쉬운 것, 인간이 세월과 함께 노쇠하는 덧없음에 대해서 자연의 유구함을 말한다. 《당시선(唐詩選)》

연대지필〔椽大之筆〕 서까래만한 큰 붓이라는 뜻으로, 당당한 대문장(大文章)을 일컫는다. 《진서》

연도일할〔鉛刀一割〕 무딘 칼로 한 번 벤다는 뜻으로, 쓸모없는 것의 비유. 또는 자신의 미력함의 겸칭. 전(轉)하여 무심코 한 일이 뜻밖의 좋은 결과를 가져왔다는 뜻으로 쓴다. 《후한서》

연독지정〔吮犢之情〕 어미 소가 송아지를 핥는 정이라는 뜻으로, 자기의 자녀나 부하에 대한 사랑을 겸손하게 일컫는 말.

연두월미〔年頭月尾〕 연두는 그해의 시작. 월미는 그 달의 끝. 곧 일년 내내. 시험에서 대의(大義)는 묻지 않고 지엽적인 자구(字句)만을 묻는 것. 《당서》

연미지액〔燃眉之厄〕 눈썹을 태울 재앙이라는 뜻으로, 썩 급하게 닥치는 재액(災厄)을 이르는 말. ☞ 초미지급(焦眉之急).

연비어약〔鳶飛魚躍〕 자연스럽게 하늘에 솔개가 날고 물속에서 고기가 뛰노는 것과 같은 천지조화의 오묘함을 일컫는 말. 《시경》

연서지명〔燃犀之明〕 무소뿔을 불태워서 어두운 곳을 밝게 비친다는 뜻으로, 사물을 명확하게 꿰뚫어 보는 재지(才智)를 일컫는 말. 전설에, 무소뿔을 불태운 불빛은 물 속 깊은 곳의, 보통은 보이지 않는 곳까지 투시할 수 있다고 한다. 《진서》

오하아몽
吳下阿蒙

오나라 吳 아래 下 언덕 阿 어릴 蒙

> 몇 해가 지나도 진취함이 없이 그냥 그 모양으로 있는 사람.

삼국시대에 오나라 손권(孫權)의 부하에 여몽(呂蒙)이란 장수가 있었다. 그는 무용은 뛰어났으나 학식은 별로 없었다. 그 여몽이 장군으로 승진이 되었을 때, 손권은 그에게 무인(武人)도 학문이 필요하다는 것을 말했다.

그 뒤로 여몽은 열심히 학문에 힘썼다. 한동안 지난 뒤에 여몽이 노숙(魯肅)을 만났다. 노숙은 손권의 부하 중 가장 학식이 뛰어난 사람으로 여몽과는 오랜 친구 사이였다. 서로 이야기하는 동안 노숙은 여몽의 학식에 놀랐다. 노숙은 한편 놀랍고 한편 반가워 여몽의 등을 어루만지며,

「나는 그대를 무략(武略)만 있는 줄 알았더니, 이제 보니 학식이 어찌나 대단한지 옛날 오나라 시골에 있을 때의 그 여몽은 아니로군(吾謂大弟但有武略耳 至於今者 學識英博 非復吳下阿蒙)」하고 말했다.

그러자 여몽 역시 이렇게 대답했다.

「선비란 것은 헤어진 지 사흘만 되면 곧 다시 눈을 비비고 서로 대할 정도의 진보를 하는 법이거든(士別三日 卽更刮目相待)」

이 이야기는 《삼국지》 오지(吳志) 여몽전 주에 나오는 이야기다.

여기에서 잠시 만나지 못한 사이에 놀라운 발전을 한 것을 보고 「오하아몽이 아니다」라고 하고, 반대로 언제 만나도 늘 그 모양인 것을 가리켜 「오하아몽」이라고 한다.

「아몽(阿蒙)」의 아(阿)는 중국 사람들이 흔히 이름 앞에 붙여 부르는 애칭이다. 또 여몽의 그와 같은 말에서 몰라볼 정도의 발전을 한 것을 보고 「괄목상대(刮目相待 : 括目相對)」할 정도라고 말한다.

연성지벽〔連城之璧〕 명옥(名玉)을 이르는 말. 15개의 성시(城市)와 바꾸어도 아깝지 않을 정도의 명옥. ☞ 화씨벽(華氏璧).

연수〔燃鬚〕 수염을 태운다는 뜻으로, 사소한 일에 개의치 않고 도량이 큼을 이르는 말. 《송명신언행록》

연안대비〔燕雁代飛〕 제비가 날아올 때는 기러기가 날아가고, 기러기가 올 때는 제비가 날아가, 각각 다른 방향으로 간다는 뜻에서, 인사(人事)의 서로 어긋남을 비유하여 이르는 말. 《회남자》

연안짐독〔宴安酖毒〕 안일을 탐하는 것은 독약처럼 몸을 망침을 비유하여 이르는 말. 연안은 쓸데없이 놀고 즐기는 것. 짐독은 짐독(鴆毒)이라고도 쓰는데, 짐새의 깃털을 술에 담근 독약. 《좌전》

연옹지치〔吮癰舐痔〕 종기의 고름을 빨고 치질 앓는 밑을 핥는다는 뜻으로, 남에게 지나치게 아첨함을 이르는 말. 《논어》

연작불생봉〔燕雀不生鳳〕 연작이 봉황을 낳을 수 없다는 뜻으로, 불초(不肖)한 사람에게서 어진 자식이 나오기 어렵다는 말. 《역경》

연작홍곡〔燕雀鴻鵠〕 하찮은 사람(小人)이 큰 인물의 원대한 꿈이나 그 기개를 알 수 없음을 이르는 말. ☞ 연작안지홍곡지지(燕雀安知鴻鵠之志).

연작처당〔燕雀處堂〕 안락한 생활에 빠져서 경각심을 잃고 장차 닥쳐올 재앙을 깨닫지 못함을 비유하여 이르는 말. 《공총자(孔叢子)》

연조비가사〔燕趙悲歌士〕 전국시대 연(燕)나라와 조(趙)나라에서 세상을 비관하고 슬픈 노래를 부르는 선비가 많았다는 말에서, 비분강개(悲憤慷慨)하는 우국지사를 비유하여 이르는 말.

연지삽말〔軟地插抹〕 무른 땅에 말뚝을 박는다는 뜻으로, 일하기에 매우 쉬움을 일컫는 말.

연파천리〔煙波千里〕 강호(江湖)의 연파(煙波)에서 멀리 떨어짐. 헤어져서 다시 만나기 어려움의 비유.

연편누독〔連篇累牘〕 연이어진 글과 쌓여 있는 편지글이라는 뜻으로, 쓸데없이 문장이 장황함을 비유하여 이르는 말. 《수서》

연하고질〔煙霞痼疾〕 깊이 산수의 경치를 사랑하고 집착하여 여행을 즐기는 고질 같은 성벽(性癖). 연하지벽(煙霞之癖).

연함투필〔燕頷投筆〕 문사정책(文事政策)을 그만두고 무단정책(武斷政策)을 취함의 비유. 또는 원정(遠征)의 뜻을 세우는 것. 연함은 제비턱, 곧 무력으로 성공할 골상. 《후한서》

오합지중
烏合之衆

까마귀 烏 모일 合 의 之 무리 衆

갑자기 모인 훈련 없는 군사. 규칙도 없고 통일성도 없는 군중.

「오합지중(烏合之衆)」은 까마귀 떼처럼 모인 통제 없는 무리란 뜻이다. 중(衆)은 군대를 뜻하기 때문에 「졸(卒)」이라고 말하기도 한다.

《사기》역생육가열전(酈生陸賈列傳)에는 역이기가 한패공 유방이 진나라로 쳐들어가려 했을 때 한 말 가운데 이런 것이 있다.

「귀하께서 규합한 무리들을 일으키고, 흩어진 군사들을 거두어도 만 명이 차지 못하는데, 그것으로 강한 진나라로 곧장 들어가려고 한다면, 이것이야말로 호랑이의 입을 더듬는 것입니다……(足下起糾合之衆 收散亂之兵 不滿萬人 欲以徑入强秦 此所謂探虎口者也……)」

이「규합지중(糾合之衆)」은 어떤 책에는 「오합지중」으로 나와 있고, 어떤 책에는 「와합지중(瓦合之衆)」으로 나와 있다. 결국 오합이든 규합이든 와합이든 마찬가지 뜻으로 통제가 되지 않는 마구잡이로 끌어모은 그런 사람이나 군대를 말한 것이다.

분명하게「오합지중」이라고 씌어 있는 것은《후한서》경엄전(耿弇傳)에 나온다. 경엄이 군대를 이끌고 유수(劉秀 : 후한 광무제)에게 달려가고 있을 때, 그의 부하 가운데, 유수의 밑으로 가지 말고 왕랑(王郞)의 밑으로 가자고 권하는 사람이 있었다.

그러자 경엄은 그들을 꾸짖는 가운데 이런 말을 했다.

「우리 돌격대로써 왕랑의 오합지중을 짓밟기란 마른 나뭇가지 꺾는 거나 다를 것이 없다(發突騎以轔烏合之衆 如摧枯柝腐耳)」

또 비동전(邳彤傳)에도 비동이 왕랑을 말하는 가운데「오합지중을 몰아 모았다(驅集烏合之衆)」는 말이 나온다.

연함호두〔燕頷虎頭〕 출세할 인상. 귀인(貴人)의 상의 비유. 연함은 제비턱. 호두(虎頭)는 호랑이처럼 실팍한 머리. 연함호경(燕頷虎頸).

연홍지탄〔燕鴻之歎〕 길이 어긋나서 서로 만나지 못하여 하는 탄식.

연화왕생〔蓮花往生〕 죽은 후에 극락정토(極樂淨土)의 연화좌(蓮華坐) 위에 태어나는 일.

연화중인〔煙火中人〕 화식(火食)하는 사람. 곧 속세의 사람.

열이불치〔涅而不緇〕 결백하고 심지가 굳은 사람은 나쁜 환경에 있으면서도 영향 받지 않음의 비유. 열(涅)과 치(緇)는 모두 검게 물들이는 것. 《논어》

열풍소고엽〔烈風掃枯葉〕 맹렬한 바람이 낙엽을 쓸어버린다는 뜻으로, 눈 깜짝할 사이에 적군을 무찌름의 비유. 《후한서》

염거지감〔鹽車之憾〕 유능한 사람이 불우한 처지를 한탄함의 비유.

염량세태〔炎涼世態〕 세력이 있을 때에는 아첨하여 붙좇고, 권세가 없어지면 푸대접하는 세속의 형편을 이르는 말.

염력통암〔念力通巖〕 일을 함에 있어 온 정성을 들이면 무엇이나 안되는 것이 없다는 뜻.

염리예토〔厭離穢土〕 온갖 더러움이 쌓인 이 속세를 싫어하여 떠남.

염불급타〔念不及他〕 생각이 다른 곳에 미치지 못한다는 뜻으로, 다른 생각을 할 겨를이 없음.

염지〔染指〕 손가락을 솥 안에 넣어 국의 맛을 본다는 뜻으로, 부정한 이득을 추구하려는 행동을 일컬음. 《좌전》

염철지리〔鹽鐵之利〕 국가가 소금과 철을 전매제(專賣制)로 하여 얻는 이익을 말한다. 한(漢)나라 무제(武帝) 때 소금과 철을 전매제로 하여 백성이 크게 고통을 받는 결과가 되었다. 그래서 전매제의 시비(是非)가 거론되었다. 그 논쟁의 과정을 서술한 책으로, 한나라 때의 환관(桓寬)이 저술한 《염철론(鹽鐵論)》이 있다. 《염철론》

염화미소〔拈華微笑〕【불교】 염화(拈華)는 꽃을 드는 것. 말을 사용하지 않고 마음에서 마음으로 전해지는 이심전심의 묘경(妙境)을 말한다. 영취산(靈鷲山)에서 석가가 설법을 했을 때, 한마디 말도 하지 않고 단지 연꽃을 들어 보였다. 제자들은 그 뜻을 헤아리지 못했다. 그때 단지 가섭(迦葉) 혼자만이 빙그레 미소를 지었다. 석가는 가섭에게 깨달음의 깊은 뜻을 가르쳤다. 《오등회원(五燈會元)》 비 이심전심(以心傳心). 교화별전(教化別傳).

593

옥상가옥
屋上架屋

집 屋 윗 上 시렁 架

> 있는 위에 무익하게 거듭함.

「옥상가옥」은 지붕 위에 또 지붕을 얹는다는 말이다. 즉 필요 없는 것을 이중으로 한다는 뜻이다.

《세설신어》 문학편에 이런 이야기가 실려 있다.

동진 유중초(庾仲初)가 수도 건강(建康)의 아름다움을 묘사한 「양도부(揚都賦)」를 지었을 때, 그는 먼저 이 글을 친척인 세도재상 유양(庾亮)에게 보였다. 유양은 친척의 정의를 생각해서 과장된 평을 해주었다.

「그의 『양도부』는 좌태충(左太沖)이 지은 삼도부(三都賦)에 비해 조금도 손색이 없다.」〔☞ 낙양지귀(洛陽紙貴)〕

그러자 사람들은 서로 다투어 유중초의 양도부를 베껴 가는 바람에 장안의 종이값이 오르는 형편이었다. 그러나 이와 같은 경박한 풍조에 대해 태부(太傅) 사안석(謝安石)은 이렇게 나무라는 말을 했다.

「그건 안될 소리다. 이것은 지붕 밑에 지붕을 걸쳤을 뿐이다……(不得爾 此是屋下架屋耳……)」

결국 남의 것을 모방해서 만든 서투른 문장이란 뜻이다.

훨씬 내려온 남북조 시대 북제(北齊)의 안지추(顏之推)가 자손을 위해 써둔 《안씨가훈》에서는 이렇게 말하고 있다.

「위·진(魏晋) 이후에 씌어진 모든 책들은 이론과 내용이 중복되고 서로 남의 흉내만을 내고 있어 그야말로 지붕 밑에 지붕을 만들고 평상 위에 평상을 만든 것과 같다(猶屋下架屋 牀上施牀爾)」

「옥하가옥(屋下架屋)」이란 말이 뒤에 와서 「옥상가옥」으로 바뀌었다. 지붕 밑보다는 위가 이해하기 쉬운 때문일지도 모른다.

영고성쇠〔榮枯盛衰〕 개인이나 사회의 성하고 쇠함이 서로 뒤바뀌는 현상. 부침(浮沈), 승침(昇沈).

영과이후진〔盈科而後進〕 물이 흐를 때는 조금이라도 오목한 데가 있으면 우선 그곳을 가득 채우고 아래로 흘러감과 같이 사람의 배움의 길도 속성으로 하고자 하지 말고 차츰차츰 처음부터 닦아야 한다는 말. 《맹자》

영관〔盈貫〕 돈꿰미에 돈을 가득히 꿴다는 뜻으로, 죄가 크거나 거듭 죄를 지음을 비유하여 이르는 말. 《좌전》

영만지구〔盈滿之咎〕 차면 반드시 이지러진다는 뜻으로, 만사가 다 이루어졌을 때에는 도리어 화를 부르게 됨의 비유. 《후한서》

영불리신〔影不離身〕 그림자는 몸에서 떨어지지 않는다는 뜻으로, 사람이 아무리 빨리 뛰어도 그림자는 그대로 따라오는 것처럼, 허물이 있으면 빨리 고쳐야 이를 비난만 해서는 허물이 결코 사라지지 않음을 비유하여 이르는 말. 《장자》

영서연설〔郢書燕說〕 영(郢)나라 편지와 연(燕)나라 해석이란 뜻으로, 이치에 맞지 않는 것을 억지로 끌어다 붙여 도리에 맞는 것처럼 말한다는 뜻으로, 억지로 꿰어 맞추는 것을 이르는 말. 《한비자》

영서일점통〔靈犀一點通〕 서로의 마음에 한 줄기 서로 통하는 것을 말한다. 영서(靈犀)는 신묘불가사의(神妙不可思議)한 무소라는 뜻으로, 보통 무소와는 달리 그 뿔에 한 줄기의 흰 줄이 통해 있다고 생각되고 있었다.

영설지재〔詠雪之才〕 문재(文才)에 능한 여성. 재원(才媛)을 비유해서 일컫는 말. 《진서》

영수〔領袖〕 집단 중의 우두머리. 영(領)은 깃. 수(袖)는 소매를 말하는데, 둘 다 남의 눈에 띄기 쉽다는 데서 전(轉)하여 사람들의 위에 서는 대표자・두목의 비유로 쓰인다. 《진서》

영어공〔囹圄空〕 정사(政事)가 빈틈없이 잘 되어 나라 안이 잘 다스려지고 있음의 비유. 영어는 감옥의 뜻. 《관자》

영웅기인〔英雄欺人〕 영웅은 재지(才知)가 뛰어나므로, 간단히 범인의 눈을 속일 수가 있다는 말.

영원지정〔鶺原之情〕 형제지간에 급박한 곤란함이 있을 때는 서로 도와야 한다는 말. 영원(鶺原)은 물새인 할미새가 물가가 없는 들판에 있다는 뜻. 《시경》

영위계구물위우후〔寧爲鷄口勿爲牛後〕 ☞ 계구우후(鷄口牛後).

595

옥석구분
玉石俱焚

구슬 玉 돌 石 함께 俱 불사를 焚

> 선한 사람이나 악한 사람이 다 같이 재앙을 당함.

옥과 돌이 함께 타는 것이 「옥석구분」이다. 착한 사람과 악한 사람이 함께 난을 만나는 것을 말한다.

《서경》 하서(夏書) 윤정편(胤征篇)에 나오는 말이다.

「불이 곤륜산에 붙으면 옥과 돌이 다 함께 타고 만다. 천리(天吏 : 하늘이 명하신 관리란 뜻)가 그 덕을 잃게 되면 그 해독은 사나운 불보다도 무섭다. 그 괴수는 죽일지라도, 마지못해 따라 한 사람은 죄 주지 않는다. 오래 물든 더러운 습성을 버리고 다 함께 새로운 사람이 되어라 (火炎崑崙 玉石俱焚 天吏逸德 烈于猛火 殲厥渠魁 脅從罔治 舊染汚俗 咸與維新)」

「윤정(胤征)」은 윤후(胤侯)가 하왕(夏王)의 명령으로 희화(羲和)를 치러 갈 때 한 선언으로, 희화를 치게 된 이유를 설명한 다음, 위에 나온 말이 계속 된다.

결국 지도자 한 사람의 잘못된 행동 때문에 많은 선량한 사람과 백성들까지 다 그 화를 입게 되는 것을 막기 위해 희화를 일찌감치 쳐 없앤다는 것을 강조하고, 위협에 못 이겨 끌려서 한 사람은 이를 벌하지 않을 터이니, 구습을 버리고 새로운 마음으로 새 사람이 되라는 내용이다. 여기에서 착한 사람과 악한 사람이 함께 화를 입는 것을 「옥석구분」이라 하게 되었다.

우리말의 「모진 놈 옆에 있다가 벼락 맞는다」는 것과 같은 뜻이다. 마지막에 유신(維新)이란 말이 나오는데, 이는 뒤에 「유신」이란 항목에서 설명하기로 한다.

영인부아무아부인〔寧人負我無我負人〕 제가 남에게 베푼 은혜를 남이 잊더라도 저는 남에게서 입은 은혜를 잊으면 안된다는 뜻.

영인이해〔迎刃而解〕 기세가 거세어 감히 대항하는 자가 없음을 이르는 말. 그다지 힘을 들이지 않아도 어렵지 않게 적을 무찌를 수 있을 말한 기세를 말한다. 칼날로 대나무를 쪼갤 때 처음 한 마디를 쪼개면 그 다음은 칼날을 맞듯이 저절로 대나무가 쪼개지는 데서 나온 말.《진서》☞ 파죽지세(破竹之勢).

영장〔靈長〕 신묘하고 인지(人知)를 초월하며, 헤아릴 수 없는 힘을 지닌 가장 뛰어난 것. 만물의 우두머리란 뜻으로, 인류·인간을 말한다. 원래는 물을 가리킨다. 곽박(郭璞)《강부(江賦)》

영착〔郢斲〕 시나 문장의 첨삭(添削)을 남에게 부탁할 때 쓰는 말. 영정(郢正)이라고도 한다. 두터운 신뢰가 있고서야 비로소 충분한 능력을 발휘할 수 있다는 뜻. 영(郢)은 춘추전국시대의 초(楚)나라의 서울. 착(斲)은 깎다, 쓸데없는 것을 깎아내는 것.《장자》

영출다문〔令出多門〕 명령계통이 문란하여 여러 곳에서 명령이 내림.

영파지목〔盈把之木〕 한 손에 쥘 수 있는 나무라는 뜻으로, 아주 작은 나무를 이르는 말.《한시외전》

영형불상의〔影形不相依〕 두 사람이 멀리 떨어져 있는 것. 영(影)은 상대방의 기억 속의 모습. 형(形)은 자신의 모습. 양자가 서로 떨어져 있는 것.

영형아〔寧馨兒〕 뛰어난 아이. 재지(才知) 넘치는 아이. 기린아(麒麟兒). 영형(寧馨)은 이와 같은 이라는 뜻으로, 아(兒)는 남아. 곧 이와 같은 남아의 뜻. 현재는 주로 남의 자식을 칭찬하는 말로 쓰인다.《진서》

예백〔曳白〕 시험의 답안을 백지로 제출하는 것. 묘진경(苗晋卿)은 현종황제(玄宗皇帝)가 장의(張倚)를 어여삐 보고 있다는 것을 알고 그 아들인 장석(張奭)을 벼슬자리에 앉히려고 하였다. 그러나 석(奭)이 무식했기 때문에 등용에 반대하는 사람이 많았다. 그래서 안녹산(安祿山)의 제안으로 황제의 어전에서 재심사를 하게 되었는데, 석은 하루 종일 답안지를 손에 든 채 한 자도 쓰지 못했다. 사람들은 이를 예백(曳白)이라 일컬었다는 고사에서 나온 말이다.《당서》

예불가폐〔禮不可廢〕 어느 때 어느 곳에서나 예의는 지켜야 한다는 말.

옥석혼효
玉石混淆

구슬 玉 돌 石 섞일 混 어지러울 淆

> 착한 것과 악한 것이 한데 섞여 있어서 어느 것이 좋고 나쁜지 분간할 수 없음.

옥과 돌이 한데 뒤섞여 있는 것이 「옥석혼효」다. 좋은 것과 나쁜 것이 한곳에 같이 있어서, 어느 것이 좋고 어느 것이 나쁜지를 분간할 수 없는 것을 가리켜 하는 말이다.

《포박자(抱朴子)》 외편 상박편(尙博篇)에 세상 사람들이 천박한 시나 글을 사랑하고, 뜻이 깊은 옛날 책들을 업신여기며, 자신을 위해 좋은 교훈이 되는 말을 싫어하고, 속이 텅 빈 겉치레뿐인 말들을 좋아하는 풍조를 개탄하여 포박자는 이렇게 말한다.

「참과 거짓이 뒤집히고 옥과 돌이 섞여 있다. 좋은 음악을 천한 음악과 같이 취급하고, 아름다운 옷을 들옷과 같이 보는 것이다(眞僞顚倒 玉石混淆 同廣樂於桑同 鈞龍章於卉服)」

가짜가 진짜 행세를 하고 설쳐대면, 진짜는 어이가 없어 눈을 돌리고 마는 것이 세상이다.

옥은 적고 돌은 많으니 무슨 재주로 가려낼 것인가.

예상왕래〔禮尙往來〕 예는 서로 주고 받는 것이 중요하다. 《예기》

예수지교〔醴水之交〕 덕과 교양이 있는 인격자의 교우(交友)는 담담하기 때문에 오래가지만, 범인의 교우는 달콤하고 끈적끈적하기 때문에 곧 소원해진다. 인격자와 범인의 교우의 차이에 대해서 하는 말. 예(醴)는 하룻밤 발효시킨 감주(甘酒). 《장자》

예승즉이〔禮勝則離〕 예절이 지나치면 도리어 사이가 멀어짐.

예의염치〔禮義廉恥〕 예절과 의리와 청렴 및 부끄럼을 아는 태도.

예주불설〔醴酒不設〕 손님에 대한 경의(敬意)가 덜해지고 대접이 소홀해지는 것. 또 스승에 대한 공경심이 엷어지는 것. 《한서》

오가소립〔吾家所立〕 자기가 뒤를 보아 출세시켜 준 사람이란 뜻.

오거서〔五車書〕 다섯 수레에 실을 만한 책이라는 뜻으로, 장서가 매우 많음을 이르는 말. 《장자》

오경소지〔五經掃地〕 공맹(孔孟)의 교(敎)가 쇠퇴하여 행하여지지 않음을 이름.

오곡불승〔五穀不升〕 오곡이 모두 여물지 않았다는 뜻으로, 흉년이 듦을 이르는 말. 《곡량전(穀梁傳)》

오구지혼〔梧丘之魂〕 죄 없이 살해되는 것. 제(齊)나라 경공(景公)이 오구에서 사냥을 한 날 밤 꿈에 선군인 영공(靈公)에 의하여 죄 없이 죽어간 다섯 사나이가 나타났다. 잠에서 깬 경공은 신하에게 명하여 땅을 파서 찾게 했더니 과연 다섯 구의 해골이 나왔다. 경공은 놀라서 그 해골을 새삼 정중히 장사지내게 했다는 고사에서 나온 말이다. 《안자춘추》

오기의불오기인〔惡其意不惡其人〕 죄를 범한 그 마음은 미워하지만, 그 사람은 미워하지 않는다는 말. 오기죄불오기인(惡其罪不惡其人) 《공총자(孔叢子)》

오당지사〔吾黨之士〕 같은 동아리인 사람. 또 같은 고향마을. 또는 한 집안 사람.

오도남의〔吾道南矣〕 뛰어난 제자가 스승 곁을 떠나는 것을 아쉬워하는 말. 송나라의 정호(程顥)가 그의 제자 양시(楊時)가 떠남을 애석히 여긴 데서 나온 말. 《송사》 오도동의(吾道東矣).

오동일엽〔梧桐一葉〕 ☞ 일엽지추(一葉知秋).

오두백마생각〔烏頭白馬生角〕 까마귀 머리가 희어지고, 말에 뿔이 난다는 뜻으로, 있을 수 없는 일의 비유. 또 있을 수 없는 일을 실현함의 비유. 《사기》

오두초미〔吳頭楚尾〕 머리는 오나라에 가 있고 꼬리는 초나라에 가 있다. 곧 두 지역이 아주 가까운 것을 비유하는 말.

오매사복〔寤寐思服〕 자나 깨나 생각함. 《시경》

오방저미〔五方猪尾〕 다섯 방향으로 나 있는 돼지의 꼬리란 뜻으로, 권세와 돈 많은 자에게는 누구를 막론하고 아첨을 잘하는 사람을 비유하여 이르는 말. 《세종실록》

오부홍교〔誤付洪喬〕 우편물을 남에게 잘못 맡겼다는 뜻으로, 편지 같은 것이 분실되었을 때 쓰는 말이다. 《진서》

옥하
玉瑕

구슬 玉 티 瑕

옥에도 티가 있다. 훌륭한 사람이나 물건에도 흠이 있다.

「옥에 티」란 말은 「옥하(玉瑕)」란 한문 문자에서 나온 말인데, 「옥하」란 말은 잘 쓰지 않는다.

「옥에도 티가 있다」는 말이 약해져서 「옥에 티」가 된 것인데, 아무리 훌륭한 사람도 결점은 있기 마련이고, 아무리 좋은 물건도 한 가지 흠쯤은 있는 법이란 뜻으로 쓰는 말이다.

《회남자(淮南子)》 설림훈편(說林訓篇)에 다음과 같은 말이 실려 있다.

「쥐구멍을 고치다가 마음 문을 부수기도 하고 작은 여드름을 짜다가 큰 종기를 만드는 것은, 진주에 주근깨가 있고, 옥에 티가 있는 것을, 그대로 두면 온전할 것을 그것을 없애려다가 깨어버리는 것과 같다(……若珠之有類 玉之有瑕 置之則全 去之則虧)」

또 같은 편에,

「표범의 가죽옷에 얼룩무늬가 있는 것은 여우의 가죽옷이 순수한 것만 못하다. 흰 구슬에 흠이 있으면 보물이 되기 어렵다. 이것은 완전 무결하기가 어려운 것을 말해 주는 것이다(……白璧有考 不得爲寶 言至純之難也)」라고 한 곳이 있다.

조그만 결점은 있는 법이니, 그것을 굳이 없애려 하지 말라는 뜻으로 쓰일 때는 앞의 경우가 되고, 아무리 훌륭한 사람과, 아무리 좋은 물건도 결점과 흠이 있는 법이니, 이 세상에 완전무결이란 있을 수 없다는 뜻으로 쓰일 때는 뒤의 경우가 된다.

온고지신 溫故知新

익힐 溫 오래될 故 알 知 새로울 新

옛것을 연구하여 거기서 새로운 지식이나 도리를 발견하는 일

「온고지신」은 옛 것을 익히고 새 것을 안다는 말이다.

다시 부연해서 말한다면, 옛 것을 앎으로써 그것을 통해 새로운 것을 발견하게 된다는 뜻이다.

《논어》 위정편에 공자의 말씀으로,

「옛 것을 익혀 새 것을 알면 남의 스승이 될 수 있다(溫故而知新可以爲師矣)」라고 실려 있다.

똑같은 「온고이지신(溫故而知新)」이란 다섯 글자가 《중용》 27장에도 나오는데, 이 「온고이지신」의 「온(溫)」에 대해서는 여러 가지 해석들이 나오고 있다.

정현(鄭玄)은 심온(燖溫)을 온(溫)과 같다고 했는데, 심(燖)은 고기를 뜨거운 물 속에 넣어 따뜻하게 하는 것을 말한다. 즉 옛 것을 배워 가슴 속에 따뜻하게 품고 있는 것을 말한다.

주자의 주에는 심역(尋繹)하는 것이라고 했다. 찾아 연구한다는 말이다. 결국 「온고이지신」은 옛 것과 새 것이 불가분의 관계에 있음을 말해 주고 있다.

옛 것에 대한 올바른 지식이 없이는 오늘의 새로운 사태를 정확히 파악할 수 없고, 새로운 사태를 정확히 인식하지 못한다면 장차 올 사태에 대한 올바른 판단이 설 수 없다.

과거와 현재와 그리고 미래에 대한 인과(因果) 법칙적인 원리를 터득하지 못한 사람은 후진들을 올바르게 이끌어 줄 자격이 없음을 말한 것이다.

와신상담
臥薪嘗膽

누울 臥 섶 薪 맛볼 嘗 쓸개 膽

> 원수를 갚으려고 괴롭고 어려움을 참고 견딤.

「와신상담」은 섶에 누워 쓸개를 맛본다는 말이다. 원수를 갚을 생각을 잠시도 잊지 않고 있는 것을 뜻한다. 「와신상담」은 붙은문자이긴 하지만, 한 사람의 일이 아니고 각각 다른 두 사람의 이야기가 합쳐져서 생긴 말이다.

주경왕(周敬王) 24년(B.C 496)에 오왕(吳王) 합려(闔閭)는 군사를 이끌고 월(越)나라로 쳐들어갔다가 월왕 구천(句踐)에게 패해 발에 독화살을 맞고 진중에서 죽게 된다. 합려는 임종 때 태자 부차(夫差)를 불러 이렇게 말했다.

「너는 구천이 이 아비를 죽인 원수라는 것을 잊지 않겠지?」

「어찌 잊을 리 있겠습니까?」

이렇게 대답한 부차는 자기 나라로 돌아오자 장작 위에 자리를 펴고 자며, 방 앞에 사람을 세워 두고 나고 들 때마다,

「부차야, 아비 죽인 원수를 잊었느냐」 하고 외치게 했다.

이 「와신(臥薪)」의 이야기는 《십팔사략》에만 나오고 《사기》에는 없다. 부차의 이 같은 소식을 들은 월왕 구천은 선수를 써서 오나라를 먼저 쳐들어갔으나 패하고 만다.

싸움에 크게 패한 구천은 겨우 5천 명 남은 군사를 거느리고 회계산(會稽山)에서 농성을 하지만 결국은 견디지 못하고 오나라에 항복을 하고 만다. 구천은 내외가 함께 오나라의 포로가 되어 범려(范蠡)와 함께 갖은 고역과 모욕을 겪은 끝에 영원히 오나라의 속국이 되기를 맹세하고 무사히 귀국하게 된다.

구천은 자기 나라로 돌아오자 일부러 몸과 마음을 괴롭히며, 자리 옆에는 항상 쓸개를 달아매어 두고, 앉을 때나 누울 때나 이 쓸개를 씹으며 쓴맛을 되씹었다. 또 음식을 먹을 때도 먼저 쓸개를 씹고 나서,「너는 회계의 치욕(會稽之恥)을 잊었느냐」하고 자신에게 타이르곤 했다.

이「상담(嘗膽)」에 대한 이야기는《사기》월세가(越世家)에도 나와 있다. 월왕 구천이 오나라를 쳐서 이기고 오왕 부차로 하여금 자살하게 만든 것은 이로부터 20년 가까운 뒷날의 일이었다.「와신상담」이란 문자는 부차의「와신」과 구천의「상담」이 합쳐져 된 말이다.

오비삼척〔吾鼻三尺〕 내 코가 석 자라는 뜻으로, 자기의 곤궁이 심하여 남의 사정을 돌볼 겨를이 없음을 일컫는 말.《순오지》

오비이락〔烏飛梨落〕 까마귀 날자 배 떨어진다는 뜻으로, 우연한 일치로 남의 혐의를 받게 됨을 비유하여 이르는 말.《순오지》

오비일색〔烏飛一色〕 날고 있는 까마귀가 모두 같은 빛깔이라는 뜻으로, 모두 같은 종류. 또는 피차 똑같음을 이르는 말.

오비토주〔烏飛兎走〕 세월이 빠름을 이르는 말. 오(烏)는 까마귀로 태양의 뜻, 토(兎)는 토끼로 달에 해당한다. 태양에는 세발달린 까마귀가 살고, 달 속에는 토끼가 살고 있다고 생각하고 있던 중국의 오랜 전설에서 온 말. 오토(烏兎)는 태양과 달을 가리키며 전(轉)해서 세월, 일월(日月)의 비유가 되었다.

오사필의〔吾事畢矣〕 나의 일은 끝났다는 뜻으로, 자신의 역할을 다했음을 이르는 말.《송사》

오상고절〔傲霜孤節〕 서릿발이 심한 속에서도 굴하지 않고 외로이 지키는 절개의 뜻으로, 국화(菊花)를 비유하여 이르는 말.

오색무주〔五色無主〕 공포에 사로잡혀 연달아 안색이 여러 가지로 변함.《회남자》

오서지기〔鼯鼠之技〕 날다람쥐의 재주. 날다람쥐는 날고뛰고 헤엄치는 등 다양한 재주를 가지고 있지만, 모두 서투르다는 뜻으로, 재주는 많아도 제대로 이룬 것이 없을 때 쓰는 말.《순자》 오서오능(鼯

鼠五能).

오십보소백보〔五十步笑百步〕 ☞ 오십보백보(五十步百步).

오십천명〔五十天命〕「50이 되어 天命을 안다」라고 한다. 공자가 만년(晩年)이 되어서 자기 자신의 인간 형성의 자취를 되돌아보며 회고한 유명한 《논어》의 일절. 50세가 되어 겨우 하늘로부터 주어진 사명을 자각했다고 하는 것. 인생 50년이 아니다.《논어》위정편에, 15세에 지학(志學), 30에 이립(而立), 40에 불혹(不惑), 50에 지천명(知天命), 60에 이순(耳順), 70에 종심소욕(從心所欲)이라고 한다. ☞ 금시작비(今是昨非). ☞ 불혹지년(不惑之年).

오안불손〔傲岸不遜〕 행동거지가 오만불손하고 잘난 체하는 태도. 오안(傲岸)은 자존심이 높아 남에게 겸양하지 않는 모양. 안(岸)은 깎아지른 듯이 우뚝 솟은 벼랑. ☞ 방약무인(傍若無人). 안하무인(眼下無人).

오언장성〔五言長城〕 장성은 만리장성으로, 오언의 시(詩)에 능숙함. 《신당서》오언금성(五言金城)

오언절구〔五言絶句〕 오언 사구(四句)로 된 시. 오언율시(五言律詩)와 함께 근대적인 한시형(漢詩型)의 하나로 중국 당나라 때 성하였다. 각 구를 순서로 기·승·전·결이라 부르고, 한 구의 자수에 따라 오언과 칠언으로 구분한다. ☞ 오언율시. 칠언절구(七言絶句).

오월로〔五月爐〕 5월의 화로라는 뜻으로, 필요는 없어도 없어지면 아쉬운 물건의 비유.

오일경조〔五日京兆〕 하던 일이 며칠 가지 않아서 끝장이 나리라는 뜻. 옛날에는 관리의 임기가 곧 만료되는 것을 비유하는 말로도 쓰였다. 《한서》

오유〔烏有〕 사물이 아무것도 없이 됨. 오(烏)는 반어(反語)를 나타내는 조자(助字). 따라서 오유(烏有)는 「어찌 있으리오. 아무것도 없다」의 뜻이 된다. 현재는 화재를 만나 모든 것을 잃는다는 뜻으로 쓰인다.《사기》

오자탈주〔惡紫奪朱〕 자주색이 붉은색을 망쳐 놓는 것을 미워한다는 뜻으로, 거짓이 참을 욕보임. 또는 소인이 현자를 욕보임을 비유하여 이르는 말.《논어》

오장육부〔五臟六腑〕 오장은 한방(漢方)에서 간(肝)·심(心)·비(脾)·폐(肺)·신(腎)의 다섯 개의 내장. 육부는 대장(大腸)·소장(小腸)·담(膽)·위(胃)·삼초(三焦)·방광(膀胱). 일반적으로 내장 모두. 몸 전체의 뜻.

오조사정〔烏鳥私情〕 까마귀는 새끼

때 입은 은혜를 자라고 나서 갚으려고 하는 정이 있다고 한 데서, 자식의 부모에 대한 효성의 비유. 부모에게 효성을 다하고자 하는 심정을 겸손해서 말하는 것.

오지자웅〔烏之雌雄〕 ☞ 수지오지자웅(誰知烏之雌雄).

오집지교〔烏集之交〕 까마귀처럼 많이 모인 교제라는 뜻으로, 잇속으로 맺어진 교제. 《관자》

오풍십우〔五風十雨〕 닷새에 한 번 바람이 불고 열흘에 한 번 비가 온다는 뜻으로, 기후가 순조롭고 풍년이 들어 천하가 태평한 모양을 일컫는 말. 《논형》

옥곤금우〔玉昆金友〕 옥 같은 형과 금 같은 아우라는 뜻으로, 남의 형제를 칭찬하는 말. 《남사》

옥골선풍〔玉骨仙風〕 살빛이 희고 고결하여 신선과 같은 풍채.

옥불탁불성기〔玉不琢不成器〕 옥은 아름답지만 다듬지 않으면 완전한 것이 되지 못한다는 뜻으로, 사람의 본바탕은 선하지만 학문과 수양을 쌓지 않으면 훌륭한 인물이 될 수 없음의 비유. 《예기》

옥석동쇄〔玉石同碎〕 옥과 돌이 같이 부서진다는 뜻으로, 착한 자와 악한 자가 함께 망함을 비유하여 이르는 말. ☞ 옥석구분(玉石俱焚).

옥쇄〔玉碎〕 옥처럼 아름답게 깨어져 부서진다는 뜻으로, 공명(功名)이나 충절(忠節)을 위하여 깨끗이 생명을 버림을 이르는 말.

옥야천리〔沃野千里〕 기름진 들판이 천리에 달한다는 뜻으로, 끝없이 넓은 기름진 땅. 원래 옥(沃)은 논밭에 물을 대는 것을 말하는데, 관개(灌漑)시설이 잘 되어 있다는 뜻에서 수확이 많고 토질이 기름지다는 뜻으로 확대된 것이다.

옥여칠성〔屋如七星〕 뚫린 지붕으로 북두칠성이 보인다는 뜻으로, 집이 매우 가난함을 형용한 말.

옥오지애〔屋烏之愛〕 애정이 매우 깊음의 비유. 사랑하는 나머지 그 사람 집 지붕에 있는 까마귀까지도 어여삐 여겨진다는 것. 《설원》

옥치무당〔玉卮無當〕 귀중한 옥술잔이라도 밑이 없으면 쓸데없다는 뜻. 《한비자》

옥하가옥〔屋下架屋〕 지붕 아래 또 지붕을 만들다. 무슨 일을 부질없이 거듭하는 것을 비유하는 말이다. 또는 앞사람이 이미 해놓은 일을 그대로 되풀이하여 별로 새로울 것이 없음을 비유하여 이르는 말. 《세설신어》 ☞ 옥상가옥(屋上架屋)

옥하사담〔屋下私談〕 집안의 사사로운 이야기라는 뜻으로, 이루어질 수 없는 공론(空論). 또는 쓸데없는 사사로운 이야기.

와우각상쟁
蝸牛角上爭

달팽이 蝸 소 牛 뿔 角 윗 上 다툴 爭

> 좁은 세상에서 하찮은 일로 싸우는 일의 비유.

「와우각상쟁(蝸牛角上爭)」은 달팽이 뿔 위의 싸움이란 말이다. 우주의 광대한 이치에서 지구상의 전쟁을 굽어보았을 때의 비유라고 할 수 있다.

《장자》에 나오는 이야기로, 위혜왕(魏惠王)과 제위왕(齊威王)은 서로 침략을 않기로 맹약을 했는데, 위왕이 먼저 배신을 하자 혜왕은 자객을 보내 위왕을 죽이려 했다.

그러자 혜왕의 신하 공손연은 정정당당하게 군사를 일으켜 제나라를 칠 것을 주장했다.

그러나 계자(季子)라는 신하는 무고한 백성들만 괴롭히게 될 것이라고 이를 말렸다. 혜왕이 어느 쪽 말을 들어야 할지 몰라 망설이고 있는데, 재상 혜자(惠子)가 대진인(戴晋人)이란 사람을 시켜 혜왕을 만나게 했다.

대진인이 혜왕을 보고 말했다.

「왕께서는 달팽이란 것을 알고 계십니까?」

「알고 있소」

「그 달팽이의 왼쪽 뿔에는 촉(觸)씨라는 사람이, 그리고 오른쪽 뿔에는 만(蠻)씨라는 사람이 나라를 세우고 있는데, 언젠가 서로 영토를 놓고 싸워 죽은 사람이 만 명에 달했고, 달아나는 적을 보름이나 추격한 끝에 돌아온 일이 있습니다」

「무슨 그런 거짓말을?」

「그럼, 그 거짓말을 참말로 만들어 보이겠습니다. 왕은 이 우주가 사방과 위 아래로 끝이 있다고 생각하십니까?」

「그야 끝이 없지」

「그러시면 마음을 그 끝없는 세계에 놀게 하시고 사람이 실제로 오고 갈 수 있는 나라들을 생각해 보십시오. 아마 그것이 있는 듯 없는 듯 작게 보일 것입니다」

「그야 그렇겠지」

「그들 나라 가운데 위라는 나라가 있고, 위나라 안에 대량(大梁)이란 도성이 있고, 그 도성 안에 임금님이 계십니다. 우주의 끝없는 것에 비교해 볼 때, 임금과 달팽이 뿔 위의 만씨와 서로 다른 것이 있겠습니까?」

「다른 것이 없지」

대진인이 물러가자 혜왕은 넋을 잃고 앉아 있었다. 뒤이어 혜자가 들어오자 혜왕은, 「그 손은 정말 위대하다. 성인이라도 그에게는 미치지 못하리라」 하고 감탄했다는 것이다.

이 우화에서 「와우각상」이니 「와각지쟁(蝸角之爭)」이니 하는 말이 나오게 된 것인데, 이 「와우각상쟁」이란 말이 그대로 나와 있는 것은 백낙천의 시 「대주(對酒)」에서다. 즉,

달팽이 뿔 위에서 무슨 일을 다투리오
석화 빛 가운데 이 몸을 붙이노라.

蝸牛角上爭何事　石火光中寄此身　　와우각상쟁하사　석화광중기차신

하고 읊은 데서 처음 이 말을 보게 된다.

옥해금산〔玉海金山〕 옥과 같이 맑고 깊은 바다와 황금의 산이라는 뜻으로, 기운(氣韻)의 높은 형용. 고상한 인품의 비유. 《양서(梁書)》

완벽
完 璧

온전할 完 구슬 璧

흠이 없는 구슬. 결점이 없이 훌륭함. 중요한 일을 완수함.

「완벽」은 흠이 없는 구슬이란 뜻도 되고, 구슬을 온전히 보존한다는 뜻도 된다. 나아가서 결점이 없는 훌륭한 것을 말하기도 하고 완전무결하다는 형용사로도 쓰인다.

이 완벽이란 말을 처음으로 쓴 사람은 전국시대 말기 조(趙)나라의 인상여(藺相如)란 사람이었다.

조나라 혜문왕(惠文王)은 당시 천하의 제일가는 보물로 알려져 있던 화씨벽(和氏璧)을 우연히 손에 넣게 되었다. 그러자 이 소문을 전해들은 진나라 소양왕(昭陽王)이 열다섯 개의 성(城)을 줄 테니 화씨벽과 맞바꾸자고 사신을 보내 청해 왔다.

진나라의 속셈은 뻔했다. 구슬을 먼저 받아 쥐고는 성은 주지 않을 작정이었다. 그러나 조나라로서는 그렇다고 이를 거절하면 거절한다고 진나라에서 트집을 잡을 것이 또한 분명했다.

이럴 수도 저럴 수도 없어 중신회의에서도 결론을 내리지 못하고 있을 때, 환자령(宦者令)인 유현이 그의 식객으로 있는 인상여를 추천했다. 혜문왕은 인상여를 불러 대책을 물었다. 그러자 그는,

「조나라가 거절하면 책임은 조나라에 있고, 진나라가 속이면 책임은 진나라에 있습니다. 이를 승낙하여 책임을 진나라에 지우는 것이 옳을 줄 아옵니다」 하고 대답했다.

「그럼 어떤 사람을 사신으로 보내면 좋을는지?」

「마땅한 사람이 없으면 신이 구슬을 가지고 가겠습니다. 성이 조나라로 들어오면 구슬을 진나라에 두고, 성이 들어오지 않으면 신은 구슬

을 온전히 하여 조나라로 돌아올 것을 책임지고 말씀드리겠습니다(……城不入 臣請完璧歸趙)」

이리하여 상여는 화씨벽을 가지고 진나라로 가게 되었다.

소양왕은 구슬을 보고 크게 기뻐하며 좌우 시신들과 후궁의 미인들에게까지 돌려가며 구경을 시켰다. 인상여는 진왕이 성을 줄 생각이 없는 것을 눈치 채자 곧 앞으로 나아가,

「그 구슬에는 티가 있습니다. 신이 그것을 보여 드리겠습니다」하고 속여, 구슬을 받아 드는 순간 뒤로 물러나 기둥을 의지하고 서서 왕에게 말했다.

「조나라에서는 진나라를 의심하고 구슬을 주지 않으려 했었습니다. 그런 것을 신이 굳이 진나라 같은 대국이 신의를 지키지 않을 리 없다고 말하여 구슬을 가져오게 된 것입니다. 구슬을 보내기에 앞서 우리 임금께선 닷새를 재계(齋戒)를 했는데, 그것은 대국을 존경하는 뜻에서였습니다. 그런데 대왕께선 신을 진나라 신하와 같이 대하며 모든 예절이 정중하지 못했을 뿐만 아니라, 구슬을 받아 미인에게까지 보내 구경을 시키며 신을 희롱하셨습니다. 신이 생각하기에, 대왕께선 조나라에 성을 주실 생각이 없으신 것 같습니다. 그러므로 신은 다시 구슬을 가져가겠습니다. 대왕께서 굳이 구슬을 강요하신다면 신의 머리는 이 구슬과 함께 기둥에 부딪치고 말 것입니다」

머리털이 거꾸로 하늘을 가리키며 인상여는 구슬을 들어 기둥을 향해 던질 기세를 취했다. 구슬이 깨어질까 겁이 난 소양왕은 급히 자신의 경솔했음을 사과하고 담당관을 불러 지도를 가리키며 여기서 여기까지 열다섯 성을 조나라에 넘겨주라고 지시했다.

그러나 모두가 연극이란 것을 알고 있는 인상여는 이번에는,

「대왕께서도 우리 임금과 같이 닷새 동안을 목욕재계한 다음 의식

을 갖추어 천하의 보물을 받도록 하십시오 그렇지 않으면 신은 감히 구슬을 올리지 못하겠습니다」

이리하여 진왕이 닷새를 기다리는 동안 인상여는 구슬을 심복 부하에게 주어 샛길로 조나라로 돌아가도록 했다.

감쪽같이 속은 진왕은 인상여를 죽이고도 싶었지만, 점점 나쁜 소문만 퍼질 것 같아 인상여를 후히 대접해 돌려보내고 말았다.

이리하여 인상여는 일약 대신의 지위에 오르게 되고, 뒤이어 조나라의 재상이 되는데, 그 다음에 오는 이야기는 「문경지교(刎頸之交)」에 자세히 나와 있다.

아무튼 인상여는 그가 약속한 「완벽」을 제대로 이용했고, 이로써 「완벽」이란 말은 그의 전기와 함께 길이 세상에 전해지게 되었다.

온량공검〔溫良恭儉〕 성품이 온화, 순량(順良)하며, 공손하고 검소함. 공자가 사람을 대할 때의 태도를 말한다. 공(恭)은 공순(恭順), 공손한 것. 검(儉)은 검소, 욕망을 억누르고 마음을 다잡는다는 뜻. 《논어》

온유돈후〔溫柔敦厚〕 온화하고 친절·성실한 인품. 또 기교(奇矯) 또는 노골적이 아니고 독실한 정취가 있는 경향. 중국에서는 이것을 시(詩)의 본분으로 하였음. 《예기》

온청정성〔溫凊定省〕 자식이 부모에 대해서 효도할 마음가짐을 가르치고 있는 말이다. 겨울에는 따뜻하게 하고 여름에는 시원하게 하며, 저녁에는 자리를 편히 마련하고 아침에는 안부를 여쭙는 일을 이름. 효도를 하는 데에는 계절이나 시간에 따라서 그때그때에 알맞은 마음 씀씀이가 필요하다는 것. 정(凊)은 청(淸)과는 다른 자로, 시원하게 하다의 뜻. 《예기》

온후독실〔溫厚篤實〕 성질이 온화하고 착실함. 태도가 부드럽고 성실함.

옹리혜계〔甕裏醯鷄〕 술독 속에 있는 날벌레라는 뜻으로, 식견이 좁음을 일컫는 말. 《장자》

옹산화병〔甕算畫餠〕 독장수의 셈과 그림의 떡. 곧 실속이 없음.

왕후장상 영유종호
王侯將相 寧有種乎

임금 王 제후 侯 장수 將 서로 相
어찌 寧 있을 有 씨앗 種 어조사 乎

부귀영화는 실력만 있으면 누구나 차지할 수 있음의 비유.

「왕후장상이 영유종호아(王侯將相 寧有種乎)」 하는 문자는 위인전기의 선전 광고 같은 데 흔히 쓰이는 문자다. 「왕이나 제후, 장수나 재상이 어찌 씨가 따로 있을 것인가」 하는 뜻이다. 결국 부귀영화는 실력만 있으면 누구나 차지할 수 있다는 이야기다.

「제비와 참새가 어찌 기러기의 마음을 알겠느냐(燕雀安知 鴻鵠之志)」고 한 진승(陳勝)의 말을 같은 제목에서 약간 비친 바 있지만, 그 다음 이야기에 진승의 이 같은 말을 우리는 또 보게 된다.

진시황이 죽고 2세가 천자가 된 것을 알자, 도처에서 반란이 요원의 불길처럼 번져 가고 있었는데, 그 불을 처음 지른 것이 진승이었다.

2세가 등극을 한 첫 해, 진승은 오광(吳廣)과 함께 징발을 당해 모두 9백 명의 장정이 수비병으로 북쪽으로 끌려가게 되었다. 그러나 마침 장마철을 만나 길이 끊기는 바람에 기한 내에 지정된 장소까지 갈 수 없게 되었다. 날짜를 어기면 진나라 법에는 무조건 사형을 당하게 되어 있다.

진승은 오광과 상의하여 반란을 일으키기로 하고 먼저 인솔 책임자인 두 장교를 죽였다. 그리고 9백 명의 장정들을 한자리로 모은 다음 진승은 한바탕 열변을 토했다.

「여러분은 나와 함께 비를 만나 날짜에 대어 갈 수 없게 되었다. 시기를 놓치면 죽는 것은 누구나가 아는 사실이다 설혹 사형을 면한다 해도 변방을 수비하는 사람들은 열이면 일곱은 죽기 마련이다. 또 장부가 죽지 않으면 모르되, 이왕 죽을 바엔 대의명분을 위해 죽어야 할 것이 아닌가. 여러분! 왕후와 장상이 어떻게 씨가 따로 있을 수 있겠는가 (王侯將相 寧有種乎)」

그러자 사람들은 일제히 「옳소, 옳소」 하는 소리를 외치며 시키는 대로 할 것을 맹세했다. 이리하여 진승의 목숨을 건 모험은 성공을 보게 되었다. 가는 곳마다 성과 도시를 쳐서 이를 손아귀에 넣고, 군사를 점점 불려 진(陳)에 도달했을 때는 수레가 6, 7백 대나 되었고, 말이 천 필에 보병이 수만을 헤아리게 되었다.

진을 함락시킨 진승은 여기에 근거를 정하고 그 자신 왕위에 올라 나라 이름을 장초(張楚)라 불렀다. 마침내 그의 말대로 씨가 따로 없어 왕이 되어 부귀를 얻게 된 것이다.

진승이 성공했다는 소문이 한번 전해지는 순간, 각지의 호걸들은 진나라 관리들을 죽이고 군사를 일으켜 진승에 호응했다.

그러나 복잡한 정세 속에 남을 의심한 진승은 사람을 올바로 쓰지 못하고 결국 남의 손에 죽고 만다. 그러나 그가 던진 씨는 마침내 진나라를 멸망시키는 결과로 나타났다.

와각지쟁〔蝸角之爭〕☞ 와우각상쟁(蝸牛角上爭).

와룡봉추〔臥龍鳳雛〕 때를 얻지 못하고 웅크리고 있는 영웅이나 큰 인물을 가리킨다. 또는 우수한 소년의 비유. 와룡(臥龍)은 누워 있는 용으로, 아직 풍운(風雲)을 만나지 못해 하늘로 오르지 못하고 땅에 숨어 은둔하고 있는 용을 말한다. 일찍이 초야에 은둔하는 영웅에 비유. 봉추(鳳雛)는 봉황의 새끼로, 장래 큰 인물이 될 소질을 가진 영재의 의미. 《자치통감》 囘 복룡봉추(伏龍鳳雛).

와명선조〔蛙鳴蟬躁〕 개구리와 매미가 시끄럽게 운다는 말로, 속물들이 시끄럽게 변설(辯舌)을 농(弄)함을 이름. 또는 시끄럽기만 하고 아무 쓸모가 없음을 이름.

와부뇌명〔瓦釜雷鳴〕 무식하고 변변치 못한 사람이 아는 체하고 크게 떠들어댄 소리에 여러 사람이 놀라게 된 것을 이르는 말.

와석종신〔臥席終身〕 제 명에 죽음.

와치천하〔臥治天下〕 누워서 천하를 다스림. 곧 태평시대(太平時代)를 말함.

완물상지〔玩物喪志〕 사물에 마음이 쏠려 절조(節操)를 잃는 것. 신기한 것을 가지고 놀며 거기에 마음을 빼앗겨서 소중한 지조를 잃는 것을 말한다. 《서경》

완벽귀조〔完璧歸趙〕 ☞ 완벽(完璧).

완석점두〔頑石點頭〕 완고한 돌도 고개를 끄덕인다. 곧 생생하고 절실하게 도리를 밝혀 상대를 설득시킴의 비유.

왈가왈부〔曰可曰否〕 어떤 일에 대하여 옳거니 옳지 않거니 하고 말함. 왈시왈비(曰是曰非).

왕굴〔枉屈〕 귀인(貴人)의 내방(來訪)을 일컫는 말. 지체가 높은 사람이 그 몸을 굽힌다는 데서, 귀인이 지체가 낮은 사람을 방문하는 것. 또는 까닭 없이 굽힘. 《전출사표》

왕자불가간〔往者不可諫〕 지나간 일은 아무래도 돌이킬 수가 없다는 말. 「내자유가추(來者猶可追)」와 함께 대구(對句)로 쓰이는 수가 많다. 《논어》

왕척직심〔枉尺直尋〕 자는 굽었더라도 심(尋)은 바로 한다는 뜻으로,

큰일을 구하고 지키기 위하여 작은 일을 버림의 비유. 작은 절조(節操)를 버리고 큰 업적을 얻는 것. 또 심(尋)은 여덟 자로, 여덟 자를 곧게 하기 위해 한 자 굽힘을 마다하지 않는다는 뜻으로, 대를 위해 소를 희생함. 《맹자》

왜자간희〔矮者看戲〕 키가 작은 사람이 키 큰 사람 사이에 끼어 구경을 할 때 앞사람의 이야기만 듣고 스스로 아는 체한다는 뜻에서 자신은 아무것도 모르면서 남이 그렇다고 하니까 덩달아서 그렇다고 하는 일. 왜인간장(矮人看場). 《주자어류》

외수외미〔畏首畏尾〕 머리도 꼬리도 다 두려워한다는 뜻으로, 두려워서 벌벌 떪. 《좌전》

외영오적〔畏影惡迹〕 그림자나 발자국이 자기 뒤를 쫓아오는 것을 싫어한다는 데서, 진정한 자기 자신을 잃어버리고 스스로 고뇌가 생겨 외물(外物)이나 망상에 사로잡혀서 번민하는 것. 《장자》

요고순목〔堯鼓舜木〕 요임금은 궐문 밖에 북을 달아놓고 간(諫)할 사람이 있으면 북을 치게 했고, 순임금은 잠목(箴木)을 세워 놓고 경계의 말을 쓰게 한 데서 남의 충고를 잘 받아들임을 비유한 말. 《구당서》

요동지시
遼東之豕

땅이름 遼 동녘 東 의 之 돼지 豕

견문이 좁고 오만한 자가 하찮은 공을 자랑하는 모습을 비꼬아 이르는 말

「요동지시」는 요동지방의 돼지라는 뜻이다.

《문선(文選)》 주부서(朱浮書)에 있는 이야기다.

후한의 세조 광무제가 위에 오르고 낙양에 도읍한 뒤의 얼마 되지 않아서 천하는 아직 전화의 잔재가 사그라지지 않고 각지에서 제위(帝位)를 참칭하는 자가 할거하고 있을 때다.

대장군 유주(幽州)의 목(牧)인 주부(朱浮)가 여러 지방에 있는 많은 곡창을 개방해 현사를 모으고 천하를 안정시키고자 한 일이 있다.

그 때 어양(漁陽)의 태수 팽총(彭寵)은 「천하가 아직 안정치 못하니 군량을 확보하기 위해서」라는 이유로 곡창을 함부로 개방하는 것을 금했다. 그러나 광무제를 도운 공으로 교만해질 대로 교만해진 팽총은 은근히 자립해서 난(亂)을 획책코자 했다.

주부는 총의 금령에 크게 불만을 품고 금령을 무시하며 도리어 총의 불온한 동정을 낙양에 보고했다. 이를 안 총은 크게 노하여 군사를 일으켜 주부를 치고자 했다. 그러자 주부는 총의 그릇됨을 책하는 편지를 보냈다.

「백통(伯通 : 팽총의 자), 그대는 태수의 지위에 있으면서 오로지 군량만을 아끼고 있으나, 나는 조적토멸(朝敵討滅)의 대임을 맡고 있으므로 현사를 필요로 하고 있으며, 이것은 바로 국가의 대업이다. 내가 그대를 참언(讒言)했다고 의심하거든 그대가 직접 천자께 주상(奏上)해 보면 될 것이다. 그대가 경황(耿況 : 상곡태수)과 함께 천자를 도와 다 같이 국은(國恩)을 입고 있거늘 그대만이 자랑을 일삼고 그 공이 천하에 높다고 생각하고 있는가. 그대는 혹시 이런 이야기를 아는가? 옛날 요동지방에서 흰 머리의 돼지새끼가 나와 희귀한 돼지니 임금께 바치려고 생각한 사람이 있었는데, 그 돼지를 가지고 강동(江東)까지 갔을 때, 그곳의 돼지는 모두 머리가 흰 돼지인지라 크게 부끄러워 그냥 돌아갔다고 한다. 만약 그대의 공적을 조당(朝堂)에서 논한다면 그대보다 못지않은 공을 세운 군신(群臣) 속에서 그대는 그야말로 요동시(遼東豕)에 지나지 않는다는 것을 알게 될 것이다」

그리고 다시 조정에 반기를 드는 어리석음을 논하며,

「지금 천하는 몇 리(幾里)이고 열군(列郡)은 몇 성(幾城)인가. 어찌 구구한 어양(漁陽)으로써 천자와 척을 질 것인가」 했다.

그러나 교만한 팽총은 스스로 연왕(燕王)이라 칭하며 조정에 반기를 들었다. 그러나 2년 뒤 토벌당하고 말았다.

「요동의 돼지」는 팽총처럼 남이 본다면 별로 이상하거나 대단치도 않은 것을 가지고 자랑하는 어리석음을 가리켜 비웃을 때 쓰이게 되었다.

요두전목〔搖頭顚目〕 머리를 흔들고 눈을 굴리면서 몸을 움직임. 곧 침착성이 없이 행동함.

요목불생위〔橈木不生危〕 현명한 사람은 정치가 어지러워진 나라에서는 벼슬하지 않음의 비유. 또 충실한 좋은 신하는 나라가 어지러워지면 그 지위나 생명도 위태로워짐의 비유. 《국어》

요미걸련〔搖尾乞憐〕 짐승이 꼬리를 흔들며 아양을 떤다는 데서, 간사하고 남에게 아첨을 떪을 이름.

요불승덕〔妖不勝德〕 요사함이 덕을 이기지 못한다. 곧 올바른 덕에 의한 정치 앞에는 아무리 요사한 일도 맥을 추지 못한다는 말. 《사기》

요양미정〔擾攘未定〕 정신이 어질어질하여 결정하지 못함. 또 나이가 어린 탓에 뜻이 인정되지 못함.

요언불번〔要言不煩〕 긴요한 말은 긴 이야기를 듣지 않아도 그 뜻을 알 수 있음.

요령부득
要領不得

종요로울 要 옷깃 領 아니 不 얻을 得

> 말이나 글의 요령을 잡을 수가 없음.

　말이나 글이, 목적과 줄거리가 뚜렷하지 못해 무엇을 나타내려는 것인지를 알 수 없을 때 이런 말을 쓴다. 「요령(要領)」은 요긴한 줄거리란 정도의 뜻을 가지고 있다.
　그런데 옛날에는 이 「요령부득」이 두 가지 다른 뜻으로 쓰였다. 하나는 「요령(要領)」의 「요(要)」가 허리의 요(腰)와 같은 뜻으로 쓰이는 경우인데, 이때의 「요령부득」은 제 명에 죽지 못함을 말한다. 옛날에는 죄인을 사형에 처할 때, 무거운 죄는 허리를 베고 가벼운 죄는 목을 베었다. 「요」는 허리를 말하고 「령」은 목을 뜻한다. 그러므로 「요령부득」은 허리와 목을 온전히 보존하지 못한다는 뜻이다.
　그러나 오늘날 우리가 쓰는 「요령」이란 말은 옷의 허리띠와 깃을 말한다. 옷을 들 때는 반드시 허리띠 있는 곳과 깃이 있는 곳을 들어야만 옷을 얌전히 제대로 들 수 있다. 여기에서 허리띠와 깃이 요긴한 곳을 가리키는 말로 변하게 되었다.
　「요령이 좋지 못하다」든가, 「요령을 모른다」든가 하는 뜻의 「요령부득」이란 말이 처음 나온 곳은 《사기》 대원전(大宛傳)이다. 한무제는 흉노를 치기 위해 장건(張騫)을 대월지국으로 보낸 일이 있다. 그러나 월지국은 흉노 땅을 거쳐야만 되기 때문에 장건은 백여 명의 수행원과 함께 곧 흉노의 포로가 된다.
　거기서 10년 남짓 억류생활을 하며 흉노의 여자를 아내로 얻어 자식까지 낳는다. 그러나 장건은 흉노가 안심하고 있는 기회를 틈타 대원(大宛)으로 간다. 대원국은 한나라와 무역을 원했기 때문에 장건을 대월지국까지 안내자를 딸려 보낸다.

그때 월지의 왕이 흉노에 의해 죽었기 때문에 태자가 새로 왕으로 앉아 있었다. 신왕은 대하국(大夏國)을 정복하여 그곳에 살고 있었는데, 땅도 비옥하고 이민족의 침략도 적은 곳이었기 때문에 편안한 생활을 즐기고 있었다.

그래서 흉노에 대한 복수심도 점점 식어지고, 한나라와는 거리가 먼 관계로 새삼 친교를 맺을 생각이 없었다. 그리하여 장건은 월지에서 대하까지 가긴 했으나, 끝내 월지왕의 참뜻이 무엇인지를 모르고 1년 남짓 있다가 돌아오고 말았다.

그러나 돌아오는 길에 다시 흉노에게 붙들려 1년 남짓 억류되어 있다가, 때마침 흉노 왕이 죽고 왕끼리 권력다툼을 하는 혼란한 시기를 틈타 탈출에 성공 무사히 조국 땅으로 돌아올 수 있었다. 한나라 수도 장안을 떠난 지 13년 만에 겨우 흉노에서 장가든 아내와 안내역으로 같이 갔던 감부(甘父)와 셋이서 돌아왔다. 그러나 요령을 얻지 못하고 돌아온 장건은 서역 문명의 소개자로 역사에 남게 되었다.

요유인흥〔妖由人興〕 요사스러움은 사람이 양심을 잃었을 때 일어남을 이름.

요조숙녀〔窈窕淑女〕 얌전하고 조용하고 얼굴도 아름다운 숙녀, 미인. 요(窈)는 총명한 뜻. 조(窕)는 얼굴이 아름다운 것.《시경》

욕개미창〔欲蓋彌彰〕 덮으려고 하면 더욱 드러난다는 뜻으로, 감출수록 더욱 드러남.《좌전》

욕곡봉타〔欲哭逢打〕 울려고 하는 아이를 때려 마침내 울게 한다는 뜻으로, 불평을 품고 있는 사람을 선동함을 비유한 말.

욕교반졸〔欲巧反拙〕 잘 만들려고 너무 기교를 다하다가 도리어 졸렬한 결과를 보게 되었다는 말로, 너무 잘하려 하면 도리어 안됨을 이르는 말.

욕불가종〔欲不可從〕 사람의 욕정은 한량이 없으므로 절제하지 않으면 재화(災禍)를 받음.《예기》

요원지화
燎原之火

탈 燎 벌판 原 의 之 불 火

> 무서운 형세로 타 나가는 벌판의 불. 세력이 대단해서 막을 수 없음.

무서운 기세로 확대되어 가고 있는 것을 가리켜「요원의 불길」이니 「요원지화」니 하고 말한다.

「요원(燎原)」을 요원(遼原)으로 알고 있는 사람도 있다. 즉 불타는 벌판이 아닌, 멀리 끝없이 계속되는 넓은 벌판이란 뜻으로 알고 있는 것이다.

이 말은 《서경》 반경(盤庚)에 나오는 말이다.

「너희들은 어찌 내게 알리지도 않고, 서로 어울려 뜬소문을 퍼뜨리며, 민중들을 공포 속으로 몰아넣고 있느냐. 불이 벌판에 타게 되면 가까이 향해 갈 수도 없는데, 어떻게 그것을 꺼 없앨 수 있겠느냐(若火之燎于原 不可嚮邇 其猶可撲滅). 곧 너희 무리가 스스로 불안을 만들어 낸 것으로 내게 허물이 있는 것은 아니다」

이 대목은 은나라 탕임금의 10세 손인 반경(盤庚)이 황하의 수해를 피하기 위해 수도를 옮기며 미리 관직에 있는 사람들을 타이르기 위해 쓴 글인「반경」상편에 있는 말이다.

「요원의 불」이란 말이 위에서 본「불이 벌판을 태운다」는 말에서 나온 것임을 알 수 있다. 따라서「요원의 불」은 벌판에 타오르는 불길을 가리켜 하는 말이다.

욕사무지〔欲死無地〕 죽으려고 해도 죽을 만한 곳이 없음. 아주 분하고 원통함의 비유.

욕토미토〔欲吐未吐〕 말을 금방 할 듯 할 듯하면서도 하지 않음을 이르는 말.

요조숙녀 군자호구
窈窕淑女 君子好逑

얌전할 窈 정숙할 窕 맑을 淑 계집 女
임금 君 아들 子 좋을 好 짝 逑

> 행실과 품행이 고운 여인은 군자의 좋은 배필이 된다는 말

《시경》 주남편의 제일 첫 시는 이렇게 시작한다.

꽉꽉거리며 우는 물새는
모래톱에 있네.
요조숙녀는
군자의 좋은 짝이로다.

關關雎鳩　在河之洲　　관관저구　재하지주
窈窕淑女　君子好逑　　요조숙녀　군자호구

이 시는 맨 첫 구절을 따서 관저장(關雎章)이라고 한다.

옛 주석에 의하면 여기서의 군자는 주나라의 문왕(文王)의 비(妃)가 된 태사(太姒)를 가리킨다고 한다. 문왕이 태사를 얻어 배필로 삼았을 때 궁중 사람들이 태사가 그윽하고 조용하며 곧고 고요한 덕이 있음을 보고 이 시를 지어 두 사람의 어울림을 노래했다는 것이다.

뒤에 와서 이 시는 단지 문왕과 태사의 어울림을 형용하는 데 그치지 않고 서로 화락(和樂)하면서도 절도를 잃지 않고 공경하는 남녀의 아름다운 모습을 표현하는 말로 일반적으로 사용되었다.

용문점액〔龍門點額〕 용문 아래 모인 물고기가 오르면 용이 되고 오르지 못하면 이마를 부딪쳐 상처만 입게 된다는 뜻으로, 과거에 낙방하고 돌아오는 사람의 비유.

용반호거〔龍蟠虎踞〕 용이 서리고 범이 걸터앉은 듯한 웅장한 산세를 이르는 말. 《육조사적(六朝事迹)》

욕속부달
欲速不達

하고자 할 欲 빠를 速 아니 不 도달할 達

> 일을 속히 하려고 하면 도리어 이루지 못함.

「욕속부달」이니 「욕교반졸(欲巧反拙)」이니 하는 말은 흔히 쓰이는 말이다. 너무 서두르면 도리어 일이 진척되지 않는 것이 「욕속부달」이고, 너무 좋게 만들려다가 오히려 그대로 둔 것만 못한 결과를 가져오게 되는 것이 「욕교반졸」이다.

「욕속부달」이란 말은 《논어》 자로편에 나오는 공자의 말이다. 제자 자하가 거보(莒父)라는 고을의 장관이 되자, 공자를 찾아와 정치하는 방법을 물었다. 그러자 공자는 이렇게 말했다.

「빨리 하려 하지 말고 작은 이익을 보지 말라. 빨리 하려 하면 일이 잘 되지 않고, 작은 이익을 보면 큰 일이 이루어지지 않는다(無欲速 無見小利 欲速則不達 見小利則大事不成)」

큰일이든 작은 일이든 마음이 조급하면 제대로 되지 않는다. 「욕속(欲速)」은 빨리 하는 행동을 말하는 것이 아니고, 얼른 성과를 올리려는 성급한 마음을 말한 것이다.

마음은 천근처럼 늘어지고 행동은 빨라야만 좋은 성과를 올릴 수 있다. 특히 정치는 근본 문제를 장기적으로 다뤄야 하기 때문에 단순한 명령이나 법률로써 효과를 보려 하면 혼란만 초래하게 된다.

더디더라도 서서히 한 가지씩 올바르게 고쳐 나가야만 비로소 바라는 성과를 얻게 되는 것이다.

큰일을 하는 사람이 눈앞에 보이는 작은 이익에 눈을 돌리면 큰일을 할 수 없게 된다.

정치하는 사람은 원대한 포부를 가지고 장기적인 투자를 하지 않는 한 좋은 꽃과 열매를 얻지 못한다.

　공자는, 자하가 눈앞에 보이는 빠른 효과와 작은 이익에 집착하는 성격을 가지고 있기 때문에 이같이 말하게 된 것인데, 사람은 대부분 이같은 결점을 지니고 있다.

용비봉무〔龍飛鳳舞〕 용이 날아오르고 봉황이 춤을 춘다는 뜻으로, 산천이 수려하고 신령한 기세. 이 서기(瑞氣)가 있어야 이성(異姓)의 왕이 난다는 전설에서 천하를 얻는다는 뜻으로 쓰이는 말.

용사비등〔龍蛇飛騰〕 활기가 있는 매우 잘 쓴 글씨.

용사지세〔龍蛇之歲〕 진(辰)과 사(巳)의 해. 현사(賢士)가 죽은 해를 말한다. 용사는 어진 선비를 비유하는 말이다.《주역》

용사행장〔用舍行藏〕 세상에 쓰일 때는 나아가 도를 행하고, 버림을 받으면 물러나 몸을 숨기고 도를 닦는 군자의 처세를 이름. 곧 진퇴의 시의(時宜)가 적절함을 이르는 말.《논어》

용상〔龍象〕【불교】 고덕석학(高德碩學)하고 뚜렷한 행적이 있는 중(僧)을 죽은 후에 일컫는 말. 용상지력(龍象之力).《전등록》

용양호시〔龍驤虎視〕 용과 같이 하늘 높이 오르고, 범이 먹이를 노려보듯 천하를 바라다봄. 곧 영웅의 일세(一世)를 웅시(雄視)하는 태도를 이름.《촉지》

용왕매진〔勇往邁進〕 거리낌 없이 용감하게 나아감.

용의주도〔用意周到〕 마음의 준비가 두루 미쳐 빈틈이 없음.

용장약졸〔勇將弱卒〕 용감하고 강한 대장의 부하에게는 약하고 비겁한 병사는 없다. 즉 지도자의 용기나 신념이 그 집단·조직의 힘을 크게 좌우한다는 의미. 소식《연공벽제사(連公壁題詞)》

용호상박〔龍虎相搏〕 용과 범이 서로 싸움. 곧 강한 두 사람이 서로 싸운다는 뜻.

용혹무괴〔容或無怪〕 혹시 그럴 수도 있으므로 괴이할 것이 없음.

우각괘서〔牛角掛書〕 소의 뿔에 책을 건다는 뜻으로, 촌음(寸陰)을 아껴서 독서에 열중하는 모습을 비유하는 말.《신당서》

용두사미
龍頭蛇尾

용 龍 머리 頭 뱀 蛇 꼬리 尾

처음은 왕성하나 끝이 부진함.

용의 머리에 뱀의 꼬리가 「용두사미」다. 처음 시작할 때는 그럴 듯하게 보였는데, 끝이 시원치 못한 것을 가리켜 「용두사미」라고 한다. 이것은 용과 뱀의 생김새가 비슷한 데서 나온 말로 오랜 옛날부터 있었을 법한 말이다. 그러나 이 말이 기록에 나와 있는 것은 《벽암집(碧巖集)》에 있는 진존자(陳尊者)의 이야기에서다.

진존자는 목주(睦州) 사람으로 그 곳에 있는 용흥사(龍興寺)란 절에 살고 있었다. 그러나 뒤에 절에서 나와 각지로 돌아다니며, 짚신을 삼아서 길가는 나그네들이 주워 신도록 길바닥에 던져 주곤 했다고 한다.

그 진존자가 늙었을 때의 일이다. 어느 중을 만나 서로 말을 주고받는데, 갑자기 상대가 「에잇!」 하고 호령을 하는 것이었다. 그래서, 「허허, 이거 야단맞았군」하고 상대를 바라보자, 그 중은 또 한번 「에잇!」 하고 꾸중을 하는 것이었다. 그 중의 재치 빠른 태도와 말재간은 제법 도를 닦은 도승처럼 보이기도 했다. 그러나 진존자는 속으로,

「이 중이 얼른 보기에 그럴 듯하기는 한데, 역시 참으로 도를 깨치지는 못한 것 같다. 모르긴 하지만 한갓 용의 머리에 뱀의 꼬리이기 십상이다(似則似 是則未是 只恐龍頭蛇尾)」

진존자가 중에게 물었다.

「그대는 『에잇! 에잇!』 하고 위세는 좋은데, 세 번 네 번 에잇 소리를 외친 뒤에는 무엇으로 어떻게 마무리를 지을 생각인가?」

그러자 중은 그만 자기 속셈이 드러난 것을 알고 뱀의 꼬리를 내보이고 말았다는 것이다.

우공문〔于公門〕 음덕(陰德)이 있는 집안의 자손은 번창함을 이르는 말. 《한서》

우귀사신〔牛鬼蛇神〕 잡귀신. 불한당.

우답불파〔牛踏不破〕 소가 밟아도 깨지지 않는다는 뜻으로, 사물의 견고함의 비유. 우수불함(牛遂不陷).

우도불우빈〔憂道不憂貧〕 도덕은 닦지 못한 것을 근심할 일이지, 가난을 근심하지 말라는 말.

우락불상천〔雨落不上天〕 한번 내린 비는 하늘로 올라가지 못한다는 뜻으로, 한번 이혼당한 여자는 다시 돌아갈 수 없음을 비유하여 이르는 말. ☞ 복수불반분(覆水不返盆).

우로지택〔雨露之澤〕 비와 이슬이 만물을 키우는 것처럼 은혜가 고루 미치는 혜택이라는 뜻으로, 넓고 큰 임금의 혜택. 또는 비와 이슬의 혜택.

우로풍상〔雨露風霜〕 갖은 경험.

우마주〔牛馬走〕 소와 말처럼 달리는 종이라는 뜻으로, 자기의 겸칭.

우맹의관〔優孟衣冠〕 우맹이 손숙오(孫叔敖)의 의관을 입었다는 뜻으로, 사람의 외형만 같고 그 실은 다름을 비유하는 말. 또는 문학작품에 예술성이 전혀 없음을 이르는 말. 《사기》

우문현답〔愚問賢答〕 어리석은 질문에 현명한 대답. 핸 현문우답(賢問愚答).

우불파괴〔雨不破塊〕 비가 조용히 내려 흙덩이를 부수지 않는다는 뜻으로, 천하가 태평함을 비유하여 이르는 말. 《염철론》

우사풍생〔遇事風生〕 시비를 일으키기 좋아하다.

우수마발〔牛溲馬勃〕 쇠오줌과 말똥. 곧 가치 없는 말이나 글. 또 품질이 나쁜 약재(藥材)를 이름.

우수마육〔牛首馬肉〕 소머리를 걸어놓고 말고기를 판다는 뜻으로, 표면과 내용이 일치하지 않음의 비유. 겉보기만 번지르르하고 내용이 따르지 않는 것. 말과 행동이 다름의 비유. ☞ 양두구육(羊頭狗肉).

우여곡절〔紆餘曲折〕 뒤얽힌 복잡한 사정. 또는 그 경과(經過).

우왕마왕〔牛往馬往〕 소 갈 데 말 갈 데 다 다녀 봤다는 뜻.

우유부단〔優柔不斷〕 어물어물하며 딱 잘라 결단을 내리지 못함. 윤 숙려단행(熟慮斷行). 맨 속전속결(速戰速決).

우음마식〔牛飮馬食〕 마소처럼 술·음식 따위를 많이 먹고 많이 마신다는 뜻으로, 폭음 폭식함을 비유하여 이르는 말.

우의소설〔寓意小說〕 어떤 의견이나 교훈을 어느 이야기에 빗대서 쓴 소설.

우공이산
愚公移山

어리석을 愚 어른 公 옮길 移 뫼 山

어리석은 일 같지만 끝까지 밀고 나가면 목적을 달성한다.

「우공이산」은 어리석은 영감이 산을 옮겨 놓는다는 말로 남 보기에 미련한 것같이 보이지만, 한 가지 일을 계속 물고 늘어지면 언젠가는 목적을 달성하게 된다는 비유의 이야기다.

《열자》 탕문편에 나오는 널리 알려진 이야기다.

태행산(太行山)은 사방 둘레가 7백 리나 되고, 높이가 만 길이나 되는데, 원래는 기주(冀州 : 하북성) 남쪽, 하양(河陽 : 하남성) 북쪽에 있었다.

그런데 북산(北山)의 우공(愚公)이란 사람이 나이는 벌써 아흔이 가까운데, 이 두 산을 앞에 놓고 살고 있었기 때문에 산 북쪽이 길을 막고 있어 드나들 때마다 멀리 돌아서 다녀야만 했다. 영감은 그것이 몹시 불편하게 생각되어 하루는 가족들을 모아 놓고 상의를 했다.

「나는 너희들과 함께 힘을 다해 높은 산을 평평하게 만들고 예주(豫州 : 하남성) 남쪽으로 길을 내 한수(漢水) 남쪽까지 갈 수 있게 할까 하는데, 너희들 생각은 어떠냐?」

모두가 찬성을 했다. 그러나 우공의 아내만은 이렇게 반대했다.

「당신 힘으로는 작은 언덕도 허물 수가 없을 텐데, 그런 큰 산을 어떻게 한단 말입니까. 그리고 그 흙과 돌은 어디로 다 치운단 말입니까?」

「발해(勃海) 구석이나 은토(隱土) 북쪽에라도 버리면 되겠지요 뭐」

모두 이렇게 우공을 두둔하고 나섰다. 그래서 우공은 아들 손자들을 거느리고 산을 허물기 시작했다. 짐을 지는 사람은 세 사람, 돌을 깨고 흙을 파서 그것을 삼태기와 거적에 담아 발해로 운반했다.

우공의 이웃에 사는 경성씨(京城氏) 집 과부에게 이제 겨우 7, 8세밖에 안되는 아들이 하나 있었는데, 이 아이가 또 열심히 우공의 산 파는 일을 도왔다. 그러나 1년에 두 차례 겨우 흙과 돌을 버리고 돌아오는 정도였다.

그러자 하곡(河曲)에 있는 지수(智叟)란 영감이 이 광경을 보고 웃으며 이렇게 말렸다.

「이 사람아, 어쩌면 그렇게도 어리석은가. 다 죽어 가는 자네 힘으로는 풀 한 포기도 제대로 뜯지 못할 터인데, 그 흙과 돌을 어떻게 할 작정인가?」

그러자 우공은 한숨을 내쉬며 이렇게 말했다.

「자네의 그 좁은 소견에는 정말 놀라지 않을 수 없네. 자넨 저 과부의 어린아이 지혜만도 못하지 않은가. 내가 죽더라도 자식이 있지 않은가. 그 자식에 손자가 또 생기고, 그 손자에 또 자식이 생기지 않겠는가. 이렇게 사람은 자자손손 대를 이어 한이 없지만, 산은 불어나는 일이 없지 않은가. 그러니 언젠가는 평평해질 날이 있지 않겠나?」

지수는 말문이 막혀 잠자코 있었다.

두 손에 뱀을 들고 있다는 산신령이 이 말을 듣자, 산을 허무는 인간의 노력이 끝없이 계속될까 겁이 났다. 그래서 옥황상제에게 이를 말려주도록 호소했다.

그러나 옥황상제는 우공의 정성에 감동하여 힘이 세기로 유명한 과아씨(夸娥氏)의 아들을 시켜 두 산을 들어 옮겨, 하나는 삭동(朔東 : 朔北 동쪽)에 두고 하나는 옹남(雍南 : 雍州 남쪽)에 두게 했다.

이리하여 기주 남쪽에서 한수 남쪽에 이르기까지는 산이 없게 되었다.

여기에서, 쉬지 않고 꾸준히 노력해서 성공하는 비유로 「우공이산」이란 문자를 쓰게 되었다.

우화등선
羽化登仙

깃 羽 화할 化 오를 登 신선 仙

사람의 몸에 날개가 돋쳐 신선이 되어 하늘로 올라감.

「우화(羽化)」는 번데기가 날개 있는 벌레로 변하는 것을 말한다. 그래서 알몸뚱이 사람이 날개가 돋쳐 신선이 되어 하늘로 올라가는 것을 「우화등선」 이라고 한다.

이 말은 유명한 소동파의 「전적벽부」 에 있는 말이다.

송나라 신종(神宗) 원풍(元豊) 5년 7월에 동파는 양자강의 명승지인 적벽에서 놀았다. 그는 3년 전에 천자를 비방했다는 죄로 귀양을 가게 되었는데, 그가 귀양 온 곳이 바로 이 적벽 근처였다.

송대(宋代)는 불교의 사상, 특히 선(禪)의 영향이 컸던 시대다. 동파도 귀양살이를 하는 동안 불교와 도교의 학설을 좋아하게 되었다.

「전적벽부」가 사람들의 절찬을 받고 있는 것은 이 글 속에 불교와 도교의 사상적인 깊이가 깃들어 있기 때문이기도 하다.

이 글의 부분 부분을 소개하면 이런 것들을 들 수 있다.

「임술년 가을 7월 16일, 소자(蘇子 : 소동파 자신을 말한다)는 손과 함께 배를 띄워 적벽 아래서 놀게 되었다. 맑은 바람이 조용히 불어와서 물결마저 일지 않았다. 술을 들어 손을 권하며 명월(明月)의 시를 읊고, 요조(窈窕)의 글을 노래 불렀다. 조금 있으니 달이 동산 위에 떠올라 별 사이를 거쳐 가고 있었다. 흰 이슬이 강에 내린 듯 물빛은 하늘에 닿아 있었다. 갈대 같은 작은 배에 내맡겨 만 이랑 아득한 물 위를 거침없이 떠간다. 훨훨 허공에 떠 바람을 타고 그칠 바를 모르듯, 훌쩍 세상을 버리고 홀몸이 되어 날개를 달고 신선이 되어 하늘로 오르는 것만 같다(飄飄乎如遺世獨立 羽化而登仙). ……소자가 말했다.

『손님도 저 물과 달을 아시지요. 이렇게 흐르고 있지만 언제나 그대로요. 저렇게 둥글었다, 이지러졌다 하지만 끝내 그대로가 아닙니까. 변하는 측면에서 보면 하늘과 땅도 한 순간을 그대로 있지 않고, 변하지 않는 측면에서 보면 만물이나 나나 다할 날이 없는 겁니다. 세상에 부러울 것이 무엇입니까』……손이 기뻐 웃으며 잔을 씻어 다시 술을 권했다. 안주와 과일이 이미 없어지자 술잔과 접시들이 마구 흐트러진 채 서로가 서로를 베고 배 안에서 잠이 들어 동쪽 하늘이 훤히 밝아오는 것도 모르고 있었다』

이 글은 《고문진보(古文眞寶)》후집(後集)에 나오는데, 이 글 속에 나오는 무수한 문자들이 모두 다 즐겨 사람의 입에 오르내리는 것들이다.

우예지소〔虞芮之訴〕 자신들의 소견이 좁음을 깨닫고 서로 소송을 취하하는 것. 또 서로 자기의 이익을 주장하여 재판에 임하는 것. 우(虞)도 예(芮)도 모두 나라 이름. 《사기》

우이독경〔牛耳讀經〕 「쇠귀에 경읽기」와 같은 말.

우이효지〔尤而效之〕 남의 잘못을 비난·규탄해 놓고는 자신도 똑같은 잘못을 저지르는 것. 《좌전》

우자일득〔愚者一得〕 어리석은 사람이라도 여러 가지 일을 하거나 생각하는 가운데 때로는 옳은 것도 있다는 뜻. 《사기》 凵 천려일실(千慮一失).

우정지의〔牛鼎之意〕 처음에는 상대방의 뜻에 맞추어 신임을 얻은 후에 정도(正道)로 이끄는 것을 비유해서 이르는 말. 전국시대 유세가(遊說家)들이 쓴 설득 방법. 은(殷)나라 탕왕(湯王)을 왕으로 만들기 위해 이윤(伊尹)이 숙수가 되어 솥을 짊어지고 탕왕에게 접근한 것을 비유해서 정(鼎)이라 하고, 춘추시대에 진(秦)나라 목공(穆公)을 패자로 만들기 위해서 백리해(百里奚)가 소치는 사람이 되어서 목동에게 접근한 것을 비유해서 우(牛)라고 한다. 《사기》

운우지락
雲雨之樂

구름 雲 비 雨 의 之 즐거울 樂

남녀가 육체적으로 어울리는 즐거움.

「운우지락」은 글자대로 풀이하면, 구름과 비의 즐거움이란 말이다. 구름과 비의 즐거움이란 도대체 어떤 즐거움일까.

이 말은 《문선》에 수록되어 있는 송옥(宋玉)의 「고당부(高唐賦)」 서문에서 생겨난 말이다. 송옥은 전국 말기 초나라 대부로 굴원의 제자다. 그는 《초사》에 있는 구변(九辯)과 초혼(招魂)의 작자로, 이 「고당부」의 서문은 초회왕이 운몽에 있는 고당으로 갔을 때 꿈에 무산 신녀(神女)와 만나 즐겼다는 옛이야기를 말한 것이다.

그 내용을 소개하면 다음과 같다.

옛날 초나라 양왕(襄王)이 송옥과 함께 운몽(雲夢)의 대에 놀며 고당의 누대를 바라보고 있노라니, 그 위로 구름 같은 것이 높이 떠오르더니 갑자기 모습을 바꾸어 순식간에 여러 가지 형태로 변했다. 양왕이 그것을 보고 송옥에게 물었다.

「대체 저게 무슨 기운일까?」

「저것이 이른바 아침구름(朝雲)이란 것입니다」

「아침구름이라니 무슨 뜻인가?」

「옛날 선왕(先王 : 회왕)께서 일찍이 고당에 오셔서 노신 적이 있습니다. 곤해서 낮잠을 주무시고 계신데, 꿈에 한 부인이 나타나더니 『첩은 무산(巫山)의 선녀(禪女)이옵니다. 고당에 놀러왔다가 임금께서 고당에 놀러오셨단 말을 듣고 왔습니다. 바라옵건대 베개와 자리를 받들어 올릴까 하옵니다』라고 청했습니다. 그래서 왕께선 그녀를 사랑하시게 되었는데, 그녀가 떠날 때에 말하기를 『첩은 무산 남쪽 높은 절벽 위에 살고 있습니다. 아침에는 아침구름이 되고 저녁에는 지나가는 비(行雨)가 되어 아침마다 저녁마다 양대(陽臺) 아래에서 임금님을 그리며 지나겠습니다』하는 것이었습니다. 다음날 선왕께서 무산 남쪽을 바라보니 과연 여자가 말한 그대로였습니다. 그래서 사당을 세우고 사당 이름을 『조운』이라 불렀습니다」

이 이야기에서 남녀가 서로 즐기는 것을 「운우지락」이라고도 하고 「무산지몽」이라고도 한다.

우정팽계〔牛鼎烹鷄〕 뛰어난 능력을 지닌 사람은 좀처럼 이해를 받지 못함의 비유. 또 큰 재능을 가지고 있는 자는 자질구레한 일에는 적합지 않다는 비유. 우정(牛鼎)은 소를 통째로 삶는 큰 솥. 또 솥의 세 발에 소머리 장식이 있는 것. 《사기》

우직지계〔迂直之計〕 얼핏 멀리 돌아가고 있는 듯이 보이지만, 실은 지름길이라는 계책. 《손자》

우행순추〔禹行舜趨〕 훌륭한 사람의 거조(擧措)를 표면적으로 흉내 낼 뿐이고 실질이 따르지 않음의 비유. 《순자》

우후죽순〔雨後竹筍〕 비가 온 뒤에 여기저기 무럭무럭 솟는 죽순이란 뜻으로, 어떠한 일이 한때에 많이 일어나는 것을 비유하여 이르는 말.

욱일승천〔旭日昇天〕 떠오르는 아침해처럼 세력이 성대함의 비유.

운니지차〔雲泥之差〕 구름과 진흙의 차이란 뜻으로, 서로가 매우 동떨어져 있음의 비유. 비 천양지차(天壤之差).

운부천부〔運否天賦〕 운명의 길흉은 하늘이 내린다는 말.

운산무소〔雲散霧消〕 구름과 안개가 사라지듯 근심 걱정이나 의심 등이 깨끗이 사라짐.

운심월성〔雲心月性〕 담박(淡泊)하여 욕심이 없음을 비유하는 말.

운야산야〔雲耶山耶〕 먼 곳을 바라보며 산인지 구름인지 분별을 못하여 의심하는 것.

운연과안〔雲煙過眼〕 구름과 연기가 순식간에 눈앞을 스쳐가듯이, 한때의 쾌락을 오래 마음에 두지 않거나 사물에 깊이 마음을 두지 않음을 비유하여 이르는 말.

운주유악
運籌帷幄

돌 運 산가지 籌 휘장 帷 휘장 幄

> 계책을 짜다.

운주(運籌)는 산가지를 놀린다는 뜻이고 유악(帷幄)은 장막이란 뜻이다. 「운주유악」은 장막 안에서 산가지를 놀린다는 뜻이니, 곧 가만히 들어앉아서 계획을 꾸민다는 말이다. 《한서》에 있는 이야기다.

《사기》 고조본기에는 이렇게 나와 있다.

통일천하를 끝낸 고조는 어느 날, 낙양 남궁(南宮)에서 잔치를 베풀었다. 그 자리에서 고조는 말했다.

「경들은 숨김없이 말해 보라. 내가 천하를 얻은 까닭과 항우가 천하를 잃은 까닭이 무엇인가를?」

그러자 고기(高起)와 왕릉(王陵)이 이렇게 대답했다.

「……폐하께선 성을 치고 공략하게 되면 공을 세운 사람에게 그 땅을 주어 천하 사람들과 이익을 함께하셨습니다. 그러나 항우는 의심과 질투가 많아 싸움에 이겨도 성을 주지 않고 땅을 얻어도 나누어 주는 일이 없었습니다. 이것이 폐하께서 천하를 얻고 항우가 천하를 잃은 까닭인 줄 아옵니다」

그러자 고조는 말했다.

「그대는 하나만 알고 둘은 모른다. 대체로 산가지를 장막 안에서 움직여 천 리 밖에 승리를 얻게 하는 것은 내가 자방(子房 : 장양의 자)만 못하고(夫運籌策帷帳之中 決勝於千里之外 吾不如子房), 나라를 편안히 하고 백성을 어루만져 주며, 군대의 보급을 끊어지지 않게 하는 것은 내가 소하(蕭何)만 못하며, 백만의 군사를 거느리고 싸우면 반드시 이기고, 치면 반드시 빼앗는 것은 내가 한신(韓信)만 못하다. 이 세 사람은 모두 뛰어난 인걸들이다. 나는 그들을 제대로 쓸 수가 있었다. 이것이 바로 내가 천하를 차지할 수 있었던 이유다. 항우는 범증(范增) 한 사람이 있을 뿐이었는데, 그 하나도 제대로 쓰지 못했다. 이것이 나에게 패한 이유다」

이상이 《사기》의 내용인데, 《한서》에 나와 있는 것과는 이 대목의 글자가 몇 자 틀린다.

《한서》에는 「운주유악지중 결승천리지외(運籌帷幄之中 決勝千里之外)」로 되어 있는데, 《사기》에는 주(籌)가 주책(籌策)으로 되어 있고, 유악(帷幄)이 유장(帷帳)으로 되어 있고, 천리(千里) 위에 어(於) 한 자가 더 들어가 있다. 똑같은 뜻인데 보통《한서》의 것을 쓰고 있다.

운예지망〔雲霓之望〕 구름과 무지개를 바라보듯 큰 가뭄에 비 오기를 바라는 마음이 간절함을 이르는 말. 《맹자》

운외창천〔雲外蒼天〕 어두운 구름 밖으로 나오면 창궁(蒼穹 ; 창공)은 넓고 따뜻하다. 운(雲)은 온갖 장해나 고뇌의 뜻. 난관을 뛰어넘고 노력해서 극복하면 맑고 푸른 하늘이 바라다 보인다고 하는 의미. 절망해서는 안된다고 하는 격려의 말.

운용지묘〔運用之妙〕 법칙은 그것을 운용하는 사람의 마음 여하에 달린 것으로서, 임기응변으로 활용하는 것이야말로 중요하다. 《송사》

운중백학〔雲中白鶴〕 속세를 떠난 하늘 높은 곳에 있는 흰 두루미란 뜻으로, 뛰어난 고상한 인물의 비유. 《세설신어》

운증용변〔雲蒸龍變〕 구름이 뭉게뭉게 일어나는 틈을 타서 뱀이 용으로 변하듯이, 영웅호걸이 시기를 얻어 활약함의 비유. 《사기》

운지장상〔運之掌上〕 손바닥 위에서 물건을 굴리는 것처럼, 일을 하기 쉬움을 비유하여 이르는 말. 또는 마음대로 할 수 있음.

운집무산〔雲集霧散〕 구름처럼 모이고 안개처럼 흩어진다는 뜻으로, 수많은 것이 구름처럼 모였다가 흩어지기를 되풀이하는 일. 반고(班固) 《서도부(西都賦)》

원교근공
遠交近攻

멀 遠 사귈 交 가까울 近 칠 攻

> 먼 나라와 친교를 맺고 가까운 나라를 공격함.

「원교근공」은, 멀리 떨어진 나라와는 친하게 지내고, 가까이 이웃하고 있는 나라는 이를 침략해 들어가는 외교정책을 말한다. 이것은 범수(范雎)가 진나라를 위해 창안한 외교정책이었는데 강대국들이 흔히 사용하는 정책이다.

《사기》 범수채택전(范雎蔡澤傳)에 나와 있는 줄거리를 추려서 이야기하면 대개 이렇다. 범수는 위나라 사람으로 자(字)를 숙(叔)이라 했다. 제후들을 유세(遊說)하고 싶었으나 집이 가난한 탓으로 여비가 없어 길을 떠나지 못하고, 위나라 왕을 섬길 생각이었으나 그마저 통할 길이 없어 우선 중대부(中大夫) 수가(須賈)의 밑에서 일을 보고 있었다.

어느 해, 수가가 위나라 소왕(昭王)의 명령으로 제나라에 사신으로 가는 길에 범수도 함께 따라가게 되었다.

제왕과 회담하는 자리에서 수가가 미처 대답을 못해 당황하면 범수가 대신 대답을 하곤 했다. 제왕은 범수의 재주를 아껴 그를 제나라에 머물러 있게 하고 싶었으나 사신으로 따라온 사람이라 그럴 수도 없고, 뒷날을 약속하는 고기와 술과 금 열 근을 보내 왔다. 범수는 금은 사양하고 술과 고기만을 받았다.

이 사실을 안 수가는 귀국하자 위제(魏齊)에게 범수가 수상하다고 일러바쳤다. 성질이 급한 위제는 당장 범수를 잡아들였다. 무슨 비밀을 제나라에 일러주었느냐고 문초하기 시작했다.

범수는 맞아 이가 부러지고 갈비뼈가 부러졌다. 범수가 죽은 시늉을 하고 있자 거적에 싸서 헛간에 놓아두고 술 취한 손들을 시켜 범수의 시체 위에 오줌을 누게 했다. 범수는 자기를 지키고 있는 사람을 매수해서, 위제의 승낙을 얻어 들판에 갖다 버리게 한 다음, 친구 정안평(鄭安平)의 집으로 가 숨어 있었다.

얼마 후 진나라 사신으로 온 왕계(王稽)의 도움으로 몰래 진나라로 들어온 다음, 마침내 진소왕(秦昭王)을 만나 당면한 문제와 원교근공의 외교정책 등을 말함으로써 일약 현임 재상을 밀어내고 진나라의 재상이 된다.

범수가 「원교근공」을 말한 대목을 소개하면 이렇다.

「……왕께선 멀리 사귀고 가까이 치는 것보다 좋은 방법은 없습니다. 한 치를 얻어도 왕의 한 치 땅이 되고, 한 자를 얻어도 왕의 한 자 땅이 됩니다. 이제 이를 버리고 멀리 공략을 한다면 어찌 틀린 일이 아니겠습니까(……王不如遠郊而近攻 得寸則王之寸也 得尺亦王之尺也. 今釋此而 遠攻 不亦繆乎)」

원수는 외나무다리에서 만난다고, 얼마 후 범수는 수가를 만나게 되었는데, 그 이야기가 또 유명하다.

범수는 장록(張祿)이란 가명을 쓰고 있었다. 진나라가 위나라를 치려 한다는 소문을 전해들은 위나라에서는 수가를 사신으로 보내 새로 등장한 장록 재상의 호감을 사도록 술책을 썼다. 범수는 다 떨어진 옷을 입고 수가가 묶고 있는 객관으로 찾아갔다. 수가는 깜짝 놀라 물었다.

「범숙(范叔)이 이제 보니 무사했구려!」

「천명으로 무사했습니다」

「진나라로 유세를 온 건가?」

「천만에요. 도망쳐 온 몸이 유세가 뭡니까?」

「그래 지금 뭘 하고 있지?」

「남의 집 고용살이를 하고 있습니다」

「범숙이 이토록 고생을 하고 있다니」
 수가는 음식을 함께 나눈 뒤 비단옷 한 벌을 내주었다. 그리고는 이야기 끝에,
「혹시 진나라 새 재상 장록을 아는지? 이번 일은 그에게 달려 있는데……」 하고 물었다.
「우리 집 주인 영감이 잘 알고 지내기 때문에 가끔 뵙기는 합니다. 그럼 제가 대감을 모시고 장재상을 가 뵙도록 하지요」
「고맙네. 그런데 나는 말이 병들고 수레가 부서져 나갈 수가 없는데, 어떻게 하지?」
「제가 주인 집 큰 수레와 말을 빌려 오겠습니다」
 범수가 큰 수레를 몰고 돌아오자, 수가는 그와 함께 상부(相府)로 들어갔다. 바라보니 부중 사람들이 모두 피해 숨곤 했다. 수가는 이상하다 싶었으나, 외국 사신에 대해 경의를 표하는 줄로 적당히 생각하고 말았다. 그런데 어찌된 일인지 먼저 알리고 나오겠다던 범수가 아무리 기다려도 나타나지를 않았다.
 나중에야 속은 줄 안 수가는 웃옷을 벗고 무릎으로 기어들어가 사람을 통해 사죄를 했다. 그리하여 온갖 곤욕을 다 치른 끝에 겨우 목숨을 건진 수가는, 위나라 재상 위제의 목을 베어 바치겠다는 약속을 하고 돌아온다.
 위제는 겁이 나 조나라로 도망을 쳤으나,「위제를 보호하고 있는 나라는 곧 나의 원수다」하는 범수의 위협에 못이겨 위제는 조나라에서 다시 쫓겨났다가 결국은 길거리에서 자살하고 만다. 세도만 믿고 사람의 목숨을 파리 목숨처럼 여긴 그도 자기 목숨이 아까운 것만은 절실하게 느꼈으리라.
「누란지위(累卵之危)」란 말도 범수에게서 나왔다.

원수불구근화
遠水不救近火

멀 遠 물 水 아니 不 구할 救 가까울 近 불 火

먼 데 있으면 급할 때 아무 소용이 없다는 말

멀리 있는 물로 가까이에서 난 불을 끄지 못한다. 곧 아무리 도움이 되는 것이라 해도 너무 멀리 떨어져 있다면 실제로 도움을 주지 못한다는 말이다.

노(魯)나라 목공(穆公)은 제(齊)나라의 침략을 막는 한 방법으로, 제나라의 득세를 싫어하고 있는 초나라와 한·위·조(韓魏趙) 세 나라에 공자(公子)를 보내 그들 나라를 섬기게 했다. 그러자 이서(犁鉏)란 사람이 이렇게 간했다.

「멀리 있는 월(越)나라 사람을 불러다가 물에 빠진 아이를 구하려 한다면, 월나라 사람이 아무리 헤엄을 잘 친다 해도 아이는 살지 못할 것입니다. 불이 난 것을 바닷물로 끄려 한다면 바닷물이 아무리 많아도 불을 끌 수는 없을 것입니다. 먼 물은 가까운 불을 구하지 못합니다(遠水不救近火也). 지금 삼진(三晋)과 초나라가 비록 강하다고 해도 제나라가 그들 나라보다 가까이 있기 때문에 노나라의 위급함을 구해 줄 수는 없습니다」

이 이야기는 《한비자》 설림상(說林上)에 있는 우화 가운데 하나다.

먼 물은 가까운 불을 구하지 못한다는 「원수불구근화」는 「너희 집에 있는 금송아지가 무슨 소용이 있느냐」 하는 우리말과 같다고 볼 수 있다.

「구슬이 서 말이라도 꿰어야 보배다」

강물이 많으면 무슨 소용이 있고 바닷물이 아무리 많으면 무슨 소용이 있겠는가? 《장자》에 나오는 「철부지급(轍鮒之急)」도 같은 뜻이다.

원입골수
怨入骨髓

원한 怨 들 入 뼈 骨 골수 髓

> 원한이 뼈 속에 사무침.

「원입골수」는 글자 그대로 원한이 뼈 속까지 들어가 있다는 뜻으로 곧 뼈에 사무친 원한을 말한다.

춘추시대 오패(五覇)의 한 사람인 진목공은 그가 도와 패천하(覇天下)까지 하게 만들었던 진문공(晋文公)이 죽자, 그 기회를 틈타 멀리 정(鄭)나라를 치게 된다. 노 재상인 백리해(百里奚)와 건숙(蹇叔)의 반대를 물리치고 진(晋)나라 국경을 거쳐 감행된 일대 모험이었다.

이 소식을 전해들은 진양공은, 자기를 무시한 행동이라 하여 상복차림으로 군대를 보내 진목공의 군사가 돌아오는 길을 앞뒤로 차단하고, 이에 공격을 가함으로써 적의 군사를 한 사람도 남기지 않고 다 무찌른 다음, 적의 대장 맹명시(孟明視)와 백을병(白乙丙), 서걸술(西乞術) 등 이른바 진나라 삼수(三帥)를 사로잡아 돌아온다.

그리고 이 싸움의 총지휘자는 중군원수 선진(先軫)이었는데, 이런 큰 전과를 올리게 된 것도 다 그의 용의주도한 계획에서였다.

그런데 진문공의 부인 문영(文嬴)은 진목공의 딸로 진양공에 대해서는 어머니뻘이 되는 현철한 여자였다. 문영은 아버지 진목공의 배경에 의해 진문공의 정부인으로 시집을 오기는 했으나, 문공에게 과거에 장가든 아내와 거기서 난 자식이 있다는 것을 알자, 굳이 먼저 아내에게 자리를 양보하는 한편 그 아들까지를 태자로 세우게 했다.

그렇게 해서 문공의 뒤를 이어 임금이 된 것이 바로 진양공이었다. 그러므로 양공으로서는 문영이 다시 없이 고마운 존재였고, 또 그만큼 우러러보고 있는 처지이기도 했다.

이 문영은 이번 사건으로 마음이 착잡했다. 친정과 시집의 싸움 틈바구니에 낀 자신이 할 일은 뒷날의 원수를 더 깊게 하지 않는 것뿐이었다. 그래서 그녀는 포로로 잡혀 온 세 장군을 어떻게든지 돌려보내고 싶었다. 그리하여 양공에게 이렇게 청했다.

「진(秦)나라 임금은 이 세 사람을 뼛속에 사무치도록 원망하고 있을 터이니, 이 세 사람을 돌려보내 우리 아버지로 하여금 직접 이들을 기름 가마에 넣어 한을 풀게 해 주세요」

진양공은 지난날의 정의를 생각해 볼 때 그런 정도의 아량은 베풀어 보이는 것이 당연할 것만 같았다. 양공은 곧 이들 세 장수를 풀어 본국으로 돌아가게 했다. 그러나 소식을 전해들은 선진은 먹던 밥을 뱉어내고 양공에게로 달려가 사실을 확인하자, 침을 탁 뱉고 격한 나머지 임금을 철이 없다고 꾸중을 했다.

늙은 자신이 천신만고로 이룬 공을 여자의 말 한 마디로 망쳐 버린 것이 너무도 분하고 원망스러웠던 것이다. 양공은 용상에서 급히 내려와 선진에게 사과를 하고 곧 사람을 보내 그들을 다시 잡아오게 했다. 그러나 그들은 이미 대기하고 있던 자기 나라 배를 타고 강 한복판에 떠 있는 뒤였다.

선진이 예측한 대로, 진목공은 이들 세 장수를 성 밖까지 나와 환영을 하고 그들을 본래의 지위에 다시 두어 더욱 후대를 함으로써 마침내는 패자가 될 수 있었다. 진목공은 이 세 사람에 대한 원한이 아니라 자기 자신의 잘못에 대한 후회가 뼈에 사무치도록 깊었기 때문에 마침내 큰 뜻을 이루게 된 것이다.

이 「원입골수」는 《사기》 진본기(秦本紀)에 있는 「목공이 이 세 사람을 원망함이 골수에 들어 있다(穆公之怨 此三人 入於骨髓)」는 말에서 나온 것이다.

월단평
月旦評

달 月 아침 旦 평론할 評

인물 평.

월조평(月朝評)이라고도 한다. 이조시대에는 단(旦)이 태조 이성계(李成桂)의 임금이 된 뒤의 이름이었기 때문에 글자를 본래대로 읽지 않고 조(朝)와 같은 글자로 읽었기 때문이다. 원단(元旦)을 「원조」라고 읽은 것도 역시 같은 이유에서였다. 이른바 촉휘(觸諱)라는 것으로, 임금의 이름을 함부로 부르지 못하는 제도 때문이었다.

후한 말기, 여남(汝南 : 하남성)에 관상 잘 보기로 이름이 높았던 허소(許劭)라는 사람이 있었다. 그는 종형 되는 허정(許靖)과 함께 즐겨 고을 사람들의 인물을 평했는데, 매달 초하루마다 인물에 대한 평을 달리하여 발표했기 때문에 여남에서는 월단평이란 속어가 생기게 되었다는 것이다.

즉「매달 초하루의 평」이란 말인데, 그것은 곧 인물평이란 말로 통하게 되었다는 이야기다.

허소의 이 같은 인물평이 당시는 상당히 높이 평가되고 있었으므로 《삼국지》의 영웅 조조(曹操)가 그를 찾아가 상평을 청한 것은 유명한 이야기로 전해지고 있다.

허소는 조조에게 상평해 줄 것을 거부했다. 그러자 조조는 평을 해주지 않으면 죽이겠다고 위협을 했다. 허소는 조조를 좋지 못한 인간으로 보았기 때문에 평을 거부한 것이었는데, 막상 위협을 받고 보니 뭐라고 말을 하지 않을 수가 없었다.

「그대는 올바르고 태평스런 세상에서는 간사한 도적이 될 것이요, 어지러운 세상에서는 영웅이 될 것이다(君淸平之姦賊 亂世之英雄)」라고 했다.

이 말은 《후한서》 허소전에 나오는데, 조조는 허소의 이 같은 평에 몹시 만족해하며 돌아갔다고 한다.

그러나 《십팔사략》에는 허소가,

「그대는 잘 다스려진 세상에서는 능력 있는 신하가 될 것이요, 어지러운 세상에서는 간사한 영웅이 될 것이다(子治世之能臣 亂世之姦雄)」라고 말한 것으로 되어 있다.

아무튼 조조가 기뻐한 것은 「난세의 영웅」이란 말이었던 것 같은데, 보통 《십팔사략》의 말이 널리 알려지고 있다.

운합무집〔雲合霧集〕 구름처럼 합쳐지고 안개처럼 모인다는 뜻으로, 많이 모임의 형용. 《사기》

웅경조신〔熊經鳥申〕 호흡운동에 의한 혈기를 왕성하게 하는 체조. 장수를 꾀하는 것. 웅경(熊經)은 곰이 나무에 오르는 형용. 조신(鳥申)은 새가 기지개를 켜는 것. 자강술(自强術)의 하나. 《장자》

웅장여어〔熊掌與魚〕 맹자가 말하기를 「나는 물고기도 얻고 싶고 곰발바닥도 역시 얻고 싶다. 그러나 둘 중에 하나를 취해야 한다면 나는 물고기를 버리고 곰발바닥을 취할 것이다. 마찬가지로 생명도 취하고 정의도 취하고 싶다. 그러나 양자 중 하나만 취해야 한다면 나는 생명을 버리고 정의를 취할 것이다」라고 한 데서 이것도 갖고 싶고 저것도 갖고 싶음을 비유하여 이르는 말. 《맹자》

웅창자화〔雄唱雌和〕 새의 암컷과 수컷이 의좋게 서로 지저귐. 곧 서로 손이 맞아서 일함의 비유.

원고증금〔援古證今〕 옛날의 경서(經書)를 인용하여 오늘의 사물을 밝히는 것. 전(轉)하여 현재의 사물에 대하여 과거의 일을 예로 들어서 증거로 삼는 것.

원목경침〔圓木警枕〕 공부(학문)에 열중하는 것. 고학(苦學)의 비유도 있다. 원형의 나무에 큰 방울 따위를 달아 베개로 삼고 베개가 구르면 방울이 울려 눈이 떠지는 것이다. 《범태사집(范太史集)》 囧 형설지공(螢雪之功).

월하노인
月下老人

달 月 아래 下 늙을 老 사람 人

> 남녀의 인연을 맺어 주는 사람. 중매쟁이.

「월하노인」은 달 아래 늙은이란 말이다. 그러나 이 말은 달빛을 구경하는 노인의 뜻이 아니라, 인간 세계의 부부의 인연을 맺어 주는 저승(冥界)의 노인을 말한다. 그래서 중매를 서는 사람을 「월하노인」이라 부르기도 하고, 이를 약해서 「월노(月老)」라고도 한다. 이 밖에 월하노인의 전설과 「얼음 밑에 있는 사람(氷下人)」의 전설이 합쳐진 「월하빙인(月下氷人)」이란 말도 같은 뜻으로 쓰이고 있다.

「월하노인」은 《태평광기》에 수록된 정혼점(定婚店) 전설에서 나온 문자다. 「정혼점」 전설은 다음과 같다.

장안 근처 두릉(杜陵)이란 곳에 사는 위고(韋固)가 송성(宋城) 남쪽 마을에 묵고 있을 때 일이다. 어떤 사람이 혼담을 청해 와서, 이튿날 새벽 마을 뒤쪽에 있는 용흥사(龍興寺) 문 앞에서 만나 상의하기로 했다. 일찍이 양친을 잃고 장가를 들고 싶어도 말해 주는 사람이 없어 따분했던 위고는 날이 밝기도 전에 미리 절 앞으로 나갔다. 문 앞에 이르자, 약속한 사람은 아직 와 있지 않고 웬 노인이 돌계단에서 베자루(巾囊)에 기대고 앉아 달빛을 빌어 책을 읽고 있었다.

「무슨 책입니까?」 하고 묻자 노인은 웃으며,

「이건 이 세상 책이 아니야」 하고 대답했다.

「그럼 저 세상 책인가요?」

「그렇지」

「그럼 노인께서는 저 세상 분이신가요? 그런데 어떻게 여기를……」

「저 세상에서 소임을 맡고 있는 사람은 모두 이 세상을 다스려야만 하거든. 그러려면 자연 이 세상으로 나와야 하지 않겠나. 지금 이 시각에 나다니는 사람은 거의 저 세상 사람들이지. 다만 이 세상 사람들이 알아보지 못하는 것뿐이지」

「그럼 노인께서 맡으신 일은 무엇이온지?」

「나는 이 세상 사람들의 남녀간의 인연을 맺어 주는 사람일세」

「그럼 마침 잘 됐군요. 실은 제가 이리로 나오게 된 것도 혼담 때문인데, 그 일이 잘 될는지요?」

「자네 아내 될 사람은 이제 세 살이니, 아직 15년은 있어야 장가를 들 수 있어」

「네? 그런데, 그 자루 속에 든 것은 무엇인가요?」

「붉은 끈일세. 부부가 될 사람의 발을 서로 붙들어 매기 위한 거지. 사람이 태어나면 이 실로 매어 두는 걸세. 그러면 아무리 상대가 원수지간이든, 신분의 차이가 있든, 몇 천 리를 떨어져 있든 반드시 만나 살게 되는 걸세. 자네도 그 세 살 먹은 여아와 맺어져 있으므로 다른 여자와 결혼을 하려 해도 다 소용이 없는 일일세」

「그럼 그 아이는 지금 어디에?」

「이 마을 북쪽에서 채소 장사를 하고 있는 진(陳)이란 노파의 딸일세」

「만나 볼 수 있을까요?」

「늘 시장에 안고 나와 있으니까 만나 볼 수 있지. 소원이라면 따라오게. 내가 가르쳐 줄 테니」

그럭저럭 날이 밝았는데, 약속한 사람은 나타나지 않았다. 노인은 자루를 메고 일어나 가려 했다. 급히 노인을 따라가 보았더니, 노인은 한쪽 눈이 먼 늙은 여자 품에 안겨 있는 계집아이를 가리키며 말했다.

「이 애가 자네 배필일세」

「저걸 언제 키워서! 차라리 죽여 없애버리리라」
위고는 무심중 말해 버렸다.
「죽이다니! 그 아이는 장차 아들 덕에 봉록까지 받게 되어 있는데」
노인은 이 말을 남기고는 홀연히 모습을 감추어 버리고 말았다.
「기가 차군. 누가 저런 거지 딸에게 장가를 든담」
위고는 하인에게 비수와 상금을 주고는 그 어린애를 죽이고 오라고 시켰다. 그러나 하인은 가슴을 찌른다는 것이 칼이 빗나가 두 눈썹 사이를 찌르고 말았다고 돌아와 고했다. 그로부터 14년이 지나 위고는 상주(相州)의 관리가 되었다. 영리한 그는 주장관의 신임을 얻어 그의 딸을 아내로 맞게 되었다. 그녀는 열일곱 한창 피어나는 고운 얼굴이었는데, 꽃 모양의 종이를 두 눈썹 사이에 붙이고 있었다.

1년이 훨씬 지난 어느 날, 위고는 문득 옛날 일이 기억에 되살아났다. 혹시나 하고 다그쳐 까닭을 물었더니, 아내는 울며 사실을 말했다.
「저는 실은 장관의 친딸이 아니고 수양딸이었습니다. 제 친아버지는 송성현 원으로 있을 때 돌아가시고, 그 뒤 어머니도 오빠도 죽고 없어진(陳)이란 노파 손에서 자랐습니다. 제 나이 세 살 때 시장에서 괴한의 칼을 맞았는데, 그때의 상처가 남아 이렇게 가리고 있는 것입니다」
「그 진 노파는 한쪽 눈이 멀지 않았던가?」
「그렇습니다. 그걸 어떻게……」
「그대를 찌르게 한 것은 바로 나였소」하고 그는 지난 일을 자세히 이야기해 주었다. 그 뒤로 두 부부는 한결 정답게 살게 되었는데, 그들 사이에 태어난 아들이 뒤에 안문군(雁門郡) 태수가 되고, 어머니는 태원군태부인(太原郡太夫人)이란 작호를 받았다.

그래서 이 이야기를 들은 송성현 현령이 그 마을을 「정혼점」이라고 고쳐 부르게 했다는 것이다.

원비지세〔猿臂之勢〕 원숭이의 긴 팔과 같이 멀리 떨어져 있는 군대의 진퇴(進退)·공격·수비를 자유자재로 한다는 뜻으로, 군의 위세가 멀리까지 미침을 비유하여 이르는 말.《구당서》

원사해골〔願賜骸骨〕 사직(辭職)을 청원하는 것. 군주를 섬기는 것은 자신의 목숨이나 몸을 바치는 것이었으므로, 사직을 원할 때는 적으나마 해골만은 돌려주십사고 말했던 것이다.《사기》 ☞ 걸해골(乞骸骨).

원앙지계〔鴛鴦之契〕 부부의 금슬이 좋음의 비유. 원앙은 항상 함께 있는 습성이 있으므로 사이가 좋은 부부에 비유한다.

원전매매〔原田每每〕 들판과 밭에 풀이 무성하다는 뜻으로, 군병(軍兵)이 많음을 비유하여 이르는 말.《좌전》

원조방예〔圓鑿方枘〕 일이 어긋나서 잘 맞지 않음의 비유. 원조(圓鑿)는 끌로 뚫은 둥근 구멍. 방예(方枘)는 네모난 나무로 끼우는 것. 네모난 나무를 둥근 구멍에 끼우려고 해도 들어가지 않는 것.《사기》 ☞ 방저원개(方底圓蓋).

원증회고〔怨憎會苦〕 ☞ 사고팔고(四苦八苦).

원철골수〔怨徹骨髓〕 ☞ 원입골수(怨入骨髓).

원청즉유청〔源淸則流淸〕 윗물이 맑아야 아랫물이 맑다는 뜻으로, 윗사람이 청렴하면 아랫사람도 청렴해짐의 비유.《한시외전》

원형이정〔元亨利貞〕《주역》건괘(乾卦)에 나오는 네 가지 덕(德)을 말한다. 원(元)은 만물이 시작되는 때로 봄에 속하며 어짊(仁)으로 이루어진다. 형(亨)은 만물이 성장하는 때로 여름에 속하며 예의(禮)로써 실천한다. 이(利)는 만물이 완수되는 때로 가을에 속하며 의로움(義)으로써 행해진다. 정(貞)은 만물이 완성되는 때로 겨울에 속하며 지혜(智)로 이루어진다.《주역》

원후취월〔猿猴取月〕 원숭이가 물에 비친 달을 잡으려다 빠져 죽는다는 뜻으로, 사람이 제 분수를 지키지 않으면 화를 입음의 비유.

월견폐설〔越犬吠雪〕 월(越)나라는 남방으로 날씨가 따뜻해 눈이 오는 일이 없어 개가 눈이 오는 것을 보면 이상하게 여겨 짖는다는 뜻으로, 어리석고 식견이 좁은 사람이 예삿일에 의심을 품거나 크게 놀람을 비유하여 이르는 말. ☞ 촉견폐일(蜀犬吠日).

월궁항아〔月宮姮娥〕 달나라 궁궐 속의 선녀 항아(姮娥)라는 뜻으로, 미인을 비유하여 이르는 말.

위급존망지추
危急存亡之秋

위험할 危 급할 急 있을 存 망할 亡 의 之 때 秋

국가의 운명에 관한 중요한 시기.

「위급존망지추(危急存亡之秋)」란 말은, 사느냐 죽느냐 하는 위급한 시기란 뜻이다. 추(秋)는 가을이란 뜻도 되지만, 시기라는 뜻으로도 쓰인다.

이 말은 제갈양의 「출사표(出師表)」에 있는 말이다.

유현덕의 삼고초려의 정성에 감동되어 스물일곱 살 젊은 나이로 세상에 떨치고 나온 제갈양은 현덕을 도와 촉한(蜀漢)의 기반을 다지고, 통일천하의 사명감에 있는 힘과 지혜를 다 기울였으나, 촉한은 삼국 중에서도 오히려 열세에 놓인 채 현덕이 일찍 죽고 만다.

이리하여 제갈양은 내정과 더불어 서남방을 평정하여 후방의 염려를 없앤 다음 조조의 위(魏)나라와 결전을 감행하게 된다.

출정에 앞서 용렬한 후주(後主) 유선(劉禪)에게 출정의 동기와 목적을 밝힌 표문(表文)이 바로 이 「출사표」다. 그러나 첫번째 출정은 뜻을 이루지 못하고 돌아왔다.

그리하여 이듬해 다시 출정을 하게 되는데, 이때 바친 것이 이른바 「후출사표」다. 그러나 이 출정에서도 제갈양은 목적을 이루지 못하고 병으로 진중에서 죽게 된다.

이 「출사표」 첫머리에 이 「위급존망지추」란 말이 나온다.

「선제께서 한실(漢室) 부흥의 사업을 시작하시고, 아직 그 반도 이루지 못한 채 도중에 세상을 떠나시고, 지금 천하가 셋으로 나뉘어져 있는데, 그 중에서도 촉한의 익주(益州) 백성이 가장 지쳐 있으니, 지금이야말로 살아남느냐 망하느냐 하는 위급한 때입니다……」

출사표는 전·후 둘이 있기 때문에 「전출사표」 「후출사표」로 구분해 부르게 되고, 둘을 합쳐 「출사이표(出師二表)」 라고도 한다.

《삼국지》 촉지 제갈양전에는 물론이고, 《문선》 《문장궤범》 《고문진보 후집》 등에 수록되어 있다.

촉한으로 정통을 주장하는 학파가 후세에 한동안 우세했던 이면에는, 제갈양의 이 「출사표」 에 감명을 받은 학자들 때문이라고 할 정도로 이 「출사표」 의 내용과 문장은 감명적이다.

월녀제희〔越女齊姬〕 월(越)나라와 제(齊)나라에는 예로부터 미녀가 많다 하여, 아름다운 여자를 일컫는 말.

월만즉휴〔月滿則虧〕 달이 차면 이지러진다는 뜻으로, 사물은 가장 융성한 때를 지나면 그 후는 단지 쇠퇴해 갈 뿐임의 비유. 《사기》

월명성희〔月明星稀〕 능력이 있는 사람이 출현하면 주위 사람들의 존재가 희미해짐의 비유. 위(魏)·오(吳)·촉(蜀)의 천하삼분 시기에, 위왕 조조(曹操)가 스스로의 힘을 고무시키기 위해 읊은 시의 한 구절이다. 달을 조조 자신에 비유하고, 그 빛이 밝기 때문에 별로 비유되는 군웅(群雄)의 빛이 희미해진다는 뜻. 조조《단가행(短歌行)》

월반지사〔越畔之思〕 자신의 직분을 준수하고 남의 직권을 침범하지 않도록 삼가는 마음. 반(畔)은 밭두렁, 밭의 경계선. 《좌전》

월백풍청〔月白風清〕 달은 밝고 바람은 맑음. 곧 가을밤의 정취를 형용하는 말.

월시진척〔越視秦瘠〕 월나라가 멀리 떨어진 진(秦)나라의 땅이 거칠고 메마름을 상관하지 않았듯이, 남의 환난이나 일에 일체 개입하지 않음을 일컫는 말. 《송남잡식》

월인안월 초인안초〔越人安越 楚人安楚〕 월나라 사람은 월나라가 편하고 초나라 사람은 초나라가 편하다는 뜻으로, 사람은 제각기 자기 고향이 가장 편안함을 이르는 말. 《순자》

월장성구〔月章星句〕 달과 별과 같은 문장이라는 뜻으로, 글월이 아름다움을 칭찬하여 이르는 말.

위편삼절
韋編三絶

가죽 韋 책끈 編 석 三 끊을 絶

> 가죽으로 맨 책의 끈이 닳아 끊어질 정도로 독서에 힘씀.

위편(韋編)은 가죽으로 맨 책끈을 말한다. 가죽으로 맨 책끈이 세 번이나 닳아 끊어진 것이 「위편삼절」이다.

이것은 《사기》 공자세가(孔子世家)에 있는 말로, 공자가 만년에 《주역》을 좋아해서 어찌나 여러 번 읽고 또 읽고 했든지, 대쪽을 엮은 가죽 끈이 세 번이나 끊어졌다고 한 데서 나온 말이다. 즉,

「공자가 늦게 《역(易)》을 좋아하여……역을 읽어 가죽 끈이 세 번 끊어졌다(孔子晩而喜易 讀易……韋編三絶)」고 했다.

그래서 공자 같은 성인으로서도 학문 연구를 위해서는 피나는 노력을 해야만 했다는 한 예로서 이 말이 인용되기도 하고, 또 후인들의 학문에 대한 열의를 나타내는 말로도 인용되곤 한다.

서양의 명언에도 "There is no royal road to learning."(학문에 왕도란 없다)라고 했다. 또 "Genius is one percent inspiration and ninety-nine percent perspiration."〔천재는 99퍼센트가 땀(노력)이고 1퍼센트만이 영감이다〕라는 에디슨의 명언과 같이 공자의 위대한 문화적 업적 가운데는 이 「위편삼절」과 같은 노력이 숨어 있었다는 것을 알 수 있다. 공자는 스스로를 평하기를,

「나는 발분(發憤)하여 밥 먹는 것도 잊고, 즐거움으로 근심마저 잊은 채, 세월이 흘러 몸이 늙어가는 것조차 모른다」고 했다.

공자는 또 음악을 좋아했는데, 제나라로 가서 소(韶)라는 음악을 들었을 때는 석 달 동안 고기 맛을 모를 정도로 열중한 끝에,

「내가 음악을 이렇게까지 좋아하게 될 줄은 미처 몰랐다」고 했다.

유교무류
有敎無類

있을 有 가르칠 敎 없을 無 무리 類

> 모든 사람을 가르쳐 이끌어 줄 따름으로, 가르치는 상대에게 차별을 두지 않는다.

「유교무류」는 모든 사람을 가르쳐 이끌어 줄 뿐, 가르치는 상대에게 차별을 두는 일이 없음을 말한다.

이 말은 《논어》 위령공편에 있는 공자의 말이다.

좋은 예로, 공자는 호향(互鄕)이란 마을에 사는 아이가 찾아왔을 때, 제자들은 그 아이를 대문 밖에서 돌려보내려 했으나 공자는 그 아이를 들어오라 해서 반갑게 맞아 주고 또 그가 묻는 말에 일일이 대답해 준 일이 있다.

호향이 어떤 곳이었는지는 구체적으로 언급되어 있지 않았으나, 그 지방 사람과는 말도 함께 할 수 없다고 한 것으로 미루어보아 어느 특정 지역에 사는 천한 계급이나 천한 직업에 종사하고 있는 사람들이었던 것 같다.

아무튼 제자들이 그 아이를 만나준 데 대해 공자의 처사를 의심할 정도였는데, 공자는 이 때 제자들을 이렇게 타일렀던 것이다.

「사람이 깨끗한 마음으로 찾아오면 그 깨끗한 마음을 받아들일 뿐 그가 과거에 어떤 일을 한 것까지 따질 것이야 있겠느냐. 그의 과거를 따지는 그런 심한 차별을 할 것까지는 없지 않느냐.」 하고 오히려 제자들의 차별의식을 안타까워했다.

석가나 예수나 공자나 인류를 똑같이 사랑으로 대한 데서 우리는 인간의 존엄성과 함께 자기 수양과 회개에 더욱 용감할 필요가 있다고 본다.

유능제강 柔能制剛

부드러울 柔 능할 能 억제할 制 굳셀 剛

> 부드러운 것이 오히려 강하고 굳센 것을 이김.

부드러운 것이 능히 강한 것을 제압하는 것이 「유능제강(柔能制剛)」이다.

이 말은 《황석공소서(黃石公素書)》라는 병서(兵書)에 나오는,

「부드러운 것이 능히 단단한 것을 이기고, 약한 것이 능히 강한 것을 이긴다(柔能勝剛 弱能勝强)」고 한 말에서 나온 말이다.

이 두 말을 합친 말로 《노자》 36장에는 이미,

「부드럽고 약한 것이 능히 단단하고 억센 것을 이긴다(柔弱勝剛强)」고 나와 있다.

부드러운 것이 강한 것을 이긴다는 말은 얼핏 생각하면 맞지 않는 말 같지만, 큰 안목과 먼 안목으로 볼 때 강한 것은 역시 부드러운 것에 의해서만 제압될 수 있는 것이다.

사나이의 거친 성질을 꺾을 수 있는 것은 여자의 부드러운 사랑뿐이다. 우는 어린아이를 달래는 방법은 무서운 호랑이보다도 달콤한 곶감이라고 하지 않는가.

인간의 억센 감정을 억센 것으로 누른다는 것은 일시적이요 표면적인 것일 뿐 영구적이고 근본적인 것은 못된다.

손으로 비비면 깨지고 마는 한 알의 씨앗이 무거운 바위와 단단한 땅을 뚫고 싹을 내밀지 않는가. 정치를 하는 것도 마찬가지다. 무서운 법으로 탄압을 한다고 사람들이 순종하는 것은 아니다. 강철은 강한 줄로는 갈아지지 않지만, 무른 숫돌에는 갈아진다.

가위는 한쪽 쇠가 물러야만 잘 드는 법이다. 무른 것을 끊을 수 있는

것은 강한 것이지만, 강한 것의 강포함을 막는 것 역시 무른 것이다.

단단한 송판을 꿰뚫고 나가는 총알이 물렁물렁한 솜이불이나 짚둥치는 뚫지 못한다.

정쟁(政爭)에 외교가 필요한 것도, 매수니 미인계니 하는 것도 다 「유능제강」의 원리에서 나온 행동의 일면이라고 볼 수 있다.

월조〔越俎〕 요리사가 제사 음식을 준비하지 않았다고 해서 제물을 차리는 시축(尸祝)이 요리사의 일을 대신할 수 없다는 뜻으로, 자신의 본분을 넘어서 남의 권한을 침범하는 일. 또는 남의 일에 간섭하는 일. 조(俎)는 제기(祭器)인데, 제사 때 희생물을 올려놓는 대(臺). 《장자》

월조소남지〔越鳥巢南枝〕 월나라에서 온 새는 항상 남쪽에 있는 고향을 그리워하여 남쪽 가지에 둥지를 튼다는 뜻으로, 고향을 잊지 못함의 비유.

월하빙인〔月下氷人〕 ☞ 월하노인(月下老人).

위극인신〔位極人臣〕 신하로서는 가장 높은 자리에 오르는 것. 인신(人臣)은 남의 신하라는 뜻.《삼국지》

위기일발〔危機一髮〕 머리털 한 가닥 정도에 불과한 차이로, 조금도 여유가 없이 위급한 고비에 다다른 순간.

위다안소〔危多安少〕 위험은 많고 안전은 적다는 뜻으로, 시국이나 병세가 위급하여 안심하기 어려움.

위도간예〔違道干譽〕 도리를 어기고 무리하게 백성의 칭송을 구하는 것.

위리안치〔圍籬安置〕 죄인을 배소(配所)에서 달아나지 못하도록 가시로 울타리를 만들고 그 안에 가두어 둠.

위무경문〔緯武經文〕 국정의 기본은 문무양도(文武兩道)에 있다는 것. 가정이나 나라를 다스리는 것을 직물(織物)에 비유하여 무(武)를 씨실(緯), 문(文)을 날실(經)로 보아, 나라를 완전하게 다스리는 것을 말한다.《진서》

위무불굴〔威武不屈〕 어떤 위압이나 무력에도 굴복하지 않고 스스로의 의지를 관철함. 위무(威武)는 권세·무력의 뜻.《맹자》

유비무환
有備無患

있을 有 준비할 備 없을 無 근심 患

> 준비가 있으면 근심할 것이 없음.

준비가 되어 있으면 뒷걱정이 없는 것이 「유비무환」이다.

너무도 당연한 일이요, 평범한 진리다. 그러나 이치는 당연하고 말은 쉬운데도 실천하기란 쉬운 일이 아니다. 쉽지 않기 때문에 이 말의 귀중함을 다시금 절실히 느끼게 된다.

《서경》 열명(說命)에 나오는 말이다.

「열명」은 은나라 고종(高宗)이 부열(傅說)이란 어진 재상을 얻게 된 경위와, 그로 하여금 어진 정사에 대한 의견을 말하게 하고, 이를 실천하게 하는 내용을 기록한 글인데, 이 「유비무환」이란 말은 그가 고종 임금에게 올린 글 가운데 있는 말이다.

그 첫 부분을 소개하면,

「생각이 옳으면 이를 행동으로 옮기되 시기에 맞게 하십시오 스스로 그것이 옳다는 생각을 가지고 있으면 그 옳은 것을 잃게 되고, 스스로 그 능한 것을 자랑하게 되면 그 공을 잃게 됩니다. 오직 모든 일은 다 그 갖춘 것이 있는 법이니, 갖춘 것이 있어야만 근심이 없게 될 것입니다(惟事事 乃其有備 有備無患)」

즉 모든 일에는 그것이 갖추고 있어야만 되는 여러 가지 조건이 있으므로, 그 조건이 다 구비되어 있어야만 다른 염려가 없다는 것이다. 농사를 지으려면 먼저 농토가 있어야 하고, 거기에 필요한 연장과 씨앗과, 농사짓는 방법과 비료와 약품과 필요한 경비와 그 밖의 필요한 지식과 준비들을 완전히 갖춘 뒤라야 농사를 아무런 염려 없이 제대로 옳게 지을 수 있는 것이다.

정치는 정치에 필요한 모든 조건이 갖춰져 있어야만 올바른 정치가 될 수 있고, 경제는 경제대로, 교육은 교육대로 각각 거기에 필요한 조건이 갖춰져 있지 않으면 좋은 성과를 얻을 수가 없는 것이다.

이렇게 큰일이고 작은 일이고 간에 거기에는 다 그에 필요한 조건들이 미리 정해져 있는 법이다.

그것이 없이 덮어놓고 시작하면 항상 실패와 불안과 후환이 따르기 마련이다.

위방불입〔危邦不入〕 위태로운 나라에는 들어가지 않는다. 반드시 나라만이 아니고 모든 위험한 곳에는 가지 않는다는 말.《논어》

위백옥루중인〔爲白玉樓中人〕 문인(文人)의 죽음을 비유하는 말. 백옥루는 중당(中唐)의 시인 이하(李賀)가 죽자, 이하를 맞이하기 위하여 천제(天帝)가 만들었다는 천상계의 누각을 말한다.

위법자폐〔爲法自弊〕 자기가 정한 법을 스스로 범하여 죄를 지음. 곧 자기가 놓은 올가미에 자기가 걸림.

위비언고〔位卑言高〕 낮은 지위에 있으면서 윗사람의 정치를 이렇다 저렇다 비평함.《맹자》

위소지회〔葦巢之悔〕 갈대 위에 둥지를 튼 뉘우침이라는 뜻으로, 정착할 곳이 없는 불안, 의지할 데 없는 허전함을 비유하여 이르는 말.《순자》

위수강운〔渭樹江雲〕 위수(渭水) 가의 나무와 장강(長江:양자강) 위를 떠도는 구름이라는 뜻으로, 멀리 떨어져 있는 친구를 그리워하는 정이 간절함의 비유. 두보《춘일억이백(春日憶李白)》

위수자명〔爲豎子名〕 평소 멸시하던 사람에게 공명을 이루게 하였다고 분해서 하는 말로, 사람을 경멸하여 이르는 말.

위수진적〔渭水盡赤〕 끔찍하고 비참함을 이름. 위수(渭水)는 섬서성에 있는 강인데, 진나라의 수도 함양(咸陽)의 남쪽을 흘러서 황하로 들어간다. 진나라 상앙(商鞅)의 가혹한 법령에 많은 사람들이 처형되어 그 피로 위수가 새빨갛게 물들었다고 한 고사에서 나온 말이다.《십팔사략》

유신 維新

발어사 維 새로울 新

> 모든 것을 고쳐 새롭게 함. 묵은 제도를 아주 새롭게 고침.

유(維)는 발어사(發語辭)라고 해서 별 뜻이 없다.「유신」은 결국 새롭다는 뜻이다. 그러나 이것이 뒤로 전해 오며「유신」이란 말만이 갖는 독특한 의미를 갖게 되었다.

이「유신」이란 말이 독특한 뜻을 처음 갖게 된 것은《시경》대아(大雅) 문왕편에 의해서다.

대아는 소아와 함께 국풍(國風)과는 달리 자연 발생적인 것이 아니고, 궁중 악사에 의해 만들어진 의식적이고 창작적인 성격을 띤 아악(雅樂)의 가사다.

소아는 손님들이 모인 연회석에 쓰이는 아악으로 그 가사 안에는 성격상 민간의 것이 많이 포함되어 있지만, 대아는 회조(會朝)에 쓰이던 아악으로 공식적인 성격을 띠어 장중한 맛이 있다.

문왕편(文王篇)은 문왕의 덕을 추모하고 찬양한 시로서, 전부 7장으로 되어 있는데, 이「유신」이란 말이 들어 있는 첫장을 소개하면 다음과 같다.

문왕이 위에 계시니
아아, 하늘에 빛나시도다.
주나라가 비록 옛 나라이나
그 명이 새롭다.
주나라가 빛나지 않으리오
상제의 명이 때가 아니리오.
문왕이 오르내리시며

상제의 좌우에 계시도다.

文王在上	於昭于天	문왕재상	어소우천
周雖舊邦	其命維新	주수구방	기명유신
有周不顯	帝命不時	유주불현	제명불시
文王陟降	在帝左右	문왕척강	재제좌우

    문왕의 덕이 높고 또 높아 해처럼 온 하늘에 빛나고 있다. 주나라가 천 년이나 전통을 지닌 오랜 제후의 나라였지만, 우리 문왕의 높고 높은 덕으로 말미암아, 하느님께서 통일천하의 새로운 사명을 내리셨다. 주나라가 어찌 찬란하게 일어나지 않을 수 있겠는가. 하느님의 명령이 어찌 때에 맞게 내리지 않을 리 있겠는가. 문왕의 혼령은 임의로 하늘과 땅을 오르내리시며 늘 상제의 옆에 계신다는 뜻이다.

    우리가 현재 쓰고 있는 「유신」이란 말 가운데는 「주나라가 비록 오랜 나라이나 그 명이 새롭다」고 한 「혁신(革新)」의 뜻이 보다 강하게 들어 있다. 즉 국가적인 차원에서 그것도 근본적인 개혁을 뜻하게 된다.

    이 「유신」이란 말이 보다 먼저 쓰인 것은 《서경》 하서(夏書) 윤정편(胤征篇)에서였다.

    이 글은 윤후(胤侯)가 하왕(夏王)의 명령으로 희화(羲和)를 치러 갈 때의 선언으로, 희화를 치게 된 까닭을 설명하고 그곳 관리들과 백성들을 안심시키기 위해 만들어진 것이다.

    목적은 괴수인 희화 한 사람을 제거함으로써 무고한 백성이 화를 입지 않도록 하기 위한 것이므로 그의 위협에 못 이겨 본의 아닌 과오를 범한 사람은 일체 죄를 묻지 않는다고 선언한 다음, 오래 물들어 있는 더러운 습성을 모두가 함께 씻어내어 새롭게 하자고 당부했다.

    즉 「다 함께 새롭게 하자」는 말을 「함여유신(咸與維新)」이라고 썼다.

「유신」이란 말이 널리 알려지게 된 것은 《대학》 신민장(新民章)에,
「시에 말하기를 『주나라가 비록 옛 나라이나, 그 명이 새롭다』고 했다(詩曰 周雖舊邦 其命維新)」고 인용되어 있기 때문이다.
결국 「유신」은 혁명이 아닌 자체의 발전적인 과감한 개혁을 말하는 것이다. 「유신」은 우리나라의 정치에도 도입되고 있다. 제3공화국이 1972년 11월 21일 「유신헌법(維新憲法)」을 국민투표로 제4공화국 헌법으로 확정했다.
여기에는 조국의 평화적인 통일과 한국적 민주주의 토착화를 목적으로 한다고 되어 있다.

위약조로〔危若朝露〕 위태롭기가 마치 해가 뜨면 곧 말라 없어질 아침 이슬과도 같음. 인생의 무상을 비유하여 이르는 말. 《사기》

위여망언지〔爲女妄言之〕 「내가 너를 위하여 망령된 말인지는 모르지만, 생각한 바를 솔직히 말하겠다」라는 말.

위여누란〔爲如累卵〕 ☞ 누란지위(累卵之危).

위연구어 위총구작〔爲淵驅魚 爲叢驅雀〕 물고기를 깊은 물속으로 몰아넣고, 참새를 숲으로 몰아낸다는 뜻으로, 폭군이 백성을 몰아내어 인자(仁者)에게 돌아가게 함의 비유. 《맹자》

위오두미절요〔爲五斗米折腰〕 하잘 것 없는 녹(祿) 때문에 비굴한 태도를 취하는 것. 오두미(五斗米)는 하잘 것 없는 녹. 박록(薄祿)으로, 현령(縣令)의 박한 녹봉을 일컬음. 《진서》

위위구조〔圍魏救趙〕 위(魏)나라의 도읍지를 포위하는 방법으로 조나라를 구한다는 뜻으로, 제삼자가 상대의 허를 공격해서 다른 사람을 구함을 이르는 말. 《사기》

위이불맹〔威而不猛〕 위엄이 있으나 위압적은 아니다. 위엄은 있더라도 뽐내지는 않는다. 원래는 공자를 평한 말로, 군자의 이상적인 인품을 말한다. 《논어》

위자여우모〔爲者如牛毛〕 일을 하는 사람이 소털과 같이 많다는 뜻. 곧 사람의 수가 아주 많음을 이르는 말. 《포박자》

위장자절지〔爲長者折枝〕 어른의 명령에 따라 나뭇가지를 꺾는 일이라는 뜻으로, 아주 하기 쉬운 일의 비유. 《맹자》

위초비위조〔爲楚非爲趙〕 겉으로는 이것을 위하는 체하면서 실상은 딴 일을 위함을 이르는 말. 속과 겉이 다름을 일컫는 말.

위총구작〔爲叢驅雀〕 자기를 이롭게 하려다가 도리어 남을 이롭게 함을 이르는 말.

위표리〔爲表裏〕 서로 돕고 서로 보완하는 것. 둘이 합해서 하나의 사물을 이루는 것. 또 하나의 사물에는 두 면이 겸해서 갖추어져 있다는 것. 《한서》

위현지패〔韋弦之佩〕 결점을 고치기 위한 노력을 하는 것. 기질을 바꾸고 몸을 수양하는 경계로 삼는 것. 위(韋)는 무두질한 가죽, 곧 유연한 것의 비유. 현(弦)은 활시위, 곧 긴장한 것의 비유. 《한비자》

위호부익〔爲虎傅翼〕 범에게 날개를 달아준다는 뜻으로, 세력이 있는 사람에게 더욱 기세를 높여줌의 비유. 《한비자》

유각양춘〔有脚陽春〕 은혜를 베푸는 것이 마치 봄의 만물을 따뜻하게 함과 같은 사람을 비유하는 말.

유감천만〔遺憾千萬〕 아쉬워도 하는 수 없는 것. 대단히 마음에 걸리는 것. 감(憾)은 유감스럽다, 아쉽게 생각하다의 뜻. 아쉬움을 남기는 것.

유금삭석〔流金鑠石〕 쇠를 녹이고 흙을 태운다는 뜻으로, 더위가 몹시 심함을 이르는 말. 《초사》 유금초토(流金焦土).

유리표박〔流離漂泊〕 일정한 집과 직업이 없이 정처 없이 떠돌아다님을 이르는 말.

유무사이경〔猶無耜而耕〕 보습도 없이 밭을 간다는 뜻으로, 일을 함에 있어 알맞은 옳은 방법을 취하지 않음을 이르는 말. 《예기》

유무상생〔有無相生〕 유와 무는 서로를 발생시킨다. 《노자》

유무상통〔有無相通〕 있고 없는 것을 서로 융통하는 일.

유방백세〔流芳百世〕 꽃다운 이름이 후세에 길이 전함. 《진서》

유불여무〔有不如無〕 있어도 없는 것과 같다는 뜻으로, 있으나 마나 함을 이름.

유불여불〔唯佛與佛〕【불교】 오직 부처님과 부처님의 뜻으로, 대승(大乘)의 깨달음의 경계(境界)는 그것을 이룩한 부처님만이 관여할 수 있는 것이며, 범인·성자의 사려(思慮)가 미칠 수 없음을 이르는 말.

유약무 실약허
有若無 實若虛

있을 有 같을 若 없을 無 찰 實 빌 虛

> 있어도 없는 것 같고, 차 있어도 텅 빈 것같이 보임.

 있어도 없는 것 같은 것이 「유약무」이고, 차 있어도 텅 빈 것같이 보이는 것이 「실약허」다. 이 말은 《논어》 태백편에 있는 말로, 증자가 죽은 안자의 옛 모습을 회상하며 한 말 가운데 나오는 말이다. 그 전문을 소개하면 다음과 같다.
 「능한 것으로 능하지 못한 것에 묻고, 많은 것으로 적은 것에 묻고, 있어도 없는 것 같고, 차도 빈 것 같으며(以能問於不能 以多問於寡 有若無 實若虛), 상대가 나를 침범해 와도 그것을 탓하지 않는 것을 옛날 내 친구가 이렇게 했었다」
 여기에는 옛날 내 친구라고만 나와 있지만, 이것은 공자보다 먼저 죽은 안자를 가리켜 말한 것이 틀림없다. 뒷사람들은 여기 나와 있는 것들이 모두 무아(無我)의 경지에 이른 성인이 아니고서는 도저히 될 수 없는 일이므로, 그것은 안자가 틀림없다는 데 의견의 일치를 보고 있다.
 안자는 「극기복례(克己復禮)」에서 이미 소개가 되어 있지만, 그가 만일 공자만큼 오래 살았으면 공자 이상의 위대한 업적을 남겼으리라는 평들을 하고 있다. 그러기에 그가 죽었을 때 공자는,
 「하늘이 나를 망쳤다, 하늘이 나를 망쳤다(天喪予 天喪予)」하고 통곡을 금치 못했다. 그러자 제자들이,
 「선생님, 너무 슬퍼하십니다」하고 위로를 하자,
 「내가 너무 슬퍼하느냐? 내가 이 사람을 슬퍼하지 않고 누구를 슬퍼하겠느냐」고까지 말했다.
 공자도 자기가 못 다한 일을 안자가 해줄 것으로 믿고 있었다. 하늘이

나를 망쳤다는 것은 그것을 의미한 말이었을 것이다.

유붕자원방래〔有朋自遠訪來〕 벗이 있어 멀리서부터 스스로 찾아온다는 뜻으로, 자신이 올바른 뜻을 가지고 있으면 어디서든 그 뜻에 동조하는 사람이 있어 함께하고자 찾아온다는 뜻이다. 《논어》

유속불식 무익어기〔有粟不食無益於饑〕 곡식이 있어도 먹지 않는다면 굶주림을 채우는 데 아무 도움도 안 된다는 뜻으로, 아무리 좋은 조건에 놓여 있다고 해도 스스로 노력하는 자세가 없다면 일을 이룰 수 없음을 이르는 말. 《염철론》

유수불부〔流水不腐〕 흐르는 물은 썩지 않는다는 뜻으로, 늘 운동하는 것은 썩지 않음을 비유한 말. 《여씨춘추》

유시무종〔有始無終〕 처음은 있고 끝은 없다는 뜻으로, 시작한 일의 끝을 맺지 않음. 또는 사람이 절조가 없음을 비유하여 이르는 말.

유아독존〔唯我獨尊〕「천상천하 유아독존(天上天下 唯我獨尊)」이라고 해서 석가는 태어났다든가, 온 세상에서 자기 자신이 가장 고귀하다는 인격의 존엄을 나타낸 말이지만, 현재 일반적으로는 자기 멋대로 자만한다는 의미. 《전등록》

유아이사〔有我而死〕 자기로 인하여 남에게 해를 입혔을 때 이르는 말로, 나 때문에 그가 죽었다는 말.

유암화명〔柳暗花明〕 버들은 무성하여 그윽이 어둡고, 꽃은 활짝 피어 밝고 아름답다는 뜻으로, 곧 강촌의 봄 경치를 일컫는 말.

유야무야〔有耶無耶〕 있는지 없는지 흐리멍덩한 모양. 호지부지한 모양.

유어유수〔猶魚有水〕 물고기와 물과의 관계와 같이 친밀하여 떨어질 수 없는 관계. 곧 임금과 신하. 또 부부의 화목함.

유언비어〔流言蜚語〕 도무지 근거 없이 널리 퍼진 소문. 비(蜚)는 비(飛)와 같아서 비어(飛語)라고 표기해도 된다. 비(蜚)는 바퀴벌레. 또 난다의 뜻도 있다. 🔃 부언낭설(浮言浪說). 🔗 시호삼전(市虎三傳).

유여열반〔有餘涅槃〕【불교】 온갖 번뇌를 말끔하게 없앴으나 아직 그 번뇌의 근거가 되는 육신(肉身)이 남아 있는 경지. 🔄 무여열반(無餘涅槃).

융준용안
隆準龍顔

높을 隆 콧마루 準 용 龍 얼굴 顔

우뚝한 코와 용의 얼굴. 한고조 유방의 얼굴을 일컬음.

「융준용안」은 한고조 유방의 얼굴의 특색을 말한 것으로 보통 융준(隆準)은 콧대가 우뚝 솟은 것을 말하고, 용안(龍顔)은 얼굴 생김새가 용처럼 생겼다는 뜻으로 풀이하고 있다. 그러나 용처럼 이란 말은 좀 막연하다.

그래서 「융준용안」의 해석에는 다른 의견들이 있다.

이 말이 실려 있는 《사기》 고조본기의 주해를 보면 배인(裵駰)이 편찬한 집해(集解)에는 응소(應劭)의 말을 인용하여,

「융(隆)은 높다는 뜻이다. 준(準)은 뺨이 반듯하고 평편한 것을 말한다. 안(顔)은 이마다. 제나라 사람은 상(顙)이라 하고, 여남(汝南), 회사(淮泗) 사이에서는 이마를 안(顔)이라고 한다」하고, 또 동시에 문영(文穎)의 말이라 하여 준(準)은 코(鼻)다」라고 했다.

그런데 코라고 할 때는 음이 준(準)이 아니고 절(準)로 읽게 되어 있다. 즉 「융절용안」이라고 해야 할 것을 보통 쓰이는 법(法)과 평(平)의 뜻을 말할 때와 같은 「준」이란 음으로 그대로 읽고 있는 것이다. 또 사마정(司馬貞)이 지은 《색은(索隱)》이란 책에는 이렇게 말하고 있다.

「진시황은 봉목장준(蜂目長準)이었다고 한다. 대개 코가 높이 솟은 것을 말한다. 문영의 말인즉, 고조는 용(龍)을 느끼고 태어났기 때문에 그 얼굴 모양이 용 같아서 목은 길고 코가 높다는 것이다」

용을 느꼈다는 이 「융준용안」이란 말 앞에 나와 있는 한고조의 태생전설을 말한 것이다. 고조본기의 첫머리를 소개하면 다음과 같다.

「고조는 패풍읍(沛豊邑) 중양리(中陽里) 사람으로 성은 유씨(劉

氏)고 자(字)는 계(季)다. 아버지는 태공(太公)이라 불렀고, 어머니는 유온(劉媼)이라 했다. 유온이 언젠가 큰 못 가 언덕에서 자고 있는데, 꿈에 귀신과 같이 만나게 되었다. 그때 천둥 번개가 요란하고 천지가 캄캄했다. 태공이 가서 자세히 보니 그 위에 교룡(蛟龍)이 나타나 있었다. 그런 다음 태기가 있어 드디어 고조를 낳았다. 고조는 사람 된 것이 융준에 용안(隆準而龍顔)이었고, 수염이 아름다우며 왼쪽 다리에 72개의 검은 점이 있었다」

지금도 관상가들은 용안의 안(顔)을 얼굴이 아닌 이마로 보고 있고 용의 특색은 이마가 높은 데 있다는 것이다. 즉 코도 높고 이마도 높은 것이 「융준용안」이라는 것이다. 그런데 지금은 이 말이 얼굴이 남자답게 잘 생겼다는 뜻으로 쓰이기도 한다. 또 용의 눈(龍眼)으로 풀이하는 사람도 있다.

유예〔猶豫〕 꾸물대고 망설이며 주저하는 형용. 일이나 날짜를 미루어 감. 시일을 늦춤. 유(猶)도 예(豫)도 의심이 많아 결단을 내리지 못함의 형용.《초사》

유원능이〔柔遠能邇〕 먼 데 있는 사람을 회유하여 가까이 있는 사람과 친근해지게 함을 이름.

유위전변〔有爲轉變〕 이 세상은 인연에 의해서 임시로 되어 있기 때문에 잠시도 정주(定住)하지 않는 일. 세상 일이 변하기 쉬워 덧없는 일. 유위(有爲)는 범어에서 나온 말로 여러 가지 인연에 의해서 생기는 현상. 또는 그 존재.

유유낙락〔唯唯諾諾〕 명령하는 대로 순종하여 응낙함.

유유도일〔悠悠度日〕 하는 일 없이 세월만 보냄.

유유상종〔類類相從〕 동류(同類)끼리 서로 내왕하여 사귐.

유유자적〔悠悠自適〕 속세를 떠나 아무것에도 속박되지 않고 자기가 하고 싶은 대로 마음 편히 삶.

유자가교〔孺子可敎〕 젊은이는 가르칠 만하다는 뜻으로, 열심히 공부하려는 아이를 칭찬하여 이르는 말.

은감불원
殷鑑不遠

은나라 殷 거울 鑑 아니 不 멀 遠

멸망의 선례(先例)는 옛 시대에 찾지 않아도 바로 전대(前代)에 있다는 뜻으로, 다른 사람의 실패를 보고 자신의 경계로 삼으라는 말

은감(殷鑑)은 은(殷)나라의 거울이란 뜻이다. 즉 은나라가 거울삼아 볼 수 있는 것을 말한다. 하(夏)나라가 망함으로써 은나라가 일어났다가 어떻게 해서 망했는가 하는 것을 거울삼아 은나라는 그런 일을 되풀이하지 말아야 할 것이다. 그 하나라가 망한 전례가 지금으로부터 머지않은 과거에 있다. 그것을 은나라의 거울로 삼았다 하는 뜻이 「은감불원」이다.

하나라가 걸왕(桀王)의 포학과 방탕으로 망하고, 탕왕(湯王)이 은나라를 새로 세웠다. 약 6백 년을 내려온 은나라는 28대 왕인 주(紂)대에 망한다. 주는 유소(有蘇)의 나라를 치고 그곳의 미녀 달기(妲己)라는 여자를 사랑하게 되자 「주지육림(酒池肉林)」의 놀이를 즐기며, 불평과 원망을 하는 사람이 있으면 「포락지형(炮烙之刑)」에 처하는 등 음락(淫樂)과 포학을 자행했다. 이때 서백(西伯) 주왕(周王) 창(昌 : 뒤의 文王)이 주를 간한 말이라 하여 이 「은감불원」이란 말이 《시경》 대아(大雅) 탕편 제8장에 나와 있다.

　문왕이 말하길 슬프다
　슬프다 너 은상아
　사람이 또한 말이 있다
　넘어지는 일이 일어나면
　가지와 잎은 해가 없어도
　뿌리는 실상 먼저 끊어진다고

은나라 거울이 멀지 않다
하후의 시대에 있다.

文王曰咨　咨汝殷商　　문왕왈자　자여은상
人亦有言　顚沛之揭　　인역유언　전패지게
枝葉未有害　本實先撥　지엽미유해　본실선발
不殷鑑遠　在夏后之世　불은감원　재하후지세

글 뜻은 어려울 것이 없다. 은상(殷商)은 주(紂)를 가리킨다. 나무가 넘어질 때는 가지와 잎은 비록 그대로 있다 해도 뿌리는 벌써 끊어지고 없다는 것은 나라의 형태는 아직 갖춰져 있지만 나라의 뿌리인 조정의 기강은 이미 끊어졌음을 말한다.

그러나 실상 이 시는, 주나라 10대 왕인 여왕(厲王)의 포학함을 한탄한 소목공(召穆公)이 여왕을 간할 목적으로 자기가 하고 싶은 말을 문왕이 주에게 한 말로 꾸며서 지은 것이라 한다.

지금은 이 말이 실패한 전례가 바로 얼마 전에 있었다는 뜻으로 널리 쓰이고 있다. 또 「은감을 삼는다」 하면 「직접 실패한 것을 보고 교훈을 삼는다」는 뜻이 된다.

유종완미〔**有終完美**〕끝까지 일을 잘 처리하여 일의 결과가 훌륭함을 이르는 말. 사물은 끝이 중요하고, 어떤 일이나 끝이 있다고 하는 의미. 보통 「유종(有終)의 미(美)」라고 한다.《서경》⑪ 화룡점정(畵龍點睛).

유좌지기〔**宥坐之器**〕항상 곁에 두고 보는 그릇이라는 뜻으로, 마음을 적당히 가지기 위해 곁에 두고 보는 그릇을 이르는 말.《공자가어》

유주가이망우〔**惟酒可以忘憂**〕오직 술을 마심으로써 흉중의 번민을 잊을 수 있다는 말.

유주무량〔**有酒無量**〕주량이 많아서 한없이 마심.

은거방언
隱居放言

숨을 隱 살 居 방자할 放 말씀 言

> 은거하여 살면서 자기의 생각을 모두 토파(吐破)함.

은거(隱居)는 세상에 나아가 활동을 하지 않고 조용히 집에서 사는 것을 말한다. 꼭 숨어서 사는 것이 은거는 아니다. 방언(放言)은 말을 함부로 한다는 뜻이다.

이 말은 《논어》 미자편(微子篇)에 있는 말이다. 그 전문을 소개하면 다음과 같다.

「일민(逸民 : 출세를 못한 사람)에 백이(伯夷)·숙제(叔齊)·우중(虞仲)·이일(夷逸)·주장(朱張)·유하혜(柳下惠)·소련(少連) 등이 있었다. 공자는 말씀하셨다.

『그 뜻을 굽히지 않고, 그 몸을 욕되게 하지 않는 것은 백이와 숙제다』

또 유하혜와 소련에 대해서는 이렇게 말씀하셨다.

『뜻을 굽히고 몸을 욕되게 했으나, 하는 말이 도리에 맞고 하는 행동이 이치에 맞았다. 그것뿐이다』

또 우중과 이일을 놓고 이렇게 말씀하셨다.

『숨어 살며 말을 함부로 했으나, 몸을 깨끗이 지녔고 버린 것이 권도(權道)에 맞았다(隱居放言 身中淸廢中權)』

공자는 끝으로 말하기를,

『나는 이들과는 다르다. 나는 꼭 옳다는 것도 없고, 옳지 않다는 것도 없다(我則異於是 無可無不可)』

백이와 유하혜에 대해서는 각각 「불념구악(不念舊惡)」이란 제목에서 소개한 바 있으므로 우중에 대한 설명만을 하기로 한다. 우중은 주문왕(周文王)의 중부(仲父)로 아우인 왕계(王季)에게 태자의 자리를 물려주기 위해, 맏형인 태백(泰伯)과 함께 병들어 누운 아버지 대왕(大王)의 약을 구하러 간다면서 멀리 남쪽 바닷가로 피해버린 사람이다. 즉 중옹(仲雍)을 말한다.

　그것은 태백의 뜻을 따라 왕계에게 태자의 자리를 물려줌으로써 문왕으로 하여금 임금이 되게 하려는 나라와 천하를 위한 자기희생이었다. 이조시대의 양녕대군(讓寧大君)과 효령대군(孝寧大君)의 이야기를 연상케 하는 일을 한 것이다.

　그들은 오(吳)나라로 가서 머리를 짧게 자르고 몸에 먹물로 그림을 그려 토인들과 같은 생활을 즐겼다고 한다.「버린 것이 권도에 맞았다(廢中權)」는 것은 바로 그들의 그런 자기희생이 대의를 위한 부득이한 처사였다는 이야기다. 그러나 우중과는 달리 장자 같은 사람이나 그 계통의 이른바 죽림칠현, 도연명 같은 사람들도「은거방언」의 대표적인 사람으로 들 수 있을 것 같다.

　공자가 말한「옳다는 것도 옳지 않다는 것도 없다」는 것은 이른바 시중(時中)을 말하는 것이다. 어떤 행동의 기준이나 철칙 같은 것이 없고 그 때와 장소에 따라 맞게 하는 것을 말한다. 또 모든 것을 포용하는 하늘과 같은 심경을 말한 것으로도 볼 수 있다.

유지무지삼십리〔有知無知三十里〕 지혜가 있는 사람과 지혜가 없는 사람과의 차이가 심함을 이르는 말.《세설신어》

유지자사경성〔有志者事竟成〕 굳건한 뜻이 있고, 중도에서 꺾이는 일이 없으면 반드시 언젠가는 성공함을 이르는 말.《후한서》 경엄전(耿弇傳).

유차부사유차자〔有此父斯有此子〕 아들이 어진 것은 아버지가 어질기 때문이라는 말.

유처취처〔有妻娶妻〕 아내 있는 사람이 또 아내를 얻음.

읍참마속
泣斬馬謖

울 泣 벨 斬 말 馬 뛰어날 謖

> 공정한 일처리를 위하여 사사로운 정을 버리는 일의 비유.

　제갈양이 눈물을 흘리며 마속을 사형에 처했다는 기록에서 생겨난 말로, 대중을 이끌어 나가고 법을 집행하는 사람은 사사로운 인정을 떠나 공정한 법 운용을 해야 한다는 말로 흔히 인용되는 말이다.
　제갈양이 제1차 북벌(北伐)을 했을 때다. 제갈양은 대군을 이끌고 기산(祁山)으로 출격을 하여, 적의 작전을 혼란시키기 위해 장안(長安) 서쪽에 있는 미(郿)를 친다고 선언하고 조운(趙雲)과 등지(鄧芝) 두 장수를 기곡(箕谷)에다 진을 치게 했다.
　한편 위(魏)의 명제(明帝)는 남방의 오(吳)나라와의 국경선에 진치고 있던 장합을 불러 올려 급히 기산으로 향하게 했다. 장합은 위수(渭水) 북쪽에 있는 요충지인 가정(街亭)에서 촉나라 선봉과 충돌, 이를 단번에 격파하고 말았다. 이 가정의 지휘 책임자가 바로 마속이었다. 그는 제갈양의 지시를 어기고 자기의 얕은 생각으로 임의로 행동했기 때문에 패한 것이다. 제갈양의 작전은 이 가정이 무너짐으로써 완전 실패로 돌아가고 부득이 전면 철수를 해야만 했다.
　「한중으로 돌아온 제갈양은 마속을 옥에 가두고 군법에 의해 그를 사형에 처했다. 제갈양은 그를 위해 눈물을 흘렸다. 마속의 나이 그때 서른아홉이었다」고 《촉지》 마속전에 나와 있다.
　또 《촉지》 제갈양전에는 다음과 같이 기록되어 있다.
　「마속은 제갈양의 지시를 어기고 자기 멋대로 행동했기 때문에 장합에게 크게 패했다. 제갈양은 한중으로 돌아오자 마속을 죽이고 장병에게 사과를 했다」

한편 촉나라 서울 성도(成都)에서 한중으로 온 장완(蔣琬)이 제갈양을 보고,

「앞으로 천하를 평정하려 하는 이때에 그런 유능한 인재를 없앴다는 것은 참으로 아까운 일입니다」하고 말하자, 제갈양은 눈물을 흘리며,

「손무(孫武)가 항상 싸워 이길 수 있었던 것은 군율을 분명히 했기 때문이다. 이 같은 어지러운 세상에 전쟁을 시작한 처음부터 군율을 무시하게 되면 어떻게 적을 평정할 수 있겠는가」하고 대답했다는 것이다.

이 사건을 《삼국지연의》에서는 보다 재미나게 꾸미면서 한 편 제96회의 사건 제목을 「공명휘루참마속(孔明揮淚斬馬謖)」이라고 했다.

눈물을 뿌렸다(揮淚)는 말은 울었다(泣)는 말로 바뀌어「읍참마속」이란 말이 널리 쓰이게 된 것이다.

유치인무치법〔有治人無治法〕나라를 다스리는 사람은 있어도 나라를 잘 다스리는 법령은 없다는 뜻으로, 나라가 잘 다스려짐은 사람의 힘에 있고 법령의 힘에 있지 아니함을 이르는 말. 《순자》

유칭호수〔唯稱好鬚〕수염만 훌륭한 사내라는 말이니, 곧 재능이 없음을 이르는 말.

유타앵교〔柳軃鶯嬌〕버들가지는 축 늘어지고 꾀꼬리 소리는 아름답다는 뜻으로, 봄 경치를 형용하는 말.

유편지술〔兪扁之術〕훌륭한 의술을 이르는 말. 유편(兪扁)은 황제(黃帝) 때의 명의 유부(兪跗)와 전국시대 괵(虢)나라의 태자를 독특한 치료법으로 소생시켰다는 명의 편작(扁鵲)을 말한다. 두 사람은 모두 중국 고대의 이름 높은 명의로서, 그 두 사람의 의술을 말한다. 《사기》

유필유방〔遊必有方〕자식은 부모가 생존해 계실 때는 그 슬하에서 모셔야 하며 비록 유학(遊學)을 할지라도 반드시 일정한 곳에 머물러야 한다는 뜻.

유혈표저〔流血漂杵〕흐르는 피가 절구공이를 띄운다는 뜻으로, 전쟁이 매우 처절함을 비유하여 이르는 말. 《맹자》

응접불가
應接不暇

응할 應 접할 接 아니 不 겨를 暇

> 응접에 겨를이 없다. 아름다운 경치를 표현하는 멋진 찬사.

진(晋)나라 사람으로 아버지 왕희지(王羲之)와 더불어 2왕(王)으로 일컬어질 만큼 유명한 서예가요 고관이었던 왕헌지(王獻之)라는 인물이 있다. 그는 한때 북쪽지방의 산음(山陰)이라는 곳을 여행한 적이 있었는데, 그 경치의 수려함을 이야기한 가운데 이 「응접불가」라는 멋진 말을 남겼다.

「산음의 길은 장관이다. 길을 걸으면 높게 솟은 산과 깊은 개울이 연이어 나타난다. 그것들이 서로 그림자를 비치고 빛나며 스스로 아름다움을 다투어 나타내 그 응접에 겨를이 없을 정도이다. 나무에 단풍이 들고 하늘이 높은 가을과 쓸쓸한 겨울에는 다른 생각조차 모두 잊게 된다.

얼마나 멋진 풍경이 연이어 나타났으면 「일일이 다 맞이할 겨를이 없다」고까지 말을 하였을까. 오늘날 그저 새로운 사건이 잇닿는 것을 뜻하는 이 말은 원래는 이렇게 아름다운 경치를 표현하는 멋진 찬사였다.

육단부형〔肉袒負荊〕 사죄하는 것. 복종·항복하는 것. 육단(肉袒)은 웃통을 벗는 것. 형(荊)은 가시나무 채찍. 웃통을 벗고 가시나무 채찍을 메고 한껏 매를 쳐서 벌해 주십사 하고 사죄의 뜻을 표하는 예법·태도를 말한다. 《사기》

육대반낭〔肉岱飯囊〕 살주머니와 밥통이라는 뜻으로, 이렇다 할 재주가 없이 먹기만 잘하는 사람을 가리키는 말.

육도삼략〔六韜三略〕 태공망(太公望)의 찬(撰)이라 하는 육도(六韜)와 황석공(黃石公)의 찬이라 하는 삼략(三略). 중국 병법(兵法)의 고전(古典).

의식족이지예절
衣食足而知禮節

옷 衣 먹을 食 족할 足 어조사 而
알 知 예절 禮 제도 節

입고 먹는 것이 넉넉해야 예의니 체면을 알게 된다.

　입을 것과 먹을 것이 풍족해야 예절을 알게 된다는 말이 「의식족이지예절」이다.
　이 말은 《관자(管子)》 목민편에 있는,
　「……창고가 차 있으면 예절을 알고 의식이 족하면 영욕을 안다(食廩實則知禮節 衣食足則知榮辱)」고 한 말이, 앞뒤 것이 각각 반씩 합쳐져서 생겨난 말이다. 결국 같은 내용의 긴 말을 보다 쉽고 짧게 만들었다는 점에서 이 말이 널리 보급된 것으로 볼 수 있다.
　《관자》는 관중(管仲)이 지은 것으로 되어 있지만 실상은 그의 사상적 계통을 이은 사람들에 의해 훨씬 뒤에 된 것으로 보고 있다. 그러나 이 《관자》 속에 나오는 기록들은 그가 실제로 한 말과 행한 일들이 많이 수록되어 있다고 보아 좋을 것이다.
　아무튼 모든 정치적 기반을 경제에 둔 관중은 이론가로서 또 실제 정치인으로서 후대에 미친 영향이 컸다.
　내 배가 고프면 남의 배고픈 것을 동정할 여지가 없고, 먹고 입는 문제를 해결하지 못하면 명예 같은 것이 그다지 중요하게 느껴질 리가 없다.
　《맹자》에도 「떳떳한 생활이 없으면 떳떳한 마음을 가질 수 없다」고 했다.
　입고 먹는 것이 넉넉해야 예의니 체면이니 하는 것을 알게 된다고 한 이 말은 참으로 불변의 진리를 잘 나타낸 말이라 할 수 있다.
　《사기》에도 똑같은 말이 그대로 인용되고 있다.

의심생암귀
疑心生暗鬼

의심할 疑 마음 心 날 生 어두울 暗 귀신 鬼

의심은 분별력을 흐리게 한다.

「의심이 암귀를 낳는다」는 말이다. 암귀(暗鬼)는 어둠을 지배하는 귀신이다. 여기서는 사람의 마음을 어둡게 만드는 마귀란 뜻이다. 즉 의심을 하면 마음도 따라 어두워진다는 것이 「의심생암귀(疑心生暗鬼)」다.

마음이 어두워지면 결과적으로 판단력이 흐려진다. 《열자》 설부편에 이런 이야기가 있다.

어느 한 사람이 도끼를 잃어버렸다. 혹시 이웃집 아들이 훔쳐간 것이 아닌가 하고 그를 유심히 살펴보았다. 그의 걸음걸이를 보아도 도끼를 훔칠 그런 인간으로 보였고, 그의 얼굴색을 보아도 어딘가 그런 것만 같고, 그의 말하는 것을 보아도 역시 수상한 데가 있었다.

그의 동작이며 태도며 어느 것 하나 도둑놈처럼 안 보이는 것이 없었다. 그러다가 며칠 후 우연히 골짜기를 파다가 잃어버렸던 도끼를 발견하게 되었다. 거기다 빠뜨리고 온 것이다.

그 뒤 다시 그 이웃집 아들을 보자, 그의 모든 동작과 태도가 어느 모로 보나 도끼를 훔칠 그런 사람으로는 보이지 않았다는 것이다.

이 이야기는 남을 의심하는 마음 자체가 곧 자기 마음을 어둡게 만든다는 뜻이다. 이것이 바로 「의심이 암귀를 낳는다」는 것인데, 이 말을 직접 쓴 것은 송(宋)나라 임희일(林希逸)이 지은 《열자구의(列子口義)》 설부편에,

「속담에 말하기를 의심이 암귀를 낳는다고 했다(諺言 疑心生暗鬼)」가 처음이다.

육산포림〔肉山脯林〕 회(膾)가 산처럼 많고 건포(乾脯)가 숲처럼 많음. 곧 호사를 극한 연회를 비유하여 이르는 말. 비 주지육림(酒池肉林).

육지행선〔陸地行船〕 뭍으로 배를 저으려 한다는 뜻으로, 되지도 않을 일을 억지로 고집을 부려 하고자 한다는 말.

육척지고〔六尺之孤〕 어려서 부모를 여읜 고아. 척은 두 살 반. 즉 6척은 15살 이하의 어린아이. 《논어》

윤문윤무〔允文允武〕 문무(文武)가 함께 매우 뛰어나다. 천자가 문무의 덕을 갖추고 있음을 칭송하는 말. 윤(允)은 참으로의 뜻. 《시경》

윤언〔綸言〕 군주의 말은 본래 실같이 가늘지만, 이것을 하달할 때는 벼리처럼 굵어진다는 뜻으로, 군주가 아랫사람에게 내리는 말 《진서》

윤언여한〔綸言如汗〕 군자 된 자의 말은 한번 입에 담으면 돌이킬 수 없다. 천자가 발하는 조칙(詔勅)은 취소할 수 없음을 비유하여 이르는 말. 윤언(綸言)은 천자의 말, 조칙. 천자의 말은 말할 때는 실처럼 가늘지만, 사방으로 내려가서 실행될 때에는 굵은 밧줄처럼 된다는 뜻. 이 성어(成語)는 윤언(綸言)과 호령여한(號令如汗)이 합쳐진 것이 아닌가 생각된다. 《예기》

윤회〔輪廻〕【불교】중생(衆生)이 성도수업(聖道修業)의 결과, 해탈(解脫)을 얻을 때까지 그의 영혼이 육체와 함께 업(業)에 의하여 다른 생을 받아 무시무종(無始無終)으로 생사를 반복함.

융마생교〔戎馬生郊〕 군마(軍馬)가 국경에서 태어난다는 뜻으로, 이웃나라와의 사이에 전쟁이 끊이지 않음을 이르는 말. 《노자》

융통무애〔融通無碍〕 융통은 막힘없이 통용하다, 변통하다. 임기응변으로 처리하는 것. 무애는 장애가 없고 방해가 없는 것. 변통이 자유자재로 어떤 방해도 없이 매끄럽게 일이 진행됨의 비유.

은근무례〔慇懃無禮〕 지나치게 은근하게 대접하여 오히려 무례함. 표면은 지극히 친절하지만, 실은 대단히 교만하고 잘난 체함의 비유.

은린옥척〔銀鱗玉尺〕 모양이 좋은 큰 물고기. 물고기의 미칭(美稱).

은수분명〔恩讐分明〕 은혜를 받은 자에게는 반드시 받은 만큼의 은혜를 갚으며, 원한이 있는 자에게는 원한을 당한 만큼 갚는다는 뜻으로, 범수(范雎)가「한 끼 밥을 신세진 정도의 작은 은혜도 반드시 갚고, 눈을 흘긴 정도의 사소한 원한도 반드시 보복하였다(一飯之德必償 睚眦之怨必報)」는 데서, 소인의 태도를 이름. 《사기》

이도살삼사
二桃三殺士

두 二 복숭아 桃 죽일 殺 석 三 선비 士

> 교묘한 꾀로 상대방을 자멸시킴.

「이도살삼사」는 글자 그대로 복숭아 두 개로 세 명의 장사를 죽였다는 말이다.

이 말은 《안자춘추》에 있는 이야기에서 나온 말인데 《동주열국지》의 이야기를 소개하면 다음과 같다.

안자(晏子), 즉 안영(晏嬰)은 제나라 경공(景公)을 도와 한동안 침체했던 제나라를 다시 살기 좋은 강대국으로 끌어올린 명재상이다.

그의 외교적 수완의 일면은 「남귤북지(南橘北枳)」란 항목에서 이미 보아왔지만, 이 이야기 역시 그의 남다른 지혜를 엿볼 수 있는 유명한 사건이다.

경공의 신변을 호위하고 있는 세 명의 장사가 있었다. 그들은 똑같이 맨주먹으로 범을 쳐서 죽일 수 있는 용사들로 각각 그 나름대로의 공을 세운 사람들이었다. 그러나 그들은 수양이 부족한 탓으로 힘과 공을 자랑하며 법을 무시하고 멋대로 행동하는 버릇이 있었다.

그들 셋으로 인해 조정의 체통이 말이 아니었다. 안영은 경공에게 그들을 쫓아버리라고 권했으나 임금은 말을 듣지 않았다 그들의 용력을 아끼는 생각보다도 후환이 두려웠던 것이다.

안영은 어느 날, 노나라 임금을 초대한 자리에서 「만수금도(萬壽金桃)」로 불리는 크기가 대접만한 복숭아 여섯 개를 가져다가 두 임금과 두 재상들이 각각 하나씩 먹고 두 개를 남긴 다음 경공에게 이렇게 청했다.

「아직 복숭아가 둘이 남았습니다. 임금께서 여러 신하들 중에 가장 공로가 큰 사람을 자진해서 말하게 하여 그 중에서 큰 사람에게 이 복숭아를 상으로 내리시면 어떻겠습니까?」

「그거 참으로 좋은 생각이오」하고 경공은 좌우 시신을 통해,

「뜰아래 있는 모든 신하들 중에 자기가 이 복숭아를 먹을 수 있다고 생각하는 사람은 자진해서 나와 말하라. 상국(相國)이 공을 평하여 복숭아를 나눠주리라」하고 전달했다. 그러자 세 사람 중 한 사람인 공손첩(公孫捷)이 앞으로 나와 연회석에서 서서 말하기를,

「옛날 임금님을 모시고 동산(桐山)에서 사냥을 했을 때, 불의에 습격해 온 사나운 호랑이를 맨손으로 쳐서 죽였습니다. 이 공로가 어떠하옵니까?」

안영이 말했다.

「그 공로는 참으로 큽니다. 술 한 잔과 복숭아 하나를 내리심이 마땅한 줄로 아옵니다」

그러자 또 한 사람인 고야자(古冶子)가 벌떡 일어나 자리로 나오며 말했다.

「호랑이를 죽인 일쯤은 그리 대단할 것이 없습니다. 나는 일찍이 임금님을 모시고 황하를 건너갈 때 배 안의 말을 몰고 들어가는 괴물을 10리를 따라가 죽이고 말을 되찾아 왔습니다. 이 공은 어떻습니까?」

안자가 말하기 전에 경공이 입을 열었다.

「그때 장군이 아니었더라면 배는 틀림없이 뒤집히고 말았을 것이다. 이것은 세상에 없는 공이다. 술과 복숭아를 경을 안 주고 누구를 주겠는가?」

그러자 안영은 황급히 술과 복숭아를 그에게 건네주었다.

그러자 마지막 한 사람인 전개강(田開疆)이 옷을 벗어부치고 달려 나오듯 하며 말했다.

「나는 일찍이 임금의 명령으로 서(徐)를 쳐서 그의 유명한 장수를 베고, 5백 명 군사를 사로잡음으로써 서군(徐君)이 두려워 뇌물을 바치고 맹약을 빌었으며, 이로 인해 담(郯)과 거(莒)가 겁을 먹고 일시에 다 모여들어 우리 임금으로 맹주가 되게 하였으니 이 공로면 복숭아를 먹을 수 있겠습니까?」

그러자 안영은 공손히 임금에게 아뢰었다.

「개강의 공로는 두 장군에 비해 열 배나 더 크옵니다. 안타깝게도 복숭아가 없으니 술만 한 잔 내리시고 복숭아는 명년으로 미루는 수밖에 없을 줄 아옵니다.」

그 말에 경공도,

「경의 공이 가장 큰데, 아깝게도 일찍 말을 하지 않았기 때문에 그런 큰 공을 상주지 못하게 되었으니 참으로 가슴이 아프구려」

그러자 전개강은 칼자루를 어루만지며,

「호랑이를 죽이고 괴물을 죽이는 것은 작은 일이다. 나는 천리 길을 산을 넘고 물을 건너며 피나는 싸움으로 큰 공을 세우고도 오히려 복숭아를 먹지 못하고 두 나라 임금과 신하들이 모인 앞에서 욕을 당하고 만대의 웃음거리가 되었으니 무슨 면목으로 조정에 선단 말인가」 하고 말을 마치자 칼을 휘둘러 자기 목을 쳐서 죽었다.

그러자 공손첩이 크게 놀라 역시 칼을 뽑아들며,

「우리는 공이 적으면서 복숭아를 먹었는데 전군(田君)은 공이 큰데도 도리어 복숭아를 못 먹었다. 복숭아를 받아 사양하지 못했으니 청렴하지가 못했고, 또 남이 죽는 것을 보고도 따라 죽지 못한다면 이는 용기가 없는 것이다」 하고 말을 마치자 역시 제 목을 쳐 죽었다.

그러자 고야자가 분을 못 참고 크게 외치며,

「우리 세 사람은 함께 살고 함께 죽기로 맹세를 했었다. 두 사람이 이미 죽었으니 나 혼자 무슨 낯으로 살아남을 수 있겠는가」하고 역시 자기 목을 쳐 죽었다.

그런데 이 사건이 더욱 유명하게 된 것은 제갈양이 이들 세 사람의 무덤이 있는 탕음리(蕩陰里)를 지나다가 읊었다는 양보음(梁甫吟) 때문이라고 볼 수 있다.

그 시를 소개하면 다음과 같다.

걸어서 제나라 동문을 나가
멀리 탕음리를 바라보니
마을 가운데 세 무덤이 있는데
나란히 겹쳐 서로 똑같다.
이것이 뉘 집 무덤이냐고 물었더니
전강과 고야자라고 한다.
힘은 능히 남산을 밀어내고
문은 능히 지기를 끊는다.
하루아침에 음모를 만나
두 복숭아로 세 장사를 죽였다.
누가 능히 이 짓을 했는가
상국인 제나라 안자였다.

뒤에 이태백(李太白)이 또 같은 양보음을 지어, 그 속에서,

힘이 남산을 밀어내는 세 장사를
제나라 재상이 죽이며 두 복숭아를 썼다.

고 함으로써 이 이야기는 점점 더 유명해졌다. 이 이야기에서 「이도살삼사」는 계략에 의해 상대방을 자멸하게 만드는 말로 쓰이게 되었다.

이심전심
以心傳心

써 以 마음 心 전할 傳

말이나 글에 의하지 않고 마음에서 마음으로 전달됨.

「이심전심」은, 말이나 글로가 아니고, 남이 보지도 듣지도 못하는 마음과 마음이 서로 통한다는 뜻이다. 즉 이쪽 마음으로써 상대방 마음에 전해 준다는 말이다. 말을 필요로 하지 않는 서로의 이해 같은 것도 이심전심일 수 있고, 이른바 눈치작전 같은 것도 일종의 이심전심이라 하겠다.

지금은 이 말이 아무렇게나 널리 쓰이고 있지만, 원래 이 말은 불교의 법통 계승에 쓰여 온 말이다.

《전등록(傳燈錄)》은 송나라 사문(沙門) 도언(道彦)이 석가세존 이래로 내려온 조사(祖師)들의 법맥(法脈)의 계통을 세우고, 많은 법어들을 기록한 책인데 거기에,

「부처님이 가신 뒤 법을 가섭에게 붙였는데, 마음으로써 마음에 전했다(佛滅後 附法於迦葉 以心傳心)」라고 나와 있다. 즉 석가세존께서 가섭존자(迦葉尊者 ; 마가가섭)에게 불교의 진리를 전했는데, 그것은 이심전심으로 행해졌다는 것이다.

「이심전심」을 한 장소는 영산(靈山 : 영취산) 집회였는데, 이 집회에 대해 같은 송나라 사문 보제(普濟)가 지은 《오등회원(五燈會元)》에는 다음과 같이 기록되어 있다.

어느 날, 세존께서 영산에 제자들을 모아 놓고 설교를 했다. 그때 세존은 연꽃을 손에 들고 꽃을 비틀어 보였다. 제자들은 그 뜻을 알 수 없어 잠자코 있었는데, 가섭존자만이 그 뜻을 깨닫고 활짝 미소를 지어 보였다. 그러자 세존은 이렇게 말했다.

「나는 정법안장(正法眼藏), 열반묘심(涅槃妙心), 실상무상(實相無相), 미묘법문(微妙法門)을 글로 기록하지 않고 가르침 밖에 따로 전하는 것이 있다. 그것을 가섭존자에게 전한다」고 했다.

글로 기록하지 않고, 가르침 밖에 따로 전하는 「교외별전(敎外別傳)」이것이 바로 이심전심인 것이다.

연꽃을 비틀어 보인 것은 역시 일종의 암시다. 완전한 이심전심은 아니라고도 볼 수 있다. 우리들의 이심전심도 역시 태도나 눈치 같은 것을 필요로 할 때가 많은 것은 「이심전심」의 한 보조 수단이라 하겠다.

은심원생〔恩甚怨生〕 사람에게 은혜를 베푸는 것이 도를 넘치면 오히려 원망을 받는다는 뜻.

은위병행〔恩威並行〕 은혜와 위엄을 아울러 베풂.《용재속필(容齋續筆)》

은인자중〔隱忍自重〕 마음속으로 참으며 몸가짐을 자중(自重)하는 것. 좋게 말하면 신중, 나쁘게 말하면 소극적임. 〔반〕경거망동(輕擧妄動). 부화뇌동(附和雷同).

음덕양보〔陰德陽報〕 남이 모르게 덕을 쌓은 사람은 뒤에 남이 알게 보답을 받는다는 것. 음덕(陰德)은 남이 보지 않는 데서 행하는 착한 일. 양보(陽報)는 확실히 현실로 보답이 나오는 것.《회남자》

음우지비〔陰雨之備〕 장맛비를 대비한다는 뜻으로, 미리 위험한 것을 방비함.

음우회명〔陰雨晦冥〕 비가 몹시 내려 캄캄함. 곧 난세(亂世)의 비유.

음지전양지변〔陰地轉陽地變〕 음지가 양지 된다는 뜻으로, 세상일이란 돌고 돌아 불운과 행운이 뒤바뀜을 이름.

음풍농월〔吟風弄月〕 바람을 쏘이면서 시가(詩歌)를 읊으며 달을 감상한다든지 한다는 데서, 풍아스러운 시를 짓는 것. 또 즐겨 시가를 흥얼대는 것을 말한다.《송사》

음하만복〔飮河滿腹〕 많은 물이 있어도 마시는 분량은 배를 채울 정도에 지나지 않는다는 뜻으로, 자기 분수를 넘지 않도록 조심해야 함의 비유.《장자》

음회세위〔陰灰洗胃〕 재를 마시고 위를 씻는다는 뜻으로, 마음을 고쳐먹고 새 사람이 된다는 뜻.《남사》

이일대로
以佚待勞

써 以 편안할 佚 기다릴 待 피로할 勞

> 싸움에서 이쪽을 편안히 쉬게 하여 적이 지치기를 기다림.

「이일대로」는, 적과 싸울 때 이쪽을 편안히 쉬게 하여 상대가 지치기를 기다린다는 뜻이다.

《손자》 제7편 군쟁(軍爭)에 나와 있는 말이다. 군쟁편 원문의 내용을 소개하면 다음과 같다.

「아침은 기운이 왕성하고, 낮은 기운이 누그러지고, 저물면 완전히 기운이 떨어지고 만다. 그러므로 싸움을 잘하는 사람은 상대방의 기운이 왕성한 때를 피하고, 누그러지거나 떨어졌을 때에 공격한다. 이것은 적의 사기를 이용하는 방법이다.

질서 있는 군대로써 적의 혼란한 시기를 기다리고, 냉정한 태도로써 적이 경솔하게 나올 때를 기다린다. 이것은 적의 심리를 이용하는 방법이다. 우리 군대를 싸움터 가까이 대기시켜 두고 적이 멀리서 쳐들어오기를 기다리며, 이쪽은 편안히 쉬게 하여 적이 지치기를 기다리고, 이쪽은 충분한 군량을 확보해 두고 적이 식량 부족으로 배고프기를 기다린다. 이것은 힘을 이용하는 방법이다(以近待遠 以佚待勞 以飽待飢 此治力者也).

그러므로 깃발이 질서정연한 적을 맞아 싸우는 일을 피하고, 기세가 당당하게 진을 치고 있는 적을 공격하는 일은 피한다. 이것은 적의 상황 변화를 기다려 승리를 얻도록 하는 방법이다」

이상이 「이일대로」가 들어 있는 군쟁편의 내용인데, 이 「이일대로」의 전술을 제6편 허실(虛實)에서는 다음과 같이 말하고 있다.

「무릇 먼저 싸움터에 있으면서 적을 기다리는 사람은 편하고, 뒤에 싸움터에 있어서 싸우러 가는 사람은 괴롭다. 그러므로 싸움을 잘하는 사람은 남을 내게로 끌어들이고, 내가 남에게 끌려 다니지 않는다」 결국 주도권을 장악하는 것이 중요함을 말한 것이다.

읍각부동〔邑各不同〕 규칙이나 풍속이 각 고을마다 같지 않다는 뜻으로, 사람마다 의견이 서로 다름을 비유하여 이르는 말.

읍피주자〔挹彼注茲〕 멀리서 물을 길어다 필요한 곳에 부어준다는 데서, 부족한 점을 메워주다. 배려가 깊음을 이르는 말. 《시경》

응대여류〔應對如流〕 물 흐르듯 대답한다는 뜻으로, 언변이 능수능란함을 이르는 말.

의금자찰지고〔疑今者察之古〕 현세에 관하여 의문되는 일은 옛것을 살펴서 깨달으라는 뜻. 윤 온고이지신(溫故而知新).

의기양양〔意氣揚揚〕 득의한 마음이 얼굴에 나타나는 모양. 의기양양(意氣洋洋)이라고 써도 된다. 《사기》 맨 의기소침(意氣消沈).

의마칠지〔倚馬七紙〕 대단히 훌륭한 문재(文才). 문장의 천재. 의(倚)는 기대다, 의지하다의 뜻. 말에 의지해서 기다리는 사이에 일곱 장의 종이에 가득 써버릴 정도의 재능을 말한다. 글을 빨리 잘 짓는 재주. 《세설신어》

의문이망〔倚門而望〕 어머니가 자녀가 돌아오는 것을 마음을 졸여가며 기다림. 《전국책》

의미심장〔意味深長〕 사람의 언동이나 문장, 혹은 상황 등의 의미가 미묘하고 깊어 여러 가지로 해석될 수 있는 것. 말이나 글의 뜻이 매우 깊음. 《논어서설》

의발상전〔衣鉢相傳〕【불교】불법(佛法)을 잇다. 또는 제자가 스승의 가르침, 도를 전하는 것을 가리킴. 의(衣)는 가사(袈裟), 발(鉢)은 탁발(托鉢). 선종(禪宗)의 시조 달마 대사가 불법의 깊은 뜻을 제자인 혜가(慧可)에게 전수했을 때, 그 증거로 의발을 주었던 고사에서 유래했다. 또 스승의 도를 받아 잇는 경우, 널리 「의발을 잇다」라고 한다.

의상지치〔衣裳之治〕 애써 법을 정함이 없이 인덕으로 백성을 교화시키고 나라를 다스리는 일. 《역경》

인비목석
人非木石

사람 人 아닐 非 나무 木 돌 石

> 사람은 목석이 아니다. 곧 사람은 감정을 가진 동물이다.

「사람은 감정을 가지고 있다」는 뜻으로 쓰이고 있다.
이「인비목석」은《사기》의 저자 사마천의 편지에 있는「신비목석(身非木石)」이란 말과 육조시대의 포조(鮑照)가 지은「의행로난(義行路難)」이란 시에 있는「심비목석(心非木石)」이란 말에서 온 것이라 볼 수 있다.

사마천은 한무제의 노여움을 사 항변할 여지도 없이 궁형(宮刑)이란 치욕의 형벌을 받기 위해 하옥되었을 때의 일을, 임소경(任少卿)에게 보내는 편지 가운데서 이렇게 말하고 있다.

「집이 가난해서 돈으로 죄를 대신할 수도 없고, 사귄 친구들도 구해 주려 하는 사람이 없으며, 좌우에 있는 친근한 사람들도 말 한마디 해주는 사람이 없다. 몸이 목석이 아니거늘, 홀로 옥리들과 짝을 지어 깊이 감옥 속에 갇히게 되었다」

여기에서 말한「몸이 목석이 아닌데」란 말은, 생명이 있는 인간으로서의 견디기 어려운 고통을 말한 것이다. 그러나 보통「목석이 아니다」란 말은 사마천의 경우와는 달리 감정을 말하게 된다. 위에 말한 포조의「의행로난」은 열여덟 수로 되어 있는데, 그 중 한 수에「심비목석」이란 말이 나온다.

물을 쏟아 평지에 두면
각기 스스로 동서남북으로 흐른다.
인생 또한 운명이 있거늘
어찌 능히 다니며 탄식하고 앉아서 수심하리오

술을 부어 스스로 위로하며
잔을 들어 삶의 길이 험하다고 노래를 끊으리라.
마음이 목석이 아닌데, 어찌 느낌이 없으리오
소리를 머금고 우두커니 서서 감히 말을 못하누나.

瀉水置平地	各自東西南北流	사수치평지	각자동서남북류
人生亦有命	安能行歎復坐愁	인생역유명	안능행탄복좌수
酌酒以自寬	舉杯斷絶歌路難	작주이자관	거배단절가로난
心非木石豈無感	呑聲躑躅不敢言	심비목석개무감	탄성척촉불감언

여기서는 분명히 「목석이 아닌 마음이 어찌 감정이 없겠느냐(心非木石豈無感)」고 말하고 있다. 우리들이 쓰고 있는 「인비목석」이란 말은 이 「심비목석」에 가까운 뜻으로 쓰고 있다.

몸과 마음을 합친 것이 사람이므로 「인비목석」이란 말이 우리에게 더 정답게 느껴진다. 「목석같은 사나이」란 뜻으로 「목석인(木石人)」이란 말도 쓰이고 있다.

의양화호로〔依樣畵葫蘆〕 모방뿐이고 독창성이 없음의 비유. 양식이나 형식만을 흉내 내어 예부터의 틀에 박힌 형태의 호리병박을 그리고, 독창성이나 독자적인 화풍을 볼 수 없는 것. 호로(葫蘆)는 표주박, 호리병박. 양(樣)은 양식. 송나라의 태조 조광윤(趙匡胤)이 한림학사 도곡(陶穀)이 기초(起草)한 조서의 문장에 대하여 선례에 따라서 바꾸어 쓴 것뿐이고 신선함이 없다고 폄하한 말.

의이지참〔薏苡之讒〕 근거 없는 비방, 중상(中傷). 뜻밖의 참소. 또 사실 무근의 수뢰혐의를 받는 것. 의이(薏苡)는 율무. 약용 자양식품으로 쓰인다. 《후한서》

의장참담〔意匠慘憺〕 고심해서 궁리를 하는 것. 의장은 궁리, 머리를 써서 이리 저리 생각을 하는 것. 참담은 애쓰는 것, 고심하는 것의 형용.

인인성사
因人成事

의지할 因 사람 人 이룰 成 일 事

> 사회생활을 하는 인간은 혼자 힘으로는 되는 일이 없다.

「인인성사」는 남을 의지해서 일이 이뤄진다는 뜻이다. 현재에는 사회생활 속에 있는 인간은 혼자 힘으로는 되는 일이 없다는 뜻으로 널리 쓰이고 있다. 그러나 본래의 뜻은 상호 의존적인 그런 의미가 아니고 「원님 덕에 나팔 분다」식의 가벼운 뜻으로 쓰였다.

「세 치 혀가 백만의 군사보다 강하다(三寸之舌)」고 한 제목에서 언급된 모수(毛遂)의 입을 통해 나온 말이다.

진나라가 조나라 서울 한단(邯鄲)을 포위하자 조나라는 평원군(平原君)을 초나라로 보내 구원병을 청하게 했다. 평원군은 길을 떠날 때 문무를 겸한 문객 스무 명을 뽑아 데리고 가기로 하고, 인선에 들어갔으나 겨우 열아홉 명밖에 뽑지 못했다. 그래서 자청해서 나선 것이 모수였다. 「모수자천(毛遂自薦)」이란 말이 여기서 생겨난 것이다.

평원군은 20명의 문객을 거느리고 초나라 왕과 초나라 궁정에서 회담을 갖게 되었다. 그러나 마음이 착하기만 한 평원군과 진나라가 두렵기만 한 초왕과의 회담은 아침부터 시작해서 대낮이 기울도록 결정을 못 보고 있었다.

보다 못한 문객들은 모수를 보고 올라가라고 했다. 모수는 칼을 한 손으로 어루만지며 성큼성큼 계단을 올라가 평원군에게 말을 건넸다.

「구원병을 보내는 것이 좋으냐 아니냐 하는 것은 두 마디로 결정될 일인데 해가 뜰 때부터 시작된 이야기가 한낮이 되도록 결정을 보지 못하는 것은 무엇 때문입니까?」

그러자 초왕이 평원군을 보고 물었다.

「저 손은 뭐하는 사람입니까?」
「이 사람은 신의 문객입니다」 그러자 초왕은 호통을 쳤다.
「어서 내려가지 못할까. 내가 너의 주인과 말하고 있는데, 네가 무슨 참견이란 말이냐?」
그러자 모수는 칼을 잡고 앞으로 나아갔다.
「왕께서 이 모수를 꾸짖으시는 것은 초나라 군대가 있기 때문입니다. 그러나 지금은 나와 열 걸음 안에 있으므로 초나라 군대가 아무 소용이 없습니다. 왕의 목숨은 이 모수의 손에 달려 있습니다. 우리 주인이 앞에 있는데 나를 꾸짖는 것은 무엇 때문입니까. 그리고 옛날 탕임금은 70리 땅으로 천하를 통일하고, 문왕은 백 리의 땅으로 제후들을 신하로 만들었습니다. …… 지금 초나라는 땅이 사방 5천 리에 무장한 군대가 백만에 이르고 있습니다. ……그런데 백기(白起)란 어린 것이 수만의 군대를 거느리고 초나라와 싸워, 한 번 싸움에 언영(鄢郢)을 함락시키고 두 번 싸움에 이릉(夷陵)을 불사르고 세 번 싸움에 왕의 선인(先人)을 욕되게 했습니다. 이 백 세의 원한을 조나라도 부끄러워하고 있는데, 왕께서는 미워할 줄을 모르고 계십니다. 두 나라의 연합은 실상 초나라를 위한 것이지 우리 조나라를 위한 것이 아닙니다. 우리 주인이 앞에 있는데 나를 꾸짖는 것은 무엇 때문입니까.」
초왕은 서슬이 시퍼런 모수의 기세에 겁을 먹고, 또 진나라 백기에 당한 지난날의 일을 생각하니 복수의 감정이 치받기도 했다.
「선생의 말을 듣고 보니 과연 그렇소. 삼가 나라로써 선생을 따르겠소」
「그럼 출병은 결정된 것이옵니까?」
「그렇소」
그러자 모수는 초왕의 좌우에 있는 사람들을 시켜 맹약에 쓸 피를 가져오게 하고, 피가 담긴 구리쟁반을 자기가 받아 든 다음, 무릎을 꿇고 초왕 앞에 들이밀며 말했다.

「대왕께서 마땅히 먼저 피를 마시고 맹약을 정하십시오 그 다음은 저의 주인이요, 그 다음은 이 모수가 하겠습니다」

이렇게 궁전 위에서 맹약을 끝마치자, 모수는 왼손에 피 쟁반을 들고 오른손으로 열아홉 명을 손짓해 말했다.

「당신들은 함께 이 피를 대청 아래에서 받으시오 당신들은 녹록한 사람들로 이른바 남으로 인해 일을 이룩하는 사람들입니다(公相與歃此血於堂下 公等錄錄 所謂因人成事者也)」

이리하여 초나라 구원병을 얻는 데 성공한 평원군은 모수를 가리켜, 「모선생의 세 치 혀가 백만의 군사보다도 더 강하다」 고 칭찬했다. 여기에 나온 「인인성사」 는 녹록한 사람들이 잘난 사람의 덕을 보는 것을 뜻한다. 그러나 지금은 누구나 다 그렇다는 뜻으로 쓰이고 있다.

〔☞ 삼촌지설(三寸之舌)〕

의재언외〔意在言外〕 말로 표현된 것 이상의 정취를 느낄 수 있는 것. 또 분명히 말로 하지 않아도 그 말하고자 하는 바를 느낄 수 있는 것. 언외(言外)는 말로 표현된 내용 이외의 것을 가리킨다.

이공보공〔以空補空〕 제 살로 제 때우기. 곧 이 세상에는 공것이 없다는 뜻.

이공사석〔李公射石〕 한 가지 일에 전념하면 불가능한 일도 가능해짐의 비유. 정신을 집중하면 돌조차 도 꿰뚫을 수 있다. 사석음우(射石飮羽)와 같은 뜻.

이관규천〔以管窺天〕 ☞ 관견(管見).

이구동성〔異口同聲〕 여러 사람의 말이 한결같음. 여출일구(如出一口) 《송서(宋書)》

이군삭거〔離群索居〕 붕우(朋友)의 무리를 떠나 독거함을 이르는 말. 군(群)은 동문(同門)의 벗, 삭(索)은 흩어짐. 《예기》

이극구당〔履屐俱當〕 맑은 날에는 신으로 쓰이고, 궂은 날에는 나막신으로 쓰인다는 뜻으로, 곧 온갖 재주를 구비하여 못할 일이 없음을 비유한 말.

이기포과〔以杞包瓜〕 사악(邪惡)을 제지함의 비유. 또 높은 자리에 있는 사람이 겸양하여 현자를 찾는 것. 큰 나무에 휘감긴 오이씨가 익어서 저절로 떨어지듯이, 올바르게 사는 사람은 시기가 익는 것을 기다려 적절히 처신하면 사악한 자는 저절로 물러간다는 것. 《역경》

이단〔異端〕 정통이 아닌 가르침. 단(端)은 끝, 가장자리. 정통의 입장에서 보아 다른 한 끝에 있다는 뜻. 《논어》

이란격석〔以卵擊石〕 달걀로 바위치기. 곧 강약의 대비가 현저하여 지극히 약한 것으로 지극히 강한 것을 공격하면 반드시 실패함을 비유하여 이르는 말. 《순자》

이랍대신〔以蠟代薪〕 땔나무 대신 초를 땐다는 뜻으로, 지나치게 사치스러운 것을 비유한 말. 《진서》

이려측해〔以蠡測海〕 표주박으로 바다를 잰다는 뜻으로, 얕은 식견(識見)으로 심대한 사리(事理)를 헤아린다는 말. 또 소견이 천박함을 이름.

이력가인〔以力假仁〕 병력으로써 세력을 확장하면서 겉으로는 어진 마음에서 우러나와 하는 것처럼 본성을 가장함을 이르는 말로, 패자(覇者)를 이름. 《맹자》

이로동귀〔異路同歸〕 제각기 가는 길은 다르지만, 귀착점은 같음. 곧 방법은 다르나 결과는 같음을 이르는 말. 《회남자》

이로정연〔理路整然〕 의론·언설(言說) 등 사리가 잘 통하고 정연한 모양. 凹 지리멸렬(支離滅裂).

이루지명〔離婁之明〕 안력(眼力)·시력이 지극히 밝은 것을 말한다. 이루(離婁)는 옛날 중국의 황제(黃帝) 때의 눈 밝은 사람의 이름. 《맹자》 이루 상.

이립〔而立〕 30세를 이르는 말. 30세에 시서예악(詩書禮樂)의 학(學)을 궁구했다는 것. 또는 30세에 자립(自立)하는 것. 《논어》

이매망량〔魑魅魍魎〕 산이나 물에 사는 온갖 도깨비의 총칭.

이모상마〔以毛相馬〕 털빛으로 말의 좋고 나쁨을 판단한다는 뜻으로, 외모만 보고 사물을 판단하는 것은 잘못이라는 말. 《염철론》 비 이모취인(以貌取人).

이모취인〔以貌取人〕 얼굴만 보고 사람을 가리거나 쓴다는 뜻으로, 사람이 어질고 어질지 않은 것을 보는데, 그 사람의 덕(德)의 여하는 고려치 않고 단지 용모의 미추(美醜)만 보고 정한다는 말.

일거수일투족
一擧手一投足

한 一 들 擧 손 手 던질 投 발 足

> 약간의 수고 또는 하나하나의 동작이나 행동. 일거일동.

「일거수일투족」은, 글자 그대로는 손 한 번 들고, 발 한 번 뻗는다는 뜻이다. 이것이 지금은 「일거일동(一擧一動)」 즉 어떤 사람의 행동을 가리켜 「일거수일투족」이라고 한다.

그러나 애당초 이 문자를 썼을 때의 원래의 뜻은, 겨우 손 한번 까딱하고 발 한번 내딛는 아주 작은 수고라는 뜻이었다.

이 문자를 처음 쓴 사람은 유명한 한유(韓愈)였다.

당송팔대가의 첫손 꼽히는 한유가 과거를 보러 갔을 때, 어느 정부의 높은 관리에게 낸 편지인 「응과목시여인서(應科目時與人書)」 속에 나오는 말이다.

편지의 첫 부분에,

「큰 바다와 강가에는 괴물이 있다. 그것은 흔해빠진 고기나 조개와는 다르다. 그것은 물을 얻게 되면 비바람을 일으키며 하늘을 오르내리는 것도 어렵지가 않다.

그러나 물을 얻기 전에는 그런 힘을 발휘하지 못한다. 그리고 물과의 거리는 겨우 한 발, 두 발, 한 자, 한 치 사이밖에 안된다.

높은 산과 언덕이 가로막고 있는 것도 아니고, 넓은 길과 험한 곳이 가로놓여 있는 것도 아니다. 그러나 그것이 바짝 마른 땅에 있으면서 제 힘으로 물 있는 곳에 가지 못하게 되면 수달피의 웃음거리가 되는 것이 십중팔구다.

만약에 힘이 있는 사람이 그 궁한 모양을 딱하게 여겨 물 있는 곳으로 끌어다 줄 생각만 한다면 아마 손 한 번 들고, 발 한 번 내딛는 수고에 지나지 않을 것이다(如有力者 哀其窮而轉之 蓋一擧手一投足之勞也)」라는 비유로써 말하고 있다.

결국 자신을 뭍에 있는 용(龍)에다 비유하고, 물을 얻는 것을 과거에 급제하는 것에 비유하여, 급제를 시키고 안 시키고 하는 것은 시험관인 당신의 마음 하나에 달려 있을 뿐, 수고라면 손 한번 까닥하고, 발 한번 내딛는 그것밖에 더 될 것이 있겠느냐 하는 뜻이다. 끝에 가서 또 한 번 「일거수일투족의 수고」를 부탁하고, 당신이 들어 주고 안 들어 주는 것은 운명일 수밖에 없다는 것을 덧붙여 두고 있다.

이목지관〔耳目之官〕 과거 중국에서 임금의 이목이 되어 나라의 치안을 맡아보던 관리. 곧 어사대부(御史大夫)를 이르는 말.《맹자》

이목지신〔移木之信〕 나무를 옮기기로 한 믿음이라는 뜻으로, 신용을 지킴을 이르는 말.《사기》

이문회우〔以文會友〕 학문에 뜻을 두는 사람들을 벗으로 모으는 것. 문(文)은 구체적으로는 유교의 기본적인 경전인《시경》《서경》《예기》 등을 가리킨다.《논어》

이발지시〔已發之矢〕 이미 쏘아진 화살. 곧 이왕에 시작한 일을 중지하기 어려움을 이르는 말.

이사위한〔以死爲限〕 죽음으로써 한정(限定)을 삼는다는 뜻으로, 죽음을 각오하고서 일을 하여 나간다는 말. 곧 죽기 전에 그만두지 않음.

이삼기덕〔二三其德〕 덕이 여러 가지로 변한다는 뜻으로, 이랬다저랬다 함. 곧 지켜야 할 덕을 한결같이 하지 않고 바꿈을 이름.《시경》

이상견빙지〔履霜堅氷至〕 서리가 내리면 얼마 가지 않아 이윽고는 단단한 얼음이 얼게 된다는 데서, 사물은 작은 일들이 쌓이고 쌓여 큰일에 이른다는 것. 악(惡)의 움직임은 처음에는 하찮은 것일지라도 그대로 두면 큰 악이 된다는 뜻.《역경》

이석추호〔利析秋毫〕 사소한 이해라도 따져 밝힌다는 뜻으로, 인색함을 일컫는 말.

이석투수〔以石投水〕 물에 돌을 던지면 물속으로 돌이 잠기듯, 간(諫)한 말이 잘 받아들여짐. 또 흔적이 반드시 남음.

일거양득
一擧兩得

한 一 들 擧 둘 兩 얻을 得

한 가지 일로써 두 가지 이익을 얻는다.

《춘추후어(春秋後語)》에 나오는 이야기다.

춘추시대 노나라에 용맹과 담력이 남다른 변장자(辯莊子)라는 사람이 있었다. 어느 날 산에 호랑이가 나타났다고 하는 말을 듣고 잡으려 나가려고 했다. 그때 여관 하인이 그를 말리며 말했다.

「그렇게 서두를 필요는 없습니다. 천천히 기다리세요. 호랑이 두 마리가 소를 잡아먹으려고 하거든요. 조금 있으면 두 마리 호랑이는 서로 소 한 마리를 차지하려고 싸울 겁니다. 둘이 싸우면 힘이 약한 놈은 견디지 못하고 죽을 것이고, 힘센 놈도 상처를 입게 될 것입니다. 그 때 상처 입은 놈을 잡으면 한 번에 두 마리의 호랑이를 잡게 될 것입니다(一擧兩得)」

변장자는 그 하인의 말대로 두 마리의 호랑이가 싸우는 것을 지켜보고 있다가 상처투성이의 이긴 놈을 쉽게 때려잡을 수 있었다. 결국 한 방에 두 마리의 호랑이를 잡았다는 데서「일거양득」이란 말이 생겨나게 된 것이다.

《전국책》 초책에 있는 이야기다.

전국시대 때 한(韓)과 위(魏) 두 나라가 1년 이상이나 싸움을 계속하고 있었다. 진혜왕(秦惠王)은 그 어느 한쪽을 돕고자 부하들과 의논했으나 좀처럼 의견의 일치를 보지 못했다. 그 때 진진(陳軫)이란 사람이 나서서「일거양득」의 이야기를 했다.

혜왕은 진진의 말을 듣고 두 나라의 싸움이 끝나고 나서 기진맥진한 이긴 쪽을 공격해 어렵지 않게 두 나라를 모두 차지할 수 있었다.

이성지합[二姓之合] 다른 성을 가진 남녀의 결합. 곧 결혼을 이르는 말.

이성지호[二姓之好] 시가와 친가가 서로 화목함. 곧 사돈간의 화목함을 이름.

이성현위장[以聖賢爲杖] 성현으로써 지팡이를 삼는다는 뜻으로, 성현의 도로써 몸을 보존함을 이르는 말. 《세설신어》

이세동조[異世同調] 때는 다르되 가락은 같다는 뜻으로, 시대는 달라도 인간 또는 사물에는 각기 상통하는 분위기와 맛이 있음을 이르는 말.

이소[鯉素] 잉어의 뱃속에서 흰 비단에 쓴 편지가 나왔다는 고사에서, 편지를 이름.

이소사대[以小事大] 작은 것으로 큰 것을 섬김. 곧 작은 나라가 큰 나라를 섬기는 일.

이속우원[耳屬于垣] 귀를 담에 대고 엿듣는다는 뜻으로, 남이 듣지 않는 곳에서도 말을 삼가라는 말. 낮말은 새가 듣고 밤말은 쥐가 듣는다는 말과 같다.

이수구수[以水救水] 물에 물을 더한다는 뜻으로, 위세에 세력을 더함을 이르는 말. 《장자》

이수주탄작[以隋珠彈雀] 매우 귀중한 보석을 써서 새를 잡는다는 뜻으로, 얻는 것이 잃는 것보다 적음을 비유한 말. 손실이 이익보다 많은 것. 수주(隋珠)는 수후(隋侯)가 큰 뱀을 구해 주어, 그 사례로 뱀에게서 받았다고 전해지는 보석. ☞ 수주화벽(隋珠和璧).

이수함옥[泥首舍玉] 머리를 진흙에 묻고 입에 구슬을 문다는 뜻으로, 사죄·항복할 때의 모습을 형용한 말. 《후한서》

이순[耳順] 귀가 순해진다는 뜻으로, 60세를 이르는 말. 60세가 되면 어떤 사람의 의견이라도 순수하게 받아들일 수 있다는 것. 《논어》 ☞ 불혹(不惑).

이승양석[以升量石] 되로 섬곡식을 된다는 뜻으로, 어리석은 사람은 현명한 사람의 마음을 헤아리지 못함을 비유하는 말. 《회남자》

이식지도[耳食之徒] 듣기만 하고 그 맛을 판단하는 사람이란 뜻으로, 얄팍한 지혜를 가진 자의 비유. 이식(耳食)은 귀로 먹다, 곧 번지수가 다르다는 뜻. 《사기》

이신순리[以身殉利] 목숨을 내던지면서까지 이익을 추구하는 것. 이익을 추구하기 위해 몸을 망치는 것. 《장자》

이양역우[以羊易牛] 작은 것으로 큰 것의 대용으로 삼는 것. 양(羊)은 작은 것, 우(牛)는 큰 것에 비유한다. 《맹자》

일견폐형 백견패성
一犬吠形 百犬吠聲

한 一 개 犬 짖을 吠
모양 形 일백 百 소리 聲

한 사람이 헛된 말을 퍼뜨리면 많은 사람이 사실인 양 믿어버린다.

형(形)은 그림자(影)란 뜻이다. 개 한 마리가 헛그림자를 보고 짖어대면, 온 마을 개가 그 소리에 따라 짖는다는 것이 「일견폐형 백견패성」이다.

즉 한 사람이 있지도 않은 일을 있는 것처럼 퍼뜨리면 수많은 사람들이 그것을 사실인 양 따라 떠들어대는 것을 비유해서 하는 말이다.

이 말은 후한 왕부(王符)가 지은 《잠부론(潛夫論)》의 현난편에 있는 말이다.

왕부는 당시 유명한 마융(馬融)·두장(竇章)·장형(張衡)·최원(崔瑗)과 같은 인물과도 친교가 있었으나, 출세만을 유일한 목적으로 알고 있는 당시의 풍조에 싫증을 느낀 나머지 벼슬에 오를 것을 단념하고 고향에서 숨어 살며 《잠부론》 10권 36편을 지었다.

문벌정치에 분노를 터뜨리며 천자에게 모든 권력을 집중시켜, 무능한 무리들을 내쫓고 덕이 높은 사람을 등용해야 된다는 것을 역설한 것인데, 자기 이름을 밝히고 싶지 않았기 때문에 《잠부론》이라고 제목을 붙인 것이다. 「잠부」란 숨어 사는 사람이란 뜻이다.

「천하가 잘 다스려지지 않는 까닭은, 현난(賢難)에 있다. 현난이란 어진 사람이 되기가 어려운 것을 말하는 것이 아니고, 어진 사람을 얻기가 어려운 것을 말하는 것이다」라고 붓을 들고 있는 현난편은, 어진 사람의 말과 행동이 속된 사람의 질투를 받게 되고, 그로 인해 바른 말이 용납되지 않는다는 것을 여러 가지 예를 들어 설명하는 한편, 천자가 속된 말에 이끌리지 말고, 어진 사람들을 지혜롭게 가려내야 한다는 것을 강조한 것이다.

왕부는 여기서 이렇게 말하고 있다.

「속담에 말하기를, 한 개가 그림자를 보고 짖으면 모든 개는 소리만 듣고 짖는다고 했다. 세상의 이 같은 병은 참으로 오래된 것이다(諺曰 一犬吠形 百犬吠聲 世之疾 此因久矣哉)」

왕부의 문장을 읽으면 유가(儒家)의 입장에서 쓴 것이기는 하나 법가의 대표적 저작인 《한비자》의 세난편(說難篇)을 연상케 한다.

왕부는 이 《잠부론》을 완성한 뒤로도 끝내 벼슬을 하지 않고 평민으로 생을 마쳤다. 그러나 《후한서》 왕부전에는 그가 당대의 존경을 받고 있었던 예로 다음과 같은 이야기를 덧붙여 두고 있다.

도요장군(度遼將軍) 황보규(皇甫規)가 나이 늙어 벼슬을 그만두고 고향인 안정(安定)에 돌아왔을 때 일이다.

마침 한 고향 사람으로, 일찍이 큰 돈을 바치고 안문(雁門) 태수의 자리를 샀던 자가 역시 벼슬을 그만두고 고향으로 돌아와 황보규에게 인사차 찾아왔다. 황보규는 침대에 누운 채 나가 맞지도 않고, 그가 들어오자 이렇게 야유를 했다.

「어떻게 그쪽에 가서는 맛있는 기러기를 많이 자셨던가?」

안문이란 지명이 「기러기 문」이란 뜻이므로 그곳에 가서 기러기를 많이 잡아서 바친 돈 이상의 재미를 보았더냐 하는 뜻이다.

그리고 조금 있자니 이번엔 왕부가 찾아왔다는 연락이 왔다. 그는 전부터 왕부에 대한 이야기를 듣고 있었으므로, 황급히 일어나 옷도 미처 갈아입지 못하고 버선발로 뛰어나가 왕부의 손을 잡고 맞아들여 자리를 같이하여 환담했다. 그래서 당시 사람들이 말하기를,

「2천 석을 묵살하기를 한 봉액만도 못하게 여겼다」고 했다는 것이다. 2천 석은 태수의 봉록이 2천 석이었기 때문에 태수를 가리켜 2천 석이

라고도 불렀다. 봉액은 선비들이 입는 옷의 이름으로 곧 선비란 뜻이다. 태수를 개방귀같이 알던 황보규가 한갓 선비에 불과한 왕부를 친한 친구 이상으로 반갑게 대해 준 것이 화젯거리가 된 모양이다. 왕부의 명성보다도 황보규의 대쪽같은 태도에 사람들은 더 매력을 느꼈던 것 같다.

이여반장〔易如反掌〕 손바닥을 뒤집듯 쉽다는 뜻으로, 일이 매우 쉬움을 이르는 말. 《설원》

이열치열〔以熱治熱〕 열(熱)을 열로써 다스림. 곧 힘은 힘으로써 물리침.

이오전오〔以誤傳誤〕 헛소문이 꼬리를 물고 번져 간다는 뜻.

이용후생〔利用厚生〕 기물의 사용을 편리하게 하고 재물을 풍부하게 하여 백성의 생활을 윤택하게 함을 이르는 말. 《서경》

이우지유〔犁牛之喩〕 얼룩소의 새끼라도 적갈색 털이고 뿔이 제대로 되어 있으면 결코 버려두지 않는다는 데서 나온 말로, 아버지가 부덕해도 아들이 훌륭하면 그 아들은 반드시 인정받아 등용되는 것을 말한다. 《논어》

이육거의〔以肉去蟻〕 고기를 가지고 개미를 쫓는다는 뜻으로, 수단과 방법을 그르치면 도리어 역효과를 초래함을 이르는 말. 《한비자》

이이제이〔以夷制夷〕 오랑캐로 오랑캐를 제압한다는 뜻으로, 외국끼리 서로 싸우게 함으로써 그 세력을 억제하여 자국의 이익과 안전을 꾀하는 외교정책을 말한다.

이인위경〔以人爲鏡〕 주위 사람들의 행동을 잘 지켜보고 스스로의 행동을 올바르게 하는 판단 기준으로 삼는 것을 말한다. 남의 행동에야말로 바로 자신을 이끌어주는 본보기가 있다는 것, 《묵자》

이인투어〔以蚓投魚〕 미물인 지렁이로 고기를 잡는다는 뜻으로, 보잘 것없는 것이라도 다 쓸모가 있음을 이르는 말. 《수서(隋書)》

이일궤장강하〔以一簣障江河〕 한 삼태기의 흙으로 양자강과 황하의 물을 막는다는 뜻으로, 미력으로 큰 난리를 막으려고 함. 곧 불가능한 일의 비유. 강하(江河)는 장강(長江), 곧 양자강과 황하를 가

리킴. 《한서》

이중련〔泥中蓮〕 아무리 더렵혀진 환경에도 물들지 않으며, 결백한 마음을 줄곧 가지고 살아감의 비유. 세속에 있으면서 때 묻지 않은 마음을 계속 유지하는 것.

이지측해〔以指測海〕 손가락을 가지고 바다의 깊이를 잰다는 뜻으로, 양을 모르는 어리석음을 비유하여 이르는 말. ⇨ 이려측해(以蠡測海).

이차이피〔以此以彼〕 이렇게 하든지 저렇게 하든지. 이차어피(以此於彼). 어차어피(於此於彼). 어차피(於此彼).

이천식천〔以天食天〕 한울로서 한울을 먹음. 우주 전체를 한울로 보아 사람이 동식물을 음식물로 보아 섭취하는 것. 곧 한울이 한울 자체를 키우기 위한 자율적인 운동임.

이천역일〔移天易日〕 하늘을 옮기고 해를 바꾼다는 뜻으로, 정권을 빼앗아 농간질함을 이르는 말. 《진서》

이천착호〔以天捉虎〕 하늘로 호랑이 잡기란 뜻으로, 아주 쉬운 일의 비유. 《순오지》

이추도타태산〔以錐刀墮泰山〕 송곳으로 태산을 허문다는 뜻으로, 보잘 것없는 힘으로 큰 적과 싸워도 털 끝 하나 상하게 하지 못함을 비유

한 말. 《순자》

이판사판〔理判事判〕【불교】일이 막다른 곳에 다다라 어찌할 수 없게 되었을 때 자포자기하는 심정으로 내리는 결정. 불교에서 수행 승려인 이판승(理判僧)과 행정을 담당하는 사판승(事判僧)의 권력 다툼에서 나온 말.

이포역포〔以暴易暴〕 횡포한 사람으로 횡포한 사람을 바꿈. 곧 바꾸기 전의 사람과 뒤의 사람이 꼭 같이 횡포하다는 말. 《사기》

이풍역속〔移風易俗〕 풍속을 고쳐 세상을 정화하는 것. 《효경》

이하조리〔以蝦釣鯉〕 새우를 가지고 잉어를 낚는다는 뜻으로, 적은 밑천을 들여 많은 이익을 얻음을 비유하여 이르는 말. 《순오지》

이합집산〔離合集散〕 헤어졌다가 모였다 하는 일. 정계(政界)의 파벌이나, 개인의 이익에 따라 이리 갔다 저리 갔다 하는 정치인들을 보고 있으면 잘 알 수 있다. ⇨ 합종연횡(合從連衡).

이현령비현령〔耳懸鈴鼻懸鈴〕 「귀에 걸면 귀걸이, 코에 걸면 코걸이」라는 뜻으로, 일정한 정형이 없이 둘러대기 나름이라는 말. 또는 어떤 사물이 사람에 따라, 해석하기에 따라 이리도 되고 저리도 됨의 비유.

일단사일표음
一簞食一瓢飮

한 一 도시락 簞 먹일 食(사) 표주박 瓢 마실 飮

도시락밥과 표주박 물이란 뜻으로, 간소한 음식. 곧 소박한 생활의 비유.

단(簞)은 대나무로 엮어 만든 도시락을 말한다. 표(瓢)는 바가지다. 「일단사일표음」은 한 도시락밥과 한 바가지의 물이란 뜻으로, 굶지 않을 정도의 가난한 식생활을 말하는 것이다.

이 말은 《논어》 옹야편에 있는 공자가 안자(顔子 : 안회)를 칭찬한 말 가운데 있는 말이다.

「어질도다, 회여. 한 도시락밥과 한 바가지 물로 더러운 골목에 사는 것을 사람들은 그 고생을 견디지 못해 하는데, 회는 그 즐거움을 고치지 않으니 어질도다, 회여」

겨우 목숨을 이어가기 위한 음식물로 더럽고 구석진 뒷골목 오막집에 산다는 것은 누구나 그 고생을 견디기가 어려운 것이다. 그러나 안자는 그런 가난에 마음이 흔들리는 일이 없이 그가 깨달은 진리 속에 남이 알지 못하는 즐거움을 그대로 간직하고 있었기 때문에 공자는 이 같은 칭찬을 아끼지 않았던 것이다.

즉 「일단사일표음」은 인간의 최저 생활을 뜻한 말이었다. 공자는 술이편에서 이렇게 자신의 심경을 말하고 있다.

「거친 밥 먹고, 물마시고 팔을 베고 자도, 즐거움이 또한 그 속에 있다. 옳지 못한 부귀나, 명성 같은 것은 내게 있어서 뜬구름과 같다(飯疏食飮水曲肱而枕之 樂亦在其中矣 不義而富且貴 於我如浮雲)」

공자의 이런 심경이 바로 안자의 심경이었던 것이다. 공자는 노애공(魯哀公)이,

「제자들 중에 누가 제일 학문을 좋아합니까?」 하고 물었을 때,

「안회란 사람이 학문을 좋아해서 노여움을 옮기지 않고 같은 잘못을 두 번 되풀이하는 일이 없더니, 지금은 죽고 없는지라, 아직 학문을 좋아하는 사람이 있는 것을 듣지 못했습니다」하고 대답했다.

노여움을 옮기지 않는다는 것은 노여움이 그 사람을 위한 한 방편이었지 절대로 감정에서 나온 것이 아님을 뜻한다. 즉 사물에 의해 마음이 동요되는 일이 없음을 말한다. 두 번 잘못을 되풀이하지 않는다는 것은, 잘못인 줄만 알면 자연 하지 않게 된다는 뜻으로, 모든 행동이 이성(理性)에 따라 절로 움직여지게 되는 것을 말한다. 공자는 또 그를 칭찬하여,

「회는 나를 도와주는 사람이 아니다. 내 말을 좋아하지 않는 것이 없다」라고 했다.

이호미〔履虎尾〕 호랑이의 꼬리를 밟는다는 뜻으로, 지극히 위태로움의 비유. 《역경》의 이(履) 괘에는 호랑이의 꼬리를 밟지만, 호랑이에게 먹히지 않는다는 뜻을 나타낸다. 《역경》

이화구화〔以火救火〕 불로 불을 끄려 한다는 뜻으로, 폐해를 제거하려다 똑같은 폐해를 거듭함의 비유. 또 해를 더할 뿐 아무런 도움이 되지 않음의 비유. 《장자》

이화위귀〔以和爲貴〕 무슨 일에나 조화가 가장 중요하다. 또 사람들이 사이좋게 지내는 것이 중요하다. 《예기》

이효상효〔以孝傷孝〕 효성이 지극한 나머지 어버이의 죽음을 너무 슬퍼하여 병이 나거나 죽음.

익불사숙〔弋不射宿〕 새나 물고기를 잡더라도 그 씨를 말릴 정도로 도가 지나친 살생은 하지 않는다는 뜻으로, 무슨 일에나 정도를 넘지 않는 훌륭한 인물의 태도를 이르는 말. 《논어》 ☞ 조이불강(釣而不綱).

익자삼요〔益者三樂〕 유익한 즐거움 세 가지. 곧 예악(禮樂)을 좋아함과 사람의 착함을 좋아하는 것과 착한 벗이 많음을 좋아하는 것. 《예기》

일망타진
一網打盡

한 一 그물 網 칠 打 다할 盡

한꺼번에 모조리 잡음.

「일망타진」은 그물을 한 번 던져 있는 고기를 다 잡는다는 뜻이다. 경찰이 범인을 잡거나 적대관계에 있는 어느 한쪽이 상대방을 완전히 소탕했을 경우에 쓰는 말이다.

이 말을 처음 한 사람은 송나라 인종(仁宗) 때 어사중승(御史中丞 : 검찰관)이었던 왕공신(王拱辰)이었다. 반대파들을 모조리 옥에 가둔 다음 그가,

「내가 한 그물로 다 잡아 버렸다(吾一網打去盡矣)」고 한 데서 시작된 말이다.

이 사건의 줄거리를 소개하면 다음과 같다.

오대(五代)의 혼란기에 뒤이어 성립된 송나라는 문관통치를 국시(國是)로 했고, 건국 후 60여 년 뒤에 즉위한 제4대 인종(仁宗, 재위 1022~1063) 때는 과거제도에 의한 유능한 인재들이 많이 등용된 것으로 유명하다.

특히 인종의 후반기는 경력(慶曆, 1041~1048)이란 연호를 따서 경력지치(慶曆之治)라 부르는데, 이 태평시대가 나타나기까지에는 조정 내부에서의 문관들의 격렬한 대립이 있었다. 기성세력의 대신들과 혁신적인 관료들과의 대립이다.

인종의 명도(明道) 2년(1033년)에 곽황후(郭皇后)의 폐출 문제가 일어났다. 당시 인종은 상미인(尙美人)을 사랑하고 있었는데, 어느 날 인종을 모시고 앉아 있던 상미인이 황후에게 모욕을 가했다. 성난 황후가 그녀의 따귀를 치려했을 때, 인종이 얼른 사이에 끼어들어 말리는 바람

에, 황후의 손이 그만 인종의 목을 치고 말았다.

　성이 난 인종은 황후를 폐출할 결심을 하고 재상인 여이간(呂夷簡)과 상의를 했다. 천자의 뜻을 받들기에 바빴던 여이간이 동조함으로써 폐출은 곧 단행되었다.

　이에 반대한 범중엄(范仲淹) 등 간관(諫官) 열 명은 당파를 만들어 음모를 꾀하고 있다는 구실로 변방으로 쫓겨났다. 여이간의 농간이었다.

　경력 3년, 여이간이 재상에서 물러나자 인종은 기성 정치가인 하송(夏竦)을 추밀사(樞密使 : 군권을 장악하는 재상직)에 임명하고 추밀부사에는 혁신파인 한기(韓琦)를, 참지정사(參知政事)에는 범중엄을 임명했다.

　그러자 그때 함께 새로 임명된 간관 구양수 등이 하송이 적임자가 아니라고 들고 일어났다. 인종은 곧 하송을 해임시키고 청렴강직하기로 이름이 높던 두연(杜衍)을 대신 그 자리에 앉혔다.

　혁신파 관료들은 이를 크게 환영했다. 특히 국자감직강(國子監直講)인 석개(石介)는 「대간(大姦)이 물러간 것이 닭의 발톱 빠지듯 했다」는 성덕시(聖德詩)를 지어 발표까지 했다.

　대간은 하송을 가리켜 한 말이다. 하송은 여기에 분개하여 두연 등 일파를 「당인(黨人)」이라고 공격했다.

　하송의 이 같은 모함에 반대하고 나선 구양수는 그의 상소문에서,

　「신이 듣건대, 붕당(朋黨)에 대한 말은 예부터 있었습니다. 다만 임금님께서 그들이 군자인가 소인인가를 분별하기를 바랄 뿐입니다. 대개 군자는 군자와 더불어 도를 같이함으로써 벗을 삼고, 소인은 소인과 더불어 이익을 같이함으로써 벗을 삼습니다. 이것은 자연의 이치입니다」하고 주장했다.

　이것이 유명한 「분당론」이란 것이다.

이리하여 일단 수그러진 하송은 끝내 단념을 못하고 이번에는 범중엄 등 당인들이 황제를 갈아 치우려 한다는 터무니없는 사건을 날조하여 그들을 모함하려 했다. 인종은 일체 불문에 붙이고 말았지만, 두연만은 뜻하지 않은 데서 반대파들에게 말려들고 말았다.

그것은 두연의 사위로 진주원(進奏院)의 감독관으로 있던 소순흠(蘇舜欽)이, 휴지를 판 공금으로 귀신에게 제사를 지내고, 청사로 손님을 초대하여 기생들까지 불러 큰 잔치를 베풀었던 것이다.

하송의 일파로 어사중승이던 왕공신이 앞에서 말한 대로 그를 탄핵하여 소순흠 일당을 모조리 옥에 가두고 「일망타진」 했다면서 기뻐 어쩔 줄을 몰랐다는 것이다.

두연은 이 사건으로 겨우 70일 만에 그 자리에서 물러나게 되고, 나머지 당인들도 계속해서 벼슬에서 쫓겨나게 되었다.

익자삼우〔**益者三友**〕 사귀어서 자기에게 유익한 세 벗. 곧 정직한 사람・신의(信義) 있는 사람・지식 있는 사람. 《논어》 ↔ 손자삼우(損者三友 : 착하기만 하고 줏대가 없는 벗・말만 번드르르하고 성실하지 못한 벗・성질이 편벽한 벗).

인간만사새옹지마〔**人間萬事塞翁之馬**〕 ☞ 새옹지마(塞翁之馬).

인걸지령〔**人傑地靈**〕 호걸이 태어나거나 이르는 곳은 그 땅 또한 명승지가 됨. 또 인걸은 영검 있는 땅에서 난다는 말.

인과응보〔**因果應報**〕 인과(因果)는 원인과 결과. 선인(善因)에서는 선한 결과가, 악인에서는 악한 결과가 나오는 것처럼 자기가 지은 인업(因業)에 대하여 반드시 거기에 상응하는 과보(果報)가 있다는 말. 《자은전(慈恩傳)》

인구회자〔**人口膾炙**〕 「인구(人口)에 회자(膾炙) 되다」 라고 한다. 회자는 회와 구운 고기. 전하여 널리 사람의 입에 오르내림. 《주박시집(周朴詩集)》

인궁반본〔**人窮反本**〕 사람이 궁하면 근본으로 돌아간다는 뜻으로, 곧 사람은 궁해지면 부모를 생각게 된다는 말.

인능홍도〔**人能弘道**〕 사상(思想)·도덕은 사람에 의하여 만들어지고, 널리 퍼지게 하는 것으로서, 독자적인 것은 아니라는 것. 인간중심주의를 말한다.《논어》

인랑입실〔**引狼入室**〕 스스로 이리를 방으로 불러들인다는 뜻으로, 스스로 재앙을 부름의 비유. 스스로 악인(惡人)과 관계를 가져 재난을 불러일으키는 것.

인마낙역〔**人馬絡繹**〕 인마가 낙역부절(絡繹不絶)하다는 뜻으로, 번화한 도시를 형용하는 말.

인마역동〔**人馬亦同**〕 사람과 말이 한가지로 같다는 말로, 같은 경우에 닥쳤을 때 미물(微物)이라도 처우를 소홀히 하지 않아야 한다는 뜻으로 쓰임.

인망가폐〔**人亡家廢**〕 사람은 망하고 집은 황폐함. 패가망신(敗家亡身).

인면수심〔**人面獸心**〕 인간의 얼굴을 하고 있지만, 마음은 짐승같이 야만·잔인하다는 뜻. 은혜나 염치를 모르는 파렴치한(破廉恥漢)이나 악인.《한서》

인물추심〔**人物推尋**〕 자취를 모르는 사람을 더듬어 찾음. 또 도망하여 먼 곳에 가서 사는 노비(奴婢)나 그 자손을 그의 상전이나 그의 자손이 찾음.

인봉구룡〔**麟鳳龜龍**〕 기린·봉황·거북·용. 곧 품성이 고상한 사람을 비유하여 이르는 말.《예기》

인비인〔**人非人**〕 사람이면서 사람이 아니라는 뜻으로, 인도를 벗어난 사람을 일컬음.

인사불상〔**人事不祥**〕 사람으로서 부실한 일 세 가지. 곧 어리면서 장자(長子)를 섬기지 않고, 천하면서 지체 높은 이를 무시하며, 불초한 자가 현자(賢者)를 우러러보지 않는 일.

인사불성〔**人事不省**〕 정신을 잃고 의식을 모름. 또는 사람으로서의 예절을 차릴 줄 모름.

인사유명〔**人死留名**〕 ☞ 표사유피(豹死留皮).

인산인해〔**人山人海**〕 많은 사람이 한군데로 모임. 인파(人波).

인생감의기〔**人生感意氣**〕 사람은 자기를 알아주는 사람의 은혜에 감동하여 분발하고, 자기를 희생함을 이르는 말. 사람은 의기(意氣)가 상투함을 중히 여긴다는 뜻으로도 쓰인다.《당시선》

인생여조로〔**人生如朝露**〕 사람살이는 아침이슬과 같다는 뜻으로, 아침에 잠깐 맺혔다가 볕이 들면 사라지는 이슬처럼 인생은 덧없이 왔다가 간다는 것을 비유하여 이르는 말.《한서》

일모도원
日暮途遠

날 日 저물 暮 길 途 멀 遠

> 날은 저물고 갈 길은 멀다. 곧 할 일은 많은데 시간이 없음의 비유.

「일모도원」은 날은 저물고 갈 길은 멀다는 뜻이다.

《사기》 오자서전(伍子胥傳)에 나오는 이야기다.

춘추시대 말기 오(吳)나라는 초(楚)를 평정하고 급격히 그 세를 불려 한때는 중원의 패권을 넘보기까지에 이르렀다.

오나라가 이렇게 강대해진 것은 초나라에서 망명해 온 오자서 때문이었다.

오자서의 아버지 오사(伍奢)는 초의 평왕(平王)의 태자 건(建)의 태부(太傅)였다. 평왕 2년 소부(小傅)인 비무기(費無忌)의 참언으로 아버지 오사와 형 오상(伍尙)이 죽음을 당하자 오자서는 초를 도망쳐 나와 아버지의 원수를 갚기 위해 이를 갈고 있었다.

오왕 요(僚)와 공자 광을 알현한 오자서는 공자 광이 왕위를 은근히 탐내며 자객을 구하고 있는 것을 알고, 전제(專諸)라는 자객을 구해서 공자 광에게 보내고 자신은 농사일에 전념하면서 공자 광이 목적을 달성하는 날만을 기다렸다.

오왕 요의 12년(B.C 512년) 초평왕이 죽고 비무기가 평왕에게 바친 진녀(秦女)의 몸에서 태어난 진(軫 : 소왕)이 위에 올랐다. 당연히 비무기의 전횡은 극에 달했다. 그러나 1년이 못 가서 내분이 일어나 비무기는 살해되었다.

오자서는 자기가 해치워야 할 원수 둘을 계속 잃게 되었다. 하지만 초나라로 쳐들어가 아버지와 형의 원수를 갚겠다는 일념은 조금도 식지 않았다.

비무기가 살해되던 해, 오왕 요는 초의 내분을 틈타 단숨에 이를 치고자 대군을 초로 출병시켰다. 그런데 또 그 틈을 타서 공자 광은 자객 전제를 시켜 왕 요를 살해하고 스스로 왕위에 올랐다. 그가 바로 오왕 합려(闔廬)이다.

그로부터 오자서는 손무(孫武 : 손자)와 함께 합려를 도와 여러 차례 초나라로 진격해 마침내 합려왕 9년(B.C 506) 초 수도 영(郢)을 함락시켰다.

오자서는 아버지와 형의 원수를 갚으려고 소왕(昭王)을 찾았으나 소왕은 이미 운(鄖)으로 도망쳐 목적을 달성하지 못했다. 그래서 평왕의 무덤을 파고 그 시체에 3백 대의 매질을 하여 오랜만에 한을 달랬다.
〔☞ 굴묘편시(掘墓鞭屍)〕

오자서가 초에 있을 때 친교가 있던 신포서(申包胥)라는 사람은 이때 산속에 피해 있었으나, 오자서의 그런 행태를 전해 듣고 사람을 통해 오자서의 보복이 너무나도 심한 것을 책망하고 그 행위를 천리(天理)에 어긋난다고 말했다. 그에 대해서 오자서가 신포서에게 보낸 답신에 있는 말이 바로 이 성구인 것이다.

「나를 대신해서 신포서에게 고맙다는 말을 전해주게. 나는 지금 해는 지고 갈 길은 멀다. 그래서 나는 사리에 어긋나게 복수를 할 수밖에 없었네(爲我謝申包胥 我日暮途遠 我故倒行而逆施之)」

즉 자신은 나이가 들고 늙어 가는데 할 일은 많다. 그래서 이치에 따라서 행할 겨를이 없다는 말이다.

여기에서 「차례를 바꾸어서 행한다」는 뜻으로 「도행역시(倒行逆施)」라는 성구도 나왔다.

그 후 신포서는 진(秦)나라의 도움을 받아 초나라를 부흥시켰고, 오자서는 도리어 오왕 부차에게 살해되고 말았다.

일시동인 一視同仁

한 一 볼 視 같을 同 어질 仁

> 모두를 평등하게 보아 똑같이 사랑함.

「일시동인」은 모든 사람을 똑같이 보고 한가지로 사랑한다는 말이다.「一視同仁」을「一視同人」으로 풀이하는 사람도 있다. 똑같은 사람으로 본다는 뜻이다.

이「일시동인」이란 말은, 한때 정복자들이 피점령 지역의 민족들을 차별하지 않는다는 표어로 들고 나와 혼자 우쭐댄 일도 있다.

좋은 문자란 항상 악한 사람들의 겉치레로 이용되기 마련이고, 그렇게 되어서 그 문자가 지니고 있는 뜻이 퇴색되었다고 하겠다.

이 말은 당(唐)나라의 유명한 문장가 한유(韓愈)가 지은 「원인(原人)」이란 글 가운데 있는 말이다.

즉 성인(聖人)은 모든 사람을 똑같이 보고 똑같이 사랑하기 때문에 가까운 사람에게도 알뜰히 하고 먼 데 있는 사람들도 다 같이 그 재주에 따라 이를 등용시킨다(一視而同仁 篤近而擧遠)는 뜻이다.

《예기》예운편(禮運篇)에서 공자는 말하기를,

「큰 도가 행해지면 사람은 자기 부모만을 부모로 생각하지 않고, 자기 자식만을 자식으로 생각하지 않는다」라고 하고, 이것이 곧 대동(大同)이라고 했는데,「일시동인」은 곧 이「대동」의 기본 사상이 되는 것이라고도 볼 수 있다.

인순고식〔因循姑息〕 구습(舊習)을 지키며, 진취의 기상이 없이 구안(苟安)만 취함. 인순(因循)은 내키지 않아 머뭇거림. 구습을 지키고 버리지 않음. 고식(姑息)은 우선 당장에 탈 없이 편안함.

인승비근〔人繩批根〕 새끼줄을 걸어 잡아당겨 뿌리째 뽑아버린다는 뜻

으로, 둘이 한패가 되어 남을 배척하여 제거함. 《사기》

인심소관〔人心所關〕 사람의 마음에 따라 각각 그 취의(趣意)를 달리함.

인심여면〔人心如面〕 사람의 마음이 각각 같지 않음은 그 얼굴이 각각 다른 것과 같음. 《좌전》

인언가외〔人言可畏〕 사람의 말이 두렵다는 뜻으로, 사람들의 쑥덕공론이 두렵다는 말. 《시경》

인언이박〔仁言利博〕 인덕이 있는 사람의 언동은 널리 대중에까지 이익이 미침.

인역폐식〔因噎廢食〕 목이 멘다고 식사를 하지 않음. 곧 사소한 장애 때문에 큰일을 그만둠의 비유.

인유구구〔人惟求舊〕 옷은 새 옷이 좋고 사람은 옛사람이 좋다는 뜻으로, 인물을 구하려면 사물에 통달한 대대로 나라에 공로가 있는 사람을 구하라는 말.

인유삼원〔人有三怨〕 남으로부터 원망을 사는 세 가지. 곧 고작(高爵)·대관(大官)·후록(厚祿). 《열자》

인유실의〔引喩失義〕 그릇된 전례(前例)를 인용하여 올바른 이치를 잃어버리는 것. 가당치 않은 비유를 끌어들여 진리를 잃어버리는 것. 《전출사표》

인의예지〔仁義禮智〕 사람이 갖추어야 할 네 가지 덕(德). 곧 어질고, 의롭고, 예의를 지키고, 지혜로움.

인이불발〔引而不發〕 활시위만 잡아당길 뿐 화살을 쏘지 않는다는 뜻으로, 사람을 가르치는 데 단지 공부하는 방법만 지시하고 그 묘처(妙處)를 말하지 않아 학습자로 하여금 자득(自得)하게 함을 이름. 또는 세력을 축적하여 때를 기다림을 이름. 《맹자》

인자무적〔仁者無敵〕 인덕(仁德)을 몸에 지닌 사람은 널리 남을 사랑하고 인정을 베풀기 때문에 적대하는 사람이 없다. 《맹자》

인자요산〔仁者樂山〕 인덕(仁德)이 있는 자는 마음이 자연 중후(重厚)하기 때문에 듬직한 경관을 가진 산의 경치를 즐긴다. 변화가 심한 세상에 살면서도 명성이나 이익에 마음이 흔들림이 없이 느긋하게 처신함을 비유하는 말. 《논어》

인재명호재피〔人在名虎在皮〕 사람은 죽은 뒤 이름을 남기고, 호랑이는 죽은 뒤 가죽을 남긴다. 곧 사람은 마땅히 좋은 일을 하여 그 훌륭한 이름을 후세에까지 전해야 한다는 말. ☞ 표사유피(豹死留皮).

인적위자〔認賊爲子〕 도적을 아들로 생각한다는 뜻으로, 망상(妄想)을 진실이라고 믿음을 비유하는 말.

인지위덕〔忍之爲德〕 매사에 잘 참는 것이 아름다운 덕임을 이르는 말.

일양내복 一陽來復

한 一 볕 陽 돌아올 來 돌아올 復

> 음(陰)이 끝나고 양(陽)이 돌아옴. 음력 11월 또는 동지를 일컫는 말. 겨울이 가고 봄이 돌아옴. 궂은 일이 걷히고 좋은 일이 돌아옴.

「일양내복」은 양기(陽氣)가 음기 속에서 다시 움트기 시작하는 것을 말한다.

「양」은 밝고 따뜻하고 뻗어 나가는 힘을 말한다. 길었던 해가 점점 짧아져서 추운 겨울로 접어들었다가 동지를 극한으로 하여 다시 길어지기 시작하는 것을 가리켜 「일양내복」이라고 한다. 그래서 음력 동짓달을 복월(復月)이라 한다.

「복」은 《역경》六四괘 중의 한 괘의 이름으로 여섯 효(爻) 중 위의 다섯은 모두 음효(陰爻)로 되어 있고, 맨 아래 효 하나만이 양효로 되어 있다. 즉 복괘의 모양은 ☰ ☰ 로 되어 있는 것이다.

음력 시월을 곤월(坤月)이라 하는데, 「곤(坤)」은 순음(純陰)으로, 괘의 모양이 ☰ ☰ 로 되어 있는데, 동짓달로 들어와 해가 다시 길어짐으로써 맨 아래 양효가 하나 들어와 있는 복괘로서 동짓달 이름을 삼은 것이다.

아무튼 「일양내복」이란 말은 암흑 속에서 새로운 광명을 찾게 되고, 절망 끝에 새로운 희망이 엿보이고, 혼미를 거듭하던 끝에 어떤 해결의 실마리가 보이는 등 밝은 내일이 기대되는 어떤 조짐을 가리켜 하는 말이다. 또 복괘 괘사(卦辭)에,

「……그 길을 되풀이하여 이레로 다시 온다(反復其道 七日來復)」고 한 말을 따서 일요일을 복일(復日)로 부르자고 주장한 일도 과거에 있었다.

일엽지추
一葉知秋

한 一 나뭇잎 葉 알 知 가을 秋

> 한 가지 일을 보고 장차 오게 될 사물을 미리 짐작함.

「일엽지추」는 「일엽낙지천하추(一葉落知天下秋)」에서 온 말이다. 나뭇잎 하나가 떨어지는 것을 보고 온 천하가 가을인 것을 안다는 뜻이다. 즉 작은 한 가지 일로써 전체가 어떻다는 것을 알 수 있다는 뜻이다. 《회남자》 설산훈편(說山訓篇)에는,

「나뭇잎 하나 떨어지는 것을 보고 해가 장차 저물려는 것을 알고, 병 속의 얼음을 보고 천하가 찬 것을 안다. 가까운 것으로써 먼 것을 말하는 것이다(見一葉落而知歲之將暮 睹瓶中之氷而天下之寒 以近論遠)」라고 있다.

이것은 분명히 작은 일을 보고 전체를 살필 수 있다는 것을 이렇게 비유해서 말한 것이다. 또 이자경(李子卿)의 「추충부(秋虫賦)」에는,

「나뭇잎 한 잎이 떨어지니 천지가 가을이다(一葉落兮天地秋)」라고 했고, 또 《문록(文錄)》에는, 「당나라 사람의 시를 실어 말하기를 『산의 중이 육갑을 헤아릴 줄 몰라도 나뭇잎 한 잎이 떨어지면 천하가 가을인 것을 안다』고 했다」라고 했다.

갑자(甲子)는 곧 육갑(六甲)이란 말과 같은 말로 옛날에는 달과 날을 육갑으로 계산했기 때문에 달과 날이 가는 것을 모른다는 것을 갑자를 헤아릴 줄 모른다고 한 것이다.

위에서 말한 모두가 작은 일을 가지고 대세를 알 수 있다는 뜻으로 쓰이고 있다. 그러나 「일양내복(一陽來復)」의 제목에서의 경우와는 반대로 흥왕하고 있는 가운데 쇠망의 조짐이 보이는 경우 그것을 가리켜서 「일엽낙지천하추」라고 말한다. 약해서 「일엽지추」라고 한다.

일의대수
一衣帶水

한 一 옷 衣 띠 帶 물 水

> 한 줄기의 띠와 같이 좁은 냇물이나 강.

「일의대수」란 띠처럼 가로지른 강물을 말한다. 강물이 흐르는 것을 멀리서 바라보면 마치 허리에 두른 띠처럼 들판을 가로지르고 있다. 배를 잎에다 비유하여 일엽편주(一葉片舟)라고 하는 것과 같은 말이다.

진(晋)이 동으로 옮겨가 동진으로 불리게 된 뒤로, 남북으로 나뉘어져 있던 중국을 오랜만에 다시 통일한 것이 수(隋)나라 문제(文帝) 양견(楊堅, 재위 599~604)이었다.

양견은 북주(北周)의 무장으로 차츰 세력을 키워 선양(禪讓)의 형식을 밟아 북주를 빼앗아 수나라를 세웠다.

그는 즉위 초부터 통일천하의 웅대한 계획을 품고, 우선 남조인 진(陳)과는 평화 공존의 정책을 취하는 한편, 북방의 돌궐(突厥)에 대한 방비를 튼튼히 하며 내정에 보다 많은 힘을 기울였다.

그러다가 후량(後梁)의 후주(後主) 소종(蕭琮)을 장안으로 부른 사이에, 혹시 후량의 수도인 강릉을 그 남쪽에 있는 진(陳)이 불의에 기습해 올까 염려가 되어 최홍도(崔弘度)를 보내 이를 지키게 했다. 그러자 강릉을 지키고 있던 소종의 숙부인 소암(蕭巖)과 형주자사 소의흥(蕭義興) 등이 최홍도가 강릉을 앗으러 오는 줄로 알고 양자강을 건너가 진에 항복하고 말았다. 이에 화가 난 수문제는 후량을 병합하는 한편, 진나라를 공략할 것을 선언했다.

「나는 지금까지 진나라와 평화를 유지하려 했었다. 그런데 지금 진나라 임금은 횡포와 방탕을 일삼고 백성들은 도탄에 빠져 있다. 내가 백성의 부모로서 어찌 좁은 한 가닥 강물로 인해(我爲民父母 豈可限一

衣帶水) 이를 구하지 않을 수 있겠는가」라고 했다.

이리하여 문제는 50만 대군으로 일제히 양자강을 건너 진나라로 쳐들어가게 했다. 진나라 후주(後主)는 궁중의 우물 속에 숨어 있다가 군사들에게 붙들리고 진나라는 이렇게 해서 33년 만에 망하고 말았다.

589년, 드디어 중국 전체를 통일한 대제국이 나타나게 된다.

여기에 말한「일의대수」는 양자강을 두고 한 말이다. 아무튼 그것은 좁다는 뜻이다.

인지안택〔**人之安宅**〕 인덕(仁德)이 있는 사람에 대하여는 위해를 가할 사람이 없으므로 인덕은 사람이 편히 살 수 있는 집이라는 뜻. 《진서》

인지장사 기언야선〔**人之將死 其言也善**〕 사람이 장차 죽으려 할 때에는 그 하는 말이 모두 바르다는 말. 《논어》☞ 조지장사 기명야애(鳥之將死 其鳴也哀).

인지찰즉무도〔**人至察則無徒**〕 옛날의 어진 임금은 관(冠)을 쓰고 그 앞뒤에 장식 구슬을 늘어뜨려 눈을 가리고, 끈을 매어 양 옆으로 옥을 늘어뜨려서 귀를 막은 것은 스스로의 총명함을 남에게 드러내는 것을 꺼렸기 때문이다. 물이 지나치게 맑으면 물고기가 살지 않게 되고, 사람이 지나치게 현명하면 벗이 생기지 않게 된다. 「공자가어》☞ 수지청즉무어(水至淸則無魚).

인천재취지리〔**因天材就地利**〕 하늘이 주는 재료를 가지고 땅에서 생산하는 이득을 이룬다는 뜻.

인추자고〔**引錐刺股**〕 공부하다가 졸리면 송곳으로 넓적다리를 찔러 잠을 깨게 한다는 뜻으로, 오로지 학문에만 정진함을 비유하여 이르는 말. 《전국책》

인후지지〔**咽喉之地**〕 매우 중요한 땅. 사람의 목에 필적할 만큼 나라의 중요한 요지나 통로를 뜻한다. 요충지(要衝地). 《전국책》

일간풍월〔**一竿風月**〕 유유자적(悠悠自適)의 경지를 말한다. 한 자루의 낚싯대를 벗 삼아 속세를 떠나서 자연 속에서 느긋하게 지내는 것. 육유(陸游) 시(詩) 《감구(感舊)》

일이관지
一以貫之

한 一 써 以 뚫을 貫 갈 之

> 한 가지 이치로 만 가지 일을 꿰고 있음.

「일이관지」는 하나로 주르르 꿰었다는 말이다.

이 말은 공자가 한 말인데,《논어》에 보면 공자는 똑같은 말을 증자와 자공 두 사람에게 하고 있다. 이인편(里仁篇)에는 이렇게 기록되어 있다.

공자가 말했다.

「삼(參)아, 내 도는 하나로서 꿰었다(參乎吾道 一以貫之)」

삼은 증자의 이름이다. 그러자 증자는,

「네」하고 대답했다.

공자가 나가자 증자의 제자들이 증자에게 물었다.

「무슨 말씀이십니까?」

「선생님의 도는 충(忠)과 서(恕)뿐이다(夫子之道忠恕而已矣)」

충은 지성(至誠)이란 뜻이다.《중용》에 보면「지성」은 하늘과 통해 있다고 했다. 서는 지성 그대로를 실천에 옮기는 것을 말한다. 즉 진리에 따라 그대로 행하는 것이「일이관지」인 것이다.

위령공편에는 또 이렇게 기록되어 있다. 공자가 말했다.

「사(賜)야, 너는 나를 많이 배워서 알고 있는 사람으로 아느냐?(賜也 女以予爲多學而識之者乎)」

자공이 대답해 말했다.

「그렇습니다. 아닙니까?」

공자가 말했다.

「아니다. 나는 하나로써 꿰었다(非也 予 一以貫之)」

사는 자공의 이름이다. 공자는 당시 많은 사람들로부터 아는 것이 많다는 이유로 성인이라 불리는 일이 종종 있었다. 그런 점에서는 자공도 마찬가지였다. 자공은 남과 말하기를 좋아했기 때문에 사람들은 자공은 공자보다 더 박식인 걸로 알고 있었고, 그 점에서 자공이 공자보다 낫다고 말하는 사람도 많았다.

증자는 둔한 사람으로 실천 위주의 수양에 힘쓴 것으로 전해지고 있다. 그 증자에게 공자는 「일이관지」란 말로 일깨워 주었고, 증자는 즉시 그 말에 의해 진리를 깨달았다.

자공은 재주가 너무 많은 사람으로 당시는 공자보다도 더 위대한 사람으로 온 천하에 이름이 알려진 사람이다. 그 자공에게 공자는 많이 배우고 아는 것이 소중한 것이 아니라, 오직 하나뿐인 진리를 깨닫는 것이 보다 중하다는 것을 일깨워 준 것이다.

공자는 상대방이 깨닫지 못할 말은 하지 않았다. 그것을 교육의 철칙으로 삼고 있었다. 그러므로 공자의 이 한 마디에 자공은 진리를 깨달았을 것으로 생각된다.

「일이관지」는 불교의 선문답(禪問答)과도 흡사한 점이 있는데, 역시 공자는 그런 뜻에서 이 말을 한 것이 틀림없다. 그 하나가 무엇이라는 것을 증자는 충과 서라고 했다. 공자는 하나라고 한 것을 증자는 두 말로 표현한 것이다.

《중용》 첫머리에 이렇게 말했다. 「하늘이 주신 것이 성품이요, 성품대로 하는 것이 도요, 도를 닦는 것이 가르침이다(天命之謂性 率性之謂道 修道之謂敎)」

성품대로 하는 것이 도다. 도를 깨쳤다는 것은 하늘이 주신 본성을 깨닫는 것이다. 불교에서는 도를 깨치는 것을 견성(見性)이라고 한다. 유교에서는 도를 얻는 것을 솔성(率性)이라고 했다.

충은 하느님을 보는 것이요, 도는 사람을 사랑하는 것이다. 하느님은 곧 성품이다. 참으로 하느님을 본 사람은 사람을 사랑하게 되는 것이다. 이「일이관지」가 현재는 본래의 뜻과는 달리 쓰이고 있다. 처음부터 끝까지 변함이 없다는 뜻으로 쓰이기도 하고, 그것만 해결하면 그 다음부터는 일사천리로 밀고 나가게 된다는 뜻으로도 쓰인다.

즉 일관(一貫)이란 뜻과 일사(一瀉)란 뜻으로 쓰이고 있는 것이다. 물론 약간 해학적인 것을 살리기 위한 말이다.

일개서생〔一介書生〕 아무런 쓸모도 없는 독서인(讀書人). 개(介)는 초개(草芥)의 개와 같으며, 먼지나 쓰레기. 보잘 것 없는 서생. 《등왕각서》

일개어혼전천〔一箇魚渾全川〕 한 마리의 고기가 온 개천을 흐려 놓는다는 뜻으로, 한 사람의 나쁜 행동이 온 단체를 나쁘게 함을 이름. 《순오지》

일거월제〔日居月諸〕 군주와 신하를 비유하여 이르는 말. 또 아버지와 어머니, 군주와 그 비(妃). 태양처럼 밝아야 할 군주가 암우(暗愚)하고, 태양에 대하여 달처럼 군주를 보좌해야 할 신하가 함부로 나서서 방자한 짓을 일삼고 있기 때문에 덕이 있는 인물이 불우함을 한탄한 「백주(柏舟)」라는 시의 한 구절이다. 《시경》

일견여구〔一見如舊〕 한번 만났을 뿐인데 의기투합하여 오랜 친구처럼 친밀해지는 것.

일경구수〔一莖九穗〕 한 포기의 줄기에서 아홉 개의 이삭이 맺는다는 뜻으로, 상서(祥瑞)로운 곡물.

일경지유〔一經之儒〕 한 권의 경서에만 통효(通曉)하여 있는 유생(儒生). 전(轉)하여 융통성이 없는 학자를 이름.

일경지훈〔一經之訓〕 중국 한(漢)나라의 위현(韋賢)이 자식들에게 학문을 가르쳐 자식들이 모두 높은 벼슬에 올랐으므로, 사람들이 자식을 위하여 황금을 남기느니보다 한 권의 경서를 가르치는 편이 낫다고 한 고사에서 유래.

일고경성〔一顧傾城〕 일고는 한 번 돌아봄. 경성은 절세의 미녀의 비유. 또한 유녀(遊女)의 뜻도 있다. 절세의 미인이 한번 돌아보면 군주의 마음을 미혹시키고, 성(城)이 기운다고 하는 의미. 일국의 군주가 미녀를 사랑한 때문에 나라가 멸망한 예는 양의 동서를 불문하고 많다. 《장한가(長恨歌)》 ㈜ 경국지색(傾國之色).

일고지영〔一顧之榮〕 한번 돌아보아준 영광이라는 뜻으로, 어떤 명인이 알아주거나 귀한 손님이 방문해서 자신의 지위가 올라가는 것을 일컫는 말. 《좌전》

일고천금〔一顧千金〕 현자(賢者)로부터 일고(一顧)를 받는 것은 천 냥의 값어치가 있다.

일구월심〔日久月深〕 날이 오래고 달이 깊어짐. 곧 골똘히 바람을 이르는 말.

일구지학〔一丘之狢〕 같은 언덕에 사는 오소리라는 뜻으로, 동류(同類). 똑같은 생각을 하고 있는 사람. 닮은꼴의 동아리. 《한서》

일국삼공〔一國三公〕 한 나라에 세 권력자가 있다는 뜻으로, 질서가 서지 않음을 이르는 말. 《좌전》

일기당천〔一騎當千〕 혼자서 천 사람을 상대할 정도로 강함의 비유. 기(騎)는 말을 타고 무장한 무인(武人). 《북사(北史)》

일기가성〔一氣呵成〕 문장을 단숨에 지어낸다든지, 또는 단숨에 일을 몰아쳐서 하는 일. 가(呵)는 숨을 세차게 내뿜다의 뜻. ㈜ 일사천리(一瀉千里).

일념발기〔一念發起〕 마음을 돌이켜 득도(得道)하려고 발심(發心)함. 전(轉)해서 어떤 일에 대해서도 그때까지의 생각을 바꾸어 열심히 하게 되는 것. 《탄이초(歎異抄)》

일단완급〔一旦緩急〕 「일단 나라에 큰 일이 일어났을 경우」라고 하는 의미. 완급은 문자 상으로는 느린 것과 급한 것이란 의미지만, 숙어가 되면 「급한 사건」을 가리킨다. 《사기》

일도양단〔一刀兩斷〕 칼로 쳐서 두 동강을 내듯 사물을 선뜻 결정함을 이름. 《주자어류(朱子語類)》

일련탁생〔一蓮托生〕 사후 극락정토(極樂淨土)에서 같은 연꽃 위에 다른 것으로 다시 태어난다는 것. 좋든지 나쁘든지 행동·운명을 같이함. 《오회법사찬(五會法事讚)》

일로평안〔一路平安〕 여행길에 나서는 사람에게 하는 인사. 먼 길이나 여행 중의 평안함 《홍루몽(紅樓夢)》

일룡일저〔一龍一豬〕 배우는 방식 여하에 따라 현우(賢愚)의 차가 극심해지는 것. 용은 뛰어난 사람, 출세하는 사람의 비유. 저(豬)는 돼지, 멧돼지로, 둔한 사람, 출세가 느린 사람의 비유.

일일여삼추
一日如三秋

한 一 날 日 같을 如 석 三 해 秋

> 하루가 3년 같음. 곧 몹시 애태우며 기다림.

가을은 한 해에 한 번뿐이므로 「삼추(三秋)」란 곧 3년을 뜻한다. 우리가 흔히 말하는 「하루가 3년 같다」는 말은 바로 이 말에서 온 것이다. 누구를 못 견디게 만나고 싶어 하거나, 참기 어려운 고통을 겪을 때 흔히 비유로 쓰는 말인데, 특히 문자로 「일일여삼추」라고 할 때는 사람을 안타깝게 기다리는 심정을 말하게 된다.

《시경》 왕풍(王風) 「채갈(采葛)」이란 시에 있는 말이다.

남편이 나라 일로 멀리 타국에 가고 돌아오지 않는지라, 그 부인이 행여나 하는 생각에, 바구니를 들고 나가 짐짓 나물을 뜯고 칡뿌리를 캐며 남편이 돌아오는 길목을 지켜보는 심정을 노래한 시다.

하루를 보지 못하는 것이 석 달만 같다.
하루를 보지 못하는 것이 세 가을만 같다.
하루를 보지 못하는 것이 세 해만 같다.

一日不見 如三月兮　　일일불견 여삼월혜
一日不見 如三秋兮　　일일불견 여삼추혜
一日不見 如三歲兮　　일일불견 여삼세혜

하고 끝을 맺고 있다. 삼추나 삼세(三歲)나 결국은 같은 뜻이다. 그러나 삼세란 말은 현재는 쓰지 않는다.

이 「일일삼추」에서 「일일천추(一日千秋)」라는 보다 과장된 문자가 생겨나기도 했다. 또 「일일여삼추」의 「일일(一日)」을 「일각(一刻)」으로 바꾸어 「일각이 여삼추」란 말도 많이 쓰이고 있다.

일각은 15분을 말하기도 하나, 극히 짧은 시간이란 뜻으로 쓰인다. 결국 모든 개념이 개인의 사정과 형편에 따라 상대적인 것임을 말해 주는 것이라 하겠다. 행복이니 불행이니 하는 것부터가……

일립만배〔一粒萬倍〕 한 알의 곡식도 심으면 만 알이 된다는 뜻. 작은 것도 쌓이면 많게 된다는 말.

일마불피양안〔一馬不被兩鞍〕 한 마리의 말 등에 두 개의 안장을 얹을 수 없다는 뜻으로, 한 여자가 두 남편을 섬길 수 없음을 비유하여 이르는 말.《원사(元史)》

일면여구〔一面如舊〕 처음 만나보고 옛 벗처럼 친밀해짐.《진서》

일명경인〔一鳴驚人〕 한 번 울어 사람을 놀라게 한다는 뜻으로, 평소 남몰래 재주를 품고 있던 사람이 침묵 끝에 그 슬기를 보여 세상을 놀라게 함을 이르는 말.《사기》

일모도궁〔日暮途窮〕 ☞ 일모도원(日暮途遠).

일모불발〔一毛不拔〕 털 하나라도 남을 위해 뽑지 않는다는 뜻으로, 몹시 인색하고 이기적임을 비유한 말.

일목난지〔一木難支〕 큰 집이 넘어지는 것을 한 기둥으로 버티지 못한다는 뜻으로, 기울어지는 대세를 혼자서는 감당하지 못함을 비유하여 이르는 말.

일목요연〔一目瞭然〕 한 번 보고 훤히 알 수 있음. 요(瞭)는 눈동자가 환한 것. 또는 사물이 훤한 모양.《주자어류(朱子語類)》

일박서산〔日薄西山〕 해가 서산에 가까워졌다는 뜻으로, 늙어서 죽을 때가 가까워짐의 비유.

일반전표〔一斑全豹〕 일반(一斑)은 표범 가죽의 얼룩무늬 모양. 일부분으로 그 전체를 추량(推量)하거나 비평하거나 하는 것《세설신어》

일반지덕〔一飯之德〕 한 번 식사를 제공받은 은덕. 곧 대수롭지 않은 은덕. 설사 밥 한 끼의 은혜라도 입은 은혜는 반드시 갚는다는 뜻이 담겨 있다.《사기》 ☞ 은수분명(恩讎分明).

일발인천균〔一髮引千鈞〕 한 가닥의 머리털로 천균의 물건을 매어 끈다는 뜻으로, 지극히 위태로움을 이르는 말. 또는 매우 염려스러운 것. 천균(千鈞)은 매우 무거운 것. 일균은 30근.

일자천금
一字千金

한 一 글자 字 일천 千 돈 金

> 아주 훌륭한 글씨나 문장의 비유.

「일자천금」은 글자 한 자가 천금의 가치가 있다는 뜻이다. 그만큼 훌륭한 문장이란 말이다.

「기화(奇貨)」라는 제목에서 소개된 바 있는 여불위(呂不韋)는 진시황(秦始皇)의 즉위와 더불어 승상보다도 높은 상국(相國)의 자리에 앉게 되고, 문신후(文信侯)라는 칭호로 낙양(洛陽)의 10만 호를 식읍(食邑)으로 받았다.

당시는 이른바 사군(四君)이라 하여 제나라 맹상군(孟常君)·위나라 신릉군(信陵君)·조나라 평원군(平原君)·초나라 춘신군(春信君)이 경쟁적으로 천하의 인재들을 자기 문하로 끌어들이고 있던 시대다.

문신후 여불위는 자기가 그들 사군만 못한 것을 부끄럽게 생각하고, 권력과 돈을 배경으로 천하의 뭇 인재들을 불러 모았다.

그리하여 그의 집에도 식객이 3천 명이나 모여 있었다.

당시는 제자백가들의 저서가 널리 세상에 전파되어 있었다.

여불위는 여기에 자극을 받아 자기도 뭔가 세상에 남기고 싶었다. 그래서 식객들에게 그들이 알고 듣고 보고 한 것을 기록하게 하고, 이를 한데 모아 정리한 결과 팔람(八覽)·육론(六論)·십이기(十二紀) 등 20만 자가 넘는 방대한 책이 되었다.

고금 천하의 모든 지식이 다 망라되어 있다고 생각한 여불위는 자기 성을 따서 《여씨춘추(呂氏春秋)》라 이름 붙였다.

그는 이것을 진나라 수도 함양(咸陽)성 시문(市門) 앞에 진열해 두고 다시 천금을 그 위에 걸어 놓은 다음 각 국의 학자와 지식인들을 끌어들이기 위한 방법으로 이렇게 써서 붙였다.

「능히 한 글자라도 보태고 빼고 하는 사람이 있으면 천금을 준다(有能增損一字者 予千金)」

여기에서 글자 하나만으로 천금의 가치가 있다는 「일자천금」이란 말이 생기게 된 것이다.

일벌백계〔一罰百戒〕 한 사람의 악인을 처벌함으로써 다른 백 사람(大勢)이 죄를 범하지 않도록 경계하는 것. 범죄 예방의 비유.

일변도〔一邊倒〕 한쪽에만 집착하는 것. 한쪽에만 편드는 것. 주체성 없이 어느 한쪽에만 치우치는 것. 《근사록(近思錄)》

일부당관 만부막개〔一夫當關 萬夫莫開〕 한 사람이 지키면 만 사람이 와도 이를 격파할 수 없다. 지세가 험해서 적은 인력으로 능히 지킬 수 있는 요충지를 말한다. 이백 《촉도난(蜀道難)》

일부시종〔一部始終〕 일의 시작부터 끝까지 자질구레한 모든 사정. 이를테면 연심(戀心)을 품은 어떤 여자의 일기에 있는 면면(綿綿)한 모든 고백 같은 것.

일부중휴〔一傅衆咻〕 한 사람이 가르치고 여럿이 떠든다는 뜻으로, 한 사람이 옳은 말을 할 때 곁에 있는 사람들이 이를 방해하는 것을 말한다. 《맹자》

일빈일소〔一嚬一笑〕 얼굴을 한번 찡그림과 한번 웃음. 곧 얼굴에 나타내는 감정의 움직임을 이름. 《한비자》

일사일생〔一死一生〕 죽음과 삶. 보통 순경(順境)과 역경(逆境), 행과 불행이 반복하는 데에 비유한다. 《사기》

일사천리〔一瀉千里〕 사(瀉)는 흐르다, 쏟아지다의 뜻. 강물이 수세(水勢)가 빨라서 한번 흘러 천리 밖에 다다름. 사물이 단숨에 빠르게 진척됨. 또 문장이나 구변(口辯)이 거침이 없음. 《복혜전서(福惠全書)》

일석이조〔一石二鳥〕 한 가지 일을 해서 두 가지의 이익을 얻음. 한 개의 돌로 두 마리 새를 떨어뜨리는 따위의 일이란 그렇게 간단히 되는 것이 아니다.

일장공성만골고
一將功成萬骨枯

한 一 장수 將 공 功 이룰 成
일만 萬 뼈 骨 마를 枯

> 한 사람 장군의 공은 무수한 병사의 희생 끝에 이루어진다.

한 장수가 공을 세우면 만 명의 군사가 뼈를 들판에 버리게 된다는 것이 「일장공성만골고」다.

이것은 《삼체시(三體詩)》 안에 수록되어 있는 조송(曹松)의 칠언절구 「기해세(己亥歲)」의 마지막 글귀다.

못의 나라 강과 산이 싸움의 판도에 들었으니
산 백성이 어찌 나무를 하고 풀 뜯는 것을 즐길 생각을 하리오
그대에게 부탁하노니 후를 봉하는 일을 말하지 말라
한 장수가 공이 이뤄지면 만 명의 뼈가 마른다.

澤國江山入戰圖　生民何計樂樵蘇　택국강산입전도　생민하계낙초소
憑君莫話封侯事　一將功成萬骨枯　빙군막화봉후사　일장공성만골고

이 시는 황소(黃巢)의 난이 한창이던 당희종(唐僖宗) 건부(乾符) 6년(879년)에 해당한 기해년에 지은 것으로 보인다.

황소는 마침내 양자강을 건너 북상했다가 정부군에 크게 패해 강동(江東)으로 달아나게 되었다. 이때 정부군이 만일 계속해서 추격만 했으면 난은 완전히 평정될 수 있었다. 그러나 이 때 정부군을 지휘하던 장군은,

「국가는 일단 위급한 때에는 장병들을 사랑하고 상주기를 아끼지 않지만 일단 태평한 세월이 오면 장병들은 헌신짝처럼 버림을 당하고 심하면 없는 죄까지 받게 된다. 그러므로 전쟁이 끝나지 않도록 적을 살려두어야만 한다」하고 황소의 군사를 완전 섬멸하는 것을 고의로

회피하고 있었다. 이 때가 바로 기해년이다.

　조송의 시는 어쩌면 이 장군의 그런 이기적인 태도에 분개해서 지은 것일지는 모른다. 그러나 보통 알고 있는 이 글귀의 뜻은 무수한 생명의 숨은 희생 위에 한 사람의 영웅이 탄생하게 되는 전쟁의 잔학성과 모순성을 말한 것이다.

　못의 나라는 비습한 땅이란 뜻으로 황소가 달아난 양자강 하류지방을 말한 것이리라. 싸움의 판도는 전쟁 지역을 말한다. 나무하고 풀 뜯는 것을 즐길 생각을 하지 못한다는 것은 생업에 종사할 수 없는 전쟁의 시달림을 말한 것이다. 후(侯)를 봉하는 일은 곧 공을 세우는 일을 말한다.

　그 결과 황소는 다시 세력을 회복하여 이듬해에는 수도 장안을 함락시키고 황제라 일컫게 된다. 다시 3년 뒤에는 정부군에 패해 동쪽으로 달아났다가 그 이듬해 패해 죽는다. 당나라도 이 난으로 20년쯤 지나 망한다.

　이 시 말고도 전쟁터를 지나가다가 읊은 고시(古詩)에,

바라건대 그대는 영웅의 일을 묻지 말라.
한 장수가 공이 이뤄지면 만 명이 죽는다.

願君莫問莫雄事　一將功成萬名亡　　원군막문막웅사　일장공성만명망

이라고 한 글귀가 있었다.

일세구천〔一歲九遷〕 한 해 동안에 아홉 번이나 관위(官位)가 오른다는 뜻으로, 군주의 총애를 두텁게 받음을 이름. 일월구천(一月九遷).

일세목탁〔一世木鐸〕 세상 사람들을 가르치고 이끄는 사람. 사회의 지도자. 신문의 논설위원 등의 경칭 또는 자칭(自稱). 목탁은 금속제의

방울로 안의 혀가 나무로 만들어져 있는 것. 고대 법령을 전달할 때 울려서 민중을 모았다. 공자를 세간(世間)의 목탁에 비유했던 말. 즉 안의 혀가 금속으로 된 금령(金鈴)은 전진(戰陣)을 고하는 때에 사용했다. 《논어》

일세풍미〔一世風靡〕일세(一世)는 시대, 당대, 그 시대의 뜻. 풍미는 바람에 몰려 초목이 쓰러진다는 뜻에서 위세에 딸려 저절로 쏠림의 비유. 그 시대를 리드하여 위세를 떨치는 것.

일소천금〔一笑千金〕한 번 웃음에 천금의 값이 있음. 흔히 미인의 형용으로 쓰인다.

일수백확〔一樹百穫〕현량(賢良)한 인재 하나를 길러서 많은 효과를 얻음. 《관자》

일시명류〔一時名流〕당대에 명성이 높은 사람들을 이르는 말. 《세설신어》

일식만전〔一食萬錢〕한 끼의 식사에 일만 전을 소비했다는 진(晉)나라의 임개(任愷)의 고사에서, 몹시 호화롭게 낭비함을 일컫는 말. 《진서》

일신시담〔一身是膽〕몸 전체가 담력으로 가득 차 있다는 뜻으로, 매우 용맹함을 비유하여 이르는 말. 《삼국지》

일심불란〔一心不亂〕한 가지에만 마음을 쓰고 어지러워지지 아니함. 또 【불교】하나의 대상에 집중하여 마음이 흔들리지 않음. 삼매(三昧).

일야십기〔一夜十起〕하룻밤에 열 번도 더 일어난다는 뜻으로, 환자를 정성스럽게 간호하는 것을 일컫는 말. 《후한서》

일어탁수〔一魚濁水〕한 마리의 물고기가 물을 흐리게 한다는 뜻으로, 한 사람의 잘못으로 여러 사람이 그 해를 입게 됨을 비유하여 이르는 말.

일언가파〔一言可破〕잘라서 하는 한 마디로도 곧 판단이 될 수 있음.

일언거사〔一言居士〕무슨 일이든지 한 마디씩 참견하지 않으면 마음이 놓이지 않는 사람. 곧 말참견을 썩 좋아하는 사람. 거사는 범어(梵語)에서 나온 말로, 불교에서는 출가하지 않고 불도를 수행하는 남자를 일컫는다.

일언반구〔一言半句〕한 마디의 말과 한 구(句)의 반. 곧 극히 짧은 말.

일언이폐지〔一言以蔽之〕한 마디의 말로써 능히 그 뜻을 다함을 이르는 말. 《논어》

일엽낙지천하추〔一葉落知天下秋〕☞ 일엽지추(一葉知秋).

일엽장목〔一葉障目〕나무 잎사귀 하

나에 눈이 가려 앞을 내다보지 못한다는 뜻으로, 그 무엇에 현혹되어 안목이 좁아진 것을 비유하는 말.《할관자》

일우명지〔一牛鳴地〕 한 마리의 소의 울음소리가 들릴 정도의 가까운 거리의 땅. 일우후지(一牛吼地).

일월광천지〔日月光天地〕 해와 달이 천지를 비춘다는 뜻으로, 임금의 덕이 높음을 칭송하는 말.《북사》

일월무사조〔日月無私照〕 해와 달은 모든 사물을 공평하게 비춘다는 뜻. 곧 공평함을 비유하는 말.

일월삼주〔一月三舟〕 같은 달을 보더라도 세 척의 배에서 바라보면 각기 달리 보인다. 정지해 있는 배에서 보면 달도 정지하고 있는 것 같고, 남행하는 배에서 보면 달도 남행하는 것 같고, 북행하는 배에서 보면 달도 북행하는 듯이 보인다. 그와 같이 부처가 가르치는 도(道)는 같아도 사람에 따라서 받아들이는 것이 달라진다고 하는 비유.《대장경》

일월쟁광〔日月爭光〕 업적이나 인덕(人德)이 뛰어남의 비유. 해와 달의 빛에 필적할 만한 고결한 인품을 일컫는다.《사기》

일월유매〔日月逾邁〕 세월이 덧없이 흘러가 버린다는 뜻으로, 늙어서 죽을 때가 가까워짐을 이르는 말.《서경》

일음일탁〔一飮一啄〕 적은 음식이라는 뜻으로, 사람이 분수를 지키고 다른 것을 탐내지 않음의 비유.

일일난재신〔一日難再晨〕 하루에 아침은 두 번 오지 않는다는 뜻으로, 시간은 한번 지나가면 다시는 돌아오지 않음을 이름.

일일부작백일불식〔一日不作百日不食〕 농부가 하루 일을 쉬면 백 일 동안의 양식이 줄어듦.

일일지계재우신〔一日之計在于晨〕 하루의 일은 아침에 계획을 세워서 실행해야 한다. 일은 시작이 중요하다. 제대로 세운 계획에 따라서 착실하게 실행해야 한다는 말이다. 「일년의 일은 봄(음력 1월)에 계획을 세워서 실행을 해야 하며, 하루의 계획은 그날 아침에 세워야 한다(一年之計在于春 一年之計在于春)」고 했다.

일일지구부지외호〔一日之狗不知畏虎〕 하룻강아지 범 무서운 줄 모른다는 뜻으로, 세상 물정을 너무 몰라 겁내는 게 없음을 이르는 말. 또는 상대의 힘을 모르고 약한 사람이 함부로 덤비는 것을 이르는 말.

일일지장〔一日之長〕 하루 먼저 세상에 났다는 뜻으로, 나이가 조금 많음. 또는 조금 나은 선배. 또 조금 나음.

일패도지
一敗塗地

한 一 패할 敗 바를 塗 땅 地

여지없이 패하여 다시 일어날 수 없게 됨.

《사기》 고조본기에 있는 한고조 유방의 말로, 진시황 말년 「동남방에 천자의 기운이 있다」고 말하는 사람이 있자, 시황은 동쪽으로 순행을 나가 이 기운을 찾아 후환을 막을 생각이었다.

유방은 혹시 자기에게 어떤 화가 미치지 않을까 하고 산중으로 숨었다. 그러자 유방이 있는 패읍(沛邑) 사람들도 그를 따랐다.

이윽고 시황이 죽고 2세가 즉위하자, 진승(陳勝)이 반란을 일으켰다. 그러자 각 고을마다 호걸들이 일어나 수령을 죽이고 반기를 들어 진승에게 호응했다.

패읍의 수령도 반란민에게 죽게 될까 겁이 났다. 그래서 자진해서 고을 백성들을 이끌고 진승에게 호응할 생각으로 부하인 소하(蕭何)와 조참(曹參)을 불러 상의했다. 그러자 소하와 조참은,

「진나라 관리인 사또께서 반란을 일으키려 하면 사람들이 말을 듣지 않을 것입니다. 사또께서 먼저 밖으로 도망쳐 나가 있는 사람들을 불러들이십시오. 아마 수백 명에 달할 것입니다. 그들의 힘을 빌어 대중을 위협하면 감히 거역할 사람이 없을 것입니다」하고 권했다.

그리하여 번쾌를 보내 유방을 불렀다. 그때 유방을 따른 사람들은 벌써 수백 명에 달하고 있었다. 수백 명이 떼지어 오는 것을 보자 현령은 후회막급이었다. 얼른 성문을 닫고 소하와 조참을 죽이려 했다. 두 사람은 성을 넘어 유방에게로 가서 몸을 의지했다.

유방은 비단폭에 글을 써서 성 위로 쏘아 보냈다. 그 글의 지시에 따라 고을 사람들은 현령을 죽이고 성문을 열었다. 유방을 맞이한 부

로들은 그를 현령에 추대하려 했다. 그러자 유방은 「일패도지」란 말을 썼다.

「천하가 한창 시끄러워 제후들이 사방에서 함께 일어나고 있는데 지금 장수를 한번 잘못 두게 되면 일패도지하고 만다」하고 현령이 되기를 사양했다.

그러나 결국은 자청하는 사람도 할 만한 사람도 없어 유방이 패현의 현령이 된다. 그리하여 패령이 패공이 되고, 패공이 한왕(漢王)이 되고, 한왕이 다시 한고조가 되는 것이다.

「일패도지」의 뜻을 주해에는 이렇게 말하고 있다.

「하루아침에 깨어져 패하게 되면, 간과 골로 땅을 바르게 된다는 것을 말한다(言一朝破敗 使肝腦塗地)」

즉 골이고 창자고 온통 흙과 한 덩어리가 되고 만다는 얘기다. 여기서 「간뇌도지(肝腦塗地)」란 말이 나왔다. 〔☞ 간뇌도지〕

일자지사〔一字之師〕 시(詩)나 문장의 잘못을 지적하거나, 최선이라고는 할 수 없는 문자의 사용법을 지적하고 주의시켜 주는 사람. 또 시나 문장을 짓거나 또는 비판을 함에 있어서 단 한 자도 소홀히 하지 않는 사람. 《당재자전(唐才子傳)》

일자지포폄〔一字之褒貶〕 글자 하나의 씀씀이의 중요성을 말한다. 한 자의 씀씀이 여하로, 칭찬도 하고 깎아내리기도 하는 것. 포폄(褒貶)은 칭찬과 헐뜯음. 전(轉)하여 비평(批評)의 뜻.

일장일단〔一長一短〕 장점이 있으면 단점도 있다고 하는 것. 이 경우의 일(一)은 혹은의 뜻으로, 「길다든지 짧다든지」의 의미. 《논형(論衡)》

일장일이〔一張一弛〕 거문고나 활시위를 팽팽하게 했다 느슨하게 했다 한다는 뜻으로, 사람에 대하여 엄격하게 대하기도 하고, 관대하게 대하기도 하여 적당히 부리는 것. 나라를 다스림에 있어서 완급(緩急)의 호흡이 중요함을 이르는 말. 《예기》

일폭십한
一暴十寒

한 一 햇볕쪼일 暴 열 十 찰 寒

노력함이 적고 게으름이 많음을 이르는 말.

「일폭십한」은 하루 동안 양지가 따뜻하게 났다가 열흘이나 계속 날씨가 차갑다는 말이다.

아무리 잘 나는 씨앗이라도 날씨가 이런 상태로 라면 제대로 싹이 터서 자랄 수가 없는 것을 뜻한다.

《맹자》고자상(告子上)에 있는 맹자의 말이다.

맹자는 제선왕이 그의 타고난 어진 성품과 총명을 제대로 발휘하지 못하고 잠시 희망이 엿보이다가는 다시 제자리걸음을 치는 것이 안타까워 이런 말을 하게 된다.

「왕의 지혜롭지 못한 것을 이상하게 생각할 것이 없다. 아무리 세상에 쉽게 자라는 물건이 있다 하더라도 하루 따뜻하고 열흘 동안 추우면 능히 자랄 물건이 없다(雖有天下易生之物也 一日暴之 十日寒之 未有能生子也). 내가 왕을 만나는 일이 드문데다가 내가 물러나면 차게 하는 사람들이 모여들게 되니, 비록 싹이 있은들 내가 어떻게 자라게 할 수 있겠는가?」

즉 「일일폭지 십일한지(一日暴之 十日寒之)」란 말이 약해져서 「일폭십한」이 된 것이다. 착한 말을 해주는 사람은 적고, 아첨과 유혹을 일삼는 사람들이 주위에 많으면 본바탕이 현명하고 선량한 사람도 어리석은 짓과 악한 일을 자연히 하게 된다는 뜻으로 쓰인다.

맹자는 또 이 말 다음에 바둑 배우는 것을 예를 들어 말한다. 즉 한 사람은 열심히 선생의 하는 말에 귀를 기울이며 수를 기억하고 있는데, 다른 한 사람은 손으로는 바둑알을 놓으면서도 생각은 활을 당겨 기러기 잡는 데 가 있으면, 앞에 말한 사람과 같은 바둑의 향상을 볼 수 없다. 그것은 지혜의 문제가 아니고 꾸준한 노력을 하고 못하는 문제라고 했다.

일장춘몽〔一場春夢〕 봄날의 한바탕 꿈처럼 헛된 영화(榮華). 짧은 봄밤의 일시적인 헛된 꿈은 금방 잊어버린다고 하는 의미.《후청록(侯鯖錄)》

일전불치〔一錢不値〕 한 푼어치의 가치도 안된다는 뜻으로, 쓸모없음을 이르는 말.《사기》

일전쌍조〔一箭雙鵰〕 화살 한 발에 수리 두 마리를 떨어뜨린다는 뜻으로, 한 가지 일로 두 가지 이득을 취함.《수서(隋書)》 뗀 일석이조(一石二鳥).

일조일석〔一朝一夕〕 어제 오늘의 단시일의 뜻으로, 일이나 사물은 긴 세월을 거치며 차츰차츰 이루어진다고 하는 것을 말한다.《역경》 뗀 로마는 하루아침에 이루어지지 않았다.

일지반전〔一紙半錢〕 종이 한 장과 엽전 5리(厘). 곧 극히 미미한 기부의 비유. 뗀 빈자일등(貧者一燈).

일지반해〔一知半解〕 하나쯤 알고 반쯤 깨달음. 수박 겉핥기식 지식, 어설픈 지식. 곧 아는 것이 적음.《당송시순(唐宋詩醇)》 뗀 문일지십(聞一知十).

일진월보〔日進月步〕 날로 달로 끊임없이 진보 발전함. 하이테크 기술 개발은 이런 정도가 아니고, 초진분보(秒進分步)의 속도로 진행되고 있다. 뗀 일취월장(日就月將). 뗀 십년일일(十年一日).

일진일퇴〔一進一退〕 조금 나아가는가 하면 다시 물러난다. 나아가거나 물러나거나 하는 것. 또는 정세나 증상 등이 좋아진다든지 나빠진다든지 하는 것을 말한다.《순자》

일창삼탄〔一倡三歎〕 한 사람이 먼저 노래를 하면 세 사람이 그 뛰어남에 몇 번이나 감탄한다. 곧 한 번 시문(詩文)을 읽고 여러 번 탄상한다는 뜻으로, 썩 훌륭한 시문을 칭찬하여 이르는 말. 소식(蘇軾)《답장문잠서(答張文潛書)》

입립신고
粒粒辛苦

낱알 粒 매울 辛 괴로울 苦

곡식의 소중함을 이르는 말. 고심하여 일의 성취에 노력함.

「입립개신고(粒粒皆辛苦)」라고 한다. 우리들이 먹는 쌀 하나하나가 모두 피와 땀으로 이룩된 것이라는 말이다. 입립은 한 알 한 알이란 뜻이다. 신고는 맵고 쓰다는 말인데, 힘들고 어려운 것을 말한다. 우리말의 「피땀」이란 말이 가장 적합할 것 같다.

《고문진보》 전집(前集)에 있는 이신(李紳)의 오언고풍(五言古風) 「민농(憫農)」에 있는 글귀다.

벼를 호미질하여 해가 낮이 되니
땀이 벼 밑의 흙으로 방울져 떨어진다.
뉘 알리요 상 위의 밥이
알알이 다 피땀인 것을.

鋤禾日當午　汗滴禾下土　　서화일당오　한적화하토
誰知盤中飱　粒粒皆辛苦　　수지반중손　입립개신고

「민농」은 농부를 딱하게 생각한다는 뜻도 되고, 농사일이 힘든 것을 민망하게 여긴다는 뜻도 된다.

미국 같은 대규모의 기업농을 하는 경우는 이 말이 적용되지 않을지 모르지만, 삼복더위에 배포기를 헤치며 머리를 들이밀고 화끈 치미는 지열과 내려쬐는 폭염에 숨이 콱콱 막히는 가운데 흙을 파 뒤집고 엎어 온통 피부와 눈을 찔려 가며 비 오듯 하는 땀을 주체 못하는 농부들의 고생을 생각하면 정말 쌀 한 톨이 금쪽보다도 더 귀하게 보이고, 가만히 앉아 얻어먹고 있는 신세가 죄스럽기만 하다.

더구나 그렇게 애써 지은 쌀을 자기들이 먹을 것까지 팔아 돈과 바꾸어 대신 값싼 곡식으로 배를 채워야 하는 농민들의 처지를 생각할 때 그저 황송하고 두려운 생각밖에 날 것이 없다.

지금은 다른 모든 생산품에도 널리 이 말이 쓰이고 있다. 기술자와 직공들의 피땀으로 이루어진 것은 마찬가지니까.

일척안〔一隻眼〕 좌우의 눈 이외의 또 다른 하나의 눈. 척안은 하나의 눈. 고대의 성인은 좌우 두 눈과는 별도로 이마에 눈 하나를 가졌다는 전설에서, 전(轉)하여, 사물을 꿰뚫어보는 안력(眼力), 뛰어난 식견을 말한다.

일척천금〔一擲千金〕 큰맘 먹고 대담한 일을 함의 비유. 한번의 노름에 천금을 내던질 만큼 배짱이 좋은 것. 일척은 한번 던진다는 뜻으로, 주사위 등을 던지는 것.

일촉즉발〔一觸卽發〕 조금만 닿아도 곧 폭발할 것 같은 모양. 즉 막 일이 일어날 듯하여 몹시 위험한 상태에 놓여 있음을 일컫는 말. 대단히 절박한 상황.

일촌간장〔一寸肝腸〕 한 토막의 간과 창자라는 뜻으로, 주로 애달프거나 애가 탈 때의 마음을 형용하여 이르는 말.

일촌광음불가경〔一寸光陰不可輕〕 짧은 시간도 헛되이 보내서는 안된다는 뜻.

일출고삼간〔日出高三竿〕 아침 해가 지평선에서 꽤 올랐을 무렵. 곧 오전 8시경을 말한다. 늦잠 자는 사람의 비유로도 쓰인다. 삼간(三竿)은 장대 세 개를 이어붙인 정도의 높이. 3장 가량의 높이를 말한다. 《남제서(南齊書)》

일취월장〔日就月將〕 학문이 날마다 달마다 진보하는 것. 또 모든 사물이 일진월보함의 형용. 《시경》

일취천일〔一醉千日〕 한번 취하면 천 일을 간다는 뜻으로, 아주 좋은 술을 형용하여 이르는 말. 《박물지》

일파만파〔一波萬波〕 아주 작은 것이 큰 영향을 미침의 비유. 《냉제야화(冷齊夜話)》

일편단심〔一片丹心〕 진정(眞情)에서 우러나오는 충성된 마음. 참된 정성.

입향순속
入鄕循俗

들 入 마을 鄕 좇을 循 풍속 俗

다른 지방에 들어가서는 그 지방의 풍속을 좇음.

그 고장에 가서는 그 고장 풍속에 따르는 것이 「입향순속」이다. 「눈치가 빨라야 절에 가서도 새우젓을 얻어먹는다」는 말이 있지만, 그런 눈치 빠른 처세술은 「입향순속」과는 반대되는 방향이다. 모든 것을 대중들과 함께 따라 행하는 것이 입향순속이다.

설사 잘못된 풍속을 시정할 경우라도 함께 그 속에 들어가 따라 한 뒤라야만 서서히 그것을 고쳐 나갈 수 있는 것이다. 세상을 둥글게 살아 가려는 사람이나, 세상을 올바로 이끌어 보겠다는 지도자나 다 이 「입향순속」의 교훈이 필요할 것 같다. 《회남자》 제속편(齊俗篇)에는,

「그 나라에 들어가는 사람은 그 고장의 풍속을 따른다(入其國者 從其俗)」고 했는데, 이와 같은 말이 《장자》 외편(外篇) 산목(山木)에도 나와 있다. 즉 「그 풍속에 들어가서는 그 풍속에 따른다(入其俗 從其俗)」고 했다. 결국 자연에 내맡긴 순리로운 생활을 하는 것이 현명하게 사는 길이란 뜻이다.

서양 격언에도 「로마에 가서는 로마법을 따르라」고 한 말이 있다. 생활을 통해서 얻은 같은 세계관, 같은 인생관일 수 있을 것 같다.

「입향순속」은 위에 말한 《장자》와 《회남자》의 말이 합쳐져 생겨난 말로 지금은 이 말이 널리 쓰이고 있다.

어떤 단체나 직장이나 다 그 나름대로의 전통이나 관습 같은 것이 있기 마련이다. 새로 부임한 중역이나 다른 데서 전입해 온 사원은 일단 선임자에게 그런 것들을 묻거나 듣고 보고 하며 보조를 맞춰 나가도록 노력하는 것이 순서일 것이다. 개선과 시정은 그 다음의 일이다.

일피일차〔一彼一此〕 저곳에서 하기도 하고 이곳에서 하기도 함.

일필구지〔一筆勾之〕 송(宋)나라의 범중엄(范仲淹)이 부덕한 사람들을 명부에서 일필로 삭제해버린 데서, 붓으로 단번에 금을 죽 그어서 지워버림.

일필휘지〔一筆揮之〕 한숨에 흥취 있고 줄기차게 글씨를 써 내림.

일한여차〔一寒如此〕 이와 같이 한결같이 춥다. 곧 가난한 것을 개탄하는 말이다. 《사기》

일허일영〔一虛一盈〕 갑자기 차거나 비어 변화를 헤아리기 어려움. 일허일실(一虛一實). 《진서》

일호백낙〔一呼百諾〕 한 사람이 소리를 내어 외치면 여러 사람이 이에 따름.

일호재락〔一呼再諾〕 주인이 한 번 부르면 종이 그에 응하여 「예, 예」하고 대답함. 곧 비굴하고 남에게 아첨함을 이름.

일호지액〔一狐之腋〕 한 마리의 여우 겨드랑이 밑의 최고 아름다운 모피라는 뜻으로, 아주 귀하여 값이 비싼 물건의 비유. 또는 한 사람의 직언하는 선비의 비유.

일호천〔一壺天〕 후한의 비장방(費長房)이 약을 파는 노인과 함께 항아리 안에 들어가 별천지의 즐거움을 얻었다는 고사에서, 하나의 소천지(小天地), 별천지. 호중천지(壺中天地). 《후한서》

일호천금〔一壺千金〕 파선(破船)하였을 때는 한 개의 바가지로도 물 위에 뜰 수 있어 천금의 값어치가 있다는 뜻으로, 하찮은 것도 때를 만나면 귀히 쓰임을 이르는 말. 《할관자》

일확천금〔一攫千金〕 대수롭지 않은 일로 단번에 큰 돈을 손에 넣는 것.

일훈일유〔一薰一蕕〕 훈(薰)은 향초(香草), 유(蕕)는 냄새나는 풀. 곧 훈·유의 두 가지 풀을 한데 놓으면 좋은 냄새는 없어지고 악취만 난다는 뜻으로, 선행은 스러지기 쉽고, 악행은 잘 제거되지 않음의 비유. 또 착한 사람의 세력은 악인에 미치지 못한다는 비유. 「악화(惡貨)가 양화(良貨)를 구축한다」는 말과 같다. 《좌전》

일희일우〔一喜一憂〕 사정이 조금이라도 변할 때마다 기뻐하거나 걱정하거나 하는 것. 기쁨과 근심이 번갈아 일어남. ㊊ 일희일비(一喜一悲).

임간홍엽〔林間紅葉〕 가을날, 숲 속에서 홍엽을 태워 술을 데우며 즐긴다는 뜻으로, 풍류의 정취를 술회하고, 가을의 풍정을 감상하는 것. 《백씨문집(白氏文集)》

임갈굴정〔臨渴掘井〕 목이 말라서야 우물을 판다는 뜻으로, 준비 없이 일을 당하고 나서야 허둥댐을 이르는 말. 이미 때가 늦었음의 비유로도 쓰인다. 전(轉)하여 평소의 준비가 중요함을 이르는 말. 임갈천정(臨渴穿井). 《설원》 비 임난주병(臨難鑄兵).

임기응변〔臨機應變〕 정세 변화에 따라서 적절한 대응 조치를 취하는 것. 《당서》

임난불구〔臨難不懼〕 난국에 봉착해서도 당황하지 않음을 일컫는 말. 《장자》

임난주병〔臨難鑄兵〕 난리가 일어난 연후에 무기를 제조한다는 뜻으로, 때가 이미 늦음을 이르는 말. 《안자춘추》

임농탈경〔臨農奪耕〕 농사를 지을 시기가 되어서 경작하는 사람을 바꾼다는 말로, 이미 다 마련된 것을 빼앗음을 이름.

임심조서〔林深鳥棲〕 숲이 깊으면 새가 깃들인다는 뜻으로, 사람이 인의(仁義)를 쌓으면 만물이 저절로 귀의함의 비유. 《정관정요》

임현물이〔任賢勿貳〕 어진 사람을 임명했으면 두 마음을 갖지 말라는 뜻으로, 적임자에게 일을 맡겼으면 무슨 소리를 듣든 끝까지 맡겨야 함을 이르는 말. 《서경》

입막지빈〔入幕之賓〕 막중(幕中)의 빈객이라는 뜻으로, 기밀을 상의할 수 있는 상대를 이름. 《세설신어》

입목도〔入木道〕 서도(書道)를 말한다. 필적이 뛰어나고, 필세(筆勢)가 강함의 비유로도 쓰인다. 진(晋)나라 왕희지(王羲之)가 축제(祝祭)를 위한 나무 액자에 글을 썼더니, 묵흔(墨痕)이 나무에 서푼이 스며들었다는 고사에서 서도를 가리키게 되었다. 「입목(入木)」, 「입목삼분(入木三分)」이라고도 한다. 왕희지 《서단(書斷)》

입목삼분〔入木三分〕 동진의 왕희지(王羲之)가 축판(祝版)에 글씨를 쓸 때면 붓이 나무판자 속에 세 푼이나 박혀 들어간다는 고사에서, 필력이 힘참의 비유. 《진서》

입석시〔立石矢〕 서 있는 돌을 꿰뚫는 화살이라는 뜻으로, 정신이 집중된 상태나 몰아지경(沒我之境)에서는 평소 할 수 없던 일까지도 해낸다는 말이다. 《사기》

입이불번〔入耳不煩〕 귀로 듣기에 번거롭지 않다는 뜻으로, 아첨하는 말이 귀에 거슬리지 않음의 비유.

입이출구〔入耳出口〕 귀로 듣고 입으로 바로 말함. 곧 말을 금방 옮김의 비유.

입추지지〔立錐之地〕 송곳 하나 꽂을 만한 땅이라는 뜻으로, 매우 좁아

조금의 여유도 없음을 가리키는 말. 또는 매우 좁은 땅. 「입추의 여지가 없다」는 식으로 쓴다. 《사기》

입호이착호심〔入乎耳着乎心〕 귀로 듣고 그것을 터득하는 것. 귀로 듣고 바로 입에 담는 「구이지학(口耳之學 : 소인의 學)」과는 반대인 군자(君子 : 훌륭한 덕을 갖춘 사람)가 학문을 닦는 법을 말한 것. 《순자》 권학(勸學).

자가당착
自家撞着 ▶ **懲前毖後**
징전비후

자구다복
自求多福

스스로 自 구할 求 많을 多 복 福

> 많은 복은 하늘이 주는 것이 아니라 자기 스스로 구하는 것이다.

《시경》 대아(大雅) 문왕편(文王篇)에 나오는 말이다. 많은 복은 하늘이 주어서가 아니라 자기가 구해서라는 것이 「자구다복」이다. 다시 말하면 「하늘은 스스로 돕는 자를 돕는다(天助自助)」는 말이다. 이 말은 《맹자》 공손추 상(上)에 인용됨으로써 널리 알려지게 된 말이다.

맹자는 노력에 따라 결과가 나타난다는 것을 강조하고, 모든 화와 복이 다 자기 스스로 구해야 한다는 것을 이렇게 말하고 있다.

「어질면 영화가 오고 어질지 못하면 욕이 온다. 지금 욕된 것을 싫어하면서 어질지 못한 생활을 하는 것은 마치 축축한 것을 싫어하면서 낮은 땅에 살고 있는 것과 같다. 욕된 것을 싫어하면 덕을 소중히 알고 선비를 높이 받드는 길밖에 없다. 어진 사람이 높은 지위에 있고, 능력 있는 사람이 일을 담당하여 남는 여가를 헛되이 하지 말고 열심히 정치와 법령을 바르게 하는 데 힘을 기울이면 아무리 큰 나라라 할지라도 이쪽을 업신여기지 못한다. 지금 나라가 평화로우면 마음껏 즐기며 게으름을 피우고 거만을 부린다. 이것은 스스로 화를 부르는 것이다. 화와 복은 스스로 구하지 않는 것이 없다(禍福無不自己求之者).

《시》에 말하기를 『길이 명(命 : 天命)에 맞게 하기를 생각하는 것이 스스로 많은 복을 구하는 것이다』라고 했다(詩云永言配命 自求多福)」고 했다.

「구하라, 그러면 얻으리라」고 한 예수의 말씀도 노력하면 하늘은 그 노력한 대가를 주신다는 뜻일 것이다. 게으름을 피우고 가만히 앉아 있어도 기도만 하면 된다는 뜻은 절대로 아닐 것이다.

자가당착〔自家撞着〕 자신의 언행을 돌이켜보면 모순으로 가득 차 있어서 조리가 맞지 않는 것뿐이다, 라고 하는 반성의 의미가 담겨 있다. 당착(撞着)은 맞부딪치는 것, 충돌하는 것. 모순 되는 것을 말한다. 《선림유취(禪林類聚)》

자가약롱중물〔自家藥籠中物〕 ☞ 약롱중물(藥籠中物).

자강불식〔自彊不息〕 오로지 스스로 힘쓰고 쉬지 아니함. 수양에 힘써 게을리 하지 않음. 《역경》

자고〔刺股〕 소진(蘇秦)이 독서할 때 졸음이 오면 넓적다리를 송곳으로 찔렀다는 데서, 자신의 태만을 극복해서 열심히 면학함을 이름. 《전국책》

자고이래〔自古以來〕 예로부터 내려오면서.

자광〔藉光〕 남들 덕분에 편리를 보거나 명예나 이익을 얻게 되었을 때 일컫는 말로, 「남의 돌팔매에 밤 줍는다」는 우리말 속담과 같다. 《전국책》

자두연기〔煮豆燃萁〕 콩을 삶는 데 콩대를 땔감으로 한다. 곧 콩과 콩대는 같은 뿌리에서 자란 것이면서(本是同根生) 서로가 괴롭힌다는 뜻으로, 형제가 사이가 나쁨을 비유하는 말. 《세설신어》 ☞ 칠보재

자로이득〔自勞而得〕 혼자의 힘으로 일을 끝마침.

자막집중〔子莫執中〕 융통성이 없고 임기응변할 줄 모르는 사람.

자모패자〔慈母敗子〕 무른 어머니에게는 응석받이 자식이 길러진다. 「자모(慈母)에 패자(敗子) 있다」라고 한다. 과보호는 아이들을 잘못되게 만든다는 것. 《사기》

자부월족〔自斧刖足〕 제 도끼에 제 발 찍힌다는 뜻으로, 잘 알고 있다고 조심을 하지 않고 있다가 큰 실수를 하게 됨의 비유.

자상모순〔自相矛盾〕 자체의 모순에 빠진다는 뜻으로, 말이 앞뒤가 맞지 않거나 말과 행동이 서로 어긋남을 이르는 말. 자가당착(自家撞着). 《한비자》

자성제인〔子誠齊人〕 제(齊)나라의 공손추(公孫丑)가 관중(管仲)·안자(晏子)만을 장한 줄 알고 있으므로 맹자가 그에게 「자네는 참 제나라 사람이로다」라고 말한 고사에서, 견문이 좁고 고루(固陋)한 사람을 이르는 말.

자승자박〔自繩自縛〕 제 줄로 제 몸을 옭아 묶는다는 뜻으로, 제가 쓴 마음이나 언행으로 말미암아 제 자신이 행동의 자유를 갖지 못하는 일. 자기모순. 또 불가(佛家)에서는 제 마음으로 번뇌를 일으켜 괴로워하는 일을 말한다.

자승자강
自勝者强

스스로 自 이길 勝 사람 者 강할 强

> 자신을 이기는 사람이 가장 강한 사람이다.

이 세상에서 가장 강한 사람은 자기 자신을 이기는 사람이다. 이것을 「자승자강」이라고 한다.

이 말은 《노자》 33장에 있는 말이다. 즉,

「남을 아는 것은 지혜로운 일이다. 그러나 자신을 아는 사람이 참으로 밝은 사람이다(知人者智 自知者明). 남을 이기는 것은 힘이 있는 일이다. 그러나 자기를 이기는 것이 가장 강하다(勝人者有力 自勝者强)」고 했다.

소크라테스도 「너 자신을 알라」고 했다.

왕양명도 「산 속의 도적을 깨뜨리기는 쉬워도 마음속의 도적을 깨뜨리기는 어렵다(破山中賊易 破心中賊難)」고 했다.

공자도 「나를 이기고 자연으로 돌아가는 것이 인이다(克己復禮爲仁)」라고 했다.

자기를 이긴다는 것은 인간의 육신으로 인한 동물적인 충동과 욕망을 이긴다는 뜻이다.

어떤 외부적인 구속 없이 자기 이성으로 부당한 생각과 유혹을 물리치고 후회 없는 생활을 해나가는 것이 자기를 이기는 것이다.

나폴레옹의 이야기에 이런 것이 있다. 적군의 비밀을 탐색하는 임무를 무사히 마치고 돌아온 두 장교에게 약속한 상금을 준 그는, 그 중 한 사람에게 약속 이외의 상금을 또 주었다. 그리고는 이렇게 말했다.

「그대는 보아하니 겁이 많은 사람이다. 그런데도 불구하고 위험을 무릅쓰고 임무를 수행했다. 그대는 자기의 겁 많은 성격을 능히 이겨

낸 참다운 용사이므로 이 상을 준다. 그대는 어떤 어려운 일이라도 해낼 수 있는 자격을 가진 사람이다」

역시 스스로를 이겨 낸 사람이 가장 강하다는 노자의 말씀과 공통되는 점이 있다.

스스로를 이겨라. 그러면 세상에 두려울 것이 없다.

자승지벽〔自勝之癖〕 자기가 남보다 나은 줄로 여기는 버릇.

자시지벽〔自是之癖〕 자기 의견만이 옳은 줄로 여기는 버릇.

자아작고〔自我作古〕 나부터 예를 만듦. 곧 옛일에 얽매이지 않고 표본이 될 만한 일을 자기부터 처음으로 만들어냄의 비유. 《송사》

자업자득〔自業自得〕 자기가 저지른 일의 과보(果報)를 자기 자신이 받는 일. 일반적으로는 나쁜 결과를 받는 경우에 사용된다. ㈜ 인과응보(因果應報). 자승자박(自繩自縛).

자연도태〔自然淘汰〕 생물이 자연 환경이나, 조건에 적응하는 것은 살아남고 그렇지 못한 것은 사멸(死滅)하는 현상. 적자생존의 원칙. 인위도태(人爲陶汰)도 있다. ㈜ 적자생존(適者生存).

자오〔慈烏〕 까마귀는 자란 뒤에 어미에게 먹이를 물어다 주어 길러 준 어미에 대해 효(孝)를 다한다는 데서, 까마귀를 이르는 말.

자위부은〔子爲父隱〕 나쁜 일을 아비는 자식을 위해 숨기고 자식은 아비를 위해 숨긴다는 뜻으로, 부자지간의 천리·인정을 이르는 말. 《논어》

자유분방〔自由奔放〕 생각대로 자유롭게 행동하는 것. 아무런 근거도 없이 하고 싶은 것을 하는 기풍(氣風).

자자주옥〔字字珠玉〕 글자마다 주옥이라는 뜻으로, 필법이 묘하게 잘 됨을 가리키는 말.

자작지얼〔自作之孼〕 제가 저지른 일로 말미암아 생긴 재앙이라는 뜻.

자장격지〔自將擊之〕 자기 스스로 군사를 이끌고 나아가 싸운다는 뜻으로, 어떤 일을 남을 시키지 않고 손수 함을 이르는 말.

자중지란〔自中之亂〕 자기네 패 속에서 일어나는 싸움질.

자포자기
自暴自棄

스스로 自 사나울 暴(포) 버릴 棄

> 마음에 불만이 있어 행동을 되는 대로 마구 취하고 스스로 자신을 돌아보지 아니함.

「자포자기」란 말을 우리는 될 대로 돼라 하는 그런 뜻으로 쓰고 있다. 글자대로 새기면 스스로 자신을 학대하고 스스로 자신을 내던져 버리는 것이 자포자기다.

이 말은 《맹자》 이루상(離婁上)에 나오는 말이다.

「자포(自暴)하는 사람과는 함께 말을 할 수가 없고, 자기(自棄)하는 사람과는 함께 일을 할 수가 없다. 예의에 벗어나는 말을 하는 사람을 자포한다 말하고, 자기 자신이 능히 어진 일을 할 수 없고, 옳은 길로 갈 수 없다고 하는 것을 『자기』라고 말한다. 어짊(仁)은 사람의 편안한 집이요, 옳음은 사람의 바른 길이다. 편안한 집을 비워 두고 살지 않으며, 바른 길을 버리고 그곳으로 가지 않으니 슬픈 일이다」라고 했다.

맹자의 말대로 하면 말을 함부로 하는 것이 「자포」고, 행동을 되는 대로 하는 것이 「자기」다.

말을 함부로 하는 것은, 어질고 바른 것을 적대시하는 적극적인 태도로 볼 수 있고, 행동을 되는 대로 하는 것은 희망을 잃은 소극적인 태도로 볼 수 있다.

아무튼 「자포자기」는 착하고 바른 일하는 것을 거부하려는 태도를 말하는 것이다.

「될 대로 돼라」하는 말 자체가, 자제력을 상실한 감정의 노예가 되기를 자청하는 말이기도 하다.

작심삼일
作心三日

지을 作 마음 心 석 三 날 日

> 결심이 사흘을 가지 못함. 결심이 굳지 못함을 이름.

작심(作心)은 마음을 단단히 먹는다는 뜻이다. 「작심삼일」은 두 가지 뜻으로 쓰인다.

사흘을 두고 생각하고 생각한 끝에 비로소 결정을 보았다는 신중성을 의미하기도 하고, 마음을 단단히 먹기는 했지만, 사흘만 지나면 그 결심이 흐지부지되고 만다는 뜻으로도 쓰인다. 즉 앞의 경우는 사흘을 두고 작심했다는 뜻이고, 뒤의 경우는 작심한 것이 사흘밖에 못 간다는 뜻이다.

그러나 어떤 일을 결정하는 데 있어 사흘씩이나 두고두고 생각을 한다면 그 일이 어렵고 실현 가능성이 적은 것임을 알 수 있다. 사흘을 두고 작심한 것이 사흘이 못 가서 그 작심이 헛것이 될 수도 있는 일이니, 결국 옹졸한 사람의 자신 없는 태도로 볼 수 있다. 「작심(作心)」이란 말은 《맹자》 등문공 하(下)에 있는 이른바 「호변장(好辯章)」에 나오는 말이다.

「……그 마음에 일어나서 그 일을 해치고, 그 일에 일어나서 그 정치를 해친다(……作於其心 害於其事 作於其事 害於其政)」

「작심」은 마음을 일으킨다는 뜻이다. 억지로 하기 싫은 것을 의식적으로 일깨운다는 말이 된다.

「고작 작심삼일이야……」 하는 말들을 한다. 자신도 의욕도 없는 경우를 말한다.

「작심삼일이지 뭐……」 이렇게 말할 때도 있다. 결심이 오래 가야 사흘 간다는 뜻으로 못 믿겠다는 말이다.

잠룡물용
潛龍勿用

잠길 潛 용 龍 말 勿 쓸 用

아무리 천하를 통일할 역량과 포부를 간직한 영웅이라도 아직은 시기가 아니므로 가만히 숨어 있고 나오지 말라는 뜻

《역경》 건괘(乾卦) 초효(初爻)의 효사(爻辭)에 있는 말이다. 잠룡(潛龍)은 땅 속 깊이 숨어 있는 용이란 뜻이다. 물용(勿用)은 쓰지 말라는 말이다.

건(乾)은 하늘을 말하고 순양(純陽)을 뜻한다. 양(陽)은 맑고 따뜻하고 뻗어 오르는 기운을 말한다. 그래서 하늘에 날아오르는 용으로서 이를 상징한다.

초효(初爻)는 여섯 개 효 가운데 맨 아래 있는 효를 말한다. 맨 아래 있는 양기는 아직 땅 속 깊숙이 들어 있는 양기로 얼음이 풀릴 시기가 되어야만 비로소 움직이게 된다. 그것은 장차 하늘을 날아오를 용이 아직 때가 되지 않아 땅속 깊숙이 숨어 있는 것과 같다. 봄에 싹이 틀 씨앗이 꽁꽁 얼어붙은 땅 속 깊숙이 묻혀 있는 것과도 같다.

아무리 천하를 통일할 역량과 포부를 간직한 영웅이라도 아직은 시기가 아니므로 가만히 숨어 있고 나오지 말라는 뜻으로 풀이된다. 어떤 일을 놓고 점을 쳤을 때 이 건괘 초효가 나오면 그것은 더 좀 시기를 기다리라는 경고가 된다.

다음 효인 이효(二爻)에는 「나타난 용이 밭에 있으니 대인을 보는 것이 유리하다(見龍在田 利見大人)」고 했다. 움직이기 시작하란 뜻이다.

또 넷째 효에는 「혹 뛰어서 못에 있어도 허물이 없다(或躍在淵 無咎)」고 했다. 일을 착수해도 상관없다는 말이다.

그래서 다섯 번째 효에 가서는,

「나는 용이 하늘에 있으니 대인을 보는 것이 유리하다(飛龍在天 利見大人)」고 했다. 활동하라는 뜻이다.

그리고 마지막 효에 가서는 「높이 오른 용이니 뉘우침이 있다(亢龍有悔)」고 했다. 적당한 정도에서 그치지 못하고 너무 지나친 행동으로 나가면 반드시 실패를 보게 된다는 뜻이다.

이렇게 《주역》은 자연의 이치를 끌어다가 사람의 일을 비유하고 있다. 그것은 막연한 신비적인 예언이 아니고 사리를 따라 판단하는 과학적인 예언이다. 우리들이 흔히 쓰는 말은 이 「잠룡물용」과 「항룡유회(亢龍有悔)」란 말이다. 〔☞ 항룡유회〕

자지자불원인〔自知者不怨人〕 자기 자신을 아는 사람은 다른 사람을 원망하지 않는다는 말.

자지탈주〔紫之奪朱〕 옳지 않은 것이 옳은 것을 이기고, 소인(小人)이 현자(賢者)를 능가함의 비유. 주(朱)는 붉은색. 중국 고대에는 청(靑)·적(赤)·황(黃)·백(白)·흑(黑)이 바른 색으로 여겨지고, 또한 의복 등에도 쓰였다. 춘추시대에 자줏빛이 크게 유행하여 정색(正色)을 능가하게 된 데서, 전통적인 사회질서가 어지러워지고 부정이나 사악(邪惡)이 만연하는 경향을 색에 비유하여 평한 것이다. 《논어》

자초지신〔刺草之臣〕 풀을 베는 천한 신하라는 뜻으로, 평민이 임금에 대하여 낮추어 일컫는 말.

자탄자가〔自彈自歌〕 스스로 거문고를 타고 스스로 노래함. 자창자화(自唱自和).

자행자지〔自行自止〕 가고 싶으면 가고, 말고 싶으면 만다는 뜻으로, 마음 내키는 대로 행동함을 이름.

자화자찬〔自畫自讚〕 자기가 그린 그림을 스스로 칭찬함. 전(轉)하여 제 일을 제 스스로 자랑함. 자기가 그림을 그린다면 그 찬(讚: 칭찬)은 타인에게 써 받는 것이 에티켓인데도 그것까지 스스로 써버리는 것.

작비금시〔昨非今是〕 경우가 일변하여 전날에는 비(非)라고 생각했던 일이 오늘날에는 시(是)라고 생각하게 됨. 도잠(陶潛) 「귀거래사」

장경오훼
長頸烏喙

길 長 목 頸 까마귀 烏 부리 喙

> 환난은 같이할 수 있으나 안락은 같이 누릴 수 없는 사람.

「장경오훼」는 긴 목과 뾰족 나온 입을 말한다. 범려(范蠡)가 월왕 구천을 평한 말이다. 인물됨이 편협하고 의심이 많아서 성취하고자 하는 일을 이루고 나면 협력자나 동지에게 등을 돌릴 사람됨을 일컫는다.

《사기》 월세가(越世家)에 있는 이야기다.

범려는 춘추시대 월(越)나라의 명신이었다. 그가 활약한 때는 오나라와 월나라 간의 숙명의 대결이 벌어지던 혼란한 시대였다. 「와신상담(臥薪嘗膽)」이니 「오월동주(吳越同舟)」니 하는 고사들이 다 이런 배경 속에서 나온 것이다.

오자서(伍子胥)의 활약으로 바야흐로 패자(霸者)가 되기 위해 세력을 확장하려는 합려는 오랫동안 눈엣가시였던 월나라부터 평정하려 했던 것이다. 그러나 이 싸움에서 오히려 패해 합려도 이때 입은 부상으로 죽고 말았다.

그의 아들 부차(夫差)는 아버지의 원수를 갚기 위해 장작더미 위에서 자면서(臥薪) 복수의 칼을 갈았고, 마침내 3년 만에 월나라와의 싸움에서 이겨 월왕 구천을 회계산에 몰아넣었다. 부차는 오자서의 반대에도 불구하고 항복을 청해오는 구천을 용서해 주었다.

싸움에 크게 패한 구천은 겨우 5천 명 남은 군사를 거느리고 회계산에서 농성을 하지만 결국은 견디지 못하고 오나라에 항복을 하고 만다. 구천은 내외가 함께 오나라의 포로가 되어 범려와 함께 갖은 고역과 모욕을 겪은 끝에 영원히 오나라의 속국이 되기를 맹세하고 무사히 귀국하게 된다.

구천은 자기 나라로 돌아오자 일부러 몸과 마음을 괴롭히며, 자리 옆에는 항상 쓸개를 달아매어 두고, 앉을 때나 누울 때나 이 쓸개를 씹으며 쓴맛을 되씹었다. 또 음식을 먹을 때도 먼저 쓸개를 씹고 나서,

「너는 회계의 치욕(會稽之恥)을 잊었느냐」 하고 자신에게 타이르곤 했다.

월왕 구천이 오나라를 쳐서 이기고 오왕 부차로 하여금 자살하게 만든 것은 이로부터 20년 가까운 뒷날의 일이었다. 월왕 구천이 패자가 되고 나자, 그의 곁에서 충실히 보좌했던 범려는 월나라를 떠날 채비를 차렸다. 「큰 위세 밑에서는 오래 무사하기 힘들다」는 말을 남긴 범려는 제(齊)나라로 갔다. 제나라에 있게 된 범려는 월나라의 대부 종(種)에게 편지를 보냈는데, 그 내용 가운데 이런 말이 있다.

「나는 새가 다하면 좋은 활이 들어가고, 날랜 토끼가 죽으면 달리는 개가 삶긴다(蜚鳥盡 良弓藏狡兎死 走狗烹). 월나라 임금의 사람됨이, 목이 길고 입이 까마귀처럼 생겼다(長頸烏喙). 환난은 같이할 수 있어도 즐거움은 같이 할 수가 없다. 그대는 어찌하여 떠나가지 않는가?」〔☞ 토사구팽(兎死狗烹)〕

이를 읽은 대부 종은 병을 핑계로 조회에 나가지 않았다. 그러자 어떤 이가 그를 참소했다. 이에 대노한 월왕 구천은 종에게 검(劍)을 내려주면서 이 같은 말을 덧붙였다.

「그대는 과인에게 오나라를 치는 방법 7가지를 가르쳐주었고, 나는 그 중 셋을 써서 오를 이겼다. 나머지 넷은 그대에게 있으니 어디 선왕(先王)을 위해서 써보라」

이는 죽어 선왕이 계신 지하에나 가서 써보라는 말로서, 곧 보내준 검으로 자결하라는 뜻이었다. 결국 대부 종은 범려의 말을 듣지 않아 월왕 구천에게 죽고 말았다.

장유이 복구재측
牆有耳 伏寇在側

담 牆 있을 有 귀 耳 엎드릴 伏
도둑 寇 있을 在 곁 側

담벼락에도 귀가 있고, 숨은 도적은 바로 옆에 있다.

담벼락에 귀가 있다는 말은 사람이 없는 집안에서나 방안에서 한 말이 금방 밖으로 새어나가게 된다는 뜻이다.

「낮말은 새가 듣고 밤 말은 쥐가 듣는다」는 우리말 속담과 같은 말이다.

숨은 도적이 옆에 있다는 말은 가장 심복으로 알고 있는 사람이 어떤 복병(伏兵)과 같은 일을 하게 될지 모른다는 뜻이다. 결국 말과 행동을 조심하라는 뜻이다.

이 말은 《관자(管子)》 군신편에 있는 말이다.

「옛날에 두 가지 말이 있으니, 담벼락에도 귀가 있고 숨은 도적이 곁에 있다고 하였다(古者有二言 牆有耳 伏寇在側)」

또 《북제서(北齊書)》 침중편(枕中篇)에는,

「문가에 재앙이 기대 있을 수 있으니 사안을 은밀히 하지 않을 수 없다. 담장에 숨은 도적이 있을 수 있으니 실언을 해서는 안된다(門有倚禍 事不可不密 牆有伏寇 言不可而失)」는 구절이 있다.

작각서아지쟁〔雀角鼠牙之爭〕 송사(訟事)의 비유. 다툼을 호소하는 것. 참새에게 뿔이 있으니까 지붕에 구멍을 뚫고, 쥐에게 어금니가 있으니까 벽에 구멍을 뚫는다는 구실을 붙여 송사를 일으키는 것. 원래는 사랑의 수법을 노래한 것으로, 남자가 여자에게 마음을 두고 그 사실을 호소함으로써 공식적으로 두 사람의 관계를 인정시키려고 한 것이다. 《시경》

작법자폐〔作法自斃〕 제가 만든 법에 제가 걸려 죽는다는 뜻으로, 「제가 놓은 덫에 제가 치인다」는 속담과

비슷하다. 《사기》

작사도방〔作舍道傍〕 길가에 집을 지을 때 왕래하는 사람의 의견이 많아서 잘 결정이 내려지지 않는 것과 같이 이론(異論)이 많아서 얼른 결정하지 못함을 이르는 말. 「작사 도방 삼년 불성(作舍道傍 三年不成)」하는 식으로 쓴다. 《후한서》

작소대리정〔鵲巢大理庭〕 대리(大理)는 사법(司法)을 관장하는 관청을 말한다. 태평한 세상에는 형이 행해지지 않으므로 옥(獄)에도 까치가 집을 지을 정도가 된다는 뜻으로, 세상이 평화롭고 죄인이 없는 것을 비유하여 이르는 말. 《당서》

작수성례〔酌水成禮〕 물만 떠놓고 혼례를 지냄. 가난한 집의 혼례를 가리키는 말.

작심삼일〔作心三日〕 결심이 사흘을 가지 못함. 결심이 굳지 못함을 이르는 말. 《맹자》

작약지증〔勺藥之贈〕 남녀간에 향기로운 함박꽃을 보내 정을 더욱 두텁게 함을 이름. 《시경》

작작유여유〔綽綽有餘裕〕 일을 당하였어도 여유가 있고 침착함.

잔두지련〔棧豆之戀〕 말이 적은 콩을 탐내어 마구간을 떠나지 못한다는 뜻으로, 사소한 이익을 단념하지 못함을 가리키는 말.

잔배냉적〔殘杯冷炙〕 마시다 남은 술과 찬 구이의 뜻으로, 변변치 않은 주안상으로 푸대접함을 이르는 말. 잔배냉효(殘杯冷肴). 《안씨가훈》

잔산잉수〔殘山剩水〕 전란(戰亂) 후에 남은 산수(山水). 망국(亡國)의 산수. 중국 남송(南宋)의 원체산수화(院體山水畵)를 평하여 이르는 말. 자연의 일각(一角)을 그리고 암시적인 공간을 크게 묘사하는 특색을 이름.

잠사우모〔蠶絲牛毛〕 누에고치 실과 소 털. 곧 일의 가닥이 매우 지저분하고 어수선함의 비유.

잠식〔蠶食〕 누에가 뽕잎을 먹듯 한쪽에서 점점 먹어 들어감. 타국의 영토나 남의 재산 등을 차츰 침략해 들어감. 초잠식지(稍蠶食之). 《사기》

장계취계〔將計就計〕 상대편의 계략을 미리 알고 오히려 그것을 역이용하는 계책. 《삼국지연의》

장광설〔長廣舌〕 길고 줄기차게 잘 늘어놓는 말솜씨나 쓸데없이 너저분하게 오래 지껄이는 말의 비유. 본래는 부처의 신체적 특징을 나타내는 「광장설상(廣長舌相)」이라는 말로서 부처의 혀는 넓고 길게 안면을 덮어서 이마의 머리털이 난 곳까지 이른다고 한다, 이것은 허망(虛妄)이 없음을 나타내는 하나의 특징이라 일컬어진다.

장협귀래호
長鋏歸來乎

길 長 칼 鋏 돌아올 歸 올 來 인가 乎

유능한 인재가 의외의 박대를 당함.

「장협귀래호」는 「장검아 돌아갈거나?」란 뜻이다. 《사기》 맹상군전에 있는 이야기다. 전국시대 제(齊)나라의 재상 맹상군(孟嘗君)이 식객을 좋아하여 천하의 선비들이 모여들었는데, 그 중에는 죄가 있는 자, 도망 중인 자까지 섞여 있었다.

어느 날 멀리서 맹상군을 찾아온 풍환(馮驩)이라는 사나이가 있었다. 짚신을 신고 남루한 옷차림이었다. 맹상군은 그를 전사(傳舍)라는 3등 숙사에 머무르게 하였다. 열흘쯤 지나 풍환이 어떻게 지내는지 궁금해 숙사의 사감에게 넌지시 물어보았더니 풍환은 그가 가지고 있는 단 하나인 장검의 칼집을 두드리면서,

장검아, 돌아갈거나
이곳 식사엔 고기도 없구나.　　長鋏歸來乎　食無魚

하고 노래하고 있다는 것이다. 이 말을 들은 맹상군은 풍환을 한층 격이 높은 행사(幸舍)라는 숙사에 바꾸어 들게 하였다. 이곳 밥상에는 고기가 딸려 나왔다. 그것으로서 만족하고 있는 줄 알았더니, 닷새쯤 지나서 풍환은 또다시 장검의 칼집을 두드리면서 노래하고 있다는 것이었다.

장검아, 돌아갈거나
바깥에 나가려도 마차가 없구나.　長鋏歸來乎　出無車

그래서 맹상군은 풍환을 최상급인 대사(代舍)라는 숙사로 옮겨 주었다. 이곳은 외출하는 데 탈것이 딸려 있으므로 이번에야 풍환도 만족하

겠지 하고 생각하였는데, 또다시 풍환은 장검을 두드리며,

 장검아, 돌아갈거나
 처자(妻子)도 없고 집도 없구나. 長鋏歸來乎 無以爲家

라고 노래하였다는 보고였다. 식객의 신분으로서는 이는 다소 분에 넘치는 태도였을 것이다. 그러나 맹상군은 풍환에게 노모가 있다는 말을 듣고 먹을 것과 필요한 것들을 보내주게 했다. 그러자 다시는 칼을 두드리며 노래 부르기를 그쳤다. 그 뒤 맹상군은 문객들에게 「누가 회계에 밝고 문서에 밝아 설(薛)로 가서 빚 준 것과 이자를 받아올 수 있는지 자진해서 나서라」 하는 회람을 돌렸다.

 그러자 풍환이 혼자 거기에 서명을 했다. 맹상군은 신기해서 풍환이 어떤 사람이냐고 물었다. 3천 명이나 되는 식객이니 이름을 기억할 리가 없다. 더구나 풍환은 얼굴마저 대해 본 일이 없다. 그가 바로 칼을 두들기며 노래 부르던 사람이란 말을 듣자 맹상군은 깜짝 놀라며,

 「역시 그는 능력이 있는 사람이었구나. 내가 너무 소홀히 대한 것 같다」 하고 풍환을 불러 정중히 사과를 한 다음 다시 겸손하게 물었다.

 「나 같은 사람을 위해 선생께서 수고를 해주시겠습니까?」
 「해보겠습니다. 그런데 돈을 다 받으면 무엇을 사가지고 올까요?」
 「내 집에 없는 것을 사가지고 돌아오십시오」

 풍환은 맹상군의 식읍(食邑)인 설(薛)로 가자, 곧 빚을 진 백성들을 불러 장부를 대조한 다음 그들이 보는 앞에서 증서를 다 불태우고 말았다. 백성들은 기뻐 맹상군 만세를 외쳤다. 풍환은 곧장 돌아와 아침 일찍 맹상군 앞에 나타났다. 맹상군은 너무도 빨리 돌아온 것이 수상해서,

 「일은 다 마쳤습니까?」
 「다 마쳤습니다」

「그래 무엇을 사오셨습니까?」

「의(義)를 사가지고 왔습니다」

「의를 사다니 무슨 뜻입니까?」

「집에 없는 것을 사가지고 오라고 하시지 않았습니까? 궁 안에는 금은보화가 쌓여 있고, 바깥 축사에는 좋은 말과 개가 가득 차 있으며, 후궁에는 미인들이 얼마든지 있습니다. 그런데 그 중 의가 제일 부족한 것 같기에 이번에 의를 사가지고 왔습니다」

그리고는 자초지종을 설명했다. 맹상군은 할 말이 없었으나 속으로는 못마땅했다. 그러고 나서 1년쯤 지나서 맹상군은 갑자기 재상에서 물러나게 되었다. 민왕(湣王)이 외국 간첩이 퍼뜨린 헛소문에 흔들리게 된 것이다. 맹상군은 신변의 불안을 느끼며 자기의 식읍인 설로 돌아가는 신세가 되었다. 경계선을 넘어서는 순간, 미리 소문을 듣고 있던 주민들은 늙은이 어린아이 할 것 없이 연도로 뛰어나와 그를 환영했다. 마음이 불안하던 맹상군은 활짝 편 얼굴로 풍환을 돌아보며,

「선생께서 사왔다는 것이 바로 이것이었구려!」

그 뒤 맹상군은 풍환의 놀라운 수완에 의해 민왕의 사과를 받고 다시 제나라 재상으로 들어앉게 된다.

장단설〔長短說〕 때와 경우에 따라서 교묘하게 변설(辯舌)을 늘어놓는 것. 중국 전국시대의 변론법(辯論法)의 하나로서, 일을 길게 하려고 하면 이것을 길게 설명하고, 짧게 하려고 하면 짧게 설명하는 방법을 말한다. 《사기》

장두은미〔藏頭隱尾〕 일의 전말(顚末)을 똑똑히 밝히지 아니함.

장면이립〔牆面而立〕 담장을 앞에 두고 서 있다는 뜻으로, 아무것도 보이지 않고, 앞으로 나아가지도 못하는 것. 전(轉)하여 무학자(無學者)·무식자(無識者)의 비유. 《논어》

장삼이사〔張三李四〕 흔한 사람, 일반

대중. 장(張), 이(李)는 중국에서는 흔한 성. 장가(張家)의 셋째아들, 이가(李家)의 넷째아들의 뜻. 우리나라에서라면 김가, 이가에 해당한다. 【불교】사람에게 성리(性理)가 있는 줄은 알지만, 그 모양이나 이름을 지어 말할 수 없음의 비유. 《오등회원(五燈會元)》

장수선무〔長袖善舞〕소매가 길면 춤을 잘 출 수 있다는 뜻으로, 재물이 넉넉하면 성공하기도 쉽다는 말. 우리 속담「기왕이면 다홍치마」와 통한다. 《한비자》

장욕탈지필고여지〔將欲奪之必固與之〕사람의 물건을 빼앗으려면 우선 내 것을 주어 환심을 사야 된다는 뜻. 《노자》

장전추열〔帳前秋閱〕죄인을 왕의 장전에 꿇리고 친히 국문(鞫問)함.

장중보옥〔掌中寶玉〕손안에 쥔 보옥. 곧 매우 사랑하는 자식이나 아끼는 물건을 보배롭게 일컫는 말.

장지괴야어극〔牆之壞也於隙〕조그마한 틈이 담장을 무너뜨린다는 뜻으로, 호미로 막을 일을 가래로 막는다는 우리 속담과 비슷한 말이다. 즉 작은 일이라도 소홀히 하다가 일이 크게 벌어져 감당하기 어려움을 이르는 말. 《회남자》

장편불급마복〔長鞭不及馬腹〕긴 채찍으로도 말의 배에는 미치지 않는다는 뜻으로, 강대한 세력일지라도 가까운 곳에 미치지 못하는 곳이 있음의 비유.

재귀일거〔載鬼一車〕귀신이 수레 가득 실려 있다는 뜻으로, 무서운 일, 괴이한 일의 비유. 본래는 괴기(怪奇)한 것은 두려움을 품은 자에게만 보이는 법이라는 것으로, 시의심(猜疑心)을 말한다. 《역경》

재덕부재험〔在德不在險〕덕에 있는 것이지 험준한 데 있는 것은 아니라는 뜻으로, 나라가 평안한 것은 군주의 인덕(人德)에 의한 것이지 지세(地勢)가 유리한 데 있는 것이 아님을 이르는 말. 《사기》

재자가인〔才子佳人〕재인(才人)과 미인(美人). 재색겸비(才色兼備). 가인은 아내가 남편을 가리켜 하는 말로도 쓰인다. ❸ 규수(閨秀).

재점팔두〔才占八斗〕「천하의 글재주를 모두 한 섬이라 한다면 조식이 여덟 말을 차지한다」고 남북조시대의 유명한 시인이자 문학가였던 사령운(謝靈運)이 조식(曹軾)을 두고 한 말이다. 곧 학문이 높고 글재주가 비상한 경우나, 그 사람을 일러 하는 말이다. ☞ 칠보재(七步才).

저돌맹진〔猪突猛進〕앞뒤 상황을 고려하지 않고 무모하게 멧돼지처럼 곧바로 돌진하는 것. 또는 목숨을 돌보지 않는 용맹(勇猛)함의 비유.

적선
積 善

쌓을 積 착할 善

착한 일을 많이 함. 동냥질에 응하는 행위를 미화하여 이르는 말

「적선지가에 필유여경(積善之家 必有餘慶)」에서 나온 말이다. 「선을 쌓은 집에는 반드시 남은 경사가 있다」는 말이다.

흔히 구걸하는 사람들이 「적선하십시오!」하고 머리를 숙이며 손을 내미는 것을 볼 수 있다. 좋은 일 하라는 뜻이다. 많은 착한 일 가운데 특히 딱한 사람과 불쌍한 사람을 동정하는 것을 「적선」이라고 하는 것은 여기 나오는 여경(餘慶)이라는 말과 관련이 있다.

「여경」은 남은 경사란 뜻이다. 남은 경사는 뒤에 올 복된 일을 말한다. 결국 「적선하십시오」하는 말은 「이 다음날의 행복을 위해 내게 투자를 하십시오」하는 권유의 뜻을 동시에 지니고 있는 말이다.

이 「적선지가에 필유여경」이란 말은 거의 우리말처럼 널리 보급되어 있는 말이다. 이 말은 「좋은 일을 많이 하면 뒷날 자손들이 반드시 그 보답으로 복을 누리게 된다」는 뜻이다. 이 말은 《역경》 곤괘(坤卦) 문언전(文言傳)에 있는 말로 이 말이 있는 부분만을 소개하면 이렇다.

「선을 쌓은 집은 반드시 남은 경사가 있고, 불선을 쌓은 집은 반드시 남은 재앙이 있다. 신하가 그 임금을 죽이고, 자식이 그 아비를 죽이는 것이 하루아침 하루저녁의 까닭이 아니고, 그것이 싹튼 지는 오래다」

착한 일이든 악한 일이든 오래 쌓은 뒤라야 복을 받고 화를 입게 된다는 뜻이다. 나무를 심어 과일을 따듯이 꾸준한 노력이 계속되지 않으면 그 성과를 볼 수가 없는 것이다. 나무에서 과일을 따지만, 그 관리를 소홀히 한다고 해서 금방 나무가 죽어 없어지는 것은 아니다. 몇 해를 거듭 게을리 하게 되면 비로소 그 과일밭은 완전히 버리게 된다. 그러나

노력을 쌓아 좋은 결과를 얻기는 어렵고, 게으름을 피워 얻은 결과를 망치기는 쉽다. 복과 화의 경우도 마찬가지다.

한(漢)나라 유향(劉向)이 편찬한 《설원(說苑)》이란 책에는 불선(不善)을 악(惡)이란 글자로 바꾸어 「적악지가 필유여앙(積惡之家 必有餘殃)」이라고 했다. 또 이 말이 너무 길기 때문에 「적선유여경(積善有餘慶) 적악유여앙」이라고도 하고, 적을 약하고 「선유여경, 악유여앙」이라고도 한다. 그러나 선을 쌓는 것 중에는 남이 아는 그런 선보다는 남이 알지 못하는 음덕(陰德)과 같은 선을 쌓는 것이 참복을 받는다는 것을 알아야 한다. 남이 몰라주는 노력과 봉사가 다 음덕에 속하는 일이다.

저돌희용〔猪突豨勇〕 앞뒤를 생각지 않고 무조건 적한테 돌진하는 용사. 또 중국 한(漢)나라 때 흉노(匈奴)의 침입을 막기 위해서 죄수나 가노(家奴) 등을 모아 조직한 군대. 《한서》

저수하심〔低首下心〕 머리를 낮추고 마음을 아래로 향하게 한다는 뜻으로, 남에게 머리를 숙여 복종함을 이르는 말.

저양촉번〔羝羊觸藩〕 수컷 양이 울타리를 치받다가 뿔이 걸려 꼼짝하지 못하게 된다는 뜻으로, 역량이 부족한데도 불구하고 무턱대고 밀고 나가다가 빼도 박도 못하는 난처한 처지에 빠져버림을 비유하여 이르는 말. 《역경》

적구지병〔適口之餠〕 입에 맞는 떡이란 뜻으로, 자기 마음에 꼭 드는 사람을 가리키는 말.

적멸위락〔寂滅爲樂〕 【불교】 번뇌(煩惱)의 지경에서 벗어나 열반(涅槃)의 경지에 들어서 비로소 참된 안락이 있다고 하는 것. 《열반경》

적반하장〔賊反荷杖〕 도둑이 도리어 매를 든다는 뜻으로, 잘못한 사람이 도리어 잘한 사람을 나무랄 경우에 쓰는 말. 《순오지》

적수공권〔赤手空拳〕 맨손. 자신의 힘 이외 아무 것도 의지하는 것이 없는 것을 이름.

적악유여앙〔積惡有餘殃〕 악한 일을 거듭한 집안에는 반드시 재앙이 자손에게까지 미친다는 말. 《역경》 旺 적선유여경(積善有餘慶). ☞ 적선(積善).

전거복철
前車覆轍

앞 前 수레 車 뒤집을 覆 수레바퀴자국 轍

> 실패의 전례(前例)를 교훈삼아 같은 실패를 거듭하지 않음.

앞의 수레가 엎어진 바퀴자국이 「전거복철」이다. 「앞 수레가 엎어진 바퀴자국은 곧 뒤 수레의 경계가 된다(前車覆轍 後車之戒)」는 말에서 나온 것이다.

이 말은 먼저 사람들의 실패를 보게 되면 뒤의 사람들은 똑같은 실패를 거듭하지 않게 된다는 뜻이다.

이 말은 《한서》 가의전(賈誼傳)에 있는 가의의 상소문 중에 나오는 말이다. 이 말이 나오는 부분을 소개하면 다음과 같다.

「속담에 말하기를 『관리 노릇하기가 익숙지 못하거든 이미 이뤄진 일을 보라』 했고, 또 말하기를 『앞 수레가 넘어진 것은 뒷 수레의 경계가 된다』고 했습니다. ……진나라 세상이 갑자기 끊어진 것은 그 바퀴자국을 볼 수 있습니다. 그런데도 이를 피하지 않으면 뒷 수레가 또 넘어지게 될 것입니다.……(鄙諺曰 不習爲吏 視已成事 又曰 前車覆 後車戒. ……秦世之所以亟絶者 其轍跡可見也 然而不避是 後車又將覆也……)」

처음 하는 일이 익숙지 못하면 앞 사람의 한 일을 보고 실수가 없도록 할 것이며, 앞차가 넘어진 것을 보았으면 그 차가 지나간 바퀴자국을 피해 가야만 넘어지지 않는다는 뜻이다.

결국 남의 실패를 거울삼아 똑같은 실수를 범하지 않는 것이 현명한 길이니 과거의 역사와 남이 실패한 일들을 주의해서 같은 과오를 범하지 말라는 뜻이다.

「전거지감(前車之鑑)」이라고도 한다.

적승계족〔赤繩繫足〕 붉은 끈으로 발을 묶는다는 뜻으로, 혼인이 정해짐. ☞ 월하노인(月下老人).

적신지탄〔積薪之嘆〕 장작을 뒤에서부터 쌓아 놓아 언제나 위에서부터 사용하기 때문에 오래 된 것은 도무지 사용되지 않고 언제까지나 쌓여 있는 모양을 일컫는 말로, 나중에 온 자가 중용되고 먼저부터 있던 자가 밑으로 밀려나 쓰이지 않는 고민, 한탄을 말한다.

적우침주〔積羽沈舟〕 새털도 많이 쌓이면 배를 가라앉힌다는 뜻으로, 여럿의 힘이 모이면 큰 힘을 발휘함을 이르는 말. 《사기》

적이능산〔積而能散〕 재산을 축적하여 그것을 아낌없이 유익한 곳에 쓰는 일. 적(積)은 축적하는 것. 산(散)은 쓴다는 말. 《예기》

적자지심〔赤子之心〕 타고난 그대로의 순수하고 거짓 없는 마음. 적자(赤子)는 젖먹이, 갓난아이를 말한다. 젖먹이는 자연 그대로이고 욕심이 없지만, 어른이 되면 교활한 지혜가 생기고 욕망이 커진다. 사람으로서의 이상(理想)은 젖먹이처럼 무위무욕(無爲無慾)한 것임을 말한다. 《노자》

적토성산〔積土成山〕 흙이 쌓여 산이 된다는 뜻으로, 미세한 것도 누적하면 큰 것이 됨을 비유하여 이르는 말. 《순자》

적훼소골〔積毀銷骨〕 헐뜯는 말이 쌓이고 쌓이면 뼈도 녹일 만큼 무서운 힘이 있다는 뜻으로, 여럿이 중상하는 말의 무서움을 비유하여 이르는 말.

전거지신〔傳遽之臣〕 역참(驛站)에서 운송에 종사하는 바쁜 말단 벼슬아치란 뜻으로, 선비가 자기를 낮추어 일컫는 말.

전거후공〔前倨後恭〕 처음에는 우쭐거리다가 나중에는 굽실거린다는 뜻으로, 권세 앞에서 아부함을 가리키는 말. 《사기》

전광석화〔電光石火〕 전광(電光)은 번개. 석화(石火)는 부싯돌의 불꽃. 동작이 아주 민첩함의 비유. 순간적인 동작이나 현상의 일. 또는 인생의 덧없음의 비유. 《회남자》 전광조로(電光朝露).

전귀전수〔全歸全受〕 자식은 부모로부터 완전한 신체를 받았으므로, 몸을 삼가고 훼손함이 없이 죽을 때 완전한 몸을 부모에게 돌려주어야 한다는 말. 《논어》 유 신체발부수지부모(身體髮膚受之父母).

전대미문〔前代未聞〕 이제껏 들어 본 적이 없는 드문 일, 사건. 공전(空前)의 일. 유 공전절후(空前絶後).

전문지호 후문지랑
前門之虎 後門之狼

앞 前 문 門 의 之
범 虎 뒤 後 늑대 狼

> 앞뒤로 위험이 가로놓여 있음.

「전문지호(前門之虎)」는 앞문의 호랑이. 「후문지랑(後門之狼)」은 뒷문의 늑대란 말이다. 앞뒤로 위험이 가로놓여 있음을 비유해서 쓰기도 하고, 또 앞문의 호랑이를 쫓아내기 위해 뒷문으로 늑대를 끌어들인 결과가 된 것을 비유해서 말하기도 한다.

그러나 보통 이 말은, 하나의 큰 어려움을 겪고 나면 또 하나의 어려움이 기다리고 있다는 뜻으로 많이 쓰인다.

즉 「일난거 일난래(一難去一難來)」란 뜻이다.

후한은 외척과 환관에 의해 망했다고 한다. 후한 화제(和帝)가 열 살로 즉위하자, 두태후(竇太后)가 수렴청정을 하게 되었다. 태후의 오빠인 두헌(竇憲)이 머리를 쳐들게 된다. 외척 문제가 일기 시작한 것이다.

두헌은 흉노의 침입을 물리친 하찮은 공로로 대장군에 임명되고, 뒤이어 그들 부자 형제가 대신과 장군의 요직을 다 차지하게 된다.

화제는 어린 마음에도 태후와 외척에 대한 반발을 느꼈다. 그래서 두헌과 잘 어울리지 않는 환관 출신의 정중(鄭衆)을 불러들여 비밀 계획을 짠 끝에 마침내 정중의 힘을 빌려 두헌의 비행을 폭로하고 그로부터 대장군의 직책을 빼앗은 다음 자살을 하도록 만들었다.

이리하여 외척문제가 일단락되자, 정중을 중심으로 한 환관들이 머리를 들기 시작했다. 환관은 남자로서 남자의 구실을 못하는 불구자들이다. 그들의 권력에 대한 욕망은 보통 사람보다 몇 배나 더하다. 그들이 정치 표면에 나서는 순간 조정은 다시 혼미를 거듭했다.

결국 화제는 앞문의 호랑이인 외척을 몰아내기 위해 뒷문의 늑대인 환관을 끌어들인 셈이 되고 말았다. 그래서 조설항(趙雪航)은 그의 역사평에서 이렇게 썼다.

「두씨들은 비록 제거되었지만, 내시들의 권력이 이때부터 성하게 되었다. 속담에 『앞문에서 호랑이를 막으며 뒷문으로 늑대를 끌어들인다(前門拒虎 後門進狼)』고 했는데 바로 이것을 두고 한 말이다」

전도요원〔前途遼遠〕 앞길이 까마득하게 멂. 장래가 창창하게 멂. 요(遼)는 아득한의 뜻으로, 훨씬 떨어져 저편에 있는 모양.

전도유랑〔前度劉郞〕 한번 떠난 후 다시 찾아온 사람. 또는 오랜 시일이 지나서 옛 고장에 돌아옴을 일컫는 말.

전발역서〔翦髮易書〕 머리를 잘라 책과 바꿨다는 뜻으로, 자식의 학비를 위하여 어머니가 두발을 잘라서 팔았다는 고사. 《원사(元史)》

전방지총〔專房之寵〕 여러 처첩(妻妾) 중에서 가장 많이 받는 사랑. 《진서》 계비지총(繫臂之寵).

전승이수승난〔戰勝易守勝難〕 싸움에 승리하기는 쉬우나 그 승리를 지키기는 어렵다는 말. 🈳 창업이수성난(創業易守成難).

전신전령〔全身全靈〕 몸과 정신의 모든 것. 그 사람이 가지고 있는 체력과 정신력의 전부. 일심불란(一心不亂), 일의전심(一意專心) 등 모든 것을 거는 심경일 때에 전신전령(全身全靈)이란 말을 쓴다. 🈳 전지전능(全知全能).

전인미답〔前人未踏〕 이제까지 아무도 발을 들여 놓거나, 도달한 사람이 없음. 이제까지 아무도 손을 대 본 일이 없음. 공전(空前)의 위업(偉業)이나 탐험 등을 말할 때 사용한다.

전제〔筌蹄〕 물고기를 잡는 통발과 토끼를 잡는 덫이란 뜻으로, 목적이 이루어지면 그에 도움이 되었던 것은 잊혀져 버림을 비유하여 이르는 말. 여기서 전(轉)하여, 말은 뜻을 파악하기 위한 것이다. 뜻을 알았으면 말은 버려도 된다는 뜻으로 쓴다. 《장자》 ☞ 득어망전(得魚忘筌).

전차가감〔前車可鑑〕 앞의 실수를 거울로 삼는다는 말. 🈳 전거복철(前車覆轍).

전전긍긍
戰戰兢兢

두려워 떨 戰 조심할 兢

> 매우 두려워하여 조심함.

「전전(戰戰)」은 무서워 떠는 모양,「긍긍(兢兢)」은 조심해 몸을 움츠리는 모습, 합해서 두려워하고 조심함을 말한다.《시경》소아(小雅) 소민(小旻) 편에 나오는 글귀다.

　　감히 범을 맨손으로 잡지 않고
　　감히 하수를 배 없이 건너지 않으나
　　사람은 그 하나만 알고
　　그 밖의 것은 알지 못한다.
　　두려워서 조심조심하며
　　깊은 못에 다다른 듯하고
　　엷은 얼음을 밟듯 한다.

　　不敢暴虎　不敢馮河　　불감포호　불감빙하
　　人知其一　莫知其他　　인지기일　막지기타
　　戰戰兢兢　如臨深淵　　전전긍긍　여림심연
　　如履薄氷　　　　　　　여리박빙

이 시는 포학한 정치를 한탄해서 지은 시다. 범을 맨주먹으로 잡거나 황하를 배 없이 헤엄쳐 건너는 일은 하지 않지만, 눈앞의 이해에만 눈이 어두워 그것이 다음날 큰 환난이 되는 것을 알지 못한다. 사람들은 그 무서운 정치 속에서 마치 깊은 못가에 서 있는 듯, 엷은 얼음을 걸어가는 듯 불안에 떨며 몸을 움츠리고 있다는 뜻이다.

이 시에서「전전긍긍」이란 말이 나오고,「포호빙하(暴虎馮河)」라는 말이, 그리고 「지기일(知其一)이요 부지기타(不知其他)」란 말이, 또 살얼음을 밟듯 아슬아슬하다는 「여리박빙(如履薄氷)」이라는 성구가 나왔다. 또 이 대목은 《논어》 태백편(泰伯篇)에 증자가 인용한 말로 나와 있어 더욱 널리 알려지게 되었다. 증자가 임종시에 제자들을 불러 이렇게 말했다. 〔☞ 포호빙하〕

「내 발을 열어 보고 내 손을 열어 보라. 《시경》에 말하기를 『전전하고 긍긍하여 깊은 못에 다다른 듯하고 엷은 얼음을 밟듯 한다』고 했다. 지금에서야 나는 마음을 놓는다. 너희들은 알겠느냐」

증자는 공자의 제자들 중에서도 효도로 이름이 높았다. 13경(經) 중의 하나인 《효경(孝經)》은 공자가 증자에게 효도에 대해 한때 이야기한 것을 기록한 짤막한 글이다. 그 《효경》에 공자는 말하기를,

「몸뚱이와 털과 피부는 부모에게서 받은 것이므로 감히 상하게 못하는 것이 효도의 처음이요, 몸을 세우고 도를 행하여 이름을 후세에 빛나게 함으로써 부모를 나타나게 하는 것이 효도의 마지막이다(身體髮膚 受之父母 不敢毁傷 孝之始也 立身行道 揚名於後世 以顯父母 孝之終也)」라고 했다.

절각〔折角〕 헛된 노력. 본래는 잘난 체하는 사람의 기를 꺾어 놓는 것. 한(漢)나라의 주운(朱雲)이 오록(五鹿)의 기를 꺾어 놓은 것을, 당시의 사람들이 「사슴의 뿔을 꺾었다」고 농으로 말했다는 고사에서 나왔다. 또 후한(後漢)의 곽태(郭太)가 비를 맞아서 모서리가 꺾인 두건을 쓰고 있었는데, 그 스타일이 유행했다는 일화에서 「두건의 모서리를 꺾다(折角)」는 뜻도 있다. 《한서》

절계〔折桂〕 계수나무의 가지를 꺾었다는 뜻에서, 과거에 급제함.

절고진락〔折槁振落〕 마른 나무를 꺾고 마른 잎을 흔들어 떨어뜨린다는 뜻으로, 일이 아주 쉬움을 이르는 말. 《회남자》

전전반측 輾轉反側

돌아누울 輾 구를 轉 뒤집을 反 기울 側

> 누워서 이리저리 뒤척거리며 잠을 못 이룸.

「전전반측(輾轉反側)」은 잠을 이루지 못하고 누워서 몸을 이리 뒤척 저리 뒤척 하는 것을 말한다.

전(輾)은 반쯤 돌아 몸을 모로 세우는 것을 말하고 전(轉)은 뒹군다는 뜻이다. 반(反)은 뒤집는다는 뜻이고, 측(側)은 옆으로 세운다는 뜻이다. 결국 전전과 반측은 동사와 형용동사가 겹쳐져 같은 뜻을 나타내고 있는 것이다.

원래 이 말은 착하고 아름다운 여인을 그리워하며 잠을 이루지 못하는 것을 묘사한 것이었는데, 지금은 걱정과 많은 생각으로 잠을 이루지 못하는 모든 경우에 다 같이 쓰이고 있다. 실상 이성관계로 쓰이는 경우는 적다.

이것은 《시경》 맨 첫 편인 관저(關雎)에 나오는 말이다.

꽉꽉 우는 물새는
모래톱에 있네.
요조한 숙녀는
군자의 좋은 짝이로다.
들쭉날쭉한 마름풀을
이리저리 찾는구나.
요조한 숙녀를
자나 깨나 구한다.
구해도 얻을 수 없으니
자나 깨나 생각한다.

생각하고 생각하며
이리 뒤척 저리 뒤척 하네.

關關雎鳩	在河之洲	관관저구	재하지주
窈窕淑女	君子好逑	요조숙녀	군자호구
參差荇菜	左右流之	참차행채	좌우유지
窈窕淑女	寤寐求之	요조숙녀	오매구지
求之不得	寤寐思服	구지부득	오매사복
悠哉悠哉	輾轉反側	유재유재	전전반측

이것은 남녀의 순수한 애정을 노래한 것이라 하여 높이 평가되고 있는 시다. 과거 같으면 남녀가 마음껏 서로 만나 즐길 수 있었던 것을 문왕(文王)의 교화(敎化)를 입어 처녀들이 다 정숙해졌기 때문에 남자들이 함부로 유혹하지 못하는 데서 나온 시라고 해서 이를 정풍(正風)이라고 한다. 그래서 관저의 시를 평하여 공자는,

「관저는 즐거우면서도 음탕하지 않고 슬퍼도 마음을 상하지 않는다」고 했다.

결국 이성을 그리워하며 잠을 이루지 못하는 것은 당연하다는 뜻이다. 물론 총각과 처녀의 순수한 결합을 위한 욕망이 바탕이 되었을 경우다.

절류이륜〔**絶類離倫**〕 보통 사람들로부터 멀리 동떨어져 뛰어나 있는 것. 「맹자와 순자(荀子) 이 두 사람은 말을 입에 담으면 경전(經典)이 되고, 행동을 하면 사람들의 본보기가 된다. 그리고 보통의 유학자(儒學者)들로부터는 멀리 동떨어져 있어서, 충분히 성인의 영역에 들어가는 뛰어난 사람이다」라고 한 데서 온 말이다. 한유(韓愈)《진학해(進學解)》

절부지의〔**竊鈇之疑**〕 의심하는 마음으로 보면 모든 것이 의심스럽게 보이는 것.《열자》

전화위복 轉禍爲福

구를 轉 재화 禍 될 爲 복 福

화(禍)가 바뀌어 복(福)이 됨.

「화가 바뀌어 복이 되고, 실패한 것이 오히려 공이 된다(轉禍爲福 因敗爲功)」고 한 말에서 나왔다. 《사기》 소진열전에 나오는 말이다.

전국시대 때 가장 활약이 뛰어난 종횡가(縱橫家)로는 장의와 소진을 꼽는다. 장의는 연횡책(連橫策・連衡策)으로, 소진은 합종책(合縱策)으로 유명하다. 그 중 소진은 이런 말을 한 적이 있다.

「옛날에 일을 잘 처리했던 사람은 『화를 바꾸어 복을 만들고, 실패를 바꾸어 공으로 만들었다』고 한다」

전화위복이란 실패했다고 포기하고 마는 것이 아니라 그것을 새로운 성공의 계기로 삼아 분연히 일어날 것을 당부할 때 흔히 쓰이는 말이다. 즉 어떤 사람이 한때의 실패로 의기소침해 있을 때 그의 어깨를 두드리며,

「인생만사 새옹지마(塞翁之馬)라고 하지 않던가. 이번 일을 전화위복의 계기로 삼아 용기를 내보게」 라고 하는 식으로 말한다.

절세가인〔絶世佳人〕 당대(當代)에 견줄 인물이 없는 미인.

절장보단〔絶長補短〕 긴 것을 잘라 짧은 것에 보탠다는 뜻으로, 사물의 넓이나 폭을 바로잡는 것. 균형이 잡히도록 하는 것. 《맹자》

절전〔折箭〕 화살을 부러뜨린다는 뜻으로, 힘을 한군데로 모아 서로 협력함을 비유하여 이르는 말. 《북사》

절중〔折中〕 한편으로 치우치지 않도록 이것저것을 가려서 알맞게 조화시키는 것. 절(折)은 판단을 내린다는 뜻. 중(中)은 충(衷)으로도 쓰며, 알맞은 정도의 뜻. 《사기》

절진〔絶塵〕 먼지조차 일지 않을 정도로 빨리 달린다는 뜻에서, 전(轉)하여 인격과 덕행이 남달리 뛰어나 있음을 이르는 말. 《장자》

절체절명〔絕體絕命〕 몸이 잘려지고 목숨이 끊어질 정도의 상황. 벗어나지 못할 정도의 입장. 상황이 절박해서 위험한 것. 그 상태.

절충〔折衝〕 적의 충(衝 : 공격용 수레)을 격파한다는 뜻에서, 외교상의 담판이나 교섭에서 흥정하는 것. 《안자춘추》

절치부심〔切齒腐心〕 몹시 분하여 이를 갈고 속을 썩임. 《사기》

절필〔絕筆〕 마지막으로 쓴 글. 또 그 글씨. 또는 붓을 놓고 다시는 더 글을 쓰지 아니함.

점석성금〔點石成金〕 돌을 다듬어서 금을 만든다는 뜻으로, 대단찮은 글이 남의 손을 거쳐 훌륭하게 다듬어졌을 때를 비유하여 이르는 말이다. 원래는 도가(道家)에서 썼던 연단술(鍊丹術)을 뜻하는 말이었는데, 뒤에 의미의 폭이 넓어졌다. 점철성금(點鐵成金).

점심〔點心〕 마음에 점을 찍는다는 뜻으로, 낮에 끼니로 먹는 음식. 또 【불교】 선종(禪宗)에서 배고플 때에 조금 먹는 음식. 무당이 삼신(三神)에게 떡과 과일 등을 차려 놓고 갓난아이의 명복(命福)을 비는 일. 《철경록》

점입가경〔漸入佳境〕 점점 아름다운 경지로 들어간다는 뜻으로, 문장이나 산수의 경치 등이 점점 재미있는 경지로 들어감. 《진서》

접석이행〔接淅而行〕 밥을 지으려고 물에 담가 놓은 쌀마저 건져 가지고 떠난다는 뜻으로, 급히 떠나거나, 조금도 주저하지 않고 흔연히 떠나감을 비유하여 이르는 말. 《맹자》

정가노비개독서〔鄭家奴婢皆讀書〕 평소에 보고 듣고 하는 것은 특별히 배우려고 하지 않아도 저절로 알게 됨의 비유. 정가(鄭家)는 후한의 학자 정현(鄭玄)의 집. 정현의 집 노비들은 모두 책을 읽을 줄 알았다는 데서 나온 말이다. 《사문유취(事文類聚)》

정간〔楨幹〕 담장을 칠 때 양쪽 끝에 세우는 나무를 가리키는 말로, 사물의 근본이 됨을 일컫는 말. 또는 마음이 바르고 재능이 있음을 이르는 말. 《장자》

정건삼절〔鄭虔三絕〕 당나라의 정건(鄭虔)이 시(詩)・서(書)・화(畵)의 삼예(三藝)에 절묘했던 데서 유래한 말로, 남의 산수화를 칭찬할 때 쓰는 말.

정구건즐〔井臼巾櫛〕 물을 긷고 절구질하고 낯을 씻고 머리를 빗는다는 뜻으로, 아내가 응당히 해야 할 일을 일컬음.

정금미옥〔精金美玉〕 인격이나 글월이 아름답고 깨끗함을 비유하여 이르는 말. 《명신언행록》

절차탁마
切磋琢磨

자를 切 갈 磋 쪼을 琢 갈 磨

옥·돌 따위를 갈고 깎음. 학문과 덕행을 닦음.

「절차탁마」는 톱으로 자르고(切), 줄로 슬고(磋), 끌로 쪼며(琢), 숫돌에 간다(磨)는 뜻이다.

뼈나 상아나 옥돌로 물건을 만들 때, 순서를 밟아 다듬고 또 다듬어 완전무결한 물건으로 만들어 내는 것을 말한다.

학문을 닦고 수양을 쌓는 데도 이와 같은 과정을 거쳐야만 비로소 성공을 할 수 있다는 점에서 비유로 이 「절차탁마」란 말을 쓰게 된다. 굳이 학문이나 수양에 국한된 것이 아니고 모든 기술이나 사업 면에도 이 말이 인용될 수 있다.

이 말은 《시경》 위풍(衛風) 기욱편(淇燠篇)에 있는 말이다. 이 시는 학문과 덕을 쌓은 군자를 찬양해서 부른 것인데, 《대학》에는 이 시의 제1장을 그대로 다 인용한 다음 설명까지 붙이고 있다. 「절차탁마」에 대한 것만을 소개하면 이렇다.

「시에 이르기를 『찬란한 군자여, 칼로 자르듯 하고, 줄로 슨 듯하며, 끌로 쪼은 듯하고, 숫돌로 간 듯하도다……』라고 했다. 자르듯 하고 슨 듯하다는 것은 학문을 말한 것이고, 쪼은 듯하고 간 듯하다는 것은 스스로 닦는 것이다」라고 했다. 이 해석대로면 「절차」는 학문을 뜻하고 「탁마」는 수양을 말하는 것이 된다.

이 「절차탁마」는 《논어》 학이편에도 나온다. 자공이 공자에게 물었다.

「가난해도 아첨하는 일이 없고, 부해도 교만하는 일이 없으면 어떻습니까?」

「옳은 일이긴 하나, 가난해도 도를 즐기고, 부해도 예를 좋아하는 것만 같지 못하다」

「《시》에 이르기를 『여절여차 여탁여마(如切如磋 如琢如磨)』라고 했는데 바로 이런 것을 두고 한 말이군요」

그러자 공자는 자못 흐뭇한 표정으로,

「너야말로 참으로 함께 시를 말할 수 있다. 이미 들은 것으로 장차 있을 것까지를 아니 말이다」 하고 칭찬을 했다.

이것은 두 말이 다 수양의 뜻으로 쓰인 예가 되겠다. 즉 아첨이 없는 것에서 도를 즐기기에 이르고, 교만하지 않은 것에서 예를 좋아하기에 이르는 것은 처음은 대충 형체만을 만들고, 그 다음 슬고 또 갈아 아름답게 만드는 것과 같다는 뜻이다.

이 「여절여차 여탁여마」의 여덟 글자에서 여(如)란 글자를 빼고 동사만을 합친 것이 「절차탁마」다. 꾸준히 노력을 하되 순서 있게 하는 것이 절차탁마인 것이다.

정력절륜〔精力絶倫〕 심신의 활동력이 유달리 강함. 섹스의 바이탈리티에 대한 말. 남성에 한한 말은 아니다.

정립〔鼎立〕 솥(鼎)의 세 발처럼 삼자가 병립함의 비유. 또 삼방(三方)으로 나란히 서로 대립하는 것. 《삼국지》

정문일침〔頂門一針〕 상대의 급소를 찔러서 훈계함의 비유. 정문(頂門)은 머리 꼭대기. 여기에 침을 놓으면 잘 듣는다고 한다. 소식(蘇軾) 《순경론(荀卿論)》 ㊌ 촌철살인(寸鐵殺人).

정삭〔正朔〕 정(正)은 정월(正月)로 첫달을, 삭(朔)은 삭일(朔日)로 초하룻날을 말한다. 곧 한 해의 첫날과 달의 첫날이란 뜻으로, 정월 초하룻날을 이르는 말. 혹은 달력 그 자체를 가리키기도 한다. 고대 중국에서는 왕조(王朝)가 바뀔 때에 달력을 바꾸는 풍속이 있었는데, 그것을 「개정삭(改正朔)」이라 하였다. 《예기》

절함
折檻

끊을 折 난간 檻

진심에서 우러난 충고

「절함」은 난간을 부러뜨린다는 뜻이다. 《한서》 주운전(朱雲傳)에 있는 이야기다.

전한 효성제(孝成帝, B.C 55~30) 때부터 환관과 외척들이 득세하여 정치에까지 손을 뻗치게 되었다. 효성제 때의 외척은 왕씨 일족으로 모두 입신출세하여 정치를 농단하고 있었다. 이런 꼴을 보다 못해 분개한 것은 남창(南昌)의 장관인 매복(梅福)이라는 기골이 장대한 사나이로서, 임금에게 상소를 올렸다.

「이제 외척의 권력이 날로 심해 그로 인해 한실(漢室)의 위광은 땅에 떨어지고 말았습니다. 선대 이래의 충신 석현(石顯)을 추방시킨 이후 일식(日蝕)과 지진이 많고 수해에 이르러서는 그 예를 이루 헤아릴 수조차 없습니다. 저 천하가 어지러웠던 춘추시대에도 볼 수 없을 정도의 천변지이(天變地異)가 일어나고 있는 것은 정치가 제대로 행해지고 있지 않은 증거입니다」

하지만 임금은 반성하는 빛이 없고 더욱 더 왕씨 일족을 중용하여 안창후(安昌侯)인 장우(張禹)조차도 임금의 스승이라는 것만으로 추기(樞機)에 참획(參劃)하게 되었다. 지금까지 말이 없던 관리나 백성들도 마침내는 비난을 하는 소리가 빗발치고 왕씨의 전횡을 분개하는 상소가 쇄도했다.

이렇게 되자 성제도 다소 당황하여 스승인 장우를 몰래 찾아가 대책을 하문했다. 그러나 이 장우 선생, 그 이름은 옛날 황하를 다스려 성인이라 칭송되고 천자가 된 하(夏)의 우왕(禹王)과 같았으나 그 생각은 하

늘과 땅처럼 아무런 재주도 없는 사이비 학자로 왕씨 일족의 원한이라도 사면 어쩔까 하는 걱정에서,

「황공하오나 천지이변의 뜻은 심원해서 도저히 미루어 알 수가 없습니다. 그러므로 성인 공자도 이런 점에 대해서는 그런 언급을 하지 않았으며, 성(性)과 천도(天道)에 대해서는 애제자인 자공도 배우지 못했을 정도입니다. 그것을 제대로 학문도 모르는 소인배들이 이러니 저러니 하고 사람을 현혹시키는 것은 정말 옳지 못합니다. 그런 자들이 하는 말을 가지고 심려하실 필요는 조금도 없습니다」 하고 그럴싸하게 대답했다.

미혹한 성제도 옳다고 여기고 한층 더 왕씨 일족과 우(禹)를 신임했다. 이에 참다못한 괴리(槐里)의 지사 주운(朱雲)이 성제 앞에 나타나,

「원컨대, 폐하께서는 비장하고 계신 참마의 검(斬馬之劍)을 받아, 악인들의 목을 쳐 다른 자의 본보기로 하겠습니다. 부디 허락해 주시기를……」 하고 머리를 조아렸다. 그러자 성제가 물었다.

「그게 대체 누구인가?」

「안창후 장우이옵니다」

성제는 대로했다.

「닥쳐라, 무례한 놈! 천한 신분으로 짐의 스승을 만좌 중에서 모욕을 하다니 절대로 용서할 수 없다. 이놈을 끌어내 목을 쳐라」

어사(御史)는 주운을 전상에서 끌어내리려고 했다. 주운은 필사적으로 난간에 매달리며 외쳤다.

「폐하, 잠깐만 더 신의 말을 들어 주시옵소서」

어사도 있는 힘껏 주운을 끌어내리려고 한다. 그러나 주운 역시 난간을 놓지 않는다. 끝내 난간이 부러져 두 사람은 부러진 난간과 함께 쾅 하고 땅으로 나동그라졌다.

「신의 이 몸은 어찌 되든 상관이 없습니다. 오직 폐하의 성대(聖代)가 걱정이 될 뿐이옵니다. 부디 명찰해 주시옵소서」

주운은 피눈물을 흘리면서 목이 메어 계속 호소했다.

이 광경을 바라보고 있던 장군 신경기(辛慶忌)는 주운의 태도에 감동되었는지 훌쩍 주운의 곁으로 뛰어내리더니 머리를 땅에 부딪쳐 이마에서 피를 줄줄 흘리며 주운의 목을 베는 것에 대한 잘못을 간했다. 처음에는 발끈했던 성제도 두 사람의 나라를 생각하는 진심에 감동되어,

「과인이 잘못했소 공연히 충신을 잃을 뻔했구려」하고 말하면서 내실로 들어갔다. 그 후 가신이 부러진 난간을 고치려고 하자 성제는,

「아니다. 고치지 말라. 저것은 내게 직간(直諫)해 준 충신의 기념이다. 저걸 볼 때마다 주운을 생각하고 정치를 바로잡을 거울로 삼겠다」

그래서 성제 제위 중에는 부서진 난간을 그대로 두었다고 한다. 그러나 그런 일쯤으로 왕씨 일족의 전횡이 그칠 리가 없었다. 나라는 갈수록 쇠해져 성제 사후 얼마 되지 않아 역신 왕망(王莽)에게 제위를 빼앗기고 전한은 망하게 된다.

그리하여「절함」과 같은 뜻으로「절간(切諫)」이란 말도 쓰이고 있으나, 이것은 《사기》 주부언전(主父偃傳)에 있다.「명주(明主)는 절간을 미워하지 않는다」라는 말에서 온 것이다.

정상작량〔情狀酌量〕 사정을 고려해서 너그럽게 보아줌. 재판관이 판결에 임해서 범행을 하게 된 전후의 사정을 참작해 형벌을 가볍게 해 주는 것. 정상참작(情狀參酌).

정신〔挺身〕 많은 사람들 중에서 자신의 몸을 빼낸다는 뜻으로, 자진해서 나옴. 무슨 일에 앞장섬을 이르는 말. 《한서》

정설불식〔井渫不食〕 우물이 깨끗한데도 마시지 않는다는 뜻으로, 재능이 있는 사람이 세상에 쓰이지 않음을 비유하여 이르는 말. 설(渫)은 결(潔)과 같다. 《역경》

정곡
正 鵠

바를 正 과녁 鵠

> 과녁의 한가운데 되는 점(點). 목표 또는 핵심.

「정곡」은 활을 쏠 때 과녁의 중심점을 가리켜 말하는 것으로, 정확한 목표 또는 이론의 핵심 같은 것을 비유해서 말한다. 즉「정곡을 찌른 이론」이라고 하면 올바른 핵심점을 파헤쳤다는 뜻이 된다. 원래는 궁술의 전문용어로,《주례(周禮)》천관(天官) 사구(司裘)의 주(注)에 따르면, 과녁에 있어서,

「사방 열 자 되는 것을 후(侯)라 하고, 넉 자 되는 것을 곡(鵠)이라 하고, 두 자 되는 것을 정(正)이라 하고, 네 치 되는 것을 질(質)이라 한다」고 했다. 즉 과녁의 크기에 따라 이름이 각각 달랐던 모양이다. 아마 기술이 향상되는 데 따라 과녁의 크기를 차츰 줄여 갔던 것 같다. 그래서 아주 초보자의 「후」와, 명사수의 「질」을 예외로 하고, 두 자인 「정」과 넉 자인 「곡」이 과녁의 목표점으로 사용되고 있었던 모양이다. 또《중용》14장에 나오는 공자의 말씀에,

「활 쏘는 것은 군자의 태도와 같은 점이 있다. 정곡을 잃으면 자기 자신에게 돌이켜 구한다」고 한 말이 있는데, 주해에 말하기를, 「베에다 그린 것이 『정』이고, 가죽에다 그린 것이 『곡』이다. 다 『후』의 중심으로 활 쏘는 과녁이다」라고 했다. 아무튼 「정곡」은 활을 쏘는 목표물로 과녁의 중심점이라고 풀이하면 좋을 것이다.

「정곡」은 「정곡을 잃지 않는다(不失正鵠)」라는 말에서 온 것으로 이 말은《예기》사의편(射義篇)에 공자의 말로 나와 있다.

즉 공자는 말하기를,

「……쏘아 정곡을 잃지 않는 것은 그 오직 어진 사람일 것이다……」라고 했다.

정신일도
精神一到

정신 精 정신 神 한 一 이를 到

> 한 가지 일에 온 정력을 쏟으면 세상에 안되는 일이 없다.

「정신일도 하사불성(精神一到 何事不成)」이라고 한다. 도를 깨닫고 진리를 탐구하는 일에서부터 기술을 연마하고 놀이를 즐기는 일에 이르기까지, 남이 볼 때 미친 듯한 그런 무엇이 없이 크게 성공한 예는 없다.

작은 예지만, 맨발로 칼날을 딛고, 이빨로 수십 톤의 자동차를 끄는 차력술 같은 것도 정신이 집중되지 않으면 안된다. 예수도 말하기를 「겨자씨만한 정성만 있으면 산도 옮길 수 있다」고 했다.

우리가 말하는, 눈으로 볼 수 있는 이적 같은 것은 실상 그리 대단한 것이 아니다. 《유마경》에 보면, 유마거사는 하늘나라를 좁은 방안으로 삽시간에 끌어내린 일까지 있다고 한다.

다음은 주자의 말이다.

「양기가 발하는 곳에는 쇠와 돌도 또한 뚫어진다. 정신이 한번 이르면 무슨 일이 이뤄지지 않겠는가(陽氣發處 金石亦透 精神一到 何事不成)」라고 했다.

양기는 여러 가지로 해석될 수 있다. 한 마디로 해와 같은 기운이 양기다. 태양처럼 뜨겁고 밝고 사방으로 뻗어나가는 기운이 양기인 것이다. 그것은 살아 움직이고, 점점 커나가고 자라나는 기운이다. 어린 생명이 점점 자라나는 것은 양기가 커 가는 결과다. 차츰 늙어 죽게 되는 것은 양기가 쇠해 없어지기 때문이다.

손톱으로 누르면 터져 없어지는 작은 씨앗도 그것이 따뜻한 양기를 받아 움이 트기 시작하면 위를 누르고 있는 큰 바위를 밀고 돌고 하며 끝내는 밖으로 싹을 내밀게 된다. 확 불면 꺼져 버리는 불도 그것이 힘을 발휘할 때는 돌도 녹고 쇠도 녹는다. 이것이 모두 양기가 발하는 곳이면 쇠도 돌도 또한 뚫어지고 마는 것이다.

그러나 그것은 잠시도 쉬지 않는 한결같은 정성에 의해서 이루어지는 것이다. 그것이 정신이다. 정신이란 원래 우리가 현재 쓰고 있는 그런 뜻이 아니다. 잡된 것이 섞이지 않은 순수성과 속된 것이 전혀 없는 초인간적인 힘을 가진 것이다. 그것이 바로 인간이 날 때부터 지니고 있는 본성이다.

육체로 인한 물욕에 사로잡히지 않은 순수한 마음, 그것이 정신이다. 그것은 위대한 사랑과 지혜와 용기를 가진 것이다. 그 정신으로 올바른 일을 해 나가는데 무엇이 이를 방해할 것이 있겠는가 하는 뜻이다.

양심의 명령에 따라 희생을 돌보지 않고 어떤 사명감에서 일을 하게 되면 없던 지혜와 용기가 솟아나게 되고 남이 느끼지 못하는 즐거움과 보람을 느끼게 된다. 신명이 돕고 하늘이 돕는데 무슨 일인들 이룩되지 않겠는가.

정성온청〔定省溫淸〕 정(定)은 임석(任席)을 정하는 것, 성(省)은 안부를 살피는 것, 온(溫)은 따뜻하게 함, 청(淸)은 서늘하게 함. 곧 자식의 부모에 대한 효와 예의를 일컫는 말.

정송오죽〔淨松汚竹〕 소나무는 깨끗한 땅에, 대나무는 더러운 땅에 심어야 한다는 말.

정와불가이어어해〔井蛙不可以語於海〕 ☞ 정중지와(井中之蛙).

정운낙월〔停雲落月〕 사모하는 정. 특히 친구를 그리는 심정의 비유. 정운(停雲)은 도연명의 시제(詩題), 낙월(落月)은 두보의 시 속의 말. 모두 친구를 그리는 심경을 읊은 것.

정저은병〔井底銀瓶〕 부부의 인연이 끊어져 헤어짐의 비유. 귀중한 두레박줄이 허무하게 끊어져버림을 남녀의 인연에 비유해서 말한다. 백거이 《정저인은병》

정중지와
井中之蛙

우물 井 가운데 中 의 之 개구리 蛙

> 우물 안 개구리. 곧 생각하는 것이 좁은 사람.

우물 안 개구리가 「정중지와」다.

좁은 우물 속에 들어앉아 그것이 세상의 전부인 줄 믿고 있는 개구리처럼, 보고 생각하는 것이 좁은 사람을 가리켜 말한다.

이 말의 유래는 《장자》에서 나왔다고 볼 수 있다. 그러나 비유로서는 누구나가 생각할 수 있는 일이다.

《장자》 추수편(秋水篇)에 다음과 같은 이야기가 있다.

황하의 신(神)인 하백(河伯)이 물을 따라 처음으로 바다까지 내려와 보았다. 끝없이 뻗어 있는 동쪽 바다를 바라보며 북해의 신인 약(若)에게 말했다.

「나는 지금까지 이 세상에서는 황하가 가장 넓은 줄로 알고 있었는데, 지금 이 바다를 보고서야 넓은 것 위에 보다 넓은 것이 있다는 것을 깨달았소 내가 여기를 와 보지 않았던들 영영 식자들의 웃음거리가 될 뻔했소」

그러자 북해의 신이 말했다.

「우물 안 개구리에게 바다에 대해 말할 수 없는 것은 그들이 사는 곳에만 사로잡혀 있기 때문이다. 여름 벌레에게 얼음에 관한 이야기를 할 수 없는 것은 그들이 사는 철만을 굳게 믿기 때문이다. 식견이 없는 선비에게 도를 말할 수 없는 것은, 그들이 배운 상식에만 묶여 있기 때문이다. 그런데 그대는 강 언덕에서 나와 큰 바다를 구경하고 자기의 부족함을 알았으니 함께 진리를 말할 수 있을 것 같다」

《장자》에는 정와(井蛙)라고만 나와 있는 것을 우리나라에서는 「정중지와」란 문자로 표시하고 있다.

《후한서》 마원전(馬援傳)에는 「정저와(井底蛙)」라고 나와 있다. 우물 밑 개구리란 뜻이다.

우리는 누구나 자신이 우물 안 개구리가 아닌 줄로 알고 있지만, 과연 어떤는지 다 같이 생각해 볼 일이다.

정정〔定鼎〕 도읍(都邑)을 정하는 것. 정(鼎)은 고대 중국 하(夏)나라의 우왕(禹王) 때에 만들어진 금속제의 세 발 달린 큰 솥인데, 제위의 상징인 데서 제도(帝都)를 정하는 뜻으로 쓰인다. 《좌전》

정정당당〔正正堂堂〕 「정정(正正)한 깃발, 당당(堂堂)한 진(陣)」에서 나온 말로, 태도나 수단이 바르고 공정하고 떳떳함. 《손자》 ☞ 간령사심(奸佞邪心).

정중시성〔井中視星〕 식견이나 견문이 좁음의 비유. 우물 속처럼 좁은 곳에 있으면서, 밤하늘 전체의 별을 보는 것은 불가능하다는 뜻. 《시자(尸子)》

정책〔定策〕 신하가 천자의 옹립을 도모함. 《한서》

제궤의혈〔堤潰蟻穴〕 개미굴이 제방을 무너뜨린다는 뜻으로, 큰 재난도 사소한 부주의에서 야기됨을 비유하여 이르는 말. 《한비자》

제대비우〔齊大非耦〕 약소국 정나라의 태자 홀이 「제나라는 너무 커서 그 나라 임금의 공주는 나의 배우자가 될 수 없다」라고 한 데서, 언감생심(焉敢生心)의 뜻으로 쓰인다. 《좌전》

제도〔濟度〕 【불교】 보살이 일체 중생을 고해(苦海)에서 건져 성불해탈(成佛解脫)하는 피안(彼岸)의 극락 세계로 인도해 줌.

제미〔濟美〕 미(美)를 성취함. 조상의 유업을 이어 이를 성취함. 《좌전》

제포연연〔綈袍戀戀〕 위(魏)의 수가(須賈)가 진(秦)나라 사신으로 왔을 때, 전에 그에 의해서 무고를 당한 범수(范雎)가 재상이면서도 짐짓 거지 행세를 하고 나타난 것을 보고 가엾이 여겨 옷을 한 벌 준 때문에 범수로부터 전의 죄를 용서받았다는 고사에서, 옛 친구에 대한 배려와 동정이 두터움의 비유. 《사기》 ☞ 원교근공(遠交近攻).

정훈 庭訓

뜰 庭 가르칠 訓

가정교훈.

가정교훈을 「정훈(庭訓)」이라고 한다. 특히 아버지가 그 아들에 대해 준 교훈을 말한다. 가정교훈이란 말이 약해져서 「정훈」이 되었다고 생각해도 틀릴 것은 없다. 그러나 이 말은 정(庭)이 가정이란 말이 약해진 것이 아니고 글자 그대로 마당이니 뜰이니 하는 뜻으로 쓰인 것이다.

《논어》 계씨편(季氏篇)에 있는 공자와 그 아들 백어(伯魚)와의 사이에 있었던 이야기에서 생긴 말로 거기에는 다만 백어가 빠른 걸음으로 뜰을 지나갔다고만 나와 있을 뿐이다. 그 이야기는 다음과 같다.

진항(陳亢)이란 공자의 제자가 공자의 아들 백어에게 물었다.

「당신은 아버님으로부터 뭔가 특별한 가르침을 받은 일이 있습니까?」

「그런 건 없습니다. 언젠가 혼자 서 계시기에 빠른 걸음으로 뜰을 지나고 있는데 『시(詩)를 배웠느냐?』고 물으셨습니다. 그래 아직 배우지 못했다고 했더니, 『시를 배우지 않으면 남과 말을 할 수 없다』고 하시더군요. 그래서 돌아와 시를 공부했지요. 또 언젠가 혼자 계실 때 빠른 걸음으로 뜰을 지나가고 있는데, 『예를 배웠느냐?』고 물으시더군요. 그래 배우지 못했다고 했더니, 『예를 배우지 못하면 세상을 올바로 살아갈 수 없다』고 하셨습니다. 그래서 돌아와 예를 배웠지요. 이 두 가지 가르침을 들은 것뿐 아무것도 없습니다」

그러자 진항은 물러나와 사람들을 보고 기뻐하며 말했다.

「나는 한 가지를 물어서 세 가지를 얻었다. 『시』에 대해 듣고,

『예』에 대해 듣고, 그리고 군자가 그 아들을 멀리하는 것을 알았다」

옛날에는 아버지가 직접 자식을 가르치는 것을 피했다. 이른바「역자이교지(易子而敎之)」라는 것이다. 백어도 다른 곳에서 공부하고 있었음을 이로써 알 수 있다. 그러나 뜰을 지나가는 아들을 불러 세워놓고 그에게 시를 배우라 하고 예를 배우라 한 것은 간접적인 가르침을 내리고 있는 예다. 즉 자식을 뜰에서 가르친 것이 된다.

그래서 뜰에서 가르치는 것이 가정교훈이란 말이 성어(成語)로서 쓰인 것은 아니다.

제포지의 [緹袍之義] ☞ 제포연연(緹袍戀戀).

제행무상 [諸行無常] 【불교】 제행(諸行)은 일체유위(一切有爲)의 현상. 우주의 모든 만물. 우주 만물은 항상 돌고 변하여 한 모양으로 머물러 있지 아니함. 전(轉)하여 인생은 덧없고 무상하다고 하는 것. 《열반경》 ㈜ 성자필쇠(盛者必衰).

조도상금 [操刀傷錦] 칼을 다루다가 비단을 상하게 한다는 뜻으로, 무능한 사람에게 중요한 일을 맡겨 대사를 그르치게 함을 비유하여 이르는 말. 《좌전》

조동모서 [朝東暮西] 아침은 동쪽, 저녁은 서쪽이라는 뜻으로, 일정한 주소가 없이 여기저기 옮겨 다님. ㈜ 동가식서가숙(東家食西家宿).

조문석사 [朝聞夕死] ☞ 조문도 석사가의(朝聞道 夕死可矣).

조변석개 [朝變夕改] 아침저녁으로 뜯어고침. 곧 일을 자주 변경함을 이르는 말.

조불모석 [朝不謀夕] 아침에는 아침의 일을 생각하는 것만으로 벅차고, 앞으로의 일 따위는 알 수 없다. 일이 다급한 상태. 또 그 때뿐인 삶을 말한다. 《좌전》

조상육 [俎上肉] 도마에 오른 고기라는 뜻으로, 상대방의 뜻대로 될 수밖에 없는 처지에 몸을 두는 것을 비유하여 이르는 말. 도마 위의 고기는 숙수의 뜻대로 되듯이, 상대방에게 운명을 맡길 수밖에 없는 무력한 존재를 일컫는다. 《진서》

조수족 [措手足] 손발을 겨우 움직임. 곧 생활이 겨우 여유가 생겨 살아갈 만함을 이르는 말.

조강지처
糟糠之妻

지게미 糟 겨 糠 의 之 아내 妻

구차하고 천할 때에 고생을 같이 하던 아내.

일찍 장가들어 여러 해 같이 살아 온 아내란 뜻으로 쓰인다. 즉 처녀로 시집온 아내면 다 조강지처로 통할 수 있다. 조(糟)는 지게미, 강(糠)은 쌀겨다. 지게미와 쌀겨로 끼니를 이어가며 가난한 살림을 해 온 아내가 「조강지처」인 것이다.

이 말은 후한 송홍(宋弘)에게서 나온 말이다. 후한 광무황제의 누이인 호양(湖陽) 공주가 과부가 되었다. 광무제는 공주를 마땅한 사람에게 다시 시집을 보낼 생각으로 그녀의 의향을 물어 보았다. 그랬더니 그녀는,

「송홍 같은 사람이라면 남편으로 우러러보고 살 수 있겠지만, 그 밖에는 별로……」 하고 송홍이 아니면 시집가지 않을 뜻을 밝혔다.

송홍은 후중하고 정직하기로 당시 널리 알려진 사람으로, 광무제가 즉위하던 이듬해인 건무(建武) 2년에는 대사공(大司空)이란 대신의 지위에 있었다.

「누님의 의사는 잘 알겠습니다. 그럼 어디 한번 힘써 보지요」 하고 약속을 한 광무는, 송홍이 마침 공무로 편전에 들어오자, 공주를 병풍 뒤에 숨겨 두고 송홍과의 대화를 듣게 했다. 이런 저런 이야기 끝에 광무는 송홍에게 별다른 뜻이 없는 것처럼 이렇게 물었다.

「속담에 말하기를 『지위가 높아지면 친구를 바꾸고, 집이 부해지면 아내를 바꾼다』 하는데 그럴 수 있는 일인지?」

그러자 송홍은 서슴지 않고 대답했다.

「신은 『가난하고 천했을 때의 친구는 잊어서는 안되고, 지게미와 쌀

겨를 먹으며 고생한 아내는 집에서 내보내지 않는다』고 들었습니다」

이 말을 듣자 광무는 조용히 공주를 돌아보며,

「일이 틀린 것 같습니다」하고 말했다는 것이다.

부마도위가 되면 공주가 정실부인으로 들어앉게 되므로 원 부인은 물러나지 않으면 안된다. 광무는 자기 누님을 시집보내기 위해 송홍의 의사를 무시하고 그의 본부인을 내치게 할 수는 없었던 것이다.

그러나 그런 훌륭한 사람이 아내를 내치고 자기를 맞아 줄 것으로 기대했다면, 공주의 욕심이 너무 자기 위주였던 것 같다. 광무가 그녀를 병풍 뒤에 숨게 한 것도 그녀의 그런 마음을 달래기 위한 방법이었던 것 같다.

이 이야기는 《후한서》 송홍전에 나와 있다.

조승모문〔朝蠅暮蚊〕 아침에는 파리가, 저녁에는 모기가 몰려들어 시끄럽듯이, 하찮은 것들이 만연하는 것을 비유하여 이르는 말. 한유《잡시(雜詩)》

조심누골〔彫心鏤骨〕 마음에 새기고 뼈에 사무침. 몹시 고심함. 또 시문(詩文) 등을 극히 애를 써서 다듬음.

조아지사〔爪牙之士〕 수족이 되어 일하는 부하. 군주를 적으로부터 지키기 위하여 손톱이 되고 엄니가 되어서 호위하는 신하를 이르는 말. 보필(輔弼: 천자의 정사를 보좌하는 벼슬)하는 신하를 이르는 말. 《국어》

조여청사모성설〔朝如青絲暮成雪〕 아침에 푸른 실 같던 머리털이 저녁이면 흰 눈이 덮인 듯 하얗다. 세월이 무심하게 빨리 흘러 어느덧 말년이 다가온 것을 한탄할 때 쓰는 말이다. 때로는 세상인심이나 풍광이 급속도로 변하는 것을 비유해 이르기도 한다. 이백 《장진주사(將進酒辭)》

조유륜석승거〔朝揉輪夕乘車〕 아침에 나무를 구부려 수레를 만들기 시작해서 저녁에 타려고 한다는 뜻으로, 일을 하는 데 지나치게 서두름을 비유하여 이르는 말. 《관자》

조령모개
朝令暮改

아침 朝 법 令 저녁 暮 고칠 改

> 법령을 자주 고쳐서 갈피를 잡기가 어려움.

아침에 내린 명령이나 법령이 저녁에는 다시 바뀐다는 뜻이다. 현실을 무시하거나 원칙이 서 있지 않고 갈팡질팡하는 처사를 말한다. 꼭 정부의 처사에 한한 것이 아니고, 모든 경우의 일관성 없는 지시 따위를 이렇게 말할 수 있다.

《사기》 평준서(平準書)에 보면 한문제 때 일이라 하여,

「흉노가 자주 북방을 침범해 들어와 약탈을 자행하기 때문에 수비하는 군대들이 직접 농사를 짓는 둔병(屯兵) 제도를 실시했다. 그러나 그것만으로는 부족했기 때문에 그 부족량을 충당하기 위한 방법으로, 곡식을 나라에 바칠 사람과 그것을 현지까지 운송할 사람을 공모하여 그 수량과 성적에 따라 벼슬을 주기로 했다」는 기록이 있다.

이러한 조치를 취하게 된 것은, 문제와 경제(景帝) 두 조정에 걸쳐 어사대부라는 부총리 벼슬에까지 올랐던 조조(鼂錯)의 헌책에 의해서였다.

그는 이 같은 정책을 실시해야 한다고 주장한 상소문 가운데서 「조령모개」란 말을 쓰고 있다. 이 말이 나오는 대목을 소개하면 다음과 같다.

「지금 다섯 명 가족의 농가에서는 부역이 너무 무겁기 때문에 여기에 매어 사는 사람이 둘 이상에 이르고, 밭갈이할 수 있는 경우에도 겨우 백 묘를 넘지 못하며, 백 묘의 수확은 백 석을 넘지 못한다. ……관청을 수리하고 부역에 불려 나가는 등…… 사시사철 쉴 날이 없다. ……이렇게 살기 힘든 형편에 다시 홍수와 가뭄의 재난이 밀어닥치고, 뜻하지

않은 조세와 부역에 응하지 않으면 안된다. 조세와 부역은 일정한 시기도 없이 아침에 명령이 내려오면 저녁에는 또 다른 명령이 고쳐 내려온다(朝令而暮改). 전답 잡힐 것이 있는 사람은 반 값에 팔아 없애고, 그것도 없는 사람은 돈을 빌어 원금과 같은 이자를 물게 된다. 이리하여 논밭과 집을 팔고 자식과 손자를 팔아 빚을 갚는 사람이 생겨나게 된다」

즉 지나친 세금과 부역은 장사꾼과 빚쟁이를 배불리는 결과를 가져오게 되고, 농민들은 농토를 잃게 되므로 세금과 부역을 줄이고, 힘이 있고 재물이 있는 사람에게 곡식을 바치고 벼슬을 사도록 하라는 내용이다.

조조는 부국강병책으로 중앙집권을 꾀한 나머지 제후들 중에 조금만 잘못이 있으면 트집을 잡아 땅을 깎아 직속 군(郡)으로 만들었기 때문에 그것이 화근이 되어 오초칠국(吳楚七國)의 반란을 불러일으키고, 그 자신 그 죄로 인해 죽게 된다.

조의조식〔粗衣粗食〕 변변치 못한 의식(衣食)의 간소한 살림. 난의포식(暖衣飽食)의 반대.

조장보단〔助長補短〕 장점을 발전시키고 단점을 보완하는 것. ☞ 조장(組長).

조제모염〔朝薺暮鹽〕 아침에는 냉이를, 저녁에는 소금을 반찬으로 먹는다는 뜻으로, 몹시 가난한 생활을 비유하여 이르는 말.

조족지혈〔鳥足之血〕 새 발의 피. 곧 아주 적은 분량의 비유.《좌전》

조주위학〔助紂爲虐〕 주(紂)를 도와 포학한 일을 저지르다. 곧 나쁜 사람을 도와 나쁜 짓을 방조(傍助)하는 것을 비유하여 이르는 말. 주(紂)는 중국 상(商)나라 말기의 임금으로, 역사상 보기 드문 혼군(昏君)이자 폭군(暴君)이었다.《사기》

조즉택목 목기능택조〔鳥則擇木 木豈能擇鳥〕 새는 앉을 나무를 선택하지만, 나무는 앉을 새를 선택하지 못한다는 뜻으로, 사람은 살 곳을 선택하지만, 땅은 사람을 선택하지 못함의 비유.《좌전》

조맹지소귀 조맹능천지
趙孟之所貴 趙孟能賤之

조나라 趙 맏 孟 갈 之 바 所
귀할 貴 능할 能 천할 賤

남의 힘을 빌려 성공한 사람은 그의 힘에 의해 실패할 수도 있다.

조맹은 진(晋)나라 육경(六卿) 중 가장 권력을 쥐고 흔들던 사람이다. 그 조맹의 힘에 의해서 출세를 한 사람은 또 그 조맹에 의해 몰락될 수도 있는 일이다. 그것이 「조맹지소귀는 조맹이 능천지」한다는 것이다. 즉 남의 힘에 의해서 어떤 목적을 달성한 사람은 또한 남의 힘에 의해 그것을 잃게도 될 수 있으므로 그것은 그리 바람직한 것이 되지 못한다는 뜻이다.

이 말은 《맹자》 고자상(告子上)에 있는 맹자의 말이다.

「귀하고 싶은 것은 사람의 똑같은 마음이다. 사람은 누구나 귀한 것을 자기 자신에게 지니고 있다. 그것을 사람들은 얻어내려고 애쓰지 않을 뿐이다. 자기에게 있는 것이 아닌, 남이 귀하게 만들어 주는 것은 양귀(良貴)가 아니다. 조맹이 귀하게 한 것은 조맹이 또 천하게 만들 수 있는 것이다」

여기서 맹자는 「양귀」란 말을 썼다. 양심(良心)이란 말과 같이 양귀는 본래부터 우리가 가지고 있는 귀한 것이란 말이다. 그것은 맹자가 바로 앞 장에서 말한 천작(天爵)을 말한다. 맹자는 이렇게 말하고 있다.

「하늘이 준 벼슬이 있고, 사람이 주는 벼슬이 있다. 인의(仁義)와 충신(忠信)과 선(善)을 좋아하여 게을리 하지 않는 것은 하늘이 준 벼슬이다. 공경과 대부는 사람이 주는 벼슬이다……」라고

결국 사람이 준 벼슬은 믿을 수 없는 뜬구름과 같은 것인데도 사람들은 그것을 얻기에 바빠 자기 자신에게 있는 하늘이 준 벼슬을 얻으려 하지 않으니 어리석기 비할 데 없다는 것이다.

조명시리
朝名市利

아침, 조정 朝 이름 名 저자 市 이로울 利

> 무슨 일이든 때와 장소를 가려서 하라.

「명성은 조정(朝廷)에서, 이익은 시장에서 타투라」라는 말이 「조명시리」다. 《전국책》 진책(秦策)에 있는 이야기다.

전국시대 때 소진의 합종책에 대항해서 장의의 연횡책을 들고 나온 진나라는 결국 6국을 평정하고 전국을 통일하게 된다. 그 진나라가 한창 위세를 떨치던 혜문왕(惠文王) 때의 일이다. 조정에서는 촉(蜀)을 먼저 쳐야 한다는 사마착(司馬錯)과, 한(韓)을 치고 나가 중원으로 진출해야 한다는 장의의 의견이 갈려 한창 뜨거운 논쟁을 벌이고 있었다. 재상 장의가 말했다.

「먼저 초(楚)와 위(魏) 양국과는 국교를 맺은 다음 서쪽으로 한(韓)의 삼천(三川)으로 출병하여야 합니다. 그런 뒤 천자국인 이주(二周 : 동주와 서주)의 외곽을 들이치면 주나라는 스스로 구정(九鼎 : 천자를 상징하는 보물. 우임금 때 九州의 구리를 모아 만든 솥)을 내놓을 수밖에 없을 겁니다. 이때 천자를 끼고 천하를 호령한다면 누가 감히 우리에게 반기를 들 수 있겠습니까? 이것이 패왕의 공업입니다. 이제 촉은 서쪽의 먼 나라이며 오랑캐에 지나지 않으니 정벌해 보았자 패왕의 이름을 빛내기도 부족하고 국익에도 또한 도움이 되지 못합니다. 명예는 조정에서 다투고 이익은 시장에서 따진다(爭名者於朝 爭利者於市)고 들었습니다. 지금 삼천지방은 천하의 시장이고, 주나라는 천하의 조정입니다. 이런 요충지를 두고 촉을 공격한다는 것은 어리석은 일이라 생각합니다」

그러나 장의의 건의는 받아들여지지 않았고, 진나라는 촉을 공격해 영토를 넓히는 일에 진력하였다.

조문도 석사가의
朝聞道 夕死可矣

아침 朝 들을 聞 길 道 저녁 夕
죽을 死 옳을 可 어조사 矣

아침에 도를 들으면 저녁에 죽어도 좋다.

《논어》이인편(里仁篇)에 있는 유명한 공자의 말이다.

「아침에 도를 들으면 저녁에 죽어도 좋다」하는 것이「조문도면 석사가의」의 뜻이다.

그러나 이 말에 대해서는 여러 가지 해석이 행해지고 있다. 쉬운 말인데도 그 말이 지니고 있는 참 뜻이 애매한 것이다.

혹자는 말하기를, 죽게 된 친구를 앞에 놓고 한 말이라고 한다. 즉 육체적인 생명이 끝나는 것보다도 진리를 깨치는 것이 더욱 중요하다는 것을 강조하여「그대는 이미 진리를 깨친 사람이니 이제 죽은들 무슨 안타까움이 있겠느냐」하는 뜻으로 말했을 거라는 것이다.

그러나 일반적으로 진리를 탐구하는 공자의 애절한 염원을 나타낸 말로 풀이되고 있다.

다음에는 도(道)가 무슨 뜻이냐 하는 해석이다. 위(魏)나라 하안(何晏)과 왕숙(王肅)은「공자가 머지않아 죽을 나이에 이르러, 세상에 도가 행해지고 있다는 소리를 듣지 못한 것을 한탄해서 한 말이다」라고 했다.

그러나 이것은 도덕이 땅에 떨어진 당시를 개탄하는 자신들의 심경을 여기에 반영시킨 해석으로 보고 있다.

또 혹자는「가의(可矣)」를 좋다고 해석할 것이 아니라 괜찮다고 읽어야 옳다고 주장한다. 어감은 다르지만 근본적인 해석에 차이가 있는 것은 아니다.

또 혹자는 이렇게 말하고 있다.

「참다운 도를 깨닫는 순간 사람은 영혼의 불멸을 알게 된다. 영혼의 불멸을 깨달은 사람에게 죽음이 아무런 의미를 갖지 못하는 것이다. 공자가 말한 도는 불교에서 말하는 극락왕생(極樂往生)의 진리를 말한 것이다」라고.

조지장사 기명야애〔鳥之將死 其鳴也哀〕 새가 장차 죽으려 할 때에는 그 우는 소리가 매우 슬프다는 뜻으로, 사람도 임종에 이르면 그 말이 선해짐(人之將死 其言也善)을 이르는 말.《논어》

조진모초〔朝秦暮楚〕 아침에는 북쪽의 진(秦)나라에서, 저녁에는 남쪽의 초(楚)나라에서 지낸다는 뜻으로, 일정한 주소 없이 유랑함의 비유. 또 이 편에 붙었다 저편에 붙었다 함.

조충전각〔雕蟲篆刻〕 문장을 짓는 데 벌레 모양이나 전각(篆刻)을 새기듯이, 세밀한 기교로 자구(字句)를 꾸미는 것을 말한다. 전각은 주로 전서체(篆書體)의 문자를 새겨 인자(印字)하는 것.《양자법언》

족반거상〔足反居上〕 발이 위에 있다는 뜻으로, 아래 될 것이 위가 되어 거꾸로 뒤집힘.

족탈불급〔足脫不及〕 맨발로 뛰어도 미치지 못한다는 뜻으로, 역량이나 재질이 한참 뒤짐을 비유하여 이르는 말.

존양〔存養〕 본심을 잃지 않고 타고난 선(善)한 마음을 기르는 것. 정신을 수양하는 것. 존심(存心) 또는 양심(養心)이라고도 한다.《맹자》

졸부귀불상〔猝富貴不祥〕 졸지에 된 부귀는 도리어 상서롭지 못함. 곧 뒤에 재앙이 따르기 쉽다는 말.

종과득과〔種瓜得瓜〕 오이를 심으면 오이가 난다는 뜻으로, 원인이 있으면 결과가 생김의 비유. 인과응보(因果應報).

종남첩경〔終南捷徑〕 목적 달성의 지름길. 벼슬길로의 지름길. 또 정도에 의하지 않고 벼슬길에 오르는 것. 종남산(섬서성 서안시 서남쪽에 있는 산)은 사람들이 경모(敬慕)의 마음을 가지고 있는 산으로, 이 산에 은둔하면 저절로 그 이름이 세상에 알려져 벼슬길에 오를 수 있다고 한다. 첩경(捷徑)은 빠른 길, 지름길.《구당서》

조삼모사
朝三暮四

아침 朝 석 三 저녁 暮 넉 四

> 눈앞에 당장 나타나는 차별만을 알고 그 결과가 같음을 모름의 비유. 간사한 꾀로 사람을 속여 희롱함을 이르는 말.

「조삼모사」는 간사한 꾀로 사람을 속여 희롱함을 이르는 말이다. 눈앞에 당장 나타나는 차별이나 득실만을 알고 그 결과가 같음은 모름을 비유할 때 쓰이는 말이다.

송(宋)나라에 저공(狙公)이라는 사람이 있었다. 저(狙)는 원숭이란 말이다. 그 이름대로 원숭이를 좋아해서 많은 원숭이를 사육하고 있었다. 그러다 보니 원숭이 사료에 들어가는 비용이 만만치 않았다. 그래서 저공은 원숭이에게 주는 먹이를 줄이기로 했다. 그래서 저공이 원숭이들에게 말했다.

「지금부터는 먹이를 아침에는 세 개, 저녁에는 네 개로 한다」

그러자 원숭이들은,

「그러면 배가 고프다」라고 하면서 화를 냈다.

저공이 다시 말했다.

「그러면 아침에는 네 개, 저녁에는 세 개로 하면 어떻겠나?」

그러자 원숭이들은 좋아했다.

이 우화는 《열자》 황제(黃帝)에 있는 말이다. 《장자》 제물론에도 나와 있다. 그러나 비유한 의미는 다소 다르다. 《열자》의 경우는,

「『조삼모사』나 『조사모삼』이 실질적으로는 같으면서 원숭이들은 조삼을 싫어하고 조사를 좋아하였다. 지자(知者)가 우자(愚者)를 농락하고 성인이 중인(衆人)을 농락하는 것도 저공이 지혜로써 원숭이들을 농락한 것과 같다」라고 맺고 있다.

《장자》의 경우는 농락당하는 자들의 입장에서, 「공을 들여 같은 하나를 이루고도 그것이 같다는 것을 모르는 것을 조삼이라고 한다」라고 말하고, 그 뒤에 이 「조삼모사」의 고사를 들어 시비선악(是非善惡)에 집착하는 자가, 달관(達觀)을 하면 하나라는 것을 모르고, 쓸데없는 편견을 갖게 된다는 비유로 삼고 있다.

그러나 현재 쓰이고 있는 「조삼모사」는 저공이 원숭이를 농락했다는 데서부터 「사람을 농락하여 그 수작 속에 빠뜨리는 것」이라든가, 「사술로써 사람을 속이는 것」이라든가 하는 의미로 쓰이고 있다.

종명누진〔鐘鳴漏盡〕 종(鐘)은 때를 알리는 종. 누(漏)는 물시계. 즉 종이 울리고 물시계의 물이 다함. 곧 늙어서 죽을 날이 얼마 남지 않았음을 이르는 말. 또 늙어서도 아직 벼슬자리에 있는 것. 《삼국지》

종명정식〔鐘鳴鼎食〕 부귀한 집, 부귀한 생활의 비유. 정식(鼎食)은 세 발 달린 솥에 담긴 진수성찬. 《서경부(西京賦)》

종사지화〔螽斯之化〕 자손이 번성함의 비유. 종사는 베짱이. 화(化)는 교화(敎化). 베짱이처럼 자손이 번성함의 비유. 《시경》

종선여등 종악여붕〔從善如登 從惡如崩〕 좋은 일을 하는 것은 산에 오르듯 어렵고, 나쁜 일을 하는 것은 산이 무너지듯 잠깐이라는 뜻으로, 옳은 길로 나아가 발전하기는 어렵지만 악의 구렁텅이로 빠져 타락하기는 순식간임을 이르는 말. 《국어》

종선여류〔從善如流〕 좋은 것을 좇는 것을 물이 흐르듯 한다는 뜻으로, 선(善)을 행함에 있어 주저함이 없이 신속하게 행함을 일컫는 말. 《좌전》

종심〔從心〕 70세의 이칭. 70세가 되면 자기가 의도하는 대로 행동을 하더라도 인도(人道)에 어긋나지 않음을 이르는 말. 종심소욕(從心所欲). 《논어》

종옥〔種玉〕 구슬을 심는다는 뜻으로, 아름다운 여인을 아내로 맞이함을 이르는 말. 《수신기》

종풍이미〔從風而靡〕 쏠리는 바람에 저절로 따라 넘어간다는 뜻으로, 대세에 휩쓸려 좇음을 이르는 말.

조수불가여동군
鳥獸不可與同群

새 鳥 길짐승 獸 아니 不 가할 可
더불어 與 같을 同 무리 群

> 생각이 서로 다른 사람과는 함께 일을 도모할 수 없다.

「새와 짐승을 같이 벗하고 살 수는 없다」하는 것이 「조수 불가여 동군」이다.

이 말은 《논어》미자편(微子篇)에 있는 공자의 말이다. 공자가 이 말을 하게 된 데는 그만한 사연이 있다.

공자가 초나라에서 채(蔡)나라로 돌아올 때의 일이다. 장저(長沮)와 걸익(桀溺) 두 은사가 함께 밭갈이하고 있는 곳을 지나게 된 공자는 자로(子路)를 시켜 그들에게 나루터로 가는 길을 물어오라 시켰다.

자로는 먼저 장저에게 길을 물었다. 그러자 장저는 묻는 말에는 대답하지 않고 자로에게,

「저 고삐를 잡고 수레에 앉아 있는 사람은 누군가?」하고 물었다.

「공구(孔丘: 구는 공자의 이름) 올시다」

「그럼 바로 노나라의 공구인가?」

「그렇습니다」

「그 사람이라면 나루터를 알고 있을 것이 틀림없다」하고 더는 상대를 해주지 않았다. 그래서 걸익에게 물었다. 그러자 걸익은,

「자네는 누군가?」하고 물었다.

「중유(仲由: 자로의 성과 이름)올시다」

「그럼 공구의 제자인가?」

「그렇습니다」

「걷잡을 수 없이 흘러가는 것이 세상인데 누가 이를 바꿔 놓을 수 있겠는가. 그리고 자네도 사람을 피해 천하를 두루 돌고 있는 공구를

따라다니는 것보다는, 세상을 피해 조용히 살고 있는 우리를 따르는 것이 좋지 않겠는가」하고는 뿌린 씨앗을 덮기에 바빴다.

자로는 돌아와 두 사람들과의 대화를 그대로 공자에게 보고했다. 그러자 공자는 서글픈 표정을 지으며 말했다.

「새와 짐승은 함께 무리를 같이 할 수 없다. 내가 이 사람의 무리와 함께 하지 않고 누구를 함께 하겠는가. 천하에 도가 있다면 내가 바로잡을 필요도 없지 않겠는가(鳥獸不可與同群 吾非斯人之徒與而誰與 天下有道 丘不與易也)」

세상을 건지려는 성자의 안타까움을 엿볼 수 있다.

종횡무진〔縱橫無盡〕 자유자재하여 끝이 없는 상태.

좌견천리〔坐見千里〕 앉아서 천 리를 본다는 뜻으로 멀리 앞일을 내다봄을 일컬음.

좌고우면〔左顧右眄〕 이쪽저쪽 돌아봄. 주위의 사람을 염려하여 결단을 주저함. 곧 앞뒤를 재고 이럴까 저럴까 망설임을 이르는 말. 田 수서양단(首鼠兩端).

좌명지사〔佐命之士〕 천명을 받아서 천자가 된 사람을 도와 공이 있는 신하. 명(命)은 천명을 가리키며, 그것을 받아 비로소 천자가 될 수 있었다. 좌(佐)는 보좌.

좌불수당〔坐不垂堂〕 마루 끝에 앉아 있는 것은 위험하니 앉지 않는다는 뜻으로, 위험한 일에 가까이하지 않음을 이르는 말. 《사기》

좌석미난〔坐席未煖〕 앉은자리가 더워질 겨를이 없다는 뜻으로, 자주 이사를 다님을 이르는 말.

좌수우봉〔左授右捧〕 왼손으로 주고 오른손으로 받는다는 뜻으로, 즉석에서 주고받음.

좌식산공〔坐食山空〕 가만히 앉아서 벌지 않고 먹기만 하면 산 같은 재산도 결국 바닥이 나고 만다는 말.

좌언〔左言〕 도리에 어긋난 말. 좌천(左遷) 등의 말에서도 볼 수 있듯이, 고대 중국에서는 우(右)를 숭상하고 좌를 비하했던 데서 온 말.

좌이대단〔坐以待旦〕 밤중에 앉아서 새벽을 기다린다. 어진 정치를 베풀고자 아침이 오기를 기다리는 임금의 충정을 일컫는 말. 《서경》

조이불강 釣而不綱

낚시질 釣 말이을 而 아니 不 벼리 綱

낚시질은 해도 그물질은 하지 않는다.

공자가 젊어서 가난하게 지냈기 때문에 제사에 쓸 고기와 손님을 대접하기 위해 때로는 고기를 잡는 일이 있었지만, 낚시로 필요한 양만 잡을 뿐, 많은 고기를 잡기 위해 그물을 치는 일은 없었다는 것이다.

《논어》술이편에 보면,

「공자는 낚시질은 해도 그물은 치지 않았다. 주살질을 해도 자는 새를 쏘지는 않았다(子釣而不綱 弋不射宿)」고 했다.

공자 자신이 그렇게 하라든가 한다든가 하는 말이 아니고, 제자들이 공자의 지난 일을 듣고 기록한 것이므로 이것은 어디까지나 공자의 개인적인 생활 태도라고 볼 수 있다. 후세 사람들은 이 점을 들어, 성인의 짐승에 대한 사랑의 표현이라고 말하고 있다.

그물질을 하면 어린 고기까지 다 잡게 되므로 차마 그러지를 못했고, 편안히 잠든 새를 쏘지 않는 것은 평화롭게 자는 것을 차마 놀라 깨우고 싶지 않은 마음 때문이었을 것으로 본다.

강(綱)은 굵은 줄에 그물을 달아 냇물을 가로질러 고기를 잡는 것이라고 주석을 하기도 하고, 혹은 「주낙」을 말한다고도 한다.

또 「조이불강」을 「조이불망(釣而不網)」이라고도 하는데, 오히려 알기가 쉽다. 익(弋)은 주살로, 화살에 명주실을 매어 쏘는 것을 말하고 사(射)는 쏜다는 뜻이다. 살생을 하지 않는 것이 좋겠지만, 부득이한 경우라도 그것을 아끼는 마음과 택하는 마음이 필요할 것 같다. 이른바 마구잡이로 씨를 말리는 그런 행위는 도의적인 문제를 떠나 앞날을 생각지 않는 하루살이 생활과도 같은 지각없는 행동이 아닐 수 없다.

좌정관천〔坐井觀天〕 우물 속에 앉아 하늘을 쳐다보면 하늘의 일부밖에 보이지 않는데, 그것이 하늘이 작은 것은 아니라는 뜻에서, 시야나 식견이 좁음을 비유해서 이르는 말. 비 관견(管見).

좌제우설〔左提右挈〕 왼쪽으로 끌고 오른쪽으로 이끈다는 뜻으로, 서로 의지하고 도와줌을 이르는 말. 《사기》

좌중유강남객〔座中有江南客〕 사람들이 모여 있는 자리에 강남에서 온 나그네가 있다는 뜻으로, 기피하고 경계해야 할 인물이 있음을 이르는 말. 중국에서는 강남(江南)이라는 말이 때로 혐오의 감정을 불러일으켰기 때문에 그 말을 피해 말하기를 좋아했다.

좌지우오〔左支右吾〕 이리저리 버티어 간신히 지탱함. 《송사》

좌지우지〔左之右之〕 제 마음대로 자유롭게 처리함. 남을 마음대로 지휘함.

좌춘풍중〔左春風中〕 만물을 자라게 하는 봄바람 부는 속에 앉아 있다는 말로, 훌륭한 스승을 모시고 가르침을 받는다는 뜻. 《서언고사(書言故事)》

죄의유경〔罪疑惟輕〕 죄상이 분명하지 않아 경중을 판단하기 어려울 때는 경하게 처분함을 일컫는 말.

죄중벌경〔罪重罰輕〕 죄는 무거운데 벌은 가벼움.

주객전도〔主客顚倒〕 사물의 경중(輕重)·완급(緩急)·선후(先後), 또는 주인과 손의 위치가 서로 바뀜. 비 본말전도(本末顚倒).

주객지세〔主客之勢〕 중요하지 못한 지위에 있는 사람은 중요한 지위에 있는 사람을 당해내지 못함을 이르는 말.

주경야독〔晝耕夜讀〕 낮에는 농사를 짓고 밤에는 공부하는 한가하고 운치 있는 생활. 바쁜 틈을 타서 어렵게 공부함.

주구〔走狗〕 사냥할 때 부리는 개라는 뜻으로, 남의 앞잡이 노릇을 하는 사람을 욕하는 소리로 이르는 말. 《사기》

주대반낭〔酒袋飯囊〕 술과 밥주머니란 뜻으로, 술과 음식은 곧잘 먹으면서 일은 하지 않는 사람을 나무래서 하는 말. 주낭반대(酒囊飯袋).

주마가편〔走馬加鞭〕 달리는 말에 채찍질을 하여 더 빨리 달리게 한다는 말로, 정진(精進)하는 사람을 더 한층 권장함. 《순오지》

주마간산〔走馬看山〕 달리는 말 위에서 산천을 구경한다는 말로, 바쁘고 어수선하여 천천히 살펴볼 여유가 없이 휙휙 지나쳐 봄을 이르는 말. 주마간화(走馬看花).

조장
助長

도울 助 길 長

> 도와서 더 자라게 함.

「조장」은 글자가 나타내고 있는 것과는 다른 뜻을 지니고 있다. 흔히 「조장시킨다」는 말을 쓰곤 하지만, 대개의 경우 좋지 못한 결과를 가져오게 만든다든가, 혹은 그 자체가 옳지 못한 것을 부추기거나 눈감아 주는 따위를 말하게 된다. 아무튼 조장이란 말을 좋은 경우에 쓰지 않는 것은, 그 글자가 지니고 있는 뜻 이외에 다른 뜻이 있기 때문이다.

이 말은 《맹자》 공손추 상에 있는 유명한 호연장(浩然章)에 나오는 말이다. 공손추가 맹자에게 물었다.

「선생님은 어떤 점이 남보다 뛰어납니까?」

「나는 남이 말하는 것의 옳고 그름을 잘 알고 나의 호연지기(浩然之氣)를 잘 기르고 있다」

「무엇을 호연지기라고 합니까?」

「말하기 어렵다」 하고 전제하고는 호연지기에 대한 어려운 설명을 한 다음,

「반드시 여기에 종사를 해도 어떤 결과를 미리 기대해서는 안되며, 마음에 항상 잊지 말아야 하고, 또 어서 자라나게 하기 위해 억지로 돕는 일도 하지 말아야 한다(心勿忘 勿助長也). 마치 송나라 사람처럼 말이다」 하고, 송나라 사람의 예를 들어 「조장」 이란 말을 설명하게 된다.

송나라에 어떤 사람이, 자기 집 곡식이 무럭무럭 자라나지 않는 것이 안타까워, 대궁을 하나하나 뽑아 올려 길게 만들고 멍청히 집으로 돌아와 자기 집 식구들을 보고 이렇게 말했다.

「오늘은 정말 피로하다. 곡식이 자라나는 것을 내가 도와주었거든」

아들이 듣고 깜짝 놀라 밭으로 달려가 보았더니 곡식은 벌써 다 말라 있었다는 것이다. 맹자는 이 이야기 끝에,

「천하에 곡식이 자라나는 것을 억지로 돕는 것 같은 일을 하지 않는 사람이 드물다. 돕는 것이 아무 소용이 없다 해서 버려두는 사람은 김을 매 주지 않는 사람이고, 자라는 것을 돕는 사람은 싹을 뽑아 올리는 사람이다. 유익함이 없을 뿐만 아니라 도리어 해를 끼치게 된다」 하고 조장이 게으름을 피우는 이상의 나쁜 결과를 가져오는 것을 다시 한 번 강조하고 있다.

이 세상의 모든 시끄러운 일들을 가만히 분석해 보면 어느 것 하나 이 조장의 결과가 아닌 것이 없을 것 같다. 그래서 차라리 내버려두라는 「무위자연(無爲自然)」의 사상이 대두되는 것이리라.

주마등〔走馬燈〕 등(燈)의 한가지로, 안팎 두 겹으로, 바깥쪽에는 종이나 얇은 천을 붙이고 안쪽에는 갖가지 그림을 오려 붙여 중앙에 축을 세우고 그 위의 풍차가 회전함에 따라 그림이 속의 등화로 바깥 틀에 비치어 돌게 되어 있음. 사물이 덧없이 빨리 돌아감을 가리키는 말. 《형초세시기(荊楚歲時記)》

주무량불급란〔酒無量不及亂〕 술을 마시는 데에 일정한 분량은 없지만, 그 때문에 마음이나 몸가짐이 흐트러질 정도로는 마시지 않는다는 뜻으로, 공자(孔子)의 음주에 대한 절도 있는 태도를 이르는 말. 《논어》

주무유호〔綢繆牖戶〕 비가 오기 전에 미리 창문을 닫는다는 뜻으로, 불상사가 일어나기 전에 미리 조심함을 이르는 말. 《시경》

주석〔柱石〕 중요한 인물을 말한다. 집의 주춧돌이나 기둥처럼 국가나 조직을 지탱하는 중심인물을 말한다. 《한서》

주순호치〔朱脣皓齒〕 ☞ 단순호치(丹脣皓齒).

주야장천〔晝夜長川〕 밤낮으로 쉬지 않고 연달아.

존심양성
存心養性

있을 存 마음 心 기를 養 성품 性

양심을 잃지 않고 그대로 간직하여 하늘이 주신 본성을 키워 나가는 것

「존심양성」은 「존기심양기성(存其心養其性)」이란 맹자의 말에서 온 것으로, 그 마음, 즉 양심을 잃지 말고 그대로 간직하여, 그 성품, 즉 하늘이 주신 본성을 키워 나간다는 뜻이다.

《맹자》 진심상 맨 첫 장에 맹자는 이렇게 말하고 있다.

「그 마음을 다하는 사람은 그 성품을 알게 되고, 그 성품을 알면 곧 하늘을 안다(盡其心者 知其性也 知其性則知天矣)」

「그 마음을 간직하고 그 성품을 기르는 것은 그것이 하늘을 섬기는 것이 된다. 일찍 죽고 오래 사는 것에 상관없이 몸을 닦아 기다리는 것은, 그것이 곧 명을 세우는 것이다」

맹자가 말한 이 대목은 《중용》의 첫 장을 읽는 것 같은 느낌을 준다.

《중용》에는 「하늘이 주신 것이 성품이다(天命之謂性)」라고 했는데, 맹자는,

「마음을 간직하고 성품을 기르는 것이 곧 하늘을 섬기는 것이다」라고 했다.

신동(神童) 강희장(江希張)은 아홉 살 때에 한 그의 주석에서 이렇게 말하고 있다.

「성품은 사람이 하늘로부터 받은 것이다······. 그것은 얼굴도 없고 빛깔도 없다. 보통 사람은 기질(氣質)과 물욕(物欲)의 가린 바가 되어 이를 알지 못한다. ······마음은 성품의 중심점이다. 그것은 지각(知覺)을 맡고 있다. 사람이 하늘이 주신 성품을 가지고 기운을 받고 얼굴을 이루게 된 뒤로는 마음이 곧 성품을 대신해서 일을 하게 된다. 하늘이 주신

성품으로 흘러나오는 정각(正覺)이 곧 도심(道心)이다」

즉 사람이 양심의 명령대로만 하게 되면 곧 천성을 알게 되고, 천성을 안다는 것은 곧 하늘을 아는 것이다. 그러므로 양심을 잃지 말고 간직하여 하늘이 주신 타고난 성품을 올바로 키워 나가는 것이 곧 하늘을 섬기는 길이란 것이다.

일요일만 교회에 나가 하늘을 섬기는 형식적인 신앙보다 이 얼마나 절실한 참다운 신앙이 되겠는가. 그의 일거일동이 다 양심에 따른 것이라면, 그것은 곧 하늘을 함께 하고 하늘에 순종하는 길이니, 행동 자체가 곧 기도의 자세인 것이다.

주어조청야어서청〔晝語鳥聽夜語鼠聽〕 낮말은 새가 듣고 밤말은 쥐가 듣는다는 뜻으로, 아무도 없는 데서라도 말조심을 하라는 말. 비밀은 없다는 말. 《동언해》 ☞ 장유이 복구재측(牆有耳 伏寇在側).

주여도반〔走輿稻飯〕 ☞ 삼십육계〔三十六計〕.

주욕신사〔主辱臣死〕 군주가 욕을 당하면 신하는 목숨을 걸고 그 치욕을 씻는다는 말. 《사기》

주위상책〔走爲上策〕 피해를 입지 않으려면 달아나는 것이 상책이라는 말. ☞ 삼십육계(三十六計).

주유열국〔周遊列國〕 원래는 여러 나라를 돌아다닌다는 뜻이었지만, 오늘날에는 이리저리 별 소득 없이 떠돌아다니는 것을 가리키는 풍자적인 의미로 쓰인다. ☞ 주유천하(周遊天下).

주유별장〔酒有別腸〕 술 마시는 사람은 장이 따로 있다는 뜻에서, 주량은 체구의 대소에 관계없음을 이르는 말. 《오대사(五代史)》

주이불비〔周而不比〕 널리 공평하게 사귀지만 도당(徒黨)은 이루지 않는다는 것. 군자(君子)는 널리 사람들과 공평하게 교분을 갖지만, 이익을 위하여 동아리를 만들거나 하지는 않는다는 것. 주(周)는 치우치지 않고 누구와도 사귄다는 뜻. 비(比)는 동아리가 되다. 《논어》

주인빈역귀〔主人貧亦歸〕 주인이 가난하게 되어도 그 집으로 돌아간다는 뜻으로, 옛 주인을 잊지 않음을 비유하여 이르는 말.

좌단
左袒

왼 左 웃통 벗을 袒

> 편을 가르다. 두 쪽으로 갈라지다.

좌단은 왼쪽 소매를 벗어 어깨를 드러내는 것을 말한다. 현대로 말하면 왼쪽 손을 들어 자기 의사를 표시하는 그런 것이다. 그런데 이 말은 어느 한쪽 의견에 동의하거나 그쪽 편이 되는 것을 뜻하게 된다. 그래서 「좌단고사(左袒故事)」란 말까지 생기게 되었는데, 이 「좌단」의 뜻은 「좌단고사」에서 온 것이다.

《사기》 여후본기(呂后本紀)에 있는 이야기다.

한고조의 아들 혜제(惠帝)가 즉위한 지 7년 만에 죽자, 그의 어머니며 고조의 황후였던 여후(呂后)는 소리를 내어 울기는 했으나 눈물 한 방울 흘리지 않았다.

장양(張良)의 아들인 장벽강(張辟彊)은 이때 열다섯 살 어린 나이로 시중이란 벼슬에 올라 측근에 모시고 있었다. 그는 좌승상인 진평(陳平)을 보고,

「태후가 눈물을 흘리지 않는 이유를 아십니까?」 하고 물었다.

「글쎄, 어째서일까?」

「돌아가신 황제에게 장성한 아들이 없기 때문입니다. 승상을 비롯해 고조의 옛 신하들이 실권을 잡게 될 것이므로 스스로 불안한 생각에서 그런 겁니다. 승상께서 태후에게 친정 사람들로 근위(近衛) 의장군을 시키고, 궁중의 요직에 임명토록 권하십시오 그러면 태후도 안심을 하고 중신들도 화를 면하게 될 것입니다」

진평은 벽강의 꾀에 따랐다. 여후는 몹시 기뻐했다. 그제야 눈물을 흘리며 통곡을 했다. 슬픔을 누르고 있던 불안이 가시자, 그제야 눈물

이 쏟아져 나온 것이다.

그 뒤로 모든 정치와 명령은 여후 한 사람으로부터 나오게 되었다. 여후는 다시 여씨들을 왕에 봉하려 했다.

왕릉(王陵)은 「유씨(劉氏)가 아니면 왕으로 봉할 수 없다」고 한 고조의 유지에 위배된다고 이를 반대했다. 그러나 진평과 주발(周勃)은 이에 찬성했다. 태후가 기뻐하며 조정을 나가자, 왕발은 두 사람을 책망했다. 그러자 두 사람은,

「대의를 끝까지 주장하는 용기는 우리가 당신을 미칠 수 없지만, 나라를 편안히 하고 유씨의 천하를 지키는 데는 당신이 우리만 못할 거요」하고 대답했다.

왕발은 곧 물러나고 진평이 우승상으로 승진했다. 진평은 정치에는 관심이 없어 매일 주색에만 빠져 있었다. 가장 여후가 두려워하고 있는 진평이 타락하게 된 것은 여후에게는 매우 다행한 일이었다.

고조의 일족인 유씨의 왕들은 차례로 쫓겨나고 혹은 피살되거나 자살을 강요당했다. 그 뒷자리에는 여씨들이 대신 들어가 앉았다.

그러나 여후는 집권 8년만에 병으로 눕게 되었다. 다시 일어나지 못할 것을 짐작한 여후는 조왕(趙王) 여록(呂祿)과 여왕(呂王) 여산(呂產)을 상장군에 임명하여 근위 북군과 남군을 각각 장악하게 한 다음, 두 사람을 불러 유언을 남겼다.

「너희들이 왕이 된 것을 대신들은 못마땅해 하고 있다. 내가 죽으면 난을 일으키게 될 것이다. 너희들은 군대를 이끌고 궁중을 지키고 있어야 하며 내 출상(出喪) 때에도 허술한 점이 없어야 한다」

여후는 곧 죽었다. 장례식이 끝나자, 그때까지 넋이 빠진 사람처럼 하고 있던 진평이 갑자기 활동을 개시했다. 그는 태위(太尉)인 주발과 여씨 타도의 계획을 짰다. 먼저 여록과 여산에게서 군권을 빼앗지 않으

면 안된다.

진평은 여록과 친하게 지내는 역기(酈寄)를 여록에게로 보내 이렇게 달랬다.

「대신들은 당신들이 왕으로 있으면서 봉지로 가지 않고 군권을 쥐고 있기 때문에 무슨 음모라도 꾸미지 않나 하고 불안해하고 있습니다. 그러니 군권을 태위에게 돌려주고 봉지로 돌아가십시오. 그러면 대신들도 안심을 하게 되고 당신들도 왕의 지위를 편안히 누리게 될 것입니다」

무능한 여록은 과연 그렇겠다 싶어 상장군의 직인을 반납하고 북군의 군권을 태위인 주발에게 넘기고 말았다. 그러자 주발은 즉시 북군 군문으로 들어가 장병들에게 영을 내렸다.

「여씨를 위하는 사람은 오른쪽 소매를 벗고, 유씨를 위하는 사람은 왼쪽 소매를 벗어라(爲呂氏右袒 爲劉氏左袒)」

장병들은 모두 왼쪽 소매를 벗어 유씨의 편을 드는 의사를 보였다. 이리하여 혁명은 성공을 보게 되었고 여씨들은 어른 아이 할 것 없이 모조리 잡혀 죽고 말았다. 여자의 얕은 지혜는 결국 자멸을 가져오는 어리석음과 다를 것이 없었다. 이 고사에서 「좌단」 은 어느 한쪽에 편든다는 뜻으로 쓰이게 되었다.

주자천지미록〔酒者天之美祿〕 술은 하늘이 내린 훌륭한 선물이라는 것. 술을 찬양하는 말. 녹(祿)은 본래 벼슬아치의 봉록을 말하는데, 위에서 아래로 내리는 것이라는 뜻. 단지 「미록(美祿)」 으로 술을 가리키는 수도 있다.

주장낙토〔走獐落兎〕 노루를 쫓다가 생각지도 않은 토끼가 걸려들었다는 뜻으로, 뜻밖의 이익을 얻음을 가리키는 말.

주주객반〔主酒客飯〕 주인은 손에게 술을 권하고, 객은 주인에게 밥을 권하며 다정히 식음함.《송남잡식》

주내백약지장
酒乃百藥之長

술 酒 곧 乃 일백 百 약 藥 의 之 으뜸 長

> 술은 곧 백 가지 약 중에 으뜸이다.

「술은 백 가지 약 중에 으뜸가는 것이다」라는 것이 「주내백약지장」이란 말이다. 술을 「백약지장(百藥之長)」이라고 하는 것은 바로 여기서 나온 말이다.

전한과 후한 사이에 15년 동안의 명맥을 지니고 있던 나라가 신(新)이란 나라며 황제는 왕망(王莽)이다. 이 왕망이 소금(鹽)과 술(酒)과 쇠(鐵)를 정부의 전매품으로 정하고, 이 사실을 천하에 공포한 조서 가운데, 「술은 백약의 어른이다」라는 말이 들어 있다.

조서에는 이렇게 나와 있다.

「대저 소금은 먹는 반찬 가운데 장수요, 술은 백 가지 약 중에 어른으로 모임을 좋게 하며, 쇠는 밭갈이하는 농사의 근본이다(夫鹽 飮肴之將 酒百藥之長 嘉會之好 鐵田農之本)」

이렇듯이 술은 사람의 일상생활에 잠시도 없어서는 안될 물건 속에 술을 넣어 두고 이를 예찬하고 있다. 술을 좋아하는 술꾼에게는 가장 비위에 당기는 문자다. 사실 또 이 말은 술꾼들이 즐겨 쓰는 말이기도 하다. 술이 약으로 쓰이지 않는 것은 아니다. 또 약을 조제하는 데 술이 없어서는 안되는 경우도 있다. 그러나 여기에 말한 백 가지 약 중의 어른이란 뜻은 사람의 기분을 상쾌하게 만들고 근심을 잊게 하고, 용기를 나게 하는 그런 특효를 가진 약이란 뜻일 것이다.

이 말은 《한서》 식화지(食貨志)에 기록되어 있다. 또 같은 식화지에는 다른 조서 가운데, 「술은 하늘의 아름다운 녹(酒者天之美祿)이다……」라고 한 구절이 나온다.

주지육림
酒池肉林

술 酒 연못 池 고기 肉 수풀 林

> 호사를 극한 굉장한 술잔치.

폭군의 대명사처럼 불리는 걸·주(桀紂)의 음란 무도한 생활을 단적으로 표현한 말로, 술로 못을 만들고 고기로 숲을 이룬 것이 「주지육림」이다.

걸(桀)은 하(夏)나라의 마지막 임금이었고, 주(紂)는 은(殷)나라의 마지막 임금이었다. 《사기》에는 걸에 대해서는 그다지 구체적인 예를 들지 않고 있으나 주에 대해서는 자세히 말하고 있다.

그는 구변이 좋고 몸이 날랬다. 보는 눈과 듣는 귀는 남보다 빨랐다. 힘이 장사여서 손으로 맹수를 쳐 죽였다. 그의 지혜는 간하는 말을 충분히 물리칠 수 있었고, 그의 구변은 자기의 그릇된 행동을 정당화시킬 수 있었다. 그래서 신하들에게 자기가 훌륭하다는 것을 자랑하고 자기의 위대한 이름이 천하에 널리 알려진 데 우쭐대고 있었다.

그는 술을 좋아하고 또 여자를 좋아했다. 특히 달기(妲己)라는 여자를 사랑해서 그녀의 말이라면 들어 주지 않는 것이 없었다. ……그는 사구(沙丘)에다 큰 유원지와 별궁을 지어 두고, 많은 들짐승과 새들을 거기에 놓아길렀다. ……술로 못을 만들고 고기를 달아 숲을 만든 다음(以酒爲池 懸肉爲林) 남녀가 벌거벗고 그 사이를 서로 쫓고 쫓기고 하며 밤낮 없이 계속 술을 퍼마시고 즐겼다.

백성들의 원성이 높아지고 제후들 중에 배반하는 사람이 생겼다. 그러자 주는 형벌을 무섭게 함으로써 이를 막을 생각으로 포락지형(炮烙之刑)이란 것을 창안해 냈다는 것이다.

「주지육림」이란 말은 여기 나오는 「이주위지(以酒爲池) 현육위림

(懸肉爲林)」이 줄어서 된 말이다 술과 고기를 진탕 마시고 먹고 하며 멋대로 놀아나는 것을 가리켜 「주지육림」이라고 하는 것도, 여기 나오는 장면을 방불케 하는 그런 뜻으로 쓰인다고 볼 수 있다.

《십팔사략》에는 걸에 대해서도 같은 내용을 말하고 있다.

걸은 탐욕스럽고 포학했으며, 힘은 구부러진 쇠고리를 펼 정도였다. 유시씨(有施氏)의 딸 말희(末喜)를 사랑해서 그녀의 말이라면 다 들어주었다.

옥과 구슬로 꾸민 궁전을 만들어 백성들의 재물을 고갈시켰다. 고기는 산처럼 쌓이고(肉山), 포는 숲처럼 걸려 있었으며(脯林), 술로 만든 못에는 배를 띄울 수가 있었고, 술지게미가 쌓여서 된 둑은 십리까지 뻗어 있었다. 한 번 북을 울리면 소가 물마시듯 술을 마시는 사람이 3천 명이나 되었다. 그것을 보고 말희는 좋아했다는 것이다.

물론 상상에 의한 과장된 표현이긴 하다. 그러나 그 속에 중국 사람들의 대륙성 기질이 들어 있다고나 할까.

주중적국〔舟中敵國〕배 안에 적국이 있다. 곧, 군주가 덕을 닦지 않으면 같은 배를 타고 운명을 같이하는 사람도 곧 적이 됨을 비유하는 말. 《사기》

죽두목설〔竹頭木屑〕대나무 조각과 나무 부스러기. 곧 소용이 적은 물건의 비유. 진(晋)의 도간(陶侃)이 이 두 물건을 버리지 않고 두었다가, 나무 부스러기는 진날에 땅에 깔고, 대나무 조각은 못을 만들어 배에 박아 요긴하게 썼다 함. 《세설신어》

죽림칠현〔竹林七賢〕중국 진(晋)나라 초기에 노자・장자의 허무의 학을 숭상하여 죽림에 모여 청담(淸談)을 일삼았던 7명의 선비. 즉 산도(山濤)・왕융(王戎)・유영(劉伶)・완적(阮籍)・완함(阮咸)・혜강(嵇康)・상수(向秀)를 말한다. 《세설신어》 ☞ 청담(淸談).

죽반승〔粥飯僧〕죽과 밥만 많이 먹는 중이란 뜻으로, 무능한 사람을 비유하여 이르는 말. 밥통. 《오대사》

죽마고우
竹馬故友

대나무 竹 말 馬 옛 故 벗 友

> 죽마를 타고 놀던 벗 곧 어릴 때부터 같이 놀며 자란 벗

「죽마(竹馬)」는 대나무로 만든 말이란 뜻이다. 「죽마」 니 「대말」 이니 하는 것은 시대에 따라 각각 달랐던 모양인데, 하여간 어린아이들이 긴 대나무를 말처럼 머리와 꼬리를 붙이고 앞머리를 손에 잡고 가랑이 밑에 넣어 말 탄 흉내를 내며 끌고 돌아다니는 그런 장난감이었던 것 같다.

이 죽마란 말은 《후한서》 곽급전(郭伋傳)에 나와 있다. 곽급은 후한 광무제 때 병주(幷州) 자사였던 사람으로 그가 부임하자, 「수백 명 아이들이 저마다 대말을 타고 길가에 나와 절을 하며 맞이했다」 고 한다.

이 죽마를 어릴 때 친구란 뜻으로 쓴 것은 진무제(晋武帝) 사마염이었다. 제갈정은, 삼국시대 때 위(魏)나라 고관이었던 아버지 제갈탄(諸葛誕)이 진무제의 아버지인 사마소(司馬昭)에게 반기를 들었다가 피살되었기 때문에 인질로 가 있던 오나라에서 대사마란 재상의 지위에 올라 있었다. 그런데 오나라가 망하고 그가 진나라로 돌아오게 되자, 진무제는 그를 또 진나라 대사마에 임명했다.

그러나 그는 불러도 가지 않았다. 아버지를 죽인 원수의 나라에 벼슬을 할 수 없다는 생각에서였다. 그것만이 아니고 그는 진나라 서울 낙양이 있는 쪽을 항상 등을 돌리고 앉아 있었다. 무제가 그와의 옛 정을 못 잊어 만나보고 싶어 했으나 끝내 만나 주지 않았다. 그래서 무제는 제갈명의 누님이 되고 자기의 숙모가 되는 낭야왕(琅耶王) 사마주의 부인인 제갈비(諸葛妃)에게 부탁해 그를 부르게 했다.

무제는 누님을 찾아와 이야기하고 있는 방에 갑자기 나타나 기쁨의

인사를 나누었다. 그리고 술자리가 베풀어져 술이 얼근했을 때 무제는 정답게 말을 건넸다.

「경도 설마 죽마의 옛 정을 잊은 것은 아니겠지?」

그러자 제갈정은,

「신은 숯을 머금고 몸에 옻을 칠할 수 없어, 오늘 다시 폐하를 뵙게 되었습니다」 하고 눈물이 비 오듯 했다.

숯을 머금고 몸에 옻칠을 한다(漆身吞炭)는 것은, 전국시대 지백(智伯)의 신하였던 예양(豫讓)이 옛 주인의 원수를 갚기 위해 했던 일을 가리켜 한 말이다.

무제는 그의 심정을 이해하는 한편, 그런 줄도 모르고 억지로 만나려고 한 자신을 후회하며 방을 나갔다는 것이다. 〔☞ 칠신탄탄(漆身吞炭)〕

이 무제가 말한 죽마지호(竹馬之好)에서 「죽마지우」니 「죽마고우」니 하는 말이 생겨났다. 제갈정의 아버지에 대한 복수심도 놀랍지만, 그보다도 천자로서 옛정을 잊지 못해 그토록 그를 만나고 싶어 한 진무제야말로 과연 죽마고우의 옛정을 잊지 못한 전형적인 인물이라 하겠다.

죽백지공〔竹帛之功〕 역사에 이름을 남길 만한 공을 말한다. 역사책에 이름이 기재될 만한 공적. 후한(後漢)의 채륜(蔡倫)이 종이를 발명하기 이전에는 죽간(竹簡 : 대나무 조각)이나 백(帛 : 명주)에 문자를 썼던 데서, 죽백은 책·역사의 뜻. 《한서》 ☞ 공명수죽백(功名垂竹帛).

죽원〔竹園〕 왕가의 친족. 황족의 이칭(異稱). 전한 문제(文帝)의 막내아들인 양(梁)나라의 효왕(孝王)은 어머니 두태후(竇太后)의 각별한 사랑을 받았다. 그 때문에 막대한 자산을 받아 그 돈으로 광대한 정원을 만들어, 거기에 나무를 심었던 고사에서 나온 말이다. 《사기》

준조절충
樽俎折衝

술통 樽 도마 俎 꺾을 折 부딪칠 衝

> 평화롭게 교섭으로 유리하게 일을 처리함.

《안자춘추》에 나오는 말이다. 준조(樽俎)라고 하면 술자리를 뜻한다. 곧「술자리에 앉아서 나가지 않고도 천리 밖의 일을 절충해 냈다」고 한 데서 나온 말이다.

춘추시대 제장공(齊莊公)이 가신 최저(崔杼)에게 살해당하는 사건이 일어났다. 장공이 무도해서 최저의 처와 간통을 했기 때문에 의(義)를 바로잡기 위해 죽였다는 것이었다. 일의 진위는 어쨌건 장공이 살해된 것은 사실이었다.

그래서 장공의 동생이 위에 올라 경공(景公)이 되었다. 그러나 그 때는 이미 최저와 그의 한패인 경봉(慶封) 등의 힘이 강하여 누를 수가 없었다. 그뿐 아니라 경공은 최저를 우상(右相)에, 경봉을 좌상에 임명하고 이 두 사람에게 반대하는 자는 죽인다는 맹서를 하게 되었다. 군신(群臣)은 다 그 기세를 좇아 차례차례로 맹서를 했다.

그런데 단 한 사람 맹서를 하지 않는 자가 있었다. 안영(晏嬰)이 바로 그 사람이었다. 영공(靈公)·장공(莊公) 2대에 걸쳐 섬기고 인망도 있었다. 그는 하늘을 우러러보며 이렇게 탄식할 뿐이었다.

「임금에게 충성되고 나라에 이익이 되는 일이라면 따르겠다」

경봉은 그를 죽이자고 했으나 최저는 듣지 않았다.

제나라의 내분은 계속되었다. 마침내 최저가 살해되고 이어 경봉도 겁을 집어먹고 오나라로 도망해 버렸다. 그래서 안영이 상국이 되어 국정을 맡게 되었다. 이것이 춘추시대 이름 높은 외상(外相) 안상국(晏相國)이다.

춘추시대에는 대국만 해도 12국이 있었고, 소국들까지 치면 백 나라가 넘었다. 안영은 국내에서는 얽히고설킨 파벌싸움을 진정시키고 국제적으로는 안태(安泰)하게 만들고자 애를 썼다.

안영은 온화하고 생활은 검소했다. 한 벌의 옷을 30년이나 입었다는 얘기도 전해지고 있다. 경공이 넓은 토지를 주려고 했을 때, 그는

「욕심이 차면 망하는 날이 가까워집니다」 하고 고사했다.

안영은 때로 외국에 사신으로 나갔다. 또 제후의 사신이 오면 그와 응대하여 훌륭한 외교수완을 발휘했다. 안영이 경공과 함께 강대함을 자랑하는 진(晋)으로 갔을 때의 일이다.

여흥으로 화살을 던져 항아리에 넣는 놀이인 투호(投壺)놀이를 하게 되었다. 진의 가신이 나와,

「만약 우리 주군께서 넣으시면 제후의 사(師)가 되실 징조다」 라고 찬사를 말했다.

진평공(晋平公)은 던져서 넣었다. 와! 하는 박수소리가 났다. 이때 안영이 나아가,

「만약 우리 주군께서 넣으시면 제는 진을 대신하여 흥할 것입니다」 하고 말했다.

경공은 던져 넣었다. 진의 평공은 화를 내고 가신들도 긴장하며 일어섰다. 그러나 안영은,

「투호는 하나의 놀이일 뿐, 찬사는 희롱하는 말이지 맹서는 아닙니다」 라고 둘러대고 경공과 함께 조용히 퇴출했다.

이것은 안영의 외교를 칭찬하기 위해 지어낸 이야기인지도 모른다. 안영이 외교에 대해 마음을 쓴 것은 더 복잡하며 대규모인 힘의 관계를 조정하는 데 있었으리라. 하지만 어쨌든 안영은 제나라라는 배의 키(舵)를 단단히 잡고, 서로 얽히고설킨 제국 사이를 걸어갔던 것이다.

그것을 안영의 언동을 기록한 《안자춘추(晏子春秋)》는 이렇게 쓰고 있다.

「술자리에 앉아서 나오지 않고 천리 밖의 일을 절충해 낸다는 것은 곧 안자를 이름이다(不出樽俎之間 而折衝千里之外 晏子之謂也)」

이렇듯 연석에서 담소하며 적의 예봉을 피하고 유리하게 말끝을 맺는다. 말하자면 천리 밖 저편에서 적의 공격(衝)을 꺾어버린다는 것은 바로 안자의 일을 말하는 것이다.

주석에서 평화스럽게 외교교섭을 하여 유리하게 일을 결말짓는 것을 「준조절충」이라 한다. 그것이 전(轉)해서 담판이나 거래, 국제상의 회견 등을 이 말로 표현하게 되었다.

중구삭금〔衆口鑠金〕 많은 사람의 말은 쇠를 녹인다는 뜻으로, 말의 무서움을 이르는 말. 《국어》

중도반단〔中途半端〕 이도 저도 아니고 철저하지 못한 것. 행하다 말아 일이 이루어지지 않는 모양. 마지막까지 해내기에는 근기(根氣)만 가지고는 안되고 확고한 계획을 세우지 않으면 이렇게 된다. ⑤ 용두사미(龍頭蛇尾).

중도이폐〔中道而廢〕 도중에 힘이 다해버리는 것. 또 힘을 완전히 쓰기 전에 도중에 그만두어 버리는 것. 《논어》

중류격즙〔中流擊楫〕 치욕을 갚고 실지(失地)를 회복하겠다며 애국심에 불타오르는 기세를 비유해서 이르는 말. 《진서》

중류지주〔中流砥柱〕 역경 속에서 핵심의 역할을 하는 힘. 또 그런 사람을 비유해서 이르는 말. 지주(砥柱)는 황하 가운데 있는 작은 산으로, 황하의 격류 속에서도 조금도 흔들리지 않는 데서, 난세(亂世)에 처해도 의연히 절의(節義)를 지켜 굴하지 않음의 비유. 《수경주(水經注)》

중소성다〔衆小成多〕 티끌 모아 태산. 작은 양도 많이 모이면 다량이 된다는 것. 소(小)를 쌓아 올려야만 비로소 다대한 성과가 오른다. 《한서》

중심성성〔衆心成城〕 뭇사람의 마음이 일치단결하면 성벽과 같이 견고하

다는 뜻으로, 많은 사람이 한마음으로 뭉치면 침범할 수 없음을 이르는 말. 《국어》

중오필찰 중호필찰〔衆惡必察 衆好必察〕 모든 사람들이 미워하더라도 반드시 살필 것이고, 모든 사람이 좋아하더라도 반드시 살필 일이다. 곧 남의 말이나 소문만을 듣고 결정을 내리지 말고 반드시 직접 확인해 실정을 파악한 뒤 행동하라는 말. 《논어》

중원지록〔中原之鹿〕 많은 사냥꾼의 무리들이 한 마리의 사슴을 잡으려고 중원(中原)으로 달리듯, 천하(天下 : 중원)의 군웅이 제위(帝位 : 사슴)를 다투는 모습을 비유해서, 천자의 자리, 또는 천자를 이름. 《사기》

중족측목〔重足仄目〕 중족(重足)은 두 발이 겹쳐져 감히 걷지 못한다는 뜻, 측목(仄目)은 곁눈질로만 훔쳐볼 뿐 감히 똑바로 보지 못한다는 뜻으로, 위풍이나 위세에 눌려 두려워하는 모양을 이르는 말. 《후한서》

중지성성〔衆志成城〕 ☞ 중심성성(衆心成城).

중취독성〔衆醉獨醒〕 모두 취한 가운데서 홀로 깨어 있다. 세상의 모든 사람이 불의와 부정을 저지르는 가운데 혼자 이를 반대하여 자신의 덕성(德性)을 지키는 사람을 일컬을 때 쓰는 말이다. 인품이 고결하고 청렴한 사람이나 그런 자세를 칭송하는 데 쓰인다. 《사기》

즉시일배주〔即時一杯酒〕 후세에 이름을 남길 일을 생각하기보다는 눈앞에 있는 한 잔의 술을 즐기는 편이 낫다는 말. 뒤에 닥칠 큰일보다는 목전의 작은 일을 택함의 비유. 찰나(刹那)의 쾌락을 추구하는 것. 《진서》

즉신성불〔即身成佛〕【불교】 부처의 삼밀(三密)과 중생의 삼밀이 상응하면 생불(生佛) 평등의 이치에 따라 육신(肉身)인 채로 부처가 되는 일. 직언밀교(直言密敎)의 독특한 교리.

즉심시불〔即心是佛〕【불교】 사람은 번뇌로 인하여 마음이 더러워지거나, 본심은 불성(佛性)으로서 중생의 마음이 곧 부처의 마음이라는 뜻. 시심시불(是心是佛). 《전등록》

즐풍목우〔櫛風沐雨〕 부는 바람으로 머리를 빗고, 내리는 비로 목욕을 한다는 뜻으로, 오랜 세월을 객지에서 떠돌며 간난신고(艱難辛苦)를 거듭함의 비유. 《장자》 ㉌ 풍찬노숙(風餐露宿).

증삼살인〔曾參殺人〕 거짓말도 되풀이해 들으면 믿어버리게 된다는 말. 《전국책》 ☞ 삼인성호(三人成虎).

중과부적
衆寡不敵

무리 衆 적을 寡 아니 不 대적할 敵

적은 수효로는 많은 수효를 대적하지 못한다.

《맹자》 양혜왕편에 나오는 말이다.

전국시대 때 왕도정치의 이상을 설파하기 위해 여러 나라를 방문하던 길에 맹자는 제나라 선왕(宣王)을 만났다. 선왕은 맹자에게 패왕이 되는 길을 묻고자 했는데, 이에 대해 맹자는 오직 왕도정치만이 옳은 길이라고 하면서 다음과 같이 대화를 풀어나갔다.

「군대를 일으켜 무력으로써 천하의 패자가 되고자 하는 것은 마치 『나무에 올라가 물고기를 구하는 것(緣木求魚)』과 같습니다」〔☞연목구어〕

그러자 선왕이 물었다.

「아니 그것이 그토록 심하단 말이오?」

「그보다도 더욱 심합니다. 나무에 올라 물고기를 구하는 일이야 실패해도 큰 해가 없겠지만, 임금의 정책은 실패하면 나라를 망치고 맙니다」

맹자는 이렇게 단호하게 말하고 나서 차근차근 설명해 나갔다.

「가령 작은 나라인 추(鄒)와 큰 나라인 초(楚)가 싸운다면 어느 쪽이 이길 거라고 생각하십니까?」

「그야 당연히 초나라가 이기겠지요」

「자, 그렇다면 수가 적은 편은 많은 편을 이길 수 없으며(寡固不可以敵衆), 약소국은 강대국을 이길 수 없으며(弱固不可以敵强), 약자는 강자에게 패하게 마련입니다. 지금 천하에 사방 일천 리 되는 땅을 가진 나라가 아홉이 있는데, 제나라도 땅을 모두 합치면 일천리쯤 되므로 그 1할을 소유하고 있는 셈입니다. 하나를 가지고 여덟을 복종시키려는 것은 작은 추나라가 거대한 초나라에 대적하려는 것과 다를 것이 없지 않겠습니까」

「그러면 어떻게 해야 합니까?」

「어진 덕으로 나라를 다스린다면 천하의 백성들 중 누가 임금을 우러러보지 않겠으며, 누가 자신들을 다스려 주기를 바라지 않겠습니까? 그러면 저절로 천하는 폐하의 것이 될 것입니다. 왕도를 따르는 자만이 천하를 지배할 수 있습니다」

그러나 제선왕은 이를 수긍하면서도 맹자의 건의를 받아들이지는 않았다.

증이파의〔甑已破矣〕 시루는 이미 깨졌다는 뜻으로, 이미 그릇된 일을 뉘우쳐도 소용이 없음을 이르는 말. 《송남잡식》 유 복수불반분(覆水不返盆).

증중생진〔甑中生塵〕 시루에 먼지가 쌓였다는 뜻으로 매우 가난함을 비유하여 이르는 말. 《후한서》 비 부중생어(釜中生魚).

증타불고〔甑墮不顧〕 메고 있던 시루를 떨어뜨려도 개의치 않는다는 뜻으로, 사물에 대한 단념이 빠름을 비유하여 이르는 말. 《후한서》

지강급미〔舐糠及米〕 쌀겨를 핥다가 마침내 쌀까지 먹어치운다는 뜻으로, 영토의 삭감이 이윽고는 나라를 망하게 함을 비유하여 이르는 말. 《사기》

지과〔止戈〕 전쟁을 그치는 것. 어지러운 세상을 평화롭게 함의 비유. 과(戈)는 가지가 있는 창. 전(轉)하여 전쟁의 뜻으로도 쓴다. 또 예부터의 자원설(字源說)로서「무(武)」자는「과(戈)」와「지(止)」의 합자로 보고,「지과(止戈)」가 그 본뜻으로 해석되어 왔다. 《좌전》

지구지계〔持久之計〕 승부를 단숨에 결판내지 않고, 농성을 하거나 또는 포위를 하여 오래 견뎌서 적을 약화시키고 압박하는 전술. 《삼국지》

지귀부대작〔至貴不待爵〕 지극히 귀한 자. 즉 지극히 도덕이 높은 자는 벼슬을 하지 않아도 스스로 귀하다는 뜻.

중구난방
衆口難防

무리 衆 입 口 어려울 難 막을 防

> 뭇 사람의 말을 이루 다 막기가 어려움. 제멋대로

「중구난방」은 많은 사람들이 마구 떠드는 소리를 감당할 수 없다는 뜻이다. 그러나 지금은 이 말을 부사로 사용하는 경우가 많다. 즉 여러 사람이 질서 없이 마구 떠들어댈 때,

「중구난방으로 이렇게 떠들 것이 아니라, 우리 차근차근 이야기합시다」하는 경우를 예로 들 수 있다. 이 경우 「중구난방」은 「제멋대로」라는 뜻이 된다. 말하자면 명사가 부사로 바뀐 것뿐 본래의 뜻에 별 차이는 없다.

이 말을 직접 쓴 것은 춘추시대 송나라 사마(司馬) 화원(華元)이다. 그가 성을 쌓는 일을 독려하기 위해 나와 있을 때, 군중들이 그가 적국의 포로가 되었다가 돌아온 것을 비웃어 노래를 불렀다.

그러나 마음이 너그러운 그는 군중들을 꾸짖는 일이 없이 「뭇 입은 막기 어렵다(衆口難防)」라고 그만 나타나지 않았다. 그의 그러한 태도가 대중에게 좋은 반향을 일으켜 그는 국민들의 존경을 받게 되었다는 것이다.

그러나 이 말은 그가 처음 쓴 말이 아니고, 옛날에 이미 있었던 말을 짤막하게 표현한 것이라 볼 수 있다.

《십팔사략》에 보면 소공(召公)이 주려왕(周厲王)의 언론 탄압 정책을 간하여 이렇게 말하고 있다.

「백성의 입을 막는 것은 내를 막는 것보다 더한 바가 있습니다(防民之口 甚於防川). 내가 막혔다가 터지면 사람을 많이 상하게 됩니다. 백성들도 역시 마찬가지입니다. 그러므로 내를 다스리는 사람은 물이 흘

러내리도록 하고, 백성을 다스리는 사람은 생각하는 대로 말을 하게 해야 합니다」

그러나 여왕은 소공의 말을 듣지 않고 함구령(緘口令)을 계속 밀고 나갔다. 그로 인해 폭동을 만나 도망친 곳에서 평생을 갇혀 사는 결과를 가져왔고, 그가 갇혀 있는 동안 대신들의 합의에 의해 정치를 한다 해서 이것을 공화(共和)라 불렀다. 이것이 공화정치의 가장 오랜 역사라 볼 수 있다.

또 《국어(國語)》 정어(鄭語)에는 재상 자산(子產)의 말이라 하여, 「백성의 입을 막는 것은 내를 막는 것보다 더 심한 것이 있다」 고 해서 같은 말이 나와 있다.

결국 「중구난방」 은 이 「심어방천(甚於防川)」 이란 말에서 나온 것 같다.

지남[指南] 남쪽을 가리킨다는 뜻으로, 가르쳐 지시함. 교수함.

지낭[智囊] 꾀주머니란 뜻으로, 지혜가 뛰어난 사람을 이르는 말. 《사기》

지당춘초몽[池塘春草夢] 못의 둑에 나 있는 파릇파릇한 봄풀 위에 누워 졸다가 꾼 소년시절의 꿈에서, 세월의 흐름, 젊은 시절의 덧없음을 비유하여 이르는 말. 주희(朱熹) 《우성(偶成)》

지대어본필피[枝大於本必披] 아랫자리에 있는 사람이 윗자리에 있는 사람보다 강해지면 위험함의 비유. 《사기》

지독지애[舐犢之愛] 어미 소가 송아지를 핥아주는 사랑이란 뜻으로, 부모가 자식을 맹목적으로 사랑함의 비유. 자기 자식을 사랑함의 겸양으로도 쓰인다. 《후한서》

지란[芝蘭] 지초(芝草)와 난초(蘭草). 모두 향초(香草)를 가리킴. 또 선인(善人)·군자를 비유하여 이르는 말.

지란옥수[芝蘭玉樹] 선량한 자제를 비유하여 이르는 말. 《진서》

지란지교[芝蘭之交] 벗 사이의 고상한 교제.

중용지도
中庸之道

가운데 中 떳떳할 庸 어조사 之 길 道

> 중용의 도리. 극단에 치우치지 않고 평범한 속에서의 진실한 도리.

「중용지도」란 말을 우리는 흔히 쓰곤 한다. 그러나 그것이 풍기는 의미는 일정하지가 않다. 듣는 사람도, 말하는 사람도 자기 마음대로 풀이할 수 있는 막연한 내용의 말이다.

「그건 중용지도가 못되지」

뭔가 좀 지나쳤다는 뜻이다. 어느 점이 어떻다고 지적할 수는 없어도 어딘가 좀 반성할 점이 있다는 막연한 개평(槪評)이다. 듣는 사람도 과히 기분 나쁘지 않고, 말하는 사람도 그리 거북하지 않은, 적당히 듣고 적당히 쓸 수 있는 말이다.

「중용」이란 말은 《논어》에도 나온다. 그러나 《중용》이란 책이 「사서(四書)」 중의 하나라는 것은 누구나가 다 알고 있다. 그 《중용》 첫머리에 주자(朱子)는 정자(程子)의 말을 인용하여 「중용」을 이렇게 풀이하고 있다.

「편벽되지 않은 것을 『中』이라 말하고, 바뀌지 않은 것을 『庸』이라 말한다. 『中』이란 것은 천하의 바른 길이요, 『庸』이란 것은 천하의 정해진 이치다」

「中」은 중간이니 중심이니 하는 뜻이다. 좌우로 치우치지 않은 것이 중간이고, 어느 쪽에도 더 가깝지도 멀지도 않은 것이 중심이다.

「庸」은 떳떳하다는 뜻이다. 떳떳하다는 말은 정당하다, 당연하다, 항상 그대로다 하는 뜻을 가지고 있다. 즉 중용은 어느 한쪽으로도 치우치지 않은 떳떳한 것이란 말이다.

또 지나치지도 않고 부족하지도 않은 꼭 정도에 맞는, 더 바랄 수 없는 그런 원리 원칙이 「중용」인 것이다.

　지구가 항상 제 궤도를 돌고 있는 것도 그것이 중용지도를 걷고 있기 때문이다. 인공위성으로 우주여행을 무사히 끝마치려면 처음에서 끝까지 이 중용지도를 지키지 않으면 그만 사고를 일으키고 만다. 그와 마찬가지로 우리 인간이 일생을 사는 동안도 이 중용지도를 지키지 못하면 예기치 못한 불행과 마찰을 가져오게 되는 것이다.

　그러나 그 중용지도란 정해져 있는 것은 아니다. 인공위성이 궤도 수정을 하지 않으면 안되듯이, 그때그때의 사정에 따라 적당히 수정될 수 없는 원리 원칙은 궤도 수정이 불가능한 인공위성과도 같은 것이다.

　《중용》 첫머리에 공자는 말하기를,

　「군자의 중용이란 것은 군자로서 때에 맞게 하는 것이다」라고 했다. 때에 맞게 한다는 것이 바로 원리 원칙에 입각한 궤도 수정의 가능성을 말하는 것이다.

　덮어놓고 좌우 양파의 중간에 서 있는 무사주의나 타협주의나 기회주의가 중용지도는 아니다. 팔 사람이 부르는 값과 살 사람이 주겠다는 값을 반으로 딱 잘라 흥정을 붙이는 거간꾼의 처사가 반드시 정당한 것은 아니다. 공자는 말했다.

　「천하와 국가도 다스릴 수 있고, 벼슬도 사양할 수 있고, 칼날도 밟을 수 있지만, 중용만은 할 수 없다」

　그때그때에 맞는 처리와 행동을 한다는 것은 용기나 지조의 문제가 아니라, 성인(聖人)의 지혜가 없이는 안된다는 말이다.

　「중용지도」 즉 「중용의 길」은 가장 올바른 길이요, 오직 하나뿐인 길이다. 그 길을 제대로 걸어가기 위한 지혜와 행동력을 가진 사람이 아니면 대중을 지도할 자격은 물론, 그 자신이 세상을 올바로 살아갈 수가 없다.

中原逐鹿
중원축록

가운데 中 근원 原 쫓을 逐 사슴 鹿

> 정권을 다툼.

「중원축록」은 사슴을 쫓는다는 말이다. 「각축(角逐)」도 같은 말이다. 여기서 중원(中原)이라 함은 정권을 다투는 무대를 말한다. 녹(鹿)은 사슴, 곧 정권·권력을 일컫는 말로 쓰인다.

《사기》 회음후열전에 나오는 이야기다.

한고조 때 조(趙)나라 재상 진희(陳豨)가 대(代) 땅에서 반란을 일으키자 고조가 군사를 이끌고 진압에 나섰다. 그 틈에 진희와 내통하고 있던 회음후 한신이 한나라의 도읍인 장안에서 다시 반란을 일으키려 했으나, 사전에 기밀이 누설되어 잡혀 죽고 말았다.

진희의 반란군을 평정하고 돌아온 고조는, 한신이 「괴통(蒯通)의 말을 듣지 않은 것이 분하다」라고 말하고 죽었다는 말을 듣고는 당장 괴통을 잡아들이라고 명했다. 괴통은 앞서 고조 유방이 항우와 천하를 다투고 있을 때 제왕(齊王)이었던 한신에게 독립할 것을 권했던 인물이다.

이윽고 고조 앞에 끌려온 괴통은 고조의 문초에 당당히 말했다.

「그 때 한신이 저의 책략에 따랐다면 오늘 폐하의 힘으로도 그를 당해내지 못했을 것입니다」

고조는 대로해서 그를 당장에 끓는 물에 집어넣으라고 명령했다. 그러자 괴통은 굴하지 않고 대꾸했다.

「폐하, 저는 죽을 만한 죄를 짓지 않았습니다. 진(秦)나라의 기강이 무너지자 산동(山東)이 소란스러워지고 각지에서 영웅호걸들이 무리를 지어 일어났습니다. 진나라가 사슴(鹿 : 제위)을 잃었기 때문에 천하가 모두 이를 쫓았던 것입니다. 그런데 그 중 가장 뛰어난 폐하께서 이를 잡으셨던 것입니다. 옛날 도척(盜跖)의 개가 요(堯)임금을 보고 짖었다(跖之狗吠堯)고 했거니와, 요임금이 악인이라 짖은 것이 아니요, 원래 주인이 아니면 누구라도 짖는 것이 개이기 때문입니다. 말하자면 당시 신은 오직 한신만 알고 폐하를 알지 못했기 때문에 한신 편에 서서 짖었던 것입니다. 천하가 어지러워지면 이를 통일하여 왕이 되고자 하는 영웅호걸은 수없이 많지만, 힘이 모자라 폐하께서 하신 일을 이룩할 수 없었을 따름입니다. 천하가 평정된 지금 앞서 난세에 폐하와 마찬가지로 천하를 도모했다고 해서 일일이 삶아 죽이려 하십니까?」〔☞ 걸견폐요(桀犬吠堯)〕

이 거침없고 사리에 맞는 항변에 고조는 벌린 입을 닫지 못하고 괴통을 그대로 놓아줄 수밖에 없었다.

지리멸렬〔**支離滅裂**〕 지리(支離)는 가지가 흩어져 정리되지 않은 모양. 멸렬(滅裂)은 조각조각의 뜻. 양쪽 모두 산산 조각나 정리되지 않은 것. 갈가리 흩어지고 찢기어 갈피를 잡을 수 없이 됨. 《상자》

지리불여인화〔**地利不如人和**〕 일을 성취하는 데는 아무리 조건이 좋은 땅을 얻더라도, 온 나라의 민심이 화합하여 단결해 있는 데는 미치지 못함을 이르는 말. 《맹자》 ☞ 천시지리인화(天時地利人和).

지리승천시〔**地利勝天時**〕 적을 칠 좋은 기회를 만난다 할지라도, 지리(地利)를 얻지 못하면 승산이 없음. 곧 하늘이 주는 좋은 기회도 지세(地勢)의 이로움을 얻기보다는 못함을 이르는 말. 《맹자》 ☞ 천시지리인화(天時地利人和).

지명〔**知命**〕 50세의 이칭(異稱). 나이 50에 천명을 알았다(五十而知天命)고 한 공자의 말에서 나온 것이다. 《논어》

지복지맹〔**指腹之盟**〕 후한 광무제(光武帝)가 가복(賈復)의 아내가 임신을 했다는 말을 듣고 장차 태어날 아기와 내 자식을 혼인시키자고 하였다는 고사에서, 뱃속에 있는 태아를 두고 혼인을 약속하는 일.

지기일 미지기이
知其一 未知其二

알 知 그 其 한 一 아닐 未 두 二

이면(裏面)의 사리나 내면(內面)의 이치를 모름을 이르는 말.

상대 의견에 찬성하면서 아직 부족한 점이 있다는 뜻으로 쓰이기도 하고, 상대가 어떤 문제를 놓고 지나친 고집을 하거나 엉뚱한 속단을 내릴 때 이 말을 쓰기도 한다.

《사기》 고조본기(高祖本紀)에 나오는 말로, 한고조 유방이 군신들에게,

「내가 천하를 얻고, 항우가 천하를 잃은 이유가 무엇인지 말해 보라」고 하자, 신하들은 두 사람의 성격을 들어서 대답했다. 이때 고조는,

「경들은 그 하나는 알고 그 둘은 모른다(公知其一 未知其二)」라고 하며, 자기는 장양과 소하, 한신 같은 인재들을 썼기 때문이고, 항우는 하나밖에 없는 범증(范增)마저 제대로 쓰지 못했기 때문에 망한 것이라고 말했다. 〔☞ 운주유악(運籌帷幄)〕

여기서 말한 「그 둘」은 꼭 두 가지란 뜻은 아니다. 첫째 것에 대한 둘째 것이란 뜻도 될 수 있고, 하나 이외의 또 다른 것이란 뜻도 된다. 그러나 보통 「하나만 알지 둘은 모른다」는 우리말은 이 말을 번역해 쓰고 있다. 우리가 쓰고 있는 「둘」이란 말 역시 그 밖의 다른 것이란 뜻을 가지고 있다. 하나도 상관없고 셋도 넷도 될 수 있다.

이 「지기일 미지기이」란 말과 같은 말을 《시경》 소아(小雅) 소민(小旻)편에서도 볼 수 있다.

감히 범을 맨 손으로 잡지도 않고
감히 강을 맨 몸으로 건너지도 않으나
사람은 그 하나만을 알고

그 밖의 것을 알지 못한다
……

不敢暴虎　不敢馮河　　불감포호　불감빙하
人知其一　莫知其他　　인지기일　막지기타
……

이 시는 포학한 정치를 개탄해서 부른 시다. 맨주먹으로 범을 치고 알몸으로 강물을 건너는 그런 무모한 짓은 하지 않지만, 눈앞의 이해에만 눈이 어두워 장차 올 보다 큰 재난이 밀어닥칠 것을 모르고 있는 위정자들을 가리켜서 한 말이다.

하나만 알고 그 밖의 것을 모르는 것이 인간의 공통된 약점이요 결점이다. 항상 살피고 반성해도 이 약점과 이 결점을 보충하기가 힘들다. 더구나 그런 노력마저 없는 경우야 말해 무엇 하겠는가.

지부복궐〔持斧伏闕〕 왕께 상소할 때 죽을 각오로 도끼를 들고 대궐 문 밖에 나아가 엎드리는 일. 중난(重難)한 일을 간할 때, 만일 그 뜻이 이루어지지 않으면 이 도끼로 죽여 달라고 하는 결의를 보이는 것.

지부작족〔知斧斫足〕 아는 도끼에 발등 찍힌다는 뜻으로, 아는 사람에게 해를 당하거나 속임을 당함을 이르는 말. 「믿는 도끼에 발등 찍힌다」는 우리말 속담과 같은 말이다. 《순오지》

지분절해〔支分節解〕 지체(肢體)와 관절을 분해한다는 뜻으로, 글의 내용을 세밀하게 나누어 자세히 조사함을 이르는 말.

지분혜탄〔芝焚蕙嘆〕 지(芝)는 지초, 혜(蕙)는 혜초를 말하며 모두 향초(香草)로 동류(同類). 지초가 불타면 혜초가 한탄한다는 뜻으로, 동류가 입은 재앙은 자기에게도 근심이 된다는 말.

지불가만〔志不可滿〕 소망은 완전히 이루어지게 해서는 안된다. 무슨 일이나 마음먹은 대로 되는 것은 도리어 좋지 않다는 말. 《예기》

지락무락
至樂無樂

이를 至 즐거울 樂 없을 無

> 지극한 즐거움이란 그것이 즐거움인지 모르는 평온무사함이다.

「지락무락」은 이 세상에서 가장 즐거운 것은 그것이 즐거운 줄을 모르는 평온무사한 것이란 뜻이다.

보통 우리가 즐겁다고 하는 것은 괴롭다는 것을 전제로 하고 있다. 괴로운 일이 있기 때문에 즐겁다는 감정이 생기는 것이다. 즐겁다고 느꼈을 때는 벌써 지금까지 괴로웠다는 것과 곧 이어서 괴로운 일이 온다는 것을 뜻한다고 볼 수 있다.

그러므로 즐겁다고 느끼는 즐거움은 상대적인 것인 동시에 괴로움에서 나와 다시 괴로움으로 돌아가는 한 과정에 불과한 것이다.

그러므로 그것은 참 즐거움이 될 수 없다. 철학자들도 말하기를, 「쾌락은 낙이 아니다」라고 했다.

이 말은《장자》지락편(至樂篇)에 있는 말이다.

장자가 말한 본래의 뜻은, 진리를 깨닫는 사람의 즐거움은 즐겁다는 자각이 없는, 언제나 그대로인 것임을 말하려 한 것이다. 그것은 죽고 사는 생사도 영광도 굴욕도 슬픔도 기쁨도 다 초월한 자기만이 가지는 즐거움이란 뜻이다. 장자는 말하기를,

「모름지기 남면(南面)을 한 임금의 즐거움도 이에서 더 즐거울 수는 없다」고 했다.

그는 또 세상 사람들이 생각하는 즐거움과 뜻이 높은 사람이 가지고 있는 즐거움이 서로 다른 것을 비유하여 이런 예를 들고 있다.

노나라 임금이 들 밖에 날아든 바닷새를 붙들어다가 좋은 음악을 들려주고 사람이 먹는 귀한 음식을 주었다.

그러나 새는 조금도 반가워하는 일이 없이 사흘을 굶은 끝에 죽고 말았다는 것이다. 새에게는 역시 새만이 갖는 세계가 있다.

뜻이 높은 사람에게는 속인들의 영광이나 쾌락 같은 것이 한갓 고통스런 것에 불과한 것이다.

환난을 겪어 본 사람이 아니면 이「지락무락」의 뜻을 얼른 이해하기 힘들 것이다.

지불생무명지초〔地不生無名之草〕 땅은 이름 없는 풀을 자라게 하지 않는다는 뜻에서, 이 세상 어느 곳에도 쓸모없는 물건이라고는 하나도 없음을 이르는 말.

지상담병〔紙上談兵〕 종잇장 위에서 병법을 말한다는 뜻으로, 실제를 떠난 공리공담(空理空談)을 이르는 말. 《사기》

지성여신〔至誠如神〕 지극한 정성을 지닌 사람은 사물의 추이를 예지(叡智)할 수 있다. 지성(至誠)은 지상(至上)의 진심이라는 뜻. 《중용》

지어농조〔池魚籠鳥〕 연못(池) 속의 고기와 농(籠) 속의 새라는 말로서, 자유롭지 못함의 비유.

지어지앙〔池魚之殃〕 ☞ 앙급지어〔殃及池魚〕.

지연중어자불상〔知淵中魚者不祥〕 정치는 그 대강(大綱)을 파악하고 있으면 됨을 비유하여 이르는 말. 또 사물의 구석구석까지 모조리 아는 것은 위험하다는 말. 《한비자》.

지엽말절〔枝葉末節〕 가지와 잎, 본체에서 갈라져 나간 중요하지 아니한 부분. 자질구레한 일. 「지엽말절에 구애되다」 라는 식으로 사용한다. 근간(根幹)의 반대.

지우이신〔至愚而神〕 지극히 어리석은 사람이라도 마음이 신령(神靈)할 수 있다는 뜻으로, 백성의 마음을 비유하는 말.

지원부지근〔知遠不知近〕 먼 곳은 잘 알고 가까운 곳은 알지 못한다는 뜻으로, 남의 일은 잘 알지만, 자기 일은 잘 모름을 비유하여 이르는 말. 《회남자》

지인무기〔至人無己〕 도(道)를 완전히 궁구(窮究)한 사람은 아욕(我慾)이 없음을 이르는 말. 지인은 도가에서 말하는 득도(得道)한 사람. 《장자》

지록위마
指鹿爲馬

가리킬 指 사슴 鹿 할 爲 말 馬

억지를 써서 남을 궁지로 몰아넣다. 윗사람을 농락하여 권세를 마음대로 휘두름.

누구나 다 아는 사실을 옳다거나 아니라고 고집을 하며 남을 궁지로 몰아넣는 것을 말한다. 또 이 말이 처음 생겨나게 된 고사에 따라 윗사람을 농락하여 권세를 마구 휘두르는 방자한 행동을 가리켜 말하기도 한다.

《사기》 진시황 본기(本紀)에 조고(趙高)에 대한 이야기가 이렇게 나와 있다.

진시황 37년 7월, 시황제는 순행 도중 사구(沙丘)의 평대(平臺)에서 죽는다. 시황은 죽기에 앞서 만리장성에 가 있는 태자 부소(扶蘇)를 급히 서울로 불러올려 장례식을 치르라는 조서를 남겼었다.

그러나 이 조서를 맡고 있던 내시 조고가 시황을 따라와 있던 후궁 소생인 호해(胡亥)를 설득시키고 승상 이사(李斯)를 협박하여 시황의 죽음을 비밀에 붙이고 서울 함양으로 들어오자, 거짓 조서를 발표하여 부소를 죽이고 호해를 보위에 앉힌다. 이것이 2세 황제다.

조고는 점차 2세를 정치에서 멀어지게 하고 방해물인 이사를 죽게 한 다음 스스로 승상이 되어 권력을 한 손에 쥐고 흔들었다. 그러나 조고의 야심은 그 자신 황제가 되는 것이었다. 조고는 반란을 일으키려 했으나 군신들이 따를지가 염려였다. 그래서 먼저 준비공작을 했다. 조고는 사슴을 가져다가 2세에게 바치며,

「이것이 말이옵니다」 라고 했다. 그러자 2세는 웃으며,

「승상이 실수를 하는구려. 사슴을 보고 말이라고 하니」

「아닙니다. 말이옵니다」

2세는 좌우에 있는 시신들에게 물었다. 어떤 사람은 잠자코 있고, 어떤 사람은 조고의 편을 들어 말이라고 하고, 혹은 정직하게 사슴이라고 대답하기도 했다.

그러자 조고는 사슴이라고 말한 사람은 모조리 법률로 얽어 감옥에 넣고 말았다. 그 뒤로 모든 신하들은 조고가 무서워 그가 하는 일에 다른 의견을 말하지 못했다는 것이다.

그러나 이때는 이미 온 천하가 반란 속에 물 끓듯 하고 있을 때였다. 조고는 2세를 더는 숨길 수 없게 되자, 그를 죽이고 부소의 아들 자영(子嬰)을 임시 황제 자리에 앉혔다. 그러나 조고는 자영에게 죽고 만다.

불에 싸인 집안에서 권력다툼을 하는 소인의 좁은 생각은 그것이 남을 해칠 뿐만 아니라 자신을 해치는 것인 줄을 알 리가 없었다.

이래서 억지소리로 남을 몰아세우는 것을 「지록위마」라고 하게 된 것이다.

지자견미맹〔智者見未萌〕 슬기로운 사람은 일이 일어나기 전에 미리 앎을 이르는 말.

지자불혹 용자불구〔知者不惑 勇者不懼〕 지혜가 있는 사람은 도리를 알고 사물을 꿰뚫어보는 힘이 있으므로 사물에 대하여 미혹(迷惑)하는 일이 없고, 용기 있는 사람은 과감하게 행동하므로 어떠한 사태에도 기가 죽지 않는다는 것. 지덕(知德)·인덕(仁德)·용기 그 각각의 덕의 의의를 간명하게 서술한 말의 한 구절이다. 《논어》

지장〔指掌〕 사물이 명쾌(明快)한 것, 간단히 이해할 수 있음의 비유. 손바닥을 들여다보듯이 누구나 알 수 있는 비근하고 손쉬운 일의 비유. 《논어》

지장이담〔抵掌而談〕 기분 좋게 이야기하는 것. 아무것에도 구애됨이 없이 하고 싶은 말을 하는 것. 또 열심히 이야기하고 있음의 형용. 또는 손바닥에 손가락으로 쓰면서 이야기하는 것. 《전국책》

지어지선
至於至善

지극할 至 어조사 於 착할 善

> 지극히 착한 지경에 이름.

지선(至善)은 더 이상 바랄 것이 없는 최고의 선이란 뜻이다. 「善」은 착하다는 뜻도 되고 좋다는 뜻도 된다. 최고로 착한 것이 곧 최고로 좋은 것이 될 수 있고, 최고로 좋은 것이 곧 최고로 착한 것이 될 수 있으므로 결국 같은 뜻이다.

「지선(至善)」이란 말은 《대학》 첫머리에 있는 말이다. 이른바 삼강령(三綱領)은 명덕과 신민과 이 지선을 가리켜 뒷사람들이 붙인 이름이다. 《대학》 원문에는,

「대학의 길은 밝은 덕을 밝히는 데 있고, 백성을 새롭게 하는 데 있고, 지극히 착한 데 이르는 데 있다(大學之道 在明明德 在親民 在至於至善)」라고 나와 있다.

친(親)은 신(新)이란 글자를 잘못 쓴 것으로 보고 신으로 읽는다. 「지어지선(止於至善)」은 지극히 착한 곳에 머무른다는 뜻이다. 그러나 보통 「지어지선(至於至善)」이란 말이 널리 쓰인다.

머무른다는 말보다는 노력해서 거기까지 도달한다는 데에 보다 수양의 실감을 느낄 수 있기 때문인지도 모른다.

「지어지선」을 주자(朱子)는 주석에서 말하기를,

「하늘 이치는 극진함을 다하여 한 털끝만한 사람의 욕심의 사사로움도 없다」라고 했다. 그러나 우리가 보통 쓰는 말뜻은 보다 가벼운 것이다. 즉 「지어지선」이란 말을 「최선을 다한다」든가 혹은 「완전무결하다」든가 하는 정도의 뜻으로 쓰고 있는 것이다. 도덕이나 철학을 떠난 모든 면에 쓰이고 있다.

지우책인명
至愚責人明

지극할 至 어리석을 愚 꾸짖을 責 사람 人 밝을 明

> 지극히 어리석은 사람도 남을 꾸짖는 데는 밝다.

「똥 묻은 개가 겨 묻은 개 나무란다」는 우리 속담도 다 이런 진리를 비유해 말한 것이다. 이 말은 《송명신언행록(宋名臣言行錄)》에 있는 범순인(范純仁)의 말이다. 그는 제자들에게 말하고 있다.

「사람이 아무리 어리석어도 남을 꾸짖는 데는 밝고, 아무리 총명이 있어도 자기를 용서할 때는 어둡다(雖至愚 責人則明 雖有聰明 恕己則昏)」

그러므로 남을 꾸짖는 마음으로 자기 자신을 꾸짖고, 자기를 용서하는 마음으로 남을 용서하면 저절로 성현의 지위에 이르게 된다는 것이다. 그는 또 말하기를,

「내가 평생을 통해 배운 것은 『충(忠)』과 『서(恕)』 두 글자뿐이다. 이것은 평생을 두고 써도 부족함이 없다」고 했다.

「충」은 거짓 없는 마음을, 「서」는 그 거짓 없는 마음을 그대로 행하는 것이다. 남을 꾸짖는 데만 밝고, 자기 잘못은 무조건 눈감아 버리려는 인간의 공통된 병폐는 모두가 거짓된 마음에서 생겨나는 것이다.

지재천리〔志在千里〕 뜻이 천리 밖에 있다는 뜻으로, 포부가 원대함을 이르는 말. 《세설신어》 📖 노기복력(老驥伏櫪).

지족불욕〔知足不辱〕 자신의 보신(保身)을 위해서는 극단적인 집착(執着)을 버리고 만족할 줄 알아야 함을 이르는 말. 여기에서 만족할 줄 아는 사람은 몸을 그르치지 않는다는 뜻으로도 쓰인다. 《노자》

지족이식비〔智足以飾非〕 사악한 지혜로 나쁜 짓이나 잘못을 겉꾸며 선한 일처럼 보이게 할 수가 있음을 이르는 말. 《설원》

지지불태〔知止不殆〕 분수를 알고 지나치는 일이 없으면 위태로운 일을 당하지 않음을 이르는 말. 《노자》

지지위지지 부지위부지 시지야〔知之爲知之 不知爲不知 是知也〕 알고 있는 것과 모르는 것을 분명히 구별하여, 알지도 못하면서 아는 체해서는 안된다고 경계한 말. 아는 것을 안다고 하고 모르는 것을 모른다고 하는 것, 이것이 참으로 아는 것이다. 「참으로 안다」는 것은 모른다는 것을 인정하는 것이다. 공자가 약간 독단적인 경향의 성격을 가진 제자 자로(子路)에게 타이른 말이다. 이 말에는 또 이런 재미있는 에피소드가 있다. 조선시대 문인 유몽인(柳夢寅)이, 조선인은 어떤 경서(經書)를 읽느냐고 묻는 중국에서 온 사신에게 농담삼아,「우리나라에서는 새들도 경서 하나쯤은 읽을 줄 압니다.『지지위지지 부지위부지 시지야』라고 하지 않습니까?」새가 《논어》를 읽었을 리 없건만 이 구절을 빨리 읽다 보면 새의 지저귀는 소리와 비슷하게 들리기 때문에 이런 얘기가 나온 것 같다. 《논어》위정편.

지진이부지퇴〔知進而不知退〕 융통성이 없이 무턱대고 일을 밀고 나아가는 것. 변화가 없고 임기응변으로 대처하지 못함을 이르는 말. 《역경》

지척지지〔咫尺之地〕 아주 좁은 땅. 지(咫)도 척(尺)도 모두 주(周)나라 때의 길이의 단위로, 약 18센티미터. 매우 가까운 곳. 《사기》

지천사어〔指天射魚〕 하늘을 가리키고 물고기를 쏜다는 뜻으로, 수단과 방법을 그르치면 목적을 달성할 수 없음의 비유. 《설원》

지치득거〔舐痔得車〕 똥구멍을 핥아 수레를 얻는다는 뜻으로, 미천한 일을 하여 큰 이익을 얻음을 이르는 말. 자신의 목적을 위해서는 수단과 방법을 가리지 않음을 비난하여 이르는 말. 《장자》

지필〔舐筆〕 붓끝을 핥는 정도로 쓴다는 데서, 소홀할 정도로 가볍게 쓰는 것. 붓끝을 가볍게 핥듯이 가볍게 씀을 이르는 말. 《당서》

지학〔志學〕 학문에 뜻을 둔다는 말로, 공자가 15세에 학문에 뜻을 두었다는 데서, 나이 15세를 일컫는다. 《논어》 ☞ 불혹지년(不惑之年).

지행합일〔知行合一〕 안다는 것은 행한다는 것의 시작, 행한다는 것은 아는 것의 성과다. 지(知)와 행(行)은 본래 하나의 것이며 두 개로 나눠지는 것이 아니다. 지식과 실천은 합치하지 않으면 안된다고 하는 명(明)나라 왕양명(王陽明)의 행동 이론. 왕양명 《전습록(傳習錄)》

지음 知音

알 知 소리 音

> 음악의 곡조 소리를 잘 앎. 마음이 서로 통하는 친한 벗

「지음」은 소리를 안다는 말이다. 이 말은 자기를 알아주는 지기지우(知己之友)라는 말과 같은 뜻으로 쓰인다.

상대방이 타는 거문고 소리만 듣고도 그 사람의 속마음까지 알 수 있을 정도로 서로가 마음이 통했다는 백아(伯牙)와 종자기(鍾子期)의 고사에서 생긴 말이다.

이 이야기는 《열자》 탕문편에 나온다.

백아는 거문고를 잘 타고, 종자기는 타는 소리의 뜻을 잘 알았다. 백아가 거문고를 들고 높은 산에 오르고 싶은 마음으로 타고 있으면, 종자기는 옆에서 이렇게 말했다.

「기가 막히다. 하늘을 찌를 듯한 높은 산이 눈앞에 나타나 있구나」

또 백아가 흐르는 강물을 생각하며 거문고를 타면 종자기는,

「참으로 좋다. 도도히 흐르는 강물이 눈앞을 지나고 있는 것 같다」

하고 감탄했다. 이렇듯 백아의 속마음을 꼭꼭 알아주는 것이 항상 이런 정도였다. 또 《여씨춘추》에도 같은 이야기가 실려 있는데, 다음과 같은 이야기를 덧붙이고 있다.

「종자기가 죽자, 백아는 거문고를 부수고 줄을 끊고는 평생 거문고를 타지 않았다. 이 세상에 다시 자기 거문고 소리를 들려 줄만 한 사람이 없었기 때문이다」

그래서 자기 속마음을 알아주는 지기지우를 「지음」이라고 부르게 되었다.

여기서 「백아절현(伯牙絶絃)」이란 성구가 나왔다.

지자막여부
知子莫如父

알 知 아들 子 없을 莫 같을 如 아비 父

> 아비만큼 그 자식의 됨됨이를 아는 사람은 없다.

낳아서 기르며 하나하나 보고 느끼고 한 아버지 이상으로 자식의 속마음까지 잘 알 사람이 없다는 데는 이견이 있을 수 없다. 이 말은 속담으로 예부터 내려온 말이다.

그러나 이 말이 기록에서 처음 인용된 것은 관중(管仲)에 의해서였다. 《관자》 대광편에도 있고, 《한비자》 십과편(十過篇)에도 나온다.

《관자》와 《한비자》의 원문은 모두 「지자막여부(知子莫如父)」가 아닌 「지자막약부(知子莫若父)」로 되어 있다. 같은 뜻일 바엔 「막약」보다는 「막여」가 듣기에 부드럽기 때문에 「막여」로 변한 것 같다.

《한비자》 십과편은 임금의 열 가지 허물을 들어 말한 것인데, 그 중 여덟 번째에 가서 충신의 말을 듣지 않은 예를 들고 있다. 옛날 제환공이 제후들을 규합하여 천하를 바로잡고 오패(五覇)의 으뜸이 된 것은 관중의 도움 때문이었다. 관중이 늙은 뒤 일을 보지 못하고 집에서 쉬고 있을 때였다. 환공이 찾아가 물었다. 〔☞ 관포지교(管鮑之交)〕

「중보(仲父: 관중의 존호)가 집에서 병으로 누워 있으니, 불행히 일어나지 못한다면 정치를 누구에게 맡겨야 하겠소?」

「늙은 신에게 물을 것이 있겠습니까. 신이 듣건대 신하를 아는 것은 임금만한 사람이 없고, 자식을 아는 것은 아비만한 사람이 없다고 하였습니다. 임금께서 생각하여 결정하십시오(臣聞之 知臣莫若君 知子莫若父 君其試以心決之)」

그러자 환공은 포숙아(鮑叔牙)가 어떠냐고 물었다. 관중은 그가 패자의 재상될 자격이 없다고 반대했다. 그러자 환공은 수조(豎刁)를 물었다. 관중은 그를 소인이라 하여 반대했다. 환공은 또 개방(開方)과 역아(易牙)가 어떠냐고 물었다. 관중은 그들이 다 위험한 인물들이니 멀리하라고 간곡히 부탁했다.

그런 일이 있은 뒤 1년쯤 지나 관중이 죽자, 환공은 관중이 천거한 습붕(濕朋)을 쓰지 않고 자기가 신임하는 내시 출신인 수조를 썼다. 수조가 재상이 된 지 3년이 되던 해, 환공이 남쪽 당부(堂阜)로 가서 즐기고 있는 동안 수조는 개방, 역아 등과 공모하여 난을 일으키고 환공을 남문에 있는 침전 수위의 방에서 굶어죽게 만들었다.

환공의 자식들은 서로 뒤를 이으려고 싸우는 바람에 환공의 시체를 석 달이나 그대로 두었다. 그래서 시체에서 생긴 벌레가 문 밖까지 기어나왔다.

천하를 호령하던 환공이 마침내 신하에게 죽고 만 것은 무엇 때문일까. 관중의 말을 듣지 않은 잘못 때문이다. 이상이 《한비자》에 있는 내용인데, 결국 「지신막여군」이란 말은 절대적인 것이 아니란 것을 보여 준 셈이다.

직궁증부〔直躬證父〕 겉보기의 부정직(不正直) 속에 참된 정직이 있다는 말. 부정직이라 여겨지는 행위 속에도 정(情)에 기인한 참된 정직이 있는 법이라는 공자의 말이다. 궁(躬)이라는 지나치게 정직한 사람이 양을 훔친 자기 아버지를 고발했다는 고사에서 나온 말이다. 《논어》

직목선벌 감정선갈〔直木先伐 甘井先竭〕 곧은 나무가 먼저 잘리고, 물맛이 좋은 샘은 빨리 마른다는 뜻으로, 재능이 뛰어나고 이용가치가 높은 것은 먼저 이용되어 없어져버림의 비유. 《장자》

직불보곡〔直不輔曲〕 정직한 사람은 악인을 돕지 않는다. 현명한 사람은 정치가 어지러운 나라에서는 벼슬하지 않음을 이르는 말. 《국어》

직여현사도변〔直如弦死道邊〕 곧기가 활시위 같으면 길가에서 죽는다는 뜻으로, 성격이 너무 곧은 사람의 불행함을 이르는 말. 《후한서》

지자불언 언자부지
知者不言 言者不知

알 知 사람 者 아니 不 말씀 言

> 아는 사람은 말을 잘 하지 않고, 말이 많은 사람은 참으로 알지 못한다.

《노자》 56장에 있는 말이다.
「지자불언(知者不言)」은 아는 사람은 말을 잘 하지 않는다는 뜻이다. 자연 말이 많은 사람은 참으로 알지 못하는 것이 된다. 그것이 「언자부지(言者不知)」다.

공자의 제자 자공은 당시 공자보다도 더 훌륭하다는 평을 듣던 사람이다. 그는 위대한 외교관이었고 또 경제인이기도 했다.

공자도 그를 말 잘하는 사람이라고 평한 일이 있다. 그러나 공자는 항상 그가 말이 앞서는 것을 경고했다.

안자(顏子)는 공자가 가장 사랑하고 가장 아끼던 제자다. 공자의 제자 중에 안자와 자공이 가장 재주가 뛰어났다. 그러나 세상 사람들은 아무도 안자의 재주를 알아주지 않았다. 그것은 안자가 통 말이 없고 사회에 나가 활동하는 일이 없었기 때문이다.

공자는 안자를 평하여 이렇게 말한 적이 있다.

「내가 안회(顏回)와 더불어 종일 말을 해도, 그는 바보처럼 듣고만 있다. 그러나 나가서 행동하는 것을 보면 역시 바보는 아니다」

안자야말로 노자가 말한 「지자불언」의 경지에 이른 사람이었다.

공자가 자공에게 물은 일이 있다.

「네가 안회와 누가 더 낫다고 생각하느냐?」

당시 모든 사람들은 자공을 안자 이상으로 알고 있었고, 자공도 그 자신이 가장 뛰어난 걸로 알고 있는 것 같아서 물은 것이다.

그러나 자공은,

「제가 어떻게 안회를 바랄 수 있겠습니까. 회는 하나를 들으면 열을 알고, 저는 하나를 들으면 둘을 알 뿐입니다(賜也何敢望回 回也聞一知十, 賜也聞一以知二)」하고 대답했다.

여기서 「문일지십(聞一知十)」이란 말이 나오는데, 「문일지십」이란 제목에서 언급하고 있다.

역시 참으로 아는 사람은 말이 없는 증거다. 「대현여우(大賢如愚)」란 말도 같은 말이다.

직절간명〔直截簡明〕 번거롭지 않고 명확한 것. 단순명쾌(單純明快)해서 알기 쉬운 것. 반 복잡다단(複雜多端).

진경고현〔秦鏡高懸〕 밝은 거울이 높이 걸려 있다는 뜻으로, 사리에 밝거나 판결이 공정함을 일컫는 말. 진경은 중국 진(秦)나라의 시황제가 사람의 선악·사정(邪正)을 비추어 보았다는 거울을 말한다. 그래서 「진경」은 선악을 꿰뚫어보는 안식(眼識)을 말한다. 《서경잡기》

진금부도금〔眞金不鍍金〕 진짜 황금은 도금을 하지 않는다는 뜻으로, 참으로 재능 있는 자는 겉치레를 하지 않음을 비유하여 일컫는 말.

진량〔津梁〕 나루와 다리. 전(轉)하여 물을 건너는 시설. 【불교】부처가 중생을 제도하는 일. 또 동분서주(東奔西走)의 뜻. 일을 하기 위한 방편의 뜻으로도 쓰인다. 《후한서》

진반도갱〔塵飯塗羹〕 먼지 밥과 흙 국이라는 뜻으로, 어린아이의 소꿉장난 같은 것. 곧 아무 소용도 없는 일을 비유하여 이르는 말. 《한비자》

진비일호〔振臂一呼〕 어깨를 흔들며 크게 외치다. 곧 분발하여 크게 일어서는 모습을 비유하여 이르는 말.

진승오광〔陳勝吳廣〕 진승과 오광은 둘 다 초(楚)나라 사람으로, 거병(擧兵)하여 진(秦)나라에 대한 반란에 선수를 썼다는 데서, 어떤 일에 선수를 써서 앞지르는 일. 또 그런 사람. 《사기》

진인사대천명〔盡人事待天命〕 사람으로서 해야 할 일을 다 한 뒤에 조용히 그 결과를 기다린다는 뜻으로, 무슨 일이나 최선을 다하여 노력해야 함을 이르는 말. 《독사관견(讀史管見)》

지자요수 인자요산
智者樂水 仁者樂山

슬기 智 사람 者 좋아할 樂(요)
물 水 어질 仁 뫼 山

> 지자는 사리(事理)에 통달하여 막힘이 없음이 물과 같아서 물을 좋아하고, 인자는 의리에 밝고 중후하여 변치 않음이 산과 같아서 산을 좋아한다.

《논어》 옹야편에 있는 공자의 말이다.

「지자요수(知者樂水)」는 지혜로운 사람은 물을 좋아한다는 말이고 「인자요산(仁者樂山)」은 어진 사람이 산을 좋아한다는 말이다.

「樂」은 음악이라는 명사일 때는 「악」으로 읽고, 즐겁다는 형용사일 때에는 「낙」이라 읽고, 좋아한다는 동사일 때는 「요」라고 읽는다.

원문을 소개하면 다음과 같다.

「지혜로운 사람은 물을 좋아하고, 어진 사람은 산을 좋아한다. 지혜로운 자는 움직이고, 어진 사람은 고요하다(知者動 仁者靜). 지혜로운 이는 즐겁고, 어진 이는 수한다(知者樂 仁者壽)」

지혜로운 사람은 변화에 대해 민감한 사람이다. 만물을 변화하는 측면에서 관찰하는 것이 지자의 태도다. 마음이 어진 사람은 언제나 한마음 그대로를 간직하고 있다.

만물을 변하지 않는 측면에서 생각하는 것이 인자의 태도다. 물처럼 시시각각으로 변화하는 모습을 나타내는 것은 없다. 그러므로 변화를 좋아하는 사람은 물을 좋아하게 된다.

산처럼 언제 보아도 그 모습 그대로 보이는 것은 없다. 그러므로 변하지 않는 것을 좋아하는 사람은 산을 좋아하게 된다.

즉 물은 움직이고 산은 고요하다. 그것이 지자와 인자의 대조적인 상태다.

물의 흐름은 즐겁고 산의 위치는 영원불변 그대로다. 이것이 지자와 인자의 생활 태도란 뜻이다.

공자는 냇가에 서서 탄식한 일이 있다.

「가는 것이 이 같구려. 낮과 밤은 쉬지 않는도다」

공자는 냇물의 흐름을 보고 우주의 쉬지 않는 운행을 피부로 느끼게 되었던 것이다. 그것이 지자가 물을 좋아하는 모습이었으리라.

진정지곡〔秦庭之哭〕 진나라 조정에서 곡을 한다는 뜻으로, 남의 도움(원조)을 바라는 것을 비유해서 이르는 말. 초(楚)의 신포서(申包胥)가 원군을 청하러 진(秦)나라에 가서 7일 동안이나 진의 조정에서 곡을 하여 마침내 원군을 얻었다는 고사에서 나온 말이다.

진지구무이〔秦之求無已〕 진시황(秦始皇)의 폭렴(暴斂)과 같다는 뜻에서, 탐내는 욕심이 한이 없음을 이르는 말.

진진상잉〔陳陳相仍〕 오래된 곡식이 곳집 속에서 묵어 쌓였다는 뜻으로, 나라가 잘 다스려져 물건이 풍부함을 이르는 말. 《사기》

진진지호〔秦晉之好〕 진(秦)나라와 진(晉)나라의 우호관계란 뜻으로, 두 나라가 대대로 혼인을 하였으므로, 후일 사람들은 두 집안 사이의 혼인 관계가 이룩되는 것을 가리켜 「진진지호」라고 하게 되었다. 진진지의 (秦晉之誼).

진천동지〔震天動地〕 하늘을 진동하고 땅을 흔든다는 뜻으로, 세력이나 위엄이 천하에 떨침을 비유하여 이르는 말. 《진서》 비 경천동지(驚天動地).

진충보국〔盡忠報國〕 충성을 다하여 나라의 은혜를 갚음. 《송사》

진퇴유곡〔進退維谷〕 앞으로 나아가지도 못하고, 뒤로 물러나지도 못한다는 뜻으로, 나아갈 수도 없고 물러설 수도 없는, 이러지도 저러지도 못하는 궁지에 몰려 있음을 이르는 말. 《시경》

진합태산〔塵合泰山〕 티끌 모아 태산. 토적성산(土積成山).

진환이환〔盡歡而還〕 많은 사람들이 모여 한껏 즐기고 나서 돌아감. 《남사》

질수축알〔疾首蹙頞〕 몹시 근심이 되어 콧마루를 찡그림. 몹시 밉거나 싫어서 콧마루를 찡그림.

지족자부
知足者富

알 知 족할 足 사람 者 부유할 富

> 만족할 줄 아는 사람이 부자다.

《노자》 33장에 있는 말이다.

부(富)란 여유가 있다는 뜻이다. 먹고 입고 쓰고 남는 것이 부자다. 그러나 사람은 먹고 입고 쓰는 것이 한이 없다. 한 끼에 한 홉 밥으로 만족한 사람이 있는가 하면, 남이 잘 먹어 보지 못한 요리를 먹기 위해 남이 알까 무서울 정도의 엄청난 돈을 들이는 사람도 있다. 한두 벌 옷으로 몸을 가리면 족한 사람이 있는가 하면, 유행을 따르다 못해 창조를 해가며 매일같이 값비싼 새 옷을 사들이는 여인들도 있다.

「아흔 아홉 섬 가진 사람이 한 섬 가진 사람보고 백 섬 채우자」고 한다는 말이 있다. 아흔 아홉 섬 가진 사람이 한 섬 가진 사람보다 마음이 가난하기 때문인 것이다. 만일 그가 그 한 섬 가진 사람을 보고 마흔 아홉 섬을 주어 똑같이 50석씩 가졌으면 하는 마음이 생겼다면 그는 천 석 가진 부자 이상으로 풍족함을 느끼는 사람일 것이다.

부는 마음에 있다. 먹을 것을 걱정하지 않는 성자는 천하의 모든 식량이 다 자신을 위한 것으로 느껴지는 것이다. 하느님은 일용할 양식을 우리에게 준비하고 계시니까.

《설원》 담총(談叢)에는,

「부는 만족할 줄 아는 데 있고(富在知足), 귀는 물러가기를 구하는 데 있다(貴在求退)」고 했다.

과장자리에 있는 사람이 국장이 되기를 바라면 그는 항상 천한 상태에 있다. 그러나 과장도 과해서 계장으로 물러앉으면 하는 사람은 마음이 항상 귀한 사람이란 뜻이다.

지피지기 백전불태
知彼知己 百戰不殆

알 知 저 彼 자기 己 일백 百
싸울 戰 위태로울 殆

> 적을 알고 나를 알면 백 번 싸워도 위태롭지 않다.

《손자》 모공(謀攻)편에 나오는 말이다.

손무(孫武)는 춘추시대 오왕 합려의 패업을 도운 불세출의 병법가로서 오늘날 《손자병법》을 만든 유명한 인물이다.

그는 초(楚)나라의 병법가로서 전국시대에 활약한 오기(吳起:吳子)와 함께 병법의 시조로 일컬어진다. 그의 《손자(손자병법)》에 아래와 같은 글이 있다.

「적의 실정을 알고 아군의 실정도 안 다음 싸운다면 백 번을 싸워도 결코 위태롭지 않다. 적의 실정은 모르고 아군의 실정만 알고 싸운다면 승패는 반반이다. 적의 실정을 모르고 아군의 실정까지 모르면 싸울 때마다 모두 질 것이다」

지금은 그저 「지피지기(知彼知己)면 백전백승(百戰百勝)」이라고 흔히 쓴다.

질실강건〔質實剛健〕 꾸밈이 없이 착실하고, 심신 모두 건강한 것. 옛날의 학교는 거의가 이것을 교칙(校則)으로 게시했다. 지금 학교 교육에 가장 필요하다고 여겨지는 것이 이런 기풍일 것이다.

질언거색〔疾言遽色〕 말을 빨리 하고 얼굴에 당황한 모양을 한다는 뜻으로, 침착하지 못한 모양을 형용하는 말. 《후한서》

질여풍〔疾如風〕 신속한 대응을 이르는 말. 진퇴가 바람처럼 신속함. 《손자》

질이불리〔質而不俚〕 소박하면서도 촌스럽지 않음.

질족자선득〔疾足者先得〕 날랜 사람이 먼저 얻음을 이르는 말.

질지여수〔疾之如讎〕 원수처럼 미워함.

진선진미
盡善盡美

다할 盡 착할 善 아름다울 美

> 착함과 아름다움을 다함. 더할 나위 없이 잘 됨.

「진선진미」는 착함을 다하고 아름다움을 다했다는 말로 더 이상 바랄 것이 없을 만큼 잘 되어 있다는 뜻으로 많이 쓰인다.

이 말은 《논어》 팔일편에 있는 공자의 말에서 비롯된다.

그러나 원문에는 「진미진선(盡美盡善)」으로 나와 있다. 즉 공자가 순임금의 악곡인 소(韶)와 무왕(武王)의 악곡인 무(武)를 감상한 말로 다음과 같이 실려 있다. 공자께서 소를 일러 말하기를,

「아름다움을 다하고 또 착함을 다했다 하시고(子謂韶 盡美矣 又盡善也), 무를 일러 말씀하시기를, 아름다움을 다하고 착함을 다하지 못했다고 하셨다(謂武 盡美矣 未盡善也)」

순임금은 요임금에게서 천하를 물려받아, 다시 이것을 우임금에게 물려주었다. 순임금의 그러한 일생을 음악에 실어 나타낸 것이 「소」라는 악곡이었다. 순임금이 이룬 공은 아름다웠고 그의 생애는 착한 것의 연속이었다. 그러므로 그 이상 아름다울 수도 착할 수도 없는 일이었다. 공자는 이 악곡을 들으며 석 달 동안 고기 맛을 몰랐다고 한다.

무왕은 은나라 주를 무찌르고 주나라를 창건한 사람이다. 그가 세운 공은 찬란하지만, 혁명이란 방법을 택하지 않으면 안되었던 그 과정은 완전히 착한 일은 될 수 없었다. 그러므로 공은 아름다워도 동기와 과정만은 완전히 착한 것이 될 수 없었던 것이다.

결국 미는 이룬 결과를 말하고, 선은 그 동기와 과정을 말하는 것이다. 그러나 오늘날 우리가 쓰고 있는 「진선진미」는 그런 구별 없이 아무런 결점도 없는 완전무결한 것을 말한다.

진신서 불여무서
盡信書 不如無書

다할 盡 믿을 信 책 書
아니 不 같을 如 없을 無

> 책에 씌어 있다고 해서 다 사실이 아니다. 그것을 보는 사람이 미루어서 믿을 것은 믿고 믿지 않을 것은 믿지 말아야 한다.

 책에 씌어 있는 것이라고 해서 모든 것이 사실이라고 할 수는 없다. 따라서 그것을 보는 사람이 스스로 미루어 헤아려야 할 것이다. 만일 그것을 덮어놓고 다 믿는다면 책이 미치는 결과는 차라리 없는 것만도 못하다.
 이러한 뜻의 말을 맹자는 「진신서 불여무서」라고 했다.
 《맹자》 진심 하에 보면 맹자는,
 「글(역사)을 다 믿는다면 글이 없는 것만 같지 못하다(盡信書則 不如無書). 나는 무성〔武成 : 《서경》 주서(周書)의 편 이름〕에서 두세 쪽(策)만을 받아들일 뿐이다. 어진 사람은 천하에 대적하는 사람이 없다. 지극히 어진 사람이 지극히 어질지 못한 사람을 치는데, 그 피가 절구공이를 뜨게 하겠는가」하고, 역사 기록의 지나친 과장을 가혹하게 평하고 있다.
 내용인 즉, 무왕이 주(紂)를 치는데, 주의 앞에 있는 군대가 무왕의 편을 들어 뒤로 돌아 후방에 있는 군대와 충돌함으로써 피가 냇물처럼 흘러 절구공이가 떠내려갔다는 기록이다.
 맹자가 이 같은 말을 한 데는 또 다른 의도가 있었겠지만, 오늘처럼 너무 많은 기록들이 우리의 마음을 어지럽히고 있는 것에 가장 알맞은 말이 될 수 있을 것 같다.
 청대(靑代)의 유명한 평론가 김성탄(金聖嘆)은 진시황의 분서갱유(焚書坑儒) 사건을 위대한 업적이라 칭찬하고, 또 한번 진시황 같은 영웅이 나타나 쓰레기만도 못한 모든 책들을 모조리 불살라 주었으면 하고 바랬다.

한 권의 좋은 책이 없어지는 것은 안타까운 일이지만, 천 권의 유해무익한 책들을 없애기 위해서는 부득이한 일이라는 것이다.

질풍경초〔疾風勁草〕 격심한 바람이 불고 나서야 비로소 강한 풀의 존재를 안다. 약한 초목은 모두 쓰러져 버리고 말기 때문이다. 따라서 뜻하지 않게 위급존망(危急存亡)의 비상사태를 만나서야 비로소 그 인물의 절조(節操)의 굳기를 알 수 있다는 의미. 경(勁)은 강하다고 하는 뜻. 경초(勁草)는 지조견고(志操堅固)한 인물의 비유로 쓰인다. 《후한서》

질풍노도〔疾風怒濤〕 몹시 빠르게 부는 바람과 무섭게 소용돌이치는 큰 물결.

질풍신뢰〔疾風迅雷〕 심한 바람과 번개라는 뜻으로, 사태의 급변, 행동의 민첩과 빠른 속도 따위를 형용하는 말. 「군자(君子)가 집에 있을 때에는 항상 문을 향해서 앉고, 잘 때는 항상 동쪽으로 머리를 향한다. 폭풍이나 심한 천둥, 호우 때에는 민첩하고 신속하게 대응한다」고 한 데서 나온 말이다. 《예기》

질행무선적〔疾行無善迹〕 서둘러서 한 일에 그다지 좋은 결과가 없다는 말. 《서경잡기》

집대성〔集大成〕 모을 수 있는 자료를 모두 모은 다음 정리하는 것. 성(成)은 원래는 음악용어로서, 일정한 순서를 따라서 처음부터 끝까지 완주(完奏)하는 것. 연주에 쓰는 8가지 악기, 금(金)·석(石)·사(絲)·죽(竹)·포(匏)·토(土)·혁(革)·목(木)을 8음(音)이라 하는데, 각기 시종(始終)이 있다. 그 하나하나의 시종을 소성(小成)이라 하고, 팔음 전체의 시종을 집대성이라고 한다. 공자는 백이(伯夷)·이윤(伊尹)·유하혜(柳下惠) 등 여러 성인(聖人)의 덕을 모두 겸비하고 있었으므로 모든 덕을 모아서 대성한 성인이라 할 수가 있다고 평한 데서 온 것이다.

집사광익〔集思廣益〕 여러 사람의 의견을 모아 나라의 이익을 넓힘을 이르는 말. 《삼국지》

집우이
執牛耳

잡을 執 소 牛 귀 耳

| 실권을 한손에 쥐다. |

「집우이」는 소의 귀를 잡는다는 뜻이다. 《좌전》 애공(哀公) 17년에 이런 이야기가 있다.

「나의 꿈은 이루어졌다!」

오왕 부차(夫差)는 이렇게 생각하고 있었다. 그렇게 생각할 만한 이유가 있었다. 아버지의 원수이고 오랜 숙적 월(越)을 쳐부수고 속국으로 만들어 버렸다. 월왕 구천은 쓸개를 씹으며 원수를 갚고자 애를 쓰고 있지만, 주제에 무슨 일을 할 수 있겠는가. 〔☞ 와신상담(臥薪嘗膽)〕

……남방의 초(楚), 북방의 제(齊)도 격파했다. 가로막는 것은 아무것도 없다. 그리하여 지금, 이 황지(黃池)에 중원의 제후들을 모으고 있다. 여기서 인정만 받으면 명실공히 광대한 중원에서 패(覇)를 외치게 되는 것이다.

그런데 오직 하나 문제가 있었다. 그것은「소의 귀(牛耳)」다. 맹약(盟約)을 할 때 쇠귀를 잡는 순서에 관해 부차는 맹주로서 자기가 먼저 잡고 피를 빨려고 했으나, 진(晋)의 정공(定公)이 반대하며 자기가 먼저 해야 한다고 버틴다. 따라서 황지의 모임은 헛된 나날만 보내고 맹약을 성립시키지 못하고 있었다.

부차는, 안타깝지만 결코 오래 걸리지는 않을 것이라 생각하며, 거느리고 온 오(吳)의 대군이 위력을 발휘하겠지 하고 자못 기대하고 있었다.

한데 하필이면 바로 그런 때였다. 본국에서 급한 전령이 왔다. 월이 마침내 군사를 일으킨 것이었다. 오의 주력 군사가 비어 있는 이때야말로 월로서는 절호의 기회였던 것이다. 명신 범려(范蠡)의 군대는 바다를 끼고 회하(淮河)를 거슬러 올라와 부차의 태자를 격파하고 사로잡았다. 월왕 구천은 훈련에 훈련을 거듭한 정병(精兵)을 이끌고서 강을 올라와 오의 수도에 돌입하고 있었다. 부차로서는 바로 발밑의 땅이 꺼지는 듯한 순간이었다. 이제야말로 패자가 된다고 꿈에 부풀어 있던 바로 그 순간에……

부차는 양미간을 찡그리고 생각에 잠겼다. 마침내 결심이 섰다. 그날 밤 부차는 군사들에게 전투 준비 명령을 내렸다. 말의 혀를 잡아매고 방울을 싸맨 다음 깃발을 휘날리며 오나라 군 3만은 고요하게 진군하여 진(晋)나라 군사 가까이 진을 쳤다. 날이 희미하게 밝아오자 부차는 명령을 내렸다. 곧 북과 징이 울려 퍼지고 함성은 천지를 진동시켰다. 진나라의 진이 우왕좌왕했다. 얼마 뒤 진공(晋公)의 사신이 달려 나와 전했다.

「오늘 낮을 기하여 맹약을 맺읍시다」

강공책은 성공했다. 그 날 진의 정공은 부차가 먼저 소의 귀를 잡는 것을 마침내 인정했다. 오공 부차(吳公夫差)라는 조건이 붙긴 했으나 지금의 부차로서는 그런 것을 따질 때가 아니었다. 한시가 급하게 일을 마무리짓고 본국으로 돌아가야 했다.

부차는 쇠귀를 잡고 그것을 칼로 잘라 그 피를 먼저 마셨다. 이것이 패자를 인정하는 징표이기 때문에 고심해 온 것이다. 부차는 감개무량했다. ……하지만 부차는 알고 있었을까, 그것은 그에게 있어 서산에 지는 해의 마지막 빛이었다는 것을? 그는 그 뒤 월에게 연전연패를 당한다. 그리하여 6년 후 월의 대군에 포위되어 쓸쓸히 자결하게 된다.

하지만 부차가 그토록 집착한 「소의 귀를 잡는다」란 도대체 무엇인가? 그것은 고대 중국에서 제후가 모여 맹약을 할 때의 한 의식이다.

쇠귀를 떼어 그것을 째고 피를 서로 마신다. 이렇게 해서 신 앞에 맹세를 하는 것이다. 쇠귀에는 구멍이 없는 것처럼 보인다. 신 앞에서 맹서를 하는 사람들은 이렇게 쇠귀를 잡고 자기는 틀림없이 귓구멍을 뚫겠다, 신의 말을 듣겠다고 스스로를 경계했다고 전해온다.

그 옛날 쇠귀를 잡는 것은 지위가 낮은 자이고, 지위가 높은 맹주는 그저 입회만 했을 뿐이었다고 한다. 그것이 어느 사이엔가 가장 높은 자, 즉 맹주가 먼저 쇠귀를 잡게 되었다. 그러므로 「쇠귀를 잡는다」는 것이 그 회합에서 맹주로 인정되는 것을 뜻하게 되었다. 그래서 부차만이 아니고 중국의 제후는 「쇠귀를 잡는」데 열중하고 있었던 것이다.

제후는 망하고 의식은 없어져 버렸으나 이 말만은 남았다. 그리하여 동맹의 맹주가 되는 것, 단체나 모임의 우두머리가 되는 것을 이 말로 나타내게 되었다. 「한번 쇠귀를 잡아볼까」 하는 말도 이 말에서 유래한 것이다.

쇠귀, 그것을 먼저 잡기 위해 눈빛마저 달라진다. 다소 우스꽝스럽지만, 웃을 수도 없는 일이다.

집열불탁〔執熱不濯〕 뜨거운 것을 집을 때는 먼저 냉수에 손을 적시듯, 하찮은 노고를 아껴 실패해서 큰 손실을 봄을 이르는 말. 국난(國難)을 구하는 데 유능한 인물을 등용하지 않음의 비유.《시경》

집의항언〔執意抗言〕 의견을 고집하여 굽히지 않음.

집탄이초조〔執彈而招鳥〕 새총을 손에 겨누고 새를 부른다는 뜻으로, 목적을 이루는 데 상반되는 수단을 취함을 비유하여 이르는 말.

징벽〔徵辟〕 징(徵)은 부르는 것을 뜻하고, 벽(辟)은 임금을 뜻한다. 곧 초야에 묻혀 있는 사람을 예를 갖추어 불러서 벼슬을 시킴을 이르는 말.《진서》

징갱취제〔懲羹吹虀〕 뜨거운 국에 혼이 난 사람이 찬 나물도 불어서 먹는다는 뜻으로, 한번 실수에 겁이 나서 쓸데없는, 혹은 필요 이상의 경계심을 갖는 것을 이르는 말.《초

사》

징전비후〔懲前毖後〕 지난날을 징계하고 뒷날을 삼간다는 뜻으로, 이전에 저지른 잘못을 교훈삼아 이후에는 일을 신중하게 처리한다는 말.《시경》

차

차계 침중서
遮戒 ▶ 枕中書

고사성어대사전

창업이 수성난
創業易 守成難

시작할 創 업 業 쉬울 易
지킬 守 이룰 成 어려울 難

| 나라나 사업이나 처음 세우기는 쉬워도 그것을 지켜 나가는 일은 어렵다. |

「창업(創業)」은 사업을 처음 시작한다는 말인데, 나라를 처음 세우는 뜻으로 많이 쓰이고 있다. 「수성(守成)」은 이뤄 놓은 것을 그대로 지켜 나간다는 말이다.

즉 나라나 사업이나 처음 세우기는 쉬워도 그것을 지켜 나가기는 어렵다는 것이 「창업이 수성난」이란 말이다.

그런데 창업이 어려운지 수성이 어려운지 하는 것은 당태종(唐太宗)이 신하들과의 대화에서 나온 것이다.

당태종과 그의 신하들과의 정치문답을 모아 만든 《정관정요(貞觀政要)》란 책에 보면 다음과 같은 이야기가 나온다.

태종이 신하들을 보고 물었다.

「제왕(帝王)의 사업은 초창(草創)이 어려운가, 수성(守成)이 어려운가?」

상서좌복야(尚書左僕射 : 부총리)인 방현령(房玄齡)이 대답했다.

「어지러운 세상에 많은 영웅들이 다투어 일어나, 이를 쳐서 깨뜨린 뒤라야 항복을 받고, 싸워 이겨야만 승리를 얻게 되므로 초창이 어려운 줄로 아옵니다」

그러자 위징(魏徵)이 말했다.

「제왕이 처음 일어날 때는 반드시 먼저 있던 조정이 부패해 있고 천하가 혼란에 빠져 있기 때문에 백성들은 무도한 임금을 넘어뜨리고 새로운 천자를 기뻐 받들게 됩니다. 이것은 하늘이 주시고 백성들이 따르는 것이므로 어려울 것이 없습니다. 그러나 이미 천하를 얻고 나면 마음이 교만해지고 편해져서 정사에 게으른 나머지 백성은 조용하기를 원하는데, 부역이 쉴 사이 없고, 백성은 피폐할 대로 피폐되어 있는데, 나라에서는 사치를 위한 필요 없는 공사를 일으켜 세금을 거두고 부역을 시키고 합니다. 나라가 기울게 되는 것은 언제나 여기서부터 시작됩니다. 이로 미루어 볼 때 수성이 더 어려운 줄 압니다」

결국 창업이 쉽고 수성이 어렵다는 말은 위징의 입에서 나온 말이다. 당태종은 두 사람의 말을 다 옳다고 한 다음,

「그러나 남은 것은 수성뿐이니 우리 다 같이 조심하자」고 말했다. 수성이 어려운 것이 어찌 나라뿐이겠는가. 크고 작은 단체들이 다 같은 원리에서 망하고 흥하고 하는 것이다.

차계〔遮戒〕【불교】불문(佛門)에 있는 사람이나 지계자(持戒者)에 한해서만 금지하고 속인(俗人)이나 수계(受戒)하지 않은 사람은 이를 범해도 죄가 되지 않는 계율. 불음주계(不飮酒戒)와 같은 것.

차계기환〔借鷄騎還〕닭을 빌려 타고 돌아간다는 뜻으로, 손님을 박대하는 것을 비꼬아 이르는 말.《태평한화골계전》

차군〔此君〕대나무의 이칭(異稱). 진(晋)나라 왕휘지(王徽之 : 서예가 왕희지의 아들)가 대나무를 좋아하여 「어찌 하루라도 이 님(此君) 없이 살 수 있겠는가」라고 한 데서 대나무를 예스럽게 이르는 말.《진서》

차도살인〔借刀殺人〕남의 칼을 빌어 사람을 죽인다는 뜻으로, 음험한 수단의 비유.

차망우물〔此忘憂物〕이 시름을 잊는 물건이라는 뜻으로, 술을 이르는 말.

차윤취형〔車胤聚螢〕동진(東晋)의 차윤이 개똥벌레를 모아 그 반딧불 빛으로 글을 읽었다는 고사. ☞ 형설지공(螢雪之功).

차일시피일시〔此一時彼一時〕이때 한 일과 저때 한 일이 서로 사정이 다름. 이것도 저것도 한때임.

차일피일〔此日彼日〕이 날 저 날. 이 날 저 날 하고 자꾸 기일을 미루어 가는 경우에 쓴다.

채국동리하
彩菊東籬下

캘 彩 국화 菊 동녘 東 울타리 籬 아래 下

숨어 사는 은둔자의 고즈넉한 심경의 비유.

「채국동리하 유연견남산(彩菊東籬下 悠然見南山)」은 가난 속에 자연과 술을 즐기는 도연명(陶淵明)의 유명한 시구(詩句)다.

「동쪽 울타리 밑에 있는 국화꽃을 따면서 유연한 남산을 본다」는 말은 국화꽃을 안주로 남산의 아름다운 자연을 즐기며 혼자 술잔을 기울이겠다는 뜻이다.

이 말은 「음주(飮酒)」라는 제목을 붙인 연작(連作) 20수 가운데 있는 한 수 중에 나오는 글귀다.

집을 사람 사는 이웃에 지었는데
그래도 수레와 말의 시끄러움이 없다.
묻노니 그대는 어찌 능히 그러한가?
마음이 멀면 땅이 절로 구석지다.
국화를 동쪽 울타리 밑에 따며
유연히 남산을 바라본다.
산 기운이 해저녁이 좋아
나는 새들이 서로 함께 돌아온다.
이 가운데 참뜻이 있어
말하고 싶으나 이미 말을 잊었노라.

結廬在人境　而無事馬喧　결려재인경　이무사마훤
問君何能爾　心遠地自偏　문군하능이　심원지자편
彩菊東籬下　悠然見南山　채국동리하　유연견남산

山氣日夕佳　飛鳥相與還　　산기일석가　비조상여환
此中有眞意　欲辯己志言　　차중유진의　욕변기지언

쉽게 풀어보면, 사람이 많이 사는 마을 가까이 초막을 짓고 사는데도 관리들이 찾아오는 수레와 말의 시끄러운 소리가 들리지 않는다.

「어떻게 그럴 수가 있느냐」고 내 스스로 물어보면,

「마음이 속된 세상을 멀리 떠나 있으면 어느 곳에 살든 자연 그곳이 조용한 구석진 땅이 되는 것이다」라는 대답이 나온다.

안주 대신 술에 띄워 먹을 국화꽃을 동쪽 울타리 밑에서 따며 남쪽으로 바라보이는 여산(廬山)을 한가로운 마음으로 바라보고 있다.

여산의 조용한 풍경은 해질 무렵이 더욱 좋아서 새들이 잇달아 잘 집으로 돌아오고 있다.

이런 자연 속에 참다운 진리가 있는 것을 깨닫고 뭐라고 말로 표현해 보려고 하지만 그때는 벌써 마땅한 말을 잊은 뒤다.

쌀 닷 말 봉급 때문에 허리를 꺾기가 싫어, 고을 원을 헌신짝 버리듯 던지고 돌아온 심경을 노래한 「귀거래사(歸去來辭)」와 함께 사람들의 애송을 받고 있는 시의 한 구절이다.

대개 일 없이 한가롭게 지내는 것을 스스로 말할 때 이 말을 인용하곤 한다.

차진생전유한배〔且盡生前有限杯〕 모든 일을 다 집어치우고 술을 마셔 유쾌한 기분을 갖자는 뜻.

차질〔蹉跌〕 발이 걸려 넘어지는 것. 일이 실패로 돌아감. 차(蹉)도 질(跌)도 발이 걸려 넘어진다는 뜻. 「계획에 차질이 생기다」하는 식으로 쓴다. 《한서》

차청입실〔借廳入室〕 대청을 빌어 안방까지 든다는 뜻으로, 남에게 의지하였다가 차차 그 권리를 침범함의 비유. 《순오지》

채미가
采薇歌

캘 采 고비 薇 노래 歌

> 고사리를 캐는 노래.

　백이와 숙제 두 형제가, 불의로 천하를 얻은 무왕의 주(周)나라 곡식을 먹을 수 없다 하여, 수양산에 숨어 고사리를 캐먹다가 굶어 죽었다는 이야기는 너무도 유명하다. 《사기》 백이열전에서 사마천(司馬遷)은 이렇게 쓰고 있다. 공자는 말하기를,

　「백이와 숙제는 지나간 잘못을 생각에 두지 않았다(不念舊惡). 그래서 사람들이 그들을 원망하는 일이 적었다」 라고 하고, 또 말하기를, 「어진 것을 바라고 어진 일을 했으니(求仁得仁) 무슨 원망이 있었겠는가」 라고 했다. 〔☞ 불념구악〕

　그러나 나는 백이 숙제가 겪은 일들을 슬퍼하고 있으며, 기록에 없이 전해 오고 있는 그의 시를 읽어 보고 공자가 한 말에 의심을 품지 않을 수 없다. 그들의 전기에 보면 이렇게 말했다.

　백이와 숙제는 고죽(孤竹) 임금의 두 아들이었다. 아버지는 숙제에게 나라를 물려주려 했다. 아버지가 죽자, 숙제는 형인 백이에게 뒤를 이으라고 했다. 백이는 아버지의 명령이라면서 피해 숨어버렸다. 숙제도 임금 자리에 앉기가 달갑지 않아 피해 숨었다. 그래서 신하들은 가운데 아들로 임금을 세웠다.

　그러자 백이와 숙제는 서백(西伯 : 뒷날의 文王)이 늙은이 대우를 잘 한다는 말을 듣고 주나라로 갔다. 그런데 서백이 죽자, 그의 아들 무왕이 주(紂)를 쳤다. 두 형제는 무왕의 말고삐를 잡고 옳지 못하다는 것을 말했다. 좌우의 시신들이 그들을 죽이려고 했으나, 총대장인 태공(太公)이 「이들은 의로운 사람이다」 하고 붙들어 돌려보냈다.

무왕이 주를 무찌르자, 온 천하가 주나라를 종주국으로 떠받들었다. 백이와 숙제는 반역과 살육으로 천하를 차지한 무왕의 지배 아래 사는 것이 부끄러운 생각이 들었다. 그래서 도의상 주나라의 곡식을 먹을 수 없다 하고, 수양산에 숨어 고사리를 캐먹었다.

그들이 굶주려 죽을 무렵 노래를 지었는데, 그 가사에 말하기를,

저 서산에 올라
고사리를 캐도다.
모진 것으로 모진 것을 바꾸고도
그것이 잘못인 줄 모르도다.
신농의 소박함과 우·하의 사람이
하루아침에 없어지고 말았으니
나는 어디로 돌아갈 거냐?
아아, 슬프다. 이젠 가리라.
운명의 기박함이여.

登彼西山兮	采其薇矣	등피서산혜	채기미의
以暴易暴兮	不知其非矣	이포이포혜	불지기비의
神農虞夏	忽焉沒兮	신농우하	홀언몰혜
我安適歸矣	于嗟徂兮	아안적귀의	우차조혜
命之衰矣		명지쇠의	

라고 했다. 그리고 마침내 수양산에서 굶어 죽었다. 이 시로 미루어 볼 때 과연 원망이 없었다고 볼 수 있겠는가. 혹은 또 말하기를,

「하늘은 항상 착한 사람의 편을 든다」고 한다.

그렇다면 백이 숙제는 과연 착한 사람일 수 있겠는가.

이상이 사마천의 백이 숙제에 대한 비평이다. 여기에는 사마천 자신

의 세상에 대한 울분이 깃들어 있다.

우리나라에선 또 이런 시화(詩話)가 전해지고 있다.

성삼문(成三問)이 중국에 갔던 길에 백이 숙제의 무덤 앞에 찬양의 비문이 새겨진 비석에다 다음과 같은 시를 지어 불렀다.

대의는 당당히 해와 달처럼 밝아
말을 잡던 당년에 감히 잘못을 말했다.
풀과 나무도 또한 주나라 비와 이슬을 먹고 자란다.
당신들이 여전히 수양산 고사리를
먹은 것을 나는 부끄러워한다.

大義堂堂日月明　叩馬當年敢言非　대의당당일월명　고마당년감언비
草木亦沾周雨露　愧君猶食首陽薇　초목역첨주우로　괴군유식수양미

그랬더니 비석에서 땀이 비 오듯 흘렀다는 것이다. 따지고 보면 곡식이나 고사리나 별 차이가 없는 물건이다. 형식에 불과한 공연한 좁은 생각이요, 위선이기도 하다. 그래서 백이 숙제의 영혼이 바로 죽지 못하고 고사리로 연명을 한 자신들의 소행이 너무도 안타까워 땀을 흘렸다는 이야기가 되었다. 사육신(死六臣)의 주동 인물인 성삼문이니만큼 가히 있음직한 이야기다.

그러나 청대의 유명한 고증학자 고염무(顧炎武)의 고증에 의하면, 무왕이 주를 치러 갔을 때는 백이 숙제는 이미 죽고 세상에 없었다 한다. 결국 후세 사람들이 만들어 붙인 이야기에 불과하다고 주장했다.

차탈피탈〔此頉彼頉〕 이 핑계 저 핑계를 댐.

차형손설〔車螢孫雪〕 차윤취형(車胤聚螢)과 손강영설(孫康映雪)을 아울러 이르는 말로, 어려운 환경하에 학문을 닦아 얻은 보람.. ☞ 형설지공(螢

雪之功).

차호위호〔借虎威狐〕 ☞ 호가호위(狐假虎威).

착금현주〔捉襟見肘〕 옷깃을 당기면 팔꿈치가 드러난다는 뜻으로, 생활이 극도로 빈한하거나 이것저것 미처 돌볼 수 없는 딱한 사정을 비유하여 이르는 말. 《장자》

착도〔捉刀〕 칼을 잡는다는 뜻으로, 남의 손을 빌려 글을 쓰다. 남에게 대필시킴을 이르는 말. 위(魏)의 무제 조조(曹操)가 흉노의 사신을 접견하는 자리에 황제의 위엄을 보여줄 목적으로 최염(崔琰)이라는 무관을 위왕으로 가장시키고 자신은 칼을 차고 옆에서 있었다. 나중에 흉노 사신은「위왕의 풍채는 늠름하지만, 그 곁에 서 있는 운검잡이가 도리어 영웅으로 보이더라」라는 고사에서 생긴 말이다. 《세설신어》

착두근착미〔捉頭僅捉尾〕 머리를 잡으려다 겨우 꼬리만 잡았다는 뜻으로, 큰 것을 바라다가 겨우 조그마한 것 밖에 얻지 못함을 이르는 말. 《순오지》

착선편〔着先鞭〕 남보다 먼저 어떤 일에 착수함의 비유. 선편(先鞭)은 먼저 말에 채찍을 가하는 것으로, 남보다 먼저 싸움터로 가는 것을 말한다. 《진서》

착족무처〔着足無處〕 발붙이고 설 자리가 없다는 뜻으로, 기반으로 삼고 입신(立身)할 만한 의지할 곳이 없음을 이르는 말.

찬시〔篡弑〕 임금을 죽이고 그 자리를 빼앗음.

찬찬옥식〔粲粲玉食〕 아주 잘 지은 쌀밥.

찬학〔篡虐〕 임금을 죽이고 그 자리를 빼앗음. ☞ 찬시(篡弑).

찬혈극〔鑽穴隙〕 벽이나 담에 구멍을 내고 서로 들여다본다는 뜻으로, 남녀가 몰래 정을 통함을 비유하여 이르는 말. 《맹자》

찰나〔刹那〕【불교】지극히 짧은 시간을 말한다. 탄지(彈指)의 시간. 한 찰나에 구백 생멸(生滅)이 있다고 함. 비 순식간(瞬息間).

찰찰불찰〔察察不察〕 지나치게 살피는 것이 도리어 살피지 못한 것과 같을 수 있다는 뜻으로, 너무 세밀하여도 실수가 있음을 이르는 말.

참불가언〔慘不可言〕 너무나 참혹하여 차마 말을 할 수가 없음.

참신기발〔嶄新奇拔〕 두드러지게 새롭고, 취향이 신기·진묘한 것. 참(嶄)은 참(巉)이 본자로, 산이 깎아지른 듯이 우뚝 솟아 있는 모양. 전(轉)해서 물건이 두드러진 모양을 말한다. 신선하고 착상이 좋은 아이디어 따위. 유 기상천외(奇想天外).

841

천고마비
天高馬肥

하늘 天 높을 高 말 馬 살찔 肥

> 하늘이 높고 말이 살찜. 곧 가을이 썩 좋은 절기임을 일컬음.

「천고마비」는 가을을 상징하는 글귀다. 가을은 하늘이 맑아 높아져 보이고, 날씨가 맑고 시원해서 말이 살찌는 시기이기 때문이다. 원래는 「추고마비(秋高馬肥)」이던 것이 천고마비로 변했다. 가을이 높다는 말은 가을 하늘이 높다는 뜻이기 때문이다.

이 말은 당나라 시인 두보(杜甫)의 할아버지인 두심언(杜審言)이 참군으로 북쪽 변방에 가 있는 친구 소미도(蘇味道)에게 보낸 시 가운데 나오는 글귀다.

구름은 맑고 요성도 사라져
가을은 높고 요새의 말도 살찐다.
안장을 기대면 영웅의 칼이 움직이고
붓을 휘두르면 깃 꽂은 글이 난다.

雲淨妖星落　秋高塞馬肥　　운정요성락　추고새마비
據鞍雄劍動　搖筆羽書飛　　거안웅검동　요필우서비

구름이 맑다는 것은 정세가 조용해졌다는 뜻이다. 요성(妖星)은 전란이 있을 때면 나타난다는 혜성을 말한다.

그 별이 사라졌다는 것은 이제 변방이 조용해질 것이란 뜻이다. 깃을 꽂은 글, 즉 우서(羽書)는 전쟁의 승리를 알리거나 격문을 보낼 때 빨리 날아가라는 뜻으로 닭의 깃을 꽂아 보낸 데서 생긴 말이다.

이 시는 소미도가 어서 개선해 돌아오기를 염원(念願)하는 뜻을 담은 시다.

참연현두각〔嶄然見頭角〕 여러 사람 중에 유난히 뛰어난 사람을 이르는 말. ☞ 두각(頭角).

참월습음〔僭越襲蔭〕 정해진 차례를 무시하고 옆에서 불쑥 끼어들어 음직(蔭職)에 오름.

참절비절〔慘絕悲絕〕 참혹하기 짝이 없고, 슬프기 그지없음.

참정절철〔斬釘截鐵〕 못을 끊고 쇠를 자른다는 뜻으로, 의심 없이 딱 결단하여 처리함을 이르는 말.

창가책례〔娼家責禮〕 창기(娼妓)의 집에서 예절을 따진다는 것은 가당치 않다는 데서, 가당치 않은 데서 격식을 찾아 우스울 때를 비유하여 이르는 말. 《순오지》

창두취슬〔瘡頭聚蝨〕 부스럼 난 머리에 이 꾀듯 한다는 뜻으로, 이익이 있는 곳에 사람들이 떼지어 모이는 것을 비유한 말. 《동언해》

창랑자취〔滄浪自取〕 좋은 말을 듣거나 나쁜 말을 들음이 모두 자기의 잘잘못에 달렸음을 이르는 말.

창름실이지예절〔倉廩實而知禮節〕 생활이 풍족해져야만 비로소 사람은 사람으로서의 예의범절을 차릴 수 있다는 말. 창름은 쌀광. 이 구절 다음에 「의식족이지영욕(衣食足而知榮辱)」이라는 구절이 이어져 대구(對句)를 이룬다. 《사기》

창상지변〔滄桑之變〕 푸른 바다가 변해서 뽕나무밭이 된다는 뜻으로, 세상의 변천이 매우 심함을 비유하여 이르는 말. 《신선전(神仙傳)》 ☞ 상전벽해(桑田碧海).

창승부기미이치천리〔蒼蠅附驥尾而致千里〕 쉬파리는 제 힘으로는 천 리를 날아갈 수 없으나 천리마의 꼬리에 붙어서 가면 능히 천 리를 갈 수 있다는 뜻으로, 범인이 뛰어난 인물의 뒤를 따라 공명(功名)을 이룸을 비유하여 이르는 말. 《사기》 백이열전. ☞ 부기미(付驥尾).

창안백발〔蒼顔白髮〕 쇠한 얼굴과 센 머리털. 곧 늙은이의 용모를 이르는 말.

창업수문〔創業守文〕 ☞ 창업이 수성난(創業易 守成難).

창오지망〔蒼梧之望〕 순(舜)임금이 창오에서 붕어(崩御)한 데서, 제왕의 붕어를 일컫는 말.

창우백출〔瘡尤百出〕 부스럼이 많이 생긴다는 뜻으로, 언행에 과실이 많음을 이르는 말.

창응〔蒼鷹〕 가혹한 관리, 혹리(酷吏)의 비유. 창응은 흰 매. 가혹하게 법을 집행하는 관리를 말한다. 《사기》

창이미추〔創痍味瘳〕 칼에 베인 상처가 아직 낫지 않았다는 뜻으로, 전쟁이 끝난 지 아직 일천(日淺)함을 비유하여 이르는 말. 《한서》

천금매소 千金買笑

일천 千 금 金 살 買 웃음 笑

> 비싼 대가를 치르고 웃음을 짓게 하다.

「천금매소」는 천금을 주고 사랑하는 여자의 웃음을 산다는 말이다. 못된 임금의 대명사 가운데 걸주유려(桀紂幽厲)란 말이 있다. 걸은 하나라를 망친 마지막 임금, 주는 은나라를 망친 마지막 임금, 그리고 유는 서주(西周)의 마지막 임금 유왕(幽王)으로 견융(犬戎)으로 불리는 오랑캐의 칼에 맞아 죽었고, 여는 유왕의 할아버지인 여왕(厲王)으로 백성들의 폭동에 밀려나 연금생활로 일생을 마친 임금이다.

「천금매소」란 말은 유왕의 고사에서 비롯된 말이다. 이 말에 관계되는 부분만을 간단히 소개하면 다음과 같다.

유왕은 요희(妖姬)인 포사(褒姒)에게 빠져, 왕후 신씨(申氏)와 태자 의구(宜臼)를 폐한 다음, 포사를 왕후로 세우고 그녀가 낳은 백복(伯服)을 태자로 세웠다.

그런데 돈에 팔려 남의 속죄의 대가로 궁중에 들어오게 된 그녀가, 불과 몇 해 사이에 여자로서 더 바랄 것이 없는 영광된 위치에 오르게 되었건만 그녀는 일찍이 한번도 입술을 열어 웃는 일이 없었다.

유왕은 그녀의 환심을 사기 위해 악공을 불러 음악을 들려주고 궁녀들을 시켜 춤을 추어 보였으나 전혀 기뻐하는 기색이 없었다. 유왕이 하도 답답해서,

「그대는 노래도 춤도 싫어하니 도대체 좋아하는 것이 무엇인가?」

하고 묻자 그녀는,

「첩은 좋아하는 것이 없습니다. 언젠가 손으로 비단을 찢은 일이 있는데 그 소리가 듣기에 매우 좋았사옵니다」하는 것이었다.

「그럼 왜 진작 말하지 않고서」

유왕은 즉시 창고를 맡은 소임에게 매일 비단 백 필씩을 들여보내게 하고, 궁녀 중 팔 힘이 센 여자를 시켜 비단을 포사의 옆에서 번갈아 찢게 했다.

그러나 포사는 그저 좋아할 뿐 여전히 웃는 모습을 보이지 않았다.

「그대는 어째서 웃지 않는가?」

왕이 이렇게 묻자, 그녀는 또,

「첩은 평생 웃어 본 적이 없습니다」 하고 대답했다. 그러자 유왕은,

「그래, 내 기어이 그대가 입을 열어 웃는 모습을 보고 말리라」 하고 즉시 영을 내려,

「궁 안과 궁 밖을 묻지 않고, 왕후로 하여금 한번 웃게 하는 사람은 천금의 상을 내리리라」 하고 선포했다.

그러자 지금껏 안팎으로 포사와 손발이 척척 맞아온 괵석보(虢石父)가 웃게 할 수 있는 방법을 제의했다.

그것은 봉화를 올려 기내(畿內)에 있는 제후들로 하여금 군대를 동원해 밤을 새워 달려오게 한 다음, 적이 침입해 온 일이 없는 것을 알고 어이없어 뿔뿔이 흩어져 돌아가는 것을 보면 웃지 않을 수 없을 것이라는 것이었다.

그 신하에 그 임금이라, 유왕은 많은 지각 있는 신하들의 간하는 말도 듣지 않고 괵석보의 생각대로 포사와 함께 여산(驪山) 별궁으로 가 놀며 저녁에 봉화를 올렸다.

가까운 제후들은 예정된 약속대로 도성에 도적이 침입해 온 줄 알고, 저마다 군대를 거느리고 밤을 새워 즉시 여산으로 달려왔다.

여산 별궁에서 음악이 울리고 술을 마시며 포사와 함께 즐기고 있던 유왕은 사람을 보내 제후들에게 이렇게 말을 전했다.

「다행히 밖의 도둑은 없으니 멀리서 수고할 것까지는 없는 걸 그랬소」

제후들은 어이가 없어 서로 얼굴만 바라보다가 깃발을 둘둘 말아 수레에 싣고 부랴부랴 돌아갔다.

봉화 불에 속아 하릴없이 달려왔다가 허탕을 치고 돌아가는 제후들의 뒷모습을 누각 위에서 바라보던 포사는 저도 모르게 손바닥을 치며 깔깔대고 웃었다.

그녀의 그런 웃는 모습을 바라보던 유왕은,

「사랑하는 그대가 한번 웃으니 백 가지 아름다움이 솟아나는구려. 이 모두가 괵석보의 공이다」하고 그에게 약속대로 천금 상을 내렸다.

《동주열국지》에는 이렇게 이야기를 마치고 나서, 「지금까지 속담으로 전해 내려오는 「천금으로 웃음을 산다」는 말은 대개 여기에서 나온 것이다」라고 덧붙이고 있다.

그 뒤 얼마 안 가, 폐비 신씨의 친정아버지 신후(申侯)가 끌어들인 견융주(犬戎主)의 칼에 유왕이 개죽음을 당한 것은, 여산에 아무리 봉화를 올려야 또 속는 줄 알고 제후들이 달려오지 않은 때문이었다.

이솝 이야기에 나오는 양치기 소년과 같은 짓을 명색이 천자와 대신이란 사람들이 하고 있었으니, 그의 지배 밑에 사는 백성들이 어찌 되었겠는가.

창해유주〔滄海遺珠〕 큰 바다 속에 남아 있는 진주라는 뜻으로, 세상에 알려지지 않은 진귀한 보배. 전하여 세상에 알려지지 않은 현인(賢人)의 비유. 《당서》

창해일속〔滄海一粟〕 큰 바다에 떠 있는 한 알의 좁쌀이라는 뜻으로, 광대한 것 속의 극히 작은 물건. 곧 우주 안에서의 인간 존재의 하찮음의 비유. 소식(蘇軾 : 소동파) 《전적벽부(前赤壁賦)》 问 대해일적(大海一滴).

창황망조〔蒼黃罔措〕 너무 급하여 어찌할 바를 모름.

채대고축〔債臺高築〕 채무(債務)의 누대를 높이 세우다. 곧 빚더미 위에 올라앉다. 《한서》

채신급수〔採薪汲水〕 일상의 잡다한 일에 몸을 아끼지 않는 것. 땔나무를 하거나 물을 길어오는 일은 결코 쉬운 일이 아니다. 거기서 일상생활에서 일어나는 온갖 힘든 일을 견디고 참는다는 뜻도 있다. 《송사》

채신지우〔採薪之憂〕 병 때문에 나무를 하러 가지 못한다는 뜻으로, 자신의 병을 겸사해서 이르는 말. 또는 나무를 하다가 생긴 병이라고도 한다. 《맹자》

채의이오친〔綵衣以娛親〕 부모에게 효도하는 것을 이르는 말. 채의(綵衣)는 오색(五色)의 아름다운 무늬가 있는 옷인데, 어린아이가 입는다. 어린아이와 같은 옷을 입고 자신을 어리게 보임으로써 부모로 하여금 늙었음을 느끼지 않게 하려는 효심.

책상퇴물〔冊床退物〕 글만 읽다가 사회에 처음 나서서 모든 물정에 어두운 사람. 책상물림.

책선붕우지도야〔責善朋友之道也〕 상호간에 그릇된 일을 책하고 착한 일을 권함은 친우의 도리임을 이르는 말. 《맹자》

책인즉명〔責人卽明〕 자기는 어찌 되었든지 덮어놓고 남의 잘못만 나무람.

처성자옥〔妻城子獄〕 아내의 성(城)과 자식의 감옥에 갇혀 있다는 뜻으로, 처자를 거느린 사람은 집안일에 매여 자유로이 활동할 수 없음을 이르는 말.

처첩지전 석불반면〔妻妾之戰 石佛反面〕 아내하고 첩하고의 싸움에는 돌부처도 얼굴을 돌린다는 말. 아내와 첩의 싸움에는 남편이 끼어들지 않음을 비유하여 이르는 말.

처풍고우〔凄風苦雨〕 쓸쓸히 부는 바람과 궂은비라는 뜻으로, 몹시 처량하고 비참한 지경을 비유하여 이르는 말. 《좌전》

척단촌장〔尺短寸長〕 자(尺)는 촌(寸)보다 길지만, 간혹 짧아 보일 때가 있고, 촌은 자보다 짧지만 길어 보일 때가 있다는 뜻이다. 곧 긴 것도 때로는 나쁜 점이 있고, 짧은 것도 때로는 좋은 점이 있다는 뜻으로, 어떤 사물이든지 모두 장단점(長短點)이 있음을 비유하여 이르는 말. 《초사》

척산척수〔尺山尺水〕 높은 곳에서 멀리 산수(山水)를 내려다볼 때 그 작게 보임을 가리키는 말. ☞ 척오촌초(尺吳寸楚).

천금지자 불사어시
千金之子 不死於市

일천 千 돈 金 의 之 아들 子 아니 不
죽을 死 어조사 於 저자 市

> 돈만 있으면 죽을 목숨도 건진다.

천금을 가진 사람의 아들은 죽을죄를 지어도 시장바닥에 끌려 나가 사형을 당하지 않는다는 말이다. 돈의 위력을 말한 속담이다.

요즈음 우리 사회에서 흔히 듣는 말 가운데 「유전무죄 무전유죄(有錢無罪 無錢有罪)」란 자조적인 말이 있다. 돈만 있으면 있는 죄도 면할 수 있고, 돈이 없으면 없는 죄도 뒤집어쓴다는 말이다.

「돈만 있으면 귀신도 부린다(有錢使鬼神)」고 한 위진(魏晋) 시대의 유행어도 이와 같은 뜻이다.

이 속담은 일찍부터 있었던 모양으로 《사기》 월세가(越世家)의 범려의 이야기에도 이 말이 나온다. 범려에 대한 이야기는 다른 곳에서 여러 번 언급된 일이 있으므로 여기서는 이 말에 관한 이야기만을 하기로 한다.

범려가 도주공(陶朱公)이란 이름으로 억만장자가 된 뒤의 이야기다. 범려가 도(陶)란 곳으로 와서 늦게 작은아들을 보았는데, 그 아들이 장성했을 때 범려의 둘째아들이 사람을 죽이고 초나라에 갇혀 있었다. 범려는 소식을 듣자,

「사람을 죽였으면 죽는 것이 당연한 일이다. 그러나 내가 들으니 『천금의 자식은 시장바닥에서 죽지 않는다』고 했다」 하고, 작은 아들을 시켜 가보라고 했다.

범려가 순금 천 일(溢)을 한 자루 속에 숨겨 소가 끄는 수레에 실어 작은아들을 떠나보내려고 하는데, 큰아들이 제가 가겠다고 야단이었다. 범려가 듣지 않자,

「집에 큰 자식이 있는데도 굳이 어린 동생을 보내시려 하니, 이것은 저를 못난 놈으로 생각하시기 때문입니다. 아버지에게 못난 자식 취급을 받을 바엔 차라리 죽고 말겠습니다」 하고 설쳐댔다. 그러자 범려의 부인이 보다 못해,

「여보 영감, 지금 작은 자식을 보낸다고 해서 둘째 녀석이 꼭 살아오는 것이 아니잖습니까. 죽을 자식 살리기 전에 산 자식 먼저 죽이게 생겼으니 이를 어쩌면 좋습니까」 하고 사정을 했다.

범려는 하는 수 없이 큰아들을 보내기로 하고 그에게 밀봉한 편지 한 통을 주며,

「이것은 나와 아주 친한 장(莊)선생에게 보내는 편지다. 초나라에 도착하는 즉시 편지와 함께 천금을 장선생께 드리고 그 분이 시키는 대로 해라. 절대로 네 의견을 말해서는 안된다」 하고 타일렀다.

큰아들이 초나라에 가서 장생(莊生)의 집을 찾아가니 가난하기가 이루 말할 수가 없었다. 그러나 아버지 분부대로 편지와 돈 천금을 주었다. 편지를 본 장생은,

「알았네. 급히 집으로 돌아가게. 절대로 머물러 있어서는 안되네. 동생이 곧 나오게 될 걸세. 어떻게 나오게 되는지 까닭은 묻지 말게」 하고 타일렀다. 그러나 큰아들은 여관에 묵으면서 자기 나름대로 세도 쓰는 귀인을 찾아 교제를 하곤 했다.

장생은 비록 가난하나 청렴한 학자로서 초왕 이하 모든 대신들이 스승처럼 존경하고 있었다. 범려가 준 돈 천금은 받을 의도가 아니고, 일이 끝나면 도로 돌려보내 줄 작정이었다. 처음부터 받지 않으면 친구의 부탁을 거절하는 뜻이 되기 때문이다. 장생은 한가한 틈을 타서 초왕을 뵙고 이렇게 천연스럽게 말했다.

「이러이러한 별이 지금 이러이러한 곳에 나타나 있으니, 이것은 초

나라에 불길한 징조입니다」

초왕은 장생을 믿는 터라, 어떻게 하면 그것을 미리 막을 수 있겠느냐고 물었다.

「오직 착한 덕만이 이를 없앨 수 있습니다」

「알겠소 내 곧 전국에 대사령을 내리겠소」 하고 왕은 곧 각 창고의 문을 봉하고 물자의 출납을 일체 금지시켰다.

범려 큰아들의 교제를 받은 귀인이 이 소식을 듣자 즉시 그에게 머지 않아 특사가 있을 거라고 전했다. 그러자 까닭을 알지 못하는 범려의 큰아들은 공연히 천금을 장생에게 던져 준 것이 속이 쓰려 견딜 수가 없었다. 그는 생각다 못해 다시 장생을 찾아갔다. 장생은 깜짝 놀라며 어째서 아직 가지 않았느냐고 물었다.

「아우 일로 왔는데, 아우가 절로 풀려났으니 인사나 하고 가려고 왔습니다」

장생은 내심 그가 주고 간 천금을 다시 찾으러 온 것임을 알아차리고,

「방에 자네가 가져온 돈이 그대로 있으니, 들어가 가지고 가게」 하고 말했다. 아들은 서슴지 않고 방으로 들어가 돈을 들고 나오며 속으로 좋아 어쩔 줄을 몰랐다.

철없는 놈에게 팔린 꼴이 된 것이 장생은 괘씸했다. 그는 다시 초왕을 만났다.

「그런데 도중에 들리는 소리가, 이번 특사는 대왕께서 백성들을 불쌍히 생각해서가 아니라 도주공의 아들이 사람을 죽이고 갇혀 있어 왕의 좌우에게 뇌물을 바친 때문에 내려진 특사라고들 하옵니다」

이 말을 들은 초왕은 노한 끝에 먼저 도주공의 아들을 처형시킨 뒤 이튿날 대사령을 내렸다. 큰아들은 죽은 아우의 시체를 싣고 집으로 돌아왔다. 그 어머니와 고을 사람들이 다 슬퍼했다. 그러나 범려만은 혼자

쓴웃음을 지으며 이렇게 말했다.

「보낼 때부터 제 아우를 기어코 죽여서 돌아올 줄 알았다. 제 아우를 사랑하지 않아서가 아니다. 놈은 이 아비와 함께 돈벌기가 얼마나 어려운지를 체험해 왔기 때문에 천금을 차마 버리고 올 수 없었던 것이다. 내가 작은 자식을 보내려 했던 것은 놈이 돈 아까운 줄을 모르고 자라났기 때문이다. 나는 매일같이 시체가 돌아오기만을 기다리고 있었다. 죽게 되어 죽은 자식을 슬퍼할 것이 무엇 있겠는가?」

자수성가한 사람들은 깊이 한 번씩 생각해 볼 이야기다.

척소〔尺素〕 편지. 소(素)는 비단인데 옛날에는 종이 대신 비단을 써서 글을 쓰기도 했다. 편지를 뜻하는 또 다른 말로 척독(尺牘)이 있는데, 독은 네모난 판자로 긴 것은 간(簡)이라 하고, 짧은 것은 독(牘)이라 했다.

척애독락〔隻愛獨樂〕 척애는 짝사랑. 곧 자기 혼자서 생각하고 즐긴다는 말. 《순오지》

척오촌초〔尺吳寸楚〕 한 자 오나라와 한 치 초나라. 곧 오(吳)나라·초(楚)나라가 모두 큰 나라지만, 높은 데서 내려다보면 작게 보인다는 뜻으로, 높은 곳에서 내려다보면 모든 사물이 작게 보임을 이르는 말. ☞ 척산촌수(尺山寸水).

척지금성〔擲地金聲〕 땅에 던지면 쇳소리가 날 지경으로 문장이 잘 지어졌음을 이르는 말. 《진서》

척포두속〔尺布斗粟〕 척포(尺布)는 한 자의 천. 두속(斗粟)은 한 말의 조. 곧 얼마 안되는 천과 곡식의 뜻에서, 형제의 불화를 이르는 말. 《사기》

척호지정〔陟岵之情〕 초목이 무성한 산에 오르는 정이라는 뜻으로, 고향에 있는 부모를 그리워하는 마음을 비유하여 이르는 말. 《시경》

척확굴구신〔尺蠖屈求信〕 자벌레가 몸을 구부리는 것은 장차 다시 펴기 위해서라는 뜻으로, 후일의 성공을 위해서는 한때의 굴욕은 참아야 함을 비유하여 이르는 말. 《역경》

천경지의〔天經地義〕 세상에 존재하는 보편적인 바른 길. 경(經)은 정상적인 길. 의(義)는 바른 길. 《좌전》

천도시비
天道是非

하늘 天 길 道 옳을 是 아닐 非

> 하늘이 가진 공명정대함을 한편으로 의심하면서 한편으로 확신하는 심정 사이의 갈등을 드러내는 말.

하늘의 뜻이 과연 옳으냐, 그르냐. 이는 곧 옳은 사람이 고난을 겪고, 그른 자가 벌을 받지 않는 것을 보면서 과연 하늘의 뜻이 옳은가, 그른가 하고 의심해 보는 말이다.

《노자》 제70장에 보면 「하늘의 도는 친함이 없어서 항상 선한 사람의 편을 든다(天道無親 常與善人)」는 말이 있다.

이 말은 아무리 악당과 악행이 판을 치는 세상이라 해도 진정한 승리는 하늘이 항상 선한 사람의 손을 들어 준다는 뜻이다. 물론 이것은 일정 정도 정당한 논리이지만, 현실 속에서는 그렇지 못한 것을 우리는 비일비재하게 보아 왔다.

《사기》를 쓴 사마천은 한(漢)나라 무제 때 인물이다. 그는 태사령으로 있던 당시 장수 이능(李陵)을 홀로 변호했다가 화를 입어 궁형(宮刑 : 거세당하는 형벌)에 처해졌다. 「이능의 화(禍)」라고 하는데, 전말은 이렇다.

이능은 용감한 장군으로, 5천 명의 병력을 이끌고 흉노족을 정벌하다가 중과부적(衆寡不敵)으로 부대는 전멸하고 자신은 포로가 된 사람이다. 그러자 조정의 중신들은 황제를 위시해서 너나없이 이능을 배반자라며 비난했다.

그때 사마천은 이능의 억울함을 알고 분연히 일어나 그를 변호하였다. 이 일로 해서 사마천은 투옥되고 사내로서는 가장 치욕적인 형벌인 궁형을 당했던 것이다. 그러나 사마천은 여기에 좌절하지 않고 치욕을 씹어가며 스스로 올바른 역사서를 쓰리라고 결심하였다. 그리하여 마침내 완성한 130권에 달하는 방대한 역사서가 《사기》이다.

그는 《사기》 속에서, 옳은 일을 주장하다가 억울하게 형을 받게 된 자신의 울분을 호소해 놓았는데, 이것이 바로 백이숙제열전에 보이는 유명한 명제 곧 「천도는 과연 옳은가, 그른가(天道是耶非耶)」이다.

그는 이렇게 말한다.

「흔히 『하늘은 정실(情實)이 없으며 착한 사람의 편이다』라고 말한다. 그러나 이는 인간이 부질없이 하늘에 기대를 거는 이야기에 지나지 않는다. 이 말대로 진정 하늘이 착한 사람의 편이라면 이 세상에서 선인은 항상 영화를 누려야 할 것이다. 그러나 실상은 그렇지가 않으니 어쩐 일인가?」 이렇게 말한 그는 다음과 같은 예를 들었다.

「백이 숙제가 어질며 곧은 행실을 했던 인물임은 세상이 다 아는 일이다. 그런데 그들은 수양산에 들어가 먹을 것이 없어 끝내는 굶어죽고 말았다. 공자의 70제자 중에서 공자가 가장 아꼈던 안연(顔淵)은 항상 가난에 쪼들려 쌀겨조차 배불리 먹지 못하다가 결국 젊은 나이에 죽고 말았다. 이런데도 하늘이 선인의 편이었다고 할 수 있는가. 한편 도척은 무고한 백성을 죽이고 온갖 잔인한 짓을 저질렀건만, 풍족하게 살면서 장수하고 편안하게 죽었다. 그가 무슨 덕을 쌓았기에 이런 복을 누린 것인가」

이렇게 역사 속에서 억울하게 죽어간 사람들의 이야기를 하고 나서 사마천은 그 처절한 마지막 질문을 던진다.

「과연 천도(天道)는 시(是)인가, 비(非)인가?」

과연 인과응보란 있는 것인가? 사마천이 궁형을 당한 덕택에 결국 《사기》라는 대저술을 남기게 됨으로써 역사에 이름을 남기게 되었으니, 그것이 하늘이 그에게 보답을 한 것이라고 말할 수 있을까?

천려일실
千慮一失

일천 千 생각할 慮 한 一 잘못할 失

> 지혜로운 사람도 많은 생각 가운데는 혹간 실책이 있을 수 있다.

「천려일실」은 천 번 생각에 한 번 실수란 말인데,「지자천려 필유일실(知者千慮 必有一失)」이 약해진 말이다. 즉 아무리 지혜가 있는 사람이라도 여러 가지 생각을 하다 보면 한두 가지 미처 생각지 못하는 점이 있다는 말이다.

「원숭이도 나무에서 떨어질 때가 있다」는 우리 속담과 비슷한 뜻이다.

이것과 반대되는 말에「천려일득(千慮一得)」이 있다. 여러 번 생각을 하다 보면 한 번쯤 맞는 수도 있다. 이 말 역시「우자천려 필유일득(愚者千慮 必有一得)」이란 말이 약해져서 된 말이다. 즉 아무리 어리석은 사람도 이 생각 저 생각 하다 보면 한두 번쯤 맞는 수가 있다는 이야기다.

《사기》회음후(淮陰侯) 열전에 나오는 말이다.

회음후 한신이 조나라를 치게 되었을 때, 광무군 이좌거(李左車)는 성안군(城安君)에게 3만의 군대를 자기에게 주어 한신이 오게 될 좁은 길목을 끊게 해달라고 요구했다. 그러나 성안군은 이좌거의 말을 듣지 않고, 한신의 군대가 다 지나오기만을 기다리고 있다가 패해 죽고 말았다.

이좌거의 말대로 했으면 한신은 감히 조나라를 칠 엄두조차 낼 수 없었다. 한신은 간첩을 보내 이좌거의 계획이 뜻대로 이뤄지지 않은 것을 알고 비로소 군대를 전진시켰던 것이다.

한신은 조나라를 쳐서 이기자 장병에게 영을 내려 광무군 이좌거를 죽이지 말 것과, 그를 산 채로 잡아오는 사람에게 천금 상을 줄 것을 약속했다.

이리하여 이좌거가 묶여 한신 앞에 나타나자 한신은 손수 그를 풀어 상좌에 앉게 하고 스승으로 받들었다. 이때 한신이 그가 사양하는 것도 불구하고, 굳이 앞으로 어떻게 하면 좋겠는가를 물어오자, 그는,

「나는 들으니 지혜로운 사람이 천 번 생각하면 반드시 한 번 잃는 일이 있고, 어리석은 사람이 천 번 생각하면 반드시 한 번 얻는 것이 있다고 했습니다. 그러기에 말하기를, 미친 사람의 말도 성인이 택한다고 했습니다. 생각에 내 꾀가 반드시 쓸 수 있는 것이 못되겠지만, 다만 어리석은 충성을 다할 뿐입니다」 하고 한신으로 하여금 연나라와 제나라를 칠 생각을 말고 장병들을 쉬게 하라고 권했다. 결국 한신은 이 이좌거의 도움으로 크게 성공을 하게 된다.

「천려일실」은 너무 안다고 자신하지 말라는 교훈도 되고, 또 실수에 대한 변명이나 위로의 말로 쓰이기도 한다.

천고청비〔天高聽卑〕 하늘은 높은 곳에 있지만, 하계(下界)의 말을 잘 들으며, 그 옳고 그름을 엄정하게 판단하여 보답해 줌을 이르는 말. 《사기》

천공해활〔天空海闊〕 하늘은 공허하고 바다는 넓다는 뜻으로, 도량이 넓어 사소한 일에 구애되지 않음을 비유하여 이르는 말. 《고금시화(古今詩話)》

천광지귀〔天光之貴〕 하늘에 빛나는 것 중에서 가장 귀하다는 데서, 태양을 달리 이르는 말.

천교지망〔遷喬之望〕 영전・승진에 대한 소망의 비유. 본래는 야만(野蠻)에서 문화가 앞선 상태로 옮기는 것. 또는 이단사설(異端邪說)의 생각에서, 성인(聖人)의 도의 올바른 생각으로 바뀌는 것을 이르는 말. 《맹자》

천군만마〔千軍萬馬〕 썩 많은 병마(兵馬). 다수의 군사와 군마. 역전의 용사 등도 이에 해당한다. 밴 해천산천(海千山千).

천리안
千里眼

일천 千 이수 里 눈 眼

> 먼 데서 일어난 일을 직각적으로 감지하는 능력.

「천리안」은 불교에서 말하는 「안통(眼通)」으로, 가만히 앉아서 천리 밖을 내다볼 수 있다는 데서 나온 말이다.

《위서(魏書)》양일전에 나오는 말이다.

남북조 시대의 북위 장제(莊帝) 때, 광주 자사로 부임해 온 양일(楊逸)은 당시 겨우 나이 스물아홉이었고, 또 명문 출신의 귀공자였지만, 조금도 교만한 데가 없고 백성들을 위해 그야말로 침식을 잊는 정도였다.

군대들이 전쟁에 나갈 때면 아무리 비바람이 불고 눈보라가 치는 속이라도 꼭꼭 몸소 나와 그들을 위로하고 격려하여 보내 주었다. 그런 다정한 성격을 지닌 그는, 또 한편 법을 엄정하게 지켜, 범법자는 지위와 귀천을 묻지 않고 이를 용서 없이 시행했기 때문에 죄를 범하는 사람이 없었다.

그가 있는 동안 흉년이 계속되어 굶어 죽는 사람이 많이 생겼다. 그는 구제할 방법이 없는지라, 나라의 승낙 없이는 열지 못하는 창고를 열어 백성에게 나눠 줄 생각을 했다. 책임자가 문책을 겁내 이를 반대하자,

「나라의 근본은 사람이다. 사람은 먹지 않고는 살지 못한다. 백성들이 굶주리고 있는데 임금만이 배불리 먹을 수 있겠는가. 만일 이것이 잘못된 일이라면 내가 죄를 달게 받겠다」하고 독단으로 창고를 헐어 죽을 끓여 굶주린 백성들에게 나눠주고, 그 사실을 나라에 보고했다.

조정에서는 물론 죄를 물어야 한다고 주장하는 신하들도 있었다. 그러나 장제는 그 같은 용단으로 인해 수만의 굶주린 백성이 목숨을 건질

수 있었다는 말을 듣고 오히려 그런 긴급 조처를 가상한 일이라고 칭찬까지 했다 한다.

이렇게 백성을 사랑한 그는 민폐를 없애기 위해 감시원을 곳곳에 배치해 두는 한편, 군대나 말단 공무원들이 지방으로 나갈 때는 반드시 식량을 가지고 가게 했다. 지방 사람들이 그들에게 식사를 제공하려 하면 그들은 누구나 할 것 없이,

「양사군께서는 천리안을 가지고 계신데 어떻게 속일 수가 있습니까(楊使君 有千里眼 那可欺之)」하고 이를 거절했다고 한다.

이토록 바른 정치로 좋은 성적을 올린 그였건만, 황제의 자리를 엿보고 있는 이주(爾朱) 일문의 시기를 받아 임지에서 서른두 살 꽃다운 나이로 죽고 말았다.

온 지역이 위아래 없이 슬퍼하며 한 달 동안이나 마을마다 사람들이 제단을 만들어 놓고 억울하게 죽은 그의 명복을 빌었다고 한다.

천균득선즉부〔千鈞得船則浮〕 천균이나 되는 무거운 물건도 배에 실으면 물에 뜨듯이, 무슨 일이나 기세를 타지 않고는 성공할 수 없음의 비유. 또 현인도 일정한 지위에 있지 않고는 능력을 발휘할 수 없음의 비유. 《한비자》

천금지구 비일호지액〔千金之裘 非一狐之腋〕 여우의 겨드랑이 밑 부분의 모피를 모아서 만든 옷은 매우 값비싸고 귀중히 여겼다고 한 데서, 나라를 다스리는 데는 많은 현사(賢士)의 힘을 합해야 함을 비유하여 이른 말이다. 《사기》

천년일청〔千年一淸〕 ☞ 백년하청〔百年河淸〕

천도불도〔天道不諂〕 하늘이 신선에게는 복을 주고 악인에게는 화를 주는 것은 조금도 의심할 바가 없음을 이르는 말.

천도시야비야〔天道是耶非耶〕 하늘의 도는 옳은가, 그른가? 하늘의 공명정대함을 한편으로는 의심하면서도 한편으로는 확신하는 심정 사이의 갈등을 드러내는 말이다. 《노자》 ☞ 천도시비(天道是非).

857

천망회회
天網恢恢

하늘 天 그물 網 넓을 恢

> 하늘의 그물은 굉장히 넓어서 눈이 성기지만 선한 자에게는 선을 주고 악한 자에게는 악을 주는 일은 조금도 빠뜨리지 않는다.

「천망회회 소이불루(天網恢恢 疎而不漏)」에서 나온 말이다. 이 말은 하늘이 친 그물은 하도 커서 얼른 보기에는 엉성해 보이지만, 이 그물에서 빠져나가지 못한다는 뜻이다. 즉 악한 사람이 악한 일을 해도 금방 벌을 받고 화를 입는 일은 없지만, 결국 언젠가는 자기가 저지른 죄의 값을 치르게 된다는 말이다.

이 말은 《노자》 73장에 나오는 말인데, 원문에는 「소이불루」가 아닌 「소이불실(疎而不失)」로 되어 있다. 즉,

「……하늘이 미워하는 바를 누가 그 까닭을 알리요 이러므로 성인도 오히려 어려워한다. 하늘의 도는 다투지 않고도 잘 이기며, 말하지 않고도 잘 대답하며, 부르지 않고도 스스로 오게 하며, 느직하면서도 잘 꾀한다. 하늘의 그물은 크고 커서 성긴 듯하지만 빠뜨리지 않는다(天網恢恢 疎而不失)」라고 되어 있다.

이 「소이불실」이란 말이 「소이불루」로 된 것은 《위서》 임성왕전(任城王傳)에서 볼 수 있다. 즉, 「노담이 말하기를 『그 정치가 찰찰(察察)하면 그 백성이 결결(決決)하다고 하고, 또 말하기를, 하늘 그물이 크고 커서 성기어도 새지 않는다』고 했다」라고 했다.

찰찰은 너무 세밀하게 살피는 것을 말하고 결결은 다칠까봐 조마조마한 것을 말한다. 결국 악한 사람들이 악한 일로 한때 세도를 부리고 영화를 누리는 것처럼 보이지만, 결국 언젠가 하늘이 그물을 끌어올리는 날은 도망치지 못하고 잡힌다는 뜻이다.

천라지망〔天羅地網〕 하늘과 땅에 쳐진 그물의 뜻으로, 악에 대한 피하기 어려운 재액을 일컫는 말. ☞ 천망회회(天網恢恢).

천려일득〔千慮一得〕 아무리 어리석은 사람도 많은 생각 가운데 한 가지쯤 좋은 생각이 미칠 수 있다는 말. 《사기》 ☞ 천려일실(千慮一失).

천리동풍〔千里同風〕 온 나라 안에 같은 바람이 분다는 뜻으로, 천하가 태평함을 이르는 말. 또 먼 곳까지도 풍속이 같음을 이르는 말. 《논형(論衡)》

천리무연〔千里無煙〕 천리 간에 밥 짓는 연기가 피어오르지 않는다는 뜻에서, 백성들이 가난함을 비유하여 이르는 말.

천리불류행〔千里不留行〕 천 리의 먼 데를 가더라도 아무런 막는 것이 없다는 뜻으로, 천하에 적이 없음을 일컫는 말. 《장자》

천리송아모〔千里送鵝毛〕 천리 밖에서 거위 털을 보내온다는 뜻으로, 선물은 하찮아도 그 성의만은 돈독함을 이르는 말.

천리절적〔千里絶迹〕 유례없음의 비유. 다른 것과 동떨어져서 독자적인 형용. 천리나 되는 먼 거리에 걸쳐서 다른 것과 비교할 만한 것이 없다는 뜻으로, 초절(超絶)한 사적(事跡)의 비유. 또 멀리 인적이 없는 후미진 곳의 형용으로도 쓰인다. 《양서(梁書)》

천리행시어족하〔千里行始於足下〕 천리 여행도 발밑에서부터 시작한다는 뜻으로, 작은 일도 차근차근 해 나가면 큰일을 이룸의 비유. 《노자》

천마행공〔天馬行空〕 천마가 하늘을 뛰어다닌다는 뜻으로, 자유분방하여 얽매이는 데가 없음을 비유하여 이르는 말. 또는 문장이나 필치가 뛰어나 있음을 형용하는 말. 《사기》

천무삼일청〔天無三日晴〕 좋은 날씨는 사흘씩 계속되지 않는다는 뜻으로, 세상 일이 풍파가 많고 갈등이 일어나기 쉬워서 오랫동안 무사하기만 하지는 않는다는 말.

천무음우〔天無淫雨〕 하늘에서 궂은비가 내리지 않는다는 뜻으로, 화평한 나라, 태평한 시대를 이르는 말.

천무이일〔天無二日〕 하늘에는 해가 둘이 없다는 뜻으로, 한 나라에는 한 임금뿐이라는 말. 《예기》

천문만호〔千門萬戶〕 대궐의 문호가 많음을 일컫는 말. 또 수많은 백성들의 집. 《사기》

천문지질〔天文地質〕 하늘에는 일월성신(日月星辰) 같은 문식(文飾)이 있지만, 땅은 소박하여 꾸밈이 없음을 일컫는 말. 《태현경(太玄經)》

천시 지리 인화
天時 地利 人和

하늘 天 때 時 땅 地
이로울 利 사람 人 화목할 和

> 사람이 서로 기쁜 마음으로 협력하지 않으면 아무리 천시와 지리적 조건이 좋아도 그 힘을 발휘하기 어렵다.

「천시(天時)」는 봄·여름·가을·겨울의 4시와 밤과 낮, 추위와 더위, 비와 바람, 개고 흐린 것 등 기후와 같은 자연 조건을 말한다. 그러나 이 밖에 사람이 직접 보고 느끼지 못하는 신명의 도움이라든가 운수 같은 것을 말하는 경우도 많다.

곡식이 제 철을 만나지 못하면 자라지 못하듯, 사람도 그가 타고난 재질과 그가 살고 있는 시대가 서로 맞지 않으면 그 재질을 제대로 발휘하지 못하고 병들거나 말라죽거나 하고 만다. 즉 초목이 때를 타듯 사람도 때를 타기 때문이다.

「지리(地利)」는 지리적 조건이 유리한 것을 말한다.

「인화(人和)」는 사람과 사람 사이의 정신적인 협력을 말한다.

사람의 생활에는 이 세 가지 요소가 절대적인 역할을 한다. 북극과 남극지대에서 초목이 자라지 못하는 것은 「천시」와 「지리」 때문이다. 온대지방에서 겨울에 곡식이 마음대로 자라지 못하는 것도 「천시」 때문이다.

똑같은 기후 조건에서도 어느 지방은 살기 좋고 어느 지방은 살기 나쁜 것은 지리적 조건이 틀리기 때문이다. 똑같은 천시와 지리 속에서도 잘 살고 못 사는 나라가 있고 마을이 있고 집이 있는 것은 인화의 차이 때문이다. 맹자는 이 세 가지를 놓고 이렇게 말하고 있다. 즉《맹자》공손추 하에 보면 맨 첫머리에,

「천시는 지리만 못하고, 지리는 인화만 못하다(天時不如地利 地利不

如人和)」고 전제한 다음, 그 까닭을 다음과 같이 말하고 있다.

「3리 둘레의 성과 7리 둘레의 바깥 성을 포위하여 공격을 해도 잘 이기지 못한다. 포위하여 공격할 때에는 반드시 천시를 택해서 하게 된다. 그런데도 이기지 못하는 것은 천시가 지리만 못하다는 증거다.

성이 높지 않은 것도 아니고, 못이 깊지 않은 것도 아니며, 군장비가 튼튼하지 않은 것도 아니고, 곡식이 많지 않은 것도 아닌데 성을 버리고 도망치는 일이 있다. 이것은 지리가 인화만 못한 증거다」

결국 사람이 서로 기쁜 마음으로 협력하지 않으면 아무리 천시와 지리적 조건이 좋아도 그 힘을 발휘하기 어렵다는 것을 맹자는 강조하고 있는 것이다.

뒤이어 맹자는 이에 따른 인화의 중요성을 길게 설명하고 있는데, 그 인화를 이룩하는 근본 조건은 위정자가 백성을 사랑할 줄 알고, 도리에 벗어나지 않는 올바른 정치를 하는 것이라고 결론을 내리고 있다.

인화단결(人和團結)이란 말은 인화를 바탕으로 한 단결의 중요성을 강조하는 뜻에서 생긴 말이라 볼 수 있다.

천문철추〔薦門鐵樞〕 거적문에 돌쩌귀라는 뜻으로, 격에 맞지 않아 어울리지 않음.

천방지축〔天方地軸〕 못난 사람이 종작없이 덤벙이는 일. 또는 너무 급박하여 방향을 잡지 못하고 함부로 날뛰는 일. 천방지방(千方地方).

천번지복〔天飜地覆〕 하늘과 땅이 뒤집힘. 곧 천지에 큰 변동이 일어나 질서가 어지러움. 《중용》

천벽독서〔穿壁讀書〕 벽에 구멍을 뚫어 옆집 불빛을 끌어들여 책을 읽는다는 뜻으로, 심한 가난에도 뜻을 굽히지 않고 고생하며 학문에 정진하는 것. 《서경잡기》

천변만화〔千變萬化〕 한없이 변화함. 변화가 무궁함.

천변지이〔天變地異〕 자연의 이변. 천변은 하늘에서 일어나는 변동. 지이(地異)는 지상에 생기는 이변. 자연계의 대변동. 圈 경천동지(驚天動地).

천의무봉
天衣無縫

하늘 天 옷 衣 없을 無 기울 縫

시문 등이 매우 자연스러워 조금도 꾸밈이 없음. 완전무결하여 흠이 없음.

「천의무봉」은 하늘에 있는 선녀들이 입는 옷으로, 바늘이나 실로 꿰매 만드는 것이 아니고, 전체가 처음부터 생긴 그대로 만들어져 있다는 전설에서 나온 말이다.

보통 시나 글이나 혹은 예술품 같은 것이, 전혀 사람의 기교가 주어지지 않은 자연 그대로의 극치를 이루었다는 뜻으로 인용되곤 하는데, 때로는 타고난 재질이 극히 아름답다는 뜻으로도 쓰인다.

이 말은 《태평광기》에 있는 곽한(郭翰)의 이야기 가운데 나온다. 곽한이 어느 여름 밤 뜰에 누워 바람을 쏘이고 있는데, 갑자기 일찍이 볼 수 없었던 미인이 나타났다.

「저는 천상에 있는 직녀(織女)이온데, 남편과 오래 떨어져 있어 울화병이 생긴지라 상제의 허락을 받아 요양차 내려왔습니다」 하고 잠자리를 같이할 것을 요구했다. 하룻밤을 즐기고 새벽 일찍 구름을 타고 하늘로 올라간 그녀는 매일 밤 찾아오곤 했다.

이윽고 칠월칠석이 돌아오자, 그날 밤부터 나타나지 않더니 며칠이 지나서 다시 나타났다.

「남편과 재미가 좋았소?」 하고 묻자,

「천상에서의 사랑은 지상과는 다르옵니다. 마음과 마음이 서로 통할 뿐 다른 일은 없습니다. 그렇게 질투까지 할 것은 없습니다」 하고 대답했다.

「하지만 꽤 여러 날 되지 않았소?」

「원래 하늘 위의 하룻밤은 땅에서의 닷새에 해당하니까요」

그리고 조용히 그녀의 옷을 살펴보니 바느질한 곳이 전연 없었다. 곽한이 이상해서 물었더니,

「하늘의 옷은 원래 바늘이나 실로 꿰매는 것이 아닙니다」하고 대답했다.

그리고 그녀가 벗은 옷은 그녀가 돌아갈 때면 저절로 가서 그녀의 몸을 덮는 것이었다.

1년쯤 되던 어느 날 밤, 그녀는 곽한의 손을 잡고, 상제가 허락한 기한이 오늘로 끝난다면서 흐느껴 울었다. 그 뒤 1년쯤 지나 그녀를 따라다니던 시녀가 소식을 전해 왔을 뿐 다시는 영영 소식이 없었다. 그 뒤로 곽한은 세상 그 어느 여자를 보아도 마음이 동하지 않았다. 자식을 낳기 위해 장가를 들었으나 도무지 사랑을 느낄 수 없었고, 그로 인해 자식도 얻지 못한 채 일생을 마쳤다는 것이다.

비행접시를 목격하고 그 내부를 정확히 묘사해서 화제가 되었던 미국의 아담스키는 그의 저서 《비행접시의 정체》에서 별나라 사람의 옷도 역시 「천의무봉」이었다고 쓰고 있다.

천보간난〔天步艱難〕 천운(天運)이 돌아오지 않아 불리해지는 것. 전(轉)하여 국가나 시대의 운명이 위기에 빠져 있는 것. 천보(天步)는 천운(天運) 또는 시운(時運)을 말한다.

천부지저〔天府之儲〕 천자(天子)의 비축, 천연의 창고, 자연의 비축이라는 뜻으로, 땅이 기름져서 온갖 생산물이 많이 나는 땅을 이름.《위서》

천불생무록지인 지불생무명지초〔天不生無祿之人 地不生無名之草〕 하늘은 녹(祿) 없는 사람을 낳지 않으며, 땅은 이름 없는 풀을 내지 않는다는 뜻으로, 사람은 누구나 태어나는 대로 제 먹을 것은 생기게 마련이라는 뜻.

천붕지통〔天崩之痛〕 하늘이 무너지는 아픔이라는 뜻으로, 임금이나 아버지의 상사(喪事)를 당한 슬픔을 이르는 말.

천사만고〔千思萬考〕 여러 가지로 생각함.

천장지제 궤자의혈
千丈之堤 潰自蟻穴

일천 千 길이 丈 의 之 방죽 堤
무너질 潰 스스로 自 개미 蟻 구멍 穴

> 아무리 큰일도 아주 작은 일에서부터 시작된다. 호미로 막을 일을 가래로 막는 일이 없도록 하라는 말.

「천장지제 궤자의혈」은 천 길 둑도 개미구멍으로 인해 무너진다는 말이다.

《한비자》유로편(喩老篇)에 있는 말이다. 유로는 노자를 비유로 들어 해석한다는 뜻이다.

다음은 《노자(老子)》 제63장 속에 있는 말을 비유로 해서 풀이한 것이다.

「천하의 어려운 일은 반드시 쉬운 데서부터 시작되고, 천하의 큰일은 반드시 작은 일에서부터 시작된다. ……그러므로 어려운 것을 쉬울 때 미리 대책을 세우고, 큰 것을 작을 때 처리를 해야 한다. 천 길 높은 둑도 땅강아지와 개미구멍에 의해 무너지고, 백 척이나 되는 높은 집도 굴뚝 사이로 새는 연기로 인해 타게 된다(千丈之堤 以螻蟻之穴潰 百尺之室 以突隙之烟焚). 그러므로 치수(治水)에 공이 있었던 위(魏)나라 재상 백규(白圭)는 둑을 돌아볼 때는 그 구멍을 미리 살펴서 막고, 노인들이 불을 조심할 때는 굴뚝 틈부터 바른다. 그러므로 백규에게는 물의 피해가 없었고, 노인이 있는 집에는 화재의 염려가 없다」고 했다.

「천장지제 궤자의혈」이란 말은 「천장지제 이루의지혈궤(千丈之堤 以螻蟻之穴潰)」란 말이 약해져서 된 말이다. 호미로 막을 것을 가래로 막는 일이 없도록 하라는 교훈이다.

천재일우
千載一遇

일천 千 해 載 한 一 만날 遇

> 좀처럼 만나기 어려운 기회.

천재(千載)는 천 년(千年)과 같은 말이다. 천 년 만에 한 번 만나게 되는 것이 「천재일우」다.

천 년은 물론 과장된 말이다. 평생을 두고 한 번 있을까 말까 한 그런 좋은 기회를 가리켜 흔히 쓰는 문자다.

이 말은 동진의 원굉(袁宏)이 쓴 《삼국명신서찬(三國名臣序贊)》에 나오는 말이다.

원굉이 삼국 시절의 건국 공신 스무 명을 골라 그들 한 사람 한 사람의 행장을 칭찬하는 찬(贊)을 짓고, 거기에 서문을 붙인 것이 《삼국명신서찬》이다. 그는 이 서문에서,

「백낙(伯樂)을 만나지 못하면 천 년을 가도 천리마 하나 생겨나지 않는다」고, 훌륭한 임금과 신하가 서로 만나기 어렵다는 것을 비유한 다음,

「대저 만 년에 한 번 기회가 온다는 것은 사람이 살고 있는 세상의 공통된 원칙이요, 천 년에 한 번 만나게 된다는 것은 어진 사람과 지혜로운 사람이 용케 만나는 것이다. 이런 기회를 만나면 그 누가 기뻐하지 않으며, 이를 놓치면 그 누가 한탄하지 않겠는가」라고 했다.

여기서 백낙은 유명한 명마 감별사의 이름이다. 「백낙일고(伯樂一顧)」항목에서 자세히 설명하고 있다.

특히 「천재일우」는 사업을 하는 사람들에게 있어서 아주 중요한 말이다.

천지자 만물지역려
天地者 萬物之逆旅

하늘 天 땅 地 사람 者 일만 萬
물건 物 갈 之 뒤집을 逆 나그네 旅

> 세상이란 만물이 잠시 머물렀다 가는 여관과 같다.

천지라는 것은 온갖 만물이 잠시 들렀다 가는 여관과 같다는 말이 「천지자만물지역려」다.

이태백(李太白)의 「춘야연도리원서(春夜宴桃李園序)」에 나오는 글귀다.

「대개 하늘과 땅이란 것은 모든 것이 와서 묵어가는 여관과 같은 것이고, 세월이란 것은 끝없이 뒤를 이어 지나가는 나그네와 같은 것이다(夫天地者 萬物之逆旅 光陰者 百代之過客)」

역려의 역(逆)은 맞이한다는 뜻이다. 나그네를 맞이한다는 뜻에서 손님을 재워 보내는 여관을 「역려」라고도 말한다.

하늘과 땅은 공간을 말한다. 공간 속에서 모든 것은 나타났다 사라졌다 하고 있다. 그것은 마치 나그네가 와서 묵어가고 또 와서 묵어가는 것과 마찬가지다.

빛과 그늘, 즉 광음(光陰)이란, 날이 밝았다 밤이 어두웠다 하는 시간의 연속이다. 그것은 한이 없이 되풀이된다. 백 대, 천 대, 만 대로 영원히 쉬지 않고 지나가기만 하는 나그네처럼 다시 돌아올 줄을 모르는 것이다.

그래서 이태백은 아름다운 봄경치가 그의 시흥을 불러일으키는 대로 우주가 빌려준 문장을 마음껏 휘두르기도 하고, 꽃자리에 앉아 달빛을 바라보며 술잔을 기울인다는 것이다.

우주를 여관으로 자연과 호흡을 같이하는 이태백의 탈속된 모습을 이 글귀에서 찾아볼 수 있을 것 같다.

천편일률
千篇一律

일천 千 책篇 한一 법律

> 여러 시문의 격조가 변화가 없이 비슷비슷함. 많은 사물이 색다른 바가 없이 모두 비슷함의 비유.

「천편일률」은 천 편이나 되는 많은 글이 모두 한 가지 운율로 짜여져 있다는 뜻이다.

소식(蘇軾 : 자는 동파)의 「답왕상서(答王庠書)」에서 「지금 과거 시험에서 내는 답안들은 천 사람이 쓴 글이 같은 격조에 묶여 있는 듯해서 채점을 하는 관리들마저 역겨워한다(今程試文字 千人一律 考官亦厭之)」는 말이 나온다.

또한 왕세정(王世貞)의 「전당시설(全唐詩說)」에 보면 백거이는 「소년시절에 원진과 함께 화려하고 힘차며 박식함을 다투었는데, 뜻은 경계를 통쾌하게 펼치는 데 두었다. 나이가 들어서 다시 만족할 줄 알라는 글을 썼는데, 모든 작품이 한결같았다(少年與元稹角靡逞博 晚更作知足語 千篇一律)」라고 하였다.

천상석기린〔天上石麒麟〕 천상의 돌 기린이라는 뜻으로, 어린아이의 걸출(傑出)함을 일컫는 말.

천상적선인〔天上謫仙人〕 천상에서 지상으로 귀양 온 선인(仙人)이라는 뜻으로, 당(唐)나라의 하지장(賀知章)이 이백(李白)을 가리켜 이르는 말.

천상천하 유아독존〔天上天下 唯我獨尊〕【불교】천지 사이에 나보다 존귀(尊貴)한 것이 없다는 말로서, 석가모니가 세상에 태어났을 때 한 손으로는 하늘을, 또 한 손으로는 땅을 가리켜 일곱 걸음을 걸으며 사방을 돌아보고 이른 말.《전등록》☞ 사자후(獅子吼).

천서만단〔千緖萬端〕 수없이 많은 일의 갈피.《진서》

천석고황〔泉石膏肓〕 자연을 사랑함이 병적이라 할 만큼 깊음을 이르는 말. 천석(泉石)은 샘과 돌, 곧 자연. 고황(膏肓)은 불치의 병을 이름. 《당서》

천세일시〔千歲一時〕☞ 천재일우(千載一遇).

천신만고〔千辛萬苦〕 온갖 신고(辛苦). 또 그것을 겪음. 신랄(辛辣)과는 달리 몸으로 견디는 고통, 몸을 찌르듯이 마음이 아픈 신산(辛酸)의 뜻이 있다. ⑨ 간난신고(艱難辛苦). 입립신고(粒粒辛苦). 다사다난(多事多難).

천애지각〔天涯地角〕 하늘의 끝과 땅의 한 귀퉁이라는 뜻으로, 서로 멀리 떨어져 있음을 이르는 말.

천양지판〔天壤之判〕 하늘과 땅의 차이처럼 엄청난 차이.

천양지피 불여일호지액〔千羊之皮 不如一狐之腋〕 천 마리의 양가죽이 한 마리 여우의 겨드랑이 밑 가죽만 못하다는 뜻으로, 어리석은 수많은 사람보다 한 사람의 현자(賢者)가 더 나음을 비유하여 이르는 말. 《사기》

천언만어〔千言萬語〕 수없이 많은 말. 또는 많은 말을 허비하는 것. ⑪ 일언반구(一言半句).

천여불취 반수기앙〔天與不取 反受其殃〕 하늘이 주는 것을 갖지 않으면 도리어 그로 인한 화를 받게 된다는 말.

천연세월〔遷延歲月〕 일을 당한 그때 그때 처리하지 않고 미루어 나감을 이르는 말.

천우신조〔天佑神助〕 하늘과 신령의 도움. 생각지 않게 우연히 도움 받는 것.

천위지척〔天威咫尺〕 하늘의 위엄이 바로 눈앞에 있다 함이니, 마땅히 몸을 조심하고 삼가야 한다는 말. 또는 임금에게 알현(謁見)함을 이름. 《좌전》

천인공노〔天人共怒〕 하늘과· 사람이 함께 노한다는 뜻에서, 누구나 분노할 만큼 증오스러움. 도저히 용납할 수 없음의 비유.

천인소지 무병이사〔千人所指 無病而死〕 천 사람의 지탄을 받으면 병 없이도 죽는다는 뜻으로, 많은 사람의 비난을 받으면 결국은 망하고 만다는 뜻.

천인지낙낙 불여일사지악악〔千人之諾諾 不如一士之諤諤〕 천 사람이 다 좋다고 하는 것이라도, 한 선비가 하는 곧은 말만 못하다는 뜻으로, 시비를 가리지 않고 임금에게 복종만 하는 아첨하는 신하 여럿보다 임금의 잘못을 간(諫)하는 곧은 신하 한 사람이 나음을 이르는 말. 《사기》

천하언재
天何言哉

하늘 天 어찌 何 말씀 言 어조사 哉

> 하늘이 무슨 말을 하겠느냐.

「천하언재」는 「하늘이 무슨 말을 하겠느냐」라는 뜻이다. 이 말은 여러 가지 의미로 쓰일 수 있다.

「하늘이 어떻게 말을 할 수 있겠느냐. 귀로 들으려 하지 말고 마음으로 생각해서 알아라」하는 뜻도 될 수 있고,

「하늘이 무슨 말을 하더냐. 그래도 다 할 일을 하고 있다」라는 뜻도 될 수 있으며, 또 그 밖에도 달리 해석될 수 있다.

이것은 공자가 한 말이다. 《논어》양화편에 보면 공자가 하루는 자공이 듣는 앞에서,

「나는 이제 말을 하지 말았으면 한다(予欲無言)」하고 혼잣말처럼 했다.

자공이 가만있을 리 만무했다.

「선생님께서 말씀을 하지 않으시면 저희들이 무엇을 배울 수 있습니까?」하고 묻자 공자는,

「하늘이 어디 말을 하더냐. 사시(四時)가 제대로 운행되고 온갖 물건들이 다 생겨나지만, 하늘이 어디 말을 하더냐(天何言哉 四時行焉 百物生焉 天何言哉)」하고 대답했다.

자공의 공부가 이제 말 없는 가운데 진리를 깨달아야 할 단계에 이르렀기 때문에 공자는 이 같은 말을 했을 것이다. 그러나 한편 공자의 이 말은 하늘과 같은 경지에 있는 자신의 심경을 말한 것으로도 볼 수도 있다.

철면피
鐵面皮

쇠 鐵 낯 面 가죽 皮

> 부끄러운 줄 모르는 뻔뻔스러운 사람.

우리말에 「쇠가죽을 무릅쓰고……」라는 말이 있다. 쇠가죽은 쇠로 만든 가죽이란 뜻이다. 「철면피」는 바로 그 쇠가죽을 무릅쓴 것이다. 면피는 낯가죽을 말한다.

우리가 염치없이 뻔뻔스럽게 구는 사람을 보고 낯가죽이 두껍다고 한다. 그 낯가죽이 쇠로 되었다면 두꺼운 정도가 아니다. 그러므로 「철면피」란 말은 세상에 다시없이 낯가죽이 두꺼운 파렴치한 사람을 보고 하는 말이다.

그런데 이 「철면피」란 말의 어원인 철면(鐵面)이란 말은 좋은 뜻으로 쓰이기도 했다.

송대의 손광헌이 지은 《북몽쇄언(北夢瑣言)》이란 책에 보면,

「진사 왕광원(王光遠)은 권문 호족들에게 무엇을 얻어 하려고 끊임없이 찾아다니곤 했는데, 혹 회초리로 내쫓기는 모욕을 당하면서도 조금도 태도를 고치거나 후회하는 기색이 없었다. 그래서 당시 사람들이 『광원의 얼굴은 두껍기가 열 겹 철갑 같다』고 했다」고 한 이야기가 나온다.

이것은 철갑이 부끄러운 줄 모르는 파렴치(破廉恥)의 뜻으로 쓰인 예다.

그러나 철갑이 아닌 「철면(鐵面)」의 경우는 정정당당한 굳센 태도를 칭찬하는 뜻으로 쓰인 예가 많은 것 같다.

「송나라 조선의(趙善誼)는 숭안현(崇安懸) 지사가 되어, 현의 정치를 하는 데 법률을 하도 엄격하게 지켰기 때문에 사람들은 그를 조철면

(趙鐵面)이라고 불렀다」고 한 이야기는 사정이 없었다는 뜻으로 철면이 쓰인 예다.

또 《송사》 조변전(趙卞傳)에 보면,

「조변이 전중시어사(殿中侍御史 : 감찰관)가 되자, 권력자가 됐든, 천자가 좋아하는 사람이 됐든 용서 없이 적발했기 때문에 서울에서는 그를 철면어사라고 불렀다」라고 했다. 이것은 「철면」이란 말이 권력에 굴하지 않는 강직한 뜻으로 쓰인 예다.

천일청불염 일일우편염〔千日晴不厭 一日雨便厭〕 천 날 갠 것은 싫지 않고 하루 비 오는 것은 싫다는 뜻으로, 갠 날이 계속되다가 일이 있는 어떤 날 공교롭게도 비가 내려 좋지 않음을 이르는 말. 「석 달 가뭄에 하루 쓸 날 없다」

천자무희언〔天子無戲言〕 임금에게는 실없는 말이 없다는 뜻으로, 임금은 언행을 삼가야 하므로 실없는 말을 해서는 안된다는 말. 《사기》

천자만홍〔千紫萬紅〕 울긋불긋한 여러 가지 꽃의 빛깔. 또는 색색가지 꽃들이 어지럽게 피어 있는 모양. 同 백화요란(百花燎亂).

천작막여일봉〔千雀莫如一鳳〕 천 마리의 참새가 한 마리의 봉황만 못하다는 뜻으로, 말만 많고 보잘 것 없는 다수가 권위 있는 한 사람에 미치지 못함을 비유하여 이르는 말.

천작저창〔淺酌低唱〕 알맞게 술을 마셔 작은 소리로 노래를 부름. 술도 적당히 마시는 것이 좋다. 反 배반낭자(杯盤狼藉).

천장지구〔天長地久〕 하늘은 길고, 땅은 영구하다는 뜻. 아주 길게 계속되는 것의 비유. 하늘과 땅은 영구히 변함이 없음. 《노자》 同 천지장구(天地長久). 反 무운장구(武運長久).

천장지비〔天藏地秘〕 하늘과 땅에 묻어 숨겼다는 뜻으로, 세상에 드러내어 나타나지 않음을 이르는 말.

천조초매〔天造草昧〕 하늘이 만물을 창조하기 시작하여 아직 천지의 구별이 분명하지 않음을 이르는 말. 同 천지개벽(天地開闢).

천존지비〔天尊地卑〕 하늘을 존중하고 땅을 천시한다는 뜻으로, 윗사람만 받들고 아랫사람은 천하게 여김을 비유하여 이르는 말.

철부지급
轍鮒之急

수레바퀴 자국 轍 붕어 鮒 의 之 급할 急

> 곤궁한 처지나 아주 다급한 위기.

「철부지급」은 수레가 지나간 바퀴자국 속에 있는 붕어처럼 곧 물이 말라 죽게 생긴 그런 다급한 경우란 뜻이다.

이것은 《장자》 외물편에 있는 이야기에 나온 문자다.

장주(莊周)가 집이 가난해서 감하후(監河侯)란 사람에게 양식을 꾸러 갔다. 그러자 감하후는, 「좋아요 내 고을에서 세금이 들어오는 대로 삼백 금을 빌려드리겠소 그만하면 되겠지요?」 하는 것이었다.

장주는 화가 치밀어 정색을 하며 말했다.

「어제 이리로 오는데 도중에 누가 나를 부르더군요. 그래 돌아보았더니 수레바퀴 지나간 자리에 붕어가 있지 않겠소 어찌된 일이냐고 물었더니 『나는 동해의 파신(波臣 : 물고기란 뜻)인데, 어떻게 한두 바가지 물로 나를 살려줄 수 없겠소』 하는 것이었습니다. 그래 내가 『알았네. 내가 곧 오나라, 월나라 임금을 만나게 될 테니 그때 서강(西江)의 물을 끌어다가 그대를 맞이하겠네. 괜찮겠지?』 하고 대답했더니 붕어가 화를 내며 이렇게 말합디다. 『나는 잠시도 없어서는 안될 것을 잃고 당장 곤란에 빠져 있는 중이오. 한두 바가지 물만 있으면 나는 살 수 있소 그런데 당신은 그런 태평스런 소리만 하고 있으니 차라리 일찌감치 건어물 가게로 가서 나를 찾으시오』 하고」

장자의 이 이야기는 크고 작은 거라든가 많고 적은 것이 문제가 되지 않고, 그것을 어떻게 적절하게 쓰느냐 하는 것이 더욱 중요하다는 것을 말한 것이다. 우리 속담에 「저 돈 칠백 냥」 이란 말과 「너희 집 금송아지가 무슨 소용이 있느냐」 고 하는 말이 있다. 다 같은 뜻에서 온 말이다.

철저마침
鐵杵磨針

쇠 鐵 쇠공이 杵 갈 磨 바늘 針

일을 성취하기 위해 모든 정성을 다 기울이는 성실한 모습의 비유.

위대한 시인 이백(李白)이 어렸을 때의 이야기다.

이백은 어렸을 때 공부를 열심히 하지 않고 매일 밖에 나가 친구들과 어울려 노는 게 일과였다. 그러던 어느 날, 이백이 미주(眉州) 상이산(象耳山)에서 공부를 하다가 힘이 들어 중도에 포기하고 집으로 돌아오게 되었다. 마침 작은 시냇물을 건너던 중에 한 노파가 쇠를 숫돌에 갈고 있는 것을 보고 물었다.

「할머니, 그걸 갈아 무엇 하시렵니까?」

그러자 그 노파가 대답했다.

「바늘을 만들려고 그러는 거지」

노파의 말에 이백은 어이가 없어 웃으며 말했다.

「할머니, 그게 어디 될 법이나 한 일인가요? 헛수고하지 마세요」

그러자 노파는 정색을 하며 말했다.

「쉬지 않고 꾸준히 갈다 보면 왜 성공하지 못하겠느냐」

노파의 말에 이백은 크게 깨달아 그 후부터 마음을 다잡아 공부를 열심히 했으며, 어려운 일에 부딪칠 때마다 그 노파의 말을 되새겨 보면서 꾸준히 노력하여 마침내 위대한 시인이 되었던 것이다.

이 이야기는 민간에 널리 전해지는 이야기로 「철저마침」 이라고 하는데, 「열 번 찍어 안 넘어가는 나무 없다」 라는 「십벌지목(十伐之木)」 과 비슷한 말이다.

즉 어떤 일이든지 꾸준히 노력하여 해나가면 언젠가는 반드시 성공한다는 말이다.

철주
掣 肘

당길 掣(철) 팔꿈치 肘

> 남의 일에 훼방을 놓음.

「철주(掣肘)」는 팔꿈치를 잡아당긴다는 말이다. 남이 일을 하고 있는데 옆에서 팔을 잡아당기며 이래라 저래라 간섭한다는 뜻이 될 수 있다. 보통 불필요한 간섭, 방해되는 간섭을 가리켜 「철주를 가한다」고 한다.

이 말은 공자의 제자 복자천(宓子賤)의 고사에서 나온 말이다.

복자천은 공자보다 마흔 아홉 살이나 적은 제자였는데, 공자는 그를 군자라고 칭찬한 일이 있다.

그가 노애공(魯哀公) 때 단보(亶父)란 지방의 장관으로 부임한 일이 있었다. 일흔세 살로 죽은 공자가 살아 있을 때 일이었으니 그의 나이에 대한 기록이 사실과 다름이 없다면 많아도 스물 남짓밖에 안되었을 때다.

복자천은 부임에 앞서, 임금이 간신들의 말에 의해 자기 하는 일에 간섭하게 될 것이 두려워 꾀를 썼다. 임금 가까이에 있는 두 관원을 청해 함께 단보로 부임한 것이다.

그가 부임하자 고을 관원들이 모두 신임 장관에게 인사를 드리기 위해 모였다. 복자천은 많은 사람들의 인사를 받으며 데리고 온 두 관원에게 그들의 이름을 기록하도록 시켰다.

그런데 그들이 정성들여 이름을 한창 적고 있노라면 복자천은 이따금 옆에서 그들의 팔을 잡아 흔들었다(宓子賤 從旁時掣搖其肘).

글씨가 제대로 될 리가 만무했다. 그러면 복자천은 글씨가 그게 뭐냐고 성을 내며 야단을 쳤다.

두 관원은 하도 속이 상해서 돌아가게 해달라고 사정을 했다. 그러자 복자천은,

「자네들은 글씨가 원체 서툴러서 안되겠네. 부디 앞으로 조심해서 잘 하게」 하고 즉시 돌아가게 했다. 두 관원은 조정으로 돌아와 임금에게, 「복장관 밑에서는 일을 할 수가 없어 돌아오고 말았습니다」 하고 보고를 드렸다.

「어째서냐?」 하고 임금은 물었다.

「복장관은 저희들에게 기록을 하라고 시키고는 옆에서 팔을 흔들어 글씨를 바로 쓸 수 없게 만듭니다. 그리고는 저희를 보고 글씨가 그게 뭐냐고 화를 내며 꾸중을 하는 통에 보고 있던 아전들까지 모두 웃고 있었습니다. 저희들은 더 참을 수 없어 돌아온 것입니다」

임금 애공은 그들의 말을 듣고 크게 한숨을 지으며 말했다.

「자천은 그것으로 과인의 부족함을 간하고 있는 것이다. 나는 지금까지 그가 하는 일에 필요 없는 간섭을 해 온 것이리라. 너희들이 아니었던들 과인은 또 같은 실수를 하게 되었을 것이다」

애공은 즉시 심복을 단보로 보내 자천에게 이렇게 전하게 했다.

「이제부터 단보는 과인의 것이 아니고 경의 것이다. 단보를 위한 일이면 무슨 일이든 과감히 행하라. 결과는 5년 뒤에 보고하면 된다」

이리하여 복자천은 자기 생각대로 단보를 다스릴 수 있었다. 단보의 백성들이 살기 좋게 되었다는 소문이 공자의 귀로 들려왔다. 3년 되던 해 공자는 무마기(巫馬期)란 제자를 단보로 보내 복자천의 정치가 어떤 것인가를 보고 오게 했다.

무마기는 평민의 옷차림을 하고 단보로 들어갔다. 어느 날 밤 강변의 한 고기잡이가 그물에 걸린 고기를 도로 강물에 던지는 것을 본 그는,

「모처럼 애써 잡은 고기를 왜 도로 물에 넣소?」 하고 물어보았다.

그러자 고기잡이는 대답했다.

「어린 고기는 잡지 말라는 복장관의 지시가 있기 때문이지요. 지금 물에 넣은 것은 어린 고기들뿐입니다」

더 볼 것이 없다고 생각한 무마기는 그 길로 돌아와 공자에게 이렇게 보고했다.

「자천의 덕은 단보의 구석구석까지 다 보급되어 있었습니다. 백성들은 아무도 보는 사람이 없는 어둠 속에서도, 마치 무서운 법령이 옆에 지켜보고 있는 것처럼 행동을 조심하고 있었습니다」

《논어》공야장편에,

「군자로다, 이 사람이여, 노나라에 군자가 없으면 이 사람이 어찌 이런 덕을 가질 수 있으리오」하고 공자가 감탄한 것도 이 이야기를 들은 뒤의 일이 아닌지 알 수 없다.

간섭하기 좋아하는 윗사람들은 다 같이 한번 생각해 볼 일이다.

천주절〔天柱折〕 하늘을 받치고 있는 기둥이 부러진다는 뜻으로, 천하가 몹시 어지러워짐을 이르는 말. 《회남자》

천중가절〔天中佳節〕 단오를 이르는 말. 천중절.

천지개벽〔天地開闢〕 천지가 처음으로 열림. 벽(闢)은 열리다의 뜻으로 개(開)와 같은 뜻.

천지만엽〔千枝萬葉〕 한창 무성한 나뭇가지와 잎이라는 뜻으로, 일의 갈래가 어수선하게 많음을 비유하여 이르는 말.

천지무용〔天地無用〕 「천지(天地)는 필요치 않다」라고 하는 의미가 아니라 상하(上下)를 거꾸로 하면 안된다는 의미. 하물(荷物)을 발송할 때 따위에 포장 박스에 이렇게 씌어 있다.

천지미록〔天之美祿〕 하늘이 내려준 좋은 녹(祿)의 뜻으로, 술(酒)의 미칭(美稱). 백약지장(百藥之長), 망우지물(忘憂之物)이라고도 해서 애주가들에게는 안성맞춤의 말. ☞ 주내백약지장.

천지신명〔天地神明〕 천지의 수많은

신들의 조화. 신명은 신의 모든 것을 꿰뚫어보는 전지전능함.

천지현황〔天地玄黃〕 하늘은 가물가물하고 땅은 누렇다는 뜻으로, 우주자연의 광활함을 표현한 말이다. 이 말은 천자문(千字文)의 모두를 장식하는 구절이다. 천자문은 주흥사(周興嗣)가 만들었다.

천진난만〔天眞爛漫〕 천진은 자연 그대로 꾸밈이 없는 것. 난만은 있는 그대로 여실히 나타나는 모양. 자연 그대로 꾸밈이 없이 순진한 기분, 태도의 비유. 윤 순진무구(純眞無垢).

천차만별〔千差萬別〕 여러 가지 사물이 모두 차이가 있고 구별이 있음. 윤 백인백양(百人百樣). 십인십색(十人十色).

천참만륙〔天斬萬戮〕 수없이 베어 여러 동강을 내어 참혹하게 죽임.

천추만세〔千秋萬歲〕 천년만년, 세월의 유구함. 장수를 축하하는 말. 《한비자》 반 천지장구(天地長久).

천하유삼위〔天下有三危〕 천하에 있는 세 가지 위험이라는 뜻으로, 즉 덕이 적은 이가 총애를 받고 재능이 없는 자가 높은 지위에 있으며, 큰 공이 없는 자가 녹(祿)을 많이 받는 일을 이른다. 《회남자》

천하지화 막심어살인〔天下之禍 莫甚於殺人〕 세상의 화는 사람을 죽이는 것보다 더 심한 것은 없음을 이르는 말.

천학비재〔淺學非才〕 학문이 얕고 재주가 변변치 않음. 자기의 학식을 겸사하는 말.

천한백옥〔天寒白屋〕 추운 날씨에 불도 때지 못한다는 뜻으로, 추운 겨울날 가난한 생활을 형용하여 이르는 말.

천향국색〔天香國色〕 모란꽃을 가리키는 말. 아름다운 여자를 비유하여 이르는 말.

철가도주〔撤家逃走〕 가족을 모두 데리고 도망감.

철두철미〔徹頭徹尾〕 철(徹)은 통하게 하다, 뚫리다의 뜻. 머리(頭)부터 시작해서 꼬리(尾)로 통하는 것으로, 「수미일관(首尾一貫)」해서 관통하다. 처음부터 끝까지의 비유. 또한 다음에 부정의 말을 수반해서 「결코 ……하지 않다」 「조금도 ……하지 않다」 라고 사용하기도 한다. 《주자전서》 윤 시종일관(始終一貫).

철석간장〔鐵石肝腸〕 굳고 단단한 절개·마음을 일컫는 말. 철장석심(鐵腸石心).

첨전고후〔瞻前顧後〕 앞을 보고 뒤를 돌아봐야 한다는 뜻으로, 일을 당해 결단하지 못하고 앞뒤를 재며 어물거리거나 주저함을 이르는 말. 전첨후고(前瞻後顧). 《초사》

철중쟁쟁
鐵中錚錚

쇠 鐵 가운데 中 쇳소리 錚

> 같은 동아리 가운데 가장 뛰어난 사람.

「쟁쟁(錚錚)」은 쇠가 맑게 울리는 소리다. 쇠는 질이 좋은 것일수록 쟁쟁하고 소리가 맑게 울린다. 「철중쟁쟁」은 쇠 중에서도 쟁쟁하고 울리는 것이란 뜻으로 같은 종류 가운데 특히 뛰어난 것의 비유로 쓰이는 말이다.

「쟁쟁한 인사(人士)들」이란 말을 우리는 가끔 쓴다. 바로 이 「쟁쟁」의 뜻이다. 세상에서 손꼽히는 유명한 사람들이란 말이다.

후한 광무제의 통일 천하에 있어 가장 강한 적은 적미(赤眉)였다. 전한을 없애고 왕망이 신(新)이란 나라를 새로 세웠을 당시에 일어났던 대규모의 농민 반란군으로 처음은 번숭(樊崇)을 수령으로 낭야(琅耶)에서 일어나 뒤에 봉안(逢安)·서선(徐宣)·사녹(謝祿) 등이 이끄는 군대까지 이에 합류되어, 산동성을 중심으로 유분자(劉盆子)를 왕으로 받들고 그 위세가 하늘을 찌를 듯했다.

그들은 한나라 왕실의 상징인 붉은색으로 눈썹을 그려 표를 하고 다녔기 때문에 적미라는 이름을 듣게 된 것이다.

적미는 한때 수도 장안으로 쳐들어와, 이미 왕망을 넘어뜨리고 황제의 위에 올라 있던 갱시제(更始帝) 유현(劉玄)을 쳐 없애고 광무제 유수(劉秀)와 대결하게 되었다.

그들이 패해 광무제에게 항복을 했을 때, 번숭·서선 등을 보고 광무제는 이렇게 말했다.

「그대들은 항복한 것을 후회하지 않는가? 원한다면 다시 한 번 실력으로 승부를 결정해도 좋다. 짐은 항복을 강요하고 싶지는 않다」

그러자 그들은 머리를 조아리며, 항복을 받아 주시니 그저 호랑이 입을 벗어나 사랑하는 어머니 품에 돌아온 것 같다면서 아무런 후회도 없다고 대답했다. 이 같은 대답에 광무제는,

「경들이야말로 철중쟁쟁이요 용중교교로다(卿所謂鐵中錚錚 傭中佼佼者也)」하고 칭찬을 했다.

《후한서》 유분자전에 있는 말로서,「용중교교」는 똑같은 물건 가운데 뛰어난 것이란 말로「철중쟁쟁」과 같은 뜻이다.

첩경〔捷徑〕 지름길. 혹은 어떤 일에 이르기 쉬운 방법을 이르는 말.

첩부지도〔妾婦之道〕 여자는 순종을 정도로 삼는다는 뜻으로 시비를 가리지 않고 오로지 남을 따르는 행동거지를 이르는 말. 《맹자》

첩상가옥〔疊床架屋〕 세련되지 못하고 군더더기가 많으며, 반복이 심한 작품을 비유하여 이르는 말로, 조직이나 제도가 불합리하거나 쓸데없는 중복이 많을 때도 사용한다.

첩족선득〔捷足先得〕 행동이 재빠른 사람이 먼저 목적지에 도달한다는 뜻. 《사기》

첩첩불휴〔喋喋不休〕 재잘거리는 것이 쉴 틈이 없다는 뜻으로, 수다스러워 사람들의 미움을 사는 것을 비유하여 이르는 말. 《한서》

첩혈〔喋血〕 싸움터에서 사상자(死傷者)의 유혈(流血) 속을 밟고 다닌다는 뜻으로, 싸움터로 나가는 것을 이르는 말. 《사기》

청경우독〔晴耕雨讀〕 맑은 날은 바깥에 나가 논밭을 갈고, 비 오는 날은 집안에서 책을 읽는다. 그런 유유자적한 생활. 홀가분하고 풍아한 모양.

청군입옹〔請君入甕〕 그가 사람을 해쳤던 방법 그대로 그 사람을 다스리다. 이를테면「제가 놓은 덫에 제가 치인다」나「제 도끼에 제 발등 찍힌다」는 속담과 같은 말이다. 《자치통감》

청금〔青衿〕 학생을 이르는 말. 옛날 학생이 옷깃을 푸른색으로 테두리를 두른 의복을 입고 있었던 데서 연유한 말이다. 《시경》

청렴결백〔清廉潔白〕 마음이 맑고 곧아 뒤로 검은 데가 전혀 없는 것. 비 청운추월(青雲秋月).

청담
淸談

맑을 淸 말씀 談

> 세속적인 명리(名利)를 달관한 맑고 고상한 이야기.

「청담」은 위진(魏晉)시대에 유행한 청정무위의 공리공담(公理空談)을 말한다.

《안씨가훈》등에 나오는 말이다. 이 말이 나오게 된 것은 중국이 한창 격동기에 접어들어 연일 전쟁과 살육으로 하루도 바람 잘 날이 없었던 위진남북조 시대에 형성된 일군의 선비 집단인 죽림칠현(竹林七賢)과 밀접한 관련이 있다.

자고 나면 왕조가 바뀌고 그럴 때마다 숙청과 살육이 자행되던 시기에 이런 현실에 염증을 느낀 뜻있는 사람들이 모였다. 그들은 세간의 이런 정황을 깨끗이 잊어버리고 보다 고상하고 운치 있는 대화만 나누며 술에 취해 세상의 시름을 잊고자 노력하였다. 특히 그 가운데 일곱 사람이 당시 크게 알려졌다.

산도(山濤, 자는 巨源)·완적(阮籍, 자는 嗣宗)·혜강(嵇康, 자는 叔夜)·완함(阮咸, 자는 仲容)·유영(劉伶, 자는 伯倫)·상수(向秀, 자는 子期)·왕융(王戎, 자는 濬中)의 일곱 명이다.

이들이 술을 마시면서 시를 짓고 노닐 때 나누었던 이야기를 일러 후세 사람들이 「청담」이라고 한 것이다. 이들에게 있어서 술은 그 무엇과도 바꿀 수 없는 친근한 벗이라 할 수 있다. 그래서 유영과 같은 사람은 술을 찬양하는 「주덕송(酒德頌)」이라는 글까지 남겼을 정도였다.

시속(時俗)의 득실에 빠져 그들을 비방하던 세속지사를 한낱 잠자리나 나나니벌로 격하시킨 풍류와 호방함은 가히 이들 칠현들의 정신세계를 한 마디로 대신한 것이라고 하겠다.

청백리 清白吏

맑을 淸 흴 白 벼슬아치 吏

> 맑고 깨끗한 마음으로 재물을 탐하지 않는 벼슬아치.

《장자》 어부편(漁父篇)에 이런 말이 나온다.

「행실이 맑고 결백하지 않으면 아래 관리들이 거칠고 게을러지니 이것이 대부의 근심이다(行不淸白 群下荒怠 大夫之憂也)」

여기서 청백은 품행이 순수하고 깨끗한 것을 말한다.

중국에서는 청백리란 말보다는 청백재상(淸白宰相)이란 말이 더 많이 쓰였다. 청렴하고 결백한 재상이란 말인데, 이것은 일반명사가 아니고 실제로 송(宋)나라 때의 관리인 두연(杜衍, 978~1057)을 일컫는 말이다.

《연감유함》 재상편에 다음과 같은 말이 나온다.

「송나라 경력(慶曆) 연간에 두연이란 사람이 재상이 되었는데, 예물로 주는 물품이 있어도 절대로 집안으로 가져오지 않았다. 그래서 당시 사람들이 그를 일러 청백재상이라고 하였다」

우리나라에서는 의정부·육조(六曹)·경조(京兆)의 정종(正從) 2품 이상의 당상관과 사헌부·사간원의 수직(首職)들이 추천하여 선정한 청렴한 벼슬아치를 일컫는다.

녹선(綠選)이 되면 만민의 추앙을 받았으며, 자손들에게도 음보(蔭補)의 혜택이 있었다.

「청백리 똥구멍은 송곳부리 같다」 라는 말이 있다.

이 말은 청렴한 까닭으로 재물을 모으지 못하고 찢어지게 가난함을 가리키는 말이다.

청운지지
靑雲之志

푸를 靑 구름 雲 의 之 뜻 志

> 높은 지위에 올라가고자 하는 뜻.

「청운(靑雲)」은 푸른 구름을 말한다. 푸른 구름과 같은 뜻이 「청운지지」다. 푸른 구름은 사람들이 잘 볼 수 없는 귀한 구름이다. 신선이 있는 곳이나 천자가 될 사람이 있는 곳에는 푸른 구름과 오색구름이 떠 있었다고 한다. 그래서 「청운에 뜻을 둔다」하면 남보다 훌륭하게 출세할 뜻을 가지고 있다는 말이 된다.

장구령(張九齡)의 시를 소개한다.

그 옛날 청운의 뜻이
이루지 못한 백발의 나이에
뉘가 알리오, 밝은 거울 속
얼굴과 그림자가 절로 서로 안타까워함을.

宿昔靑雲志　蹉跎白髮年　　숙석청운지　차타백발년
唯知明鏡裏　形影自相憐　　유지명경리　형영자상련

장구령은 현종 때 어진 재상으로 이임보(李林甫)의 모략에 밀려나 초야에서 여생을 보낸 사람이다. 이 시는 재상의 자리를 물러났을 때의 감회를 읊은 것이다.

「그 옛날 푸른 꿈을 안고 재상이 되어 나라를 위해 있는 힘을 다했으나 뜻대로 되지 못하고 늙은 나이에 미끄러져 물러나고 말았다. 거울 속에 비친 그림자와 서로 마주 보며 서글퍼하는 마음을 그 누가 알아줄 사람이 있으리오」하는 내용이다.

그러나 옛날에는 「청운」이란 말이 꼭 출세의 뜻으로만 쓰인 것은 아니었다.

《사기》 백이열전에서 태사공(太史公)은 이렇게 말하고 있다.

「민간에 있는 사람들이 덕을 닦아 이름을 세우고자 청운의 선비(靑雲之士)의 힘을 빌지 않으면 어떻게 후세에 그 이름을 전할 수 있겠는가」

즉 백이 숙제 같은 사람도 공자 같은 성인이 그를 위대하게 평해 주지 않았으면 그 이름이 세상에 전해질 수 없었다는 것을 개탄한 것으로 여기서는 공자가 청운지사로 지적된 것이다.

주석에는 청운지사를 귀하고 위대한 사람이라고 풀이하고, 또 「청운지사」에는 세 가지 뜻이 있어서, 덕이 높은 사람, 지위가 높은 사람, 뜻이 높은 사람에게 두루 쓰인다고 했다. 결국 푸른 뜻이니, 푸른 꿈이니 하는 것은 무엇이 됐든 높고 크게 한번 되어 보겠다는 원대한 포부의 뜻으로 풀이될 수 있을 것 같다.

왕발(王勃)의 「등왕각서(滕王閣序)」에도 청운지지란 말은 장구령의 시에 나오는 것과 같은 출세의 뜻으로 쓰고 있다. 왕발도 같은 시대의 사람이다. 당시는 「청운」의 뜻이 지금과 같이 출세의 뜻으로 쓰이고 있었던 것 같다.

청산가매골〔靑山可埋骨〕 대장부는 어디를 가더라도 뼈를 묻을 각오가 되어 있다는 뜻. 청산(靑山)은 나무가 푸르게 무성한 산으로, 여기서는 무덤의 뜻으로 쓰인다.

청산유수〔靑山流水〕 푸른 산과 흐르는 물. 곧 막힘없이 썩 잘하는 말의 비유.

청산일발〔靑山一髮〕 멀리 수평선상에 희미하게 연해 보이는 청산을 한 올의 머리카락에 비유한 말.

청수무대어〔淸水無大魚〕 ☞ 수지청즉무어(水至淸則無魚).

청아음향〔淸雅音響〕 상스럽거나 속된 티를 벗어 밝고 아름다운 소리와 그 울림.

청천백일
青天白日

푸를 青 하늘 天 흴 白 날 日

맑게 갠 날 뒤가 깨끗한 일 억울하게 뒤집어쓴 죄가 판명되어 무죄가 됨.

「청천백일」은 맑게 갠 하늘에서 밝게 비치는 해라는 뜻이고, 하는 일이 뒤가 깨끗하다든가, 억울한 것이 판명되어 죄에서 풀려 누명을 벗게 된다든가 하는 따위를 「청천백일」에 비유해 말한다. 즉 깨끗하다는 뜻과 세상이 다 안다는 두 가지 뜻으로 많이 쓰인다.

한유(韓愈)는 그의 친우인 최군(崔群)에게 보낸 편지 가운데서,

「……청천백일은 노예들도 또한 그것이 맑고 밝은 것을 안다」고 했다.

이것은 최군의 뛰어난 인품을 모르는 사람이 없다는 것을 비유해 쓴 말이다. 즉 최군이 하늘처럼 맑고 태양처럼 밝다는 것을 말한 것이 아니고, 누구나 다 알고 있다는 뜻으로 쓰인 말이다.

그러나 우리들이 흔히 말하는 「청천백일하에 드러났다」고 할 때의 그 「청(淸)천백일」과는 약간 뜻이 다르다.

《주자전서》에는 주자가 맹자를 평하여 「청천백일과 같이 씻어 낼 때도 없고, 찾아 낼 흠도 없다」고 했다.

이것은 순결무구(純潔無垢)의 뜻으로 쓰인 것이다. 우리들이 쓰는 사심이 없다는 그런 뜻의 청천백일과는 다소 거리가 있다.

우리들이 많이 쓰는 「청천백일하에 드러났다」든가, 「청천백일하에 그런 짓을 할 수 있느냐」든가 하는 말은 훤히 밝다는 뜻 그대로 쓰이는 것이다.

청안〔靑眼〕친밀한 사람을 대할 때의 호의(好意)에 찬 눈을 말한다. 진

(晋)의 완적(阮籍 : 죽림칠현의 한 사람)이 친한 사람에 대해서는 청안(靑眼)으로, 싫은 사람에 대해서는 백안(白眼)으로 대한 데서 나온 말이다. 청안은 바로 쳐다보기 때문에 검은자위, 백안은 흘겨보아 흰자위를 보이기 때문이다. 《진서》

청어무성시어무형〔聽於無聲視於無形〕 부모가 무슨 말을 하기 전에, 또 무슨 눈치를 보이기 전에 자식은 부모의 마음을 알아차려야 한다는 뜻으로, 자식은 부모의 의중을 면밀히 살펴 섬기라는 말. 《예기》

청운추월〔青雲秋月〕 갠 하늘의 구름과 가을하늘 밝은 달. 곧 마음속이 맑고 상쾌함을 비유하여 이르는 말.

청이불문〔聽而不聞〕 아무리 들으려 해도 들리지 않음. 듣고도 못 들은 체함. 청약불문(聽若不聞). 《대학》

청전구물〔青氈舊物〕 푸른 빛깔의 모전(毛氈)과 오래된 물건이라는 뜻으로, 대대로 전해 내려오는 물건을 일컫는 말.

청조〔青鳥〕 푸른 새가 온 것을 보고 한나라 무제 때의 동방삭이 서왕모(西王母)의 사자라고 한 고사에서, 사자(使者)·서간(書簡)을 이르는 말.

청청자아〔菁菁者莪〕 교육하는 즐거움, 인재를 길러내는 즐거움을 이르는 말. 또 군주가 육성한 인재가 활발히 덕을 발휘함의 비유. 청청(菁菁)은 푸르게 무성함. 아(莪)는 쑥의 일종. 육성한 인재의 덕이 성함의 형용. 청아(菁莪). 《시경》

청탁병탄〔清濁併吞〕 포용력이 큼의 비유. 특정의 가치관에 구애되지 않고 있는 그대로를 받아들이는 것. 청탁은 맑고 흐린 물, 선과 악, 군자(君子)와 소인과 같이 상대되는 두 가지 것을 가리킬 경우에 쓰인다. 《사기》

청풍래고인〔清風來故人〕 늦여름에 시원한 바람이 불어온다는 말로, 가을이 찾아옴을 뜻한다. 고인은 옛 친구를 말한다. 두목(杜牧) 《조추(早秋)》

청풍명월〔清風明月〕 초가을 밤의 싱그런 느낌. 상쾌한 밤바람과 맑고 밝은 달빛. 조용히 술을 마신다는 뜻으로도 쓰인다. 결백하고 온건한 충청도 사람의 성격을 평하는 말로도 쓰인다. 《남사(南史)》 ㈜ 풍전세류(風前細柳 : 부드럽고 영리한 전라도 사람의 성격을 평한 말).

청풍양수〔清風兩袖〕 양 소맷자락에 맑은 바람이 가득하다. 곧 관리나 선비들이 청렴결백한 것을 비유하여 이르는 말.

청천벽력
青天霹靂

푸를 靑 하늘 天 벼락 霹 벼락 靂

맑게 갠 하늘의 벼락. 뜻밖에 일어난 큰 변동. 갑자기 생긴 큰 사건

「청천벽력(靑天霹靂)」은 맑게 갠 하늘에 난데없는 벼락이란 뜻이다. 전연 예상조차 할 수 없었던 재난이나 변고 같은 것을 비유해서 쓰는 말이다.

너무도 뜻밖의 불길한 소식을 듣든가 당하든가 했을 때 흔히 「청천벽력도 유분수(有分數)지」하는 말을 쓴다.

이것은 청천벽력이 사람을 놀라게 하는 돌발사건이란 뜻으로 쓰인 것이다. 「유분수지」하는 말은 「정도가 있지」하는 뜻이다.

우리말의 「날벼락」이란 말은 이 「청천벽력」이란 말과 비슷하기는 하나 쓰는 데 다소 차이가 있다. 날벼락은 죄 없이 받는 재난이란 뜻이다. 뜻밖에 당한다는 점에서는 같지만, 그 내용에 있어서는 다르다.

「그 소식은 내게 있어서 청천벽력이었다」하면 너무도 뜻밖의 놀라운 일이란 것을 뜻한다.

이때 「날벼락」이란 말은 쓸 수 없다.

「모진 놈 옆에 섰다가 날벼락 맞는다」는 말이 있다.

악한 사람에게 하늘이 벼락을 내리는 바람에 그 옆에 있던 착한 사람까지 희생을 당한다는 뜻이다. 이때는 「청천벽력」을 대신 쓸 수 없다.

그러나 「이거야 원 날벼락이지」하고 말할 때는 「이거야 원 청천벽력이지」하고 말할 수 있다.

너무나도 뜻밖에 당하는 일이라는 뜻이다.

남송(南宋)의 시인 육유(陸遊, 1125~1209)는 자신의 뛰어난 필치(筆致)를 가리켜 「푸른 하늘에 벼락을 날리듯 한다(靑天飛霹靂)」고 했다.

이것은 역시 세상을 놀라게 한다는 뜻으로 쓰인 것이기는 하지만, 좋은 의미를 지니고 있다. 「청천벽력」과 같은 뜻밖의 소식 중에는 기쁜 일 좋은 일도 있을 수 있다.

그러나 좋은 경우에는 이 문자를 쓰지 않는 것이 보통이다. 그러나 다른 문자로 표현 못할 경천동지할 대사건이라면 경우에 따라서는 쓸 수도 있을 것이다.

청호우기〔晴好雨奇〕 갠 날의 경치도 좋고 빗속의 경치도 좋다는 뜻으로, 언제 보아도 좋은 경치.

체발염의〔剃髮染衣〕 출가(出家)하여 체발(기른 머리털을 바짝 깎음)을 하며 물들인 가사를 입었다는 뜻으로, 출가하여 중이 됨을 이름.

체악지정〔棣鄂之情〕 형제간의 두터운 우애. 만발하여 화미(華美)한 산앵도나무 꽃에 견준 말임.

초가벌진〔楚可伐陳〕 초나라는 진나라를 칠 수 있다. 작은 나라가 지나치게 전쟁에 대비한 준비를 했으면 그만큼 국력이 낭비되었다는 것이다. 따라서 겉으로 보기에는 철옹성처럼 단단해 보이지만, 한번 충격을 받으면 쉽게 무너져 버린다. 지나친 혹사가 오히려 힘을 약화시킴을 이르는 말. 또는 남의 장점 속에 숨겨져 있는 단점을 찾아내는 안목을 말하기도 한다. 《설원》

초간구활〔草間求活〕 민간에서 삶을 구한다는 뜻으로, 욕되게 한갓 삶을 탐냄을 이르는 말. 《진서》

초근목피〔草根木皮〕 풀뿌리와 수목의 껍질. 모두 한방약의 원료가 되는 것이 많다. 풀에도 여러 가지가 있다. 산초(山草)·수초(水草)·목초(牧草)·향초(香草)·경초(勁草)·미초(美草)·독초(毒草)·야초(野草)·잡초(雜草)·녹초(綠草)·영초(靈草)·약초(藥草)·노초(露草)·감초(甘草)·본초(本草) 등등. 《금사식화지(金史食貨志)》

초두난액〔焦頭爛額〕 불에 머리를 그슬리고 이마를 데어가며 불을 끈다는 뜻으로, 불을 미연에 방지한 사람은 버림을 받고, 불이 난 뒤 불을 끈 사람은 후한 대접을 받는다. 곧 일의 근본을 잊어버리고 결과만 좋다고 생각하는 것을 비유하여 이르는 말.

청출어람
青出於藍

푸를 青 나올 出 어조사 於 쪽 藍

> 제자가 스승보다 나음을 일컬음.

「청출어람」은 제자가 스승보다 낫다는 평을 듣는 것을 말한다. 남(藍)은 「쪽」이라는 풀이름이다. 쪽에서 나온 푸른 색깔이 쪽보다 더 푸르다는 말에서 온 말이다.

《순자》 권학편 맨 첫머리에 이렇게 말하고 있다.

「학문은 잠시도 쉬어서는 안된다. 푸른 색깔은 쪽에서 나오지만 쪽보다 더 푸르고, 얼음은 물이 만들지만 물보다 차다(學不可以已 青出於藍而青於藍 氷水爲之而寒於水)」

학문에 뜻을 둔 사람은 잠시도 게을리 해서는 안된다. 그 예로 쪽이란 풀로 푸른색을 내지만, 사람의 노력이 가해짐으로 해서 그 쪽 자체보다 더 깨끗하고 아름답고 진한 색깔을 낼 수 있다.

얼음은 물이 얼어서 된 것이지만 물에서 얼음이 되는 과정을 거치기 때문에 물보다 더 차가운 성질의 것이 된다.

그러므로 스승에게서 배우기는 하지만, 그것을 더욱 익히고 정진함으로써 스승보다 더 훌륭한 사람이 될 수 있고, 더 깊고 높은 학문과 덕을 갖게 된다는 뜻이다.

이 「청출어람이청어람(青出於藍而青於藍)」이란 말이 약해져서 「출람(出藍)」이 된 것으로, 그것은 곧 푸른색이란 뜻이 된다.

푸른색은 쪽에서 나와 쪽보다 푸른 것이므로 그것은 먼저 것보다 뒤의 것이 더 훌륭하다는 뜻이 된다.

즉 스승보다 제자가 나은 것을 말한다.

「출람지예(出藍之譽)」라고도 한다.

초목개병
草木皆兵

풀 草 나무 木 모두 皆 군사 兵

> 적이 우세한 데 겁을 먹어 초목이 모두 군사로 보임.

「초목개병」은 서 있는 수풀이 다 적의 군사로 보인다는 뜻으로, 어떤 일에 크게 놀란 나머지 신경이 날카로워진 것을 비유한 말이다. 《진서》 부견재기(符堅載記) 하편에 이런 이야기가 있다.

진(晋)나라 말년에 정치가 부패하자 서북과 북방의 몇 개 민족들이 진나라의 지배에서 벗어나 전후 16개 나라를 세웠는데, 이것이 바로 오호십육국이다.

그 중에서 가장 강대한 나라는 저족(氐族)에 의해 세워진 진(秦)나라였다. 역사에서는 이를 전진이라고 하며 당시의 진나라는 동남쪽에 위치해 있었기 때문에 동진이라고 한다.

어느 날, 전진의 국왕 부견이 80만 대군을 이끌고 남침해서 중원지방을 차지하려고 하였다. 이때 진무제는 8만의 군사를 동원해서 저항했는데, 수적인 열세가 너무나 현저해서 도저히 승산이 없어 보였다.

이 때문에 많은 관원들은 지레 겁을 먹고 떨고 있었다. 그러나 선봉도독이었던 사현(謝玄)은 정예군 5천을 이끌고 낙간(洛澗) 일대에서 부견의 군사 1만 5천 명을 일거에 섬멸한 다음 승승장구로 진격하였다.

이에 진왕 부견과 선봉장 부융(符融)은 기세가 꺾여 주춤하였다. 그들의 수양성루에 올라가 진군의 군세를 살펴보니 그 기세는 하늘을 찌를 듯했고, 다시 서북쪽의 팔공산을 보니 산에 서 있는 초목들이 모두 적군의 병사처럼 보였다고 한다.

동진 군사들은 다시 비수(肥水)를 건너 용감하게 진격을 거듭해서 적장 부융을 사살하는 등 커다란 전과를 올렸다. 그 바람에 부견의 군사들은 일대 혼란에 빠지고 말았다. 그들은 밤에 바람소리가 나거나 학이 우는 소리(風聲鶴唳)만 들려와도 적병이 추격하는 줄 알고 벌벌 떨었다고 한다.

지칠 대로 지친 부견의 군사들은 이 싸움에서 거의 10분의 7, 8이 전사하였다. 이 싸움이 바로 적은 군사로 적의 대군을 물리친 것으로 역사상 유명한 비수대전(肥水大戰)이다.

「초목개병」은 바로 《자치통감》과 《진서》에서 부견이 「팔공산의 초목과 바람소리와 학의 울음소리를 모두 적병인 줄 알았다(八公山草木 風聲鶴唳 皆以爲晋兵)」라고 한 말에서 유래한 것인데, 다른 성구인 「풍성학려(風聲鶴唳)」도 여기서 나온 말이다.

초두로〔草頭露〕☞ 초두천자(草頭天子).

초두천자〔草頭天子〕강도의 수령. 노상강도의 두목. 초두는 초두로(草頭露)의 약(略)으로, 풀잎 끝의 이슬. 덧없음, 오래 지속되지 않음의 비유. 천자(天子)는 두령(頭領)을 치켜세운 말로, 가볍게 대장이라는 어감. 덧없는 두목, 덧없는 대장은 강도의 수령에나 어울리지 않을까? 《평요전(平妖傳)》⑳ 양상군자(梁上君子).

초록동색〔草綠同色〕풀빛과 녹색은 같은 색깔이란 뜻으로, 명칭은 다르지만 따져 보면 한 가지 것이란 말로, 서로 같은 무리끼리 어울림을 이르는 말.

초록자기〔蕉鹿自欺〕사슴을 파초로 덮어 놓았다가 자신까지 속아 넘어갔다는 뜻으로, 인생살이의 득실이 허무한 것을 이르는 말. 초록몽(蕉鹿夢). 《열자》

초만영어〔草滿囹圄〕감옥에 풀이 무성하다는 말로, 정치가 잘 행해져 감옥 안에 죄수가 없음을 이르는 말. 《수서》

초망지신〔草莽之臣〕벼슬을 하지 않고 초야에 묻혀 사는 사람. 또는 신하가 임금에 대해 자신을 낮추어 이르는 말. 《맹자》

초망착호〔草網着虎〕썩은 새끼로 범 잡기란 뜻으로, 엉터리없는 짓을 꾀함을 일컫는 말.

초미지급 焦眉之急

태울 焦 눈썹 眉 의 之 급할 急

> 눈썹에 불이 붙은 것과 같이 매우 위급함.

우리말에 「발등에 떨어진 불」이란 말이 있다. 발등에 떨어진 불은 곧 몸 전체를 태우게 된다는 뜻과 아울러, 당장 뜨거우니까 손이 절로 그리로 가고 발이 절로 불을 차 던지게 된다는 뜻이다.

초미(焦眉)는 눈썹을 태운다는 뜻이다. 「초미지급」은 눈썹이 타고 곧 얼굴이 타게 될 그런 위급한 일이란 뜻이다. 발등에 떨어진 불보다 더 위급한 표현이다. 금릉(金陵 : 남경) 장산(蔣山)의 법천불혜선사(法泉佛慧禪師)는 만년에 어명으로 대상국지해선사(大相國智海禪寺)의 주지로 임명되었을 때, 중들을 보고 물었다.

「주지로 가는 것이 옳은가, 이곳 장산에 머물러 있는 것이 옳은가?」

이 같은 물음에 아무도 대답하는 사람이 없었다. 도를 닦아야 하느냐, 출세를 해야 하느냐 하고 망설인 것이다. 그러자 선사는 붓을 들어 명리를 초탈한 경지를 게(偈)로 쓴 다음, 앉은 채 그대로 세상을 떠났다고 한다. 이 법천불혜선사가 수주(隨州)에 있을 때, 그 곳 중들로부터 여러 가지 질문을 받고 대답한 말 가운데 이런 것이 있다.

「어느 것이 가장 급박한 글귀가 될 수 있습니까(如何是急切一句)」

「불이 눈썹을 태우는 것이다(火燒眉毛)」라고 대답했다는 것이다.

이 이야기는 《오등회원(五燈會元)》에 있는 이야기인데, 이 「화소미모」란 말에서 「소미지급(燒眉之急)」이란 말이 생기고, 「소미지급」이 변해서 「초미지급」으로 된 것 같다.

「눈썹에 불이 붙었다」는 말을 쓰는 사람이 있는데, 그것은 「초미」란 말을 그대로 옮긴 말이다.

초순건설
焦脣乾舌

태울 焦 입술 脣 마를 乾 혀 舌

말을 많이 함. 생각을 많이 하며 잠을 이루지 못함.

「초순건설」은 입술이 타고 혀가 마른다는 뜻이다. 입술이 타고 혀가 마르도록 말을 많이 하는 것을 말한다. 그러나 생각을 많이 하여 잠을 이루지 못해 입술이 타고 혀가 마를 경우에도 이 말을 쓴다. 무슨 특별한 다른 뜻이 있는 것이 아니고 단지 사실 그대로의 현상을 과장해서 말한 것에 불과하다.

《사기》 중니제자열전(仲尼弟子列傳)에 나오는 말이다.

자공이 공자의 부탁을 받아 노나라를 침략해 오는 제나라 군사를 물리치기 위해서, 제·오·월·진(晋)나라 등 각 국을 돌아다닌 일이 있다. 그가 오나라를 거쳐 월나라로 갔을 때의 일이다.

월왕 구천(句踐)이 자공을 뜰 밖에까지 나와 맞으며 원로에 찾아와 준 것을 치하하자, 자공은 월왕의 심중에 있는 말을 지적해 내며 그의 마음을 격동시켜 주었다.

그러자 월왕 구천은 머리를 조아려 절을 하며,

「내 일찍이 힘을 헤아리지 못하고 오나라와 싸워 회계(會稽)에서 패하고 이로 인한 굴욕과 고통이 골수에까지 사무쳐 낮이나 밤이나 입술을 타게 하고 혀를 마르게 하며, 그저 오왕과 함께 죽기가 소원입니다(孤嘗不料力 乃與吳戰 因於會稽 痛入於骨髓 月夜焦脣乾舌 徒欲與吳王接踵而死 孤之願也)」하고 말했다. [☞ 와신상담]

여기 나와 있는 「초순건설」이란 말은 「노심초사(勞心焦思)」와 같은 뜻으로 풀이될 수 있다. 그러나 「입술이 타고 혀가 마르도록 타일러도 말을 듣지 않는다」고 할 때와 같은 뜻으로 많이 쓰이고 있다.

건설(乾舌)의 건(乾)은 마르다는 뜻이므로 「간」이라 읽어야 옳지만, 간조(乾燥)가 「건조」가 되고 「간초(乾草)」가 「건초」가 되듯 음이 변하고 말았다.

초모위언〔草茅危言〕 초야에 묻힌 재야인사(在野人士)가 국정을 통론(痛論)함.

초목구후〔草木俱朽〕 초목과 함께 썩는다는 뜻으로, 세상에 알려지지 못하고 허무하게 죽음을 비유하여 이르는 말. 또는 마땅히 하여야 할 일을 못하고 초목과 같이 썩음. 초목동부(草木同腐).《진서》

초부득삼〔初不得三〕 첫 번에 실패한 일이라도 세 번째는 성공한다는 뜻으로, 꾸준히 하면 성공할 수 있다는 말.

초요과시〔招搖過市〕 허풍을 떨면서 남들의 주의를 끌다. 허장성세(虛張聲勢)로 사람들의 이목을 끄는 것을 비유하여 이르는 말.《사기》

초윤이우〔礎潤而雨〕 주춧돌이 축축해지면 비가 온다는 말로서, 원인이 있으면 결과가 있음을 이르는 말. 또는 사건이 일어남에는 조짐이 있음을 이르는 말.

초잠식지〔稍蠶食之〕 ☞ 잠식(蠶食).

초재진용〔楚材晉用〕 초나라 목재를 진나라 사람들이 사용한다는 뜻으로, 자기 나라 인재를 다른 나라에서 이용함을 이르는 말.《좌전》

초지광자초언〔楚之狂者楚言〕 초나라 사람은 미친 사람까지도 초나라 말을 한다는 뜻으로, 자기 나라 말은 몸에 배어 있어서 떨어지지 않는다는 것. 습관이 사람에게 미치는 영향이 크다는 것. 즉 학문의 중요함을 말한다.《한시외전》

초지일관〔初志一貫〕 처음에 먹은 마음을 끝까지 관철함.

촉각장중〔燭刻場中〕 불 켜 놓은 초에 금을 그어서 시간을 제한하고 글을 짓게 하는 과장중(科場中)이라는 뜻으로, 정한 기한이 촉박하였음을 이르는 말.《남사》

촉견폐일〔蜀犬吠日〕 촉(蜀)나라는 산이 높고 운무(雲霧)가 많아 해를 볼 수 있는 날이 그리 많지 않으므로, 어쩌다 해가 나면 개들이 짖어댄다 해서, 식견이 좁은 사람이 선하고 어진 사람을 의심해 비난 공격함을 이르는 말.

초인유궁 초인득지
楚人遺弓 楚人得之

초나라 楚 사람 人 잃을 遺
활 弓 얻을 得 갈 之

소견이 좁은 사람의 행동을 빗대어 말함.

초나라 사람이 잃은 활을 초나라 사람이 얻는다는 것이 「초인유궁 초인득지」다.

《설원(說苑)》 등 여러 책에서 볼 수 있는 공자에 대한 이야기 가운데 나오는 말이다.

《설원》 지공편(至公篇)의 기록을 들자면 다음과 같다.

초공왕(楚共王)이 사냥을 나갔다가 그가 아끼던 활을 그만 놓은 채 잊고 왔다.

늦게야 알고 좌우 시신들이 다시 가서 찾아오기를 청했으나 공은, 「초나라 사람이 흘린 활을 초나라 사람이 주울 텐데 굳이 찾으러 갈 것까지야 없지 않으냐(楚人遺弓 楚人得之 又何求焉)」하고 그만두게 했다.

공왕의 이야기를 들은 공자는 이렇게 말했다.

「애석한 일이다. 공왕의 말이 옳기는 한데 왜 좀더 생각이 크지 못했을까. 이왕 말을 할 바엔 사람이 흘린 활을 사람이 줍는다고 하지 못하고, 하필 초나라라고 했단 말인가?」

《설원》의 저자인 전한의 유향(劉向)은 공자와 같은 생각이야말로 대공(大公)이라 말할 수 있다고 했다. 내 것과 네 것이 없는 대동(大同)이 즉 「대공」인 것이다.

촉목상심〔觸目傷心〕 사물이 눈에 보이는 대로 마음이 아픔.

촉중명장〔蜀中名將〕 촉한(蜀漢)의 명장이란 뜻으로, 뛰어난 인재를 가리키는 말.

축처봉패〔觸處逢敗〕 가서 닥치는 곳마다 낭패를 당함을 이르는 말.

촌마두인〔寸馬豆人〕 한 치의 말, 콩알만한 사람이라는 뜻으로, 그림 그릴 때의 기교. 원경(遠景)의 인마는 작게 그리도록 한다는 말.

촌선척마〔寸善尺魔〕 세상에는 좋은 일은 얼마 안되고 언짢은 일은 많다는 말.

촌진척퇴〔寸進尺退〕 진보는 적고 퇴보는 많다는 뜻으로, 얻는 것은 적고 잃는 것은 많음을 이르는 말. 《노자》

촌초춘휘〔寸草春暉〕 어린 풀과 봄의 따뜻한 햇살을 어버이의 자식에 대한 애정에 비유하여, 어버이의 커다란 은덕과 애정에 대하여 조금도 보답할 수가 없음을 비유하여 이르는 말.

촌촌걸식〔村村乞食〕 이 마을 저 마을로 떠돌아다니며 빌어먹음.

촌탁〔忖度〕 남의 마음을 미루어 헤아리는 것. 촌(忖)도 탁(度)도 모두 헤아리다의 뜻. 《시경》

총각지호〔總角之好〕 어렸을 때부터의 친구, 소꿉친구. 총각(總角)은 아이들의 머리 모양의 하나로, 머리를 좌우로 갈라서 올려 말아 동여맨 모양이 뿔처럼 생겼다 해서 나온 명칭. 관례(冠禮) 전의 아이를 말한다.

총경절축〔叢輕折軸〕 가벼운 물건도 많이 쌓이면 굴대를 부러뜨린다는 뜻으로, 작은 것도 많이 모이면 큰 힘이 됨을 이르는 말.

총란욕무 추풍패지〔叢蘭欲茂 秋風敗之〕 난초가 향기로운 꽃을 피우고자 하나 가을바람이 이를 방해한다는 뜻으로, 훌륭한 것이나 좋은 것이 하찮은 것이나 좋지 않은 것에 방해되어, 본령(本領)을 발휘할 수 없음의 비유. 《제범(帝範)》

총중고골〔冢中枯骨〕 무덤 속의 마른 뼈라는 뜻으로, 핏기가 없고 말라서 뼈만 남은 사람을 이르는 말. 또는 아무것도 할 줄 모르는 무능한 사람을 이르는 말. 《삼국지》

최고납후〔摧枯拉朽〕 마른 나무와 썩은 나무 꺾기란 뜻으로, 쉽사리 상대방을 굴복시킴을 일컫는 말. 《진서》

추경정용〔椎輕釘聳〕 망치가 가벼우면 도리어 못이 솟는다는 뜻으로, 윗사람이 약하면 아랫사람이 말을 듣지 않음을 이르는 말.

추고마비〔秋高馬肥〕 가을 대기가 맑고 하늘이 높게 느껴지는 때, 말 또한 식욕이 왕성해 살이 찐다. 추(秋)는 심신 모두 상쾌해서 기분 좋은 계절이라고 하는 의미. 《한서》 비 천고마비(天高馬肥).

895

촌철살인
寸鐵殺人

마디 寸 쇠 鐵 죽일 殺 사람 人

> 간단한 경구로 어떤 일의 급소를 찔러 사람을 감동시킴의 비유.

「촌철(寸鐵)」은 한 치밖에 안되는 쇠란 말로, 주머니칼 같은 그런 작은 것을 가리켜서 하는 말이다.

「촌철도 몸에 지니지 않았다(身無寸鐵)」든가, 「촌철살인」이라고 할 때는 극히 작은 무기를 뜻한다.

이 「촌철살인」의 어원이 된 것은 남동(南東)의 나대경(羅大經)이 지은 《학림옥로(鶴林玉露)》에서 볼 수 있다.

이 책은 그가 찾아오는 손들과 주고받은 재미있는 말들을 기록한 것으로, 천(天)·지(地)·인(人)의 셋으로 나뉘어져 있는 전체 18권으로 된 책이다. 지부(地部)의 제 7권 「살인 수단」이란 제목 아래 다음과 같이 씌어 있다.

「종고선사(宗皐禪師)가 선(禪)에 대해서 말했다. 『비유하면 사람이 수레에 무기를 싣고 와서, 이것도 꺼내 써 보고, 저것도 꺼내 써 보는 것은 올바른 살인 수단이 되지 못한다. 나는 오직 촌철이 있을 뿐, 그것으로 사람을 당장 죽일 수 있다(我則只有寸鐵 便可殺人)』」

종고는 북송 임제종(臨濟宗)의 선승(禪僧)으로 대혜선사(大慧禪師)라 불렀다.

그가 여기서 말한 살인은 사람의 마음속을 점령하고 있는 속된 생각을 완전히 쫓아 없애는 것을 말한 것이다.

그 속된 생각을 성급하게 없애려 하여 이런 방법 저런 방법을 쓰는 것은 모두 서투른 수작이다.

내게는 오직 한 가지만을 깊이 생각하여 번쩍 하고 깨치는 순간 모든 잡념이 달아나게 된다는 뜻이다.

　간단한 한 마디 말과 글로써 상대방을 당황하게 만드는 그런 경우를 가리켜 「촌철살인」이라고 한다.

　따라서 신문의 사설 따위의 한 구절 글이 사회에 끼치는 영향은 실로 상당하다 할 것이다.

추구〔芻狗〕 짚으로 만든 개는 옛날 중국에서 제사 때 썼는데, 제사가 끝나면 길가에 버려버리므로, 필요할 때는 요긴하게 쓰고 소용이 없게 되면 버림을 받는 것을 이르는 말. 《노자》

추기급인〔推己及人〕 나를 미루어서 남에게까지 미치다. 곧 입장을 바꿔서 남의 처지를 헤아리는 태도를 비유하는 말이다.

추도지말〔錐刀之末〕 뾰족한 송곳 끝이라는 뜻으로, 지극히 작은 일의 비유. 전(轉)하여 작은 이익의 뜻으로도 쓰인다. 《좌전》

추로학〔鄒魯學〕 공자와 맹자의 가르침을 말한다. 곧 정통의 학문, 유학(儒學)을 일컫는다. 추(鄒)는 추나라로 맹자의 출신지. 노(魯)는 노나라로 공자의 출신지를 가리킨다. 전한 무제(武帝) 무렵부터 유학이 정식으로 국가의 학문으로서 인정되었는데, 그 이후부터 유학의 창시자인 공자와 그 계승 발전에 공헌한 맹자의 출신지를 앞에 붙여서 유학을 가리키는 말이 되었다. 《장자》

추불서〔騅不逝〕 마지막 곤경에 빠져서 세궁역진(勢窮力盡)한 경우의 비유. 추(騅)는 초나라 항우의 애마인 오추마(烏騅馬). 서(逝)는 앞으로 나아감. 한나라 유방과 패권을 다투던 항우가 해하(垓下)의 싸움에서 유방의 군사에 포위되어 죽음을 각오했을 때 읊은 시의 한 구절. 이제까지 고난을 함께 해온 애마 추까지도 앞으로 나아가려 하지 않는다는 뜻. 《사기》

추상열일〔秋霜烈日〕 추상은 가을의 찬 서리. 열일은 세차게 내려쬐는 한여름의 태양. 형벌이나 지조 등이 엄정하고 권위가 있다는 말. 지조견고(志操堅固) 등에 비유해서 쓰인다. 《신감(申鑒)》 咀 춘풍태탕(春風駘蕩).

추선
秋 扇

가을 秋 부채 扇

> 필요할 때는 대접을 받다가 쓸모가 없어지면 경시되는 상황이나 사
> 람을 일컬음. 특히 남자의 사랑을 잃은 여인의 처지.

「추선」은 글자 그대로 가을 부채를 말한다. 즉 가을이 되어 쓸모가 없게 된 부채를 가리킨다. 이에 비유하여 사랑을 잃은 처지를 뜻하는 말로 쓰인다.

《한서》속에 반첩여(班倢伃)의 「원가행(怨歌行)」이라는 시에 나오는 말이다.

한나라 성제(成帝)의 홍가(鴻嘉) 3년(B.C 18년)의 어느 날, 후궁 증성사(增成舍)는 여느 때와는 다른 황망함을 보이고 있었다. 이곳의 주인인 반첩여가 허황후(許皇后)와 공모하여 총애를 받고 있는 사람들을 저주하고 황제에 대하여 불손한 언사를 했다는 혐의로 잡혀가고 있는 것이었다.

소문에 의하면 조비연(趙飛燕) 자매가 이 두 사람을 황제에게 참주(讒奏)했다고 한다. 조자매란 얼마 전에 궁비(宮婢)로서 채용된 데 불과했지만, 그 경신세요(輕身細腰)가 황제의 눈에 들어 후궁에 들어오고 곧이어 언니는 첩여(倢伃), 동생은 소의(昭儀)의 지위를 하사받으며 후궁의 총애를 한 몸에 모으고 그 정도가 전대미문이라고 일컬어지고 있었다.

사실을 규명했으나 무죄라는 것이 밝혀졌다. 그러나 불쌍하게도 허황후는 건시(建始)·하평(河平) 연간에 총애를 뽐냈던 것이 화근이 되어 폐위되고 미인이란 지위로 떨어지고 말았다. 반첩여는,

「『생사에는 명이 있고 부귀는 하늘에 있다(《논어》 안연편)』고 들

고 있습니다. 행실을 바르게 하여도 아직 복이 없는데, 사악한 짓을 한들 무슨 소용이 있겠습니까. 하늘이 이 신하로서 바라서는 안될 소원을 아셨다 하더라도 받아들이지 않을 것입니다. 모르고 계신다면 아무리 바라고 바라도 무익한 일이 아니겠습니까」라고 아뢰었다.

황제는 반첩여의 성실에 감동되어 그녀를 용서하고 또다시 백 근의 황금을 하사했다. 그리하여 다시 증성사로 돌아오긴 했으나 이미 총애를 잃은 몸, 별수가 있을 리 없다. 있는 것은 공허뿐, 아니 여자의 질투다. 이번에는 다행히 용서를 받기는 했으나 어떻게 저 조비연 자매를 그냥 둘 수 있겠는가.

고조황제의 애첩 척희(戚姬)는 고조황제의 비 여태후에게 두 눈이 뽑히고 혀가 잘리고 다음에는 수족까지 절단당하지 않았는가. 무서운 것은 여자의 질투다. 현량정숙(賢良貞淑)한 반첩여는 어찌했으면 좋을지를 몰랐다. 어떻게 이 질투의 소용돌이치는 후궁에서 도망칠 방법은 없을까 하고 고뇌했다.

그래서 장신궁(長信宮)에 계신 황태후인 왕씨에게 부탁을 해보기로 했다. 황태후는 자기가 옛날에 첩여가 되었을 때 자신의 겸손함을 칭찬하고 언제나 다정하게 대해 주었다. 이젠 황태후에게 의지하는 길밖에 없다고 생각하자 반첩여는 지체하지 않고 장신궁으로 가서 황태후를 모시게 해달라고 자원을 했다.

장신궁에서는 평온한 나날이 흘렀다. 왕씨의 말벗을 해주는 일 이외에는 방안에 들어박혀 시서를 읽고 악기를 벗 삼고 있었다. 그러나 간혹 나는 새의 모습이 수면에 비치듯, 그 예전 증성사에서 보내던 생활의 추억이 마음속에 오가는 수도 없지 않았다.

새로 찢는 제나라의 흰 비단
깨끗하기 서리와 눈과 같구나.

이리저리 잘라서 만든 합환선
둥글기가 명월과 같구나.
그대의 품속으로 드나들면서
움직여 미풍을 일으킨다.
언제고 두려운 가을이 되어
찬 바람이 더위를 쫓으니
장 속으로 버림을 받아
은정이 중도에서 끊어질까 싶구나

新裂齊紈素	皎潔如霜雪	신렬제환소	교결여상설
裁爲合歡扇	團團似明月	재위합환선	단단사명월
出入君懷袖	動搖微風發	출입군회수	동요미풍발
常恐秋節至	凉風奪炎熱	상공추절지	양풍탈염열
棄損篋笥中	恩情中道絶	기손협사중	은정중도절

세월은 장신궁에도 흘러 수화(綏和) 2년(B.C 7년) 성제가 죽은 뒤 곧 반첩여도 40세 남짓한 생애를 마감했다. 「추풍선(秋風扇)」이란 말이 사나이의 사랑을 잃은 여자에게 비유되어 「추풍선으로서 버림을 받아」 하고 곧잘 쓰이는 것도 앞에서 보인 「원가행」에서 나왔다.

추요지설〔芻蕘之說〕 고루(固陋)하고 촌스런 말. 꼴이나 베고 나무나 하는 사람들이 하는 말이란 뜻.

추염부열〔趨炎附熱〕 권세가 있는 사람에게 아부하여 입신출세를 꾀함을 비유하여 이르는 말. 염(炎)과 열(熱)은 모두 권력이 강대함의 비유. 《송사》

추우강남〔追友江南〕 「친구 따라 강남 간다」 와 같은 뜻으로, 내키지는 않지만, 남이 권하므로 마지못해 따르게 된다는 말. 또는 별 필요도 없는 일을 남과 덩달아 따르하게 됨을 이르는 말.

추월한강〔秋月寒江〕 가을 달과 차가운 강물이란 뜻으로, 덕이 있는 사람의 맑고 깨끗한 마음을 비유하여 이르는 말.

추일사가지〔推一事可知〕 한 가지 일을 미루어서 다른 모든 일을 알 수 있음. 「하나를 들으면 열을 알 수 있다」와 같은 말.

추지〔錐指〕 식견이나 시야가 좁음의 비유. 송곳의 가느다란 끝으로는 땅의 겨우 표면밖에 찌를 수 없다. 좁은 시야로 심원(深遠)한 사물의 이치나 진리를 궁구할 수 없음을 이르는 말이다. 지(指)는 찌르다의 뜻. 《장자》

추지대엽〔麤枝大葉〕 거친 가지와 큰 잎. 문장을 쓰면서 사소하고 거추장스러운 법식(法式)에 얽매이지 않고 자유롭게 글을 짓는 태도를 비유하여 이르는 말. 《주자어록》

추처낭중〔錐處囊中〕 송곳은 주머니 속에 넣으면 끝이 주머니 밖으로 비어져 나온다는 뜻으로, 재주와 슬기가 있는 사람이 그 재주를 발휘할 만한 지위에 앉음의 비유. 《사기》 ☞ 낭중지추(囊中之錐).

추추부승공방〔醜醜婦勝空房〕 추녀라 하더라도 빈 방에서 홀로 자는 것보다는 낫다는 말.

추파〔秋波〕 여성의 교태부리는 눈짓. 가을의 맑고 잔잔한 물결이란 뜻에서, 전하여 미인의 곁눈질. 또 은근한 정을 나타내는 눈치. 윙크. 소식(蘇軾)《백보홍(百步洪)》

추풍과이〔秋風過耳〕 가을바람이 귀를 스쳐간다는 뜻으로, 아무런 관심을 두지 않음. 《오월춘추》

추풍낙엽〔秋風落葉〕 가을바람에 흩어져 떨어지는 낙엽. 또 낙엽처럼 세력 같은 것이 시들어 우수수 떨어짐을 비유하여 이르는 말.

추풍선〔秋風扇〕 가을바람에 부채. 곧 제 철이 지나서 쓸모없이 된 물건의 비유. 또는 남자의 사랑을 잃은 여자의 비유. ⓑ 하로동선(夏爐冬扇). ☞ 추선(秋扇).

추호불범〔秋毫不犯〕 마음씨가 매우 청렴하여 조금도 남의 것을 범하지 않음을 이르는 말. 《사기》

추호지말〔秋毫之末〕 가을철의 가늘어진 짐승의 털이란 뜻으로, 미세한 것의 비유. 《한서》

축계망리〔逐鷄望籬〕「닭 쫓던 개 지붕 쳐다보듯」이라는 우리말과 같은 말로, 한참 애써 하던 일이 실패로 돌아가거나 애쓰다 남에게 뒤떨어질 때 어찌할 도리는 없고 맥이 빠지며 민망해 하는 모양을 비유하여 이르는 말.

축록〔逐鹿〕 정권이나 선거에서 다툼의 비유. 제왕의 자리를 얻고자 다투는 것. 《사기》 ☞ 중원축록.

901

축록자불견산
逐鹿者不見山

쫓을 逐 사슴 鹿 사람 者 아니 不 볼 見 뫼 山

큰 것에 뜻이 있는 사람은 사소한 일에 구애되지 않는다.

《회남자》 설림훈(說林訓)편에 나오는 말이다.

「짐승을 쫓는 사람은 눈이 태산을 보지 못한다. 왜냐하면 욕심이 밖에 있으면 밝은 것이 가려지기 때문이다(逐獸者不見太山 嗜欲在外 則明所蔽矣)」라고 했다.

짐승을 잡으려고 산에 들어간 사람은 짐승에만 생각이 가 있어서 산이 눈에 보이지 않는다. 욕심에 눈이 어두워 있기 때문이다.

또 이와는 반대로 같은 《회남자》 설림훈편에,

「사슴을 쫓는 사람은 토끼를 돌아보지 않고, 천금의 물건을 흥정하는 사람은 몇 돈 몇 냥의 값을 놓고 다투지 않는다(逐鹿者不顧兎 決千金之貨者不爭銖兩之價)」라고 했는데, 결국 큰 것에 뜻이 있는 사람은 사소한 일에 구애되지 않는다는 뜻이다. 여기서 「축록자 불고토(逐鹿者不顧兎)」란 말이 나왔다.

또 《허당록(虛堂錄)》에는,

「사슴을 쫓는 사람은 산을 보지 못하고, 돈을 덮치는 사람은 사람을 보지 못한다(逐鹿者不見山 攫金者不見人)」고 했다.

또 이권(利權), 특히 황제의 자리를 다투는 것을 가리켜 축록이라고 하는 것은 《사기》 회음후열전에 있는 괴통(蒯通)의 말 가운데서 나온 말이다.

「……진나라가 그 사슴을 잃은지라 천하가 함께 쫓았다……(……秦失其鹿 天下共逐之……)」라고 했는데, 여기 말한 사슴은 곧 황제의 자리란 뜻이다. 당나라 위징(魏徵)의 시에도,

중원이 아직 사슴을 쫓아
붓을 던지고 융헌을 일삼는다.

中原還逐鹿　投筆事戎軒　　중원환축록　투필사융헌

라고 한 구절이 있다. 중원은 천하를 뜻하고, 융헌은 병사(兵事)를 말한다. 천하가 어지러워 전쟁을 일삼고 있다는 뜻이다.

여기서 정권을 다툰다는 뜻으로 쓰이는 「중원축록(中原逐鹿)」이란 성구도 나왔다.

축록자불고토〔逐鹿者不顧兎〕☞ 축록자불견산(逐鹿者不見山).

축지보천〔縮地補天〕땅을 줄여 하늘을 깁는다는 뜻으로, 천자가 천하를 개조·개혁함을 이르는 말.《구당서》

춘란추국〔春蘭秋菊〕어느 것이나 훌륭해서 버리기가 어렵다는 것. 미인에게도 각각의 특징이 있어서 우열을 판가름하기 어려울 때 사용된다.《태평광기》 ↔ 난형난제(難兄難弟).

춘수모운〔春樹暮雲〕봄철의 수목과 저문 날의 구름이라는 뜻으로, 먼 곳에 있는 친구를 그리워하는 모정(慕情)이 일어남을 비유하여 이르는 말.

춘와추선〔春蛙秋蟬〕봄의 개구리와 가을 매미. 무용(無用)의 언론(言論)을 비유하여 이르는 말.

춘인추사〔春蚓秋蛇〕봄철의 지렁이와 가을철의 뱀이라는 뜻으로, 글씨가 가늘고 꼬부라져서 서툴고 필세(筆勢)가 약함을 비유하여 이르는 말.《진서》

춘추필법〔春秋筆法〕《춘추》의 문장에는 공자의 역사비판(歷史批判)이 나타나 있다고 하는 데서, 중국의 경서(經書)《춘추》와 같이 비판적인 태도. 특히 간접의 원인을 직접의 원인으로 하여 표현하는 논리 형식. 두예(杜預)《춘추좌씨전집해》

춘치자명〔春雉自鳴〕봄 꿩이 스스로 울어서 자기의 소재를 알려 죽는다는 뜻으로, 묻지도 않는 말에 스스로 대답하여 화를 자초함을 이르는 말.

춘래불사춘
春來不似春

봄 春 올 來 아니 不 같을 似

> 봄이 와도 봄 같지가 않다.

「춘래불사춘」은 봄이 와도 봄답지 않다는 말이다.

이 말은 왕소군(王昭君)을 두고 지은 시 가운데 있는 글귀다. 왕소군은 전한 원제(元帝)의 궁녀로 이름은 장이고, 소군은 자(字)다.

그녀는 절세의 미인이었으나, 흉노와의 화친정책에 의해 흉노 왕에게 시집을 가게 된 불운한 여자였다.

그러한 그녀의 불운한 정경을 노래한 글귀 가운데,

이 땅에 꽃과 풀이 없으니
봄이 와도 봄 같지 않다.

胡地無花草　春來不似春　　호지무화초　춘래불사춘

라는 말이 나온다. 살풍경한 북녘 땅을 그대로 표현한 말이었는데, 이 시가 유명해지자 다른 비슷한 경우에도 이 말을 많이 인용하게 되었다.

예를 들어, 연말이 되어도 상여금을 타지 못하는 사람은 그것을 비유해서 「춘래불사춘」이라고 한다.

또 연초에 남들은 떡이야 술이야 즐겁게 먹고 있는데, 혼자 그런 기분을 느끼지 못하면 역시 「춘래불사춘」이다.

그러나 우리나라에서는 가끔 태풍이 찾아와 농작물에 막대한 피해를 입히기도 한다. 이럴 때 농부들은 가을이 되어도 추수할 곡식이 물에 잠기거나 해서 농사를 망치는 경우가 있었다. 이럴 때 「추래불사추(秋來不似秋)」라는 말이 농촌에서 유행되기도 했고, 따뜻한 겨울을 가리켜 「동래불사동(冬來不似冬)」이라 말하기도 한다.

춘면불각효
春眠不覺曉

봄 春 잠잘 眠 아니 不 깰 覺 새벽 曉

> 봄잠에 새벽이 된 것도 깨닫지 못한다.

「춘효(春曉)」라는 맹호연(孟浩然)의 유명한 시의 첫 구절에 나오는 말이다.

한가한 봄날 새벽이 된 줄도 모르고 늦게까지 깊은 잠에 빠져 있었다는 뜻이다. 오언절구(五言絶句)로 된 이 시의 전부를 소개하면 다음과 같다.

봄잠이 새벽을 깨닫지 못하니
곳곳에 우는 새소리를 듣는다.
밤에 온 비바람 소리에
꽃이 얼마나 떨어졌을까를 안다.

春眠不覺曉　處處聞啼鳥　　춘면불각효　처처문제조
夜來風雨聲　花落知多少　　야래풍우성　화락지다소

이 시는 봄의 한가함을 나타낸 시로 알려져 있지만, 실상 그 속에는 봄을 시샘하는 비바람과 덧없이 지고 만 꽃의 허무함을 무감각하게 현실로 바라보는 서글픔과 달관(達觀)이 함께 깃들어 있다. 우리나라 시조에 있는,

간밤에 부던 바람에 만정도화(滿庭桃花) 다 졌겠다.
아이는 비를 들고 쓸려고 하는구나. 낙환들 꽃이 아니랴, 쓸어 무엇 하리오.

라고 한 내용의 시상(詩想)도 같은 것이 아닐는지……

춘소일각치천금
春宵一刻值千金

봄 春 밤 宵 한 一 새길 刻
값 値 일천 千 돈 金

봄날 밤의 경치는 비교할 수 없을 만큼 빼어남의 비유.

소동파(蘇東坡 ; 소식)가 지은 것으로 알려져 있는 「춘야(春夜)」라는 제목의 칠언절구(七言絶句)에 나오는 첫 글귀다. 「춘소일각치천금」은 「봄날 밤 한 시각은 천금을 주고 살 만한 그런 가치가 있다」는 뜻이다.

소동파는 선비이면서 도교와 불교에 조예가 깊은 시인이었다. 특히 자연을 사랑하는 가운데 인생의 허무를 내다보는 그의 시는 말이 지닌 이상의 깊은 뜻과 맑은 향기를 풍기고 있다. 전부를 소개하면 다음과 같다.

봄밤의 한 시각은 값이 천금
꽃에는 맑은 향기가 있고 달에는 그늘이 있다.
노래와 피리의 누대는 소리가 가늘고 또 가늘어
그네 뛰던 안뜰에는 밤이 깊고 또 깊다.

春宵一刻值千金　花有淸香月有陰　춘소일각치천금 화유청향월유음
歌管樓臺聲細細　鞦韆園落夜沈沈　가관누대성세세 추천원락야침침

봄밤은 한 시각이 천금을 주어도 아깝지 않은 즐거운 시간이다. 꽃에서는 그윽한 향기가 풍기고 있고, 달은 귀여운 얼굴을 발 사이로 비추듯 몽롱하게 지켜보고 있다. 누각에서 피리소리와 노랫소리가 멀리 가느다랗게 들려오고 그네를 뛰며 즐기던 안마당에는 아무 소리 없이 밤만 자꾸 깊어간다는 내용이다.

이 시가 유명해지자 「춘소일각치천금」은 여러 가지 의미로 쓰이게

되었다. 마침 얻게 된 즐거운 시간을 아끼는 뜻으로도 쓰이고, 시간을 보람 있게 즐겁게 보내자는 말로도 쓰인다. 그러나 어떻게 보내는 것이 값지게 보내는 것인지 사람에 따라 천차만별일 수 있다.

춘풍만면〔春風滿面〕 얼굴에 봄바람이 가득하다는 뜻으로, 얼굴에 기쁨이 가득 찬 모습. 희색만면과 같다. 예를 들면 대학입시에 합격하자 어머니와 자식이 흔희작약(欣喜雀躍)하는 그 때의 표정. 出 득의만면(得意滿面).

춘풍추우〔春風秋雨〕 봄바람과 가을비. 곧 지나간 세월을 일컫는 말.

춘한노건〔春寒老健〕 봄추위와 늙은이의 건강이라는 뜻으로, 어떤 사물이 오래 가지 못함을 일컫는 말. 《순오지》

출구입이〔出口入耳〕 이야기하는 사람과 듣는 사람이라는 뜻으로, 당사자 외에는 아는 사람이 없으므로 비밀이 될 수 있음을 이르는 말. 《좌전》

출류발췌〔出類拔萃〕 출중한 것, 걸출해 있는 것. 유(類)와 췌(萃)는 같은 동아리의 모임이라는 뜻. 동류 중에서 출중하게 빼어남을 이르는 말.

출문여견대빈〔出門如見大賓〕 문을 나서서는 큰 손님을 보는 듯한다는 뜻으로, 항상 공경하는 마음으로 몸을 닦음의 비유. 《논어》

출이반이〔出爾反爾〕 ☞ 출호이 반호이(出乎爾 反乎爾).

출일두지〔出一頭地〕 다른 사람보다 유달리 뛰어난 사람. 일두지(一頭地)는 어느 정도의 거리라는 뜻으로, 주로 학문의 수준에 비유한다. 학문의 수준이 남달리 한층 뛰어나 있는 것.

출장입상〔出將入相〕 나가서는 장수가 되고 들어와서는 재상이 됨. 곧 문무 겸비하여 장상(將相)의 수완을 아울러 갖춘 뛰어난 인물을 이르는 말. 《구당서》

출척〔黜陟〕 공이 있는 사람은 승격시키고, 공이 없는 사람을 강격(降格)시키는 것. 《시경》

충구이출〔衝口而出〕 순간적으로 입에서 나와 버린다는 뜻으로, 말이 거침없이 나옴을 이르는 말. 또 미리 생각하고 있지 않던 것이 순간적으로 말이 되어서 나오는 것. 《주문공문집(朱文公文集)》

춘재지두이십분
春在枝頭已十分

봄 春 있을 在 가지 枝 머리 頭
이미 已 열 十 나눌 分

> 진리는 가까운 데 있다.

「춘재지두이십분」은 사람이 알지 못하는 사이에 어느덧 봄은 벌써 나뭇가지 끝에 와 있었다는 뜻이다.

대익(戴益)의 「탐춘시(探春詩)」에 있는 맨 끝 글귀인데 사람이 찾는 것은 대개 멀리 있는 것이 아니고 바로 자기 주변에 있다는 뜻으로 쓰이는 말이다.

온종일 봄을 찾아 봄을 보지 못하고
아득한 좁은 길로 언덕 위 구름 있는 곳까지 두루 헤맨 끝에
돌아와 마침 매화나무 밑을 지나노라니
봄은 가지 머리에 벌써 와 있은 지 오래였다.

盡日尋春不見春　芒鞋踏遍隴頭雲　진일심춘불견춘　망혜답편농두운
歸來適過梅花下　春在枝頭已十分　귀래적과매화하　춘재지두이십분

울 안에 있는 매화 가지에 벌써 꽃망울이 져 있는 것도 모르고, 하루 종일 밖에 나가 들로 산으로 봄소식을 찾아 헤맨 어리석음과, 그런 헛수고 끝에 비로소 눈에 들어온 내 집 울 안에 있는 매화 가지의 꽃망울을 발견하고 놀라서 반기는 시인의 천진난만스런 모습이 잘 나타나 있다.

진리는 가까운 데 있다 하는 뜻으로 많이 인용되는 말이다. 사람은 주변을 떠나 먼 데 것을 찾는 어리석음을 누구나 가지고 있다는 뜻도 된다.

출호이 반호이
出乎爾 反乎爾

날 出 인가 乎 너 爾 도리어 反

> 자신의 허물을 반성할 일이지 남의 잘못을 꾸짖을 일이 못된다.

「출호이 반호이」는 「네게서 나온 것이 네게로 되돌아간다」는 뜻이다. 「가는 말이 고와야 오는 말도 곱다」는 말과 같은 성질의 말이다. 《맹자》 양혜왕하에 있는 맹자의 말 가운데 나오는 증자의 말이다. 추목공(鄒穆公)이 맹자에게 물었다.

「우리나라가 노나라와의 충돌에 있어서, 지휘자들이 서른세 명이나 죽었는데 그 밑에 있는 백성들은 한 사람도 죽지 않았습니다. 상관이 죽는 것을 바라보고만 있는 그들을 모조리 처벌하려니 수가 너무 많아 손을 댈 수가 없고, 그냥 버려두면 앞으로도 윗사람 죽는 것을 미운 놈 바라보듯 하고 있을 터이니, 이를 어찌하면 좋겠습니까?」

임금의 이와 같은 물음에 맹자는,

「흉년이나 재난이 든 해에 임금님의 백성이 늙은이와 어린아이들은 굶주려 죽고, 장정들은 사방으로 살길을 찾아 헤어진 수가 몇 천 명이나 됩니다. 그때 임금님의 곡식창고와 재물창고에는 곡식과 재물들이 꽉꽉 차 있었습니다. 그런데도 백성들을 구제할 책임이 있는 사람들은 이를 보고하여 구제할 대책을 세우지 않고 보고만 있었습니다. 이것은 윗사람이 직무에 태만하여 아랫사람들을 죽게 만든 것입니다. 옛날 증자가 말하기를 『네게서 나온 것이 네게로 돌아간다(出乎爾者 反乎爾者)』고 하였습니다. 백성들은 그들이 받은 푸대접을 지금에 와서 돌려준 것뿐입니다. 임금께서 백성들을 허물하지 마십시오 임금께서 어진 정치를 하시면, 지금 그 백성들이 그들 상관의 고마움에 보답하기 위해 앞장서서 죽게 될 것입니다」라고 대답했다.

忠臣不事二君

충성 忠 신하 臣 아니 不 섬길 事 두 二 임금 君

> 충신은 두 임금을 섬기지 않는다.

「충성된 신하는 두 임금을 섬기지 않고 절개가 있는 여자는 두 남편을 섬기지 않는다(忠臣 不事二君 烈女 不更二夫)」라는 말은 너무도 잘 알려져 있는 말이다.

이 말은 전국시대 제나라 충신 왕촉(王燭)이 옛날부터 전해 내려온 말을 인용해서 자기의 뜻을 밝힌 것인데, 이것이 뒷날 왕권과 남자의 지배권이 확립되면서 신하들과 여자들을 두고 강조된 나머지 마침내는 꼭 지켜야 할 가장 중요한 신조(信條)처럼 되고 말았다. 실상 공자나 맹자의 말씀에는 이 같은 도덕률이 지적되어 있는 곳이 전혀 없는 것에 주목해야 한다.

공자는 반란을 일으킨 사람과 손을 잡고 세상을 바로잡아 보려고 한 일도 있었고, 맹자는 제선왕(齊宣王)이 묻는 말에, 임금이 바른 말로 간해도 듣지 않으면, 버리고 갈 수 없는 사람의 경우라면 임금을 갈아치울 수도 있다는 말을 해서 선왕의 노여움을 산 내용이 《맹자》에 나와 있다.

권력을 쥔 지배자들이 자기들에게 유리한 도덕률이면 무조건 공자 맹자가 가르친 것으로 내세운 탓으로 공자 맹자에 대한 생각이 달라진 경우도 적지 않다.

그러나 왕촉의 경우는 조금 달랐다. 제나라를 침략한 연나라 장군 악의(樂毅)가 그를 포섭하여 정치적으로 이용하려 했기 때문에 그것을 모면하기 위해 이 말을 인용했고, 결국에 가서는 자살까지 하고 말았던 것이다.

취모멱자
吹毛覓疵

불 吹 터럭 毛 찾을 覓 흠 疵

> 억지로 남의 작은 허물을 들추어 냄.

「취모멱자」는 털을 입으로 불어 가며 털 속에 혹시 보이지 않는 작은 흉터라도 없나 하고 살피는 그런 야박하고 가혹한 행동이나 정치를 가리켜 하는 말이다.

우리말에 「털어서 먼지 안 날 사람이 어디 있느냐?」하는 말이 있다. 그런데 「취모멱자」는 없는 먼지를 일부러 털어 가며 일으키는 그런 행위다.

이 「취모멱자」란 말은 《한비자》 대체편(大體篇)에,

「털을 불어가며 작은 허물이라도 찾으려 한다(吹毛而求小疵)」고 한 말에서 나온 것 같다.

같은 찾는다는 뜻이지만 구(求)보다는 멱(覓)이 더 강하다. 보이지 않는 것을 찾아내는 것이 「멱」이고, 없는 것을 있기를 바라는 것이 「구」다.

작은 허물은 누구나 있는 법이다. 우리들이 말하는 이른바 「사생활」 같은 것이다. 그런 것까지를 일일이 살펴가며 완전무결하기를 바란다는 것은 바라는 사람 자체가 어리석은 것이다.

큰 일 하는 사람은 대체만을 바로잡아 나갈 뿐 그런 사소한 일에까지 세심한 주의를 기울여, 마치 보이지 않는 흉터를 털을 불어가며 찾아내듯 해서는 안된다는 것이다.

오히려 작은 흠을 가려 주고 못 본 체하는 것이 부하를 거느리는 도리요 남을 대하는 대도(大道)인 것이다.

치인설몽
痴人說夢

어리석을 痴 사람 人 말할 說 꿈 夢

> 종작없이 아무렇게나 지껄이다.

「치인설몽」은 어리석은 사람이 꿈 이야기를 한다는 뜻으로, 대중없이 아무렇게나 지껄이는 것을 말한다.

그런데 이 말이 처음 쓰였을 때는 어리석은 사람이 꿈 이야기를 한다는 뜻이 아니고, 어리석은 사람에게 꿈 이야기를 해준다는 뜻이었다. 즉 꿈에 본 이야기를 하면 어리석은 사람은 그것을 사실인 줄 알고 엉뚱하게 전한다는 것이다. 치인(痴人)은 어리석어도 보통 어리석은 것이 아니고 천치니 백치니 하는 바보를 말하는 것이다.

남송의 중 혜홍(慧洪)이 지은 《냉제야화》에 다음과 같은 이야기가 있다.

당나라 때 서역의 고승 승가(僧伽)가 지금의 안휘성 근처를 여행했을 때다. 그의 하는 일이 남다른 것이 많았기 때문에 어떤 사람이,

「당신은 성(姓)이 무엇(何)이오?」하고 묻자,

「내 성은 무엇이오」하고 대답했다.

「어느 나라 사람이오(何國人)」하고 묻자,

「어느 나라 사람입니다(何國人)」하고 대답했다.

즉 상대편이 「하성(何姓)이오?」하고 물으면, 묻는 말을 그대로 받아 대답하고, 「하국인이오?」하고 물으면, 그대로 받아 「하국인이오」하고 대답한 것이다.

뒷날 당나라의 문인 이옹(李邕)이 승가를 위해 비문을 썼을 때, 그는 승가가 농담으로 받아넘긴 대답인 줄을 모르고 비문에 쓰기를,

「대사의 성은 하(何)고, 하국 사람이었다(大師姓何 何國人)」고 했다

는 것이다.

이상과 같은 이야기를 쓴 다음, 혜홍은 이옹에 대해 이렇게 평을 내리고 있다.

「이것이 바로, 이른바 어리석은 사람을 대해 꿈 이야기를 한다는 것이다(此正所謂對痴人說夢耳). 이옹은 마침내 꿈을 참인 줄로 생각하고 있었으니, 참으로 그보다 더 바보일 수가 없다」

여기서는 사실이 아닌 것을 사실인 양 아는 것을 「치인설몽」이라 말하고 있다. 그러나 보통 우리가 쓰고 있는 것은 바보가 꿈 이야기를 하고 있다는 뜻으로 쓰고 있다. 우리가 흔히 종잡을 수 없는 말을 들었을 때 「이 사람이 꿈을 꾸고 있나」 하는 말을 한다. 보통 사람도 꿈 이야기는 상식으로 판단하기 어렵다. 바보의 꿈 이야기는 몇 배로 더할 것이 아닌가. 그래서 생긴 문자일지도 모른다.

충목지장〔衝目之丈〕 눈을 찌를 막대기라는 뜻으로, 남에게 해를 끼칠 악한 마음을 이르는 말.

충비서간〔蟲臂鼠肝〕 벌레의 앞발과 쥐의 간이라는 뜻으로, 하찮고 아주 작은 물건을 비유하여 이르는 말. 《장자》

충신출어고신 열녀출어천첩〔忠信出於孤臣 烈女出於賤妾〕 흔히 중하게 여기지 않던 신하 가운데서 충신이 나고, 남들이 천하게 여기는 계집 중에 열녀가 난다는 말.

충언역이〔忠言逆耳〕 ☞ 양약고구(良藥苦口).

췌마억측〔揣摩臆測〕 제멋대로 추측하는 것. 지레짐작. 또 손으로 쓰다듬듯이 이리저리 생각하고 나서 결론을 내리는 것. 췌마도 억측도 어림짐작의 뜻. 취마라고도 읽는다. 《전국책》

췌택삼매〔贅澤三昧〕 분에 넘치는 사치. 췌택은 사치. 매(昧)는 어두운의 뜻이지만, 삼매는 범어(梵語)의 음역으로, 일에 융합하는 것, 열중하는 것. 또는 푹 빠지다, 마음을 빼앗기다의 뜻도 있다. 비 영요영화(榮耀榮華). 관 독서삼매(讀書三昧).

치주안족사
巵酒安足辭

술잔 巵 술 酒 어찌 安 만족할 足 사양할 辭

> 죽음도 사양하지 않을 터인데, 그깟 한 잔 술쯤은 사양하고 말고 할 것조차 없다.

「치주(巵酒)」는 큰 잔에 찬 한잔 술이란 뜻이다. 「치주안족사」는 한 잔 술쯤은 사양하고 말 것조차 없다는 뜻이다.

이 말은 《십팔사략》 서한(西漢) 고조에 나오는 이야기로 이른바 홍문연 잔치에서 번쾌(樊噲)가 항우를 보고 한 말이다.

「죽음도 사양하지 않을 터인데 한 잔 술쯤 사양하고 말고 할 게 무엇 있겠느냐」 고 기염을 토한 다음, 항우가 패공(沛公)을 죽이려고 하는 생각이 잘못된 것임을 위압적으로 지적하는 극적인 장면을 연출하게 된다.

홍문연을 그린 소설과 연극에서 가장 극적인 장면이 이 「치주안족사」의 앞 뒤 장면이다. 말이 큰 잔이지 아마 몇 대접이 들어갈 만한 큰 잔이었던 것 같다. 장양(張良)에게 패공의 신변이 위급하다는 말을 들은 번쾌가 들어가지 못하게 가로막는 수위장교들을 한 팔로 밀어붙이고 장막을 들고 항우 앞에 썩 나타나자, 항우는 그를 장사라고 칭찬한 다음 큰 잔의 술과 돼지 한쪽 어깨를 주게 했다. 잔을 쭉 들이켠 번쾌는 칼을 쑥 뽑아 고기를 썰어 다 먹어치운다.

그러자 항우가,

「더 마실 수 있겠는가」 하고 묻자, 번쾌는 앞에 말한 그 같은 대답을 하고, 항우의 그릇된 생각을 타이르듯 지적하는 것이다.

이 말은 술꾼들이 억지로 권하는 잔을 받아 마실 때나 혹은 권할 때 흔히 쓰는 문자다.

치지도외
置之度外

둘 置 갈 之 법도 度 바깥 外

> 염두에 두지 않다.

「치지도외」는 법도 바깥에 둔다는 뜻으로, 염두에 두지 않는다는 말이다.

《후한서》 외효전에 이런 이야기가 있다.

서한 말 유수(劉秀)가 왕망(王莽) 정권을 타도하고 동한을 세운 뒤의 일이다. 광무제 유수가 새 나라를 세웠지만 아직도 군웅들이 할거하고 있었다. 그들 제후들은 겉으로는 동한을 섬기는 듯했지만, 속마음은 그렇지가 않았다.

게다가 왕망의 실정(失政)으로 인한 사회적 혼란으로 일어난 농민 반란군인 적미군(赤眉軍)이 그때까지도 횡행하고 있어서 광무제는 5년이란 세월을 허비하고 나서야 가까스로 통일을 이룩할 수 있었다. 그러나 감숙성의 외효와 사천성의 공손술은 여전히 강력한 세력으로 남아 있었다.

이때 외효는 자기 아들을 낙양으로 보내 벼슬을 하게 하는 등 유수에게 신하의 도리를 하는 척했지만, 속내는 그렇지 않았다. 또한 공손술은 스스로 촉왕이라 하면서 대군을 거느린 채 사천에 버티고 있었다.

당시 광무제는 이들을 제압할 힘이나 교통이 여의치 않게 되자, 「이 둘은 잠시 밀어 두자(且當置此兩者于度外耳)」라고 말했다고 하는데, 유수가 그들을 평정한 것은 상당한 세월이 흐른 뒤의 일이었다. 「치지도외」는 유수의 이 말에서 나온 것이다.

이 이야기는 「득롱망촉(得隴望蜀)」이란 항목에서 자세히 이야기하고 있다.

칠거지악
七去之惡

일곱 七 버릴 去 어조사 之 나쁠 惡

> 아내를 내쫓는 이유가 되는 7가지 죄악.

「칠거지악」은 아내를 내쫓을 수 있는 일곱 가지 죄악이란 뜻이다. 「삼종지도(三從之道)」와 함께 여성들을 일방적으로 학대해 온 고대 사회의 대표적인 윤리관이다.

그 일곱 가지 죄악이란 다음과 같은 것이다.

첫째는 시부모의 말에 순종하지 않는 것이다.

즉 「불순부모거(不順父母去)」라는 것이다. 거(去)는 「버린다」 「보낸다」 「쫓는다」 하는 뜻이다.

이것은 아마 지금도 법률적으로 이혼 조건이 될 수 있을 것이다. 물론 그 정도의 차는 있지만.

다음은 「무자거(無子去)」다. 자식을 낳지 못하면 보낸다는 것이다.

불효 가운데 뒤를 이을 자식이 없는 것을 가장 큰 것으로 알던 고대 사회에서는 너무도 당연한 일이었을지 모른다.

지금도 아직 그 잔재가 남아 있어 첩을 얻는 사유가 가끔 본부인이 아들을 낳지 못하는 것이 이유가 될 때가 있다.

다음은 「음거(淫去)」다. 부정한 행동이 있으면 보내는 것이다.

지금도 이것만은 이혼의 절대적인 조건이 되어 있으니 옛날이야 말할 것도 없는 일이다. 다만 여성에 한한 일방적이라는 것에 차이가 있을 뿐이다.

다음은 「유악질거(有惡疾去)」다. 전염될 염려가 있는 불치의 병 같은 것을 말한다.

지금도 이것만은 그대로 적용되고 있다고 볼 수 있다. 지금은 서로가 동등한 위치에서 할 수 있는 점이 다르지만.

다음은 「투거(妬去)」다. 첩 꼴을 보려고 하지 않는다든가, 공연히 남편의 하는 일에 강짜를 부리는 그런 여자는 돌려보내도 좋다는 것이다.

이것이 아마 여성들에게는 가장 가혹한 일방적인 고역이었을 것이다. 쌍벌죄가 여성들을 보호하고 있는 오늘을 사는 여성들로서는 생각만 해도 남성들의 지난날의 횡포가 치가 떨리도록 미울 것이다.

다음은 「다언거(多言去)」다. 말이 많은 여자는 보내도 좋다는 것이다.

말이 많다는 표준을 어디에 두었는지는 알 수 없지만, 아마 말을 옮기기를 좋아해서 동기·친척들을 불화하게 만드는 그런 경우를 말할 수 있을 것이다.

끝으로 「도거(盜去)」다. 손이 거친 여자는 보낸다는 것이다.

그런데 여기에도 보내지 못하는 세 가지 조건이 있다. 이른바 삼불거(三不去)라는 것이다.

부모들이 그 며느리를 사랑하는 경우는 보내지 않는다. 다시 말해 부모에게 효도가 극진한 아내는 보내지 않는다는 것이다.

그런 경우는 드물겠지만, 자식을 낳지 못하는 여자들 중에 효부가 많이 있는지도 모른다. 처음 시집와서 몹시 가난하고 어렵게 살다가 뒤에 부자가 되고 지위가 높아졌을 경우는 비록 잘못이 있어도 보내서는 안 된다는 것이다. 이 말은 돈이 많고 출세를 하게 되면 공연히 아내가 보기 싫어지는 폐단을 막기 위한 것일지도 모른다. 잘못은 잘못이요 공은 공이라는 생각에서 나온 것이긴 하지만.

돌아갈 곳이 없는 여자는 내보내서는 안된다고 했다.

법에도 눈물이 있다는 말과 같이 자기와 같이 살던 여자를 길거리로 내쫓을 수는 없다는 점에서일 것이다.

칠보재
七步才

일곱 七 걸음 步 재주 才

> 아주 뛰어난 재주. 특히 시재·문재를 일컬음.

위문제 조비(曹丕)가 아우 동아왕 조식(曹植)이 반역음모 혐의를 받았을 때, 그를 차마 죽일 수도 없고, 그렇다고 용서할 수도 없어 자기가 일곱 걸음을 걷는 동안에 시를 지으면 죄를 사해 주겠다고 했다. 그러자 운(韻)자가 떨어지기가 무섭게 시를 지어 보였다고 한다.

「칠보재(七步才)」란 바로 조식과 같은 그런 시재(詩才)를 말하는 것이다. 조조(曹操)와 그의 큰아들인 조비와 셋째아들인 조식은 다 같이 문장이 뛰어났기 때문에 당시 이들 3부자를 가리켜 「삼조(三曹)」라고 했다.

그 가운데서도 조식이 시재(詩才)에 있어서 가장 뛰어났다. 큰아들 조비는 조식의 시재를 시기하고 있었다. 또 부모들이 아우를 자기보다 더 사랑하는 것을 미워하여 혹시 태자의 자리를 가로채지나 않을까 늘 경계를 하고 있었다.

그가 천자가 된 뒤에도 조식에 대한 시기는 변하지 않았다. 조식은 늘 형 문제의 감시를 받으며 살았다. 이 시를 짓게 되었을 때도 조식이 반역음모를 꾀하고 있다는 보고를 듣고 부른 것이다. 다음은 조식이 지었다는 이른바 칠보시(七步詩)다.

콩깍지로 콩을 볶으니
콩은 솥 안에서 우는구나.
본래 한 뿌리에서 태어났건만
서로 볶는 것이 어찌 이다지 급한고

煮豆燃豆萁　豆在釜中泣　　자두연두기　두재부중읍
本是同根生　相煎何太急　　본시동근생　상전하태급

자신을 콩에다 비유하고, 자신을 괴롭히는 형을 콩깍지에다 비유했다. 농촌에서 흔히 있는 일로, 솥 안에 콩을 넣고 콩깍지를 지펴 콩을 볶으면 콩은 솥 안에서 뜨거워 톡톡 소리를 내며 죽어간다. 콩과 콩깍지는 원래 한 뿌리에서 생긴 것이다. 그런데 서로 사랑하고 아껴야 할 처지에 콩깍지는 자신을 불태워 가며 솥 안에 든 콩을 볶고 있다. 형제간에 이럴 수가 있느냐 하는 뜻이다.

이 정도의 짧은 글이라면 일곱 걸음 걷는 동안에 아무라도 지을 수 있다고 생각할지 모르지만, 그것은 자유시(自由詩)의 경우에 가능한 일이다. 문제를 제시한 쪽에서 운자(韻字)를 부르고, 그 운자를 끝에 붙여 말이 되게 만들어야 하기 때문에 어려운 것이다. 즉 조비가 읍(泣)이란 글자와 급(急)이란 글자를 부르면 조식은 그 글자를 붙여 말을 만들어야 하는 것이다. 그저 말만 되게 만들기도 힘든 일인데, 이렇게 그 내용까지를 기막히게 만든다는 것은 참으로 어려운 일이 아닐 수 없다.

취구지몽〔炊臼之夢〕 아내를 잃음의 비유. 또 아내의 죽음을 알리는 꿈을 말한다. 부(釜=솥)는 부(婦=아내)와 통하여, 솥이 없어져 절구로 밥을 지었다는 꿈이라는 데서 나온 말. 《유양잡조(酉陽雜俎)》

취금찬옥〔炊金饌玉〕 금으로 밥을 짓고 옥으로 찬을 한다는 뜻으로, 사치스러운 식사의 비유. 음식 대접을 받았을 때 감사를 표시하는 말로 쓰이기도 한다.

취렴지신〔聚斂之臣〕 세금을 가혹하게 거두어들이는 신하의 비유. 취(聚)는 모으다, 렴(斂)은 거두다. 《대학》

취사선택〔取捨選擇〕 취할 것은 취하고 버릴 것은 버려서 골라잡음. 택(擇)은 일렬로 나란히, 또는 차례로 꺼내서 적합한 것을 골라내는 것. 圇 대별분류(大別分類).

칠신탄탄
漆身呑炭

옻칠할 漆 몸 身 삼킬 呑 숯 炭

은인을 위해서 아무리 어려운 일도 서슴지 않고 감행하는 충정

「칠신탄탄」은 몸에 옻칠을 하고 숯덩이를 삼킨다는 말이다. 《사기》 자객열전에 나오는 이야기다.

춘추시대 말기 진(晋)의 왕실은 왕년의 패자(覇者)의 면목을 완전히 잃고 나라의 실권은 지백(知伯)·조(趙)·한(韓)·위(魏) 등의 공경에게로 옮아갔다. 그리하여 공경들은 세력다툼에 정신이 없었다. 그 중에서도 가장 강력한 것은 지백씨(知伯氏), 한·위 양가와 손을 잡고 조가(趙家)를 멸망시키고자 전쟁을 일으켰다.

그때 조가의 주인이었던 양자(襄子)는 진양(晋陽)에 웅거하여 항복하지 않았다. 마침내 지백은 진양성을 수공(水攻)으로 괴롭혔으나, 함락 직전에 한·위 양군이 반기를 들어 오히려 주멸되고 말았다. 이때의 싸움은 수많은 춘추시대의 전쟁 중에서도 이상한 것으로서 유명하다.

그런데 지백의 신하로 예양(豫讓)이란 자가 있어 주가(主家)의 멸망 후 원수를 갚으려고 조양자의 목숨을 노렸다. 처음 예양은 죄수로 몸을 떨어뜨려 궁전의 미장이로 섞여 들어갔으며 양자가 변소로 들어갔을 때 찌르려고 하다가 잡히고 말았다. 그런 폭거를 감행한 이유를 묻자 예양은,

「지백은 나를 국사(國士)로서 대해 주었다. 그래서 나도 국사로서 보답하는 것이다」라고 대답했다.

양자는 충신의사라고 용서했으나, 예양은 그 후에도 복수의 화신이 되어 양자를 계속 노렸다.

예양은 상대가 자기를 알아보지 못하도록 하기 위해서 몸에 옻칠을

하여 문둥이가 되고 숯을 삼켜 벙어리가 되었는데(몸에 옻칠을 하면 옻이 올라 문둥병환자처럼 되고 숯을 삼키면 목소리가 나오지 않아 벙어리같이 된다), 거리에서 구걸을 하며 상대의 동정을 살피고 있었다. 그의 처까지도 그 모습을 알아차리지 못했다고 한다.

오직 한 사람, 옛날 친구가 그것을 알아보고 불러서 원수를 갚으려면 달리 더 좋은 방법도 있지 않은가, 예를 들어 양자(襄子)의 신하로 들어가 좋은 기회를 노릴 수도 있지 않은가 하고 권하자 예양은,

「그것은 두 마음을 갖는 것이 된다. 자기가 하려고 하는 일이 아무리 어렵더라도 후세 사람들에게 두 마음을 갖지 않는다는 것이 어떤 것인가를 보이고 싶다」라고 하며, 계속 그 기회를 노리고 있었다.

어느 날, 다리 밑에 엎드려 그 곳을 지나치게 될 양자를 기다리고 있었다. 양자가 다리에 이르자, 타고 있던 말이 걸음을 멈추고 가지 않았다. 수상쩍게 생각하고 수행원에게 주위를 살펴보게 한 즉, 거기에는 거지꼴을 한 예양이 있었다. 양자는,

「그대는 이미 구주(舊主)에 대하여 할 일을 다 했다. 또 나도 그대에게 충분히 예를 다했다. 그런데 아직도 나를 노리는 것은 용서할 수 없다」라고 하면서 부하를 시켜 죽이라고 명하자, 예양은 최후의 소원이라고 하면서 양자에게 그 입고 있던 옷을 빌려 들고 자기 품안에서 비수를 빼들자 그 옷을 향해 덤벼들기 세 번,

「지백님이시여, 이제 복수를 했습니다」 하고 외치고 나서 비수로 자기 배를 찌르고 엎드려 죽었다.

취사이우〔聚沙而雨〕 흙이 아니면 나무가 자랄 수 없음과 같이 감당할 수 있는 사람에게 맡겨야만 이룰 수 있음을 이르는 말.

취생몽사〔醉生夢死〕 술에 취해 꿈을 꾸는 듯한 기분으로 아무 의미 없이, 이룬 일도 없이 한 평생을 흐리멍덩하게 보냄.《정자어록(程子語

錄)》 ㉑ 무위도식(無爲徒食).
취세〔就世〕 죽는 것. 세상을 떠나는 것. 세(世)는 원래 30년의 뜻을 나타내는 글자인 데서, 부모가 자식에게 물려주기까지의 30년을 의미하여 1세대를 나타낸다. 취는 이루다의 뜻. 「취세」는 「즉세(卽世)」라고도 쓰며, 1세대를 마치는 것을 뜻한다. 《국어》

취옹지의〔醉翁之意〕 술 취한 늙은이의 뜻이란 말로, 딴 속셈이 있거나 안팎이 다름을 이르는 말. 구양수 《취옹정기(醉翁亭記)》

취우부종일〔驟雨不終日〕 소낙비는 오래 내리지 않는다는 뜻으로, 위세를 부리는 자는 오래 가지 않음을 비유하여 이르는 말. 《노자》

취유도이정〔就有道而正〕 평소 자기가 행하는 바가 옳은지 그른지를 학덕이 높은 사람에게 가서 문의하여 바로잡음.

취이대지〔取而代之〕 다른 사람을 몰아내고 자기가 대신한다는 뜻으로, 곧 무엇이 무엇을 대체하다의 뜻. 《사기》

취이우자잔〔翠以羽自殘〕 비취새는 그가 가진 아름다운 날개 때문에 잡혀 죽는다는 뜻으로, 재주와 꾀가 있는 사람이 그로 말미암아 앙화(殃禍)를 당함을 비유하여 이르는 말.

취자신전〔醉者神全〕 술에 몹시 취한 사람은 사의(私意)가 없다 하여 이르는 말.

취적비취어〔取適非取魚〕 낚시질을 함은 고기잡이가 목적이 아니고 세상 생각을 잊자는 뜻으로, 어떠한 행동을 함에 있어서 목적이 거기에 있지 않고 다른 데 있음을 이르는 말.

취정회신〔聚精會神〕 정신을 한 군데로 모음.

취중무천자〔醉中無天子〕 취중에는 천자도 없다는 뜻으로, 술에 취하면 기(氣)가 도도하여 세상에 거리낌이 없고 두려운 사람이 없어짐을 이르는 말.

취중진정발〔醉中眞情發〕 사람이 술에 취하면 평소 품고 있던 생각을 털어놓는다는 말.

취지무금〔取之無禁〕 임자 없는 물건을 마음껏 가져도 말리는 사람이 없다는 말.

측목중족〔側目重足〕 눈을 바로 하여 보지 못하고 다리를 포갠다는 뜻으로, 무섭고 두려워서 어떻게 행동해야 할지 모름을 형용하여 이르는 말. 《사기》

측석이좌〔側席而坐〕 자리에 바로 앉지 못한다는 뜻으로, 마음속에 근심이 있어서 앉은자리가 편하지 않음을 이르는 말. 《설원》

칠전팔기
七顚八起

일곱 七 넘어질 顚 여덟 八 일어설 起

> 여러 번 실패하여도 재기하여 분투함.

「칠전팔기」는 일곱 번 넘어지고 여덟 번 일어난다는 뜻이다. 아무리 실패를 거듭해도 절망하거나 체념하지 않고 끝까지 분투노력하는 것을 말한다.

七이니 八이니 하는 숫자는 많다는 뜻이다. 넘어졌다가 일어나는 것을 이치대로 따진다며 일곱 번 넘어졌으면 일곱 번 일어나는 것으로 끝난다. 한 번 넘어진 사람이 두 번 일어날 수는 없기 때문이다.

결국 몇 번을 넘어지든 다시 일어나고 또 일어난다는 뜻이다.

「칠전팔도(七顚八倒)」란 말이 있다.

일곱 번 넘어지고 여덟 번 거꾸러진다는 말이다.

역시 칠과 팔을 많다는 형용사로 쓴 것이다.

또 「십전구도(十顚九倒)」란 말도 있다. 같은 말이다.

열 번 넘어졌다면 아홉 번까지 일어났다는 뜻도 된다.

일어나지 않았으면 넘어질 수 없으니까, 문제는 넘어진 숫자에 있는 것이 아니고 일어난 숫자에 있는 것이다.

아니 다시는 넘어지지 않을 때까지 일어나는 것에 뜻이 있는 것이다.

측은지심〔惻隱之心〕불쌍히 여겨 언짢아하는 마음. 사단(四端)의 하나. ☞ 사단(四端).

층층시하〔層層侍下〕부모, 조부모가 다 살아 있어 그들을 모두 모시고 사는 사람을 일컬음.

치고불식〔雉膏不食〕꿩의 기름이 먹히지 않는다는 뜻으로, 꿩의 기름은 맛이 좋으므로 사람의 재덕(才德)에 비유해서, 재덕이 있어도 임금에게 받아들여지지 않음을 비유하여 이르는 말. 《역경》

침어낙안
沈魚落雁

가라앉을 沈 물고기 魚 떨어질 落 기러기 雁

> 아름다운 여자의 얼굴을 형용하여 이르는 말.

「침어낙안」은 여자의 아름다움을 나타내는 말이다. 물고기를 물 속으로 가라앉게 하고, 기러기를 땅으로 떨어지게 할 정도로 아름답다는 뜻이 되는데, 얼핏 이해하기 어려운 말이다.

《장자》 제물론에 설결(齧缺)과의 대화에서 왕예(王倪)가 한 이야기다.

「사람은 소와 돼지를 먹고, 사슴은 풀을 먹으며, 지네는 뱀을 맛있어 하고, 솔개와 까마귀는 쥐를 즐겨 먹는다. 이것은 타고난 천성으로 어느 쪽이 과연 올바른 맛을 알고 있는지는 모른다.

원숭이는 편저(猵狙)라는 보기 싫은 다른 종류의 원숭이를 암컷으로 삼고, 큰 사슴은 작은 사슴 종류와 교미를 하며, 미꾸라지는 다른 물고기와 함께 논다.

모장(毛嬙)과 여희(麗姬)는 사람들이 다 좋아하는 절세미인이다. 그런데 고기는 그녀들을 보면 물 속 깊이 숨어버리고, 새들은 높이 날아가 버리며 사슴들은 뛰어 달아난다.

이들 네 가지 중에 과연 어느 쪽이 천하의 올바른 미를 안다고 하겠는가. 내가 볼 때 인의(仁義)니 시비니 하는 것도 그 방법과 한계라는 것이 서로 뒤섞여 있어 도저히 분별해 낼 수가 없다」

이 이야기 가운데, 「고기가 보면 깊이 들어가고(魚見之深入), 새가 보면 높이 난다(鳥見之高飛)」고 한 말에서 「침어낙안」이 「모장」과 「여희」 같은 절세미인이란 뜻으로 쓰이게 된 모양인데, 이것은 분명 잘못 쓰고 있는 말이다.

고기가 물 속으로 들어가고 새가 높이 나는 것은 그것이 사람이기 때문에 피해 달아나는 것이지, 미인이라서 그런 것도 아니고 미인이 아니라서 그런 것도 아니다.

그런데 절세미인이기 때문에 고기가 숨고 새가 피한 것으로 속단한 나머지 「어심입(魚深入)」 「조고비(鳥高飛)」란 말을 「침어낙안」이란 말로 바꾸어서, 뒷날 소설 같은 데서 미인의 형용사로 많이 쓰고 있다.

한편 이 「침어낙안」이란 말의 대구(對句)로 「폐월수화(閉月羞花)」란 말이 생겨났다. 달을 구름 속에 숨게 하고 꽃을 부끄럽게 만든다는 뜻이다.

치국평천하〔治國平天下〕 나라가 잘 다스려져야만 비로소 천하가 평온해진다는 말. 《대학》 ☞ 가화만사성(家和萬事成).

치망설존〔齒亡舌存〕 이와 같이 강하고 견고한 것이 망하기 쉽고, 혀와 같이 유연한 것이 오히려 존속한다는 비유. 《설원(說苑)》

치발부장〔齒髮不長〕 배냇니를 다 갈지 못한 데다 더벅머리라는 뜻으로, 아직 나이가 어림을 비유하여 이르는 말. 田 구상유취(口尙乳臭).

치신무지〔置身無地〕 두려워서 몸 둘 바를 모르고 어찌할 줄을 모른다는 뜻.

치자다소〔癡者多笑〕 어리석은 사람은 웃음이 많다는 뜻으로, 바보는 함부로 웃기를 잘한다는 말.

치폐설존〔齒敝舌存〕 이는 빠져도 혀는 오랫동안 남는다는 말로, 단단한 자는 망해도 부드러운 자는 남음을 비유하여 이르는 말. 《설원》 ☞ 치망설존(齒亡舌存).

친불인매〔親不因媒〕 부부의 인연은 중매가 맺어주거니와 그들의 정(情)은 중매가 좌우할 수 없다는 뜻으로, 부부의 정은 저절로 생기는 것이지 제삼자가 억지로 할 수 없음을 이르는 말. 《한시외전》

칠금칠종〔七擒七縱〕 적을 일곱 번 잡아서 일부러 일곱 번 도망가게 해주다. 그렇게 함으로써 은의(恩義)에 감복해서 적을 심복(心服)시키는 것. 제갈양이 맹획(孟獲)을 사로잡았다가 놓아준 고사에서 유래함. 《촉지》

침윤지참
沈潤之譖

가라앉을 沈 젖을 潤 갈 之 무고할 譖

> 차차 젖어서 번지는 것과 같이 조금씩 오래 두고 하는 참소의 말

「침윤지참」은, 물이 서서히 표 안 나게 스며들 듯 어떤 상대를 중상모략하는 것을 말한다.

이 말은 《논어》 안연편에 있는 공자의 말이다.

공자의 제자 자장(子張)이 공자에게 「어떤 것을 가리켜 밝다고 합니까?」 하고 물었다. 그러자 공자는,

「물이 스며들 듯한 참소와 피부로 직접 느끼는 호소가 행해지지 않으면 마음이 밝다고 말할 수 있고, 또 생각이 멀다고 말할 수 있다(沈潤之譖 膚受之愬 不行焉 可謂明也已矣……可謂遠也已矣)」했다.

예상하지 못했던 말을 들으면 사람은 누구나 선입감이란 것이 있어서, 설사 그것이 사실일지라도 잘 믿으려 하지 않는다. 하지만 태산같이 믿었던 사람도 오랜 기간을 두고 그 사람에 대한 좋지 못한 평을 여러 번 듣게 되면 차츰 먼저 있었던 선입감이 사라지고 새로운 선입감이 대신 그 자리를 차지하게 된다. 만일 그것이 사실이 아니라면 이것이 바로 「침윤지참」이란 것이다.

간신들이 임금이 신임하는 착한 사람들을 해치는 방법에는 이 「침윤지참」이 가장 많이 행해지고 있다. 그것을 재빨리 알아차리고 다시는 그런 일이 없도록 한다면 마음이 밝다고 할 수 있다는 것이다.

「부수지소(膚受之愬)」는 듣는 사람이 피부를 송곳으로 찌르듯 이성을 잃게 만드는 그런 충격적인 호소를 말한다.

예를 들어, 누가 이웃집 여자와 놀아났다고 하면, 「그럴 리가 없는데?」 하고 의심을 한번 해보는 것이 보통이다. 그러나 「그놈이 당신

부인과 대낮에 호텔에서 나오는 것을 내가 똑똑히 보았소」하면 미처 생각할 여유도 없이 칼을 들고 달려가는 소동이 벌어질 수도 있는 것이다. 이런 것이 「부수지소」란 것이다.

이런 「침윤지참」과 「부수지소」로 인해 착하고 정직한 사람들이 얼마나 기막힌 꼴을 당했는가를 역사는 잘 말해주고 있다. 현명하다는 사람들도 그런 실수를 곧잘 범해 왔다. 하물며 범인들이야.

칠난팔고〔七難八苦〕【불교】 온갖 고초. 칠난은 수난(水難)·화난(火難)·나찰난(羅刹難)·왕난(王難)·귀난(鬼難)·가쇄난(枷鎖難)·원적난(怨賊難). 팔고는 ☞ 사고팔고(四苦八苦).

칠년지병구삼년지애〔七年之病求三年之艾〕 7년 동안 앓았는데, 앞으로 3년 동안 말려야 할 쑥을 구한다는 뜻으로, 평소의 준비 없이는 오랜 동안의 나쁜 상황을 단숨에 호전시키려 해도 무리임을 이르는 말. 삼년지애(三年之艾)는 3년이 걸려서 건조시켜 뜸을 뜨는 데 쓰는 약효가 강한 쑥. 여기서는 인정(仁政)의 비유. 《맹자》

칠락팔락〔七落八落〕 ☞ 칠령팔락(七零八落).

칠령팔락〔七零八落〕 사물이 서로 연락되지 못하고 고르지도 못함. 영락(零落)함. 지리멸렬(支離滅裂)이 됨. 칠락팔락(七落八落).

칠신위려〔漆身爲厲〕 ☞ 칠신탄탄(漆身呑炭).

칠실지우〔漆室之友〕 중국 노(魯)나라의 한 천부(賤婦)가 캄캄한 방에서 나라 일을 걱정하다 끝내 목을 매어 죽은 고사에서, 제 분수에 넘치는 일을 근심함을 이르는 말. 《사기》

칠자불화〔漆者不畵〕 옻칠을 하는 사람은 그림을 그리지 않는다는 뜻으로, 한 사람이 두 가지 일을 하지 않는다는 말. 《회남자》

칠전팔도〔七顚八倒〕 일곱 번 구르고 여덟 번 거꾸러진다는 뜻으로, 험난한 고비를 많이 겪음을 이르는 말. 칠전팔도(七轉八倒)라고 써도 된다. 《주자어류(朱子語類)》 囧 칠전팔기(七轉八起).

침과대단〔枕戈待旦〕 창을 베개 삼아 베고 자면서 날이 새기를 기다린다는 뜻으로, 항상 싸울 태세를 갖추

고 경계를 늦추지 않는 태도를 비유하여 이르는 말.《진서》

침불안식불안〔寢不安食不安〕자도 걱정 먹어도 걱정. 곧 근심이 많아서 침식이 편하지 못함을 이르는 말. 비 침불안석(寢不安席).

침소봉대〔針小棒大〕바늘처럼 작은 것을 막대같이 크게 말하다. 과장되게 말하는 비유. 공을 뽐내는 얘기는 자칫 이렇게 된다.

침자투적대우〔鍼子偸賊大牛〕「바늘 도둑이 소도둑 된다」와 같은 뜻으로, 가벼운 범죄를 예삿일로 아는 사람은 큰 범죄도 저지르게 됨을 이르는 말.

침충서〔枕中書〕베개 속에 숨겨둔 책을 말한다. 도술(道術) 책을 가리키는 말로, 항상 신변 가까이에 간수하고 밖으로 새어 나가는 일이 없도록 한다는 데서 나온 말.《한서》

카·타

快刀亂麻 ▶ **特立獨行**
쾌도난마 　　　특립독행

고사성어대사전

쾌도난마
快刀亂麻

통쾌할 快 칼 刀 어지러울 亂 삼 麻

> 복잡하게 얽힌 일을 명쾌하게 정리하고 분석함의 비유.

「쾌도난마」 잘 드는 칼로 어지럽게 뒤얽힌 삼(麻)의 가닥을 일거에 베어 정리한다는 뜻이다.

《북제서》 문선기(文宣記)에 이런 이야기가 있다.

남북조시대 북조 동위(東魏) 효정황제의 승상 고환(高歡)이, 하루는 자기 자식들이 얼마나 총명한지 한번 시험을 해 보려고 흐트러져 얽혀 있는 삼을 한 줌씩 나누어주면서 누가 가장 빨리 추리는지 보겠다고 했다.

그러자 다른 아들들은 모두 한 올 한 올 뽑아서 추리는데, 고양(高洋)이라는 아들만은 잘 드는 칼을 가져다가 얽혀져 있는 삼들을 단칼에 베어버리고 가장 먼저 추려내는 것이었다.

아버지 고환이 왜 그렇게 했느냐고 물었다. 그러자 고양은,

「어지러운 것은 베어버려야 합니다(亂者必斬)」라고 대답했다.

이 말을 들은 고환은 이 아이야말로 장차 큰일을 해낼 놈이로구나 하고 생각하면서 기뻐했다.

그 후 고양은 효정황제의 제위를 찬탈하고 북제의 문선제(文宣帝)가 되었다. 이에 소년시절 그가 삼을 추린 이야기가 《북제서》에 오르게 되었는데, 그 뒤부터 위정자들이 백성들을 가혹하게 탄압하는 것을 가리켜 쾌도난마라고 하게 되었다.

「쾌도난마」는 고양의 소년시절 이야기에서 유래한 것인데, 지금 우리는, 복잡하게 얽힌 문제를 과감하고 신속하게 처리하거나, 일처리가 매우 명쾌한 것을 비유해서 쾌도난마와 같다고 한다.

타산지석
他山之石

다를 他 뫼 山 의 之 돌 石

> 다른 사람의 하찮은 언행일지라도 자기의 지식과 덕성을 연마하는 데 도움이 됨.

「타산지석」은 다른 산의 돌이란 말이다. 옥돌을 곱게 갈려면 같은 옥돌로는 잘 갈리지 않는다. 강도가 서로 다른 곳의 돌로 갈지 않으면 안된다.

이러한 사실을 인용하여 《시경》 소아 「학명(鶴鳴)」이란 시에, 초야에 있는 어진 사람들을 데려다가 임금의 덕을 더욱 아름답게 만드는 재료로 삼으라는 뜻으로,

다른 산의 돌은
그로써 옥을 갈 수 있다.

他山之石　可以攻玉　　타산지석　가이공옥

고 끝을 맺고 있다.

이 시에서 자기만 못한 다른 사람의 말이나 행동이 자신의 학문과 덕을 닦는 좋은 참고가 될 수 있다는 뜻으로 「타산지석」이란 말을 쓰게 된다. 예를 들어 어떤 사람이,

「비록 부족한 사람의 말이지만, 이것이 타산지석이 되었으면 다행이겠습니다」하고 말했다면,

그것은 자신을 낮추고 상대방을 높이면서, 좋은 참고로 알고 보람 있게 받아들여 실천에 옮겨 달라는 여러 가지 내용의 말을 한 것이 된다.

가위는 반드시 한쪽은 강하고 한쪽은 무른 쇠로 되어 있다. 그래야만 미끄럽지가 않고 물건을 잘 자를 수가 있다. 타산지석이 아닌 「타산지

철」인 것이다.

자기 의견과 똑같은 사람이 되기를 바라는 지도자처럼 어리석은 지도자는 없다. 똑같은 돌, 똑같은 쇠끼리는 서로 상대를 갈 수 없다는 진리를 모르는 사람이다.

의견이 서로 다른 사람끼리 정답게 지내는 가운데 더욱 빛이 나고 날이 서게 되는 것이다.

쾌오〔噲伍〕 한(漢)나라의 한신이 한 고조 유방의 휘하에서 번쾌와 같은 못난이와 어깨를 나란히 하게 됨을 탄식하여 자조(自嘲)한 고사에서 나온 말로, 벗으로서 사귀는 것을 부끄럽게 여김을 이르는 말. 《사기》

쾌독파거〔快犢破車〕 성질이 거센 송아지는 이따금 제가 끄는 수레를 파괴하지만, 자라서는 반드시 장쾌(壯快)한 소가 된다는 뜻으로, 장래 큰일을 하려는 젊은이는 스스로 경계해야 함을 이르는 말. 《진서》

쾌인쾌사〔快人快事〕 씩씩한 사람의 시원스런 행동.

쾌척〔快擲〕 금품을 마땅히 쓸 자리에 시원스럽게 내어줌.

타관양반 수허좌수〔他官兩班 誰許座首〕 타관 양반이 누가 허좌수인 줄 아느냐는 뜻으로, 국외(局外) 사람은 참여시키지 않음을 비유하여 이르는 말. 《순오지》

타기술중〔墮其術中〕 남의 간사한 꾀에 떨어짐.

타력본원〔他力本願〕 아미타여래의 본원(本願). 곧 아미타여래가 중생을 구하려고 세운 발원(發願)에 의지하여 성불(成佛)하는 일. 비유적으로 타인에 의지하여 일을 성취하려는 일.

타면자건〔唾面自乾〕 남이 나의 얼굴에 침을 뱉었을 때 이를 닦으면 그 사람의 뜻을 거스르므로, 절로 마를 때까지 기다린다는 뜻으로, 처세에는 인내가 필요함을 강조한 말. 《당서》

타수가득〔唾手可得〕 손에 침을 뱉듯이 쉽게 얻거나 어렵지 않게 성사됨을 기약할 수 있음을 이르는 말. 《후한서》

타압경원앙〔打鴨驚鴛鴦〕 물오리를 잡

으려고 하면 같은 못에 있는 원앙새를 놀라게 한다는 뜻으로, 한 사람을 벌주어 뭇사람들을 겁을 집어먹게 만듦을 이르는 말.

타운〔朶雲〕 늘어진 구름이란 뜻으로, 전(轉)하여 남의 편지의 경칭(敬稱). 《당서》

타인소시〔他人所視〕 남이 보는 바라 감출 수가 없음을 이르는 말.

타인지연 왈리왈율〔他人之宴 曰梨曰栗〕 남의 잔치에 배를 말하고 밤을 말한다. 곧 「남의 잔치에 감 놓아라 배 놓아라 한다」는 우리 속담과 같은 뜻으로, 남의 일에 이래라 저래라 간섭한다는 말.

타인한수〔他人鼾睡〕 남이 코고는 소리란 뜻으로, 반드시 잘못한 일은 아니지만 자기에게 방해가 되어 눈에 거슬리는 일을 이르는 말. 송(宋)나라 태조가 거의 천하를 통일하고 황제가 되었으나 양자강 남쪽 일대인 강남지방에서 이욱(李煜)이란 자가 금릉(金陵)을 근거지로 독립하고 있었다. 태조는 유혈의 참상을 원치 않아 평화적으로 선무(宣撫)코자 했으나 이욱은 듣지 않았다. 이욱은 서현(徐鉉)을 보내어 「강남에는 죄가 없다. 아무런 잘못도 없으니 공격하지 말아 달라」고 청해 왔다. 서현이란 자는 고집이 센 사나이로 서 「강남무죄(江南無罪)」를 귀찮을 정도로 몇 번이고 떠들어댔다. 온화한 태조도 마침내 화를 내고 칼자루에 손을 대고 「강남무죄는 알고 있다. 오직 천하는 일가(一家)다. 침대 곁에서 남이 드르렁거리는 소리는 들을 수 없다」고 말했다. 서현은 겁을 집어먹고 물러났다. 금릉은 송의 대군에게 공격당해 마침내 항복하고 말았다. 《송사》

타증승 상미승〔打憎蠅 傷美蠅〕 미운 파리 치려다가 고운 파리 상한다는 뜻으로, 일이 항상 공교롭게 어긋남을 비유하여 이르는 말.

타향고지〔他鄕故知〕 외로운 타향에서 고향 벗을 만난다는 뜻으로, 기쁨이 아주 큼을 이르는 말.

탁려풍발〔踔厲風發〕 언변(言辯)이 뛰어나 힘차게 입에서 나오는 말. 웅변(雄辯)을 비유하여 이르는 말. 탁려(踔厲)는 문장의 논의가 엄격한 것. 풍발(風發)은 바람처럼 세차게 말이 나오는 것. 한유《유자후묘지명》

탁발난수〔擢髮難數〕 일일이 뽑아내서 헤아리기 어렵다. 곧 지은 죄가 헤아릴 수 없이 많은 것을 비유하여 이르는 말. 《사기》

탁상공론〔卓上空論〕 실천성이 없는 허황된 이론. 궤상공론(机上空論).

타초경사
打草驚蛇

칠 打 풀 草 놀랄 驚 뱀 蛇

> 일처리가 굼뜨거나 행동이 진중하지 못해서 남들의 경계심을 자아내는 행동. 또는 한쪽을 징벌해서 다른 쪽을 경계함.

「타초경사」는 풀을 쳐서 뱀을 놀라게 한다는 뜻으로, 일처리가 재빠르지 못하고 행동이 신중하지 못해서 남의 경계심을 일으키게 하는 행동을 비유해서 하는 말이다. 또는 한쪽을 징벌해서 다른 한쪽을 경계함을 뜻하기도 한다.

송(宋)나라 때 문인 정문보(鄭文寶)의 《남당근사(南唐近事)》에 있는 이야기다.

왕노(王魯)라는 사람이 당도령(안휘성 부근)의 현관(縣官)으로 있을 때 왕의 명령을 어기고 많은 재물을 횡령한 일이 있었다.

하루는 왕노가 문건들을 검사하던 중 한 백성의 공소장을 읽다가 그의 측근 주부가 법을 어기고 남의 재물을 횡령한 일이 있었다는 사실을 알게 되었다.

그러나 횡령은 사실 왕노 자신도 적지 않게 저질렀던 터이므로 주부의 횡령 역시 그 대부분이 왕노가 연루되어 있었다.

왕노는 주부를 불러,

「너는 비록 숲을 건드렸지만, 나는 이미 놀란 뱀이 되어버렸다(汝雖打草 我已蛇驚)」라고 말했다고 한다.

탁족만리류〔濯足萬里流〕 마음 편히, 느긋하게, 속세의 일에 얽매이지 않음의 비유. 혼탁한 속세에 있으면 올바른 마음까지 악에 물들어 버리기 때문에 깨끗한 강물의 흐름으로 속세에 더럽혀진 발을 씻어버리자는 말. 좌사(左思) 《영사팔수(詠史八首)》

탁타사〔橐駝師〕 나무 심는 것을 직업으로 삼는 사람을 이르는 말. 탁(橐)은 주머니, 전대. 탁타는 낙타의 별칭. 나무를 심는 것을 생업으로 하는 곽(郭)이란 사람이 등이 굽는 병에 걸려, 그 모양새 때문에 마을 사람들로부터 낙타라고 불렸던 데서 나온 말이다. 유종원《종수곽탁타전》

탁호난급〔卓乎難及〕 월등하게 뛰어나 남이 도저히 미치기 어려움을 이르는 말.

탄도괄장〔吞刀刮腸〕 칼을 삼켜 창자를 도려낸다는 뜻으로, 악한 마음을 없애고 새 사람이 됨을 비유하여 이르는 말.

탄우지기〔吞牛之氣〕 소를 삼킬 만한 장대한 기상.

탄주지어〔吞舟之魚〕 배를 삼킬 정도의 큰 고기란 뜻으로, 큰 인물을 이르는 말.《열자》

탄지지간〔彈指之間〕 손가락을 튕길 사이라는 뜻으로, 세월이 아주 빠름을 이르는 말.

탄탄대로〔坦坦大路〕 평평하고 넓은 길로서, 장래가 아무 어려움이나 괴로움이 없이 수월함을 이르는 말.

탄핵〔彈劾〕 관리의 죄나 부정을 폭로하여 위에 알리고 고발하는 것. 탄(彈)은 탄알을 쏘는 활. 핵(劾)은 죄를 파헤치고 고발하는 것. 탄알을 쏘듯이 죄를 파헤친다는 뜻.《북사》

탄화와주〔吞花臥酒〕 꽃을 삼키고 술을 잠자리한다는 뜻으로, 꽃을 사랑하고 술을 좋아하는 풍류(風流) 기질을 이르는 말.

탄환지지〔彈丸之地〕 작은 땅, 얼마 안 되는 땅을 이르는 말. 탄환은 새를 잡는 데 쏘는 탄알을 말하는 것으로, 아주 작은 것에 비유된다.《사기》

탈속찬자모단〔脫粟粲子母團〕 조밥에도 큰 덩이 작은 덩이가 있다는 뜻으로, 아무래도 사람에게는 상하귀천(上下貴賤)의 구별이 있다는 말.

탈참〔脫驂〕 남의 상(喪)에 후한 부의(賻儀)를 내놓는 것. 참(驂)은 곁말. 네 마리가 끄는 마차의 바깥쪽 두 마리를 말한다. 탈(脫)은 풀어서 놓아주다. 곁말을 마차에서 풀어 상(喪)의 비용에 보태 쓰라고 내놓는다는 뜻.《예기》

탈토지세〔脫兎之勢〕 맹렬한 기세로 덫에서 달아나는 토끼의 기세란 뜻으로, 동작이 매우 신속하고 민첩함의 비유.《손자》

탐란지환〔探卵之患〕 어미 새가 나간 뒤에 보금자리의 알을 잃을까 보아 염려하는 근심이라는 뜻으로, 거처를 습격당할 근심. 또는 내막이 드러날 근심을 이르는 말.

태두 泰斗

클 泰 별이름 斗

> 태산과 북두성. 세상 사람으로부터 가장 존경을 받는 사람.

「태두」는 「태산북두(泰山北斗)」의 준말이다.

태산은 중국 문화의 중심지인 황하 유역에서 멀리 동쪽으로 어디서나 우러러보게 되는 높은 산이다.

북두는 북두칠성(北斗七星)으로 가장 알기 쉬운 북쪽 하늘에 위치하여 모든 사람들이 누구나 우러러보는 별이다.

「태산북두」란 말은, 태산처럼 북두칠성처럼 사람들이 우러러보는 그런 존재란 뜻이다. 지금은 어떤 계통의 권위자를 가리켜 「태두」라는 말을 쓴다.

한유(韓愈)는 당송(唐宋) 8대 문장가 가운데 첫손 꼽히는 사람이기도 하지만, 그는 도교와 불교를 배척하고 유교를 높이 떠받든 것으로도 유명하다.

이 한유에 대해서 《당서》 한유전의 찬(贊)은, 그가 육경(六經 : 易·詩·書·춘추·예기·樂記)의 문장으로 모든 학자들의 스승이 되어, 노장(老莊)의 도와 불교를 배척하고 유교를 높이 앙양시킨 점을 말하고 나서,

「한유가 죽은 뒤로, 그의 학설이 크게 세상에 행해지고 있어, 학자들이 그를 우러러보기를 태산북두처럼 했다고 한다(自愈沒 其言大行 學者仰之 如泰山北斗云)」고 했다.

「태두」란 말은 여기 있는 「태산북두」가 약해진 말로, 위를 우러러본다는 뜻과 벗들에게 존경받고 숭앙받는 사람이란 뜻으로 굳어지게 된 것이다.

토사구팽
兔死狗烹

토끼 兔 죽을 死 개 狗 삶을 烹

필요할 때 요긴하게 쓰던 사람이나 물건이 필요 없어지면 버려짐의 비유.

「물을 건너면 지팡이를 버린다」는 말이 있다. 필요할 그때만 지나면 고마운 줄을 모르는 사람의 척박한 심정을 단적으로 나타내는 말이다. 같은 뜻으로 중국에서는 옛날부터, 「날랜 토끼가 죽으면 사냥개는 삶긴다」는 말이 전해 오고 있다. 《사기》 회음후열전(淮陰侯列傳)에 보면 이렇게 나와 있다. 회음후는 한신을 말한다.

유방과 항우의 이른바 초한전(楚漢戰)에서, 한고조 유방이 항우를 무찌르고 천하를 차지하는 데 가장 큰 무공을 세운 것은 한신이었다.

그러나 이미 항우가 죽고 난 뒤의 한신은 한고조에게는 둘도 없는 무서운 존재였다. 그 무서운 항우를 능히 쳐서 이긴 한신이 한번 딴 마음을 먹게 되면 천하는 다시 유씨의 손에서 다른 사람의 손으로 넘어가게 될 가능성이 크다.

한신의 공로도 공로지만, 그의 비위를 건드릴 수가 없어 우선 초왕(楚王)이라는 엄청난 자리로 멀리 보내 두었다. 하지만 언제 반기를 들고 일어날지 잠시도 마음이 놓이지 않는 한고조였다.

그런 판에, 지난 날 항우의 부하로서 한고조를 몹시 괴롭힌 바 있는 종리매(鍾離昧)란 장수가, 옛날 친구인 한신에게 몸을 의탁하고 있었다. 그 소식을 전해들은 고조는 즉시 한신에게 종리매를 체포하라는 명령을 내렸다. 한신은 차마 옛 친구를 배반할 수 없어 명령에 따르지 않았다.

고조의 속마음을 잘 알고 있는 사람들은 이것을 구실로 한신이 반란을 꾀하고 있다는 고변상소를 올렸다.

고조가 이 문제를 놓고 어전회의를 열었을 때, 장군들은 군대를 거느

리고 내려가 한신을 잡아오겠다고 했다. 그러나 진평(陳平)은,

「초나라는 군사가 날랠 뿐만 아니라, 아무도 한신을 당해 낼 수는 없습니다. 섣불리 손을 쓰면 도리어 큰일을 저지르게 됩니다. 그보다도 폐하께서 운몽(雲夢)으로 행차를 하시어 제후들을 초나라 서쪽 국경인 진(陳)으로 모이도록 명령을 하십시오 그러면 한신도 자연 그리로 나오게 될 것입니다. 나라를 벗어나 있는 한신을 잡기란 별 어려움이 없을 것입니다」

모이라는 명령을 전해 받은 한신은 일이 심상치 않다는 것을 직감했다. 그래서 군대를 일으켜 반란을 꾀해 볼까도 했지만, 죄를 저지른 일이 없으니 고조를 만나 보는 것이 좋을 것도 같았다.

이렇게 망설이며 고민하고 있는데, 한 사람이,

「종리매를 체포하지 않은 것 때문이니, 그의 목을 베어 폐하를 뵈오면 반드시 기뻐하실 것입니다」 하고 권했다.

한신이 종리매를 불러 직접 그런 이야기를 꺼내자, 종리매는,

「한나라가 초나라를 습격하지 못하는 것은 내가 그대 밑에 있기 때문이다. 그대가 나를 잡아 한나라의 환심을 사고 싶다면 당장이라도 죽어 주겠다. 그러나 그렇게 되면 그대도 끝장이 나고 말 것이다」

한신이 여전히 망설이자, 종리매는 한신을 꾸짖어, 「그대는 장자(長者 : 덕이 있는 사람)가 아니다」 하고 스스로 목을 쳤다.

한신은 그 목을 가지고 한고조를 배알했다. 고조는 곧 군에 명령을 내려 한신을 포박해 수레에 싣게 했다. 이 때 한신이 말했다.

「과연 사람의 말과 같다. 날랜 토끼가 죽으면 좋은 개가 삶기고, 높은 새가 없어지면 좋은 활이 들어가고(狡兎死 良狗烹 高鳥盡 良弓藏), 적국이 파하면 모신(謀臣)이 죽는다고 했다. 천하가 이미 정해졌으니, 나도 삶기는 것이 원래 당연한 일이다」

여기서는 주구(走狗) 대신 양구(良狗)라고 했다. 달리는 개보다는 좋은 개라는 말이 더 적절한 것 같기도 하다. 「교토사이주구팽(狡兎死而走狗烹)」을 줄여서 「토사구팽」이라고 말한다.

그런데 「과연 사람의 말과 같다」고 한 것은 옛날부터 전해 내려오는 말을 뜻하는 것이다.

훨씬 연대를 거슬러 올라가, 춘추 말기 월나라 범려가 대부(大夫) 종(鍾)에게 보낸 편지에 이런 말이 있다.

「나는 새가 다하면 좋은 활이 들어가고, 날랜 토끼가 죽으면 달리는 개가 삶긴다(飛鳥盡良弓藏 狡兎死走狗烹). 월나라 임금의 사람됨이, 목이 길고 입이 까마귀처럼 생겼다(長頸烏喙). 환난은 같이할 수 있어도 즐거움은 같이 할 수가 없다. 그대는 어찌하여 떠나가지 않는가?」
〔☞ 장경오훼〕

범려는 월왕 구천을 도와 오나라를 멸한 남방의 패자 소리를 듣게 되자, 즉시 사직하고 제나라로 가서 살고 있었다. 거기서 그는 대부 종에게 이런 편지를 보낸 것이다. 대부 종은 설마 하고 있다가 결국 구천에 의해 억울한 죽음을 당하고 말았다.

최근의 우리나라의 모 정치인이 새로운 정권에 밀려나면서 이 말을 인용하면서 인구에 회자되기도 했다.

탐려득주〔探驪得珠〕 흑룡의 턱밑을 더듬어 진주를 얻는다는 뜻으로, 문장을 지을 때 그 핵심을 정확하게 갈파하는 것을 비유하여 이르는 말. 《장자》

탐부순재〔貪夫徇財〕 욕심 많은 자는 재물을 위해서는 목숨까지도 버린다. 재물이나 돈 때문에 목숨의 위험도 개의치 않거나 목숨을 버리기까지 하는 수가 있다는 것. 순(徇)은 순(殉)과 통하여 어떤 일 때문에 목숨을 던진다는 뜻. 《사기》

탐전궐후〔探前蹶後〕 달리는 것이 빠른 것을 말한다. 빨리 달리는 모습의 형용. 계(跇)는 말이 뒷발로 땅을 차는 것. 질주하는 말은 앞발이 다음 디딜 곳을 찾는 동안에 뒷발은 벌써 앞발이 밟은 곳을 차려고 하고 있는 모습에서 나온 말이다. 《사기》

탐탕〔探湯〕 나쁜 짓에서 빨리 손을 떼는 것. 몸을 신중히 삼가고 매사에 함부로 손을 대지 않는 것을 말한다. 《논어》

탐호혈〔探虎穴〕 호랑이굴을 뒤진다는 뜻으로, 큰 위험을 무릅씀을 이르는 말.

탐화봉접〔探花蜂蝶〕 꽃을 찾아다니는 나비와 벌이라는 뜻에서, 여색(女色)을 좋아하는 사람을 비유하여 이르는 말.

탕지반명〔湯之盤銘〕 은(殷)나라 탕왕(湯王)이 목욕에 쓰는 반(盤)에 새긴 자계(自戒 ; 스스로 경계함)의 말. 탕(湯)은 은왕조의 초대 제왕, 반은 손을 씻는 주발, 목욕 대야. 명(銘)은 명문(銘文). 고대 중국에서는 각종 기구에 자계의 명문을 새기는 일이 흔히 있었다. 《대학》

탕척서용〔蕩滌敍用〕 죄명(罪名)을 아주 씻어주고 다시 벼슬에 올려 씀.

탕탕평평〔蕩蕩平平〕 어느 쪽에도 치우치지 않음.

태강즉절〔太剛則折〕 너무 굳고 꼿꼿하면 부러진다는 뜻으로, 지나치게 단단한 사람은 도리어 실수하기 쉽다는 말.

태공망〔太公望〕 낚시질을 하(즐기)는 사람. 주(周)나라 문왕(文王)을 섬기고 그의 아들 무왕(武王)을 도와서 은(殷)나라를 멸하여 제(齊)에 봉해진 현신(賢臣) 여상(呂尙)을 말한다. 이전에 여상은 위수(渭水)가에서 낚시질을 하고 있는 것을 문왕이 발견하여 등용하였다. 이 일로 해서 낚시질을 하는 사람을 일컫게 되었다. 태공망이란 이름은 태공(太公 ; 아버지)이 대망(待望)하고 있던 인물이란 뜻으로, 여상을 부른 데에서 비롯된다. 《사기》

태산명동서일필〔泰山鳴動鼠一匹〕 태산이 크게 울며 움직여서 알아보니 쥐 한 마리뿐이더라는 말로, 무엇을 크게 떠벌리기만 하고 실제의 결과는 작은 것의 비유.

태산북두〔泰山北斗〕 ☞ 태두(泰斗).

태산불사토양〔泰山不辭土壤〕 태산은 흙을 사양하지 않는다는 뜻으로, 사소한 의견이나 인물을 수용할 수 있는 자만이 큰 인물이 될 수 있음을 이르는 말. 《사기》

태산압란〔泰山壓卵〕 태산처럼 무거운 것으로 달걀을 눌러 깨뜨린다는 뜻으로, 아주 쉬운 일의 비유. 또는 역량에 있어서 현격한 차이가 나는 것을 비유하는 말로, 강자가 약자에

대해 압도적인 우세를 보임을 이르는 말.《진서》

태산양목〔泰山梁木〕 당대의 지도자·현인을 숭앙하는 말. 태산은 산동성에 있는 명산. 양목(梁木)은 집의 들보라는 뜻으로, 가장 요긴한 부분.《예기》

태산지류천석〔泰山之霤穿石〕 태산의 낙수물은 단단한 돌에 구멍을 뚫고, 우물의 두레박줄도 우물 난간을 끊고 만다는 뜻으로, 하찮은 힘이라도 끈기 있게 되풀이 계속하면 언젠가는 성취할 수 있음을 이르는 말.《한서》

태산홍모〔泰山鴻毛〕 태산처럼 무거운가 하면 기러기 털처럼 가볍기도 하다는 뜻으로, 죽음의 무게를 따질 때 쓰는 말로, 사람에게는 어떻게 사느냐보다 어떻게 죽느냐가 더욱 중요함을 이르는 말.

태수대기관〔太守代記官〕 원님 대신 책방(册房 : 원의 비서)이라는 뜻으로, 아랫사람이 윗사람을 대신하여 벌을 받음을 비유하여 이르는 말.《순오지》

태수위탈함이〔太守爲脫頷頤〕 원님이 되자 턱 떨어졌다. 원님이 되면 잘 먹을 판인데, 턱이 빠져서 먹을 수가 없게 되었다는 말로, 복이 없음을 비유하여 이르는 말.《청장관전서》

태아도지〔太阿倒持〕 대권을 빼앗기는 것은 마치 태아(太阿)의 보검을 거꾸로 쥐고 다른 사람에게 주는 것과 같다는 뜻으로, 천자가 대권을 신하에게 빼앗김의 비유.《한서》

태액부용〔太液芙蓉〕 당나라 현종황제의 비인 양귀비(楊貴妃)의 미모를 비유해서 이르는 말. 당나라 수도 장안의 대명궁(大明宮) 뒤에 있던 태액(太液)이라는 연못에 피는 연꽃이라는 뜻이다. 백거이《장한가》

태창제미〔太倉稊米〕 넓은 바다의 물 한 방울. 광대함 속의 지극히 작은 부분을 말한다. 또 매우 작은 것에 비유한다. 태창(太倉)은 나라의 곡식창고. 제(稊)는 돌피. 극히 작은 것, 하찮은 것의 비유.《장자》

태평무상〔太平無象〕 세상이 태평할 때는 이렇다 할 특별한 현상이 나타나지 않는다. 다시 말하면, 아무 일도 없는 것이 태평한 징조라는 것을 이르는 말.《당서》

토가언여설〔吐佳言如屑〕 좋은 말을 하는 것이 가루와 같다는 뜻으로, 말이 술술 나오는 것을 톱밥에 비유하여 이르는 말.《세설신어》

토각귀모〔兎角龜毛〕 토끼의 뿔과 거북의 털. 곧 세상에 없는 것의 비유.

토포악발
吐哺握髮

토할 吐 먹을 哺 잡을 握 머리카락 髮

> 민심을 수람(收攬)하고 정무를 보살피기에 잠시도 편할 날이 없음의 비유. 또 훌륭한 인물을 잃는 것을 두려워함의 비유.

　은(殷)나라의 포악한 주(紂)왕을 폐하고 주(周)왕조를 연 무왕은 나라를 잘 다스리기 위해 밤낮없이 고심하다가 건강을 해쳐 병상에 눕더니 상(商)나라를 토벌한 지 몇 년 만에 세상을 떠나고 말았다.
　그의 뒤를 이어 태자 송(誦)이 제위에 올랐으니, 이가 곧 성왕(成王)이다. 그러나 성왕은 아직 어렸고 천하는 여전히 불안한 상태였기 때문에 무왕의 아우이며 성왕의 삼촌인 주공(周公)이 섭정을 하였다.
　그런데 주공의 동생 관숙(管叔)과 채숙(蔡叔)이 주왕의 아들 무경(武庚)과 손잡고 반란을 일으켰다. 주공은 난을 평정하고 나서 성왕의 친정을 선포하고 자신은 성왕의 신하이며 스승으로서 관제를 제정하고 예악을 일으켜 나라의 기반을 다졌다. 성왕은 주공의 아들 백금(伯禽)을 노(魯)지방의 제후로 봉해서 다스리게 했다.
　백금이 임지로 떠나는 날, 아버지를 뵙고 작별인사를 하자, 주공은 아들에게 백성들을 아끼고 잘 다스리라는 당부의 말을 잊지 않았다. 이때 그가 백금에게 남긴 훈계 가운데 오늘날 우리에게 널리 알려진 성구가 바로 「토포악발」로서 《한시외전》에 있는 이야기다.
　「한번 머리를 감을 때 손님이 오면 세 번 머리카락을 감싸 쥐고 나가 손님을 맞이하고, 한번 식사를 할 때 손님이 오면 세 번 음식을 뱉어내면서까지 나가 맞이하라(一沐三握髮 一飯三吐哺)」
　주공은 이렇게 손님이나 현자를 정성으로 맞이하면서도 혹시 자신의 정성에 부족한 것이 있어 그들의 신의를 잃을까 염려했다고 한다.

토강여유〔吐剛茹柔〕 딱딱한 것은 뱉고 부드러운 것은 먹는다는 뜻으로, 강한 것은 두려워하고 약한 것은 업신여김을 비유하여 이르는 말.

토계삼등〔土階三等〕 궁전이 검소함의 형용. 흙으로 된 계단이 3계단밖에 되지 않는다는 것. 뛰어난 위정자는 솔선해서 검소한 생활을 감수하고 근검절약에 힘써야 한다는 말.《여씨춘추》

토기부거〔兎起鳧擧〕 토끼가 내달리고 물오리가 날아오른다는 뜻으로, 사물이 몹시 빠름을 비유하여 이르는 말.

토라치리〔兎羅雉罹〕 토끼그물에 꿩이 걸린다는 뜻으로, 소인이 계교를 부려 죄를 벗어나고 군자가 도리어 화를 입음을 비유하여 이르는 말.

토목형해〔土木形骸〕 흙이나 나무처럼 있는 그대로의 모습으로 있다는 뜻으로, 겉치레에 개의치 않고 꾸미지 않음의 비유.《진서》

토무이왕〔土無二王〕 한 나라에 두 왕은 없다. 곧 중심이 되는 것은 하나라는 것.《예기》

토문불입〔討門不入〕 문 앞을 지나가도 들어가지 않는다는 뜻으로, 공무에 바빠 사사로운 감정은 접어두는 태도를 비유하여 이르는 말.《열자》

토미양화〔土美養禾〕 고운 흙은 벼를 잘 기른다는 뜻으로, 어진 임금은 인재를 잘 기름을 비유하여 이르는 말.《한서》

토붕와해〔土崩瓦解〕 흙이 무너져 내리고 기와가 산산조각이 난다는 뜻으로, 사물이 근본에서부터 무너져 버려 도무지 손을 쓸 수가 없는 상태를 비유하여 이르는 말.《사기》

토사호비〔兎死狐悲〕 토끼가 죽으니 여우가 슬퍼한다는 뜻으로, 남의 처지를 보고 자기 신세를 생각하여 동류(同類)의 슬픔을 서러워함을 비유하여 이르는 말.

토양세류〔土壤細流〕 작은 흙덩이와 가느다란 내라는 뜻으로, 미세한 것도 이것들이 많이 쌓이면 큰 것이 됨을 비유하여 이르는 말.

토영삼굴〔兎營三窟〕 토끼가 위난(危難)을 피하려고 구멍 셋을 만든다는 뜻으로, 자신의 안전을 위하여 미리 몇 가지의 방안을 마련해 놓음을 이르는 말. ☞ 교토삼굴(狡兎三窟).

토우목마〔土牛木馬〕 흙으로 만든 소와 나무로 만든 말. 곧 겉은 번지르르하지만, 실속이 없다는 뜻으로, 가문(家門)만 좋을 뿐 아무런 재능도 없는 사람을 이르는 말.《주서》

퇴고
推敲

밀 推(퇴) 두드릴 敲

> 시문을 지을 때 자구를 여러 번 생각하여 고치는 일.

「퇴고(推敲)」는 「추고」라고 흔히들 발음하고 있다. 「推」는 가린다고 할 때는 「추」라고 읽고, 민다고 할 때는 「퇴」라고 읽는다. 여기서는 민다는 뜻이므로 「퇴고」로 읽는 것이 한자 본래의 뜻으로 보아 옳을 것 같다. 그러나 간조(乾燥)하다는 말이 「건조」로 변한 것처럼, 실상 「퇴고」보다는 「추고」라고 하는 사람이 더 많은 편이다.

「퇴고」는 문장을 다듬고 또 다듬어 비슷한 말이라도 어느 것이 더 적절한가를 살피고 생각하는 것을 말한다.

이 말의 유래에 대해 다음과 같은 이야기가 전해오고 있다.

당나라 때의 시인 가도(賈島, 779~843)는 한때 중이 되기도 했으나 뒤에 작은 벼슬까지 한 사람이었다. 그가 서울로 과거를 보러 갔을 때다. 어느 날, 나귀를 타고 길을 가는데 문득 옛날에 있었던 일이 생각나며 시상이 떠올랐다. 첫째 구절을 마치고 둘째 구절을 지었다. 그것이 바로 유명한,

새는 못 가 나무에 자고
중은 달 아래 문을 두드린다.

鳥宿池邊樹　僧敲月下門　　조숙지변수　승고월하문

라는 것이었다.

그런데 「중은 달 아래 문을 두드린다(敲)」고 하는 것보다 민다(推)고 하는 것이 어떨까 하는 생각이 들었다. 그래서 그는 이 두 글자를 놓고 어느 것이 좋을지를 몰라 혼자 생각에 잠기고 말았다. 그는 시를 지을

때면 시간도 장소도 잊고, 눈으로 보이는 것도 귀로 듣는 것도 없는 그런 상태에 빠지는 버릇이 있었다.

나귀를 탄 채 두 글자를 놓고「밀었다 두들겼다」하며 가던 도중 귀인의 행차에 걸리고 말았다. 행차는 공교롭게도 경조윤(京兆尹 : 수도의 장관) 한유(韓愈)의 행차였다.

행차 길을 침범한 혐의로 한유 앞으로 끌려 나간 그는 사실대로 이야기를 했다.

그러자 한유는 노여워하는 기색도 없이 말을 멈추고 한참 생각하더니,

「역시 민다는 퇴(推)보다는 두들긴다는 고(敲)가 좋겠군」하며 가도와 나란히 행차를 계속했다. 그 뒤로 두 사람은 문학 친구가 되었다고 한다. 그래서「퇴고」란 말이 문장을 다듬는다는 뜻으로 쓰이게 된 것이다.

토원책〔兎園冊〕통속서. 비속한 책, 읽을 가치가 없는 책. 자신의 저서를 겸양해서 이르는 말. 토원(土園)은 한나라 때 양(梁)의 효왕(孝王)이 만든 동산의 이름. 일설에, 효왕이 죽은 후 제(帝)는 백성에게 토원에 농사를 짓게 하여 거기서 징수한 조세(租稅)를 장부에 적고 제사에 사용하였는데, 그 장부에는 민간의 비속한 내용이 많이 적혀 있었다. 그 이후, 시골 마을의 서당에서 아이들에게 가르치는 책을「토원책자(土園冊子)」라 일컫게 되었다고 한다. 《오대사(五代史)》

토적성산〔土積成山〕흙이 쌓여 산이 된다는 뜻으로, 하찮은 것이라도 쌓이고 쌓이면 광대한 것이 됨을 비유하여 이르는 말. 작은 것을 소홀히 여기면 안된다는 교훈. 또 낭비를 경계하는 말. 《설원》囘 진합태산(塵合泰山).

토진간담〔吐盡肝膽〕간과 쓸개를 모두 토해낸다는 뜻으로, 거짓 없는 실정(實情)을 숨김없이 다 말함을 이르는 말.

통소불매〔通宵不寐〕밤새도록 잠을

이루지 못함.

통심질수〔痛心疾首〕몹시 마음이 아프고 골머리를 앓는다는 뜻으로, 몹시 걱정함을 이르는 말.

통양상관〔痛痒相關〕아픔과 가려움은 서로 관계가 된다는 뜻으로, 서로 매우 가까이 지내는 사이. 이해(利害)가 일치되는 사이를 비유하여 이르는 말.《진서》

통음황룡〔痛飮黃龍〕황룡에 들어가서 마음껏 술을 마신다는 뜻으로, 적의 소굴을 가차 없이 쳐부숨을 비유하여 이르는 말.《송사》

통자〔通刺〕먼저 명함 등으로 이름을 알리고 나서 상대방에게 면회를 청하는 것. 자(刺)는 이름표, 명함의 뜻.「투자(投刺)」라고도 한다.《이원(異苑)》

통천지수〔通天之數〕하늘에 통하는 운수(運數)라는 뜻으로, 더할 나위 없이 좋은 운수를 이르는 말.

퇴경정용〔推輕釘聳〕망치가 가벼우면 못이 도로 솟는다는 뜻으로, 윗사람이 엄하게 다스리지 않으면 아랫사람의 말을 듣지 않게 된다는 말.

퇴피삼사〔退避三舍〕물러나 세 집을 피하다. 남에게 자리를 양보하거나 멀찍감치 물러앉는 것을 비유하여 이르는 말. 또는 굴복함을 이르는 말.《좌전》

투과득경〔投瓜得瓊〕모과를 선물하고 구슬을 얻는다는 뜻으로, 하찮은 선물을 주고 많은 답례를 받음을 이르는 말.《시경》

투도보리〔投桃報李〕복숭아를 보내자 오얏으로 갚았다는 뜻으로, 친구 사이의 주고받음을 이르는 말. 또 내가 덕(德)을 행하면 남도 이에 따른다는 말.《시경》

투생〔偸生〕삶을 훔친다는 뜻으로, 치욕을 치욕으로 여기지 않고 목숨을 부지하는 것. 하는 일 없이 그저 부질없이 살아 있는 것. 또 억지로 꾹 참고 살아가는 것, 구차하게 사는 것. 투생(媮生)이라고도 쓴다.《초사》

투서기기〔投鼠忌器〕쥐를 잡으려는데 옆에 있는 그릇을 깨뜨릴까 염려된다는 뜻으로, 임금 가까이 있는 간신을 제거하려 하나 임금에게 해를 끼칠까 저어함을 비유하여 이르는 말.《한서》

투안〔偸安〕편안함을 훔친다는 뜻으로, 한때의 안일(安逸)을 탐하는 것. 한때의 안락에 빠져 뒷날의 걱정을 전혀 하지 않음을 이르는 말.《신서》

투저의〔投杼疑〕☞ 삼인성호(三人成虎).

투편단류〔投鞭斷流〕채찍을 던져 흐름을 끊는다. 수많은 군사들이 제각기 채찍을 강물에 던지면 강의 흐름도 막을 수 있다는 뜻으로, 강을 건너는 군사의 수가 많음. 진용이 웅장하고 세력이 당당한 것을 비유하여 이르는 말. 《진서》

투필종융〔**投筆從戎**〕 붓을 던지고 전쟁터로 나아가다. 시대가 필요로 할 때는 문필을 버리고 무예에 종사함을 이르는 말. 《후한서》

투향〔**偸香**〕 향(香)을 훔친다. 곧 남녀가 사사로이 정을 통하는 것을 이르는 말. 《요재지이(聊齋志異)》

특립독행〔**特立獨行**〕 남에게 의지하지 아니하고 자기 소신대로 나아감.

파

파경 破鏡 ▶ **필야사무송** 必也使無訟

고사성어대사전

파경 破鏡

깨어질 破 거울 鏡

> 부부의 금슬이 좋지 않아 이별하게 되는 일

「파경」은 깨진 거울이란 뜻이다. 옛날에는 거울이 대개 둥글었기 때문에 달을 거울에 비유하기도 했다. 그래서 한쪽이 이지러진 달을 가리켜 파경이라고 하기도 한다.

그러나 보통은 부부가 영영 다시 합칠 수 없게 된 것을 가리켜 파경이라고 한다. 다시 말해 이혼과 같은 경우다.

이 파경이란 말은, 둥글었던 것이 깨어짐으로써 한쪽이 떨어져 없어지거나 금이 가서 다시 옛날처럼 원만한 모습과 밝은 거울의 구실을 못하게 된다는 데에서 원만하던 가정에 파탄이 생기고 금이 간 것을 깨진 거울에 비유한 것으로도 볼 수 있다.

그러나 이것은 비유가 아니라 실화에서 유래된 것이다.

남북조시대 남조(南朝)의 마지막 왕조인 진(陳)이 망하게 되었을 때, 태자사인(太子舍人 : 시종)이었던 서덕언(徐德言)은 수(隋)나라 대군이 양자강 북쪽 기슭에 도착하자 만일의 경우를 생각해서 아내를 불러 말했다.

「사태는 예측을 불허하오 이 나라가 망하게 되면 그대는 얼굴과 재주가 남달리 뛰어나므로 반드시 적의 수중으로 넘어가 어느 귀한 집으로 들어가게 될 거요. 그렇게 되면 다시 만날 수 없겠지. 그러나 혹시 다시 만날 기회가 있을지 누가 알겠소 그럴 경우를 위해……」 하고 그는 옆에 있던 거울을 둘로 딱 쪼개어 한쪽을 아내에게 주며 다시 이렇게 말했다.

「이것을 소중히 간직하고 계시오 그리고 정월 보름날 시장바닥에서 살피고 계시오. 만일 살아 있게 되면 그 날은 내가 서울로 찾아갈 테니」

두 사람은 깨진 거울 반쪽씩을 각각 품속 깊숙이 간직하고 있었다. 얼마 안 있어 수나라의 대군이 강을 건너 진군을 격파해서 진나라는 곧 망하고 예상한 대로 서덕언의 아내는 적에게 붙잡혀 수나라 서울로 가게 되었다.

그녀는 진나라 마지막 황제였던 후주(後主)의 누이동생으로 낙창공주(樂昌公主)에 봉해져 있었다.

그녀는 수문제(隋文帝) 양견의 오른팔로 건국 제일공신인 월국공(越國公) 양소(楊素)의 집으로 들어가게 되었다.

한편 서덕언은 난리 속에 겨우 몸만 살아남아 밥을 얻어먹으며 1년이 걸려 서울 장안으로 올라왔다.

약속한 정월 보름날 시장으로 가 보았다. 깨진 반쪽 거울을 들고 소리 높이 외치는 사나이가 있었다.

「자아, 거울을 사시오 단돈 십금(十金)이오 누구 살 사람 없소?」

거저 주어도 싫다고 할 깨진 반쪽 거울을 10금이나 주고 살 사람이 어디 있겠는가. 지나가는 사람들은 미친놈이라면서 웃기만 했다. 그런데 이때,

「내가 사겠소!」하고 나서는 사람이 있었다.

서덕언은 사나이를 자기 숙소로 데리고 가서 거울에 얽힌 사연을 죽 이야기한 끝에 품속에 간직하고 있던 다른 한쪽을 꺼내 맞붙여 보았다.

거울은 감쪽같이 하나로 둥글게 변했다. 서덕언은 다시 하나로 합쳐진 거울 뒤에 다음과 같은 시를 한 수 적었다.

거울은 사람과 더불어 가더니
거울만 돌아오고 사람은 돌아오지 않누나.

다시 항아(姮娥)의 그림자는 없이
헛되이 밝은 달빛만 멈추누나.

鏡與人俱去　鏡歸人不歸　　경여인구거　경귀인불귀
無復姮娥影　空留明月輝　　무부항아영　공류명월휘

심부름 갔던 사나이가 가지고 돌아온 거울을 본 덕언의 아내는 그 뒤로 먹지도 않고 울기만 했다.

이 사실을 알게 된 양소는 두 사람의 굳은 사랑에 감동되어, 즉시 덕언을 불러 그녀와 함께 고향으로 돌아가게 해주었다.

《태평광기(太平廣記)》 166권 의기(義氣)라는 항목에 있는 이야기다.

이 이야기에서 생이별한 부부가 다시 만나게 되는 것을 「파경중원(破鏡重圓)」이라고 부르게 되었다. 깨진 거울이 거듭 둥글게 되었다는 뜻이다.

우리나라 신라시대 때 있었던 설처녀(薛處女)와 가실(嘉實)의 이야기에도 거울에 대한 비슷한 이야기가 나온다. 이 이야기로는 파경이란 말이 생이별을 뜻하게 되는데, 지금은 이혼의 경우만을 가리켜 말하게 된다. 하긴 이혼도 생이별임에는 틀림이 없지만.

파경중원〔破鏡重圓〕☞ 파경(破鏡).

파고착조〔破觚斲雕〕 모난 것을 없애고 복잡하게 조각한 것을 깎아낸다는 뜻으로, 가혹한 형벌을 없애고 번잡한 법률을 간략하게 고침을 이르는 말. 《사기》

파기상접〔破器相接〕 깨진 그릇을 도로 붙이려 한다는 말. ☞ 파경(破鏡)

파담〔破膽〕 대단히 놀람의 형용 《한서》

파라척결〔把羅剔抉〕 숨어 있는 것을 쑤셔 내다. 사람의 비밀이나 결점 따위를 파헤쳐 내다. 또는 숨겨진 인재나 장점, 미점(美点)을 찾아내어 쓰는 것. 파(把)는 손톱으로 그러모아 도려내다. 라(羅)는 망으로 새를 잡다. 척(剔)은 뼈와 살을 발라내다. 결(抉)은 도려내다.

파락호〔破落戶〕 행세하는 집의 자손으로서 난봉이 나서 결딴난 사람. 전(轉)하여 경우 없이 마구잡이로 노는 건달이나 불량배를 지칭하는 말.

파란만장〔波瀾萬丈〕 물결의 기복이 몹시 심한 것처럼 사건의 진행에도 변화가 심함. 유 유위전변(有爲轉變).

파부침선〔破釜沈船〕 솥을 깨고 배를 가라앉히다. 곧 식량도 돌아갈 배도 버리고 다시는 돌아오지 않을 각오로 결전에 임함을 이르는 말.《사기》 비 배수진(背水陣).

파사현정〔破邪顯正〕【불교】옳지 못한 견해를 타파하고 정도를 드러내다. 불교의 여러 파는 모두 이것을 목표로 한다. 유 쾌도난마(快刀亂麻).

파산중적이 파심중적난〔破山中賊易 破心中賊難〕 산도둑은 치기 쉬우나 마음속의 도둑은 치기 어렵다는 뜻으로, 마음속에 일어나는 사념(邪念)이나 부정한 마음을 깨고 스스로의 마음을 자제하기 어려움. 곧 마음의 수양이 어려움을 비유하여 이르는 말.

파안〔破顏〕 빙긋이 웃는 것. 파(破)는 그 상태를 허무는 것. 얼굴에 활짝 웃음이 피어오름을 형용하여 이르는 말.

파증불고〔破甑不顧〕 깨져버린 시루는 다시 돌아보지 않는다는 뜻으로, 돌이킬 수 없는 일을 가지고 이러쿵저러쿵 말해봤자 소용이 없음을 이르는 말. 비 복수불반분(覆水不返盆).

파파노인〔皤皤老人〕 백발이 된 늙은이. 머리가 하얗게 센 노인.

판상주환〔阪上走丸〕 비탈 위에서 공을 굴린다는 뜻으로, 기회를 탐의 비유. 또 세에 편승하여 일을 하면 손쉬움의 비유. 또는 형세가 급전함의 비유.《한서》

판탕〔板蕩〕 정치가 어지럽고, 국정이 문란(紊亂)함을 비방하고 비판함을 이르는 말. 판(板)은 반(反)하는 것. 탕(蕩)은 법도가 어지러움의 뜻. 모두《시경(詩經)》대아(大雅)의 편명인데, 시의 내용도 모두 악명 높은 주(周)나라 여왕(厲王)의 어지러운 정치를 비방한 것이다.《후한서》

팔고〔八苦〕 ☞ 사고팔고(四苦八苦).

팔굉〔八紘〕 천지의 팔방(八方) 구석이라는 뜻에서, 전 세계를 말한다. 굉(紘)은 끝, 경계, 영역.

팔년풍진〔八年風塵〕 중국 초한(楚漢) 때 유방이 8년 동안이나 싸운 뒤에 항우(項羽)를 제거했다는 데서, 오랜 동안의 고난을 겪음을 이르는 말.

파과지년
破瓜之年

깨어질 破 외 瓜 의 之 해 年

> 여자가 경도를 처음 시작하는 16세 되는 시기.

「파과지년」은 글자 그대로는 참외를 깨는 나이란 뜻이다. 이 말은 여자의 열여섯 살을 가리키기도 하고, 첫 경도(經度)가 있게 되는 나이란 뜻도 된다.

과(瓜)란 글자를 파자(破字)하면 팔(八)이 둘로 된다. 여덟이 둘이면 열여섯이 된다. 그래서 여자를 참외에다 비유하고, 또 그것을 깨면 열여섯이 되기 때문에 「파과지년」은 여자의 열여섯 살을 가리키게 된 것이라고 한다.

여자의 자궁을 참외와 같이 생긴 것으로 보고 경도가 처음 있어 피가 나오게 되는 것을 「파과」라고 하고, 또 여자가 육체적으로 처녀를 잃게 되는 것을 파과라고 한다.

이 말은 진(晋)나라 손작(孫綽)의 「정인벽옥가(情人碧玉歌)」란 시에 보인다.

푸른 구슬 참외를 깰 때에
임은 사랑을 못 견디어 넘어져 궁굴었네.
임에게 감격하여 부끄러워 붉히지도 않고
몸을 돌려 임의 품에 안겼네.

碧玉破瓜時　郞爲情顚倒　　벽옥파과시　낭위정전도
感君不羞赧　廻身就郞抱　　감군불수난　회신취랑포

이 시에 나오는 파과시(破瓜時)는 처녀를 바치던 때라고도 풀이될 수 있고, 또 사랑을 알게 된 열여섯 살 때라고도 풀이될 수 있다. 넘어져 궁군다는 전도(顚倒)란 말은 전란도봉(顚鸞倒鳳)의 뜻으로 남녀가 정을 나누는 것을 말한다.

한편 청나라 원매(袁枚)의 《수원시화(隨園詩話)》에는, 파과를 혹은 풀이하여,

「월경이 처음 있을 때, 참외가 깨지면 홍조(紅潮)를 보는 것과 같다고 하는데, 그것은 잘못이다」라고 말하고 있고, 또 청나라 적호(翟灝)의 《통속편》에는,

「사람들이 여자가 몸을 깨뜨리는 것을 가지고 파과라고 하는데, 그것은 잘못이다」라고 했다. 이것으로 미루어 보면, 첫 경도가 있을 때와 처녀를 잃는 것을 파과라고 해 온 것을 알 수 있다.

또 남자의 나이 예순 넷을 가리켜 「파과」라고 말하는 경우도 있다. 그것은 팔(八)이 둘이니까 여덟을 여덟으로 곱하면 예순 넷이 되기 때문이다.

송나라 축목(祝穆)이 만든 《사문유취(事文類聚)》란 책에 당나라 여동빈이 장계에게 보낸 시 가운데 「공이 이뤄지는 것은 마땅히 파과의 해에 있으리라(功成當在破瓜年)」고 한 것을 들어, 파과가 예순네 살의 뜻이란 것을 밝히고 있다.

팔두재〔八斗才〕 송(宋)나라의 사영운(謝靈運)이 위(魏)나라의 조식(曹植)을 칭찬하여 이른 말로, 시문(詩文)을 짓는 재주가 뛰어남을 이르는 말. 《남사》 ☞ 칠보재(七步才).

팔면부지〔八面不知〕 어느 모로 보나 전혀 알지 못하는 사람임.

팔면영롱〔八面玲瓏〕 어느 쪽으로 보아도 아름답게 빛나고 맑은 모양을 일컫는 말.

팔면육비〔八面六臂〕 여덟 개의 얼굴과 여섯 개의 팔이란 뜻으로, 어떤 일을 당해도 묘하게 처리하는 수완·역량(力量)이 있음을 이르는 말.

파죽지세
破竹之勢

깨어질 破 대나무 竹 의 之 기세 勢

> 세력이 강대하여 적을 거침없이 물리치고 쳐들어가는 기세.

「파죽지세」는 대나무를 칼로 쪼개듯 무서운 힘을 가지고 거침없이 쳐들어가는 기세를 말한다.

삼국시대는 진(晋)나라 건국으로 끝이 난 셈이지만, 삼국 중의 하나인 오(吳)나라는 15년 동안이나 그 명맥을 유지하고 있었다. 그 오나라를 치기 위해 내려온 진남대장군 두예(杜預)가 20만 대군으로 형주를 완전 점령하고 마지막 총공격을 위한 작전회의를 할 때였다. 한 사람이 의견을 말했다.

「지금 당장 완전 승리를 거두기는 어렵습니다. 더구나 봄철이라 비가 잦고 전염병까지 발생하기 쉬우니, 일단 작전을 중지하고 다음 겨울이 올 때까지 기다리는 것이 어떻겠습니까?」

그러자 두예는,

「……지금 군사의 위엄은 이미 떨쳐져 있다. 그것은 마치 대나무를 쪼개는 것과 같다. 몇 마디 뒤까지 칼날을 맞아 벌어지므로 다시 손댈 곳이 없다(今兵威已振 臂如破竹 數節之後 迎刃而解 無復着手處也)」고 했다.

이리하여 그는 곧장 오나라 수도를 향해 진군할 것을 명령했다. 진나라 군대가 이르는 곳마다 오나라 군대는 싸우지 않고 항복을 했다.

「파죽지세」란 「파죽(破竹)」에서 나온 말인데, 이 말은 이전부터 있었을 것으로 생각된다.

한편 두예는 학문을 좋아하는 학자이기도 해서, 그가 좋아하는 《춘추좌씨전》은 거의 잠시도 손에서 떠나는 일이 없었다고 한다.

현재 남아 있는 가장 오래된 《좌전》 주석서인 《춘추좌씨전 집해(集解)》와 《춘추석례(春秋釋例)》는 그가 남긴 것이다.

그 당시 말을 좋아하는 왕제(王濟)란 대신과 큰 부자이면서 인색하기로 유명한 화교(和嶠)란 사람이 있었는데, 두예는 그들을 평하여,

「왕제는 마벽(馬癖)이 있고 화교는 전벽(錢癖)이 있다」고 했다. 이 말을 들은 무제가,

「경은 무슨 벽이 있는가?」 하고 묻자,

「신은 좌전벽(左傳癖)이 있습니다」 하고 대답했다는 것이다.

팔방미인〔八方美人〕 어느 모로 보나 아름다운 미인. 누구에게나 두루 곱게 보이는 방법으로 처세하는 사람. 여러 방면의 일에 두루 능통한 사람. 또 아무 일에나 조금씩 손대는 사람의 비유로도 쓰인다.

팔불용〔八不用〕 어느 모로 보나 쓸모가 없다는 뜻으로, 몹시 어리석은 사람을 가리키는 말. 🖙 팔불출(八不出).

팔자춘산〔八字春山〕 미인의 고운 눈썹을 비유·형용하는 말.

팔징구징〔八徵九徵〕 여덟 가지 징조와 아홉 가지 조짐이란 뜻으로, 사람의 성품을 알아보는 방법을 일컫는 말이다. 《육도(六韜)》

패가망신〔敗家亡身〕 가산을 탕진하고 몸을 망침.

패기발발〔覇氣勃勃〕 성격이 진취적이고 패기가 한창 일어나는 모양. 모험이나 투기(投機)를 좋아하는 마음이나 어떤 사업에의 야심이 불 일 듯한 모양.

패기유승착〔敗棋有勝着〕 지게 된 바둑에 도리어 이길 묘한 수가 있음을 이르는 말.

패원호포풍〔佩圓瓠捕風〕 표주박 차고 바람 잡기란 뜻으로, 되지도 않을 일, 터무니없는 일을 비유하여 이르는 말. 《동언해》

패입패출〔悖入悖出〕 「도리에 어긋난 말을 하면 상대로부터도 도리에 어긋난 말이 되돌아온다(悖而入者 亦悖而出)」는 말로, 자신의 언동은 반드시 자신에게 되돌아오는 법이니 신중해야 한다는 말. 《대학》

패표착풍〔佩瓢捉風〕 🖙 패원호포풍(佩圓瓠捕風).

파천황
破天荒

깨뜨릴 破 하늘 天 거칠 荒

이전에 아무도 한 적이 없는 일을 하는 일. 미증유(未曾有). 전대미문.

「천황(天荒)」이란 천지가 아직 열리지 않은 때의 혼돈한 상태(chaos)이며, 「파천황」은 이것을 깨뜨리고 새로운 세상을 만든다는 뜻이다.

중국 당대(唐代)의 형주에서 과거의 합격자가 나오지 않자, 「천황」이라 일컬었는데, 대중연간(大中年間)에 유세(劉蛻)가 처음으로 급제하여 천황을 깨뜨렸다고 하는 고서(古書)의 기사(記事)에서, 이전에 아무도 한 적이 없는 일을 하는 것을 「파천황」이라고 일컫게 되었다.

이 말은 송(宋)나라의 송광헌이 지은 《북몽쇄언(北夢瑣言)》에 실려 있다.

과거(科擧)제도는 수(隋)나라에서 시작하여 청조 말기에 제도가 폐지될 때까지 천 3백여 년간 실시되었다.

과거제도는 유교의 경전에 대한 교양과 시문(詩文)에 대한 재능, 정치에 대한 식견 등을 출제하였으며, 공개경쟁 시험에 의하여 전국의 인재를 널리 등용하기 위한 제도로서 이전의 문벌이나 족벌 위주의 폐단을 타파하기 위한 획기적인 인재등용 제도였다.

더욱이 지방으로부터 중앙에 이르기까지 수차례의 시험에 응시하는 난관을 거쳐야 한다는 것은 실로 어려운 일이었다. 당대(唐代)에는 진사과(進士科)라는 시험 과목이 있었는데, 응시자격은 각 지방에 설치한 향교의 성적 우수자와 지방장관이 시행하는 선발시험에 합격하여 장관이 중앙에 추천하는 자의 두 종류가 있었다.

그런데 이 후자의 선발시험 합격자는 「해(該)」라고 불렀는데, 모든 일에 통달한 사람이란 뜻이다.

당시 유세의 급제는 큰 화제가 되어 형남군 절도사인 최현이 파천황전(破天荒錢)이라고 해서 상금으로 70만 전을 유세에게 보냈다.

70만 전이라는 어마어마한 상금으로 보아도 과거급제가 얼마나 어려웠는지 가히 짐작할 수 있다.

팽두이숙〔烹頭耳熟〕 머리를 삶으면 귀까지 익는다는 뜻으로, 중요한 부분만 처리하면 남은 것은 저절로 따라서 해결됨을 비유하여 이르는 말. 《순오지》

팽조지수〔彭祖之壽〕 장수(長壽)의 비유. 팽조는 신선의 이름. 8백 세 이상을 장수했다고 한다. 《열선전(列仙傳)》

편고〔偏枯〕 한편이 시들어 말랐다는 뜻으로, 반신불수가 된 사람을 일컬음. 또 은택(恩澤)이 한편에 치우쳐 골고루 미치지 못함. 《관자》

편복지역〔蝙蝠之役〕 박쥐구실. 편복은 박쥐.

편사시〔鞭死屍〕 ☞ 굴묘편시(掘墓鞭屍). 일모도원(日暮途遠).

편언절옥〔片言折獄〕 한 마디 말로 송사(訟事)의 시비를 가리는 일. 언행이 일치하는 인격이나, 판결이 공평하고 올바름. 《논어》

편언척자〔片言隻字〕 한 마디 말과 몇 자의 글. 곧 짧은 말과 글. 일언반구(一言半句).

편장막급〔鞭長莫及〕 채찍이 길어도 닿지 않는다. 곧 힘이 미치기 어렵거나 혹은 힘이 있어도 주도면밀하게 다 생각하기 어려운 것을 비유해서 이르는 말. 《좌전》

편청생간〔偏聽生姦〕 두 사람 중 한쪽의 말에만 귀를 기울이는 것은 불공평하여 나쁜 결과를 가져오게 하는 원인이 된다는 말. 《사기》

편포〔編蒲〕 부들을 엮어 공책삼아 공부한 노온서(路溫舒)의 고사에서, 고생하며 공부에 열중함의 비유. 《한서》

평단지기〔平旦之氣〕 새벽녘의 맑고 깨끗하고 상쾌한 기분. 양심을 비유하여 이르는 말. 《맹자》

평롱망촉〔平隴望蜀〕 ☞ 득롱망촉(得隴望蜀).

959

패군지장 불언용
敗軍之將 不言勇

패할 敗 군사 軍 의 之 장수 將
아니 不 말씀 言 날랠 勇

> 아무리 용기가 있다 해도 싸움에 진 이상 자랑할 조건이 되지 못한다.

「패군지장 불언용(敗軍之將 不言勇)」이란 말은 싸움에 패한 장수는 용기에 관한 이야기를 해서는 안된다는 뜻이다.

아무리 용기가 있어도 싸움에 진 이상 자랑할 조건이 되지 못한다. 「종로에서 뺨 맞고 한강에 가서 눈 흘긴다」는 식이 되고 말기 때문이다.

이 말은 《사기》 회음후열전에 있는 광무군(廣武君) 이좌거(李左車)가 인용한 말이다.

한신이 조나라를 쳐서 이긴 뒤 조나라의 뛰어난 모사였던 이좌거를 스승으로 모시고 그에게 앞으로 취해야 할 방법을 가르쳐 달라고 청하자, 이좌거는 이를 사양하여 이렇게 말했다.

「나는 싸움에 패한 장수는 용맹을 말해서는 안되며, 나라를 망친 대신은 나라를 보존하는 일을 꾀해서는 안된다고 들었습니다(臣聞 敗軍之將 不可以言勇). 지금 나는 싸움에 패하고 나라를 망하게 한 포로가 아닙니까. 어떻게 나 같은 사람이 큰일을 꾀할 수 있겠습니까?」

「패군지장은 불언용」이란 말은 이좌거의 이 말에서 나온 것인데, 이 말은 이좌거가 만들어 낸 것이 아니고 옛날부터 내려오는 교훈을 인용해서 자기의 처지를 밝힌 것이다.

그러나 결국 그는 한신을 도와 좋은 꾀를 일러주게 된다.

평수상봉〔萍水相逢〕 개구리밥이 흘러가다가 다른 개구리밥을 만난다는 뜻으로, 여행 중에 우연히 만나 사귀게 된 사람의 비유. 《등왕각서》

평윤지사〔平允之士〕 공평 성실하여 가혹하지 않은 선비. 공평하고 사심이 없는 재판관을 일컫는 말. 《송사》

평장우〔平章雨〕 평장사(平章事) 왕백

승(王伯勝)의 기도 덕분에 내린 비. 백성들의 행복을 위해 노력하는 벼슬아치의 노고와 정성을 비유하여 이르는 말. 또는 그 결과 이루어진 치적을 이르는 말이기도 하다. 《원사》

평지기파란〔平地起波瀾〕 평지에서 파란을 일으킨다는 뜻으로, 무사 평온한 가운데서 뜻밖에 일어나는 다툼질을 비유하여 이르는 말.

평지낙상〔平地落傷〕 평탄한 길에서 넘어져 다친다는 뜻으로, 생각지 않은 불행한 일을 당함의 비유. 《동언해》

평지돌출〔平地突出〕 평지에 산이 우뚝 솟음. 한미(寒微)한 집안에서 돌봐주는 사람 없이 출세함을 비유하여 이르는 말.

폐문조거〔閉門造車〕 문을 걸어 잠그고 수레를 만든다는 뜻으로, 실제를 고려하지 않거나 남의 경험을 좀처럼 받아들이지 않는 편협한 행동을 비유하여 이르는 말. 《중용혹문(中庸或問)》

폐월수화〔閉月羞花〕 이 이상의 미인은 없다고 하는 비유. 절세의 미녀. 예쁜 꽃이 부끄러워할 정도의 아름다움. 진(晉)의 헌공(獻公)의 애인 여희(麗姬)는 대단한 미인이었다. 그녀를 보면 아름다운 달도 구름 사이로 모습을 감추고, 꽃은 부끄러워한다. 또 물고기는 그녀를 보면 물 속으로 가라앉아 버리고, 기러기는 쇠해져서 떨어질 정도였다. 《장자》 ☞ 침어낙안(沈魚落雁).

폐의리옥〔敝衣裏玉〕 다 해진 옷으로 옥을 감싼다는 뜻으로, 겉모양은 보잘 것 없으나 그 내용은 훌륭함을 비유하여 이르는 말. 《태현경(太玄經)》

폐이후이〔斃而後已〕 쓰러져 죽을 때까지 그치지 않는 것. 목숨이 붙어 있는 한 노력을 계속한다는 말. 《예기》

폐추천금〔弊帚千金〕 몽당 빗자루를 천금과 같이 여긴다는 뜻으로, 분수에 넘게 자만심이 강한 사람의 비유. 《문선》

폐침망찬〔廢寢忘餐〕 침식을 잊고 일에 몰두함.

폐포파립〔敝袍破笠〕 해진 옷과 부서진 갓. 곧 너절하고 구차한 차림새를 형용하여 이르는 말. 🖻 봉두구면(蓬頭垢面).

폐형폐성〔吠形吠聲〕 한 마리의 개가 사람의 모습을 보고 짖으면 다른 개는 그 소리를 듣고 짖는다는 뜻으로, 한 사람이 헛된 말을 전하면 많은 사람이 또 그 말을 전함. 또는 아무것도 모르고 덩달아 따라 함을 비유하여 이르는 말. 《잠부론(潛夫論)》

평지풍파
平地風波

평평할 平 땅 地 바람 風 물결 波

> 뜻밖에 분쟁을 일으켜 일을 난처하게 만듦.

까닭 없이 일을 시끄럽게 만드는 것을 일러 흔히 「평지풍파」라고 한다. 그대로 두면 아무렇지도 않을 것을 일부러 일을 꾸며 더욱 소란을 피운다는 뜻이다.

당나라 시인 유우석(劉禹錫, 772~843)의 「죽지사(竹枝詞)」 아홉 수 중에 다음과 같은 시 한 수가 있다.

구당의 시끄러운 열두 여울
사람들은 말한다, 길이 예부터 어렵다고
못내 안타까워하노라, 인심이 물만도 못하여
함부로 평지에 풍파를 일으키는 것을.

瞿塘嘈嘈十二灘　人言道路古來難　구당조조십이탄　인언도로고래난
長恨人心不如水　等閑平地起風波　장한인심불여수　등한평지기풍파

「죽지사」는 당시의 민요를 바탕으로 지은 것인데, 작자가 기주(夔州) 자사로 부임해 갔을 때 그 곳 민요를 듣고 그 곡에 맞추어 지은 것이라 한다.

「구당」은 산이 험하기로 유명한 삼협(三峽)의 하나로 배가 다니기 아주 힘든 곳이다. 《악부시집(樂府詩集)》의 설명에 의하면, 그가 이곳에 머무르는 동안 「죽지사」의 가사 내용이 너무 저속하기 때문에 이것으로 대신하기 위해 지은 것이라고 한다. 아마 양자강 상류를 오르내리는 뱃사람들의 뱃노래에 「죽지사」란 것이 있었던 모양이다.

시의 뜻은,

구당에는 열둘이나 되는 여울이 있어서 옛날부터 이 길을 지나다니기가 어렵다고 전해 오고 있다. 그거야 산이 가파르고 길이 험하니 자연 여울이 질 수밖에 없는 일이다. 물은 바닥이 가파른 곳에서나 여울을 짓지만 사람은 아무렇지도 않은 평지에서도 아무 생각도 없이 함부로 풍파를 일으킨다. 그것이 한심스러울 뿐이라는 것이다.

마지막 글귀인 「등한평지기풍파(等閑平地起風波)」란 말이 바로 우리가 현재 쓰고 있는 그대로의 뜻을 지닌 말이다. 등한은 생각이 모자란다는 뜻이다. 평지풍파를 일으키게 되는 가장 큰 원인은 역시 생각이 부족한 것이 될 것이다.

폐호선생〔閉戶先生〕 집안에 틀어박혀 독서만 하는 사람.

포관격탁〔抱關擊柝〕 비천한 신분을 일컫는 말. 포관은 문지기. 격탁은 딱따기를 치며 야경을 도는 사람. 모두 비천한 신분을 가리킨다. 《맹자》

포락형〔炮烙刑〕 불에 지지는 가혹한 형벌. 포(炮)는 통째로 굽다. 락(烙)은 불에 지지다. 구리기둥에 기름을 발라 숯불로 달구고 그 위를 죄인으로 하여금 걷게 한다는 혹형(酷刑). 《순자》 ☞ 포락지형.

포류〔蒲柳〕 버들잎이 빨리 시들어 떨어지는 데서, 신체가 허약함의 비유. 《세설신어》

포말몽환〔泡沫夢幻〕 이 세상이 무상함의 비유. 포말은 물위에 뜨는 거품. 몽환은 현실이 아닌 꿈과 환상. 이 세상 존재하는 것의 덧없음의 비유. 두 개의 출전(出典)에 유래하는 포말과 몽환이 합쳐져서 사자성어로 합성된 것. 《서릉(徐陵)》 도잠 《음주》

포범무양〔布帆無恙〕 배가 무사한 것. 여기에서 여행이 무사평온하다는 뜻으로도 쓰인다. 포범은 배의 돛. 《진서》 ☞ 무양(無恙).

포복심〔布腹心〕 속에 있는 것을 그대로 털어놓는 것. 복심(腹心)은 마음속의 진실한 모습을 말한다. 《좌전》

포복절도〔抱腹絶倒〕 배를 움켜쥐고 떼굴떼굴 구른다는 뜻으로, 몹시 웃어대는 것을 형용하여 이르는 말. 봉복절도〔捧腹絶倒〕.

포락지형
炮烙之刑

통째로 구울 炮 지질 烙 의 之 형벌 刑

> 가혹한 형벌의 비유.

「포락지형」은 말 그대로 산 사람을 굽고 지지는 형벌을 말한다. 《사기》 은본기(殷本紀)에 나오는 이야기다.

어느 해, 은(殷)나라 주왕은 유소씨(有蘇氏)의 나라를 정벌했는데, 그때 유소씨는 복종하는 표시로 달기라는 미녀를 헌상했다.

달기가 어느 정도로 아름다웠는지는 모른다. 그저 요염한 미인으로 세상에서도 드물게 보는 독부(毒婦)였었다고 적혀 있을 뿐이다. 어쨌든 그녀의 요염한 아름다움은 곧 주왕의 마음을 사로잡아, 그녀의 말은 그대로 주왕의 정령(政令)이 되었다. 정치는 달기의 마음을 사기 위한 도구가 되어버리고 말았다. 그 결과 주왕은 달기와의 음락(淫樂)을 유지하기 위해 새로운 세법을 계속 제정했다.

거교(鉅橋)의 창고는 징수한 미속(米粟)으로 가득 차고, 훌륭한 견마(犬馬), 진기한 보물류는 속속 구응으로 모여들었다. 그렇지 않아도 광대한 사구(沙丘)의 이궁(離宮)은 더욱더 확대되고 수많은 조수(鳥獸)가 그 안에 놓아길러졌다. 이런 상황 아래서 주지육림의 음락이 펼쳐진 것이다. 당연히 중세(重稅)에 허덕이는 백성들로부터 원망하는 소리가 높았다. 그 소리를 배경으로 반기를 드는 제후도 생기게 되었다.

그러자 주왕은 형벌을 가중시켜 새로운 「포락지형」을 제정했다. 이궁 뜰에 구리 기둥이 가로놓이고, 음락의 비방자들이 그 앞으로 끌려나와 기둥을 건너라는 명령을 받는다. 그런데 이 기둥에는 미리 기름이 칠해져 있어 발이 미끄러지고 도저히 건너갈 수가 없다. 사고팔고(四苦八苦 : 온갖 고통 ☞ 사고팔고)를 겪은 끝에 미끄러지며 떨어져 버린다.

떨어지면 끝장, 아래에는 이글이글 타는 숯불이 있다. 글자 그대로 살아서 타죽는다. 이 괴로움에 몸부림치는 것을 보고 주왕과 달기는 박장대소를 하며 즐거워했다고 한다.

그 후 서백(西伯 : 뒷날 주문왕)이 하찮은 일로 주왕의 노여움을 사서 유리(羑里)의 옥에 감금당한 적이 있었다. 그러나 서백의 신하인 굉요(閎夭)와 산의생(散宜生) 들이 미녀・귀물・선마(善馬) 등을 푸짐하게 헌납하여 주왕의 노여움을 풀게 하고 겨우 형벌을 면할 수가 있었다.

다시 양광(陽光)을 보게 된 서백은 그가 소유하는 낙서(洛西)의 땅을 헌상하고 하다못해 「포락지형」만이라도 폐지할 것을 주상했다. 낙서 땅의 매력으로 주왕은 그것을 허락하여 이 잔혹한 형벌은 중지되었다고 한다.

포불각〔抱佛脚〕 부처님의 다리를 끌어안는다는 뜻으로, 평소에는 전혀 대비를 하지 않고 있다가 급하게 되었을 때 갑자기 구원을 바라는 것을 비유하여 이르는 말. 이 말은 「일 없을 때는 향을 사르지 않더니 위급에 처하자 부처님 다리를 잡는다(平時不燒香 急來抱佛脚)」는 말에서 나온 것이다.

포서지묘익조〔捕鼠之猫匿爪〕 쥐를 잡을 고양이는 발톱을 감춘다는 뜻으로, 능력 있는 이는 그 재주를 깊이 감추고 드러내지 않음을 비유하여 이르는 말. 《설원》

포식난의〔飽食暖衣〕 ☞ 난의포식(暖衣飽食).

포신구화〔抱薪救火〕 섶을 안고 불을 끈다는 뜻으로, 재난을 구하려다 도리어 크게 하거나, 해악을 제거하려다 도리어 피해를 크게 함의 비유. 《회남자》

포어지사〔鮑魚之肆〕 건어물전. 전(轉)하여 소인배들이 모이는 곳의 비유. 포어는 몸을 갈라서 소금에 절인 생선으로 냄새가 고약하다. 사(肆)는 가게. 현인을 좋은 향기에 비유하고, 소인을 고약한 냄새에 비유한다. 《공자가어》

포류지질
蒲柳之質

부들 蒲 버들 柳 의 之 바탕 質

> 갯버들 같은 모습, 곧 허약한 몸.

포류는 시냇가에 나는 갯버들을 말한다. 「포류지질」 혹은 포류질(蒲柳質)은, 땅버들처럼 연약한 체질이란 뜻이다.

이 땅버들을 항상 푸른 모습으로 꿋꿋이 서 있는 소나무와 비교해서 잎이 일찍 떨어지는 연약한 나무란 뜻으로 인용해 쓴 사람은 동진의 고열지(顧悅之)였다.

고열지는 간문제(簡文帝)와 동갑이었는데도 일찍 머리가 하얗게 세어 있었다. 그래서 간문제가, 「경은 어째서 나보다 먼저 머리털이 세고 말았는가」 하고 물었다. 그러자 그는,

「땅버들의 형상은 가을이 오기 전에 먼저 잎이 떨어지고, 소나무 잣나무의 바탕은 서리를 지나 더욱 무성하옵니다(蒲柳之姿 望秋而落 松柏之質 經霜彌茂)」 하고 대답했다. 자신을 포류에 비유하고 간문제를 송백에 비유한 것이다.

여기에 나오는 포류지자(蒲柳之姿)가 다음에 있는 송백지질(松柏之質)의 질(質)을 따서 「포류지질」로 바뀐 것인데, 그의 간문제에 대한 이 대답은 멋이 있는 대답으로 당시 평판이 되고 있었던 것 같다.

《세설신어》 언어편에 실려 있는 것으로 보아 알 수 있다.

고열지는 몸은 허약해서 일찍부터 머리가 세었는지 모르지만, 마음은 송백같이 곧아 권세에 아부하는 일이 없었다. 그래서 그의 벼슬은 상서우승(尙書右丞)이란 중앙청 국장급에 그치고 말았다 한다.

문인화(文人畵)의 시조로 알려진 유명한 고개지(顧愷之)는 바로 고열지의 아들이다.

포벽유죄
抱璧有罪

품을 抱 구슬 璧 있을 有 허물 罪

> 값비싼 보물을 가지고 있으면 죄가 없어도 화를 입게 된다.

「포벽유죄」는, 값비싼 보물을 가지고 있으면 죄가 없어도 억울하게 화를 입게 된다는 말이다. 즉 구슬을 가지고 있는 것이 죄가 된다는 뜻이다.

《춘추좌씨전》 환공(桓公) 10년에 다음과 같은 이야기가 있다.

우나라 임금의 아우인 우숙(虞叔)이 옥(玉)을 가지고 있었다. 형인 우공이 그 옥이 탐이 나서 달라고 하자 우숙은 이를 거절했다. 그러나 곧 후회하여 말하기를,

「주나라 속담에 이르기를, 필부는 비록 죄가 없어도 구슬을 가지고 있으면 그것이 곧 죄가 된다고 했다(周諺有之 匹夫無罪 懷璧其罪). 내가 공연히 이런 걸 가지고 있다가 화를 부를 필요는 없다」하고 자진해서 그 구슬을 바쳤다. 그러자 얼마 후에 또 그가 가지고 있는 보검을 달라고 요구했다. 이때 우숙은,

「형은 만족이란 것을 모른다. 만족을 모르면 머지않아 내 목숨까지 달라고 할 것이다」하고 반란을 일으켜 우공을 쳤다. 그로 인해 우공은 홍지(洪池)로 도망을 치게 되었다는 것이다. 이 「회벽기죄(懷璧其罪)」란 말이 「포벽유죄」란 말로 바뀌어 같이 쓰이고 있다.

세계에서 가장 값비싼 청색 금강석 반지는 그것을 가진 사람이 제명에 죽은 사람이 없다고 한다. 보물이 아니더라도 필요 이상의 재물로 인해 아까운 생명을 바친 사람이 얼마나 많은지를 우리는 잘 알고 있다. 그러면서도 같은 과오를 되풀이하는 까닭은 만족할 줄을 모르는 인간의 타고난 어쩔 수 없는 숙명 때문일까?

포호빙하
暴虎馮河

맨손으로 칠 暴(포) 범 虎 걸어건널 馮(빙) 강 河

> 무모한 용기.

　포호(暴虎)는 맨주먹으로 범을 잡는 것을 말하고, 빙하(馮河)는 헤엄쳐 강을 건너는 것을 말한다. 즉 무모한 용기를 말한다.
　이「포호빙하」란 말은 《시경》 소아 소민편(小旻篇)에 나오는 말이다.

　감히 맨손으로 범을 때려잡지 않고
　감히 맨몸으로 강을 헤엄쳐 건너지 않지만
　사람은 그 하나만을 알고
　그 밖의 것은 알지 못한다.

　不敢暴虎　不敢馮河　　불감포호　불감빙하
　人知其一　莫知其他　　인지기일　막지기타

　이 시는 악정(惡政)을 개탄해서 지은 시인데, 그런 엄청나게 무모한 것은 하지 않지만, 눈앞의 이해에만 정신이 팔려 앞으로 어떤 결과가 온다는 것을 생각지 못하는 위정자(爲政者)의 안타까운 태도를 말한 것이다.
　이「포호빙하」란 말은 《논어》 술이편에도 나와 있다.
　공자가 제자 안자를 크게 칭찬하자 자로가 옆에 있다가,
　「선생님께서 삼군(三軍)을 움직여 전쟁을 하게 되면 누구와 함께 하시겠습니까?」하고 물었다.
　안자만을 칭찬하는 것이 속으로 불만이었던 것이다. 용기와 결단성이 있기로 알려진 자로는 전쟁만은 자기만큼 해낼 사람이 없다고 자부

하고 있었던 것이다.

그러나 공자는 자로의 그 같은 경솔한 태도를 항상 꾸짖어 오곤 했다. 이번에도 역시 공자는 이렇게 말했다.

「맨손으로 범을 잡고, 헤엄쳐 황하를 건너 죽어도 후회가 없는 사람을 나는 함께 하지 않는다. 반드시 일을 하는 데 있어서 두려운 생각을 갖고 꾀를 쓰기를 좋아하여 일을 성공시키는 사람과 함께 할 것이다.(暴虎馮河 死而無悔者 吾不與也 必也臨事而懼 好謀而成者也)」

이렇게 모든 일은 용기만으로 되는 것이 아니고, 용기 이전에 신중한 검토와 그에 대한 대책이 앞서야 한다는 것을 타일렀다.

「포호빙하」와 「호모이성(好謀而成)」은 좋은 대조가 되는 말이다. 자로는 결국 포호빙하하는 성질로 인해 뒷날 자진 난(亂)에 뛰어들어 죽고 만다.

포옹관휴〔抱甕灌畦〕 항아리를 안고 논밭에 물을 댄다는 뜻으로, 뒤떨어진 상태에서 만족하고 더 발전하려는 생각을 갖지 않는 보수적인 생각을 가리켜 하는 말. 《장자》

포의〔布衣〕 베옷. 베옷은 서인(庶人)의 옷으로, 곧 벼슬을 하지 않은 선비를 이르는 말. 옛날 서인은 모(耄 : 8, 90세)에 이르기 전에는 비단옷을 입지 못한 데서 온 말. 《사기》

포의지교〔布衣之交〕 가난할 때의 교제. 또는 신분이나 빈부(貧富)의 차이를 뛰어넘어서 사귀는 교제. 《사기》

포잔수결〔抱殘守缺〕 같잖은 학자가 권수(卷數)가 빠져 있는 책을 그 가치도 모르고 소중히 간직하고 있는 것.

포장화심〔包藏禍心〕 재앙을 주려는 마음을 싸고 있다는 뜻으로, 나쁜 심보를 품고 있음을 이르는 말. 《좌전》

포저〔苞苴〕 선물. 포(苞)는 남에게 물건을 보낼 때 짚으로 쌌던 것. 고대 중국에서는 생선이나 고기를 짚으로 싸는 습관이 있었다. 저(苴)는 짚 밑에 까는 것. 전(轉)하여 뇌물의 뜻으로도 쓴다. 《예기》

표변
豹變

표범 豹 변할 變

> 마음이나 행동이 분명히 달라지는 일

태도나 행동이 갑자기 싹 달라지는 것을 가리켜 「표변(豹變)」이라고 한다. 자기의 이해만을 위주로 하고 신의라든가 약속 같은 것은 전혀 무시하는 좋지 못한 태도를 말한다.

그러나 본래의 뜻은 그런 것이 아니다. 표범의 털 무늬가 가을이 되면 아름다워지듯, 지난날의 잘못을 벗고 새로 훌륭한 사람이 되는 것을 가리켜 말한 것이었다. 말하자면 좋게 변하는 데 쓰이던 문자가 나쁘게 반대로 쓰이게 된 것이다.

이 말은 《역경》 64괘 중의 하나인 혁(革)이란 괘(卦)에 나온다. 「혁」은 변혁(變革)이니 혁명이니 하는 「혁」으로, 달라지는 것을 말한다.

한 괘는 여섯 효(爻)로 되어 있고, 각 「효」 마다 효사(爻辭)라는 것이 있는데, 혁괘의 다섯 번째 효와 맨 위에 있는 여섯 번째 효의 효사는 다음과 같다.

「다섯 번째 양효(陽爻)는 큰 사람이 호랑이처럼 변하는 것이니, 점을 하지 않아도 믿음이 있다. 맨 위의 음효(陰爻)는, 군자는 표범처럼 변하고, 소인은 얼굴을 바꾼다. 계속 밀고 나가면 나쁘고, 가만히 있으면 바르고 좋다(上六 君子豹變 小人革面 征凶 居貞吉)」

「혁」은 바꾼다는 뜻이다. 호랑이가 여름에서부터 가을에 걸쳐 털을 갈고 가죽이 더 아름답고 빛나 보이듯, 위대한 사람도 그렇게 찬란하게 달라지므로 점을 칠 것도 없이 백성들이 믿고 따른다는 것이 오효(五爻)의 뜻이다.

육효(六爻)의 「군자표변(君子豹變)」은, 지위가 높고 덕이 있는 군자는 표범의 털이 가을에 이르러 완전히 아름답게 변하듯 공로와 업적이 찬란하게 빛나고, 지위도 덕도 없는 작은 사람들은 태도를 바꾸어 임금에게 충성을 하게 된다.

그러나 너무 지나친 개혁을 오래 계속하게 되면 도리어 나쁜 결과를 빚게 된다. 개혁을 중단하고 이제까지의 업적을 그대로 지키고만 있으면 편안하고 좋다는 뜻이다.

호변(虎變)이든 표변이든 모두 좋게 달라진다는 뜻이었는데, 지금은 「표변」이란 말만이 본래의 뜻과는 반대로 쓰이고 있다.

포저감장입〔苞苴甘醬入〕꾸러미 안에 단 장이 들었다는 뜻으로, 외관은 보기 흉해도 좋은 것임을 이르는 말. 《순오지》

포전인옥〔拋磚引玉〕벽돌을 버리고 옥을 받다. 남의 고견을 듣기 위해 자신의 미숙한 견해를 먼저 발표한다는 뜻으로, 자기의 의견이나 글을 먼저 내놓을 때 겸손을 표시하는 말. 《역대시화(歷代詩話)》

포정해우〔庖丁解牛〕요리사가 소의 뼈와 살을 발라낸다는 뜻으로, 기술의 묘함을 칭찬하여 이르는 말. 포정(庖丁)은 요리사. 해우(解牛)는 소의 고기와 뼈를 발라내는 일. 《장자》

포주〔抱柱〕☞ 미생지신(尾生之信).

포진천물〔暴殄天物〕귀한 물건을 아무 때나 쓰고도 아까운 줄을 모름.

포탄희량〔抱炭希涼〕숯불을 안고 시원하기를 바란다는 뜻으로, 행하는 바와 바라는 바가 서로 상반됨을 비유하여 이르는 말. 《위지》

포편지벌〔蒲鞭之罰〕부들 채찍으로 매질을 한다는 뜻으로, 고통이 따르지 않는 형벌을 이르는 말로, 관대한 정치를 이르는 말. 《후한서》

포풍착영〔捕風捉影〕바람을 잡고 그림자를 붙든다는 뜻으로, 허망한 말과 행동을 이르는 말. 《송남잡식》

포호함포〔咆虎陷浦〕으르렁거리기만 하는 범이 갯벌(浦)에는 빠진다는 데서, 큰소리만 치는 사람은 일을 못하고 도리어 실패한다는 뜻으로, 떠들기만 하고 성취함이 없음을 이르는 말. 《순오지》

표사유피
豹死留皮

표범 豹 죽을 死 남길 留 가죽 皮

> 표범은 죽어서 모피를 남긴다는 뜻에서, 사람은 죽어서 명예를 남겨야 함의 비유.

구양수(歐陽修, 1007~1073)는 그가 쓴 《신오대사(新五代史)》 열전(列傳) 사절전(死節傳)에서 세 사람의 충절을 기록하고 있는데, 이 중에서 특히 왕언장(王彦章)을 높이 평가하고 있다.

왕언장은 한갓 병졸에 불과한 몸으로부터 출발하여 후양(後梁) 태조 주전충(朱全忠)의 장군이 되었던 사람이다.

그는 뛰어난 용기와 힘을 지닌 사람으로 쇠창을 옆에 끼고 말을 몰아 적진을 달리면 마치 용마가 하늘을 날 듯 이를 막을 장사가 없었다 한다. 그래서 군사들은 그를 왕철창(王鐵槍)이라 불렀다.

후량이 멸망했을 때, 그는 겨우 오백의 기병을 거느리고 수도를 지키며 싸우다가 무거운 상처를 입고 적의 포로가 되었다.

후당의 장종(莊宗) 이존욱(李存勖)은 그의 무용을 가상히 여겨 그를 자기 부하에 두려 했다. 그러나 그는,

「신은 폐하와 더불어 피나는 싸움을 10여 년이나 계속한 나머지 이제 힘이 다해 패하고 말았습니다. 죽음 외에 또 무엇을 바라겠습니까. 또 신은 양(梁)나라의 은혜를 입은 몸으로 죽음이 아니면 무엇으로 그 은혜를 갚겠습니까. 또 아침에 양나라를 섬기던 몸이 저녁에 진(晋 : 후당)나라를 섬길 수 있겠습니까. 이제 살아서 무슨 면목으로 세상 사람들을 대하겠습니까」 하고 죽음의 길을 택했다.

그는 글을 배우지 못해 책을 읽지 못했다. 글을 아는 사람이 책에 있는 문자를 쓰는 것을 그는 민간에 전해 오는 속담으로 대신 바꿔 쓰곤

했다. 그런데 그가 입버릇처럼 잘 쓰는 말은,

「표범이 죽으면 가죽을 남기고 사람이 죽으면 이름을 남긴다(豹死留皮 人死留名)」는 속담이었다.

「표사유피」란 말은 「인사유명(人死留名)」이란 말을 하기 위한 전제다. 그래서 보통 「표사유피」란 말 하나로 「인사유명」이란 뜻까지 겸하게 된다.

누구나 한번 죽는 몸이니 구차하게 살다가 추한 이름을 남기기보다는 깨끗하게 죽어 좋은 이름을 남기라는 뜻이다.

특히 표범의 가죽을 든 것은 표범의 가죽이 가장 귀중히 여겨진 때문이다.

그런데 우리나라에서는 「호사유피(虎死留皮)」란 말을 쓰기도 한다. 뜻에 차이가 있는 것은 아니다.

폭주병진〔輻輳幷臻〕수레의 바퀴통에 바퀴살이 모이듯 한다는 뜻으로, 여럿이 한곳으로 많이 몰려드는 모양을 형용하여 이르는 말.《한비자》

표리부동〔表裏不同〕마음이 음흉 맞아서 겉과 속이 다른 것.

표박〔漂泊〕유랑하는 것, 정처 없이 떠돌아다니는 것. 거주지가 일정치 않음을 이르는 말. 표(漂)는 물에 둥둥 떠돌아다니는 것. 박(泊)은 머물러 묵는 것.

표자정규〔杓子定規〕무엇이든지 하나의 규칙이나 척도로 맞추려고 하는 융통이 없는 태도. 団 임기응변(臨機應變). 융통무애(融通無碍).

표풍부종조〔飄風不終朝〕회오리바람은 아침녘이면 그친다는 뜻으로, 권세를 부리는 자는 얼마 가지 않아 망한다는 말.《노자》

품성불가개〔稟性不可改〕타고난 성품은 고칠 수 없다는 뜻으로, 성품이 쉽게 변하기 어렵다는 말.

품행방정〔品行方正〕품성과 행실이 바르고 단정함.

풍고풍하〔風高風下〕봄·여름은 바람이 낮고, 가을·겨울은 바람이 높다는 뜻으로, 한 해 동안의 기후를 이르는 말.

풍마우불상급
風馬牛不相及

바람 風 말 馬 소 牛 아니 不 서로 相 미칠 及

> 멀리 떨어져 있음. 아무 상관이 없음.

「풍마우(風馬牛)」는 바람난 말이나 소란 뜻이다. 발정기의 짐승은 몇 십리 밖에까지 서로 찾아다니게 된다.

암내난 말이나 소가 서로 오고 갈 수 없는 것이 「풍마우불상급」이다. 멀리 떨어져 있다는 뜻과, 아무 상관이 없다는 뜻으로 쓰인다. 사람은 고사하고 바람이 난 말이나 소까지도 서로 오고 가는 일이 없다는 뜻이다.

춘추시대 오패(五覇)의 한 사람인 제환공(齊桓公)이 여러 나라 군대들을 거느리고 초나라로 향하자, 이에 놀란 초성왕(楚成王)은 사신을 연합군 진영으로 보내 제환공에게 이유를 묻게 했다.

「임금은 북쪽 바다에 있고 과인은 남쪽 바다에 살고 있어서, 바람난 말과 소도 서로 미치지 못하는데, 뜻밖에 임금께서 우리 땅에 오시게 된 것은 무슨 까닭이오?(君處北海 寡人處南海 唯是風馬牛不相及也 不處君之涉吾地也 何故)」

그러자 관중(管仲)이 환공을 대신해서, 천자에게 조공을 바치지 않은 까닭을 묻기 위해 왔다고 대답했다. 이리하여 초성왕은 굴완(屈完)을 특사로 보내 화평조약을 맺게 함으로써 충돌을 피하게 되고, 환공은 이로 인해 명실상부한 패자가 된다. 그래서 「풍마우불상급」이란 말이 전연 상관이 없다는 뜻으로 쓰이게 되었다.

풍광명미〔風光明媚〕 자연의 경색(景色)이 멋지고 뛰어나게 아름다운 것. 명승지의 관용(慣用) 선전 문구. 미(媚)는 교태부리다의 뜻 외에

얼굴 모습, 풍경이 섬세하고 아름답다는 뜻도 있다.

풍기문란〔風紀紊亂〕 풍속, 풍습에 대한 규율이 어지러운 것. 특히 남녀교제의 절도(節度)의 어지러움을 말한다. 문(紊)은 어지럽히다, 문란하다로 난(亂)과 같은 뜻. ⇔ 미풍양속(美風良俗).

풍년화자〔豊年花子〕 풍년거지. 곧 뭇사람이 다 이익을 보는데 자기 혼자만 빠진 것을 가리키는 말. 또 한결 더 서러운 거지. 화자(花子)는 거지를 일컫는다.

풍류죄과〔風流罪過〕 법률에 저촉되지 않는 풍류스런 죄. 경미한 죄.

풍림화산〔風林火山〕 어떤 일에 대처해서, 시기나 정세에 적응하여 신속히 행동하거나, 정지해서 정황의 추이를 지켜보거나 하는 임기응변의 포인트를 말한다. 손자의 유명한 병법의 말이다. 《손자》 군쟁(軍爭). 《회남자》

풍마우세〔風磨雨洗〕 바람에 갈리고 비에 씻긴다는 뜻으로, 오랜 동안 자연에 침식(浸蝕)당함을 이르는 말.

풍불명조〔風不鳴條〕 바람이 불어도 나뭇가지를 울릴 정도로는 불지 않는다는 뜻으로, 폭풍이 휘몰아치는 일도 없이 평온하여 세상이 태평함의 비유. 《염철론》

풍비박산〔風飛雹散〕 사방으로 날아 흩어짐. 풍지박산(風地雹散)은 잘못.

풍수지탄〔風樹之嘆〕 나무가 조용해지려고 하나 바람이 자지 않음을 한탄한다는 뜻으로, 효도를 다하지 못한 채 어버이를 여읜 자식의 슬픔을 이르는 말. 풍목지비(風木之悲), 풍수지감(風樹之感) 《한시외전》

풍어지재〔風魚之災〕 해상(海上)에서의 재해. 풍(風)은 태풍. 어(魚)는 상어 등을 말한다. 전(轉)하여 해적(海賊) 등에 의한 해(害)도 가리킨다.

풍우대상〔風雨對狀〕 바람과 비가 상(狀)을 마주 대한다. 비바람이 휘몰아치는 밤에 침상에 함께 누워 잠을 잔다는 말로, 곧 형제가 서로 만나는 것을 비유하여 이르는 말.

풍우처처〔風雨凄凄〕 바람이 불고 비가 내려 뼛속까지 추위가 스며든다는 뜻으로, 난세(亂世)를 이르는 말. 《시경》

풍운지지〔風雲之志〕 영웅호걸이 어진 임금을 만나 시운(時運)을 타고 공명을 세우고자 하는 소망. 용(龍)이나 호랑이가 풍운의 힘을 얻어 기세가 붙듯이 시세를 잡으려고 하는 것. 또 명군(明君)과 현인의 만남을 「풍운지회(風雲之會)」라 한다. 《역경》

975

풍성학려
風聲鶴唳

바람 風 소리 聲 학 鶴 울 唳

겁을 집어먹은 사람이 하찮은 일에도 놀라는 것을 가리킴.

「풍성학려」는 바람소리와 학의 울음이란 말이다.

우리 속담에 「자라보고 놀란 가슴 솥뚜껑보고 놀란다」는 말이 있다. 이 「풍성학려」도 이와 같은 뜻이다. 싸움에 패해 도망치는 군사들이 바람소리와 학의 울음소리만 들어도 혹시 적군이 추격해 오는 것이 아닌가 하고 깜짝깜짝 놀라듯, 무엇에 크게 놀란 사람이 아무것도 아닌 것에 겁을 먹고 놀라는 것을 가리켜 「풍성학려에 놀란다」고 한다.

《진서》 사현전에 나오는 말이다.

동진 효무제(孝武帝) 태원 8년(383년) 11월, 북쪽의 진왕(秦王) 부견(符堅)이 직접 이끌고 내려온 백만에 가까운 군사를 맞아 겨우 10분의 1밖에 안되는 적은 군사로 동진의 명장 사현은 이를 회하 상류인 비수에서 거의 전멸시키다시피 한 대승을 거두었다. 이때 사현은 적의 총지휘관 부융(符融)에게 사자를 보내 이렇게 청했다.

「귀하의 군대를 조금만 뒤로 후퇴시켜 주시오 그러면 우리가 물을 건너가 한 번 싸움으로 승부를 하겠습니다」

상대를 무시하고 있던 부견과 부융은 얼마 안되는 적이 물을 반쯤 건너왔을 때 기습작전으로 간단히 이를 해치울 생각이었다.

북군이 후퇴를 개시하고 남군이 강을 건너기 시작했을 때, 북군의 뜻하지 않은 혼란이 일어났다. 물러나라는 명령을 받은 북군은 남군이 강을 건너오는 것을 보자 싸움에 패해 물러나는 것으로 오인하고 앞을 다투어 달아나기 시작했다.

뒤쪽에 있던 군사들은 앞의 군사가 허둥지둥 도망쳐 오는 것을 보자 덩달아 겁을 먹고 정신없이 달아나기 시작했다. 이리하여 북군은 자기 군사가 모두 적군으로 보이는 혼란 속에 서로 짓밟으며 달아나다 물에 빠져 죽는 자가 부지기수였다.

남은 군사들은 갑옷을 벗어 던지고 밤을 새워 달아나는데, 바람 소리와 학의 울음소리만 들어도 진나라 군사가 뒤쫓아 오는 줄로 알고 가시밭길을 걸으며 들판에서 밤을 보냈다. 게다가 굶주림과 추위까지 겹쳐 죽은 사람이 열에 일곱 여덟은 되었다는 것이다.

이「풍성학려」라는 청각적인 착각과 아울러, 산천의 풀과 나무까지 다 적의 군사로 보였다는「초목개병(草木皆兵)」이란 시각적인 착각도 이 고사에서 온 말이다.

풍전등화〔風前燈火〕 바람 앞의 등불이란 말로, 사물이 오래 견디지 못하고 매우 위급한 자리에 놓여 있음을 가리키는 말. 또는 사물의 덧없음을 이르는 말로도 쓰인다.

풍전세류〔風前細柳〕 바람 앞에 나부끼는 가녀린 버들의 뜻으로, 부드럽고 영리한 전라도 사람의 성격을 평한 말. 반면에 청풍명월(淸風明月)은 결백하고 온건한 충청도 사람을 평한 말이다.

풍즐우목〔風櫛雨沐〕 바람에 머리를 빗고 비에 목욕한다는 뜻으로, 객지에서 고생을 겪음을 비유하여 이르는 말.

풍진〔風塵〕 병란(兵亂)의 뜻. 또 바람이 일어 온통 먼지투성이가 되는 데서, 속세(俗世)·속사(俗事) 등의 뜻으로 쓰인다.《한서》

풍찬노숙〔風餐露宿〕 비바람을 맞으며 밥을 먹고 길에서 이슬을 맞으며 잠을 잠. 곧 큰 뜻을 이루려는 사람이 고초를 겪음의 비유.

풍촉잔년〔風燭殘年〕 풍촉은 바람 앞의 촛불. 잔년(殘年)은 얼마 남지 않은 나이. 곧 여생(餘生). 나이가 많아 여생이 얼마 남지 않음의 비유. 옛 시인들의 시문에는「풍촉」이라는 말이 많이 나오는데 이것은「바람 앞의 촛불」의 뜻으로, 사람의 목숨이 매우 위태로운 것을 비유한다.《대당서역기》

피일시 차일시
彼一時 此一時

저 彼 한 一 때 時 이 此

> 그때는 그때고 지금은 지금. 곧 그때 한 일과 이때 한 일은 서로 사정이 다르다.

「피일시 차일시」는 「그때는 그때고 지금은 지금이다」라는 말로 쓰인다.

자기모순에 빠진 일관성 없는 처사에 대한 자기변명으로 흔히 쓰이는 말이다. 물론 답변에 궁한 상대방을 변호하거나 위로하기 위한 말로 쓰일 수도 있다.

《맹자》 공손추 하에 나오는 말이다.

맹자가 가장 희망을 걸고 있던 제선왕(齊宣王)을 단념하고 제나라를 떠나게 되었을 때다. 충우(充虞)라는 제자가 맹자를 모시고 함께 오다가 노상에서 이렇게 물었다.

「선생님께서 매우 언짢으신 기색이십니다. 전에 선생님께서는 말씀 하시기를, 군자는 하늘도 원망하지 않고 사람도 허물하지 않는다고 하시지 않았습니까?」

그러자 맹자는,

「그것도 한때요, 이것도 한때라(彼一時 此一時)」 하고 다음과 같이 언짢은 기색을 하지 않을 수 없는 이유를 말했다.

「5백 년마다 통일천하하는 왕자가 일어난 것이 지금까지의 역사였다. 그 왕자가 일어나면 반드시 세상에 이름을 남기는 사람이 있기 마련이다. 주나라가 일어난 지 지금 7백 년이 지났다. 5백이란 수도 훨씬 지났지만, 세상 형편으로 보아서는 지금이 그 시기다. 하늘이 천하를 바로잡으려 하지 않는다. 바로잡기로 한다면 지금 세상에 나를 버리고 또 누가 있겠는가. 내가 어떻게 마음이 좋을 수 있겠느냐」

옛날에 수양하는 사람의 마음가짐을 원칙 면에서 말한 것이다.

그러나 이토록 어지러운 세상을 바로잡으려 하지 않는 하늘이 어찌 원망스럽지 않을 수 있겠느냐 하는 뜻이다.

맹자의 이 같은 원망은 백성을 건지려는 성자의 지극한 사랑에서였다. 그러나 지금은 이 말이 인간의 약점을 변호하는 선례로 전락하고 말았다.

풍타낭타〔風打浪打〕「바람 부는 대로 물결치는 대로」라는 말과 같은 뜻으로, 일정한 주의 주장이 없이 그저 대세에 따라서만 행동함을 일컫는 말.

피간담〔披肝膽〕간과 쓸개를 내보인다는 데서, 진심을 내보임을 비유하여 이르는 말.《한서》☞ 간담상조(肝膽相照).

피갈회옥〔被褐懷玉〕겉에는 거친 베옷을 입고 있으나 속에는 옥을 품고 있다는 뜻으로, 현인이 세상에 모습을 드러내려고 하지 않음을 이르는 말.《노자》

피갱낙정〔避坑落井〕구덩이를 피하다 우물에 빠진다는 뜻으로, 한 가지 어려움을 피하고 나니 또 다른 어려움이 닥침을 비유하여 이르는 말.《진서》

피견집예〔被堅執銳〕단단한 갑옷을 입고 예리한 무기를 잡는다는 뜻으로, 임전태세를 갖춘 모습을 형용하여 이르는 말.《전국책》

피리양추〔皮裏陽秋〕모든 사람이 말을 하지 않아도 저마다 마음속에 속셈과 분별력이 있음을 비유하여 이르는 말. 피리는 피부의 뒤, 곧 마음속. 양추는《춘추(春秋)》와 같다.《춘추》는 공자가 시비선악을 엄격히 비판한 역사서인 데서, 마음속에서 엄격하게 시비의 판단을 하는 것을 말한다.《춘추》를 양추라 쓴 것은 진(晉)나라 때 간문제(簡文帝)의 생모 정태후의 시호 아춘(阿春)의 春자를 피해서「양추」라 한 것이다.

피마불외편추〔疲馬不畏鞭箠〕지친 말은 채찍을 두려워하지 않는다는 뜻으로, 백성이 피폐하고 곤궁하면 어떤 형벌도 두려워하지 않고 죄를 범하게 됨을 비유하여 이르는 말.《염철론》

필부지용
匹夫之勇

짝 匹 지아비 夫 갈 之 용기 勇

> 지략도 없이 혈기만 믿고 내보이는 용기.

「선생, 이웃나라와의 국교는 어떻게 해야 한다고 생각하십니까?」

양혜왕(梁惠王)이 맹자에게 물었다. 맹자가 제국 유세를 시작한 후 맨 먼저 양(梁)나라를 찾아갔을 때의 일이다. 때는 전국시대, 약육강식의 세상이라 조금이라도 빈틈을 보이면 타국에게 침공을 당하고 만다. 그래서 혜왕은 이 고명한 학자의 의견을 구했던 것이다.

「대국은 소국을 섬긴다는 기분으로, 겸허한 태도로 사귀지 않으면 안됩니다. 이것은 인자(仁者)로서 비로소 가능한 극히 어려운 일이나, 은(殷)의 탕왕(湯王)이나 주(周)의 문왕(文王)은 그것을 해냈습니다. 또 소국은 대국을 섬기지 않으면 안됩니다. 이것도 쉬운 일이 아니어서 지자(智者)라야 비로소 가능한 일입니다. 그러나 문왕의 조부 대왕은 그것을 실행했기에 주(周)가 뒷날 대국이 될 수 있었던 것입니다. 또 월왕 구천은 최후에 숙적인 오(吳)나라에 승리를 얻을 수가 있었던 것입니다.

소가 대를 섬긴다는 것은 하늘의 도리로서 당연한 일입니다. 그것을 인식하면서 대국의 입장으로서 소국을 섬긴다는 것은 『하늘을 즐긴다』고도 할 수 있겠습니다. 또 이 하늘의 도리에 거스르지 않도록 대국을 섬기는 소국은 『하늘을 두려워하는』 것입니다. 하늘을 즐기는 자는 천하를 보전할 수가 있고, 하늘을 두려워하는 자는 나라를 보전할 수가 있습니다. 그래서 《시경(詩經)》 에도 『하늘의 위세를 두려워하여, 여기 이것을 보지한다』 라는 말이 있는 것입니다」

「정말 훌륭한 말씀입니다!」

혜왕은 맹자의 대답을 듣고 자신도 모르게 외쳤다. 도리로서는 참으로 훌륭하다. 하나 내 자신의 일로서 생각하면, 그래서는 어떤 나라에 대해서도 섬기고만 있어야 한다. 혜왕으로서는 그것이 너무나도 체면이 서지 않는 일이라 느껴져 도저히 참을 수가 없을 것 같은 생각이 들었다.

「훌륭한 말씀임에는 틀림없으나」 하고 혜왕은 말을 계속했다. 「저로서는 좋지 않은 일인지는 모르지만 용(勇)을 좋아하는 성질이 있어서……」

맹자는 대답했다.

「왕이시여, 소용(小勇)을 좋아해서는 안됩니다. 검(劍)을 어루만지며 눈을 부릅뜨고 네놈 같은 것은 나의 적이 될 수 없다, 라고 하는 것 등은 『필부의 용기(匹夫之勇)』로서 기껏해야 한 인간을 상대하는 것밖에는 되지 않습니다. 왕이시여, 부디 좀더 커다란 용기를 갖도록 하십시오」

이것은 《맹자》 양혜왕 하에 있는 대화다. 또 《사기》 회음후열전에도 한신이 항우를 평해,

「항왕(項王)이 대성질타(大聲叱咤)하면 천인(千人)이 다 겁을 먹고 주저앉아 버립니다. 그러나 그로선 현장(賢將)에게 맡겨버리지를 못합니다. 결국 이것은 『필부의 용기』에 지나지 않습니다」 라는 말이 기록되어 있다.

피발영관〔被髮纓冠〕 머리가 흐트러진 채 관을 쓴다는 뜻으로, 몹시 바쁜 모습을 형용하는 말. 《맹자》

피발좌임〔被髮左衽〕 머리를 풀고 옷깃을 왼쪽으로 여민다는 뜻으로, 오랑캐의 풍속을 이르는 말. 피발(被髮)은 머리를 묶지 않았다는 뜻으로, 머리를 잘라 더벅머리 그대로의 모습을 말한다. 좌임(左衽)은 옷의 섶을 왼쪽으로 여미는 것으로, 왼쪽 섶이 안으로 들어가 여미는 것. 《논어》

필야사무송
必也使無訟

반드시 必 어조사 也 하여금 使 없을 無 송사 訟

> 송사를 제기하는 사람이 없도록 하지 않으면 참으로 정치를 잘한다고 볼 수 없다.

「필야사무송」은, 기어이 송사가 없도록 만든다는 말이다. 송사가 제기되어 왔을 때 그것을 올바로 판결하고 처리하는 것은 자랑할 일이 못된다.

궁극적으로는 송사를 제기하는 사람이 없도록 하지 않으면 참으로 정치를 잘한다고 볼 수 없다는 뜻이다. 도둑을 잘 잡는 것이 치안의 목적이 아니고 도둑이 없도록 만드는 것이 치안의 근본 목표가 된다는 것과 같은 말이다.

《논어》 안연편과 《대학》 제4장에 나와 있는 공자의 말이다.

「송사를 듣는 것은 나도 남과 같다. 반드시 송사가 없게 만들리라(聽訟吾猶人也 必也使無訟乎)」

죄인을 옳게 다스리고, 시비를 올바로 가려내는 것은 성인이라고 특별히 뛰어나게 잘할 수 없는 일이다. 죄를 짓는 사람이 적고 시비를 제기해 오는 사람이 적도록 만드는 것이 정치하는 사람의 목표가 아니면 안된다. 내가 만일 정치를 한다면 한 명의 죄인도 없고, 시비를 하는 사람도 없는 그런 사회를 만들고 말겠다는 뜻이다.

공자는 이런 말을 한갓 이상으로 말한 것이 아니었다. 공자가 노나라 재상이 된 석 달 만에 죄인은 물론이요, 시장바닥의 장사꾼들이 에누리를 하는 일이 없었고, 소나 염소를 팔러 가는 사람이 물을 먹여 크게 보이려 하는 일도 없었다 한다. 소에 물을 먹여 팔고, 잡은 쇠고기에 물을 넣어 파는 현상은 뭔가 분명 잘못된 원인이 있을 것 같다.

피삼사〔避三舍〕 ☞ 퇴피삼사(退避三舍).

피상〔皮相〕 사물의 표면, 외견(外見)에만 마음이 사로잡히는 사람. 또는 얄팍한 견해를 말한다. 「피상지사(皮相之士)」라 하면, 겉으로 보아 도무지 속을 알 수가 없는 사람을 말하고, 「피상지견(皮相之見)」이라 하면 겉으로 나타나 있는 것에만 사로잡혀 속을 꿰뚫어보지 못하는 견해를 말한다. 《한시외전》

피세금마문〔避世金馬門〕 조정에 출사(出仕)하면서 속세의 번잡한 일에서 피함을 이르는 말. 한나라 무제(武帝)에게 총애를 받은 해학·풍자의 재능에 뛰어난 동방삭(東方朔)의 말이다. 금마문 옆의 관청으로 출사하는 것은 산 속으로 은둔하는 것보다도 그 이상으로 속세와 인연을 끊을 수가 있다는 뜻. 금마문은 한나라 때 미앙궁(未央宮)의 문의 하나로, 무제의 명에 의해 말의 동상이 금문 옆에 세워져 있었으므로 이 이름이 붙었다. 《사기》

피인야 여인야〔彼人也 予人也〕 그도 사람이요, 나도 사람이다. 곧 다 같은 사람인데 자기가 남만 못함을 수치로 여겨 하는 말

피장봉호〔避獐逢虎〕 노루를 피하려다 호랑이를 만났다는 뜻으로, 작은 해를 피하려다 도리어 큰 재앙을 만남을 비유하여 이르는 말. 《동언해》

피장부아장부〔彼丈夫我丈夫〕 그도 장부요, 나도 장부다. 곧 남이 할 수 있는 일을 내가 못할 일이 없다는 뜻으로, 똑같은 장부로서 그가 할 수 있는 일이라면 노력 여하에 따라 나도 할 수 있음을 이르는 말. 맹자가 등문공(滕文公)에게 성인(聖人)의 길도 범인의 길도 길은 하나이며, 선(善)한 본성에 따라서 노력해 가면 누구나 성인이 될 수가 있다는 「성선설(性善說)」을 설명하면서 인용한 제(齊)나라의 용자(勇者) 성간(成覵)의 말이다. 《맹자》

피재피재〔彼哉彼哉〕 「그로다, 그로다!」라는 뜻으로, 사람을 경멸하여 이르는 말. 《논어》

피저원앙〔被底鴛鴦〕 이불 밑의 원앙. 곧 이불 속의 남녀를 비유하여 이르는 말.

피지부존 모장언부〔皮之不存 毛將焉附〕「가죽이 없는데 털이 어찌 붙어 있으랴」라는 뜻으로, 어떤 사물이 그것이 존재할 수 있는 토대를 잃었을 때는 그 역시 존재할 수 없음을 비유하여 이르는 말. 《좌전》

필력강정〔筆力扛鼎〕 문장의 힘이 강건함을 이르는 말.

필로남루〔篳路藍縷〕 대나무로 거칠게 만든 수레와 누더기 옷. 검소한 생

활을 하면서 간곡하게 노력하는 것을 비유하여 이르는 말. 또는 어려운 여건 속에서도 고난을 이기며 새로운 사업에 매진하는 것을 뜻하기도 한다. 《좌전》

필마단창〔匹馬單槍〕 한 필의 말과 한 자루의 창. 곧 혼자 간단한 무장을 하고 한 필의 말을 타고 감을 이르는 말. 《오등회원》 ㊌ 필마단기(匹馬單騎).

필부불가탈지〔匹夫不可奪志〕 아무리 하찮은 사람이라도 그 품고 있는 뜻을 어떠한 힘으로도 빼앗을 수는 없다는 뜻으로, 사람의 뜻은 존귀한 것임의 비유. 한 인간의 의지를 외부에서 강제로 바꾸게 할 수 없다는 말. 《논어》

필삭〔筆削〕 쓸 것은 쓰고, 고쳐야 할 것은 삭제함을 이르는 말. 삭(削)은 죽간(竹簡)이나 목간(木簡)에 쓴 글자를 칼로 깎아내는 것. 또 공자가 필삭한 《춘추》를 가리키기도 한다. 《사기》

하

하갈동구 **夏葛冬裘** ▶ 희생 **犧 牲**

하면목견지
何面目見之

어찌 何 낯 面 눈 目 볼 見 이 之

볼 면목이 없다.

「하면목견지」는 「어찌 이를 대할 낯이 있겠는가」라는 뜻이다. 《사기》 항우본기에 있는 이야기다.

한고조 5년(B.C 202) 한・초(漢楚)의 싸움은 막판으로 접어들었다. 항우는 해하(垓下)로 몰려 「사면초가(四面楚歌)」를 듣고 마침내 유방 앞에 힘이 다했다.

우미인(虞美人)과 이별한 뒤 애마 추(騅)에 올라타고 겨우 8백여 기로 포위를 돌파한 항우는 이윽고 28기가 된 것을 보자 최후의 결의를 굳혔지만, 임회(臨淮)에서 한바탕 한군을 짓밟고 나서는 어느 틈엔가 남으로 남으로 향하고 있는 자신을 발견했다.

얼마 후 장강(長江 : 양자강)의 북안으로 나왔다. 오강(烏江)을 동으로 건너려고 했던 것이다. 건너기만 하면 그곳은 자기가 거병한 강동 땅이다. 그 때 오강의 정장(亭長)이 배를 대고 그를 기다리고 있는 것이 보였다. 그 정장은 항우를 보자 이렇게 말했다.

「강동은 천하로서 보면 비록 작으나 지방이 천 리, 백성이 수십만으로 아직도 왕이 될 만한 곳입니다. 부디 대왕께서는 급히 건너십시오 다른 배가 없으니 한군이 쫓아온다 해도 건너지 못합니다」

그러자 항우는 보기 드물게도 웃고서는 그것을 거절했다.

「이미 하늘이 나를 버렸다. 나는 건너지 않겠다. 그뿐 아니다. 8년 전 나는 강동의 자제 8천 명과 함께 이 강을 건너 서쪽으로 향했으나 지금 나와 돌아가는 자는 한 사람도 없다. 가령 강동의 부형이 불쌍히 여겨 왕으로 앉혀 주더라도 어찌 대할 낯이 있겠는가(何面目見之)」

항우는 한군의 맹렬한 추격을 받아가며 고전 끝에 그래도 마음이 강동에 끌려 거기까지 온 자기를 부끄럽게 생각했으리라. 수년 전 함양을 함락시켰을 때 「비단옷을 입고 밤에 가는 것 같다(錦衣夜行)」고 하며 고향으로 돌아간 자기가 이제는 필마단기, 전진(戰塵)투성이의 날개 떨어진 새 꼴이 되어 도망쳐 다니고 있는 것이 뼈에 사무쳤을 것이다. 〔☞ 금의야행〕

「무슨 면목으로 이를 대하겠는가(何面目見之)」 그것은 자못 전국의 패왕이 자신에게 들려주기 알맞은 최후의 말이었다.

항우는 애마를 정장에게 주고는 아무 미련 없이 떼지어 덤비는 한군 속으로 돌진했다. 수백 명을 죽인 다음, 한군 속에 있는 옛 친구를 발견하고,

「내 목을 잘라 공을 세우라」 하고 말하고는 스스로 목을 쳐 죽었다. 아직 31세의 젊음이었다. 그 목에는 천금과 만호의 읍이 상으로 걸려 있었다. 떼 지어 덤비는 한나라 병사들 때문에 항우의 몸은 산산조각이 났다. 서로 빼앗기 위해 수십 명이 죽이고 죽고 했다. 조각난 시체는 다시 맞추어져 항우의 시체임이 확인되었다.

그 광경은 「무슨 면목으로 이를 대하겠느냐」 고 말한 항우의 말과 현저하게 대조적이었다. 창자가 꿰어져 나오고 아무렇게나 뒹굴려 놓은 토막토막이 뜯어 맞추어진 이상한 시체는 12월 한풍에 불려 덧없는 인간세계를 비웃고 있는 것처럼 보였다.

하갈동구〔夏葛冬裘〕 갈(葛)은 거친 베옷을 말한다. 여름의 서늘한 베옷과 겨울의 따뜻한 갖옷. 곧 격(格)에 맞음을 이르는 말. 각각의 풍속·습관이, 또한 철에 따른 생활이 있다는 것. 《열자》 ᄜ 하로동선(夏爐冬扇).

하대명년〔何待明年〕 「어찌 명년을 기다리랴」 라는 뜻으로, 기다리기가 몹시 지루함을 이르는 말.

하필왈리 何必曰利

어찌 何 반드시 必 이를 曰 이로울 利

하필이면 어째서 이익이 되는 것만을 말하는가.

「하필왈리」는 「하필이면 왜 이익이 되는 것만을 말하느냐」라는 뜻이다. 하필(何必)이란 말도 이 말에서 나온 말인데, 「하필」의 원뜻인 「어찌 반드시」란 이상의 실감을 주는 우리말이 되고 말았다. 이 말은 《맹자》 맨 첫 장에 나오는 말로 맹자의 모든 사상이 이 네 글자에서부터 출발된다고 해도 과언이 아니다.

맹자가 양혜왕(梁惠王)의 초청을 받아 처음 혜왕을 만났을 때다. 혜왕은 인사말 겸, 「천 리를 멀다 하지 않고 와 주셨으니 장차 우리나라를 이롭게 해주시겠습니까?」 하고 물었다. 그러자 맹자는,

「왕께서는 하필 이(利)를 말씀하십니까? 다만 인의가 있을 뿐입니다(王何必曰利 亦有仁義已矣)」 하고 전제한 다음,

「……만승(萬乘)의 나라에서 그 임금을 죽이는 사람은 언제나 천승(千乘)의 녹을 받는 대신 집이요, 천승 나라에서 그 임금을 죽이는 사람은 언제나 백승의 녹을 받는 대신 집입니다. 만에서 천을 받고, 천에서 백을 받는 것이 많지 않은 것이 아니지만, 참으로 의(義)를 뒤로 하고 이(利)를 먼저 하면 빼앗지 않고서는 만족하지 못하는 법입니다」

이익만을 추구해서는 나라가 올바로 될 수 없는 이치를 말한 것이다. 그리고 끝에 가서 다시 한 번, 「왕께서는 역시 인의를 말씀하셔야 할 터인데 하필 이를 말씀하십니까」 하고 거듭 강조하고 있다.

지금은 이 말이 꼭 이익에 관한 것이 아니라도 「더 좋은 말이 있을 텐데 왜 하필 그런 말을 하느냐」 하는 뜻으로 널리 쓰이고 있다.

「하필」이란 말에 보다 강한 뜻이 풍기기 때문일 것이다.

하학이상달
下學而上達

아래 下 배울 學 말이을 而 윗 上 도달할 達

밑에서부터 차츰 배워 올라가서 위에까지 도달한다.

「하학이상달」은 밑에서부터 차츰 배워 올라가서 위에까지 도달한다는 뜻이다. 그것은 일상생활을 올바로 함으로써 자연 오묘한 우주의 진리까지 깨치게 된다는 뜻이 된다.

학(學)은 지식을 배우는 글공부 같은 것을 말하는 것이 아니다. 자기가 옳다고 생각하는 것을 실천하는 공부를 말한다. 《논어》학이편에서 공자의 제자 자하(子夏)는 이렇게 말하고 있다.

「남의 착한 것을 착하게 여기기를 어여쁜 이성(異性·色)을 어여쁘게 생각하듯 하며, 부모를 힘을 다해 섬기고, 임금을 몸을 바쳐 섬기며, 친구와 말하여 진실 됨이 있으면, 비록 배우지 못했다 말하더라도 나는 반드시 배웠다고 말한다」

즉 세상 사람들이 말하는 공부보다도 실천을 통한 수양이 참다운 배움이란 것을 강조한 것이다.

또 같은 편에서 공자도 말씀하시기를,

「먹는 데 배부른 것을 찾지 않고(食無求飽), 거처하는 데 편한 것을 찾지 않으며(居無求安), 일에 민첩하고 말에 조심하여 도(道) 있는 사람에게 나아가 옳고 그른 것을 바로 잡으면 배움을 좋아한다고 말 할 수 있다」고 했다.

모두가 생활을 통한 향상을 배움이라고 하고 있는 것이다.

즉 유교는 행동을 통해 하늘을 아는 종교인 것이다. 불교와 같은 사색(思索)을 위주로 진리를 깨치는 것이 아니다.

그러나 유교는 행동을 위주로 하는 관계로 속세적인 현실주의로 타락하는 경향을 띠고 있다. 즉 하학이 주가 되고 상달이 무시되고 있는 것이다. 그래서 공자는 자신을 가리켜,

「하늘을 원망하지 않고 사람을 허물하지 않으며, 밑으로 배워 위로 통달하니 나를 아는 사람은 하늘뿐이다(不怨天 不尤人 下學而上達 知我者 其天乎)」라고 했다.

이 말은 《논어》 헌문편에 있는 말이다. 공자는 진리를 스스로 깨달아 알게 할 뿐, 알지 못하는 사람에게 이를 굳이 알리려 하는 일은 없었다.

하도낙서〔河圖洛書〕 경사스러운 일이 일어날 조짐을 이르는 말로서, 성왕(聖王)이나 명군이 출현할 길조(吉兆)를 이르는 말. 옛날 황하에서 용마(龍馬)가 나오고, 낙수(洛水)에서 신구(新龜)가 신비스러운 그림을 지고 떠올라와 성인의 출현을 알리고, 태평성세의 도래를 고했다고 하는 전설에 따른 것이다. 복희는 하도를 바탕으로 주역의 8괘(卦)를 만들었으며, 우왕(禹王)은 낙서(洛書)를 기초로 하여 세상을 다스리는 아홉 가지 법(홍범구주, 洪範九疇)을 정했다고 전해진다. 《역경》 계사전.

하동사자후〔河東獅子吼〕 황하 동안(東岸)에서 사자가 으르렁거린다는 뜻으로, 질투심이 강하고 성격이 표독한 여자를 가리키는 말. ☞ 사자후(獅子吼).

하동삼봉〔河東三鳳〕 당나라 하동의 설수(薛收)와 그의 조카인 원경(元敬), 조카의 형 덕음(德音) 셋이 이름난 데서, 형제가 나란히 어짊을 칭찬하는 말. 《당서》

하량지별〔河梁之別〕 사람을 전송하여 강의 다리 위에서 헤어지는 것. 송별의 뜻. 하량(河梁)은 강에 놓인 다리.

하로동선〔夏爐冬扇〕 여름의 화로와 겨울의 부채. 곧 격(格)이나 철에 맞지 않거나 쓸데없는 사물을 비유하는 말. 《논형(論衡)》 ⑪ 하갈동구(夏葛冬裘).

하분문하〔河汾門下〕 하분의 문하라는 뜻으로, 좋은 학교와 훌륭한 교사가 구비되어야 훌륭한 인재를 배출할 수 있다는 것을 비유하는 말. 수나

라 말기 왕통(王通)이라는 유명한 학자가 벼슬에는 뜻이 없고 자신의 학문을 다른 사람에게 전수하여 나라를 바로 세울 만한 인재를 기르는 데 전력을 기울였다. 하분지방에 자리를 잡고 문하생을 모집해 교육했는데, 그의 문하생들 중 상당수가 당대의 정계나 학계에 크게 이름을 떨쳤다고 한다.

하불병촉유〔何不秉燭遊〕「왜 등불을 켜고 밤늦도록 즐기려 하지 않는가」라는 뜻으로, 인생의 덧없음으로 시간이 흐르는 것을 아쉬워하여 밤늦도록 불을 밝히고 즐기며 노는 것.

하불식육미〔何不食肉糜〕「어찌하여 고기죽을 먹지 않느냐?」라는 말로, 남의 사정에 어두움을 이르는 말. 백성이 굶주려 먹을 것이 없는 실정을 모르는 진(晉)나라의 혜제(惠帝)가, 쌀이 없으면 고기죽을 먹으면 되지 않느냐고 한 고사에서 나온 말이다. 우리나라에서도 초대 이승만 전 대통령이 「쌀이 없으면 빵을 먹으면 되지 않느냐」고 한 적이 있다.

하불출도〔河不出圖〕성인이 세상에 나타나지 않음을 한탄한 말. ☞ 하도낙서(河圖洛書).

하상견지만야〔何相見之晚也〕서로 만남이 늦음을 한탄하여 하는 말.

하석상대〔下石上臺〕아랫돌 빼서 윗돌 괴고 윗돌 빼서 아랫돌 괴기. 곧 임시변통으로 이리저리 둘러맞춤을 이르는 말.

하수견호행방도〔河水見狐行方渡〕강물이 얼어붙었을 때는 여우가 건너는 것을 보고 나서 사람이나 말이 건넌다는 말. 여우는 의심이 많아 그 안전을 확인한 후에 행동한다는 데서, 신중하고 안전하게 일을 해야 함을 이르는 말. 《수경주(水經注)》

하어복질〔河魚腹疾〕뱃속의 병을 말한다. 물고기는 뱃속 내장부터 썩기 시작한다는 데서 나온 말로, 전(轉)하여 물고기가 배의 병에 걸리듯이, 나라나 조직의 내부가 부패하는 데에 비유하여 이르는 말. 《좌전》

하우불이〔下愚不移〕아주 어리석고 못난 사람의 기질은 쉽사리 변하지 않는다는 뜻으로, 교육의 가능성에는 한계가 있음을 이르는 말. 《논어》

하이위사고능원〔河以委蛇故能遠〕강은 느긋하게 구불구불 굽어서 흐르기 때문에 멀리까지 도달할 수 있다는 데서. 서두르지 않고 꾸준히 하면 성공함을 이르는 말. 또 큰 사업을 이룩하는 데는 서둘러서 일직선으로 나아가서는 안됨의 비유. 《설원》

학불염이교불권
學不厭而教不倦

배울 學 아니 不 싫을 厭
말이을 而 가르칠 敎 게으를 倦

> 남에게 배우기를 싫어하는 일이 없고 배우려 하는 사람에게 가르쳐주는 것을 게을리 하지 않는다.

「학불염이교불권」은 남에게 배우기를 싫어하는 일이 없고 배우려 하는 사람에게 가르쳐 주는 것을 게을리 하지 않는다는 뜻이다. 제자와 스승으로서 최선을 다하는 모습을 비유하는 말이다.

이 말은 《맹자》 공손추 상에 있는 맹자의 말 가운데 나오는 공자에 대한 이야기다. 공손추가 이야기 끝에 맹자에게,

「그러시면 선생님은 벌써 성인이십니다」 하고 말하자, 맹자는 이를 사양하여,

「옛날에 자공(子貢)이 공자에게 『선생님은 성인이십니다』 하고 말하자, 공자께서 말씀하시기를 『성인은 내가 되지 못하지만, 나는 배우기를 싫어하지 않고 가르치기를 게을리 하지 않는다(聖則吾不能我 學不厭而教不倦也)』고 하셨다 ……성인은 공자 같은 성인도 자처하신 일이 없는데, 그게 무슨 소리냐……」 하고 부인도 시인도 아닌 알쏭달쏭한 대답을 했다.

이 「학불염이교불권」이란 말은 《논어》 술이편에서 공자가 자신을 가리켜,

「말이 없이 마음속으로 깨닫고, 배우기를 싫어하지 아니하며, 남을 가르치기를 게을리 하지 않는 것이, 무엇이 내게 있으리오(默而識之 學而不厭 誨人不倦 何有於我哉)」 하고 말했다. 「무엇이 내게 있으리오」는 겸사의 뜻으로도 풀이되고, 그것은 내게 있어서 별로 문제될 것이 없다고 자부하는 말로도 풀이된다.

맹자는 앞에서 공자가 말한 이「학불염이교불권」을 자공의 말을 빌려 이렇게 말하고 있다.

「배우기를 싫어하지 않는다는 것은 지(智)요, 가르치기를 게을리 하지 않는 것은 인(仁)입니다. 인과 지를 겸하셨으니 선생님은 성인이십니다」

역시 성인이 아니면 그렇게 되기 어려운 일이다.

하족치지치아간〔何足置之齒牙間〕 치아는 언론(言論)의 뜻. 치(置)는 다룬다는 뜻으로, 보잘 것 없음의 비유. 논의 대상이 되지 않음을 이르는 말. 《사기》 ☞ 치지도외(置之度外).

하청난사〔河淸難俟〕 황하가 맑아지기를 기다리기는 어렵다는 뜻으로, 일이 이루어지는 데 너무 많은 시간이 걸릴 뿐 아니라, 이루어진다고 해서 성사 여부를 판가름하기 어려울 때 쓰는 말. 《좌전》 ☞ 백년하청(百年河淸).

하이위사고능원〔河以委蛇故能遠〕 강은 느긋하게 구불구불 굽어서 흐르기 때문에 멀리까지 달할 수가 있다는 데서, 큰 사업을 이룩하는 데는 서두르지 않고 느긋해야 함을 이르는 말. 《설원》

하충불가이어어빙〔夏蟲不可以語於氷〕 여름의 벌레는 겨울의 얼음을 모른다는 뜻으로, 자기만의 척도로 사물을 판단하기 때문에 세상일을 모르며, 식견이 좁음을 이르는 말. 또 그런 사람에게는 무슨 말을 해도 부질없음을 이르는 말. 《장자》 ☞ 관견(管見).

하필성장〔下筆成章〕 붓을 대니 문장(文章)이 된다는 뜻으로, 글재주가 비상한 것을 일컫는 말로, 《삼국지》에 나오는「하필성초(下筆成草)」와 《남사》의「수필입성(授筆立成)」《북사》에 나오는「조필입성(操筆立成)」과 뜻이 통한다. 《삼국지》

하한지언〔河漢之言〕 두서없는 말, 종잡을 수 없는 말. 하한(河漢)은 은하수. 또 황하와 한수(漢水)를 가리킨다고도 한다. 상식으로는 생각할 수 없는 큰 강처럼 부풀린 말이라는 뜻. 《장자》 ☞ 횡설수설(橫說竪說).

학이시습
學而時習

배울 學 말이을 而 때 時 익힐 쫩

> 배우고 때로 익힌다.

「학이시습」은 《논어》 맨 첫머리에 나와 있는 말이다. 「배우고 때로 익힌다」라고 새겨 읽는다.

맨 첫머리에 이 말을 특히 쓰고 있는 것은 그만한 이유가 있어서인 것으로 풀이된다. 배운다는 것은 새로 알고 깨닫고 느끼고 하는 모두가 포함되어 있는 말이다.

때로 익힌다는 뜻으로 풀이되지만 실상은 그것이 아니다. 듣고 보고 알고 깨닫고 느끼고 한 것을 기회 있을 때마다 실제로 그것을 행해보고 실험해 본다는 뜻이다.

그렇게 함으로써 배우고 듣고 느끼고 한 것이 올바른 내 지식이 될 수 있으며 내 수양이 될 수 있고, 나아가서는 내 믿음과 인격을 이루게 되는 것이다.

공자는 이렇게 말하고 있다.

「배우고 때로 익히면 또한 기쁘지 아니하냐(學而時習之 不亦說乎)」

이「기쁘지 아니하냐」고 한 말은, 배우고 그 배운 것을 생활을 통해 차츰 내가 타고난 천성처럼 익숙해 가는 기쁨을 말한다.

그것은 마치 자전거를 처음 배우고 자동차를 처음 운전할 때, 조금씩 나아져 가는 자기 기술에 도취되는 그런 것에 비유될 수도 있을 것이다. 계속해서,

「벗이 있어 먼 곳으로부터 오면 또한 즐겁지 아니하냐(有朋自遠方來 不亦樂乎)」하고 학문과 덕이 점점 깊고 높아져서 뜻을 같이하는

사람들이 먼 곳에서 소문을 듣고 찾아오게 되면 그 속에서 참다운 즐거움을 얻게 된다는 뜻이다. 그러나 학문이 깊고 덕이 높아도 세상이 이를 몰라줄 경우도 있다. 그러나 그런 것에 관심을 둘 필요는 없다.

그래서 공자는 끝으로,

「사람이 몰라도 노여워하지 않으면 또한 군자가 아니겠느냐(人不知而不慍 不亦君子乎)」고 말하고 있다.

이 기쁨과 즐거움을 느끼게 되고, 또 세상이 알든 모르든 내가 가야할 길로 꾸준히 나아가는 것이 인간의 일생을 통한 참다운 삶의 길임을 말한 것이다.

그래서 이 말을 맨 첫머리에 두게 된 것이라고 후세 사람들은 풀이하고 있다.

하해불택세류〔河海不擇細流〕 강이나 바다가 작은 흐름을 삼키고 큰 강이나 바다가 되듯이, 도량을 크게 가져 남의 하찮은 의견에도 귀를 기울이고, 더욱더 식견을 높여야만 큰 인물이 될 수 있음을 비유하여 이르는 말. 《사기》

학경수장 단지즉비〔鶴脛雖長 斷之則悲〕 두루미의 다리가 너무 길다고 적당한 길이로 잘라버린다면 슬퍼할 것이라는 뜻으로, 사물에는 각기 본래 갖추어져 있는 개성이 있으며, 그 개성을 존중해야 함을 비유하여 이르는 말. 《장자》

학구소붕〔鷽鳩笑鵬〕 비둘기 새끼가 붕새를 비웃는다는 뜻으로, 하찮은 인물의 좁은 식견으로 큰 인물의 행위를 미루어 짐작할 수 없음을 비유하여 이르는 말. 《장자》

학립계군〔鶴立鷄群〕 많은 닭들 가운데 학이 서 있다는 뜻으로, 사람됨이 출충함을 비유하여 이르는 말. 또 호걸이 범인과 다름을 이르는 말. 《진서》 비 군계일학(群鷄一鶴).

학명우구고 성문우천〔鶴鳴于九皐 聲聞于天〕 학은 깊은 산 속의 늪에서 울어도 그 소리는 하늘까지 들린다는 뜻으로, 인격이 훌륭한 인물의 명성은 반드시 세상에 널리 알려짐을 비유하여 이르는 말. 《시경》

한단지몽
邯鄲之夢

땅이름 邯(한) 땅이름 鄲 의 之 꿈 夢

> 인생과 영화의 덧없음의 비유.

인생의 덧없음을 가리켜 「한단지몽」이라고 한다. 「한단」은 하북성에 있는 전국시대 조나라의 서울이었던 곳이다.

이 말은 당나라 심기제(沈旣濟)가 쓴 《침중기(沈中紀)》라는 전기소설 가운데 나오는 말이다.

당 현종 개원(開元) 연간에 있었던 일이다. 도사인 여옹(呂翁)이 「한단」으로 가는 도중 주막에서 쉬고 있었다. 거기에 노생(盧生)이란 젊은이가 남루한 차림으로 검은 망아지를 타고 가다가 역시 쉬게 되었다.

젊은이는 여옹과 이야기를 주고받다가 문득 생각난 듯이,

「사나이가 세상에 태어나서 부귀를 누리지 못하고 이런 시골구석에 처박혀 있다니……」 하고 한숨을 지었다.

「보아하니, 나이도 젊고 얼굴도 잘생긴데다가 매우 패기가 있어 보이는데, 왜 그런 실망에 찬 소리를 하는 거지?」 하고 여옹이 묻자 노생은 이렇게 대답했다.

「마지못해 살고 있을 뿐, 즐거움이란 것이 전연 없습니다」

「어떻게 살면 즐겁게 사는 건가?」 하고 묻자, 노생은,

「출장입상(出將入相)에 부귀영화를 누리는 것이 소원입니다」 하고 대답했다.

그때 노생은 갑자기 졸음이 왔다. 그때 마침 움막집 주인은 메조(黃粱)를 씻어 솥에다 밥을 짓고 있었다.

여옹이 행랑에서 베개를 꺼내 노생에게 주며 말했다.

「이걸 베고 눕지. 모든 것이 소원대로 이루어질 테니까」

청자로 된 베개였는데 양쪽에 구멍이 뚫려 있었다. 노생이 베개를 베고 눕는 순간 잠이 어슴푸레 들며 베개 구멍이 열리더니 속이 훤히 밝아왔다. 노생은 일어나 그리로 들어가 어느 부잣집에 이르렀다.

그리하여 마침내 그는 당대 제일가는 부잣집인 최씨(崔氏)집 딸과 결혼하게 된다. 노생은 날로 살림이 불어나며 다시 과거에 급제까지 하게 된다. 고을의 원이 되어 크게 업적을 올린 끝에 3년 후에는 수도 장관으로 승진되어 장안으로 부임해 오게 된다.

다시 그는 오랑캐를 무찌르기 위해 절도사(節度使)로 부임하여 큰 공을 세우고 약간의 파란이 있기는 했으나 꾸준히 승진을 거듭하여 마침내 재상에까지 오르게 된다.

한때 간신의 모함을 받아, 포리들이 집을 둘러싸고 그를 역모 혐의로 잡아가려 했다. 그는 아내를 보고,

「내가 고향에서 농사나 짓고 있었으면 배고픔과 추위를 겪지 않고 편안히 살 수 있었을 것을 무엇이 부족해서 애써 벼슬을 하려 했던가……」 하며 칼을 뽑아 들고 자살하려 했다.

그러나 아내가 말리는 바람에 미수에 그쳤는데, 다행히 사형은 면하고 멀리 남방으로 좌천이 되었다. 그러나 몇 해 후 모함을 받은 사실이 밝혀져 다시 재상으로 들어앉게 된다.

다섯 아들에 손자가 열이었고, 며느리들도 다 명문가 딸이었다. 이렇게 50년의 부귀를 누린 끝에 현직 재상의 몸으로 고요히 세상을 뜬다.

노생은 기지개를 켜며 하품을 하는 순간 잠이 깨었다. 살펴보니 주막집에 누운 그대로였고 옆에는 여옹이 앉아 있었다. 주인은 아직도 밥이 다 되지 않았는지 불을 때고 있다. 노생은 깜짝 놀라 일어나며,

「아니 꿈이었던가!」 하고 소리쳤다.

그러자 여옹이 옆에서,

「이 세상이란 원래 그런 걸세」하고 웃었다.

노생은 과연 그 여옹의 말이 그렇다 싶었다. 노생은 잠시 후,

「총욕(寵辱)과 득실과 생사가 어떤 것인지를 다 알게 되었습니다. ……선생님의 가르치심은 절대로 잊지 않겠습니다」하고 두 번 절한 다음 떠나갔다는 것이다.

이 이야기에서 덧없는 일생을 비유하여 「한단지몽」 혹은 「한단몽」이라고 하며, 또는 「황량지몽」 「황량몽」이라고 하며, 「여옹침(呂翁枕)」이니 「황량일취지몽(黃粱一炊之夢)」이니 하는 말도 쓴다. 또 「노생지몽」이라고도 한다.

학발동안〔鶴髮童顔〕 머리는 백발이나 얼굴은 붉고 윤기가 돌아 아이들 같다는 뜻으로, 동화나 전설 속에 나오는 신선을 형용하여 이르는 말.

학보어한단〔學步於邯鄲〕 자기 본분을 버리고 다른 사람의 행위를 본뜨려다가 도리어 양쪽을 다 잃게 됨을 비유하여 이르는 말. ☞ 한단지보(邯鄲之步).

학수고대〔鶴首苦待〕 학이 목을 빼고 기다린다는 뜻으로, 간절하게 기다림을 비유하여 이르는 말.

학여불급〔學如不及〕 학문을 하는 일은 끊임없이 앞에 가는 사람을 따라잡는다는 마음으로, 쉬지 말고 분발하여 열심히 노력해야만 한다는 말. 《논어》

학이불사즉망〔學而不思則罔〕 스승으로부터 가르침을 받을 뿐으로, 스스로 생각하는 일을 게을리 하면 진정한 지식이나 학문은 되지 않는다는 말. 사(思)는 혼자서 생각하는 것. 망(罔)은 이치에 어두운, 무지(無知)라는 뜻. 《논어》

학이시습지 불역열호〔學而時習之 不亦說乎〕 배운 것을 기회 있을 때마다 복습하면 보다 확실하고 깊이가 있는 것이 되어간다. 이것이 학문의 기쁨이 아니겠는가. 《논어》의 첫 구절이다. 공자의 학문에 대한 생각이 단적으로 표현되어 있다.

학이우즉사〔學而優則仕〕 학문을 하여 여력이 있으면 벼슬을 한다는 뜻으로, 학문을 하고 있는 동안은 벼슬 생각을 할 여유가 없다는 말. 《논어》

한단지보
邯鄲之步

땅이름 邯 땅이름 鄲 의 之 걸을 步

> 자기 분수를 잊고 공연히 남의 흉내를 냄을 빗댄 말.

자기 분수를 잊고 무턱대고 남의 흉내를 내다 보면 이것도 저것도 아닌 얼치기 병신이 되고 만다는 것을 비유해서 「한단지보」라고 한다.

《장자》 추수편(秋水篇)에 나오는 이야기다.

장자의 선배인 위(魏)나라 공자 위모(魏牟)와 명가(名家 : 논리학자)인 공손룡(公孫龍)과의 문답 형식으로 된 이야기 가운데서 나오는 말이다.

장자의 사상을 이해하기 힘들다는 공손룡의 말에 위모가 이렇게 말했다.

「당신은 수릉(壽陵 : 燕의 수도)의 젊은 사람이 조나라 서울 한단으로 걸음걸이를 배우러 갔던 이야기를 알고 계시겠지. 그 젊은 사람은 아직 조나라 걸음걸이를 다 배우기도 전에 원래 걷고 있던 걸음걸이마저 잊고 설설 기며 겨우 고향으로 돌아갔다지 않은가?」

조나라는 큰 나라, 연나라는 작은 나라다. 한단은 대도시, 수릉은 시골 도시다.

그 시골 도시 청년이 대도시를 동경한 나머지 격에 맞지 않는 걸음걸이를 배우려다가, 자기가 걷던 걸음걸이마저 잊고 엉금엉금 기는 시늉을 하며 돌아왔다는 이야기다.

미국에 잠시 갔다 와서 우리말을 할 때에 일부러 한국에 와 있는 미국 선교사 같은 말투를 쓰는 사람을 종종 보게 된다.

무조건 남의 것만 동경하는 주체성 없는 사람이 아마 수릉의 그 젊은이였던 것 같다.

한우충동
汗牛充棟

땀 汗 소 牛 채울 充 들보 棟

썩 많은 장서의 비유.

「한우충동」은 책이 아주 많은 것을 형용해서 이르는 말이다. 수레로 실어 가면 소가 무거워 땀을 흘릴 지경이고, 집에 쌓으면 대들보까지 닿게 된다는 뜻이다. 지금은 이 말이 좋은 뜻으로 쓰이고 있는데, 원래 이 말을 썼을 때는 좋지 못한 무익한 책이 너무 많다는 것을 지적한 말이었다.

당나라 양대 문장가인 유종원(柳宗元)이「육문통선생묘표(陸文通先生墓表)」라는 글 가운데 다음과 같이 쓰고 있다.

「공자가《춘추》를 지은 지 천오백 년이 된다.《춘추전(春秋傳)》을 지은 사람이 다섯 사람이었는데, 지금 그 셋이 통용되고 있다. ……온갖 주석을 하는 학자들이 백 명, 천 명에 달한다. ……그들이 지은 책이 집에 두면 대들보까지 꽉 차고, 바깥으로 내보내면 소와 말이 땀을 낸다(其爲書 處則充棟宇 出則汗牛馬)……」

육문통 선생은 보통 학자가 아니고 공자가 지은 본래의 뜻을 알고 있는 훌륭한 춘추학자라는 것을 강조하기 위해, 그 밖의 많은 학자들의 무익한《춘추》에 관한 저서들이 너무 많다는 것을 과장하여「충동우(充棟宇) 한우마(汗牛馬)」라고 쓴 것이 순서가 바뀌고 말이 약해져서「한우충동」으로 굳어지게 된 것이다.

학자여우모 성자여인각〔學者如牛毛 成者如麟角〕 배우는 사람은 대단히 많지만, 성취하는 자는 아주 적음을 이르는 말. 우모(牛毛)는 쇠털로 수가 매우 많음의 비유. 인각(麟角)은 기린의 뿔로 아주 적음의 비유.《북사》

학철부어〔涸轍鮒魚〕 수레바퀴 자국에

괸 물속의 물고기라는 뜻으로, 몹시 위급한 지경에 빠진 것을 비유하여 이르는 말이다. 장자(莊子)가 끼니거리가 없어서 벼슬을 하고 있는 친구를 찾아가 부탁하자, 친구는 「내게 세금이 들어오면 꾸어주겠네」 했다. 당장끼니가 없어 찾아온 장자는 화가 나서 이렇게 말했다. 「내가 어제 이곳에 올 때 길가에서 무슨 소리가 나기에 이상해서 둘러보니 수레바퀴 자국에 괸 물속에 고기 한 마리가 거의 말라죽게 된 게 아닌가. 물고기는 나를 보고 『물 한 되만 갖다주어 나를 좀 살려주시오』 하고 애원하더군. 그래서 내가 『그러지. 난 지금 남방의 오나라와 월나라의 임금을 만나러 가는 길인데, 돌아오는 길에 서강(西江)의 맑은 물을 길어다가 줄 테니 그때까지 기다려주게나』 하고 말했네. 그랬더니 고기는 화를 내며 『나는 지금 몇 잔의 물만 있으면 목숨을 건질 수 있는데, 그렇게 말씀하시니, 차라리 나를 다시 만나려면 건어물 가게로 오시오』 하더니 그만 죽고 말더군」 《장자》 ☞ 철부지급(轍鮒之急).

한고조〔寒苦鳥〕【불교】 인도의 대설산(大雪山)에 산다는 상상의 새. 밤이 깊으면 추위에 떨어 「밤이 새면 집을 짓겠다고 울다가도 해가 뜨면 다 잊고서 무상한 이 몸에 집을 지어 무엇 하리」 하고 그대로 지냈다고 함. 불경에서 이 새를 중생이 게을러빠져 성도(成道)를 구하지 아니함에 비유함.

한마지로〔汗馬之勞〕 말에 땀을 흘리게 하여 싸움터를 뛰어다닌 노고라는 뜻으로, 전쟁터에서의 공. 또 말에 무거운 짐을 지워 운반시키는 것과 같은 노동의 뜻으로도 쓰인다. 《한비자》

한송천장지절〔寒松千丈之節〕 소나무가 엄동설한에 높은 바위 위에 우뚝 서 있는 지조라는 뜻으로, 절개와 지조가 견고함의 비유. 엄동설한에도 선명한 색을 잃지 않고, 높은 벼랑 위에 우뚝 서 있는 소나무를 사람의 높은 지조에 비유한 말. 《구당서》

한식〔寒食〕 동지로부터 105일째 되는 날. 이 날 나라에서는 종묘와 각 능원(陵園)에 제향을 지내고 민간에서도 성묘를 함. 한식의 유래는 「질풍심우지절(疾風甚雨之節)」이라 하여, 중국 고속(古俗)에 이 날은 풍우가 심하여 불을 금하고 찬밥을 먹은 관습에서 왔다는 설과, 중국 진(晋)나라의 현인 개자추(介子推)가 이 날 산속에서 불에 타 죽었으므로, 그를 애도하는 뜻에서 이 날은 불을 금하고 찬 음식을 먹는다는 설 등이 있음. 《십팔사략(十八史略)》

할계언용우도
割鷄焉用牛刀

나눌 割 닭 鷄 어찌 焉 쓸 用 소 牛 칼 刀

> 작은 일을 처리하는 데 큰 힘을 빌릴 필요가 없음의 비유.

「할계(割鷄)에 언용우도(焉用牛刀)리오」라고 해서 「닭을 잡는 데 어떻게 소 잡는 칼을 쓸 수 있겠느냐」 하는 말이다. 작은 일을 처리하는 데 위대한 사람의 힘을 빌릴 필요는 없다는 비유로 쓰인 말이다.

《논어》양화편에 있는 공자와 공자의 제자 자유(子遊)와의 사이에 오고 간 말 가운데 나오는 말이다.

자유가 무성(武城) 원으로 있을 때다. 공자는 몇몇 제자들과 함께 무성으로 간 일이 있다. 고을로 들어서자 여기저기서 음악소리가 들려 왔다.

그 음악소리가 아주 공자의 마음을 흡족하게 해주었던 모양이다. 자유는 공자에게 무위자연(無爲自然)의 정치사상을 배운 사람이기도 했다. 《예기》예운편에 나오는 공자의 대동사상(大同思想)도 공자가 자유에게 전한 말이다.

예(禮)는 자연의 질서를 말한다. 인간사회의 질서를 법으로 강요하지 않고, 자연의 도덕률에 의해 이끌어 나가는 것이 예운(禮運)이다. 자유는 음악으로 사람의 마음을 순화시켜 자발적으로 착한 일에 힘쓰게 만드는 그런 정책을 쓰고 있었던 것 같다. 공자는 그 음악 소리에 만족스런 미소를 띠며,

「닭을 잡는 데 어찌 소 잡는 칼을 쓰리오(割鷄焉用牛刀)」하고 제자들을 돌아보았다.

이 말은, 조그만 고을 하나를 다스리는 데 나라와 천하를 다스리기에도 충분한 예악(禮樂)을 쓸 것까지야 없지 않느냐는 뜻으로 재주를 아까

위하는 한편, 그를 못내 자랑스럽게 생각한 데서 나온 말이다.

　자유가 공자의 이 말이 농담인 줄을 몰랐을 리는 없다. 그러나 스승의 말씀을 농담으로만 받아넘길 수도 없는 일이다. 그래서 자유는,

　「선생님께서 일찍이 말씀하시기를,『군자는 도를 배우면 사람을 사랑하게 되고, 소인은 도를 배우면 부리기가 쉽다』고 하셨습니다」하고 비록 작은 고을이나마 최선을 다하는 것이 도리일 줄 안다는 뜻을 말했다.

　군자나 소인에게나 다 같이 도가 필요하듯이, 큰 나라나 작은 지방이나 다 그 나름대로 예악이 필요하지 않겠습니까 하는 대답이다. 공자도 자유가 그렇게 나오자, 농담이었다는 것을 말하지 않을 수 없었다. 그래서 제자들을 다시 돌아보며,

　「자유의 말이 옳다. 아까 한 말은 농담이었느니라」하고 밝혔다.

한신면출고하〔韓信俛出袴下〕　한(漢)나라 고조의 삼걸(三傑) 가운데 한 사람이 된 명장 한신이 젊었을 때, 백정 패거리 중 한 젊은이 다리 사이를 기어서 지나간 고사에서, 굴욕을 꾹 참고 견딤을 이르는 말.《사기》
☞ 국사무쌍(國士無雙).

한운야학〔閒雲野鶴〕　하늘에 한가로이 떠도는 구름과 들에 노니는 학이란 뜻으로, 속세를 떠나서 아무런 속박도 받지 않고 한가로운 생활로 유유자적(悠悠自適)하는 경지를 비유하여 이르는 말.

한자수홍〔恨紫愁紅〕　한에 젖은 자주 색깔과 수심어린 붉은빛이라는 뜻으로, 꽃의 애련(哀憐)한 모양을 형용하여 이르는 말.

한자이수갈〔寒者利裋褐〕　추위에 떠는 자는 기장이 짧은 허름한 옷이라도 기꺼이 입는다는 뜻으로, 곤궁할 때는 찬밥 더운밥 가리지 않는다는 말.《사기》

한자주수자거〔旱資舟水資車〕　가뭄에 배를 준비하고 홍수에 수레를 준비한다는 뜻으로, 장사하는 사람은 물가의 등귀(騰貴)를 예측하여 미리 준비함을 비유하여 이르는 말.《사기》

합종연횡
合縱連衡

합할 合 세로 縱 이을 連 가로 衡(횡)

소진의 합종책과 장의의 연횡책, 일종의 공수동맹(攻守同盟).

「합종연횡」은 합종(合縱)과 연횡(連衡)의 두 외교정책을 합한 말로, 국제무대에서의 외교적 각축전을 가리켜 쓰는 말이다.

「합종」의 「종(縱)」은 세로의 뜻으로 남북을 뜻하고, 「연횡」의 횡(衡)은 가로(橫)의 뜻으로 동서를 말한다.

이 말을 외교정책으로 처음 들고 나온 것은 전국시대의 유명한 소진(蘇秦)과 장의(張儀)였다.

전국시대는 이른바 칠웅(七雄)이 할거해 있던 시대로, 서쪽으로 진(秦)나라가 강대한 세력을 유지하고 있었고, 동쪽으로 나머지 여섯 나라가 남북으로 줄지어 있었다.

소진은 여섯 나라가 남북으로 합작해서 방위동맹을 맺어 진나라에 대항하는 것이 공존공영의 길이라고 주장하여 이를 「합종」이라고 불렀다.

이에 맞서서 장의는, 약한 나라끼리 합종을 하는 것보다는 강한 진나라와 연합하여 불가침 조약을 맺는 것이 안전한 길이라고 하여 이를 「연횡」이라 불렀던 것이다.

소진과 장의는 같은 귀곡자(鬼谷子)의 제자였다. 소진이 먼저 이 「합종책」을 들고 나와, 6국의 군사동맹을 성공시킨 다음, 그 공로로 6국의 재상 직을 한 몸에 겸하고, 자신은 종약장(從約長)이 되어 6국의 왕들이 모인 자리에서 의장 노릇을 하게 되었다.

소진의 이 정책을 깨뜨리기 위해 각국을 개별적으로 찾아다니며 진나라의 연합책만이 안전한 길이란 것을 설득시켜 소진의 합종책이 사실상 그 효력을 발휘할 수 없게 만든 것이 장의였다.

전국(戰國) 백 년의 역사는 이 합종과 연횡이 되풀이된 역사라고 해도 좋을 정도로 두고두고 말썽이 되어 왔다. 그래서 제자백가(諸子百家) 중 외교무대에서 세 치 혀로 활약하는 사람들을 가리켜 종횡가라고 한 것도 이 「합종연횡」이란 말에서 나온 이름이었다.

한청〔汗靑〕 옛날 종이가 없던 시대에 푸른 대나무를 불에 쬐어 기름기와 습기를 제거하여 글씨를 쓴 데서 나온 말로, 책을 이르는 말. 또 사서(史書)를 가리키기도 한다. 한간(汗簡)이라고도 하고, 살청(殺靑)이라고도 한다. 《당서》

한출첨배〔汗出沾背〕 식은땀이 등을 적신다는 뜻으로, 크게 부끄러워함을 이르는 말. 《사기》

한화휴제〔閑話休題〕 쓸데없는 이야기는 그만두라는 뜻. 한화(閑話)는 특별히 이것이다 하는 목적이나 주제가 없는, 요점이 없는 이야기를 말한다. 한화휴제(閒話休題)라고도 쓴다.

할고이담복〔割股以啖腹〕 제 허벅다리 살을 도려내어 제 배를 채운다는 뜻으로, 고식적(姑息的)인 수단을 써서 이익을 꾀해 보지만, 도리어 손해를 봄을 비유하여 이르는 말. 《정관정요》

할박지정〔割剝之政〕 고을 원이 백성의 재물을 긁어 들이는 나쁜 정사(政事)를 이르는 말.

할반지통〔割半之痛〕 몸의 반쪽을 베어내는 고통. 곧 형제·자매가 죽은 슬픔을 이르는 말.

할석분좌〔割席分坐〕 자리를 분할해 앉을 곳을 나눈다는 뜻으로, 교분을 끊고 한자리에 앉지 않음을 이르는 말. 《세설신어》

할애〔割愛〕 아깝게 생각하는 것을 선뜻 내어줌. 아쉬운 생각을 끊고 고루 나누어줌. 두보 《기유협주백화사군사십운》

함로안〔銜蘆雁〕 어떠한 것이라도 각기 자연히 자기 자신을 지키는 수단을 몸에 지니고 있음의 비유. 《회남자》

함사사영〔含沙射影〕 모래를 머금고 있다가 그림자를 쏜다는 뜻으로, 암암리에 남을 공격하거나 해치는 것을 이르는 말.

항룡유회
亢龍有悔

높아질 亢 용 龍 있을 有 뉘우칠 悔

> 적정한 선에서 만족할 줄 모르고 무작정 밀고 나가다가 오히려 실패를 가져오게 됨의 비유.

항룡(亢龍)은 하늘 끝까지 다다른 용을 말한다. 그 기상이야 한없이 뻗쳐 좋지만 결국 하늘에 닿으면 떨어질 수밖에 없는 것이다.

끝까지 다다른 굳센 용에게는 후회가 뒤따른다. 「항룡유회」는 적당한 선에서 만족할 줄 모르고 무작정 밀고 나가다가 도리어 실패를 가져오게 되는 것을 비유해서 하는 말이다.

《주역》 건괘(乾卦) 맨 위에 있는 육효(六爻)의 효사(爻辭)에 있는 말이다.

주역의 64괘(卦)는 각각 여섯 개의 효(爻)로 되어 있는데, 괘 전체에 대한 괘사(卦辭)가 있고, 각 효마다 「효사」가 있다. 맨 아래 있는 효는 지위가 가장 낮다든가, 일을 처음 시작한다든가 하는 뜻이고, 맨 위에 있는 효는 극도에까지 미친 것을 말한다.

그러므로 건괘 첫 효에는 효사가 「잠룡물용(潛龍勿龍)」이라고 나와 있다. 땅 속 깊숙이 들어 있는 용이니 꼼짝하지 말고 가만히 있으라는 뜻이다.

「항룡유회」는 「잠룡물용」과는 달리 도에 지나친 감이 있으니, 더 이상 전진하지 말고 겸손 자중하라는 뜻이다. 스스로 분수를 알고 만족하는 삶이 양생(養生)에 이롭다는 교훈을 주고 있다.

예를 들어 국장쯤으로 만족하지 못하고 굳이 차관이나 장관이 되려고 하면, 설사 된다 해도 해임되는 그 날로 영영 벼슬길이 막히고 마는 그런 것이다. 〔☞ 잠룡물용〕

해로동혈 偕老同穴

함께 偕 늙을 老 같을 同 구멍 穴

생사를 같이하는 부부의 사랑의 맹세를 가리킴.

「해로동혈」은 살아서는 같이 늙고 죽어서는 한 무덤에 묻힌다는 뜻으로 생사를 같이하는 부부의 사랑의 맹세를 가리키는 말이다. 출처는 《시경》인데, 「해로」란 말은 패풍의 「격고(擊鼓)」와 용풍의 「군자해로」와, 위풍의 「맹(氓)」에서 볼 수 있고, 「동혈」이란 말은 왕풍 「대거(大車)」에 나온다.

위풍의 「맹」에 있는 「해로」를 소개하면, 「맹」이란 시는, 행상 온 남자를 따라가 그의 아내가 되었으나 고생살이 끝에 결국은 버림을 받는 여자의 한탄으로 된 시다. 다음은 여섯 장으로 된 마지막 장이다.

그대와 함께 늙자 했더니
늙어서는 나를 원망하게 만드누나.
강에도 언덕이 있고
못에도 둔덕이 있는데
총각 시절의 즐거움은
말과 웃음이 평화로웠네.
마음 놓고 믿고 맹세하여
이렇게 뒤집힐 줄은 생각지 못했네.
뒤집히리라 생각지 않았으면
역시 하는 수 없네.

及爾偕老　老使我怨　　급이해로　노사아원
淇則有岸　濕則有泮　　기즉유안　습즉유반

總角之宴　言笑宴宴	총각지연　언소연연
信誓旦旦　不思其反	신서단단　불사기반
反是不思　亦已焉哉	반시불사　역기언재

　왕풍「대거」란 시는 이루기 어려운 사랑 속에서 여자가 진정을 맹세하는 노래로 보아서 좋은 시다. 3장으로 된 마지막 장에「동혈」이란 말이 나온다.

　살아서는 방을 달리해도
　죽으면 무덤을 같이하리라.
　나를 참되지 않다지만
　저 해를 두고 맹세하리.

| 穀則異室　死則同穴 | 의즉이실　사즉동혈 |
| 謂予不信　有如皦日 | 위여불신　유여교일 |

　「유여교일(有如皦日)」은 자기 마음이 맑은 해처럼 분명하다고 해석되는데, 해를 두고 맹세할 때도 흔히 쓰는 말로, 만일 거짓이 있으면 저 해처럼 없어지고 만다는 뜻으로 풀이되기도 한다. 하여간 거짓이 없다는 뜻임에는 틀림이 없다.

함소입지〔含笑入地〕 웃음을 머금고 땅 속으로 들어간다는 뜻으로, 안심하고 미련 없이 죽음을 비유하여 이르는 말. 《당서》

함이농손〔含飴弄孫〕 엿을 입에 물고 손자를 데리고 논다는 뜻으로, 은퇴하여 손자를 돌보는 생활. 또 평화로운 가정생활을 즐기며, 정치에 관여하지 않음을 형용하여 이르는 말. 《후한서》

함지사지〔陷地死地〕「함지사지이후생(陷地死地而後生)」의 준말로서, 죽을 마당에 이르러서야 용기를 내서 다시 살아나게 된다는 뜻이다. 사람이 세상을 살아가는 데는 무엇보다도 용기와 결심과 노력이 필요하다. 그러나 참다운 용기와 결심과 노력은 죽느냐 사느냐 하는 최후 단계에서 볼 수 있는 것이다. 불리한 외형적인 조건을 극복하려면, 이를 타개해 나갈 수 있는 정신력만이 필요한 것이다. 그것을 유발할 수 있는 동기는 「이제 꼼짝없이 죽었구나」 하는 막다른 골목에 다다랐을 때 이루어지는 것이다. 「함지사지」는 바로 이 원리를 말한 것이다. 《사기》

함포고복〔含哺鼓腹〕 배불리 먹고 배를 두들긴다는 뜻으로, 백성이 잘 사는 평화로운 모습을 형용하는 말. 《장자》 ☞ 고복격양(鼓腹擊壤).

함흥차사〔咸興差使〕 조선 왕조 태조(太祖)가 선위(禪位)하고 함흥에 은퇴해 있을 때, 태종이 보낸 사신을 혹은 죽이고 혹은 잡아 가두어 돌려보내지 않은 고사에서 나온 말로, 한 번 가기만 하면 깜깜 소식이란 뜻으로, 심부름꾼이 가서 소식이 아주 없거나 할 때 쓰는 말.

합포주환〔合浦珠還〕 합포에 진주가 돌아오다. 잃었던 물건이 다시 돌아온다는 말이다. 합포는 진주의 산지였는데, 탐욕한 태수의 학정(虐政)으로 주민들도 뿔뿔이 흩어지고, 진주도 나지 않았는데, 맹상(孟嘗)이라는 청렴한 태수가 부임하여 이전의 폐해를 고치고 백성들을 안무하자 진주가 다시 나기 시작했다는 고사에서 유래. 《후한서》

항배상망〔項背相望〕 목덜미와 등을 서로 바라본다는 뜻으로, 뒤를 이을 사람이 많음을 비유하여 이르는 말. 또 왕래가 빈번함을 이르는 말이기도 하다. 《후한서》

항장무검〔項莊舞劍〕 항장(項莊)이 칼춤을 춘다는 뜻으로, 일을 하는 데 실제 목적은 다른 데 숨겨져 있음을 비유하여 이르는 말. 항장은 항우의 사촌. 《사기》

항해일기〔沆瀣一氣〕 함께 음모를 꾸미다. 서로 결탁해서 나쁜 짓을 하다. 항해(沆瀣)는 본래 이슬을 가리키는 것으로, 나쁜 말이 아니었는데, 당(唐)나라 때부터 「항해일기」라 해서 서로 결탁해서 나쁜 짓을 한다는 뜻으로 쓰이게 되었다. 《남부신서(南部新書)》

해고견저〔海枯見底〕 바다가 마르지 않으면 바닥을 볼 수 없다는 뜻으로, 사람의 마음도 평소에는 알 수 없음을 이르는 말.

해군지마〔害群之馬〕 무리를 지은 말에게 해를 끼치다. 곧 집단이나 조직에 해를 끼치는 사악한 존재를 일컫는 말. 《장자》

해어화
解語花

헤아릴 解 말씀 語 꽃 花

> 미인을 가리킴.

「해어화」는 말을 알아듣는 꽃이란 뜻으로, 미인을 비유하는 말로 쓰인다. 또는 화류계의 여인을 일컫기도 한다.

왕인유(王仁裕)의 《개원천보유사(開元天寶遺事)》에 나오는 말이다.

당나라 현종 가을 어느 날, 현종은 양귀비와 궁녀들을 거느리고 연못가로 나갔다. 연못은 온통 연잎으로 뒤덮여 있었고 만개한 꽃들은 그 아름다운 자태를 한껏 뽐내고 있었다. 연못가의 모든 사람들은 저마다 감탄의 소리가 터져 나왔다.

그때 연꽃을 흐뭇하게 바라보던 현종이 주위 사람들에게 말했다.

「이 꽃들의 아름다움이 내 말을 알아듣는 꽃과 비길 만하지 아니한가?(爭如我解語花)」

여기서 말을 알아듣는 꽃이란 물론 양귀비를 두고 한 말이다.

현종은 치세의 전반에 훌륭한 업적을 쌓았지만, 후반에 가서는 양귀비와의 사랑에 푹 빠져 정사를 제대로 돌보지 않았다.

현종은 양귀비를 기쁘게 해주기 위해 여지(荔枝)라는 과일을 멀고 먼 영남지방에서 가져오라 명했다. 맛이 변하기 쉬운 여지를 싱싱한 채로 가져오기 위하여 역마(驛馬)를 탄 사람이 말을 갈아타 가면서 주야로 달렸다. 말이 쓰러지고 또 도랑에 빠져 죽는 자도 많았다.

모든 일이 이런 식이었다. 양귀비의 친척이란 점 하나로 양가(楊家)의 일족은 높은 자리에 올랐다. 그것은 이윽고 안녹산의 난이 일어나는 계기가 되었고, 양귀비는 노한 병사들의 요구로 교살되었다. 저 마외(馬嵬)의 비극에 이어지는 것이다. 그리고 퇴위하여 상황(上皇)이 된 현종은 죽을 때까지 양귀비를 그리워했다고 한다.

그 치세의 전반 20 수년을 「개원(開元)의 치(治)」라고 불릴 정도로 잘 다스려서 명군이란 이름을 얻었던 현종은 이렇게 뒤끝을 좋게 여미지 못했다. 양귀비를 얻은 때부터 일전(一轉)해서 어지러워졌다. 폭군은 아니었으나, 정녕 주책망나니가 되었다.

명상이나 간신에게 엄격히 둘러싸여 명군으로 행세하기 20여 년, 그의 속에 들어 있던 범인이 도저히 견딜 수가 없게 되었던 것이 아닐까. 아무튼 여러 가지 요소를 지닌 생애였다. 그것은 비극인지, 희극인지. 현종과 귀비 사이를 아름다운 비련(悲戀)으로 보는 사람도 있을 것이다. 또 「어떠냐, 이 아름다움은……」하고 좋아하는 얼빠진 모습을 비웃는 것도 후인들의 자유라고 하겠다. 그러나 여지를 나르고 전란을 입은 사람들에게는 그것이 틀림없는 비극이었을 것이다.

그렇다고는 하나 현종과 양귀비가 빚어낸 갖가지 이야기나 말 중에서 이 「헤어화」도 살아남았다. 말을 하는 꽃, 즉 미인을 가리킨다. 이 꽃은 계절을 불문하고 일년 내내 존재한다. 언제 눈앞에 나타나 어떤 결과를 낳을지도 모른다.

해내무쌍〔**海內無雙**〕천하제일. 천하에 비길 자가 없음을 이르는 말. 해내(海內)는 천하, 국내. 무쌍은 둘도 없는 것.《동방삭》㋥ 국사무쌍(國士無雙).

해내존지기〔**海內存知己**〕도처에 자신을 알아주는 사람이 있음을 이르는 말. 지기(知己)는 자기를 알아주는 사람.

해당수미족〔**海棠睡未足**〕해당화가 잠이 아직 모자란다는 뜻으로, 미인이 취해서 잠들어, 아직 잠이 부족한 채 깨어났을 때의 요염한 모습을 비유하여 이르는 말. 해당(海棠)은 봄에 피는 장미과의 꽃인데, 여기서는 미녀의 비유. 당나라 현종이 양귀비의 아름다움을 일컬은 말이다.《냉재야화》

행백리자 반어구십
行百里者 半於九十

다닐 行 일백 百 마을 里 사람 者
반 半 어조사 於 아홉 九 열 十

> 백 리를 가는 사람은 90리가 반이다. 곧 시작은 쉽지만 그것을 완성하기는 어렵다.

「시작이 반」이란 말이 있다. 이 말과 대조적인 것이 이 「행백리자 반어구십」이란 말이다.

백 리를 가는 사람은 90리가 반이 된다는 말이다. 시작은 쉽지만 그것을 완성하기는 어렵다는 뜻이다. 「이제 10리밖에 남지 않았다」 하고 게으름을 피우다가는, 해가 저물어 고생을 하게도 되고, 지친 나머지 목적지까지 가지 못할 염려도 있는 것이다.

이 말은 《전국책》 진책(秦策)에 있는 말이다.

진무왕(秦武王, 재위 B.C 311~307)에게 어떤 사람이 말했다.

「신은 마음속으로, 임금께서 제나라를 가볍게 알고 초나라를 업신여기며, 한나라를 속국 취급하는 것을 염려하고 있습니다. 신이 듣건대, 『왕자의 군사는 싸워 이겨도 교만하지 않고, 패자는 궁지에 빠져 있어도 노여워하지 않는다』고 합니다. ……임금께서 만일 여기서 좋은 결과를 맺게 되면 고금을 통해 가장 위대한 임금이 되실 수 있지만, 만일 그렇지 못하면 제후들과 제·송나라의 인재들이 임금님을 궁지로 몰아넣지 않을까 걱정되옵니다」 그는 다시 계속해서,

「《시(詩)》에 말하기를, 『백 리를 가는 사람은 90리를 반으로 한다』 했습니다. 이것은 마지막 길이 어렵다는 것을 말한 것입니다(行百里者 半於九十 此言末路之難)」 하고 거듭 충고를 했다.

성공 직전에 방심으로 인해 실패하는 경우를 우리는 종종 보게 된다. 방심보다 더 무서운 적은 없다.

해락〔偕樂〕 많은 사람이 모두 함께 즐기는 것. 임금도 신하도 함께 즐김을 가리키는 말.《맹자》

해령환시계령인〔解鈴還是系鈴人〕 방울을 푼 사람이 원래 방울을 묶은 사람이라는 뜻으로, 결자해지(結者解之)와 같은 뜻이다.《지월록(指月錄)》

해로〔薤露〕 인생의 덧없음을 이르는 말. 해(薤)는 염교풀. 로(露)는 이슬. 인생의 덧없음을 염교 잎의 이슬에 비유한 것. 원래 작자불명의 오래된 가사(歌詞)였는데, 한나라 무제 때 이연년(李延年)이「해로(薤露)」와「호리(蒿里)」두 곡으로 나누고,「해로」를 왕후·귀족의 장례에,「고리」를 사대부·서인(庶人)의 장례에 쓰도록 하였다고 전해진다. 상여가 나갈 때에 부르는 노래. 만가(挽歌)의 하나.《악부시집》

해망구실〔蟹網俱失〕 게도 그물도 모두 잃었다는 뜻으로, 이익을 보려고 투자했다가 도리어 밑천까지 날려버림을 비유하여 이르는 말.《청장관전서》

해불파일〔海不波溢〕 바다에 파도와 해일(海溢)이 일지 않는다는 뜻으로, 어진 임금이 있어 천하가 태평함을 이르는 말.《한시외전》

해서산맹〔海誓山盟〕 영구불변한 산이나 바다같이 굳게 맹세한다는 뜻으로, 썩 굳은 맹세를 가리켜 이르는 말.

해시신루〔海市蜃樓〕 신기루(蜃氣樓). 공허한 환상의 믿을 수 없음을 비유하는 말.

해시지오〔亥豕之吳〕 ☞ 노어지오(魯魚之誤).

해여산쟁수해필득지〔海與山爭水海必得之〕 바다와 산이 싸우면 바다가 반드시 이긴다는 뜻으로, 바다는 여러 물이 모인 곳이므로 중력(衆力)이 과력(寡力)을 이김을 비유하여 이르는 말. 또는 승부가 뻔함의 비유.《신자(愼子)》

해옹호구〔海翁好鷗〕 갈매기를 좋아하는 바닷가 노인이라는 뜻으로, 무심할 때는 친하게 놀던 갈매기도 막상 잡으려고 하면 가까이 오지 않는다는 된 데서 야심이나 위험을 알아차리면 누구라도 접근하지 않음을 비유하여 이르는 말.《열자》

해의추식〔解衣推食〕 옷을 벗어서 남에게 입히고 음식을 권한다는 뜻으로, 남에게 후한 은혜를 베풂을 이르는 말. 또는 사람을 중용함.《사기》

해의포화〔解衣抱火〕 옷을 벗고 불을 안는다는 뜻으로, 스스로 화를 초래함을 이르는 말.《통감강목》

행불유경
行不由徑

다닐 行 아니 不 말미암을 由 지름길 徑

지름길로 가지 않는다.

「행불유경」은 길을 가는데 지름길로 가지 않는다는 말이다. 지름길은 거리로는 가깝지만 여러 가지 문제가 따를 수 있는 올바르지 못한 길이다.

우리가 무슨 일을 할 때도 정당한 방법을 쓰지 않고 우선 급한 대로 임시 편법을 쓰게 되면 항상 뒷말이 따르기 마련이다. 설사 그런 일이 없다 하더라도 그것은 정당한 일이 될 수 없다.

곡예사 같은 수완가를 세상에서는 박수갈채로 환영하는 버릇이 있다. 열 번 쾌감을 맛본다 해도 한 번 실수하면 그만 끝장인 것이다. 교통사고의 거의가 이「행불유경」을 지키지 못한 때문이다. 모든 범법행위도 이「행불유경」의 교훈을 지키지 않기 때문이다.

이 말은 《논어》 옹야편에 있는 자유(子游)의 말이다.

자유가 무성(武城) 고을 장관이 되었을 때, 공자는 무성으로 가서 자유를 보고,

「네가 훌륭한 일꾼을 얻었느냐」하고 물었다.

그러자 자유는,

「담대멸명(澹臺滅明)이란 사람이 있는데, 다닐 때 지름길로 가지 않고(行不由徑), 공사가 아니면 일찍이 제 방에 들어온 일이 없습니다」하고 대답했다.

지름길로 가지 않는 그는 공적인 사무가 아니면 장관의 방에도 가지 않았다. 그것은 그가 얼마나 자기 맡은 일에 충실했는지를 말해 주고 있는 것이다.

사사로운 청을 하거나 남이 알지 못하는 비밀을 속삭일 필요가 없는 그였기 때문이다.

이 두 가지 일로 보아 그가 훌륭하다고 말한 자유도 그가 하는 일이 공명정대했기 때문이다.

공자는 담대멸명을 제자로 삼았다. 그는 공자 제자 가운데 얼굴이 가장 못생긴 사람이었다. 얼굴을 보고 사람을 택할 수 없다는 것을 공자는 담대멸명을 예로 들어 말한 일이 있다.

해이〔解頤〕크게 웃음. 이(頤)는 턱이 빠지도록 크게 웃는 것. 본래는 훌륭함에 탄복하여 입을 벌리고 망연자실하는 것을 뜻한다. 《한서》

해인수〔解印綬〕관직을 사임함. 인(印)은 벼슬아치의 관직이나 위계 등의 신분을 증명하는 인감. 수(綬)는 그 도장에 달려 있는 끈. 《사기》

해제지동〔孩提之童〕어린아이. 《맹자》

해조음〔海潮音〕【불교】중생이 나무 관세음이라고 염불함에 대하여 관세음보살이 때를 가리지 아니하고 이익을 줌을 해조 소리에 비유한 말. 《법화경》

해천산천〔海千山千〕「바다에서 천년, 산에서 천년」을 줄인 표현. 해천산천의 뱀은 마침내 용이 된다고 하는 데서, 세간(世間)의 안팎에 정통한 교활하고 노회(老獪)한 자를 말한다. 보통 수단으로는 안되는 악당의 비유.

해타성주〔咳唾成珠〕입에서 나오는 아주 하찮은 말이라도 주옥같이 아름답다는 뜻으로, 시문(詩文)의 재능이 뛰어남을 비유하여 이르는 말. 또 권세 있는 사람의 말이 존중됨의 비유. 해타(咳唾)는 기침과 침. 《후한서》

해현경장〔解弦更張〕거문고의 줄을 풀고 바꿔 맨다는 뜻으로, 정치적 개혁을 일컫는 말. 《한서》

행로난〔行路難〕길이 험해 가는 데에 어려움이 있다는 뜻으로, 세상살이의 어려움을 비유하여 이르는 말. 또 세상만사 제 뜻대로 되지 않음의 비유.

행로지인〔行路之人〕길 가는 사람이라는 뜻으로, 아무 상관이 없는 사람을 이르는 말.

혈구지도
絜矩之道

헤아릴 絜 곱자 矩 의 之 방법 道

> 내 처지를 생각해서 남의 처지를 헤아림.

「혈구지도」는 《대학》 마지막 장에 나오는 말이다.

「혈(絜)」은 잰다는 뜻이고 「구(矩)」는 곡척(曲尺)을 말한다. 자는 물건을 재듯이 내 마음을 「자」로 삼아 남의 마음을 재고, 내 처지를 생각해서 남의 처지를 헤아리는 것이 「혈구지도」 즉 「자를 재는 방법」이다.

공자는 《논어》에서 이렇게 말했다.

「내가 원하지 않는 것을 남에게 베풀지 않으면 그것이 어진 일을 하는 방법이라고 말할 수 있다」

또 자공(子貢)이,

「남이 내게 하지 말았으면 하는 것을 나도 남에게 하지 않겠습니다」하고 말했을 때, 공자는,

「네가 할 수 없는 일이다」라고 했다.

「혈구지도」는 바로 그것을 말하는 것이다.

《대학》에는 「혈구지도」를 이렇게 설명하고 있다.

「윗사람이 내게 해서 싫은 것을 아랫사람에게 하지 말고, 아랫사람이 내게 해서 싫은 것을 윗사람에게 하지 말며, 앞사람이 내게 해서 싫은 것을 뒷사람에게 하지 말고, 뒷사람이 내게 해서 싫은 것을 앞사람에게 하지 말며, 오른쪽에 있는 사람이 내게 해서 싫은 것을 왼쪽 사람에게 하지 말고, 왼쪽 사람이 내게 해서 싫은 것을 오른쪽 사람에게 하지 않는 것이 바로 혈구지도라고 하는 것이라고 했다」

너무 자세할 정도로, 내 마음을 미루어 내가 싫었던 일을 남에게 베

풀지 않는 것이 「혈구지도」란 것을 설명하고 있다. 「인간은 만물의 척도」란 말이 있듯이 「마음은 인간의 척도」일 것이다.

천만 사람의 교훈보다도, 내 마음을 살펴 남의 마음을 헤아리는 공부가 보다 소중한 것이다.

내가 원하는 것을 남과 같이 하고, 내가 싫어하는 것을 남에게 베풀지 않는 공부, 이것이 천하를 태평하게 만드는 평천하(平天下)의 길이란 것이다.

행림〔杏林〕 의사의 미칭(美稱). 삼국시대 오(吳)나라의 선인(仙人) 동봉(董奉)이 환자를 무료로 치료하는 대신에, 병이 깊은 사람에게 다섯 그루, 병이 가벼운 자에게는 세 그루의 살구나무를 심게 하였다. 그래서 몇 년 만에 7만 그루 이상으로 불어나 살구나무숲이 되었다. 거기서는 벌레와 짐승이 뛰놀며, 마치 풀을 뽑은 듯이 잡초가 나지 않았으며, 살구열매가 많이 열렸다. 그 후 살구를 담은 바구니와 곡식을 담은 바구니를 교환해서 재산을 만들어 가난한 사람을 살렸다는 고사에서 나온 말이다. 《신선전(神仙傳)》

행비서〔行秘書〕 움직이는 비서라는 뜻으로, 지식이 넓고 풍부함을 이르는 말. 천자는 비서각(秘書閣)을 두고 책을 간직하고 있으나, 박학한 사람은 가슴 속에 만 권의 책을 간직하고 있다는 데서 나온 말이다.

행상대경〔行常帶經〕 다닐 때 항상 경서(經書)를 지닌다는 뜻으로, 학문에 열중함을 비유하여 이르는 말. 《논어》

행시주육〔行尸走肉〕 살아 있는 송장이요, 걸어 다니는 고깃덩이라는 뜻으로, 배운 것이 없어 쓸모가 없는 사람을 일컫는 말. 《습유기》

행운유수〔行雲流水〕 떠가는 구름과 흐르는 물. 곧 일의 처리가 막힘이 없거나, 마음씨가 시원하고 씩씩함을 비유하는 말. 또는 사물에 따라서 갖가지로 변화함을 비유하여 이르는 말. 《송사》

행재소〔行在所〕 임금이 서울에서 떨어진 곳에 일시적으로 머물 때 묵는 곳을 이르는 말. 임시 거처. 《한서》

형설지공
螢雪之功

반딧불이 螢 눈 雪 의 之 공 功

> 갖은 고생을 하며 학문을 닦아서 얻은 보람.

형설(螢雪)은 반딧불과 눈을 말한다. 반딧불의 불빛과 눈 내린 밤의 눈빛으로 쉬지 않고 공부해서 이룩한 성공. 어려운 여건을 이겨내면서 열심히 학업에 정진해서 입신양명(立身揚名)한 것을 비유하여「형설지공을 쌓는다」고 한다.

후진의 이한(李瀚)이 지은《몽구(蒙求)》라는 책에 나오는 이야기다.

진나라의 손강(孫康)은 공부하기를 좋아했지만 집이 가난해서 등불을 밝힐 기름조차 살 돈이 없었다. 그래서 겨울이면 그는 항상 눈(雪)빛으로 글을 읽었다. 그는 젊었을 때부터 마음이 맑고 지조가 굳었다. 때문에 친구도 함부로 사귀는 일이 없었다. 뒤에 관직에 나아가 벼슬이 어사대부(御史大夫 : 감찰원장)에까지 올랐다.

《진서》차윤전에 이런 이야기가 실려 있다.

진(晋)나라 차윤(車胤)은……집이 가난해서 기름을 구할 수 없었다. 여름이면 비단 주머니에 수십 마리의 반딧불이를 담아 글을 비추어 밤을 새우며 공부를 계속했다. ……그는 마침내 이부상서(吏部尙書 : 내무장관)에까지 벼슬이 올랐다.

이 이야기에서 고학하는 것을「형설(螢雪)」이니「형설지공」이니 말하고, 공부하는 서재를 가리켜「형창설안(螢窓雪案)」이라고 한다. 반딧불 창에 눈 책상이란 뜻이다.

눈빛과 반딧불로 글자를 볼 수 있었다는 것은, 글자가 굵은 것도 이유가 되겠지만, 그들이 그만큼 눈(眼)의 정기를 남달리 좋게 타고났기 때문이기도 했을 것이다.

행재요화〔幸災樂禍〕 남의 재난이나 불행을 보고 좋아한다는 뜻으로, 남의 불행을 보고 동정은커녕 도리어 속시원해 하는 이기적인 태도를 비유하여 이르는 말. 《안씨가훈》

행주좌와〔行住坐臥〕 일상의 기거동작인 네 가지 위의(威儀). 가고, 오고, 일어나고 눕는 등 일상의 행동 모든 것.

향남설북〔香南雪北〕 향산(香山)의 남쪽 설산(雪山)의 북쪽이라는 뜻으로, 부처가 거처하는 곳을 이르는 말. 《전등록》

향당상치〔鄕黨尙齒〕 시골마을에서는 연장자를 존중한다는 말. 주(周)나라 시대의 제도에서 5백 가구를 당(黨), 2천 5백 가구를 향(鄕)이라 했다. 치(齒)는 나이. 《장자》

향벽허조〔向壁虛造〕 벽을 향해 가공(架空)으로 만들어낸다는 뜻으로, 납득할 만한 근거도 없이 무엇인가를 만들어내는 것. 엉터리 위조품의 비유. 공자의 집 벽 속에서 나왔다는 고문〔古文 : 진(秦)나라 시대 이전의 글자〕으로 씌어진 책이라는 뜻인데, 이것들은 위조품이라는 것. 《설문해자서(說文解字叙)》

향불사성〔響不辭聲〕 울림은 소리를 사양하지 않는다는 뜻으로, 공을 세우면 명예는 자연히 따르기 마련임을 비유하여 이르는 말. 《설원》

향양화목〔向陽花木〕 볕을 받은 꽃나무. 곧 볕을 받은 꽃나무처럼 높게 잘 자람을 비유하는 말로, 현달(顯達)하기 쉬운 사람을 이르는 말.

향우지탄〔向隅之歎〕 많은 사람들이 다 즐거워하나 자기만은 구석을 향하여 한탄한다는 뜻으로, 좋은 기회를 만나지 못함을 한탄하는 말.

향원덕지적〔鄕原德之賊〕 향원은 마을의 신망을 얻기 위하여 선량(善良)을 가장하는 사람으로, 위선자. 곧 사이비 군자. 공자가 이르기를 「왕왕 마을에서 군자라 불리는 사람은 사이비 도덕가인 수가 많으므로 도리어 덕을 훼손하는 법이다」라고 했다. 《논어》

향응〔響應〕 소리에 따라서 울리는 소리가 응한다는 뜻으로, 한 사람의 주창(主唱)에 따라 그와 행동을 같이 함을 비유하여 이르는 말. 《사기》

향이지하 필유사어〔香餌之下 必有死魚〕 향기 나는 미끼 아래 반드시 죽는 고기 있다. 곧 물고기는 향기로운 미끼에 낚이어 죽는다는 뜻으로, 눈앞의 이익에 혹해서 몸을 망침을 비유하여 이르는 말. 《삼략(三略)》

향화걸아〔向火乞兒〕 불을 쬐는 거지라는 뜻으로, 세상 이익에 붙좇는 소인배를 꾸짖는 말.

1019

호가호위
狐假虎威

여우 狐 거짓 假 범 虎 위엄 威

> 남의 권세를 빌어 위세를 부림.

「호가호위」는 여우가 호랑이의 위엄을 빌어 제 위엄으로 삼는다는 말이다. 아무 실력도 없으면서 배경을 믿고 세도를 부리는 사람을 비유해서 이르는 말이다.

위나라 출신인 강을(江乙)이란 변사가 초선왕 밑에서 벼슬을 하게 되었다. 그런데 초나라에는 삼려(三閭)로 불리는 세 세도집안이 실권을 쥐고 있어 다른 사람은 역량을 발휘할 수가 없었다. 이때는 소씨집 우두머리인 소해휼(昭奚恤)이 정권과 군권을 모두 쥐고 있었다. 강을은 소해휼을 넘어뜨리기 위해 기회만 있으면 그를 헐뜯었다. 하루는 초선왕이 여러 신하들이 있는 데서 이렇게 물었다.

「초나라 북쪽에 있는 모든 나라들이 소해휼을 퍽 두려워하고 있다는데, 그 말이 사실인가.」

소해휼이 두려워 아무 대답하는 사람이 없었다. 그때 강을이 일어나 대답했다.

「호랑이는 모든 짐승을 찾아 잡아먹습니다. 한번은 여우를 붙들었는데, 여우가 호랑이를 보고 이렇게 말했습니다. 『그대는 감히 나를 잡아먹지 못하리라. 옥황상제께서는 나를 백수(百獸)의 어른으로 만들었다. 만일 그대가 나를 잡아먹으면 이것은 하늘을 거역하는 것이 된다. 만일 내 말이 믿어지지 않거든, 내가 그대를 위해 앞장서서 갈 터이니 그대는 내 뒤를 따라오며 보라. 모든 짐승들이 나를 보고 감히 달아나지 않는 놈이 있는가를.』 그러자 호랑이는 과연 그렇겠다 싶어 여우를 앞세우고 같이 가게 되었습니다. 모든 짐승들은 보기가 무섭게 달아났습니다. 호랑이는 자기가 무서워서 달아나는 줄을 모르고 정말 여우가 무서워서 달아나는 줄로 알았습니다. 지금 대왕께서는 5천 리나 되는 땅과 완전 무장을 한 백만 명의 군대를 소해휼 한 사람에게 완전히 맡겨 두고 계십니다. 그러므로 모든 나라들이 소해휼을 두려워하는 것은, 사실은 대왕의 무장한 군대를 무서워하고 있는 것입니다. 마치 모든 짐승들이 호랑이를 무서워하듯 말입니다」

재미있고 묘한 비유였다. 소해휼은 임금님을 등에 업고 임금 이상의 위세를 부리는 여우같은 약은 놈이 되고, 선왕은 자기가 어떤 위치에 있는지를 자각하지 못한 채 소해휼이 훌륭해서 제후들이 초나라를 두려워하는 줄로 알고 있는 어리석은 호랑이가 되고 만 것이다. 이 세상에는 이런「호가호위」의 부조리가 너무도 공공연하게 행해지고 있다.

이 이야기는 《전국책》 초책(楚策)에 있는 이야기다.

허고취생〔噓枯吹生〕마른 나무에 싹이 트기를 바란다는 뜻으로, 실제와는 동떨어진 쓸데없는 의론을 이르는 말. 《한기(漢紀)》

허선촉주인불노〔虛船觸舟人不怒〕사람이 타지 않은 빈 배가 내가 탄 배에 부딪혀도 노하지 않는다는 뜻으로, 마음을 비우면 남의 감정을 상하게 하는 일이 없음을 비유한 말. 《장자》

허실상배〔虛實相配〕허와 실이 서로 조화를 이루다. 옛날에 시를 짓는 데 있어서 중요한 관건이 되었던 원리 중 하나. 곧 허구와 실제가 적절하게 균형을 이뤄야 좋은 작품이 된다는 이론을 일컫는 말.

허실생백〔虛室生白〕아무것도 놓여 있지 않은 방을 열면 저절로 햇빛이 충분히 든다는 뜻으로, 작위(作爲)를 하지 않으면 좋은 일이 일어나는 법이라는 말. 또 사물에 얽매이지 않고 무념무상(無念無想)이면 진리에 도달할 수 있음에 비유하는 말. 허실(虛室)은 아무것도 없는 빈 방. 곧 물욕이 없는 마음의 비유. 백(白)은 밝은 햇빛. 《장자》

1021

호계삼소도
虎溪三笑圖

범 虎 시내 溪 석 三 웃을 笑 그림 圖

> 도의 깊은 이치를 이야기하다가 평소의 규칙을 어겼을 때 쓰는 말.

「호계삼소(虎溪三笑)」는 호계(虎溪)라는 시냇가에서 세 사람이 웃는다는 뜻이다. 이것은 유(儒)·불(佛)·도(道)의 진리가 그 근본에 있어 하나라는 것을 상징한 이야기였는데, 이「호계삼소」를 그린 그림을 「호계삼소도」라 하여 많은 화가들에 의해 그려지곤 했다.

이 이야기는 송나라 진성유(陳聖兪)가 지은 《여산기(廬山記)》에 있는 이야기다.

동진(東晋)의 고승(高僧) 혜원(慧遠)은 중국 정토교(淨土敎)의 개조(開祖)로 알려져 있는데, 그를 북주(北周)의 「혜원」과 구별하기 위해 보통 「여산(廬山)의 혜원」이라 부르고 있다.

그는 처음에는 유학(儒學)을 배웠고, 이어 도교(道敎)에 심취했었는데, 스무 살이 지난 뒤에 중이 되어 여산에 동림정사(東林精舍)를 지어 불경 번역에 종사하는 한편 원흥(元興) 원년에는 이 정사에 동지들을 모아 백련사(白蓮寺)를 차렸다.

혜원이 있던 이「동림정사」밑에는「호계」라 불리는 시내가 흐르고 있었다. 혜원은 찾아온 손을 보낼 때는 이 호계까지 와서 작별하도록 정해져 있어 절대로 내를 건너는 일이 없었다.

그런데 어느 때인가 유학자요 시인인 도연명(陶淵明)과 도사(道士)인 육수정(陸修靜)을 보내며 서로 이야기를 나누는 가운데 무심코 이 호계를 지나고 말았다.

문득 생각이 나 이 사실을 안 세 사람은 마주보며 껄껄 웃음을 터뜨렸다.

이 이야기를 놓고 송나라 화가 석각(石恪)이 그린 것이 바로 「호계삼소도」였는데 뒤에 많은 화가들이 이 그림을 그렸다.

그러나 실상 이 이야기는 후세 사람이 만들어낸 이야기라고 한다. 그 이유로는 육수정이 「예산」으로 들어간 것은 혜원이 죽은 30여 년 뒤였고, 도연명도 이미 20여 년 전에 세상을 떴기 때문에 만날 수가 없었다는 것이다.

세상에는 사실과 다른 이야기들이 글하는 사람들의 손에 의해 사실인 것처럼 전해지고 있는 일이 수없이 많다. 그러나 이 「호계삼소도」는 학파니 종파니 하고 세력 다툼을 하는 엉터리 열성인들에게 좋은 교훈이 될 것 같다.

허유괘표〔許由挂瓢〕 철저히 속세의 번거로움을 기피함의 비유. 허유(許由)는 전설상의 은자(隱者)로 요임금이 양위하려는 것을 사양하고, 모든 속세의 일을 버리고 기산(箕山)에 숨어 살았다는 인물이다. 허유는 기산에 은둔하여 산채와 나무열매를 먹고 그릇이 없어서 냇물을 두 손으로 떠서 마시는 그런 생활을 하였다. 그것을 본 사람이 표주박을 주었다. 허유는 표주박으로 물을 마시고 나서 나뭇가지에 걸어 두었다. 그런데 바람이 불어 나무를 흔드는 바람에 표주박이 달그락달그락 소리를 내었다. 허유는 그 소리조차 시끄럽게 여겨 마침내 표주박을 깨어버리고 말았다는 고사에서 나온 말이다.

허심탄회〔虛心坦懷〕 무심(無心)의 상태에서 어떤 선입관도 갖지 않고, 맺힌 감정도 없이 솔직한 심경. 동 명경지수(明鏡止水).

허장성세〔虛張聲勢〕 실속은 없이 헛소문과 허세만 떨어댐.

허허실실〔虛虛實實〕 허(虛)는 無, 경계의 빈틈. 실(實)은 충실의 뜻. 적의 약점을 겨냥해 서로 책략을 다해서 싸우는 모양.

헌근〔獻芹〕 변변치 못한 미나리를 바친다는 뜻으로, 남에게 물건을 선사할 때나 의견을 적어 보낼 때에 겸사로 쓰는 말. 《여씨춘추》

호시탐탐
虎視眈眈

범 虎 볼 視 노려볼 眈

> 범이 먹이를 노려 눈을 부릅뜨고 노려봄. 기회를 노리고 가만히 정세를 관망함.

「탐탐(眈眈)」은 노려본다는 말이다. 범이 먹이를 탐내어 눈을 부릅뜨고 노려보는 것을 「호시탐탐」이라고 한다.

욕망을 채우기 위해 기회를 노리며 정세를 관망하고 있는 것을 비유해서 쓰는 말이다.

이 말은 《주역》 이괘(頤卦) 사효(四爻)의 효사(爻辭)에 나오는 말이다. 이(頤)는 아래턱(下顎)이란 뜻인데, 기른다(養)는 뜻도 된다.

괘의 모양을 보면 위는 간(艮 : ☶)이고 아래는 진(震 : ☳)이다. 「간」은 산(山)이란 뜻이고 「진」은 우레를 말한다.

괘의 전체의 모양 (☶ ☳) 은 위아래는 막혀 있고 복판이 열려 있어 사람의 입 속을 상징하고 있다.

산은 움직이지 않고 우레는 움직이는 성질을 가지고 있다. 위는 가만히 있고 아래만 움직이는 것이 사람이 음식을 먹을 때의 입의 모양이다. 그러므로 「이괘」는 음식을 먹고 생명을 보존하는 뜻이 된다.

그러나 음식을 먹고 몸을 기르는 데도 여러 가지 방법이 있고 처지가 다르다. 그래서 각 효마다 뜻이 다른 말로써 이를 나타내고 있는 것이다.

4효에는, 「거꾸로 길러져도 좋다. 범처럼 노려보고 그 욕심이 한이 없더라도 상관이 없다(顚頤吉 虎視眈眈 其欲逐逐 无咎)」고 했다.

「기욕축축(其欲逐逐)」은 쉴 새 없이 계속된다는 뜻이다. 거꾸로 길러진다는 것은 아랫사람에게 봉양 받는 것을 말한다.

부모가 자식을 기르는 것이 도리이고, 임금이 백성의 생활을 보장하는 것이 정치다. 그러나 자식이 다 큰 뒤에는 범의 위엄을 갖추고 자식들의 봉양을 계속 받아도 좋은 것이다. 나라가 태평하면 임금이 나라의 권위를 유지하여 사치를 하는 것도 나쁠 것이 없다는 뜻이다.

헌체〔獻替〕 좋은 일은 권하고, 나쁜 일은 버려, 군주를 돕는 일을 이르는 말. 《후한서》

헌폭지침〔獻曝之忱〕 햇빛을 선물로 바치는 정성이란 뜻으로, 남에게 물건을 선물할 때 겸사로 쓰는 말. 폭(曝)은 햇볕을 쬔다는 뜻.

헌훤〔獻暄〕 따뜻한 것을 바친다는 뜻으로, 남에게 크게 소용이 되지 않는 물건을 바치는 것을 이르는 말. 또 남에게 물건을 줄 때의 겸손한 말. 《열자》

현거〔懸車〕 연로하여 벼슬에서 물러남을 이르는 말. 또 현거년(懸車年)이라 하여 70세를 뜻한다. 《한서》

현관〔玄關〕【불교】 현묘한 길로 나갈 어귀라는 뜻으로, 선학(禪學)으로 들어가는 관문. 또 선사(禪寺)의 작은 문. 또는 주택의 문간. 《전등록》

현두각〔見頭角〕 ☞ 두각(頭角).

현두자고〔懸頭刺股〕 상투를 천장에다 달아매고 송곳으로 허벅다리를 찔러 잠을 깨게 한다는 뜻으로, 애써 고학함을 비유하여 이르는 말. 《초국선현전》

현신설법〔現身說法〕 자기 자신의 모습을 본보기로 해서 남에게 법(法)을 설파하는 것. 부처가 여러 가지 모습으로 나타나 중생을 위해 불법을 설파하는 것. 현신(現身)은 부처의 삼신(法身・報身・應身) 가운데 응신을 말한다.

현양두매구육〔懸羊頭賣狗肉〕 ☞ 양두구육(羊頭狗肉).

현우수매마육〔懸牛首賣馬肉〕 소머리를 걸어 놓고 말고기를 판다는 뜻으로, 일반 백성에게는 금하고 자기네만은 그 짓을 한다는 뜻. 또 모순의 뜻도 있다.

현월석〔現越石〕 선정이 베풀어짐의 비유. 월왕석(越王石)이라는 돌이 보통 때는 운무(雲霧)에 가려 보이지 않지만, 청렴한 관리가 나올 때 반드시 나타난다는 전설이 있다.

현하지변〔懸河之辯〕 급경사를 세차게 흐르는 물처럼 거침없이 말을 잘하는 것. 현하구변(懸河口辯). 《진서》

호연지기
浩然之氣

넓을 浩 그럴 然 의 之 기운 氣

하늘과 땅 사이에 넘치게 가득 찬 넓고도 큰 원기.

호(浩)는 넓고 크다는 뜻이다. 넓고 큰 기운이 「호연지기」다. 넓고 큰 기운이 과연 어떤 것일까.

이 말을 처음 쓴 맹자의 설명을 《맹자》에서 찾아보기로 한다. 공손추 상에 보면 맹자의 제자 공손추가 부동심(不動心)에 대한 긴 이야기 끝에,

「선생님은 어떤 점에 특히 뛰어나십니까?」 하고 묻자 맹자는,

「나는 나의 호연지기를 잘 기르고 있다(善養吾浩然之氣)」고 대답했다. 그러자 공손추는 다시,

「감히 무엇을 가리켜 호연지기라고 하는지 듣고 싶습니다」 하고 물었다.

맹자는 말로 표현하기 어렵다고 전제하고 나서 다음과 같이 설명하고 있다.

「그 기운 됨이 지극히 크고 지극히 강해서 그것을 올바로 길러 상하게 하는 일이 없으면 하늘과 땅 사이에 꽉 차게 된다. 그 기운 됨이 의(義)와 도(道)를 함께 짝하게 되어 있다. 의와 도가 없으면 그 기운은 그대로 시들어 없어져 버리게 된다. 이것은 의(義)를 쌓고 쌓아 생겨나는 것으로, 하루아침에 의를 한다고 해서 얻어지는 것이 아니다. 일상생활에 있어 조금이라도 양심에 개운치 못한 것이 있으면 그 기운은 곧 시들어 버리고 만다」

그리고 이어서 그 기운을 기르는 방법을 길게 설명하고 있다.

이 「호연지기」에 대한 뜻을 이희승씨의 《국어대사전》에는 이렇

게 풀이하고 있다.
① 하늘과 땅 사이에 넘치게 가득 찬 넓고도 큰 원기.
② 도의에 뿌리를 박고, 공명정대하여 조금도 부끄러울 바가 없는 도덕적 용기.
③ 사물에서 해방되어 자유스럽고 유쾌한 마음.

맹자의 설명과 맹자의 뜻을 종합 분석한 잘된 풀이로 생각된다.
「대장부(大丈夫)」란 제목에서 설명한 바 있는 그 대장부가 바로 호연지기를 지니고 있는 사람인 것이다. 불교에서 말하는 금강불괴(錦江不壞)란 바로 이 호연지기를 말한 것이라 볼 수 있다.

현현역색〔賢賢易色〕 일반적으로는 미녀(美女)를 사랑하듯이 현자(賢者)를 숭상하라는 뜻이지만,「현인은 현인으로서 존중하지만, 색(色)은 경멸한다」는 뜻으로도 쓰인다. 또「현인을 존중하여 위의(威儀)를 고친다」라고 해석하기도 한다.《논어》

현호〔懸弧〕 사내아이의 탄생을 이르는 말. 옛날 사내아이가 태어나면 활을 문에 걸어서 앞날을 축하한 데서 나온 말.《예기》

혈류표저〔血流漂杵〕 피가 흘러 절구공이를 띄운다는 뜻으로, 참혹한 전쟁, 또는 대학살을 비유하여 이르는 말.《서경》

혈혈단신〔孑孑單身〕 의지가지없는 사고무친(四顧無親)의 외로운 홀몸.

협견첨소〔脅肩諂笑〕 어깨를 으쓱거리면서 간사하게 웃어댄다는 뜻으로, 아부하는 모양을 형용하여 이르는 말.《맹자》

협태산이초북해〔挾泰山以超北海〕 태산을 겨드랑이에 끼고 북해(北海)를 뛰어넘는다는 뜻으로, 불가능한 일의 비유. 또 용력(勇力)이 극히 장대함을 이르는 말.《맹자》

형감〔衡鑑〕 형(衡)은 저울, 감(鑑)은 거울. 곧 저울은 물건의 경중(輕重)을 알 수 있고, 거울은 물건의 미추(美醜)를 알 수 있다는 뜻으로, 시비(是非)와 선악을 판가름함을 이르는 말.

형극〔荊棘〕 가시나무의 뜻으로, 장애가 되는 것의 비유. 또 남을 해칠 마음, 고난의 비유.《십팔사략》

1027

호접몽
胡蝶夢

늙은이 胡 나비 蝶 꿈 夢

인생의 덧없음의 비유.

　나비의 꿈이 「호접몽」이다. 인생의 덧없음을 비유해서 흔히 쓰고 있지만, 본래의 뜻은 보다 철학적인 의미를 지니고 있다. 인생관과 우주관을 동시에 말해 주는 말이다.
　《장자》 제물론에서 장자는 말하고 있다.
　「언젠가 내가 꿈에 나비가 되었다. 훨훨 나는 나비였다. 내 스스로 아주 기분이 좋아 내가 사람이었다는 것을 모르고 있었다. 이윽고 잠을 깨니 틀림없는 인간 나였다. 도대체 인간인 내가 꿈에 나비가 된 것일까, 아니면 나비가 꿈에 이 인간 나로 변해 있는 것일까? 인간 장주(莊周)와 나비와는 분명히 구별이 있다. 이것이 이른바 만물의 변화인 물화(物化)라는 것이다」 장자는 또,
　「하늘과 땅은 나와 같이 생기고, 만물은 나와 함께 하나가 되어 있다」고 말했다. 그러한 만물이 하나로 된 절대의 경지에 서 있게 되면, 인간인 장주가 곧 나비일 수 있고, 나비가 곧 장주일 수도 있다.
　꿈도 현실도 죽음도 삶도 구별이 없다. 우리가 눈으로 보고 생각으로 느끼고 하는 것은 한낱 만물의 변화에 불과한 것이다.
　이러한 경지에 들어가면 참다운 우주의 신비, 실존의 진리, 참된 도를 터득할 수 있다는 뜻이다. 「제물(齊物)」이란 모든 사물을 한결같은 것으로 본다는 뜻으로, 일반적인 세상의 가치관을 초월하여 높은 경지에 서 볼 때 모든 사물은 한결같은 것이다. 이러한 주장을 나타내고 있는 이야기의 하나가 이 「호접몽」이다.
　문학과 예술 면에 널리 애용되고 있는 말이다.

호행소혜
好行小慧

좋을 好 갈 行 작을 小 슬기로울 慧

> 얄팍한 꾀를 쓰기 좋아함.

「호행소혜(好行小慧)」는 얄팍한 옳지 못한 꾀를 쓰기를 좋아한다는 뜻이다.

《논어》위령공편에 있는 공자의 말이다.

「뭇사람이 함께 어울려 있으면서, 하루 종일 옳은 일에 대해서는 한 마디 언급도 없이 사리사욕을 위한 얄팍한 꾀를 쓰기만을 좋아한다면, 이보다 더 위험한 일이 없다(羣居終日 言不及義 好行小慧 難矣哉)」

이 세상 사람 치고 이「호행소혜」를 하지 않는 사람이 거의 없을 것이다. 이른바 성공했다는 사람들은 거의가 이「호행소혜」의 명수들인 것이다. 그러나 그들의 성공이란 것이 과연 그들에게 무엇을 가져다 주는 것일까. 일시적인 성공이 결과에 가서는 파멸을 가져오고 마는 것이다.

형단영척〔形單影隻〕형체가 하나, 그림자도 하나. 곧 고독한 몸으로 의지할 곳이 없음을 비유하여 이르는 말.

형망제급〔兄亡弟及〕형이 아들 없이 죽었을 때 아우가 형 대신 혈통을 이음을 이르는 말.

형명참동〔形名參同〕형(形)은 행위·실적, 명(名)은 말·소문, 참동은 합치함의 뜻. 곧 신하를 평가하는 데 있어서는 언행일치를 기준으로 상벌(賞罰)을 결정해야 함을 이르는 말. 《한비자》

형불여면 면불여안〔形不如面 面不如眼〕사람의 상(相)을 보는 데는, 몸 전체보다도 얼굴을 보아야 하고, 또 얼굴 중에서도 눈을 보아야 한다는 말.

홍익인간
弘益人間

넓을 弘 이로울 益 사람 人 사이 間

널리 인간세계를 이롭게 함.

「홍익인간」은 널리 인간세계를 이롭게 한다는 뜻이다. 국조(國祖) 단군(檀君)의 건국이념으로, 고조선의 개국 이래 우리나라 정치 교육의 기본 정신이 되어 왔다. 이 말은 《삼국유사》 기이제일(紀異第一) 고조선 건국 전설에 나오는 말이다.

「《위서(魏書)》에 말하기를, 지금으로부터 2천 년 전에 단군 왕검이란 사람이 있어서 도읍을 아사달에 세우고, 나라를 처음 만들어 이름을 조선이라 불렀다(乃往二千載 有檀君王儉 立都阿斯達 開國號朝鮮……)」라고 했다.

「고기(古記)에는 말하기를, 옛날 환인(桓因 : 하느님이란 뜻)의 서자 환웅(桓雄)이 자주 천하에 뜻을 두고 인간 세상을 탐내어 찾았다. 아버지가 아들의 뜻을 알고, 아래로 삼위태백(三危太伯)을 굽어보니 인간을 널리 유익하게 할 수 있었다(昔有桓因庶子桓雄 數意天下 貪求人世 父知子意 下視三危太伯 可以弘益人間). 그래서 천부인(天符印) 세 개를 주어 그리로 보내 가서 다스리게 했다. 환웅은 부하 3천 명을 거느리고 태백산 꼭대기의 신단나무 아래로 내려와 이름하여 신시(神市)라 했다. 이를 일러 환웅천왕(桓雄天王)이라 한다고 했다」고 나와 있다.

아사달(阿斯達)이 어디고, 삼위태백(三危太伯)이 어디며, 또 태백산(太伯山)은 어떤 산을 말한 것인지에 대해서는 학자들 사이에 많은 다른 의견들을 보이고 있다.

《삼국유사》의 편찬자인 일연선사(一然禪師)는, 아사달이 백주(白州)에 있는 백악(白岳)이라고도 하고, 또 개성 동쪽이라고도 한다고 다른 책에 있는 기록을 인용하고 있다.

또 태백산에 대해서는 지금의 묘향산을 말한다고 했다.

이 환웅천왕과 곰(熊)의 딸과의 결혼에 의해 태어난 아들이 「단군」이었다고 하는 전설도 같은 항목에 나오는 이야기인데, 신과 동물과의 결합에 의해 생겨난 것이 인간이었다고 하는 인간 창조설은 퍽 흥미있는 이야기가 아닐 수 없다.

형비제수〔兄肥弟瘦〕 형은 살찌고 동생은 여윈다는 뜻으로, 형제의 신분이 서로 다름을 비유하여 이르는 말. 《남사》

형영상동〔形影相同〕 형상이 그대로 그림자로 비친다는 뜻으로, 마음의 선악이 그대로 행동으로 드러남을 이르는 말. 《열자》

형영상조〔形影相弔〕 자기 몸과 그림자가 서로 가엾이 여긴다는 뜻으로, 고독하고, 의지할 사람도 찾아오는 사람도 없음을 비유하여 이르는 말. 이밀《진정표(陳情表)》

형이상〔形而上〕 형은 유형(有形)·현상(現象), 이상(而上)은 이상(以上)·이전(以前)의 뜻으로서, 무형의 것, 추상적인 것을 말한다. 현상적으로는 파악할 수 없는 일을 가리키는 말. 《역경》

형제혁장 외어기무〔兄弟鬩墻 外禦其務〕 형제가 담 안에서는 서로 싸우다가도 외부에서 얕보고 덤비는 자가 있으면 형제가 합심하여 막는다는 뜻으로, 형제간에 우애가 좋음을 비유하는 말. 《시경》

형조불용〔刑措不用〕 형벌을 폐하여 집행하지 않는다는 뜻으로, 나라가 잘 다스려져 죄 짓는 사람이 없어져 평화롭고 안정되어 있음을 비유하여 이르는 말. 《사기》

형차포군〔荊釵布裙〕 가시나무 비녀와 무명치마라는 뜻으로, 곧 여자의 소박한 차림새를 이르는 말. 《열녀전》

형처돈아〔荊妻豚兒〕 자기 처자에게 사용하는 겸손의 말로서는 최상급. 우처(愚妻)·우식(愚息). 형처는 후한 양홍(梁鴻)의 처가 가시나무를 비녀로 사용했기 때문에 친구에게 소개할 때 형처라고 한 데서 비롯된다. 돈아는 글자 그대로 돼지의 자식.

홍일점
紅一點

붉을 紅 한 一 점 點

> 많은 남자들 사이에 끼어 있는 한 사람의 여자. 여럿 가운데 오직 하나 이채를 띠는 것

많은 남자들 속에 여자 하나가 끼어 있는 것을 가리켜 흔히 「홍일점」이라고 말한다. 불타는 것은 꽃을 뜻하기 때문에 그것은 곧 아름다운 여인을 말하게 된다.

이 홍일점이란 말은 원래 「만록총중홍일점(萬綠叢中紅一點)」이란 말의 끝 부분만을 딴 말이다.

온통 새파란 팀불 속에 빨간 꽃이 한 송이 피어 있다는 뜻이다.

이것은 왕안석의 「석류시(石榴詩)」에 나오는,

만록총중의 붉은 한 점은
사람을 움직이는 봄빛이 많음을 필요치 않게 한다.

萬綠叢中紅一點　動人春色不須多　　만록총중홍일점　동인춘색불수다

라는 시에서 따온 것이다.

혹자는 이 시가 왕안석의 자작시가 아니고 작자 미상의 당나라 때 시를 왕안석이 그의 부채에 자필로 써두었기 때문에 사람들이 왕안석의 시인 줄로 알게 되었다고 하기도 한다.

그야 어떻든 글 뜻은 분명하다. 온통 새파랗기만 한 푸른 잎 속에 한 송이 붉은 꽃이 방긋 웃고 있다.

사람의 마음을 들뜨게 하는 봄의 색깔이 굳이 많은 꽃을 필요로 하지 않는다. 복숭아나 오얏처럼 수없이 많은 꽃이 어지러울 정도로 한꺼번에 활짝 피어 있는 것보다도, 무성한 푸른 나뭇잎 사이에 어쩌다

한 송이 빨갛게 내밀어 보이는 석류꽃이 사람의 마음을 더 이끈다는 뜻이다.

이것을 굳이 비유로서 말한다면, 청루에 우글거리는 많은 여자들보다도, 양가의 높은 담 너머로 조용히 밖을 내다보는 여인에게서 한층 남자의 마음을 이끄는 무엇을 찾는 그런 것이 될 수도 있을 것이다.

혜고부지춘추〔蟪蛄不知春秋〕 매미는 봄가을을 알지 못한다. 여름 한 철 사는 매미가 봄과 가을을 알 수 없다는 뜻으로, 단명(短命)함을 비유하여 이르는 말. 혜고(蟪蛄)는 매미. 《장자》

혜분난비〔蕙焚蘭悲〕 혜초(蕙草)가 불에 타니 난초(蘭草)가 슬퍼한다는 뜻으로, 벗의 불행을 슬퍼함을 비유하여 이르는 말.

혜이부지위정〔惠而不知爲政〕 맹자가 정나라 재상 자산(子産)을 평해서 한 말이다. 즉 백성들에게 인정은 많았지만 정치를 할 줄은 모른다는 말이다. 자산이 정(鄭)나라 재상으로 있을 때, 수레를 타고 지나가다 신발을 벗고 물을 건너는 사람을 보고 수레에 태워 건네 준 일이 있었다. 맹자는 이 기록을 보고 이렇게 평했다. 「자산은 인정은 많았지만 정치는 할 줄 몰랐다(惠而不知爲政). 늦가을인 11월에는 사람이 건너다닐 수 있는 다리를 놓고, 첫겨울인 12월에는 수레가 지나다닐 수 있는 다리를 놓는다면 백성들은 차가운 물을 건너는 데 고통을 느끼지 않을 것이다」라고 한 데서 나온 말이다. 《맹자》

혜전탈우〔蹊田奪牛〕 남의 소가 밭을 짓밟았다고 해서 그 소를 빼앗는다는 뜻으로, 지은 죄에 비해 벌이 지나치게 무거움을 이르는 말. 《좌전》

호각〔互角〕 쇠뿔의 양쪽이 서로 길이나 크기가 같다는 데서 나온 말로, 서로 우열을 가리기 힘든 것을 이르는 말.

호각지세〔互角之勢〕 소가 서로 뿔을 맞대고 싸우는 형세라는 뜻으로, 우열을 가리기 힘들 정도로 대등하게 겨루고 있는 모습을 형용하여 이르는 말. 《전국책》

호거용반〔虎踞龍盤〕 ☞ 용반호거(龍盤虎踞).

화광동진
和光同塵

순할 和 빛 光 같을 同 티끌 塵

> 자기의 지덕(智德)의 빛을 싸 감추고 밖에 드러내지 않음. (불교에서) 부처.보살이 중생을 제도하기 위하여 자기 본색을 감추고 인간계에 섞여 몸을 나타내는 일

「화광(和光)」은 빛을 부드럽게 한다는 뜻이고,「동진(同塵)」은 세상 사람들과 함께 하는 것을 말한다. 빛을 감추고 속진(俗塵)에 섞인다는 말이다. 즉 자기가 가지고 있는 지혜 같은 것을 자랑하는 일이 없이 오히려 그것을 흐리고 보이지 않게 하여 속세 사람들 속에 묻혀버리는 것을 말한다.

《노자》제4장과 제56장에 똑같은 구절이 나오는데, 제4장의 것은 제56장의 것이 잘못 끼어든 것으로 보는 학자들이 많다.

「아는 사람은 말하지 않고, 말하는 사람은 알지 못한다. 그 감정의 구멍(兌 : 귀·눈·코·입)을 막고, 그 욕정의 문을 닫으며, 그 날카로움을 무디게 하고, 그 얽힘을 풀며, 그 빛을 흐리게 하고, 그 티끌을 같이한다. 이것을 현동(玄同)이라 한다(知者不言 言者不知 塞其兌 閉其門 挫其銳 鮮其紛 和其光 同其塵是謂玄同). 그러므로 이는 친할 수도 없고 멀리할 수도 없으며, 이로울 수도 없고, 해로울 수도 없으며, 귀할 수도 없고, 천할 수도 없다. 그러기 때문에 오로지 하늘 아래 귀하게 되는 것이다.」

「현동(玄同)」은 현묘(玄妙)하게 같은 것이란 뜻이다.

불교에서 부처가 중생(衆生)을 제도(濟度)하기 위해 부처의 본색을 감추고 속세에 나타나는 것을 「화광동진」이라고 하는데, 그것은 불교가 중국에 전해진 뒤부터 이 노자의 말을 받아들여 쓴 것이다.

화룡점정
畫龍點睛

그릴 畫 용 龍 점찍을 點 눈알 睛

> 사물의 가장 요긴한 곳 일의 가장 요긴한 부분을 끝내어 완성시킴.

「화룡점정」은 용을 그리고 마지막으로 눈동자를 그린다는 뜻이다. 무슨 일을 할 때, 가장 중요한 부분을 끝내므로 일을 완성시키는 것을 가리켜 말한다. 남북조시대의 양(梁)나라 장승요(張僧繇)는 우군장군과 오흥(吳興) 태수 등을 역임한 사람이었지만, 일반적으로는 화가로 알려져 있을 정도로 그림에 대한 일화들이 많다.

그가 언젠가 벽에다 울창한 숲을 그려 두었더니, 이튿날 많은 새들이 그 벽 밑에 와 죽어 있었다. 새들은 그것이 정말 숲인 줄 알고 날아들다가 벽에 부딪쳐 죽은 것이다. 우리나라 신라 진흥왕 때 솔거(率居)가 그린 황룡사 노송도(老松圖) 벽화에 참새들이 날아와 머리를 부딪쳐 떨어져 죽었다는 얘기와 비슷한 이야기다.

그러나 그의 그림에 대한 이야기로는 「화룡점정」의 유래가 된 이야기가 가장 유명하다. 그가 언젠가 서울인 금릉(金陵 : 남경)에 있는 안락사(安樂寺) 벽에다가 네 마리의 용을 그렸는데, 눈동자를 그리지 않았다. 그래서 사람들이 그 까닭을 묻자,

「눈동자를 그리면 날아가 버리기 때문이야」 하고 대답했다.

그러나 사람들은 그의 말을 믿지 않았다. 그래서 그는 용 한 마리에 눈동자를 그려 넣었다. 그러자 갑자기 천둥이 울리고 번개가 치더니 그 용이 벽을 차고 뛰쳐나가 하늘로 올라가 버리고 말았다.

나중에 보니 눈동자를 그리지 않은 용은 그대로 남아 있었다는 것이다. 이 이야기는 《수형기(水衡記)》란 책에 실려 있는데, 다른 책에는 용 두 마리에 눈동자를 그린 것으로 되어 있다.

화서지몽
華胥之夢

빛날 華 서로 胥 의 之 꿈 夢

> 좋은 꿈.

　화서(華胥)는 나라 이름이다. 황제(黃帝)가 꿈에 화서씨(華胥氏)의 나라로 가서 진리를 깨닫게 되었다는 고사에서 좋은 꿈을 가리켜 「화서지몽」이라고도 하고, 낮잠을 자다가 이 꿈을 꾸었다 해서 낮잠 자는 것을 가리켜 화서의 꿈을 꾼다고 한다.
　《열자》황제편 첫머리에 나오는 이야기다.
　황제는 15년 동안 천하가 자기를 떠받드는 것을 기뻐하며 이제 좀 몸을 편안히 하려고 오관의 즐거움을 좇아 생활을 했다. 그러나 몸은 점점 여위어 가고 정신은 자꾸만 흐려져 갔다.
　그래서 다음 15년 동안은 천하를 잘 다스리기 위해 지혜와 노력을 아끼지 않았다. 그러나 몸과 정신은 더욱 파리해질 뿐이었다.
　그래서 황제는 생각을 달리하여 정치에서 완전히 손을 떼고 대궐에서 물러나와, 시신들과 음악 같은 것도 다 물리치고 음식도 검소하게 하며, 태고시절의 무위(無爲)의 제왕인 대정씨(大庭氏)가 있던 집에 들어앉아 마음을 깨끗이 하고 몸을 가다듬어 석 달 동안 가만히 있었다.
　그때였다. 황제는 낮잠을 자는 동안 꿈에 태고시절 무위의 제왕인 화서씨의 나라로 가서 놀게 되었다.
　화서의 나라는 중국에서 서북쪽으로 몇 만 리나 떨어져 있어 배나 수레로는 갈 수 없고 다만 정신에 의해서만 갈 수 있었다.
　그 나라에는 지배자가 없이 자연 그대로였다. 사람들은 욕심이란 것을 모르고 자연 그대로였다. 삶을 즐기는 일도 죽음을 싫어하는 일도 없기 때문에 일찍 죽는 일도 없었다. 자기를 위하는 일도 남을 멀리하는 일도 없기 때문에 사랑이니 미움이니 하는 것이 없었다.

거역이니 순종이니 하는 것이 없기 때문에 이익이니 손해니 하는 것이 없었다. 물에 들어가도 빠지는 일이 없고 불에 들어가도 타는 일이 없었다. 칼로 쳐도 상처가 나거나 아프거나 한 일이 없고 손으로 긁어도 가렵지가 않다. 공중을 나는 것이 육지를 밟는 것 같고, 허공에 누워 있어도 침대에 누운 것 같았다. 구름과 안개가 보는 것을 가리지 않고 우레가 듣는 것을 어지럽게 하지 않았다. 아름답고 추한 것이 마음을 흔들지 않고 산과 골짜기가 걸음을 방해하는 일이 없이 정신에 의해 자유롭게 행동할 수 있었다.

황제는 꿈에서 깨어나자 맑은 정신으로 진리를 훤히 깨달을 수 있었다. 황제는 세 명의 재상을 불러, 꿈에서 참 도를 깨친 것을 말하고, 그것을 말로 뭐라고 표현할 수 없다고 덧붙였다.

이리하여 다시 28년 동안 천하가 크게 잘 다스려져 거의 화서씨의 나라와 같은 상태에 이르게끔 되었다.

황제가 죽자 백성들은 슬피 울부짖기를 2백 년 동안이나 계속했다.
이 화서의 나라는 도가(道家)의 이상사회를 그린 것으로 무심무위(無心無爲)가 도의 극치라는 것을 주장하고 있는 것이다.

호구〔糊口〕 입에 풀칠을 한다는 뜻으로, 겨우 먹고 삶. 가난한 살림을 비유하여 이르는 말.

호구고수〔狐裘羔袖〕 여우 가죽으로 갖옷을 만드는데, 소매만 염소 가죽으로 붙인다는 뜻으로, 대체로 다 좋은데 나쁜 데가 조금 있음을 비유하여 이르는 말. 《좌전》

호구몽융〔狐裘蒙戎〕 여우 가죽으로 만든 옷이 해져 누더기처럼 너덜너덜해졌다는 뜻으로, 신분이 높은 사람이 예의·법도를 잊어버려 나라가 어지러워짐을 비유하여 이르는 말. 《시경》

화씨벽
和氏璧

화목할 和 성 氏 구슬 璧

화씨가 발견한 구슬이라는 뜻으로, 천하제일의 보옥(寶玉).

화씨(和氏)가 발견한 구슬이라고 해서 「화씨벽」으로 부르게 된 것이다.

춘추전국 시대를 통해서 가장 값비싼 보물로 인정되어 왔고, 한때 이 화씨벽을 성 열 다섯과 바꾸자고 한 일도 있어, 이것을 둘러싼 국제적인 분쟁이 있었고, 이로 인해 벼락출세를 하게 된 인상여(藺相如)의 이야기 또한 너무도 유명하다.

또 장의(張儀)가 이 화씨벽으로 인해 도둑의 누명을 쓰고 매를 맞은 일도 유명하다. 그러나 이 화씨벽이 세상에 나오기까지에는 보다 기막힌 사연이 얽혀 있었다. 〔☞ 오설상재(吾舌尙在)〕

초나라 화씨(和氏 : 卞和)가 산 속에서 돌로밖에는 보이지 않는 옥돌 원석을 주워 와서 초나라 여왕(厲王)에게 바쳤다.

여왕이 옥공에게 감정을 시킨바, 옥이 아닌 돌이라고 했다. 왕은 임금을 속인 죄를 물어 왼쪽 다리를 자르게 했다.

여왕이 죽고 무왕(武王)이 즉위하자 화씨는 다시 그 원석을 바쳤다. 역시 옥공에게 감정시킨 결과 옥이 아닌 돌이라는 판정이 내려졌다. 이번에는 그의 오른발을 자르게 했다.

무왕이 죽고 문왕이 즉위했다. 그러자 화씨는 그 원석을 품에 안고 밤낮 사흘을 소리 내어 울었다. 눈물이 마르자 피가 잇달아 흘렀다.

문왕은 이 소문을 듣고 사람을 시켜 그 까닭을 물었다.

「세상에 발을 잘린 죄인이 많은데, 그대만 유독 슬프게 우는 까닭은 무엇인가?」

그러자 화씨는,

「다리가 잘린 것이 슬퍼 우는 것이 아닙니다. 보배 구슬이 돌로 불리고, 곧은 선비가 속이는 사람이 된 것이 슬퍼 우는 까닭입니다」 하고 대답했다.

이리하여 문왕은 옥공에게 그 원석을 다듬고 갈게 하여, 천하에 다시 없는 보물을 얻게 되었다. 그리고 그 구슬을 「화씨벽」 이라 이름을 붙였다. 이 이야기는 《한비자》 화씨편에 인용된 이야기다.

한편 인상여에 관한 이야기는 이미 「완벽(完璧)」 이란 제목에서 자세히 언급되어 있다.

호구여생〔虎口餘生〕 호랑이 입에서 살아남았다는 뜻으로, 위험한 지경에서 간신히 벗어남을 이르는 말. 《송사》

호도〔糊塗〕 풀칠을 한다는 뜻으로, 성정(性情)이 어둡고 흐리터분함. 명확히 결말을 내지 아니함. 우물쭈물하여 덮어버림. 《송사》

호랑지국〔虎狼之國〕 범이나 이리와 같이 포학한 나라라는 뜻으로, 전국시대 때 강대국이었던 진(秦)나라를 가리키는 말. 《사기》

호리건곤〔壺裏乾坤〕 술단지 속의 하늘과 땅이라는 뜻으로, 항상 술에 취해 있음을 이르는 말.

호리지실차이천리〔毫釐之失差以千里〕 처음에 조금 틀리면 나중에 크게 그르치고 만다는 뜻으로, 처음이 중요하다는 말. 《진서》

호매지이호골지〔狐埋之而狐搰之〕 여우는 의심이 많아서 일단 묻었다가 다시 파본다는 뜻으로, 의심이 지나쳐 성공하지 못함을 비유하여 이르는 말.

호모부가〔毫毛斧柯〕 수목(樹木)은 어린 싹을 뽑아버리지 않으면 마침내는 도끼를 사용하는 노력이 필요하게 된다는 뜻으로, 화근(禍根)은 자라기 전에 미리 없애버려야 함을 이르는 말. 호모(豪毛)는 짐승이 털갈이를 할 때 새로 나는 가느다란 털. 부가(斧柯)는 도끼자루. 《전국책》

호문〔虎吻〕 호랑이의 입. 전(轉)하여 사람을 해칠 생김새. 위험함을 이르는 말.

1039

화우계
火牛計

불 火 소 牛 꾀 計

> 쇠꼬리에 불을 붙여 적을 공격한 계책.

　전국시대 말기 제나라 전단(田單)이 쓴 전법에 「화우계」란 것이 있었다. 쇠꼬리에 불을 붙여 어두운 밤중에 잠들어 있는 적의 진지를 습격해 들어가 적을 혼란에 빠뜨림으로써 멸망 직전에 있던 제나라를 구출한 전무후무한 전법이었다.
　《사기》 전단열전(田單列傳)에 있는 이야기다.
　연소왕(燕昭王)은 악의(樂毅)를 총대장으로 이웃나라의 도움을 빌어 제나라 70여 성을 다 함락시키고 망명간 제민왕(齊湣王)을 죽게 만든 다음, 오직 즉묵(卽墨)과 거(莒) 두 성을 남겨둔 채 항복하기만을 기다리고 있었다.
　그러자 소왕이 죽고, 즉묵에는 새 지도자로 민중들의 추대를 받아 전단이 등장하게 된다.
　전단은 연나라를 이길 방법은 계략을 써서 악의를 제거하지 않으면 안된다고 생각하고, 먼저 간첩을 보내 새로 즉위한 연혜왕(燕惠王)으로 하여금 악의를 해임시키고 기겁(騎劫)이란 장수를 총대장으로 임명하게 한다.
　전단은 다시 간첩 공작에 의해 기겁으로 하여금 제나라 민중들을 흥분 단결시키는 무모한 짓을 하게 만든다. 그런 다음 곧 항복한다는 헛소문을 퍼뜨리며 성 안에 있는 부자들을 시켜 입성한 뒤에 잘 봐달라는 뇌물을 기겁에게 바치게 한다.
　포위군은 총대장서부터 전 장병이 승리감에 도취되어, 즉묵의 부자들이 보낸 소와 술로 마냥 마시며 밤늦게까지 즐겼다. 전단이 최후 돌격을 감행할 시간이 온 것이다.

전단은 미리 성 밑을 파서 적의 진지로 돌격할 수 있는 지하도를 여러 곳에 만들어 두고 있었다. 천여 마리의 소를 붉은 비단으로 옷을 만들어 입히고, 거기에 오색의 용(龍)의 그림을 그린 다음, 양쪽 뿔에 칼을 붙들어 매고 꼬리에는 기름이 묻은 갈대를 매달았다.

적이 술에 취해 깊은 잠에 빠졌을 한밤중에, 신장(神將)처럼 꾸민 장사 5천 명이 칼을 들고 소의 뒤를 따랐다. 성 밑 지하도를 통해 적의 진지 가까이로 가자 일제히 쇠꼬리에 불을 붙였다. 소는 꼬리가 뜨거워지자 성이 나서 미친 듯이 연나라 진지로 향해 달렸다.

요란한 소리에 겨우 잠이 깬 연나라 군사는 넋을 잃고 말았다. 쇠꼬리의 횃불이 눈이 부시게 빛나며 평생 듣도 보도 못한 용처럼 생긴 괴물이 칼 달린 뿔을 휘두르며 들이닥치는 것이다.

대항할 생각도 못하고 뿔에 스치기만 하면 죽거나 상하거나 했다. 신장처럼 생긴 5천 명 장사들은 입에 물나무를 문 채 허둥지둥 달아나는 적의 뒤를 치고 들어갔다.

성 안에서는 북소리와 함성이 요란하게 울려오고 늙은이와 아이들은 징과 꽹과리와 구리 그릇들을 들고 나와 두들겨대며 소리를 질렀다. 온통 천지가 뒤집히는 것만 같았다.

이리하여 연나라 총대장인 기겁은 제나라 군사에 의해 죽고 말았다.

이렇게 되자 적에게 항복했던 70여 성읍들이 일제히 전단에 가담하여 적군을 내몰았다.

이 이야기는 《사기》와 그 밖의 여러 역사적 기록에 나와 있는 유명한 대사건이요, 기적 같은 성공담이기도 하다.

한 장수로 인해 하루아침에 크게 거두었던 성공이 한 장수로 인해 하루아침에 허물어지고 만 좋은 예이기도 하다.

화호유구
畵虎類狗

그릴 畵 범 虎 무리 類 개 狗

> 소양 없는 사람이 호걸의 풍모를 모방하다 도리어 경박하게 됨의 비유.

후한 광무제 때 용맹을 날렸던 복파장군 마원(馬援)이, 그가 싸우고 있던 교지(交阯 : 지금의 월남)에서 그의 조카 마엄(馬嚴)과 마돈(馬敦)에게 편지로써 타이른 말 가운데 나오는 문자다.

두 조카들은 남을 비평하기를 좋아하고 협객(俠客)으로 자처하며 철 없는 건달들과 어울리기를 좋아했다. 그래서 마원은 그들이 걱정이 되어 전쟁터에서 여가를 빌어 교훈의 편지를 썼던 것이다.

「나는 너희들이 남의 잘못을 들었을 때는 부모의 이름을 들었을 때처럼 귀로 들을지라도 입으로 말하지 않기를 바란다. 남의 장단점을 즐겨 비평하거나 나라의 정사를 함부로 비판하는 것은 내가 가장 싫어하는 바다. ……용백고(龍伯高)는 착실하고 신중하여 필요 없는 말을 입 밖에 내지 않으며, 겸손하고 청렴 공정하여 위엄이 있는 사람이다. ……너희들이 이 사람을 본받기를 나는 바란다. 두계량(杜季良)은 호협하여 남의 걱정을 내 걱정으로 하고 남의 즐거움을 내 즐거움으로 하고 있어……그의 부친 초상에는 몇 고을 사람들이 다 모였었다. 나는 이 사람을 사랑하고 존경한다. 그러나 너희들이 이 사람을 배우는 것을 원치 않는다. 용백고를 배우면 비록 그와 같이 되지 못하더라도 근신하고 정직한 사람이 될 수 있다. 이른바 기러기를 새기다가 제대로 못되면 그대로 집오리처럼은 된다는 것이다. 그러나 만일 두계량을 배우다가 그처럼 되지 못하면 천하의 각박한 인간이 되고 만다. 이른바 범을 그리다가 이루지 못하면 도리어 개처럼 되고 만다(畵虎不成 反類狗者也)」

이 이야기는 《소학》에도 인용되어 있는데, 《후한서》 마원전에 있는 이야기다.

「화호유구」는 이 마원의 편지에서 나온 말인데, 원래는 바탕이 없는 사람이 호걸 흉내를 내면 도리어 경박한 사람이 되고 만다는 뜻이었지만, 너무 큰 것을 욕심내다가 실패하면 망신만 당하고 만다는 그런 뜻으로 널리 쓰이고 있다.

호문즉유〔好問則裕〕모르는 것을 묻기를 좋아하면 흉중(胸中)이 광활하고 여유가 있음을 이르는 말.

호물부재다〔好物不在多〕좋은 물건은 반드시 많아야 할 필요는 없다는 뜻으로, 사물의 가치는 수량에 의해서 좌우되지 않음을 이르는 말. 《당서》

호미난방〔虎尾難放〕잡고 있는 호랑이 꼬리를 놓기 어렵다는 뜻으로, 위험한 일에 손을 댔다가 계속 잡고 있기도 어렵고 놓아버리기도 어려움을 비유하여 이르는 말. 囿 기호지세(騎虎之勢). 団 진퇴유곡(進退維谷).

호미춘빙〔虎尾春氷〕호랑이 꼬리와 봄철의 얼음이라는 뜻으로, 몹시 아슬아슬(위험)함을 비유하여 이르는 말. 《서경》

호박불취부개〔琥珀不取腐芥〕호박(琥珀)은 송진이 석화(石化)한 것. 부개(腐芥)는 썩은 티끌. 곧 호박은 썩은 티끌은 흡수하지 않는다는 뜻으로, 청렴한 사람은 부정이나 불의를 가까이하지 않음을 비유하여 이르는 말.

호변〔虎變〕호피 무늬의 변화란 뜻으로, 문장의 아름다움이 찬연하여 볼 만함을 이르는 말. 또는 덕(德)이 날로 새로워짐을 비유하여 이르는 말. 《역경》

호복간상〔濠濮間想〕속세의 번잡함을 피하고 유유히 한적을 즐기는 경지를 말한다. 호, 복은 모두 강 이름으로, 호수(濠水)·복수(濮水)를 가리킨다. 장자(莊子)가 호수(濠水) 가에서 혜자(惠子)와 문답을 하고, 복수 가에서 낚시질을 하고 있는데, 초(楚)나라의 사신이 와서 장자를 재상으로 초빙하려고 했으나 장자가 사양했다는 고사에서 유래한다. 《세설신어》

환골탈태
換骨奪胎

바꿀 換 뼈 骨 빼앗을 奪 태 胎

> 딴 사람이 된 듯이 용모가 환하게 트여 아름다워짐. 고인(古人)이 지은 시문(詩文)의 취지와 의도를 취하여 어구나 결구(結構)만을 바꾸어 새로운 뜻과 미를 지니게 되는 것

「환골탈태」는, 뼈를 바꿔 넣고 태(胎)를 달리 쓴다는 뜻으로, 몸과 얼굴이 전연 몰라볼 정도로 좋게 변한 것을 말한다. 또 시나 문장이 다른 사람의 손을 거침으로써 완전히 새로운 뜻과 미를 지니게 되는 것을 말하기도 한다.

원래는 이 말은 선가(仙家)에서 나온 말로, 연단법(鍊丹法)에 의해 새로운 사람이 되는 것을 말한다.

황정견(黃庭堅 : 호는 山谷)은 소식(蘇軾 : 호는 동파)과 함께 북송을 대표하는 시인이었다. 황정견은 박식으로 알려져 있지만, 박식을 자랑하여 함부로 인용하는 일이 없고, 그것을 완전히 소화시켜 내 것처럼 자유롭게 씀으로써 독자적인 세계를 이루었던 것이다. 그가 그 같은 수법을 도가(道家)의 용어를 빌어 표현한 것이 「환골탈태」다.

남송의 중 혜홍(惠洪)이 쓴 《냉제야화》에 있는 이야기다.

「황산곡이 말했다. 시의 뜻은 무궁한데, 사람의 재주는 한이 있다. 한이 있는 재주로 무궁한 뜻을 좇는다는 것은 도연명이나 두자미(杜子美)라 할지라도 잘 될 수 없을 것이다. 그러나 그 뜻을 바꾸지 않고 그 말을 만드는 것을 일러 환골법이라 하고, 그 뜻을 본받아 형용하는 것을 일러 탈태법이라고 한다」

환골탈태의 문장법은 남이 애써 지은 글을 표절(剽竊)하는 것과는 다르다. 그것을 이용하여 보다 뜻이 살고, 보다 절실한 표현을 얻게 되는

것을 말한다. 마치 같은 사람이 탈바꿈을 한 것처럼.

호부우〔虎負嵎〕 범이 산모퉁이를 등지고 선다는 뜻으로, 영웅이 한 지방에 할거(割據)함을 비유하여 이르는 말. 또 매우 용맹스런 모양을 형용하여 이르는 말. 《맹자》

호불개의〔毫不介意〕 조금도 개의치 않음. 호(毫)는 가는 터럭. 조금, 근소한의 뜻. 《후한서》

호불급흡〔呼不給吸〕 숨을 내쉬고는 들이쉬지 못한다는 뜻으로, 사물의 진행이 너무 빨라서 미처 따라갈 수가 없음을 비유하여 이르는 말.

호사다마〔好事多魔〕 좋은 일에는 흔히 마(魔)가 끼기 쉬움.

호사수구〔狐死首丘〕 여우가 죽을 때는 머리를 제가 살던 굴이 있는 언덕으로 돌린다는 뜻으로, 곧 죽을 때에도 근본을 잊지 않는다는 말. 또 고향을 그리워함을 일컫는 말. 《초사(楚辭)》 비 수구초심(首邱初心).

호사토읍〔狐死兎泣〕 여우가 죽으니 토끼가 운다는 뜻으로, 친구의 불행을 슬퍼함을 이르는 말. 《송사》 비 혜분난비(蕙焚蘭悲).

호생지덕〔好生之德〕 생물이 살아 있는 것을 좋아하는 덕이란 뜻으로, 참으로 훌륭한 정치는 살아 있는 사람을 먼저 염려하고 배려하는 데서 나온다는 말이다. 《서경》

호서배〔狐鼠輩〕 여우와 쥐의 무리. 곧 간사하고 못된 무리의 비유.

호선〔狐仙〕 중국의 민간신앙에 있어서, 선술(仙術)을 깨달아 신통력을 터득하였다고 하는 여우. 만능의 신. 특히 재록신(財祿神)으로서 신앙되어 상가나 주점 등에서 사당을 만들고 신주를 모셔 둔다.

호선자익 호기자타〔好船者溺 好騎者墮〕 배 타기를 좋아하는 자는 물에 빠져 죽기 쉽고, 말 타기를 좋아하는 자는 말에서 떨어진다는 뜻으로, 무슨 일에나 지나치게 좋아하면 그로 말미암아 화(禍)를 입을 수 있음을 경계하여 이르는 말. 《월절서(越絶書)》

호소〔虎嘯〕 범이 큰 소리로 울부짖음. 곧 영웅이 때를 만나 박차고 일어남을 비유하여 이르는 말. 《북사》

호손이아〔壺飱餌餓〕 남을 도와주면 다시 후에 남의 도움을 받게 된다는 말. 호손(壺飱)은 항아리에 담은 음식. 또는 국물을 끼얹은 밥. 《전국책》

호손입대〔猢孫入袋〕 원숭이가 자루 속으로 들어갔다는 뜻으로, 구속이나 제약을 받아 자유롭지 못함을 비

유하여 이르는 말. 「절에 간 색시」라는 우리말 속담과 비슷한 말이다. 《귀전록(歸田錄)》

호왈백만[號曰百萬] 말로만 백만이라는 뜻으로, 실상보다 과장하여 떠벌임을 이르는 말. 图 허장성세(虛張聲勢).

호우호마[呼牛呼馬] 「소라 부르든, 말이라 부르든」이라는 뜻으로, 남이 무어라 하든 개의치 않음을 비유하여 이르는 말. 《장자》

호월일가[胡越一家] 호(胡)나라와 월(越)나라같이 북과 남으로 멀리 떨어져 있는 나라가 한 집안이란 뜻이니, 온 천하가 한 집안과 같음을 비유하여 이르는 말. 《통감》 图 사해동포(四海同胞).

호월지의[胡越之意] 호(胡)나라와 월(越)나라는 북쪽과 남쪽에 위치하고 있어 멀리 떨어져 있으므로 서로 소원(疎遠)하여 알지 못함을 이르는 말. 《서언고사》

호위인사[好爲人師] 아는 체하고 매사에 남의 스승이 되기를 좋아함을 이르는 말로, 조금이라도 아는 것이 있으면 우쭐해서 남을 가르치려 한다는 말. 《맹자》

호유기미[狐濡其尾] 여우가 강을 건너려다 꼬리만 적시고 마침내는 건너지 못하였다는 뜻으로, 일을 시작하기는 쉬우나 마무리를 잘하기는 어렵다는 것을 비유하여 이르는 말. 또 처음이 쉬우면 반드시 끝은 어렵다는 말로도 쓰인다. 《역경》

호의기건[縞衣綦巾] 무명옷과 연둣빛 두건이라는 뜻으로, 주대(周代)의 천한 여자의 복색. 또는 가난한 살림에 찌든 자기 아내의 변변치 못한 옷차림을 겸손하게 이르는 말. 《시경》

호의불결[狐擬不決] 여우가 의심이 많아 결단하지 못한다는 뜻으로, 의심이 많고 과단성이 부족함을 일컫는 말. 여우는 귀가 밝고 의심이 많은 짐승이기 때문에 호청(狐聽)·호의(狐擬)라는 말까지 나왔다고 한다. 그래서 한문제는 「짐의 마음은 호의와 같다」고 하였고, 또 어떤 책에는 「여우는 천성이 의심이 많아 얼음판을 건널 때도 얼음 밑에서 나는 소리에 귀를 기울이면서 건넌다」고 하였다. 《술정기(述征記)》

호의현상[縞衣玄裳] 흰 옷과 검은 치마라는 뜻으로, 두루미의 깨끗하고 아름다움을 형용하여 이르는 말. 《적벽부》

호이관[虎而冠] 마음은 범처럼 잔인하고 흉포하면서도 사람의 의관을 하여 꾸밈을 이르는 말로, 사람의 탈을 쓰고 포악한 마음을 가진 사람을 비유하여 이르는 말. 《사기》

호이지기악[好而知其惡] 좋아하면서도 그 사람의 옳지 못한 점을 아는 것을 이른 말이다. 《대학》 8장 「수신제가(修身齊家)」에 대한 설명 속에서 나오는 말이다. 「이른바 그 집을 가지런히 하는 것이 그 몸을 닦는 데 있다는 것은, 그 천하고 사랑하는 바에 치우치게 되고, 그 업신여기고 미워하는 바에 치우치게 되고, 그 두려워하고 공경하는 바에 치우치게 되고, 그 슬퍼하고 불쌍히 여기는 바에 치우치게 되고, 그 거만하고 게으른 바에 치우치게 된다. 그러므로 좋아하면서도 그 나쁜 것을 알고, 미워하면서도 그 아름다운 것을 아는 사람이 천하에 적다(故好而知其惡 好而知其美 天下鮮矣). 그러므로 속담에 이르기를 『사람은 그 자식의 나쁜 것을 알지 못하고, 그 곡식이 큰 것을 알지 못한다(人莫知其子之惡 莫知其苗之碩)』고 했다. 이것이 이른바 몸이 닦여지지 못하면 그 집을 가지런히 하지 못한다는 것이다」 곧 가정에서의 감정에 의한 불공평한 일이 모두 자기 자신의 수양 부족에서 비롯되고 그것은 곧 가정불화와 자식들에게 악영향을 미치게 되는 것을 말한다. 《대학》

호익[虎翼] 범에 날개까지 더한다는 뜻으로, 부자에게 권력까지 더함을 이르는 말.

호전걸육[虎前乞肉] 범에게 고기를 구걸한다는 뜻으로, 어림도 없는 (가당치도 않은) 일을 비유하여 이르는 말. 《순오지》

호중천[壺中天] 별천지, 선경(仙境), 술을 마시고 속세를 잊는 즐거움. 한나라 때 선인(仙人) 호공(壺公)이 항아리를 집으로 삼고 술을 즐기며 세속을 잊었다는 고사에서 나온 말이다. 《한서》

호질기의[護疾忌醫] 병에 걸렸으면서도 의사에게 치료받기를 꺼린다는 뜻으로, 스스로 잘못이 있으면서도 남의 충고를 싫어함을 비유하여 이르는 말. 《주자통서》

호추불두 유수불부[戶樞不蠹 流水不腐] 문지도리는 좀이 슬지 않고, 흐르는 물은 썩지 않는다는 뜻으로, 자기 역할에 충실한 사람은 퇴보하지 않음을 비유하여 이르는 말. 《여씨춘추》

호학근호지[好學近乎知] 즐겨 학문을 하는 것은 지자(知者)에 한 걸음 다가섬을 이르는 말. 《중용》

호한[浩瀚] 물이 광대한 것. 사물이 많고 풍부함의 형용. 또 책의 권수가 많은 것. 호(浩)도 한(瀚)도 광대함의 형용.

호한위천[戶限爲穿] 사람들의 발길에 문턱이 다 닳았다는 뜻으로, 사람들의 출입이 빈번함을 비유하여 이르는 말. 《상서고실(尙書故實)》

회자인구
膾炙人口

날고기 膾 구운고기 炙 사람 人 입 口

> 널리 사람들에게 이야기되다.

「회자인구」는 보통 「인구(人口)에 회자(膾炙)된다」라는 식으로 쓰인다. 사람의 입에 오르내린다는 뜻이다. 여기에서 회자란 잘게 썬 고기를 구운 요리를 말한다.

《맹자》진심장 하편에 나오는 이야기다.

증삼(曾參)과 그의 부친 증석(曾晳)은 다 같이 공자의 제자로서 증석은 양조(羊棗)라는 산열매를 매우 즐겨 먹었다. 나중에 증석이 세상을 떠난 뒤 효자인 증삼은 양조를 아예 입에도 대지 않았다.

전국시대에 이르러 맹자의 제자 공손추가 이 일에 대해서 맹자에게 회자와 양조 중 어느 것이 더 맛이 좋은가 하고 물었다. 그러자 맹자는 당연히 회자라고 하면서 회자는 즐겨하지 않는 사람이 없다고 했다. 그러자 공손추가 다시 물었다.

「그렇다면 증석 부자도 다 회자를 즐겨했을 텐데 부친이 돌아간 뒤 증삼은 왜 양조만 먹지 않았습니까?」

맹자가 대답했다.

「회자는 누구나 다 즐겨하지만, 양조는 증석의 특별한 별식이었기 때문에 증삼은 양조를 먹지 않은 것이다. 마찬가지로 이름은 피하고 성을 피하지 않는 것도 성은 함께 쓰는 것이고, 이름은 한 사람만 쓰는 것이기 때문이다(膾炙所同也 羊棗所獨也 諱名不諱姓 姓所同也 名所獨也)」

「회자소동(膾炙所同)」이란 말에서 「회자인구」란 말이 나오게 되었는데, 지금은 전(轉)하여 「널리 사람의 입에 오르내리다」라는 뜻으로 쓰이고 있다.

호해지사〔湖海之士〕 장대(壯大)한 기상(氣象)을 가지고 초야(草野)에 묻혀 사는 사람을 비유하여 이르는 말. 호해(湖海)는 호수와 바다. 곧 이 세상이라는 뜻으로 쓰인다. 《삼국지》

호화미견룡〔好畵未見龍〕 보지도 않은 용 그리기를 좋아한다는 뜻으로, 한갓되이 이룰 수도 없는 일을 하려고 함을 비유하여 이르는 말. 《송남잡식》

혹세무민〔惑世誣民〕 사람을 속여 미혹(迷惑)시키고 세상을 어지럽힘.

혹중혹불중〔或中或不中〕 혹은 맞고 혹은 맞지 않는다는 뜻으로, 예언이나 점(占), 과녁 등이 혹은 맞고 혹은 맞지 않음을 이르는 말.

혼돈〔渾沌〕 사물의 구별이 분명치 않음을 형용하여 이르는 말. 천지가 아직 열리지 않아 흐릿한 상태를 형용한 말인데, 여기서는 광대한 천지의 한가운데 있는 제왕(帝王)의 이름에 빗대고 있다. 혼돈(混沌)이라고도 쓴다. 남해(南海)의 제왕 숙(儵)과 북해(北海)의 제왕 홀(忽)이 중앙의 제왕 혼돈(渾沌)이 지배하는 땅에서 만났다. 혼돈은 지성으로 이 두 사람을 대접하였다. 숙과 홀은 그 사례를 하고자 의논했다. 「사람에게는 누구에게나 몸에 일곱 구멍이 있어서, 그것으로 보고, 듣고, 먹고, 숨쉬고 하고 있는데, 혼돈에게는 그게 없다. 그러니 사례로 혼돈의 몸에 일곱 구멍을 뚫어주자」 두 사람은 하루에 하나씩 구멍을 뚫어 갔는데, 7일째에 일곱째 구멍을 뚫었더니 혼돈은 죽어버렸다. 《장자》

혼비백산〔魂飛魄散〕 혼백이 흩어짐. 곧 몹시 놀라 어쩔 줄 모르는 형편을 가리키는 말.

혼승백강〔魂昇魄降〕 죽은 사람의 영혼은 하늘로 올라가고, 시체는 땅으로 내려감.

혼정신성〔昏定晨省〕 혼정(昏定)은 밤에 잠잘 때에 부모의 침소에 가서 밤새 안녕하시기를 여쭙는 것. 신성(晨省)은 이른 아침에 부모의 침소에 가서 밤새 안후(安候)를 살피는 것. 곧 조석(朝夕)으로 부모의 안부를 물어서 살핌을 이르는 말로, 부모 섬기는 도리를 이르는 말. 《예기》 日 동온하정(冬溫夏淸).

홀륜탄조〔囫圇吞棗〕 대추를 씹지도 않고 통으로 삼켜 맛을 모른다는 뜻으로, 자세히 모르는 일을 우물쭈물하여 넘김을 이르는 말. 또 글이나 책의 뜻을 깊이 살피지 않거나 먹어도 소화가 되지 않음을 이르는 말.

효시 嚆矢

울 嚆 화살 矢

사물의 시초

「효시」는 소리 나는 화살을 말한다. 향전(響箭)이라고도 한다.

옛날 중국에서는 이 우는 화살을 적진에 쏘아 보냄으로써 개전(開戰)의 신호로 삼았다고 한다. 그래서 모든 것의 시초나 선례를 가리켜 「효시」라 말하게 되었다. 비슷한 성구로 「남상(濫觴)」과 「비조(鼻祖)」가 있다.

이 말이 가장 먼저 쓰인 예는 《장자》 재유편(在宥篇)에서 볼 수 있다.

「지금 세상은 처형당한 사람의 시체가 서로 베개를 하고, 차꼬를 찬 사람이 서로를 밀며, 형벌을 받아 죽음을 당할 사람이 서로를 바라보고 있다.

그런데도 유가(儒家)와 묵가(墨家)의 사람들은 이런 차꼬를 찬 사람들 사이를 오가면서 발가락이 빠지도록 팔을 걷어붙이고 있다.

오호라 심하구나! 부끄럼도 없고, 부끄러운 줄도 모른다. 심하구나! 나는 성인의 지혜가 죄인의 목에 거는 큰 칼과 발에 거는 차꼬가 되지 않고, 또 이른바 인(仁)이니 의(義)니 하는 것이 차꼬와 수갑의 빗장이 되지 않은 예를 알지 못한다.

효도로 유명한 증삼(曾參)과 강직하기로 유명한 사유가 폭군인 걸(桀)과 가장 큰 도둑인 척(跖)의 효시가 아니란 것을 어떻게 알 수 있겠는가. 그러므로 성(聖)을 끊고, 지(知)를 버려야 천하가 크게 다스려진다고 말하는 것이다」

홀여과극〔忽如過隙〕 홀연히 틈을 지 나감과 같다는 뜻으로, 세월의 흐

름이 매우 빠름의 비유.

홍곡지지〔鴻鵠之志〕 빈천하면서도 큰 뜻을 품는다는 말로, 원대한 포부를 일컫는 말. 《사기》

홍구〔鴻溝〕 한고조 유방과 초(楚)의 항우가 천하를 둘로 나누었을 때의 경계가 되는 곳의 지명(地名). 전(轉)하여 많이 떨어져 있음을 일컫는 말. 《사기》 ☞ 건곤일척(乾坤一擲).

홍등녹주〔紅燈綠酒〕 붉은 등과 푸른 술. 곧 화류계를 일컫는 말.

홍로점설〔紅爐點雪〕 활활 타는 뜨거운 불길 위의 한 점의 눈쯤은 금방 녹아 없어져 버린다는 뜻으로, 도를 깨달아 마음속이 탁 트여 맑음을 비유하여 이르는 말. 또 큰 일에 사소한 힘이 아무 보탬이 되지 못함을 비유하여 이르는 말. 홍로상일점설(紅爐上一點雪). 《근사록》

홍분청아〔紅粉靑蛾〕 붉은 연지와 분. 그리고 푸른 눈썹. 곧 미녀를 형용하여 이르는 말.

홍안미소년〔紅顔美少年〕 젊디젊은 소년. 죽음이 가까워 오는 백두옹(白頭翁)과 대비시켜, 흐르는 세월의 무상함을 나타내는 수가 있다. 유희이(劉希夷) 《대비백두옹(代悲白頭翁)》

홍엽지매〔紅葉之媒〕 단풍잎이 혼인의 중매 구실을 하는 것. 또 남녀의 기구한 운명을 이르기도 한다. 단풍이 우우(于祐)와 궁녀 한씨(韓氏)와의 혼인을 맺게 해주었다는 고사에서 홍엽(紅葉)을 중신아비의 뜻으로 쓴다.

화기소장〔禍起蕭墻〕 재앙은 조용한 담 안에서 일어난다는 뜻으로, 내분이나 내란이 일어남을 비유하여 이르는 말. 《논어》

화락송정한〔花落訟庭閒〕 꽃잎이 떨어질 정도로 송사(訟事)의 마당이 한가하다는 뜻으로, 정치가 잘 다스려져 법정에서 싸우는 사람이 없는 상황을 비유하여 이르는 말.

화무십일홍〔花無十日紅〕 열흘 붉은 꽃이 없다는 뜻으로, 한번 성한 것은 얼마 못가서 반드시 쇠하여 짐을 비유하여 이르는 말. 유 권불십년(權不十年).

화발다풍우〔花發多風雨〕 꽃이 피어 있을 무렵엔 비바람이 많아 모처럼 핀 꽃도 허무하게 떨어지고 만다는 뜻으로, 인간세상의 만사가 뜻대로 되지 않음을 이르는 말. 우무릉(于武陵) 《권주(勸酒)》

화병〔畵餠〕 그림 속에 있는 떡은 보기만 할 뿐 먹을 수는 없다는 뜻으로, 실제로 이용할 수 없어 만족을 채울 수 없음을 이르는 말. 《삼국지》

후목분장
朽木糞墻

썩을 朽 나무 木 똥 糞 담 墻

이미 자질이나 바탕이 그릇되었다면 그 위에 가르침을 베풀 수 없다.

「후목분장」은 썩은 나무는 새기기가 어렵고, 분토로 쌓은 담은 흙손질을 할 수 없다는 말이다.

《논어》 공야장편에 나오는 이야기다.

일찍이 공자는 제자인 재여(宰予)를 썩은 나무에 비유하면서 책망한 일이 있었다.

어느 날, 재여가 낮잠을 자고 있는 것을 본 공자는 역정을 내면서 이렇게 말했다.

「썩은 나무로는 조각을 할 수가 없고 분토로 쌓은 담벼락은 흙손질을 할 수가 없다. 재여에 대해서는 뭐라 꾸짖을 나위도 없지 않겠느냐?(朽木不可雕也 糞土之墻 不可杇也 于予與何誅)」

후목(朽木)은 썩은 나무, 분토지장(糞土之墻)은 거름흙으로 쌓은 담장이란 뜻이다. 이렇게 썩은 나무니 거름흙 담이니 하는 심한 말로 재여를 꾸짖은 것은 공자가 평소 성실하지 못한 재여의 행실을 매우 싫어했다는 것을 알 수 있게 하는 일화다.

공자는 이어서 또 이렇게 말했다.

「전에 나는 그 사람의 말만 듣고 그의 사람됨을 믿었지만, 지금 그의 말도 듣거니와 그의 행동도 보고 있다. 나의 이 같은 태도는 재여 자신 때문에 바뀐 것이다」

재여가 평소 말은 잘했으나 행실이 따르지 못하였기 때문에 공자가 이런 말을 한 것이다.

「후목불가조(朽木不可雕)」라고도 한다.

화병충기〔畵餅充饑〕 그림 속의 떡으로 요기를 한다는 뜻이지만, 허황된 수작으로 자신을 위안한다는 말. 「화병충기」와 「망매지갈(望梅之渴)」은 그 의미가 비슷할 뿐 아니라, 문자 상으로도 아주 대조적인데, 더욱 공교로운 것은 이 말은 조조의 입에서 나왔다는 바로 그 점이다. 《전등록》 ☞ 망매지갈.

화복무문〔禍福無門〕 화복(禍福)은 문이 없다는 뜻으로, 화나 복은 운명적으로 오는 것이 아니고, 사람이 선한 일을 하거나 악한 일을 함에 따라서 각기 받는다는 말. 《좌전》

화사첨족〔畵蛇添足〕 ☞ 사족(蛇足).

화실상칭〔華實相稱〕 화려함과 성실성이 서로 일치하다. 곧 선비가 갖추어야 할 바람직한 면모를 일컫는 말. 지식인이라면 문장은 화려해야 하고 행동은 신실해야 한다는 뜻이다. 즉 전인적인 인간이 되어야 한다는 말이다. 《남사》

화양부동〔花樣不同〕 꽃 모양이 같지 않다는 뜻으로, 문장이 다른 사람과 같지 않음을 비유하여 이르는 말. 《태평광기》

화언교어〔花言巧語〕 듣기 좋은 말로 사람을 속인다는 뜻으로, 감언이설과 같은 말이다. 화언(花言)과 교어(巧語)는 같은 말이다. 《시경》

화옥산구〔華屋山丘〕 화려했던 집이 산과 구릉으로 변한다는 뜻으로, 상전벽해(桑田碧海)와 같은 뜻이다. 또는 인간의 수명은 유한해서 죽음과 함께 부귀공명도 사라진다는 뜻도 있다. 《진서》

화왕지절〔火旺之節〕 오행(五行)에서 화기(火氣)가 왕성한 절기라는 뜻으로, 여름을 일컫는 말.

화용월태〔花容月態〕 꽃다운 얼굴과 달 같은 자태라는 뜻으로, 미인의 모습을 일컫는 말.

화이부동〔和而不同〕 남과 협조하고 친밀하게 지내지만 부화뇌동(附和雷同)하지는 않는다는 말. 《논어》

화이부실〔華而不實〕 겉만 화려하고 실속은 없다는 뜻으로, 우리 속담에 「빛 좋은 개살구」와 같은 말이다. 《논형》

화전충화〔花田衝火〕 꽃밭에 불을 놓는다는 뜻으로, 젊은이의 앞길을 막거나 그르치게 함을 비유하여 이르는 말. 《순오지》

화조월석〔花朝月夕〕 꽃피는 아침과 달 밝은 저녁이라는 뜻으로, 경치가 좋은 시절. 또는 봄날 아침과 가을 저녁을 이르는 말. 《구당서》

화종구생〔禍從口生〕 화(禍)는 입으로부터 나온다는 뜻으로, 말을 삼가라는 뜻. 《석씨요람(釋氏要覽)》 ☞ 구시화지문(口是禍之門).

화중군자〔花中君子〕 꽃 중의 군자. 곧

연꽃을 일컬음.

화지누빙〔畵脂鏤氷〕 기름 위에 그림을 그리고, 얼음에 조각을 한다는 뜻으로, 수고만 하고 보람이 없음을 이르는 말. 《염철론》

화촉〔花燭〕 아름답고 화사한 등불이라는 뜻으로, 혼인의 의식, 축연(祝宴)을 가리킨다. 화촉(華燭)이라고도 쓴다.

화혜복지소의〔禍兮福之所倚〕 화와 복은 서로 의지하고 있다는 뜻으로, 화와 복은 돌고 돌아 끝이 없음을 이르는 말. 《노자》

확금자불견인〔攫金者不見人〕 돈을 움켜쥐려는 자에게는 돈 외에는 아무 것도 보이지 않는다는 뜻으로, 물욕에 눈이 멀면 의리나 염치를 모름을 이르는 말. 《열자》

환과고독〔鰥寡孤獨〕 의지할 데 없는 외로운 사람. 환(鰥)은 홀아비, 과(寡)는 과부, 고(孤)는 고아, 독(獨)은 자식없는 노인. 모두 의지할 데 없는 사람을 일컫는다. 《맹자》

환니봉관곡〔丸泥封關谷〕 한 덩어리의 흙으로 함곡관(函谷關)을 봉쇄한다는 뜻으로, 소수의 병력으로 요충지를 굳게 지킴을 비유하여 이르는 말. 《후한서》

환락극애정다〔歡樂極哀情多〕 기쁨과 즐거움이 극에 달하면 거꾸로 슬픈 마음이 솟구쳐 오른다는 말로, 비애(悲哀)로 얼룩진 무상감(無常感)을 이르는 말.

환부역조〔換夫易祖〕 아비와 할아비를 바꾼다는 뜻으로, 지체가 좋지 못한 사람이 부정한 수단으로 자손이 없는 양반집을 이어서 자기 아비·할아비를 바꾸는 일.

환연빙석〔渙然氷釋〕 얼음이 녹아 시원스럽게 풀린다는 뜻으로, 늘 지니고 있던 의문을 분명히 알게 됨을 이르는 말.

환조방예〔圜鑿方枘〕 둥근 구멍에 모난 자루를 넣는다는 뜻으로, 두 개의 일이 서로 잘 맞지 않음을 비유하여 이르는 말.

활박생탄〔活剝生吞〕 산 채로 가죽을 벗겨 통째로 삼킴. 남의 문장이나 시가(詩歌)를 그대로 도용(盜用)함을 비유하여 이르는 말. 《대동신어(大東新語)》 ↔ 표절(剽竊).

활연개랑〔豁然開朗〕 앞이 밝게 확 트인다는 뜻으로, 학문이나 사색 등으로 갑자기 어떤 도리를 깨닫게 되었음을 비유하여 이르는 말. 도연명 《도화원기》

황금용진환소색〔黃金用盡還疎索〕 황금을 다 쓰고 나면 다시 사이는 소원해진다는 뜻으로, 세상의 인간관계가 결국은 금전적인 상황에 따라 달라짐을 일컫는 말.

황량몽〔黃梁夢〕☞ 한단지몽(邯鄲之夢).

후생가외 後生可畏

뒤 後 날 生 옳을 可 두려울 畏

> 젊은 세대들이 무한한 잠재력을 가지고 발전해 옴의 비유.

후생(後生)은 뒤에 난 사람. 즉 자기보다 나이가 어린 사람을 말한다. 「후생이 가외(可畏)」는 이제 자라나는 어린 사람이나, 수양과정에 있는 젊은 사람들이 두렵다는 말이다.

《논어》 자한편에 있는 공자의 말씀이다. 두렵다는 것은 무섭다는 뜻이 아니고 존경한다는 뜻이 있다.

「뒤에 난 사람이 두렵다. 어떻게 앞으로 오는 사람들이 지금만 못할 줄을 알 수 있겠는가. 나이 4, 50이 되었는데도 이렇다 할 이름이 알려져 있지 않은 사람은 별로 두려워할 것이 못된다(後生可畏 焉知來者之不如今也 四十五十而無聞焉 斯亦不足畏也已)」

공자의 이 말은 공자보다 서른 살이 아래인 안자(顏子)의 재주와 덕을 칭찬해서 한 말이라고도 한다. 그러나 역시 이것은 하나의 진리가 아닐 수 없다.

미지수란 항상 커나가는 사람, 커나가는 세력에 있는 것이다. 하찮게 여겼던 사람이 어느새 커서 자기보다 더 훌륭하게 된 예는 너무도 많다.

황망지행〔荒亡之行〕 노는 데 빠져 생활을 돌보지 않는 행위. 주색(酒色) 등의 환락에 빠져 나라나 몸을 망치는 행위를 이르는 말.《맹자》

황양자자〔滉洋自恣〕 물이 넓고 깊은 것처럼 학식과 재능이 깊고 넓어서 응용하는 것이 자유자재임을 이르는 말.

황작풍〔黃雀風〕 음력 5월경에 부는 바람. 훈풍(薰風).

황탄무계〔荒誕無稽〕 언행이 허황하여 믿을 수가 없음. 황당무계(荒唐無

稽).

회계지치〔會稽之恥〕 중국 춘추시대에 월왕 구천(勾踐)이 오왕 부차(夫差)와 회계산에서 싸우다 생포되어 굴욕적인 강화를 맺은 고사에서 전쟁에 패한 치욕. 뼈에 사무쳐서 잊을 수 없는 치욕을 이르는 말. 《사기》 ☞ 와신상담(臥薪嘗膽).

회광반조〔廻光返照〕【불교】 빛을 돌이켜 거꾸로 비춘다는 뜻으로, 언어나 문자에 의지하지 않고 자신을 회고반성(回顧反省)해서 곧바로 자기 심성의 신령한 성품을 비쳐 보는 것을 일컫는다. 《임제록(臨濟錄)》

회록지재〔回祿之災〕 회록의 재앙. 곧 화재를 일컫는 말이다. 회록은 전설상의 불의 신 이름이다. 《좌전》

회뢰공행〔賄賂公行〕 도의심이 마비되어서 부정한 금품의 수수(授受)가 세상에서 공공연히 자행됨을 이르는 말. 《남사》

회벽유죄〔懷璧有罪〕 보옥을 가진 죄라는 뜻으로, 분수에 맞지 않는 보옥(寶玉)을 가지고 있으면 재앙을 부를 수도 있다. 즉 뛰어난 재능을 가졌기 때문에 시기의 대상이 됨을 이르는 말. 《좌전》

회사후소〔繪事後素〕 그림은 먼저 바탕을 손질한 뒤에 채색을 함. 또는 그림을 그리는 데는 흰색을 제일 나중에 칠하여 다른 색을 한층 더 선명하게 한다는 뜻으로, 사람은 좋은 바탕이 있은 뒤에 문식(文飾)을 더해야 함을 비유하여 이르는 말.

회자부적〔懷刺不適〕 명함을 품고 다녔지만 아무도 만나지 못하였다는 뜻으로, 존경할 만한 사람을 만나지 못했거나 만날 수 없는 경우를 가리키는 말이다. 《후한서》

회자정리〔會者定離〕 만나는 자에게는 반드시 이별이 기다리고 있다. 만유무상(萬有無常)을 나타내는 말. 정(定)은 필(必)과 같은 뜻. 《유교경(遺敎經)》 ㈜ 생자필멸(生者必滅).

회천지력〔回天之力〕 하늘을 돌리는 힘이란 뜻으로, 임금의 마음을 정도(正道)로 돌이키게 하는 힘. 또 국가의 쇠운(衰運)이나 시세(時勢)를 일변시키는 힘. 《당서》

횡보행호거경〔橫步行好去京〕 모로 가도 서울만 가면 된다는 뜻으로, 수단과 방법은 어떻든 간에 목적만 달성하면 됨을 이르는 말. 《청장관전서》

횡설수설〔橫說竪說〕 조리가 없는 말을 함부로 지껄임. 횡수설거(橫竪說去). 《조정사원(祖庭事苑)》

횡초지공〔橫草之功〕 싸움터의 풀을 가로 쓰러뜨린 공이란 뜻. 곧 싸움에 나아가 산야(山野)를 달리며 세운 공로. 《한서》

효빈〔效顰〕 ☞ 서시빈목(西施矉目).

효쇠어처자〔孝衰於妻子〕 사람은 처자를 가지면 부모를 섬기는 효심이 쇠해지기 쉬움을 경계하여 이르는 말. 《설원》

효자불궤〔孝子不匱〕 효자의 효성은 지극하여 다함이 없다는 뜻으로, 한 사람이 부모에게 효도를 다하면 이에 감화되어 잇달아 효자가 나옴을 이르는 말. 《시경》

효자애일〔孝子愛日〕 시간을 아껴 효도를 다한다는 말이다. 일(日)은 태양과 시간의 두 가지 뜻이 있다. 겨울 해에 비유하는 것은 엄동(嚴冬)에 햇빛을 아끼기 때문이며, 반대로 한여름의 햇빛을 싫어하는 데서 여름 해를 외일(畏日)이라고 하여 무서운 것에 비유한다. 《논어》

효자종치명 부종난명〔孝子從治命 不從亂命〕 효자는 부모가 정신이 온전할 때의 명령에 따르지 어지러울 때 내린 명령을 따르지는 않는다는 뜻으로, 「결초보은」의 성구와 연관된 이야기에서 나온 말이다. 《동주열국지》 ☞ 결초보은(結草報恩).

후고지우〔後顧之憂〕 뒤에 남는 걱정, 뒷걱정, 마음에 걸리는 일을 이르는 말. 《위서》

후래거상〔後來居上〕 뒤에 온 것이 위에 있다는 뜻으로, 나중에 발탁된 사람이 윗자리에 앉음을 이르는 말. 《사기》

후목난조〔朽木難雕〕 썩은 나무는 새기기가 어렵다는 뜻으로, 전도가 암담하거나 가르칠 가치가 없는 사람을 일컫는 말이다. 《논어》 ☞ 후목분장(朽木糞墻).

후문여해〔侯門如海〕 벼슬아치나 부잣집 대문이 바다와 같다는 뜻으로, 단속이 엄해 마음대로 출입할 수 없음을 비유하여 이르는 말.

후안무치〔厚顔無恥〕 얼굴 거죽이 두꺼워 자신의 부끄러움도 돌아보지 않는다는 뜻으로, 뻔뻔스러워서 부끄러워할 줄을 모름. 囘 순정가련(純情可憐).

후조지절〔後凋之節〕 간난(艱難)을 참고 견디며 굳게 지조를 지키는 것. 또 역경에 있어서 비로소 지조가 높은 사람을 알 수 있다는 것. 후조(後凋)는 다른 나무들이 다 말라도 아직 마르지 않고 있는 나무라는 뜻으로, 상록수를 가리킨다. 《논어》

훈주산문〔葷酒山門〕 비린내 나는 것을 먹고, 술기운을 띤 자는 절의 경내로 들어와서는 안된다고 하는 것. 선종(禪宗)의 사문(寺門) 등에 있는 계단석(戒壇石)이라는 석비(石碑)에 새겨져 있는 문구. 「불허훈주입산문(不許葷酒入山門」 즉 「훈주산문에 들어옴을 허락하지 않는다」라고 하는 것. 훈(葷)은 파나 부추 따위의 맛을 내고 힘이 나는 야채.

1057

술과 함께 불가(佛家)에서는 식음하지 않는 것.

훼예포폄〔毁譽褒貶〕 칭찬·비방·시비(是非)·선악을 평정(評定)함. 훼(毁)는 구멍을 파서 부수는 것. 또는 욕하다의 뜻도 있다. 폄(貶)은 떨어뜨리다, 비방하다의 뜻.

훼장삼척〔喙長三尺〕 부리 길이만 석자나 된다는 뜻으로, 말만 번지르르함을 이르는 말. 공담만 일삼을 뿐 일은 실속 있게 하지 못함을 이르는 말. 《운선잡기(雲仙雜記)》

휘하〔麾下〕 휘(麾)는 옛날 군대에서 대장이 가진 깃발을 말한다. 이것으로 군사를 지휘했기 때문에 대장에 직속된 사람을 휘하라고 한 것이다. 《사기》

휴척상관〔休戚相關〕 기쁨과 염려를 함께 나누다. 고락을 같이함을 이르는 말. 《국어》

휼방지쟁〔鷸蚌之爭〕 ☞ 어부지리(漁父之利).

흉유성죽〔胸有成竹〕 가슴 속에 대나무가 이루어져 있다는 뜻으로, 어떤 문제에 봉착했을 때 마음속에 성숙된 주장이나 해결 방법이 진작 있음을 일컫는 말.

흑우생백독〔黑牛生白犢〕 검은 소가 흰 송아지를 낳았다는 뜻으로, 길한 것도 반드시 길한 것이 아니고 흉한 것도 반드시 흉한 것만이 아님을 이르는 말. 《열자》

흑의재상〔黑衣宰相〕 승려의 신분으로 천하의 정치에 참여하는 사람의 비유. 흑의(黑衣)는 승려의 복장에서 그 신분을 나타낸다. 《자치통감》

흔구정토〔欣求淨土〕 극락왕생을 흔쾌히 원하는 일.

흔흔향영〔欣欣向榮〕 초목이 무성하게 자란다는 뜻으로, 사업이나 일이 날로 번성하고 융성하는 것을 비유하여 이르는 말. 《귀거래사》

흔희작약〔欣喜雀躍〕 참새가 깡충깡충 뛰듯이 덩실거리며 대단히 기뻐하는 것. 흔(欣)은 즐거워하다, 기뻐하다의 뜻. 광희난무(狂喜亂舞)와 같은 뜻이지만, 이렇게 표현한 편이 품위가 있다.

흥진비래〔興盡悲來〕 즐거운 일이 다하고 슬픈 일이 닥쳐온다는 뜻으로, 세상이 돌고 돌아 순환됨을 가리키는 말. 凹 고진감래(苦盡甘來).

희로애락〔喜怒哀樂〕 기쁨과 노여움, 슬픔과 즐거움. 또는 사람의 마음, 표정의 다양한 변화를 말한다. 卽 환락애정(歡樂哀情).

희생〔犧牲〕 원래는 천지종묘(天地宗廟)에 제사를 지낼 때 제물로 쓰는 살아 있는 소를 일컫는 말이었다. 색이 순수한 것을 희(犧)라고 하며, 길함을 얻지 못해 죽이는 것을 생(牲)이라고 하였다. 오늘날에는 다

소 뜻이 바뀌어 남을 위해 자신의 목숨이나 재물 또는 권리를 포기하는 일을 말한다. 《예기》

-부록-

출전약해
〔出典略解〕

일상생활에서 활용되는
사자성어 색인
〔四字成語〕

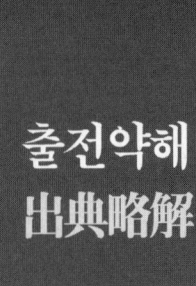

출전약해
出典略解

고문진보(古文眞寶): 13세기 무렵 편찬된 한나라 때부터 송(宋)나라에 이르는 고시(古詩)·고문(古文)의 주옥편을 모아 엮은 시문집이다. 전집 10권, 후집 10권으로 되어 있으며, 전집은 주로 시(詩)를, 후집은 주로 문(文)을 수록하고 있다. 편자인 황견(黃堅)과 편찬 경위 등에 대해서는 분명치 않으나, 송 말에서 원(元) 초에 걸친 시기의 편저임은 확실하다. 1366년(至正 26) 정본(鄭本)의 서문에 따르면, 당시에 이미 주석도 있었고 오랫동안 세상에 보급되어 있었다. 전집에는 송(宋) 진종황제의 권학문과 오언고풍단편(五言古風短篇) 등 217편의 시가 실려 있고, 후집에는 사(辭)·부(賦) 등 17체 67편의 문장을 수록하였고, 끝에는 제갈양의 「출사표(出師表)」이밀(李密)의 진정표(陳情表) 등이 실려 있다. 내용과 편수에서 차이가 나는 여러 간본(刊本)이 있다. 도연명의 「귀거래사(歸去來辭)」, 소동파(소식)의 「적벽부(赤壁賦)」 등 시나 문 등이 모두 빼어난 것들이 수록되어 우리나라에서도 예부터 중히 여겨 왔으며, 한시문을 배울 때의 텍스트로서 애용되어 왔다.

*

고시원(古詩源): 《고시원》 14권은 청(淸)나라 심덕잠(沈德潛)이 찬

(撰)한 것이다. 시(詩)는 당대(唐代)에 이르러 절정에 달했으나, 심덕잠이 서문에 기술했듯이, 시의 번성이 반드시 그 기원은 아니다. 당시(唐詩)는 송(宋)·원(元)·청시(淸詩)의 근원이며, 고시(古詩)는 또한 당시(唐詩)의 근원이라는 견지에서 이 책은 당(唐)의 전대인 수(隋)로부터 거슬러 올라가서 황제(黃帝)까지의 것을 약 3백 편 수록하고 있다. 그 속에는 초소(楚騷)는 물론, 교광(郊廣)의 악장(樂章), 동요(童謠), 속담까지 상세하게 채록하고 있다. 고시 속에는 소박한 인정이 그대로 나타나 있기 때문에 인세(人世)의 지침이 될 명언도 적지 않다. 명구의 출전(出典)에는 상세한 설명을 생략했다. 본서에는 49구를 채록하였다.

*

공자가어(孔子家語) : 공자와 그 제자의 언행 및 에피소드를 수록한 책으로, 전 10권. 원본은 한나라 때에는 존재했으나, 그 후 산일되었으며, 《한서》「예문지(藝文誌)」에는 「공자가어 27권」이라고 되어 있으나, 이것은 이미 실전(失傳)되어 저자의 이름도 기록되어 있지 않다. 현재 전하는 것은 위(魏)의 왕숙(王肅)이 공안국(孔安國)의 이름을 빌려 《춘추좌씨전》《국어(國語)》《맹자》《순자》《대대례(大戴禮)》《예기》《사기》《설원(說苑)》《안자(晏子)》《열자》《한비자》《여람(呂覽)》 등에서 공자에 관한 기록을 모아 수록한 위서(僞書)인데, 44편으로 되었다. 이 속에는 공자의 유문(遺文)과 일화가 섞여 있어 폐기되지 않고 오늘날까지 전해지고 있다.

*

관윤자(關尹子) : 중국의 사상문헌(思想文獻). 1권. 주(周)나라 관령(關令) 윤희(尹喜)의 저작이라고 하나, 당나라 말 오대(五代)의 두광정(杜光庭)의 위작(僞作)으로 보고 있다. 《장자》《열자》와 유사한 것으로 신선방술(神仙方術)과 불교 교리를 혼합한 것을 주 내용으로 하고, 문장은 불전(佛典)을 모방하였다. 《한서》 「예문지」 에는 9편(編), 《송사》 「예문지」 에는 9권으로 되어 있으며, 현행본은 서장자례(徐藏子禮)가 영가(永嘉)의 손정(孫定)에게서 얻은 것으로 되어 있다. 책머리에 유향(劉向)의 서(序)가 있고, 말미에 갈홍(葛洪)의 서가 있다.

*

관자(管子) : 춘추시대 제(齊)나라의 사상가이며 정치가인 관중(管仲, ?~B.C 645)이 지은 것으로 되어 있으나, 그 내용으로 보아 제나라의 국민적 영웅으로 칭송되던 현상(賢相) 관중의 업적을 중심으로 하여 후대의 사람들이 썼고, 전국시대에서 한대(漢代)에 걸쳐서 성립된 것으로 여겨진다. 관중은 가난했던 소년시절부터 평생토록 변함이 없었던 포숙아(鮑叔牙)와의 깊은 우정은 「관포지교(管鮑之交)」 라 하여 유명하다. 포숙아의 진언(進言)으로 환공에게 기용되어 국정(國政)에 참여하게 되었다. 환공을 도와 군사력의 강화, 상업·수공업의 육성을 통하여 부국강병을 꾀하였다. 대외적으로는 동방이나 중원(中原)의 제후(諸侯)와 9번 회맹(會盟)하여 환공에 대한 제후의 신뢰를 얻게 하였다. 《관자》 는 전한의 학자 유향(劉向)의 머리말에는 86편이라고 되어 있는데, 현재 보존되어 있는 것에는 10편과 1도(圖)가 빠져 있다. 내용은 법가적(法家的) 색채가 농후하고, 때로는 도가적(道家的)인 요소가 섞여 있기 때문에 《한서》 에서는 도가에, 《수서(隋書)》 에서는 법가에 넣고 있다. 정치의 요체는 백성을 부유하게 하고, 백성을 가르치며, 신명(神明)을 공경하도록 하는 세 가지 일이 있는데, 그 중에서도 백성을 부유하게 하는 일이 으뜸이라고 하였다.

*

구당서(舊唐書) : 940년에 편찬을 시작하여 5년에 걸쳐 완성하였다. 장소원(張昭遠)·가위(賈緯)·조희(趙熙) 등이 편찬하고, 조영(趙瑩)이 감수하고, 유구(劉昫)가 총괄하였다. 「본기」는 고조에서 애종(哀宗)에 이르기까지 합쳐서 20권,「지(志)」는 예의지(禮儀志)·음악지·역지(曆志)·천문지·오행지(五行志)·지리지·직관지(職官志)·여복지(輿服志)·경적지(經籍志)·식화지(食貨志)·형법지를 합쳐서 30권,「열전」은 후비(后妃), 제제자(諸帝子), 제신(諸臣) 122권 등 150권으로, 총계 200권으로 되어 있다. 후에 구양수에 의하여 《신당서》(전 225권)가 편찬되는데, 일장일단이 있어 우열을 가리기가 힘들다.

*

국어(國語) : 주(周)나라 좌구명(左丘明)이 《춘추좌씨전》을 쓰기 위하여 각국의 역사를 모아 찬술한 것으로, 춘추시대 주(周)·노(魯)·제(齊)·진(晋)·정(鄭)·초(楚)·오(吳)·월(越)나라의 형편을 기록한 책. 좌구명은 산동성 출생으로 공자와 같은 무렵의 노(魯)나라 사람이다. 일설에 의하면 성이 좌구, 이름이 명이라고도 한다. 《좌씨전(左氏傳)》《국어(國語)》의 저자로 일컬어진다. 《논어》 공야장편에 「원망을 숨기고서 그 사람과 친구로 지내는 것을 좌구명이 부끄럽게 여기더니, 나도 또한 부끄러워하노라」라는 공자의 말이 기록되어 있는데, 그것이 《좌씨전》 좌씨에 결합되어 《좌씨전》의 저자라고 하게 된 것 같다. 《국어》는 허신(許愼)의 《설문(說文)》에서는 「춘추국어」라 적혀 있고, 또 주로 노나라에 대하여 기술한 《좌전》을 내전(內傳)이라 하는 데 대해서 이를 외전이라 하며, 사마천이 좌구명을 무식쟁이로 비하했다고 해서 《맹사(盲史)》라고도 한다. 또 당나라 유종원이 《비국어(非國語)》를 지어 이 책을 비난하자, 송나라의 강단례(江端禮)가 《비비국어(非非國語)》를 지어 이를 반박했으며, 그 후로 학자들의 논쟁이 끊이지 않았다. 현재는 오나라 위소(韋昭)의 주(註)만이 완전하게 남아 있다. 중국의 고대사를 연구하는 데 필요한 귀중한 책이다.

*

근사록(近思錄) : 1175년 송(宋)의 주자가 여조겸(呂祖謙)과 공동으로, 주돈이(周敦頤)·정호(程顥)·정이(程頤)·장재(張載) 등 네 학자의 글에서 학문의 중심 문제들과 일상생활의 요긴한 부분들을 뽑아 편집하였다. 근사록이라는 제명은 《논어》 자장(子張)편의 「널리 배우고 뜻을 돈독히 하며, 절실하게 묻고 가까이 생각하면 인(仁)은 그 가운데 있다(切問而近思 仁在其中矣)」는 구절에서 빌려 온 것이다. 14권 622항목으로 분류되었는데, 각권의 편명은 후대의 학자들이 붙인 것으로, 수신(修身)·제가(齊家)·치국(治國)·평천하(平天下)의 교훈을 목적으로 한 것이다. 우리나라에는 고려 말에 신유학이 수입될 때 들어와 1370년(공민왕 19) 진주목사 이인민(李仁敏)이 4책으로 복간한 바 있으며, 그 책은 지금까지 전해져 보물 제262호와 제1077호로 지정되어 있다. 《소학》과 함께 중종 대 사림파의 상징적인 서적으로 인식되어 기묘사화 후에는 한때 엄격히 금지되기도 하였지만, 이이(李珥)의 《격몽요결(擊蒙要訣)》단계에 와서는 학자가 《소학》과 사서삼경 및 역사서 등을 읽은 다음에 탐구해야 할 성리서(性理書)의 하나로 제시되었다. 그 후 조선 후기까지 학자의 필수 문헌으로 인식되어 수많은 판본이 간행되었다.

*

남사(南史) : 당나라 이연수(李延壽)가 편찬한 육조시대 남조의 송(宋)·제(齊)·양(梁)·진(陳) 4대 170년간의 역사를 기록한 사서

(史書)로서, 전 80권. 중국 정사의 하나로, 이연수의 아버지 이대사(李大師)가 종래의 남북조 정사가 공정하지 못하다 하여 이를 개정하여 통사(通史)를 만들려 하였으나 뜻을 이루지 못하고 죽자, 아들이 유지를 받들어 17년에 걸쳐 《북사》와 《남사》를 편찬하였다. 《남사》는 본기 10권, 열전 70권으로 되었으나, 지(志)와 표(表)가 결여되어 지는 《수서(隋書)》의 지로 이를 보완하고, 표는 청나라의 주가유(周嘉猷)가 《남북사표(南北史表)》6권을 만들었다. 편자는 《북사》에만 많은 힘을 기울이고, 《남사》는 다만 구문(舊文)을 교정·편찬하는 데 그쳤다. 그러나 간략하게 정리되었으므로 이 책이 나오자 사람들은 송·제·양·진의 4서(書)는 읽지 않게 되었다고 한다. 또한 이 책에 수록된 《동이전(東夷傳)》은 고대 우리나라를 연구하는 데 중요한 참고 자료가 된다.

*

냉재야화(冷齋夜話) : 송나라 석혜홍(釋惠洪)의 작으로, 잡다한 견문록인데, 그 대부분은 소식과 황정견의 시파(詩派)에 관한 시론(詩論)이다. 냉재시화라고도 한다. 여기 실린 「치인설몽(痴人說夢)」은 어리석은 사람을 상대로 하여 꿈을 이야기해도, 상대편에게 통하지 않는다는 것으로, 바보를 상대로 하여 어떤 말을 하더라도 처음부터 아무 소용이 없다고 하는 유명한 성구다 전 10권.

*

노자(老子) : 도가(道家)의 조(祖)인 춘추시대 말기의 노자의 자저(自著)로 알려지고 있다. 이름은 이이(李耳), 자는 담(聃), 노담(老聃)이라고도 한다. 초(楚)나라 고현(苦縣 : 하남성 녹읍현) 출생으로 춘추시대 말기 주(周)나라의 수장실사(守藏室史 : 장서실 관리인)였다. 공자(B.C 552~B.C 479)가 젊었을 때 낙양으로 노자를 찾아가 예

(禮)에 관한 가르침을 한 것으로 알려졌다. 또 주나라의 쇠퇴를 한탄하고 은퇴할 것을 결심한 후 서방(西方)으로 떠났다. 그 도중 관문지기의 요청으로 상하(上下) 2편의 책을 써 주었다고 한다. 이것을 《노자》라고 하며 《도덕경(道德經)》(2권)이라고도 하는데, 도가사상의 효시로 일컬어진다. 그러나 이 전기에는 의문이 많아, 노자의 생존을 공자보다 100년 후로 보는 설이 있는가 하면, 「아는 자는 말하지 않고, 말하는 자는 알지 못한다」고 말한 노자가 과연 5,000어의 글을 썼는지, 또한 노자라는 인물이 시대상으로도 의문이 많아 그 실존 자체를 부정하는 설도 있다. 《노자》는 인위(人爲)에 의하지 않고 우주의 원리인 「도(道)」에 의해서 살아갈 것을 주장하는 책으로, 약 5,000자, 상하 2편으로 되어 있는데, 상편을 도경(道經), 하편을 덕경(德經)으로 나누기도 한다. 노자 사상의 특색은 형이상적인 도(道)의 존재를 설파하는 데 있다. 「무위(無爲)함이 무위함이 아니다」라는 도가의 근본교의, 겸퇴(謙退)의 실제적 교훈, 포화적(飽和的) 자연관조 등 도가사상의 강령이 거의 담겨 있어 후세에 끼친 영향이 크다. 《노자》는 흔히 말하는 도(道)가 일면적·상대적인 도에 불과함을 논파하고, 항구 불변적이고 절대적인 새로운 도를 제창한다. 그가 말하는 도는 천지보다도 앞서고, 만물을 생성하는 근원적 존재이며, 천지간의 모든 현상의 배후에서 이를 성립시키는 이법(理法)이다. 다시 말하면, 대자연의 영위(營爲)를 지탱하게 하는 것이 도이며, 그 도의 작용을 덕(德)이라 하였다. 이런 의미에서 도와 덕을 설파하는 데서, 《노자》의 가르침은 도덕(오늘날의 도덕과는 다름)으로 불리어 《도덕경》이라는 별명이 생기게 되었다.

*

논어(論語): 《논어》는 공자(孔子, B.C 552~B.C 479)의 언행을 기록

한 것으로,「논(論)」에는 논의(論議),「어(語)」에는 답술(答述)이라는 원뜻이 있다. 즉,《논어》는 공자가 논의하고 답술한 말을 편집한 것이다. 편집은 문하생인 증자나 유자(有子)에 이어 학통(學統)을 계승한 사람들에 의해서 이루어졌다.《논어》는 유가(儒家)의 성전(聖典)이라고도 할 수 있다. 4서의 하나로, 중국 최초의 어록이기도 하다. 고대 중국의 사상가가 공자의 가르침을 전하는 가장 확실한 옛 문헌이다. 공자와 그 제자와의 문답을 주로 하고, 공자의 발언과 행적, 그리고 고제(高弟)의 발언 등 인생의 교훈이 되는 말들이 간결하고도 함축성 있게 기재되어 있다. 현존본은「학이편(學而篇)」에서「요왈편(堯曰篇)」에 이르는 20편으로 이루어졌으며, 각기 편 중의 말을 따서 그 편명을 붙였다.「학이편」은 인간의 종신(終身)의 업(業)인 학문과 덕행을,「요왈편」은 역대 성인의 정치 이상을 주제로 하였다. 《논어》의 문장은 간결하면서도 수사(修辭)의 묘를 얻어 함축성이 깊다. 또한 문장간의 연계가 없는 듯하면서도 깊이 생각해 보면, 공자의 인격으로 귀일(歸一)되어 있다. 공자의 불요불굴(不撓不屈)의 구도(求道)의 태도, 관용 중에서도 사람을 이상선(理想善)인「인(仁)」으로 이끌고야 마는 교육, 그리고 공자를 중심으로 하여 겸허한 안연(顔淵), 직정(直情)의 자로(子路), 현명한 자공(子貢), 그 밖의 제자들의 각기 개성에 따른 상호간의 독려 등, 모든 내용이 인생 경험의 깊은 영지(英智)의 결정(結晶)으로, 음미할수록 가치가 있는 교훈들이다. 유교의 경서는 많지만, 그 중에서 논어는《효경(孝經)》과 더불어 한나라 이후에 지식인의 필수 서책이 되고 있다. 우리나라에도 일찍부터 도래되어 한학(漢學)의 성행으로 널리 보급되고, 국민의 도덕사상 형성의 기본이 되었다. 구미 각국에도 연구서나 번역서가 많이 나와 있다.

*

논형(論衡) : 후한의 사상가 왕충(王充, 27~100?)의 저작으로 현재 85편이 남아 있다. 왕충은 관리로서는 평생 불우하였으나, 낙양에 유학하여 저명한 역사가 반고(班固)의 부친 반표(班彪)에게 사사하였다. 가난하여 늘 책방에서 책을 훔쳐 읽고 기억했다고 한다. 그는 철저한 반속정신(反俗精神)의 소유자로, 그 독창성에 넘치는 자유주의적 사상은 유교적 테두리 안에서 다듬어진 한대적(漢代的) 사상을 타파하고 언론의 자유를 내세우는 위진적(魏晉的) 사조를 만들어 내었다. 사상적 전환기에 선 선구자로서 그가 중국사상사에서 차지하는 지위는 크다. 대표적 저서에 전통적인 당시의 정치나 학문을 비판한 《논형(論衡)》(85편)은 유교의 제설(諸說), 전국시대의 제자(諸子)의 설 외에 당시의 정치·습속·속설 등 다방면의 문제를 다루어 실증적이고 합리적인 비판을 가하였다. 내용적으로는 일관된 논리적 체계를 이루고 있지 않아 저작으로는 조잡한 점이 없지 않다. 그러나 현저한 사상적 특색은 실증주의의 입장에서 오로지 진실한 것을 구명하려고 한 점이다. 시대적 제한은 있으나 비판적 정신이 풍부하여 전통사상, 특히 한나라 때 유학 속에 잠재한 허망성(虛妄性)을 지적하고 속유(俗儒)의 신비주의적 사상, 즉 미신적 사상을 배격하고 있어 당시로서는 희귀한 문헌이다.

*

당시선(唐詩選) : 명나라 말기(16세기)에 나온 당나라 시선집으로 전 7권. 편찬자는 미상이다. 당대(唐代)는 중국 역사상 가장 시가 융성했던 시기이며, 시인의 수도 많고 또한 우수한 시도 매우 많다. 그리고 그 수많은 시작품은 작품에 따라 초당·성당(盛唐)·중당·만당(晚唐)으로 나누어진다. 권 1은 오언고시(五言古詩), 권 2는 칠언고시(七言古詩), 권 3은 오언율시(五言律詩), 권 4는 오언배율(五言排

律), 권 5는 칠언율시, 권 6은 오언절구, 권 7은 칠언절구로, 모두 128명의 시 465수로 이루어져 있다. 성당 때의 시를 이상으로 삼은 이반룡(李攀龍) 일파의 시론을 구체적으로 나타낸 것으로, 성당 때의 시가 많고 중당·만당(晩唐) 때의 것은 적다. 이백·두보와 함께 이두한백(李杜韓白)이라 일컫는 중당 때의 한유(韓愈)의 시는 한 수뿐이고, 백거이의 시는 전무하기 때문에 선택이 치우친 것으로 평가되었다

*

대학(大學) : 유교 경전에서 공자의 가르침을 정통으로 나타내는 4서 중 중요한 경서이다. 본래 《예기》의 제42편이었던 것을 송나라의 사마광(司馬光)이 처음으로 따로 떼어서 《대학광의(大學廣義)》를 만들었다. 그 후 주자가 《대학장구》를 만들어 경(經) 1장, 전(傳) 10장으로 구별하여 주석을 가하고 이를 존숭(尊崇)하면서부터 널리 세상에 퍼졌다. 주자는, 이 책을 경(經)은 공자의 말을 증자(曾子)가 기술한 것이고, 전(傳)은 증자의 뜻을 그 제자가 기술한 것이라고 단정하였다. 경에서는 명명덕(明明德 : 명덕을 밝히는 일)·신민(新民 : 백성을 새롭게 하는 일)·지지선(止至善 : 지선에 머무르는 일)을 대학의 3강령이라 하고, 격물·치지·성의(誠意)·정심(正心)·수신·제가·치국·평천하의 8조목으로 정리하여 유교의 윤곽을 제시하였다. 실천 과정으로서는 8조목에 3강령이 포함되고, 격물 즉 사물의 이치를 구명하는 것이 그 첫걸음이라고 하였다. 이것이 평천하의 궁극 목적과 연결된다는 것이 《대학》의 논리이다.

*

등왕각서(滕王閣序) : 당의 왕발(王勃, 649~676)이 지은 사륙변려문(四六騈儷文). 원 제목은 「추일등홍부등왕각전별서(秋日登洪符滕王

閣錢別序)」「등왕각시서」라고도 한다. 등왕각은 그 옛터가 지금의 강서성 남창(南昌) 시에 있다. 초당(初唐) 4걸(傑) 중의 한 사람인 왕발은 명문가 출신으로 재능이 뛰어나 성년이 되기도 전에 벼슬을 하였다. 하지만 곧 남들의 시기를 사게 되어 일찍 관직에서 물러났으며, 그로부터 사방으로 떠돌아다니며 도처를 유랑하기 시작하였다. 당 고종 때인 676년 중양절(9월 9일)에 홍주도독 염공(閻公)이 등왕각에서 주연을 열고 손님들을 청했는데 마침 왕발이 아버지를 뵈러 가는 길에 남창을 지나다가 이 연회에 참석하여 즉석에서 이 시와 서를 지었다. 전반부는 홍주 일대의「번화하고 풍요로우며 인물은 뛰어나고 지세는 신령스러운」형세와 등왕각의 수려하고 웅장한 아름다움 및 연회의 성황을 그렸다. 후반부에서는 타향에서 객으로 지내며 품은 뜻을 펼쳐 볼 수 없음을 탄식한다. 경치 묘사와 서정적 묘사를 결합시켜 단숨에 지어내어 흠잡을 데 없이 매끄럽다. 형식은 사륙변려체이며, 대구(對句)가 뛰어나고 음운도 잘 맞는다. 사조가 화려하고 우아하며, 전고(典故)를 많이 인용하였다.

*

맹자(孟子) : 전국시대의 사상가 맹가(孟軻, B.C 372?~B.C 289?)의 저술로서, 맹가의 자는 자여(子輿) 또는 자거(子車)라고 하지만 확실하지 않다. 지금의 산동성 추현에 있었던 추(趨)에서 출생하였다. 공자의 유교사상을 공자의 손자인 자사(子思)의 문하생에게서 배웠다. 어릴 때 현모(賢母)의 손에서 자라났으며「맹모삼천지교(孟母三遷之敎)」는 유명한 고사이다. 제후가 유능한 인재들을 찾는 전국시대에 배출된 제자백가(諸子百家)의 한 사람으로서 맹자도 B.C 320년경부터 약 15년 동안 각국을 유세하고 돌아다녔으나, 자기의 주장이 채택되지 않자 고향에 은거하였다. 제후가 찾는 것은 부국강병(富國強

兵)이나 외교적 책모(策謀)였으나, 맹자가 내세우는 것은 도덕정치인 왕도(王道)였으며, 따라서 이는 현실과 동떨어진 지나치게 이상적인 주장이라고 생각되었다. 만년에는 제자 교육에 전념하였고, 저술도 하였다고 한다. 《맹자》는 《논어》 《대학》 《중용》과 더불어 소위 「4서」의 하나이다. 공자의 학통은 증자에게 전해지고, 증자의 학통은 다시 공자의 손자인 자사(子思)에게 전해졌으며, 그 자사의 문인에게 가르침을 받은 것이 맹자다. 공자에게 《논어》가 있고, 증자에게 《대학》이 있으며, 자사에게 《중용》이 있고, 맹자에게 《맹자》가 있으므로, 공(孔)·증(曾)·사(思)·맹(孟)의 학통과 「4서」의 서(書)와는 매우 관계가 깊다. 《맹자》는, 그의 문인들이 스승이 죽은 후에 정리한 것이라는 견해들도 있으나, 수미일관(首尾一貫)된 체제 등을 들어 일반적으로 맹자의 직접 저술로 인정하고 있다. 송대의 유학자인 주자 등에 의해 유학의 기본 경전인 4서의 하나로서 흔들리지 않는 권위를 지니게 되었다. 양혜왕·공손추·등문공·이루·만장(萬章)·고자(告子)·진심의 7편으로 구성되었다. 양(梁)의 혜왕에게 「이(利)」를 구하는 잘못을 지적하고 「왕께서는 오직 인의(仁義)를 말씀함에 그칠 것이지 하필 이익을 말씀하십니까(何必曰利)」하고 「하필왈리」라는 어구로 쐐기를 박은 첫머리의 기사가 전체 저술의 개요를 이루는데, 공자의 인(仁)에 대해 의(義)를 더하여 왕도정치의 바탕으로 삼은 것이다. 민주주의와 자본주의의 현대사회에서는 그 전체적인 사회·정치 이론을 받아들일 수 없게 되었지만, 크게는 「성선설」로부터 구체적으로 「호연지기론(浩然之氣論)」에 이르는 견해들은 시대를 뛰어넘어 인간생활의 한 지침이 되고 있다. 빈틈없는 구성과 논리, 박력 있는 논변으로 인해 《장자》 및 《좌씨전(左氏傳)》과 더불어 중국 진(秦) 이전의 3대 문장으로 꼽히는 등 문장 교범으로서도 높은 평가를 받아왔으며 한문 수련의 필수적인 교재이다. 또 「오십보백보」 「조장(助長)」 등의 절묘한 비유를 통해 독자의 흥미를 돋우고 논지를 철저히 이해시켜 준다.

*

몽계필담(夢溪筆談) : 송나라의 학자이며 정치가인 심괄(沈括, 1031~1095)의 저서로서, 26권. 보필담(補筆談) 2권, 속필담(續筆談) 1권. 심괄의 자는 존중(存中), 호는 몽계옹(夢溪翁). 절강성 출생으로, 사천감(司天監 : 천문대장)이 되어 천체관측법·역법(曆法) 등을 창안하였다. 유능한 정치가였을 뿐만 아니라, 박학하여 문학·예술·역사·행정(行政) 분야는 물론, 수학·물리·동식물·약학(藥學)·기술(技術)·천문학 등 자연과학의 모든 분야에 걸쳐 일가견을 가지고 있었다. 또 화석(化石)에 의한 기상 변동의 추정이라든가, 태양력에 의한 역법(曆法) 등 현대과학의 기초가 되는 사항이 포함되어 있어 뛰어난 과학기술의 문헌으로서 주목받고 있다. 그의 이러한 연구 결과를 만년에 집대성한 것이 이 책인데, 송나라 과학사 연구의 중요한 자료로서 후세에 공헌한 바 크며, 오늘날에도 그 가치를 인정받고 있다.

*

묵자(墨子) : 전국시대 초기의 사상가 묵자〔이름은 적(翟)〕가 지은 것으로, 묵자의 행적은 분명하지 않다. 묵자 및 그의 후학인 묵가(墨家)의 설을 모은 《묵자》가 현존한다. 《묵자》는 53편이라고 하나, 《한서》지(志)에는 71편으로 되었다. 최종적으로 성립된 것은 한나라 초기까지 내려간다고 추정된다. 그 내용은 다방면에 걸쳤으나, 중심이 되는 것은 상현(尙賢)·상동(尙同)·겸애(兼愛)·비공(非攻)·절용(節用)·절장(節葬)·천지(天志)·명귀(明鬼)·비악(非樂)·비명(非命)의 10론(十論)을 풀이한 23편이다. 겸애란, 사람은 「자신

(自身)」「자가(自家)」「자국(自國)」을 사랑하듯이 「타인」「타가(他家)」「타국」도 사랑하라는 것이다. 비공론(非攻論)은 여기에서 비롯되었다. 유가의 인(仁)이 똑같이 사랑(愛)을 주의로 삼으면서도 존비친소(尊卑親疎)의 구별이 있음을 전제로 하는 데 반하여, 겸애는 무차별의 사랑인 점이 다르고, 또한 사랑은 남을 이롭게 하는 것이지만, 그것은 이윽고 자신도 이롭게 한다는 「겸애교리(兼愛交利)」를 풀이한 것이었다. 요컨대《묵자》는 유가가 봉건제도를 이상으로 하고 예악을 기조로 하는 혈연사회의 윤리임에 대하여, 오히려 중앙집권적인 체제를 지향하여 실리적인 지역사회의 단결을 주장한 것이다. 더욱이 10론 이외에 일종의 논리학을 풀이하는 편(編)과 비공론(非攻論)에서 출발한 방어술(防禦術)・축성술(築城術)에 관한 편도 있다.

*

문선(文選) : 남조 양(梁)나라의 소명태자 소통(簫統, 501~531)이 주(周)나라 시대부터 육조시대의 남조 양나라까지 대략 1천 년 동안의 대표적인 시문을 모아 엮은 책으로, 전 30권. 소통은 양(梁) 무제 소연(蕭衍)의 장남으로 황태자가 되었으나, 즉위하기 전에 죽었다.《문선》에 엮은 작품들의 선택 기준은 내용에 있지 않고 형식의 아름다움에 있었으나, 작품의 전아함을 요구하고 있는 것으로 보아 내용을 소홀히 하지 않았다. 그는 「문장은 화려하면서도 부박하지 말아야 하며, 전아하면서도 거칠지 않아야 하므로 문과 질이 서로 어울릴 때 군자의 극치를 지니게 된다」라고 주장하였다.《문선》에 나타난 소통의 문학관은 후대 문학 발전에 큰 영향을 주었다. 여기에 실린 문장가는 130여 명으로, 이 중에는 무명작가의 고시(古詩)와 고악부(古樂府)도 포함되어 있다. 문체별로는 부(賦)・시(詩)・소(騷)・조

(詔)·책(策)·표(表)·서(序)·논(論)·제문(祭文) 등 39종으로 나누었다. 시는 443수이고, 부·소에서 제문까지의 작품 317편을 수록하였는데, 그 중 부가 가장 많다. 《문선》은 수(隋)나라에 이르러 세상에 널리 알려졌고, 당나라에 들어와 성행하였다. 송나라의 대중상부(大中祥府) 9년(1016), 처음으로 문선이 교각(校刻)되면서부터 이를 전문으로 배우는 이른바 선학(選學)이 생기게 되었는데, 한유·두보 등도 문선을 존중하였다는 기록이 있다. 특히 당나라 때에는 사부(詞賦)로써 선비를 등용하였으므로, 문선학이 아주 성행하여, 마침내 6경(六經)에 견주게까지 되었다. 우리나라에서는 신라 독서삼품과의 상품(上品) 시험과목으로 《논어》《효경》《예기》《춘추좌씨전》 등과 함께 부과되었는데, 이후 우리나라 한문학에 큰 영향을 끼쳤다.

*

문장궤범(文章軌範) : 남송의 사방득(謝枋得, 1226~1289)이 편찬한 과거를 위한 참고서로서, 사방득의 자는 군직(君直), 호는 첩산(疊山). 강서성 사람. 문절(文節)선생이라고도 한다. 기개가 있고 직언으로 알려져, 보유(寶裕) 연간(1253~1258)에 진사로 추대되었으나 사퇴하였다. 당시 송나라는 이미 국운이 기울어 원군(元軍)의 침공을 받았으므로, 그는 송조(宋朝)의 회복을 필사적으로 획책하였으나 성공하지 못하고, 복건성 건양으로 망명하였다. 뒷날 원조(元朝)의 부름을 받고 억지로 북경으로 끌려갔으나, 두 조정을 섬길 수 없다고 거절하고 단식하여 죽었다. 《문장궤범》은 산문선집으로 초학자가 모범으로 삼아야 할 문장 69편이 수록되어 있다. 내용은 주로 당나라의 한유 31편, 유종원 5편, 원결(元結)·두목(杜牧) 각 1편, 송나라의 소동파 12편, 구양수 5편, 소순(蘇洵) 4편, 범중엄·이구(李覯)·이

격비(李格非)·신기질(辛棄疾) 각 1편으로, 당·송의 고문파(古文派) 작가에 한정하였다. 그 밖에 삼국시대 제갈공명의 《전출사표》와 진(晉)나라 도연명의 《귀거래사》를 포함시킨 것은 편자인 사방득이 송나라의 충신인데다 송나라가 멸망한 후에 이 책을 편집했기 때문에, 이 두 편의 글을 통해 자신의 우국(憂國)과 은일(隱逸)의 심사를 나타내려고 한 것이다. 이 책은 원·명 이후에 인기가 높아 왕양명이 그 서문을 쓰기까지 하였다.

*

북사(北史) : 당나라의 학자 이연수(李延壽 : 《남사》 참조)가 편찬한 육조시대 북조의 북위(北魏)·북제(北齊)·북주(北周) 수(隋) 4조(朝) 240년의 역사를 기록한 사서로서, 본기 12권, 열전 88권 합계 100권. 중국 24사(史)의 하나로서, 《남사》에 비하여 서사(敍事)가 매우 상밀(詳密)하다. 열전 중에는 《고구려전》 《백제전》 《신라전》 《물길전(勿吉傳)》 《거란전(契丹傳)》 등이 있어 한국 역사 연구에 참고 자료가 된다.

*

사기(史記) : 전한의 사마천(司馬遷, B.C 145?~B.C 86?)이 신화(神話), 전설시대인 삼황오제(三皇五帝)로부터 한나라 무제 태초 연간(B.C 104~101년)에 이르기까지 중국과 그 주변 민족의 역사를 포괄하여 저술한 세계사적인 통사. 저자 사마천의 자는 자장(子長), 용문(龍門 : 현재 한성현) 출생으로 사마담(司馬談)의 아들. 7세 때 아버지가 천문 역법과 도서를 관장하는 태사령(太史令)이 된 이후 무릉(武陵)에 거주하며 고문을 독서하던 중, 20세경 낭중(郎中)이 되어 무제를 수행하여 여러 지방을 여행하면서 크게 견문을 넓혔고, 《사기》를 저술하는 데 필요한 귀중한 자료를 수집하였다. B.C 110년

사마담이 죽으면서 자신이 시작한 《사기》의 완성을 부탁하였고, 그 유지를 받들어 B.C 108년 태사령이 되면서 황실 도서에서 자료 수집을 시작하였다. B.C 104년(무제 태초 원년) 천문 역법의 전문가로서 태초력(太初曆)의 제정에 참여한 직후 《사기》 저술에 본격적으로 착수하였다. 그러나 저술에 몰두한 그는 흉노의 포위 속에서 부득이 투항하지 않을 수 없었던 벗 이릉(李陵) 장군을 변호하다 황제의 노여움을 사서, B.C 99년 남자로서 가장 치욕스러운 궁형(宮刑)을 받았다. 「보임안서(報任安書)」라는 명문에서 당시 《사기》의 완성을 위하여 죽음을 선택할 수 없었던 심정을 술회하였는데, 옥중에서도 저술을 계속하여 B.C 95년 황제의 신임을 회복하여 환관의 최고 직인 중서령(中書令)이 되었으며, B.C 90년에는 마침내 《사기》를 완성하였다. 사마천은 저술의 동기를, 가문의 전통인 사관의 소명의식에 따라 《춘추》를 계승하고 아울러 궁형의 치욕에 발분하여 입신양명으로 대효를 이루기 위한 것으로, 저술의 목표는 「인간과 하늘의 관계를 구명하고 고금의 변화에 통관하여 일가의 주장을 이루려는 것」으로 각각 설명하는데, 전체적 구성과 서술에 이 입장이 잘 견지되었다. 이 책의 가장 큰 특색은 역대 중국 정사의 모범이 된 기전체(紀傳體)의 효시로서, 제왕의 연대기인 본기(本紀) 12편, 제후 왕을 중심으로 한 세가(世家) 30편, 역대 제도 문물의 연혁에 관한 서(書) 8편, 연표인 표(表) 10편, 시대를 상징하는 뛰어난 개인의 활동을 다룬 전기 열전(列傳) 70편, 총 130편으로 구성되었다. 각 편의 숫자도 모두 우주 수와 관련되었을 뿐만 아니라 본기를 북극성에, 세가를 28수(宿)에 각각 대응시켜 구성 자체가 「우주의 축영」으로 평가되기도 하는데, 실제 「천관서」는 천문의 대변화 주기에 따라 인간의 역사도 변한다는 관념도 보인다. 그러나 인간과 하늘의 상호 대응관계에서 전개되는 인간의 역사를 냉엄하게 통찰한 이 책은 초자연적인 힘, 또는 신에서 해방된 인간 중심의 역사를 발견하였다. 그러므로 열전에 가장 많은 비중을 할애하였고, 주로 유가 경전을 기준으로 합리적으로 믿을 수 있다고 판단된 자료만 취록하였다. 또 열전의 첫 머리에 이념과 원칙에 순사한 백이(伯夷)·숙제(叔齊)의 열전을, 마지막에 이(利)를 좇는 상인의 열전 화식열전(貨殖列傳)을 두어, 위대한 성현뿐 아니라 시정잡배가 도덕적 당위의 실천과 이욕적 본능 사이에서 방황하고 고뇌하는 생생한 모습을 제시함으로써 「살아 숨쉬는 인간」에 의해서 역사가 창조된다는 점을 극명하게 보여준다. 실제로 구성은 물론 글자 하나까지도 의도된 효과를 위하여 사용되어 그 생동감은 독자를 무한한 감흥으로 이끌고 간다. 이 책의 충만한 비판정신을 궁형을 당한 사마천의 울분에서 비롯된 무제의 비방으로 해석하여 「비방(誹謗)의 서」로 부르는 사람도 있다. 그러나 인간의 위대함과 어리석음, 이욕 및 폭력과 도덕적 이상의 갈등에서 발전하는 역사를 준엄하게 지적할 뿐, 울분적인 비방의 차원은 결코 아니었다.

*

삼국지(三國志) : 진(晉)나라의 학자 진수(陳壽, 233~297)가 편찬한 위(魏)·촉(蜀)·오(吳) 삼국의 역사를 기록한 사서. 진수의 자는 승조(承祚), 사천성 파서 출생. 진(陳)씨는 바시의 호족으로서, 그의 아버지와 그는 촉한에서 벼슬하였다. 진나라의 학자 장화(張華)가 그의 재능을 인정하여 치서시어사(治書侍御史)의 관직에까지 올랐다. 《삼국지》는 《사기》 《한서》 《후한서》와 함께 중국 전사사(前四史)로 불린다. 위서(魏書) 30권, 촉서(蜀書) 15권, 오서(吳書) 20권, 합계 65권으로 되어 있으나 표(表)나 지(志)는 포함되지 않았다. 위나라를 정통 왕조로 보고 위서에만 「제기(帝紀)」를 세우고, 촉서와 오서는 「열전」의 체제를 취했으므로 후세의 사가들로부터 많은 비판의 대상이 되었다. 그 때문에 후에 촉한을 정통으로 한 사서도 나타났다. 그러나 찬술한 내용은 매우 근엄하고 간결하여 정사 중의 명저라 일컬어진다. 다만 기사(記事)가 간략하고 인용한 사료도 지나치게 절략(節略)하여 누락된 것이 많았으므로 남송 429년에 문제(文帝)는 배송지(裵松之)에게 명하여 주를 달게 하였다. 《삼국지》에 합각(合刻)되어 있는 배송지주(裵松之註 : 裵註)가 그것이다. 또한 《위서》 동이전(東夷傳)에는 부여·고구려·동옥저(東沃沮)·읍루(挹婁)·예(濊)·마한·진한·변한·왜인(倭人) 등의 전(傳)이 있어, 동방민족에 관한 최고의 기록으로 동방의 고대사를 연구하는 데 유일한 사료가 된다.

*

삼국지연의(三國志演義) : 중국 4대 기서(奇書)의 하나로, 송나라 때부터 역사서인 《삼국지》에 바탕을 둔 이야기책이 나돌고 있었는데, 그것을 나관중(羅貫中)이 소설화했다고 전해진다. 나관중에 대해서는 전해지는 것은 별로 없다. 자는 관중, 호는 호해산인(湖海散人), 본명은 본(本). 산서성 여릉(廬陵) 사람으로 1364년에 살았다는 기록 외에 전기(傳記)는 밝혀져 있지 않으나, 최하급의 관리였던 것으로 생각된다. 송·원(宋元)시대에 유행한 구연(口演)의 이야기책을 기초로 하여 구어체 장편소설을 지은 선구자로서, 시내암과의 공저 《수호지》 등의 걸작품이 있다. 《삼국지연의》의 원명은 《삼국지통속연의(三國志通俗演義)》라 하며, 또한 삼국의 정사를 알기 쉬운 말로 이야기한 책이라는 뜻에서 《삼국지 평화(平話)》라고도 부른다. 진수의 《삼국지》에 서술된 위·촉·오 3국의 역사에서 취재한 것으로, 3국이 정립하여 싸우는 이야기는 그 전투의 규모가 웅장하고, 인간의 온갖 지혜와 힘을 총동원하여 치열한 공방전이 되풀이되는 만큼,

옛날부터 중국인들 사이에 흥미있는 이야기로 전하여 오다가 9세기(당나라 말기) 경에는 이미 연극으로 꾸며진 흔적이 있고, 송대(11~13세기)에는 직업적인 배우까지 나왔다. 이야기의 내용은 대략 전·후반으로 나누어지며, 전반에서는 유비·관우·장비 3인의 결의형제를 중심으로 나중에 제갈공명이 가담하게 되는데, 절정은 유비와 손권(孫權)의 연합군이 조조의 대군을 화공(火攻)으로 무찌르는 적벽(赤壁)의 대전이며, 이것이 위(魏 : 조조)·오(吳 : 손권)·촉(蜀 : 유비)의 3국이 분립하게 되는 원인이 된다. 후반에서는 제갈공명의 독무대가 되고, 공명이 6차에 걸친 북정(北征)에서 병사하는 「추풍오장원(秋風五丈原)」의 1절이 절정을 이루게 된다. 소설의 주요 인물은 유비 등 3인과 공명이지만, 조조의 성격도 잘 묘사되어 있다. 가장 생기가 넘치는 것은 관우와 장비 두 사람이며, 무용(武勇)과 지모(智謀)로 이어지는 전투의 기술이 태반을 차지하고 있으나, 이야기의 전개가 적당한 템포로 진행되고, 독자의 흥미를 이끌어 가는 수법이 매우 뛰어나 중국의 많은 역사소설 중에서 가장 훌륭한 작품이다. 우리나라에서도 예부터 대중적인 읽을거리로 널리 읽혀져 왔으며, 관우의 장한 의기와 절개는 민간신앙으로까지 발전하여 관제교(關帝敎)가 생겨나고, 관제묘(關帝廟)가 곳곳에 세워지기까지 하였다. 신문학 이전에는 한문으로 된 원본이 수입되어 읽혔으나 그 후 수많은 국역본이 나와 널리 대중의 인기를 차지하게 되었다.

*

삼체시(三體詩) : 《삼체시》는 「삼체당시(三體唐詩)」의 약칭으로서 당시(唐詩) 가운데 칠언율시(七言律詩), 오언율시(五言律詩) 등 삼체(三體)를 여섯 권에 모은 것이다. 그 중 칠언절구와 오언율은 다시 일곱 개의 격(格)으로, 칠언율은 여섯 개의 격으로 각기 나뉘어져 있다. 이《삼체시》는 송(宋)나라의 주필(周弼)이 찬했으며, 원(元)나라의 석원지(釋圓至)가 주(註)를 달고, 다시 청(淸)나라의 고사기(高士奇)가 보주(補註)한 것인데, 석원지의 주보다는 고사기의 보주가 더 훌륭하여 참고가 된다고 한다. 예부터 당시를 배우는 사람은 《당시선(唐詩選)》과 함께《삼체시》도 또한 필독의 서(書)로 일컬어져 왔다. 본서에는 101구를 채록하였다.

*

서경(書經) : 고대의 제왕 및 군신(群臣)의 언행록. 요(堯)·순(舜)·우(禹)에서 은(殷)·주(周)까지를 기록하고 있다. 한대(漢代) 이전까지는 「서(書)」라고 불렸는데, 이후 유가사상의 지위가 상승됨에 따라 소중한 경전이라는 뜻을 포함시켜 한대에는《상서(尙書)》라 하였으며, 송대에 와서《서경》이라 부르게 되었다. 현재는《상서》와 《서경》두 명칭이 혼용되고 있다. 오늘날 전해지고 있는 상서는 58편으로 구성되어 있으며, 주(周) 당시의 원본이 아니라 위진남북조시대에 나온 위작(僞作)이다. 상서가 분서갱유로 소실되자 한 문제 때 진(秦)에서 박사를 지낸 복생(伏生)이 상서에 정통하다는 말을 듣고 한 왕실에서 유학을 진흥시키기 위해 조조(晁錯)를 보내 배워오게 했다. 복생은 조조에게 29편의 상서를 전해 주었고, 조조는 상서를 당시의 문자체, 즉 금문으로 받아썼는데, 이것이 바로 금문상서이다. 고문상서는 경제(景帝) 때 노(魯) 공왕(恭王)이 공자의 옛 집을 헐다가 벽 속에서《예기》《논어》《효경》등과 함께 발견했다는 상서의 고본(古本)을 말한다. 이 고본은 한의 문자체와는 다른 춘추시대의 문자체로 씌어 있었기 때문에 금문이라는 말과 대비되는 고문이라고 한다. 오늘날 전해지는 58편의 상서는 동진(東晋)의 매색(梅賾)이라는 유학자가 조정에 바쳤다는 금문상서본을 기초로 하고 있는데, 대체로 그의 위작으로 본다. 우서(虞書) 5편, 하서(夏書) 4편, 상서(商書) 17편, 주서(周書) 32편으로 이루어져 있다. 진위 여부를 둘러싸고 역대로 논쟁이 제기되어 왔으며, 실제로 그 유래가 불분명한 점이 많으나 오랜 세월 동안 중국 고대의 역사를 아는 데 있어 유가 최고 경전의 하나로서 권위와 그 의의가 인정된다.

*

서경잡기(西京雜記) : 진(晋)나라의 갈홍(葛洪, 283~343?)이 전한시대의 잡사를 기록한 저서. 6권. 전한 말의 유흠(劉歆)이 원저자라고도 하나 분명하지는 않다. 내용은 전한의 천자·후비·유명인사들의 일화, 궁실의 제도와 풍습, 원지(苑池)·비보(秘寶) 등에 관하여 잡다하게 수록하였다. 수도 장안을 중심으로 지리·풍속·사건·제도, 특히 천자가 상주한 미앙궁(未央宮), 궁중의 천자 원지인 상림원(上林苑)·곤명지(昆明池) 등의 기사는 매우 상세하며, 정사를 보충하는 사료로 쓰인다. 이 책은 옛날부터 시인들의 시작(詩作) 재료로 많이 이용되었다.

*

설원(說苑) : 전한 말에 유향(劉向, B.C 77?~B.C 6?)이 편집한 군주가 알아두어야 할 일을 여러 책에서 초출(抄出)한 교훈적인 설화집이다. 유향의 자는 자정(子政), 처음 이름이 경생(更生), 한나라 고조의 배다른 동생 유교(劉交 : 楚元王)의 4세손. 젊었을 때부터 재능을 인정받아 선제(宣帝, 재위 B.C 74~B.C 49)에게 기용되어 간대부(諫大夫)가 되었으며, 수십 편의 부송(賦頌)을 지었다. 신선방술(神仙方術)에도 관심이 많았으며, 황금 주조를 진언하고 이를 추진하다가 실패하여 투옥되었으나, 부모형제의 도움으로 죽음을 면하였다. 재차 선제에게 기용되어 석거각(石渠閣 : 궁중도서관)에서 오경(經)을 강하였다. 성제 때에 이름을 향(向)으로 고쳤으며, 이 무렵 외척의 횡포를 견제하고 천자의 감계(鑑戒)가 되도록 하기 위하여 상고(上古)로부터 진(秦)·한(漢)에 이르는 부서재이(符瑞災異)의 기록을 집성하여 《홍범오행전론(洪範五行傳論)》(11편)을 저술하였다. 그 밖의 편저서에 《신서(新序)》 《열녀전》 《전국책》과, 궁중도서를 정리할 때 지은 《별록(別錄)》이 있다. 《한서》에 그의 전기가 수록되어 있다. 「군도(君道)」 「신술(臣術)」 등 20편으로 구성되었다. 또 다른 저서인 《신서(新序)》와 그 체재가 비슷하며, 내용도 중복된 것이 있다. 고대의 제후나 선현들의 행적이나 일화·우화 등을 수록한 것이며 위정자를 설득하기 위한 훈계독본으로 이용하였다.

*

세설신어(世說新語) : 송나라의 유의경(劉義慶, 403~444)이 편집한 후한 말부터 동진까지의 명사들의 일화집이다. 《유의경세설》 《세설신서》라 불렀으나, 북송 이후로 현재의 명칭이 되었으며, 덕행(德行)·언행부터 혹닉(惑溺)·구극(仇隙)까지의 36문(門)으로 나눈 3권본으로 정해졌다. 편자인 유의경은 강소성 팽성(彭城 : 지금의 서주) 출신으로, 송나라 무제 유유(劉裕)의 조카이고 장사(長沙) 경왕(景王) 유도련(劉道憐)의 둘째 아들이다. 상서좌복야(尙書左僕射)·중서령·형주자사 등을 지냈다. 병이 들어 41세의 나이로 죽었는데, 시호를 강왕(康王)이라 하였다. 성품이 소박하고 문학을 좋아하여, 문학을 하는 선비들이 주위에 많이 모였다. 문집 8권이 있었으나 소실되었고, 작품에 지인소설 《세설신어》와 지괴소설 《유명록(幽明錄)》 등이 있다. 《세설신어》는 본래 8권이었으나 현재 전해지는 판본은 3권으로 되어 있으며, 《유명록》은 원래 30권이었으나 이미 소실되었고 노신(魯迅)의 《고소설구침(古小說鉤沈)》에 일부가 집록

되어 있다.《세설신어》는 후한 말부터 동진(東晋)까지의 정치가·문인·사대부·승려·서인 등 600명에 이르는 인물의 이야기를 담고 있는 일화집으로 중국문학사상 중요한 위치를 차지하는 작품이다. 당시 지식인과 중세 호족(豪族)의 생활 태도를 생기발랄한 콩트 식으로 묘사하였으며, 한 말부터 위·진 무렵의 귀족계급 주변의 사상과 풍조를 후세에 상세히 전하고 있다.

*

소학(小學) :《소학(小學)》은 이름이 가리키듯이, 동몽(童蒙 ; 어린이)의 교육용으로 만들어진 것이다. 송나라 주자의 찬으로 되어 있으나, 실은 문인(門人) 유자징(劉子澄)이 주자의 지원에 의하여 편찬한 것이다. 내외 2편으로 나뉘어 내편은 입교(立敎)·명륜(明倫)·경신(敬身)·계고(稽古)의 4개 항목을 기본으로 하여 유교사상의 요강을 기술하고 있다. 외편은 가언(嘉言)·선행(善行) 두 개의 항목 밑에 한대(漢代) 이후 송대(宋代)까지의 현인과 철인의 언행을 기록하여 내편과 대조시켰다. 일상생활의 세세한 예의범절을 비롯하여 수양을 위한 수신(修身)·제가(齊家)·치국(治國)·평천하(平天下)에 이르기까지 격언·충신·효자의 사적들을 모아서 개인의 도덕 수양서로서 기술한 책이다.《예기》사서(四書) 등 여러 책에서 인용한 구절이 많아서,《근사록(近思錄)》은 사서의 사다리가 되고《소학(小學)》은《근사록》의 사다리가 된다고 할 정도다. 우리나라에서도 어린이들의 초학 교과서로 많이 읽히고 있다.

*

손자(孫子) : 저자는 춘추시대 오나라의 명장 손무(孫武, B.C 6세기경)로서, 낙안(樂安 : 산동성) 출생. 제(齊)나라 사람. B.C 6세기경 오(吳)나라의 왕 합려(闔閭)를 섬겨 절제·규율 있는 육군을 조직하게 하였다고 하며, 초(楚)·제(齊)·진(晋) 등의 나라를 굴복시켜 합려로 하여금 패자(覇者)가 되게 하였다고 한다.《오자(吳子)》와 병칭되는 병법 칠서(七書) 중에서 가장 뛰어난 병서로 흔히《손오병법(孫吳兵法)》이라고 한다. 현재 전해지는 것은 13편으로 이것은 당초의 것이 아니고, 삼국시대 위(魏)의 조조가 82편 중에서 번잡한 것은 삭제하고 정수만을 추려 13편 2책으로 만들었다고 한다. 13편의 편명은 계(計)·작전(作戰)·모공(謀攻)·군형(軍形)·병세(兵勢)·허실(虛實)·군쟁(軍爭)·구변(九變)·행군(行軍)·지형(地形)·구지(九地)·화공(火攻)·용간(用間)으로 되어 있으며,「병(兵)은 국가의 대사(大事), 사생(死生)의 땅, 존망(存亡)의 길」이라는 입장에서 국책의 결정, 장군의 선임을 비롯하여 작전·전투 전반에 걸쳐 격조 높은 문장으로 간결하게 요점을 설명하고 있다. 그 뜻하는 바는 항상 주동적 위치를 점하여 싸우지 않고 승리하는 것을 주로 하고, 또 사상적인 뒷받침도 설하고 있어 병서로서는 모순을 느낄 만큼 비호전적(非好戰的)인 것이 특징이다. 예로부터 작전의 성전(聖典)으로서 많은 무장들에게 존중되었을 뿐만 아니라, 국가경영의 요지와 인사의 성패 등에도 비범한 견해를 보이고 있어 인생문제 전반에 적용되는 지혜의 글이라 할 수 있다. 우리나라에서도 예로부터 많은 무신들이 이를 지침으로 삼았고, 조선시대에는 역관초시(譯官初試)의 교재로 삼기도 하였다.「적을 알고 나를 알면 백번 싸워도 위태롭지 않다(知彼知己百戰不殆)」는 명구도 담고 있으며,《손자병법》이라는 이름으로 많이 인용 번역되고 있다.

*

송서(宋書):《제기(帝紀)》10권,《지(志)》30권,《열전》60권, 도합 100권. 487년 남제(南齊) 무제의 칙명에 따라 심약(沈約, 441~513)

이 488년에 편찬을 완성한 것으로 송나라 60년(420~478)의 역사를 기록하였으며, 중국의 사서(史書) 중 가장 권위 있는 25정사에 들어간다. 이 사서는 이미 462년 송나라 효무제(孝武帝)의 칙명에 따라 서원(徐爰) 등이 편찬한 것에, 그 뒤의 역사 등을 보충하여 완성한 것이다.

*

수서(隋書) : 85권. 636년(태종 10), 당나라의 위징(魏徵, 580~643)·장손무기(長孫無忌) 등이 태종의 명을 받아 제기(帝紀) 5권, 열전 50권, 지(志) 30권으로 나누어 편찬하였다. 이 중「지」부분은 남조의 양(梁)·진(陳), 북조의 북제·북주 및 수 등 5대의 사실을 기록한 별개의 서책을 후에 편입시켜 놓은 것이다.「지」중의「수서경적지(隋書經籍志)」에는 수나라까지 전래된 서책 명을 열거해 놓았기 때문에 유용하다.

*

수호지(水滸誌) : 원말 명초의 시내암(施耐庵 : 생몰 미상)이 쓰고, 나관중이 손질한 것으로 4대 기서(奇書) 중의 하나이다. 시내암은 이름은 자안(子安)이고 내암은 그의 자(字)다. 중국 강소성 회안(淮安)에서 태어났다.《삼수평요전(三遂平妖傳)》《지여(志餘)》등을 지었다고 한다. 35세에 진사(進士)가 되어 2년간 관직에 있었지만 상급관리와 사이가 좋지 않아 관직을 버리고 소주(蘇州)에 칩거하여 문학창작에 전념했다고 전해지고, 원말(元末) 군웅(群雄)의 한 사람인 장사성(張士城)의 난(1321~1367)에 가담했던 것으로 알려져 있을 뿐이며 자세한 경력에 대해서는 거의 알려지지 않았다. 책의 내용은 수령인 송강(宋江)을 중심으로 108명의 유협(遊俠)들이 양산(梁山 : 산동성 수장현 남동) 산록 호숫가에 산채를 만들어 양산박(梁山泊)이라 일컬었으며, 조정의 부패를 통탄하고 관료의 비행에 반항하여 민중의 갈채를 받는 이야기다. 창조된 인물들의 이미지와 묘사된 성격이 매우 다채로우며,《서유기》가 신마(神魔)를,《유림외사(儒林外史)》가 지식계층을,《홍루몽》이 명문의 자녀를 묘사한 것과는 달리《수호지》에서는 신분이 낮은 정의한이나, 지주 출신자 또는 봉건 정권을 섬긴 적이 있는 활발하고 용감한 사나이들이 중심인물이다. 필치는 거칠지만, 풍부한 색채와 어휘, 발랄한 표현으로 계급과 유형이 상이한 인물들을 그려내고, 이들 인물의 생활발전을 통하여 봉건통치 집단의 암흑성과 서민의 비참한 생활, 용감한 투쟁 사상·감정 등을 나타내었다. 명·청의 희곡 중에는《수호지》에서 취재한 것이 많고,《금병매》는 부분적으로 확대하여 창조를 더했으며,《설악전전(說岳全傳)》안의 일부 인물은 수호의 영웅들의 후계자이기도 하다.

*

순오지(旬五志) : 조선 인조 때의 학자이며 시평가(詩評家)인 현묵자(玄默子) 홍만종(洪萬宗)의 문학평론집.《십오지(十五志)》라고도 한다. 필사본. 1책. 국립중앙도서관 소장. 1678년(숙종 4년)에 저술하였다. 홍만종은 문학지사로 자처하였으며, 정두경(鄭斗卿)이 문하에 출입하고 김득신(金得臣)·홍만주(洪晩洲) 등과 친교하였다. 저서는《순오지》외에 편저로《역대총목(歷代總目)》《시화총림(詩話叢林)》《소화시평(小華詩評)》《해동이적(海東異蹟)》《명엽지해(蓂葉志諧)》등이 있다. 1867년(고종 4년)의 등초본(謄抄本)에 실린 저자의 서문에 따르면, 1647년(인조 25년) 병석에 있을 때 15일간 걸려 탈고하였으므로《순오지》라 이름 붙였다고 한다. 정철(鄭澈)·송순(宋純) 등의 시가와 중국의 소설《서유기》에 대한 평론이 있고, 부록에는 130여 종의 속담(俗談)을 실었다. 정철의 《속미인곡(續美人曲)》을 비평한 글을 보면「속미인곡 또는 송강(松江)의 작품으로 전작(前作) 가사에서 미진한 것을 풀어 말하였는바, 그 말이 또한 능란하고 뜻이 더욱 간결하여 공명(孔明)의 두 출사표와 더불어 백중(伯仲)이라 하겠다」고 되어 있다. 그 밖에도 한국의 역사, 유·불·선에 관한 일화, 훈민정음(訓民正音) 창제에 대한 견해, 속자(俗字)에 대한 기술 등 실로 다양한 내용이다.

*

순자(荀子) : 전국시대의 사상가 순황(荀況, B.C 298?~B.C 238?)의 저술로, 처음에는 《손경신서(孫卿新書)》라고 하였다. 조(趙)나라 사람으로 순경(荀卿)·손경자(孫卿子) 등으로 존칭된다. 《사기》에 전하는 그의 전기는 정확성이 없으나, 50세(일설에는 15세) 무렵에 제(齊)나라에 유학하고, 진(秦)나라와 조나라에 유세(遊說)하였다. 제나라의 왕건(王建, 재위 B.C 264~B.C 221) 때 다시 제나라로 돌아가 직하(稷下)의 학사(學士) 중 최장로(最長老)로 존경받았다. 그러나 훗날, 그곳을 떠나 초(楚)나라의 재상 춘신군(春申君)의 천거로 난릉(蘭陵 : 산동성)의 수령이 되었다. 춘신군이 암살되자(B.C 238), 벼슬자리에서 물러나 그 고장에서 문인교육과 저술에 전념하며 여생을 마쳤다. 인간의 수양은 맹자와 같이 인간의 심성을 선(善)으로 보아 그 선을 발전시키는 방향이 아니며 예의 형식에 의하여 외부로부터 후천적으로 쌓아 올리는 것이라 하였다. 즉, 「인성(人性)은 악(惡)」이며 「날 때부터 이(利)를 좋아하고」「질투하고 증오하는」것이므로 그대로 방치하면 쟁탈과 살육이 발생하기 때문에 악이라는 본성을 교정하는 「사법(師法)의 가르침과 예의의 길」인 위(僞 : 人爲)에 의해서만 치세(治世)를 실현할 수 있다 하여, 여기에서 맹자의 성선설에 반대하는 성악설(性惡說)이 태어났다. 송대 이후 이 성악설과 천(天)·인(人) 분리설로 인하여 이단시되어 왔으나 그 논리학이나 인식론을 포함한 사상의 과학적 성격은 한대 유교에 크게 기여한 역사적 의의와 함께 높이 평가되어야 한다.

*

습유기(拾遺記) : 오호십육국 전진(前秦)의 왕가(王嘉)의 저작으로, 육조시대의 이른바 지괴소설(志怪小說)을 모은 것으로, 신선에 관한 설화가 많이 수록되어 있다. 전 10권. 삼황오제부터 서진(西晋) 말, 석호(石虎)의 이야기까지인데, 원본은 없어졌고, 현재《한위총서(漢魏叢書)》등에 수록되어 있는 것은 양나라 소기(蕭綺)가 재편한 것이다. 문장은 깨끗하지만, 내용은 기괴·음란한 것이 많으며, 모두 사실이 아니라 한다. 제10권은 곤륜산·봉래산을 비롯한 명산기(名山記)이다.

*

시경(詩經) : 중국 최고(最古)의 시집(詩集).《서경》《역경》《예기》《춘추》와 더불어「오경」으로 일컬어지고 있다. 황하 중류 중원(中原) 지방의 시로서, 시대적으로는 주초(周初)부터 춘추 초기까지 305편을 수록하고 있다.《사기》「공자세가」에는 본래 3,000여 편이었던 것을 공자가 산정(刪定)했다는 말이 있으나, 믿기 어렵다. 국풍(國風)·소아(小雅)·대아·송(頌)의 4부로 구성되며, 국풍은 여러 나라의 민요, 아(雅)는 공식 연회에서 쓰는 의식가(儀式歌), 송은 종묘의 제사에서 쓰는 악시(樂詩)이다. 그러므로 작자는 왕후로부터 서민에 이르기까지 각계각층에 걸쳐 있다. 그중에는 작자가 명료하게 알려진 것도 있고, 분명치 않은 것도 적지 않다. 시대로 보면 주(周)의 최초부터 전국(戰國)의 중반까지 이르므로 천 년여에 걸쳤다고 봐도 무방할 것이다. 각부를 통하여 상고인(上古人)의 유유한 생활을 구가하는 시, 현실의 정치를 풍자하고 학정을 원망하는 시들이 많은데, 내용이 풍부하고, 문학사적 평가도 높으며, 상고의 사료로서도 귀중하다. 원래는 사가소전(四家所傳)의 것이 있었으나 정현(鄭玄)이 주해를 붙인 후부터 「모전(毛傳)」만이 남았으며, 그 때부터 《모시(毛詩)》라고도 불렀다. 당대에는 《오경정의(五經正義)》의 하나가 되어 경전화하였다. 《시경》의 시는 또한 교묘하게 비유를 인용하여 언외(言外)에 사람을 풍자한다. 그러므로 춘추시대 같은 때에는 복잡한 국제관계를 원활하게 수습하기 위해서도 인용되었다. 그런 경우에는 전편의 의미와는 관계없이 알맞은 1구만을 떼어내서 사용하는 일도 많았다. 그것이 소위 시의 단장취의(斷章取義)인 것이다. 이렇게 되어 많은 격언이 《시경》으로부터 제공된 것이다.

*

신당서(新唐書) : 당나라 시대의 역사를 기록한 사서로서, 1044~1060년까지 17년에 걸쳐 완성하였다. 구양수·송기(宋祁) 등이 고쳐 편찬하였고, 재상 증공량(曾公亮)이 총재(總裁)하였다. 「본기」는 고조에서 애종까지 10권, 「지(志)」는 예악지(禮樂志)·예문지(藝文志) 등 50권, 「표(表)」는 재상(宰相)·방진(方鎭) 등 15권, 「열전」은 후비·종실(宗室)·외척·환관·혹리(酷吏)·반신(叛臣)·역신(逆臣) 등 150권으로 총계 225권이다. 《구당서》에 비하여 「본기」 10권이 줄고, 「지」가 3종목 신설되어 20권이 늘었다. 「표」 4종목 15권이 신설되고, 「열전」은 권수는 같으나 종목이 늘었다. 중복된 것을 없애고 부족한 것을 보충하며, 체계를 정비하여 내용이 갖추어졌다.

*

신서(新序) : 중국 전한 말기의 학자 유향(劉向, B.C 77?~B.C 6?)이 편한 고사집(古事集). 잡사(雜事)(5편)·자사(刺奢)·절사(節士)·의용(義勇)·선모(善謀)(상·하편) 등 총 10편으로 구성되어 있다. 총 176개의 이야기가 들어 있으며, 각 편의 폭이 매우 크다. 이야기 묘사와 의인화 수법이 뛰어나지만 창작이 아니라 이전 사람들의 저작을 가져와 썼다는 점과 이야기의 대부분이 우언(寓言)이 아니라는 점에서 평가가 엇갈리는데, 이는 이 책을 정리한 목적이 우언 창작에 있지 않고 과거사를 거울삼아 후대에게 가르침을 주고자 하는 데 있었기 때문이다. 세심한 구성 과정을 거쳐 가공됨으로써 서사가 간결하고 의론 전개가 유창하여 문학적 가치가 크다.

*

십팔사략(十八史略) : 남송 말에서 원(元) 초에 걸쳐 활약했던 증선지(曾先之)가 편찬한 역사서로서, 원명은 《고금역대 십팔사략》이다. 《사기》《한서》에서 시작하여 《신오대사(新五代史)》에 이르는 17종의 정사와 송대의 역사를 첨가한 사료 중에서, 태고 때부터 송나라 말까지의 사실(史實)을 발서(拔書)하여 초학자를 위한 초보적 역사교과서로 편찬하였다. 원서는 2권이었으나 명나라 초기에 진은(陳殷)이 음과 해석을 달아 7권으로 하고 유염(劉剡)이 보주(補注)를 가하여 간행한 것이 현행본이다. 사실의 취사선택이 부정확하였기 때문에, 중국에서는 평판이 좋지 않았고, 사료적 가치가 없는 통속본이지만, 중국 왕조의 흥망을 알 수 있고, 많은 인물의 약전(略傳)·고사·금언 등이 포함되어 있다.

*

악부시집(樂府詩集) : 중국 고대에서 중세에 이르는 악부 작품을 집대성한 책으로 전 100권. 편찬자는 북송 신종(神宗, 1067~1085) 때의 곽무천(郭茂鶱). 악부란 한나라 시대의 음악을 관장하는 관청을 가리키는데, 후에는 악곡(樂曲)에 맞추어서 지어진 민간의 민요를 가리키게 되었다. 중국에서는 악부의 총집은 일찍이 남조 때에 이루어진 무명씨의 가록(歌錄)을 비롯하여 상당수에 이르나, 이 책은 남송 때에 예로부터 현대에 이르기까지 가장 권위 있는 책으로 존중되어 왔다. 그것은 이 책이 다른 악부의 총집에 비해 다음의 세 가지 장점을 가졌기 때문이다. ① 곽씨 이전의 편서는 많아야 10권을 넘지 못하고 또한 수록 작품 수도 적다. 그런데 이 책은 당과 오대(五代)의 작품까지도 정성껏 수집함으로써 고대·중세의 악부를 거의 망라할 수 있었다. 작자 및 시대가 분명한 것만도 575명의 3,792수나 된다. ② 분류법이 뛰어나 곽씨의 독창인 12부문의 분류 방법은 후세 악부연구가의 모범이 되었다. ③ 악부작품을 집대성한 데 그치지 않고 100종에 가까운 문헌자료를 모았고, 악부 하나하나에 적절한 해제가 가해져 있다. 따라서 악부의 해제서로서도 뛰어난 작품이다.

*

안씨가훈(顏氏家訓) : 남북조시대 말기의 귀족 안지추(顏之推, 531~?)가 자손을 위하여 적은 유훈(遺訓)으로서, 유교적 교양에 바탕을 두고, 면학·문장·명실(名實) 등 2권 20편으로 이루어졌다. 가족도덕·대인관계를 비롯하여 구체적인 경제생활·풍속·학문·종교, 나아가서는 문자·음운(音韻) 등 다양한 내용을 구체적인 체험과 풍부한 사례를 바탕으로 하여 논하였다. 당시 귀족생활의 실태를 아는 데 중요한 자료이다. 안지추는 산동성 낭야(琅邪) 출생으로, 남조의 양(梁)나라에서 태어나 문인·학자로서 이름을 날렸으나, 양나라가 멸망하자 북조의 북제(北齊)·북주(北周)에서 벼슬살이를 했다. 그는 온건중정(穩健中正)한 사상의 소유자였으며, 그의 학식은 풍부한 체험의 뒷받침과 더불어 당대 최고였다. 그는 특히 가족과 가정도덕의 확립을 가장 중요시하였으며, 노장(老莊)을 극단적으로 물리치고, 불교에는 호의를 나타내어, 유불(儒佛)의 조화를 주창하였다.

*

안자춘추(晏子春秋) : 춘추시대 말기 제(齊)나라의 명재상 안영(晏嬰, ?~B.C 500)의 언행을 후대인이 기록했다는 책으로, 한지(漢志) 등에서는 유가류(儒家類)에 넣었으나, 사고제요(四庫提要)는 전기류(傳記類)에 넣고 또한 한지 이하 편수를 달리하였다. 현행 4부 총간본 등에서는 내편은 간(諫) 상하, 문(問) 상하, 잡(雜) 상하의 6편, 외편은 2편으로 되어 있다. 이 책은 《묵자》등에도 언급하고 있으므로 제나라의 경공(景公) 기타를 도(道)와 예(禮)로써 이끌고 또 정(鄭)나라의 자산(子産), 진(晋)나라의 숙향(叔向) 등과 더불어 공자에게 영향을 준 안영의 언행만을 수록한 것이라고는 보기 어렵다. 안영의 시호는 평중(平仲), 통칭 안자(晏子)라고 한다. 제나라의 영(靈)·장(莊)·경(景) 3대를 섬기면서 근면한 정치가로 국민의 신망이 두터웠고, 관중(管仲)과 비견되는 훌륭한 재상이었다. 기억력이 뛰어난 독서가였으며, 합리주의적 경향이 강하였다고 한다.

*

양서(梁書) : 629년 당나라 요사렴(姚思廉)·위징(魏徵) 등이 편찬한 육조시대 말 남조 양나라의 정사로서, 총 56권. 본기 4(6권), 열전 49(50권). 중국의 24사(史) 중의 하나로서 남조 양나라의 4대 사적(事蹟)을 기록한 사서이다. 양나라의 역사를 다룬 책으로는 심약(沈約)·주흥사(周興嗣)·포행경(鮑行卿)·사호(謝昊) 등이 편찬한 《양사(梁史)》와 유번(劉璠)·하지원(河之元)이 편찬한 《양전(梁典)》 등이 있었으나, 기전체로 된 것은 없었다. 이 책은 원래 요사렴의 부친

찰(察)이 진(陳)나라의 사부낭중(祠部郞中)에 있을 때부터 시작한 것으로, 589년 진나라가 망하여 중단하였다가, 수(隋)나라 문제 때 이르러 다시 계속하였으나 완성하지 못하였다. 찰이 죽자 이에 요사렴은 부친의 사업을 계승하여 개인적으로 628년에 편찬을 마쳤고, 이듬해 왕명을 받아 다시 7년 동안 내용을 보완하여 완성하였다. 고구려·백제·신라의 전(傳)이 실려 있다.

*

여씨춘추(呂氏春秋) : 진(秦)나라 때의 사론서(史論書)로서, 전 26권. 《여람(呂覽)》이라고도 한다. 진나라의 정치가 여불위(呂不韋, ?~B.C 235)가 빈객 3,000명을 모아서 찬술하였다. 여불위는 원래 양책(하남성)의 대상인(大商人)으로 조(趙)나라의 한단(邯鄲)으로 갔을 때, 진나라의 서공자(庶公子)로 볼모로 잡혀 있는 자초(子楚)를 도왔다. 그의 도움으로 귀국한 자초는 왕위에 올라 장양왕(莊襄王)이 되었고, 그 공로에 의해 그는 승상이 되어 문신후(文信侯)에 봉하여졌다. 장양왕이 죽은 뒤 《사기(史記)》에 여불위의 친자식이라고 기록된 태자 정(政 : 시황제)이 왕위에 올랐다. 최고의 상국(相國)이 되어 중부(仲父)라는 칭호로 불리며 중용되었으나, 태후(太后 : 진시황의 모후)의 밀통사건에 연루되어 상국에서 파면, 압박에 못이겨 마침내 자살하였다. 전국 말기의 귀중한 사료인 《여씨춘추》는 그가 식객들을 시켜 편찬한 것이다. 《사고제요(四庫提要)》에서는 「자부(子部)」의 잡가편(雜家篇)에 수록되었는데, 도가(道家)사상이 중요한 부분을 차지하나, 유가(儒家)·병가(兵家)·농가(農家)·형명가(刑名家) 등의 설(說)도 볼 수 있다. 또한 춘추전국시대의 시사(時事)에 관한 것도 수록되어 있어 그 시대를 알 수 있는 중요한 사론서이다. 이것이 완성되자 여불위는 함양(咸陽)의 시문(市門)에 걸어놓고,

「이 책의 내용을 한 자라도 고칠 수 있는 사람이 있으면 천금을 주겠다」라고 한「일자천금(一字千金)」의 성구로 완벽한 내용을 과시하였다.

*

역경(易經) : 3경(三經)의 하나로 들어가는 유교의 경전(經典)으로서, 《주역》이라고도, 단순히 《역(易)》이라고도 한다. 이 책은 원래 복서(卜筮)에 쓰였던 것이나, 《역경》이라는 전적(典籍)이 되고서부터는 복서 이외에 인간처세상의 지침교훈으로 간주하게 되었으며 나아가서는 우주론적 철학이기도 하다. 주역이란 글자 그대로 주(周)나라 시대의 역(易)이란 말이며, 주역이 나오기 전에도 하(夏)나라 때의 연산역(連山易), 은(殷)나라 때의 귀장역(歸藏易)이라는 역서가 있었다고 한다. 역이란 말은 변역(變易), 즉「바뀐다」「변한다」는 뜻이며 천지만물이 끊임없이 변화하는 자연현상의 원리를 설명하고 풀이한 것이다. 이 역에는 간역(簡易)·변역(變易)·불역(不易) 세 가지 뜻이 있다. 간역이란 천지의 자연현상은 끊임없이 변하나 간단하고 평이하다는 뜻이며, 이것은 단순하고 간편한 변화가 천지의 공덕임을 말한다. 변역은, 천지만물은 멈추어 있는 것 같으나 항상 변하고 바뀐다는 뜻으로, 양과 음의 기운(氣運)이 변화하는 현상을 말한다. 그리고 불역은 변하지 않는다는 뜻이다. 모든 것은 변하고 있으나 그 변하는 것은 일정한 항구불변(恒久不變)의 법칙에 따라서 변하기 때문에 법칙 그 자체는 영원히 변하지 않는다는 뜻이다. 《주역》은 8괘(卦)와 64괘, 그리고 괘사(卦辭)·효사(爻辭)·십익(十翼)으로 되어 있다. 작자에 관하여는 여러 가지 설이 있는데 왕필(王弼)은 복희씨가 황하에서 나온 용마(龍馬)의 등에 있는 도형(圖形)을 보고 계시를 얻어 천문지리를 살피고 만물의 변화를 고찰하여 처음 8괘를 만들고, 이것을 더 발전시켜 64괘를 만들었다고 하였으며, 사마천은 복희씨가 8괘를 만들고 문왕(文王)이 64괘와 괘사·효사를 만들었다 하였고, 융마(融馬)는 괘사를 문왕이 만들고 효사는 주공(周公)이, 십익은 공자가 만들었다고 하여 그 정확한 작자를 밝혀낼 수가 없다. 8괘만 가지고는 천지자연의 현상을 다 표현할 수 없어 이것을 변형하여 64괘를 만들고 거기에 괘사와 효사를 붙여 설명한 것이 바로 주역의 경문(經文)이다.

*

열녀전(烈女傳) : 부녀의 교양을 위하여 만들어진 부인들의 전기로 두 종류가 있다. 하나는 유향(劉向)이 지은 《열녀전》 8편 15권으로, 나중에 송나라 방회(方回)가 7권으로 간추린 것. 부인의 유형을 모의(母儀)·현명(賢明)·인지(仁智)·정신(貞愼)·절의(節義)·변통(辯通)·폐얼(嬖孽)의 7항목으로 나누어, 항목마다 15명가량을 수록하였다. 유명한 현모·양처·열녀·투부(妬婦)의 이야기는 모두 다 나와 있다. 또 하나는 명나라 해진(解縉) 등이 칙명으로 지은 것. 상권은 고대부터의 후비(后妃), 중권은 제후(諸侯)·대부(大夫)의 처, 하권은 사인(士人)·서인(庶人)의 처의 전기이며, 모두 《고(古) 열녀전》이나 역사책 등에서 가져온 것들이다.

*

열자(列子) : 도가(道家)의 사상가 열자는 전설적으로 전하는 인물로서 이름은 어구(禦寇), B.C 400년경 정(鄭)나라에 살았다고 전하나 《사기》에는 그 전기가 보이지 않고 《장자》 「소요유편」에 「열자는 바람을 타고 하늘을 날았다」고 한 것으로 미루어 보아 「장자」가 허구로 가정한 인물로 추정된다. 이 책 《열자》에 대해서도 한(漢)나라 때에 그 원형이 만들어졌다고 한다. 많은 우화가 수록되어 있으며,

사상적으로도 다양한 내용을 지닌다.《충허지덕진경(沖虛至德眞經)》이라고도 한다. 8권.

*

염철론(鹽鐵論) : 전한의 선제(宣帝, 재위 B.C 74~B.C 49) 때에 환관(桓寬)이 편찬한 책으로, 12권 60장. B.C 81년 전한의 조정에서 열렸던 회의의 토론 내용을 재현하는 형태로 정리한 독특한 형식으로 엮었다. 무제 때부터 비롯된 소금·철·술 등의 전매 및 균수(均輸)·평준(平準) 등 일련의 재정정책을 무제가 죽은 뒤에도 존속시킬 것인가의 여부를 전국에서 추천을 받고 참석한 자들 간에 논의한 내용을 수록한 것이다. 참석자 중 오경교수(五經敎授)인 현량·문학 약 60명은 유가사상(儒家思想)을 근거로 이 제도의 폐지를 주장하고, 고급관리인 승상 차천추(車千秋) 및 어사대부 상홍양(桑弘羊)과 그 부하 관리들은 법가사상(法家思想)을 내세워 제도의 존속을 주장하여 이들 사이에 격론이 벌어졌다. 이 책은 염철 전매 등의 존속 여부에 관한 것만 아니라, 당시의 정치·사회·경제·사상 등에 관해서도 논급되어 있는 기본적 사료(史料)이다.

*

예기(禮記) : 중국 고대 유가(儒家)의 경전으로, 49편(編). 오경(五經)의 하나로,《주례(周禮)》《의례(儀禮)》와 함께 삼례라고 하며,《의례》가 예의 경문이라면《예기》는 그 설명서에 해당한다. 그 성립에 관해서는 분명치 않으나, 한나라 때 이미 편술되어 있던 고례(古禮) 214편을 대덕(戴德)이 정리해서 만든 것이《대대례(大戴禮)》 85편이고, 대덕의 조카 대성(戴聖)이 공자의 제자를 비롯하여 많은 사람들과 함께 정리해서《소대례》49편을 만들었다. 오늘의 예기는 소대례를 말하는 것이다. 4서의 하나인《대학》《중용》도 이 중 한

편이다.

*

오등회원(五燈會元) : 송대에 혜명(慧明) 등이 편찬한 불교서적. 《경덕전등록(景德傳燈錄)》 등 송대에 발간된 다섯 가지 선종사서(禪宗史書)를 압축한 선종의 통사(通史)이다. 책명은 「다섯 가지의 등사(燈史)를 회통(會通)하여 하나로 엮었다」는 뜻이다. 다섯 가지 책은 ① 도원(道原)이 지은 《경덕전등록》 ② 이준욱(李遵勖)의 《천성광등록(天聖廣燈錄)》 ③ 불국유백(佛國惟白)의 《건중정국속등록(建重靖國續燈錄)》 ④ 오명(悟明)의 《연등회요(聯燈會要)》 ⑤ 정수(正受)가 간행한 《가태보등록(嘉泰普燈錄)》 등 각 책 30권씩 모두 합하면 150권이나 되는데, 20권으로 축약하여 선의 대의를 밝힌 입문서로 평가된다. 특히 선종의 법맥을 중심으로 다루지 않고 선종의 오가칠종(五家七宗)을 권별로 분류한 점이 특색이다. 오가칠종의 사상체계를 알기 쉽게 분류하고, 화제(話題)가 뛰어난 까닭에 선종 승려들뿐만 아니라 사대부와 문인들에게 선을 이해하는 데 좋은 지침서가 되었다.

*

오자(吳子) : 전국시대의 무장(武將) 오기(吳起)의 사상을 후세의 사람들이 정리한 것으로 생각되고 있다. 오기는 위(衛)나라에서 태어났으며, 뜻을 세워 노(魯)나라로 가서 증자(曾子)의 문하에서 유학(儒學)을 배웠는데, 출세하기 전에는 고향으로 돌아가지 않겠다는 결심 하에 전친상(殿親喪)에도 참여하지 않았다. 그 때문에 효(孝)를 으뜸으로 여기는 증자에게 파문을 당했으나, 병법을 연구하여 노왕(魯王)에게 중용되었다. 노나라가 제(齊)나라와 싸우게 되자, 제나라 여성을 아내로 삼고 있던 오기는 내통의 혐의를 받는 것을 피하기 위하여 자기 아내를 죽여서 노나라에 대한 충성을 입증했다고 한다. 출세를 위해서는 이처럼 냉혹할 수 있었던 인물이다. 그러나 군(軍)의 장수로서는 부하를 사랑하고, 부하의 부스럼의 독을 없애기 위해 그 고름을 직접 빨아서 제거해 줄 정도였다고 해서「연저지인(吮疽之仁)」이라는 성구가 나오기도 했다. 후에 노나라를 떠나 위(魏)나라 문후(文侯)를 섬기면서「안으로는 문덕(文德), 밖으로는 무비(武備)」의 필요를 역설하여 중용되고 수많은 무공을 세웠으나, 무후(武侯) 때 인간관계가 악화되어 위나라를 떠났다. 그 후 초(楚)나라 도왕(悼王)의 신임을 얻어 부정 무능한 관리를 숙정하여 내정을 개혁하였으나, 이것이 다수의 원한을 사게 되어 마침내는 비명에 횡사하고 만다. 1권 6편.《손자(孫子)》와 함께 일컬어지는 명저이다. 도국(圖國)·요적(料敵)·치병(治兵)·논장(論將)·응변(應變)·여사(勵士)의   6편으로 나누어 서술하였다.《손자》에 비하여 그 정채(精彩)가 뒤진다 하겠으나 지론(持論)이 곧고, 예의를 존숭하여 교훈을 밝힌 점은 유교(儒敎)를 곁들인 병법서라 할 수 있으며 예로부터 널리 읽히고 있다.

*

위서(魏書) : 북제(北齊) 사람 위수(魏收, 506~572)의 저서로 육조시대의 북위의 역사를 기록한 사서(史書).《북위서(北魏書)》또는《후한서》라고도 한다. 중국 25사의 하나로서, 114권(본기 12권, 志 10지, 열전 92편)으로 되어 있다. 문선제(文宣帝) 천보(天保) 2년(551)에 만들어졌고, 현재 전하는 것은 잃어버린 부분을 송나라 때 보완한 것이다. 북위 건국 이전부터 시작하여 북위의 역사를 서술하면서 동위를 정통이라 하였으나, 북제(北齊)를 왜곡하고 열전의 서술이 불공평하여 후세의 사가들로부터 예사(穢史)라는 비난을 받고 있다.

유양잡조(酉陽雜俎) : 당나라의 단성식(段成式, ?~863)이 지은 것으로, 세상 만반의 사물·사상(事象)을 기술한 일종의 백과전서. 특히 괴이(怪異)·신괴(神怪)에 관한 것이 많이 수록되어 있다. 중국 당나라 때의 수필집으로, 통행본(通行本)은 전집 20권, 속집 10권. 이상한 사건, 황당무계한 이야기를 비롯하여 도서·의식·풍습·동식물·의학·종교·인사(人事) 등 온갖 사항에 관한 것을 탁월한 문장으로 흥미있게 기술하였다. 당나라 때의 사회를 연구하는 데 귀중한 사료가 되며, 또한 고증적인 내용은 문학이나 역사 연구에서 중요한 자료이다. 단성식의 자는 가고(柯古), 박학(博學)이라는 영예를 안으면서 연구에 정진하여, 비각(秘閣)의 책은 모두 읽었다고 전한다. 상서랑(尙書郞)·강주자사(江州刺史)·태상소향(太常少鄕) 등의 벼슬을 역임하였다.

*

육도삼략(六韜三略) : 중국의 병서(兵書). 《육도》와 《삼략》을 아울러 이르는 말이며, 중국 고대 병학(兵學)의 최고봉인 「무경칠서(武經七書)」 중의 2서(書)이다. 《육도》의 도(韜)는 화살을 넣는 주머니, 싸는 것, 수장(收藏)하는 것을 말하며, 변하여 깊이 감추고 나타내지 않는 뜻에서 병법의 비결을 의미한다. 주(周)나라 태공망(太公望)의 저서라고 전하나 후세의 가탁(假託)이 분명하다. 또 《한서》 「예문지(藝文志)」에 《주사육도(周史六弢)》라는 책이름이 있어 이것을 《육도》와 동일시하는 설도 있으나, 지금까지 연구된 바로는 위진(魏晉)·남북조시대에 이루어진 것으로 보는 견해가 가장 유력하다. 무경칠서 중에서 다른 병서들은 전법·병기·지형 등 군사 부문에 국한하고 있으나 《육도》는 치세의 대도(大道)에서부터 인간학·조직학에 미치고, 정전(政戰)과 인륜을 논한 데 특색이 있다. 《삼략》의 략(略)은 기략(機略)을 뜻하며 상략·중략·하략의 3편으로 이루어졌다. 무경칠서 중 가장 간결한 병서로 사상적으로는 노자의 영향이 강하나 유가·법가의 설도 다분히 섞여 있다.

*

자치통감(資治通鑑) : 북송의 사마광(司馬光, 1019~1086)이 1065년부터 20년에 걸쳐 편찬한 편년체(編年體) 역사서로서 전 294권. 《통감》이라고도 한다. 주(周)나라 위열왕(威烈王)이 진(晋)나라 3경(卿 : 韓·魏·趙씨)을 제후로 인정한 B.C 403년부터 5대 후주(後周)의 세종 때인 960년에 이르기까지 1362년간의 역사를 1년씩 묶어서 편찬한 것이다. 먼저 사마광이 《통지(通志)》 8권을 찬진(撰進)하자, 영종(英宗)이 편찬국을 개설하고 사마광의 주재 하에 유반(劉攽)이 전·후한(漢)을, 유서(劉恕)가 삼국으로부터 남북조까지를, 범조우(范祖禹)가 당나라 및 5대를 각각 분담하여 기술하였다. 정사는 물론 실록·야사·소설·묘지류(墓誌類) 등 322종의 각종 자료를 참고로 하여 《춘추좌씨전》의 서법에 따라 완성하여 신종(神宗)이 《자치통감》이라 이름을 붙이고 자서(自序)를 지었다. 자치통감이라 함은 치도(治道)에 자료가 되고 역대를 통하여 거울이 된다는 뜻으로, 곧 역대 사실(史實)을 밝혀 정치의 규범으로 삼으며, 또한 왕조 흥망의 원인과 대의명분을 밝히려 한 데 그 뜻이 있었다. 따라서 사실을 있는 그대로 기술하지 않고 독특한 사관에 의하여 기사를 선택하고, 정치나 인물의 득실을 평론하여 감계(鑑戒)가 될 만한 사적을 많이 습록하였다. 편년에 있어서도 3국의 경우에는 위(魏)나라의 연호를, 남북조의 경우에는 남조의 연호를 각각 써서 그것이 정통임을 명시하였다. 사마광의 시호는 문정(文正), 산서성 출생이다. 20세에 진사가 되고,

1067년 신종(神宗)이 즉위한 해에 한림학사, 이어서 어사중승이 되어 출세가도를 달렸다. 그러나 신종이 왕안석(王安石)을 발탁하여 신법(新法 : 혁신정책)을 단행하게 하자, 이에 반대하여 새로 임명된 추밀부사(樞密副使)를 사퇴하고, 1070년에 지방으로 나갔다.

*

잠부론(潛夫論) : 후한의 유학자 왕부(王符, 76~?)가 쓴 중국의 정치·사회에 대한 소견을 기술한 것. 덕(德)에 의한 정치를 권장하는 한편 법에 의한 엄중한 처벌을 역설하고 있다. 10권 35편. 왕부는 난세에 처하여 세속에 영합하지 않고 문란한 정치를 비판하여 이 책을 저작하였다. 그의 입장은 학문·도덕을 존중하고, 덕(德)에 의한 교화정치를 주장하였으며, 당시의 사회와 정치를 비판하였다. 또한 운명론이나 미신도 배척하였다. 왕부의 자는 절신(節信), 임경(臨涇 : 감숙성) 출생으로, 가문이 미천하여 고향 사람들에게 천대를 받았으나, 어려서부터 학문을 좋아하고, 절개를 굳게 지켰으며, 농민폭동 속에서 계속되는 세속에 분개하여 숨어 살면서 30여 편의 책을 썼다. 그의 천도천명관(天道天命觀)은 도가(道家)의 자연관과 순자(荀子)의 자연법칙설을 섭취한 것이었다. 천명설은 이원론적 경향을, 인식론은 유물론적 요소를 지니고 있다. 또 도덕과 법률에도 중세적 평등관에 입각한 비판을 가하고, 인민을 현혹시키는 종교에 반대하는 등 사회모순을 날카롭게 파헤쳤다. 이름을 나타내기 싫어하여 그의 대표작인 저서도 《잠부론(潛夫論)》이라 이름붙였다. 《잠부론》(현행본 10권)은 민간의 저작인데도, 《후한서》에서 왕충의 《논형(論衡)》과 동류로 취급하는 것으로 보아도 그 가치가 높다는 것을 짐작할 수 있다

*

장자(莊子) : 전국시대 초(楚)나라의 사상가 장주(莊周)의 저서로서, 인위적·작위적인 행위를 배척하고 자연을 존중하며, 그 무엇에도 얽매이지 않는 삶을 역설한다. 저자인 장자의 성은 장(莊), 이름은 주(周), 송(宋)의 몽읍(蒙邑 : 하남성 상구현 근처) 출생으로, 정확한 생몰연대는 미상이나 맹자와 거의 비슷한 시대에 활약한 것으로 전한다. 관영(官營)인 칠원(漆園)에서 일한 적도 있었으나, 그 이후는 평생 벼슬길에 들지 않았으며 10여만 자에 이르는 저술을 완성하였다. 초(楚)나라의 위왕(威王)이 그를 재상으로 맞아들이려 하였으나 사양하였다. 저서인 《장자》는 당나라 현종에게 남화진경(南華眞經)이라는 존칭을 받아 《남화진경》이라고도 한다. 내편 7, 외편 15, 잡편 11로 모두 33편이다. 그 중 내편이 비교적 오래되었고 그 근본사상이 실려 있어 장자의 저서로, 외편과 잡편은 후학(後學)에 의해 저술된 것으로 추측된다. 장자는 노자의 학문을 깊이 연구하였으며, 그의 사상의 밑바탕에 동일한 흐름을 엿볼 수 있다. 진(秦)의 시황제 분서(焚書)의 화를 입기도 하고, 한나라 때 분합(分合)·재편성되기도 하다가 진(晋)의 곽상(郭象) 이후 오늘의 33권으로 정해졌다. 이 곽상 주(註)가 완본으로 현존하는 가장 오래된 기본 자료이다. 《장자》의 문학적인 발상은 우언우화(寓言寓話)로 엮여졌는데, 종횡무진한 상상과 표현으로 우주본체·근원·물화현상(物化現象)을 설명하였고, 현실세계의 약삭빠른 지자(知者)를 경멸하기도 하였다. 심현한 철학사상서이자 우수한 문학서인 이 《장자》는 위(魏)·진(晋) 때에 널리 읽히고 육조시대까지 그 사상이 유행하였다.

*

전등록(傳燈錄) : 송나라의 도원(道源)이 1004년에 지은 불서(佛書)로서, 30권. 과거칠불(過去七佛)에서 석가모니불을 거쳐 달마에 이르는 인도 선종(禪宗)의 조사들과, 달마 이후 법안(法眼)의 법제자들에 이르기까지의 중국의 전등법계(傳燈法系)를 밝혔다. 저자로 알려진 도원은 생몰연대·경력 등이 모두 미상이지만, 여러 방면에서 문헌을 찾아 대단히 상세한 승전(僧傳)을 기술하고 있어 선종 승전으로 매우 높은 평가를 받고 있다. 권1에서 권3까지는 과거칠불로부터 인도·중국의 33조사를 서술했고, 권4에서 권26까지는 육조(六祖) 혜능(慧能)에서 분파된 5가(家) 52세(世)에 관하여 서술하였다. 이상에서 1,712명을 기록하였는데, 이 중 954명은 어록이 있고, 다른 758명은 이름만 남아 있다. 권 29에는 찬(讚)·송(頌)·시(詩)를, 권 30에는 명(銘)·기(記)·잠(箴)·가(歌)를 실었다. 본서가 완성되어 송나라의 진종(眞宗)에게 봉정(奉呈)되었는데, 칙명에 따라 양억(楊億) 등이 간삭(刊削)을 가한 후 대장경에 편입시켜 간행하였다.

*

전습록(傳習錄) : 명대 중기의 사상가 왕양명(王陽明, 1472~1528)의 어록(상·하권)과 서간집(中권)으로, 상권은 40세 때의 어록, 하권은 50세 때의 어록을 제자가 모은 것이다. 상권의 내용은 지행합일론(知行合一論)·심즉리설(心卽理說), 《대학》의 신해석 등이고, 하권은 치량지설(致良知說)·만가성인론(滿街聖人論) 등을 중심으로 하여 널리 수양 방법을 설명하였다. 중권은 제자와 벗에게 보낸 편지인데, 그 중에서도 「답라정암소재서(答羅整庵少宰書)」는 주자학을 격렬하게 비판한 전투적인 문장이다. 여러 가지 책이 있으나 《왕문성공전서(王文成公全書)》 38권 첫머리에 수록된 것이 정본이다.

*

주자어류(朱子語類) : 남송의 주자학자 여정덕(黎靖德)이 편찬한 주자의 어록을 집대성한 책이다. 정식 명칭은 《주자어류대전》이다. 주희

(朱熹)가 제자와의 문답을 모은 책으로, 140권, 1270년 간행되었다. 주희의 어록은 그가 죽은 후에 제자들에 의해 제각기 편찬되었는데, 이 책은 그와 같은 개개의 어록을 집대성하여 항목별로 분류되어 있다. 내용은 주자와 문인 사이에 행하여진 문답의 기록을 분류・편찬한 것으로 100명이 넘는 기록을 모았다. 주자의 사상을 아는 데 중요한 문헌이나 주자의 설과 모순되는 대목도 적지 않다. 문인들에 의한 이런 종류의 책은 주자가 죽은 후 11~12년이 경과하여 나오기 시작하였다. 《주자어록》(1215) 《주자어속록》(1238) 등이 그것이다.

*

중용(中庸) : 공자의 손자인 자사(子思, B.C 483~B.C 402)의 저술로 알려져 있다. 자사의 이름은 급(伋). 자사는 자(字)로서 전 생애를 주로 고향인 노나라에 살면서 증자(曾子)의 학(學)을 배워 유학의 전승에 힘썼다. 맹자는 그의 제자의 제자이며, 공자―증자―자사―맹자로 이어지는 이 학통은 송학(宋學)에서 특히 존중된다. 자사학파의 사상을 전하는 책으로 《자사자(子思子)》가 있다. 과불급(過不及)이 없는 중용을 지향하는 실천적인 일상 윤리가 그의 사상의 중심이다. 《중용》은 군자의 치우치지 않는 행동을 역설한 책이다. 오늘날 전해지는 것은 오경(五經)의 하나인 《예기》에 있는 「중용편」이 송나라 때 단행본이 된 것으로, 남송의 주희(주자)에 의해 《대학》《논어》《맹자》와 함께 4서로 불리며, 송학(宋學)의 중요한 교재가 되었다. 여기서 「中」이란 어느 한쪽으로 치우치지 않는다는 것, 「庸」이란 평상(平常)을 뜻한다. 인간의 본성은 천부적인 것이기 때문에 그 본성을 좇아 행동하는 것이 인간의 도(道)이며, 도를 닦기 위해서는 궁리(窮理)가 필요하다. 이 궁리를 교(敎)라고 한다. 《중용》은 요컨대 이 궁리를 연구한 책이다. 이 책에서 말하는 것은 중화(中和)

의 덕(德)인데, 그 덕은 인간 고유의 것이므로 사람의 성(誠)이라고 해도 무방하다. 그러므로 여기서는 성(誠)을 말하는 대목이 많다. 전편을 통해 문리(文理)는 일관되어 있으나 다소 난해한 부분도 있다. 자사가 이 책을 쓴 것은, 도학(道學)의 전달이 끊어질 것을 걱정하였기 때문이라는 것은 주자의 설이지만, 어떤 논자는 《중용》은 《노자》에 대항하기 위해서 만든 것이라고 말하고 있다.

*

진서(晋書) : 당나라 태종의 지시로 방현령(房玄齡, 578~648) 등이 찬한 진(晋)왕조의 정사로서, 후에 안사고(顔師古)와 공영달(孔穎達) 등 당나라 시대의 학자에 의해 증보되었다. 130권. 644년 편찬. 제기(帝紀) 10권, 지(志) 20권, 열전 70권 외에 재기(載記) 30권이 있다. 처음으로 재기라는 양식이 정사에 나타난 것이며, 오호십육국에 관한 기록으로서 진나라 시대를 이해하는 데 도움이 된다. 주로 장영서(臧榮緖)의 《진서(晋書)》에 의존하였고, 기타 진나라 시대사도 참고로 하여 많은 사관(史官)이 집필하였다. 현존하는 유일한 진대의 사서라는 점에서 귀중하다.

*

채근담(菜根譚) : 명나라 말 홍응명(洪應明, 자는 自誠, ?~1615)이 저술한 책으로, 유교・불교・도교(道敎) 등의 사상에 바탕을 두고 생활과 처세법을 기술하였다. 책의 이름은 송나라 왕신민(汪信民)의 《문견록(聞見錄)》 가운데 「사람이 항상 채근을 씹을 수 있다면 백사(百事)를 이룰 수 있다(咬得菜根 則百事可做)」에서 얻은 것으로, 항상 채근을 먹는 것처럼 검소한 생활을 하고, 물욕에 마음이 동하지 않으면 만 가지 일이 성사된다는 말이다. 명나라 말 유교적인 교양을 기초로 도교・불교를 조화시킨 재치있는 문장으로 구성된 책들이 유행하였는데, 이 책도 그 가운데 하나로 전집 222조, 후집 135조, 총 357조의 청담(淸談)으로 이루어졌다. 전집은 주로 사람끼리 교감하는 도(道)를 논하면서 처세훈과 같은 도덕적 훈계의 말을, 후집은 자연의 정취와 산 속에 은거하는 즐거움을 논하면서 인생의 철리(哲理)와 우주의 이치에 대한 것을 기록하였다. 대부분이 단문이지만 사람의 도리에 대해서 참으로 깊은 통찰력을 보여주고 있다. 이 인생의 철리와 우주의 이치는 유교·불교·도교를 통한 진리로 이것을 어록 형식에 따라 대구(對句)를 사용, 문학적으로 표현하여 구약성서의 지혜서나 선시(禪詩)를 읽는 듯한 깔끔한 깨달음을 후세 사람들에게까지 준다.

*

철경록(輟耕錄) : 원나라 말 명나라 초의 학자 도종의(陶宗儀)의 저술로, 원나라 때의 정치·사회제도와 풍속 등을 기술한 책. 원나라 시대의 법령제도 및 지정(至正, 1341~1370) 말년의 동남(東南) 병란에 관한 일들이 자세히 기록되어 있으며, 서화(書畵)·문예(文藝)의 고정(考訂) 등도 참조할 만하다. 저자 도종의는 절강성 출생으로 젊어서 진사시험에 응시했으나 실패했다. 《서사회요(書史會要)》, 《남촌시집(南村詩集)》 등의 저서도 남겼고, 《설부(說郛)》(120권)의 편찬자로도 알려져 있다.

*

초사(楚辭) : 초(楚)나라의 굴원(屈原)과 그 말류(末流)의 사(辭)를 모은 책, 또는 그 문체의 명칭. 16권이며 한나라 유향(劉向)이 편집하였다. 유향이 초나라 회왕(懷王)의 충신 굴원(B.C 3세기경)의 「이소(離騷)」와 25편의 부(賦) 및 후인의 작품에다가 자작 1편을 덧붙여 《초사》를 편집했으며, 후한의 왕일(王逸)은 본서의 사장(辭章)을 고정(考定) □ 주석하여 《초사장구(章句)》 16권을 지었다. 사(辭) 안에는 제사나 점복(占卜)에 관한 것이 있으며, 제사가(祭祠歌)인 《구가》나 《이소》 《구장》의 각 편에도 신화적 공상이 풍부하다. 또 《천문》에는 고대의 신화전승에 관한 서술이 매우 많다. 이러한 「사」의 성질이 작자 굴원의 낭만적인 사상으로 《초사》의 문학적 특색을 형성하고 있다. 이는 《시경》에서는 볼 수 없는 장점이며, 중국 후대의 문학에 커다란 영향을 미쳤다.

*

춘추곡량전(春秋穀梁傳) : 유교 경전의 하나인 《춘추》의 해설서로서 11권. 《곡량전》이라고도 한다. 《공양전(公羊傳)》, 《좌씨전》과 함께 춘추삼전(春秋三傳)이라고 한다. 전국시대의 노(魯)나라 사람 곡량숙〔穀梁俶 : 자하(子夏)의 제자. 자는 원시(元始), 일명 적(赤)〕이 지은 것으로 되어 있는데, 책이 되어 나온 것은 《공양전》(한나라의 경제 때에 나옴)보다 뒤일 것이다. 해석하는 형태는 《공양전》과 거의 같아서 주관적인 해석이 많으나, 유가적 명분론은 대체로 《공양전》보다 엄정하다. 한나라의 선제 때부터 성행하기 시작했으나, 《공양전》을 능가하지는 못하였다.

*

춘추공양전(春秋公羊傳) : 전 11권. 《공양전》이라고도 한다. 전국시대 제(齊)나라의 공양고(公羊高 : 자하의 제자)가 쓰기 시작하여 부자(父子) 상전(相傳), 한나라 초엽에 이르러 금문(今文)으로 기록되었는데, 그 전승 과정이 3전(三傳) 중에서 가장 확실하다. 이 책이 주장하는 춘추필법 중 중요한 것은 첫째, 대통일(大統一), 둘째, 삼세이사(三世異辭), 셋째, 양이(攘夷), 넷째, 대구세지구(大九世之仇)의 4가지 설이다. 전한의 동중서(董仲舒)가 이 책에 의거하여 유교적인 사상 통일을 헌책(獻策)하였고, 청나라 중기에는 공양학파가 생기기도 하였다. 공양고는 공자의 제자인 자하(子夏)의 제자로,《외전(外傳)》50편을 저술하였다.《공양전(公羊傳)》은 그가 전술(傳述)한 것이 4대(代)까지 이어져 내려와 현손(玄孫)인 수(壽)와 그의 제자 호모생(胡母生) 등이 완성한 것으로,《좌씨전(左氏傳)》,《곡량전(穀梁傳)》과 함께 춘추삼전(春秋三傳)이라 불린다. 청(淸)나라 때 장존여(莊存與)는《공양전》을 학문으로 일으켜 공양학이 청나라 말까지 크게 번창하였다.

*

춘추좌씨전(春秋左氏傳) : 공자의《춘추》를 노(魯)나라 좌구명(左丘明 ;《국어(國語)》참조)이 해석한 책으로,《좌씨춘추》,《좌전》이라고도 한다. 노나라 은공(隱公) 원년(B.C 722)부터 애공(哀公) 14년(B.C 481)까지의 기록으로서, 당시의 복잡한 국제관계에서 활약하고 있던 현인 명사들의 훈언(訓言)이 많이 실려 있어,《국어》와 자매편이다.《춘추》는 오경의 하나로 B.C 8세기~B.C 5세기까지의 노(魯)나라의 역사를 연대기로 엮은 것으로, 그 주석을 「전(傳)」이라 일컫는데,《춘추》는 이「전」과 함께 읽혀 왔다.《춘추》와는 성질이 다른 별개의 저서로서,《공양전》《곡량전》과 함께 3전(三傳)의 하나이다. 원본은 전국시대에 되었으나, 지금 전해지는 것은 전한 말기 유흠(劉歆) 일파가 편찬한 것이다. 다른 2전(二傳)이 경문(經文)의 사구(辭句)에 대한 필법을 설명한 것에 비하여 이 책은 경문에서 독립된 역사적인 이야기와 문장의 교묘함 및 인물묘사의 정확이라는 점 등에서 문학작품으로도 뛰어나 고전문의 모범이 된다.

*

출사표(出師表) : 삼국시대 촉(蜀)의 재상 제갈공명의 상주문(上奏文). 위(魏)나라 토벌을 위한 출진 때, 촉제(蜀帝) 유선(劉禪)에게 바친 글로서, 전후 두 편인데, 전편은 227년 작이고 후편은 228년(?) 작이다.《삼국지(三國志)》「제갈량전」,《문선(文選)》등에 수록되어 있다.「선제(先帝)의 창업이 아직 반(半)에 이르지 못하고 중도에 붕조(崩殂 : 붕어)하다」라는 서두로 시작된다. 서책은 아니지만, 국가의 장래를 우려한 전문(全文)은 제갈공명의 진정을 토로한 정열적인 고금의 명문이므로 소개했다.

*

태현경(太玄經) : 한나라의 사상가 양웅(揚雄, B.C 53~A.D 18)의 저서. 10권.《주역(周易)》에 비기어 우주만물의 근원을 논하고, 음양이원론(陰陽二元論) 대신 시(始)·중(中)·종(終)의 삼원(三元)으로서 설명하고 여기에 역법(曆法)을 가미하였다. 현(玄)은 눈에 보이지 않는 우주의 본체이고, 태(太)는 그 공덕을 형용한 미칭(美稱)이다. 인간의 모든 현상은 노자가 주창한「현(玄 : 無)」을 근원으로 하고, 천·지·인을 기본요인으로 하여 이를 짜 맞춤으로써 포착될 수 있다고 보고, 81종의 도식(圖式)을 만들고 다시 그 하나하나에 현상의 전개를 상징하는 9찬(贊)을 만들어 덧붙였으며, 이 729찬이 인간 매사의 전개를 남김없이 나타낸다는 것이다. 양웅은 왕망(王莽)이 정권을 찬탈한 뒤 새 정권을 찬미하는 문장을 썼고 괴뢰정권에 협조하였기 때문에, 지조가 없는 사람으로 송학(宋學) 이후에는 비난의 대상이 되기도 하였으나, 그의 식견은 한(漢)나라를 대표하였다

*

포박자(抱朴子) : 중국의 신선방약(神仙方藥)과 불로장수의 비법을 서술한 도교 서적으로서, 동진의 갈홍(葛洪, 283~343)이 지었다. 현행본은「내편(內篇)」20편,「외편」50편으로 이루어졌다.「내편」에는 고래의 도교사상(道敎思想)이 체계적으로 논술되어 있고,「외

편」에는 사회의 이해득실이 논술되어 있다. 갈홍의 자는 아천(雅川), 호는 포박자, 강소성 구용현 사람으로 순수한 강남 귀족 출신이다. 종조부인 갈현(葛玄)의 제자 정은(鄭隱)에게 선도(仙道)를 배웠다. 석빙(石氷)의 난(303년) 때 공을 세워 열후(列侯) 바로 아래가 되는 제2위의 작위 관내후(關內侯)가 되었다. 또 그는 역사에 재능이 있었는데, 그것이 인정되어 산기상시대저작(散騎常侍大著作)으로 추천되었으나, 노령을 이유로 사퇴하고, 나부산(羅浮山)에 들어가 저술과 연단에 전념하였다. 《포박자》에서 그는, 도(道)는 우주의 본체로서 이를 닦으면 장수를 누릴 수 있고, 신선이 되려면 선(善)을 쌓고 행실을 바르게 가지며, 정기(精氣)를 보존하여 체내에 흐르게 하고, 상약(上藥: 목숨을 보존하기 위한 약)을 복용하며, 태식(胎息: 복식호흡)을 행하고, 방중술(房中術)을 실천해야 한다고 설파하였다. 갈홍은 노장(老莊)사상을 기초로 하여 신선사상을 도교의 중심에 놓고, 누구나 선인(仙人: 신선)이 될 수 있음을 강조하였다. 도교는 이로써 사상사(思想史上) 확고한 위치를 차지하게 되었다.

*

한비자(韓非子) : 전국시대 말기 한(韓)나라의 공자(公子)로 법치주의를 주창한 한비(韓非, B.C 280?~B.C 233)와 그 일파의 논저(論著)로서, 55편 20책에 이르는 대 저작으로, 원래 《한자(韓子)》라 불리던 것을 후에 당나라의 한유(韓愈)도 그렇게 불렀기 때문에 혼동을 막기 위하여 지금의 책이름으로 통용되어 왔다. 이 책은 한비가 죽은 다음 전한 중기(B.C 2세기 말) 이전에 지금의 형태로 정리된 것으로 추정된다. 한비는 한(韓)의 왕족으로, 젊어서 진(秦)의 이사(李斯)와 함께 순자(荀子)에게 배워 뒷날 법가(法家)의 사상을 대성하였다. 이사가 간지(奸智)에 뛰어난 변설가인 반면, 한비는 타고난 말더듬이였으나 두뇌가 매우 명석하여, 학자로서는 이사가 도저히 미칠 바 못 되었다. 진의 시황제는 한비의 「고분(孤憤)」「오두(五蠹)」의 논문을 보고 「이 사람과 교유할 수 있다면 죽어도 한이 없겠다」고까지 감탄하였다 한다. 한비와 그 학파의 사상은 일반적으로 편견적인 인간관 위에 성립된 것으로 지적되며, 특히 유가로부터는 애정을 무시하는 냉혹하고도 잔인한 술책이라는 비난을 받았다. 확실히 급소를 찌르는 적평(適評)이라 하겠으나, 그들이 유가·법가·명가(名家)·도가 등의 설을 집대성하여, 법을 독립된 고찰대상으로 삼고 일종의 유물론과 실증주의에 의하여 독자적인 사상체계를 수립함으로써 진·한의 법형제도(法刑制度)에 강력한 영향을 끼친 점, 또 감상(感傷)을 뿌리친 그들의 간결한 산문이나 인간의 이면을 그린 설화가 고대문학의 한 전형을 이룬 점에 있어 커다란 문화적 사명을 다하고 있는 점은 부정할 수 없다.

*

한서(漢書) : 후한시대의 역사가 반고(班固, 32~92)가 저술한 한나라 시대의 역사를 기록한 사서. 120권으로 되어 있다. 《사기》의 기전체를 계승하여 1시대 1왕조만을 대상으로 하는 단대사(斷代史)이다. 이후 이른바 정사라 일컬어지는 사서는 이 형식을 답습하고 있다. 《전한서》 또는 《서한서(西漢書)》라고도 한다. 《사기》와 더불어 중국 사학사상 대표적인 저작이며, 정사 제2위를 차지한다. 처음 반고의 아버지 반표(班彪)가 《사기》에 부족한 점을 느꼈고, 또 무제 이후의 일은 사기에 기록되지 않았으므로 스스로 사서를 편집코자 《후전(後傳)》 65편을 편집하였으나 완성을 보지 못하고 사망하였다. 반고는 아버지의 뜻을 이어 수사(修史)의 일을 시작하였으나, 국사를 마음대로 한다는 모함을 받아 한때 투옥되기도 하였으나, 명제(明帝)의 명으로 《한서》 저작에 종사하였다. 그리하여 장제(章帝) 건초(建初) 연간에 일단 완성을 보았으나 「팔표(八表)」와 「천문지(天文志)」가 미완성인 채 그가 죽자, 누이동생 반소(班昭)가 화제(和帝)의 명으로 계승하였고, 다시 마속(馬續)의 보완으로 완성되었다. 《사기》가 상고시대부터 무제까지의 통사(通史)인 데 비하여 《한서》는 전한만을 다룬 단대사로, 한고조 유방부터 왕망(王莽)의 난까지 12대 230년간의 기록이라는 점에 특징이 있다. 반고의 자는 맹견(孟堅), 산서성 함양(咸陽) 출생으로 화제(和帝) 때 두헌(竇憲)의 중호군(中護軍)이 되어 흉노 원정에 수행하고, 92년 두헌의 반란사건에 연좌되어 옥사하였다. 문학 작품에 《양도부(兩都賦)》 등이 있다.

*

형초세시기(荊楚歲時記) : 양(梁)나라의 종름(宗懍)이 6세기경에 지은 《형초기(荊楚記)》를 7세기 초 수(隋)나라의 두공섬(杜公瞻)이 증보 가주(加注)하여 《형초세시기》라 하였다. 중국의 양자강 중류 유역을 중심으로 한 형초지방의 연중세시기. 원래는 10권이었으나 명대에 현재의 1권으로 종합되었다. 원본은 일찍이 일실되었고, 현존하는 책은 명나라 때 많은 책에 인용되어 있는 것을 정리한 것이다. 현존하는 중국 세시기 중에서 가장 오래된 것으로 초나라 특유의 세시뿐만 아니라 일반적인 풍습도 기술되어 있다.

*

회남자(淮南子) : 한나라 고조(高祖)의 손자, 전한의 회남왕(淮南王) 유안(劉安, B.C 179~B.C 122)이 저술한 일종의 백과전서. 서명은 원래 《회남홍열(淮南鴻烈)》이었으나 《회남자》라고 불리어지기 시작한 것은 《별록(別錄)》《칠략(七略)》부터라고 한다. 전 21권. 유안이 빈객과 방술가(方術家) 수천을 모아서 편찬한 것으로, 원래 내·

외편과 잡록이 있었으나 내편 21권만이 전한다. 도가(道家)의 사상을 기초로 하여 천문과 지리·정치·신화·전설 등 온갖 분야를 망라하여 한(漢)나라 시대의 민속에 대한 중요한 자료가 된다. 그 사상적 성격은 노장도가(老莊道家)와 음양오행가·유가·법가 등의 혼합으로 매우 복잡하며, 그 인식론은 정신·물질의 이원론(二元論)에서 관념적 도(道)의 일원론에 귀착한다는 복잡한 양상을 나타내고, 중세의 재이미신(災異迷信) 사상의 계보에 이어져 있다. 또, 그 정치론은 봉건통치를 위해 법을 절대화하고 군주를 통치권의 최고 독재자로 하는 극도의 중앙집권체제를 반영하고 있다.

*

효경(孝經) : 공자의 저작이라는 것이 통설이었으나, 현재에 와서는 공자가 제자 증자(曾子)에게 전한 효도에 관한 논설 내용을 훗날 제자들이 편저한 것이라는 설이 유력하다. 연대는 미상이다. 천자·제후·대부·사(士)·서인(庶人)의 효를 나누어 논술하고, 효가 덕(德)의 근본임을 밝혔다. 효를 인격 수양의 중심에 놓고, 이에 의하여 천하도 다스려야 함을 역설한다. 공자가 제자에게 설명하는 체재를 취해서 씌어져 있으나, 공자보다 상당히 후세의 작으로 생각된다. 《금문효경(今文孝敬)》 18장, 《고문효경(古文孝經)》 22장과 경과 전으로 나눈 주자의 《효경》이 있는데, 진(秦)의 분서(焚書)를 거쳐서 한 초기 문제 때에 세상에 나온 것을 《고문효경》이라 하고, 무제 때 공자의 구택(舊宅) 벽 속에서 나온 것을 《금문효경》이라 일컫는다. 일반적으로 많이 읽히는 것은 《금문효경》이다. 우리나라에 전래한 시기는 확실치 않으나 신라시대에 독서삼품과(讀書三品科)를 설치하였을 때 그 시험과목의 하나로 쓰인 기록이 있고, 그 후 유교 효도의 기본서로서 널리 애독되었으며 특히 조선시대에는 《효경언해(孝

經諺解)》가 간행되어 더 널리 유포되었다.

*

후한서(後漢書) : 120권. 남북조시대에 송나라의 범엽(范曄, 398~445)이 저술한 책으로, 후한의 13대 196년간의 사실(史實)을 기록하였다. 기(紀) 10권, 지(志) 30권, 열전 80권으로 되어 있는데, 이 중에서 지(志) 30권은 진(晋)의 사마표(司馬彪)가 저술한 것이다. 후한의 역사서로는 범엽 이전에 이미 《동관한기(東觀漢紀)》를 비롯하여 사승(謝承)·설형(薛瑩)·화교(華嶠)·사침(謝沈)·애산송(哀山松)·장번(張璠)·사마표 등의 후한서가 있었는데, 범엽은 이 저술들을 바탕으로 하여 독자적 견해로 이 책을 쓴 것이다. 또한 범엽 이전의 저술들은 모두 일실되고 없는 형편이어서 이 책이 후한서의 정사로 되어 있다. 특히 이 책의「동이전(東夷傳)」에는 부여·읍루·고구려·동옥저·예·한(韓) 및 왜(倭)의 전(傳)이 있어서 《삼국지》의「위지(魏志)」다음의 고전으로 알려져 있다.

일상생활에서 활용되는
사자성어
四字成語

(시험 빈출 사자성어 색인)

가

가렴주구(苛斂誅求)·74
가서만금(家書萬金)·74
가인박명(佳人薄命)·72
각주구검(刻舟求劍)·79
간뇌도지(肝腦塗地)·76
간담상조(肝膽相照)·80
간신적자(奸臣賊子)·77
간장막야(干將莫耶)·77
감탄고토(甘吞苦吐)·77
갑남을녀(甲男乙女)·77
강노지말(強弩之末)·84
개관사정(蓋棺事定)·86
건곤일척(乾坤一擲)·92
걸견폐요(桀犬吠堯)·94
격물치지(格物致知)·98
격화소양(隔靴搔癢)·94
견강부회(牽強附會)·99
견마지로(犬馬之勞)·99
견마지치(犬馬之齒)·99
견문발검(見蚊拔劍)·101

견인불발(堅忍不拔)·104
결자해지(結者解之)·104
결초보은(結草報恩)·100
경거망동(輕擧妄動)·104
경구비마(輕裘肥馬)·104
경국지색(傾國之色)·102
경세제민(經世濟民)·105
경조부박(輕佻浮薄)·105
경천동지(驚天動地)·105
경천애인(敬天愛人)·105
계구우후(鷄口牛後)·108
계군일학(鷄群一鶴)·105
계림일지(桂林一枝)·105
계명구도(鷄鳴狗盜)·112
계포일낙(季布一諾)·105
고굉지신(股肱之臣)·109
고금무쌍(古今無雙)·109
고복격양(鼓腹擊壤)·116
고성낙일(孤城落日)·120
고육지책(苦肉之策)·111
고이언타(顧而言他)·111
고장난명(孤掌難鳴)·111

고진감래(苦盡甘來)·118
곡학아세(曲學阿世)·126
공전절후(空前絶後)·119
공중누각(空中樓閣)·132
공평무사(公平無私)·119
공휴일궤(功虧一簣)·134
과유불급(過猶不及)·136
과혁지시(裹革之屍)·119
관포지교(管鮑之交)·143
괄목상대(刮目相待)·127
광음여전(光陰如箭)·128
광음유수(光陰流水)·128
교각살우(矯角殺牛)·128
교룡운우(蛟龍雲雨)·128
교언영색(巧言令色)·148
교주고슬(膠柱鼓瑟)·150
교지졸속(巧遲拙速)·128
교칠지교(膠漆之交)·152
교토삼굴(狡兔三窟)·129
교학상장(敎學相長)·129
구곡간장(九曲肝腸)·129
구두삼매(口頭三昧)·129
구밀복검(口蜜腹劍)·154
구사일생(九死一生)·157
구상유취(口尙乳臭)·158
구우일모(九牛一毛)·135
구화지문(口禍之門)·137
국사무쌍(國士無雙)·161
국천척지(跼天蹐地)·140
군맹상평(群盲象評)·168
군자삼락(君子三樂)·147

군자표변(君子豹變)·147
굴묘편시(掘墓鞭屍)·173
궁여일책(窮餘一策)·147
궁조입회(窮鳥入懷)·147
권모술수(權謀術數)·149
권불십년(權不十年)·149
권선징악(勸善懲惡)·159
권토중래(捲土重來)·178
규구준승(規矩準繩)·165
극기복례(克己復禮)·180
극락정토(極樂淨土)·187
근묵자흑(近墨者黑)·187
금과옥조(金科玉條)·189
금란지교(金蘭之交)·191
금상첨화(錦上添花)·184
금성탕지(金城湯池)·191
금슬상화(琴瑟相和)·186
금의야행(錦衣夜行)·188
금의환향(錦衣還鄕)·193
금지옥엽(金枝玉葉)·193
기로망양(岐路亡羊)·193
기복염거(驥服鹽車)·193
기사회생(起死回生)·195
기왕불구(旣往不咎)·190
기호지세(騎虎之勢)·194
기화가거(奇貨可居)·198

낙양지귀(洛陽紙貴)·204
낙화유수(落花流水)·203
난신적자(亂臣賊子)·203

난의포식(暖衣飽食)·206
난형난제(難兄難弟)·208
남가일몽(南柯一夢)·212
남귤북지(南橘北枳)·216
남선북마(南船北馬)·207
낭중지추(囊中之錐)·210
내우외환(內憂外患)·211
내유외강(內柔外剛)·211
노소부정(老少不定)·215
노심초사(勞心焦思)·215
노이무공(勞而無功)·220
노파심절(老婆心切)·219
녹림호걸(綠林豪傑)·219
녹음방초(綠陰放草)·221
녹의홍상(綠衣紅裳)·221
논공행상(論功行賞)·221
누란지위(累卵之危)·226
눌언민행(訥言敏行)·223

다기망양(多岐亡羊)·230
다다익선(多多益善)·233
다사다난(多事多難)·232
다사제제(多士濟濟)·234
다정불심(多情佛心)·232
단도직입(單刀直入)·235
단문고증(單文孤證)·235
단사두갱(簞食豆羹)·235
단순호치(丹脣皓齒)·235
당랑거철(螳螂拒轍)·237
당랑지부(螳螂之斧)·238

대갈일성(大喝一聲)·239
대기만성(大器晚成)·240
대기소용(大器小用)·241
대담무쌍(大膽無雙)·241
대동소이(大同小異)·241
대역무도(大逆無道)·245
대우탄금(對牛彈琴)·245
대의멸친(大義滅親)·242
대의명분(大義名分)·245
대자대비(大慈大悲)·246
도남붕익(圖南鵬翼)·246
도량발호(跳梁跋扈)·247
도불습유(道不拾遺)·248
도원결의(桃園結義)·250
도주의돈(陶走猗頓)·255
도주지부(陶朱之富)·252
도청도설(道聽塗說)·254
도탄지고(塗炭之苦)·256
도행역시(倒行逆施)·255
독불장군(獨不將軍)·257
독서망양(讀書亡羊)·257
독서삼매(讀書三昧)·257
독수공방(獨守空房)·257
동가홍상(同價紅裳)·259
동공이곡(同工異曲)·260
동량지신(棟梁之臣)·259
동문서답(東問西答)·261
동방화촉(洞房華燭)·261
동병상련(同病相憐)·262
동분서주(東奔西走)·261
동상이몽(同床異夢)·261

동족방뇨(凍足放尿)·267
두주불사(斗酒不辭)·269
두한족열(頭寒足熱)·271
득롱망촉(得隴望蜀)·268
득어망전(得魚忘筌)·270
등화가친(燈火可親)·273

마

마이동풍(馬耳東風)·278
마혁과시(馬革裹屍)·280
막무가내(莫無可奈)·283
막역지우(莫逆之友)·282
만경창파(萬頃蒼波)·283
만고불역(萬古不易)·283
만사형통(萬事亨通)·285
만사휴의(萬事休矣)·284
만수무강(萬壽無疆)·285
만신창이(滿身瘡痍)·285
만전지책(萬全之策)·287
망양보뢰(亡羊補牢)·288
망양지탄(亡羊之歎)·288
맥수지탄(麥秀之嘆)·286
맹귀부목(盲龜浮木)·293
맹모단기(孟母斷機)·293
맹모삼천(孟母三遷)·293
면벽구년(面壁九年)·294
명경지수(明鏡止水)·290
명모호치(明眸晧齒)·297
명불허전(名不虛傳)·298
명철보신(明哲保身)·292
모수자천(毛遂自薦)·298

목불식정(目不識丁)·299
목우유마(木牛流馬)·301
무고지민(無告之民)·305
무념무상(無念無想)·305
무릉도원(武陵桃源)·300
무용지용(無用之用)·309
무위도식(無爲徒食)·309
무위자연(無爲自然)·310
무인지경(無人之境)·310
무주공산(無主空山)·310
문경지교(刎頸之交)·312
문일지십(聞一知十)·316
문전성시(門前成市)·318
문전옥답(門前沃畓)·311
문전작라(門前雀羅)·311
문정약시(門庭若市)·311
미관말직(微官末職)·317
미래영겁(未來永劫)·317
미목수려(眉目秀麗)·319
미사여구(美辭麗句)·319
미생지신(尾生之信)·323

바

바라밀다(波羅蜜多)·327
박람강기(博覽强記)·327
반면교사(反面教師)·329
반식재상(伴食宰相)·330
반신반의(半信半疑)·333
발란반정(撥亂反正)·335
발본색원(拔本塞源)·332
발산개세(拔山蓋世)·334

1120

방약무인(傍若無人)·338
방휼지세(蚌鷸之勢)·341
배반낭자(杯盤狼藉)·340
배중사영(杯中蛇影)·344
백가쟁명(百家爭鳴)·345
백골난망(白骨難忘)·345
백구과극(白駒過隙)·346
백귀야행(百鬼夜行)·345
백낙일고(伯樂一顧)·347
백년하청(百年河淸)·349
백면서생(白面書生)·350
백발백중(百發百中)·354
백수건달(白手乾達)·355
백아절현(伯牙絶絃)·358
백약지장(百藥之長)·357
백의종군(白衣從軍)·357
백이숙제(伯夷叔齊)·359
백절불굴(百折不屈)·361
백중지간(伯仲之間)·361
백중지세(伯仲之勢)·364
백척간두(百尺竿頭)·361
백팔번뇌(百八煩惱)·361
백화요란(百花燎亂)·365
병입고황(病入膏肓)·368
복룡봉추(伏龍鳳雛)·377
복배지수(覆盃之水)·377
본말전도(本末顚倒)·381
봉두구면(蓬頭垢面)·384
봉래약수(蓬萊弱水)·384
부귀부운(富貴浮雲)·384
부앙불괴(俯仰不愧)·386

부중생어(釜中生魚)·387
부창부수(夫唱婦隨)·389
부화뇌동(附和雷同)·391
북망산천(北邙山川)·391
분골쇄신(粉骨碎身)·393
분서갱유(焚書坑儒)·388
불가사의(不可思議)·395
불모지지(不毛之地)·400
불문곡직(不問曲直)·400
불역유행(不易流行)·401
불요불굴(不撓不屈)·401
불요불급(不要不急)·401
불원천리(不遠千里)·401
불치하문(不恥下問)·403
불편부당(不偏不黨)·405
불협화음(不協和音)·405
불혹지년(不惑之年)·396
붕정만리(鵬程萬里)·398
비리곡직(非理曲直)·407
비방지목(誹謗之木)·402
비육지탄(髀肉之嘆)·404
비익연리(比翼連理)·409
빈계지신(牝鷄之晨)·406
빈자일등(貧者一燈)·408

사가망처(徙家忘妻)·415
사고무친(四顧無親)·415
사고팔고(四苦八苦)·415
사려분별(思慮分別)·415
사단칠정(四端七情)·419

사면초가(四面楚歌)·418
사발통문(沙鉢通文)·421
사상누각(砂上樓閣)·423
사양지심(辭讓之心)·425
사통팔달(四通八達)·431
사필귀정(事必歸正)·431
사해동포(四海同胞)·431
사해형제(四海兄弟)·432
삭탈관직(削奪官職)·431
산자수명(山紫水明)·433
살신성인(殺身成仁)·434
삼고초려(三顧草廬)·436
삼라만상(森羅萬象)·437
삼면육비(三面六臂)·437
삼삼오오(三三五五)·441
삼십육계(三十六計)·438
삼인성호(三人成虎)·440
삼종지도(三從之道)·442
삼천지교(三遷之敎)·443
삼촌지설(三寸之舌)·446
상가지구(喪家之狗)·450
상전벽해(桑田碧海)·454
새옹지마(塞翁之馬)·458
색즉시공(色卽是空)·457
생면부지(生面不知)·459
생멸멸이(生滅滅已)·459
생살여탈(生殺與奪)·459
서리지탄(黍離之嘆)·462
서시봉심(西施捧心)·461
서시빈목(西施矉目)·464
서제막급(噬臍莫及)·466

선남선녀(善男善女)·463
선우후락(先憂後樂)·474
선의후리(先義後利)·465
선즉제인(先卽制人)·476
설상가상(雪上加霜)·467
성공자퇴(成功者退)·478
성동격서(聲東擊西)·469
성하지맹(城下之盟)·480
성호사서(城狐社鼠)·482
세한삼우(歲寒三友)·473
소국과민(小國寡民)·485
소림일지(巢林一枝)·477
소심익익(小心翼翼)·486
소인묵객(騷人墨客)·479
소탐대실(小貪大失)·481
속전속결(速戰速決)·481
송양지인(宋襄之仁)·490
수렴청정(垂簾聽政)·491
수서양단(首鼠兩端)·492
수석침류(漱石枕流)·494
수수방관(袖手傍觀)·493
수신제가(修身齊家)·493
수어지교(水魚之交)·498
수주대토(守株待兎)·505
순망치한(脣亡齒寒)·510
순치보거(脣齒輔車)·504
술이부작(述而不作)·512
시비지심(是非之心)·513
시시비비(是是非非)·515
시위소찬(尸位素餐)·516
시정지도(市井之徒)·515

시호삼전(市虎三傳)·517
식객삼천(食客三千)·517
식소사번(食少事煩)·520
식자우환(識字憂患)·524
신기묘산(神機妙算)·521
신상필벌(信賞必罰)·521
신언서판(身言書判)·521
신진기예(新進氣銳)·521
신진대사(新陳代謝)·523
신출귀몰(神出鬼沒)·523
실사구시(實事求是)·528
심기일전(心機一轉)·527
심두멸각(心頭滅却)·527
심모원려(深謀遠慮)·529
심사묵고(沈思默考)·529
심원의마(心猿意馬)·532
십목소시(十目所視)·534
십벌지목(十伐之木)·529
십시일반(十匙一飯)·531

아비규환(阿鼻叫喚)·541
아수라도(阿修羅道)·543
아전인수(我田引水)·544
악사천리(惡事千里)·539
악전고투(惡戰苦鬪)·549
안광지배(眼光紙背)·551
안빈낙도(安貧樂道)·553
안심입명(安心立命)·553
안중지정(眼中之釘)·542
알묘조장(揠苗助長)·555

암중모색(暗中摸索)·544
앙급지어(殃及池魚)·545
앙천부지(仰天俯地)·557
애매모호(曖昧模糊)·557
애별리고(愛別離苦)·557
야단법석(野壇法席)·562
약농중물(藥籠中物)·565
약법삼장(約法三章)·548
약석무효(藥石無效)·565
약육강식(弱肉强食)·565
양상군자(梁上君子)·552
양약고구(良藥苦口)·554
양입제출(量入制出)·569
양춘백설(陽春白雪)·569
어부지리(漁父之利)·558
억하심정(抑何心情)·577
언어도단(言語道斷)·577
언중유골(言中有骨)·577
언즉시야(言則是也)·577
엄이도령(掩耳盜鈴)·560
여리박빙(如履薄氷)·579
여불비례(餘不備禮)·581
여시아문(如是我聞)·581
여필종부(女必從夫)·587
역성혁명(易姓革命)·587
역자이식(易子而食)·566
연년세세(年年歲歲)·589
연목구어(緣木求魚)·570
연작홍곡(燕雀鴻鵠)·591
연저지인(吮疽之仁)·574
염화미소(拈華微笑)·593

1123

영고성쇠(榮枯盛衰)·595
예미도중(曳尾塗中)·576
예의염치(禮義廉恥)·598
오리무중(五里霧中)·578
오매불망(寤寐不忘)·580
오비이락(烏飛梨落)·603
오비토주(烏飛兎走)·603
오상고절(傲霜孤節)·603
오설상재(吾舌尙在)·582
오십천명(五十天命)·604
오안불손(傲岸不遜)·604
오언절구(五言絶句)·604
오우천월(吳牛喘月)·586
오월동주(吳越同舟)·588
오장육부(五臟六腑)·604
오하아몽(吳下阿蒙)·590
오합지중(烏合之衆)·592
옥상가옥(屋上架屋)·594
옥석구분(玉石俱焚)·596
옥석혼효(玉石混淆)·598
옥야천리(沃野千里)·605
옥하가옥(屋下架屋)·605
온고지신(溫故知新)·601
온후독실(溫厚篤實)·610
와각지쟁(蝸角之爭)·612
와룡봉추(臥龍鳳雛)·612
와명선조(蛙鳴蟬噪)·612
와신상담(臥薪嘗膽)·602
완벽귀조(完璧歸趙)·613
왈가왈부(曰可曰否)·613
요동지시(遼東之豕)·614

요령부득(要領不得)·616
요원지화(燎原之火)·618
요조숙녀(窈窕淑女)·617
욕교반졸(欲巧反拙)·617
욕속부달(欲速不達)·620
용두사미(龍頭蛇尾)·622
용의주도(用意周到)·621
용장약졸(勇將弱卒)·621
용호상박(龍虎相搏)·621
우공이산(愚公移山)·624
우문현답(愚問賢答)·623
우수마발(牛溲馬勃)·623
우여곡절(紆餘曲折)·623
우유부단(優柔不斷)·623
우이독경(牛耳讀經)·627
우화등선(羽化登仙)·626
우후죽순(雨後竹筍)·629
욱일승천(旭日昇天)·629
운외창천(雲外蒼天)·631
운우지락(雲雨之樂)·628
운주유악(運籌帷幄)·630
원교근공(遠交近攻)·632
원목경침(圓木警枕)·639
원입골수(怨入骨髓)·636
원형이정(元亨利貞)·643
월견폐설(越犬吠雪)·643
월궁항아(月宮姮娥)·643
월만즉휴(月滿則虧)·645
월하노인(月下老人)·640
월하빙인(月下氷人)·649
위기일발(危機一髮)·649

위편삼절(韋編三絶)·646
유감천만(遺憾千萬)·655
유능제강(柔能制剛)·648
유무상통(有無相通)·655
유비무환(有備無患)·657
유아독존(唯我獨尊)·657
유야무야(有耶無耶)·657
유언비어(流言蜚語)·657
유위전변(有爲轉變)·659
유유상종(類類相從)·659
유유자적(悠悠自適)·659
유종완미(有終完美)·661
육도삼략(六韜三略)·666
융준용안(隆準龍顔)·658
융통무애(融通無碍)·669
은감불원(殷鑑不遠)·660
은거방언(隱居放言)·662
은근무례(慇懃無禮)·669
은인자중(隱忍自重)·675
음덕양보(陰德陽報)·675
읍참마속(泣斬馬謖)·664
응접불가(應接不暇)·666
의기양양(意氣揚揚)·677
의마칠지(倚馬七紙)·677
의미심장(意味深長)·677
이구동성(異口同聲)·682
이로정연(理路整然)·683
이심전심(以心傳心)·674
이열치열(以熱治熱)·690
이용후생(利用厚生)·690
이이제이(以夷制夷)·690

이일대로(以佚待勞)·676
이판사판(理判事判)·691
이합집산(離合集散)·691
익불사숙(弋不射宿)·693
익자삼우(益者三友)·696
인과응보(因果應報)·696
인구회자(人口膾炙)·696
인면수심(人面獸心)·697
인비목석(人非木石)·678
인사불성(人事不省)·697
인사유명(人死留名)·697
인산인해(人山人海)·697
인순고식(因循姑息)·700
인의예지(仁義禮智)·701
인인성사(因人成事)·680
인자무적(仁者無敵)·701
인자요산(仁者樂山)·701
일개서생(一介書生)·708
일거양득(一擧兩得)·686
일고경성(一顧傾城)·708
일구월심(日久月深)·709
일기당천(一騎當千)·709
일단완급(一旦緩急)·709
일도양단(一刀兩斷)·709
일련탁생(一蓮托生)·709
일로평안(一路平安)·709
일망타진(一網打盡)·694
일모도원(日暮途遠)·698
일목요연(一目瞭然)·711
일벌백계(一罰百戒)·713
일부시종(一部始終)·713

일사천리(一瀉千里)·713	자가당착(自家撞着)·731
일석이조(一石二鳥)·713	자고이래(自古以來)·731
일세목탁(一世木鐸)·715	자구다복(自求多福)·730
일세풍미(一世風靡)·716	자모패자(慈母敗子)·731
일시동인(一視同仁)·699	자승자강(自勝者强)·732
일심불란(一心不亂)·716	자승자박(自繩自縛)·731
일양내복(一陽來復)·702	자업자득(自業自得)·733
일언거사(一言居士)·716	자연도태(自然淘汰)·733
일언반구(一言半句)·716	자유분방(自由奔放)·733
일엽지추(一葉知秋)·703	자중지난(自中之亂)·733
일의대수(一衣帶水)·704	자포자기(自暴自棄)·734
일이관지(一以貫之)·706	자화자찬(自畵自讚)·737
일자천금(一字千金)·712	작수성례(酌水成禮)·741
일장일단(一長一短)·719	작심삼일(作心三日)·735
일장춘몽(一場春夢)·721	잠룡물용(潛龍勿用)·736
일조일석(一朝一夕)·721	장경오훼(長頸烏喙)·738
일지반전(一紙半錢)·721	장계취계(將計就計)·741
일지반해(一知半解)·721	장두은미(藏頭隱尾)·744
일진일퇴(一進一退)·721	장삼이사(張三李四)·744
일촉즉발(一觸卽發)·723	적반하장(賊反荷杖)·747
일취월장(日就月將)·723	적수공권(赤手空拳)·747
일파만파(一波萬波)·723	적신지탄(積薪之嘆)·749
일패도지(一敗塗地)·718	전거복철(前車覆轍)·748
일편단심(一片丹心)·723	전광석화(電光石火)·749
일폭십한(一暴十寒)·720	전대미문(前代未聞)·749
일확천금(一攫千金)·725	전도요원(前途遼遠)·751
임기응변(臨機應變)·726	전신전령(全身全靈)·751
입립신고(粒粒辛苦)·722	전인미답(前人未踏)·751
입향순속(入鄕循俗)·724	전전긍긍(戰戰兢兢)·752
	전전반측(輾轉反側)·754
	전화위복(轉禍爲福)·756

절세가인(絶世佳人)·756
절차탁마(切磋琢磨)·758
절체절명(絶體絶命)·756
절치부심(切齒腐心)·757
점입가경(漸入佳境)·757
정력절륜(精力絶倫)·759
정문일침(頂門一鍼)·759
정상작량(情狀酌量)·762
정신일도(精神一到)·764
정정당당(正正堂堂)·767
정중지와(井中之蛙)·766
제행무상(諸行無常)·769
조강지처(糟糠之妻)·770
조령모개(朝令暮改)·772
조명시리(朝名市利)·775
조문석사(朝聞夕死)·769
조변석개(朝變夕改)·769
조삼모사(朝三暮四)·778
조이불강(釣而不綱)·782
조장보단(助長補短)·773
족탈불급(足脫不及)·777
존심양성(存心養性)·786
종횡무진(縱橫無盡)·781
좌고우면(左顧右眄)·781
좌지우지(左之右之)·783
주객전도(主客顚倒)·783
주경야독(晝耕夜讀)·783
주마가편(走馬加鞭)·783
주마간산(走馬看山)·783
주야장천(晝夜長川)·785
주지육림(酒池肉林)·792

죽림칠현(竹林七賢)·793
죽마고우(竹馬故友)·794
준조절충(樽俎折衝)·796
중과부적(衆寡不敵)·800
중구난방(衆口難防)·802
중도반단(中途半端)·798
중용지도(中庸之道)·804
중원축록(中原逐鹿)·806
지란지교(芝蘭之交)·803
지록위마(指鹿爲馬)·812
지리멸렬(支離滅裂)·807
지어농조(池魚籠鳥)·811
지어지선(至於至善)·814
지엽말절(枝葉末節)·811
지족자부(知足者富)·824
지행합일(知行合一)·816
직절간명(直截簡明)·821
진선진미(盡善盡美)·826
진천동지(震天動地)·823
진충보국(盡忠報國)·823
진퇴유곡(進退維谷)·823
질실강건(質實剛健)·825
질풍노도(疾風怒濤)·828

차일피일(此日彼日)·835
창상지변(滄桑之變)·843
창해일속(滄海一粟)·846
창황망조(蒼黃罔措)·847
천경지의(天經地義)·851
천고마비(天高馬肥)·842

천군만마(千軍萬馬)・855
천금매소(千金買笑)・844
천도시비(天道是非)・852
천려일실(千慮一失)・854
천망회회(天網恢恢)・858
천방지축(天方地軸)・861
천변만화(千變萬化)・861
천변지이(天變地異)・861
천사만고(千思萬考)・863
천서만단(千緒萬端)・867
천신만고(千辛萬苦)・868
천언만어(千言萬語)・868
천우신조(天佑神助)・868
천의무봉(天衣無縫)・862
천인공노(天人共怒)・868
천자만홍(千紫萬紅)・871
천작저창(淺酌低唱)・871
천장지구(天長地久)・871
천재일우(千載一遇)・865
천지개벽(天地開闢)・876
천지신명(天地神明)・876
천지현황(天地玄黃)・877
천진난만(天眞爛漫)・877
천차만별(千差萬別)・877
천추만세(千秋萬歲)・877
천편일률(千篇一律)・867
천하언재(天何言哉)・869
천학비재(淺學非才)・877
철두철미(徹頭徹尾)・877
철부지급(轍鮒之急)・872
철중쟁쟁(鐵中錚錚)・878

청경우독(晴耕雨讀)・879
청렴결백(淸廉潔白)・879
청산유수(靑山流水)・883
청산일발(靑山一髮)・883
청운지지(靑雲之志)・882
청천백일(靑天白日)・884
청천벽력(靑天霹靂)・886
청출어람(靑出於藍)・886
청풍명월(淸風明月)・885
초근목피(草根木皮)・887
초두천자(草頭天子)・890
초록동색(草綠同色)・890
초목개병(草木皆兵)・889
초미지급(焦眉之急)・891
초순건설(焦脣乾舌)・892
초지일관(初志一貫)・893
촉견폐일(蜀犬吠日)・893
촌선척마(寸善尺魔)・895
촌철살인(寸鐵殺人)・896
추고마비(秋高馬肥)・895
추상열일(秋霜烈日)・897
추풍낙엽(秋風落葉)・901
춘란추국(春蘭秋菊)・903
춘추필법(春秋筆法)・903
춘풍만면(春風滿面)・907
출이반이(出爾反爾)・907
출장입상(出將入相)・907
충언역이(忠言逆耳)・913
취모멱자(吹毛覓疵)・911
취사선택(取捨選擇)・919
취생몽사(醉生夢死)・921

측은지심(惻隱之心)·923
층층시하(層層侍下)·923
치망설존(齒亡舌存)·925
치인설몽(痴人說夢)·912
치지도외(置之度外)·915
칠거지악(七去之惡)·916
칠금칠종(七擒七縱)·925
칠락팔락(七落八落)·927
칠신탄탄(漆身吞炭)·920
칠전팔기(七顚八起)·923
침소봉대(針小棒大)·928
침어낙안(沈魚落雁)·924

카

쾌도난마(快刀亂麻)·930

타

타면자건(唾面自乾)·932
타산지석(他山之石)·931
타인한수(他人鼾睡)·933
타초경사(打草驚蛇)·934
탁상공론(卓上空論)·933
탄탄대로(坦坦大路)·935
태산북두(泰山北斗)·940
태산압란(泰山壓卵)·940
토사구팽(兎死狗烹)·937
토포악발(吐哺握髮)·942

파

파경중원(破鏡重圓)·952
파과지년(破瓜之年)·952
파라척결(把羅剔抉)·952
파란만장(波瀾萬丈)·953
파사현정(破邪顯正)·953
파죽지세(破竹之勢)·956
팔방미인(八方美人)·957
패가망신(敗家亡身)·957
평지풍파(平地風波)·962
폐월수화(閉月羞花)·961
폐포파립(敝袍破笠)·961
포락지형(炮烙之刑)·964
포류지질(蒲柳之質)·966
포말몽환(泡沫夢幻)·963
포복절도(抱腹絶倒)·963
포호빙하(暴虎馮河)·968
표리부동(表裏不同)·973
표사유피(豹死留皮)·972
표자정규(杓子定規)·973
품행방정(品行方正)·973
풍광명미(風光明媚)·974
풍기문란(風紀紊亂)·975
풍년화자(豊年花子)·975
풍비박산(風飛雹散)·975
풍성학려(風聲鶴唳)·976
풍수지탄(風樹之嘆)·975
풍전등화(風前燈火)·977
풍전세류(風前細柳)·977
풍찬노숙(風餐露宿)·977
필부지용(匹夫之勇)·980

하

하갈동구(夏葛冬裘)·987

1129

하도낙서(河圖洛書)·990
하로동선(夏爐冬扇)·990
하필왈리(何必曰利)·988
학발동안(鶴髮童顏)·998
학수고대(鶴首苦待)·998
학이시습(學而時習)·994
학철부어(涸轍鮒魚)·1000
한단지몽(邯鄲之夢)·996
한단지보(邯鄲之步)·999
한마지로(汗馬之勞)·1000
한우충동(汗牛充棟)·1000
한운야학(閒雲野鶴)·1003
한화휴제(閑話休題)·1005
함포고복(含哺鼓腹)·1009
함흥차사(咸興差使)·1009
합종연횡(合縱連衡)·1004
항룡유회(亢龍有悔)·1006
해로동혈(偕老同穴)·1007
해천산천(海千山千)·1015
행불유경(行不由徑)·1014
행시주육(行尸走肉)·1017
행운유수(行雲流水)·1017
행주좌와(行住坐臥)·1019
허심탄회(虛心坦懷)·1023
허장성세(虛張聲勢)·1023
허허실실(虛虛實實)·1023
현신설법(現身說法)·1025
현하지변(懸河之辯)·1025
혈혈단신(孑孑單身)·1027
형설지공(螢雪之功)·1018
형처돈아(荊妻豚兒)·1031

호가호위(狐假虎威)·1020
호각지세(互角之勢)·1033
호사다마(好事多魔)·1045
호사수구(狐死首丘)·1045
호시탐탐(虎視耽耽)·1024
호연지기(浩然之氣)·1026
혹세무민(惑世誣民)·1049
혼비백산(魂飛魄散)·1049
홍곡지지(鴻鵠之志)·1051
홍익인간(弘益人間)·1030
화광동진(和光同塵)·1034
화룡점정(畫龍點睛)·1035
화복무문(禍福無門)·1053
화사첨족(畫蛇添足)·1053
화서지몽(華胥之夢)·1036
화용월태(花容月態)·1053
화이부동(和而不同)·1053
화호유구(畫虎類狗)·1042
환골탈태(換骨奪胎)·1044
활박생탄(活剝生吞)·1054
황탄무계(荒誕無稽)·1055
회계지치(會稽之恥)·1056
회벽유죄(懷璧有罪)·1056
회사후소(繪事後素)·1056
회자인구(膾炙人口)·1048
회자정리(會者定離)·1056
횡설수설(橫說竪說)·1056
후목난조(朽木難雕)·1057
후목분장(朽木糞墻)·1052
후생가외(後生可畏)·1055
후안무치(厚顏無恥)·1057

훈주산문(葷酒山門)·1057
훼예포폄(毁譽褒貶)·1058
흑의재상(黑衣宰相)·1058
흔구정토(欣求淨土)·1058

흔희작약(欣喜雀躍)·1058
흥진비래(興盡悲來)·1058
희노애락(喜怒哀樂)·1058

장기근(張基槿)

문학박사(중국문학)
호는 현옥(玄玉), 서울 출생.
서울대학교 중문과 및 동 대학원을 졸업하고
오랜 동안 서울대학교 교수를 역임하였으며,
그 후에 성심여자대학교 교수를 지냈다.
현재는 동양고전 학술연구회 회장

- 저서로는

《중국의 신화》《이태백 평전》《유교사상과 도덕정치》
《삼황오제의 덕치》등.

- 역서로는

《도연명》《이태백》《백낙천》《두보》《논어》
《맹자》등 다수.

고사성어대사전

☆

초판 발행일 / 2004년 03월 25일
4 쇄 발행일 / 2015년 07월 20일

☆

감수 / 장기근
펴낸이 / 김동구
펴낸데 / 明文堂
서울특별시 종로구 안국동 17-8
우체국 010579-01-000682
☎ (영업) 733-3039, 734-4798
　 (편집) 733-4748　FAX. 734-9209
H.P. : www.myungmundang.net
e-mail : mmdbook1@hanmail.net
등록 1977. 11. 19. 제 1-148호

☆

ISBN　89-7270-747-3　01150

☆

낙장이나 파본은 구입하신 서점에서 교환해 드립니다.

☆

값 30,000원

신역 後三國志

**인간군상의
다채로운 대서사시**

보라! 천추의 한을 품고 불모의 땅으로 몸을 피했던 촉한의 후예들이 다시 칼을 갈고 힘을 길러 중원에서 벌이는 지혜와 용맹의 각축전을…
제1권 **망국원한편**　제2권 **와신상담편**
제3권 **촉한부흥편**　제4권 **진조멸망편**
제5권 **원세변전편**
이원섭 편저 / 신국판 / 전5권 /
각권 값 5,000원

신역 反三國志

모든 정사(正史)는 거짓이다.!

반삼국지는 정사의 허구를
날카롭게 파헤친
삼국지 속의 반란이다.
역사의 수레바퀴가 어디로 굴러가는지
그 누구도 알 수 없다.
단지 우리는 예측할 뿐이다.
전후 4백 년을 거쳐 번영을 누린
한제국도 후한 말 쇠퇴일로를
걷게 되는데…
주대황 저 / 정현우 역 / 전3권 / 각권 값 5,000원

소설 楚漢誌

역사 속의 명장!
역사의 뒤안길로 사라져간 영웅들,
바야흐로 수많은 영웅 호걸들이 우후죽순처럼 일어나
천하의 패권을 놓고 다툴 때 역사의 수레바퀴를
돌려놓은 자는 과연 누구인가?
김상국 역 / 신국판 / 전5권 / 각권 값 3,500원

儒林外史 유림외사

사회·정치 풍자소설의 고전!

《아Q정전》의 작가 루쉰(魯迅)이
중국 풍자소설의 효시라고
극찬한 책《유림외사》!
《삼국지》《수호지》를 능가하는
다양한 인간군상들의 활극장!

중국 풍자소설의 진수!

부귀공명의 언저리를 장식하는 아부·교만·
권모술수, 그리고 그 속에 우뚝 선 청아한
인격자들! 유림외사는 인간이 보여줄 수 있는
최고의 아름다움과 추함에 대해 풍자의 칼을
대고 있어, 극심한 개인주의적인
현대인들에게 깊은 감동과 지혜를 준다.

오경재 저 / 진기환 역 / 신국판 / 전3권 /
각권 값 3,500원

중국역대 後宮秘話

3,300여 년에 걸친
장구한 중국역사를 화려하게, 그리고
피눈물나게 장식했던 후궁과 궁녀들의
사랑과, 사랑을 쟁취하기 위한 횡포와
애증, 그리고
권모술수의 장편 드라마!

경국지색들의 실체 해부!

중국의 역대 제왕들은 어느 궁녀를 사랑해야
할지 몰라 기상천외의 방법들을 생각해 냈고
후궁과 궁녀들은 제왕의 눈에 들기 위해
눈물겨운 사투를 벌인다. 은나라의 달기에서부터
청말 서태후까지 역대왕조의 흥망에 지대한
영향을 끼쳤던 여인들의 파란만장한 일대기

성원경 편저 / 신국판 / 전3권 /각권 값 3,000원

新選 東洋古典

- 신완역 **격몽요결(擊蒙要訣)** 김성원 역주 / 값 5,000원
- 신역 **명심보감(明心寶鑑)** 김성원 역저 / 값 6,000원
- 신완역 **소학(小學)** 김성원 역저 / 값 15,000원
- 신완역 **대학·중용** 김학주 역저 / 값 10,000원
- 신완역 **맹자(孟子)** 上下 차주환 역저 / 값 8,000원 값 5,000원
- 신완역 **논어(論語)** 장기근 역저 / 값 8,000원
- 신완역 **시경(詩經)** 김학주 역저 / 값 18,000원
- 신완역 **서경(書經)** 차상원 역저 / 값 15,000원
- 신완역 **주역(周易)** 김경탁 역저 / 값 12,000원
- 신완역 **춘추좌씨전(春秋左氏傳)** 上中下 문선규 역저 / 값 각 10,000원
- 신완역 **예기(禮記)** 上中下 이상옥 역저 / 값 상 7,000원 중하 각 10,000원
- 신완역 **고문진보(古文眞寶)** 前 後 김학주 역저 / 값 전 10,000원 후 15,000원
- 신완역 **채근담(菜根譚)** 홍자성 원저, 황영주 역주 / 값 5,000원
- 한글판 **논어(論語)** 장기근 역저 / 값 3,000원
- 한글판 **맹자(孟子)** 차주환 역저 / 값 5,000원
- **동양의 예지(叡智)** 노태준 편저 / 값 6,000원
- 신완역 **관자(管子)** 이상옥 역해 / 값 6,000원
- 신완역 **노자(老子)** 김학주 역해 / 값 10,000원

- 신완역 **근사록(近思錄)** 주희 찬 / 성원경 역 / 값 8,000원
- 신완역 **묵자(墨子)** 김학주 역해 / 값 5,000원
- 신완역 **손자병법(孫子兵法)** 이종학 역저 / 값 5,000원
- 신역강독 **사서삼경(四書三經)** 류정기 감수 / 값 10,000원
- **동양명언집(東洋名言集)** 김성원 감수 / 값 6,000원
- 신역 **사기강독(史記講讀)** 사마천 저 / 진기환 역 / 값 7,000원
- 신역 **열자(列子)** 김학주 역해 / 값 3,900원
- 신완역 **초사(楚辭)** 굴원 저 / 이민수 역 / 값 5,000원
- 신완역 **충경·효경(忠·孝經)** 김학주 역저 / 값 6,000원
- 신역 **신음어(呻吟語)** 여곤 저 / 안길환 편역 / 값 7,000원
- 신역 **전습록(傳習錄)** 안길환 편역 / 값 15,000원
- 신완역 **손자·오자(孫子·吳子)** 김학주 역 / 값 7,500원
- 신역 **제자백가(諸子百家)** 김영수, 안길환 공역 / 값 12,000원
- 신역 **전국책(戰國策)** 이상옥 역 / 값 15,000원
- 신완역 **육도삼략(六韜三略)** 이상옥 역해 / 값 15,000원
- 신완역 **원본 명심보감강의** 김성원 역저 / 값 15,000원
- 신역 **삼국지 고사성어사전** 진기환 편 / 값 10,000원
- 신완역 **회남자(淮南子)** 上中下 유안 편저, 안길환 편역 / 값 각 15,000원

세계 최다의 母字 51,853字 수록

漢韓 明文大玉篇

김혁제·김성원 편저 / 2,842쪽 / 값 40,000원